Recursos en línea en un solo pasos

Acceso a taj.glencoe.com

HERRAMIENTAS DE ESTUDIO EN LÍNEA

- Descripciones generales de los capítulos
- Tutor interactivo
- Pruebas de autoverificación
- Tarjetas electrónicas de ayuda

INVESTIGACIÓN EN LÍNEA

- Actividades del estudiante en línea
- Recursos del estado
- Recursos en línea
- Más allá del libro de texto
- Acontecimientos actuales

EDICIÓN PARA EL ESTUDIANTE EN LÍNEA

- Edición completa interactiva para el estudiante
- Actualizaciones de los libros de texto

PARA MAESTROS

- Foro de maestros
- Planificación de las lecciones con actividades en la línea
- Conexiones lite

En honor de Estados Unidos

Para los estadounidenses, la bandera siempre ha tenido un significado muy especial. Es un símbolo de la libertad y la democracia de nuestra nación.

Protocolo de la bandera

A través de los años, los estadounidenses han creado normas y costrumbres que corciernen el uso y el despliegue de la bandera. Una de las cosas más importantes que un estadounidense debe recordar es el tratar la bandera con respeto.

- La bandera debe ser izada y bajada manualmente y sólo se debe desplegar desde que sale el sol hasta que se pone. En ocasiones espciales, se puede desplegar por la noche, pero tiene que estar iluminada.

- La bandera puede ser desplegada cualquier día, siempre y cuando el clima lo permita, particularmente durante días feriados nacionales o estatales y en ocasiones históricas y especiales.

- Ninguna bandera puede ser desplegada encima de la bandera estadounidense, a la derecha o a la misma altura.

- La bandera nunca debe tocar el suelo o el piso por debajo de ella.

- La bandera puede ondear a media asta por orden del presidente, generalmente para llorar la muerte de algún funcionario público.

- La bandera puede ondear al revés sólo para indicar disgusto.

- La bandera nunca debe llevarse aplanada horizontalmente, sino arriba en lo alto, siempre libre.

- Cuando la bandera se pone vieja o harapienta, se bede quemar para ser destruida. Según la costumbre que ha sido aprobada, primero se corta la Unión (las estrellas sobre el fondo azul) y luego se corta en dos trozos, dejando de ser así una bandera y al final se quema.

El credo de los estadounidenses

Creo en los Estados Unidos de América como un Gobierno de la gente, formado por la gente y dirigido a la gente, cuyos poderes justos están derivados del consentimiento de los gobernados; una democracia en una república; una Nación soberana formada por varios Estados soberanos; una sola unión perfecta e inseparable; establecida sobre los principios de libertad, igualdad, justicia y humanidad para los cuales los patriotas estadounidenses han sacrificado sus vidas y fortunas.

Por lo tanto considero que es me deber amar a mi País; apoyar la Constitución; obedecer las leyes; respetar la bandera y defender a mi País contra cualquier enemigo.

Juramento de lealtad a la bandera

Yo prometo lealtad a la bandera de los Estados Unidos de América y a la República que representa, una Nación bajo Dios, entera, con libertad y justicia para todos.

El viaje estadounidense

Reconstrucción hasta el presente

Joyce Appleby, Ph.D.
Alan Brinkley, Ph.D.
James M. McPherson, Ph.D.

NATIONAL GEOGRAPHIC

McGraw Hill Glencoe

New York, New York   Columbus, Ohio   Chicago, Illinois   Peoria, Illinois   Woodland Hills, California

Autores

Joyce Appleby, Ph.D. es profesora de historia en UCLA. Las obras publicadas de la Dra. Appleby incluyen *Inheriting the Revolution: The First Generation of Americans; Capitalism and a New Social Order: The Jeffersonian Vision of the 1790s;* and *Ideology and Economic Thought in Seventeenth-Century England,* el cual ganó el premio Berkshire. Ella sirvió de presidente tanto de la Organización de Historiadores Estadounidenses como de la Asociación Histórica Estadounidense y presidió el Consejo del Instituto de Historia y Cultura Estadounidense en Williamsburg. La Dra. Appleby ha sido elegida a la Sociedad Filosófica Estadounidense y a la Academia Estadounidense de las Artes y Ciencias y es Miembro Correspondiente de la Academia Británica.

Alan Brinkley, Ph.D. es el Profesor Allan Nevins de Historia Estadounidense en Columbia University. Sus obras publicadas incluyen: *Voices of Protest: Huey Long, Father Coughlin, and the Great Depression,* que ganó el Premio del Libro del Año 1983; *The End of Reform: New Deal Liberalism in Recession and War; The Unfinished Nation: A Concise History of the American People;* y *Liberalism and its Discontents.* Recibió el Premio Conmemorativo Levenson a la Enseñanza de Harvard University.

James M. McPherson, Ph.D. es el Profesor George Henry Davis de Historia Estadounidense en Princeton University. El Dr. McPherson es autor de 11 libros acerca de la época de la Guerra Civil. Éstos incluyen *Battle Cry of Freedom: The Civil War Era,* por el cual ganó el Premio Pulitzer en 1989 y *For Cause and Comrades: Why Men Fought in the Civil War,* por el cual ganó el Premio Lincoln de 1998. Es miembro de muchas asociaciones históricas profesionales, incluyendo Civil War Preservation Trust.

The National Geographic Society, fundada en 1888 para el mejoramiento y difusión del conocimiento geográfico, es la organización científica y educativa sin fines de lucro más grande del mundo. Desde sus principios, la Sociedad ha usado sofisticadas tecnologías de comunicación, desde la fotografía en color hasta la holografía, para llevar conocimiento a su membresía en todo el mundo. La División de Publicaciones Escolares apoya el objetivo de la Sociedad al desarrollar innovadores programas educativos, que van desde los materiales impresos tradicionales a programas de multimedia incluyendo CD-ROMs, videodiscos y software. "Geografía e Historia de National Geographic", contenida en cada unidad de este libro de texto, fue diseñada y desarrollada por la División de Publicaciones Escolares de National Geographic Society.

Acerca de la portada Las imágenes de la portada son: *Astronauta* del Apolo saludando la bandera de los EE.UU. en la luna, Estatua de la Libertad, Abraham Lincoln, Rosa Parks, Benjamín Franklin y Colin Powell.

Glencoe

The **McGraw-Hill** Companies

Envíe todas sus preguntas a:
Glencoe/McGraw-Hill, 8787 Orion Place, Columbus, Ohio 43240-4027

ISBN 0-07-868134-0 (Edición Estudiantil)
Impreso en los Estados Unidos de América.
1 2 3 4 5 6 027/043 08 07 06 05

Consultores académicos

Richard G. Boehm, Ph.D.
Profesor de Geografía
Southwest Texas State University
San Marcos, Texas

Margo J. Byerly, Ph.D.
Profesora Asociada de Métodos
    de Estudios Sociales
Ball State University
Muncie, Indiana

Maureen D. Danner
Proyecto CRISS
Consultor de Capacitación Nacional
Kalispell, MT

Frank de Varona
Superintendente Regional
Escuelas Públicas del Condado
    de Dade
Florida Internaional University
Miami, Florida

William E. Nelson, Jr., Ph.D.
Profesor Investigador de Estudios
    Negros y Profesor de Ciencias
    Políticas
The Ohio State University
Columbus, Ohio

Bernard Reich, Ph.D.
Profesor de Ciencias Políticas
    y Asuntos Internacionales
George Washington University
Washington, D.C.

Donald A. Ritchie, Ph.D.
Historiador Asociado de la Oficina
    Histórica del Senado de los
    Estados Unidos
Washington, D.C.

Carol Santa, Ph.D.
Creador del Proyecto CRISS
Kalispell, MT

Elmer Whitcraft
Jefe de Capacitación del Proyecto
    CRISS
Kalispell, MT

PLEGABLES **Dinah Zike**
Consultora Educacional
Dinah–Might Activities, Inc.
San Antonio, Texas

Profesores evaluadores

John R. Doyle
Director, División de Ciencias Sociales
Escuelas Públicas del Condado
    de Dade
Miami, Florida

David J. Engstrom
Profesor de Historia Estadounidense
Discovery Junior High School
Fargo, Dakota del Norte

Harry J. Hancock
Profesor de Estudios Sociales
Theodore Roosevelt
    Middle School
Kenner, Louisiana

Elysa E. Toler Robinson, Ed.D.
Supervisora de Programas
Escuelas Públicas de Detroit
Detroit, Michigan

Kay R. Selah
Profesor de Estudios Sociales
Landmark Middle School
Jacksonville, Florida

Deborah N. Smith
Profesora de Estudios Sociales
New Albany Middle School
New Albany, Ohio

Larry John Smith
Profesor de Historia de
    Estados Unidos
Mt. Savage School
Mt. Savage, Maryland

Cheryl Summers
Supervisora Clínica
Escuelas Públicas de Albuquerque
Albuquerque, Nuevo México

Renée Marie Trufant
Profesora de Estudios Sociales y
    Habilidades Comunicativas
Brevard Middle School
Brevard, Carolina del Norte

Sonya Lou Weaver
Profesora de Estudios Sociales
Greencastle–Antrim
    Middle School
Greencastle, Pennsylvania

Carol Davenport Wood
Profesora de Estudios Sociales
Lusher Extension
Nueva Orleans, Louisiana

Contenido

Características

Fuentes principales

En todo el texto una gama de citas y pasajes expresan los pensamientos,
sentimientos y experiencias de la gente de ayer y hoy.

Fuentes principales

Cuadros y gráficas

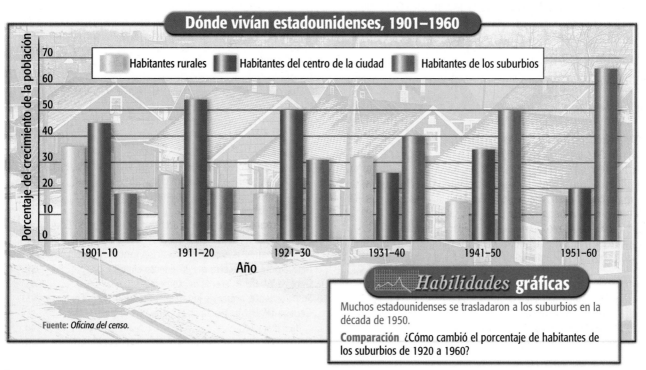

Dónde vivían estadounidenses, 1901–1960

Eje Y: Porcentaje del crecimiento de la población

Leyenda: Habitantes rurales — Habitantes del centro de la ciudad — Habitantes de los suburbios

Eje X (Año): 1901–10, 1911–20, 1921–30, 1931–40, 1941–50, 1951–60

Fuente: *Oficina del censo.*

Habilidades gráficas

Muchos estadounidenses se trasladaron a los suburbios en la década de 1950.

Comparación ¿Cómo cambió el porcentaje de habitantes de los suburbios de 1920 a 1960?

Atlas del mundo

Manual de geografía

Prólogo

Unidad 7

Unidad 8

Unidad 9

Unidad 10

Unidad 11

Revisión preliminar de tu libro de texto

Tu libro de texto está organizado para ayudarte a aprender acerca de los acontecimientos y personajes importantes que componen la historia estadounidense. Sin embargo, antes de comenzar a leer, lee esta guía inicial para ayudarte a entener lo que encontrarás en las páginas del texto. Sigue esta guía antes de comenzar a leer, para que entiendas cómo funciona este libro.

Unidades

Tu libro de texto se divide en 5 unidades. Cada una comienza con dos páginas de información para ayudarte a comenzar con el estudio de los temas.

POR QUÉ ES IMPORTANTE

Cada unidad comienza con *Por qué es importante.* Esta sección es un resumen breve de lo que estudiarás en la unidad y de los temas importantes de la misma.

CITA

Una cita breve da un idea general de una figura clave de la época.

UNIDAD

7 Reestructuración de la nación

1858–1914

> "*¡Estados Unidos! ¡Estados Unidos! (. . .) ¡Desde el mar hasta el mar brillante!*"
>
> —Katherine Lee Bates, 1893

Por qué es importante

Mientras estudias la Unidad 7, aprenderás que los pioneros se seguían esparciendo por el continente y los inmigrantes se congregaban en los centros industriales. Los siguientes recursos ofrecen más información sobre este periodo de la historia estadounidense.

Biblioteca de fuentes principales

Mira en las páginas 970–971 el listado de lecturas de fuentes principales que acompañan a la Unidad 7.
Encuentra en el CD-ROM American History Primary Source Document Library las fuentes principales adicionales acerca de la frontera del oeste y el crecimiento de la industria.

El baúl del viajero

El río Hudson
por Gari Melchers

524

BIBLIOTECA DE FUENTES PRINCIPALES

Esta sección te indica dónde encontrar las lecturas de la *Biblioteca de fuentes principales* que acompañan a la unidad.

MATERIAL VISUAL

Una fotografía o pintura te muestra cómo era la vida durante ese período de tiempo.

Capítulos

Cada unidad en *El viaje estadounidense: Reconstrucción hasta el presente* se compone de capítulos. Cada capítulo comienza con información preparatoria para ayudarte a aprovechar al máximo el capítulo.

TÍTULO DEL CAPÍTULO

El título del capítulo te indica el tema principal que leerás.

POR QUÉ ES IMPORTANTE

Por qué es importante te dice por qué los acontecimientos que estudiarás son importantes.

EL IMPACTO ACTUAL

El impacto actual explica cómo estos acontecimientos cambiaron nuestra forma de vida actual.

CAPÍTULO 18

La frontera del oeste

1858–1896

Por qué es importante

Muchas naciones de indígenas estadounidenses vivieron en las Grandes Llanuras, junto con manadas de búfalos, que eran su fuente principal de alimento. Luego, comenzando en 1869, líneas de ferrocarril transcontinentales abrieron el Oeste para los colonos blancos, cambiando para siempre el estilo de vida de los indígenas.

El impacto actual

La colonización de las Grandes Llanuras llegó junto con el desarrollo de las máquinas para arar, cultivar y cosechar. Esta combinación todavía hace que la región central del país sea un líder en cuanto al suministro de carnes y granos al mundo.

Video El viaje estadounidense El video del capítulo 18, "Life on the Western Frontier", explora la vida en el Oeste de los vaqueros e indígenas.

The Race (La Carrera) de Mort Künstler El artista es conocido por sus retratos realistas de eventos dramáticos de la historia estadounidense.

PLEGABLES
Organizador de estudios

Plegable de estudio para la evaluación de la información Haz este plegable para organizar la información y formúlate preguntas a medida que leas sobre la frontera oeste de Estados Unidos.

Paso 1 Dobla una hoja de papel de lado a lado, dejando una lengüeta descubierta de ½ pulgada al costado.

Deja una lengüeta de ½ pulgada aquí.

Paso 2 Gira el papel y dóblalo en cuatro partes.

Dóblala por la mitad; luego, dóblala nuevamente por la mitad.

Paso 3 Despliega el papel y recorta a lo largo de las tres líneas de pliegue.

Haz cuatro lengüetas.

Paso 4 Rotula el plegable como se muestra.

Lectura y redacción Al leer el capítulo, hazte preguntas y anótalas (debajo de cada lengüeta correspondiente) sobre las tragedias y triunfos que estos cuatro grupos de gente experimentaron durante la expansión de la frontera oeste.

HISTORIA En línea

Descripción general del capítulo
Visita taj.glencoe.com y haz clic en **Chapter 18—Chapter Overviews** para ver la información preliminar del capítulo.

Cronología

- 1862 • Se aprueba la Ley Homestead
- 1876 • Batalla de Little Bighorn
- 1886 • Gerónimo se rinde
- 1887 • Se aprueba la ley Dawes
- 1890 • Masacre de Wounded Knee
- 1892 • Se forma el partido populista

Estados Unidos PRESIDENTES

| Buchanan 1857–1861 | Lincoln 1861–1865 | A. Johnson 1865–1869 | Grant 1869–1877 | Hayes 1877–1881 | Garfield 1881 | Arthur 1881–1885 | Cleveland 1885–1889 | B. Harrison 1889–1893 | Cleveland 1893–1897 |

1860 — 1870 — 1880 — 1890 — 1900

Mundo

- 1861 • Los italianos establecen un reino unido
- 1869 • Se abre el canal de Suez
- 1871 • Stanley y Livingstone se reúnen en África
- 1885 • Poderes europeos dividen África
- 1895 • Wilhelm Roentgen descubre los rayos X

526   CAPÍTULO 18   La frontera del oeste

CAPÍTULO 18   La frontera del oeste   527

CRONOLOGÍA

La cronología te indica cuándo y dónde sucedieron los acontecimientos durante el período de tiempo cubierto en el capítulo.

MATERIAL VISUAL

Una fotografía o pintura te muestra cómo vivía la gente en esa época.

SITIO WEB

Historia En línea te remite a los sitios en Internet donde podrás encontrar más información, actividades, y pruebas.

Secciones

Una sección es una división o parte de un capítulo. La primera página de la sección, denominada página de introducción, te ayuda a establecer el objetivo de la lectura.

ESTRATEGIA DE LECTURA

Completar la Actividad de *estrategia de lectura* te ayudará a organizar la información a medida que lees la sección.

LEER PARA APRENDER

Recuerda los enunciados de *Leer para aprender* a medida que leas la sección.

TEMAS DE LA SECCIÓN

Tu libro de texto organiza los eventos del pasado y presente de tu nación alrededor de 10 temas. Puedes leer acerca de estos temas en las páginas xviii–xix.

IDEA PRINCIPAL

Aquí se presenta la *Idea principal* de esta sección. Debajo de ella, encontrarás términos importantes que leerás en la sección.

CRONOLOGÍA

La cronología identifica acontecimientos importantes que estudiarás en la sección.

UNA HISTORIA ESTADOUNIDENSE

Piensa en *Una historia estadounidense* como un momento definido en el tiempo. Esta sección te presenta un acontecimiento importante sobre el que leerás.

SECCIÓN 1 # La minería florece

Guía de lectura

Idea principal
Los descubrimientos de oro y plata atrajeron a miles de buscadores de fortunas al Oeste.

Términos clave
veta, mineral, vigilante, pueblo de espectros, subsidio, transcontinental

Estrategia de lectura
Análisis de la información Al leer esta sección, recrea el siguiente diagrama para explicar por qué estos lugares fueron significativos para el auge minero.

	Importancia
Pikes Peak	
Veta Comstock	
Promontory Point	

Leer para aprender
- cómo la fiebre por encontrar oro y plata llevó al desarrollo de nuevas comunidades en el Oeste.
- cómo afecto a la nación el desarrollo de líneas de ferrocarril

Tema de la sección
Geografía e historia Las líneas de ferrocarril y la minería aceleraron el flujo de colonos hacia el Oeste.

Presentación preliminar de acontecimientos

♦1855	♦1865	♦1875	♦1885

1858
Se descubre oro en Pikes Peak

1869
Líneas de ferrocarril transcontinentales unen el Este y el Oeste

1876
Colorado se une a la Unión

1883
La nación se divide en cuatro zonas horarias

UNA historia estadounidense

"Cruzaremos el atrevido Missouri y nos dirigiremos hacia el Oeste,
Y tomaremos el camino que creemos que es más corto y el mejor,
Viajaremos por llanuras en donde el viento sopla crudamente,
Y los parajes yermos y arenosos devolverán el eco de Hurra por Pikes Peak".
—"The Gold Seekers' Song" (canción de los buscadores de oro)

Los mineros cantaban esta esperanzadora canción en 1859, a medida que se dirigían hacia Pikes Peak, Colorado, en donde se había descubierto oro.

La minería es un gran negocio

Hacia mediados de la década de 1850, la fiebre del oro de California había terminado. Los mineros desilusionados, todavía con la esperanza de hacerse ricos, comenzaron a buscar oro en otras partes del Oeste.

En 1858 una expedición minera encontró oro en las laderas de **Pikes Peak** en las Montañas Rocosas de Colorado. Los periódicos sostenían que los mineros estaban ganando $20 al día lavando oro, lo cual era una suma considerable en esa época cuando los sirvientes ganaban menos de un dólar por día. Hacia la primavera de

Guía de lectura

Aprovecharás mejor tu libro de texto si reconoces los diferentes elementos que te ayudan a entender lo que lees.

MAPAS

Estos mapas de fácil lectura proporcionan un vínculo entre la geografía y la historia. Las preguntas ayudan a determinar si has comprendido la información del mapa.

FOTOGRAFÍAS

Las fotografías te muestran personas, lugares, y acontecimientos importantes de la época.

COMPROBACIONES DE LECTURA

La *Comprobación de lectura* te ayuda a comprobar por ti mismo tus conocimientos. ¿Entendiste las ideas principales?

BOSQUEJO

Piensa en los títulos como los elementos que forman un bosquejo. Los títulos en azul son los principales. Los títulos en rojo que le siguen son las secciones secundarias.

VOCABULARIO

Las palabras en azul son los términos clave. Aquí también se incluye la definición.

EVALUACIÓN DE LA SECCIÓN

La *Evaluación de la sección* es el último elemento de cada sección. Al completar la evaluación, podrás determinar tu nivel de comprensión.

NATIONAL GEOGRAPHIC Tierras indígenas occid...

CANADÁ

WASH.
Spokane
Yakima Nez Perces Blackfoot
Walla Walla
MONT.
OREGÓN RUTA DE LOS NEZ PERCE 1877
Shoshone ID. Shoshone
Arapaho WY.
La masacre de los búfalos cambió la vida de los indí-genas de las praderas.
Paiute Ute
CALIF. NEV. TERR. DE UTAH
OCÉANO PACÍFICO Mojave Hopi Navajo TERR. DE ARIZ. Apache
MÉXICO
400 millas
400 kilómetros
Proyección equivalente de Lambert

Habilidades geográficas

A fines del siglo XIX, los indígenas y Estados Unidos pelearon muchas batallas por tierras.
1. **Ubicación** ¿En qué estado tuvo lugar la batalla de Little Bighorn?
2. **Análisis de la información** ¿Qué naciones indíg se volvieron a asentar en lo que hoy es Oklahoma?

estadounidenses. La comisión recomendó cambiaran los indígenas estadounidenses pocas y grandes *reservaciones*, extensió tierra apartadas para ellos. El cambio de in estadounidenses a reservaciones no política nueva, y el gobierno ahora ren esfuerzos en ese sentido.

Una reservación grande se encont **Oklahoma**, el "Territorio indígena" Congreso había creado en la década de los indígenas estadounidenses reasent sureste. Otra, destinada para los encontraba en el **Territorio Da**

544 CAPÍTULO 18 La frontera del oeste

Análisis de *caricaturas políticas*

Esta caricatura muestra al Presidente Theodore Roosevelt en el papel de policía del mundo. Roosevelt recibió este título por su diplomacia del "palo grande". ¿Crees que el caricaturista estaba de acuerdo con que Roosevelt se portara como policía internacional? ¿Por qué sí o no?

dos enfermedades mortales: fiebre amarilla y malaria.

El Coronel **William Gorgas**, un médico del ejército que había ayudado a eliminar la fiebre amarilla en Cuba fue a Panamá para luchar contra la enfermedad. Gorgas indicó a los trabajadores que secaran los pantanos, utilizaran insecticidas, llenaran de aceite las zonas de agua estancada y cortaran la hierba de los pantanos para destruir el hábitat de los mosquitos. En 1906, estas medidas habían eliminado la fiebre amarilla y habían reducido considerablemente los casos de malaria. Sin controlar la enfermedad, Estados Unidos no hubiera podido construir el canal.

El Canal de Panamá se consideró una de las grandes hazañas de ingeniería de su tiempo. Miles de trabajadores se esforzaron para excavar el canal en medio de la selva y por encima de las montañas. Excavaron grandes cantidades de tierra y roca que utilizaron para construir una represa. Crearon un lago grande y construyeron esclusas gigantescas para subir y bajar los barcos entre el nivel del mar y las montañas, hasta cruzar al otro lado del istmo.

La gran apertura

El Canal de Panamá se inauguró el 15 de agosto de 1914, y un barco de carga, el *Ancon*, hizo el primer recorrido por el canal. Un gran éxito desde el principio, el canal redujo los gastos de envío al eliminar más de 7,000 millas del viaje de Nueva York a San Francisco. El canal también ayudó a extender el poder naval de Estados Unidos al permitir que la flota estadounidense cruzara libremente del Atlántico al Pacífico.

A la larga, el canal garantizó la fuerte presencia de EE.UU. en Latinoamérica, donde Estados Unidos tenía ahora una valiosa propiedad que proteger. Pero muchos latinoamericanos no

658 CAPÍTULO 22 Expansión en el extranjero

aceptaron la forma de adquisición de la zona del Canal. Este resentimiento amargó las relaciones entre EE.UU. y Latinoamérica durante muchos años.

Comprobación de lectura **Análisis** ¿Por qué se eligió Panamá para el lugar del canal que conectaría el Atlántico y el Pacífico?

Controlando el Hemisferio Occidental

El Presidente Roosevelt citaba muchas veces el proverbio africano de "Habla con suavidad, pero lleva contigo un palo grande". Roosevelt pensaba que Estados Unidos debía responder a las crisis en el extranjero con acciones militares y no con amenazas. Roosevelt se hizo famoso por su enfoque del "palo grande" en cuestiones de política exterior. Estados Unidos debía ejercer "un poder policíaco internacional", decía, para mantener el orden y evitar que el mundo caiga en la **anarquía** el desorden y la falta de leyes.

El Corolario de Roosevelt

Roosevelt temía que la inestabilidad del Caribe hiciera que intervinieran las potencias europeas. Dos incidentes confirmaron sus temores. En 1902, cuando Venezuela no pudo pagar sus préstamos, las naciones europeas interpusieron un bloqueo. Al año siguiente, la revolución de la República Dominicana derrocó al gobierno y dio lugar a preocupaciones de que las potencias europeas intervinieran para proteger sus intereses económicos en la zona.

El presidente respondió en 1904 a estos incidentes afirmando el derecho de Estados Unidos a actuar como "policía" de Latinoa-

---

de ser recibido como héroe al regresar a Estados Unidos, proclamó un discurso ante el Congreso. "Los viejos soldados nunca mueren", dijo, "sólo se desvanecen".

Comprobación de lectura **Comparación** ¿Cuál era la difere cia entre la visión de la Guerra de Corea de Truman y la del General MacArthur?

EVALUACIÓN DE LA SECCIÓN 3

Verificación de comprensión
1. **Términos clave** Define los siguientes términos: estancamiento, zona desmilitarizada.
2. **Repaso de hechos** ¿Cómo comenzó la Guerra de Corea?

Repaso de temas
3. **Conexiones mundiales** ¿Cómo cambiaron los objetivos estadounidenses durante el curso de la Guerra de Corea?

Pensamiento crítico
4. **Identificación de temas centrales** ¿Crees que Truman debió haber permitido que MacArthur atacara China? ¿Por qué sí o no?
5. **Organización de la información** Recrea el siguiente diagrama para indicar dos razones de por qué la Guerra de Corea terminó en un estancamiento.

Estancamiento

Análisis de material visual
6. **Habilidades geográficas** Examina el mapa en la página 803. ¿Cuándo lograron el mayor avance las fuerzas de la ONU?

Actividad interdisciplinaria

Redacción persuasiva Escribe una editorial de una página argumentando si un jefe militar estadounidense puede o no puede contravenir una decisión del presidente.

CAPÍTULO 27 La era de la Guerra Fría 805

Componentes especiales

Existen diferentes componentes especiales que te ayudarán a estudiar *El viaje estadounidense: Reconstrucción hasta el presente.*

PERSONAJES HISTÓRICOS

El componente *Personajes históricos* te cuenta la historia de personas que ejercieron influencia en la historia estadounidense.

DESARROLLO DE HABILIDADES

El componente *Desarrollo de habilidades* te enseña habilidades importantes que te resultarán útiles para aplicar en todo el libro.

DOS PUNTOS DE VISTA

El componente *Dos puntos de vista* compara los puntos de vista opuestos de dos personajes históricos sobre un mismo tema.

LITERATURA ESTADOUNIDENSE

El componente *Literatura de Estados Unidos* analiza pasajes de famosas obras estadounidenses de ficción y describe sus lecciones históricas.

Personajes históricos

Edward Rickenbacker 1890–1973

Hijo de inmigrantes suizos que se establecieron en Ohio, Edward Rickenbacker fue el mejor piloto de combate estadounidense en la Primera Guerra Mundial. "Capitán Eddie" registró 26 victorias oficiales contra aviones alemanes durante la Primera Guerra Mundial

fascinado con la tecnología y velocidad. Trabajó con motores de automóvil, luego se lanzó como piloto de carreras, ganó muchos campeonatos y estableció un récord mundial de velocidad.

Cuando Estados Unidos entró a la guerra, Rickenbacker se ofreció de voluntario. Después de menos de tres semanas

primera patrulla en Francia con un escuadrón completamente estadounidense y obtuvo más victorias que cualquier otro.

Después de la guerra, Rickenbacker se asoció con varias compañías automotrices y de aviación. Compró y administró la pista Indianapolis Motor Speedway. Además hizo

---

Desarrollo de HABILIDADES

Estudio y redacción

Bosquejo

¿Por qué desarrollar esta habilidad?

Para esbozar una escena, primero debes dibujar una forma general o contorno de la imagen. Luego llenas esta forma general con los detalles. Bosquejar el

Bosquejo del Capítulo
I. Los Aliados europeos
   A. Los ejércitos
   1. La guerra

DOS PUNTOS DE VISTA

¿Deberíamos darles la bienvenida o impedir la inmigración a nuestro país?

Los inmigrantes lucharon hasta encontrar su lugar en la sociedad estadounidense. Ellos cambiaron la sociedad estadounidense con sus costumbres y sus culturas. Muchos estadounidenses resistían estos cambios y hablaron en contra de la inmigración en el futuro.

Circular de Bienes Raíces de San Francisco, septiembre de 1874

Los chinos vinieron por una sola temporada; y aunque nos dieron su trabajo, ellos no [gastan el dinero que ganan] en el país. Ellos no vienen aquí a quedarse o a formar un hogar. (...) El comparar a los chinos con los trabajadores más bajos es, por lo tanto, absurdo.

Nos preocupan los sufrimientos de estos esclavos asiáticos; tratamos de hacerlos que vivan en forma decente mientras están aquí y disuadirlos de llegar en tales números ya que eso haría que los trabajadores blancos se vayan del país . . .

Inmigrantes chinos

El abogado Louis Marshall habla en contra de limitar la inmigración, 1924

Igual que los demás inmigrantes, aquellos que vienen desde los países que se pensaban tabú [prohibidos] han sido industriosos y obedientes de la ley, y han hecho contribuciones valiosas a nuestro desarrollo industrial, comercial y social. (. . .)

El decir que ellos no pueden ser asimilados predica ignorancia. Los hechos muestran que ellos adoptan los estándares de vida estadounidense y que están impregnados [llenos] del espíritu de nuestras instituciones. Se dice que ellos hablan idiomas extranjeros, pero en esos idiomas se les enseña a amar a nuestro gobierno . . .

Louis Marshall

Lecciones de la historia

1. ¿Qué parecía que le escritor de San Francisco temía?
2. ¿Qué argumentaba Louis Marshall sobre las contribuciones de los inmigrantes?
3. ¿Qué hechos usó Marshall para apoyar su punto de vista que los recién llegados eran "asimilables"?

---

establecerse grupo étnic comunida barrios j chinos y rápidame San Fra grandes.

Los in parte de comunida en cierta Los más de adora donde celebrab hecho e sacerdot líderes

Los i dicos en negocio clubes étnicas los in patrim

Mov

La niden la as estaba inmig poco Estad gran que sus salari

racia los Alg an sus no calzaban dentro de la sociedad estadounidense.

LITERATURA DE Estados Unidos

Maya Angelou (1928–)

Maya Angelou, nacida en 1928, ha escrito poesía, ficción y teatro. Nacida como Marguerite Johnson, Angelou y su hermano, Bailey, fueron criados por su abuela, Annie Henderson, la dueña de un almacén en Stamps, Arkansas.

LEER PARA DESCUBRIR

En el siguiente extracto de la autobiografía de Angelou, ella tenía alrededor de 10 años de edad. Brillante pero sumamente retraída, se ha retirado de la vida pública y no habla con nadie. Al leer, presta atención a las acciones de los personajes.

DICCIONARIO DEL LECTOR

íntimo: amigo o asociado cercano

Sé por qué canta el pájaro enjaulado

La Sra. Bertha Flowers era la aristócrata de la sociedad negra de Stamps. Tenía la gracia de parecer cálida en el clima más frío, y en los días de verano de Arkansas parecía que tenía una brisa privada que revoloteaba a su alrededor, refrescándola (...)

Era una de las pocas damas que he conocido, y durante toda mi vida la he considerado como el modelo de lo que un ser humano puede llegar a ser.

Mamá tenía una extraña relación con ella. La mayoría de las veces cuando ella pasaba por el camino frente a la tienda, le decía a mamá con esa voz suave pero a la vez afectuosa, "Buenos días, Sra. Henderson". Mamá respondía "¿Cómo 'ta, hermana Flowers?"

La Sra. Flowers no pertenecía a nuestra iglesia ni era una íntima de mamá. ¿Por qué insistía en llamarla hermana Flowers? Yo quería esconder mi rostro por la vergüenza. La Sra. Flowers merecía más que ser llamada hermana. Y más encima, mamá se saltaba el pronombre. Por qué no preguntar, "¿Cómo está usted, Sra. Flowers?" Con la pasión de la juventud, la odiaba por demostrar su ignorancia a la Sra. Flowers. Por muchos años no me di cuenta que eran tan parecidas como hermanas, separadas sólo por la educación formal (...)

Su mundo por Philip Evergood

Ocasionalmente, eso sí, la Sra. Flowers salía del camino y se dirigía a la tienda y mamá me decía, "hermana, anda a jugar". Mientras me alejaba escuchaba el inicio de una conversación personal. Mamá constantemente usaba el pronombre equivocado, o ninguno (...)

Escuchaba la suave voz de la Sra. Flowers y la áspera voz de mi abuela unirse y mezclarse. De vez en cuando la conversación era interrumpida por risas que seguramente eran de la Sra. Flowers (...)

Ella se comportaba tan refinada como las personas blancas en las películas y libros y era más hermosa, porque nadie podría haberse acercado a ese cálido color sin parecer gris en comparación.

Extracto de *Sé por qué canta el pájaro enjaulado*, por Maya Angelou. Derechos de autor © 1969 por Maya Angelou. Reproducido con la autorización de Random House, Inc.

ANÁLISIS DE LITERATURA

1. **Memorización e interpretar** Describe la relación entre mamá y la Sra. Flowers.

2. **Evaluación y conexión** ¿Crees que la Sra. Flowers te caería bien? Explica.

Actividad interdisciplinaria

Redacción informativa Escribe un relato de una sola página describiendo un encuentro con una persona que influyó en tu vida en forma positiva.

---

las que los inmigrantes tenían que adaptarse en Estados Unidos?

los inmigrantes

Búsqueda

El viaje estadounidense: Reconstrucción hasta el presente contiene mucha información. La clave está en saber dónde buscar la información en el libro. Si haces este ejercicio de búsqueda con tu maestro o con tus padres, te darás cuenta cómo está organizado el libro y cómo aprovechar al máximo el tiempo que dediques a la lecutra y al estudio. ¡A comenzar!

1 ¿Cuántos capítulos y unidades tiene el libro?

2 ¿Qué época cubre la Unidad 2?

3 ¿Cuántos capítulos tiene la Unidad 3? ¿De qué se trata esta unidad?

4 ¿Cuál es el título del Capítulo 14, Sección 3?

5 ¿En qué página del Capítulo 4 puedes encontrar la actividad *de Plegables*? ¿Qué te ayuda a hacer esta actividad?

6 ¿Qué habilidad debes practicar al trabajar en el componente Desarrollo de habilidades del Capítulo 8?

7 En el Capítulo 5 hay 3 sitios Web. El primero ofrece un panorama general del capítulo, y el segundo presenta un resumen del mismo. ¿Qué hace el tercero?

8 ¿Quieres encontrar rápidamente todos los mapas del libro acerca de la guerra civil? ¿Dónde los buscas?

9 La mayoría de las secciones de los capítulos comienzan con un pasaje de una fuente principal—un documento u otro testimonio perteneciente a la época. ¿En qué otro lugar del libro de texto puedes encontrar otras fuentes principales?

10 ¿Dónde puedes encontrar la definición de un mapa físico, un mapa político, y un mapa de propósitos especiales?

¿Cómo estudio la historia?

Al leer *El viaje estadounidense: Reconstrucción hasta el presente*, se te ayudará a desglosar toda la información que encuentres. Este libro de texto organiza los eventos del pasado y presente de tu nación alrededor de 10 temas. Un tema es un concepto o idea principal que ocurre una y otra vez durante la historia. Al reconocer dichos temas, entenderás mejor los eventos del pasado y cómo te afectan hoy en día.

Temas en *El viaje estadounidense: Reconstrucción hasta el presente*

Cultura y tradiciones
Estar consciente de las diferencias culturales brinda un conocimiento de nosotros mismos y los demás. Gente en todo el mundo ha cantado por generaciones "la tierra de los peregrinos, la tierra donde murieron nuestros padres" aún cuando sus antepasados llegaron a estas costas después de que habían ocurrido dichos eventos.

Continuidad y cambio
Reconocer nuestras raíces históricas nos ayuda a entender el por qué las cosas son así hoy en día. Este tema incluye los cambios políticos, sociales, religiosos y económicos que han influenciado la manera en que los estadounidenses piensan y actúan.

Geografía e historia
Entender la geografía nos ayuda a entender la manera en que los seres humanos interactúan con su medio ambiente. Estados Unidos tuvo éxito en parte debido a sus ricos recursos naturales y sus vastos espacios abiertos. En muchas regiones, la gente cambió el panorama natural para satisfacer sus deseos y necesidades.

Acción individual

Las personas responsables con frecuencia se han ofrecido para encabezar la nación. Los sólidos valores familiares de Estados Unidos ayudaron a crear tales personas. Estos valores se originaron en parte en épocas pasadas cuando el hogar era el centro de muchas actividades, incluyendo trabajo, educación y culto diario.

Grupos e instituciones

Identifica cómo los grupos e instituciones políticos y sociales nos ayudan a trabajar juntos. Desde el principio, los estadounidenses formaron grupos e instituciones para actuar en apoyo de sus creencias económicas, políticas y religiosas.

Gobierno y democracia

Entender el funcionamiento del gobierno nos ayuda a ser buenos ciudadanos. Abraham Lincoln explicó el significado de la democracia como "gobierno de la gente, por la gente, para la gente." La democracia, en su mejor estado, se encuentra "entre" la gente.

Ciencia y Tecnología

Los estadounidenses siempre han adoptado las innovaciones rápidamente. La nación fue establecida y construida por gente que combinó sus costumbres anteriores con las nuevas. Las vidas de los estadounidenses están profundamente influenciadas por la tecnología, el uso de la ciencia y máquinas. Tal vez ninguna otra máquina ha influenciado más la vida moderna que el automóvil. Entender los papeles de la ciencia y la tecnología nos ayuda a ver su impacto en nuestra sociedad y los que desempeñarán en el futuro.

Factores económicos

La economía de libre empresa de los Estados Unidos es consistente con la historia de derechos y libertades de la nación. La libertad de elegir en decisiones económicas apoya a otras libertades. Entender el concepto de la libre empresa es básico para estudiar la historia estadounidense.

Conexiones mundiales

El mundo parece más pequeño que hace solamente 50 años. El transporte y las comunicaciones modernas han acercado a la gente de todo el mundo. Como resultado, los países actuales dependen más de los demás. Como ciudadanos de los Estados Unidos y miembros de la comunidad mundial, tenemos la responsabilidad de mantenernos informados acerca de los acontecimientos en otros países del mundo. Estar al tanto de la interdependencia mundial nos ayuda a tomar decisiones y a tratar con los problemas difíciles que encontremos.

Derechos y responsabilidades cívicos

Para que un sistema democrático sobreviva, sus ciudadanos deben participar activamente en el gobierno. La base de la democracia es el derecho de cada persona a participar en el gobierno y a expresar sus opiniones. Apreciar la lucha para preservar estas libertades es vital para entender la democracia.

Usar los temas

Encontrarás temas de la sección al principio de cada sección del libro. Se te hacen preguntas que te ayudan a integrar todo para entender mejor la manera en que las ideas y temas se conectan en el tiempo —y para ver por qué la historia es importante hoy en día.

LEER PARA APRENDER

Este libro se enfoca en las habilidades y estrategias que pueden ayudarte a entender las palabras que lees. Las estrategias que utilices para entender los textos completos dependen del tipo de texto que estés leyendo. En otras palabras, tú no lees un libro de texto de la misma forma que lees una novela. Un libro de texto lo lees principalmente para adquirir conocimiento e información; una novela la lees principalmente para divertirte. Para sacar el mejor provecho de tu lectura, necesitas escoger la estrategia correcta que se ajuste al propósito de tu lectura.

USA ESTE LIBRO PARA AYUDARTE A APRENDER

- cómo identificar las palabras nuevas y crear tu vocabulario
- cómo ajustar la forma de leer para que se adapte al propósito de tu lectura
- cómo utilizar estrategias de lectura específicas para entender mejor lo que lees
- cómo utilizar las estrategias de pensamiento crítico para pensar más profundamente sobre lo que lees

También aprenderás sobre

- estructuras de texto
- lectura para investigar

ÍNDICE

Identificación de palabras y desarrollo de vocabulario

¿Qué haces cuando te encuentras con una palabra que no conoces en una lectura? ¿Te saltas la palabra y sigues leyendo? Si lees por diversión o por entretenimiento, es posible que así sea. Pero si lees para obtener información, una palabra desconocida puede interferir con la comprensión del texto. Cuando eso sucede, intenta emplear las siguientes estrategias para entender cómo decir la palabra y qué significa la palabra.

Lectura de palabras desconocidas

Pronunciación de la palabra Una forma de entender cómo decir una palabra nueva es pronunciándola, sílaba por sílaba. Mira detenidamente el comienzo, el medio y el final de la palabra. Dentro de la palabra, ¿ves una palabra que ya sabes pronunciar? ¿Qué vocales hay en las sílabas? Usa los siguientes consejos para pronunciar palabras nuevas.

- **Las raíces y las palabras base** La parte principal de una palabra se llama raíz. Cuando la su raíz. es una palabra completa, se le puede llamar palabra base. Cuando te encuentres con una palabra nueva, verifica si reconoces su raíz o la palabra base. Una buena ayuda será pronunciar la palabra y tratar de entender el significado.

PREGÚNTATE A TÍ

- ¿Qué letras forman el sonido inicial o la sílaba inicial de la palabra?

  Ejemplo: En la palabra *coagular,* *co* rima con *so.*

- ¿Qué sonidos generan las letras en el medio de la palabra?

  Ejemplo: En la palabra *coagular,* la sílaba *lar* tiene el mismo sonido que *ar* en la palabra *par,* y la sílaba *a* se pronuncia como la letra *a.*

- ¿Qué letras forman el sonido o sílaba final?

  Ejemplo: En la palabra *coagular,* *gu* es una sílaba conocida que ya sabes pronunciar.

- Ahora trata de pronunciar la palabra completa:

  co a gu lar.

- **Prefijos** Un prefijo es una parte de la palabra que se puede agregar al principio de una raíz o palabra base. Por ejemplo, el prefijo *pre-* significa "antes", de manera que *prehistoria* significa "antes de la historia". Los prefijos pueden cambiar, o incluso crear el opuesto del significado de una palabra. Por ejemplo, *anti-* significa "no", de manera que *anticonstitucional* significa "no constitucional".

- **Sufijos** Un sufijo es una parte de la palabra que se puede agregar al final de la raíz o palabra base para cambiar el significado de la palabra. Agregar un sufijo a una palabra también puede cambiar esa palabra de una parte de la oración a otra. Por ejemplo, la palabra *gozo*, un sustantivo, se transforma en un adjetivo cuando el sufijo *-oso* se le agrega. *Gozoso* significa "lleno de gozo".

Cómo determinar el significado de una palabra

Uso de la sintaxis Como en todos los idiomas, el español tiene reglas y patrones para la distribución de las palabras en una oración. La forma en que está organizada una oración se llama la **sintaxis** de la oración. Si el español es tu primer idioma, has aprendido este patrón desde que empezaste a conversar con frases cortas. Si estás aprendiendo español ahora, es posible que encuentres que la sintaxis es diferente a los patrones que conoces de tu primer idioma.

En una oración simple en español, alguien o algo (el *sujeto*) hace algo (el *predicado* o *verbo*) a o con otra persona o cosa (el *objeto*): Los *soldados atacaron* al *enemigo*.

A veces se agregan adjetivos, adverbios y frases para proporcionar detalles a la oración: *Los jóvenes y valientes* soldados atacaron *osadamente* al enemigo *que se encontraba bien atrincherado inmediatamente después del amanecer.*

VERIFÍCALO

Saber sobre sintaxis te puede ayudar a entender el significado de una palabra desconocida. Nada más mira cómo la sintaxis te puede ayudar a entender las siguientes frases sin sentido (en inglés).

The blizzy kwarkles sminched the flerky fleans.

Tu experiencia con la sintaxis del inglés te indica que la palabra de acción, o verbo, en esta frase es *sminched*. ¿Quién hizo el *sminching*? Los *kwarkles*. ¿Qué tipo de kwarkles eran? *Blizzy*. ¿A quién *sminch ellos*? A los fleans. ¿Qué tipo de fleans eran? *Flerky*. Aunque no conozcas el significado de las palabras en la frase sin sentido, puedes darle cierto sentido a la frase entera estudiando su sintaxis.

Uso de claves de contexto En general, puedes entender el significado de una palabra desconocida mirando su contexto, las palabras y frases que la rodean. Para aprender palabras nuevas durante una lectura, sigue estos pasos para usar las claves de contexto.

1. Mira lo que hay antes y después de la palabra desconocida y busca:
   - una definición o sinónimo, otra palabra que signifique lo mismo que la palabra desconocida.
   - un tema general asociado con la palabra.
   - una clave que te indique a qué palabra es similar o diferente.
   - una acción o una descripción que tenga algo que ver con la palabra.
2. Conecta lo que ya sabes con lo que el autor ha escrito.
3. Da un significado posible.
4. Usa el significado en una frase.
5. Intenta de nuevo si tu presunción no tiene sentido.

Uso de materiales de referencia El uso de diccionarios y otras fuentes de referencia te puede ayudar a aprender palabras nuevas. Revisa estas fuentes de referencia:

- Un **diccionario** te da la pronunciación y el significado o los significados de las palabras. Algunos diccionarios también te dan otras formas de las palabras, su uso en una oración, y sinónimos. También puedes encontrar el antecedente histórico de una palabra, como su origen griego, latino o anglosajón.

- Un **glosario** es una lista de palabras que aparece al final, o en el Apéndice, de un libro u otro trabajo escrito e incluye sólo palabras que aparecen en ese trabajo. Al igual que los diccionarios, los glosarios tienen la pronunciación y las definiciones de las palabras.

- Un **diccionario de sinónimos** presenta grupos de palabras que tienen el mismo, o casi el mismo, significado. Las palabras con significados similares se llaman *sinónimos*. Revisar los sinónimos de las palabras te puede ayudar a formar tu vocabulario.

Cómo reconocer los significados de palabras a través de las materias

¿Alguna vez has aprendido una palabra nueva en una clase y luego has vuelto a ver la palabra en tus lecturas de otras asignaturas? Probablemente la palabra no tendrá el mismo significado en las distintas clases. Pero puedes utilizar lo que sabes del significado de la palabra como ayuda para entender su significado en una materia diferente.

VERIFÍCALO

Observa los siguientes ejemplo de tres materias:

Estudios sociales: un **producto** importante fabricado en el sur es la tela de algodón.

Matemáticas: después de multiplicar esos dos números, explica cómo llegaste al **producto.**

Ciencia: un **producto** de las fotosíntesis es el oxígeno.

Leer por una razón

¿Por qué lees esa novela de misterio? ¿Qué esperas obtener de tu libro de texto de geografía? ¿Vas a leer alguno de estos libros de la misma manera que lees el menú de un restaurante? El punto es que tú lees por motivos distintos. El motivo por el cual lees algo te ayuda a decidir las estrategias de lectura que utilizarás en un texto. En otras palabras, cómo lees dependerá de **por qué** lees.

Cómo concocer tu razón para leer

En la escuela y en la vida, tendrás muchas razones para leer, y esas razones te llevarán a una amplia gama de materiales. Por ejemplo,

- **para aprender y entender nueva información,** es posible que tengas que leer revistas de noticias, libros de texto, noticias en Internet, libros sobre tus pasatiempos favoritos, artículos de una enciclopedia, fuentes principales y secundarias para un informe de la escuela, instrucciones sobre cómo utilizar una tarjeta de llamadas telefónicas, o instrucciones para una prueba estandarizada.

- **para encontrar información específica,** es posible que tengas que mirar la sección de deportes para ver el resultado del juego de anoche, un aviso para saber dónde hay que registrarse para un viaje de estudio, informes del tiempo, estados de cuenta bancarios, o listas con los programas de televisión.

- **para entretenerte,** es posible que tengas que leer tu revista favorita, mensajes de correo electrónico o cartas de amigos, las tiras cómicas del domingo, o incluso novelas, cuentos cortos, obras de teatro o poemas.

Cómo regular qué tan rápido lees

Qué tan rápido o qué tan detenidamente debes leer un texto depende del propósito que tengas al leerlo. Puesto que hay muchos motivos y formas de leer, piensa en tu propósito y elige la estrategia que funcione mejor. Intenta estas estrategias:

- **Vistazo rápido** significa dar una mirada rápida a todo el material en busca de las *palabras o frases clave* que se relacionen con la información que estás buscando. Da un vistazo rápido cuando necesites encontrar un tipo de información específica. Por ejemplo, puedes dar un vistazo rápido al periódico para ver el horario de exhibición de las películas en un cine.

- **Lectura veloz** significa hacer una lectura rápida del texto para *hallar la idea principal* o para *obtener una visión general del texto*. Por ejemplo, puedes leer rápidamente la sección de deportes del periódico para saber cómo le está yendo a tu equipo favorito. O puedes leer rápidamente un capítulo de tu libro de texto para prepararte para una prueba.

- **Lectura detenida** implica *leer lentamente y con atención* teniendo en mente un propósito. Lee detenidamente cuando aprendas conceptos nuevos, cuando sigas instrucciones complicadas o cuando te prepares para explicar algo a otra persona.

Cómo entender lo que lees

Leer sin entender es como tratar de manejar un vehículo con el tanque de gasolina vacío. Afortunadamente, existen técnicas que puedes utilizar como ayuda para concentrarte y entender lo que lees. Los lectores experimentados adoptan una cantidad de estrategias antes, durante y después de leer para asegurarse de entender lo que leen.

Revisión preliminar

Si fueras a hacer una exhibición preliminar de una película, seguramente querrías que el público supiera de qué se trata la película. Cuando lees con anticipación un texto, lo que tratas es de obtener una idea sobre el contenido de ese texto. Si sabes lo que te espera antes de leer, se te hará más fácil entender las ideas y las conexiones. Sigue estos pasos para ver con antelación las tareas de tu lectura.

¡HAZLO!

1. Observa el título y todas las ilustraciones que se incluyen.

2. Lee los títulos, subtítulos y todas las palabras en negritas.

3. Lee rápidamente el pasaje para ver cómo está organizado. ¿Está dividido en muchas partes?

¿Es un poema largo o un cuento corto? No olvides examinar las gráficas, fotografías, mapas o diagramas.

4. Determina un propósito para tu lectura. ¿Estás leyendo para aprender algo nuevo? ¿Estás leyendo para hallar información específica?

Cómo utilizar lo que sabes

Aunque lo creas o no, tú ya sabes bastante del tema sobre el cual vas a leer. Tú aportas conocimientos y experiencia personal a la selección. Hacer una inferencia con tu propio conocimiento se llama *activación del conocimiento previo,* y te puede ayudar a crear el significado de lo que lees. Pregúntate tú mismo, *¿Qué es lo que ya sé sobre este tema?*

Predicción

No necesitas ningún conocimiento especial para hacer *predicciones* cuando lees. Las predicciones ni siquiera tienen que ser exactas. Haz suposiciones basadas en tu conocimiento antes y durante la lectura sobre lo que podría pasar en la historia o el artículo que estás leyendo.

Visualización

Crear imágenes en tu mente cuando lees, lo que se llama *visualización*, es un una buena ayuda para la comprensión. Mientras lees, recrea un cine en tu imaginación. Imagínate el ambiente: las calles de la ciudad, el desierto o la superficie de la luna. Si puedes visualizar lo que lees, las selecciones serán más vívidas, y las recordarás mejor más adelante.

Identificación de secuencia

Cuando descubres el orden lógico de los acontecimientos o las ideas, estás identificando la *secuencia.* ¿Necesitas entender instrucciones paso a paso? ¿Estás leyendo un discurso persuasivo con las razones detalladas en orden de importancia? Encuentra claves y palabras que te ayuden a encontrar la forma en que está organizada la información.

Cómo determinar la idea principal

Cuando busques la *idea principal* de una selección, debes buscar la idea más importante. Los ejemplos, las razones y los detalles que posteriormente explican la idea principal se llaman *detalles de apoyo.* Algunas ideas principales están claramente establecidas en un pasaje, generalmente en la primera frase de un párrafo, o a veces en la última frase de un pasaje. Otras veces, el autor no establece directamente la idea principal, pero entrega detalles que ayudan al lector a entender cuál es.

PREGÚNTATE A TÍ

- ¿De qué se trata cada frase?
- ¿Hay alguna frase que te indique de qué se trata el pasaje completo o que

sea más importante que las otras frases?
- ¿Qué idea principal describen los detalles de apoyo?

Preguntas

Mantén una conversación contigo mismo cuando leas *haciéndote preguntas* sobre el texto. Pregúntate sobre la importancia de la información que estás leyendo. Pregúntate cómo un hecho se vincula con otro. Pregúntate si entendiste lo que acabas de leer. Al responder tus preguntas, te estarás asegurando de que entiendes lo que está pasando.

Clarificación

Aclara, o *clarifica,* los pasajes difíciles o confusos a medida que leas. Cuando te des cuenta de que no entiendes algo, intenta estas técnicas como ayuda para clarificar las ideas.
- *Vuelve a leer* las partes confusas lenta y detenidamente.
- *Busca en un diccionario* las palabras desconocidas.
- Simplemente *"clarifica"* la parte contigo mismo.
Vuelve a leer el pasaje. La segunda vez es siempre más fácil y más informativa.

Revisión

En la escuela probablemente *revisas* lo que aprendiste el día anterior, de manera que las ideas queden firmes en tu mente. Revisar cuando lees es la misma cosa. Tómate un poco de tiempo de vez en cuando y revisa lo que has leído. Piensa en las ideas principales y reorganízalas para ti mismo, de manera que las puedas recordar más adelante. Completar con materiales auxiliares de estudio como organizadores gráficos, apuntes o bosquejos te sirve para revisar.

Supervisión de tu comprensión

Al leer, revisa tu comprensión utilizando las estrategias siguientes.

- **Resume** lo que has leído haciendo una pausa de vez en cuando e indica tú mismo las ideas principales de lo que acabas de leer. Responde las preguntas *¿Quién? ¿Qué? ¿Dónde? ¿Cuándo? ¿Por qué?* y *¿Cómo?* Hacer un resumen sirve para probar tu comprensión y te anima a clarificar los puntos clave con tus propias palabras.

- **Parafraseo** A veces lees algo que "casi" entiendes, pero no del todo. Usa el parafraseo como una prueba para ver si realmente entendiste el punto. *Parafrasear* es volver a contar algo con tus propias palabras. De manera que cierra el libro y trata de decir lo que acabas de leer con tus propias palabras. Si no lo puedes explicar claramente, probablemente debas dar otra mirada al texto.

Pensando en tu lectura

A veces es importante pensar más profundamente sobre lo que has leído, de manera que puedas sacar el mejor provecho de lo que quiere decir el autor. Estas habilidades de pensamiento crítico te ayudarán a ahondar más allá de las palabras y captar los mensajes importantes de tu lectura.

Interpretación

Cuando escuchas hablar a tu mejor amigo, no sólo escuchas las palabras que él o ella dice. También observas a tu amigo, escuchas el tono de su voz y usas lo que ya sabes sobre esa persona para darle un significado a sus palabras. Al hacer eso, estás interpretando lo que dice tu amigo. Los lectores hacen la misma cosa cuando interpretan lo que leen. *Interpretar* es preguntarse a sí mismo, *¿Qué está diciendo realmente el autor aquí?* y luego utilizar lo que sabes sobre el mundo para responder esa pregunta.

Inferencias

Es posible que no te des cuenta, pero infieres, o haces inferencias, todos los días. He aquí un ejemplo: Vas a la parada del autobús un poco más tarde que lo normal. No hay nadie en la parada. "Perdí el autobús", te dices a tí mismo. Es posible que estés equivocado, pero esa es la forma de funcionar de nuestras mentes. Miras la evidencia (estás atrasado; no hay nadie en la parada) y llegas a una conclusión (perdiste el autobús).

Cuando lees, pasas exactamente por el mismo proceso, ya que los escritores no siempre establecen directamente lo que quieren que entiendas. Al proporcionar claves y detalles interesantes, sugieren cierta información. Cada vez que combinas esas claves con tu propio conocimiento e información, estás haciendo una inferencia.

Una *inferencia* implica el uso de tu forma de pensar y tu experiencia para llegar a una idea basada en lo que el autor sugiere. En una lectura, *infieres* cuando usas claves contextuales y tu propio conocimiento para entender el significado del autor.

Conclusiones

Los lectores experimentados siempre están *sacando conclusiones,* o tratando de entender mucho más de lo que el autor dice directamente. El proceso es equivalente a un detective que trata de resolver un misterio. Combinas la información y las pruebas que proporciona el autor para llegar a una aseveración sobre el tema. Sacar conclusiones te ayuda a encontrar conexiones entre las ideas y los acontecimientos, y te da una mejor comprensión de lo que estás leyendo.

Análisis

Analizar, o examinar las partes de algo para entender el todo, es una forma de pensar críticamente sobre un trabajo escrito.

- Al analizar un escrito persuasivo de *no ficción,* es posible que quieras analizar las razones del escritor para ver si realmente fundamentan el punto principal del argumento.

- Al analizar un *texto informativo,* debes considerar cómo están organizadas las ideas para ver qué es más importante.

Cómo distinguir un hecho de una opinión

Distinguir entre un hecho y una opinión es una de las habilidades de lectura más importantes que puedes aprender. Un *hecho* es una aseveración que se puede probar con información de respaldo. Una *opinión,* por otro lado, es lo que el escritor cree, basado en su punto de vista personal. Los escritores pueden fundamentar sus opiniones con hechos, pero una opinión es algo que no se puede probar.

POR EJEMPLO

Observa los siguientes ejemplos de hecho y opinión.

Hecho: Jorge III fue el rey británico durante la Revolución Estadounidense.

Opinión: El Rey Jorge III fue un déspota malvado.

Puedes probar que Jorge III fue rey durante ese período. Es un hecho. Sin embargo, no todo el mundo puede ver que el Rey Jorge III fue un déspota. Ésa es una opinión personal.

Cuando examines una información, siempre pregúntate a ti mismo, "¿es un hecho o una opinión?" No pienses que las opiniones son siempre malas. A menudo son exactamente lo que quieres. Cuando lees editoriales y ensayos lo haces en busca de las opiniones de sus autores. Las críticas de libros, películas y discos compactos te pueden ayudar a decidir si invertir o no tu tiempo y tu dinero en algo. Pero cuando las opiniones están basadas en un razonamiento o prejuicio errado o cuando están establecidas como hechos, las mismas se convierten en un problema.

Evaluación

Cuando te formas una opinión o emites un juicio sobre algo que estás leyendo, estás *evaluando.* Si lees textos informativos o algo en Internet, es importante evaluar si el autor es competente para escribir sobre el tema y si la información que presenta es confiable o no. Pregúntate a ti mismo si el autor parece tener una opinión sesgada, si la información proviene de un solo lado y si el argumento presentado es lógico.

Síntesis

Cuando *sintetizas,* combinas ideas (incluso pueden ser de otras fuentes) para traer a colación algo nuevo. Puede ser una nueva interpretación de una idea importante o una nueva forma de combinar y presentar la información. Por ejemplo, puedes leer un manual sobre el entrenamiento de fútbol, combinar esa información con tus propias experiencias en el juego del fútbol, e idear un nuevo plan de entrenamiento para ayudar al equipo de tu hermana esta primavera.

Cómo entender la estructura del texto

Un buen escritor no combina las frases y párrafos sin orden. Ellos estructuran cada uno de los párrafos de una forma específica para un propósito específico. El patrón de organización se llama *estructura del texto.* Cuando conoces la estructura de texto de una selección, encontrarás más fácil localizar y recordar las ideas de un autor. He aquí cuatro formas utilizadas por los escritores para organizar un texto.

Comparación y contraste

La estructura de comparación y contraste muestra las similitudes y diferencias entre la gente, las cosas y las ideas. Tal vez hayas escuchado a alguien en la escuela decir algo como: "Él es mejor para lanzar la pelota de fútbol, pero yo puedo correr más rápido que él". Este estudiante está utilizando una estructura de comparación y contraste. Cuando los escritores utilizan la estructura de comparación y contraste, a menudo te quieren mostrar *cómo las cosas que parecen similares son diferentes, o cómo las cosas que parecen diferentes son similares.*

- **Palabras y frases indicadoras:** *similarmente, por un lado, por otro lado, en contraste, pero, sin embargo*

Causa y efecto

Casi todo lo que pasa en la vida es la causa o el efecto de otro hecho o acción. A veces lo que sucede es bastante menor: No miras cuando viertes la leche *(causa);* derramas la leche sobre la mesa *(efecto).* A veces es un poco más grave: No miras tu cuaderno de matemáticas antes de una prueba importante *(causa);* te va pésimo en la prueba *(efecto).*

Los escritores utilizan la causa y el efecto para explorar las razones de algo que sucede y para examinar los resultados de acontecimientos anteriores. Esta estructura ayuda a responder la pregunta que todos se hacen: *¿Por qué?* Un historiador puede contarnos por qué surgió y cayó un imperio. La estructura de causa y efecto tiene que ver completamente con la explicación de las cosas.

- **Palabras y frases indicadoras:** *de manera que, porque, como resultado, por lo tanto, por las razones siguientes*

Problema y solución

¿Cómo los científicos superaron la dificultad de mandar a alguien a la luna? ¿Cómo me lavaré los dientes si me olvidé de mi pasta de dientes? Estas preguntas pueden ser muy diferentes en importancia, pero tienen una cosa en común: cada una identifica un problema y pregunta cómo resolverlo. Los *problemas* y las *soluciones* son parte de lo que hace interesante la vida. Los problemas y las soluciones también ocurren en los textos de ficción y no ficción.

- **Palabras y frases indicadoras:** *cómo, ayuda, problema, obstrucción, dificultad, necesidad, intento, tener que, deber*

Secuencia

Da una mirada a estas tres formas comunes de secuencia, *el orden en que están ordenadas las ideas y pensamientos.*

- **Orden cronológico** se refiere al orden en que se desarrollan los acontecimientos. Primero te levantas; luego tomas el desayuno; luego te vas a la escuela. Esos acontecimientos no tienen sentido en ningún otro orden.

  Palabras indicadoras: *primero, próximo, entonces, más adelante* y *finalmente.*

- **Orden espacial** te indica el orden en el cual mirar los objetos. Por ejemplo, da una mirada a esta descripción de un plato de helado bañado de sirope: *En el fondo del plato hay dos cucharadas de helado de vainilla. Las cucharadas de helado están cubiertas de chocolate y coronadas con crema batida y una cereza.* Tus ojos siguen al helado de arriba abajo. El orden espacial es importante en la escritura descriptiva, ya que te ayuda como lector a ver una imagen de la manera que quiere el autor.

  Palabras indicadoras: *arriba, abajo, detrás* y *al lado de.*

- **El orden de importancia** va del más importante al menos importante o al revés. Por ejemplo, un artículo típico de noticia tiene una estructura de más a menos importante.

  Palabras indicadoras: *principal, central, importante,* y *fundamental.*

VERIFÍCALO

- **Índices de materias** Mira los índices de materias primero para ver si hay algún recurso que ofrezca la información que necesitas.
- **Índices alfabéticos** Un índice alfabético es una lista alfabética de los temas importantes cubiertos en un libro. Se encuentra en la parte final de un libro.
- **Títulos y subtítulos** Los títulos a menudo te indican cuál es la

información que sigue en el texto que estás leyendo. Los subtítulos te permiten estrechar aún más tu búsqueda de la información que necesitas.

- **Características gráficas** Las fotografías, los diagramas, los mapas, las tablas, las gráficas y otros medios gráficos pueden comunicar grandes cantidades de información con una sola mirada rápida.

Lectura para investigar

Una parte importante al hacer una investigación es saber cómo obtener la información de una variedad de fuentes. Las siguientes habilidades te ayudarán cuando tengas una tarea de investigación para una clase o cuando quieras información sobre un tema fuera de la escuela.

Características de un texto de lectura

Investigar un tema no es sólo cosa de hacer preguntas, se trata de encontrar respuestas. Los libros de texto, las referencias, las revistas y otras fuentes proveen una variedad de características de textos como ayuda para encontrar esas respuestas de manera rápida y eficiente.

Organización de la información

Al investigar un tema, tienes que darle sentido a esa información, organizarla y ponerla de tal forma que te ayude a explicar tus resultados a los demás. He aquí algunas formas de hacer exactamente eso.

- **Registra** la información de tu investigación y mantén un control de tus recursos en fichas de apuntes.

- **Interpreta** los medios visuales cuidadosamente. Éstos pueden incluir tablas, gráficas, mapas y fotografías.

- **Resume** la información antes de anotarla en una ficha de apuntes. De ese modo tendrás las ideas principales redactadas con tus propias palabras.

- **Haz un bosquejo** con las ideas de modo que puedas ver cómo los subtemas y la información de respaldo se ubicarán debajo de las ideas principales.

- **Haz una tabla o gráfica** para comparar los tipos o categorías de información.

ATLAS DE REFERENCIA

NATIONAL GEOGRAPHIC

SIGNOS DEL ATLAS

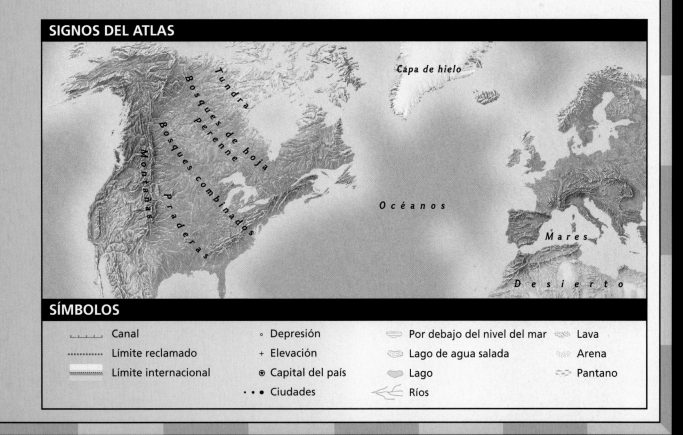

SÍMBOLOS

⊥⊥⊥⊥ Canal	∘ Depresión	⟅⟆ Por debajo del nivel del mar
·········· Límite reclamado	+ Elevación	Lago de agua salada
Límite internacional	⊛ Capital del país	Lago
	∙∙∙ Ciudades	Ríos

Lava

Arena

Pantano

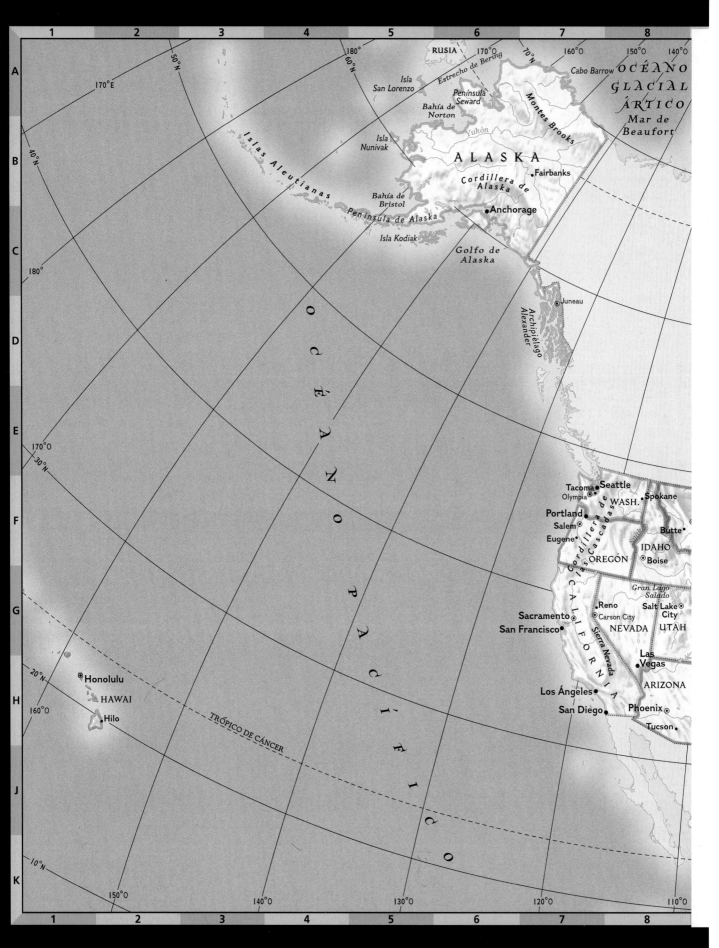

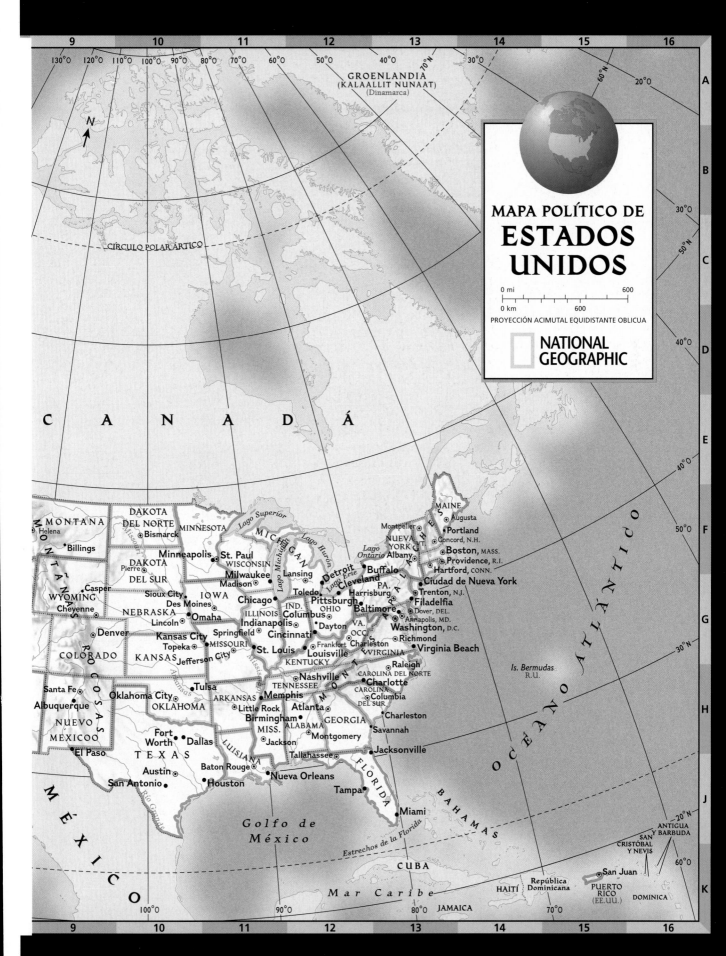

MAPA POLÍTICO DE
ESTADOS UNIDOS

0 mi   600
0 km   600
PROYECCIÓN ACIMUTAL EQUIDISTANTE OBLICUA

NATIONAL GEOGRAPHIC

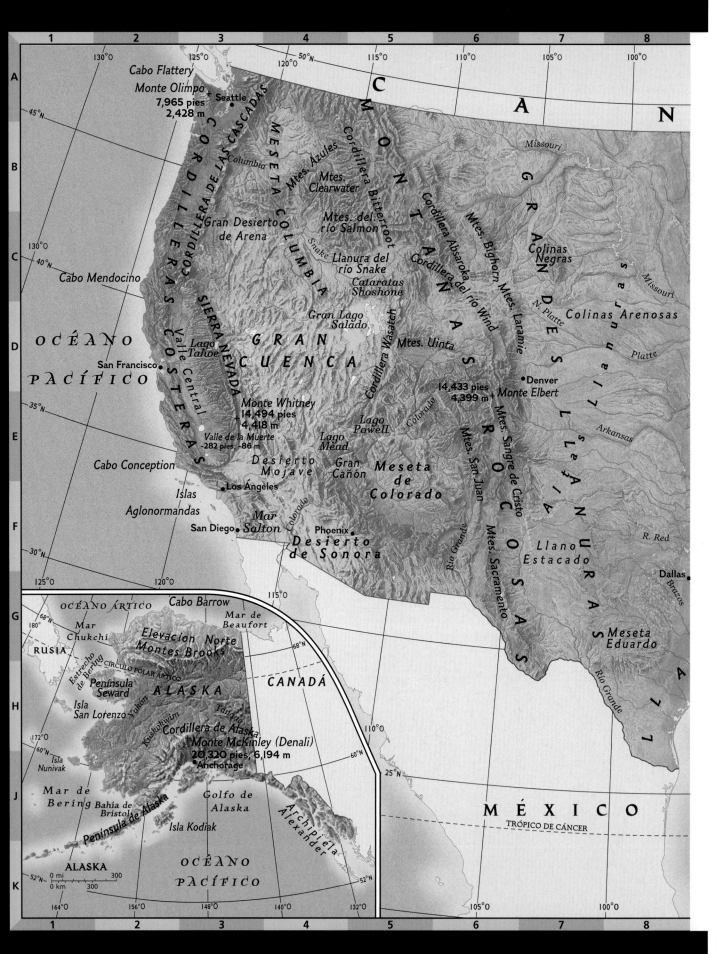

130°O   125°O   50°N   120°O   115°O   110°O   105°O   100°O

C A N

Cabo Flattery
Monte Olimpo
7,965 pies
2,428 m ★ Seattle

45°N

Columbia

MESETA COLUMBIA

Mtes. Azules

Cordillera Bitterroot

Mtes. Clearwater

M O N T A Ñ A S

Missouri

G R A N

Colinas Negras

Gran Desierto de Arena

Mtes. del río Salmon

Cordillera Absaroka del río Wind

Mtes. Bighorn Mtes. Laramie

130°O

40°N

Cabo Mendocino

Snake

Llanura del río Snake

Cataratas Shoshone

N. Platte

Colinas Arenosas

Missouri

Gran Lago Salado

Platte

OCÉANO

PACÍFICO

SIERRA NEVADA

Lago Tahoe

Valle Central

GRAN

CUENCA

Cordillera Wasatch

Mtes. Uinta

D E S

L l a n u r a s

San Francisco

14,433 pies
4,399 m + Monte Elbert

Denver

35°N

Monte Whitney
14,494 pies
4,418 m

Lago Powell

Colorado

Mtes. Sangre de Cristo

Arkansas

Cabo Conception

Valle de la Muerte
-282 pies, -86 m

Lago Mead

Desierto Mojave

Gran Cañón

Meseta de Colorado

Mtes. San Juan

R O C O S A S

Islas Aglonormandas

Los Ángeles

Colorado

Mtes. San

L l a n u r a

San Diego

Mar Salton

Phoenix

Desierto de Sonora

Río Grande

Mtes. Sacramento

Llano Estacado

R. Red

Dallas

Brazos

125°O

120°O

115°O

Cabo Barrow

Mar de Beaufort

110°O

Meseta Eduardo

L L A

68°

180°

Mar Chukchi

RUSIA

Estrecho de Bering

Elevación Norte
Montes Brooks

CÍRCULO POLAR ÁRTICO

68°O

CANADÁ

Río Grande

Península Seward

A L A S K A

Isla San Lorenzo

Yukón

172°O

60°N

Kuskokwim

Tanana

Cordillera de Alaska
Monte McKinley (Denali)
20,320 pies, 6,194 m
Anchorage

110°O

60°N

Isla Nunivak

25°N

Mar de Bering

Bahía de Bristol

Península de Alaska

Golfo de Alaska

Archipiélago Alexander

52°N

Isla Kodiak

MÉXICO

ALASKA

0 mi   300

0 km   300

52°O

OCÉANO

PACÍFICO

52°N

TRÓPICO DE CÁNCER

164°O   156°O   148°O   140°O   132°O   105°O   100°O

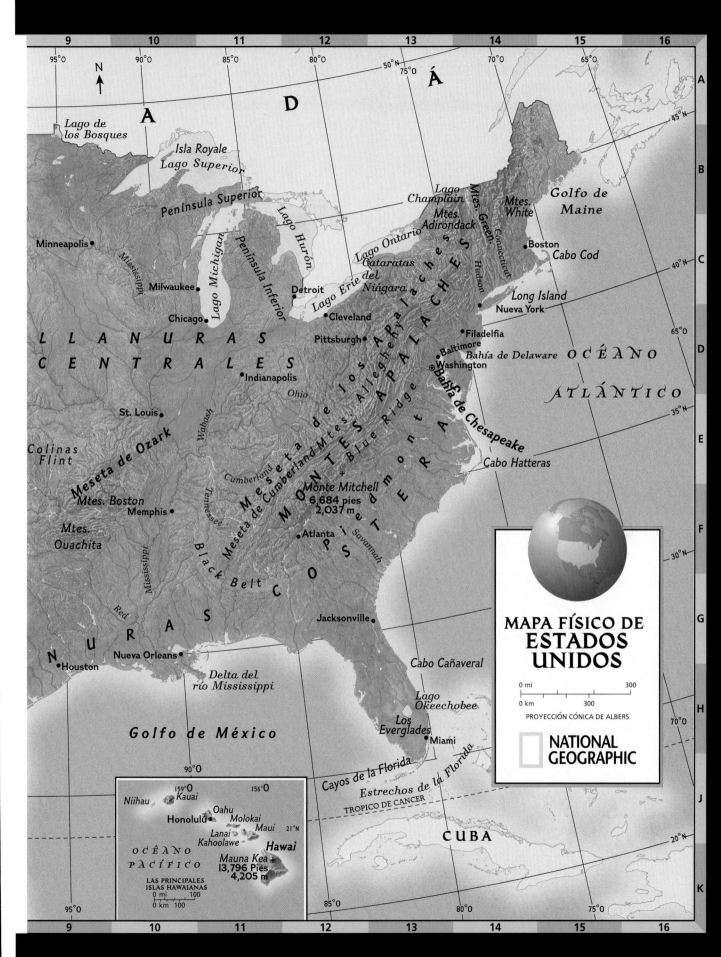

N

95°O   90°O   85°O   80°O   50°N   75°O   70°O   65°O

A

A   D   Á

45°N

Lago de los Bosques

Isla Royale
Lago Superior

Península Superior

Lago Hurón

Golfo de Maine

Lago Champlain
Mtes. Adirondack
Mtes. Green
Mtes. White

Mtes. Boston

Boston
Cabo Cod

Minneapolis

Lago Michigan

Península Inferior

Lago Ontario

Cataratas del Niágara

Connecticut

Hudson

40°N

65°O

Milwaukee

Detroit

Lago Erie

Cleveland

Long Island
Nueva York

Chicago

Mississippi

L L A N U R A S

Pittsburgh

Filadelfia

Baltimore
Bahía de Delaware

O C É A N O

35°N

C E N T R A L E S

Indianapolis

Washington

Bahía de Chesapeake

A T L Á N T I C O

Ohio

St. Louis

Wabash

Colinas Flint

Meseta de Ozark

Cumberland

Tennessee

Mtes. Boston

Memphis

Cabo Hatteras

Mtes. Ouachita

Mississippi

Black Belt

Monte Mitchell
6,684 pies
2,037 m

Atlanta

Savannah

30°N

Red

N U R A S

Jacksonville

MAPA FÍSICO DE
ESTADOS
UNIDOS

Nueva Orleans

Houston

Delta del río Mississippi

Cabo Cañaveral

0 mi   300

0 km   300

PROYECCIÓN CÓNICA DE ALBERS

Lago Okeechobee

Los Everglades

Golfo de México

90°O

Miami

70°O

NATIONAL
GEOGRAPHIC

Cayos de la Florida

Estrechos de la Florida
TROPICO DE CANCER

85°O   80°O   75°O

159°O   156°O

Niihau
Kauai

Oahu

Honolulu
Molokai
Maui
21°N

Lanai
Kahoolawe

Hawai

O C É A N O
P A C Í F I C O

CUBA

20°N

Mauna Kea
13,796 Pies
4,205 m

LAS PRINCIPALES
ISLAS HAWAIANAS

0 mi   100

0 km   100

95°O

85°O   80°O   75°O

Mtes. de los Apalaches
Alleghenny
Mtes. Allegheny
MONTES APALACHES
Meseta de Cumberland
Blue Ridge
Piedmont
C O S T E R A

Una nación nueva, 1787

LA AMÉRICA DEL NORTE BRITÁNICA

Reclamado por Estados Unidos y Gran Bretaña

Reclamado por Estados Unidos y Gran Bretaña

Parte de Massachussetts

Reclamado por Nueva Hampshire y Nueva York

Conneticut se lo otorga a Filadelfia en 1782

NUEVA HAMPSHIRE

MASSACHUSETTS

RHODE ISLAND

CONNECTICUT

Ciudad de Nueva York (1787-1790)

TERRITORIO NOROESTE

Cedido por Virginia a EE.UU. en 1784

Cedido por Massachussetts por Nueva York en 1786

Cedido por Massachusetts a EE.UU. en 1785

Cedido por Connecticut a EE.UU. entre 1786 y 1800

Cedido por Nueva York a EE.UU. en 1782

PENNSYLVANIA

NUEVA JERSEY

MARYLAND

DELAWARE

ESTADOS

VIRGINIA

UNIDOS

Reclamado por Virginia

Reclamado por Carolina del Norte

CAROLINA DEL NORTE

Reclamado por Georgia

CAROLINA DEL SUR

Cedido por Carolina del Sur a Georgia en 1787

Reclamado por Georgia, España y EE.UU.

GEORGIA

LA FLORIDA ESPAÑOLA

Mississippi

Missouri

LA AMÉRICA

LA LUISIANA ESPAÑOLA

DEL NORTE

Arkansas

Wabash

Ohio

ESPAÑOLA

ALTA CALIFORNIA

Colorado

Gila

BAJA CALIFORNIA

PROVINCIAS OCCIDENTALES DEL INTERIOR

Río Grande

PROVINCIAS ORIENTALES DEL INTERIOR

- 13 estados originales
- Tierra que todavía es reclamada por los estados en 1787
- Territorio de EE.UU.
- Territorio británico
- Territorio español
- - - Límite disputado

La llegada de la edad, 1821

Reclamado por Estados Unidos y Gran Bretaña

LA AMÉRICA DEL NORTE BRITÁNICA

Tratado de la línea EE.UU.–Gran Bretaña en 1818

CUENCA DEL RÍO ROJO OTORGADA a EE.UU. en 1818

Columbia

EL PAÍS DE OREGÓN

Estados Unidos y Gran Bretaña acuerda una ocupación conjunta en 1818

Snake

Tratado de la línea Adams-Onis de 1819

MAINE 1820

TERRITORIO DE MICHIGAN

Mississippi

TERRITORIO

NO CONTROLADO

Missouri

INDIANA 1816

ILLINOIS 1818

Washington

Ohio

Wabash

ALTA CALIFORNIA

MÉXICO

Arkansas

MISSOURI 1821

TERRITORIO DE ARKANSAS

Red

MISSISSIPPI 1817

ALABAMA 1819

TEXAS

Río Grande

LUISIANA 1812

FLORIDA otorgado a EE.UU. en 1819

CRECIMIENTO DEL TERRITORIO DE

ESTADOS UNIDOS

NATIONAL GEOGRAPHIC

Expansión del Oeste de Mississippi, 1803

LA AMÉRICA DEL NORTE BRITÁNICA

Reclamado por Estados Unidos y Gran Bretaña

EL PAÍS DE OREGîN
Reclamado por Gran Bretaña, Rusia, España y Estados Unidos

Reclamado por Estados Unidos y Gran Bretaña

VERMONT
1791

NUEVA ESPAÑA
(MÉXICO ESPAÑOL)

LA COMPRA DE LUISIANA
Comprado por los EE.UU. a Francia en 1803

TERRITORIO
DE INDIANA

OHIO
1803

Filadelfia
(1790-1800)

Washington
(la nueva capital 1800)

Missouri

Arkansas

KENTUCKY
1792

Wabash

Ohio

TENNESSEE
1796

Red

Río Grande

Cedido por Georgia a EE.UU. en 1802

Reclamado por Estados Unidos y España

TERRITORIO
DE MISSISSIPPI

BAJA
CALIFORNIA

LA FLORIDA ESPAÑOLA

Reclamado por Estados Unidos y España

Estados anteriores
a la Unión

Estados admitidos
posteriormente

De costa a costa, a partir de 1850

LA AMÉRICA DEL NORTE BRITÁNICA

Tratado de la línea de 1846

Tratado de la línea de 1842

Tratado de la línea de 1842

WASHINGTON
1889

TERRITORIO
DE OREGÓN
Sumado a EE.UU. en 1846

MONTANA
1889

DAKOTA
DEL NORTE
1889

MINNESOTA
1858

TERRITORIO
DE MINNESOTA

MICHIGAN
1837

OREGÓN
1859

IDAHO
1890

Snake

DAKOTA
DEL SUR
1889

WISCONSIN
1848

WYOMING
1890

NEVADA
1864

TERRITORIO
NO CONTROLADO

NEBRASKA
1867

IOWA
1846

Missouri

VIRGINIA
OCCIDENTAL
1863

Washington

TERRITORIO DE UTAH

UTAH
1896

COLORADO
1876

KANSAS
1861

Wabash

Ohio

CALIFORNIA
1850

Arkansas

Colorado

ARIZONA
1912

TERRITORIO DE
NUEVO MÉXICO

Gila

GADSDEN FUE
COMPRADO
A EE.UU.
EN 1853

NUEVO MÉXICO
1912

OKLAHOMA
1907

Red

ARKANSAS
1836

RUSIA

Río Grande

TEXAS
1845

ALASKA
1959
Comprado a EE.UU. en 1867

MÉXICO

FLORIDA
1845

HAWAI
1959
Sumado a los EE.UU. en 1898

Estados que
fueron admitidos
después de 1850

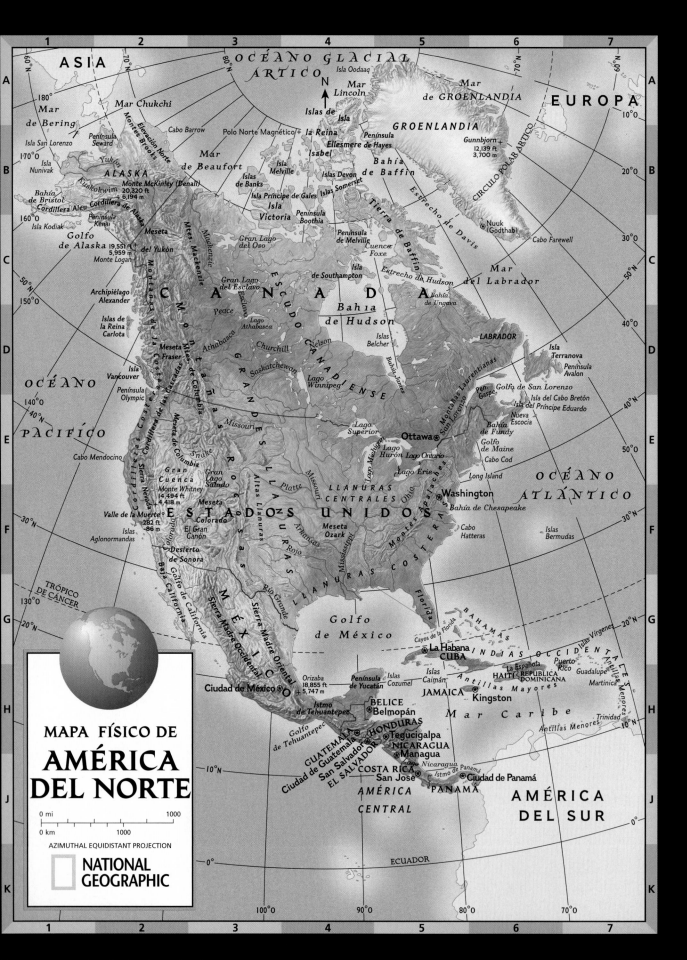

MAPA FÍSICO DE
AMÉRICA DEL NORTE

0 mi   1000

0 km   1000

AZIMUTHAL EQUIDISTANT PROJECTION

NATIONAL GEOGRAPHIC

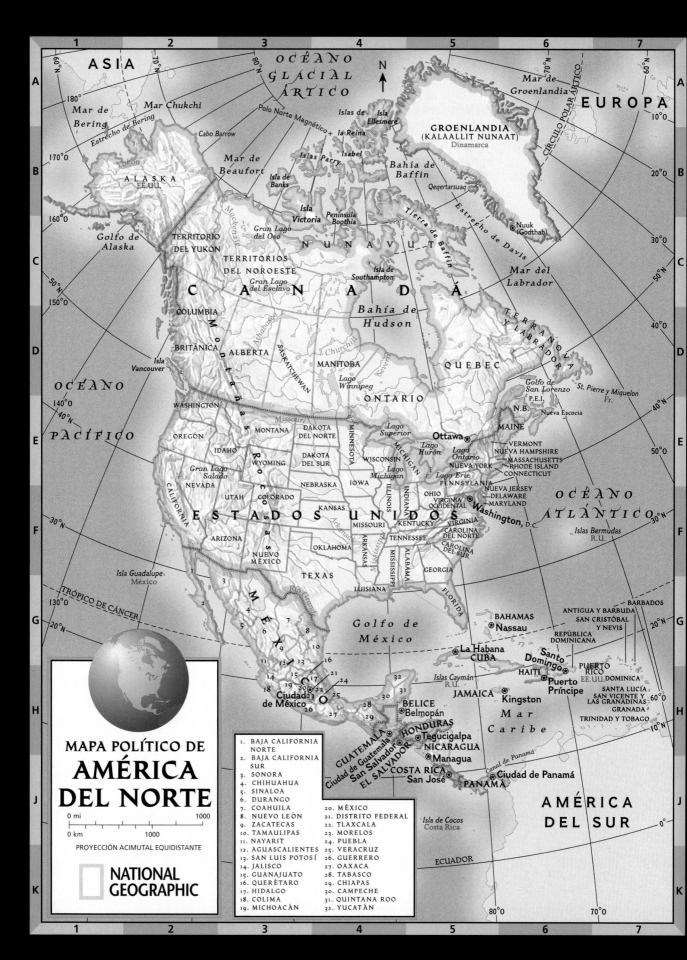

MAPA POLÍTICO DE
AMÉRICA DEL NORTE

0 mi   1000
0 km   1000

PROYECCIÓN ACIMUTAL EQUIDISTANTE

NATIONAL GEOGRAPHIC

1. BAJA CALIFORNIA NORTE
2. BAJA CALIFORNIA SUR
3. SONORA
4. CHIHUAHUA
5. SINALOA
6. DURANGO
7. COAHUILA
8. NUEVO LEÓN
9. ZACATECAS
10. TAMAULIPAS
11. NAYARIT
12. AGUASCALIENTES
13. SAN LUIS POTOSÍ
14. JALISCO
15. GUANAJUATO
16. QUERÉTARO
17. HIDALGO
18. COLIMA
19. MICHOACÁN
20. MÉXICO
21. DISTRITO FEDERAL
22. TLAXCALA
23. MORELOS
24. PUEBLA
25. VERACRUZ
26. GUERRERO
27. OAXACA
28. TABASCO
29. CHIAPAS
30. CAMPECHE
31. QUINTANA ROO
32. YUCATÁN

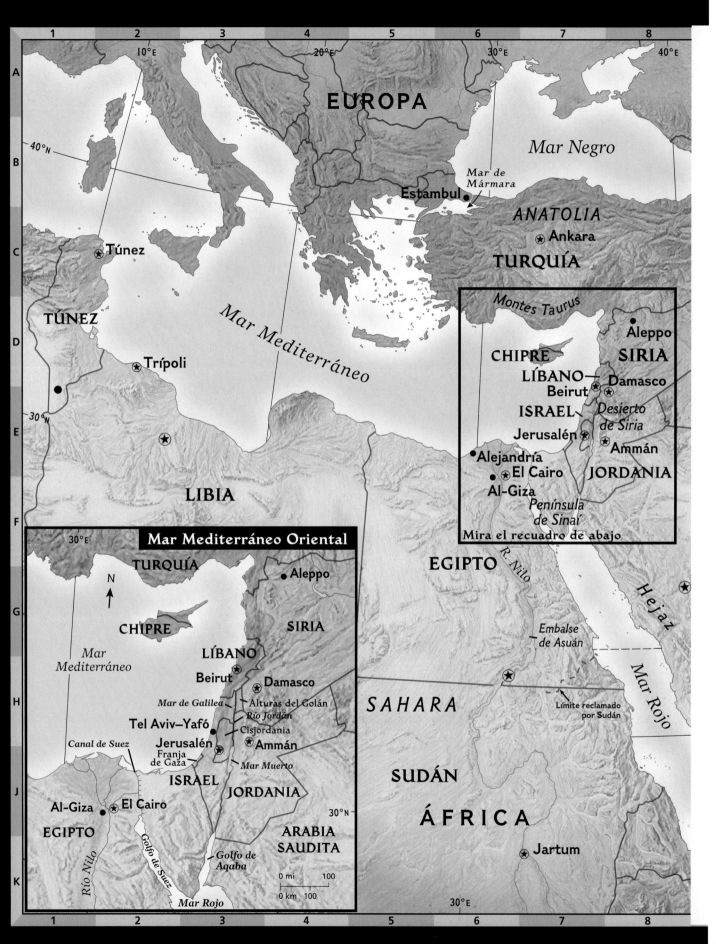

EUROPA

Mar Negro

Mar de Mármara

Estambul •

ANATOLIA

⊛ Ankara

TURQUÍA

Montes Taurus

CHIPRE   SIRIA

• Aleppo

LÍBANO —
Beirut ⊛   ⊛ Damasco

ISRAEL

Desierto
de Siria

Jerusalén ⊛   ⊛ Ammán

• Alejandría

• El Cairo   JORDANIA

Al-Giza •

Península
de Sinaí

Mira el recuadro de abajo

Mar Mediterráneo

⊛ Túnez

TÚNEZ

⊛ Trípoli

•

⊛

LIBIA

EGIPTO

R. Nilo

Hejaz

⊛

Embalse
de Asuán

Mar Rojo

Mar Mediterráneo Oriental

30°E

TURQUÍA

N

CHIPRE

Mar
Mediterráneo

• Aleppo

SIRIA

LÍBANO

Beirut ⊛

⊛ Damasco

Mar de Galilea

Alturas del Golán

Río Jordán

Tel Aviv–Yafó •

Cisjordania

Canal de Suez

Jerusalén ⊛

⊛ Ammán

Franja
de Gaza

Mar Muerto

ISRAEL

JORDANIA

Al-Giza •   • El Cairo

EGIPTO

Río Nilo

Golfo de Suez

Golfo de
Aqaba

ARABIA
SAUDITA

30°N

0 mi   100

0 km   100

Mar Rojo

SAHARA

⊛

Límite reclamado
por Sudán

SUDÁN

ÁFRICA

⊛ Jartum

40°N

30°N

10°E

20°E

30°E

40°E

30°E

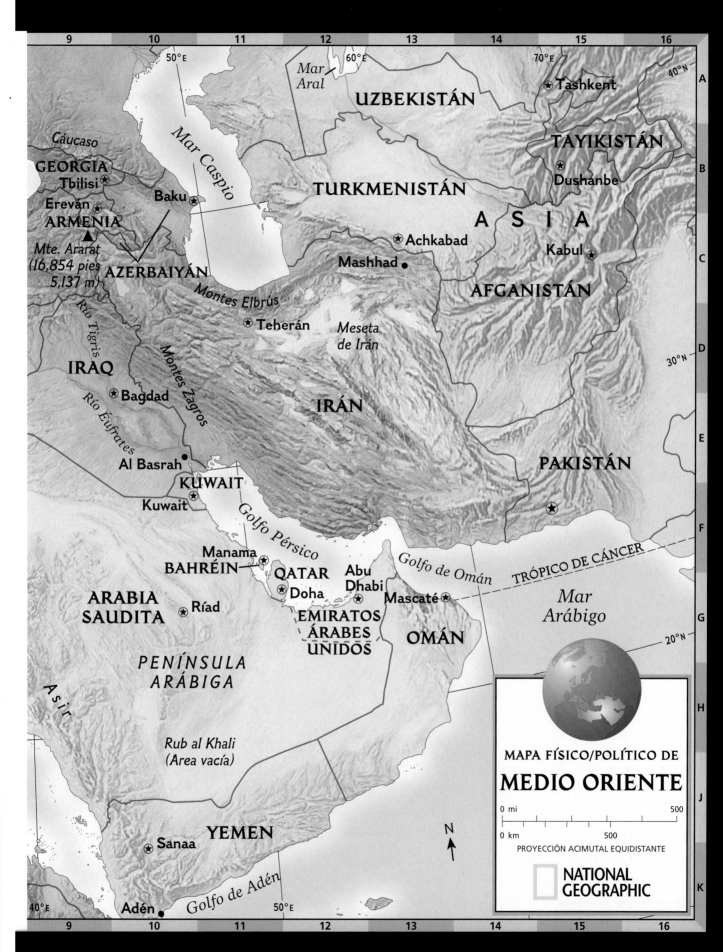

MAPA FÍSICO/POLÍTICO DE
MEDIO ORIENTE

PROYECCIÓN ACIMUTAL EQUIDISTANTE

NATIONAL GEOGRAPHIC

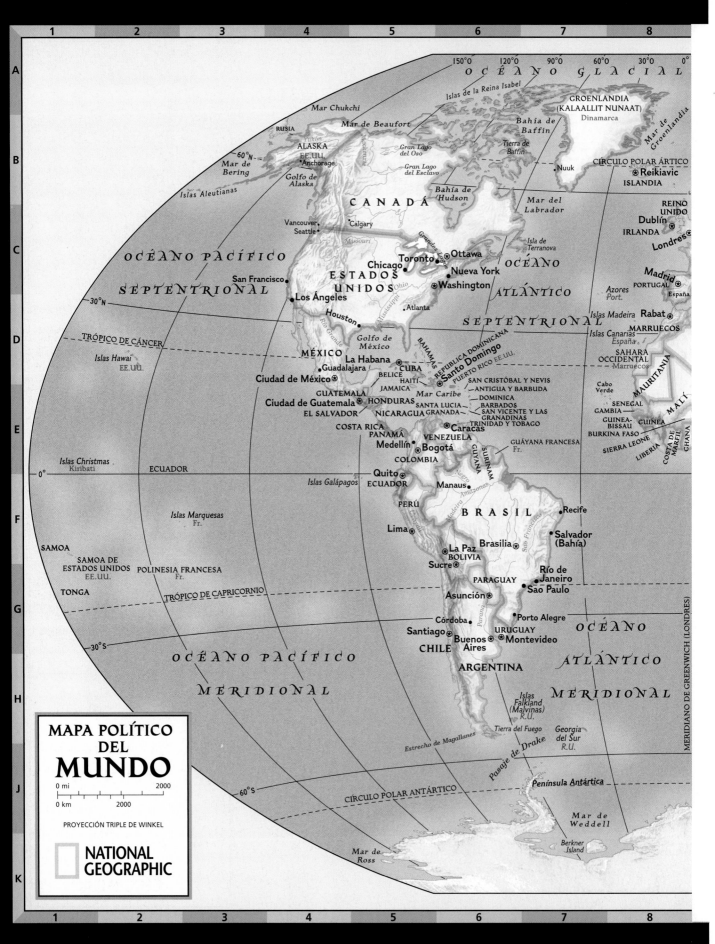

MAPA POLÍTICO
DEL
MUNDO

0 mi — 2000
0 km — 2000

PROYECCIÓN TRIPLE DE WINKEL

NATIONAL GEOGRAPHIC

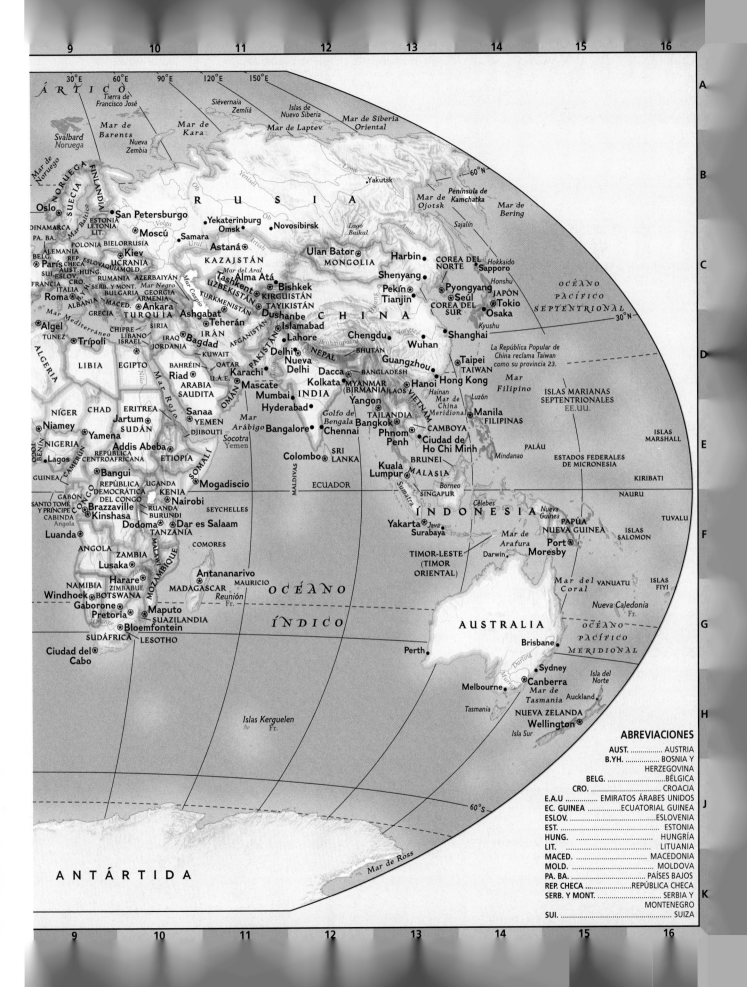

9   10   11   12   13   14   15   16

A
B
C
D
E
F
G
H
J
K

ÁRTICO

Tierra de Francisco José
Svalbard Noruega
Mar de Barents
Nueva Zembia
Mar de Kara
Siévernaia Zemliá
Islas de Nuevo Siberia
Mar de Laptev
Mar de Siberia Oriental

30°E   60°E   90°E   120°E   150°E

Mar de Noruega

NORUEGA
Oslo
SUECIA
FINLANDIA
DINAMARCA
Mar Báltico
ESTONIA
LETONIA
LIT.
PA. BA.
POLONIA BIELORRUSIA
ALEMANIA
BÉLG.
REP. CHECA
ESLOVAQUIA
Paris
AUST. HUNG.
SUI. ESLOV.
FRANCIA CRO.
RUMANIA
Roma
ITALIA
ALBANIA
SERB. Y MONT.
GRECIA
BULGARIA
MACED.
Mar Negro

San Petersburgo
Moscú
Samara
Volga
Kiev
UCRANIA
Mar Caspio
AZERBAIYÁN
ARMENIA
GEORGIA
Ankara
TURQUÍA
Mar Mediterráneo
CHIPRE
LÍBANO
ISRAEL
SIRIA
IRAQ
Bagdad
JORDANIA
KUWAIT
BAHRÉIN
QATAR
U.A.E.
Riad
ARABIA SAUDITA

RUSIA

Yekaterinburg
Omsk
Novosibirsk
Astaná
KAZAJSTÁN
Mar del Aral
Tashkent
Alma Atá
UZBEKISTÁN
Bishkek
KIRGUISTÁN
TURKMENISTÁN
TAYIKISTÁN
Dushanbe
Ashgabat
Teherán
IRÁN
AFGANISTÁN
Islamabad
PAKISTÁN
Lahore
Delhi
Nueva Delhi
Karachi
Mascate
OMÁN
YEMEN
Sanaá
Mar Arábigo
Mumbai
Hyderabad
INDIA
Bangalore
Chennai

Yakutsk
Lago Baikal
Ulan Bator
MONGOLIA
Ural
Irtish
Ob
Yenisei
Lena
Amur

Península de Kamchatka
Mar de Ojotsk
Mar de Bering
Sajalín

Harbin
Shenyang
Pekín
Tianjin
CHINA
Chengdu
NEPAL
BHUTÁN
Brahmaputra
Dacca
Kolkata
BANGLADESH
MYANMAR (BIRMANIA)
Yangon
LAOS
TAILANDIA
Bangkok
CAMBOYA
Phnom Penh
Ciudad de Ho Chi Minh
VIETNAM
Hanoi
Wuhan
Guangzhou
Hong Kong
Yangtze

COREA DEL NORTE
Pyongyang
Seúl
COREA DEL SUR
JAPÓN
Tokio
Osaka
Hokkaido
Sapporo
Honshu
Kyushu
30°N

OCÉANO PACÍFICO SEPTENTRIONAL

Taipei
TAIWAN

La República Popular de China reclama Taiwan como su provincia 23.

Mar Filipino

ISLAS MARIANAS SEPTENTRIONALES
EE.UU.

Hainan
Mar de China Meridional
Luzón
Manila
FILIPINAS
Mindanao
PALÁU
ESTADOS FEDERALES DE MICRONESIA

ISLAS MARSHALL

KIRIBATI
NAURU

60°N

LIBIA
EGIPTO
ALGERIA
TÚNEZ
Argel
Trípoli
Nilo
Mar Rojo

NÍGER
CHAD
SUDÁN
Jartum
ERITREA
YEMEN
DJIBOUTI
Socotra Yemen
Mar Arábigo

Colombo
SRI LANKA
MALDIVAS
ECUADOR

Niamey
BENÍN
TOGO
NIGERIA
Yamena
Lagos
CAMERÚN
GUINEA
REPÚBLICA CENTROAFRICANA
Bangui
Addis Abeba
ETIOPÍA
SOMALI
Mogadiscio
UGANDA
KENIA
Nairobi
RUANDA
BURUNDI
GABÓN
CONGO
SANTO TOMÉ Y PRÍNCIPE
CABINDA Angola
Brazzaville
Kinshasa
REPÚBLICA DEMOCRÁTICA DEL CONGO
Dodoma
Dar es Salaam
TANZANÍA
SEYCHELLES
COMORES

Luanda
ANGOLA
ZAMBIA
Lusaka
MALAWI
MOZAMBIQUE
NAMIBIA
Windhoek
Harare
ZIMBABUE
BOTSWANA
Gaborone
Pretoria
Maputo
SUAZILANDIA
Bloemfontein
LESOTHO
SUDÁFRICA
Ciudad del Cabo
Orange

Antananarivo
MAURICIO
MADAGASCAR
Reunión Fr.

OCÉANO

ÍNDICO

INDONESIA
Yakarta
Surabaya
Java
Sumatra
Borneo
Célebes
SINGAPUR
Kuala Lumpur
MALASIA
BRUNEI
Nueva Guinea
PAPÚA NUEVA GUINEA
Port Moresby
TIMOR-LESTE (TIMOR ORIENTAL)
Darwin
Mar de Arafura

VANUATU
Mar del Coral
Nueva Caledonia Fr.
ISLAS SALOMON
ISLAS FIYI
TUVALU

OCÉANO PACÍFICO MERIDIONAL

AUSTRALIA
Perth
Darling
Brisbane
Sydney
Murray
Canberra
Melbourne
Tasmania
Mar de Tasmania
Isla del Norte
Auckland
NUEVA ZELANDA
Wellington
Isla Sur

Islas Kerguelen Fr.

60°S

Mar de Ross

ANTÁRTIDA

ABREVIACIONES

AUST.	....	AUSTRIA
B.YH.	....	BOSNIA Y HERZEGOVINA
BELG.	....	BÉLGICA
CRO.	....	CROACIA
E.A.U	....	EMIRATOS ÁRABES UNIDOS
EC. GUINEA	....	ECUATORIAL GUINEA
ESLOV.	....	ESLOVENIA
EST.	....	ESTONIA
HUNG.	....	HUNGRÍA
LIT.	....	LITUANIA
MACED.	....	MACEDONIA
MOLD.	....	MOLDOVA
PA. BA.	....	PAÍSES BAJOS
REP. CHECA	....	REPÚBLICA CHECA
SERB. Y MONT.	....	SERBIA Y MONTENEGRO
SUI.	....	SUIZA

9   10   11   12   13   14   15   16

Datos de Estados Unidos

1 Delaware
Año de entrada: 1787
Población: 783,600
Superficie de tierra: 1,955 mi²
Representantes: 1

Dover

2 Pennsylvania
Año de entrada: 1787
Población: 12,281,054
Superficie de tierra: 44,820 mi²
Representantes: 19

Harrisburg

3 Nueva Jersey
Año de entrada: 1787
Población: 8,414,350
Superficie de tierra: 7,419 mi²
Representantes: 13

Trenton

9 New Hampshire
Año de entrada: 1788
Población: 1,235,786
Superficie de tierra: 8,969 mi²
Representantes: 2

Concord

10 Virginia
Año de entrada: 1788
Población: 7,078,515
Superficie de tierra: 39,598 mi²
Representantes: 11

Richmond

11 Nueva York
Año de entrada: 1788
Población: 18,976,457
Superficie de tierra: 47,224 mi²
Representantes: 29

Albany

17 Ohio
Año de entrada: 1803
Población: 11,353,140
Superficie de tierra: 40,953 mi²
Representantes: 18

Columbus

18 Luisiana
Año de entrada: 1812
Población: 4,468,976
Superficie de tierra: 43,566 mi²
Representantes: 7

Baton Rouge

19 Indiana
Año de entrada: 1816
Población: 6,080,485
Superficie de tierra: 35,870 mi²
Representantes: 9

Indianapolis

25 Arkansas
Año de entrada: 1836
Población: 2,673,400
Superficie de tierra: 52,075 mi²
Representantes: 4

Little Rock

26 Michigan
Año de entrada: 1837
Población: 9,938,444
Superficie de tierra: 56,809 mi²
Representantes: 15

Lansing

27 Florida
Año de entrada: 1845
Población: 15,982,378
Superficie de tierra: 53,997 mi²
Representantes: 25

Tallahassee

33 Oregón
Año de entrada: 1859
Población: 3,421,399
Superficie de tierra: 96,003 mi²
Representantes: 5

Salem

34 Kansas
Año de entrada: 1861
Población: 2,688,418
Superficie de tierra: 81,823 mi²
Representantes: 4

Topeka

35 Virginia Occ.
Año de entrada: 1863
Población: 1,808,344
Superficie de tierra: 24,087 mi²
Representantes: 3

Charleston

36 Nevada
Año de entrada: 1864
Población: 1,998,257
Superficie de tierra: 109,806 mi²
Representantes: 3

Carson City

42 Washington
Año de entrada: 1889
Población: 5,894,121
Superficie de tierra: 66,582 mi²
Representantes: 9

Olympia

43 Idaho
Año de entrada: 1890
Población: 1,293,953
Superficie de tierra: 82,751 mi²
Representantes: 2

Boise

44 Wyoming
Año de entrada: 1890
Población: 493,782
Superficie de tierra: 97,105 mi²
Representantes: 1

Cheyenne

45 Utah
Año de entrada: 1896
Población: 2,233,169
Superficie de tierra: 82,168 mi²
Representantes: 3

Salt Lake City

Washington, D.C.
Población: 572,059
Superficie de tierra: 61 mi²

Territorios EE.UU.

Puerto Rico
Población: 3,808,610
Superficiede tierra: 3,425 mi²

Guam
Población: 155,000 (est.)
Superficie de tierra: 210 mi²

Islas Vírgenes de EE.UU.
Población: 121,000 (est.)
Superficie de tierra: 134 mi²

Samoa Americana
Población: 65,000 (est.)
Superficie de tierra: 77 mi²

Los estados aparecen en el orden en que fueron entrando en la Unión.

Las cifras de la población se basan en el censo realizado en el año 2000 por la Oficina del Censo de Estados Unidos. Las cifras de la Cámara de Representantes proceden de la Oficina Secretarial de la Cámara de Representantes. Los estados no están dibujados a escala.

4 Georgia
Año de entrada: 1788
Población: 8,186,453
Superficie de tierra:
57,919 mi²
Representantes: 13

★ Atlanta

5 Connecticut
Año de entrada: 1788
Población: 3,405,565
Superficie de tierra:
4,845 mi²
Representantes: 5

★ Hartford

6 Massachusetts
Año de entrada: 1788
Población: 6,349,097
Superficie de tierra:
7,838 mi²
Representantes: 10

Boston ★

7 Maryland
Año de entrada: 1788
Población: 5,296,486
Superficie de tierra:
9,775 mi²
Representantes: 8

Annapolis ★

8 Carolina del Sur
Año de entrada: 1788
Población: 4,012,012
Superficie de tierra:
30,111 mi²
Representantes: 6

Columbia
★

12 Carolina del N.
Año de entrada: 1789
Población: 8,049,313
Superficie de tierra:
48,718 mi²
Representantes: 13

★
Raleigh

13 Rhode Island
Año de entrada: 1790
Población: 1,048,319
Superficie de tierra:
1,045 mi²
Representantes: 2

★ Providence

14 Vermont
Año de entrada: 1791
Población: 608,827
Superficie de tierra:
9,249 mi²
Representantes: 1

★ Montpelier

15 Kentucky
Año de entrada: 1792
Población: 4,041,769
Superficie de tierra:
39,732 mi²
Representantes: 6

Frankfort
★

16 Tennessee
Año de entrada: 1796
Población: 5,689,283
Superficie de tierra:
41,220 mi²
Representantes: 9

★ Nashville

20 Mississippi
Año de entrada: 1817
Población: 2,844,658
Superficie de tierra:
46,914 mi²
Representantes: 4

★ Jackson

21 Illinois
Año de entrada: 1818
Población: 12,419,293
Superficie de tierra:
55,593 mi²
Representantes: 19

★ Springfield

22 Alabama
Año de entrada: 1819
Población: 4,447,100
Superficie de tierra:
50,750 mi²
Representantes: 7

Montgomery
★

23 Maine
Año de entrada: 1820
Población: 1,274,923
Superficie de tierra:
30,865 mi²
Representantes: 2

★ Augusta

24 Missouri
Año de entrada: 1821
Población: 5,595,211
Superficie de tierra:
68,898 mi²
Representantes: 9

Jefferson City
★

28 Texas
Año de entrada: 1845
Población: 20,851,820
Superficie de tierra:
261,914 mi²
Representantes: 32

Austin
★

29 Iowa
Año de entrada: 1846
Población: 2,926,324
Superficie de tierra:
55,875 mi²
Representantes: 5

Des Moines
★

30 Wisconsin
Año de entrada: 1848
Población: 5,363,675
Superficie de tierra:
54,314 mi²
Representantes: 8

Madison
★

31 California
Año de entrada: 1850
Población: 33,871,648
Superficie de tierra:
155,973 mi²
Representantes: 53

Sacramento
★

32 Minnesota
Año de entrada: 1858
Población: 4,919,479
Superficie de tierra:
79,617 mi²
Representantes: 8

Saint Paul
★

37 Nebraska
Año de entrada: 1867
Población: 1,711,263
Superficie de tierra:
76,878 mi²
Representantes: 3

Lincoln ★

38 Colorado
Año de entrada: 1876
Población: 4,301,261
Superficie de tierra:
103,730 mi²
Representantes: 7

Denver ★

39 Dakota del N.
Año de entrada: 1889
Población: 642,200
Superficie de tierra:
68,994 mi²
Representantes: 1

Bismarck
★

40 Dakota del Sur
Año de entrada: 1889
Población: 754,844
Superficie de tierra:
75,898 mi²
Representantes: 1

Pierre
★

41 Montana
Año de entrada: 1889
Población: 902,195
Superficie de tierra:
145,556 mi²
Representantes: 1

★ Helena

46 Oklahoma
Año de entrada: 1907
Población: 3,450,654
Superficie de tierra:
68,679 mi²
Representantes: 5

Ciudad de Oklahoma
★

47 Nuevo México
Año de entrada: 1912
Población: 1,819,046
Superficie de tierra:
121,365 mi²
Representantes: 3

★
Santa Fe

48 Arizona
Año de entrada: 1912
Población: 5,130,632
Superficie de tierra:
113,642 mi²
Representantes: 8

Phoenix
★

49 Alaska
Año de entrada: 1959
Población: 626,932
Superficie de tierra:
570,374 mi²
Representantes: 1

Juneau ★

50 Hawai
Año de entrada: 1959
Población: 1,211,537
Superficie de tierra:
6,423 mi²
Representantes: 2

Honolulu ★

Manual de geografía

Parque Nacional ▶
Acadia, Maine

▲ Monument
Valley, Utah

El Bosque Nacional Tongass en ▶
el sudeste de Alaska, que cubre
casi 17 millones de acres, es el
bosque nacional más grande de
Estados Unidos

¿Que es la geografía?

La historia de Estados Unidos empieza con su geografía: el estudio de la tierra y toda su diversidad. La geografía describe el territorio, agua y la vida vegetal y animal de la Tierra. Es el estudio de los lugares y de las complejas relaciones entre la gente y su medio ambiente.

Geografía de Estados Unidos

Estados Unidos es una tierra de asombrosas diferencias físicas. Es también una nación conformada por diversos grupos de personas. El estudio de la geografía puede ayudar a explicar la manera en que Estados Unidos adquirió su diversidad.

Estados Unidos, con un área total de territorio de 3,537,441 millas cuadradas (9,161,930 km2), es el cuarto país más grande del mundo.

Los 50 estados

La mayoría de Estados Unidos, 48 de los 50 estados, abarca toda la parte central de América del Norte. Este grupo de estados toca tres masas de agua principales: el Océano Atlántico, el Golfo de México y el Océano Pacífico. Dos estados, Alaska y Hawai, están separados de los otros 48 estados.

El crecimiento de nuestra nación

Se puede apreciar una gran variedad de paisajes dentro de los límites de Estados Unidos: densos bosques, cálidos desiertos, ondulantes pastizales y montañas nevadas. Debido a su gran tamaño y diversas regiones, Estados Unidos durante toda su historia ha ofrecido muchas oportunidades. Durante varios siglos, gente de Europa, África, Asia y otras partes de las Américas han viajado hasta aquí. Hoy en día, más de 281 millones de personas habitan en Estados Unidos.

NATIONAL GEOGRAPHIC

Regiones físicas de Estados Unidos

Meseta Apalache
Escudo canadiense
Llanuras costeras
Hawai
Llanuras interiores
Entre montañas
Costa del Pacífico
Montañas Rocosas

¿Cómo estudio la geografía?

Para entender cómo está conectado nuestro mundo, algunos geógrafos han dividido el estudio de la geografía en cinco temas. Los **cinco temas de la geografía** son (1) ubicación, (2) lugar, (3) interacción humana/medio ambiente, (4) movimiento y (5) regiones. Verás resaltados estos temas en la sección de Habilidades geográficas que acompañan los mapas de *El viaje estadounidense: Reconstrucción hasta el presente.*

Seis elementos esenciales

Recientemente, los geógrafos han empezado a ver a la geografía de manera distinta. Dividen el estudio de la geografía en **Seis elementos esenciales,** los cuales se explican a continuación. Estar al tanto de estos elementos te ayudará a clasificar lo que aprendas acerca de la geografía.

Elemento 1

El mundo en términos espaciales

Los geógrafos observan primero la ubicación del lugar. **Ubicación** sirve como punto de partida al preguntar "¿Dónde está?". Saber la ubicación de los lugares te ayuda a estar al tanto del mundo a tu alrededor.

Elemento 2

Lugares y regiones

Lugar tiene un significado especial en geografía. Significa más que la ubicación del lugar. También describe cómo es el lugar. Estas características pueden ser físicas, tales como accidentes geográficos, clima y vida animal o vegetal. También pueden ser características humanas, incluyendo idioma y forma de vida.

Para ayudar a organizar su estudio, con frecuencia, los geógrafos agrupan los lugares o áreas en regiones. **Regiones** están unidas por una o más características en común.

Elemento 3

Sistemas físicos

Cuando estudian lugares y regiones, los geógrafos analizan la manera como los **sistemas físicos** —tales como huracanes, volcanes y glaciares— moldean la superficie de la tierra. Además observan las comunidades de plantas y animales que dependen entre sí y de su ambiente para sobrevivir.

Elemento 4

Sistemas humanos

Los geógrafos también examinan los sistemas humanos o la manera en que la gente ha moldeado a nuestro mundo. Observan cómo se determinan las fronteras y analizan por qué la gente se asienta en ciertos lugares y no en otros. Un tema clave en geografía es el **movimiento** continuo de gente, ideas y artículos.

Elemento 5

El medio ambiente y la sociedad

"¿Cómo la relación entre la gente y su medio ambiente natural influencia la manera en que vive la gente?" Ésta es una de las preguntas que contesta el tema de interacción **humana/medio ambiente**. Este tema muestra además cómo la gente usa el medio ambiente y la manera en que sus acciones afectan al mismo.

Elemento 6

Usos de la geografía

El conocimiento de la geografía le ayuda a la gente a entender las relaciones entre las personas, lugares y medio ambiente en el transcurso del tiempo. Entender la geografía y saber cómo usar las herramientas y tecnologías disponibles para estudiarla, te prepara para la vida en nuestra sociedad moderna.

¿Cómo uso los mapas?

En *El viaje estadounidense: Reconstrucción hasta el presente* se usan mapas de muchos tipos para ayudarte a ver la conexión entre la geografía y la historia de nuestra nación.

Diferentes tipos de mapas

Mapas físicos

Un mapa físico muestra las características físicas de un área, tales como montañas y ríos. Los mapas físicos usan colores y tonalidades para mostrar **relieve** —qué tan escarpada o plana es la superficie. También pueden utilizarse los colores para mostrar **elevación** —la altura de un área sobre el nivel del mar.

Mapas políticos

Los mapas políticos muestran generalmente las divisiones políticas o hechas por el hombre de los países o regiones. El mapa político en las páginas RA2–RA3, por ejemplo, muestra los límites entre los estados que conforman a Estados Unidos.

Mapas de propósitos especiales

Además de mostrar las características políticas o físicas, algunos mapas tienen un propósito especial. Las actividades humanas como rutas de exploración, expansión territorial o sitios de batallas aparecen en los mapas de propósitos especiales, también llamados **mapas temáticos.** Los mapas en las páginas RA6–RA7, por ejemplo, muestran el crecimiento territorial de Estados Unidos.

Latitud y longitud

Los mapas tienen líneas de latitud y longitud que forman una cuadrícula. Las líneas de latitud circulan la Tierra, tanto al norte como al sur del ecuador (0° de latitud). Las líneas de longitud abarcan desde el Polo Norte hasta el Polo Sur, al este o el oeste del Primer Meridiano (0° de longitud). La distancia entre las líneas se mide en grados (°). Cada lugar en la Tierra tiene una posición única o "domicilio" en esta cuadrícula.

Conocer este domicilio te facilita localizar ciudades y otros lugares en un mapa. Por ejemplo, el mapa de la página RA5 muestra que el domicilio de Nueva Orleans es 30° N de latitud, 90° O de longitud.

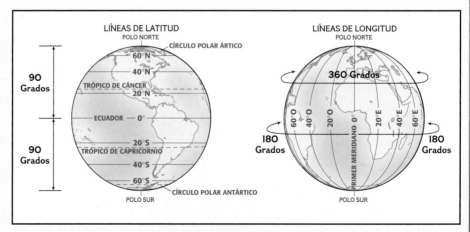

Partes de mapas

Clave La clave del mapa explica las líneas, símbolos y colores usados en un mapa. Por ejemplo, el mapa en esta página muestra las diferentes regiones climáticas de Estados Unidos. La clave muestra los colores que representan los diferentes climas. Las claves de los mapas además pueden mostrar las estructuras creadas por la gente. Las ciudades generalmente se simbolizan con un círculo relleno (•). Una estrella dentro de un círculo representa las capitales (✪). En este mapa, puedes ver la capital de Texas y las ciudades de Nueva Orleans, Los Ángeles, Seattle y Chicago.

NATIONAL GEOGRAPHIC

Regiones climáticas de Estados Unidos

Clave:
- Desierto
- Tierras altas
- Continental húmedo
- Subtropical húmedo
- Marítimo
- Mediterráneo
- Estepa
- Subártico
- Tropical
- Tundra

Proyección acimutal de Lambert

Escala Una línea graduada, a menudo llamada **barra de medir la escala,** es útil para calcular la distancia en un mapa. La escala del mapa te dice qué distancia en la Tierra está representada por tal medida de la barra de escala.

Rosa de los vientos Un importante primer paso para leer cualquier mapa es encontrar el marcador de dirección. Un mapa tiene un símbolo que te indica dónde se encuentran los **puntos cardinales** —norte, sur, este y oeste.

¿Cómo afecta la geografía a la historia?

Factores geográficos, tal como accidentes geográficos, vías acuáticas y recursos naturales, han conformado la historia de Estados Unidos. Aquí tienes algunos ejemplos de la influencia de la geografía en la historia resaltados en *El viaje estadounidense: Reconstrucción hasta el presente.*

Encuentro de mundos distintos Mientras se diseminaban los asentamientos, los indígenas estadounidenses crearon distintas civilizaciones apropiadas a sus climas y recursos. Por ejemplo, los indígenas estadounidenses de las Grandes Llanuras dependían de las manadas de búfalos para alimentarse, vestirse, vivienda y herramientas.

Asentamiento colonial

Comenzando en el siglo XVI, los europeos llegaron a América del Norte buscando tierras, riquezas y libertad. Establecieron colonias grupos de España, Francia, Gran Bretaña y de otros países. Las colonias británicas a lo largo de la costa del Atlántico fueron limitadas por los Apalaches, la primera barrera física hacia el Oeste.

Creación de una nación Las dificultades que presentaba la tierra dieron forma a las identidades culturales de los colonos. Los colonos estaban aislados de buena parte del resto del mundo y se hicieron más independientes. Finalmente se separaron de Gran Bretaña y obtuvieron su independencia.

La nueva república Cuando se fundó Estados Unidos, muchos dudaron que el joven gobierno pudiera controlar a la gente a distancias tan grandes. Los nuevos ríos, caminos y canales ayudaron a abrir el país. Al mismo tiempo, en Nueva Inglaterra había empezado la Revolución Industrial.

La nación creciente A través de guerras, tratados y compras, Estados Unidos obtuvo el control del territorio al oeste del río Mississippi. Las oportunidades atrajeron a los colonos a los territorios occidentales. Los indígenas estadounidenses fueron obligados a vivir en reservaciones. Los ferrocarriles permitieron que la gente superara las barreras geográficas.

Guerra civil y reconstrucción
La demanda de algodón por parte de la industria textil aumentó la demanda de mano de obra proporcionada por los esclavos afroamericanos. En 1861 las diferencias regionales y la disputa acerca de la esclavitud desencadenó la guerra civil entre el Norte y el Sur.

Reestructuración de la nación
Después de la guerra civil, los ferrocarriles transportaron los bienes del Este al Oeste y llevaron productos alimenticios del Oeste al Este. Los trabajadores que avanzaron en esta bonanza industrial eran inmigrantes y gente que se mudó de las granjas a las ciudades. Los pioneros transformaron las Grandes Llanuras de páramo a tierra cultivable. (Unidad 7)

Reforma, expansión y guerra
Al tiempo que crecía la industria en Estados Unidos, se hizo aún más importante el comercio exterior. Estados Unidos se involucró más con otras naciones, amplió su imperio en todo el mundo y se involucró en una guerra mundial. (Unidad 8)

Décadas turbulentas
Los desastres ambientales que ocurrieron en la primera parte del siglo XX afectaron a la economía nacional. Debido a métodos de cultivo deficientes, en la década de 1930, los vientos se llevaron la mayoría del suelo fértil en la zona de las Grandes Llanuras, la cual se denominó la Cuenca de Polvo. (Unidad 9)

Momentos decisivos
Después de la Segunda Guerra Mundial, las naciones del mundo se conectaron mucho más y Estados Unidos se involucró más en los asuntos internacionales. La mejor tecnología superó las barreras geográficas que aún permanecían. Los estadounidenses ahora podían viajar mayores distancias en menos tiempo, lo que aumentó el comercio, los viajes y las oportunidades. (Unidad 10)

Estados Unidos moderno
Los estadounidenses desempeñan un papel principal para mantener la paz mundial. Muchos están más conscientes de su impacto en el ambiente que los rodea. El gobierno ha empezado a conservar y proteger la naturaleza. Los estadounidenses además enfrentan un nuevo siglo con mejor tecnología. (Unidad 11)

Diccionario geográphico

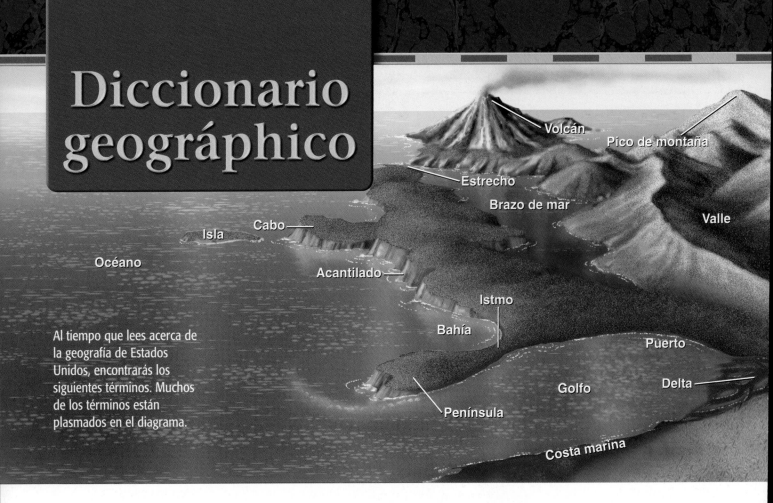

Volcán
Pico de montaña
Estrecho
Brazo de mar
Valle
Isla
Cabo
Océano
Acantilado
Istmo
Bahía
Puerto
Golfo
Delta
Península
Costa marina

Al tiempo que lees acerca de la geografía de Estados Unidos, encontrarás los siguientes términos. Muchos de los términos están plasmados en el diagrama.

acantilado pared de roca, tierra o hielo alta y escarpada

bahía parte de una gran masa de agua que se extiende hacia dentro sobre la línea costera, en general más pequeña que un golfo

brazo de mar masa de agua entre una línea costera y una o más islas junto a la costa

cabo punta de terreno que se extiende hacia dentro de un río, lago u océano

cadena de montañas serie de montañas conectadas

canal estrecho ancho o paso de agua entre dos masas de tierra que se encuentran cercanas; parte profunda de un río o paso de agua

cañón valle profundo y estrecho con paredes escarpadas

característica cultural característica que los humanos han creado en un lugar, como el idioma, religión, vivienda y patrón de asentamiento

característica física característica de un lugar que se produce de forma natural, como accidente geográfico, masa de agua, patrón climático o recurso

colina terreno elevado con costados en pendiente y cima redondeada, en general de menor tamaño que una montaña

continente una de las siete grandes masas de tierra del planeta

corriente abajo dirección en la que un río o corriente fluye desde su origen hasta su desembocadura

corriente arriba dirección opuesta al flujo del río, hacia el origen del río o de la corriente de agua

corriente oceánica corriente de agua fría o cálida que se mueve en una dirección definida a través de un océano

costa marina tierra que se encuentra junto al mar o el océano

cuenca área de tierra drenada por un río y sus ramificaciones; área rodeada por tierras de mayor elevación

delta tierra baja y plana originada por la acumulación de tierra transportada corriente abajo de un río y depositada en su desembocadura

desembocadura (de un río) lugar donde una corriente o río fluye hacia una masa mayor de agua

división extensión de tierras altas que separa los sistemas de un río

ecuador línea imaginaria que corre alrededor de la Tierra a mitad de distancia entre los Polos Norte y Sur; se utiliza como punto de partida para medir los grados de latitud norte y sur

elevación altura de la tierra por encima del nivel del mar

estrecho porción de agua delgada que une dos masas de agua de mayor tamaño

glaciar masa de hielo grande y espesa que se mueve con lentitud

golfo parte de una gran masa de agua que se extiende hacia dentro sobre la línea costera, en general de mayor tamaño y más profundamente insertada que una bahía

isla área de terreno de menor tamaño que un continente, rodeada por completo por agua

istmo delgada extensión de tierra que conecta dos áreas de tierra de mayor tamaño

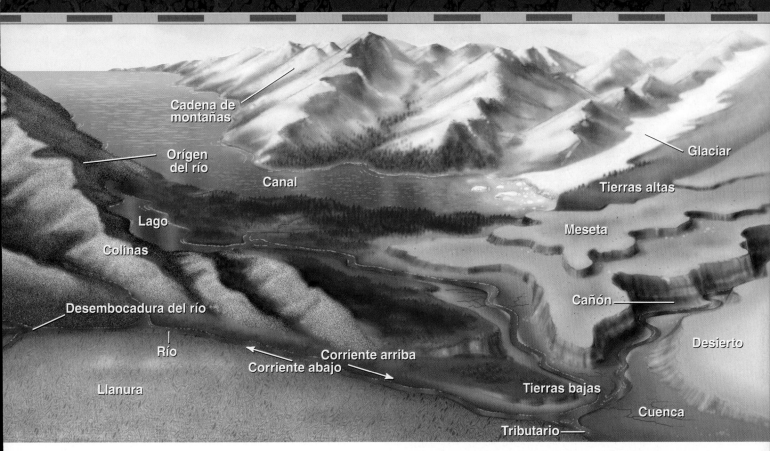

Cadena de montañas

Orígen del río

Canal

Glaciar

Tierras altas

Lago

Meseta

Colinas

Desembocadura del río

Cañón

Desierto

Río

Corriente arriba

Corriente abajo

Llanura

Tierras bajas

Cuenca

Tributario

lago una masa de agua rodeada de tierra, de tamaño apreciable

latitud distancia al norte o sur del ecuador, medida en grados

longitud distancia al este u oeste del primer meridiano, medida en grados

llanura área de terreno nivelado, en general a baja elevación y a menudo cubierta por pasto.

mapa dibujo de la Tierra mostrado en una superficie plana

mar gran masa de agua rodeada en parte o totalmente por tierra

meridiano una de varias líneas de una cuadrícula que cubre el mundo, desde el Polo Norte al Polo Sur, utilizados para medir los grados de longitud

mesa ancha forma de terreno plana con laderas escarpadas, de menor tamaño que una meseta

meseta área de terreno plano o con elevaciones por encima del nivel del mar, alrededor de 300–3,000 pies (91–914 m) de altura

montaña terreno con laderas escarpadas que se alza a grandes alturas (1,000 pies [305 m] o más) desde la tierra que la rodea; en general, de mayor tamaño y más pronunciada que una colina

nivel del mar posición del nivel del terreno respecto de la superficie de un mar u océano cercano

océano una de las cuatro masas principales de agua salada que rodean a los continentes

origen (de un río) lugar donde comienza un río o una corriente de agua, a menudo en tierras altas

paralelo una de varias líneas de una cuadrícula que cubre el mundo que rodea a la tierra al norte o sur del ecuador y se utiliza para medir grados de latitud

península masa de tierra que se introduce en un lago u océano, rodeada por tres lados por agua.

pico de la montaña cumbre punteaguda de la montaña

primer meridiano línea de la cuadrícula que cubre el mundo, que se extiende desde el Polo Norte hasta el Polo Sur y que pasa por Greenwich, Inglaterra, y es el punto de partida para medir los grados de longitud este y oeste

puerto lugar protegido a lo largo de la línea costera donde los barcos pueden anclar de forma segura

relieve cambios en la elevación en un área de terreno dado

río gran corriente natural de agua que corre a través del terreno

tierras altas área de terreno elevado, como una colina, montaña o meseta

tierras bajas terreno, en general nivelado, con menor elevación

tributario pequeño río o corriente que fluye hacia un río o corriente de mayor tamaño; rama de un río

ubicación absoluta ubicación exacta de un lugar en la Tierra descrita por las coordenadas globales

valle área de tierras bajas entre colinas o montañas

volcán montaña creada como roca líquida o ceniza eruptiva desde el interior de la Tierra

Sé un lector activo

Piensa acerca de tu libro de texto como si fuera una herramienta que te ayuda a aprender más acerca del mundo a tu alrededor. Es un ejemplo de no ficción —describe eventos, gente, ideas y lugares reales. Aquí tienes una variedad de estrategias de lectura que te ayudarán a ser un mejor lector de libros de texto. Cuando encuentres pasajes en el libro que no entiendas, busca ayuda en estas estrategias de lectura.

✓ Antes de leer

Establece un propósito
- ¿Por qué lees el libro de texto?
- ¿Cómo relacionas este tema con tu vida?
- ¿De qué manera podrías usar lo que estás aprendiendo en tu propia vida?

Presentación preliminar
- Lee el título del capítulo para saber cuál va a ser el tema.
- Lee los subtítulos para saber lo que vas a aprender del tema.
- Echa una ojeada a las fotos, los cuadros, las gráficas y los mapas. ¿Cómo respaldan el tema?
- Busca las palabras azules del vocabulario. ¿Cómo están definidas?

Saca de tu propia experiencia
- ¿Qué has leído o escuchado que sea nuevo y guarde relación con el tema?
- ¿De qué manera la nueva información es diferente a la que ya conocías?
- ¿Cómo te podría ayudar la información que ya conocías a entender la que acabas de aprender?

Pregunta

- ¿Cuál es la idea principal?
- ¿Cómo respaldan las fotos, los cuadros, las gráficas y los mapas la idea principal?

Conecta

- Piensa en la gente, los lugares y los acontecimientos de tu propia gente. ¿Qué parecido guardan con los que aparecen en el libro de texto?
- ¿Puedes relacionar la información del libro de texto con otras partes de tu vida?

Predice

- Predice los acontecimientos o los resultados usando las pistas y la información que ya sabes.
- Cambia tus predicciones a medida que vas leyendo y obteniendo información nueva.

Visualiza

- Presta atención a los detalles y a las descripciones.
- Dibuja organizadores gráficos para demostrar las relaciones que encuentras en la información.

Busca pistas a medida que lees

Oraciones de comparación y contraste

- Busca las palabras y las frases clave que indiquen comparación, como por ejemplo *igualmente, como, ambos, en común, además* y *también*.
- Busca las palabras y las frases clave que indiquen contraste, como por ejemplo *por un lado, a diferencia de, sin embargo, diferente, en vez de, preferible, pero* y *distinto de*.

Oraciones de causa y efecto

- Busca las palabras y frases clave, como por ejemplo *porque, como resultado, por eso, es por eso que, ya que, así, por esta razón* y *por consiguiente*.

Oraciones cronológicas

- Busca las palabras y frases clave, como por ejemplo *después, antes, primero, siguiente, último, durante, finalmente, más temprano, luego, desde* y *entonces*.

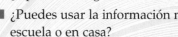

✓ Después de leer

Resume

- Describe la idea principal y cómo la respaldan los detalles.
- Con tus propias palabras, explica lo que has leído.

Evalúa

- ¿Cuál era la idea principal?
- ¿Respaldaba claramente el texto la idea principal?
- ¿Aprendiste algo nuevo del material?
- ¿Puedes usar la información nueva en otra escuela o en casa?
- ¿Qué otras fuentes podrías usar para obtener más información sobre el tema?

Prólogo
Desde el principio hasta 1877

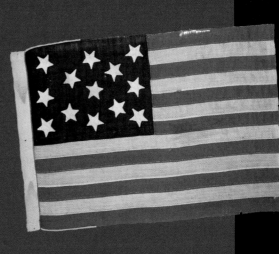

Por qué es importante

Al estudiar el Prólogo, *aprenderás que los primeros inmigrantes llegaron a las Américas mucho antes de la historia escrita. Mucho tiempo después, los europeos se establecieron en el continente y dieron curso a una serie de acontecimientos que conducirían a la fundación de Estados Unidos. Grandes ejemplos de conflicto y colaboración marcaron los primeros años de la historia de Estados Unidos.*

Daniel Boone acompaña a los colonos a través de Cumberland Gap por George Caleb Bingham

Biblioteca de fuentes principales

Ver las páginas 958–969 para leer las lecturas de fuentes principales que acompañan al Prólogo.

*Usa el **CD-ROM de la Biblioteca de Documentos de Fuentes Principales de Historia Estadounidense** para encontrar fuentes principales adicionales sobre la formación y el crecimiento de Estados Unidos.*

"Observen la buena fe y la justicia hacia todos los países".

—George Washington, 1796

Prólogo
CAPÍTULO

1 El nacimiento de una nación

Desde el principio hasta 1791

Por qué es importante

En la actualidad, las Américas consisten en gente y culturas de todas partes del mundo. A lo largo de cientos de años, Estados Unidos se convirtió en un país donde gente de diferentes culturas y creencias podían convivir pacíficamente. A medida que el país fue creciendo y madurando, se adaptó para satisfacer las cambiantes necesidades de sus habitantes.

El impacto actual

Aún hoy en día, se ven claramente en Estados Unidos las señales de las primeras olas migratorias. El gobierno federal reconoce oficialmente 562 tribus indígenas estadounidenses. Asimismo, la influencia europea es evidente en todo el país.

c. 28.000 a.C.
• Los cazadores asiáticos entran en América del Norte

c. 1300 d.C.
• La civilización de los hohokam comienza a decaer

Estados Unidos

Prehistoria · 1300 · 1500

Mundo

c. 10.000 a.C.
• La última Época Glacial llega a su fin

1295 d.C.
• El viajero italiano Marco Polo regresa de China

1517
• Martín Lutero promueve la reforma de la Iglesia

George Washington se dirige a la Convención Constitucional

1607
• Se establece Jamestown

1718
• Los franceses establecen el puerto de Nueva Orleans

c. 1740
• El Gran Despertar alcanza su punto más alto

1776
• Firma de la Declaración de la Independencia de EE.UU.

1788
• Ratificación de la Constitución de Estados Unidos

1600

1700

c. 1605
• Shakespeare escribe *El Rey Lear*

1689
• Se firma La Declaración Inglesa de los Derechos

1769
• Watt patenta la máquina a vapor

1789
• Comienza la Revolución Francesa

HISTORIA
En línea
Descripción general del capítulo
Visita taj.glencoe.com y haz clic en **Prologue Chapter 1— Chapter Overviews** para repasar la información del capítulo.

Encuentro de mundos distintos

Guía de lectura

Idea principal
Millones de personas vivían en las Américas antes de la llegada de los europeos.

Términos clave
nómadas, migración, maíz, teocracia, federaciones, Renacimiento, circunnavegar, conquistadores

Estrategia de lectura
Categorización de la información Al leer la sección, recrea el siguiente diagrama y describe las regiones donde existió cada civilización.

Civilización	Región
Maya	
Azteca	
Inca	

Leer para aprender
- cómo llegaron y vivían las primeras personas en las Américas.
- cómo diferentes factores condujeron a la exploración europea.
- cómo los imperios azteca e inca llegaron a su fin.

Tema de la sección
Geografía e historia Las diferentes civilizaciones desarrollaron culturas y sociedades distintas según el lugar donde se establecían en las Américas.

Presentación preliminar de acontecimientos

◆ *Prehistoria*   ◆ *500*   ◆ *1000*   ◆ *1500*

c. 10.000 a.C.
La última Época Glacial llega a su fin

c. 300 d.C.
Los mayas construyen grandes ciudades

1492
Colón desembarca en las Américas

1535
Pizarro toma el control del imperio inca

UNA
historia estadounidense

Nadie sabe con certeza la razón por la que los primeros habitantes de América del Norte cruzaron el puente terrestre que una vez conectaba Asia con América del Norte. Con sus lanzas en alto, pequeños grupos de cazadores tal vez perseguían a un mamut, un animal de gran tamaño ya extinto, u otros grandes animales. Es probable que más tarde, los colonizadores hayan llegado por barco, cazando focas y ballenas. Con el transcurso del tiempo, estos "indígenas estadounidenses" habitarían tanto América del Norte como América del Sur.

Los primeros habitantes de las Américas

Cuando los europeos llegaron a las Américas a finales del siglo XV, encontraron tribus indígenas con culturas desarrolladas que ya habitaban el lugar. La mezcla de las culturas de los indígenas estadounidenses y de los europeos que se dio en el Nuevo Mundo forjó la historia de las Américas y el futuro de Estados Unidos.

Los pueblos antiguos

Los primeros estadounidenses eran **nómadas**, personas que se movían de lugar a lugar. Los científicos sostienen que los primeros habitantes estadounidenses eran personas provenientes de Asia que cruzaron una ancha extensión de tierra entre Asia y América del Norte que quedó expuesta durante la última Época Glacial. Estos pueblos antiguos probablemente llegaron a las Américas hace aproximadamente 30,000 años.

El cruce de este puente terrestre, denominado Beringia, fue una **migración**, el movimiento de un gran número de personas hacia una nueva patria. Grupos separados se extendieron por las Américas, al este hasta el Océano Atlántico y al sur hasta la punta de América del Sur.

Estos pueblos antiguos comenzaron cazando grandes mamíferos, pero finalmente optaron por animales más pequeños, tales como venados y pájaros. Hace aproximadamente 9,000 años, comenzó la colonización de lo que hoy es México, donde los pobladores comenzaron a plantar una forma de grano denominado **maíz.**

Con suministros confiables de alimentos, los primeros estadounidenses comenzaron a desarrollar comunidades permanentes. Sabiendo que cosecharían alimentos suficientes, comenzaron a mejorar sus vidas construyendo viviendas permanentes, fabricando artefactos de alfarería, y estableciendo nuevas formas de gobierno. Con el tiempo, los diferentes grupos de personas que vivían en las Américas desarrollaron culturas particulares.

Ciudades e imperios

En lo que hoy es México y América Central y del Sur, se desarrollaron tres grandes y muy avanzadas civilizaciones: la maya, la azteca y la inca. Cada una de ellas gozó de gran prosperidad durante muchos siglos.

Los mayas

Los mayas construyeron su civilización en los bosques tropicales húmedos de lo que hoy día es México, Guatemala, Honduras y Belice. Para el año 300 d.C. los mayas ya habían construido muchas ciudades grandes. Cada ciudad estaba dominada por al menos una pirámide de piedra. Las pirámides servían como centros religiosos y políticos. La civilización de los mayas era una **teocracia**, una sociedad gobernada por líderes religiosos. Los sacerdotes mayas impartían ceremonias religiosas y estudiaban el cielo nocturno desde los templos construidos en la cima de las pirámides. En consecuencia, los sacerdotes desarrollaron conocimientos de astronomía. Crearon un calendario de 365 días para programar las plantaciones, las cosechas y las ceremonias religiosas. Los mayas también comerciaban con poblaciones de la costa este de México. Nadie sabe por qué alrededor del año 800 d.C. la civilización maya comenzó a declinar.

La arquitectura *de Estados Unidos*

En Tikal y en otras ciudades, los mayas construyeron pirámides donde la gente se podía reunir para celebrar las ceremonias en honor de los dioses. Aquí se muestra la maqueta de una ciudad maya (izq, sup). **¿Cómo gobernaban los mayas?**

Los aztecas

Siglos después del derrumbamiento de los mayas, un grupo de cazadores denominados aztecas, comenzó a deambular por la parte central de México. Los aztecas llegaron a una isla en el Lago Texcoco, que en la actualidad forma parte de la Ciudad de México. En esta isla, los aztecas construyeron una de las ciudades más grandes de las Américas: Tenochtitlán. En su punto álgido, la ciudad era la más grande de las Américas, tal vez la mayor del mundo. Para el año 1500 d.C. casi 200,000 personas vivían en ella.

Los incas

Una tercera civilización, la inca fundó su ciudad capital en Cuzco alrededor del año 1200 d.C. Por medio de su poder y conquistas militares, los incas construyeron un imperio que se extendía más de 3,000 millas (4,800 km). El territorio abarcaba desde lo que hoy es Colombia hasta el norte de Argentina y Chile.

En su punto álgido, el imperio inca tenía una población de más de 6 millones de habitantes, incluyendo a los de los pueblos conquistados. Para controlar este imperio, se construyeron más de 10,000 millas (16,000 km) de caminos pavimentados de piedras a través de selvas y montañas.

Los pueblos de América del Norte

Además de las civilizaciones de América del Sur y Central, se desarrollaron en el continente norteamericano muchas otras culturas.

Los hohokam y los anasazi vivieron en el desierto sudoccidental entre los años 200 d.C. y 1300 d.C. Los hohokam desarrollaron sistemas de canales de irrigación para transportar agua a sus colonias a lo largo de los Valles de Gila y Salt River. Los anasazi construyeron viviendas en precipicios en lo que hoy es Utah, Colorado, Arizona y Nuevo México.

En la zona central de Estados Unidos vivía un grupo de numerosos pueblos diferentes conocidos como los "constructores de montículos". Los montículos de tierra que construían servían de base para los templos que se elevaban por sobre sus ciudades y tal vez eran los lugares para quienes estudiaban los cielos nocturnos. La mayor población de los constructores de montículos era Cahokia, situada en lo que es hoy Illinois. Esta ciudad, que fue construida entre el año 900 d.C. y 1200 d.C. por un pueblo llamado los misisipi, puede haber tenido una población de 30,000 habitantes o más.

Los pueblos del Norte

Aunque las civilizaciones de los hohokam, los anasazi y los constructores de montículos finalmente desaparecieron, surgieron otras culturas indígenas que las sustituyeron. Los inuit vivían en las tierras del norte alrededor del Océano Glacial Ártico. Este pueblo desarrolló la habilidad de construir viviendas consistentes en nieve y hielo, y fabricar vestimentas de piel de foca y pieles gruesas. Se alimentaban cazando focas, ballenas y morsas en las aguas costeras.

Los pueblos del Oeste

En el oeste de América del Norte, grupos como los tlingit y los chinook vivían del bosque y el mar. Construian canoas y vestimenta valiéndose de la corteza de los árboles y su dieta se basaba principalmente en salmón, que abundaba a lo largo de la costa y los ríos. En el Sudoeste, grupos tales como los hopi, los acoma y los zuni eran descendientes de los anasazi. Estos pueblos construian sus viviendas con ladrillo secado al sol, denominado adobe.

Los pueblos nómadas habitaban en las Grandes Llanuras, y cazaban manadas de antílopes, venados y búfalos. En cada estación de siembra, las mujeres sembraban calabaza, maíz y frijoles. Más tarde, los apaches y los dakotas aprendieron a cabalgar a caballo, animal que había sido traído a las Américas en el siglo XVI por los españoles.

Los pueblos del Este

Los iroquois y los cheroquí habitaban en los bosques del este de América del Norte. Gobernaban a su gente con complejos códigos legales y federaciones, o gobiernos que vinculaban a diferentes grupos.

Sin importar dónde vivieran en América del Norte, los primeros habitantes desarrollaron formas de vida que se adaptaban al medio ambiente. Sin embargo, en el siglo XVI, conocerían a los europeos, cuyas culturas, creencias y formas de vida eran diferentes de todo lo que habían conocido o visto antes.

Comprobación de lectura **Identificación** ¿En qué zona vivían los anasazi?

Exploración de las Américas

Si bien los indígenas estadounidenses fueron los primeros habitantes de los continentes americanos, los ingleses, españoles, africanos y otros

1. Las culturas de las Llanuras usaban los tipis.

2. Las culturas de los Bosques del Nordeste construyeron largas casas.

3. Las culturas del Sudoeste construyeron los pueblos.

Grupos culturales

- Ártico
- Subártico
- Costa del Noroeste
- Meseta
- Gran Cuenca
- California
- Sudoeste
- Grandes Llanuras
- Bosques del Nordeste
- Sudeste

0   1,000 millas

0   1,000 kilómetros
Proyección acimutal equidistante

Habilidades geográficas

1. **Región** ¿A qué grupo cultural pertenecían los apache y los hopi?

2. **Inferencias** Según la descripción de las viviendas, ¿qué culturas fueron nómadas?

---

pueblos eventualmente desempeñarían , cada uno, un papel en el desarrollo de la cultura denominada actualmente estadounidense.

Un mundo variable

Entre los siglos XIII y XIV, se propagó en Europa Occidental un período de creatividad intelectual y artística conocido como el Renacimiento. Un espíritu de descubrimiento condujo a una época de exploración. Los europeos, armados de mapas más exactos y mejores instrumentos de navegación, recorrieron los mares. Su objetivo era explorar y desarrollar rutas de comercio hacia las ricas culturas de China e India.

En su búsqueda de mejores rutas para llegar a Asia desde Europa, los europeos descubrieron poderosos reinos africanos al sur del Sahara. Los imperios de Ghana, Mali y Songhai tenían grandes riquezas gracias al comercio de oro, cobre y mineral de hierro.

Las primeras exploraciones

Los gobernantes tenaces esperaban encontrar una ruta comercial más directa a China, India y África Occidental. Impulsados por este objetivo económico, los exploradores portugueses comenzaron a aprender más sobre el mar y la costa africana. En 1488, una expedición portuguesa al mando de Bartholomeu Dias rodeó la punta de África. Diez años más tarde, otra expedición portuguesa encabezada por Vasco da Gama, cruzó el Océano Índico y llegó a Calicut, ubicado en la costa india. Las rutas marítimas inauguradas por los portugueses impulsaron a otras naciones europeas a realizar sus propias exploraciones.

Colón cruza el Atlántico

El navegante italiano Cristóbal Colón estaba convencido de que había una mejor manera de llegar a Asia navegando rumbo oeste a través del

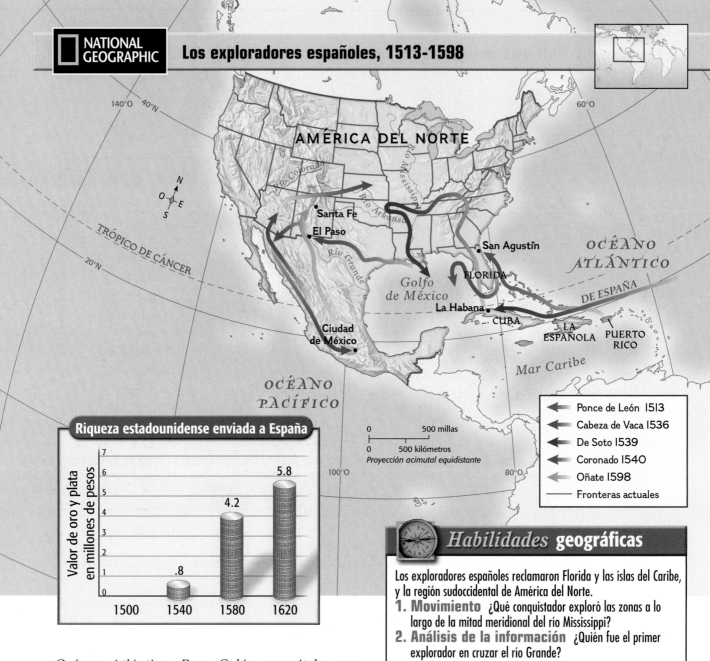

AMÉRICA DEL NORTE

Río Colorado

Río Arkansas

Mississippi

Santa Fe

El Paso

Río Grande

San Agustín

OCÉANO
ATLÁNTICO

FLORIDA

Golfo
de México

La Habana

DE ESPAÑA

CUBA

Ciudad
de México

LA
ESPAÑOLA

PUERTO
RICO

Mar Caribe

OCÉANO
PACÍFICO

TRÓPICO DE CÁNCER

0   500 millas

0   500 kilómetros
Proyección acimutal equidistante

← Ponce de León 1513
← Cabeza de Vaca 1536
← De Soto 1539
← Coronado 1540
← Oñate 1598
— Fronteras actuales

Riqueza estadounidense enviada a España

Valor de oro y plata
en millones de pesos

7
6
5
4
3
2
1
0

.8

4.2

5.8

1500   1540   1580   1620

Habilidades geográficas

Los exploradores españoles reclamaron Florida y las islas del Caribe,
y la región sudoccidental de América del Norte.
1. **Movimiento** ¿Qué conquistador exploró las zonas a lo
largo de la mitad meridional del río Mississippi?
2. **Análisis de la información** ¿Quién fue el primer
explorador en cruzar el río Grande?

Océano Atlántico. Pero Colón necesitaba un
patrocinador que financiera su gran proyecto.
Después de muchos intentos frustrados, convenció
al rey Fernando y a la reina Isabel de España de
financiar su viaje. Los monarcas acordaron hacerlo,
en parte por inquietudes religiosas y en parte para
obtener ganancias monetarias.

El 3 de agosto de 1492, Colón zarpó del puerto
de Palos, en España, con la intención de alcanzar el
continente asiático en aproximadamente dos
meses. Colón basaba sus cálculos en Tolomeo, un
antiguo astrónomo griego, cuyos cálculos del
tamaño de la tierra eran, desafortunadamente,
menores a las dimensiones verdaderas. A pesar de
que su tripulación comenzó a preocuparse
después de un mes en el mar, Colón mantuvo las
esperanzas. Muy pronto, su confianza se vio bien

retribuida. El 12 de octubre de 1492, un vigía gritó,
"¡Tierra! ¡Tierra!"

Colón estaba convencido de haber llegado a las
Indias Orientales, las islas cercanas a la costa de
Asia. Sin embargo, en realidad estaba en el
Océano Atlántico, al sudeste de lo que
actualmente es Florida. Colón también exploró,
en 1493, 1498 y 1502, lo que hoy día son algunas
áreas de Haití y la República Dominicana, Cuba,
Jamaica y las costas de América Central y la parte
norte de América del Sur.

Un viaje alrededor del mundo

En 1519, los españoles enviaron al capitán
portugués Fernando Magallanes al mando de una

nueva expedición a través o alrededor de América del Sur para encontrar un pasaje a Asia. En noviembre de 1520, Magallanes finalmente encontró un pasaje estrecho al Océano Pacífico en el extremo sur de América del Sur.

Esperaba que el resto del viaje a Asia durara tan sólo unas pocas semanas. En cambio, el viaje a través del Pacífico duró cuatro meses. Rápidamente, la tripulación se quedó sin alimentos, y comía aserrín, ratas y cuero para seguir con vida. Magallanes fue asesinado en una guerra local durante un alto en Filipinas, pero algunos integrantes de su tripulación regresaron a España. Sólo una de las cinco embarcaciones originales y 18 de los 250 miembros de la tripulación completaron la totalidad del viaje. Estos hombres fueron los primeros en circunnavegar, o navegar alrededor del mundo.

Conquistas españolas

Los conquistadores españoles exploraron las Américas. Estos hombres usaron su propio dinero para explorar y establecer asentamientos, y convinieron en entregar a la corona española un quinto de todo el oro o tesoros que descubrieran. De esta forma, si la expedición fallaba, sólo el explorador era el perjudicado. Sin embargo, de tener éxito, tanto el explorador como España obtenían riquezas y gloria.

Cortés y Pizarro

Hernán Cortés llegó a México en 1519 en busca de oro y gloria. Valiéndose de sus soldados, cañones, y de la ayuda de los enemigos de los aztecas que habitaban en las cercanías, Cortés conquistó el imperio azteca.

Cuando marchó en la capital de Tenochtitlán en el mes de noviembre, Montezuma, el emperador azteca, le dio la bienvenida. Cortés encarceló al emperador y eventualmente lo mató junto con otros aztecas de la nobleza para evitar una rebelión. Airados, los aztecas obligaron a los españoles a abandonar la ciudad. En 1521, Cortés respondió con más tropas y destruyó la ciudad.

En 1530, Francisco Pizarro zarpó con 180 soldados hacia la costa del Pacífico en América del Sur en busca de las legendarias riquezas incas. In 1532, Pizarro capturó al jefe inca Atahualpa junto con la mayoría del ejército inca. Cuando unos meses después Atahualpa fue asesinado, su ejército no pudo luchar eficazmente sin su liderazgo. Para 1535, Pizarro había ganado el control de casi todo el enorme imperio inca.

Los españoles pudieron conquistar rápidamente estos imperios indígenas por varias razones. Utilizaban mejores armas. Contaban con la ayuda de otros indígenas que habían recibido malos tratos de los aztecas y los incas. Los españoles trajeron consigo algunas enfermedades. Dado que los indígenas no tenían inmunidad contra estas enfermedades, muchos incas y aztecas murieron como consecuencia del contagio.

✓**Comprobación de lectura** **Análisis** ¿Por qué estaba Portugal interesado en la exploración?

EVALUACIÓN DE LA SECCIÓN 1

Verificación de comprensión

1. **Términos clave** Usa cada uno de los términos clave en oraciones que ayuden a explicar su significado: nómadas, federaciones, migración, Renacimiento, maíz, circunnavegar, teocracia, conquistadores.
2. **Repaso de hechos** ¿Cómo cambió la vida de los nómadas el desarrollo de la agricultura hace 9,000 años?

Repaso de temas

3. **Geografía e historia** ¿Dónde desembarcó Colón en su primer viaje?

Pensamiento crítico

4. **Hacer generalizaciones** ¿Cuál es la diferencia entre la manera en que los portugueses y Colón trataron de llegar a Asia?
5. **Análisis de la información** Recrea el siguiente diagrama y describe por qué los mayas, aztecas e incas eran civilizaciones desarrolladas.

Civilizaciones avanzadas		
Maya	Azteca	Inca

Análisis de material visual

6. **Habilidades geográficas** Estudia el mapa de la página 7. ¿Qué grupos vivían en lo que actualmente es California? ¿Qué grupos vivían en el Sudeste? ¿Qué grupos vivían en o cerca del área donde tú vives?

Actividad interdisciplinaria

Arte Dibuja un mapa del mundo según como Cristóbal Colón podría haberlo trazado en 1492. Recuerda el error que cometió Colón en sus cálculos.

Estados Unidos colonial

Guía de lectura

Idea principal

Los europeos se establecieron en América del Norte y establecieron un gran número de colonias.

Términos clave

Paso Noroeste, compañía por acciones, separatistas, Convenio del Mayflower, puritanos, colonia propietaria

Estrategia de lectura

Comparación Al leer esta sección, recrea el siguiente diagrama y describe las actividades económicas en las tres clases de colonias norteamericanas.

Colonias	Actividades económicas
Colonias de Nueva Inglaterra	
Colonias centrales	
Colonias del Sur	

Leer para aprender

- qué influencia ejerció la exploración en las culturas de todo el mundo.
- por qué Estados Unidos colonial estaba formado por una población diversa.

Tema de la sección

Cultura y tradiciones Cada colonia tenía una cultura diferente, según quién la poblaba.

Presentación preliminar de acontecimientos

◆1500	◆1600	◆1700

1565
España establece un fuerte en San Augustín, Florida

1619
Los colonizadores establecen la Cámara de Burgueses

1681
William Penn funda Pennsylvania

1733
Llegan a Georgia los primeros pobladores

UNA
historia estadounidense

En el verano de 1588, barcos de guerra españoles zarparon hacia la costa de Inglaterra. El rey Felipe de España había enviado una armada, o flota de guerra, de 132 barcos a invadir Inglaterra. Con 30,000 tropas y 2,400 cañones, la armada española era la fuerza naval más poderosa que existía en el mundo. No obstante, los barcos de los ingleses, más pequeños y veloces, rápidamente ganaron el control. La armada española huyó hacia el norte, a Escocia, donde violentas tormentas destruyeron y dispersaron la flota. Únicamente la mitad de los barcos españoles lograron regresar a casa. Si bien España perdió la batalla naval con Inglaterra, abrió el camino a las exploraciones en el continente norteamericano.

Exploración en América del Norte

España fue la primera nación europea en explorar América del Norte, pero no sería la única. Tanto los franceses como los ingleses comenzarían sus propias exploraciones de las Américas y, eventualmente, establecerían sus propias colonias.

Exploraciones de los españoles

La exploración española de América del Norte estuvo al mando de Juan Ponce de León. Ponce de León desembarcó en la costa este de la actual Florida en 1513. Su exploración permitió establecer el primer asentamiento español en lo que hoy es Estados Unidos.

En 1565, los españoles establecieron un fuerte en San Agustín, Florida. Francisco Vásquez de Coronado viajó por el norte de México y lo que hoy es Arizona y Nuevo México a principios del verano de 1540. Juan de Oñate fue enviado desde México para tomar el control de las tierras del norte y convertir a los nativos. En 1598, Oñate fundó la provincia de Nuevo México y presentó el ganado y los caballos a la gente de Pueblo.

Hernando de Soto encabezó una expedición a Florida y el territorio del Sudeste, que duró tres años. Navegó por la región sur del río Mississippi. Otras expediciones se adentraron aún más en territorio occidental y establecieron colonias españolas en lo que en la actualidad es Estados Unidos.

El Paso Noroeste

In 1497, Inglaterra envió al italiano Juan Caboto en busca de un **Paso Noroeste** hacia Asia una ruta marítima más directa a través de las Américas. Francia contrató a otro italiano, Giovanni da Verrazano, en 1524 con el mismo fin. Caboto desembarcó probablemente en lo que actualmente es Terranova. Verrazano exploró desde Nueva Escocia a las Carolinas.

Exploración de los holandeses y franceses

En 1609, los holandeses contrataron a Henry Hudson, quien trazó el mapa del río que lleva su nombre. El año siguiente, esta vez navegando para los ingleses, Hudson descubrió una inmensa ensenada al este de Canadá, llamada actualmente Bahía de Hudson.

Los franceses enviaron a América del Norte exploradores que estaban más interesados en establecer derechos de comercialización que en construir imperios. Comenzando con la colonización de Quebec, los comerciantes franceses se extendieron en lo que hoy es Canadá, y estable-

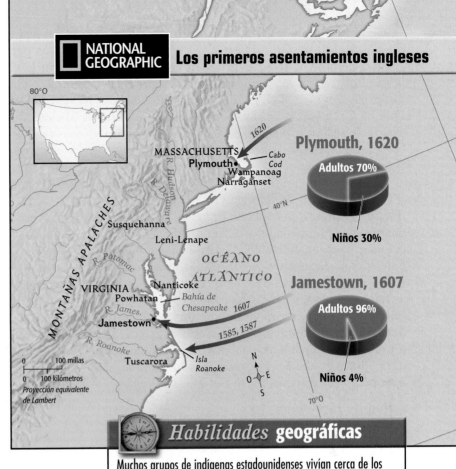

NATIONAL GEOGRAPHIC — **Los primeros asentamientos ingleses**

Plymouth, 1620
Adultos 70%
Niños 30%

Jamestown, 1607
Adultos 96%
Niños 4%

Habilidades **geográficas**

Muchos grupos de indígenas estadounidenses vivían cerca de los primeros asentamientos ingleses a finales del siglo XVI y comienzos del siglo XVII.
1. **Ubicación** ¿Qué colonia quedaba más al norte?
2. **Ubicación** ¿Cuáles grupos de indígenas estadounidenses vivían más cerca de los colonos de Jamestown?

cieron varios puestos de comercio para recoger las pieles que juntaban los indígenas.

✔**Comprobación de lectura** **Análisis** ¿Por qué fue importante la idea del Paso Noroeste?

El desarrollo de Estados Unidos

En 1585, Sir Walter Raleigh envió a alrededor de 100 hombres a establecerse en la Isla Roanoke, frente a las costas de la actual Carolina del Norte. Después de un invierno difícil, los colonizadores descontentos regresaron a Inglaterra. Dos años después, Raleigh intentó nuevamente mandando 91 hombres, 17 mujeres y 9 niños a Roanoke. John White volvió a Inglaterra en busca de provisiones y para reclutar a más colonizadores. Cuando volvió, después de tres años de demora, el campamento estaba desierto. Nunca más se supo de los colonos de Roanoke.

Asentamiento de Jamestown

En diciembre de 1606, un grupo de comerciantes conocidos como la Compañía de Virginia de Londres, envió a 144 colonizadores a Estados Unidos. La colonia se organizó como una **compañía por acciones,** y proporcionaba a los inversores en la compañía la titularidad parcial y una parte de sus futuras ganancias.

Los colonos ingresaron a la Bahía de Chesapeake y se establecieron en Jamestown en abril de 1607, donde tuvieron que soportar grandes dificultades cuando las enfermedades y el hambre devastó a los colonos. Para enero de 1608, cuando llegaron los barcos con suministros y más pobladores, únicamente quedaban vivos 38 colonos de Jamestown.

La colonia sobrevivió cuando el Capitán John Smith logró obtener maíz de la tribu powhatan. También descubrieron que podían ofrecer ganancias a los inversores plantando tabaco. Muy pronto, los agricultores estaban cosechando el grano, y la colonia de Virginia comenzó a prosperar y desarrollarse.

Gobierno representativo

Mientras la colonia crecía, los pobladores se quejaban acerca de recibir órdenes de la Compañía de Virginia en Londres. En 1619, se produjeron dos importantes acontecimientos. En primer lugar, la compañía acordó otorgarles a los colonos cierta participación en su gobierno. El Gobernador George Yeardley permitió a los hombres de la colonia elegir a sus representantes, denominados burgueses, para participar en una asamblea legislativa conocida como la Cámara de Burgueses. En segundo lugar, los comerciantes holandeses trajeron a 20 africanos para trabajar en los campos de tabaco. Fueron los primeros de muchos africanos en llegar a Estados Unidos.

Hasta alrededor de 1640, algunos de los trabajadores africanos de Jamestown fueron libres y tenían propiedad. Sin embargo, en los años siguientes, muchos más barcos con africanos llegaron a América del Norte, y esos pasajeros, a su pesar, serían vendidos como esclavos. La esclavitud fue reconocida por vez primera en las leyes de Virginia en 1661.

Colonias de Nueva Inglaterra

Más al norte, se formó otra colonia en lo que es actualmente Nueva Inglaterra. Un grupo de **separatistas** religiosos, protestantes que habían huido a los Países Bajos para evitar la persecución religiosa, llegó a un acuerdo con la Compañía de Virginia para establecerse en el territorio del mismo nombre. En septiembre de 1620, 35 separatistas peregrinos y 102 pasajeros comenzaron su viaje a Virginia a bordo del *Mayflower*.

Los peregrinos vieron tierra por primera vez al norte de Virginia, en Cape Cod. Sin embargo, debido a que el invierno se aproximaba rápidamente, decidieron establecerse en Plymouth en el mes de diciembre. Dado que Plymouth estaba fuera del control de la Compañía de Virginia, los peregrinos redactaron un documento denominado el **Convenio del Mayflower** para gobernar a su nueva colonia.

Bahía de Massachusetts

En 1628, otro grupo religioso, los **puritanos,** recibió las cartas de privilegio reales para establecer la Compañía de la Bahía de Massachusetts al norte de Plymouth. En 1630, con John Winthrop a la cabeza, 1,000 hombres, mujeres y niños se establecieron en un lugar al que dieron en llamar Boston. Los puritanos no querían permitir que otros grupos religiosos tuvieran libertad de practicar sus cultos. Esta falta de tolerancia llevó a la creación de nuevas colonias en zonas aledañas.

Connecticut y Rhode Island

Alrededor de 1630, los colonos comenzaron a establecerse en el valle del río Connecticut. Algunos, frustrados con las normas puritanas en Massachusetts, se trasladaron a Connecticut. La colonia de Rhode Island se formó, inicialmente, con colonos que fueron obligados a salir de Massachusetts.

En 1644, Roger Williams recibió las cartas de privilegio de la colonia de Rhode Island. El lugar se convirtió en un refugio seguro para los disidentes religiosos y fue el primer lugar en Estados Unidos donde personas de todos los credos, incluidos los judíos, pudieron practicar su religión libremente.

Colonias centrales

Entre las dos regiones de colonias inglesas en Virginia y Nueva Inglaterra se extendían tierras controladas por los Países Bajos. La principal colonia holandesa era Nueva Amsterdam, en la Isla de Manhattan. En 1664, los ingleses capturaron el valioso puerto de Nueva Amsterdam.

El rey Carlos II le dio la colonia a su hermano, el Duque de York, quien la renombró Nueva York. Esta colonia era diferente de las de Nueva Inglaterra, las cuales estaban bajo el control de corporaciones privadas bajo cartas de privilegio reales. Nueva York era una **colonia propietaria,** una colonia en la cual el propietario o dueño poseía toda la tierra y controlaba el gobierno.

Nueva Jersey y Pennsylvania

La parte sur de la colonia de Nueva York, entre los ríos Hudson y Delaware, recibió el nombre de Nueva Jersey. Los propietarios de Nueva Jersey esperaban obtener ganancias cobrando a los colonos una renta por las tierras en las que se establecieran. Las ganancias nunca fueron las esperadas, y para 1702, la colonia se había convertido en una colonia real.

En 1680, William Penn solicitó al rey Carlos que le diera tierras en Estados Unidos en lugar de devolverle un gran préstamo que una vez había recibido el rey de su padre. La nueva colonia de Pennsylvania se convirtió en un "experimento sagrado" para otro grupo de disidentes protestantes denominado la Sociedad de Amigos, o cuáqueros.

Para instar a los colonizadores europeos a asentarse en su colonia, Penn hacía publicidad en toda Europa. Para el año 1683, habían llegado ya más de 3,000 ingleses, galeses, irlandeses, holandeses y alemanes. En 1701, en la Carta de Libertades, Penn otorgó a los colonos el derecho de elegir representantes a la asamblea legislativa. En 1703, la parte sur de Pennsylvania obtuvo permiso para formar su propia legislatura. Así, comenzó a funcionar como la colonia separada de Delaware.

Colonias del Sur

En 1634, dos barcos y 200 colonos navegaron el río Potomac al norte de Virginia y establecieron la colonia de Maryland como un lugar seguro para los católicos. Sabiendo que el tabaco había salvado a la colonia de Virginia, los colonos de Maryland se dedicaron primero a cultivar tabaco. La mayoría de los agricultores de Maryland también producían trigo, frutas, vegetales y ganado.

Los organizadores de Maryland también acogieron en su colonia a los protestantes. Desde el principio, el número de protestantes era mayor que el de católicos. Para asegurar que los católicos pudieran practicar su fe libremente, el gobierno de la colonia aprobó la Ley de Tolerancia en 1649, por la cual otorgaba a todos los cristianos el derecho a practicar libremente su culto. La libertad de culto se estaba arraigando en las colonias.

Carolina del Norte y del Sur

En dos cartas de privilegio emitidas en 1663 y 1665, el rey Carlos II creó una gran colonia propietaria al sur de Virginia, denominada Carolina. Los agricultores de los campos de Virginia se establecieron en la parte norte de Carolina. La parte sur de Carolina era más próspera, gracias a la tierra fértil y a un buen puerto en la ciudad principal de Charles Town (posteriormente, Charleston).

La historia *a través del arte*

El tratado de Penn con los indígenas En 1682, William Penn realizó su primer tratado con los Delaware. **¿Por qué Penn veía a Pennsylvania como un "experimento sagrado"?**

En la década de 1680, los plantadores descubrieron que el arroz crecía bien en las pantanosas tierras bajas costeras. Los esclavos traídos por los colonos trabajaban en los campos de arroz. Para el año 1700, más de la mitad de la gente que llegó a Charles Town eran africanos esclavizados. La tensión comenzó a crecer entre la gente de Carolina del Norte y del Sur. En 1729, se dividieron en dos colonias: Carolina del Norte y del Sur.

Georgia

Georgia, la última de las colonias británicas en ser establecida en Estados Unidos, fue fundada en 1733. El General James Oglethorpe recibió las cartas de privilegio para crear una colonia donde los deudores y la gente pobre pudieran tener un nuevo comienzo. Además, el gobierno británico quería que Georgia sirviera como una barrera militar entre la Florida española y Carolina del Sur. El primer grupo de pobladores construyó la ciudad de Savannah, así como fuertes, para defenderse de los españoles. Oglethorpe inicialmente limitó el tamaño de las tierras y abolió la esclavitud. Sin embargo, frustrado con el lento progreso de Georgia, devolvió la colonia al rey en 1751.

Colonias españolas y francesas

Los británicos no fueron los únicos europeos en colonizar América del Norte. Los españoles expandieron su base colonial en México, el Caribe y América Central y del Sur. También se establecieron en las partes occidental y sur de lo que algún día sería Estados Unidos. En 1610, misioneros, soldados y colonos españoles fundaron Santa Fe en el actual Nuevo México. Otros grupos de misioneros y colonizadores expandieron la presencia española en lo que hoy día es el territorio de Arizona, Texas y California.

Los franceses habían fundado Quebec en 1608. En 1663, Nueva Francia se convirtió en una colonia real cuyos principales intereses eran el comercio de pescado y pieles en el interior de América del Norte. En la década de 1670, los franceses intensificaron sus exploraciones a lo largo del río Mississippi. Esperaban encontrar oro, plata, otros metales preciosos y un pasaje marítimo hacia el Océano Pacífico. Finalmente, los franceses siguieron el curso del río Mississippi hasta el Golfo de México. Reclamando este territorio para Francia, Robert Cavelier Sieur de La Salle lo nombró Louisiana en honor al rey Luis XIV. En 1718, el gobernador francés fundó el puerto de Nueva Orleans en la desembocadura del río Mississippi.

Francia y Gran Bretaña fueron grandes rivales en el período colonial. Ambas naciones estaban expandiendo sus asentamientos en América del Norte. A finales del siglo XVIII y principios del siglo XIX, las guerras en Europa entre los británicos y franceses darían forma más decisivamente a los acontecimientos al otro lado del Atlántico.

✓Comprobación de lectura **Análisis** ¿Por qué fue importante la Cámara de Burgueses?

EVALUACIÓN DE LA SECCIÓN 2

Verificación de comprensión

1. **Términos clave** Escribe un párrafo breve en el que uses todos los siguientes términos: Paso Noroeste, Convenio del Mayflower, compañía por acciones, puritanos, separatistas, colonia propietaria
2. **Repaso de hechos** Explica por qué Maryland aprobó la Ley de Tolerancia.

Repaso de temas

3. **Cultura y tradiciones** ¿Cómo contribuyó la necesidad de trabajadores a la diversidad cultural en las colonias del Sur?

Pensamiento crítico

4. **Comparaciones** ¿Cuál era la diferencia entre los objetivos de los franceses en las Américas y los de otros países europeos?
5. **Organización de la información** Usa el siguiente diagrama y describe cómo se formaron los tres tipos de colonias.

Formación de las colonias estadounidenses		
Colonias de Nueva Inglaterra	Colonias centrales	Colonias del Sur

Análisis de material visual

6. **Habilidades geográficas** Estudia el mapa y gráficas de la página 11. ¿Qué porcentaje de pobladores en Plymouth eran niños? ¿En qué año llegaron a Plymouth los colonos?

Actividad interdisciplinaria

Geografía Crea un cartel que pudo haber atraído a los primeros colonos al área donde vives. Resalta la ubicación así como las características de tu área como buena tierra cultivable, bosques, vías acuáticas y recursos minerales.

Desarrollo de HABILIDADES
Pensamiento crítico

Comprensión de causa y efecto

¿Por qué desarrollar esta habilidad?

Tú sabes que si miras la televisión en vez de hacer tus tareas recibirás bajas notas. Éste es un ejemplo de una relación de causa y efecto. La causa mirar la televisión en vez de hacer las tareas produce un efecto: malas notas.

Causas y efectos del comercio de esclavos

Causas

- Los colonos necesitan plantar cultivos comerciales, como el tabaco y el arroz.
- La demanda europea de tabaco y arroz crece.
- El cultivo de tabaco y arroz requiere de una gran fuerza laboral.

Efectos

- Los africanos son despojados de sus derechos humanos fundamentales.
- La población de esclavos africanos crece.
- La esclavitud crea sentimientos de injusticia y siembra las semillas para un conflicto regional.

Desarrollo de la habilidad

Una *causa* es cualquier persona, hecho o condición que hace que algo suceda. Lo que ocurre como resultado es conocido como el *efecto*. Estas pautas te ayudarán a identificar la causa y el efecto.
- Identifica dos o más hechos.
- Haz preguntas acerca de por qué los eventos tienen lugar.
- Busca "palabras clave" que te indiquen causa y efecto, tales como *debido a, dio lugar a, condujo a, produjo* y *por lo tanto*.
- Identifica el resultado de los hechos.

Práctica de la habilidad

Estudia la gráfica de causa y efecto referente al comercio de esclavos en esta página. Piensa acerca de las pautas enumeradas anteriormente. Entonces responde a las preguntas siguientes.

❶ ¿Cuáles fueron algunas de las causas del desarrollo de la esclavitud en las colonias?

❷ ¿Cuáles fueron algunos de los efectos a corto plazo de la esclavización de los africanos?

❸ ¿Cuál fue el efecto a largo plazo del desarrollo de la esclavitud?

Aplicación de la habilidad

Comprensión de causa y efecto Lee un reportaje sobre un acontecimiento reciente o un conjunto de acontecimientos en tu periódico local. Determina al menos una causa y un efecto de ese acontecimiento. Muestra la relación de causa y efecto en un diagrama.

 El CD-ROM de Glencoe **"Skillbuilder Interactive Workbook, Level 1"**, contiene instrucciones y ejercicios sobre habilidades fundamentales de ciencias sociales.

Crecimiento y cambio en las colonias

Guía de lectura

Idea principal

Las colonias inglesas, a medida que crecían, se volvían más independientes.

Términos clave

comercio triangular, mercantilismo, órdenes de asistencia, boicotear

Estrategia de lectura

Determinación de causa y efecto Al leer la sección, recrea el siguiente diagrama e identifica tres de los factores que contribuyeron a la independencia de las colonias estadounidenses.

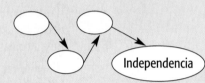

Independencia

Leer para aprender

- qué factores económicos estimularon el crecimiento de las colonias.
- por qué surgió un conflicto entre los británicos y los franceses en las Américas.
- por qué creció el resentimiento hacia el dominio británico entre los colonos estadounidenses.

Tema de la sección

Continuidad y cambio El cambio era inevitable en las colonias, ya que los estadounidenses creaban riqueza lejos de las autoridades de Inglaterra.

Presentación preliminar de acontecimientos

◆1750 — ◆1775

1754
Comienza la Guerra Franco-Indígena

1765
Gran Bretaña promulga la Ley de los Sellos

1770
Se produce la Masacre de Boston

1773
Sucede la Fiesta del té de Boston

UNA
historia estadounidense

En 1760, el inglés Andrew Burnaby viajó a través de las colonias norteamericanas y observó la vida del país. No podía imaginarse que estas colonias alguna vez formaran una unión, debido a que eran tan diferentes como "la noche y el día" y cada colonia envidiaba a la otra. "En pocas palabras, tan pronunciadas son las diferencias de carácter, costumbres, religión, intereses, de las colonias, que yo creo (. . .) que, dejadas a su propia voluntad, pronto habría una guerra civil, desde un extremo del continente al otro".

Crecimiento de las colonias inglesas

En la década de 1700, el control de América del Norte pasó significativamente a manos de los ingleses. Francia fue eliminada como poder colonial importante en la región. España también fue debilitada, aún cuando mantuvo el control del Sudoeste estadounidense.

Durante la década de 1700, la población de las colonias inglesas creció sustancialmente. El número de personas que vivían en las colonias creció de alrededor de 250,000 en 1700 a aproximadamente 2.5 millones en 1775.

La vida en Nueva Inglaterra

La agricultura era la actividad económica principal de todas las colonias, pero en Nueva Inglaterra, los largos inviernos y el suelo rocoso y fino dificultaban la agricultura a gran escala. Nueva Inglaterra también tenía muchos negocios pequeños. Algunas personas usaban la energía hidráulica de los ríos de sus tierras para hacer funcionar los molinos de granos. Los artesanos calificados se establecían como herreros, zapateros, carpinteros, armeros, metalistas e impresores.

La construcción naval y la pesca proporcionaban otras actividades económicas importantes. Los comerciantes navales de Nueva Inglaterra llevaban pescado, granos, carne y madera a las Indias Occidentales (las islas del Caribe). Allá el capitán del buque comerciaba por azúcar, melaza y frutos, que luego llevaba de regreso a Nueva Inglaterra. El ron, hecho de melaza, junto con los productos terminados, era luego enviado a África Occidental. Allá las mercancías eran intercambiadas por africanos esclavos que venían a las Américas a través de lo que se dio en llamar el Pasaje Intermedio. Esta compleja red de rutas de envío pasó a llamarse el **comercio triangular**.

Las colonias centrales y del Sur

Los agricultores de las colonias centrales cosechaban grandes cantidades de trigo y ganado, pero muchas industrias individuales como la carpintería y la producción de harina también eran importantes. También había muchas minas y plantas madereras.

Las colonias del Sur desarrollaron plantaciones que producían grandes cosechas de tabaco y arroz. El rico suelo y clima cálido producían un estilo de vida cómodo basado en la agricultura. En consecuencia, las colonias del Sur no tenían mucha necesidad de desarrollar el comercio o la industria. En la mayoría de los casos, el comercio del Sur era administrado por comerciantes en Londres y no por comerciantes locales.

La esclavitud era parte de la vida colonial y una de las razones del éxito económico de las colonias del Sur. Muchos puritanos, cuáqueros y menonitas, grupo religioso alemán, condenaban la esclavitud. Sin embargo, la esclavitud generaba una gran riqueza para los propietarios de plantaciones que controlaban la vida económica y política del Sur.

Gobierno colonial

Inglaterra veía a sus colonias norteamericanas como un recurso económico. Las colonias proporcionaban a Inglaterra materia prima que los fabricantes ingleses usaban para producir bienes terminados. Estos bienes eran luego vendidos a los colonos. Este proceso seguía una teoría económica

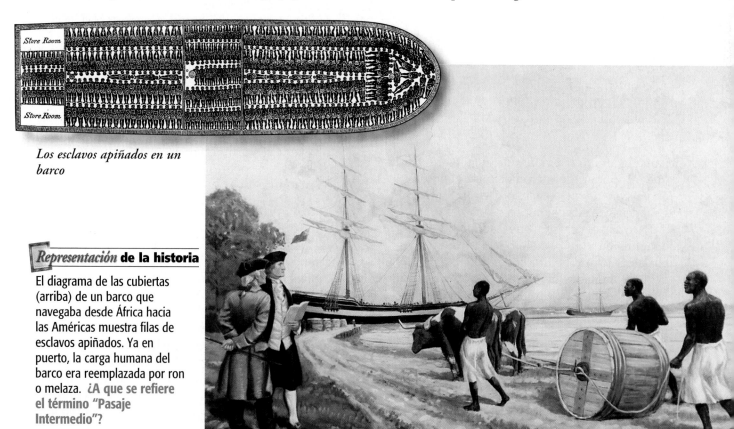

Los esclavos apiñados en un barco

Representación **de la historia**

El diagrama de las cubiertas (arriba) de un barco que navegaba desde África hacia las Américas muestra filas de esclavos apiñados. Ya en puerto, la carga humana del barco era reemplazada por ron o melaza. **¿A que se refiere el término "Pasaje Intermedio"?**

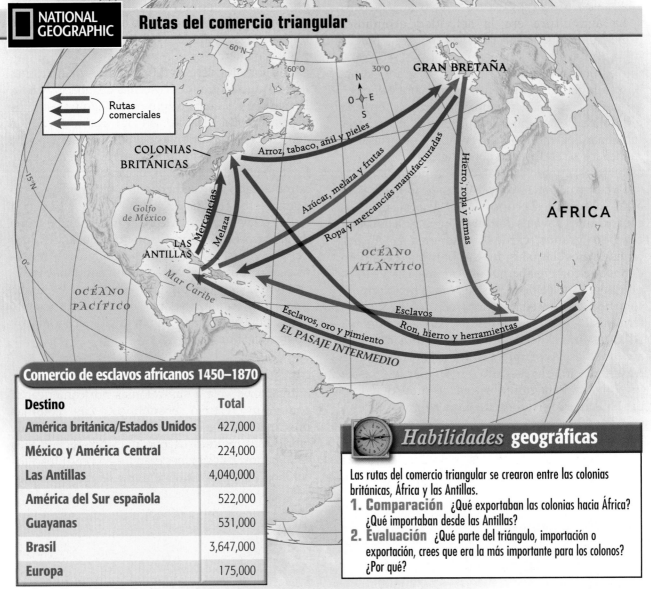

NATIONAL GEOGRAPHIC
Rutas del comercio triangular

Rutas comerciales

COLONIAS BRITÁNICAS

Arroz, tabaco, añil y pieles

Azúcar, melaza y frutas

Ropa y mercancías manufacturadas

Hierro, ropa y armas

GRAN BRETAÑA

ÁFRICA

Golfo de México

Mercancías

Melaza

LAS ANTILLAS

OCÉANO PACÍFICO

Mar Caribe

OCÉANO ATLÁNTICO

Esclavos, oro y pimiento

EL PASAJE INTERMEDIO

Esclavos

Ron, hierro y herramientas

Comercio de esclavos africanos 1450–1870	
Destino	Total
América británica/Estados Unidos	427,000
México y América Central	224,000
Las Antillas	4,040,000
América del Sur española	522,000
Guayanas	531,000
Brasil	3,647,000
Europa	175,000

Fuente: *Historical Atlas of the United States; Philip D. Curtin, Atlantic Slave Trade.*

Habilidades geográficas

Las rutas del comercio triangular se crearon entre las colonias británicas, África y las Antillas.

1. Comparación ¿Qué exportaban las colonias hacia África? ¿Qué importaban desde las Antillas?

2. Evaluación ¿Qué parte del triángulo, importación o exportación, crees que era la más importante para los colonos? ¿Por qué?

---

llamada el **mercantilismo.** Esta teoría sostenía que el poder de una nación dependía de la expansión de su comercio y de la obtención de ganancias de sus colonias.

Para asegurarse que sólo Inglaterra se beneficiaba del comercio con las colonias, el parlamento aprobó una serie de leyes en la década de 1650 llamadas las Leyes de Navegación. Estas leyes obligaban a los colonos a enviar mercancías a Inglaterra solamente en buques ingleses, e impedía que productos tales como el azúcar o el tabaco se enviaran fuera del imperio inglés. Algunos colonos ignoraron estas leyes y comenzaron el comercio ilegal con otras naciones.

Las colonias al crecer dependieron cada vez más de sus propios gobiernos para promulgar leyes locales. Las legislaturas coloniales otorgaron el derecho al voto únicamente a los hombres blancos que tenían propiedades. Las mujeres, los sirvientes, los pobres y personas sin tierra, y los esclavos africanos no podían votar.

Francia y Gran Bretaña chocan en las Américas

En 1700, Gran Bretaña y Francia eran las principales potencias de América del Norte. Las naciones estaban en conflicto respecto del comercio de pieles y los derechos de las áreas de pesca del Atlántico norte. Los franceses desalentaban la expansión británica hacia el valle de Ohio construyendo una cadena de fortalezas a lo largo de los ríos de la parte superior del valle de Ohio.

El intento de Francia de controlar el valle de Ohio ocasionó conflictos con los colonos ingleses. Uno de los primeros conflictos comenzó cuando el joven de 21 años, George Washington, condujo una misión de exploración al valle de Ohio y exigió que los franceses abandonaran la región. En la primavera de 1754, Washington estuvo al frente de sus tropas en una batalla contra un grupo de soldados franceses en el lugar donde actualmente se encuentra Pittsburgh. Las fuerzas francesas, que eran más numerosas, lo derrotaron rápidamente.

Algunos representantes de las colonias de Nueva Inglaterra, Nueva York, Pennsylvania y Maryland se reunieron en Albany, Nueva York, para discutir la amenaza de guerra. Los representantes asumieron un plan sugerido por Benjamín Franklin. Su plan pedía "un gobierno general" para todas las colonias estadounidenses, en el cual una sola legislatura electa gobernaría a las colonias. Ni una sola de las asambleas coloniales aprobó el Plan de Unión de Albany. Las colonias aún no estaban listas para echar a un lado sus propias inquietudes y convenir actuar de forma unida.

✓ **Comprobación de lectura** **Explicación** En el mercantilismo, ¿quiénes controlaban el comercio y quiénes suministraban las materias primas?

La Guerra Franco-Indígena

La derrota de Washington en el valle de Ohio, unida a los informes de las construcciones de fortalezas francesas en el valle, preocupaban al gobierno británico en Londres. Éste decidió apoyar la lucha de los colonos en Estados Unidos.

El gobierno británico actúa

El General británico Edward Braddock fue nombrado comandante en jefe de todas las fuerzas británicas. Su primera acción fue enviar 1,400 soldados regulares británicos y una cantidad de milicias de colonos a Fort Duquesne, una fortaleza francesa en el oeste de Pennsylvania. En junio de 1755, Washington ayudó a guiar a los ingleses hacia el valle de Ohio. Trató de decirle a Braccock que el estilo formal de marcha del ejército los hacía vulnerables a emboscadas. Había tiradores expertos franceses e indígenas escondidos en los densos bosques. Pero Braddock ignoró el consejo de Washington.

Gran Bretaña declara la guerra a Francia

El 9 de julio, las fuerzas británicas fueron acechadas, tal como Washington lo había advertido. Braddock pidió una retirada calmada, pero el pánico se apoderó de los ingleses y fueron asesinados casi 1,000 soldados, incluyendo a Braddock. Como resultado de ello, Gran Bretaña le declaró la guerra a Francia, y comenzó así la Guerra

de los Siete Años. Durante esta guerra, las fuerzas francesas, británicas y españolas chocaron en Cuba, las Antillas, India y las Filipinas, así como en América del Norte y Europa.

En América del Norte, la guerra se conoció como la Guerra Franco-Indígena. Los primeros años de la guerra fueron desastrosos para los británicos y sus colonias estadounidenses. Sin embargo, las perspectivas de Gran Bretaña en Estados Unidos mejoraron después de que William Pitt tomó el poder, primero como secretario de estado y después como primer ministro. Seleccionó diestros comandantes militares y supervisó la guerra desde Londres. Aún cuando Pitt incurrió en una enorme deuda a causa de la guerra, Gran Bretaña finalmente derrotó a los franceses después de la captura de Quebec en el corazón de Nueva Francia, en 1759.

El continente cambia de manos

El Tratado de París de 1763, que oficialmente ponía fin a la guerra, permitió a Francia conservar sus islas productoras de azúcar en las Antillas, pero la obligó a devolver Canadá y sus territorios al este del río Mississippi a los británicos. España, aliada de Francia, entregó la Florida a los británicos, pero recibió territorios franceses al oeste del río Mississippi —el Territorio de Louisiana— así como el puerto de Nueva Orleans.

El Tratado de París significó el fin de Francia como potencia en América del Norte. Gran Bretaña controlaba ahora todos los territorios al este del río Mississippi. España controlaba grandes áreas del continente al oeste del Mississippi.

✓ **Comprobación de lectura** **Identificación** ¿Quién estaba al mando de Inglaterra durante la Guerra Franco-Indígena?

El camino a la independencia

El vasto territorio que ganaron los británicos después de la guerra con Francia produjo nuevos conflictos con los indígenas estadounidenses que vivían en América del Norte. Una serie de ataques a las fortalezas y poblaciones británicas a lo largo de la frontera occidental llevó a los británicos a tomar dos medidas para poner fin a estos problemas.

A fin de impedir más combates, el rey Jorge III emitió la Proclamación de 1763 para poner un alto a la expansión hacia el oeste de los colonos. Esta ley establece los Montes Apalaches como la frontera occidental provisional entre las colonias y los territorios de los indígenas estadounidenses. Los británicos también tenían la intención de estacionar

Causas y efectos de la Guerra de la Revolución

Causas

- Tradición colonialista de auto gobierno
- El deseo estadounidense de una identidad separada de Gran Bretaña
- Proclamación de 1763
- Duras políticas británicas hacia América del Norte después de 1763

Efectos

- Una larga guerra con Gran Bretaña
- Autogobierno para Estados Unidos
- Reconocimiento mundial de la independencia de Estados Unidos

Organizador gráfico → *Habilidades*

Las relaciones entre Gran Bretaña y Estados Unidos empeoran durante las décadas de 1760 y 1770.

Análisis de la información ¿Por qué los colonos luchaban por el régimen de autogobierno?

10,000 soldados en las colonias. Aunque el fin de la Guerra Franco-Indígena trajo la paz por primera vez en muchos años, la Proclamación de 1763 creó fricciones.

Creada con el fin de solucionar los crecientes problemas entre las colonias en expansión y los indígenas estadounidenses, la Proclamación produjo el primero de muchos conflictos entre el gobierno británico y los colonos de América del Norte.

Impuestos sin representación

Las medidas tomadas por los británicos alarmaron a los colonos. La mayoría de los colonos estaban satisfechos con el gobierno de Londres antes de 1763. Ahora muchos temían que el gran número de tropas británicas en América del Norte podría usarse para interferir con sus libertades. Consideraban que la Proclamación de 1763 era un límite a la libertad.

En 1764 el ministro de finanzas británico comenzó una serie de acciones para lograr que los colonos contribuyeran más con los gastos británicos en América del Norte. Primero tomaron acciones contra el contrabando en las colonias, aduciendo que los contrabandistas se quedaban con dinero que debía ser para el imperio británico. A fin de descubrir a los colonos que estaban involucrados en actividades de contrabando, los funcionarios de aduanas tenían permiso para obtener **órdenes de asistencia.** Estos documentos legales permitían a los funcionarios registrar casas y almacenes para detectar mercancías que pudieran ser de contrabando. Muchos colonos consideraron que esto constituía un terrible abuso de poder. Les horrorizaba que los funcionarios del gobierno pudieran entrar a sus casas sin previa advertencia.

Segundo, en 1974 el parlamento aprobó la Ley del Azúcar para poner fin al contrabando entre las colonias y las Antillas Francesas. Al reducir los impuestos sobre la melaza importada por los colonos, los británicos esperaban motivarlos a pagar aranceles sobre la melaza extranjera. Los británicos podrían así cobrar impuestos sobre la melaza y aumentar sus ganancias.

Nunca antes se habían usado los impuestos coloniales para recaudar dinero para el tesoro británico. James Otis, un joven abogado de Boston, sostenía que los colonos no debían ser gravados por el parlamento, ya que no podían votar por los miembros de este cuerpo legislativo. Otis acuñó una consigna para los colonos reclamantes:

> ❝Los impuestos sin representación son una tiranía❞.

Rebelión sobre la Ley de los Sellos

En 1765 el parlamento aprobó una ley aún más desconcertante. La Ley de los Sellos fijaba un impuesto sobre prácticamente todos los materiales impresos en las colonias, desde periódicos y panfletos hasta testamentos y naipes. Todo el material impreso debía tener un sello, el cual era estampado por los funcionarios británicos. La Ley de los Sellos era una terrible incomodidad. Sin embargo, debido a que afectó a todos los que vivían en las ciudades coloniales, tuvo el efecto de convencer a muchos colonos de la necesidad de una acción unificada.

Los colonos reclamantes alegaban que el parlamento había inferferido en los asuntos de la colonia. Había gravado a las colonias directamente, violando así la tradición del autogobierno colonial al no consultar con las colonias antes de aprobar la ley. En Boston, Samuel Adams ayudó a iniciar una organización denominada los Hijos de la Libertad. Otras ciudades pronto formaron sus propias organizaciones de los Hijos de la Libertad. Los comerciantes comenzaron a boicotear, es decir, negarse a comprar las mercancías británicas y europeas. Patrick Henry persuadió a la Cámara de Burgueses de Virginia para que tomasen acción contra la Ley de los Sellos. Al ser acusado de traición, Henry respondió:

❝¡Si esto es traición, saquemos partido de ella!❞

Fortalecimiento de la unidad colonial

En octubre de 1768, una flota de buques británicos navegó hacia el Puerto de Boston con cientos de soldados listos para sofocar cualquier protesta adicional. Muchos colonos, especialmente los de Boston, consideraban que los británicos habían sobrepasado los límites. Primero, habían aprobado una serie de leyes que violaban los derechos coloniales. Ahora enviaban un ejército para ocupar las ciudades coloniales.

Durante el siguiente año, empeoró la tensa atmósfera entre los "casacas rojas" —los soldados británicos— y los colonos de Boston. Finalmente, el 5 de marzo de 1770 la tensión llegó a un punto álgido. Se produjo un enfrentamiento entre los habitantes del pueblo y los soldados. A medida que crecía la multitud, los soldados se tornaban más nerviosos y varios soldados confundidos dispararon a la multitud, asesinando a cinco colonos. Los colonos dieron en llamar a este terrible enfrentamiento la Masacre de Boston.

Se dispersó la noticia describiendo la "masacre", lo cual condujo a muchos colonos a organizar boicots más estrictos sobre mercaderías británicas. Pero el único boicot que continuó fue contra el último producto que permanecía con impuestos: el té. El 6 de diciembre de 1773, los miembros de los Hijos de la Libertad de Boston se disfrazaron de indígenas mohicanos y lanzaron 342 baúles de té de India Oriental Británica en el puerto de Boston.

Gran Bretaña reacciona

Cuando llegaron a Londres las noticias sobre la "Fiesta del té de Boston", el rey Jorge III se percató de que Gran Bretaña estaba perdiendo el control de las colonias. Lord North, el primer ministro británico, decidió tomar a Massachusetts como ejemplo. En 1774, se promulgaron algunas leyes muy severas conocidas como las Leyes Coercitivas, que fueron creadas para condenar a Massachusetts por su resistencia. El puerto de Boston se cerró, cortando así el suministro de alimentos y otros artículos. La mayoría de las reuniones municipales fueron prohibidas. Los británicos esperaban aislar a Boston, pero otras colonias enviaron alimentos y ropa en apoyo de esta ciudad. Las colonias, con una unidad recién descubierta, dieron en llamar a estas leyes las Leyes Intolerables.

✓ **Comprobación de lectura** **Explicación** ¿De qué forma recaudaba dinero la Ley de los Sellos?

EVALUACIÓN DE LA SECCIÓN 3

Verificación de comprensión

1. **Términos clave** Usa cada uno de los términos clave en oraciones que ayuden a explicar su significado: **comercio triangular, órdenes de asistencia, mercantilismo, boicotear**

2. **Repaso de hechos** Anota dos razones por las que los franceses se sintieron amenazados por el interés británico en el valle del río Ohio.

Repaso de temas

3. **Continuidad y cambio** Por qué la Ley de los Sellos enojó a los colonos?

Pensamiento crítico

4. **Inferencias** ¿Cómo crees que los dueños de las plantaciones en las colonias del Sur justificaban el empleo de africanos esclavos?

5. **Organización de la información** Crea nuevamente el diagrama a continuación y nombra tres motivos por los cuales los colonos estaban cada vez más molestos con Inglaterra.

Motivos para oponerse a Inglaterra		

Análisis de material visual

6. **Habilidades geográficas** Estudia el mapa de la página 18. ¿Qué productos se enviaban desde las colonias británicas a Gran Bretaña? ¿Y desde las Antillas a las colonias británicas?

Actividad interdisciplinaria

Redacción persuasiva Escribe una carta al director de un periódico colonial tratando de persuadir a los compatriotas colonos estadounidenses para boicotear las mercancías británicas. Utiliza las normas gramaticales, ortográficas, sintácticas y de puntuación.

Creación de una nación

Idea principal

Los estadounidenses lucharon para asegurar su independencia y rápidamente formaron un sistema de autogobierno.

Términos clave

milicias, lealistas, patriotas, contienda a guerrilleros, república, federalistas, enmienda

Estrategia de lectura

Descripción Al leer la sección, recrea el siguiente diagrama y describe cada documento y la manera en que contribuyó al autogobierno.

Declaración de Independencia	Artículos de Confederación	Constitución

Leer para aprender

- cómo ganaron los estadounidenses la Guerra de la Revolución pese a sus muchas desventajas.
- qué factores influenciaron la formación y aprobación de la Constitución.

Tema de la sección

Grupos e instituciones Los estadounidenses se unieron en varias ocasiones para formar los grupos que necesitaban para derrotar a los británicos.

Presentación preliminar de acontecimientos

◆1750   ◆1775   ◆1800

septiembre de 1774
Encuentro del Primer Congreso Continental

17 de junio de 1775
Se libra la batalla de Bunker Hill

1783
El Tratado de París pone fin a la Guerra de la Revolución

1787
Los delegados se reúnen en la Convención Constitucional

UNA
historia estadounidense

Al principio, eran sólo unos pocos los colonos que querían romper definitivamente lazos con Gran Bretaña. Una de las canciones más populares de esos días, "Los audaces estadounidenses", aludía tanto a la libertad como a la lealtad hacia el rey británico:

Honraremos a Jorge, nuestro soberano, mientras ocupe el trono,

Si nos concede libertad, no tendremos otro rey.

Si nos diera libertad, sencillamente verás,

¡Qué somos jóvenes que no se amedrentan ante el temor! ¡Éxito a la libertad!

El camino a la independencia

Con la promulgación de las Leyes Intolerables, los líderes de la colonia se percataron de que debían ser más enérgicos en sus protestas contra los abusos por parte de los gobernantes británicos. El apoyo de otras colonias a los bostonianos demostraba que la gente quería que continuaran resistiéndose a pagar nuevos impuestos. Los bostonianos juraron boicotear las mercancías británicas, pero se necesitaba algo más: que los líderes de la colonia se unieran. La noticia se propagó desde Massachusetts hasta Virginia: las colonias deben unirse en su protesta o perderán sus libertades.

Un llamado a las armas

Las colonias mostraron una creciente unidad en septiembre de 1774, cuando 56 hombres en representación de todas las colonias, con la excepción de Georgia, se reunieron en Filadelfia. Esta nueva organización, denominada el Congreso Continental, se propuso establecer un cuerpo político en representación de los intereses de los colonos. Patrick Henry resumió el objetivo de la reunión: "Las distinciones entre los pueblos de Virginia, Pennsylvania, Nueva York y Nueva Inglaterra ya no existen", dijo. "Yo no soy virginiano, sino estadounidense".

Los delegados pasaron una resolución para formar milicias, grupos de ciudadanos soldados. Si surgiese la necesidad de luchar, las colonias estarían listas con sus propias fuerzas armadas.

Las organizaciones de las milicias en Massachusetts conducían sesiones frecuentes de entrenamiento, fabricaban balas, y acumulaban rifles y mosquetes. Los británicos también se preparaban para el conflicto. El general británico Sir Thomas Gage ordenó el movimiento de 700 tropas a Concord, Massachusetts, donde se almacenaba la pólvora. Todo indicaba que la guerra entre los británicos y los colonos era inevitable.

Las primeras batallas

Paul Revere y William Dawes cabalgaron durante la noche del 18 de abril de 1775 para advertir a los pueblos de Concord y Lexington de la cercanía de las tropas británicas. Al llegar, los británicos destruyeron toda la pólvora que no había sido sacada de Concord, y comenzaron su marcha de regreso a Boston.

A lo largo del camino desde Concord a Boston, los colonos disparaban a las tropas ocultas detrás de árboles, rocas y cercos de piedra. Cuando los casacas rojas llegaron a Boston, por lo menos 200 estaban heridos y 73 muertos. La batalla por la independencia de Estados Unidos había comenzado.

Después de las batallas de Lexington y Concord, los comités de las colonias emitieron un llamado para obtener voluntarios para las milicias. El 16 de junio de 1775, aproximadamente 1,200 soldados de milicia se reunieron en Boston, alrededor de Bunker Hill y Breed's Hill.

Al siguiente día, los casacas rojas causaron que Breed's Hill ardiera entre mortales disparos estadounidenses. Al quedarse sin pólvora las fuerzas coloniales se retiraron. Sin embargo, las grandes pérdidas británicas indicaban que derrotar a los

NATIONAL GEOGRAPHIC

Las batallas de Lexington y Concord

"Manténganse firmes (. . .) ¡si quieren guerra, que empiece ya mismo!"

—Capitán John Parker, milicia de Lexington

North Bridge — MINUTEMEN

MINUTEMEN

PRESCOTT

Concord
19 de abril de 1775

SMITH

Río Sudbury

Revere es capturado; Dawes debe regresar.

MASSACHUSETTS

Lexington
19 de abril de 1775

Menotomy (Arlington)

REVERE

DAWES

Río Charles

Medford

Charlestown

Cambridge

Boston

Dorchester Neck

Puerto de Boston

R. Mystic

N O E S

0   3 millas
0   3 kilómetros
Proyección equivalente de Lambert

Tropas coloniales
Mensajeros coloniales
Tropas británicas
Victoria británica
Victoria estadounidense

Habilidades geográficas

1. **Ubicación** ¿Cuál fue la primera victoria de los estadounidenses sobre los británicos?
2. **Análisis de la información** ¿Aproximadamente cuántas millas marcharon las tropas británicas desde Lexington a Concord?

HISTORIA En línea

Actividad del estudiante en línea Visita taj.glencoe.com y haz clic en **Prologue Chapter 1— Student Web Activities** para hacer una actividad sobre la Declaración de la Independencia.

estadounidenses en el campo de batalla no sería rápido ni fácil.

Con las noticias de estas batallas, los estadounidenses se enfrentaban a una importante decisión.

Los lealistas, aquellos que deciden permanecer leales a Gran Bretaña, no consideraban que los impuestos y regulaciones injustas eran causa suficiente para la rebelión. Por otro lado, los patriotas estaban decididos a luchar contra los británicos hasta el final, hasta conseguir la independencia estadounidense.

En camino hacia la independencia

Tres semanas después de las batallas de Lexington y Concord, el Segundo Congreso Continental se reunió en Filadelfia. Las 13 colonias enviaron delegados entre los cuales estaban algunos de los líderes políticos más importantes de Estados Unidos: John y Samuel Adams, Patrick Henry, George Washington, Benjamín Franklin, John Hancock y Thomas Jefferson.

El Congreso se convierte en gobierno

El Segundo Congreso Continental comenzó a gobernar a las colonias. Creó el Ejército Continental y eligió a George Washington como comandante del ejército. Él tenía experiencia militar y los delegados lo admiraban y confiaban en él.

Los delegados ofrecieron entonces a Gran Bretaña una última oportunidad para evitar la guerra. Una solicitud formal conocida como la Petición de la Rama de Olivo fue enviada a Jorge III. Mediante esta solicitud se pedía al rey la protección de los derechos de los colonos. Jorge III se negó a recibir la petición, y en su lugar contrató a más de 30,000 tropas alemanas para ser añadidas a las fuerzas británicas que estaban en Estados Unidos.

Redacción de la Declaración de Independencia

Mientras los delegados del Segundo Congreso Continental debatían sobre si las colonias debían declararse como una nación separada, se eligió un comité para que redactara una Declaración de Independencia. Formaban parte del comité Jefferson, Franklin, John Adams, Roger Sherman de Connecticut y Robert Livingston de Nueva York. Jefferson fue seleccionado para redactar el documento histórico.

El documento se concluyó en aproximadamente dos semanas. El 2 de julio de 1776, doce colonias votaron a favor de la independencia en el Congreso. Nueva York no votó, pero más tarde anunció su apoyo. Después de algunos cambios al documento de Jefferson, la Declaración fue aprobada el 4 de julio de 1776.

Se enviaron copias de la Declaración a los recientemente declarados estados. Washington la hizo leer en voz alta a las soldados de milicia que estaba entrenando. En Nueva York, los soldados estadounidenses derribaron una estatua de Jorge III en celebración.

Comprobación de lectura **Explicación** ¿Cuál fue el propósito del Congreso Continental?

La Revolución Estadounidense

Tanto los británicos como los estadounidenses esperaban que la guerra fuera corta. Los británicos planeaban aplastar la rebelión a la fuerza. La mayoría de los patriotas creían que los británicos dejarían de luchar después de perder una o dos batallas importantes. Pocos patriotas creían las predicciones que había hecho John Adams en abril de 1776: "Nos queda por delante una guerra larga, obstinada y sangrienta".

A simple vista, los británicos tenían una ventaja abrumadora en la guerra. Tenían la marina de guerra más poderosa del mundo, un ejército experimentado y bien preparado, y la riqueza de un imperio mundial. Los colonos no tenían un ejército regular ni una marina de guerra fuerte, y las armas y municiones se estaban agotando. Pero los estadounidenses tenían algunas ventajas. Luchaban en suelo propio y con gran determinación de protegerlo.

Los primeros años

Al principio, no hubo victoria para ninguna de las partes. Los estadounidenses demostraron tener valentía, pero estaban cortos de suministros para el ejército. En invierno de 1776-1777, la causa de los patriotas estaba casi perdida. El Ejército Continental disminuía a medida que los soldados se negaban a enrolarse nuevamente después de terminar su tiempo de servicio. Algunos estados ignoraron una prohibición del congreso sobre el uso de soldados afroamericanos. Al final de la guerra, todos a los estados con la excepción de Carolina del Sur, inscribieron a los afroamericanos en el ejército.

El autor patriota Thomas Paine escribió un panfleto, *La Crisis Estadounidense,* en la cual recordaba a los abatidos estadounidenses que "cuanto más duro es el conflicto, más glorioso es el triunfo". Washington hizo que se leyeran las palabras conmovedoras de Paine ante sus tropas, para inspirarlas a seguir luchando.

Ganando aliados

En este momento de desánimo entre los estadounidenses, vino una victoria dramática en Saratoga, Nueva York, en octubre de 1777. Este éxito convenció a Francia de que Estados Unidos tenía la posibilidad de ganar. Francia declaró la guerra a Gran Bretaña y envío dinero, equipo y tropas en ayuda de los patriotas estadounidenses. España y los Países Bajos también contribuyeron a la lucha estadounidense.

En vista de estos acontecimientos, los británicos avanzaron esfuerzos en el Sur para poner fin a la guerra. Ellos creían que los numerosos lealistas del Sur los ayudarían. Sin embargo, los británicos recibieron menos ayuda de la que esperaban de los lealistas sureños. En lugar de ello, la repentina contienda a guerrilleros de atropello y fuga por parte de los patriotas sureños mantuvo al ejército británico desprevenido.

El triunfo de la guerra

Washington y su ejército acamparon al norte de la Ciudad de Nueva York en el verano de 1781.

Sabiendo que el ejército británico comandado por el General Charles Cornwallis estaba rodeado de fuerzas patriotas en la península de Yorktown en Virginia, y habiendo escuchado que las tropas francesas navegaban hacia la Bahía de Chesapeake, Washington cambió sus planes. Decidió que avanzaría hacia los británicos de Yorktown en lugar de a la Ciudad de Nueva York.

El ejército de Washington marchó hacia el Sur, ganando refuerzos de otro grupo de soldados franceses. Washington envió un mensaje a las tropas patriotas de los territorios del Oeste, para que marchasen hacia Virginia, y esperaba ansiosamente que las tropas francesas que desembarcarían en la Bahía de Chesapeake llegasen a tiempo. A finales de septiembre de 1781, 17,000 tropas estadounidenses y francesas habían atrapado en Yorktown a las 8,000 tropas británicas y hessianas de Cornwallis. Rodeado por un intenso fuego de cañones, y con suministros que se agotaban, Cornwallis se rindió el 19 de octubre.

El Tratado de París

Si bien la victoria de Yorktown no puso fin a la lucha total, sí convenció a los británicos de que la

La arquitectura *de Estados Unidos*

Salón de la Independencia La Casa Estatal de Pennsylvania, conocida después como el Salón de la Independencia, fue el lugar donde se firmó la Declaración de Independencia y donde se llevó a cabo la Convención Constitucional. El Salón de la Independencia se restauró en 1950 y ahora es un museo. **¿Por qué crees que este lugar se usó para muchos acontecimientos importantes?**

guerra era demasiado costosa para continuarla. El Tratado de París de 1783 reconoció a Estados Unidos como nación independiente y adjudicó a la nueva nación los territorios que se extendían desde los Montes Apalaches hasta el río Mississippi.

✔ Comprobación de lectura **Resumen** ¿Cuáles eran las desventajas de los patriotas?

Una unión más perfecta

Al mismo tiempo que los estadounidenses luchaban por su independencia en el campo de batalla, creaban nuevas formas de gobierno. Al rechazar el dominio británico, debían establecer sus propias instituciones políticas, tanto a nivel de estados como nacional. Además, la nueva nación debía demostrar fuerza y la capacidad de infundir respeto al resto del mundo.

Los Artículos de Confederación

La experiencia bajo el dominio británico hizo que los estadounidenses fuesen prudentes respecto de los gobiernos fuertes. Por esa razón los estados adoptaron constituciones que limitaban el poder del gobierno. También dividieron las funciones del gobierno entre el gobierno y la legislatura.

Para los estadounidenses, establecer gobiernos estatales independientes era mucho más fácil que crear un gobierno central. Se pusieron de acuerdo en que el país sería una república, un gobierno en el que los ciudadanos gobernasen a través de sus representantes electos.

El Segundo Congreso Continental diseñó la primera constitución de Estados Unidos, los Artículos de la Confederación. Este gobierno nacional tenía la autoridad para conducir los asuntos extranjeros, mantener las fuerzas armadas, tomar dinero prestado y emitir la moneda. Pero no podía regular el comercio, obligar a los ciudadanos a enlistarse en el ejército, ni fijar impuestos.

Si el Congreso de la Confederación necesitaba recaudar dinero o tropas, tenía que pedirle ayuda a los congresos estatales, pero los estados no estaban obligados a contribuir. Además, el nuevo gobierno nacional carecía de un ejecutivo principal para la aplicación de las leyes. No podía promulgar una ley a menos que nueve estados la aprobaran. Todo intento de cambiar los Artículos requería el consentimiento de los 13 estados.

Lamentablemente el gobierno de la Confederación tenía tan poco poder que no podía manejar la gran deuda de guerra de la nación. Al no tener el poder de fijar impuestos, la Confederación no podía pagar sus deudas con los ciudadanos estadounidenses y las naciones extranjeras que tuvieron que financiar la Guerra de la Revolución.

Convención y convenio

La Revolución Estadounidense había logrado la unión de 13 estados, pero aún no había creado una nación. Algunos líderes estaban satisfechos con el sistema de gobiernos estatales independientes a semejanza de los antiguos gobiernos coloniales. Otros pensaban que un gobierno nacional fuerte sería la solución para los problemas de Estados Unidos. Exigían una reforma de los Artículos de Confederación.

En septiembre de 1786, James Madison, un agricultor de Virginia, propuso convocar una convención en Filadelfia para discutir asuntos comerciales. También sugirió que esta convención considerase la enmienda de los Artículos de la Confederación.

Con la decisión de cerrar sus puertas al público y mantener sus sesiones en secreto para crear un ambiente de libre debate, los delegados comenzaron sus discusiones en mayo de 1787. Madison demostró rápidamente su deseo de construir un sistema republicano fuerte pero justo, que equilibrase la necesidad de actuar con rapidez y decisión con la necesidad de proteger a las personas del abuso de poder. Su propuesta cuidadosamente elaborada fue conocida como el Plan de Virginia.

Se logra un convenio

El plan proponía un congreso de dos cámaras, un ejecutivo principal elegido por el congreso y un sistema de tribunales. Los miembros de la cámara baja del congreso serían elegidos por el pueblo. Los miembros de la cámara superior serían elegidos por la cámara inferior. En ambas cámaras la cantidad de representantes sería proporcional, o de acuerdo al tamaño de la población de cada estado.

Los delegados de los estados pequeños estaban insatisfechos con este plan que colocaba el poder central en estados con grandes poblaciones. Un plan alternativo de Nueva Jersey modificó los Artículos de Confederación originales. Mantuvo el Congreso de una cámara de la Confederación con igual representación y otorgó al Congreso poderes adicionales para fijar impuestos y regular el comercio.

Roger Sherman de Connecticut propuso un compromiso que complaciera tanto a los estados grandes como a los pequeños. Sugirió una legislatura bicameral en la cual el tamaño de la cámara baja variase según la población del estado. La cámara alta daría a cada estado una representación igual, con dos miembros cada uno.

El plan de Sherman también trató otro desacuerdo entre los estados del Norte y el Sur. Los esclavos eran contados como tres quintos de una persona libre tanto para fines de impuestos como de representación. Esto impediría la sobre representación de la población libre del Sur, a la vez que no inflaría la carga impositiva del Sur. Los delegados acordaron también mantener intacto por el momento el comercio de esclavos en Estados Unidos.

Ratificación de la Constitución

Antes que este nuevo gobierno pudiese entrar en vigor, nueve de los 13 estados debían aprobarlo. A finales de 1787, los congresos estatales establecieron comités especiales para discutir el documento. Las personas que apoyaban a la nueva Constitución se llamaban federalistas. Éstos habían tenido el apoyo de la mayoría de los delegados que habían aprobado el documento en Filadelfia, incluyendo las respetadas figuras de Ben Franklin y George Washington.

Los opositores de la nueva Constitución llamados antifederalistas por el grupo federalista, alegaban básicamente que la nueva Constitución eliminaría las libertades por las cuales se luchó en la Revolución. Estos opositores consideraban que los poderes fuertes del gobierno federal amenazaban a los estados.

George Washington

Los antifederalistas criticaron más efectivamente la falta de una declaración de derechos, que era algo común en constituciones estatales, a fin de proteger específicamente las libertades individuales. Después de argumentos enérgicos y persuasivos de ambos lados, Delaware se convirtió en el primer estado en aprobar la Constitución el 7 de diciembre de 1787. Seis meses después, Nueva Hampshire fue el noveno estado que se necesitaba para aprobar la Constitución.

Pero aún cuando técnicamente el nuevo gobierno ya estaba en vigor, los dos estados más grandes de la nación, Nueva York y Virginia, aún no habían votado. A fin de motivar a estos importantes estados para que dieran su aprobación, los federalistas acordaron añadir una enmienda con una declaración de derechos, o sea, un anexo al documento. Finalmente, en mayo de 1790, Rhode Island fue el décimotercer estado en aprobar el nuevo documento. La Declaración de Derechos se agregó en 1791, una vez que asumió el nuevo gobierno. Ahora era el momento de elegir a los líderes de la nación para que el gobierno comenzara a trabajar.

✔Comprobación de lectura **Explicación** ¿Por qué muchas personas consideraban que era necesario un nuevo gobierno nacional?

EVALUACIÓN DE LA SECCIÓN 4

Verificación de comprensión

1. **Términos clave** Usa cada uno de los términos clave en oraciones que ayuden a explicar su significado: milicias, lealistas, patriotas, contienda a guerrilleros, república, federalistas, enmienda
2. **Repaso de hechos** Compara los puntos fuertes del ejército británico y el ejército estadounidense.

Repaso de temas

3. **Grupos e instituciones** ¿Por qué fue útil el Segundo Congreso Continental durante la guerra?

Pensamiento crítico

4. **Identificación de la idea principal** ¿Por qué era necesario un gobierno nacional fuerte para unificar a los estados después de la guerra?
5. **Organización de la información** Recrea el siguiente diagrama y describe la función de cada individuo en el movimiento hacia el autogobierno.

	papel
Thomas Jefferson	
George Washington	
James Madison	

Análisis de material visual

6. **Representación de la historia** Analiza la foto de la página 25. ¿Por qué habría de querer la moderna ciudad de Filadelfia preservar este edificio hasta hoy?

Actividad interdisciplinaria

Ciudadanía Haz referencia a la Declaración de Derechos de las páginas 63 y 64 de tu libro de texto. Reúne fotografías de periódicos y revistas que ilustren las libertades garantizadas en la Declaración de Derechos. Pega las fotografías en un cartel titulado "Fotografías de la libertad".

Resumen del capítulo

El nacimiento de una nación

c. 28.000 a.C.
- Los cazadores asiáticos entran en América del Norte

700 d.C.
- El imperio maya llega a su apogeo

1492
- Cristóbal Colón llega a las Américas

1607
- Los ingleses establecen el primer asentamiento permanente en Jamestown

1620
- Los puritanos empiezan a asentarse en la Bahía de Massachusetts

1754
- Comienza la Guerra Franco-Indígena

1763
- Proclamación de 1763

1770
- La Masacre de Boston

1776
- Se firmó la Declaración de Independencia

1777
- Se redactan los Artículos de Confederación

1781
- Los británicos se rinden en Yorktown

1787
- Firma de la Constitución de Estados Unidos.

Repaso de términos clave

En una hoja, utiliza cada uno de los términos siguientes para escribir varios párrafos cortos, históricamente correctos, relacionados con la información del capítulo.

1. migración
2. Renacimiento
3. circunnavegar
4. compañía por acciones
5. separatistas
6. puritanos
7. comercio triangular
8. mercantilismo
9. boicotear
10. república
11. federalistas

Repaso de hechos clave

12. ¿Por qué razones cruzaron los asiáticos el puente terrestre hasta las Américas?
13. ¿Qué país respaldó a Colón en la búsqueda de una ruta marítima hasta Asia?
14. ¿Por qué la Compañía de Virginia creó la Cámara de Burgueses?
15. ¿Cuál fue el propósito del Primer Congreso Continental?
16. ¿Por qué la Proclamación de 1763 creó fricción entre Gran Bretaña y las colonias?
17. ¿Qué naciones europeas apoyaron a los estadounidenses durante su lucha en la Guerra de la Revolución?
18. ¿Por qué algunos estados querían que se agregara una declaración de derechos a la Constitución original?

Pensamiento crítico

19. **Determinación de causa y efecto** ¿Por qué los países europeos estaban interesados en explorar otros países?
20. **Análisis de la información** ¿Qué factores económicos condujeron al crecimiento y éxito de las colonias de Nueva Inglaterra? ¿Las colonias del Sur?
21. **Análisis de fuentes principales** ¿Qué quiso decir Patrick Henry cuando declaró, "No soy virginiano, sino estadounidense"?
22. **Comparación** Recrea el siguiente diagrama y compara a los federalistas y antifederalistas enumerando las características de cada grupo.

Federalistas	Antifederalistas

HISTORIA En línea

Prueba de autocomprobación
Visita taj.glencoe.com y haz clic en **Prologue Chapter 1— Self-Check Quizzes** para prepararte para el examen del capítulo.

NATIONAL GEOGRAPHIC | **Misiones en Nueva España en el siglo XIX**

0   300 millas
0   300 kilómetros
Proyección equivalente de Lambert

NEV.   UTAH
San Francisco   COLO.
CALIF.
ARIZ.   • Santa Fe
Los Ángeles • San Diego   N. MÉX.
El Paso   TEXAS
San Antonio
OCÉANO PACÍFICO   MÉXICO   Golfo de México
Ciudad de México

- Ciudad
- Misión
- Fronteras actuales

Actividad de geografía e historia

Estudia el mapa y luego responde a las preguntas que siguen.

23. Lugar ¿En qué estados actuales se ubicaban las misiones españolas?

24. Ubicación ¿Cerca de qué ciudad estaba la misión española situada más al norte?

Práctica de habilidades

25. Determinación de causa y efecto La siguiente oración pone de manifiesto una relación de causa y efecto. Identifica la(s) causa(s) y efecto(s) en esta oración.

"Durante el siglo XVIII, la población de las colonias inglesas creció dramáticamente como resultado de la gran inmiración".

Actividad ciudadana cooperativa

26. Cuando cumplas 18 años de edad, podrás empezar a ejercer uno de tus derechos más importantes: el derecho a votar. Sin embargo, primero te tienes que inscribir. Trabaja con un compañero para averiguar dónde puedes obtener una tarjeta de registro de votante. Haz una lista de la información que necesitarás para la tarjeta. Comparte tu información con la clase.

Actividad de economía

27. Trabaja con un compañero y crea un mapa que muestre una ruta comercial que los comerciantes coloniales podían usar. Para comenzar, examina los mapas y la información de tu texto y de enciclopedias y atlas históricos. Incluye los accidentes geográficos con los que se enfrentaban los comerciantes coloniales, incluidos ríos, montañas, lagos y otros.

Actividad tecnológica

28. Uso de un procesador de texto Investiga en la biblioteca o Internet información sobre embarcaciones y navegación. Usa el procesador de textos y prepara un informe sobre un instrumento de navegación que se use en la actualidad. Incluye diferentes situaciones en las cuales este instrumento sería útil para la navegación moderna. Describe lo útil que hubiese sido para un explorador como Magallanes.

Evaluación alternativa

29. Repasa el capítulo y haz una lista de las diferencias entre los federalistas y antifederalistas. Basándote en esta lista, crea un símbolo para representar a cada grupo.

Práctica de examen estandarizado

Instrucciones: Selecciona la *mejor* respuesta a la pregunta siguiente.

¿Cuál colonia fue fundada para poner en práctica las ideas cuáqueras?

A   Plymouth

B   Virginia

C   Georgia

D   Pennsylvania

Consejo para el examen:

Al leer la pregunta de opción múltiple, trata de anticipar la respuesta antes de ver las opciones. Si tu respuesta es una de las opciones, probablemente sea la correcta.

La Declaración de la Independencia

En Congreso, 4 de julio de 1776. La Declaración unánime de los trece Estados Unidos de América,

[Preámbulo]

Qué significa
El Preámbulo La Declaración de la Independencia consta de cuatro partes. El Preámbulo explica por qué el Congreso Continental redactó la Declaración.

Cuando, en el curso de los eventos humanos, se vuelve necesario para un pueblo disolver los vínculos políticos que lo han ligado a otro y tomar entre las naciones de la tierra el puesto separado e igual a que las leyes de la naturaleza y el Dios de esa naturaleza le dan derecho, un respeto decente por las opiniones de la humanidad exige que declare las causas que la **impelen** a tal curso.

impelen *obligan*

[Declaración de derechos naturales]

Qué significa
Derechos naturales La segunda parte, la Declaración de derechos naturales, enumera los derechos de los ciudadanos. En esta parte se explica que, en una república, el pueblo forma un gobierno para proteger sus derechos. La Declaración se refiere a estos derechos como *derechos inalienables.* La palabra "inalienable" significa no transferible. Un derecho inalienable es un derecho al que no se puede renunciar.

Creemos que estas verdades son evidentes por sí mismas, que todos los hombres fueron creados iguales; que ellos están **dotados** por el Creador con determinados derechos inalienables, entre los cuales están la vida, la libertad, y la búsqueda de la felicidad.

Que para garantizar estos derechos se instituyen entre los hombres los gobiernos, que derivan sus poderes legítimos del consentimiento de los gobernados.

Que cuando quiera que una forma de gobierno se haga destructora de estos principios, el pueblo tiene el derecho a reformarla o abolirla e instituir un nuevo gobierno que se funde en dichos principios, y a organizar sus poderes en la forma que a su juicio ofrecerá las mayores probabilidades de alcanzar su seguridad y felicidad. La prudencia, claro está, aconsejará que no se cambie por motivos leves y transitorios gobiernos de antiguo establecidos; y, en efecto, toda la experiencia ha demostrado que la humanidad está más dispuesta a padecer, mientras los males sean tolerables, que a hacerse justicia aboliendo las formas a que está acostumbrada. Pero cuando una larga serie de abusos y usurpaciones, dirigida invariablemente al mismo objetivo, demuestra el deseo de someter al pueblo a un **despotismo** absoluto, es su derecho, es su deber, derrocar ese gobierno y establecer nuevos resguardos para su futura seguridad.

dotados *proporcionados*

despotismo *poder ilimitado*

[Lista de agravios]

Qué significa
Lista de agravios La tercera parte de la Declaración enumera las quejas de los colonos contra el gobierno británico. Cabe destacar que el documento menciona explícitamente al Rey Jorge III como el culpable.

Tal ha sido el paciente sufrimiento de estas colonias; tal es ahora la necesidad que las obliga a reformar su anterior sistema de gobierno. La historia del actual Rey de la Gran Bretaña es una historia de repetidos agravios y **usurpaciones,** encaminados todos directamente hacia el establecimiento de una tiranía absoluta sobre estos estados. Para probar esto, sometemos los hechos al juicio de un mundo imparcial.

Se ha negado a dar su asentimiento a las leyes más íntegras y necesarias para el bien público.

usurpaciones *usos injustos del poder*

Ha prohibido a sus gobernadores aprobar leyes de suma e inmediata importancia, a menos que se suspenda su ejecución hasta obtener su consentimiento; y una vez suspendidas, ha desatendido absolutamente las mismas.

Se ha rehusado a aprobar otras leyes para adaptarlas a grandes distritos de población, a menos que esa gente **renuncia** su derecho a la representación en la Legislatura, un derecho **inestimable** para ellos y extraordinario sólo para un tirano.

renunciar *ceder*
inestimable *invalorable*

Ha convocado a cuerpos legislativos en lugares no habituales, incómodos y alejados del depósito de sus Registros Públicos, con el sólo fin de fatigarlos y lograr así el cumplimiento de sus medidas.

Ha disuelto en repetidas ocasiones las Cámaras de Representantes, por haberse éstas opuesto con valiente firmeza a su transgresión de los derechos del pueblo.

Se ha negado durante largo tiempo, después de dichas disoluciones, a permitir la elección de terceros; por lo cual el ejercicio de los Poderes Legislativos, imposibles de ser **aniquilados,** ha regresado al Pueblo en general; mientras tanto, el Estado permanece expuesto a todos los peligros de invasión externa, e **insurrecciones** internas.

aniquilados *destruidos*

insurrecciones *agitaciones violentas*

Se ha empeñado en impedir el crecimiento demográfico de estos Estados, para lo cual ha obstruido las leyes de **naturalización de extranjeros,** se ha rehusado a aprobar otras que fomenten la migración a estas tierras, y ha aumentado las condiciones para la nueva apropiación de tierras.

naturalización de extranjeros *proceso por el cual las personas nacidas en el extranjero se convierten en ciudadanos*

Ha obstruido la administración de la justicia, rehusándose a aprobar leyes para el establecimiento de Poderes Judiciales.

Ha sometido a los Jueces a su exclusiva voluntad en lo que atañe a la **tenencia** de sus cargos y a la cantidad y pago de sus salarios.

tenencia *término*

Ha erigido miríadas de nuevas instituciones, y enviado a estas tierras multitud de oficiales para acosar a nuestro pueblo y consumir su producción.

Ha ordenado la presencia entre nosotros, en tiempos de paz, de ejércitos armados sin el consentimiento de nuestros legisladores.

Ha establecido la independencia y superioridad del ejército por sobre el Poder Civil.

Ha coordinado medidas con terceros para someternos a una jurisdicción foránea a nuestra constitución y no reconocida por nuestras leyes, dando su consentimiento a sus acciones de pretendida legislación:

acuartelamiento *alojamiento*

Por ordenar el **acuartelamiento** de grandes masas de tropas entre nosotros:

Por protegerlas, mediante juicios falsos, del castigo de todo homicidio que pudieran cometer sobre los habitantes de estos Estados:

Por cortar nuestro comercio con todas las partes del mundo:

Por imponernos contribuciones sin nuestro consentimiento:

Por privarnos, en muchos casos, de los beneficios de un juicio ante jurado:

Por transportarnos al extranjero para ser juzgados por delitos falsos:

Por abolir el libre sistema de derecho inglés en una provincia vecina, estableciendo allí un gobierno arbitrario, y ampliando sus límites con el objetivo de que sirva como ejemplo e instrumento adecuado para introducir el mismo poder absoluto en estas Colonias:

Por privarnos de nuestros estatutos, aboliendo nuestras leyes más preciadas y alterando los principios básicos de nuestros gobiernos:

Por suspender nuestra propia legislatura, y declararse ellos con el poder de legislar sobre nosotros en todos los casos incondicionalmente.

abdicado *cedido*

Ha **abdicado** al gobierno de aquí declarándonos fuera de su protección y librando una guerra contra nosotros.

Ha devastado nuestros mares, asolado nuestras costas, incendiado nuestras ciudades, y destruido las vidas de nuestros habitantes.

Actualmente, está transportando grandes ejércitos de mercenarios extranjeros para completar la tarea de muerte, desolación y tiranía, ya iniciada

perfidia *violación de confianza*

con actos de crueldad y **perfidia,** apenas comparables a las eras más barbáricas, y absolutamente indigno del líder supremo de una nación civilizada.

Ha obligado a nuestros compatriotas tomados prisioneros en altamar a portar armas contra su país, a convertirse en los verdugos de sus amigos y hermanos, o a caer ellos mismos en sus manos.

insurrecciones *rebeliones*

Ha fomentado **insurrecciones** domésticas entre nosotros, y se ha empeñado en provocar a los habitantes de nuestras fronteras, los despiadados indios salvajes, cuyas conocidas prácticas de guerra se basan en la destrucción indiscriminada de personas de todas las edades, sexo y condición.

pedido justicia *solicitado formalmente la corrección de errores*

En cada etapa de estas opresiones, hemos **pedido justicia** en los términos más humildes: a nuestras repetidas peticiones se ha contestado solamente con repetidos agravios. Un Príncipe, cuyo carácter está así señalado con cada uno de los actos que pueden definir a un tirano, no es digno de ser el gobernante de un pueblo libre.

Tampoco hemos dejado de dirigirnos a nuestros hermanos británicos. Los hemos prevenido de tiempo en tiempo de las tentativas de su poder legislativo

jurisdicción injustificable *autoridad inexcusable*

para englobarnos en una **jurisdicción injustificable.** Les hemos recordado las circunstancias de nuestra emigración y radicación aquí. Hemos apelado a su innato sentido de justicia y magnanimidad, y los hemos conjurado, por los vínculos de nuestro parentesco, a repudiar esas usurpaciones, las cuales interrumpirían inevitablemente nuestras relaciones y correspondencia. También ellos han sido sordos a la voz de la justicia y de la **consanguinidad.** Debemos,

consanguinidad *proveniente del mismo antepasado*

pues, convenir en la necesidad que establece nuestra separación y considerarlos, como consideramos a las demás colectividades humanas: enemigos en la guerra, en la paz, amigos.

[Resolución de Independencia por Estados Unidos]

Por lo tanto, los Representantes de Estados Unidos de América, convocados en Congreso General, apelando al Juez Supremo del mundo por la **rectitud** de nuestras intenciones, en nombre y por la autoridad del buen pueblo de estas Colonias, solemnemente hacemos público y declaramos: Que estas Colonias Unidas son, y deben serlo por derecho, Estados Libres e Independientes; que quedan libres de toda lealtad a la Corona Británica, y que toda vinculación política entre ellas y el Estado de la Gran Bretaña queda y debe quedar totalmente disuelta; y que, como Estados Libres o Independientes, tienen pleno poder para hacer la guerra, concertar la paz, concertar alianzas, establecer el comercio y efectuar los actos y providencias a que tienen derecho los Estados independientes.

Y en apoyo de esta Declaración, con absoluta confianza en la protección de la Divina Providencia, empeñamos nuestra vida, nuestra hacienda y nuestro sagrado honor.

John Hancock
    Presidente de
    Massachusetts

Georgia
Button Gwinnett
Lyman Hall
George Walton

Carolina del Norte
William Hooper
Joseph Hewes
John Penn

Carolina del Sur
Edward Rutledge
Thomas Heyward, Jr.
Thomas Lynch, Jr.
Arthur Middleton

Maryland
Samuel Chase
William Paca
Thomas Stone
Charles Carroll
    de Carrollton

Virginia
George Wythe
Richard Henry Lee
Thomas Jefferson
Benjamín Harrison
Thomas Nelson, Jr.
Francis Lightfoot Lee
Carter Braxton

Pennsylvania
Robert Morris
Benjamín Rush
Benjamín Franklin
John Morton
George Clymer
James Smith
George Taylor
James Wilson
George Ross

Delaware
Caesar Rodney
George Read
Thomas McKean

Nueva York
William Floyd
Philip Livingston
Francis Lewis
Lewis Morris

Nueva Jersey
Richard Stockton
John Witherspoon
Francis Hopkinson
John Hart
Abraham Clark

Nueva Hampshire
Josiah Bartlett
William Whipple
Matthew Thornton

Massachusetts
Samuel Adams
John Adams
Robert Treat Paine
Elbridge Gerry

Rhode Island
Stephen Hopkins
William Ellery

Connecticut
Samuel Huntington
William Williams
Oliver Wolcott
Roger Sherman

Qué significa
Resolución de independencia
La parte final declara que las colonias son "Estados Libres e Independientes", y que tienen pleno poder para hacer la guerra, concertar alianzas y establecer el comercio con otros países.

rectitud *justicia*

Qué significa
Signatarios de la Declaración
Los signatarios, o firmantes, como representantes del pueblo estadounidense, declararon la independencia de las colonias de Gran Bretaña. La mayoría de los miembros firmó el documento el 2 de agosto de 1776.

Educación cívica en acción:
Manual de ciudadanía

La Constitución

Guía de lectura

Idea principal
Durante más de 200 años, la Constitución ha proporcionado el marco para el gobierno de Estados Unidos, y ha ayudado a preservar los derechos fundamentales de los ciudadanos estadounidenses.

Términos clave
preámbulo, tranquilidad interior, soberanía popular, republicanismo, federalismo, facultades enumeradas, poderes reservados, poderes concurrentes, enmienda, poderes implícitos, revisión judicial

Leer para aprender
• por qué la Constitución es el documento más importante de la nación.
• los objetivos de la Constitución.
• los principios que forman la base de la Constitución.

Objetivos de la Constitución

El Preámbulo, o introducción, de la Constitución refleja el principio fundamental del gobierno estadounidense, el derecho del pueblo a gobernarse a sí mismo. También enumera seis objetivos correspondientes al gobierno de Estados Unidos:

> 66. . . a fin de formar una Unión más perfecta, establecer justicia, afirmar la tranquilidad interior, proveer la defensa común, promover el bienestar general y asegurar para nosotros mismos y para nuestros descendientes los beneficios de la Libertad99.

Estos objetivos guiaron a los arquitectos de la Constitución en el desarrollo de un nuevo gobierno. Y, en la actualidad, mantienen la misma importancia que cuando fueron redactados.

Formar una Unión más perfecta De conformidad con los Artículos de la Confederación, los estados funcionaban prácticamente como naciones independientes. En términos generales, no trabajaban juntos en asuntos importantes, tales como la defensa y las finanzas. Esta falta de unión podría haber sido peligrosa para la nación en tiempos de crisis. Para formar "una Unión más perfecta", los arquitectos de la Constitución consideraban que los estados debían acordar funcionar como un único país y colaborar en los asuntos de vital importancia.

Establecer justicia Los arquitectos de la Constitución consideraban que, para construir una nueva nación, uno de los principios fundamentales consistía en dar un trato equitativo a cada ciudadano. La Constitución establece un sistema nacional de tribunales para proteger los derechos de los habitantes y para conocer causas que involucran el quebranto de la ley federal y disputas entre los estados.

Afirmar la tranquilidad interior La Rebelión de Shays comenzó en 1786 y tuvo un gran impacto sobre la población estadounidense. Estados Unidos se había convertido en una nación autogobernada; sin embargo, un grupo de personas había recurrido a la violencia para expresar su ira contra las políticas del gobierno. La Constitución establece la existencia de un gobierno central poderoso para "afirmar la tranquilidad interior", es decir, para mantener la paz entre los habitantes.

Proveer la defensa común Los Artículos de la Confederación exigían la aprobación por parte de nueve estados de toda decisión tomada por el Congreso confederado relativa a la creación de un ejército o armada de guerra. La Constitución otorga al gobierno federal la facultad de mantener fuerzas armadas para proteger al país y a sus habitantes de posibles ataques.

Promover el bienestar general La Declaración de la Independencia establece que el propósito del gobierno es fomentar "la vida, la libertad y la búsqueda de la felicidad" para los habitantes de la nación. La Constitución incluye formas de "promover el bienestar general" o bienestar social del pueblo manteniendo el orden, protegiendo las libertades individuales, regulando el comercio y la quiebra, y fomentando el desarrollo científico y tecnológico por medio de la concesión de patentes.

Asegurar los beneficios de la libertad Los colonizadores estadounidenses lucharon en la Guerra de la Revolución para obtener su libertad. Los arquitectos de la Constitución consideraban que otro objetivo importante de la Constitución debía ser preservar la libertad. La Constitución garantiza que ningún ciudadano estadounidense se verá privado de sus derechos básicos, tanto ahora como en la posteridad (para las generaciones futuras).

✔ **Comprobación de lectura** **Análisis** ¿Cuál es el propósito del Preámbulo?

Principios fundamentales

Los principios delineados en la Constitución fueron la solución de sus arquitectos al problema de un gobierno representativo. La Constitución se basa en siete principios fundamentales: (1) soberanía popular,

(2) republicanismo, (3) gobierno limitado, (4) federalismo, (5) separación de poderes, (6) sistema de inspecciones y balances y (7) derechos individuales.

Soberanía popular La Declaración de la Independencia declara que los gobiernos obtienen sus poderes a partir del "consenso de los gobernados". Las palabras iniciales de la Constitución, "Nosotros, el pueblo", subraya esta idea de soberanía popular o "autoridad del pueblo".

Republicanismo Bajo el republicanismo, los votantes mantienen el poder soberano. El pueblo elige a sus representantes y les otorga la responsabilidad de crear leyes y conducir el gobierno. En la actualidad, la mayoría de los habitantes estadounidenses consideran sinónimos los términos *república* y *democracia representativa:* un sistema limitado de gobierno donde el pueblo es la principal fuente de poder gubernamental.

Sistema limitado de gobierno Los arquitectos de la Constitución veían tanto ventajas como desventajas en la creación de un gobierno nacional poderoso. Coincidían en que la nación necesitaba una fuerte autoridad cental, pero temían el abuso del poder. Querían evitar que el

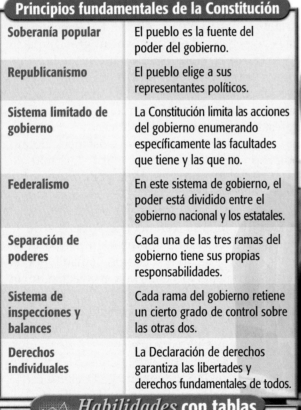

Principios fundamentales de la Constitución	
Soberanía popular	El pueblo es la fuente del poder del gobierno.
Republicanismo	El pueblo elige a sus representantes políticos.
Sistema limitado de gobierno	La Constitución limita las acciones del gobierno enumerando específicamente las facultades que tiene y las que no.
Federalismo	En este sistema de gobierno, el poder está dividido entre el gobierno nacional y los estatales.
Separación de poderes	Cada una de las tres ramas del gobierno tiene sus propias responsabilidades.
Sistema de inspecciones y balances	Cada rama del gobierno retiene un cierto grado de control sobre las otras dos.
Derechos individuales	La Declaración de derechos garantiza las libertades y derechos fundamentales de todos.

📈 *Habilidades* **con tablas**

Los principios delineados en la Constitución fueron la solución de sus arquitectos al complejo problema que suponía un gobierno representativo.

Análisis de la información ¿Cuál es la relación entre el sistema de inspecciones y balances y la separación de poderes?

El voto es un derecho político fundamental de todos los ciudadanos.

REGÍSTRESE AQUÍ PARA VOTAR

El sistema federal

Gobierno nacional

Facultades enumeradas
- Regulación del comercio
- Acuñar moneda
- Proporcionar un ejército y una marina de guerra
- Administrar los asuntos externos
- Establecer los tribunales federales

Gobiernos nacionales y estatales

Poderes concurrentes
- Ejecutar el cumplimiento de las leyes
- Establecer tribunales
- Cobrar impuestos
- Efectuar préstamos de dinero
- Cuidar del bienestar público

Gobiernos estatales

Facultades reservadas
- Regular el comercio intraestatal
- Establecer los sistemas locales de gobierno
- Organizar elecciones
- Establecer los sistemas escolares públicos

gobierno usara sus facultades para darle a un grupo determinado ciertas ventajas o privar a otro grupo de sus derechos. Al crear un sistema de gobierno limitado, se aseguraron de que el gobierno sólo gozaría de aquellas facultades otorgadas por el pueblo.

El Artículo I de la Constitución establece las facultades que tiene el gobierno y las que no tiene. La Declaración de derechos, que garantiza ciertos derechos y libertades de los habitantes, contempla aun otras restricciones del gobierno.

"Sistema limitado de gobierno" puede definirse como el "régimen de derecho". Ninguna persona o grupo está por encima de la ley. Los funcionarios gubernamentales deben obedecer la ley.

Federalismo Cuando los estados se unieron bajo la Constitución, renunciaron a cierto grado de independencia. Ya no podían imprimir su propia moneda o fijar impuestos sobre artículos importados de otros estados. No obstante, cada estado se autogobernaba en forma muy similar a la que lo habían hecho en el pasado.

Este sistema, en el cual la facultad de gobernar está dividida entre el gobierno nacional y los estados, se denomina "sistema federal", o federalismo. Nuestro sistema federal permite a los habitantes de cada estado atender sus necesidades particulares a su propia manera. Al mismo tiempo, permite que los estados actúen conjuntamente para atender asuntos que afectan a todos los estadounidenses.

La Constitución define tres tipos de poder gubernamental. Las facultades enumeradas pertenecen sólo al gobierno federal. Estas facultades incluyen la autoridad para acuñar moneda, regular el comercio interestatal y extranjero, mantener fuerzas armadas, y crear tribunales federales (Artículo I, Sección 8).

La segunda forma de poderes son aquellos otorgados a los estados, y conocidos como poderes reservados. Los mismos incluyen derechos tales como la facultad de establecer escuelas, aprobar leyes maritales y de divorcio, y regular el comercio dentro de un estado. Si bien la letra de la Constitución no establece específicamente los poderes reservados, la Décima Enmienda declara que todos los poderes no otorgados específicamente al gobierno federal "quedan reservados a los estados".

El tercer grupo de facultades definidas en la Constitución son poderes concurrentes, es decir, poderes compartidos por los gobiernos estatales y el federal. Entre otros, estos poderes incluyen el derecho de recaudar impuestos, solicitar préstamos financieros, proveer al bienestar común y administrar la justicia penal.

En caso de conflicto entre las leyes estatales y las federales, la Constitución declara que la Constitución es "la suprema ley del país". Los conflictos entre las leyes estatales y federales serán resueltos en los tribunales federales.

Separación de poderes Para impedir que un grupo o institución gubernamental determinado adquiriera demasiada autoridad, los arquitectos de la Constitución dividieron el gobierno federal en tres ramas: **legislativa, ejecutiva** y **judicial.** Cada una consta de sus propias funciones y facultades. El poder legislativo, el Congreso, crea las leyes. El poder ejecutivo, encabezado por el presidente, pone en vigor estas leyes. El poder judicial, que incluye la Corte Suprema y otros tribunales federales, interpreta y ejecuta las leyes.

Sistema de inspecciones y balances Como medida de precaución adicional, los arquitectos de la Constitución establecieron un sistema de **inspecciones y balances** por medio del cual cada

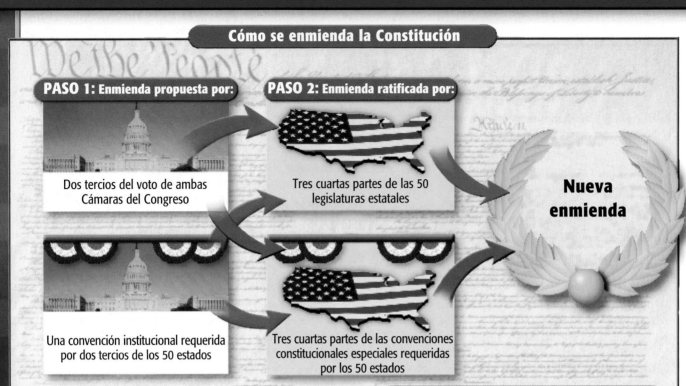

Cómo se enmienda la Constitución

PASO 1: Enmienda propuesta por:

Dos tercios del voto de ambas Cámaras del Congreso

Una convención institucional requerida por dos tercios de los 50 estados

PASO 2: Enmienda ratificada por:

Tres cuartas partes de las 50 legislaturas estatales

Tres cuartas partes de las convenciones constitucionales especiales requeridas por los 50 estados

Nueva enmienda

Organizador gráfica ➡ *Habilidades*

Las enmiendas de la Constitución permiten adaptarla a los cambios sociales.

Análisis de la información ¿Qué función desempeñan los estados en el proceso de enmienda?

rama del gobierno puede frenar, o limitar, el poder de las otras ramas. Este sistema ayuda a mantener el equilibrio de poder de las tres ramas. Por ejemplo, el Congreso puede aprobar una ley. Luego, el presidente puede rechazarla emitiendo un veto. No obstante, el Congreso puede anular, o revertir, el veto del presidente si las dos terceras partes de los miembros de ambas cámaras votan nuevamente para aprobar la ley.

A través de los años, la Corte Suprema ha adquirido el poder de determinar el significado de la Constitución y declarar que una ley o una política gubernamental está en contra de la Constitución. Al hacer esto, la Corte impone un freno, o límite, sobre las facultades del Congreso y del presidente. Las decisiones judiciales, es decir, las decisiones tomadas por los jueces, pueden ser anuladas mediante enmiendas a la Constitución. El presidente y el Senado ejercen límites sobre la rama judicial a través de su facultad de nombrar y aprobar jueces federales. El Congreso también puede cambiar una ley en caso de que ésta estuviera en conflicto con la Constitución; o bien, puede enmendar la Constitución. La Decimocuarta Enmienda, aprobada en 1866 por el Congreso, anuló el dictamen de la Corte Suprema referente a la decisión de *Dred Scott*, que determinaba que los afroamericanos esclavos no eran ciudadanos.

Derechos individuales La Declaración de derechos pasó a formar parte de la Constitución en

1791. Estas 10 primeras enmiendas protegen las libertades y los derechos fundamentales que muchos dan por sentados, incluida la libertad de expresión, la libertad de prensa, la libertad de congregarse, la libertad de culto y el derecho a un juicio ante un jurado.

Las 17 enmiendas que siguen a la Declaración de derechos amplían los derechos del pueblo estadounidense y modifican ciertas disposiciones de la Constitución. Algunas de estas enmiendas se refieren a la abolición de la esclavitud, la definición de ciudadanía, la garantía del derecho a voto de todos los ciudadanos, la autorización de impuestos a la renta y la fijación de un límite de dos mandatos para la presidencia de la nación.

Comprobación de lectura **Explicación** ¿A qué se denomina soberanía popular?

La Constitución viviente

Dos años después de la Convención Constitucional, Benjamin Franklin escribió: "Nuestra Constitución es un hecho; todo parece indicar que perdurará; pero, en este mundo, nada es seguro excepto la muerte y los impuestos".

A pesar de la incertidumbre de Franklin con respecto al futuro de la Constitución, la misma permanece en pleno vigor en la actualidad. La Constitución ha sobrevivido porque sus arquitectos redactaron un documento que la nación podía modificar y adaptar de acuerdo con las cambiantes necesidades. En consecuencia, la Constitución es un documento flexible que puede prestarse a diferentes interpretaciones, conforme a las condiciones de una época específica. La flexibilidad de la Constitución permite al gobierno abordar asuntos que sus arquitectos jamás hubieran previsto, como por ejemplo regular las plantas nucleares y desarrollar un programa espacial. Asimismo, la Constitución contiene una cláusula para enmendar, modificar o ampliar el documento.

Enmiendas de la Constitución
Los arquitectos de la Constitución dificultaron intencionalmente el proceso de enmienda para evitar que se introdujeran cambios caprichosos o frecuentes. Si bien desde 1788 se han propuesto miles de enmiendas, modificaciones a la Constitución, sólo 27 de ellas han llegado a formar parte real del documento.

Hay dos formas de proponer una enmienda: mediante el voto de las dos terceras partes de ambas cámaras del Congreso, o mediante convenciones especial para realizar una enmienda por parte de las dos terceras partes de las legislaturas estatales. El segundo método jamás ha sido utilizado. Para que se ratifique, una enmienda debe recibir la aprobación de las tres cuartas partes de los estados. La Constitución puede ser ratificada mediante la aprobación de las legislaturas estatales o mediante convenciones especiales de los estados.

Sólo la Vigésimoprimera Enmienda que anulaba la Décimooctava Enmienda, que prohibía la venta de licores embriagantes, fue ratificada por una convención estatal. Los votantes de cada estado eligieron a los delegados que asistieron a las convenciones especiales.

Interpretación de la Constitución
La Constitución incluye dos cláusulas que otorgan al Congreso la facultad de tomar las medidas que sean necesarias para adaptarse al cambio de condiciones. La primera de estas cláusulas se conoce como la "cláusula elástica" (Artículo I, Sección 8). La misma instruye al Congreso a "expedir todas las leyes que sean necesarias y convenientes" para ejercer los poderes del gobierno. El Congreso ha interpretado esta cláusula en el sentido de que el Congreso dispone de ciertos poderes implícitos, o poderes que no están definidos específicamente en la Constitución. A través de los años, el Congreso ha recurrido a sus facultades implícitas para aprobar leyes que abordan las necesidades sociales.

La segunda cláusula usada para ampliar la autoridad del Congreso, la "cláusula de comercio" (Artículo I, Sección 8), otorga al Congreso la facultad de "reglamentar el comercio con las naciones extranjeras y entre los diferentes Estados". El Congreso ha utilizado esta cláusula para ampliar sus facultades a diversas áreas, como la reglamentación de la industria de aeronaves, radio y televisión, y la energía eléctrica.

Facultades presidenciales
La Constitución describe la función y las facultades del presidente en términos generales. Ello ha permitido a la rama ejecutiva ampliar sus facultades. En 1803, por ejemplo, el Presidente Thomas Jefferson aprobó un tratado con Francia que permitía a Estados Unidos comprar un gran lote de tierra.

La Declaración de derechos

1	Garantiza la libertad de culto, expresión, congregación y prensa, y el derecho del pueblo a peticionar el gobierno
2	Protege los derechos de los estados a mantener un ejército y el de los ciudadanos a portar armas
3	Prohíbe el acuartelamiento de tropas en viviendas privadas
4	Protege contra "allanamiento y secuestro injustificado"
5	Garantiza el derecho de no ser privado de la "vida, libertad, o bienes, sin el debido procedimiento legal"
6	Garantiza el derecho a un juicio público y expeditivo a cargo de un jurado imparcial
7	Garantiza el derecho a un juicio ante jurado en causas de jurisprudencia o "ley común" (las leyes establecidas por decisiones jurídicas anteriores)
8	Protege contra fianzas excesivas, o castigos crueles y no habituales
9	Dispone que los derechos de los individuos no se limitan a aquellos especificados en las primeras ocho enmiendas
10	Reafirma el principio de federalismo de la Constitución estableciendo que los poderes no concedidos al gobierno nacional ni prohibidos a los estados están reservados a los estados y al pueblo

"Finalmente he sido incluida en 'Nosotros, el pueblo'".

—*Barbara Jordan, representante estadounidense de Texas, 1972-1978*

Los tribunales La función de la rama judicial también se ha ampliado a medida que se pusieron en práctica los poderes implícitos en la Constitución. En 1803, el Presidente de la Corte Suprema, John Marshall, amplió los poderes de la Corte Suprema anulando un acto del Congreso en la causa de *Marbury* contra *Madison*. Con esa decisión, la Corte definió su derecho de determinar si una ley viola la Constitución. Si bien no está mencionado en la Constitución, la revisión judicial se ha convertido en una facultad muy importante del poder judicial.

El proceso de enmendar la Constitución y aplicar sus principios a nuevas áreas ayuda al buen funcionamiento de nuestro gobierno. En 1974,

Barbara Jordan, una afroamericana miembro del Congreso y académica de la constitución, habló de forma grandilocuente acerca de su fe en la Constitución:

66 Durante muchos años, sentí que George Washington y Alexander Hamilton me habían dejado de lado por error. Pero gracias al proceso de enmienda, interpretación y decisión judicial, finalmente he sido incluida en 'Nosotros, el pueblo'99.

Comprobación de lectura **Explicación** ¿A qué se denomina "facultades implícitas"?

EVALUACIÓN DE LA SECCIÓN 1

Verificación de comprensión

1. **Términos clave** Escribe oraciones completas utilizando los términos de los siguientes grupos de palabras. Grupo 1: **republicanismo, federalismo**. Grupo 2: **facultades enumeradas, poderes concurrentes**. Grupo 3: **preámbulo, enmienda**.

2. **Repaso de hechos** Explica el origen de la revisión judicial.

Repaso de temas

3. **Gobierno y democracia** ¿Cuál es la importancia del federalismo en la Constitución?

Pensamiento crítico

4. **Análisis de la información** ¿Por qué era tan importante que la Constitución garantizara las libertades fundamentales?

5. **Comparación** Recrea el siguiente diagrama y describe la forma en que cada rama del gobierno ejerce poder sobre las otras.

Rama	Poder
legislativa	
ejecutiva	
judicial	

Análisis de material visual

6. **Interpretación de una tabla** Consulta la tabla de la página 218. ¿Qué relación existe entre la soberanía y el republicanismo?

Actividad interdisciplinaria

Educación cívica La Declaración de derechos garantiza a todos los ciudadanos estadounidenses ciertos derechos fundamentales. Selecciona una de las 10 enmiendas que componen la Declaración de derechos (ver la página 221) e investiga su historia. Presenta la información obtenida en un ensayo de una página.

SECCIÓN 2 El gobierno federal

Guía de lectura

Idea principal
El gobierno de Estados Unidos consta de tres ramas: el poder legislativo, el poder ejecutivo y el poder judicial.

Términos clave
asignar, acusar, electores

Leer para aprender
- los objetivos de las tres ramas del gobierno.
- las facultades de las tres ramas del gobierno.

El poder legislativo

El **Congreso**, la rama legislativa del gobierno, redacta las leyes de la nación. También tiene la facultad de "establecer y recaudar contribuciones" y declarar la guerra. El Congreso está formado por dos cámaras: la Cámara de Representantes y el Senado.

La Cámara de Representantes y el Senado En la actualidad, la Cámara de Representantes cuenta con 435 miembros votantes y cinco delegados no votantes del Distrito de Columbia, Puerto Rico, Guam, Samoa Oriental y las Islas Vírgenes. El número de representantes de cada estado está determinado por la población del estado. Los representantes, que deben tener un mínimo de 25 años de edad, desempeñan su cargo por el término de dos años.

El Senado consta de 100 senadores, dos por cada estado. Los senadores, que deben tener un mínimo de 30 años de edad, desempeñan su cargo por el término de seis años. La duración del mandato de los senadores es alternada, lo que significa que un tercio de los escaños del Senado se presentan a elecciones cada dos años.

Sello del Congreso de los EE.UU.

La función del Congreso El Congreso tiene dos funciones principales: redactar las leyes de la nación y controlar el gasto público. El gobierno no puede efectuar ningún gasto a menos que el Congreso asigne, o destine, los fondos necesarios. Todos los proyectos de ley relativos a impuestos y gastos deben originarse en la Cámara de Representantes y obtener la aprobación de la Cámara de Representantes y el Senado antes de ser sometida al presidente para su firma.

El Congreso también funciona como un organismo de control del poder ejecutivo, verificando su accionar e investigando posibles casos de abuso de autoridad. La Cámara de Representantes puede acusar, o presentar cargos formales, contra todo funcionario federal bajo sospecha de comportamiento ilícito. Si se acusa a un funcionario, el Senado actúa como el tribunal y somete a juicio al funcionario acusado. Los funcionarios que sean hallados culpables pueden ser retirados de su cargo.

El Senado también goza de ciertas facultades especiales. Sólo el Senado puede ratificar tratados hechos por el presidente y confirmar nombramientos presidenciales de funcionarios federales, tales como jefes de departamento, embajadores y jueces federales.

Todos los miembros del Congreso tienen la responsabilidad de representar a sus electores, es decir, los habitantes de sus estados y distritos natales. Los electores esperan que sus senadores y representantes fomenten y protejan los intereses de su estado así como los de la nación.

Funcionamiento del Congreso Cada año, se presentan en el Congreso miles de **proyectos de ley,** o propuestas de ley. Dado que resulta imposible que los miembros individuales del Congreso analicen detenidamente estas propuestas, ambas cámaras se valen de comisiones

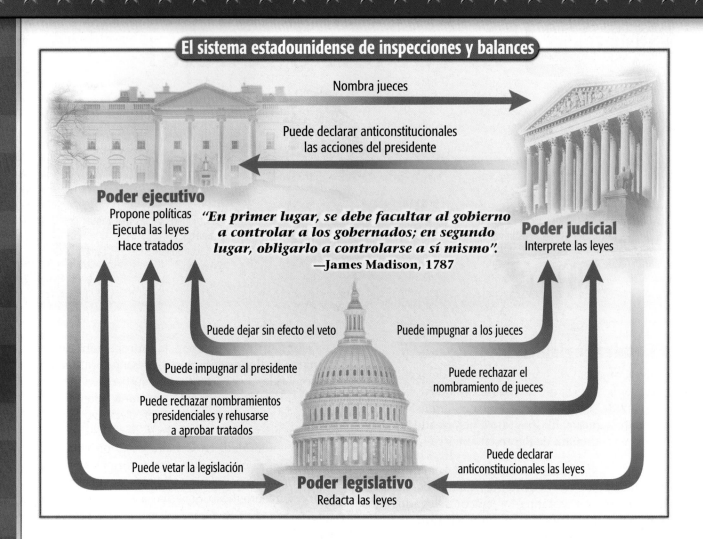

El sistema estadounidense de inspecciones y balances

Nombra jueces

Puede declarar anticonstitucionales las acciones del presidente

Poder ejecutivo
Propone políticas
Ejecuta las leyes
Hace tratados

"En primer lugar, se debe facultar al gobierno a controlar a los gobernados; en segundo lugar, obligarlo a controlarse a sí mismo".
—James Madison, 1787

Poder judicial
Interprete las leyes

Puede dejar sin efecto el veto

Puede impugnar a los jueces

Puede impugnar al presidente

Puede rechazar el nombramiento de jueces

Puede rechazar nombramientos presidenciales y rehusarse a aprobar tratados

Puede vetar la legislación

Puede declarar anticonstitucionales las leyes

Poder legislativo
Redacta las leyes

---

formadas por miembros seleccionados, para evaluar estas propuestas.

Las **comisiones permanentes** son comisiones fijas que funcionan tanto en la Cámara de Representantes como en la de Senadores y que se especializan en un tema específico, tal como agricultura, comercio, o asuntos relacionados con los veteranos de guerra. Estas comisiones generalmente se dividen en **subcomisiones** que se concentran en un aspecto específico de un problema o asunto.

En ocasiones, ambas cámaras forman comisiones **especiales temporarias** para abordar temas que exigen una atención especial. Estas comisiones se reúnen solamente durante el período de tiempo necesario para completar sus tareas.

Ocasionalmente, las dos cámaras forman **comisiones conjuntas** compuestas por miembros de ambas cámaras. El propósito de estas comisiones es considerar temas específicos, tales como el sistema federal de impuestos. Existe un tipo de comisión conjunta, denominada **comisión de conferencia,** que desempeña una función especial. Si la Cámara de Representantes y el Senado aprueban diferentes

versiones de un mismo proyecto de ley, la comisión de conferencia trata de llegar a un compromiso que sea aceptable por ambas cámaras.

Cuando recibe un proyecto de ley, la comisión puede rechazarla de plano, demorarla dejándola de lado sin analizarla, o prepararla para la consideración de la totalidad de los representantes o senadores. Durante la preparación de un proyecto de ley, las comisiones celebran audiencias públicas; los ciudadanos pueden asistir a estas audiencias y presentar argumentos y documentos a favor o en contra del proyecto.

Una vez que la comisión de cualquiera de las dos cámaras aprueba un proyecto de ley, el mismo se envía a toda la Cámara de Representantes o Senadores para su correspondiente debate. Una vez finalizados los debates, el proyecto de ley puede ser aprobado, rechazado o devuelto a la comisión para introducir modificaciones.

Cuando ambas cámaras aprueban el proyecto, éste se envía al presidente. Si el presidente lo aprueba y lo firma, el proyecto se convierte en ley. Si el presidente veta el proyecto, éste no se convierte en ley, a menos que el Congreso **anule** (cancele) el veto

presidencial por un voto de las dos terceras partes de los miembros de cada cámara.

Secuencia Enumera los pasos básicos de cómo un proyecto de ley se convierte en ley.

El poder ejecutivo

El poder ejecutivo del gobierno incluye al presidente, al vicepresidente, y a varios funcionarios, departamentos y agencias ejecutivas. El poder ejecutivo pone en vigor las leyes aprobadas por el Congreso.

Ejecutivo principal El presidente desempeña diversas funciones en el gobierno, cada una de las cuales conlleva facultades y responsabilidades específicas. Estas funciones incluyen las de ejecutivo principal, diplomático principal, comandante en jefe, jefe de estado y líder legislativo de la nación.

En su carácter de ejecutivo principal, el presidente es responsable de poner en vigor las leyes nacionales. Muchos departamentos y agen-

cias de la rama ejecutiva ayudan al presidente a llevar a cabo esta función.

Diplomático principal Como diplomático principal, el presidente dirige la política exterior, nombra embajadores y negocia tratados con otras naciones. Los tratados deben ser aprobados por el voto de las dos terceras partes del Senado para poder entrar en vigor.

Comandante en jefe Como comandante en jefe de las fuerzas armadas, el presidente puede hacer uso de las fuerzas militares para intervenir u ofrecer ayuda en crisis nacionales o internacionales. El presidente no puede declarar la guerra; sólo el Congreso ostenta esta facultad. El presidente puede enviar tropas a otras partes del mundo por hasta 60 días, pero sólo notificando de ello al Congreso. Las tropas pueden permanecer estacionadas por más tiempo únicamente si el Congreso lo aprueba o declara la guerra.

Jefe de estado En su calidad de jefe de estado, el presidente desempeña un papel simbólico como

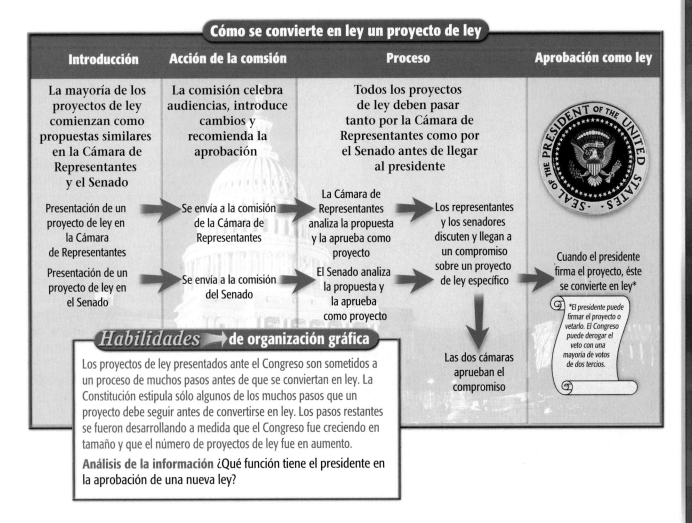

Cómo se convierte en ley un proyecto de ley

Introducción	Acción de la comisión	Proceso	Aprobación como ley
La mayoría de los proyectos de ley comienzan como propuestas similares en la Cámara de Representantes y el Senado	La comisión celebra audiencias, introduce cambios y recomienda la aprobación	Todos los proyectos de ley deben pasar tanto por la Cámara de Representantes como por el Senado antes de llegar al presidente	

Presentación de un proyecto de ley en la Cámara de Representantes → Se envía a la comisión de la Cámara de Representantes → La Cámara de Representantes analiza la propuesta y la aprueba como proyecto →

Presentación de un proyecto de ley en el Senado → Se envía a la comisión del Senado → El Senado analiza la propuesta y la aprueba como proyecto →

Los representantes y los senadores discuten y llegan a un compromiso sobre un proyecto de ley específico →

Las dos cámaras aprueban el compromiso →

Cuando el presidente firma el proyecto, éste se convierte en ley*

*El presidente puede firmar el proyecto o vetarlo. El Congreso puede derogar el veto con una mayoría de votos de dos tercios.

Habilidades → de organización gráfica

Los proyectos de ley presentados ante el Congreso son sometidos a un proceso de muchos pasos antes de que se conviertan en ley. La Constitución estipula sólo algunos de los muchos pasos que un proyecto debe seguir antes de convertirse en ley. Los pasos restantes se fueron desarrollando a medida que el Congreso fue creciendo en tamaño y que el número de proyectos de ley fue en aumento.

Análisis de la información ¿Qué función tiene el presidente en la aprobación de una nueva ley?

representante de todos los ciudadanos estadounidenses. El presidente desempeña este papel cuando recibe a embajadores o jefes de estado extranjeros, cuando visita países extranjeros, o cuando confiere honores a ciudadanos estadounidenses.

Líder legislativo El presidente sirve de líder legislativo proponiendo leyes ante el Congreso y tomando las medidas necesarias para lograr la aprobación de las mismas. Al pronunciar el discurso anual sobre el estado de la nación, el presidente expone los objetivos de legislación.

El poder ejecutivo en funcionamiento Son numerosas las oficinas, departamentos y agencias independientes que ayudan al presidente a poner en práctica y asegurar el cumplimiento de las leyes nacionales. La Oficina Ejecutiva Presidencial (Executive Office of the President; EOP) se compone de personas y agencias que trabajan directamente para el presidente. Los presidentes dependen en gran medida de la EOP para obtener asesoramiento e información.

El poder ejecutivo también incluye 14 departamentos ejecutivos, cada uno de los cuales es responsable de un área diferente del gobierno. Por ejemplo, el Departamento de Estado planifica y lleva a cabo la política exterior, y el Ministerio del Interior administra y protege las tierras públicas y recursos naturales de la nación. Los jefes, o secretarios, de estos departamentos son miembros del **gabinete** del presidente, un grupo que ayuda al presidente a tomar decisiones y fijar las políticas del gobierno.

Las agencias independientes administran programas federales de diversas áreas. Estas áreas incluyen aeronáutica y espacio, instituciones bancarias, comunicaciones, créditos agropecuarios y comercio. Las corporaciones gubernamentales son agencias del gobierno administradas como negocios de propiedad privada. Es probable que uses a menudo una de estas corporaciones: el servicio de correos de Estados Unidos.

Comprobación de lectura **Descripción** ¿Qué es el gabinete presidencial?

El poder judicial

El Artículo III de la Constitución dispuso la creación de una Corte Suprema y "de los tribunales inferiores que el Congreso instituya y establezca en lo sucesivo". En 1789, el Congreso aprobó la **Ley judicial,** que agregó otros tribunales de distrito al sistema judicial federal. En 1981, el Congreso incorporó tribunales de apelación, conocidos también como tribunales de circuito, para aligerar la carga de trabajo de la Corte Suprema.

Tribunales federales inferiores En el nivel más bajo del sistema de tribunales federales de Estados Unidos, los **tribunales de distrito** ocupan el nivel inferior. Estos tribunales conocen causas penales y civiles que están dentro de la competencia federal, en lugar de la estatal. Las causas penales incluyen delitos tales como secuestro y evasión fiscal federal. Las causas civiles incluyen reclamos contra el gobierno federal y causas que involucran derechos constitucionales, tales como la libertad de expresión. Existe un total de 91 tribunales de distrito en todo el país, y cada estado tiene uno como mínimo.

El nivel inmediatamente superior de tribunales federales, los **tribunales de apelación,** analiza las decisiones de los tribunales de distrito en causas en las cuales la parte perdedora solicita una revisión del veredicto. Si el tribunal de apelación no coincide con la decisión del tribunal inferior, puede anular el veredicto u ordenar un nuevo juicio. Existen 14 tribunales de apelación en Estados Unidos.

Representación **de la historia**

El Presidente George W. Bush describe ante el Congreso un programa legislativo en el discurso anual sobre el estado de la nación. **¿Qué facultades ostenta el presidente en su función de comandante en jefe?**

La Corte Suprema La **Corte Suprema** ocupa el nivel máximo del sistema legal estadounidense. El Artículo III de la Constitución creó la Corte Suprema como una de las tres ramas análogas del gobierno nacional, conjuntamente con el Congreso y el presidente.

La Corte Suprema está integrada por nueve jueces: el presidente de la Corte Suprema de Estados Unidos y ocho jueces más. Es el Congreso el que estipula el número de jueces y el que tiene la facultad de cambiarlo. A lo largo de los años, este número ha oscilado entre 5 y 10, pero se ha mantenido en 9 desde 1869.

La Constitución no describe las funciones de los jueces. Las mismas fueron estableciédose a través de las leyes, la tradición, y las necesidades y circunstancias que se fueron suscitando en el país. La función principal de los jueces es conocer las causas y pronunciar los dictámenes. Estas funciones exigen tres tareas de toma de decisiones: decidir qué causas conocer de entre las miles de apelaciones presentadas ante la Corte cada año; decidir la causa en sí; y determinar una explicación que respalde su decisión, conocida como la **opinión** de la Corte.

Creación de la política pública La Corte Suprema es tanto un organismo político como legal. Es un organismo legal porque es responsable de resolver agravios e interpretar la letra de la ley. También es un organismo político porque, al aplicar la ley en causas específicas, a menudo determina la política nacional. A manera de ejemplo, cuando la Corte dictamina que ciertos pasajes de la Ley del Seguro Social deben aplicarse equitativamente tanto a los hombres como a las mujeres, está determinando la política gubernamental.

Revisión judicial Como ya se ha dicho, la revisión judicial es la facultad de la Corte Suprema de examinar las leyes y acciones de los gobiernos municipales, estatales y nacionales y anular estas acciones en caso de que las mismas violen la Constitución. La Corte Suprema ejerció por primera vez la facultad de revisión judicial en la causa de *Marbury* contra *Madison* (1803). Desde entonces, ha invalidado, o anulado, casi 200 disposiciones de la ley federal.

La Corte Suprema también puede analizar políticas presidenciales. En la causa *ex parte de Milligan* (1866), la Corte dictaminó que la suspensión durante la guerra civil de ciertos derechos civiles por orden del Presidente Lincoln era inconstitucional.

La revisión judicial de las leyes y acciones estatales puede tener tanta importancia como las actividades de la Corte a nivel federal. En la causa *Brown* contra *la Junta de Educación de Topeka* (1954), la Corte dictaminó inconstitucionales las leyes que requerían o permitían escuelas segregadas por raza en cuatro estados. La decisión en la causa de *Brown* abrió el camino hacia el fin de la segregación escolar en toda la nación.

✔ **Comprobación de lectura** **Descripción** ¿Cómo estaba formado el sistema judicial?

EVALUACIÓN DE LA SECCIÓN 2

Verificación de comprensión

1. **Términos clave** Usa cada uno de los términos en una oración completa, de modo que ayuden a explicar su significado: asignar, acusar, electores.
2. **Repaso de hechos** Enumera tres de las responsabilidades del presidente.

Repaso de temas

3. **Gobierno y democracia** ¿Por qué es importante la facultad del Congreso de asignar fondos?

Pensamiento crítico

4. **Análisis de la información** ¿Qué rama del gobierno consideras que es la más poderosa? Explica tu opinión.
5. **Análisis de la información** Recrea el siguiente diagrama y enumera cinco tipos diferentes de comisiones del Congreso.

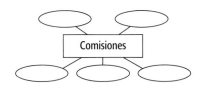

Comisiones

Análisis de material visual

6. **Interpretación de una gráfica de flujo** Consulta la gráfica de flujo de la página 225. ¿Qué hacen las comisiones con un proyecto de ley?

Actividad interdisciplinaria

Eventos de actualidad Recopila información de periódicos y revistas de actualidad política acerca de proyectos de ley que están siendo debatidos en el Congreso. Investiga qué hará el proyecto si se promulga como ley. Escribe una monografía de una página sobre el proyecto de ley y sobre el proceso al cual fue sometido en su paso por el Congreso.

Derechos y responsabilidades de los ciudadanos

Guía de lectura

Idea principal
Los ciudadanos de Estados Unidos tienen derechos y responsabilidades.

Términos clave
debido proceso legal, ciudadano, naturalización

Leer para aprender
- dónde se originan los derechos de los ciudadanos.
- derechos y responsabilidades de los ciudadanos de Estados Unidos.

Los derechos de los ciudadanos estadounidenses

66Creemos que estas verdades son evidentes por sí mismas, que todos los hombres fueron creados iguales, que ellos están dotados por el Creador con determinados derechos inalienables, entre los cuales están la vida, la libertad, y la búsqueda de la felicidad99.

Estas palabras, pertenecientes a la Declaración de la Independencia, continúan hoy día siendo una fuente de inspiración para los estadounidenses. Ellas han alentado a los estadounidenses a perseguir los ideales plasmados en la Declaración, y a crear una Constitución y una Declaración de derechos que proteja estos últimos. Los derechos de los ciudadanos estadounidenses se engloban en tres categorías principales: el derecho a estar protegidos de acciones injustas por parte del gobierno; el derecho a gozar de una igualdad de tratamiento bajo la ley; y el derecho a gozar de sus libertades fundamentales.

Debido proceso legal La Quinta Enmienda establece que ninguna persona "se verá privada de la vida, la libertad o la propiedad sin el debido proceso legal". Debido proceso legal significa que el gobierno debe seguir los procedimientos establecidos por la ley y garantizados por la Constitución, y tratar a todos según estos principios.

Igualdad de protección Todos los ciudadanos estadounidenses, independientemente de su raza,

religión, o creencias políticas, tienen el derecho a recibir la igualdad de tratamiento bajo la ley. La Decimocuarta Enmienda exige a todos los estados otorgar a sus habitantes "una igualdad de protección ante la ley".

Libertades fundamentales Las libertades fundamentales involucran las libertades delineadas en la Primera Enmienda: libertad de expresión, de culto, de prensa, de congregación, y el derecho a petición. En una sociedad democrática, el poder está en las manos del pueblo. Por lo tanto, sus ciudadanos deben tener la libertad de intercambiar ideas libremente.

La Primera Enmienda permite a los ciudadanos criticar al gobierno, de palabra o de imprenta, sin temor a represalias. También estipula que el gobierno no puede adoptar una religión como oficial ni prohibir a sus ciudadanos practicar religión alguna si éstos así lo desearan. Asimismo, la Novena Enmienda: establece que los derechos del pueblo estadounidense no se limitan a los enumerados en la Constitución. Esto ha permitido ampliar las libertades fundamentales a lo largo de los años mediante la introducción de otras enmiendas y leyes. La Vigésimosexta Enmienda, por ejemplo, amplía el derecho a voto de los ciudadanos estadounidenses de 18 años de edad.

Limitación de derechos Nuestros derechos no son ilimitados. El gobierno puede establecer leyes o reglamentos para restringir ciertos estándares con el fin de proteger el nivel de salud, seguridad, y moralidad de una comunidad. Más aún, se pueden establecer límites a los derechos para evitar que los derechos de una persona interfieran con los de otra. Sin embargo, estas limitaciones

deben ser razonables y corresponder a todos por igual.

☑ Comprobación de lectura **Resumen** ¿A qué se denomina "debido proceso legal"?

Participación de los ciudadanos

Un **ciudadano** es una persona que le debe lealtad a un estado o nación, y que tiene derecho a la protección de dicho estado o nación. ¿Cómo te conviertes en ciudadano estadounidense? Generalmente, se otorga la ciudadanía a todo aquel nacido dentro de las fronteras de Estados Unidos. Sin embargo, también se otorga la ciudadanía a todo aquel nacido fuera de Estados Unidos pero cuyo padre o madre es un ciudadano estadounidense. Una persona nacida en un país extranjero también puede convertirse en ciudadano a través del proceso denominado **naturalización.**

Para reunir los requisitos, los solicitantes deben tener por lo menos 18 años de edad. Deben haber sido admitidos legalmente al país como residentes permanentes, y haber vivido en Estados Unidos durante un mínimo de cinco años. Deben poseer buena solvencia moral y aceptar los principios de la Constitución. Asimismo, deben entender el idioma inglés y demostrar conocimientos de la historia y principios del gobierno de Estados Unidos. Antes de otorgársele la ciudadanía, el solicitante debe estar dispuesto a renunciar a toda lealtad extranjera y prometer obedecer la Constitución y las leyes de Estados Unidos.

Como ciudadanos de Estados Unidos, debemos desempeñar ciertos deberes y responsabilidades. **Deberes** son cosas que estamos obligados a hacer por la ley. **Responsabilidades** son cosas que moralmente nos corresponde hacer. Llevar a cabo tanto nuestros deberes como nuestras responsabilidades ayuda a asegurar que gocemos de un buen gobierno y que continuemos disfrutando de nuestros derechos.

Deberes Uno de los deberes de todos los estadounidenses es obedecer la ley. Las leyes tienen tres funciones importantes. Ayudan a mantener el orden; protegen la salud, seguridad y propiedad de todos los ciudadanos, y posibilitan la convivencia pacífica de la gente. Por ejemplo, si no obedeces las leyes, estás poniendo en peligro a otros e interfiriendo con el funcionamiento normal de la sociedad. Si consideras que es necesario cambiar una ley, puedes dirigirte a tus representantes electos para mejorarla.

La bandera y su protocolo

★ La bandera debe ser izada y arriada manualmente, y sólo debe quedar desplegada entre las horas del amanecer al atardecer. Sólo en ocasiones especiales puede ser desplegada en horas nocturnas.

★ La bandera puede flamear todos los días, si las condiciones climáticas lo permiten, y especialmente en feriados nacionales y estatales así como en ocasiones históricas y especiales.

★ Ninguna bandera deberá flamear por sobre la bandera estadounidense ni a su derecha a la misma altura.

★ La bandera podrá izarse hasta la mitad del mástil en caso de duelo por la muerte de funcionarios públicos.

★ La bandera nunca debe tocar la tierra o el suelo.

★ La bandera puede flamear al revés sólo como señal de peligro.

★ Cuando la bandera se desgasta o rompe, debe ser destruida quemándola. De acuerdo con una costumbre aceptada, primero se corta de la bandera la sección de la Unión (las estrellas blancas sobre el campo azul); luego se procede a quemar las dos partes que, al estar separadas, ya no forman una bandera.

Los estadounidenses también tienen el deber de pagar impuestos. El gobierno utiliza el dinero proveniente de los impuestos para defender la nación, proporcionar seguro médico a las personas mayores de 65 años de edad, y construir caminos y puentes. Los estadounidenses se benefician de los servicios proporcionados por el gobierno.

Otro deber de los ciudadanos es defender la nación. Todos los hombres de 18 años de edad y mayores deben registrarse con el gobierno en caso de que sus servicios sean necesarios para el servicio militar. El país ya no dispone de un sistema de **reclutamiento,** o servicio militar obligatorio, pero en caso de guerra, podría ser necesario reclutar personal.

La Constitución garantiza a todos los habitantes estadounidenses el derecho a tener un juicio ante un jurado de sus pares (iguales). Por ello, debes estar preparado para desempeñarte como miembro de un jurado cuando tengas 18 años, la edad mínima necesaria para hacerlo. Es necesario disponer de un gran número de jurados para garantizar el derecho a un juicio justo y rápido. También tienes el deber de comparecer como testigo en un juicio si recibieras la debida notificación.

Responsabilidades Las responsabilidades de los ciudadanos no están tan bien delimitadas como sus deberes. Dado que las responsabilidades son voluntarias, no se puede detener o sancionar a las personas si no cumplen con sus obligaciones. Sin embargo, la calidad de nuestro gobierno y de nuestras vidas decaería si no cumpliéramos con nuestras responsabilidades.

Recuerda que el gobierno existe para prestarte servicios. Por lo tanto, una de tus responsabilidades como ciudadano es estar al tanto de las acciones del gobierno y expresar tu opinión cuando estás en desacuerdo con las mismas. Cuando el gobierno conoce la opinión a favor o en contra de las medidas que toma, generalmente concede el deseo de la mayoría de los ciudadanos.

También es importante que conozcas tus derechos y que los ejercites cuando sea necesario. Conocer tus derechos ayuda a preservarlos. Otras responsabilidades incluyen respetar la diversidad, aceptar la responsabilidad de tus acciones, y respaldar a tu familia.

¡Votar, votar, votar! Tal vez la responsabilidad más importante que tengas como ciudadano estadounidense es la de votar cuando cumplas 18 años de edad. Votar te permite participar en el gobierno y guiar su camino. Cuando votes por personas para que te representen en el gobierno, estarás ejercitando tu derecho a autogobernarte. Si no estás de acuerdo con el trabajo que tus representantes están haciendo, será tu responsabilidad ayudar a elegir a otras personas en las próximas elecciones. También puedes hacer conocer tu opinión a tus representantes a través de cartas, llamadas telefónicas y peticiones.

Si bien no todos desempeñan un cargo público, todos pueden participar en el gobierno de

Ciudadanos participando en una reunión municipal

diferentes formas. Trabajar en una campaña política, ofrecerse como voluntario para ayudar en un hospital o biblioteca, y participar en la limpieza de los parques locales son formas de asumir tu responsabilidad cívica y contribuir al buen funcionamiento del gobierno y de la comunidad.

Respeto por los derechos de los demás Para disfrutar plenamente de tus derechos, debes estar preparado a respetar los derechos de los demás. Respetar los derechos de los demás también significa respetar los derechos de la gente cuya opinión no compartes. Respetar y aceptar a los demás, más allá de su raza, religión, creencias u otras diferencias, es de importancia vital para el sistema democrático. Todos los estadounidenses tienen derecho a recibir un trato justo y respetuoso.

✓ **Comprobación de lectura** **Identificación** ¿A qué se denomina naturalización?

EVALUACIÓN DE LA SECCIÓN 3

Verificación de comprensión

1. **Términos clave** Usa cada uno de los términos en una oración completa, de modo que ayuden a explicar su significado: **debido proceso legal, ciudadano, naturalización.**

2. **Repaso de hechos** ¿Por qué son importantes las responsabilidades personales?

Repaso de temas

3. **Gobierno y democracia** Resume tres de las libertades otorgadas en la Primera Enmienda.

Pensamiento crítico

4. **Análisis de la información** La Quinta Enmienda declara que la gente tiene derecho al "debido proceso legal". ¿Cuál es la importancia de esta frase?

5. **Análisis de la información** Recrea el siguiente diagrama y enumera las tres categorías de derechos estadounidenses.

```
        Derechos
    ┌──────┼──────┐
   ( )    ( )    ( )
```

Análisis de material visual

6. **Análisis de un cuadro** Consulta la tabla en la página 229. ¿Cuáles son las razones por las que la bandera puede ser izada a medio mástil?

Actividad interdisciplinaria

Educación cívica Una de las responsabilidades de los ciudadanos estadounidenses es participar en el sistema democrático. Prepara un cartel que represente la forma en que los estudiantes pueden participar en el sistema democrático de su comunidad. Cuélgalo en un lugar prominente de tu escuela.

Evaluación del manual

✓ Repaso de términos clave

Escribe el término clave que complete cada oración. A continuación, escribe una oración utilizando cada uno de los términos no seleccionados.

a. soberanía popular
b. facultades enumeradas
c. poderes reservados
d. enmienda
e. poderes implícitos
f. revisión judicial

1. Una _____ es una modificación de la Constitución.
2. Los poderes sugeridos pero no especificados directamente en la Constitución se denominan _____.
3. _____ es la facultad de la Corte Suprema de analizar todas las medidas del Congreso y las acciones ejecutivas.
4. Los poderes mencionados específicamente en la Constitución se denominan _____.

✓ Repaso de hechos clave

5. Enumera los seis objetivos del gobierno establecidos en el Preámbulo.
6. ¿Cuál es el proceso para que una persona obtenga la naturalización?
7. Explica por qué el proceso de enmienda es tan difícil.
8. Explica por qué es importante ser un ciudadano responsable. Proporciona ejemplos de responsabilidad cívica.
9. ¿Cómo protege la Constitución los derechos individuales?
10. Resume las libertades básicas descritas en la Primera Enmienda.

✓ Pensamiento crítico

11. **Análisis de la información** Analiza de qué forma el sistema limitado de gobierno, el republicanismo, y la soberanía popular son componentes importantes de la Constitución.
12. **Identificación de opciones** Describe cinco formas posibles en que una persona puede cumplir con sus responsabilidades tanto en la sociadad como en su hogar.
13. **Comparación** Algunas personas sostienen que debería haber un límite en el número de períodos que un senador o representante puede desempeñar su cargo. ¿Cuáles son algunas de las ventajas del sistema actual que no limita estos períodos? ¿Cuáles son algunas de las desventajas?
14. **Predicción de las consecuencias** Recrea el siguiente diagrama y predice lo que le habría podido suceder a Estados Unidos si los arquitectos de la Constitución no hubieran proporcionado un sistema de inspecciones y balances.

Ningún sistema de inspecciones y balances →

✓ Actividad ciudadana cooperativa

15. **Examinación de los derechos de los ciudadanos** Junto con un compañero, elige uno de los siguientes derechos y detalla su desarrollo histórico en Estados Unidos desde el momento de ratificación de la Constitución hasta nuestros días:

    sufragio   libertad de expresión

    libertad de religión   igualdad bajo la ley

16. **Planificación cívica** Las constituciones proporcionan un plan para la organización y funcionamiento de los gobiernos. ¿Qué plan proporciona las reglas para tu gobierno local? Comunícate con un funcionario del gobierno local para averigüar el planeamiento básico de tu ciudad o población. Comparte la información obtenida con toda la clase.

✓ Evaluación alternativa

17. **Actividad de redacción** Parte de tu responsabilidad como ciudadano estadounidense es mantenerte informado sobre lo que hace el gobierno y expresar tu opinión sobre estas acciones. Compone una carta al director del periódico de tu ciudad. En ella, expresa tu opinión acerca de un tema que ataña a tu comunidad.

Práctica de examen estandarizado

Instrucciones: Escoge la *mejor* respuesta a la siguiente pregunta.

De acuerdo con la Constitución, el presidente nombra jueces para fungir en la Corte Suprema, pero cada nombramiento debe recibir la aprobación del Senado. ¿Esto es un ejemplo de qué tipo de gobierno?

A   Sistema de inspecciones y balances
B   Federalismo
C   Separación de poderes
D   Revisión judicial

Consejo para el examen:

¿Qué crees que sucedería si el presidente tuviera la facultad de nombrar a todos los jueces sin la aprobación de terceros? Los hombres que redactaron la Constitución querían asegurarse de que ninguna de las tres ramas del gobierno tuviera demasiado poder. ¿Qué respuesta muestra esta idea?

La Constitución de Estados Unidos

La Constitución de Estados Unidos es en realidad un documento extraordinario. Fue una de las primeras constituciones escritas en la historia moderna. Los colaboradores querían formular un plan que consistiera en un gobierno central enérgico que unificara al país y que en mismo tiempo preservara los ideales de la Declaración de la Independencia. El documento que ellos escribieron creaba una legislatura representativa, el cargo de presidente, un sistema de tribunales y un proceso para agregar enmiendas. La flexibilidad y capacidad de la Constitución ha guiado a los líderes políticos de la nación por más de 200 años. El documento se ha convertido en la base de unidad nacional y en un símbolo de orgullo.

El texto completo de la Constitución y sus enmiendas aparecen a continuación. Esos pasajes que se han separado, anticuados debido al paso del tiempo o que han cambiado debido a las enmiendas adoptadas están impresos en azul. También están incluidas notas que explican y clarifican el significado de cada artículo y sección.

James Madison, autor de la Constitución

Preámbulo

Nosotros, el Pueblo de Estados Unidos, a fin de formar una unión más perfecta, establecer Justicia, afirmar la tranquilidad interior, proveer la defensa común, promover el bienestar general y asegurar para nosotros mismos y para nuestros descendientes los beneficios de la Libertad, estatuimos y sancionamos esta constitución para Estados Unidos de América.

Artículo I

Sección 1

Todos los poderes legislativos otorgados en la presente Constitución recaerán en un Congreso de Estados Unidos, que se compondrá de un Senado y una Cámara de Representantes.

Sección 2

[1.] La Cámara de Representantes estará formada por miembros elegidos cada dos años por los habitantes de los diversos Estados y los electores deberán poseer en cada Estado las condiciones requeridas para los electores de la rama más numerosa de la legislatura local.

[2.] No será representante ninguna persona que no haya cumplido 25 años de edad y sido ciudadano de Estados Unidos durante siete años y que no sea habitante del Estado en el cual sea elegido, en el momento de la elección.

[3.] Los representantes y los impuestos directos se prorratearán entre los distintos Estados que formen parte de esta unión, de acuerdo con su población respectiva, la cual se determinará sumando al número total de personas libres, inclusive las obligadas a prestar servicios durante cierto término de años y excluyendo los indígenas no sujetos al pago de contribuciones, las tres quintas partes de todas las personas restantes. El recuento deberá hacerse efectivamente dentro de los tres años siguientes a la primera sesión del Congreso de Estados Unidos y en lo sucesivo cada 10 años, en la forma que dicho cuerpo disponga por medio de una ley. El número de representantes no excederá de uno por cada 30 mil habitantes con tal que cada Estado cuente con un representante cuando menos; y hasta que se efectúe dicho recuento, el Estado de Nueva Hampshire tendrá derecho a elegir tres; Massachussets, ocho; Rhode Island y las Plantaciones de Providence, uno; Connecticut, cinco; Nueva York, seis; Nueva Jersey, cuatro; Pennsylvania, ocho; Delaware, uno; Maryland seis; Virginia, diez; Carolina del Norte, cinco; Carolina del Sur, cinco y Georgia, tres.

[4.] Cuando ocurran vacantes en la representación de cualquier Estado, la autoridad ejecutiva del mismo expedirá un decreto en que se convocará a elecciones con el objeto de ocuparlas.

[5.] La Cámara de Representantes elegirá su presidente y demás funcionarios y será la única facultada para declarar que hay lugar a proceder en los casos de responsabilidades oficiales.

El preámbulo introduce la Constitución y plantea el propósito general por el cual se estableció el gobierno. El preámbulo también declara que el poder del gobierno viene de la gente. La parte impresa del documento muestra la ortografía y la puntuación del pergamino original.

Artículo I. La función legislativa

La Constitución contiene siete divisiones llamadas artículos. Cada artículo cubre un tópico general. Por ejemplo, los Artículos I, II y III crean los tres poderes del gobierno nacional: las funciones legislativa, ejecutiva y judicial. La mayoría de los artículos se dividen en secciones.

Sección 2. La Cámara de Representantes

Distribución de representantes en los estados El número de representantes de cada estado se basa en la cantidad de habitantes del estado. Cada estado tiene derecho a por lo menos un representante. *¿Cuáles son las calificaciones para ser miembro de la Cámara de Representantes?*

Vocabulario

Preámbulo: *introducción*
Constitución: *principios y leyes de la nación*
recuento: *censos o cantidad de habitantes*
acusación: *presentar cargos contra un funcionario*

Sección 3. El Senado

Número de miembros, periodo de duración de función, procedimientos de sufragios Originalmente, los senadores elegían los legisladores estatales de sus propios estados. La Decimoséptima Enmienda cambió esto y ahora los senadores son elegidos por el pueblo. Hay 100 senadores, 2 de cada estado. El vicepresidente tiene la función de ser presidente del Senado.

John Adams, el primer vicepresidente

Sección 3. El Senado

Juicio de acusación Uno de los poderes del Congreso es el de enjuiciar a funcionarios que cometan actos inapropiados, por medio de acusarlos de dichos actos, enjuiciarlos y si es necesario, quitarles sus funciones. *¿Cuál de los poderes del gobierno puede decidir si un funcionario es inocente o culpable?*

Vocabulario

presidente pro tempore: *el funcionario presidente del senado que sirve cuando el vicepresidente está ausente*
acusación formal: *acusar a una persona de una ofensa*
quórum: *número mínimo de miembros que debe estar presente para dirigir las sesiones*
aplazar: *suspender una sesión*
privilegios de inmunidad: *los miembros no pueden ser demandados o enjuiciados por sus declaraciones ante el Congreso*
emolumentos: *salarios*
proyecto de ley: *borrador de una proposición de ley*
ingresos: *ingresos recaudados por el gobierno*

Sección 3

[1.] El Senado de EE.UU. se compondrá de dos senadores por cada Estado, elegidos por seis años por la legislatura del mismo, y cada senador dispondrá de un voto.

[2.] Tan pronto como se hayan reunido en virtud de la elección inicial, se dividirán en tres grupos tan iguales como sea posible. Las posiciones de los senadores del primer grupo quedarán vacantes al terminar el segundo año; las del segundo grupo, al expirar el cuarto año y las del tercer grupo, al concluir el sexto año, de tal manera que sea factible elegir una tercera parte cada dos años y si ocurren vacantes, por renuncia u otra causa, durante el receso de la legislatura de algún Estado, el Ejecutivo de éste podrá hacer designaciones provisionales hasta el siguiente período de sesiones de la legislatura, la que procederá a cubrir dichas vacantes.

[3.] No será senador ninguna persona que no haya cumplido 30 años de edad y sido ciudadano de Estados Unidos durante nueve años y que, al tiempo de la elección, no sea habitante del Estado por parte del cual fue elegido.

[4.] El vicepresidente de EE.UU. será presidente del Senado, pero no tendrá voto sino en el caso de empate.

[5.] El Senado elegirá a sus demás funcionarios, así como un presidente pro tempore, que fungirá en ausencia del vicepresidente o cuando éste se halle desempeñando la presidencia de Estados Unidos.

[6.] El Senado poseerá derecho exclusivo de juzgar sobre todas las acusaciones por responsabilidades oficiales. Cuando se reúna con este objeto, sus miembros deberán estar bajo juramento o afirmación. Cuando se juzgue al presidente de EE.UU. las sesiones deberán ser presididas por el juez de la Corte Suprema: y a ninguna persona se la encontrará culpable si no concurre el voto de dos tercios de los miembros presentes.

[7.] En los casos de responsabilidades oficiales, el alcance de la sentencia no irá más allá de la destitución del cargo y la inhabilitación para ocupar y disfrutar cualquier empleo honorífico, de confianza o remunerado en Estados Unidos: pero el individuo encontrado culpable quedará sujeto, no obstante, a que se le acuse, enjuicie, juzgue y castigue de acuerdo a la ley.

Sección 4

[1.] Los lugares, fechas y modo de celebrar las elecciones para senadores y representantes se prescribirán en cada Estado por la legislatura respectiva pero el Congreso podrá formular o alterar las reglas de referencia en cualquier tiempo por medio de una ley, excepto en lo tocante a los lugares de elección de los senadores.

[2.] El Congreso se reunirá por lo menos una vez al año, y esta reunión será el primer lunes de diciembre a no ser que por ley se fije un día diferente.

Sección 5

[1.] Cada cámara calificará las elecciones, los informes sobre escrutinios y la capacidad legal de sus respectivos miembros y una mayoría de cada una constituirá el quórum necesario para deliberar; pero un número menor puede aplazar las sesiones de un día para otro y estará autorizado para compeler a los miembros ausentes a que asistan, del modo y bajo las penas que determine cada cámara.

[2.] Cada cámara puede elaborar su reglamento interior, castigar a sus miembros cuando se conduzcan indebidamente y expulsarlos con el asentimiento de las dos terceras partes.

[3.] Cada cámara llevará un diario de sus sesiones y lo publicará de tiempo en tiempo a excepción de aquellas partes que a su juicio exijan reserva y los votos afirmativos y negativos de sus miembros con respecto a cualquier cuestión se harán constar en el diario, a petición de la quinta parte de los presentes.

[4.] Durante el período de sesiones del Congreso ninguna de las cámaras puede suspenderlas por más de tres días ni acordar que se celebrarán en lugar diverso de aquel en que se reúnen ambas cámaras sin el consentimiento de la otra.

El mazo del Senado

Sección 6

[1.] Los senadores y representantes recibirán por sus servicios una remuneración que será fijada por la ley y pagada por el Tesoro de EE.UU. En todos los casos, exceptuando los de traición, delito grave y perturbación del orden publico, gozarán del privilegio de no ser arrestados durante el tiempo que asistan a las sesiones de sus respectivas cámaras, así como al ir a ellas o regresar de las mismas y no podrán ser objeto en ningún otro sitio de inquisición alguna con motivo de cualquier discusión o debate en una de las cámaras.

[2.] A ningún senador ni representante se le nombrará, durante el tiempo por el cual haya sido elegido, para ocupar ningún empleo civil que dependa de Estados Unidos, que haya sido creado o cuyos emolumentos hayan sido aumentados durante dicho tiempo y ninguna persona que ocupe un cargo de Estados Unidos podrá formar parte de las cámaras mientras continúe en funciones.

Sección 6. Privilegios y restricciones

Salarios y privilegios Para fortalecer el gobierno federal, los fundadores dispusieron que los salarios de los congresistas los pagara el Departamento del Tesoro en vez de los respectivos estados a los que pertenecían. Originalmente, los miembros recibían un pago de $6 por día. En 2002, todos los miembros del Congreso recibían un salario básico de $150,000.

Sección 7

[1.] Todo proyecto de ley que tenga por objeto la obtención de ingresos deberá proceder primeramente de la Cámara de Representantes; pero el Senado podrá proponer reformas o convenir en ellas de la misma manera que tratándose de otros proyectos.

[2.] Todo proyecto aprobado por la Cámara de Representantes y el Senado se presentará al presidente de Estados Unidos antes de que se convierta en ley; si lo aprueba, lo firmará; en caso contrario lo devolverá, junto con sus objeciones, a la cámara de su origen, la que insertará integras las objeciones en su diario y procederá a reconsiderarlo. Si después de dicho nuevo examen las dos terceras partes de esa cámara se pusieren de acuerdo en aprobar el proyecto, se remitirá, acompañado de las objeciones, a la otra cámara, por la cual será estudiado también nuevamente y, si lo aprobaren

Sección 7. Aprobación de leyes

Proyectos de leyes de ingresos Todas las leyes de impuestos deben de originarse de la Cámara de Representantes. Esto asegura que la rama del Congreso que el pueblo elige cada dos años tenga el papel más grande en la determinación de impuestos.

Sección 7. Aprobación de leyes

¿Cómo es que los proyectos se convierten en leyes? Un proyecto se convierte en ley sólo después de ser aprobado por ambas cámaras del Congreso y con la firma del presidente. El presidente puede controlar al Congreso al rechazar por medio de un veto su legislación. *¿Cómo puede el Congreso anular el veto del presidente?*

los dos tercios de dicha cámara, se convertirá en ley. Pero en todos los casos de los que se habla, la votación de ambas cámaras será nominal y los nombres de las personas que voten en pro o en contra del proyecto se asentarán en el diario de la cámara que corresponda. Si algún proyecto no fuera devuelto por el presidente dentro de 10 días (descontando los domingos) después de haberle sido presentado, se convertirá en ley, de la misma manera que si lo hubiera firmado, a menos que al suspender el Congreso sus sesiones, impidiera su devolución, en cuyo caso no será ley.

[3.] Toda orden, resolución o votación para la cual sea necesaria la concurrencia del Senado y la Cámara de Representantes (salvo en materia de suspensión de las sesiones), se presentará al presidente de Estados Unidos y no tendrá efecto antes de ser aprobada por él o de ser aprobada nuevamente por dos tercios del Senado y de la Cámara de Representantes, en caso de que la rechazare, de conformidad con las reglas y limitaciones prescritas en el caso de un proyecto de ley.

Sección 8

[1.] El Congreso tendrá facultad: para establecer y recaudar contribuciones, impuestos, derechos y consumos; para pagar las deudas y proveer a la defensa común y bienestar general de Estados Unidos; pero todos los derechos, impuestos y consumos serán uniformes en todo Estados Unidos;

[2.] Para contraer empréstitos a cargo de créditos de Estados Unidos;

[3.] Para reglamentar el comercio con las naciones extranjeras, entre los diferentes Estados y con las tribus indígenas;

[4.] Para establecer un régimen uniforme de naturalización y leyes uniformes en materia de bancarrota en todo Estados Unidos;

[5.] Para acuñar monedas y determinar su valor, así como el de la moneda extranjera. Fijar los patrones de pesos y medidas;

[6.] Para proveer el necesario castigo a quienes falsifiquen los títulos y la moneda corriente de Estados Unidos;

[7.] Para establecer oficinas de correos y caminos postales;

[8.] Para fomentar el progreso de la ciencia y las artes útiles, asegurando a los autores e inventores, por un tiempo limitado, el derecho exclusivo sobre sus respectivos escritos y descubrimientos;

[9.] Para crear tribunales inferiores a la Corte Suprema;

[10.] Para definir y castigar la piratería y otros delitos mayores cometidos en alta mar y violaciones al derecho internacional;

[11.] Para declarar la guerra, otorgar patentes de corso y represalias y para dictar reglas con relación a las presas de mar y tierra;

Sección 8. Poderes concedidos al Congreso

Poderes expresados Poderes expresados son atribuciones directamente expresados en la Constitución. La mayoría de los poderes expresados del Congreso están detallados en el Artículo I, Sección 8. Estos poderes también se llaman atribuciones enumeradas porque están enumeradas del 1–18. *¿Cuál cláusula le da al Congreso el poder de declarar la guerra?*

Dinero de la guerra civil

Vocabulario

resolución: *forma en que la función legislativa puede formalmente expresar su opinión*

naturalización: *procedimiento por el que un ciudadano de un país extranjero se convierte en un ciudadano de Estados Unidos*

tribunal: *una corte inferior*

patente de corso: *autoridad entregada a un ciudadano para que organice un buque armado y lo use para atacar buques enemigos en tiempos de guerra*

represalia: *tomar por la fuerza propiedad o territorio que pertenece a otro país o a sus ciudadanos*

insurrección: *rebelión*

[12.] Para reclutar y sostener ejércitos, pero ninguna autorización presupuestaria de fondos que tengan ese destino será por un plazo superior a dos años;

[13.] Para habilitar y mantener una marina de guerra;

[14.] Para dictar reglas para el gobierno y ordenanza de las fuerzas navales y terrestres;

[15.] Para disponer cuándo debe convocarse a la milicia nacional con el fin de hacer cumplir las leyes de la unión, sofocar insurrecciones y rechazar las invasiones;

[16.] Para proveer lo necesario para organizar, armar y disciplinar la milicia nacional y para gobernar aquella parte de ésta que se utilice en el servicio de Estados Unidos; reservándose a los Estados correspondientes el nombramiento de los oficiales y la facultad de instruir conforme a la disciplina prescrita por el Congreso;

[17.] Para legislar en forma exclusiva en todos los casos, cualesquiera que sea, sobre lo referente al distrito (que no podrá ser mayor que un cuadrado de 10 millas por lado) que se convierta en sede del gobierno de Estados Unidos, como consecuencia de la cesión de algunos Estados y la aceptación del Congreso y para ejercer autoridad sobre todos los lugares comprados con el consentimiento de la legislación del Estado en que se encuentren situados, para la construcción de fuertes, almacenes, arsenales, astilleros y otros edificios necesarios; y

[18.] Para expedir todas las leyes que sean necesarias y convenientes para llevar a efecto los poderes anteriores y todos los demás que esta Constitución confiere al gobierno de Estados Unidos o cualquiera de sus departamentos o funcionarios.

Sección 9

[1]. El Congreso no podrá prohibir antes del año de mil ochocientos ocho la inmigración o importación de las personas que cualquiera de los Estados ahora existentes estime oportuno admitir, pero puede imponer sobre dicha importación una contribución o derecho que no pase de 10 dólares por cada persona.

[2.] El privilegio del hábeas corpus no se suspenderá, salvo cuando la seguridad pública lo exija en los casos de rebelión o invasión.

[3.] No se aplicarán decretos de proscripción ni leyes ex post facto.

[4.] No se establecerá ningún impuesto directo ni de capitación, como no sea proporcionalmente al censo o recuento que antes se ordenó practicar.

[5.] Ningún impuesto o derecho se establecerá sobre los artículos que se exporten de cualquier Estado.

[6.] Los puertos de un Estado no gozarán de preferencia sobre los de ningún otro en virtud de reglamentación alguna mercantil o fiscal: tampoco las embarcaciones que se dirijan a un Estado o procedan de él estarán obligadas a ingresar, despachar en él sus documentos o cubrirle derechos.

El sello de la Marina de Guerra de Estados Unidos

Sección 8. Poderes concedidos al Congreso

Cláusula elástica El último poder concedido se llama a menudo la "cláusula elástica". Esta cláusula le da al Congreso el derecho de crear todas las leyes "necesarias y apropiadas" para ejecutar los poderes expresados en las demás cláusulas del Artículo I. Se llama la cláusula elástica porque le permite al Congreso "estirar" sus poderes para enfrentar situaciones que los padres fundadores nunca hubieran anticipado.

¿Qué quieren decir las palabras "necesaria y apropiada" en la cláusula elástica? Casi desde el principio, esta frase fue un tema de disputa. El punto es si es que se debería aplicar una interpretación estricta o amplia de la Constitución. La primera discusión al respecto fue en 1819, en la causa judicial de *McCulloch* contra *Maryland*, cuando la Corte Suprema falló a favor de una interpretación amplia.

Sección 9. Poderes negados al gobierno federal

Hábeas corpus Una orden judicial de hábeas corpus emitida por un juez requiere que un funcionario oficial lleve a un prisionero ante un tribunal y compruebe la razón de mantener detenido al individuo. Un decreto de proscripción es un proyecto de ley que castigaba a una persona sin un juicio con jurado. Una ley de "post facto" es una que convierte una acción en delito después de que la acción ha sido cometida. *¿Qué dice la Constitución sobre el decreto de proscripción?*

[7.] Ninguna cantidad podrá extraerse del Tesoro si no es como consecuencia de asignaciones autorizadas por la ley y de vez en cuando deberá publicarse un estado y cuenta ordenados de los ingresos y gastos del Tesoro.

[8.] Estados Unidos no concederá ningún título de nobleza y ninguna persona que ocupe un empleo remunerado u honorífico que dependa de ellos aceptará ningún regalo, emolumento, empleo o título, sea de la clase que fuere, de cualquier monarca, príncipe o Estado extranjero sin consentimiento del Congreso.

Sección 10

[1.] Ningún Estado celebrará tratado, alianza o confederación algunos; otorgará patentes de corso y represalias; acuñará monedas, emitirá papel moneda, legalizará cualquier cosa que no sea la moneda de oro y plata como medio de pago de las deudas; aprobará decretos por los que se castigue a determinadas personas sin que preceda juicio ante los tribunales, leyes ex post facto o leyes que menoscaben las obligaciones que se derivan de contratos, ni concederá título alguno de nobleza.

[2.] Sin el consentimiento del Congreso ningún Estado podrá imponer impostas o derechos sobre los artículos importados o exportados, excepto aquello que sea absolutamente necesario para cumplir sus leyes de inspección, y el producto neto de todos los derechos e impostas que establezcan los Estados sobre las importaciones y exportaciones se aplicará en provecho del Tesoro de Estados Unidos; y todas las leyes de que se trata estarán sujetas a la revisión y vigilancia del Congreso.

[3.] Sin dicho consentimiento del Congreso ningún Estado podrá establecer exacciones de tonelaje, mantener tropas o navíos de guerra en tiempo de paz, celebrar convenio o pacto alguno con otro Estado o con una potencia extranjera, o hacer la guerra, a menos de ser invadido realmente o de hallarse en peligro tan inminente que no admita demora.

Artículo II

Sección 1

[1.] Se deposita el poder ejecutivo en un presidente de Estados Unidos de América. Desempeñará su cargo por un término de cuatro años, juntamente con el vicepresidente designado para el mismo período, serán elegidos como sigue

[2.] Cada Estado nombrará, del modo que su legislatura disponga, un número de electores igual al total de los senadores y representantes a que el Estado tenga derecho en el Congreso: pero ningún senador, ni representante, ni persona que ocupe un empleo honorífico o remunerado de Estado Unidos podrá ser designado como elector.

[3.] Los electores deberán reunirse en sus respectivos Estados y votar usando una papeleta electoral en favor de dos personas, una de las cuales, cuando menos, no deberá ser habitante del mismo Estado que ellos. Formarán una lista de todas las personas que hayan obtenido sufragios

---

Sección 10. Poderes negados a los estados

Limitaciones de poder La Sección 10 hace una lista de las limitaciones de los estados. Estas restricciones se diseñaron, en parte, para prevenir la duplicación de las funciones y la autoridad del gobierno federal.

Monedas de Estados Unidos

Artículo II. El poder ejecutivo

El Artículo II crea el poder ejecutivo que ejecuta las leyes aprobadas por el Congreso. El Artículo II hace una lista de los poderes y responsabilidades de la presidencia, describe las calificaciones de la función y los procedimientos para elegir al presidente y hace provisiones para un vicepresidente.

Vocabulario

asignaciones: *fondos separados para usos específicos*
emolumento: *pago*
imposta: *impuesto*
exacción: *impuesto*

y del número de votos correspondientes a cada una, la cual firmarán, certificarán y remitirán sellada a la Sede del Gobierno de Estados Unidos, dirigida al presidente del Senado. El presidente del Senado abrirá todos los certificados en presencia del Senado y de la Cámara de Representantes, después de lo cual se contarán los votos. La persona que obtenga el número mayor de votos será presidente, siempre que dicho número represente la mayoría de todos los electores nombrados y si hubiere más de uno que tenga esa mayoría y que cuente con igual número de votos, entonces la Cámara de Representantes elegirá a uno de ellos inmediatamente para presidente, votando por cédulas y si ninguna persona tuviere mayoría, entonces la referida cámara elegirá al presidente de la misma manera entre los cinco nombres con mayor número de votos en la lista. Téngase presente que al elegir al presidente la votación se hará por Estados y que la representación de cada Estado gozará de un voto; que para este objeto habrá quórum cuando estén presentes el miembro o los miembros que representen a los dos tercios de los Estados y que será necesaria una mayoría de todos los Estados para que se tenga por hecha la elección. En todos los casos y una vez elegido el presidente, la persona que reúna mayor número de votos de los electores será vicepresidente. Pero si quedan dos o más con el mismo número de votos, el Senado escogerá de entre ellos al vicepresidente, votando por cédulas.

[4.] El Congreso podrá fijar la época de designación de los electores, así como el día en que deberán emitir sus votos, el cual deberá ser el mismo en todo Estados Unidos.

[5.] Sólo las personas que sean ciudadanos por nacimiento o que hayan sido ciudadanos de Estados Unidos al tiempo de adoptarse esta Constitución, serán elegibles para el cargo de presidente; tampoco será elegible una persona que no haya cumplido los treinta y cinco años de edad y que no haya residido catorce años en Estados Unidos

[6.] En caso de que el presidente sea separado de su puesto, de que muera, renuncie o se incapacite para dar cumplimiento a los poderes y deberes del referido cargo, éste pasará al vicepresidente y el Congreso podrá prever por medio de una ley el caso de separación, muerte, renuncia o incapacidad, tanto del presidente como del vicepresidente y declarar qué funcionario fungirá como presidente hasta que desaparezca la causa de incapacidad o se elija un presidente.

[7.] El presidente recibirá una remuneración por sus servicios, en las épocas que se determinarán, la cual no podrá ser aumentada ni disminuida durante el período para el cual haya sido designado y no podrá recibir durante ese tiempo ningún otro emolumento de parte de Estados Unidos o de cualquiera de éstos.

[8.] Antes de entrar a desempeñar su cargo prestará el siguiente juramento o afirmación: "Juro (o afirmo) solemnemente que desempeñaré legalmente el cargo de presidente de Estados Unidos y que sostendré, protegeré y defenderé la Constitución de Estados Unidos, empleando en ello el máximo de mis facultades".

Sección 1. El presidente y el vicepresidente

Método de elección anterior La Duodécima Enmienda, agregada en 1804, cambió la manera de elegir el presidente como lo estipulaba el Artículo II, Sección 1, párrafo 3. La Duodécima Enmienda requiere que los electores voten por separados para presidente y vicepresidente.

George Washington, el primer presidente

Sección 1. El presidente y el vicepresidente

Calificaciones El presidente debe ser un ciudadano de Estados Unidos por nacimiento, tener al menos 35 años de edad y haber residido en Estados Unidos por 14 años.

Sección 1. El presidente y el vicepresidente

Vacancias Si el presidente fallece, resigna, se lo saca de su cargo debido a una acusación mientras desempeña sus funciones o es incapaz de realizar sus funciones, el vicepresidente asume las funciones del presidente. La Vigesimoquinta Enmienda impone procedimientos para la sucesión presidencial.

Sección 1. El presidente y el vicepresidente

Salario Originalmente, el salario del presidente era $25,000 al año. El salario actual del presidente es $400,000 más $50,000 en una cuenta de gastos libre de impuestos. El presidente también recibe viviendas gratuitas en dos residencias: la Casa Blanca y en Campo David.

Sección 2. Los poderes del presidente

Militar, gabinete, perdones Una mención "del funcionario principal en cada uno de los departamentos ejecutivos" es la única instancia en que se menciona un gabinete del presidente en la Constitución. El gabinete es un cuerpo consejero y sus poderes dependen del presidente. Sección 2, Cláusula 1 también hace del presidente, un civil, el jefe de las fuerzas armadas. Esto establece el principio del control militar por civiles.

Sección 2. Los poderes del presidente

Tratados y nombramientos Una orden ejecutiva es una orden emitida por el presidente para ejercer el poder que le ha sido concedido por la Constitución o por un estatuto federal. En momentos de emergencia, los presidentes a veces usan el poder ejecutivo en forma de una orden para separarse de la Constitución de Estados Unidos y del Congreso. Durante la guerra civil, el Presidente Lincoln suspendió muchos derechos fundamentales garantizados en la Constitución y en la Declaración de Derechos. Él clausuró los periódicos que estaban en oposición a él y encarceló a algunos que estaban en desacuerdo con él. Lincoln decía que esas acciones se justificaban para preservar la unión.

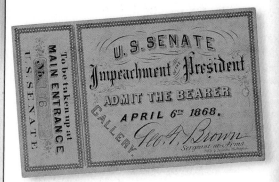

Boleto para el juicio de acusación

Artículo III. La rama judicial

El término *judicial* se refiere a tribunales. La Constitución hace arreglos solamente para la Corte Suprema pero hace provisiones para otros tribunales federales. El poder judicial de Estados Unidos tiene dos clases de sistemas de tribunales. Un sistema consiste en los tribunales federales, cuyos poderes se derivan de la Constitución y de las leyes federales. El otro incluye los tribunales de los cincuenta estados, cuyos poderes se derivan de las constituciones y leyes estatales.

Sección 2

[1.] El presidente será comandante en jefe del ejército y la marina de guerra de Estados Unidos y de la milicia de los diversos Estados cuando se la llame al servicio activo de Estados Unidos; podrá solicitar la opinión por escrito del funcionario principal de cada uno de los departamentos administrativos con relación a cualquier asunto que se relacione con los deberes de sus respectivos empleos y estará facultado para suspender la ejecución de las sentencias y para conceder indultos tratándose de delitos contra Estados Unidos, excepto en los casos de acusación por responsabilidades oficiales.

[2.] Tendrá facultad, con el consejo y consentimiento del Senado, para celebrar tratados, con tal de que den su anuencia dos tercios de los senadores presentes y propondrá y nombrará a los embajadores, los demás ministros públicos y los cónsules, los magistrados de la Corte Suprema y a todos los demás funcionarios de Estados Unidos a cuya designación no provea este documento en otra forma y que hayan sido establecidos por ley. Pero el Congreso podrá atribuir el nombramiento de los funcionarios inferiores que considere convenientes, por medio de una ley, al presidente solo, a los tribunales judiciales o a los jefes de los departamentos.

[3.] El presidente tendrá el derecho de cubrir todas las vacantes que ocurran durante el receso del Senado, extendiendo nombramientos provisionales que terminarán al final del siguiente período de sesiones.

Sección 3

Periódicamente deberá proporcionar al Congreso informes sobre el estado de la unión, recomendando a su consideración las medidas que estime necesarias y oportunas; en ocasiones de carácter extraordinario podrá convocar a ambas Cámaras o a cualquiera de ellas y en el supuesto de que discrepen en cuanto a la fecha en que deban entrar en receso, podrá suspender sus sesiones, fijándoles para que las reanuden la fecha que considere conveniente; recibirá a embajadores y otros ministros públicos; cuidará de que las leyes se ejecuten puntualmente y extenderá los despachos de todos los funcionarios de Estados Unidos.

Sección 4

El presidente, el vicepresidente y todos los funcionarios civiles de Estados Unidos serán separados de sus puestos al ser acusados y declarados culpables de traición, cohecho u otros delitos y faltas graves.

Artículo III

Sección 1

Se depositará el poder judicial de Estados Unidos en una Corte Suprema y en los tribunales inferiores que el Congreso instituya y establezca en lo sucesivo. Los jueces, tanto de la Corte Suprema como de los inferiores, continuarán en sus funciones mientras observen buena conducta y recibirán en periodos fijos, una remuneración por sus servicios que no será disminuida durante el tiempo que ocupen su cargo.

Sección 2

[1.] El poder judicial entenderá en todas las controversias tanto de derecho escrito como de equidad, que surjan como consecuencia de esta Constitución, de las leyes de Estados Unidos y de los tratados celebrados o que se celebren bajo su autoridad, en todas las controversias que se relacionen con embajadores, otros ministros públicos y cónsules, en todas las controversias de la jurisdicción de almirantazgo y marítima en las controversias en que sean parte Estados Unidos; en las controversias entre dos o más Estados, entre un Estado y los ciudadanos de otro, entre ciudadanos de Estados diferentes, entre ciudadanos del mismo Estado que reclamen tierras en virtud de concesiones de diferentes Estados y entre un Estado o los ciudadanos del mismo y Estados, ciudadanos o súbditos extranjeros.

[2.] En todos los casos relativos a embajadores, otros ministros públicos y cónsules, así como en aquellos en que sea parte un Estado, la Corte Suprema poseerá jurisdicción original en única instancia. En todos los demás casos que antes se mencionaron la Corte Suprema conocerá jurisdicción sobre apelaciones, tanto del derecho como de los hechos, con las excepciones y con arreglo a la reglamentación que formule el Congreso.

[3.] Todos los delitos serán juzgados por medio de un jurado excepto en los casos de acusación por responsabilidades oficiales y dicho juicio deberá tomar lugar en el Estado en que el delito se haya cometido; pero cuando no se haya cometido dentro de los límites de ningún Estado, el juicio se celebrará en el lugar o lugares que el Congreso haya dispuesto por medio de una ley.

Sección 3

[1.] La traición contra Estados Unidos sólo consistirá en hacer la guerra en su contra o en unirse a sus enemigos, impartiéndoles ayuda y protección. A ninguna persona se la condenará por traición si no es sobre la base de la declaración de los testigos que hayan presenciado el mismo acto perpetrado abiertamente o de una confesión en sesión pública de un tribunal.

[2.] El Congreso estará facultado para fijar la pena que corresponda a la traición; pero ninguna sentencia por causa de traición podrá privar del derecho de heredar o de transmitir bienes por herencia, ni producirá la confiscación de sus bienes más que en vida de la persona condenada.

Artículo IV

Sección 1

Se dará entera fe y crédito en cada Estado a los actos públicos, registros y procedimientos judiciales de todos los demás. Y el Congreso podrá prescribir, mediante leyes generales, la forma en que dichos actos, registros y procedimientos se probarán y el efecto que producirán.

Sección 2. Jurisdicción
Ley de Estatuto Los tribunales federales principalmente se ocupan de las "leyes de estatuto", o leyes promulgadas por el Congreso, por tratados, o que en ciertos casos que involucran a la Constitución.

Sección 2. Jurisdicción
La Corte Suprema Un tribunal con "jurisdicción original" tiene la autoridad de litigar cualquier caso primero. La Corte Suprema principalmente tiene "jurisdicción sobre apelaciones" y mayormente revisa casos apelados en tribunales inferiores.

Artículo IV. Las relaciones entre los estados

El artículo IV explica la relación de los estados entre sí y con el gobierno nacional. Este artículo requiere que cada estado brinde a los ciudadanos de otros estados los mismos derechos ofrecidos a sus propios ciudadanos, menciona la admisión de nuevos estados y garantiza que el gobierno nacional protegerá los estados.

Vocabulario

jurisdicción original: *autoridad para ser el primer tribunal en que se litigue un caso*

jurisdicción sobre apelaciones: *autoridad para revisar casos que han sido apelados en tribunales inferiores*

traición: *violación de la lealtad que una persona debe a su país, por ejemplo, el ayudar al enemigo*

Sección 3. Nuevos estados y territorios

Nuevos estados El Congreso tiene el poder de admitir nuevos estados. También determina las pautas básicas para solicitar y llegar a ser un estado. Dos estados, Maine y Virginia Occidental, fueron creados dentro de los límites de otro estado. En el caso de Virginia Occidental, el Presidente Lincoln reconoció el gobierno de Virginia Occidental como el gobierno legal de Virginia durante la guerra civil. Esto le permitió a Virginia Occidental separarse de Virginia sin obtener aprobación de la cámara de Virginia.

Sección 4. Protección federal para los estados

Una república El gobierno puede ser clasificado como tal en muchas formas diferentes. El filósofo antiguo Aristóteles clasificaba al gobierno basándose en la pregunta: ¿Quién gobierna? De acuerdo a Aristóteles, todos los gobiernos pertenecen a uno de tres grupos mayores: (1) autocracia, gobernados por una persona; (2) oligarquía, gobernados por varias personas; o (3) democracia, gobernados por muchas personas. Una república es una forma de democracia en la cual el pueblo elige representantes para que establezcan leyes y dirijan el gobierno.

Artículo V. El proceso de enmiendas

El artículo V explica en detalle las formas en que se puede enmendar o cambiar la constitución. Todas las 27 enmiendas fueron propuestas por dos terceras partes de los votos en ambas cámaras del Congreso. Sólo la vigesimoprimera Enmienda fue ratificada por conformidad constitucional de los estados. Todas las demás enmiendas han sido ratificadas por medio de decretos estatales. *¿Qué es una enmienda?*

Vocabulario

extradición: *entrega de un delincuente a otra autoridad*
enmienda: *un cambio a la Constitución*
ratificación: *proceso por medio del cual se aprueba una enmienda*

Sección 2

[1.] Los ciudadanos de cada Estado tendrán derecho a todos los privilegios e inmunidades en los diferentes Estados.

[2.] La persona acusada en cualquier Estado por traición, delito grave u otro crimen, que huya de la justicia y fuere hallada en otro Estado, será entregada, al solicitarlo así la autoridad ejecutiva del Estado del que se haya fugado, con el objeto de que sea entregada al Estado que posea jurisdicción sobre el delito.

[3.] Las personas obligadas a servir o trabajar en un Estado, de acuerdo a las leyes de éste, que escapen a otros, no quedarán liberadas de dichos servicios o trabajo a consecuencia de cualesquiera leyes o reglamentos del segundo, sino que serán entregadas al reclamarlo la parte interesada a quien se deba tal servicio o trabajo.

Sección 3

[1.] El Congreso podrá admitir nuevos Estados a la unión, pero ningún nuevo Estado podrá formarse o erigirse dentro de los limites de otro Estado, ni un Estado constituirse mediante la reunión de dos o más Estados o partes de Estados, sin el consentimiento de las legislaturas de los Estados en cuestión, así como del Congreso.

[2.] El Congreso tendrá facultad para ejecutar actos de disposición y para formular todos los reglamentos y reglas que sean precisos con respecto a las tierras y otros bienes que pertenezcan a Estados Unidos y nada de lo que esta Constitución contiene se interpretará en un sentido que cause perjuicio a los derechos aducidos por Estados Unidos o por cualquier Estado individual.

Sección 4

Estados Unidos garantizará a todo Estado comprendido en esta unión una forma republicana de gobierno y protegerá a cada uno en contra de invasiones, así como contra los disturbios internos, cuando lo soliciten la legislatura o el ejecutivo (en caso de que no fuese posible reunir a la legislatura) en contra de disturbios internos.

Artículo V

Siempre que las dos terceras partes de ambas Cámaras lo juzguen necesario, el Congreso propondrá enmiendas a esta Constitución, o bien, a solicitud de las legislaturas de los dos tercios de los distintos Estados, convocará una convención con el objeto de que proponga enmiendas, las cuales, en uno y otro caso, poseerán la misma validez que si fueran parte de esta Constitución, desde todos los puntos de vista y para cualquier fin, una vez que hayan sido ratificadas por las legislaturas de las tres cuartas partes de los Estados separadamente o por medio de convenciones reunidas en tres cuartos de los mismos, según que el Congreso haya propuesto uno u otro modo de hacer la ratificación y a condición de que antes del año de mil ochocientos ocho no podrá hacerse ninguna enmienda que modifique en cualquier forma las cláusulas primera y cuarta de la sección novena del artículo primero y de que a ningún Estado se le privará, sin su consentimiento, de la igualdad de voto en el Senado.

Artículo VI

[1.] Todas las deudas contraídas y los compromisos adquiridos antes de la adopción de esta Constitución serán tan válidos en contra de Estados Unidos bajo el imperio de esta Constitución, como bajo el de la Confederación.

[2.] Esta Constitución y las leyes de Estados Unidos que se expidan con arreglo a ella y todos los tratados celebrados o que se celebren bajo la autoridad de Estados Unidos, serán la suprema ley del país y los jueces de cada Estado estarán obligados a observarlos, sin importar cosa alguna contraria que se encuentre en la Constitución o las leyes de algún Estado.

[3.] Los Senadores y representantes ya mencionados, los miembros de las distintas legislaturas locales y todos los funcionarios ejecutivos y judiciales, tanto de Estados Unidos como de los diversos Estados, se obligarán mediante juramento o afirmación a sostener esta Constitución; pero nunca se exigirá una prueba religiosa como condición para ocupar ningún empleo o mandato público de Estados Unidos.

Artículo VII

La ratificación por las convenciones de nueve Estados bastará para que esta Constitución entre en vigor por lo que respecta a los Estados que la ratifiquen.

Dado en la convención, por consentimiento unánime de los Estados presentes, el día 17 de septiembre del año de Nuestro Señor de mil setecientos ochenta y siete y décimosegundo de la Independencia de Estados Unidos de América. Como testimonio de esto Nosotros por lo tanto suscribimos nuestros nombres,

Artículo VI. Supremacía nacional

El artículo VI contiene la "cláusula de supremacía". Esta cláusula establece que la Constitución, leyes aprobadas por el Congreso, tratados de Estados Unidos "deberán ser la ley suprema de la patria". La "cláusula de supremacía" reconocía la Constitución y las leyes federales como supremas cuando se encontraban en conflicto con leyes estatales.

Artículo VII. Ratificación

El artículo VII tiene que ver con la ratificación y declara que la Constitución entraría en efecto una vez que haya sido ratificada por nueve estados.

Los suscritos
*George Washington, **presidente y designado de Virginia***

Nueva Hampshire
John Langdon
Nicholas Gilman

Massachussets
Nathaniel Gorham
Rufus King

Connecticut
William Samuel Johnson
Roger Sherman

Nueva York
Alexander Hamilton

Nueva Jersey
William Livingston
David Brearley
William Paterson
Jonathan Dayton

Pennsylvania
Benjamín Franklin
Thomas Mifflin
Robert Morris
George Clymer
Thomas FitzSimons
Jared Ingersoll
James Wilson
Gobernador Morris

Delaware
George Read
Gunning Bedford, Jr.
John Dickinson
Richard Bassett
Jacob Broom

Maryland
James McHenry
Daniel de St. Thomas Jenifer
Daniel Carroll

Virginia
John Blair
James Madison, Jr.

Carolina del Norte
William Blount
Richard Dobbs Spaight
Hugh Williamson

Carolina del Sur
John Rutledge
Charles Cotesworth Pinckney
Charles Pinckney
Pierce Butler

Georgia
William Few
Abraham Baldwin

Atestigua: William Jackson,
Secretario

La Declaración de Derechos

Las primeras 10 enmiendas se conocen como La Declaración de Derechos (1791). Estas enmiendas limitaban los poderes del gobierno. La Primera Enmienda protege las libertades civiles de los individuos en Estados Unidos. Sin embargo, los derechos de las enmiendas no son absolutas. Éstos están limitados por los derechos de otros individuos. *¿Qué derecho protege la Primera Enmienda?*

Enmienda 2

El derecho a portar armas Esta enmienda se debate muy a menudo. Originalmente, su propósito era el impedir que el gobierno nacional repitiera las acciones de los ingleses quienes trataron de quitar las armas a la milicia colonial o la fuerza armada de los ciudadanos. Esta enmienda parece apoyar el derecho de los ciudadanos a tener armas de fuego, pero la Corte Suprema emitió un fallo estableciendo que el Congreso pudiera regular la venta interestatal de armas.
¿Por qué se debate el significado de la Segunda Enmienda?

Enmienda 5

Derechos de personas bajo acusación Esta enmienda contiene medidas de protección importantes para personas acusadas de delitos. Una de las protecciones es que el gobierno no puede quitarle a ninguna persona su vida, libertad o propiedad sin el debido proceso judicial. Esto significa que el gobierno debe seguir procedimientos constitucionales en los juicios y en otras acciones que tome contra individuos. *De acuerdo a la Enmienda V, ¿Cuál es la función del gran jurado?*

Vocabulario

alojar: *proporcionar vivienda*

motivo verosímil: *la policía debe tener bases razonables al creer que una persona está relacionada con un delito*

mandamiento: *documento que le da a la policía ciertos derechos y poderes*

derecho consuetudinario: *ley establecida por decisiones judiciales anteriores*

fianza: *dinero que un acusado debe proporcionar al tribunal como garantía que él o ella se va a presentar a juicio*

Enmienda I

El Congreso no hará ley alguna por la que adopte una religión como oficial del Estado o se prohíba practicarla libremente, o que coarte la libertad de palabra o de imprenta, o el derecho del pueblo para reunirse pacíficamente y para pedir al gobierno la reparación de agravios.

Enmienda II

Siendo necesaria una milicia bien ordenada para la seguridad de un Estado libre, no se violará el derecho del pueblo a poseer y portar armas.

Enmienda III

En tiempo de paz a ningún militar se le alojará en casa alguna sin el consentimiento del propietario; ni en tiempo de guerra, como no sea en la forma que prescribe la ley.

Enmienda IV

El derecho de los habitantes de que sus personas, domicilios, papeles y efectos se hallen a salvo de pesquisas y aprehensiones arbitrarias, será inviolable y no se expedirán al efecto mandamientos que no se apoyen en un motivo verosímil, estén corroborados mediante juramento o afirmación y describan con particularidad el lugar que deba ser registrado y las personas o cosas que han de ser detenidas o embargadas.

Enmienda V

Nadie estará obligado a responder por un delito, castigado con la pena capital o con otra infamante si un gran jurado no lo denuncia o acusa, a excepción de los casos que se presenten en las fuerzas de mar o tierra o en la milicia nacional cuando se encuentre en servicio efectivo en tiempo de guerra o peligro público; tampoco se pondrá a persona alguna dos veces en peligro de perder la vida o algún miembro con motivo del mismo delito; ni se le compelerá a declarar contra sí misma en ningún juicio criminal; ni se le privará de la vida, la libertad o la propiedad sin el debido proceso legal; ni se ocupará la propiedad privada para uso público sin una justa indemnización.

Enmienda VI

En toda causa criminal, el acusado gozará del derecho de ser juzgado rápidamente y en público por un jurado imparcial del distrito y Estado en que el delito se haya cometido, Distrito que deberá haber sido determinado previamente por la ley; así como de que se le haga saber la naturaleza y causa de la acusación, de que se le caree con los testigos que depongan en su contra, de que se obligue a comparecer a los testigos que le favorezcan y de contar con la ayuda de un abogado que lo defienda.

Enmienda 6

El derecho a un juicio imparcial y sin demora Una protección básica es el derecho a un juicio público sin demora. El jurado debe escuchar testimonio de testigos y ver pruebas de ambos lados antes de decidir la culpabilidad o inocencia de una persona acusada de un delito. Esta enmienda también hace la provisión de un abogado defensor para el acusado. En 1963, la Corte Suprema dictó un fallo, en *Gideon* contra *Wainwright*, que si el acusado no tiene los medios para pagar un abogado, el gobierno debe proporcionar uno para que lo defienda. *¿Por qué es importante el derecho a un juicio "sin demora"?*

Enmienda VII

El derecho a que se revisen ante un jurado los juicios de derecho consuetudinario en que el valor que se discuta exceda de veinte dólares, será garantizado y ningún hecho de que haya conocido un jurado será objeto de nuevo examen en tribunal alguno de Estados Unidos, como no sea de acuerdo a las normas del derecho consuetudinario.

Enmienda VIII

No se exigirán fianzas excesivas, ni se impondrán multas excesivas, ni se infligirán penas crueles y desusadas.

Enmienda IX

No por el hecho de que la Constitución enumera ciertos derechos ha de entenderse que niega o menosprecia otros que retiene el pueblo.

Enmienda 9

Poderes reservados al pueblo Esta enmienda impide al gobierno declarar que los únicos derechos del pueblo son aquellos enumerados en la declaración de derechos.

Enmienda X

Los poderes que la Constitución no delega a Estados Unidos ni prohíbe a los Estados, quedan reservados a los Estados respectivamente o al pueblo.

Enmienda 10

Poderes reservados a los estados La enmienda final de la declaración de derechos protege a los estados y al pueblo del poderoso gobierno federal. Establece que los poderes que no fueron concedidos al gobierno nacional, o negados a los estados, por la Constitución pertenecen a los estados o al pueblo.

Enmienda XI

El poder judicial de Estados Unidos no debe interpretarse que se extiende a cualquier litigio de derecho estricto o de equidad que se inicie o prosiga contra uno de Estados Unidos por ciudadanos de otro Estado o por ciudadanos o súbditos de cualquier Estado extranjero.

Enmienda 11

Demandas contra los estados La décimoprimera enmienda (1795) limita la jurisdicción de los tribunales federales. La Corte Suprema emitió un fallo en el cual establecía que un tribunal federal podía revisar una demanda iniciada por los ciudadanos de Carolina del Sur en contra del estado de Georgia. Este caso, *Chisholm* contra *Georgia*, decidido en 1793, dio inicio a una serie de protestas, lo que hizo que la Undécima Enmienda sea necesaria.

Enmienda 12

Elección de presidente y vicepresidente La Duodécima Enmienda (1804) corrige un problema que había surgido por la forma en que se elegía al presidente y vicepresidente. Esta enmienda estipula que el padrón electoral debe usar papeletas separadas para presidente y vicepresidente. *Si ningún candidato recibe una mayoría de los votos electorales, ¿a quién se elige presidente?*

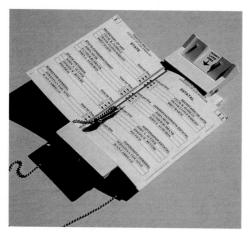

Papeleta de votación y marcador

Enmienda 13

Abolición de la esclavitud Las enmiendas: Decimotercera (1865), Decimocuarta (1868) y Decimoquinta (1870) se conocen a menudo como las enmiendas de la guerra civil porque salieron de ese gran conflicto. La Decimotercera Enmienda abolió la esclavitud.

Vocabulario

mayoría: *más de la mitad*
delegar: *asignar a otro*
abreviado: *reducir*
insurrección: *rebelión contra el gobierno*
emancipación: *libertad de la esclavitud*

Enmienda XII

Los electores se reunirán en sus respectivos Estados y votarán mediante cedulas para presidente y vicepresidente, uno de los cuales, cuando menos, no deberá ser habitante del mismo Estado que ellos; en sus cédulas indicarán la persona a favor de la cual votan para presidente y en cedulas diferentes la persona que eligen para vicepresidente y formarán listas separadas de todas las personas que reciban votos para presidente y de todas las personas a cuyo favor se vote para vicepresidente y del número de votos que corresponda a cada una y firmarán y certificarán las referidas listas y las remitirán selladas a la sede de gobierno de Estados Unidos, dirigidas al presidente del Senado; el presidente del Senado abrirá todos los certificados en presencia del Senado y de la Cámara de Representantes, después de lo cual se contarán los votos; la persona que tenga el mayor número de votos para presidente será presidente, siempre que dicho número represente la mayoría de todos los electores nombrados y si ninguna persona tiene mayoría, entonces la Cámara de Representantes, votando por cedulas, escogerá inmediatamente el presidente de entre las tres personas que figuren en la lista de quienes han recibido sufragio para presidente y cuenten con más votos. Téngase presente que al elegir al presidente la votación se hará por Estados y que la representación de cada Estado gozará de un voto; que para este objeto habrá quórum cuando estén presentes el miembro o los miembros que representen a los dos tercios de los Estados y que será necesaria mayoría de todos los Estados para que se tenga por hecha la elección. Y si la Cámara de Representantes no eligiere presidente, en los casos en que pase a ella el derecho de escogerlo, antes del día cuatro de marzo inmediato siguiente, entonces el vicepresidente actuará como presidente, de la misma manera que en el caso de muerte o de otro impedimento constitucional del presidente. La persona que obtenga el mayor número de votos para vicepresidente será vicepresidente, siempre que dicho número represente la mayoría de todos los electores nombrados y si ninguna persona reúne la mayoría, entonces el Senado escogerá al vicepresidente entre las dos con mayor cantidad de votos que figuran en la lista; para este objeto habrá quórum con las dos terceras partes del número total de senadores y será necesaria la mayoría del número total para que la elección se tenga por hecha. Pero ninguna persona inelegible para el cargo de presidente de acuerdo a la Constitución será elegible para el de vicepresidente de Estados Unidos.

Enmienda XIII

Sección 1

Ni en Estados Unidos ni en ningún lugar sujeto a su jurisdicción habrá esclavitud ni trabajo forzado, excepto como castigo de un delito del que el responsable haya quedado debidamente convicto.

Sección 2

El Congreso estará facultado para hacer cumplir este artículo por medio de leyes apropiadas.

Enmienda XIV

Sección 1

Todas las personas nacidas o naturalizadas en Estados Unidos y sometidas a su jurisdicción son ciudadanos de Estados Unidos y de los Estados en que residen. Ningún Estado podrá dictar ni dar efecto a cualquier ley que limite los privilegios o inmunidades de los ciudadanos de Estados Unidos; tampoco podrá Estado alguno privar a ninguna persona de la vida, la libertad o la propiedad sin el debido proceso legal; ni negar a cualquier persona que se encuentre dentro de sus limites jurisdiccionales la protección de las leyes, igual para todos.

Sección 2

Los representantes se distribuirán proporcionalmente entre los diversos Estados de acuerdo con su población respectiva, en la que se tomará en cuenta el número total de personas que haya en cada Estado, con excepción de los indígenas que no paguen contribuciones. Pero cuando a los habitantes varones de un Estado que tengan veintiún años de edad y sean ciudadanos de Estados Unidos se les niegue o se les coarte en la forma que sea el derecho de votar en cualquier elección en que se trate de escoger a los electores para presidente y vicepresidente de Estados Unidos, a los representantes del Congreso, a los funcionarios ejecutivos y judiciales de un Estado o a los miembros de su legislatura, excepto con motivo de su participación en una rebelión o en algún otro delito, la base de la representación de dicho Estado se reducirá en la misma proporción en que se halle el número de los ciudadanos varones a que se hace referencia, con el número total de ciudadanos varones de veintiún años de dicho Estado.

Sección 3

Las personas que habiendo prestado juramento previamente en calidad de miembros del Congreso, o de funcionarios de Estados Unidos, o de miembros de cualquier legislatura local, o como funcionarios ejecutivos o judiciales de cualquier Estado, de que sostendrían la Constitución de Estados Unidos, hubieran participado de una insurrección o rebelión en contra de ella o proporcionado ayuda o protección a sus enemigos no podrán ser senadores o representantes en el Congreso, ni electores del presidente o vicepresidente, ni ocupar ningún empleo civil o militar que dependa de Estados Unidos o de alguno de los Estados. Pero el Congreso puede derogar tal interdicción por el voto de los dos tercios de cada Cámara.

Sección 4

La validez de la deuda pública de Estados Unidos que esté autorizada por la ley, inclusive las deudas contraídas para el pago de pensiones y recompensas por servicios prestados al sofocar insurrecciones o rebeliones, será incuestionable. Pero ni Estados Unidos ni ningún Estado asumirán ni pagarán deuda u obligación alguna contraídas para ayuda de insurrecciones o rebeliones contra Estados Unidos, como tampoco reclamo alguno con motivo de la pérdida o emancipación de esclavos, pues todas las deudas, obligaciones y reclamos de esa especie se considerarán ilegales y nulas.

Enmienda 14

Derechos de los ciudadanos La Decimocuarta Enmienda (1868) originalmente era para proteger los derechos legales de los esclavos liberados. Hoy protege los derechos de los ciudadanos en general al establecer que un estado no puede quitarle a ninguna persona su vida, libertad o propiedad sin el "debido proceso legal". Además, establece que todos los ciudadanos tienen el derecho de igual protección por parte de la ley en todos los estados.

Enmienda 14. Sección 2

Representación en el Congreso Esta sección reduce el número de miembros que un estado puede tener en la Cámara de Representantes si negara a sus ciudadanos el derecho de votar. Leyes posteriores sobre los derechos civiles y la Vigesimocuarta Enmienda garantizaban a los afroamericanos el derecho a votar.

Enmienda 14. Sección 3

Penalidades al verse envueltos en insurrección Los líderes de la confederación tenían prohibido convertirse en funcionarios públicos a menos que el Congreso les levantara la prohibición. Para el final de la Reconstrucción, todos, excepto unos cuantos líderes confederados tenían prohibido regresar a la vida pública.

Enmienda 14. Sección 4

Deuda pública El público tenía que aceptar la deuda adquirida por el gobierno federal durante la guerra civil como válida y no podía ser puesta en duda por el Sur. Sin embargo, las deudas de la confederación se declararon ilegales. *¿Podían los antiguos dueños de esclavos recoger pagos por la pérdida de sus esclavos?*

Enmienda 15

El derecho a votar La Decimoquinta Enmienda (1870) prohíbe al gobierno negarle a una persona el derecho a sufragar por motivos de raza. A pesar de la ley, muchos estados negaban a los afroamericanos el derecho a sufragar por medio de instituir impuestos de capitación, pruebas de alfabetización y primarias blancas. Durante las décadas de 1950 y 1960, el Congreso aprobó en forma sucesiva leyes más fuertes para terminar la discriminación racial en lo referente al derecho a votar.

Servicio de Renta Interna

Enmienda 17

Elección directa de senadores La Decimoséptima Enmienda (1913) establece que el pueblo y no las legislaturas estatales, elijan a los senadores de Estados Unidos. *¿Cuántos años dura un término en el senado?*

Vocabulario

asignación: *distribución de puestos en la cámara basados en el número de habitantes*
vacantes: *un cargo o posición que falta ocupar o que está libre*

Sección 5

El Congreso tendrá el poder de hacer cumplir las provisiones de este artículo por medio de apropiada legislación.

Enmienda XV

Sección 1

Ni Estados Unidos, ni ningún otro Estado, podrá desconocer ni menoscabar el derecho de sufragio de los ciudadanos de Estados Unidos por motivo de raza, color o de su condición anterior de esclavos.

Sección 2

El Congreso tendrá el poder de hacer cumplir este artículo por medio de legislación apropiada.

Enmienda XVI

El Congreso tendrá facultades para establecer y recaudar impuestos sobre los ingresos, sea cual fuere la fuente de que provengan, sin asignación entre los diferentes Estados y sin atender a ningún censo o recuento.

Enmienda XVII

Sección 1

El Senado de Estados Unidos se compondrá de dos senadores por cada Estado, elegidos por los habitantes del mismo por seis años y cada senador dispondrá de un voto. Los electores de cada Estado deberán poseer las condiciones requeridas para los electores de la rama más numerosa de la legislatura local.

Sección 2

Cuando ocurran vacantes en la representación de cualquier Estado en el Senado, la autoridad ejecutiva de aquel expedirá un decreto en que convocará a elecciones con el objeto de cubrir dichas vacantes, *siempre y cuando,* la legislatura de cualquier Estado puede autorizar a su Ejecutivo a hacer un nombramiento provisional hasta tanto las vacantes se cubran mediante elecciones populares en la forma que disponga la legislatura.

Sección 3

No deberá entenderse que esta enmienda influye sobre la elección o período de cualquier senador elegido antes de que adquiera validez como parte integrante de la Constitución.

Enmienda XVIII

Sección 1

Un año después de la ratificación de este artículo quedará prohibida por el presente la fabricación, venta o transporte de licores embriagantes dentro de Estados Unidos y de todos los territorios sometidos a su jurisdicción, así como su importación a los mismos o su exportación desde ellos, con el propósito de usarlos como bebidas.

Sección 2

El Congreso y los diversos Estados poseerán facultades concurrentes para hacer cumplir este artículo mediante leyes apropiadas.

Sección 3

Este artículo no entrará en vigor a menos que sea ratificado con el carácter de enmienda a la Constitución por las legislaturas de los distintos Estados en la forma prevista por la Constitución y dentro de los siete años siguientes a la fecha en que el Congreso lo someta a los Estados.

Enmienda XIX

Sección 1

El derecho de sufragio de los ciudadanos de Estados Unidos no será desconocido ni limitado por Estados Unidos o por Estado alguno por razón de sexo.

Sección 2

El Congreso estará facultado para hacer cumplir este artículo por medio de leyes apropiadas.

Enmienda XX

Sección 1

Los períodos del presidente y el vicepresidente terminarán al mediodía del veinte de enero y los períodos de los senadores y representantes al mediodía del tres de enero, de los años en que dichos períodos habrían terminado si este artículo no hubiera sido ratificado, y en ese momento principiarán los períodos de sus sucesores.

Sección 2

El Congreso se reunirá, cuando menos, una vez cada año y dicho período de sesiones se iniciará al mediodía del tres de enero, a no ser que por medio de una ley fije una fecha diferente.

Enmienda 18

Prohibición de bebidas alcohólicas La Decimoctava Enmienda (1919) prohibía la producción, venta o transporte de bebidas alcohólicas en Estados Unidos. La prohibición no fue fácil de implementar. Esta enmienda fue luego anulada por la Vigesimoquinta Enmienda.

Enmienda 19

Sufragio de mujeres La Decimonovena Enmienda (1920) garantizaba a las mujeres el derecho a votar. Para ese entonces la mujer ya había ganado el derecho de votar en muchas elecciones estatales pero la enmienda puso su derecho de votar en todas las elecciones estatales y nacionales dentro de bases constitucionales.

Enmienda 20

La enmienda de "Lame-Duck" (incapacidad gubernamental) La Vigésima Enmienda (1933) establece nuevas fechas para que el Congreso empiece su período y para la asunción de presidente y vicepresidente. Bajo la Constitución original, los funcionarios elegidos que se jubilaban o quienes habían sido derrotados seguían en sus puestos por varios meses. Para el presidente saliente, este período iba desde noviembre hasta marzo. Estos funcionarios salientes tenían poca influencia y hacían poco y se los llamaba incapaces porque permanecían inactivos. *¿Qué fecha se fijó como la fecha de la asunción?*

John Tyler fue el primer vicepresidente en convertirse en presidente por fallecimiento de un primer ejecutivo.

Enmienda 20. Sección 3
Sucesión de presidente y vicepresidente Esta sección establece que si el presidente electo fallece antes de asumir su cargo, el vicepresidente electo se convierte en presidente.

Enmienda 21
Anulación de la enmienda de Prohibición La Vigesimoprimera Enmienda (1933) anuló la Decimoctava Enmienda. Es la única enmienda aprobada en la historia que anula una enmienda anterior. También es la única enmienda ratificada por convenciones estatales especiales y no por cámaras legislativas estatales.

Vocabulario

presidente electo: *el individuo que ha sido elegido presidente pero aún no comienza su período*
Distrito de Columbia: *lugar donde queda la capital del país, localizado entre Maryland y Virginia*

Sección 3

Si el presidente electo hubiera muerto en el momento fijado para el comienzo del período presidencial, el vicepresidente electo será presidente. Si antes del momento fijado para el comienzo de su período no se hubiere elegido presidente o si el presidente electo no llenare los requisitos exigidos, entonces el vicepresidente electo fungirá como presidente electo hasta que haya un presidente idóneo y el Congreso podrá prever por medio de una ley el caso de que ni el presidente electo ni el vicepresidente electo satisfagan los requisitos constitucionales, declarando quién hará las veces de presidente en ese supuesto o la forma en que se escogerá a la persona que habrá de actuar como tal, y la referida persona actuará con ese carácter hasta que se cuente con un presidente o un vicepresidente que reúna las condiciones legales.

Sección 4

El Congreso podrá prever mediante una ley el caso de que muera cualquiera de las personas de las cuales la Cámara de Representantes está facultada para elegir presidente cuando le corresponda el derecho de elección, así como el caso de que muera alguna de las personas entre las cuales el Senado está facultado para escoger vicepresidente cuando pasa a ellos el derecho de elegir.

Sección 5

Las secciones 1 y 2 entrarán en vigor el día quince de octubre siguiente a la ratificación de este artículo.

Sección 6

Este artículo quedará sin efecto a menos que sea ratificado como enmienda a la Constitución por las legislaturas de las tres cuartas partes de los distintos Estados, dentro de los siete años posteriores a la fecha en que se lo someta.

Enmienda XXI

Sección 1

Queda derogado por el presente el decimoctavo de los artículos de enmienda a la Constitución de Estados Unidos.

Sección 2

Se prohíbe por el presente que se transporte o importen licores embriagantes a cualquier Estado, territorio o posesión de Estados Unidos, para ser entregados o utilizados en su interior en violación de sus respectivas leyes.

Sección 3

Este artículo quedará sin efecto a menos que sea ratificado como enmienda a la Constitución por convenciones que se celebrarán en los diversos Estados, en la forma prevista por la Constitución, dentro de los siete años siguientes a la fecha en que el Congreso lo someta a los Estados.

Enmienda XXII

Sección 1

No se elegirá a la misma persona para el cargo de presidente más de dos veces, ni más de una vez a la persona que haya desempeñado dicho cargo o que haya actuado como presidente durante más de dos años de un período para el que se haya elegido como presidente a otra persona. El presente artículo no se aplicará a la persona que ocupaba el puesto de presidente cuando el mismo se propuso por el Congreso, ni impedirá que la persona que desempeñe dicho cargo o que actúe como presidente durante el período en que el repetido artículo entre en vigor, desempeñe el puesto de presidente o actúe como tal durante el resto del referido período.

Sección 2

Este artículo quedará sin efecto a menos de que las legislaturas de tres cuartas partes de los diversos Estados lo ratifiquen como enmienda a la Constitución dentro de los siete años siguientes a la fecha en que el Congreso lo someta a los Estados.

Enmienda XXIII

Sección 1

El distrito que constituye la sede del gobierno de Estados Unidos nombrará, según disponga el Congreso:

Un número de electores para elegir al presidente y al vicepresidente, igual al número total de Senadores y Representantes ante el Congreso al que el Distrito tendría derecho si fuese un Estado, pero en ningún caso será dicho número mayor que el del Estado de menos población; estos electores se sumarán al número de aquellos electores nombrados por los Estados, pero a los fines de la elección del presidente y del vicepresidente, serán considerados como electores nombrados por un Estado; celebrarán sus reuniones en el distrito y cumplirán con los deberes que se estipulan en la Enmienda XII.

Sección 2

El Congreso tendrá el poder de hacer cumplir este artículo por medio de legislación apropiada.

Enmienda 22

Límite de períodos presidenciales La Vigesimosegunda Enmienda (1951) limita a los presidentes a que sean elegidos por un máximo de dos períodos. Se aprobó principalmente como una reacción a la elección de Franklin D. Roosevelt a cuatro períodos entre 1933 y 1945.

Botones de campañas presidenciales

Enmienda 23

Electores presidenciales en el Distrito de Columbia La Vigesimotercera Enmienda (1961) permite a los ciudadanos que vivan en Washington, D.C., votar para presidente y vicepresidente, un derecho previamente negado a los residentes de la capital del país. El Distrito de Columbia ahora tiene tres electores presidenciales, la cantidad a la que tendría derecho si fuese un estado.

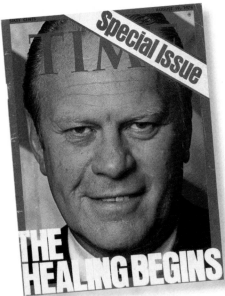

Presidente Gerald Ford

Enmienda XXIV

Sección 1
Ni Estados Unidos ni ningún Estado podrá denegar o coartar a los ciudadanos de Estados Unidos el derecho al sufragio en cualquier elección primaria o de otra clase para presidente o vicepresidente, para electores para elegir al presidente o al vicepresidente o para senador o representante ante el Congreso, por motivo de no haber pagado un impuesto electoral o cualquier otro impuesto.

Sección 2
El Congreso tendrá el poder de hacer cumplir este artículo por medio de legislación apropiada.

Enmienda XXV

Sección 1
En caso de que el presidente sea depuesto de su cargo, o en caso de su muerte o renuncia, el vicepresidente será nombrado presidente.

Sección 2
Cuando el puesto de vicepresidente estuviera vacante, el presidente nombrará un vicepresidente que tomará posesión de su cargo al ser confirmado por voto mayoritario de ambas Cámaras del Congreso.

Sección 3
Cuando el presidente transmitiera al presidente pro tempore del Senado y al presidente de Debates de la Cámara de Diputados su declaración escrita de que está imposibilitado de desempeñar los derechos y deberes de su cargo y mientras no transmitiere a ellos una declaración escrita en sentido contrario, tales derechos y deberes serán desempeñados por el vicepresidente como presidente en funciones.

Sección 4
Cuando el vicepresidente y la mayoría de los principales funcionarios de los departamentos ejecutivos o de cualquier otro cuerpo que el Congreso autorizara por ley, trasmitieran al presidente pro tempore del Senado y al presidente de Debates de la Cámara de Diputados su declaración escrita de que el presidente esta imposibilitado de ejercer los derechos y deberes de su cargo, el vicepresidente inmediatamente asumirá los derechos y deberes del cargo como presidente en funciones.

Por consiguiente, cuando el presidente transmitiera al presidente pro tempore del Senado y al presidente de Debates de la Cámara de Diputados su declaración escrita de que no existe imposibilidad alguna, asumirá de nuevo los derechos y deberes de su cargo, a menos que el vicepresidente y la mayoría de los funcionarios principales de los departamentos ejecutivos o de cualquier otro cuerpo que el Congreso haya autorizado por ley transmitieran en el término de cuatro días al presidente pro tempore del Senado y al presidente de Debates de la Cámara de Diputados su declaración escrita de que el presidente está imposibilitado de ejercer los derechos y deberes de su cargo. Luego entonces, el Congreso decidirá qué solución debe adoptarse, para lo cual se reunirá en el término de cuarenta y ocho horas, si no estuviera en sesión. Si el Congreso, en el término de veintiún días de recibida la ulterior declaración escrita o, de no estar en sesión, dentro de los veintiún días de haber sido convocado a reunirse, determinará por voto de las dos terceras partes de ambas cámaras que el presidente está imposibilitado de ejercer los derechos y deberes de su cargo, el vicepresidente continuará desempeñando el cargo como presidente actuante; de lo contrario, el presidente asumirá de nuevo los derechos y deberes de su cargo.

Enmienda XXVI

Sección 1

El derecho a votar de los ciudadanos de Estados Unidos, de dieciocho años de edad o más, no será negado o menguado ni por Estados Unidos ni por ningún Estado a causa de la edad.

Sección 2

El Congreso tendrá el poder de hacer cumplir este artículo por medio de legislación apropiada.

Enmienda XXVII

Ninguna ley que cambie la remuneración de los servicios de los senadores y representantes tendrá efecto hasta después de que se haya realizado una elección de representantes.

Enmienda 26
Las personas de 18 años de edad pueden votar La Vigesimosexta Enmienda (1971) garantiza el derecho a votar a todos los ciudadanos de 18 años de edad o mayores.

Enmienda 27
Restricción en los salarios de los congresistas La Vigesimoséptima Enmienda (1992) establece que los aumentos de sueldo aprobados durante su período sean aplicables el siguiente período. James Madison sugirió esa enmienda en 1789, pero no fue aceptada. En 1982 Gregory Watson, quien para entonces era un estudiante de la universidad de Texas, descubrió esa enmienda olvidada mientras que preparaba una tesis escolar. Watson hizo una cruzada personal el hacer que esa enmienda se aceptara.

Reunión conjunta del Congreso

Una nación creciente

1789–1877

Por qué es importante

Después de que Estados Unidos declaró su independencia del dominio británico, muchos países observaban para ver cómo el joven país podría sobrevivir por su cuenta. En los años que siguieron, la nación se fortaleció. La industria asumió un papel más importante en la economía. La gente se mudaba hacia el oeste desde todo el continente, cada vez en números mayores. Al final de este período, la nación estaría dividida por una guerra civil.

El impacto actual

Los derechos por los cuales los estadounidenses lucharon durante este período permanecen con nosotros actualmente. Muchos de estos derechos pueden verse en enmiendas a la Constitución.

1838
• Se obliga a los cheroqui a trasladarse hacia el oeste

1804
• Lewis y Clark inician la expedición

1825
• Se completa el canal del Erie

1789
• Washington se convierte en el primer presidente

Estados Unidos

PRESIDENTES

1750   *1800*

Mundo

1793
• Se inaugura el museo público del Louvre en París

1812
• Napoleón invade Rusia

1821
• Perú reclama la independencia de España.

Boston Harbor por Robert Salmon Salmon registra las ciudades y puertos emergentes de la joven nación.

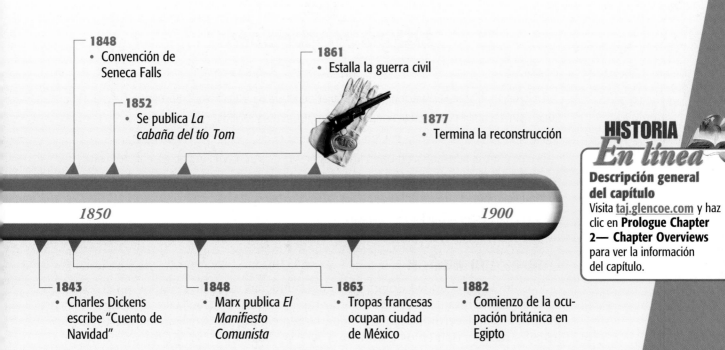

1848
• Convención de Seneca Falls

1852
• Se publica *La cabaña del tío Tom*

1861
• Estalla la guerra civil

1877
• Termina la reconstrucción

1850   *1900*

1843
• Charles Dickens escribe "Cuento de Navidad"

1848
• Marx publica *El Manifiesto Comunista*

1863
• Tropas francesas ocupan ciudad de México

1882
• Comienzo de la ocupación británica en Egipto

HISTORIA En línea
Descripción general del capítulo
Visita taj.glencoe.com y haz clic en **Prologue Chapter 2— Chapter Overviews** para ver la información del capítulo.

La nueva república

Guía de lectura

Idea principal
El joven gobierno debió enfrentar muchos retos, pero tuvo éxito en el establecimiento de la paz y el orden.

Términos clave
precedente, gabinete, poderes implícitos, revisión judicial

Estrategia de lectura
Comparación Al leer la sección, recrea el diagrama a continuación y compara los federalistas con los republicanos democráticos describiendo las características de cada partido.

federalistas	demócrata-republicanos

Leer para aprender
- qué acciones tomaron Washington y el Congreso para iniciar el nuevo gobierno.
- qué acontecimientos definieron la era de Jefferson.

Tema de la sección
Gobierno y democracia La Constitución garantizaba que la democracia florecería en el nuevo Estados Unidos.

Presentación preliminar de acontecimientos

♦1775 ♦1800

1789
Washington toma el juramento presidencial

1795
Se firma el Tratado de Greenville

1797
John Adams asume la presidencia

1803
El Senado ratifica el tratado de la Compra de Louisiana

UNA
historia estadounidense

En 1789, estallaron celebraciones en las calles de Filadelfia, Nueva York, Boston y Charleston. La noticia de la ratificación de la Constitución fue recibida con gran alivio y entusiasmo. Ahora, todo lo que se necesitaba era un líder que guiara a la nueva nación.

El 6 de abril, el nuevo Senado contó los votos presidenciales. Como era de esperar, los votos fueron unánimes. El Senador John Langdon escribió al General George Washington: "Tengo el honor de informar a Su Excelencia que ha sido elegido, por voto unánime, para ocupar la presidencia de Estados Unidos de América".

Una nueva nación

Washington y el nuevo Congreso tomaron muchas decisiones importantes relativas a la estructura del gobierno. Por ejemplo, la Constitución daba al Congreso el poder de establecer ministerios o departamentos. Sin embargo, no especificaba si los jefes de departamentos o ministros estarían bajo la autoridad del presidente o del Congreso. Estos primeros políticos sentaron el precedente para el futuro de la joven república. Washington sabía que el precedente, o la tradición que estableciera como el primer presidente de la nación, moldearían el futuro de Estados Unidos.

El primer presidente

Durante el verano de 1789, el Congreso estableció tres departamentos en la rama ejecutiva del gobierno para asistir al presidente. Washington seleccionó a los jefes de cada departamento. El Departamento de Estado manejaría las relaciones con otras naciones, el Departamento del Tesoro atendería los asuntos financieros, y el Departamento de Guerra se ocuparía de la defensa nacional.

Además, el Congreso creó la oficina del fiscal general para supervisar los asuntos legales del gobierno, y el jefe del servicio postal manejaría el nuevo servicio de correos. Washington solicitó que los jefes de cada departamento y el fiscal general se reuniesen con él periódicamente. Este grupo de consejeros luego se conoció como el gabinete.

El primer Congreso también creó el sistema judicial de la nación mediante la Ley Judicial de 1789. Con esta ley, el Congreso estableció un sistema de tribunales federales, con 13 tribunales de distrito y tres tribunales de circuito. Las leyes estatales permanecerían en vigor, pero los tribunales federales tendrían la facultad de revocar las decisiones estatales. La Corte Suprema de la nación sería la autoridad definitiva en muchas cuestiones.

Una vez que las estructuras básicas del nuevo gobierno habían sido creadas y llenadas con individuos, el Congreso consideró las enmiendas constitucionales relativas a la declaración de derechos prometida. El Congreso aprobó 12 enmiendas y los estados ratificaron 10 de ellas. En diciembre de 1791, estas 10 enmiendas se incorporaron a la Constitución en lo que se dio en llamar la **Declaración de Derechos.**

Primeros retos

El Secretario del Tesoro Alexander Hamilton luchó para enfrentar los problemas financieros de la nación. Hamilton trató de buscar la forma de fortalecer a la nación y mejorar la reputación financiera del gobierno. Hamilton pidió nuevos impuestos nacionales. Estos impuestos disgustaron a muchos estadounidenses. En Pennsylvania occidental, se rebelaron

los agricultores. La protesta armada, denominada la Rebelión del Whisky, alarmó a los gobernantes. El Presidente Washington envió a 13,000 soldados para deponer la protesta.

El nuevo gobierno se enfrentaba a grandes problemas en el oeste. Los indígenas estadounidenses que vivían entre los montes Apalaches y el río Mississippi se negaban a admitir la autoridad de Estados Unidos sobre ellos. En muchas ocasiones, los indígenas estadounidenses recurrieron a Gran Bretaña y a España en busca de apoyo. El Presidente Washington recurrió a negociaciones con Gran Bretaña y a ataques directos a grupos de indígenas estadounidenses para traer paz a la región.

Tratados y neutralidad

Doce naciones de indígenas estadounidenses de la región de los Grandes Lagos firmaron el Tratado de Greenville en 1795. El tratado abría la mayor parte de Ohio a los colonos blancos. A su vez estos éxitos convencieron a los españoles para hacer la paz con Estados Unidos. Con el Tratado de Pinckney, firmado también en 1795, los españoles daban a Estados Unidos acceso abierto al río Mississippi y prometían desmantelar todas las fortalezas españolas en territorio estadounidense.

Washington declinó aspirar a un tercer término como presidente en la primavera de 1796. En su discurso de despedida, Washington atacó el surgimiento de los partidos políticos en crecimiento en Estados Unidos, e instó a la nación a evitar alianzas con otras naciones.

Representación **de la historia**

Después de la firma del Tratado de Greenville, 12 grupos indígenas de Estados Unidos recibieron mercancía por valor de $20,000.
¿Cómo afectó el tratado al asentamiento de los blancos?

Causas y efectos de los partidos políticos

Causas

- Diferentes filosofías de gobierno
- Interpretaciones conflictivas de la Constitución
- Diferentes intereses económicos y regionales
- Desacuerdo sobre asuntos exteriores

Efectos

- Los federalistas y los republicanos democráticos proponen diferentes soluciones
- Los dos partidos nominan a sus candidatos
- Los partidos políticos se convierten en Estados Unidos en una forma de vida

Organizador gráfico → Habilidades

Thomas Jefferson y Alexander Hamilton emergen como los líderes de los dos partidos opositores.

Análisis de la información ¿Cómo emergieron los dos primeros partidos políticos?

Los primeros partidos políticos

Washington había criticado a los partidos políticos y advertía que dividirían a la nación. Sin embargo, a medida que surgían otros asuntos en la nueva república, era natural que la gente tuviese diferentes opiniones sobre ellos, y que las personas con puntos de vista similares se uniesen en el mismo bando.

En el gabinete de Washington, el Secretario del Tesoro Alexander Hamilton, y el Secretario de Estado Thomas Jefferson, tomaban lados cada vez más opuestos sobre los temas nacionales.

Los que apoyaban las políticas de Hamilton deseaban un gobierno federal fuerte. Estos estadounidenses llamados **federalistas,** tendían a apoyar los intereses de la banca y las compañías de transporte.

Los simpatizantes de Jefferson comenzaron a llamar a su partido los republicanos, o los **demócrata-republicano.** Ellos querían conceder todo el poder posible a los gobiernos estatales, en lugar de darle más poder al gobierno nacional.

Una de las diferencias entre los federalistas y los republicanos democráticos se refería a las bases del poder gubernamental. Hamilton creía en los **poderes implícitos,** o sea, aquellos no específicamente mencionados en la Constitución. Jefferson y James Madison no estaban de acuerdo. Ambos creían en la interpretación estricta de la Constitución. Sostenían que a menos que la Constitución específicamente mencionase poderes gubernamentales en un área determinada, el gobierno no tenía autoridad para actuar.

En las elecciones presidenciales de 1796, los candidatos se postularon por primera vez como miembros de un partido y no como individuos. Los federalistas nominaron al Vicepresidente John Adams y a Charles Pinckney como sus candidatos. Los republicanos postularon al ex-Secretario de Estado Thomas Jefferson y a Aaron Burr. Finalmente ganó Adams. Asumió el cargo el 4 de marzo de 1797.

El Presidente John Adams

Junto con la presión de los desacuerdos entre los partidos políticos, la administración de Adams debió enfrentar crecientes tensiones con Francia. Entre 1798 y 1800, la nueva marina de guerra estadounidense sostuvo una guerra no declarada con la marina de guerra francesa.

La amenaza de guerra con Francia hizo que los estadounidenses sospecharan más de los inmigrantes de otros países. Los federalistas del Congreso respondieron con leyes estrictas para proteger la seguridad de la nación y proteger a los que levantaban la voz en contra de las acciones del gobierno. Las medidas fueron conocidas como las **Leyes de Extranjería y Sedición.** Los federalistas usaron las leyes para silenciar a la oposición.

Algunos estadounidenses consideraban que sus temores de un gobierno central poderoso que abusaba de su poder se estaban haciendo realidad. Los republicanos democráticos pensaban que los estados debían proteger las libertades del pueblo y luchaban contra lo que consideraban una tiranía federalista.

El Presidente Adams, atrapado en esta conmoción política, se negó a apresurarse a una guerra con Francia. Nombró a una comisión que trató de lograr la paz con Francia. En 1800, los franceses convinieron poner fin a los ataques a los buques estadounidenses. Las acciones de Adams, aún cuando habían tenido éxito en evitar la guerra, dividieron a los federalistas y eliminaron su probabilidad de reelección.

✓Comprobación de lectura **Identificación** ¿Qué partido político fue encabezado por Alexander Hamilton?

Lewis y Clark, 1805

BRITÁNICO

Fuerte Clatsop

Lewis, 1806

Fuerte Mandan

Pike, 1805–1806

ME. (Parte de MASS.)

VT.
N.H.
MASS.
N.Y.
R.I.
CONN.
N.J.
DEL.
MD.

LA COMARCA DE OREGÓN

Clark, 1806

Lewis y Clark, 1804

MONTAÑAS ROCOSAS

R. Platte

R. Missouri

R. Mississippi

Lago Superior
Lago Michigan
Lago Hurón
Lago Ontario
Lago Erie

TERR. DE MICHIGAN

OHIO

PA.

Gran Lago Salado

R. Colorado

Pico de Pikes

TERR. DE INDIANA
St. Louis

R. Ohio

KY.

VA.

OCÉANO PACÍFICO

ESPAÑOL

TERR. DE LOUISIANA

Santa Fe

R. Arkansas

Pike, 1806

TENN.

CAR. DEL N.

CAR. DEL S.

OCÉANO ATLÁNTICO

R. Rojo

TERR. DE MISSISSIPPI

GA.

30°N

Pike, 1807

Límite en Disputa, 1803–1819

Río Grande

Nueva Orleans

ESPAÑOL

0   300 millas
0   300 kilómetros
Proyección acimutal equidistante

Disputado entre EE.UU. y España, 1803–1819

Golfo de México

TRÓPICO DE CÁNCER

110°O

90°O

Lewis y Clark
Viaje de regreso
Pike
Fuerte

La era de Jefferson

Los partidos federalista y demócrata- republicano enfrentaron una agria campaña electoral en 1800. Los federalistas apoyaban al Presidente Adams y a Charles Pinckney para un segundo término. Los demócratica republicano demócratica nominaron nuevamente a Jefferson y a Burr.

Los republicanos democráticos toman el poder

Cuando los miembros del consejo electoral votaron, tanto Jefferson y Burr habían recibido 73 votos cada uno. La Cámara de Representantes debía decidir la elección. Los federalistas lograron 35 papeletas electorales para impedir la elección de Jefferson, pero finalmente, al llamado de Hamilton, Jefferson se convirtió en presidente por un solo voto.

Cuando Jefferson asumió el cargo, intentó reducir el gran gobierno federal, proteger las libertades individuales y reducir la deuda nacional que llegaba a $83 millones. En 1801, el gobierno federal en su totalidad consistía en sólo unos cientos de personas, algunas de las cuales eran empleados a tiempo parcial. Era exactamente como Jefferson

Habilidades geográficas

La compra del Territorio de Louisiana duplicó el tamaño de Estados Unidos. Los estadounidenses se dispusieron rápidamente a explorar la región y las tierras del lejano oeste.

1. **Lugar** ¿Qué barrera geográfica tuvieron que cruzar Lewis y Clark para llegar al océano Pacífico?
2. **Región** ¿Qué ríos fluían a través del Territorio de Louisiana?

pensaba que debería ser. Desde su punto de vista, las responsabilidades del gobierno nacional deberían de estar limitadas a la entrega del correo, a la recaudación de la actividad aduanera y a la elaboración de un censo poblacional cada 10 años.

Jefferson y los tribunales

Jefferson esperaba que algunos federalistas apoyaran sus políticas. Sin embargo, los resentimientos entre los partidos continuaron durante su administración. Una gran parte de la mala voluntad resultaba de un desacuerdo entre Jefferson y la Corte Suprema.

El Presidente de la Corte Suprema **John Marshall,** que era federalista, convirtió a la Corte en un socio igualitario del gobierno. Hizo esto declarando que la Corte Suprema podría revisar las acciones de los poderes ejecutivo y legislativo. Este poder de revisión judicial se ha convertido en una parte básica del sistema de inspecciones y balances de nuestro gobierno actual. Bajo Marshall, el tribunal normalmente ratificaba el poder del gobierno nacional por encima de los derechos de los estados.

La compra de Louisiana

En 1802 Francia necesitaba dinero para continuar financiando la guerra que sostenía con el Imperio Británico. En consecuencia, el líder francés Napoleón Bonaparte convino en vender el gran **territorio de Louisiana** que se extendía al oeste del río Mississippi. Francia había adquirido el territorio que fue anteriormente propiedad de España, justamente ese año en una transacción secreta.

La administración de Jefferson no pudo resistir la oportunidad de extender el país. La compra de Louisiana proporcionaría tierra poco costosa y abundante para los agricultores, para varias generaciones. El Senado aprobó la venta en octubre de 1803 y el tamaño de Estados Unidos se duplicó.

Lewis y Clark

Aún antes de concluir la compra de Louisiana, Jefferson persuadió al Congreso para que apoyara una expedición de exploración al nuevo territorio y trazar su geografía.

En la primavera de 1804, **Meriwether Lewis** y **William Clark** condujeron una tripulación exploratoria de ribereños expertos, armeros, carpinteros, exploradores y un cocinero. También iban intérpretes para ayudar en las negociaciones con los indígenas estadounidenses que encontrasen por el camino. Lewis y Clark llevaban un diario de su viaje, el cual contenía notas valiosas sobre lo que veían y hacían.

Jefferson impartió instrucciones a los exploradores de buscar una ruta a través de las montañas Rocosas hacia el océano Pacífico. También debían aprender todo lo que pudieran sobre los indígenas que vivían en el nuevo territorio y tratarlos "de la manera más amistosa y conciliatoria". En esta misión recibieron la ayuda de una mujer Shoshone llamada **Sacagawea.** Ella estaba casada con uno de los guías, sirvió de intérprete y ayudó a los exploradores a sobrevivir.

Después de transcurrir 18 meses y casi 4,000 millas, Lewis y Clark llegaron al océano Pacífico en noviembre de 1805. Después de pasar el invierno en la boca del río Columbia, se dirigieron hacia el este en dos rutas separadas. Ambos exploradores llegaron a St. Louis en septiembre de 1806. Habían recabado una valiosa información sobre la gente, las plantas, animales y la geografía del oeste. Y lo que es quizás más importante, el viaje trajo la esperanza a una nación de gente ávida de moverse hacia el oeste.

✓ **Comprobación de lectura** **Evaluación** ¿Cuál fue la mayor contribución de John Marshall como Presidente de la Corte Suprema?

EVALUACIÓN DE LA SECCIÓN 1

Verificación de comprensión

1. **Términos clave** Escribe un párrafo corto en el que uses los siguientes términos clave: precedente, gabinete, poderes implícitos, revisión judicial
2. **Repaso de hechos** ¿Quién estableció el gabinete y cuál era su propósito?

Repaso de temas

3. **Gobierno y democracia** ¿Cómo afectó la Corte Suprema al equilibrio del poder entre el estado y el gobierno federal?

Pensamiento crítico

4. **Conclusiones** ¿Por qué algunos estadounidenses pueden haber temido un gobierno central fuerte en el país recién formado de Estados Unidos?
5. **Organización de la información** Crea nuevamente el diagrama a continuación y describe los beneficios de adquirir el Territorio de Louisiana en 1803.

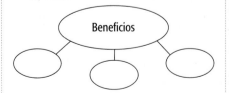

Análisis de material visual

6. **Habilidades geográficas** Revisa el mapa de la página 77. ¿Cuál fue el punto más lejano del oeste que la expedición de Lewis y Clark alcanzó? ¿Cuál es la distancia en línea recta entre St. Louis y el Pikes Peak?

Actividad interdisciplinaria

Redacción descriptiva Las descripciones y dibujos precisos hacen que las observaciones contenidas en el diario de Lewis y Clark sean valiosas. Busca un ejemplo de plantas o animales que puedes ver en el área donde vives. Dibuja y describe cuidadosamente lo que ves.

Los nuevos retos de la nación

Idea principal
Estados Unidos rápidamente se extendió por el continente mientras su economía crecía a gran velocidad.

Términos clave
Revolución Industrial, desmotadora de algodón, regionalismo, hijo predilecto, aranceles, separarse, Destino Manifiesto, anexar

Estrategia de lectura
Identificación de temas centrales Al leer la sección, crea nuevamente el diagrama a continuación y describe tres maneras en las cuales la nación cambió durante este período.

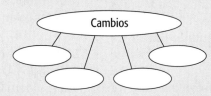

Cambios

Leer para aprender
- cómo la Revolución Industrial afectó a Estados Unidos.
- cómo la idea del Destino Manifiesto contribuyó al crecimiento del país.

Tema de la sección
Factores económicos La industrialización en el Norte y la mano de obra esclava en el Sur produjeron un rápido crecimiento de la economía estadounidense.

Presentación preliminar de acontecimientos

◆1800   ◆1825   ◆1850

1812
Estados Unidos declara la guerra a Gran Bretaña

1820
Se aprueba el Compromiso de Missouri

1823
Emisión de la Doctrina Monroe

1845
Estados Unidos anexa a Texas

UNA
historia estadounidense

En 1801, Washington, D.C. se edificaba lentamente sobre un sitio pantanoso a la orilla del río Potomac. La capital de la nueva nación tenía solamente dos edificios notables, la mansión del presidente (llamada posteriormente la Casa Blanca) y el Capitolio aún sin terminar. Entre éstos, había aproximadamente una milla y media de calles lodosas en donde deambulaban libremente cerdos y gallinas.

A muy poca gente le gustaba Washington. Era caluroso y húmedo en el verano y el río y los pantanos eran un criadero de mosquitos. Abigail Adams llamó a la nueva capital "el hoyo más sucio".

Conflicto con Europa

Desde los pantanos de Washington, hasta las lejanas tierras de China, los estadounidenses estaban construyendo una nueva nación. En 1785, el barco estadounidense Emperatriz de China regresó a Nueva York de China con una valiosa carga de té y seda. Las mercancías se vendían con una ganancia fabulosa. Pronto los barcos de Nueva York, Filadelfia y especialmente de Nueva Inglaterra, zarpaban con frecuencia hacia China e India llevando pieles y otros artículos.

La joven nación de Estados Unidos comenzaba a asegurar su independencia económica. Sin embargo, la presencia de comerciantes estadounidenses en los mares, significaba que Estados Unidos se involucraría también en los asuntos de otras naciones.

Una desastrosa prohibición del comercio

A mediados de la década de 1790, estalló de nuevo la guerra entre Francia y Gran Bretaña. Estados Unidos continuó comerciando con ambas naciones, aduciendo que era un país neutral. Los problemas comenzaron cuando Gran Bretaña y Francia decidieron detener y registrar los buques comerciales estadounidenses en el Océano Atlántico. El recién reelecto Presidente Jefferson, molesto por esta interferencia, prohibió totalmente el comercio con ambas naciones.

La Nueva Inglaterra federalista, que era el corazón de la industria naval, protestó fuertemente por la prohibición. El desempleo comenzó a aumentar a consecuencia de los buques parados en sus puertos. En el Sur, el tabaco que se destinaría a Europa, se pudría en los muelles, y el algodón no se recogía. En el oeste, bajó el precio del trigo, y el tráfico fluvial se detuvo.

En 1808, el nuevo presidente, James Madison, enfrentó aún más problemas. Madison luchó para resolver las dificultades con Europa. También trató de manejar la situación con los indígenas que estaban enfadados por oponerse a los colonos estadounidenses del valle de Ohio.

Convencidos de que los indígenas del valle de Ohio se habían aliado con los británicos, un grupo de republicanos democráticos congresistas del oeste, conocidos como los **Halcones Guerreros** presionaron al presidente para que le declarara la guerra a Gran Bretaña. Eventualmente, Madison le pidió al Congreso que declarase la guerra, aún cuando los estadounidenses del nordeste permanecían fuertemente opuestos a la guerra.

La guerra de 1812

Estados Unidos comenzó a prepararse para la guerra demasiado tarde. El ejército regular tenía menos de 7,000 tropas. Las milicias estatales llegaban a casi 70,000, pero estaban pobremente entrenados, y muchos estados se opusieron a la "guerra del Sr. Madison".

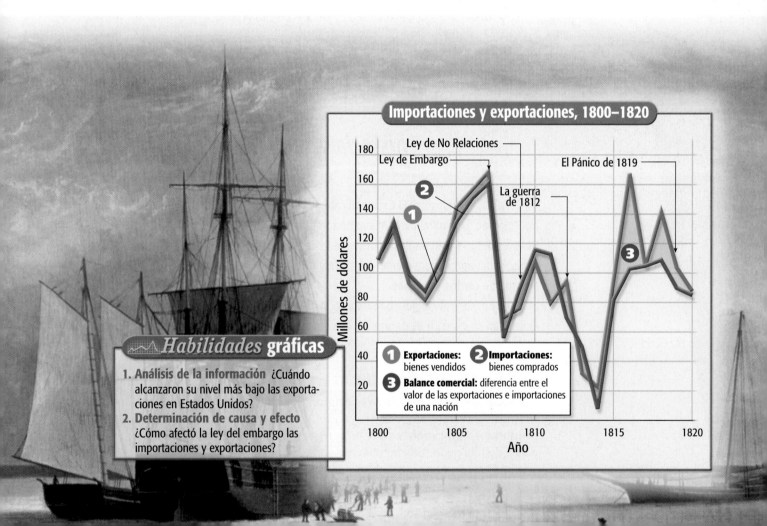

Habilidades gráficas

1. **Análisis de la información** ¿Cuándo alcanzaron su nivel más bajo las exportaciones en Estados Unidos?
2. **Determinación de causa y efecto** ¿Cómo afectó la ley del embargo las importaciones y exportaciones?

Importaciones y exportaciones, 1800–1820

Ley de No Relaciones
Ley de Embargo
El Pánico de 1819
La guerra de 1812

Millones de dólares

1 **Exportaciones:** bienes vendidos   2 **Importaciones:** bienes comprados
3 **Balance comercial:** diferencia entre el valor de las exportaciones e importaciones de una nación

1800   1805   1810   1815   1820
Año

La guerra se desarrolló mayormente en el nordeste, a lo largo de los Grandes Lagos, y de la costa del Atlántico y del Golfo de México. En agosto de 1814, los británicos navegaron hacia la Bahía de Chesapeake y atacaron directamente a Washington, D.C. El capitolio y la mansión del presidente resultaron quemados. Ese mismo año, los líderes británicos en Londres decidieron que la guerra era costosa e innecesaria.

El Tratado de Ghent dio fin oficialmente a la guerra en diciembre de 1814. No cambió ninguna de las fronteras existentes. Antes que la noticia del tratado llegara a Estados Unidos, ocurrió una batalla final en Nueva Orleans. El ejército de Andrew Jackson derrotó una invasión británica a la ciudad y asesinó a alrededor de 700 soldados británicos. Jackson se convirtió en un héroe, aún cuando la batalla no afectó el resultado de la guerra.

desmotadora de algodón

Comprobación de lectura **Explicación** ¿Por qué los federalistas se oponían a la prohibición del comercio?

Crecimiento y expansión

Entre 1790 y 1825 hubo tres sucesos que cambiaron a la nación. Primero, la manufactura comenzó a jugar un papel importante en la economía estadounidense. Segundo, la gente se mudaba hacia el oeste desde todo el continente en números que eran cada vez mayores. Tercero, Estados Unidos comenzó lentamente a asumir una función en los asuntos mundiales.

Crecimiento económico

A mediados de la década de 1700, comenzó a cambiar la manera de fabricar las mercancías en Gran Bretaña. En lugar de tener personas usando herramientas manuales, la maquinaria comenzó a realizar una parte del trabajo. Este nuevo sistema de producir mercancías trajo tantos cambios que este período de la historia se conoce como la Revolución Industrial.

La Revolución Industrial comenzó a echar raíces en Estados Unidos alrededor del 1800, apareciendo primero en Nueva Inglaterra. El suelo era pobre y la agricultura difícil, pero había muchos ríos y arroyos para suministrar energía a la maquinaria de energía hidráulica que se usaba en las fábricas. Lo que es más importante, los comerciantes de Nueva Inglaterra tenían dinero para

invertir en maquinaria. Los inventores estadounidenses como Oliver Evans mejoraron las máquinas de vapor y desarrollaron un molino mecánico. En 1793, Eli Whitney inventó la **desmotadora de algodón**, una máquina sencilla que eliminaba de manera rápida y eficaz las semillas de la fibra de algodón.

La agricultura se expande

Aún cuando muchos ciudadanos de Nueva Inglaterra iban a trabajar a las fábricas, la mayoría de los estadounidenses aún vivía y trabajaba en granjas. En la década de 1820, más del 65 por ciento de los estadounidenses eran agricultores. En el Sur, la producción de algodón aumentaba a pasos agigantados. La demanda de algodón había aumentado en forma sostenida gracias al desarrollo de la industria textil de Nueva Inglaterra y Europa.

Los dueños de las plantaciones del sur usaban esclavos para plantar, cuidar y cosechar el algodón. Las desmotadoras hicieron posible limpiar el algodón con mucha más rapidez y más económicamente que a mano. Entre 1790 y 1820, la producción de algodón aumentó de 3,000 a más de 300,000 fardos al año.

Hacia el oeste

En 1790, Estados Unidos tenía una población de casi 4 millones. La mayoría de los estadounidenses vivía al este de los montes Apalaches y en un territorio de unos cientos de millas de la costa del Atlántico. Para 1820 la población del país había llegado a casi 10 millones, de los cuales aproximadamente 2 millones vivían al oeste de los Apalaches.

La nación necesitaba buenas carreteras internas para movilizarse y para el envío de mercancías hacia y desde los puertos marítimos. Las empresas privadas construyeron muchas carreteras y cobraban tarifas para ayudar a recuperar los costos de construcción. Cuando Ohio se incorporó a la Unión en 1803, le pidió al gobierno federal que construyera una carretera para conectarlo con el este. En 1806 el Congreso aprobó fondos para una **Ruta Nacional** hacia el oeste.

Los estadounidenses se mudaban hacia el oeste en oleadas. La primera ola comenzó antes de 1790 y condujo a la incorporación de cuatro nuevos estados entre 1791 y 1803: Vermont, Kentucky, Tennessee y Ohio. Durante los próximos 13 años, solamente un nuevo estado, Louisiana, ingresó a la Unión.

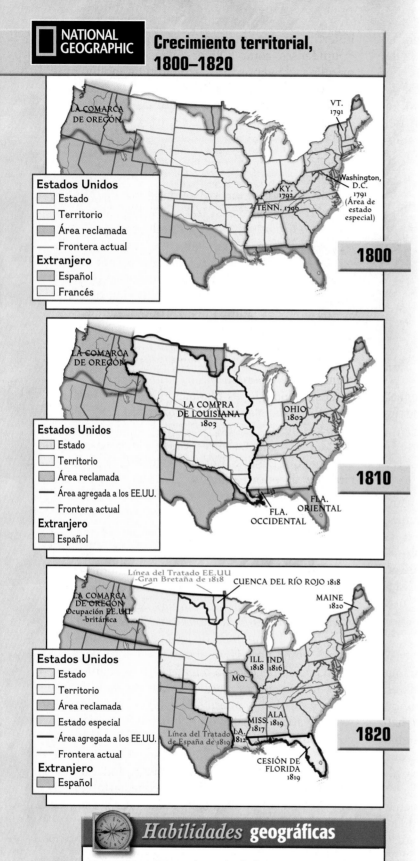

NATIONAL GEOGRAPHIC

Crecimiento territorial, 1800–1820

1800

Estados Unidos
- Estado
- Territorio
- Área reclamada
- Frontera actual

Extranjero
- Español
- Francés

LA COMARCA DE OREGÓN

VT. 1791

Washington, D.C. 1791 (Área de estado especial)

KY. 1792

TENN. 1796

1810

Estados Unidos
- Estado
- Territorio
- Área reclamada
- Área agregada a los EE.UU.
- Frontera actual

Extranjero
- Español

LA COMARCA DE OREGÓN

LA COMPRA DE LOUISIANA 1803

OHIO 1803

FLA. ORIENTAL

FLA. OCCIDENTAL

1820

Estados Unidos
- Estado
- Territorio
- Área reclamada
- Estado especial
- Área agregada a los EE.UU.
- Frontera actual

Extranjero
- Español

Línea del Tratado EE.UU.-Gran Bretaña de 1818

CUENCA DEL RÍO ROJO 1818

LA COMARCA DE OREGÓN Ocupación EE.UU.-británica

MAINE 1820

ILL. 1818

IND. 1816

MO.

ALA. 1819

MISS. 1817

LA. 1812

Línea del Tratado de España de 1819

CESIÓN DE FLORIDA 1819

Habilidades geográficas

Entre 1790 y 1820, Estados Unidos duplicó su tamaño y añadieron 10 nuevos estados.

1. **Región** ¿Cuándo se convirtió Indiana en parte de Estados Unidos?
2. **Interacción del hombre con el medio ambiente** Describe los cambios ocurridos en el territorio francés entre 1800 y 1820.

El movimiento hacia el oeste decreció durante la guerra de 1812. Sin embargo, después de la guerra, comenzó una segunda oleada de crecimiento hacia el oeste. Entre 1816 y 1821, se crearon cinco nuevos estados occidentales: Indiana, Illinois, Mississippi, Alabama y Missouri.

Unidad y regionalismo

La nación creció económica y geográficamente durante la presidencia de James Monroe, un período llamado la **Era de los Buenos Sentimientos.** Sin embargo, la cooperación política comenzó a declinar a medida que los estadounidenses comenzaron a apoyar la región donde vivían. Esta lealtad regional, o regionalismo, se hizo más intensa a medida que surgían diferencias respecto de las políticas nacionales.

La tensión regionalista alcanzó nuevos niveles en 1820 en relación con el problema de la esclavitud, y cómo aceptar nuevos estados para formar parte de la Unión. El deseado Missouri del Sur, parte de la Compra de Louisiana, fue aceptado como un estado de esclavos. Los norteños querían que Missouri se liberara de la esclavitud. El asunto se convirtió en tema de debates a lo largo del país, ocasionando fuertes desacuerdos regionales.

Eventualmente, el líder de la Cámara de Representantes, Henry Clay, ayudó a que se llegara a un acuerdo que preservaba el equilibrio entre el Norte y el Sur. El **Acuerdo de Missouri,** al cual se llegó en marzo de 1820, contemplaba la aceptación de Missouri como un estado de esclavos y Maine como un estado libre. El acuerdo prohibía la esclavitud en el resto del territorio de Louisiana, al norte del paralelo N 36° 30′. Se llegó a un arreglo en relación con el problema, pero sólo temporalmente.

La Corte Suprema

La Corte Suprema se involucró en asuntos estatales y regionalistas en ese momento. El estado de Maryland estableció un impuesto sobre la sucursal de Baltimore del Segundo Banco de Estados Unidos, una institución federal. El banco se negó a pagar el impuesto estatal, y el caso llegó a la Corte en 1819. En *el caso McCulloch* contra *Maryland*, la Corte Suprema decidió que, debido a que el

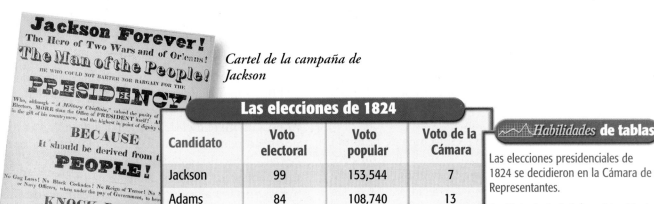

Cartel de la campaña de Jackson

Las elecciones de 1824			
Candidato	Voto electoral	Voto popular	Voto de la Cámara
Jackson	99	153,544	7
Adams	84	108,740	13
Crawford	41	46,618	4
Clay	37	47,136	–

Habilidades de tablas

Las elecciones presidenciales de 1824 se decidieron en la Cámara de Representantes.

Análisis de la información ¿Qué candidato recibió más votos electorales?

banco era una creación del gobierno federal, el estado no tenía ningún derecho a interferir en él.

La decisión de la Corte Suprema fortaleció al gobierno federal. También contribuyó al debate sobre asuntos regionalistas. Las personas que estaban a favor de los derechos de los estados creían que la decisión constituía una amenaza a las libertades personales. Los nacionalistas convencidos vieron bien el apoyo de la decisión al poder nacional.

La Doctrina Monroe

En la década de 1820, España comenzó a tener problemas con sus colonias del hemisferio occidental. En todo el imperio colonial de España, que se extendía desde el sudoeste de Estados Unidos, hasta México, América Central y casi toda América del Sur, estallaban las luchas por la independencia

En 1822, España recurrió a Francia, Austria, Rusia y Prusia para pedir ayuda en su lucha contra las fuerzas revolucionarias de América del Sur. La posibilidad de una mayor participación europea en América del Norte condujo al Presidente Monroe a emitir una declaración, que fue conocida después como la **Doctrina Monroe.**

En 1823 Monroe declaró que si bien Estados Unidos no intervendría en ninguna de las colonias europeas existentes en las Américas, sí se opondría a la creación de nuevas colonias. América del Norte y América del Sur "en lo adelante no serán consideradas como objeto de colonización futura por parte de ninguna potencia europea".

En 1823, Estados Unidos no tenía el poder militar para aplicar la Doctrina Monroe. Sin embargo, ésta se convirtió en un elemento importante de la política exterior estadounidense.

Comprobación de lectura **Resumen** ¿Cuáles fueron los dos factores que permitieron a las plantaciones del Sur ser tan productivas?

La era de Jackson

La lucha por los derechos políticos tomó forma en las décadas de 1820 y 1830, cuando muchas personas cuestionaron los límites de la democracia estadounidense. De 1816 a 1824, Estados Unidos tenía solamente un partido político: el republicano democrático. Sin embargo, dentro del partido surgieron diferencias entre diversos grupos que tenían sus propios puntos de vista e intereses.

De Adams a Jackson

En 1824, James Monroe terminaba su segundo período como presidente. Siguiendo el ejemplo de presidentes anteriores, Monroe declinó postularse para un tercer período. Cuatro candidatos del partido demócrata republicano compitieron por la presidencia.

Las opiniones de los cuatro candidatos eran diferentes en cuanto al papel del gobierno federal. Además eran voceros de diferentes regiones del país. El partido nominó a William H. Crawford, de Georgia.

Los otros tres candidatos demócrata-republicano en la carrera presidencial eran hijos predilectos lo que significa que recibían el apoyo de sus estados de origen en lugar del apoyo del partido nacional. Henry Clay, de Kentucky, era el líder de la Cámara de Representantes. Clay luchó por la continua mejora del sistema de transporte del país, altos impuestos sobre las importaciones, y un banco nacional más sólido.

El General Andrew Jackson de Tennessee era un héroe de la Guerra de 1812. Criado en la pobreza, decía ser el vocero de los estadounidenses que habían sido dejados fuera de la política. Entre sus simpatizantes estaban los agricultores del Sur, los colonos del oeste y los trabajadores de las ciudades del este.

John Quincy Adams de Massachusetts, hijo del anterior presidente John Adams, recibía el apoyo de los comerciantes del nordeste. Adams creía que el gobierno federal no debía cambiar la economía de la nación a la fabricación.

En las elecciones nadie recibió más de la mitad de los votos electorales, de manera que, de conformidad con la **Duodécima Enmienda,** la Cámara de Representantes eligió al presidente. Con la ayuda de Henry Clay, Adams recibió los votos suficientes en la Cámara para convertirse en presidente. Adams nombró a Clay como su Secretario de Estado. Los seguidores de Jackson acusaron a los dos hombres de hacer un "trato corrupto" y de robarse las elecciones.

Las elecciones de 1828

En 1828 Andrew Jackson trató nuevamente de ganar la presidencia, pero para entonces el partido se había dividido en dos partidos diferentes: los republicanos democráticos, que apoyaban a Jackson y los republicanos nacionales, que apoyaban a Adams. Los simpatizantes de Jackson, comúnmente llamados demócratas, favorecían los derechos de los estados y desconfiaban de un gobierno central fuerte.

Después de una agria campaña, Jackson recibió la mayoría de los votos de los nuevos estados fronterizos, al mismo tiempo que recibió muchos votos del Sur. Jackson derrotó a Adams con una victoria masiva. Obtuvo el 56 por ciento del voto popular y 178 de los 261 votos electorales.

Al tomar posesión, el Presidente Andrew Jackson prometió "protección y beneficios igualitarios" para todos los estadounidenses, al menos para todos los hombres blancos. Durante su primer término, un espíritu de igualdad, así como el florecimiento de la democracia se extendieron a través de la política del país.

Entre 1824 y 1828, el porcentaje de hombres blancos que votaban en las elecciones presidenciales aumentó de un 36.9 a un 57.6 por ciento. Para 1828, 22 de los 24 estados también habían cambiado sus constituciones para permitir que los pueblos, y no las legislaturas estatales, seleccionasen a los electores presidenciales.

El debate arancelario

Uno de los asuntos más divisionistas de la política estadounidense era el uso de aranceles, o sea, las tarifas que pagan los comerciantes que importan mercancías. Si bien los fabricantes del nordeste pensaban que los aranceles harían parecer a los artículos estadounidenses con precios más razonables, los sureños detestaban los aranceles. El Sur exportaba algodón a Europa a cambio de productos terminados y el nuevo arancel haría más costosos a estos artículos.

Los políticos y propietarios de plantaciones del Sur estaban tan furiosos con el aumento de los altos aranceles durante las décadas de 1820 y 1830, que algunos amenazaron con separarse de Estados Unidos y formar su propio gobierno.

Jackson apoyaba una ley del congreso que rebajaba los aranceles, a la vez que persuadía al Congreso para que aprobara una ley que le permitiese usar la fuerza militar para aplicar las leyes del Congreso. El mensaje estaba claro: si el Sur no se calmaba, debería enfrentar al ejército.

Durante un tiempo, se evitó una crisis. Pero Carolina del Sur y el resto del Sur recordarían la lección de la crisis de anulación: que el gobierno federal no permitiría que un estado se fuera por su cuenta sin pelear.

Conflictos territoriales

Si bien Estados Unidos se había extendido al oeste en la década de 1830, aún había grandes cantidades de indígenas que vivían en la parte oriental del país. En Georgia, Alabama, Mississippi y Florida, los cheroqui, creek, choctaw, chickasaw, y seminole poseían tierras valiosas.

En 1830 el Congreso pasó la Ley de Retirada de los Indígenas, que permitía al gobierno federal pagarles a los indígenas para que se mudaran al oeste. La mayoría estuvo de acuerdo en mudarse, y en 1834, el Congreso creó el Territorio Indígena en lo que es Oklahoma actualmente, para los indígenas del sudeste.

En algunos casos, no estaban de acuerdo en mudarse. En 1838, Jackson dio la orden a 7,000 tropas federales de retirar a los cheroqui de sus casas y fueron conducidos al oeste. El clima atroz a lo largo del camino mató a

Camino de las lágrimas

miles de cheroquis. Su marcha obligada hacia el oeste se conoció por el pueblo cheroqui como el "Camino donde lloraron". Los historiadores le llaman el **Camino de las lágrimas.**

Jackson y el banco

Otra área de conflicto durante el período de Jackson como presidente fue el Segundo Banco de Estados Unidos. Durante años, Jackson había atacado al banco como una organización de gente rica del este. El Banco guardaba el dinero del gobierno federal y controlaba la mayoría del suministro de dinero del país. Aún cuando el Congreso había sancionado el establecimiento del banco, éste era manejado por banqueros privados.

En 1832 Jackson rechazó una ley del congreso para renovar el contrato del banco durante otros veinte años. La mayoría de las personas apoyaban esta acción, y Jackson fue reelecto en 1832 con el 55 por ciento del voto popular. Una vez reelecto, Jackson decidió "asesinar" al banco ordenando el retiro de todos los depósitos. Eventualmente el banco se vio obligado a cerrar.

Comprobación de lectura **Explicación** ¿Por qué los líderes del Sur se oponían a los aranceles?

Destino Manifiesto

Desde tiempos coloniales, muchos estadounidenses habían creído que su país tenía un papel especial que cumplir. En el siglo XIX, esa misión parecía diseminar la libertad al ocupar el continente completo. En la década de 1840 esa misión fue descrita como un "Destino Manifiesto para expandirse y poseer todo el continente que la divina providencia nos había entregado". Esto significaba que Estados Unidos estaba claramente destinado a un propósito especial para expandir sus fronteras completamente hasta el Pacífico.

La comarca de Oregón

Una gran parte del noroeste del continente fue denominada la comarca de Oregón. Durante veinte años, Gran Bretaña y Estados Unidos reclamaron y colonizaron el área de manera pacífica. Sin embargo, los estadounidenses comenzaron a establecerse ahí cada vez en números mayores.

El demócrata James Polk ganó la presidencia en 1844, debido en parte porque apoyaba el reclamo de los estadounidenses de Oregón. Los demócratas realizaron su campaña usando el lema de **"Cincuenta y Cuatro Cuarenta o Combate"**, refiriéndose a la línea de latitud que según los

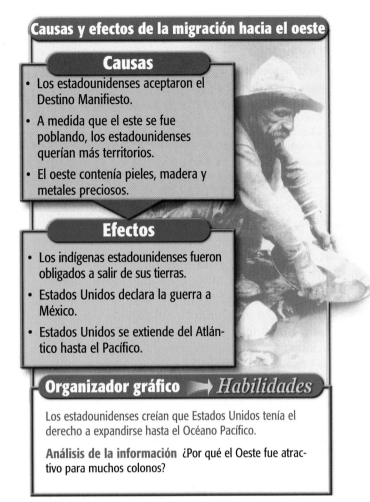

Causas y efectos de la migración hacia el oeste

Causas

- Los estadounidenses aceptaron el Destino Manifiesto.
- A medida que el este se fue poblando, los estadounidenses querían más territorios.
- El oeste contenía pieles, madera y metales preciosos.

Efectos

- Los indígenas estadounidenses fueron obligados a salir de sus tierras.
- Estados Unidos declara la guerra a México.
- Estados Unidos se extiende del Atlántico hasta el Pacífico.

Organizador gráfico → *Habilidades*

Los estadounidenses creían que Estados Unidos tenía el derecho a expandirse hasta el Océano Pacífico.

Análisis de la información ¿Por qué el Oeste fue atractivo para muchos colonos?

demócratas debía ser la frontera norte de la nación en Oregón. En 1846 las dos naciones llegaron a un arreglo y establecieron la frontera entre Estados Unidos y Canadá en la latitud de 49°.

La independencia de Texas

El Destino Manifiesto también se demostró en el Sur durante la década de 1830. El territorio actual de Texas fue una vez una posesión de España. Cuando México obtuvo su independencia de España en la década de 1820, asumió el control del territorio de Texas. Los líderes mexicanos esperaban atraer a los colonos hacia Texas, ofreciéndoles grandes parcelas de tierra a bajo precio, y aplazando los impuestos durante cuatro años. A cambio de eso, los colonos acordaron obedecer las leyes mexicanas, convertirse al catolicismo y aprender español. Para el año 1830, los estadounidenses en Texas excedían fácilmente la cantidad de mexicanos. Además, estos colonos estadounidenses no habían adoptado las costumbres mexicanas.

Cuando México trató de imponer su autoridad, los colonos estadounidenses pidieron la independencia. Los colonos estadounidenses combatieron al

ejército mexicano en varias batallas, lamás famosa de lascuales fue en unamisión católica llamada el Álamo. A pesar de perder en el Álamo, los estadounidenses ganaron eventualmente y obtuvieron su independencia en 1836. La República de Texas existió durante nueve años antes de convertirse en parte de Estados Unidosen 1845.

Nuevo México y California

Los territorios mexicanos de Nuevo México y California se extendían desde Texas hasta el océano Pacífico y hasta el territorio de Oregón. Los estadounidenses con la idea del Destino Manifiesto veían esta tierra como valiosa.

Los expedidores y fabricantes esperaban construir puertos en la costa del Pacífico de California para comerciar con China y Japón. Polk ofreció dos veces comprar California y Nuevo México a México, pero México rechazó la oferta. Pronto, Estados Unidos se apoderaría de ambas regiones por la fuerza.

La guerra con México

Las relaciones entre México y Estados Unidos habían sido tensas durante algunos años. Cuando Estados Unidos anexó o tomó el control de Texas en 1845, la situación empeoró. México, que nunca había reconocido la independencia de Texas, imputaba que la anexión era ilegal.

Las palabras se tornaron disparos el 24 de abril de 1846, cuando los soldados mexicanos atacaron a un pequeño grupo de soldados estadounidenses. El gobierno de Polk decidió que el ataque era causa de guerra con México. Aún cuando Polk claramente había provocado a los mexicanos, los estadounidenses se sintieron justificados por el Destino Manifiesto. El Congreso pasó una declaración de guerra contra México. Las fuerzas estadounidenses rápidamente derrotaron al ejército mexicano y reclamaron Nuevo México y California como parte de Estados Unidos.

Estados Unidos perdió más de 12,000 hombres a causa de la guerra y las enfermedades, pero las pérdidas de México fueron mucho mayores. México perdió más de la mitad de su territorio en la guerra.

En el tratado de paz, México desistió de toda pretensión por recuperar Texas, entregó Nuevo México y California, y aceptó al Río Grande como el límite entre las dos naciones. En 1853, Estados Unidos pagó a México una cantidad adicional de $10 millones por una franja de tierra a lo largo del borde sur de los actuales estados de Arizona y Nuevo México. Con esto, la parte continental de Estados Unidos alcanzó el tamaño que tiene en la actualidad. Todo lo que quedaba era colonizar los territorios recién adquiridos.

Comprobación de lectura **Identificación** ¿Qué lema fue identificado con la comarca de Oregón?

EVALUACIÓN DE LA SECCIÓN 2

Verificación de comprensión

1. **Términos clave** Usa cada uno de los términos clave en oraciones que ayuden a explicar su significado: Revolución Industrial, desmotadora de algodón, regionalismo, hijo predilecto, aranceles, separarse, Destino Manifiesto, anexar

2. **Repaso de hechos** ¿Por qué los sureños no estaban de acuerdo con los aranceles?

Repaso de temas

3. **Factores económicos** ¿Cómo afectó la desmotadora de algodón la producción de algodón?

Pensamiento crítico

4. **Análisis de la información** ¿Cómo ayudó la noción del Destino Manifiesto a los estadounidenses a justificar su deseo de expandir a Estados Unidos hasta el océano Pacífico?

5. **Organización de la información** Crea nuevamente el diagrama a continuación y enumera tres territorios que pertenecieron una vez a México, pero que luego se convirtieron en estados de Estados Unidos. Explica cómo se convirtieron en estados.

Antiguos territorios de México		
Texas	Nuevo México	California

Análisis de material visual

6. **Habilidades geográficas** Estudia el mapa de la página 40. ¿Cuándo se convirtió Tennessee en estado? ¿Cuál de los mapas muestra el territorio ganado en la Compra de Louisiana? ¿En qué año fue cedida Florida a Estados Unidos?

Actividad interdisciplinaria

Arte Escribe una consigna para uno de los candidatos presidenciales en las elecciones de 1824. Luego diseña un botón de campaña electoral que incorpore tu consigna.

HABILIDADES
Estudio y redacción

Análisis de fuentes principales

¿Por qué desarrollar esta habilidad?

Los historiadores determinan lo que ocurrió en el pasado investigando las pruebas para reconstruir los eventos. Estas pruebas, tanto escritas como ilustradas, se llaman *fuentes principales*. Examinar las fuentes principales puede ayudarte a comprender la historia.

Se expulsa a los choctaw de su tierra.

Desarrollo de la habilidad

Las fuentes principales son registros de eventos hechos por gente que los presenció. Entre ellas se cuentan cartas, diarios, fotografías e imágenes, artículos noticiosos y documentos legales. Para analizar las fuentes principales, sigue estos pasos:
- Identifica cuándo y dónde se escribió el documento.
- Lee el contenido del documento y trata de contestar estas cinco preguntas: ¿De quién se trata? ¿De qué trata? ¿Cuándo ocurrió? ¿Dónde ocurrió? ¿Por qué ocurrió?
- Identifica las opiniones del autor.

Práctica de la habilidad

La siguiente fuente principal proviene de Serpiente Manchada (Speckled Snake), un anciano de los indígenas creek, en 1829. Él tenía más de 100 años de edad cuando pronunció estas palabras. Lee la cita y luego responde las preguntas.

❝¡Hermanos! He escuchado muchas charlas de nuestro Gran Padre. Cuando recién llegó por el agua grande, era un hombre pequeño(. . .) . Pero cuando el blanco se hubo calentado frente al fuego de los indígenas y se hubo hartado de su maíz, se volvió muy grande. De un paso cruzaba montañas y sus pies cubrían llanuras y valles. Con sus mano agarró el mar al este y al oeste, y descansó su cabeza sobre la luna. Entonces se volvió nuestro Gran Padre. Hermanos, he escuchado muchas charlas de nuestro Gran Padre. Pero siempre empezaban y terminaban en esto, 'Apártate un poco más; estás demasiado cerca de mí'❞.

1 ¿Qué acontecimientos se describen?

2 ¿Quién fue afectado por estos acontecimientos?

3 ¿Qué sentía en general la persona que dio esta opinión?

Aplicación de la habilidad

Análisis de fuentes principales Encuentra una fuente principal de información de tu pasado: una fotografía, una libreta de notas, un viejo recorte del periódico o tu primera estampa de béisbol. Tráela al aula y explica lo que ella muestra acerca de ese momento en tu vida.

El CD-ROM de Glencoe "**Skillbuilder Interactive Workbook, Level 1,**" contiene instrucciones y ejercicios sobre habilidades fundamentales de ciencias sociales.

SECCIÓN 3 Regionalismo y reforma

Guía de lectura

Idea principal

El Gran Cambio se efectuó al tiempo que la nación empezaba a dividirse en Norte y Sur.

Términos clave

canales, terratenientes mayores, granjeros arrendatarios, utopía, abolicionistas, Ferrocarril Subterráneo

Estrategia de lectura

Categorización de la información Al leer esta sección, usa el siguiente diagrama para describir los objetivos de tres diferentes movimientos reformistas.

Los movimientos de reforma y sus objetivos		
1.	2.	3.

Leer para aprender

• qué diferencias surgieron entre el Norte y el Sur.

• la manera como la reforma trajo cambios a mediados del siglo XIX.

Tema de la sección

Cultura y tradiciones Muchos movimientos reformistas en todo el país cambiaron el panorama cultural de Estados Unidos.

Presentación preliminar de acontecimientos

♦1825   ♦1850

1816
Se forma la American Colonization Society (Sociedad Estadounidense de Colonización)

1833
Se forma la American Antislavery Society (Sociedad Estadounidense Antiesclavista)

1848
Primera convención sobre los derechos de la mujer en Seneca Falls, Nueva York

1860
La población estadounidense asciende a más de 30 millones

UNA historia estadounidense

En la década de 1840, la nación empezó a verse cruzada por cables telegráficos y vías ferroviarias. Pero viajar por ferrocarril tenía sus inconvenientes, como lo describe el escritor Charles Dickens: "[H]ay muchas sacudidas, mucho ruido, mucha pared, pocas ventanas, una locomotora, un chirrido, y una campana. (. . .) En el centro del vagón por lo general hay una estufa (. . .) que casi siempre está al rojo vivo. Está insoportablemente cerca, y se puede ver el aire caliente revolotear entre uno y cualquier otro objeto que se desea mirar, como un fantasma de humo . . .".

Norte y Sur

En los estados norteños, la tecnología cambió la forma en que los estadounidenses trabajaban, viajaban y se comunicaban. Para mediados del siglo XIX, las máquinas accionadas por energía realizaron muchas de las tareas que se habían hecho antes a mano. Por otro lado, el Sur no cambió tan radicalmente como el Norte. Continuó siendo una región agrícola. En el siglo XIX, existían marcadas diferencias económicas y culturales entre los estados norteños y los sureños. La existencia de esclavitud en el Sur era la diferencia más notoria entre las regiones. Las discrepancias políticas sobre la expansión de la esclavitud hacia el territorio recientemente adquirido con el tiempo dividirían a las regiones.

La economía del Norte

La industrialización del norte se desarrolló en tres fases. Inicialmente, los fabricantes hacían productos al dividir las tareas necesarias entre los trabajadores. Durante la segunda fase, los fabricantes construyeron fábricas para reunir a los trabajadores especializados. En la tercera fase, los trabajadores de las fábricas usaban maquinaria para efectuar parte de su trabajo. Hacia 1860, las fábricas del nordeste producían alrededor de dos tercios de los bienes manufacturados del país.

Mejor transporte

Los avances en el transporte contribuyeron al éxito de muchas de las nuevas industrias estadounidenses. Entre 1800 y 1850, se construyeron miles de millas de caminos y canales o vías fluviales artificiales. Los canales abrieron nueva rutas de transporte al conectar muchos lagos y ríos. El crecimiento de los ferrocarriles en las décadas de 1840 y 1850 proporcionó otro medio para acelerar el flujo de bienes.

La gente del Norte

Al tiempo que en el Norte se desarrollaba el sistema de fábricas, empeoraron las condiciones laborales. Al tiempo que el día de trabajo se hacía más largo, aumentaban los accidentes en el trabajo.

A menudo se trabajaba en condiciones desagradables. Los dueños de las fábricas mostraban mayor preocupación por las ganancias que por la comodidad y seguridad de sus empleados. Sabían que podían reemplazar un trabajador descontento con facilidad con alguien que deseara trabajar.

La esclavitud había casi desaparecido del Norte hacia 1820. Sin embargo, los afroamericanos no eran tratados igual que los demás. La mayoría de las comunidades no permitía que los afroamericanos asistieran a escuelas públicas y prohibieron que usaran instalaciones públicas. Con frecuencia, los afroamericanos eran forzados a asistir a escuelas y hospitales aparte. Aunque estaban mejor que los esclavos del Sur, los afroamericanos del Norte aún sufrían los efectos crueles y duraderos de la discriminación.

Inmigración

La inmigración hacia Estados Unidos aumentó dramáticamente entre 1840 y 1860. Los fabricantes estadounidenses acogieron bien la oleada de

Representación de la historia

El velero clíper *Flying Cloud*, impone un nuevo récord al navegar de Nueva York a California en menos de 90 días. **¿Cómo obtuvieron su nombre los veleros clíper?**

MÁS SOBRE...

Inmigración

A mediados del siglo XIX, llegaron personas de muchos países a Estados Unidos, pero la inmensa mayoría vinieron de Irlanda y Alemania.

Inmigración anual, 1820–1860

Fuentes de inmigración

1820–1840
- Gran Bretaña 14%
- Alemania 22%
- Irlanda 35%
- Todos los demás 29%

1841–1860
- Gran Bretaña 16%
- Alemania 32%
- Irlanda 39%
- Todos los demás 13%

Inmigración anual (en miles)
400 / 300 / 200 / 100 / 0
Año: 1820, 1830, 1840, 1850, 1860

Habilidades gráficas

La inmigración hacia Estados Unidos aumentó dramáticamente entre 1820 y 1860.

1. **Identificación** ¿Cuál país envió la mayoría de inmigrantes entre 1840 y 1860?
2. **Análisis de la información** Con base en el gráfico, ¿en cuáles años la inmigración sobrepasó las 100,000 personas?

inmigrantes, muchos de los cuales deseaban trabajar muchas horas por poco dinero.

En esta época, el grupo más grande de inmigrantes a Estados Unidos provenía de Irlanda. Entre 1846 y 1860, llegaron al país más de 1.5 millones de inmigrantes irlandeses. Se asentaron principalmente en el nordeste, muchos irlandeses tomaron trabajos mal pagados en las fábricas de las ciudades del norte. El segundo grupo más grande de inmigrantes hacia los Estados Unidos proveniente de Alemania llegó entre 1820 y 1860.

Reino sureño del algodón

El Sur no recibió tantos inmigrantes como el Norte. Esto se debió a que la región sur se desarrolló de manera diferente en lo social y económico.

El crecimiento de la industria textil británica a finales del siglo XVIII creó una enorme demanda de algodón y la desmotadora de algodón hizo mucho más fácil procesar la cosecha para su embarque al extranjero. Esto hizo que el algodón fuera muy lucrativo.

Tanto el Sur Superior como el Sur Profundo eran agrícolas, pero sus economías se desarrollaron de maneras distintas. El Sur Superior aún producía tabaco, cáñamo, trigo y verduras. El Sur Profundo estaba dedicado al algodón y en algunas zonas, al arroz y caña de azúcar.

La industria nunca floreció en el Sur en el siglo XIX, en parte debido a que la cosecha del algodón era muy lucrativa. Otra desventaja era la falta de dinero para invertir en la industria de la construcción. Muchos sureños adinerados tenían su dinero invertido en tierras y esclavos.

La gente del Sur

La mayoría de los blancos sureños encajaban en una de cuatro categorías: **terratenientes mayores**, granjeros arrendatarios, pobres rurales, o dueños de plantaciones. Los terratenientes mayores, que no tenían esclavos, constituían el grupo más grande de blancos en el Sur. La mayoría de ellos poseían tierras. Aunque vivían por toda la región, eran más numerosos en el Sur Superior y en las regiones rurales con colinas del Sur Profundo. Los terratenientes mayores cultivaban para su uso propio y para vender.

Los blancos sureños que no poseían tierras las arrendaban o trabajaban como **granjeros arrendatarios** en las fincas de los terratenientes. Otros, los pobres rurales, vivían en cabañas rústicas en las zonas boscosas donde podían talar unos cuantos árboles, plantar algo de maíz y tener un cerdo o una vaca. También pescaban y cazaban para obtener alimentos.

Las plantaciones y la esclavitud

Los hacendados vivían con más comodidades que cualquiera de los otros grupos, aunque la mayoría no vivía con lujos. Un pequeño grupo de hacendados, alrededor del 12 por ciento, tenía más de la mitad de los esclavos. Cerca de la mitad de los hacendados tenía menos de cinco trabajadores esclavizados.

La vida del trabajador esclavizado en la plantación era dura y miserable. Trabajaban mucho, no ganaban dinero y tenías pocas esperanzas de alcanzar su libertad. En estas brutales condiciones, los esclavos afroamericanos conservaron su vida familiar de la mejor forma posible y desarrollaron una cultura propia.

El Sur urbano

Aunque el Sur era principalmente agrícola, a mediados del siglo XIX ahí se asentaban varias ciudades grandes. Las ciudades en crecimiento incluían a Baltimore, Charleston, Richmond y Memphis. La población de las ciudades sureñas incluía a los pobladores blancos, trabajadores esclavizados y cerca de 250,000 afroamericanos libres del sur.

Población sureña, 1860

En 1860 cerca de 400,000 hogares en el Sur tenían esclavos. Casi 4 millones de afroamericanos eran esclavos.

Población total = 12 millones

32% Afroamericanos
17% Blancos
49%
2%

Afroamericanos	Blancos
■ Esclavos	■ Esclavistas
▪ Libres	■ No esclavistas

Aunque algunos afroamericanos libres prosperaron en las ciudades, sus vidas distaban mucho de estar seguras. Entre 1830 y 1860, los estados sureños aprobaron leyes que limitaban los derechos de los afroamericanos libres. La mayoría de los estados no les permitían inmigrar de otros estados. Aunque no sufrían los horrores de la esclavitud, a los afroamericanos libres se les negaba tomar parte en la vida económica y política.

Comprobación de lectura **Explicación** ¿Por qué fue importante el transporte a principios del siglo XIX?

La época de reformas

A principios del siglo XIX en Estados Unidos surgió un nuevo espíritu de reforma. Los hombres y mujeres que dirigieron el movimiento reformista deseaban extender los ideales de libertad e igualdad nacionales a todos los estadounidenses. Creían que el país debía cumplir con los nobles objetivos establecidos en la Declaración de Independencia y la Constitución.

El espíritu reformista

El espíritu reformista produjo cambios en la religión, política, educación, arte y literatura de Estados Unidos. Algunos reformadores buscaban mejorar la sociedad mediante el establecimiento de **utopías,** comunidades basadas en la búsqueda de una sociedad perfecta.

A principios del siglo XIX, una ola de fervor religioso, conocido como el **Segundo Gran Despertar,** sacudió a la nación. El Segundo Gran

DOS PUNTOS DE VISTA

¿La esclavitud en Estados Unidos es compasiva o cruel?

Más que cualquier otro factor, la esclavitud aisló al Sur del resto de Estados Unidos. Mientras que los abolicionistas exigían que se pusiera fin a esta cruel práctica, los sureños defendían la única forma de vida que conocían.

Sojourner Truth, ex esclava, 1851

¡Mírenme! ¡Miren mi brazo! He arado, plantado y cosechado, iy ningún hombre podía ganarme! (. . .) Podía trabajar igual y comer tanto como un hombre, cuando tenía la oportunidad, y soportar el látigo también! Y acaso, ¿no soy mujer?

¡He parido a trece hijos, y he visto a la mayoría vendidos como esclavos, y cuando lloré con la angustia de una madre, nadie salvo Jesús me escuchó! Y acaso, ¿no soy mujer?

Sojourner Truth

Jeremiah Jeter, dueño de esclavos sureño, c. 1820

No podía liberarlos, por que las leyes del estado lo prohibían. Pero incluso si no lo hubieran prohibido, los esclavos que me pertenecían no estaban en condiciones de mantenerse por sí mismos. Habría sido una crueldad liberar a una madre con hijos dependientes. La observación me había llevado a concluir que los negros libres, en general, estaban en peores condiciones que los esclavos. La manumisión [liberación] de mis esclavos para que permanecieran en el estado era impensable. ¿Debía enviarlos a Liberia? Algunos de ellos podrían haber ido, pero ninguno quería viajar. Si los enviara, se hubieran visto obligados a dejar a sus esposas e hijos en manos de otros dueños [en plantaciones cercanas], para vivir en un país extraño.

Lecciones de la historia

1. ¿Por qué crees que Sojourner Truth era una oradora tan eficaz?
2. ¿Por qué Jeremiah Jeter simplemente no liberó a sus esclavos?
3. ¿Se contradicen los dos extractos entre sí? ¿De qué manera?

Despertar aumentó la membresía religiosa, especialmente entre los metodistas y bautistas. También inspiró a que muchas personas se involucraran en el trabajo misionero y movimientos de reforma social.

Reforma educativa

Los reformadores además se enfocaron en la educación. Argumentaban que el mal estado de la educación amenazaba el bienestar de la nación. A principios del siglo XIX, sólo los estados de Nueva Inglaterra ofrecían educación primaria gratuita.

Hacia la década de 1850, gracias al trabajo duro de los reformadores, todos los estados aceptaron los tres principios básicos de la educación pública: las escuelas debían ser gratuitas y financiadas mediante impuestos, los maestros debían ser capacitados, y los menores debían asistir obligatoriamente a las clases.

Los abolicionistas

El espíritu reformista a principios del siglo XIX incluyó además los esfuerzos de los abolicionistas, miembros del creciente grupo de reformadores que trabajaron para abolir o terminar con la esclavitud.

El renacimiento religioso y los movimientos reformistas del principio y mediados del siglo XIX renovó el movimiento antiesclavista. Muchos estadounidenses llegaron a la conclusión de que la esclavitud era mala.

Un esfuerzo para terminar con la esclavitud lo efectuó la Sociedad Estadounidense de Colonización, fundada en 1816. La sociedad planeaba recaudar suficiente dinero para comprar tierras en África y reubicar a los afroamericanos.

La Sociedad Estadounidense de Colonización no reubicó a los afroamericanos tan rápidamente como el número de esclavos en Estados Unidos aumentaba. La sociedad pudo reubicar únicamente unos pocos a la vez y además, la mayoría de los afroamericanos no deseaban irse. Simplemente deseaban ser libres en el país en el que habían vivido durante generaciones.

El ferrocarril subterráneo

Algunos abolicionistas se arriesgaban a ir a prisión, e incluso a la muerte, al ayudar secretamente a afroamericanos a escapar de la esclavitud. La red de rutas de escape del sur fue conocida como el Ferrocarril Subterráneo.

El Ferrocarril Subterráneo no tenía trenes ni rieles. En vez de ello, los pasajeros de este "ferrocarril" viajaban de noche, a menudo a pie y escapaban hacia el Norte. Los "conductores" del ferrocarril eran blancos y afroamericanos que ayudaban a guiar a los esclavos fugitivos a la libertad en el norte.

Harriet Tubman escapó de la esclavitud para convertirse en una famosa conductora del Ferrocarril Subterráneo. Efectuó varios viajes peligrosos al Sur y guió a cientos de esclavos a la libertad.

El movimiento antiesclavista provocó una fuerte reacción contra el abolicionismo. Los dueños de esclavos del Sur y muchos sureños que no tenían esclavos se oponían al abolicionismo porque creían que amenazaba el estilo de vida del Sur.

Los sureños afirmaban que la esclavitud era esencial para la prosperidad económica del Sur. También argumentaban que trataban bien a sus esclavos y que para los afroamericanos era preferible la esclavitud que trabajar en las fábricas del Norte.

El conflicto entre los grupos a favor y en contra de la esclavitud continuó creciendo. Al mismo tiempo, iba aumentando un nuevo movimiento a favor de los derechos de la mujer y muchos connotados abolicionistas también participaron en dicho movimiento.

El movimiento por los derechos de la mujer

Las mujeres desempeñaron un importante papel en todos los movimientos reformistas estadounidenses del siglo XIX. En julio de 1848, Elizabeth Cady Stanton, Lucretia Mott, y unas cuantas mujeres más organizaron la primera convención sobre los derechos de la mujer en Seneca Falls, Nueva York. La convención emitió una Declaración de Sentimientos y Resoluciones a semejanza de la Declaración de Independencia.

La declaración de las mujeres instaba a poner fin a las leyes que discriminaban contra la mujer. Exigía que se permitiera a las mujeres ingresar al mundo exclusivamente masculino de los oficios, las profesiones y los negocios. El tema más controvertido en la convención de Seneca Falls fue el sufragio, o el derecho de votar. La Convención de Seneca Falls abrió el camino para el crecimiento del movimiento a favor de los derechos de la mujer.

Un futuro incierto

El período comprendido entre las décadas de 1820 y 1860 fue de conflicto, acuerdos y reforma. El tema divisorio más persistente siguió siendo la existencia de la esclavitud. La esclavitud sería el centro de aún más discusiones en Estados Unidos. Estas discusiones finalmente servirían para dividir a la nación en dos.

✓ **Comprobación de lectura** **Evaluación** ¿Por qué fue importante la Convención de Seneca Falls?

EVALUACIÓN DE LA SECCIÓN 3

Verificación de comprensión

1. **Téminos clave** Usa cada uno de los téminos clave en oraciones que ayuden a explicar su significado: **canales, terratenientes mayores, granjeros arrendatarios, utopía, abolicionistas, Ferrocarril Subterráneo**

2. **Repaso de hechos** Enumera dos diferencias entre los terratenientes mayores y los dueños de plantaciones.

Repaso de temas

3. **Cultura y tradiciones** Describe dos objetivos del movimiento por los derechos de la mujer.

Pensamiento crítico

4. **Comparación** Compara los argumentos de los norteños y sureños, en pro y en contra de la abolición.

5. **Comparación** Usa el siguiente diagrama y describe la manera en que difería la forma de vida del trabajador industrial del Norte de la del trabajador agrícola blanco del Sur.

Trabajador del Norte	Trabajador del Sur

Análisis de material visual

6. **Habilidades gráficas** Estudia los gráficos de la página 90. ¿Qué país envió alrededor de 1 de cada 4 inmigrantes a los EE.UU. entre 1820 y 1840?

Actividad interdisciplinaria

Arte Diseña un cartel para ganar apoyo para un movimiento por los derechos de la mujer. Incluye opiniones que atraigan tanto a hombres como mujeres.

La división y reunificación de la nación

Guía de lectura

Idea principal

La guerra civil fue el producto de las divisiones económicas y culturales dentro de Estados Unidos.

Términos clave

secesión, estados fronterizos, acorazado, bajas, ratificado, reconstrucción, códigos negros, acusar

Estrategia de lectura

Secuencia Al leer la sección, recrea la siguiente cronología. En cada año, anota un evento y explica por qué fue importante.

1860	1865	1867	1877

Leer para aprender

- qué provocó la guerra civil.
- cómo la reconstrucción intentó reconstruir la nación.
- por qué los afroamericanos no fueron completamente libres después de la guerra.

Tema de la sección

Actividad individual Valientes soldados del Norte y del Sur lucharon con gallardía durante la guerra civil.

Presentación preliminar de acontecimientos

♦1850 ♦1875

1860 Lincoln es elegido presidente

1861 Formación de los Estados Confederados de América

1865 Fin de la guerra civil

1877 Termina la reconstrucción

UNA
historia estadounidense

El 1 de julio de 1862, el Sargento Driscoll, perteneciente a la Unión, condujo sus tropas a Malvern Hill. El enemigo luchó incansablemente, especialmente un joven soldado confederado. Driscoll levantó su escopeta, apuntó y disparó en contra del joven. Al pasar por el lugar donde el joven soldado yacía boca abajo, Driscoll lo volteó para ver su rostro. El joven abrió los ojos y murmuró, casi sin aliento, "Padre", luego de lo cual sus ojos se cerraron para siempre. Más tarde, un capitán de la Unión escribiría, "Jamás olvidaré la desesperación y el dolor de Driscoll; ver su sufrimiento era desgarrador. Había [matado] a su propio hijo, quien había viajado al sur antes de la guerra".

La guerra civil

Al igual que los Driscoll, muchas familias habían sido divididas por la guerra. Sin embargo, ninguna de las dos partes imaginó la cantidad de vidas que la guerra se cobraría. Durante los cuatro años de batalla, miles de estadounidenses perdieron la

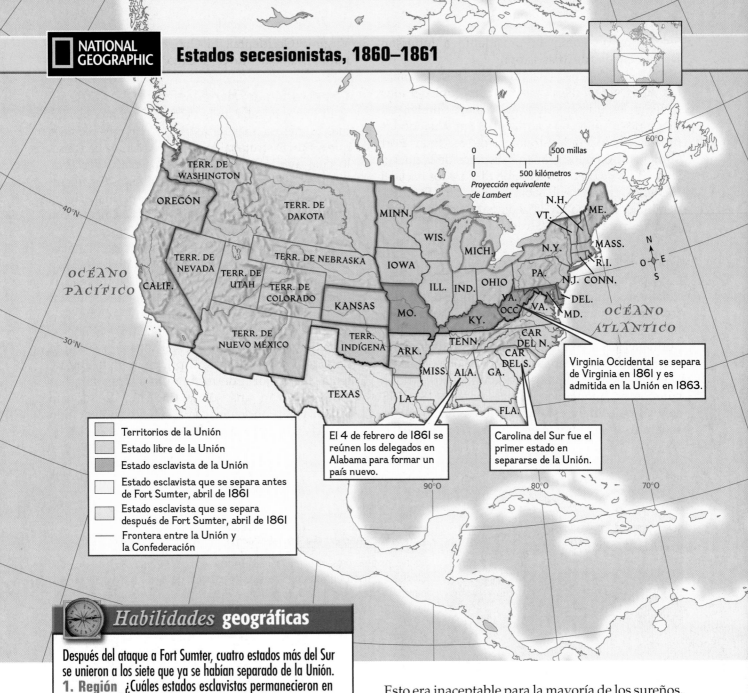

Estados secesionistas, 1860–1861

NATIONAL GEOGRAPHIC

TERR. DE WASHINGTON

OREGÓN

TERR. DE DAKOTA

MINN.

N.H.

VT.

ME.

OCÉANO PACÍFICO

TERR. DE NEVADA

TERR. DE UTAH

TERR. DE COLORADO

CALIF.

TERR. DE NEBRASKA

WIS.

MICH.

N.Y.

MASS.

R.I.

CONN.

N.J.

PA.

OHIO

IND.

ILL.

IOWA

KANSAS

MO.

KY.

VA. OCC.

VA.

DEL.

MD.

OCÉANO ATLÁNTICO

TERR. DE NUEVO MÉXICO

TERR. INDÍGENA

ARK.

TENN.

CAR. DEL N.

TEXAS

MISS.

ALA.

GA.

CAR. DEL S.

LA.

FLA.

0   500 millas

0   500 kilómetros

Proyección equivalente de Lambert

Virginia Occidental se separa de Virginia en 1861 y es admitida en la Unión en 1863.

El 4 de febrero de 1861 se reúnen los delegados en Alabama para formar un país nuevo.

Carolina del Sur fue el primer estado en separarse de la Unión.

Territorios de la Unión

Estado libre de la Unión

Estado esclavista de la Unión

Estado esclavista que se separa antes de Fort Sumter, abril de 1861

Estado esclavista que se separa después de Fort Sumter, abril de 1861

Frontera entre la Unión y la Confederación

Habilidades geográficas

Después del ataque a Fort Sumter, cuatro estados más del Sur se unieron a los siete que ya se habían separado de la Unión.

1. **Región** ¿Cuáles estados esclavistas permanecieron en la Unión después del ataque a Fort Sumter?

2. **Análisis de la información** ¿Cuáles estados no se separaron sino hasta después del ataque a Fort Sumter?

vida. Las diferencias provocadas por la esclavitud finalmente dividieron la nación en 1860. Durante las elecciones presidenciales de dicho año, la esclavitud dividió al Partido Demócrata. Esto permitió que el candidato republicano, Abraham Lincoln, ganara las elecciones.

La plataforma republicana trató de atraer a una amplia gama de estadounidenses. Proponía que no se dejara en paz la esclavitud en los lugares donde existiera, pero que se excluyera de los territorios.

Esto era inaceptable para la mayoría de los sureños. El nombre de Lincloln ni tan siquiera apareció en las boletas electorales en la mayoría de los estados sureños.

Secesión y guerra

Mucha gente en el Sur no confiaba en Lincoln y su Partido Republicano, temían que el gobierno no protegería los derechos de los sureños y la esclavitud. El 20 de diciembre de 1860, Carolina del Sur se convirtió en el primer estado en votar a favor de la **secesión**, o retiro de la unión. En febrero de 1861, Texas, Louisiana, Mississippi, Alabama, Florida y Georgia se habían unido a Carolina del Sur para formar los Estados Confederados de América.

Seleccionaron como su presidente a Jefferson Davis, senador de Mississippi.

La lucha comenzó cuando el Sur trató de tomar los fuertes federales. Las fuerzas confederadas hicieron los primeros disparos a **Fort Sumter,** un fuerte de la Unión en Carolina del Sur. Cuando las fuerzas confederadas trataron de reclamar Fort Sumter, hicieron los primeros disparos de la guerra civil. Miles de cañonazos fueron disparados hacia el fuerte, la guerra civil había comenzado. El presidente Lincoln hizo un llamado para reclutar 75,000 hombres para luchar y salvar a la Unión.

Tomando partido

Virginia, Carolina del Norte, Tennessee y Arkansas se unieron a la Confederación. Los estados fronterizos que permitían la esclavitud, incluyendo Missouri, Kentucky, Maryland y Delaware, permanecieron en la Unión. Estos estados tenían mucha gente que simpatizaba con la Confederación. De igual manera, algunos residentes de los estados sureños se oponían a la secesión. En 1861, 48 condados de Virginia se organizaron como un estado separado al cual dieron en llamar West Virginia, o Virginia Occidental. El Congreso admitió a este nuevo estado dentro de la Unión en 1863.

Comparación del Norte y el Sur

El Norte gozaba de la ventaja de una población más numerosa, más industrias, y mayores recursos que el Sur. Disfrutaba de un mejor sistema bancario, lo cual ayudó a recaudar fondos para la guerra. Además, poseía más barcos y casi todos los miembros de la marina de guerra regular permanecieron leales a la Unión. Por último, contaba asimismo con una red ferroviaria más extensa y eficaz.

El Norte también enfrentaba ciertas desventajas. Lograr la reincorporación de los estados sureños a la Unión no resultaría tarea fácil. El Norte tendría que invadir y mantener el control sobre el Sur, un área enorme con una población hostil. Además, los sureños también pelearían en territorio conocido en la defensa de sus tierras, sus hogares y su estilo de vida. El Sur, además, al principio de la guerra, tenía un mejor liderazgo militar. Las familias sureñas tenían una sólida tradición de servicio militar y le proporcionaron al ejército confederado a muchos oficiales experimentados.

Representación **de la historia**

Algunas pinturas presentaban una imagen idealizada de la guerra civil. Las fotografías proporcionaron un estremecedor recuento de la vida y la muerte en el frente. **¿De qué forma las fotografías, a diferencia de las pinturas, podrían haber afectado la opinión que los estadounidenses tenían de la guerra?**

La guerra más sangrienta de Estados Unidos

Cuando comenzó la guerra, cada una de las partes esperaba una victoria rápida. Ambas estaban equivocadas. Al final de la guerra, 850,000 lucharon del lado confederado. 2.1 millones pelearon por la Unión. La guerra duró más de cuatro años y fue el conflicto más devastador en la historia de Estados Unidos.

Primeras batallas

Las primeras batallas hicieron pensar a la nación. La primera gran batalla de la guerra, la **Primera Batalla de Bull Run** a las afueras de Washington, D.C., resultó en victoria para el Sur. El Norte estaba horrorizado. Lincoln ordenó enviar un millón de soldados más.

La guerra ardió en todo el país, desde la costa este hasta los estados occidentales de Estados Unidos. Dos barcos acorazados, barcos a vapor, de madera, cubiertos con placas metálicas, lucharon por vez primera entre sí frente a las costas de Virginia. El barco de la Unión *Merrimack* y el Confederado *Monitor* lucharon hasta empatar, puesto que ninguno pudo hundir al otro.

La Batalla de Shiloh tomó lugar en Tennessee, provocando más de 20,000 bajas, o gente muerta o herida. La ciudad de Nueva Orleans cayó en manos de las fuerzas de la Unión, dándole al Norte el control de la mayor parte del río Mississippi. La Batalla de Antietam, que se efectuó a 70 millas de Washington, fue el día más sangriento de la guerra.

Emancipación

Durante la primera parte de la guerra, el Presidente Lincoln no tuvo la intención de acabar con la esclavitud. Su principal prioridad era salvar la Unión. Sin embargo, con el transcurso de la guerra, la actitud hacia la esclavitud comenzó a cambiar. Cada vez más norteños creían que la esclavitud estaba ayudando el esfuerzo bélico en el Sur. Argumentaban que los esclavos cultivaban las cosechas para alimentar a los ejércitos, además de hacer el trabajo pesado en las trincheras de los campamentos militares.

Lincoln estaba muy al tanto del cambio en la opinión pública. Lincoln firmó la **Proclamación de Emancipación,** que prohibía la esclavitud en los estados Confederados el 1 de enero de 1863. Debido a que se aplicaba únicamente al Sur, en realidad ningún esclavo fue liberado. Sin embargo, Lincoln sabía que muchos de ellos se enterarían de la proclamación y que los alentaría a escapar de sus esclavizadores.

Solamente un año después, el Congreso preparó una enmienda constitucional para abolir la esclavitud en Estados Unidos. En 1865, el Congreso aprobó la **Decimotercera Enmienda,** que fue ratificada, o aprobada, el mismo año por los estados leales a la Unión. Fue esta enmienda la que verdaderamente liberó a los esclavos estadounidenses.

Cambia el rumbo de la guerra

El invierno de 1862-1863 trajo un panorama sombrío al Norte y uno alentador en el Sur. El general Confederado Robert E. Lee ganó batallas decisivas en Fredericksburg y en Chancellorsville, dos poblaciones en Virginia.

Sin embargo, en julio de 1863, el Norte ganó en dos ocasiones que marcaron el cambio en el rumbo de la guerra. La **Batalla de Gettysburg** se efectuó en Pennsylvania e involucró a 100,000 tropas. El Norte presentó un ejército más numeroso, aunque en el día se presentaron 50,000 bajas. La batalla en **Vicksburg,** Mississippi, finalizó cuando las fuerzas Confederadas se rindieron ante el general de la Unión, Ullyses S. Grant. Después del verano de 1863, el Sur estaría a la defensiva.

A fines de 1864, las fuerzas de la Unión bajo el mando del general William Tecumseh Sherman encabezaron la histórica "marcha hacia el mar" a través del Sur, destruyendo todo lo que se les atravesaba en el camino. Quemaron ciudades, mataron ganado y destruyeron líneas ferroviarias. Este método de librar la guerra se conocía como guerra total.

Victoria para el Norte

El comandante del ejército Confederado, Lee, finalmente se rindió el 9 de abril de 1865, en un pequeño pueblo de Virginia llamado **Appomattox Court House.** Jefferson Davis, el presidente de la Confederación, fue capturado en Georgia el 10 de mayo. Finalmente, la guerra civil había llegado a su fin.

Más de 600,000 soldados murieron en la guerra. Hubo daños por miles de millones de dólares, la mayoría en el Sur. Asimismo, causó un profundo resentimiento en los sureños derrotados que perduró por generaciones.

La guerra también tuvo otras consecuencias. La victoria del Norte salvó a la Unión. El gobierno federal se fortaleció y ahora, sin duda, era más poderoso que los estados. Finalmente, la guerra había liberado a millones de afroamericanos. Cómo trataría el país a estos nuevos ciudadanos quedaba aún por verse.

✔**Comprobación de lectura** **Examinación** ¿Qué era la Proclamación de Emancipación?

tos, así como para muchos norteños, los códigos negros parecían ser una esclavitud disfrazada.

En 1866, el Congreso aprobó una nueva enmienda a la Constitución. La **Decimocuarta Enmienda** le concedió todos los derechos de ciudadanía a toda persona nacida en Estados Unidos. Esto significaba proteger los derechos de los afroamericanos recientemente libertos.

La reconstrucción radical

Los republicanos del Congreso se encargaron sin demora de la reconstrucción. El Presidente Johnson no pudo hacer mucho para detenerlos, ya que el Congreso fácilmente podía anular sus vetos. Así comenzó el período denominado reconstrucción radical.

La reconstrucción

Aún antes que terminara la guerra, los norteños no estaban de acuerdo acerca de la manera de reconstruir el Sur y cómo permitir que varios estados se reintegraran a la Unión. Este proceso fue llamado reconstrucción, el cual se sometió a diferentes planes. El Presidente Lincoln tenía un plan, pero no prosperó. Lincoln fue asesinado el 14 de abril de 1865, en el Teatro Ford en Washington, D.C.

El vicepresidente de Lincoln era Andrew Jonson, anteriormente un demócrata sureño de Tennessee. Su plan era más tolerante con el Sur de lo que muchos miembros del Congreso Republicano deseaban. El Congreso, gobernado por los "republicanos radicales", luchó contra el presidente por la reconstrucción.

Los derechos de los afroamericanos

En 1865, durante las últimas semanas de la guerra, el Congreso estableció la **Secretaría de los Libertos.** Esta agencia gubernamental estaba destinada a ayudar a las personas que habían sido esclavos, o libertos. La agencia distribuyó alimentos y ropa y estableció escuelas en todo el Sur.

Los blancos sureños les dificultaban la existencia a los afroamericanos. En 1865 y principios de 1866, las nuevas legislaturas de los estados sureños aprobaron una serie de leyes llamadas los códigos negros. Las leyes pisoteaban los derechos de los afroamericanos. Para los hombres y mujeres liber-

Ley de la reconstrucción de 1867

En 1867, el Congreso aprobó la Primera Ley de Reconstrucción que pedía la creación de gobiernos nuevos en los 10 estados sureños que no habían ratificado la Decimocuarta Enmienda. La ley dividía a estos 10 estados en cinco distritos militares, para que fueran supervisados por un comandante militar hasta que se formaran los nuevos gobiernos.

Muchos blancos sureños se rehusaron a participar en el gobierno estatal. Miles de votantes afroamericanos recientemente registrados ayudaron a que los nuevos gobiernos estatales fueran controlados por los republicanos.

Impugnación del Presidente Johnson

El Congreso Republicano estaba tan opuesto al Presidente Johnson que aprobó varias leyes que limitaron el poder del presidente. Una de dichas leyes, la Ley del Ejercicio del Poder, limitó el control del presidente sobre su propio gobierno.

Cuando Johnson violó esta ley, la Cámara de Representantes votó para acusar formalmente al presidente de conducta indebida. El juicio empezó en el Senado en marzo de 1868 y duró casi tres meses. Johnson salió librado por únicamente un voto y sirvió hasta el término de su mandato.

Los afroamericanos dentro del gobierno

Los afroamericanos desempeñaron un papel importante en la política de la reconstrucción, tanto

en su carácter de votantes como de funcionarios electos. No controlaron el gobierno de ningún estado, sino que tuvieron muchos puestos importantes. A nivel nacional, 16 afroamericanos sirvieron en la Cámara de Representantes y 2 en el Senado entre 1869 y 1880. Uno de los más famosos de estos hombres fue **Hiram Revels,** ministro, veterano de la guerra civil y educador. Sirvió un año en el Senado, donde declaró que recibió un "trato justo".

El Ku Klux Klan

La violencia contra los afroamericanos y los blancos que los apoyaban se convirtió en algo cotidiano durante la reconstrucción. La mayor parte de esta violencia provenía de sociedades secretas organizadas para impedir que los liberados ejercitaran sus derechos y para ayudar a los blancos a retomar el poder.

La más aterrorizante de estas sociedades, el **Ku Klux Klan,** se formó en 1866. Los miembros del Klan, vestían de blanco e intimidaron a los afroamericanos, incendiando sus hogares, iglesias y escuelas. El Klan también mataba. En el condado de Jackson, Florida, el Klan asesinó a más de 150 personas en un período de tres años.

La vida en el Sur

A pesar de la violencia, la reconstrucción trajo cambios importantes en todo el territorio sureño. En la década de 1870, los gobiernos de reconstrucción empezaron a crear sistemas de escuelas públicas para ambas razas, algo que no había existido en el Sur antes de la guerra. En unos pocos años, más del 50 por ciento de los niños blancos y alrededor del 40 por ciento de los niños afroamericanos en el Sur estaban matriculados en escuelas públicas.

La vida aún era económicamente difícil en el Sur, especialmente para los afroamericanos. La mayoría de ellos no pudieron comprar tierras después de la guerra.

Fin de la reconstrucción

En la década de 1870, la unidad y el poder del Partido Republicano empezaron a disminuir. Los demócratas ganaron poder en algunos estados sureños. El fin de la reconstrucción se acercaba.

Las elecciones presidenciales de 1876 fueron muy reñidas y los resultados fueron disputados. Los republicanos y demócratas se reunieron en secreto para llegar a un acuerdo.

El **Acuerdo de 1877** pedía que el republicano Rutherford Hayes asumiera la presidencia. El trato incluyó varios favores al Sur demócrata, incluyendo la retirada de las tropas militares. El mensaje era claro. El gobierno federal ya no intentaría reestructurar la sociedad del Sur. Fue el fin de la reconstrucción.

✔ **Comprobación de lectura** **Explicación** ¿Por qué fueron aprobados los códigos negros en el Sur?

EVALUACIÓN DE LA SECCIÓN 4

Verificación de comprensión

1. **Términos clave** Usa cada uno de estos términos en una oración completa que ayude a explicar su significado: **secesión, estados fronterizos, acorazado, bajas, ratificado, reconstrucción, códigos negros, acusar**
2. **Repaso de hechos** ¿Qué ventajas tuvo el Norte en la guerra civil?

Repaso de temas

3. **Acción individual** ¿Cómo fueron directamente gobernados los sureños por el Norte después de la guerra?

Pensamiento crítico

4. **Determinación de causa y efecto** ¿Por qué era de vital importancia para el Norte y el Sur el control del río Mississippi?
5. **Organización de la información** Describe tres consecuencias de la guerra civil.

Consecuencias de la guerra civil

Análisis de material visual

6. **Habilidades geográficas** Estudia el mapa en la página 95. ¿Cuántos estados conformaron la Confederación? ¿Qué estado se separó antes, Mississippi o Arkansas?

Actividad interdisciplinaria

Gobierno Investiga cuántos afroamericanos ocupan actualmente cargos oficiales en el Congreso. Elabora una lista con los nombres de los miembros del Congreso y el estado al que representan. Asegúrate de incluir a los miembros de la Cámara de Representantes y de Senadores.

Resumen del capítulo

Una nación creciente

1789
- Washington se convierte en el primer presidente

1803
- La Corte Suprema establece la revisión judicial

1812
- Estados Unidos declara la guerra a Gran Bretaña

1820
- Se aprueba el Compromiso de Missouri

1823
- Se hace pública la Doctrina Monroe

1825
- Se completa el canal de Erie

1834
- El Congreso crea un Territorio indígena

1845
- Estados Unidos anexa a Texas

1849
- Thoreau escribe "Desobediencia Civil"

1860
- Abraham Lincoln es elegido

1861
- Estalla la guerra civil

1865
- Fin de la Guerra Civil

1877
- Termina la reconstrucción

Repaso de términos clave

Explica por qué cada uno de estos términos se usa en un capítulo sobre la historia estadounidense.

1. poderes implícitos
2. revisión judicial
3. Revolución Industrial
4. Ferrocarril Subterráneo
5. Destino Manifiesto
6. terratenientes mayores
7. abolicionistas
8. secesión
9. reconstrucción
10. acusar

Repaso de hechos clave

11. ¿Cuál fue el motivo principal para la formación de los partidos políticos?
12. ¿Qué juez de la Corte Suprema fue el responsable de la política de la revisión judicial?
13. Explica la causa de la guerra con México.
14. ¿Por qué hubo tan pocas industrias en el Sur?
15. ¿Cómo apoyaron los abolicionistas al movimiento anti-esclavista desde la década de 1830 hasta la de 1850?
16. ¿En qué años tuvo lugar la guerra civil?
17. ¿Qué establecía la Proclamación de Emancipación?
18. Describe las acciones de la Secretaría de los Libertos.

Pensamiento crítico

19. ¿Cuál piensas que fue la principal contribución de Lewis y Clark?
20. **Conclusiones** ¿Cómo afectó el Destino Manifiesto la manera en que los estadounidenses veían a Nuevo México y California?
21. **Análisis de fuentes principales** Después de ser elegido presidente en 1828, Andrew Jackson prometió "protección y beneficios iguales" para todos los estadounidenses. ¿Crees tú que él incluyó a los indígenas estadounidenses en su promesa? ¿Por qué sí o no?
22. **Organización de la información** Recrea el siguiente diagrama y describe dos consecuencias importantes del Compromiso de 1877.

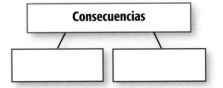

Consecuencias

Actividad de geografía e historia

En 1819 España cedió Florida a Estados Unidos bajo el Tratado Adams-Onís. Los españoles habían establecido colonias en Florida a partir del siglo XIV. Estudia el siguiente

NATIONAL GEOGRAPHIC

Adquisición de Florida, 1819

MISSISSIPPI
Natchez
ALABAMA
GEORGIA
80°O
Baton Rouge
Pensacola
San Agustín
30°N
Nueva Orleans
Anexada por EE.UU., 1812
Anexado por EE.UU., 1810
Golfo de México
Cedido por España, 1819
90°O
0   200 millas
0   200 kilómetros
Proyección Cónica Equivalente de Albers

mapa y luego responde a las preguntas.

23. **Región** ¿Cuándo fue adquirida la porción más grande de Florida a España?

24. **Movimiento** ¿En qué dirección adquirió Estados Unidos las diferentes partes de Florida?

25. **Ubicación** ¿Qué masa de agua bloqueaba la expansión de Florida hacia el oeste?

Actividad ciudadana cooperativa

26. **Análisis de problemas** Con un compañero, lee el periódico para buscar los problemas que enfrenta tu estado. Tal vez tu estado tenga un gran déficit presupuestario, o el índice delictivo ha aumentado drásticamente. Anota los problemas y describe lo que harías si fueras gobernador.

Actividad tecnológica

27. **Uso de Internet** Una patente le otorga al inventor el derecho legal de su invención durante un período de tiempo. Busca en Internet la información acerca de la manera de solicitar una patente de un invento. Crea una lista de instrucciones paso a paso que describan el proceso.

HISTORIA En línea

Prueba de autocomprobación
Visita taj.glencoe.com y haz clic en **Prologue**
Chapter 2—Self-Check Quizzes para prepararte para el examen del capítulo

Práctica de habilidades

28. **Análisis de fuentes principales** Imagina que los historiadores en un futuro lejano analizan las fuentes principales para averiguar más acerca de tu vida. ¿Qué fuentes escritas o visuales analizarían? Elabora una lista con tantos ejemplos específicos como se te ocurran.

Evaluación alternativa

29. **Actividad de redacción** Si te pidieran hacer una película sobre un hecho descrito en este capítulo, ¿cuál sería? En tu diario describe el hecho y haz una lista de al menos tres personas de la historia que serían parte de tu película.

Actividad de economía

30. Siempre habían existido diferencias económicas entre el Norte y el Sur. Basándote en lo que has leído en el capítulo, ¿quién consideras que estaba mejor equipado económicamente para la guerra, el Norte o el Sur? Explica tus razones.

Práctica de examen estandarizado

Instrucciones: Selecciona la *mejor* respuesta a la pregunta siguiente.

¿El descubrimiento de oro en California llevó a cuál de las siguientes acciones?

A   Descubrimiento de oro en las Colinas Negras de las Dakotas

B   Aumento de la expansión al Oeste e inmigración extranjera

C   Anexión de California como un estado esclavista

D   Guerra con México por la independencia de California

Consejo para el examen:

Esta pregunta es un buen ejemplo de *causa y efecto.* Piensa en otros tiempos en la historia cuando la gente ha descubierto algo de valor en una zona. ¿Qué efecto tuvo el descubrimiento en la conducta de la gente?

UNIDAD 7

Reestructuración de la nación

1858–1914

El baúl del viajero

Por qué es importante

Mientras estudias la Unidad 7, *aprenderás que los pioneros se seguían esparciendo por el continente y los inmigrantes se congregaban en los centros industriales. Los siguientes recursos ofrecen más información sobre este periodo de la historia estadounidense.*

Biblioteca de fuentes principales

Mira en las páginas 970–971 el listado de lecturas de fuentes principales que acompañan a la Unidad 7.

 Encuentra en el **CD-ROM American History Primary Source Document Library** *las fuentes principales adicionales acerca de la frontera del oeste y el crecimiento de la industria.*

*El río Hudson
por Gari Melchers*

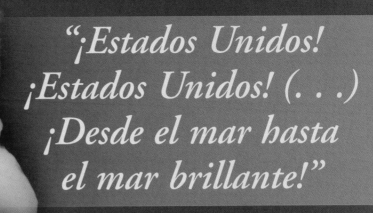

"¡Estados Unidos!
¡Estados Unidos! (. . .)
¡Desde el mar hasta
el mar brillante!"

—Katherine Lee Bates, 1893

CAPÍTULO 18

La frontera del oeste

1858–1896

Por qué es importante

Muchas naciones de indígenas estadounidenses vivieron en las Grandes Llanuras, junto con manadas de búfalos, que eran su fuente principal de alimentos. Luego, comenzando en 1869, líneas de ferrocarril transcontinentales abrieron el Oeste para los colonos blancos, cambiando para siempre el estilo de vida de los indígenas.

El impacto actual

La colonización de las Grandes Llanuras llegó junto con el desarrollo de las máquinas para arar, cultivar y cosechar. Esta combinación todavía hace que la región central del país sea un líder en cuanto al suministro de carnes y granos al mundo.

 Video El viaje estadounidense *El video del capítulo 18, "Life on the Western Frontier", explora la vida en el Oeste de los vaqueros e indígenas.*

1862
- Se aprueba la Ley Homestead

1876
- Batalla de Little Bighorn

Estados Unidos
PRESIDENTES

| Buchanan 1857–1861 | Lincoln 1861–1865 | A. Johnson 1865–1869 | Grant 1869–1877 | Hayes 1877–1881 |

1860   1870   1880

Mundo

1861
- Los italianos establecen un reino unido

1869
- Se abre el canal de Suez

1871
- Stanley y Livingstone se reúnen en África

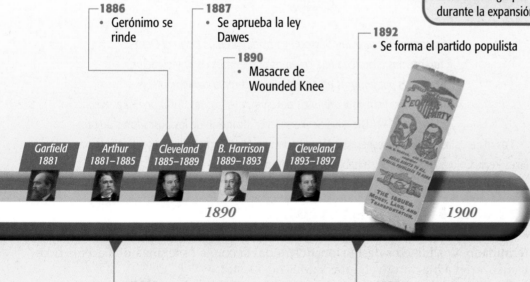

The Race (La Carrera) de Mort Künstler El artista es conocido por sus retratos realistas de eventos dramáticos de la historia estadounidense.

Plegable de estudio para la evaluación de la información Haz este plegable para organizar la información y formúlate preguntas a medida que leas sobre la frontera oeste de Estados Unidos.

Paso 1 Dobla una hoja de papel de lado a lado, dejando una lengüeta descubierta de $\frac{1}{2}$ pulgada al costado.

Deja una lengüeta de $\frac{1}{2}$ pulgada aquí.

Paso 2 Gira el papel y dóblalo en cuatro partes.

Dóblala por la mitad; luego, dóblala nuevamente por la mitad.

Paso 3 Despliega el papel y recorta a lo largo de las tres líneas de pliegue.

Haz cuatro lengüetas.

Paso 4 Rotula el plegable como se muestra.

| Mineros | Rancheros | Granjeros | Indígenas estadouni- denses |

en la frontera oeste

Lectura y redacción Al leer el capítulo, hazte preguntas y anótalas (debajo de cada lengüeta correspondiente) sobre las tragedias y triunfos que estos cuatro grupos de gente experimentaron durante la expansión de la frontera oeste.

1886
• Gerónimo se rinde

1887
• Se aprueba la ley Dawes

1890
• Masacre de Wounded Knee

1892
• Se forma el partido populista

| Garfield 1881 | Arthur 1881–1885 | Cleveland 1885–1889 | B. Harrison 1889–1893 | Cleveland 1893–1897 |

1890

1900

1885
• Poderes europeos dividen África

1895
• Wilhelm Roentgen descubre los rayos X

HISTORIA
En línea

Descripción general del capítulo
Visita **taj.glencoe.com** y haz clic en **Chapter 18— Chapter Overviews** para ver la información preliminar del capítulo.

Guía de lectura

Idea principal

Los descubrimientos de oro y plata atrajeron a miles de buscadores de fortunas al Oeste.

Términos clave

veta, mineral, vigilante, pueblo de espectros, subsidio, transcontinental

Estrategia de lectura

Análisis de la información Al leer esta sección, recrea el siguiente diagrama para explicar por qué estos lugares fueron significativos para el auge minero.

	Importancia
Pikes Peak	
Veta Comstock	
Promontory Point	

Leer para aprender

- cómo la fiebre por encontrar oro y plata llevó al desarrollo de nuevas comunidades en el Oeste.
- cómo afectó a la nación el desarrollo de líneas de ferrocarril.

Tema de la sección

Geografía e historia Las líneas de ferrocarril y la minería aceleraron el flujo de colonos hacia el Oeste.

Presentación preliminar de acontecimientos

◆1855   ◆1865   ◆1875   ◆1885

1858
Se descubre oro en Pikes Peak

1869
Líneas de ferrocarril transcontinentales unen el Este y el Oeste

1876
Colorado se une a la Unión

1883
La nación se divide en cuatro zonas horarias

UNA
historia estadounidense

"Cruzaremos el atrevido Missouri y nos dirigiremos hacia el Oeste,
Y tomaremos el camino que creemos que es más corto y el mejor,
Viajaremos por llanuras en donde el viento sopla crudamente,
Y los parajes yermos y arenosos devolverán el eco de Hurra por Pikes Peak".
—"The Gold Seekers' Song" (canción de los buscadores de oro)

Los mineros cantaban esta esperanzadora canción en 1859, a medida que se dirigían hacia Pikes Peak, Colorado, en donde se había descubierto oro.

La minería es un gran negocio

Hacia mediados de la década de 1850, la fiebre del oro de California había terminado. Los mineros desilusionados, todavía con la esperanza de hacerse ricos, comenzaron a buscar oro en otras partes del Oeste.

En 1858 una expedición minera encontró oro en las laderas de **Pikes Peak** en las Montañas Rocosas de Colorado. Los periódicos sostenían que los mineros estaban ganando $20 al día lavando oro, lo cual era una suma considerable en esa época cuando los sirvientes ganaban menos de un dólar por día. Hacia la primavera de

1859, alrededor de 50,000 cateadores se habían congregado en Colorado. Su lema era "a Pikes Peak o a la quiebra".

Los cateadores cribaban polvo de oro de los arroyos o raspaban partículas de oro de la superficie de la tierra. Sin embargo, la mayor parte del oro se encontraba bajo tierra en vetas, ricos filones de mineral entre capas de roca. La extracción de esta roca, o mineral, y luego la extracción del oro requería de maquinaria costosa, de muchos trabajadores y de un comercio organizado. Las compañías formadas por varios accionistas tenían más posibilidades de hacerse ricos en los yacimientos de oro que los mineros en forma individual. En la mayoría de los sitios de oro, las compañías mineras en corto tiempo reemplazaban al minero solitario.

La minería de oro y plata también atrajo a inversionistas extranjeros así como estadounidenses. Los británicos, por ejemplo, invertían cuantiosamente en la industria minera estadounidense.

La veta Comstock

En 1859 varios cateadores encontraron una veta rica de mineral de plata en los bancos del río Carson en Nevada. El descubrimiento se llamó la **Veta de Comstock** por Henry Comstock, quien era dueño de una parte del denuncio de la mina.

Miles de minas se abrieron cerca del sitio, pero solamente algunas eran rentables. Las compañías mineras se llevaban la mayor parte de las ganancias. Cuando Comstock vendió su parte del denuncio de la mina, recibió $11,000 y dos mulas, lo cual significaba una enorme suma en esa época. Sin embargo, era solamente una pequeña fracción de los cientos de millones de dólares en oro y plata que se extrajeron del hallazgo de la Veta de Comstock.

☑ Comprobación de lectura **Descripción** ¿Qué era la veta de Comstock?

Hecho · Ficción · Folklore

Las banderas de Estados Unidos

Vigésima bandera de la Unión, 1876
La condición de estado de Colorado en 1876 aumentó el número de estrellas en la bandera a 38. Ésta era la vigésima bandera.

La frontera minera

Los descubrimientos de oro crearon **pueblos prósperos,** pueblos que surgían casi de la noche a la mañana alrededor de los sitios mineros. El pueblo próspero de Comstock fue la **Ciudad de Virginia, Nevada.** En 1859 el pueblo era un campamento minero. Dos años más tarde tenía bolsa de valores, hoteles, bancos, una compañía de ópera y cinco periódicos.

Los pueblos prósperos eran animados, generalmente sin leyes, lugares llenos de gente de regiones lejanas. Los descubrimientos de oro y plata atrajeron a cateadores entusiastas de México, China y otros países.

El dinero llegaba rápidamente y con frecuencia se perdía igual de rápido debido a un estilo de vida extravagante y los juegos de azar. Un minero afortunado podía ganar casi $2,000 al año, alrededor de cuatro veces el salario anual de un maestro en esa época. Pero los alimentos, albergue, ropa y otros productos tenían un costo muy alto en los pueblos prósperos y consumían las ganancias de los mineros.

La violencia era parte de la vida diaria en los pueblos prósperos, donde mucha gente llevaba grandes cantidades de dinero en efectivo y armas de fuego. Eran comunes los robos y las estafas. Muy pocos pueblos prósperos contaban con policía o prisiones, de modo que a veces los ciudadanos aplicaban la ley por mano propia manos. Estos vigilantes impartían su propio tipo de justicia sin el beneficio de un juez o jurado, a menudo ahorcando a la persona acusada en el árbol más cercano.

Las mujeres en los pueblos prósperos

Los pueblos prósperos en un principio eran principalmente pueblos de hombres. En la ciudad de Virginia por cada mujer había dos hombres y los niños constituían menos del 10 por ciento de la población.

Deseosas de compartir las riquezas de los pueblos de desarrollo rápido, algunas mujeres abrieron negocios. Otras trabajaban como lavanderas, cocineras o artistas de salones de bailes. Las mujeres a menudo les daban estabilidad a los pueblos prósperos, fundando escuelas e iglesias y trabajando para hacer las comunidades más seguras y más ordenadas.

Auge y quiebra

Muchos "auges" mineros fueron seguidos de "quiebras". Cuando las minas ya no entregaban mineral, la gente se iba de los pueblos. En su

El pueblo próspero de Leadville, Colorado, rodea la cabaña de un colono que está ubicada en el medio de la calle principal.

apogeo en la década de 1870, la ciudad de Virginia tenía alrededor de 30,000 habitantes. Hacia 1900 su población se había reducido a menos de 4,000.

Muchos pueblos prósperos se volvieron **pueblos de espectros**, abandonados porque los cateadores se iban a sitios más prometedores o regresaban a sus hogares. Algunos pueblos de espectros todavía existen en el Oeste hoy en día, como un recuerdo de los días gloriosos de la frontera minera.

La minería se expande

Hacia fines de la fiebre, la minería del oro y la plata dio paso a la minería de otros metales. El cobre pasó a ser un metal clave que se podía encontrar en Montana, Nuevo México, y Arizona en la década de 1870.

En la década de 1890, la gente comenzó a extraer plomo y zinc en algunos de los ex pueblos mineros de plata de Colorado. Finalmente, la frontera minera pasó a formar parte de la industria estadounidense, proporcionando materias primas para los fabricantes.

Nuevos estados ingresan a la Unión

Mucha gente que se fue al Oeste para hacer su fortuna en oro o plata se asentaron allí en forma permanente. Las áreas fronterizas alrededor de los pueblos prósperos con el tiempo pasaron a ser estados. Colorado se unió a Estados Unidos en 1876. Dakota del Norte, Dakota del Sur, Washington y Montana pasaron a ser estados en 1889. Wyoming e Idaho fueron admitidos en la Unión en 1890.

Comprobación de lectura **Explicación** ¿Por qué muchos pueblos prósperos se convirtieron en pueblos de espectros?

Las líneas de ferrocarril conectan el Este y el Oeste

Las minas occidentales operaban lejos de los centros industriales del Este y la región central del país. Por esta razón el transporte jugaba un papel vital en la supervivencia de las comunidades mineras. El oro y la plata tenían poco valor a menos que pudieran llegar a fábricas, puertos y mercados. Al mismo tiempo, los mineros y otras personas en los pueblos prósperos necesitaban envíos de alimentos y otros suministros.

Los vagones de trenes y las líneas de diligencias no podían trasladar a la gente y los productos suficientemente rápido como para satisfacer estas demandas. Pero los ferrocarriles sí podían y lo hicieron. La red de ferrocarriles de la nación se expandió rápidamente entre 1865 y 1890. Durante ese período las millas de líneas férreas en Estados Unidos ascendieron de aproximadamente 35,000 a más de 150,000.

El gobierno y los ferrocarriles

La construcción de ferrocarriles con frecuencia era respaldada por grandes **subsidios** del gobierno, ayuda financiera y donaciones de tierras del gobierno. Los ejecutivos de los ferrocarriles argumentaban que sus compañías debían recibir tierras públicas gratuitamente para tender las vías férreas, puesto que la red de rieles beneficiaría a toda la nación.

El gobierno nacional y los estados estuvieron de acuerdo. En total, el gobierno federal otorgó más de 130 millones de acres de tierras a las compañías de ferrocarriles. Gran parte de la tierra fue comprada u obtenida por medio de tratados con los indígenas estadounidenses. Los subsidios del gobierno incluían la tierra para las vías, además de fajas de tierra a lo largo de la línea férrea de 20 a 80 millas de ancho. Las compañías de ferrocarril vendieron esas fajas de tierra para reunir dinero adicional para los costos de construcción.

Los estados y las comunidades locales también ayudaban al ferrocarril. Las ciudades ofrecían subsidios en efectivo para asegurarse que el ferrocarril llegara a sus comunidades. Por ejemplo, Los Ángeles le dio a Southern Pacific Railroad dinero y pagó por una terminal de pasajeros para asegurarse de que el ferrocarril llegara a la ciudad.

Abarcando el continente

La búsqueda de una ruta para una línea férrea transcontinental, una que abarcara el continente y conectara las costas del Atlántico y del Pacífico comenzó en la década de 1850. Los sureños querían una ruta que pasara por el Sur y los norteños, una que pasara por el Norte. Durante la guerra civil, el gobierno de la Unión eligió una ruta hacia el norte. El gobierno ofreció subsidios en tierras a las compañías de ferrocarriles que estuvieran dispuestas a construir una línea transcontinental.

El desafío era enorme: tender vías por más de 1,700 millas a través de llanuras calurosas y por montañas escarpadas. Dos compañías aceptaron el desafío. La compañía Union Pacific comenzó a tender vías en dirección oeste desde Omaha, Nebraska, mientras que la compañía Central Pacific trabajaba en dirección este desde Sacramento, California.

Las dos compañías competían ferozmente. Cada una quería cubrir una distancia mayor para así recibir un mayor subsidio del gobierno.

La Central Pacific contrató a alrededor de 10,000 trabajadores chinos para que trabajaran en sus vías. Los primeros chinos fueron contratados en 1865 por aproximadamente $28 por mes. La Union Pacific dependía de trabajadores irlandeses y afroamericanos. Todos los trabajadores trabajaban duro por sueldos bajos en condiciones difíciles. En el sofocante calor del verano y los helados vientos del invierno, ellos talaban bosques, abrían túneles con

TECNOLOGÍA e historia

Locomotora a vapor

Desde 1825, cuando se construyó la primera locomotora a vapor en los Estados Unidos, los trenes habían cruzado el país de un lado a otro. A medida que las necesidades de transporte de Estados Unidos aumentaban, también lo hicieron las millas de vías férreas que conectaban a la gente. *¿Por qué crees que la energía a vapor fue la primera fuente de energía para las locomotoras?*

1. El **fogón** quema carbón, leña y a veces aceite.

2. El agua en la **caldera** calentada por los gases de un fogón, genera vapor.

3. La **caja de humos** atrae los gases calientes del fogón y mantiene el fuego ardiendo en forma constante.

4. En el **depósito del cabezal de vapor** el vapor calentado se expande y crea una gran presión.

5. El vapor caliente es llevado por tuberías a los **émbolos**. Los émbolos impulsan las **varillas de mando**, las que a su vez empujan las **ruedas de mando**.

explosivos a través de las montañas y tendían cientos de miles de vías. Al final los trabajadores de Union Pacific tendieron 1,038 millas de vías y los trabajadores de Central Pacific tendieron 742 millas. Sin embargo, Central Pacific cubrió terreno más áspero.

El ferrocarril transcontinental

El 10 de mayo de 1869, se completó la construcción. Una escuadrilla china fue elegida para tender las últimas diez millas de vías, las que se completaron en tan sólo doce horas. Los dos pares de vías se unieron en **Promontory Point** en el territorio de Utah. **Leland Stanford,** gobernador de California, clavó la última punta dorada en una traviesa para unir las dos vías ferroviarias. Casi al mismo tiempo que este hecho acontecía, las líneas del telégrafo despachaban las noticias por el país:

66El último riel se ha tendido (. . .) la última punta se ha clavado. (. . .) El ferrocarril del Pacífico se ha completado99.

$ Economía
Efectos del ferrocarril

Hacia 1883, dos líneas transcontinentales más y docenas de líneas más cortas conectaban las ciudades en el Oeste con el resto de la nación. Las consecuencias económicas fueron enormes. El ferrocarril trajo a miles de trabajadores hacia el Oeste. Los trenes llevaban metales y productos alimenticios y productos fabricados hacia el Oeste. A medida que se tendían más vías, se necesitaba más acero y esta demanda impulsó la industria del acero de la nación. Los productores de carbón, fabricantes de carros de trenes y las compañías de construcción también florecieron a medida que el ferrocarril se expandía por el Oeste.

Nacieron pueblos junto a las líneas ferroviarias que llevaban los productos agrícolas de los colonos al mercado. Algunos de estos pueblos eventualmente se transformaron en grandes ciudades, tal como Denver, Colorado. El ferrocarril también trajo la nueva oleada de colonos hacia el Oeste: granjeros y ganaderos.

El ferrocarril incluso cambió la forma de medir el tiempo. Antes del ferrocarril, cada comunidad tenía su propia hora. Los relojes en Boston, por ejemplo, estaban 11 minutos adelantados en comparación con los relojes de Nueva York. La demanda por horarios de trenes razonables, sin embargo, cambió todo eso. En 1883 las compañías de ferrocarril dividieron al país en cuatro **zonas horarias.** Todas las comunidades en cada zona tenían la misma hora, y cada zona estaba exactamente a una hora de distancia de las zonas a cada lado de ellas. El Congreso aprobó una ley para que fuera práctica oficial en 1918.

Comprobación de lectura **Identificación** ¿A qué ciudad de California se extendió el ferrocarril transcontinental?

EVALUACIÓN DE LA SECCIÓN 1

Verificación de comprensión

1. **Términos clave** Explica por qué cada uno de estos términos se usan en una sección sobre la minería y el ferrocarril: veta, mineral, vigilante, pueblo de espectros, subsidio, transcontinental.
2. **Repaso de hechos** Describe la vida en un pueblo de desarrollo rápido típico.

Repaso de temas

3. **Geografía e historia** ¿Qué características físicas y climas hicieron difícil la construcción del ferrocarril transcontinental?

Pensamiento crítico

4. **Conclusiones** Algunos pueblos de desarrollo rápido florecieron después del apogeo minero, mientras que otras se convirtieron en pueblos de espectros. ¿Por qué crees que algunos pueblos sobrevivieron pero otros no?
5. **Determinación de causa y efecto** Recrea el siguiente diagrama y explica cómo el ferrocarril ayudó a abrir el Oeste para el asentamiento.

Llegada del ferrocarril

Efecto | Efecto

Análisis de material visual

6. **Representación de la historia** Mira el diagrama de la locomotora a vapor de la página 531. ¿Cuál es el propósito del fogón? ¿Cómo se ponían en funcionamiento las ruedas de mando?

Actividad interdisciplinaria

Geografía Dibuja a mano el contorno de un mapa de Estados Unidos hoy en día. Sombrea el área cubierta por los estados que se formaron durante el periodo del apogeo minero.

Desarrollo de HABILIDADES

Estudios sociales

Interpretación de un mapa de propósitos especiales

¿Por qué desarrollar esta habilidad?

Los mapas que muestran información sobre tópicos especializados, o temas, se llaman mapas de propósitos especiales. Ellos difieren de los mapas de propósito general en cuanto a que muestran algo más que características físicas o límites políticos. Los mapas de propósitos especiales pueden contener información física, económica, climática, histórica o cultural, es decir casi cualquier cosa que se pueda expresar geográficamente.

Desarrollo de la habilidad

Para comenzar, lee el título del mapa y las etiquetas para determinar el tópico y el propósito del mapa. Luego estudia la clave del mapa. Identifica cada símbolo y color que se muestra en la clave y ubícalos en el mapa. Usa esta información para buscar semejanzas y diferencias en la región indicada en el mapa.

NATIONAL GEOGRAPHIC

Uso de la tierra del Oeste, 1890

CANADÁ

WASH.
MONT.
DAK. DEL N.
MINN.

OREGÓN
IDAHO
DAK. DEL S.
WIS.
MICH.

40°N
WYO.
IOWA

NEV.
TERR. DE UTAH
COLO.
NEBR.
ILL.
IND.

CALIF.
KANS.
MO.
KY.

OCÉANO PACÍFICO
TERR. DE ARIZ.
TERR. DE N. MEX.
TERR. DE OKLA.
TERR. NO ORG.
ARK.
TENN.

120°O
TEXAS
MISS.
ALA.
LA.

MÉXICO
Río Grande

110°O
90°O

Golfo de México

Minería
Agricultura
Ganadería
Agricultura y ganadería
Ninguna actividad

0   200 millas
0   200 kilómetros
Proyección equivalente de Lambert

Práctica de la habilidad

Mira el mapa del uso de la tierra del Oeste, 1890. Luego responde a las siguientes preguntas.

1 ¿Cuál es el tópico del mapa?

2 ¿Qué representan los colores?

3 ¿Cuáles son los usos más comunes de la tierra en Texas?

4 ¿Cuáles eran los usos de la tierra en Montana? ¿En Nebraska?

Aplicación de la habilidad

Interpretación de un mapa de propósitos especiales Mira el mapa de la página 544. ¿Dónde estaban ubicadas las reservaciones indígenas en relación a las tierras de cultivo y la ganadería productiva en 1890?

 El CD-ROM de Glencoe **"Skillbuilder Interactive Workbook, Level 1"**, contiene instrucciones y ejercicios sobre habilidades fundamentales de ciencias sociales.

Rancheros y granjeros

Guía de lectura

Idea principal
Después de la guerra civil, los colonos comenzaron a irse hacia el oeste en grandes números.

Términos clave
pradera abierta, marca, vaquero, trabajar tierras en concesión, rompedor de césped, agricultura seca

Estrategia de lectura
Tomar apuntes Al leer la sección, recrea el siguiente diagrama y haz una lista con los desafíos que los colonos enfrentaron en las Grandes Llanuras.

Leer para aprender
• cómo el ferrocarril ayudó a crear el "Reino del ganado" en el suroeste.
• cómo las mujeres contribuyeron a la colonización de las Grandes Llanuras.

Tema de la sección
Factores económicos Los rancheros y los granjeros tuvieron que vencer muchas dificultades para obtener ganancias.

Presentación preliminar de acontecimientos

◆1860	◆1870	◆1880	◆1890
1862 La Ley Homestead [de concesión de tierras] da tierras gratis a los colonos	**1865** El ferrocarril Missouri Pacific llega a Missouri	**1880** El ferrocarril se extiende de Kansas a Santa Fe	**1889** Sucede el desbande por las tierras de Oklahoma

★★★★★★★★★
UNA
historia estadounidense

Un viejo vaquero de Texas, E.C. Abbott, recuerda los primeros días que cabalgó por el sendero: "Aquí [estaban] todos estos novillos de cuernos largos invadiendo Texas; aquí estaba el resto del país clamando por carne de res y no había ferrocarril para sacarlos. Así es que los arreamos, a través de cientos de millas de tierras desoladas que estaban plagadas de indígenas. (. . .) En 1867 el pueblo de Abilene fue fundado al final de la línea de ferrocarril Kansas Pacific y ahí era cuando realmente se iniciaba el sendero".

Ganado en las llanuras

Cuando los españoles se asentaron en México y Texas, trajeron una raza vigorosa de ganado con ellos. Denominados **cuernos largos** debido a sus cuernos prominentes, estas razas gradualmente se extendieron a través de Texas.

En este período gran parte de Texas era una pradera abierta, sin alambrados ni divisiones en lotes. Ranchos inmensos cubrían otras áreas del estado. Los rancheros aumentaban sus propias manadas de animales reuniendo ganado salvaje. Los rancheros colocaban una marca, o símbolo, quemando la piel de los animales para indicar quién era el dueño del ganado.

Ferrocarril y pueblos de ganado

Aunque los rancheros de Texas tenían bastante ganado, los mercados de la carne de res estaban en el Norte y el Este. En 1866 el ferrocarril Missouri Pacific llegó a Missouri y repentinamente el ganado de Texas aumentó en valor. El ganado podía cargarse en los trenes en Missouri para ser enviado al norte y al este. Algunos tejanos llevaban sus manadas combinadas a veces de hasta 260,000 cabezas de ganado hacia el norte a **Sedalia, Missouri,** el punto ferroviario más cercano. El ganado de cuernos largos, que anteriormente tenía un valor de $3 por cabeza, rápidamente subió su valor a $40.

El arreo de ganado a **pueblos de ganado,** pueblos ubicados cerca del ferrocarril para comerciar y enviar ganado, se tornó en un evento anual. Durante la siguiente década, los pueblos de ganado, tales como **Abilene** y **Dodge City, Kansas,** y **Cheyenne, Wyoming,** pasaron a ser estaciones ferroviarias de importancia.

⭐ Geografía
El largo arreo

El aumento repentino en el valor del ganado de cuernos largos desató lo que llegó a denominarse el **Largo arreo,** la conducción de ganado por 1,000 millas o más para llegar al ferrocarril. El arreo se iniciaba en Texas en la primavera, cuando había suficiente pasto en el camino para alimentar al ganado. El ganado de cuernos largos tenía que mantenerse bien alimentado, porque el ganado flaco no se podía vender.

Algunos de los arreos largos más grandes se llevaron de Texas central a Abilene, Kansas, por el **Sendero Chisholm.** El **Sendero Goodnight-Loving,** nombrado en honor de los rancheros Charlie Goodnight y Oliver Loving, se dirigían hacia el oeste por el territorio de Nuevo México y luego hacia el norte. Durante el apogeo del "Reino del ganado", desde fines de la década de 1860 hasta mediados de la de 1880, por los senderos pasaron más de cinco millones hacia el norte.

✓ **Comprobación de lectura** **Explicación** ¿Por qué el valor del ganado aumentó a mediados de 1860?

Vida en el sendero

El arreo de ganado y los vaqueros que trabajaban con ellos capturaron la imaginación de la nación. No obstante, el arreo de ganado era trabajo duro. Los vaqueros cabalgaban en sus monturas hasta 15 horas cada día, en medio de la lluvia, tormentas de polvo y un sol abrasador. La vida en el sendero era solitaria también. Los vaqueros veían muy poca gente de afuera.

🖌 **La historia** *a través del arte*

Jerked Down **de Charles Russell** Célebre por sus escenas dramáticas y detalladas de la vida en el Oeste, Charles Russell muestra vaqueros en sus caballos de pie firme laceando al ganado. **¿Dónde comenzaron las tradiciones de arreo de ganado?**

Influencia española

Muchos vaqueros eran veteranos del ejército confederado. Algunos eran afroamericanos que se habían ido al Oeste en busca de una mejor vida después de la Guerra Civil. Otros eran hispanos. De hecho, las tradiciones del arreo de ganado comenzaron con los peones hispanos en el sudoeste español. Estos vaqueros desarrollaron muchas de sus habilidades (cabalgar, lacear y marcar) que se usaban en los arreos. Gran parte del lenguaje del ranchero de hoy se deriva de las palabras españolas usadas por los vaqueros durante siglos. Incluso la palabra *rancho* es palabra española.

Hasta los equipos que se usaban estaban basados en los equipos del vaquero también. Los vaqueros usaban sombreros de ala ancha para protegerse del sol y pantalones de cuero, denominados **chaparreras,** para proteger sus piernas de la maleza y percances con el ganado. Usaban cuerdas llamadas **lazos** para lacear el ganado que se había apartado de la manada.

Peligros en el sendero

Durante los meses en el sendero los vaqueros se enfrentaban con tormentas violentas y cuatreros que trataban de robar ganado, y muchos otros peligros más. Ellos tenían que arrear las manadas por ríos de corriente rápida, en donde se podía perder ganado.

Uno de los peligros más grandes del sendero eran las **estampidas,** es decir cuando miles de reses corrían por pánico. Cualquier sonido repentino como el estruendo de los truenos o el ruido de disparos podía asustar al ganado. Los vaqueros tenían que correr a caballo con el ganado en estampida y controlarlos.

Nat Love fue uno de varios afroamericanos que cabalgó los senderos de ganado.

El "salvaje Oeste"

Todos los vaqueros afroamericanos, indígenas, hispanos y anglos se conocían y trabajaban juntos. Pero aún así, había discriminación en el Oeste, tal como en otras partes de la nación. Los miembros de las minorías raramente se convertían en jefes de sendero y con frecuencia recibían menos sueldo por su trabajo. Algunos pueblos discriminaban a los hispanos, segregaban a los afroamericanos y excluían de plano a los vaqueros chinos.

Después de muchas semanas cansadoras en el sendero, los vaqueros entregaban el ganado y disfrutaban parte de su tiempo libre en los pueblos de ganado. Los vaqueros bebían y jugaban, y se veían envueltos en peleas y juegos con pistolas. Algunos pueblos, tales como Dodge City y Abilene, eran bulliciosos, sin leyes y con frecuencia violentos. Sin embargo, con el tiempo se convirtieron en comunidades serias y tranquilas.

El reino del ganado llega a su fin

A medida que las ganancias del ganado aumentaban, la administración de ranchos de ganados se extendió al norte desde Texas. En las llanuras del norte, los rancheros cruzaron las reses de cuernos largos con ganado más gordo Hereford y Angus para producir razas nuevas resistentes y más gordas.

En las llanuras del norte, la administración de ranchos comenzó a reemplazar el largo arreo. El ganado cruzado resistente se multiplicó en los ranchos de praderas abiertas. Cuando los precios del ganado "florecieron" a comienzos de 1880, los rancheros se hicieron ricos. No obstante, el auge muy pronto fue seguido por la quiebra. El pastoreo excesivo agotó las praderas. Además, el exceso de ganado saturó el mercado y los precios cayeron. Los inviernos glaciales de 1885 y 1886 mataron grandes números de ganado.

El colapso del precio a mediados de la década de 1880 marcó el fin del "Reino del ganado". Los rancheros colocaron alambrados y cultivaron heno para alimentar su ganado durante los inviernos crudos. Otro tipo de vida surgiría en las llanuras la agricultura.

Comprobación de lectura **Descripción**
¿Quiénes eran los vaqueros?

En las Grandes Llanuras Para sobrevivir en las llanuras, los colonos tuvieron que construir casas que no requirieran madera en estas tierras sin árboles. La primera casa de una familia de las llanuras por lo general estaba hecha de tepe, pedazos rectangulares de tierra y césped.

Los granjeros se asientan en las llanuras

Los primeros pioneros que llegaron a las Grandes Llanuras no creían poder cultivar el área seca, sin árboles. Sin embargo, a fines de la década de 1860, los granjeros comenzaron a asentarse ahí y a cultivar la tierra. En un tiempo sorprendente corto, los páramos que constituían gran parte de las Llanuras se transformaron en tierras de labranza. En 1872 un colono de Nebraska escribió,

66Hace un año, ésta era una vasta pradera deshabitada, sin casas. (. . .) Hoy puedo ver más de treinta viviendas desde mi puerta99.

Varios factores atrajeron a los colonos a las llanuras. El viaje hacia el oeste en ferrocarril más rápido y más barato. Las leyes nuevas ofrecian, tierras gratuitamente. Finalmente, el agua de lluvia caída era superior al promedio de fines de la década de 1870, lo que hizo a las llanuras más apropiadas para la agricultura.

La ley Homestead

En 1862 el Congreso aprobó la **ley Homestead,** que daba 160 acres gratis a un colono que pagara un honorario de solicitud y que viviera en la tierra durante cinco años. Esta política de tierras federal atrajo a los granjeros a las llanuras a trabajar

tierras en concesión —obtener la propiedad de la tierra viviendo en ella.

La concesión de tierras atrajo a miles de colonos nuevos. Algunos eran inmigrantes que habían iniciado el proceso de hacerse ciudadanos estadounidenses y que cumplían los requisitos para solicitar la tierra. Otros eran mujeres. Aunque las mujeres casadas no podían reclamar tierra, las mujeres solteras y las viudas tenían los mismos derechos que los hombres y usaron la ley de concesión de tierras para adquirir propiedades. En Colorado y Wyoming, 12 por ciento de todos aquellos que presentaban peticiones de concesión de tierras eran mujeres.

Promoción de las llanuras

Las personas a quienes se les concedió tierras venían a las llanuras a hacerse dueños de tierras y a ser independientes. Ellos también fueron influenciados por avisos publicitarios pagados por los ferrocarriles, compañías de barcos de vapor, especuladores de tierras, y estados y territorios del oeste.

Las compañías de ferrocarril querían vender las franjas de tierra junto a las vías férreas para reunir dinero. Las compañías de barcos de vapor

Los inmigrantes europeos en un vagón de ferrocarril ven tierras abiertas para la colonización en las Grandes Llanuras.

hicieron grandes esfuerzos por publicitar las llanuras estadounidenses en Escandinavia. Hacia 1880 más de 100,000 suecos y noruegos se habían asentado en las llanuras del norte Minnesota y las Dakotas. La influencia escandinava sigue siendo fuerte en esta región hasta hoy en día.

Colonos afroamericanos

Miles de afroamericanos también emigraron de los estados del sur hacia Kansas a fines de la década de 1870. Ellos se llamaban a sí mismos **"Exodistas"**, aludiendo al libro bíblico del Éxodo, que describe la huida de los judíos de la esclavitud en Egipto.

El fin de la Reconstrucción en 1877 había significado el término de la protección federal para los afroamericanos. Temiendo por su seguridad en las exregiones de esclavitud, la gente libre buscó tierras más hacia el oeste. Hacia 1881 más de 40,000 afroamericanos habían emigrado a Kansas. No obstante, algunos tuvieron que regresar al Sur porque no tenían dinero para emprender granjas o negocios nuevos.

★ Geografía

La frontera de los granjeros

El clima de las llanuras les presentó a los granjeros su mayor desafío. Generalmente caía poca lluvia, pero en ciertos años la lluvia caía torrencialmente, destruyendo cosechas y anegando las tierras. El otro extremo, la sequía también amenazaba las cosechas y las vidas. El fuego era otro enemigo. En períodos de sequía, los incendios de pastizales se esparcían rápidamente por una región, destruyendo cosechas, animales de cría y hogares.

El verano podía traer plagas de saltamontes. Varias veces durante la década de 1870, enjambres de insectos azotaron las llanuras. Miles de saltamontes llegaban a un campo de maíz. Cuando se iban, no quedaba ninguna mazorca.

Los inviernos presentaban peligros aún mayores. Los vientos bramaban por las llanuras abiertas y la nieve profunda podía enterrar a los animales y atrapar a las familias en sus hogares. Las familias agricultoras tenían que planificar anticipadamente y guardar alimentos para el invierno.

Familias agricultoras

La agricultura en las Grandes Llanuras era un asunto de familia. Los hombres trabajaban duro en los campos. Las mujeres a menudo hacían el mismo trabajo, pero también cuidaban a los niños. La esposa agricultora cosía ropa, hacía velas y cocinaba y preservaba los alimentos. Debido la ausencia de doctores y maestros, ella también se hacía cargo de la salud y educación de los niños. Cuando su marido estaba lejos llevando la cosecha al pueblo o comprando suministros, ella asumía toda la responsabilidad por mantener la granja funcionando.

Cuando los niños eran lo suficientemente grandes, ellos también trabajaban en la granja. Los niños ayudaban en los campos, cuidaban los animales y hacían labores en la casa. El trabajo de la granja con frecuencia impedía que los niños asistieran a la escuela.

Aunque estaban separadas por grandes distancias, las familias agricultoras socializaban cada vez que podían. A la gente le daba mucho gusto reunirse para las bodas, servicios religiosos, picnic y otras ocasiones. A medida que las comunidades crecían, las escuelas e iglesias comenzaron a salpicar el paisaje rural.

Nuevos métodos de agricultura

Las llanuras no podían cultivarse por los métodos normales de la década de 1860. La mayor parte de la región tenía pocas lluvias y muy pocos ríos para la irrigación. Los granjeros de las llanuras, conocidos como rompedores de césped, necesitaban métodos y herramientas nuevas.

Un método, llamado agricultura seca, consistía en plantar semillas a gran profundidad en donde hubiera algo de humedad. Los arados de madera no podían penetrar la capa dura de césped, pero a fines de la década de 1870 los granjeros podían usar el recién inventado arado de acero liviano para efectuar el trabajo.

Los rompedores de césped tenían otras herramientas para ayudarlos a conquistar las llanuras: molinos de viento para bombear agua de las profundidades de la tierra y un nuevo tipo de alambrado llamado **alambre de púa.** Puesto que no tenían madera para construir cercas, los granjeros usaban estas cercas de alambre para proteger su tierra.

No obstante, la agricultura seca no produjo grandes rendimientos de cosecha y los subsidios de 160 acres eran muy pequeños para obtener las ganancias necesarias para sobrevivir. La mayoría de los granjeros necesitaban al menos 300 acres, así como también maquinaria avanzada, para obtener ganancias de una granja de las llanuras. Muchos granjeros se endeudaron. Otros perdieron el título de sus granjas y luego tuvieron que arrendar la tierra.

El desbande por las tierras de Oklahoma

La última parte de las llanuras que se colonizó fue el territorio de Oklahoma, que el Congreso había designado como "territorio indígena" en la década de 1830. En 1889, después de años de presión de los corredores de tierra y grupos de colonos, el gobierno federal abrió Oklahoma para la concesión de tierras.

En la mañana del 22 de abril de 1888, el día de apertura oficial, más de 10,000 personas hicieron una fila al borde de esta tierra. Al sonar una corneta, los recipientes de terrenos cruzaron el límite para marcar con estacas sus reclamos. Los ansiosos **"boomers",** como se les llamaba a los recipientes de terrenos, descubrieron para su asombro que algunos colonos ya se habían deslizado a Oklahoma. Los así llamados **"sooners"** ya habían reclamado una gran parte de las mejores tierras. En pocos años, toda Oklahoma se abrió a la colonización.

Cerrando la frontera

Poco tiempo después del desbande por tierras de Oklahoma, el gobierno anunció en el censo de 1890 que la frontera ya no existía. La colonización había cambiado las Llanuras en forma dramática. Nadie sintió estos cambios más profundamente que los indígenas estadounidenses que habían vivido en las Llanuras durante siglos.

✔ **Comprobación de lectura** **Explicación** ¿Por qué fue importante la Ley de Concesión de tierras para los colonos?

EVALUACIÓN DE LA SECCIÓN 2

Verificación de comprensión

1. **Términos clave** Usa cada uno de estos términos en una oración que sirva para explicar su significado: pradera abierta, marca, vaquero, trabajar tierras en concesión, rompedor de césped, agricultura seca.
2. **Repaso de hechos** Explica por qué los pueblos de ganado se desarrollaron.

Repaso de temas

3. **Factores económicos** Discute dos hechos que contribuyeron a la caída de la industria del ganado a mediados de la década de 1880.

Pensamiento crítico

4. **Análisis de la información** ¿Qué oportunidades les proveyó a las mujeres y a los afroamericanos la colonización en las llanuras?
5. **Determinación de causa y efecto** Recrea el siguiente diagrama para explicar cómo la Ley de Homestead alentó la colonización en las Grandes Llanuras.

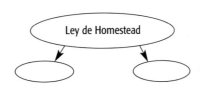

Análisis de material visual

6. **Representación de la historia** Estudia las fotografías que aparecen en la página 537. ¿Qué imagen de la vida en las llanuras muestran las fotografías? ¿Como describirías el ánimo de la gente?

Actividad interdisciplinaria

Arte Crea un cartel que el gobierno de Estados Unidos podría haber usado para alentar a los granjeros a que se fueran al Oeste. Piensa, si tú fueras agricultor, ¿qué te tentaría para irte al Oeste? Muestra tus carteles en la clase.

TIME NOTEBOOK

¿Cómo era la vida de las personas en el pasado?

¿De qué y de quién hablaba la gente? ¿Qué comían? ¿Qué hacían para divertirse? Estas dos páginas te darán una idea de cómo era la vida cotidiana en los EE.UU. al viajar al pasado con TIME Notebook.

Perfil

WYATT EARP *ha sido un cazador de búfalos, un jugador, un estafador, un barman y un agente del orden legendario. En Tombstone, Arizona, donde su hermano Virgil era alguacil, Wyatt sirvió como asistente de jefe de policía de Estados Unidos.*

EN OCTUBRE DE 1881, UNA ENEMISTAD ENTRE LA FAMILIA EARP Y UNA pandilla liderada por Ike Clanton condujo a una de las peleas con armas de fuego más famosas de todos los tiempos: el enfrentamiento en el O.K. Corral. Los Earp y su amigo Doc Holliday dispararon y mataron a tres miembros de la pandilla Clanton (Billy Clanton, Frank McLaury y Tom McLaury). Wyatt sostiene que ellos simplemente estaban tratando de arrestar a los tres. Otros dicen que los Earp usaron el asesinato para resolver la enemistad con los Clanton y que Wyatt disparó el primer tiro. El juez Spicer celebró una audiencia para investigar el asunto. He aquí lo que Wyatt le dijo sobre la pelea a tiros.

"Billy Clanton y Frank McLaury comenzaron a sacar sus pistolas. Los dos primeros tiros fueron disparados por Billy Clanton y yo. (. . .) Disparamos casi al mismo tiempo. No sé cuál [pistola] se disparó primero . . .".

Wyatt Earp

LOS HERMANOS BROWN

La octava maravilla del mundo

Dieciséis años después del inicio del proyecto, el **puente de Brooklyn** —el puente de suspensión más grande del mundo— se abre en 1883. Las escuelas y las tiendas en Brooklyn se cerraron para que todos pudieran celebrar. El Presidente Chester Arthur es el primero en cruzarlo caminando.

Colgado de cables de acero grandes, con una distancia la mitad de larga que cualquier puente anterior, fue diseñado y construido por John Roebling. Durante el proyecto, John se mató en el trabajo. Su hijo, Washington, continuó dirigiendo el trabajo hasta que él mismo se lesionó. Entonces la señora de Washington, Emily, completó el trabajo, convirtiéndola tal vez en la primera mujer ingeniero en el campo.

NORTH WIND PICTURES

PALABRA POR PALABRA

LO QUE DICE LA GENTE

❝Nos sentamos y miramos que la lámpara seguía ardiendo, y mientras más ardía, más fascinados estábamos. Ninguno de nosotros podía irse a la cama. Ninguno de nosotros pudo dormir durante 40 horas❞.
THOMAS EDISON
cuando inventó la bombilla, la que patentó en 1883.

TIME PIX

❝'Nosotros el pueblo' no quiere decir 'Nosotros los ciudadanos varones'❞.
SUSAN B. ANTHONY,
defensora de los derechos de las mujeres en 1872

❝Cada vez que usted cierra una escuela, tendrá que abrir una cárcel. Lo que gana por un lado lo pierde por el otro. Es como alimentar a un perro con su propia cola. No va a engordar al perro❞
SAMUEL CLEMENS
(también conocido como Mark Twain)

❝Le pregunté a un hombre en la cárcel cómo era que él había terminado ahí y dijo que había robado un par de zapatos. Yo le dije que si él hubiese robado un ferrocarril, sería senador de Estados Unidos❞.
"MADRE" MARY JONES,
activista laboral

HITOS

LA GENTE Y LOS ACONTECIMIENTOS DE LA ÉPOCA

LOS HERMANOS BROWN

1870 **LOUISA SWAIN**, de 70 años de edad, echa su voto en Wyoming, convirtiéndose así en la primera mujer de Estados Unidos que vota en una elección pública.

1871 Un incendio se inició el 8 de octubre, según la mayoría de las versiones, en el establo de la Sra. Patrick O'Leary en el sector oeste de Chicago. Debido a las 651 millas de aceras de madera de la ciudad y los 60,000 edificios principalmente de madera, los 200 bomberos de Chicago no pueden controlar las llamas durante 30 horas. En una ciudad de alrededor de 300,000 personas, cerca de 100,000 se quedaron sin hogar.

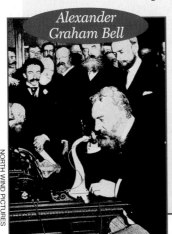

Alexander Graham Bell

NORTH WIND PICTURES

1876 En un edificio de Boston, **ALEXANDER GRAHAM BELL** hace la primera llamada telefónica al Sr. Watson, su asistente del piso de arriba. El mensaje de Bell es simple: "Sr. Watson, venga. ¡Lo necesito!" Bell inicia su propia compañía porque otros desechan la idea del teléfono como algo ridículo. Consideran al teléfono como un juguete.

1878 La primera central de teléfonos comercial se abre al público en New Haven, Connecticut. Hay 21 miembros.

CIFRAS

ESTADOS UNIDOS EN ESE ENTONCES

10,000 Número de personas que observaron el primer Derby de Kentucky en 1875

4 Número de zonas horarias de Estados Unidos bajo el sistema de 1883

5¢ Precio de todos los productos en la "Great Five-Cent Store" [Gran tienda de cinco centavos] de F.W. Woolworth en Utica, Nueva York (1879)

11 Número de días que la bolsa de valores cierra como resultado de un pánico en Wall Street en 1873

14,000 Número de muertes en los estados del sur debido a la epidemia de fiebre amarilla que hizo estragos en 1878

Palabras del Oeste

Los colonos del Oeste de Estados Unidos están aprendiendo algunas "nuevas" palabras que provienen del español.

mesa: un pedazo de tierra elevado de superficie plana

estampida: una carrera descontrolada de animales asustados

mesquita: madera de un árbol o arbusto espinoso del suroeste que a veces se usa para cocinar

pinto: un caballo o poni que tiene manchas blancas y de otro color

reata: lazo; una cuerda larga con un nudo que se usa para atrapar animales de cría

corral: un cerco o cierre para retener animales de cría

El vaquero bien vestido

Éstos son precios de los catálogos de Montgomery Ward de la década de 1880.

Sombrero Stetson $10.00
Chaleco de cuero $3.00
Camisa de algodón *(sin cuello)* $1.25
Chaparreras y pantalones $8.00
Botas de cuero $20.00
Espuelas $0.70
Impermeable $2.75
Rifle Winchester $20.50
Pistola Colt $12.20
Funda de pistola, cartuchera $2.00
Caballo *(generalmente provisto por el rancho)* .$35.00
Montura $40.00
Bridón $2.30
Lazo $7.75
Alforjas $5.00

Luchas de los indígenas estadounidenses

Guía de lectura

Idea principal

A fines de la década de 1800, los blancos y los indígenas pelearon mientras los indígenas trataban de preservar sus civilizaciones.

Términos clave

nómada, reservación

Estrategia de lectura

Determinación de causa y efecto Al leer la sección, recrea el siguiente diagrama y describe cómo la colonización del Oeste afectó a los indígenas.

Asentamiento occidental

Leer para aprender

- por qué el gobierno forzó a los indígenas a irse a las reservaciones.
- cómo creció el conflicto entre los indígenas y los blancos.

Tema de la sección

Cultura y tradiciones La colonización de la gente blanca en el Oeste forzó cambios en los indígenas de las Llanuras.

Presentación preliminar de acontecimientos

1860	1870	1880	1890
1864 Tiene lugar la masacre de Sand Creek	**1876** Sioux victoriosos en Little Bighorn	**1886** Gerónimo se rinde al ejército	**1890** Batalla de Wounded Knee

UNA historia estadounidense

En mayo de 1876, George Crook llevó a un ejército desde el río North Platte a atrapar a bandas de indígenas estadounidenses. El jefe Sioux Caballo Loco urgió a sus guerreros con el grito, "Vamos dakotas, es un buen día para morir". Los dos bandos pelearon hasta la media tarde. Luego los indígenas estadounidenses comenzaron a retirarse. "Ellos estaban cansados y hambrientos, de modo que se fueron a sus casas", explicó un guerrero posteriormente. Los indígenas estadounidenses se retiraron a un campamento grande en el río Little Bighorn. Grandes líderes se encontraban ahí: Toro Sentado, Gall, Caballo Loco. Una manada vasta de poni se encontraba pastando cerca; el pasto era verde, en la noche se bailaba . . .

Siguiendo al búfalo

A mediados de la década de 1850, los mineros, ferrocarriles, arreos de ganado y granjeros comenzaron a llegar a las Llanuras. Cada grupo nuevo era otro golpe más para los indígenas estadounidenses que estaban viviendo allí. El jefe sioux Nube Roja se lamentaba,

❝Los niños blancos [colonos] me han rodeado y no me han dejado nada más que una isla❞.

Durante siglos las Grandes Llanuras fueron el hogar de muchas naciones de indígenas estadounidenses. Algunas, como las naciones Omaha y Osage, vivían en comunidades como granjeros y cazadores. Sin embargo, una gran parte de los indígenas de las Llanuras, incluyendo los sioux, comanche y pies negros, llevaban una vida nómada. Ellos viajaban grandes distancias siguiendo su principal fuente de alimento las grandes manadas de búfalo que vivían en las Grandes Llanuras.

A pesar de sus diferencias, los pueblos de las Llanuras eran parecidos en muchas formas. Las naciones de los indígenas de las Llanuras, que a veces sumaban varios miles de personas, estaban divididos en bandas que consistían de hasta 500 personas cada una. Un consejo gobernador encabezaba cada banda, pero la mayoría de los miembros participaba en la toma de decisiones.

Las mujeres criaban a los niños, cocinaban y curtían las pieles. Los hombres cazaban, intercambiaban y supervisaban la vida militar de la banda. Gran parte de los indígenas de las Llanuras practicaban una religión basada en la creencia del poder espiritual del mundo natural.

Amenazas para los búfalos

Los indígenas de las Llanuras tenían millones de búfalo para satisfacer sus necesidades. Después de la Guerra Civil, sin embargo, cazadores estadounidenses contratados por los ferrocarriles comenzaron a matar los animales para alimentar las escuadrillas construyendo el ferrocarril. Las compañías de ferrocarril también querían evitar que manadas enormes de búfalo bloquearan los trenes. William Cody, contratado por el Kansas Pacific Railroad, una vez sostuvo que él había matado más de 4,000 búfalos en menos de 18 meses. Él se llegó a conocer como Buffalo Bill. A partir de 1872, los cazadores se concentraron en los búfalos para vender las pieles en el Este, donde las peleterías hacían artículos de cuero.

✓**Comprobación de lectura** **Descripción** ¿Qué es la forma de vida nómada?

Conflicto

Siempre que la gente blanca considerara a las Llanuras como el "Gran Desierto de Estados Unidos", ellos dejaban a los indígenas estadounidenses que vivían allí más o menos tranquilos. Cuando los blancos comenzaron a colonizar las Llanuras, la situación cambió. A fines de la década de 1860, el gobierno intentó una nueva política indígena.

Política de Reservaciones

En 1867 el gobierno federal nombró la Comisión de Paz Indígena para que desarrollara una política respecto de los indígenas

Los indígenas de las Grandes Llanuras se asentaban en un lugar parte del año solamente.

Población indígena estadounidense

(Gráfica de línea: eje vertical "Población (en miles)" con valores 100, 200, 300, 400, 500; eje horizontal "Año" con valores 1850, 1860, 1870, 1880, 1890, 1900. La línea comienza cerca de 400 en 1850 y disminuye hasta aproximadamente 230 en 1900.)

Fuente: Paul Stuart, *Naciones dentro de una nación.*

📊 Habilidades gráficas

Las cifras del censo muestran una población de indígenas en disminución antes de 1900.

Análisis de la información ¿Durante qué periodo de 10 años la población de indígenas declinó menos?

Los guerreros de Toro Sentado y Caba-llo Loco derrotan a Custer y 200 solda-dos estadounidenses en Little Bighorn.

La masacre de los búfalos cambió la vida de los indí-genas de las praderas.

Guerreros sioux emboscan a tropas estadounidenses el 21 de diciembre, 1866

Alrededor de 150 sioux y 25 soldados murieron en Wounded Knee.

RUTA DE LOS NEZ PERCE 1877

Batalla de Little Bighorn 1876

Masacre de Fetterman 1866

Batalla de Wounded Knee, 1890

Masacre de Sand Creek 1864

Gerónimo se rinde 1886

0 — 400 miles
0 — 400 kilometers
Proyección equivalente de Lambert

Reservaciones indígenas en 1890

Batalla

Habilidades geográficas

A fines del siglo XIX, los indígenas y Estados Unidos pelearon muchas batallas por tierras.

1. Ubicación ¿En qué estado tuvo lugar la batalla de Little Bighorn?

2. Análisis de la información ¿Qué naciones indígenas se volvieron a asentar en lo que hoy es Oklahoma?

estadounidenses. La comisión recomendó que se cambiaran los indígenas estadounidenses a unas pocas y grandes reservaciones, extensiones de tierra apartadas para ellos. El cambio de indígenas estadounidenses a reservaciones no era una política nueva, y el gobierno ahora renovó sus esfuerzos en ese sentido.

Una reservación grande se encontraba en **Oklahoma,** el "Territorio indígena" que el Congreso había creado en la década de 1830 para los indígenas estadounidenses reasentados del sureste. Otra, destinada para los sioux, se encontraba en el **Territorio Dakota.** La administración de las reservaciones sería un trabajo del Departamento de Asuntos Indígenas federal.

Los agentes de gobierno con frecuencia usaban artimañas para persuadir a las naciones indígenas a que se cambiaran a las reservaciones. Muchas reservaciones se encontraban ubicadas en tierras pobres. Además el gobierno con frecuencia no cumplía las promesas de entregar alimentos y suministros, y los productos que se entregaban eran de pobre calidad.

En un principio un gran número de indígenas aceptó la política de las reservaciones. Muchos kiowa sureños, comanche, cheyenne y arapaho estuvieron de acuerdo en permanecer en la reservación de Oklahoma. Miles de sioux acordaron irse a la reservación de Dakota en el Norte.

Sin embargo, focos de resistencia todavía existían. Algunos indígenas se rehusaron a cambiarse, y algunos que intentaron vivir en la reservación, la abandonaron. El escenario estaba listo para un conflicto.

Conflicto en las Llanuras

Durante la década de 1860, hubo muchos choques armados entre los indígenas y los blancos. El Territorio de Minnesota fue el sitio de un enfrentamiento especialmente sangriento. Resentidos de los colonos, los guerreros sioux, encabezados por **Nube Roja**, quemaron y robaron los hogares de los colonos blancos en el verano de 1862. Cientos murieron antes de que las tropas de St. Paul llegaran y sofocaran el alzamiento.

Después del alzamiento de Minnesota, el ejército envió patrullas hacia el norte de las Grandes Llanuras. Esta medida puso a las tropas en contacto con otra rama de los sioux, los nómadas **lakota**. Los lakota pelearon duramente para mantener el control de sus tierras de caza, las que se extendían desde los Black Hills y las Badlands circundantes, terreno rocoso y baldío en las partes occidentales de las Dakotas y el noroeste de Nebraska hacia el oeste hasta las Montañas Bighorn.

Los sioux, junto con los guerreros cheyenne y arapaho, perpetraron una serie de ataques desde 1865 a 1867. El incidente más sangriento ocurrió el 21 de diciembre de 1866. Las tropas del ejército estaban encargadas de un fuerte en el Sendero Bozeman, usado por cateadores para llegar a las minas de oro en Montana. Un líder militar sioux, **Caballo Loco,** sirvió como distracción y atrajo a las tropas a una trampa mortal. Él engañó al comandante del fuerte a que mandara un batallón de cerca de 80 soldados a perseguirlos. Cientos de guerreros estaban esperando en una emboscada y aniquilaron a todo el batallón. Este incidente se conoció como la **Masacre Fetterman.**

Colorado fue otro sitio de conflicto. El número de mineros que se había congregado en Colorado en busca de oro y plata aumentó. Bandas de Cheyenne y Arapaho comenzaron a asaltar los vagones de trenes y a robar ganado y caballos de los ranchos. Para el verano de 1864, los viajeros que se dirigían a Denver o a los campamentos mineros ya no estaban seguros. Docenas de ranchos habían sido quemados y se estima que se mataron 200 colonos. El gobernador territorial de Colorado les ordenó a los indígenas que se rindieran en Fort Lyon, en donde ellos iban a recibir alimentos y protección, según él.

Aunque varios cientos de indígenas se rindieron en el fuerte, muchos otros no lo hicieron.

En noviembre de 1864, el jefe **Olla Negra** trajo a varios cientos de cheyenne a negociar un tratado de paz. Ellos acamparon en Sand Creek. Poco después, el Coronel John Chivington al frente de los Voluntarios de Colorado atacó a los desprevenidos cheyenne. Catorce voluntarios y cientos de cheyenne murieron. El contraataque de los cheyenne fue rápido, provocando levantamientos generalizados antes de que algunos líderes cheyenne y arapaho acordaran dejar de luchar en octubre de 1865.

Little Bighorn

Se suponía que un tratado de 1868 traería la paz, pero las tensiones permanecieron y resultaron en más luchas años más tarde.

Esta vez el conflicto surgió a raíz de los **Black Hills** de las Dakotas. El gobierno había prometido que "No se permitirá que ninguna persona o personas blancas se asienten o ocupen" o incluso "pasen por" estos cerros. Sin embargo, se rumoreó que los cerros contenían oro. En 1874 Custer llevó una expedición del ejército para comprobar los rumores y confirmó que había oro, "desde las raíces del césped hacia abajo". Los cateadores afluyeron al área.

Los sioux protestaron contra los intrusos. El gobierno, en vez de proteger los derechos de los sioux, intentó comprar las colinas. **Toro Sentado,** un líder importante de los lakota sioux, se negó. "No quiero vender ninguna tierra. Ni siquiera una pizca de polvo de ellas", dijo él.

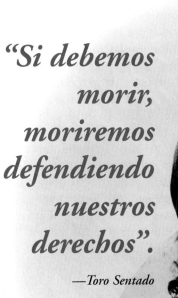

"Si debemos morir, moriremos defendiendo nuestros derechos".

—*Toro Sentado*

Jefe Joseph 1840—1904

En 1877 el gobierno de Estados Unidos exigió que los nez perce cedieran sus tierras y se fueran a una reservación en Idaho. El Jefe Joseph estaba preparando a su gente para irse cuando se enteró de que varios guerreros jóvenes habían atacado un grupo de colonizadores blancos. Temiendo venganza, el Jefe Joseph condujo a sus seguidores por más de 1,000 millas a través de Oregón, Washington, Idaho y Montana.

Durante más de tres meses él pudo evadir una fuerza estadounidense diez veces más grande que su grupo. Por el camino, él se ganó la admiración de muchos blancos por su tratamiento humano de los prisioneros y por su preocupación por las mujeres, niños y los ancianos.

A tan sólo 40 millas del borde canadiense los nez perce fueron rodeados. Las palabras del Jefe Joseph al rendirse reflejan la tragedia de su gente:

"Los niños pequeños se están congelando hasta morir. Mi gente (. . .) no tiene frazadas, no tiene alimentos . (. . .) Estoy cansado; mi corazón está enfermo y triste. A partir de donde se encuentra el sol ahora, no lucharé nunca jamás".

Toro Sentado reunió a guerreros Sioux y Cheyenne junto al **río Little Bighorn** en lo que hoy es Montana. A ellos se unió **Caballo Loco,** otro jefe sioux, y sus fuerzas. Al ejército de Estados Unidos se le ordenó hacer una redada de los guerreros y llevarlos a las reservaciones. A la Séptima Caballería, al mando del teniente coronel **George Custer,** se le ordenó hacer un reconocimiento del campamento indígena.

Custer deseaba la gloria de una gran victoria. Él dividió su regimiento y atacó a los indígenas el 25 de junio de 1876. Sin embargo, había subestimado grandemente su poderío. Con aproximadamente 250 soldados, Custer se vio enfrentado a una fuerza de miles de sioux y cheyenne. Custer y todos bajo su mando perdieron sus vidas. La noticia de la derrota del ejército horrorizó a la nación.

El triunfo de los indígenas en Little Bighorn no duró mucho tiempo. El ejército rápidamente sofocó el levantamiento, enviando a gran parte de los indígenas a las reservaciones. Toro Sentado y sus seguidores huyeron hacia el norte a Canadá. Para el año 1881, agotados y hambrientos, los lakota y cheyenne acordaron vivir en una reservación.

Las guerras apache

Problemas también se presentaron en el suroeste. Los chiracahua apache se habían cambiado de sus tierras a la reservación de San Carlos en Arizona a mediados de la década de 1870. Muchos apache resentían el confinamiento a esta reservación. El líder apache, **Gerónimo,** escapó de San Carlos y huyó a México con una pequeña banda de seguidores. Durante la década de 1880, él estuvo al frente de redadas contra colonos y el ejército en Arizona.

Miles de tropas persiguieron a Gerónimo y sus guerreros. Varias veces él regreso a la reservación. Gerónimo dijo,

66Antes me trasladaba de un lado a otro como el viento. Ahora a ustedes me rindo99.

Pero nuevamente dejó la reservación. En 1886 Gerónimo finalmente se rindió; fue el último indígena en rendirse formalmente a los Estados Unidos.

Una cultura cambiante

Muchas cosas contribuyeron al cambio del estilo de vida tradicional de los indígenas: el movimiento de los blancos hacia sus tierras, la matanza del búfalo, los ataques del ejército de Estados Unidos y la política sobre las reservaciones. Otros cambios más provinieron de reformistas bien intencionados que querían abolir las reservaciones y absorber a los indígenas en la cultura blanca estadounidense.

Los reformistas estadounidenses tal como **Helen Hunt Jackson** estaban horrorizados con la masacre de los indígenas y con la crueldad del sistema de las reservaciones. Al describir el tratamiento de los indígenas por parte de los blancos en su libro de 1881 *Un Siglo de Deshonra,* Jackson escribió:

> 66Hace muy poca diferencia (. . .) en dónde uno abre el registro de la historia de los indígenas; cada página y cada año tiene una mancha oscura99.

El Congreso cambió la política del gobierno con la **Ley Dawes** en 1887. La ley tenía como propósito eliminar lo que los estadounidenses consideraban como las dos debilidades de la vida indígena: la falta de propiedad privada y la tradición nómada.

La Ley Dawes proponía acabar con las reservaciones y terminar la identificación con un grupo de tribu. Cada indígena recibiría un terreno en las tierras de reservaciones. La meta era alentar a los indígenas a que se hicieran agricultores y, con el tiempo, ciudadanos estadounidenses. Los niños indígenas serían enviados a internados a cargo de blancos. Parte de las tierras de reservaciones se vendería para financiar esta educación.

Durante los siguientes 50 años, el gobierno dividió las reservaciones. Los especuladores adquirieron gran parte de la tierra valiosa. Los indígenas con frecuencia recibieron terrenos pedregosos, secos, que no eran adecuados para la agricultura.

Wounded Knee

La Ley Dawes cambió para siempre el estilo de vida indígena y debilitó sus tradiciones culturales. En su desesperación, los sioux recurrieron en 1890 a Wovoka, un profeta. Wovoka sostuvo que los sioux podían recuperar su grandeza anterior si ellos llevaban a cabo un ritual conocido como la **Danza de los Espíritus.**

La Danza de los Espíritus para los sioux era una forma de expresar que su cultura estaba siendo destruida. A medida que el ritual se propagó, los oficiales de la reservación se alarmaron y decidieron prohibir la danza. Creyendo que su jefe, Toro Sentado, era el líder del movimiento, la policía fue a su campamento a arrestarlo. Durante la escaramuza, le dispararon a Toro Sentado.

Varios cientos de lakota sioux huyeron atemorizados después de la muerte de Toro Sentado. Ellos se reunieron en un arroyo llamado **Wounded Knee** en el suroeste de Dakota del Sur. El 29 de diciembre de 1890, el ejército fue ahí para recolectar las armas de los Sioux. Nadie sabe cómo comenzó la pelea, pero cuando se escuchó el sonido de un disparo, el ejército respondió con fuego. Más de 200 sioux y 25 soldados murieron.

Wounded Knee marcó el fin del conflicto armado entre los blancos y los indígenas. Los indígenas habían perdido su larga lucha.

✔**Comprobación de lectura** **Descripción** ¿Cuál era el propósito de la Ley Dawes?

EVALUACIÓN DE LA SECCIÓN 3

Verificación de comprensión

1. **Términos clave** Usa cada uno de los términos clave en oraciones que ayuden a explicar su significado. nómada, reservación.
2. **Repaso de hechos** ¿Quiénes fueron Gerónimo y el Jefe Joseph?

Repaso de temas

3. **Cultura y tradiciones** ¿Qué dos aspectos de la vida indígena se suponía que la Ley Dawes iba a eliminar?

Pensamiento crítico

4. **Identificación de temas centrales** Recrea el diagrama siguiente e identifica formas en las que la política de reservación del gobierno ignoró las necesidades de los indígenas.

> Política del gobierno

5. **Conclusiones** ¿Reflejó la Ley Dawes un esfuerzo por parte del gobierno de Estados Unidos por cambiar la vida de los indígenas? Si es así, ¿cómo?

Análisis de material visual

6. **Habilidades geográficas** Estudia el mapa en la página 544. ¿Cuándo tuvo lugar la batalla de Wounded Knee? ¿Adónde estaban ubicadas las reservaciones shoshone?

Actividad interdisciplinaria

Ciencia Investiga para averiguar más sobre el búfalo. Con el búfalo al centro, crea un diagrama que muestre la importancia de este animal en la vida diaria y la cultura de los indígenas de las Llanuras.

La protesta de los granjeros

Guía de lectura

Idea principal
A fines del siglo XIX, los granjeros comenzaron a unirse en grupos y asociaciones para luchar contra sus problemas.

Términos clave
Granja Nacional, cooperativa, Partido Populista, plata libre

Estrategia de lectura
Identificación de temas centrales
Al leer la sección, recrea el siguiente diagrama para identificar los problemas que enfrentaron los granjeros a fines del siglo XIX.

Problemas de los granjeros

Leer para aprender
- por qué los granjeros se vieron enfrentados a tiempos difíciles a fines del siglo XIX.
- cómo los granjeros trataron de resolver sus problemas.

Tema de la sección
Grupos e instituciones A fines del siglo XIX, los granjeros trabajaron juntos para intentar mejorar sus vidas.

Presentación preliminar de acontecimientos

◆1870   ◆1880   ◆1890   ◆1900

Década de 1870
El movimiento Grange trabaja para reducir los costos de envío

Década de 1880
Las alianzas de granjeros buscan apoyo federal

1890
Los miembros de la Alianza forman el Partido Populista

1896
William McKinley es elegido presidente

UNA
historia estadounidense

En las últimas décadas del siglo XIX, los granjeros sufrieron por la caída de precios y el alza de los costos. Ellos expresaron su frustración con una canción popular:

> *"Cuando el banquero dice que está en quiebra*
> *Y el mercader se está haciendo humo*
> *Ellos se olvidan que es el granjero el que los alimenta a todos. (. . .)*
> *El granjero es el hombre,*
> *Que vive de créditos hasta el otoño;*
> *Con las tasas de interés tan altas,*
> *Es un milagro que no se muere,*
> *Ya que el hombre de las hipotecas es el que se queda con todo".*

Los granjeros se organizan

Después de la Guerra Civil, la agricultura se expandió en el Oeste y en el Sur, y más tierras fueron cultivadas. No obstante, el suministro de cosechas creció más rápido que la demanda de éstas, y los precios caían en forma constante. En 1866 una fanega de trigo se vendía por $1.45. Hacia mediados de la década de 1880, el precio había caído a 80 centavos y a mediados de la década de 1890, a 49 centavos. Al mismo tiempo, los gastos de los granjeros para transportar sus productos al mercado, por semillas y por equipos y otros productos manufacturados seguían altos. Las dificultades económicas que afligían a los granjeros dio origen a sentimientos amargos.

Los granjeros le echaban la culpa de sus problemas a tres grupos en particular. Ellos resentían las compañías de ferrocarril, ya que a los granjeros les cobraban más por transportar sus cosechas que lo que cobraban a los fabricantes por enviar sus productos. Estaban furiosos con los fabricantes del Este, quienes cobraban precios altos por sus productos. También tenían problemas con los bancos.

Los granjeros necesitaban pedir dinero prestado para comprar semillas, equipos y otros productos. Después de vender sus cosechas, ellos tenían que pagar las altas tasas de interés fijadas por los bancos. Si las cosechas fallaban y los granjeros no podían pagar los préstamos, corrían el peligro de perder sus granjas.

Los granjeros con predios de tamaño pequeño y mediano tenían dificultades para sobrevivir. El Senador William A. Peffer de Kansas resumió las dificultades económicas que afligían a los granjeros cuando él observó que las compañías de ferrocarriles "tomaban posesión de la tierra" y los banqueros "tomaban posesión del granjero".

El movimiento Grange

Los granjeros comenzaron a organizarse en un intento por resolver sus problemas. En un corto plazo, ellos crearon un movimiento político masivo.

La primera organización de granjeros de este período fue una red de organizaciones de autoayuda locales que con el tiempo se llamó la Granja Nacional. La Granja les ofrecía a los granjeros educación, fraternidad y respaldo. Para los granjeros sin experiencia, la Grange contaba con una biblioteca con libros sobre el cultivo y la crianza de animales. Para las familias granjeras solitarias, organizaba reuniones sociales. En una declaración de propósito de 1874, la Grange sostuvo,

❝Proponemos reunirnos, hablar, trabajar, comprar y vender juntos . . .❞.

Pero más que nada, la Grange trataba de alentar la autosuficiencia económica. Estableció cooperativas en "efectivo solamente", tiendas en donde los granjeros compraban los productos entre sí. Las cooperativas cobraban precios más bajos que las tiendas normales y proveían una salida para las cosechas de los granjeros. El propósito de la política de "efectivo solamente" era quitar el peso de la compra de crédito que amenazaba a los granjeros.

HISTORIA En línea

Actividad del estudiante en línea
Visita taj.glencoe.com y haz clic en **Chapter 18— Student Web Activities** para hacer una actividad sobre la vida de un agricultor a fines del siglo XIX.

En la década de 1870, la Grange trató de reducir los costos de los granjeros haciendo que legislaciones estatales limitaran las tarifas de envíos de los ferrocarriles. Muchos estados de la región central del país aprobaron tales leyes. Sin embargo, hacia 1878, los ferrocarriles habían puesto tanta presión en las leyes estatales que estos estados revocaron las regulaciones de las tarifas.

Las cooperativas de la Grange también fracasaron. Los granjeros siempre estaban cortos de dinero y tenían que pedir dinero prestado hasta que se vendiera su próxima cosecha. La cooperativa de dinero solamente no podía funcionar si era necesario pedir prestado. Hacia fines de la década de 1870, la Grange había declinado. Los reformadores rurales entonces intentaron ayudar a los agricultores por medio de Alianzas de Granjeros.

Las Alianzas de Granjeros

Las **Alianzas de Granjeros** eran redes de organizaciones que surgieron en el Oeste y el Sur en la década de 1880. La Alianza del Sur fue fundada en Texas cuando los granjeros se unieron en contra de los ferrocarriles y en contra del "poder del dinero".

Los líderes de la alianza extendieron el movimiento a otros estados. Hacia 1890 la Alianza del Sur contaba con más de tres millones de miembros y la Alianza Nacional de Granjeros de Color, una organización de granjeros afroamericanos, tenía un millón de miembros. También se desarrolló un movimiento de Alianza en los estados de las Llanuras.

Al igual que la Grange, las alianzas de granjeros auspiciaban la educación y la compra y venta cooperativa. Las alianzas también propusieron un plan en el que el gobierno federal almacenaría las cosechas de los granjeros en bodegas y les prestaría dinero a los granjeros. Cuando las cosechas almacenadas se vendían, los granjeros le reembolsaban al gobierno los préstamos. Tal plan reduciría el poder que los ferrocarriles, bancos y

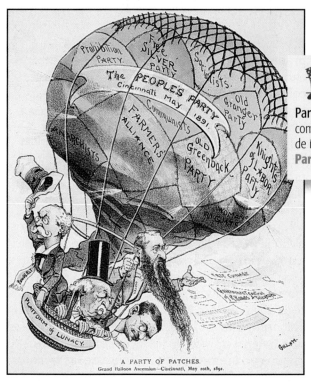

A PARTY OF PATCHES.
Grand Balloon Ascension—Cincinnati, May 20th, 1891.

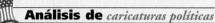

Análisis de *caricaturas políticas*

Partido de parches El caricaturista presenta al Partido Populista como una colección de partidos políticos minoritarios y de grupos de intereses especiales. **¿La caricatura apoya o ridiculiza al Partido Populista? Explica.**

mercaderes tenían sobre los granjeros y les ofrecería a los granjeros cierta protección federal.

Si las alianzas hubiesen permanecido unidas, ellas hubieran sido una fuerza política poderosa. Sin embargo, conflictos de personalidad y diferencias regionales mantuvieron separados a los grupos.

Comprobación de lectura **Descripción** ¿Cuál es el objetivo de una cooperativa?

Un partido del pueblo

En las elecciones de 1890, las Alianzas comenzaron a participar activamente en las campañas políticas. Los candidatos que ellas apoyaban obtuvieron 6 cargos de gobernador, 3 asientos en el Senado de Estados Unidos y 50 asientos en la Cámara de Representantes.

El Partido Populista

Encantados con tales éxitos, los líderes de la Alianza trabajaron para convertir el movimiento en un partido político nacional. En febrero de 1890, los miembros de la Alianza crearon el Partido de la Gente de Estados Unidos, también conocido como el Partido Populista. Los objetivos de este nuevo partido se basaban en el **populismo,** o un llamado a la gente común.

El nuevo partido sostenía que el gobierno, no las compañías privadas, debería ser el dueño de las líneas de ferrocarril y teléfono. Los populistas también querían reemplazar el sistema monetario basa-do en el oro con un sistema monetario flexible que se basara en la plata libre, la producción ilimitada de monedas de plata. Ellos creían que al inyectar más monedas de plata a la economía, los granjeros tendrían más dinero para pagar sus deudas.

El Partido Populista respaldó un número de reformas políticas y laborales. Ellos querían reformas electorales, tales como limitar al presidente y vicepresidente a un plazo único, elegir senadores en forma directa e introducir el uso de votos secretos. También pedían menos horas de trabajo para los trabajadores y la creación de un impuesto sobre los ingresos nacional.

Ganancias y problemas populistas

En una convención en **Omaha, Nebraska,** en julio de 1892, el Partido Populista nominó a **James B. Weaver** de Iowa para que se presentara como candidato a presidente. En la elección Weaver recibió más de 1 millón de votos 8.5 por ciento del total y 22 votos electorales. **Grover Cleveland,** el candidato democrático ganó las elecciones, pero a los populistas les había ido bien para ser un tercer partido.

Los populistas hicieron sentir su presencia en las elecciones estatales y locales de 1894 y tenían grandes esperanzas para las elecciones presidenciales de 1896. El partido nombró a un número de candidatos llenos de energías, pero carecían de dinero y organización.

$ Economía

Plata libre

Para hacer las cosas aún peores, el antagonismo entre el Norte y el Sur plagaba al Partido Populista. Además muchos sureños blancos no podían verse uniendo fuerzas con los populistas afroamericanos.

Otro golpe contra el populismo fue dado por el Partido Demócrata en el Sur. En la década de 1890 las leyes estatales del Sur controladas por los demócratas imponían límites estrictos sobre los derechos a voto de los afroamericanos. Muchos libertos que tal vez hubieran respaldado a los populistas no podían votar.

No obstante, la cruzada populista por la plata libre y en contra del "poder del dinero" continuó. Intereses bancarios y comerciales advirtieron que acuñar cantidades ilimitadas de moneda nueva llevaría a la inflación y ruina de la economía.

Los deudores se sumaron a los granjeros para apoyar el acuñamiento libre de monedas de plata, con la esperanza de que los préstamos pudieran ser reembolsados en forma más barata. Las compañías mineras de plata en el Oeste también respaldaron la causa. Si el gobierno acuñaba grandes cantidades de plata, ellos tendrían un lugar para vender su metal.

A mediados de la década de 1890, los demócratas de los estados productores de plata y agrícolas se unieron para promover la plata libre. Esto creó un problema para los populistas. ¿Deberían aliarse ellos con estos demócratas? ¿O deberían ellos seguir siendo un partido aparte y correr el riesgo de dividir los votos para la acuñación libre de monedas de plata?

Las elecciones de 1896

El Presidente Grover Cleveland, un demócrata, se oponía a la plata libre. Sin embargo, en su convención de 1896, los demócratas escogieron a un candidato para presidente que apoyaba la acuñación libre de monedas de plata y otros objetivos populistas. De 36 años de edad, **William Jennings Bryan** era conocido como el Gran Plebeyo debido a su llamado a los estadounidenses comunes. Bryan apasionadamente creía en las causas de los granjeros.

Los populistas decidieron dar su apoyo a Bryan como su candidato para presidente y nominar a su propio candidato, Tom Watson de Georgia, para vicepresidente. Los republicanos nominaron a **William McKinley** de Ohio para presidente. Un ex representante y gobernador de Ohio, McKinley era un político astuto que se oponía la plata libre.

Un ardiente orador, Bryan demostró ser un sobresaliente candidato. Cruzó la nación dando un discurso dinámico tras otro, atacando a los banqueros y otros intereses monetarios.

La agotadora campaña de Bryan fue en vano. Al momento de las elecciones, una depresión económica que había disminuido los negocios a comienzos de la década de 1890 estaba casi llegando a su fin. Los votantes creían que los buenos tiempos estaban volviendo, y depositaron su confianza en el candidato republicano McKinley, quien representaba estabilidad. Incluso la situación económica de los granjeros estaba mejorando. El mensaje de los populistas ya no parecía urgente. McKinley obtuvo 271 votos electorales en comparación con 176 de Bryan. McKinley recibió 7.1 millones de votos populares en comparación con 6.5 millones para Bryan. El programa populista recibió solamente 222,600 votos populares y no obtuvo ningún voto electoral.

El legado populista

En un aspecto, no obstante, los populistas resultaron victoriosos. Los reformadores adoptaron muchas ideas populistas y tuvieron éxito haciendo que muchas leyes fueran aprobadas. En el siglo XX, Estados Unidos abandonó el estándar de oro, adoptó un día laboral de ocho horas e introdujo un impuesto sobre los ingresos. Las reformas electorales incluyeron el voto secreto y la elección directa de senadores. Éstas eran metas populistas.

Comprobación de lectura **Examinar** ¿Cuál de las reformas populistas son parte de nuestro sistema político de hoy?

EVALUACIÓN DE LA SECCIÓN 4

Verificación de comprensión

1. **Términos clave** Escribe un boletín informativo de una página para el Partido Populista que use los siguientes términos: Granja Nacional, cooperativa, Partido Populista, plata libre.

2. **Repaso de hechos** ¿Quiénes eran los candidatos presidenciales en las elecciones de 1896?

Repaso de temas

3. **Grupos e instituciones** ¿Por qué se formaron granjas y alianzas?

Pensamiento crítico

4. **Inferencias** ¿Por qué crees que los populistas se consideraban a sí mismos como el partido de la gente?

5. **Análisis de la información** Recrea el diagrama siguiente y explica qué medidas tomaron los granjeros para hacerles frente a sus problemas.

```
        Problemas de los
           granjeros
    ┌──────────┼──────────┐
 Acción:   Acción:    Acción:
```

Análisis de material visual

6. **Análisis de caricaturas políticas** Observa la caricatura de la página 550. ¿Por qué se muestran nombres de muchos grupos en el globo?

Actividad interdisciplinaria

Ciudadanía Escribe una consigna para la campaña de un candidato populista que desea ser Presidente, y haz una calcomanía para parachoques que muestre tu consigna.

CAPÍTULO 18   La frontera del oeste   **551**

Resumen del capítulo

La frontera del oeste

Minería

- Se descubre oro en Pikes Peak
- Se descubre la Veta de Comstock
- Se forman compañías mineras
- Aparecen pueblos prósperos
- Muchos pueblos prósperos se vuelven pueblos de espectros

Ferrocarril

- Los ferrocarriles se expanden para satisfacer las necesidades de los minas del oeste
- Los ferrocarriles reciben subvención del gobierno
- Se completa la vía férrea transcontinental
- Más colonizadores se van hacia el oeste
- Las materias primas se envían al este; los productos manufacturados, hacia el oeste

Frontera del oeste

Rancheros y granjeros

- Los arreos largos mueven el ganado a pueblos con ferrocarril
- Los pueblos ganaderos se convierten en estaciones importantes
- La Ley Homestead aumenta la colonización de las Grandes Llanuras
- Oklahoma se abre a los recipientes de tierras por concesión

Indígenas estadounidenses

- Los indígenas de las Llanuras dependían del búfalo.
- Los blancos masacran al búfalo
- El gobierno traslada a los indígenas a reservaciones
- Los indígenas se resisten y ello lleva a la guerra
- El conflicto con los indígenas termina con la masacre de Wounded Knee

Repaso de términos clave

En una hoja de papel, crea un crucigrama de palabras usando los siguientes términos. Usa las definiciones de los términos como tu clave para el crucigrama.

1. veta
2. mineral
3. vigilante
4. cooperativa
5. nómada
6. reservación

Repaso de hechos clave

7. ¿En qué formas el ferrocarril transcontinental ayudó a estimular la economía estadounidense?
8. ¿Dónde comenzaba el Sendero Chisholm?
9. ¿Qué atrajo a los granjeros a las Grandes Llanuras?
10. ¿Quiénes eran los exodistas?
11. ¿Qué problema abordó la agricultura en seco?
12. ¿Qué acciones de los blancos destruyeron la población de búfalos?
13. ¿En qué estado de hoy en día se encontraba el Territorio Indígena?
14. ¿Quién era Gerónimo?
15. ¿Cómo ayudó la Granja a los granjeros?
16. ¿Qué reformas políticas apoyaban los populistas?

Pensamiento crítico

17. **Geografía e historia** ¿Cómo la fiebre por encontrar oro y plata inició la creación de nuevas comunidades en el Oeste?
18. **Análisis de temas: Factores económicos** ¿Por qué el Reino del ganado dependía del ferrocarril?
19. **Análisis de temas: Grupos e instituciones** Describe los problemas que condujeron a los granjeros a formar granges y alianzas.
20. **Análisis de temas: Cultura y tradiciones** Recrea el diagrama siguiente y describe qué acciones por parte del gobierno de Estados Unidos y los colonizadores blancos dieron fin al estilo de vida tradicional de los indígenas.

Medidas

Actividad de historia y geografía

Estudia el mapa de la página 544 y responde a estas preguntas.

21. **Ubicación** ¿En qué estado tuvo lugar la batalla de Little Bighorn?

22. **Movimiento** ¿En qué dirección de Wyoming viajó la gente de nez perce?

23. **Región** ¿En qué área vivieron los hopi?

Práctica de habilidades

Interpretación de un mapa especial

Estudia el mapa de propósitos especiales de abajo y luego responde las preguntas siguientes.

24. ¿Qué región geográfica se muestra?

25. En qué parte de Texas se encontraba la mayoría de los ranchos de ganado grandes?

26. ¿Dónde terminaba el Sendero del Oeste?

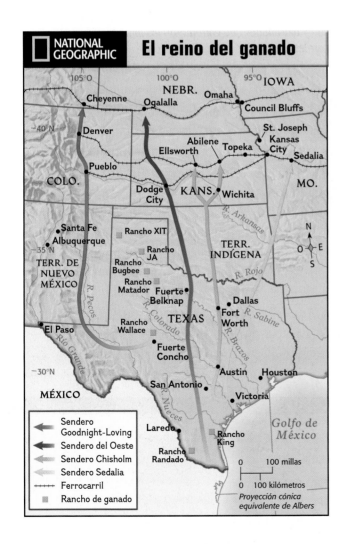

NATIONAL GEOGRAPHIC

El reino del ganado

Leyenda:
- ← Sendero Goodnight-Loving
- ← Sendero del Oeste
- ← Sendero Chisholm
- ← Sendero Sedalia
- +++++ Ferrocarril
- ■ Rancho de ganado

0   100 millas
0   100 kilómetros
Proyección cónica equivalente de Albers

HISTORIA En línea

Prueba de autocomprobación
Visita **taj.glencoe.com** y haz clic en **Chapter 18— Self-Check Quizzes** a fin de prepararte para el examen del capítulo.

Actividad ciudadana cooperativa

27. **Interpretaciones constitucionales** Con un compañero busca información sobre la Ley de Derechos Civiles de 1964, la Ley de Sufragio de 1975, y la Ley de Estadounidenses con Discapacidades de 1990. Prepara un folleto informativo que describa estas leyes.

Actividad de economía

28. **Historia y economía** Actualmente muchos indígenas todavía viven en reservaciones. Algunas reservaciones han desarrollado sus propios negocios e industrias para ayudarles a ser más autosuficientes. Con un compañero, busca información sobre una reservación en Estados Unidos hoy en día. Escribe un informe describiendo uno de los negocios principales de esa reservación.

Evaluación alternativa

29. **Actividad de redacción** Vuelve a leer y toma notas de la sección del capítulo que habla sobre las labores de una mujer granjera. Usa tus notas para crear un programa, hora por hora, que muestre las actividades típicas del día de una mujer granjera que vive en las Grandes Llanuras.

Práctica de examen estandarizado

Instrucciones: Selecciona la *mejor* respuesta a la pregunta siguiente.

¿La gente a fines del siglo XIX aprovechó las praderas abiertas del Oeste para desarrollar cuál de estas industrias?

A Banca   **C** Ganadería

B Manufacturera   **D** Minería

Consejo para el examen

Las palabras importantes en esta pregunta son *praderas abiertas*. La industria de la banca y de manufactura no necesitan praderas abiertas, de modo que fácilmente puedes eliminar las respuestas **A** y **B**.

CAPÍTULO 19

El crecimiento de la industria

1865–1914

Por qué es importante

Las innovaciones en las combinaciones de tecnología y nuevos negocios ayudaron a que Estados Unidos se convirtiera en una gran potencia industrial. Ya en el año 1900, la producción industrial de Estados Unidos era la mayor del mundo.

El impacto actual

Las innovaciones en tecnología y economía han transformado las economías nacional y regional en una economía mundial. El desarrollo en el transporte y las comunicaciones han hecho del comercio internacional la fuerza que impulsa al mundo actual.

 Video El viaje estadounidense *El video del capítulo 19, "The Builders of Our Railroads", examina la vida y dificultades que enfrentaron los inmigrantes como trabajadores de los ferrocarriles.*

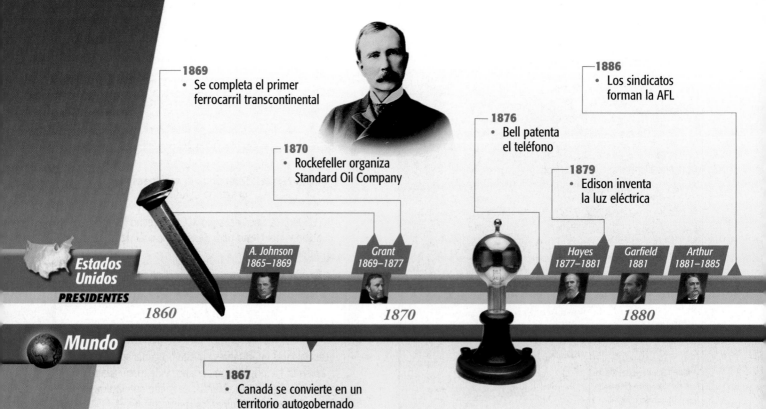

1869
- Se completa el primer ferrocarril transcontinental

1870
- Rockefeller organiza Standard Oil Company

1876
- Bell patenta el teléfono

1879
- Edison inventa la luz eléctrica

1886
- Los sindicatos forman la AFL

Estados Unidos
PRESIDENTES

A. Johnson 1865–1869

Grant 1869–1877

Hayes 1877–1881

Garfield 1881

Arthur 1881–1885

1860

1870

1880

Mundo

1867
- Canadá se convierte en un territorio autogobernado

El mediodía de los obreros siderúrgicos por Thomas Pollock Anshutz
Trabajadores en una fábrica de Wheeling, Virginia Occidental, hacen la pausa del mediodía.

PLEGABLES™
Organizador de estudios

Plegable de estudio para identificar ideas principales Elabora este plegable para describir el crecimiento de la industria en Estados Unidos a finales de los años 1800.

Paso 1 Dobla una hoja desde la parte superior a la inferior. Corta el papel a la mitad en el doblez.

Corta a lo largo de los dobleces.

Paso 2 Dobla las cuatro partes a la mitad desde la parte superior a la inferior.

Paso 3 En cada papel doblado, haz un corte a 1 pulgada del lado en la solapa superior.

1"

Corta 1 pulgada desde el borde a través de la solapa superior solamente.

Paso 4 Coloca los papeles doblados uno encima del otro. Engrapa las cuatro secciones y etiquétalas en las lengüetas **Ferrocarriles, Inventos, Gran Negocio** y **Trabajadores Industriales.**

Engrapa aquí.   Ferrocarriles

Lectura y redacción Conforme vas leyendo, escribe lo que aprendas referente a los desarrollos de la industria debajo de la lengüeta correspondiente.

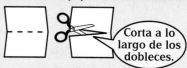

1890
• Promulgación de la Ley Antimonopolio de Sherman

1896
• Ford construye su primer automóvil

1903
• Los hermanos Wright vuelan el primer avión con motor

1908
• Ford introduce el Modelo T

Cleveland 1885–1889
B. Harrison 1889–1893
Cleveland 1893–1897
McKinley 1897–1901
Roosevelt 1901–1909

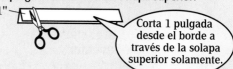

1890   *1900*

1895
• Marconi envía las primeras señales de radio
• Los hermanos Lumière introducen las películas de cine

1901
• Australia se convierte en un territorio autogobernado

1907
• Nueva Zelanda se convierte en un territorio autogobernado

HISTORIA
En línea

Descripción general del capítulo
Visita taj.glencoe.com y haz clic en **Chapter 19—Chapter Overviews** para ver la información preliminar del capítulo.

Los ferrocarriles encabezan la marcha

Guía de lectura

Idea principal
Una creciente red de transporte distribuye gente, productos e información por toda la nación.

Términos clave
consolidación, medida normal, reembolso, consorcio

Estrategia de lectura
Análisis de la información Al leer la sección, usa el siguiente diagrama para describir las contribuciones del ferrocarril al crecimiento de la industria.

El papel del ferrocarril

Leer para aprender
- cómo hicieron grandes fortunas los barones del ferrocarril.
- cómo el sistema nacional de ferrocarriles cambió la economía estadounidense.

Tema de la sección
Geografía e historia Cuando los ferrocarriles se expandieron, cambiaron los centros de algunas industrias.

Presentación preliminar de acontecimientos

| 1860 | 1870 | 1880 | 1890 |

1869
Se termina el primer ferrocarril transcontinental

La década de 1880
Se adopta el ancho estándar para las vías del ferrocarril

1883
Empieza a operar el ferrocarril Northern Pacific

La década de 1890
Cinco líneas de ferrocarril cruzan el país

UNA
historia estadounidense

Cuadrillas de construcción trabajaron en el Union Pacific y otros ferrocarriles durante el auge del transporte a finales del siglo XIX. El refrán de una canción popular hablaba del trabajo duro de los alquitranadores o perforadores:

Perforen, alquitranadores, ¡perforen!　　*Detrás del ferrocarril y,*
Perforen, alquitranadores, ¡perforen!　　*Perforen, alquitranadores, ¡perforen!*
Porque hay que trabajar todo el día　　*¡A hacer detonar!*
por el azúcar en el té,　　*¡A hacer explotar!*

Expansión ferrocarrilera

Durante la guerra civil, los trenes llevaron al frente tropas, armas y provisiones. El mejor sistema ferroviario del Norte jugó un papel importante en su victoria sobre el Sur. En las décadas siguientes a la guerra, los ferrocarriles se convirtieron en la fuerza que impulsó el crecimiento económico de Estados Unidos. El primer ferrocarril transcontinental, completado en 1869, pronto fue seguido por otros. Para la década de 1890, cinco líneas ferrocarrileras cruzaban el país y cientos de líneas más pequeñas se ramificaban de los mismos. El sistema ferroviario creció rápidamente. En 1860 Estados Unidos tenía alrededor de 30,000 millas (48,270 km) de vías. Para 1900, la nación tenía cerca de 250,000 millas (402,250 km) de vías.

Canciones de trabajo como "John Henry" y "He estado trabajando en el ferrocarril" eran populares entre quienes trabajaron para construir esas millas de vías. Cantaban así:

> ❝He estado trabajando en el ferrocarril,
> todo el santo día,
> He estado trabajando en el ferrocarril,
> Sólo para pasar el tiempo❞.

La expansión del sistema ferroviario estuvo acompañada de la consolidación, la práctica de combinar a compañías independientes, en la industria. Las compañías ferrocarrileras grandes se expandieron al comprar a las más pequeñas o al sacarlas del negocio. La consolidación hizo más eficientes a las compañías grandes. Después de la consolidación, unas cuantas personas conocidas como los **barones de los ferrocarriles** controlaban el tráfico ferroviario de la nación.

Barones de los ferrocarriles

El neoyorquino Cornelius Vanderbilt, uno de los primeros barones de los ferrocarriles, obtuvo el control de la línea New York Central e hizo una fortuna al consolidar varias compañías. Su imperio ferrocarrilero abarcaba desde la ciudad de Nueva York hasta los Grandes Lagos.

Otro barón de los ferrocarriles, James J. Hill, construyó la línea Great Northern entre Minnesota y el estado de Washington. Hasta su muerte en 1916, Hill continuó construyendo y dirigiendo su siempre creciente imperio comercial. Collis P. Huntington, Leland Stanford y otros dos socios fundaron el Central Pacific, que conectó a California con Utah.

Los barones eran agresivos y competitivos. Vivieron en una época donde había pocas leyes para controlar los negocios y algunos de sus métodos eran altamente cuestionables. Sin embargo, los barones jugaron un papel importante en la edificación del sistema de transporte de la nación.

✔ **Comprobación de lectura** **Análisis** ¿Qué significó la consolidación para muchas compañías pequeñas?

Los ferrocarriles estimulan la economía

El rápidamente creciente sistema ferroviario nacional creó nuevos enlaces económicos en el país. Los ferrocarriles llevaban a las fábricas materia prima como mineral de hierro, carbón y madera. También llevaban bienes manufacturados de las fábricas a los mercados y transportaban productos agrícolas a las ciudades.

El sistema ferroviario nacional alentó la expansión económica de otras maneras. Al principio, la demanda de vías férreas y locomotoras ayudó a crecer a la minería del hierro y a las industrias de procesamiento. Alrededor de 1880, las compañías ferrocarrileras empezaron a usar vías de acero, un metal fortalecido al agregar carbón y otros elementos al hierro refinado. El uso del acero en las vías ferroviarias estimuló la industria estadounidense del acero.

Los ferrocarriles además ayudaron al florecimiento de otras industrias. La industria maderera, que suministraba la madera para los durmientes, y la industria del carbón, que proveía el combustible de las locomotoras, vieron un crecimiento extraordinario. Además, las compañías ferroviarias proporcionaban trabajo a miles de personas que tendían las vías y construían estaciones y a quienes fabricaban los vagones y equipo ferroviario.

Mejorando los ferrocarriles

Un mayor uso hizo necesario que los ferrocarriles se expandieran y unificaran sus sistemas. Aunque se construían ferrocarriles por todo el país, diferentes líneas usaban diferentes medidas, o ancho de vía. Como resultado, los trenes de una línea no podían usar las vías de otra línea. Muchas de las primeras líneas locales llevaban bienes a

Hecho Ficción Folklore

Mano de obra

Los ferrocarriles emplearon más trabajadores a finales del siglo XIX que cualquier otra industria. A finales del siglo XIX, los ferrocarriles se convirtieron en la industria más grande de la nación. Sobrepasó a las demás como compradora de hierro, acero y carbón y se convirtió en el principal empleador del país.

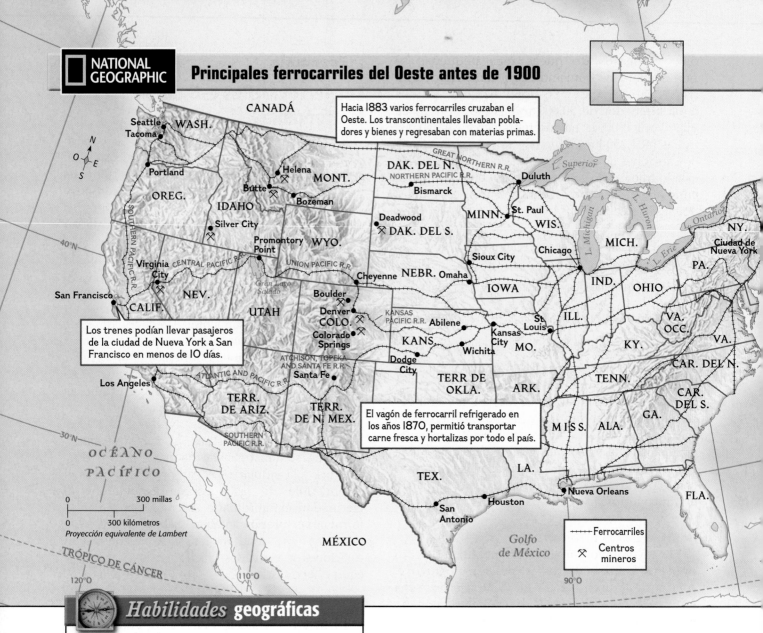

Principales ferrocarriles del Oeste antes de 1900

Hacia 1883 varios ferrocarriles cruzaban el Oeste. Los transcontinentales llevaban pobladores y bienes y regresaban con materias primas.

Los trenes podían llevar pasajeros de la ciudad de Nueva York a San Francisco en menos de 10 días.

El vagón de ferrocarril refrigerado en los años 1870, permitió transportar carne fresca y hortalizas por todo el país.

- CANADÁ
- Seattle
- Tacoma
- WASH.
- Portland
- OREG.
- Helena
- Butte
- MONT.
- Bozeman
- IDAHO
- Silver City
- Promontory Point
- WYO.
- Virginia City
- CENTRAL PACIFIC R.R.
- UNION PACIFIC R.R.
- Gran Lago Salado
- NEV.
- San Francisco
- CALIF.
- Boulder
- Denver
- COLO.
- Colorado Springs
- UTAH
- KANSAS PACIFIC R.R.
- Abilene
- Los Angeles
- ATLANTIC AND PACIFIC R.R.
- Santa Fe
- ATCHISON, TOPEKA AND SANTA FE R.R.
- Dodge City
- KANS.
- Wichita
- TERR. DE ARIZ.
- TERR. DE N. MEX.
- SOUTHERN PACIFIC R.R.
- SOUTHERN PACIFIC R.R.
- OCÉANO PACÍFICO
- GREAT NORTHERN R.R.
- NORTHERN PACIFIC R.R.
- DAK. DEL N.
- Bismarck
- Deadwood
- DAK. DEL S.
- MINN.
- St. Paul
- WIS.
- Duluth
- L. Superior
- L. Huron
- L. Michigan
- Sioux City
- Chicago
- MICH.
- L. Erie
- L. Ontario
- NY.
- Ciudad de Nueva York
- PA.
- NEBR.
- Omaha
- Cheyenne
- IOWA
- IND.
- OHIO
- St. Louis
- ILL.
- Kansas City
- MO.
- VA. OCC.
- KY.
- VA.
- CAR. DEL N.
- TERR DE OKLA.
- ARK.
- TENN.
- CAR. DEL S.
- GA.
- MISS.
- ALA.
- LA.
- TEX.
- San Antonio
- Houston
- Nueva Orleans
- FLA.
- MÉXICO
- Golfo de México
- 0 - 300 millas
- 0 - 300 kilómetros
- Proyección equivalente de Lambert
- TRÓPICO DE CÁNCER
- 120°O
- 110°O
- 90°O
- 30°N
- 40°N
- N O E S

Leyenda:
- ┼┼┼ Ferrocarriles
- ⚒ Centros mineros

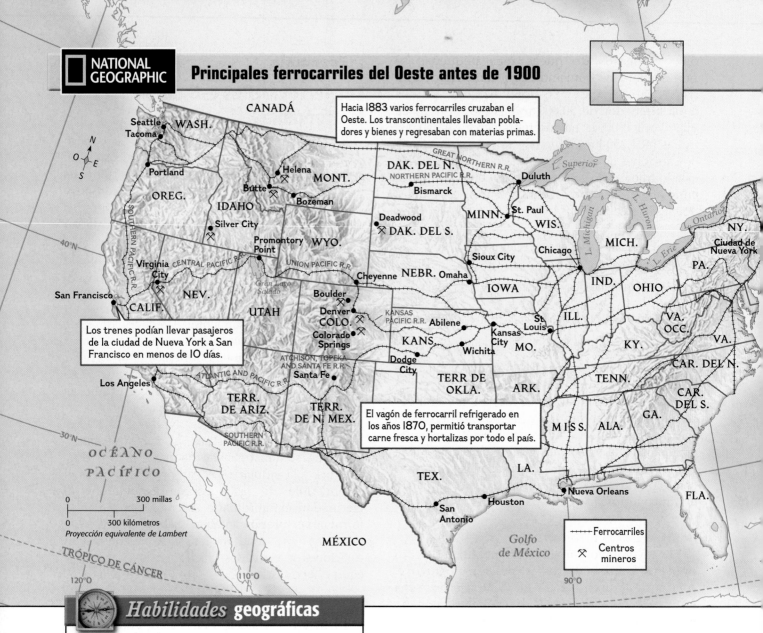

Habilidades geográficas

Hacia los años 1890 se habían tendido más de 150,000 millas (241,350 km) de vías.

1. **Identificación** ¿Cuál ferrocarril conectó a Los Ángeles con Nueva Orleans?
2. **Análisis de la información** ¿Qué ferrocarriles tomaría un viajero para ir de St. Louis a Virginia City?

distancias cortas y ni tan siquiera se conectaban con otras líneas. Estos vacíos en el servicio entre varias líneas hizo el viaje a larga distancia en ferrocarril lento e ineficiente.

Cuando las compañías ferrocarrileras se consolidaron, los barones vieron las ventajas de ser parte de una red nacional. A finales de la década de 1880, casi todas las compañías adoptaron una medida normal de 4 pies, 8.5 pulgadas como el ancho de vía. La medida normal permitió un embarque más rápido de bienes a un precio reducido. Ya no era necesario cargar y descargar

los bienes de un tren a otro. Un solo tren podía hacer todo el viaje.

Tecnología ferrocarrilera

El transporte ferroviario mejoró además con la introducción de nueva tecnología. Cuatro inventos fueron especialmente importantes. El inventor **George Westinghouse** diseñó los frenos de aire que mejoraron el sistema para parar los trenes, haciéndolos más seguros. Los acopladores Janney, nombrados por el inventor **Eli H. Janney,** hicieron más fácil para los trabajadores el acoplar vagones. Vagones refrigerados, desarrollados por **Gustavus Swift,** permitieron que los ferrocarriles transportaran carne y otros bienes perecederos a largas distancias. Finalmente, **George M. Pullman** inventó el vagón dormitorio Pullman, un vagón de lujo con asientos que se convertían en camas para los viajes nocturnos. Pullman además introdujo los carros comedor, elevando el nivel de comodidad del viaje por ferrocarril.

Compitiendo por clientes

Al tiempo que la red ferroviaria se expandía, las compañías ferrocarrileras competían ferozmente con las demás para mantener a sus clientes existentes y para ganar nuevos. Los ferrocarriles grandes ofrecían descuentos secretos llamados **reembolsos** a sus principales clientes. Los ferrocarriles más pequeños que no podían igualar estos reembolsos con frecuencia eran forzados a cerrar sus negocios. La oferta de descuentos a los clientes grandes aumentó las tarifas de carga para los agricultores y otros clientes que embarcaban cantidades pequeñas de bienes.

Los barones también hicieron acuerdos secretos entre ellos, conocidos como **consorcios.** Dividieron el negocio ferrocarrilero entre sus compañías y fijaron las tarifas para una región. Sin competencia en su región, un ferrocarril podía cobrar tarifas más elevadas y obtener ganancias más grandes. Aunque el Congreso y algunos estados aprobaron leyes para reglamentar los ferrocarriles, estas leyes tuvieron poco efecto para parar a los barones.

Los ferrocarriles cambian a Estados Unidos

La creciente red ferrocarrilera abrió el camino para que la industria estadounidense se ampliara al Oeste. El centro de la industria harinera, por ejemplo, cambió hacia el Oeste en los años 1800, yendo de la costa Este a Ohio, a Minneapolis y finalmente a Kansas City. Otras industrias siguieron el mismo patrón. Al tiempo que los agricultores se asentaban en las Grandes Llanuras, el centro manufacturero de equipo agrícola cambió del centro del estado de Nueva York a Illinois y Wisconsin.

Los ferrocarriles también llegaron a las vidas de miles de estadounidenses. Los trenes redistribuyeron la población. Llevaron colonos a las Grandes Llanuras y al Oeste. Los trenes además facilitaron que la gente se mudara de las áreas rurales a las ciudades.

Zonas de tiempo

Además, los ferrocarriles afectaron la manera en que los estadounidenses veían el tiempo. Cuando los viajes por tren se hicieon más comunes, la gente empezó a medir las distancias por las horas de viaje en vez de millas. La expansión del sistema ferroviario condujo al sistema nacional de tiempo con cuatro zonas.

Los ferrocarriles abrieron todo Estados Unidos a la colonización y crecimiento económico y unieron a diferentes regiones del país en una sola red. Al mismo tiempo, los inventos que revolucionaron el transporte y las comunicaciones unieron a los estadounidenses de otras maneras.

✓ **Comprobación de lectura** **Explicación** ¿Por qué fue importante para la industria ferrocarrilera adoptar la medida normal?

EVALUACIÓN DE LA SECCIÓN 1

Verificación de comprensión

1. **Términos clave** Usa cada uno de los términos clave en oraciones que ayuden a explicar su significado. **consolidación, medida normal, reembolso, consorcio.**

2. **Repaso de hechos** Describe los métodos usados por los barones para sacar del negocio a las compañías más pequeñas.

Repaso de temas

3. **Geografía e historia** ¿Cómo abrieron el camino los ferrocarriles para la expansión industrial en el Oeste?

Pensamiento crítico

4. **Inferencias** ¿Piensas que el gobierno federal debió haber intervenido para reglamentar las injustas prácticas de los barones? ¿Por qué sí o no?

5. **Organización de la información** Usa el siguiente diagrama e identifica los desarrollos tecnológicos que mejoraron el transporte ferroviario.

Tecnología ferrocarrilera

Análisis de material visual

6. **Habilidades geográficas** Estudia el mapa de los principales ferrocarriles occidentales que aparece en la página 558. ¿A través de cuáles estados pasaba el ferrocarril Great Northern? ¿A través de cuáles ciudades en Montana pasaban los ferrocarriles?

Actividad interdisciplinaria

Arte Crea un anuncio con palabras e imágenes para anunciar el invento del nuevo carro dormitorio Pullman.

Desarrollo de HABILIDADES

Estudios sociales

Lectura de un mapa de zonas de tiempo

NATIONAL GEOGRAPHIC

Zonas de tiempo de Estados Unidos

CÍRCULO POLAR ÁRTICO

Línea internacional del tiempo

60°N

2:00 P.M. — Hora de Alaska
3:00 P.M. — Hora del Pacífico
4:00 P.M. — Hora de la Montaña
5:00 P.M. — Hora Central
6:00 P.M. — Hora del Este
7:00 P.M. — Hora del Atlántico

12:00 P.M.
1:00 P.M. — Hora de Hawai-Aleutianas

7:30 P.M. — Hora de Terranova

30°N

TRÓPICO DE CÁNCER

0 1,000 millas
0 1,000 kilómetros
Proyección Mercator

150°O   120°O   90°O   60°O

La superficie de la tierra está dividida en 24 zonas de tiempo. Cada zona representa 15° de longitud o la distancia que gira la tierra en una hora. La línea de 0° de longitud, el Primer Meridiano, es el punto de partida para calcular el tiempo alrededor del mundo. Viajando al Oeste a partir del Primer Meridiano, se hace una hora más temprano; hacia el Este se hace una hora más tarde. Para leer un mapa de zonas de tiempo, sigue estos pasos:

- Ubica un lugar donde sepas qué hora es y selecciona otro donde desees saber qué hora es.
- Cuenta las zonas de tiempo que cruzas entre estos dos lugares.
- Si el segundo sitio queda al Este del primero, agrega una hora por cada zona de tiempo. Si queda al Oeste, resta una hora por cada zona.

Práctica de la habilidad

1. Describe cómo cambia la hora en EE.UU. cuando vas de Este a Oeste.

2. ¿Qué zona de tiempo en EE.UU. queda más al Oeste?

3. Si son las 6:00 P.M. en Washington, D.C., ¿qué hora es en San Diego, California?

Aplicación de la habilidad

Lectura de un mapa de zonas de tiempo Se demora dos horas volar desde Denver, Colorado a Chicago, Illinois. Si sales de Denver a las 2:00 A.M., ¿qué hora será en Chicago cuando llegues?

 El CD-ROM de Glencoe **"Skillbuilder Interactive Workbook, Level 1",** contiene instrucciones y ejercicios sobre habilidades fundamentales de ciencias sociales.

Guía de lectura

Idea principal
Los inventos mejoraron las redes de transporte y de comunicaciones que fueron vitales para el crecimiento industrial de la nación.

Términos clave
línea de montaje, fabricación en serie

Estrategia de lectura
Organización de la información Al leer la sección, usa el siguiente diagrama para detallar los inventos de cada persona y para explicar la importancia de cada invento para el crecimiento industrial.

	Invento	Importancia
Samuel Morse		
Alexander Bell		
Thomas Edison		

Leer para aprender
- qué cambios en el transporte y las comunicaciones transformaron a Estados Unidos.
- cómo los inventos que ahorraban trabajo afectaron la vida.

Tema de la sección
Ciencia y tecnología Nuevos inventos promovieron el crecimiento económico.

Presentación preliminar de acontecimientos

♦1870   ♦1890   ♦1910

1868
Christopher Sholes inventa la máquina de escribir

1876
Alexander Bell inventa el teléfono

1879
Edison inventa el primer foco de uso práctico

1903
Los hermanos Wright vuelan en Kitty Hawk

1908
Henry Ford introduce el Modelo T

UNA
historia estadounidense

A principios de los años 1900, los compositores estadounidenses de canciones se vieron envueltos en la fascinación del público con los nuevos inventos. Una de las canciones más populares de 1905, "En mi alegre Oldsmobile", celebraba al automóvil:

"Ven conmigo Lucile,
En mi alegre Oldsmobile.
Volaremos por el camino de la vida,
Automovileando tú y yo.

Rápidamente llegaremos a la iglesia,
Para que suenen las campanas de nuestra boda;
Puedes ir tan lejos como quieras, (. . .)
En mi alegre Oldsmobile".

Cambios en las comunicaciones

Hacia 1910 los estadounidenses en las ciudades manejaban carros a través de calles iluminadas con luz eléctrica. Iban a tiendas de departamentos donde compraban todo, desde fregaderos de cocina hasta zapatos. Los estadounidenses también compraban por correo, o levantaban el teléfono y ordenaban comestibles a la tienda local. El automóvil, la luz eléctrica y el teléfono fueron inventados después de 1870. En el transcurso de una generación se habían convertido en parte de la vida de millones de personas. Los nuevos inventos ayudaron a la gente a comunicarse más rápidamente a larga distancia. Las mejoras en las comunicaciones ayudaron a unificar regiones del país y promovieron el crecimiento económico.

El *Primer Vuelo* en *Kitty Hawk*

Transbordador espacial Discovery, 1990

Una pequeña muchedumbre se reunió en las dunas de arena de Kitty Hawk, Carolina del Norte, para probar el Flyer de los hermanos Wright. Cubriendo unos cuantos cientos de pies en 12 segundos, el vuelo llegó a su fin cuando el ala del Flyer tocó una de las dunas. Fue suficiente para alentar a los hermanos Wright a efectuar más vuelos. Pronto tendrían un avión práctico y el mundo una nueva forma de transporte.

El principio del vuelo motorizado y controlado

Los inventores experimentaron con aeronaves motorizadas en el siglo XIX, pero la era del viaje aéreo no empezó sino hasta 1903 en Kitty Hawk, Carolina del Norte. Orville y Wilbur Wright, hermanos y mecánicos de bicicletas, construyeron un avión de madera y lona con un motor de 12 caballos de fuerza. La mañana del 7 de diciembre, Orville Wright despegó en su avión y voló una distancia de 120 pies.

Primeros eventos en la historia de la aviación

En menos de 100 años, los aviadores fueron del primer vuelo en planeador a romper la barrera del sonido.

1853	1874	1903	1909	1914
Se efectúa el vuelo llevando a un ser humano en el planeador construido por Sir George Cayley	El monoplano impulsado por motor a vapor se eleva brevemente	Los hermanos Wright vuelan en Kitty Hawk	Louis Blériot vuela a través del Canal de la Mancha	Se inaugura el servicio regular de aerolínea entre St. Petersburg y Tampa, Florida

El telégrafo

Samuel Morse había introducido el telégrafo en 1844. Hacia 1860 Estados Unidos tenía miles de millas de líneas telegráficas, las cuales eran controladas en su mayor parte por Western Union Telegraph Company. En las oficinas de telégrafos, los operadores capacitados transmitían mensajes en código Morse. Los telegramas ofrecían comunicación casi instantánea y tenían muchos usos. Los tenderos confiaban en los telegramas para ordenar bienes y los reporteros los usaban para transmitir sus reportajes a sus periódicos. Los estadounidenses además empezaron a mandar mensajes personales por telegrama.

El telégrafo pronto enlazó a Estados Unidos con Europa. En la década de 1860 las noticias de Europa llegaban a este país por barco y eso tomaba varias semanas. **Cyrus Field** deseaba acelerar el proceso. Después de varios intentos fallidos, en 1866 Field logró tender un cable telegráfico a través del Océano Atlántico. El nuevo telégrafo transatlántico llevaba mensajes en cosa de segundos, acercando más a Estados Unidos y Europa.

El teléfono timbra

Alexander Graham Bell inventó un aparato que revolucionó las comunicaciones aún más que el telégrafo de Morse. Nacido y educado en Escocia, Bell se mudó a Estados Unidos, donde estudió la manera de enseñar a hablar a la gente con problemas del oído. Al mismo tiempo, experimentó enviar voz a través de cables eléctricos.

Biplano, a principios
del siglo XX

Al aire

- El Flyer fue un biplano con un motor ligero y poderoso de gasolina.

- Los hermanos Wright usaron timones ajustables para controlar el avión en las vueltas.

- Las dos hélices tenían cada una 8 $\frac{1}{2}$ pies de diámetro.

- La envergadura era de 40 pies, 4 pulgadas.

- La distancia de la nariz a la cola era de 21 pies, 1 pulgada.

- El peso del avión era de 605 libras.

Chuck Yeager
y el Bell X-1

1914 → Combate aéreo entre pilotos alemanes y franceses en la 1ª Guerra Mundial

1919 → Primer vuelo sin escalas a través del Océano Atlántico

1927 → Lindbergh completa el primer vuelo transatlántico solitario

1939 → El Heinkel alemán es el primer avión de reacción en volar

1947 → Chuck Yeager es el primero en volar más rápido que la velocidad del sonido

Hacia 1876 Bell inventó un aparato que transmitía el habla, el teléfono. Mientras Bell se preparaba para probar el aparato, accidentalmente derramó ácido de batería en su ropa. En pánico, Bell llamó a su asistente que estaba en otro cuarto: "Sr. Watson, venga. ¡Lo necesito!" Watson escuchó la voz de Bell saliendo del teléfono. El invento tuvo éxito.

Bell fundó la compañía telefónica Bell Telephone Company en 1877. Para la década de 1890 ya había vendido cientos de miles de teléfonos. La mayoría de los primeros clientes eran negocios. Dentro de poco, los teléfonos se harían comunes en las casas.

Comprobación de lectura **Explicación** ¿Cómo afectó el telégrafo a las comunicaciones?

El genio de la invención

A finales del siglo XIX se desencadenó la invención en Estados Unidos. Entre 1860 y 1890, el gobierno de Estados Unidos otorgó más de 400,000 patentes de nuevos inventos.

Muchos inventos ayudaron a las empresas a funcionar más eficientemente. Entre estos estaba la máquina de escribir de Christopher Sholes (1868) y la sumadora de William Burroughs (1888).

Otros inventos afectaron la vida cotidiana. En 1888 **George Eastman** inventó una pequeña cámara de caja, la Kodak, que hizo tomar fotografías más fácil y menos costoso. **John Thurman** inventó la aspiradora en 1899 que simplificó las tareas domésticas.

Thomas Edison

El mago de Menlo Park

Sus maestros decían que Thomas Edison era "aburrido". Debido a su mal oír, tuvo problemas en la escuela y con frecuencia no asistía. Su mamá finalmente lo sacó de la escuela y lo educó en casa. Le encantaba todo lo relacionado con la ciencia y ella le permitió poner un laboratorio de química en el sótano de la casa de la familia. Cuando tenía 12 años, trabajó en el ferrocarril, donde puso un nuevo laboratorio en un vagón de carga vacío. Un día, Edison salvó la vida de un niño que cayó a las vías cuando se aproximaba un tren. El papá del niño se interesó en Edison y le enseñó a usar el telégrafo. El primer invento de Edison fue un aparato que enviaba señales de telégrafo automáticamente, el cual inventó para que pudiera dormir en el trabajo.

Cuando aún tenía alrededor de 20 años, Edison decidió meterse al "negocio de los inventos". En 1876 Edison puso un taller en Menlo Park, Nueva Jersey. De este famoso laboratorio salió el fonógrafo, el proyector de películas de cine, el transmisor telefónico y la batería. Pero el invento más importante de Edison fue el foco eléctrico.

Edison desarrolló el primer foco útil en 1879. Luego diseñó plantas generadoras que podían producir electricidad y distribuirla a los focos. Para la navidad de 1880, Edison usó 40 focos para iluminar Menlo Park. Muchos visitantes acudieron a ver la "luz del futuro". Construyó la primera planta eléctrica en 1882 en la ciudad de Nueva York, ¡iluminando 85 edificios!

El inventor **George Westinghouse** llevó más allá el trabajo de Thomas Edison en la electricidad. En 1885 Westinghouse inventó y construyó transformadores que podían enviar la corriente eléctrica más económicamente a mayores distancias. Pronto la electricidad impulsó fábricas, tranvías, el alumbrado público y focos en todo Estados Unidos. Westinghouse también inventó un sistema de transporte de gas natural y muchos aparatos de seguridad.

Inventores afroamericanos

Numerosos afroamericanos contribuyeron a la era de la invención. **Lewis Howard Latimer,** un ingeniero, desarrolló y mejoró un filamento para foco y se unió a la compañía de Thomas Edison. **Granville Woods,** un ingeniero eléctrico y mecánico de Ohio, patentó docenas de inventos. Entre ellos estaba una incubadora eléctrica y mejoras a los ferrocarriles como el freno electromagnético y un interruptor automático de circuito. **Elijah McCoy** inventó un mecanismo para aceitar maquinaria.

Jan E. Matzeliger, otro inventor afroamericano, desarrolló una máquina fabricante de zapatos que efectuaba muchas tareas hechas antes a mano. Su aparato, el cual revolucionó a la industria del calzado, fue adoptado en fábricas en Estados Unidos y en el extranjero.

Comprobación de lectura **Evaluación** ¿Cuál de los inventos de Edison piensas que es el más valioso para nuestro mundo? Explica tus razones.

Una sociedad en proceso de cambio

En la década de 1900, las mejoras trajeron una nueva era de transporte. Después de un período de experimentación, el automóvil se convirtió en un método práctico para ir de un lado a otro.

Los automóviles de Henry Ford

Henry Ford deseaba construir un carro barato que durara toda la vida. Cuando trabajaba como ingeniero en **Detroit, Michigan,** en la década de 1890, Ford había experimentado con un motor para carro impulsado por gasolina. En 1903 estableció una compañía automotriz y empezó a diseñar carros.

En 1906 Ford tuvo la idea de un nuevo tipo de carro. Le dijo a Charles Sorenson, posteriormente el superintendente general de Ford, "Vamos a tener un carro que podamos construir en gran volumen y bajar el precio". Durante el siguiente año, Ford y Sorenson trabajaron en el **Modelo T,** construyendo el carro y probándolo en caminos malos. En 1908 Ford introdujo al público el Modelo T. Sorenson describió el robusto vehículo negro como

> 66. . . un carro que todos pueden comprar, que todos pueden manejar a cualquier parte y que casi todos puedan mantener en buenas condiciones99.

Estas cualidades hicieron inmensamente popular al Modelo T. Durante los siguientes 18 años, la compañía Ford vendió 15 millones de Modelos T. Henry Ford además promovió una manera nueva, menos costosa de fabricar carros —la **línea de montaje.** En la línea de montaje, cada trabajador efectúa una tarea asignada una y otra vez en cierta etapa en la producción del automóvil. La línea de montaje revolucionó la industria, permitiendo que los fabricantes produjeran grandes cantidades de bienes más rápidamente. Esta **fabricación en serie** de bienes bajó los costos de fabricación, así que podían vender sus productos más baratos.

MÁS SOBRE...

Cambios de nuestra forma de vivir

Los inventos El ingenio, innovación e imaginación estadounidenses resultó en los inventos que cambiaron la manera en que vivimos y cómo nos comunicamos.

El teléfono Alexander Graham Bell demostró el teléfono en 1876. El teléfono pronto se hizo una necesidad. Para 1900 había en uso 2 millones.

Iluminando el mundo Lewis Latimer mejoró la versión de Edison, creando un foco que duraba mucho más y desarrolló el portalámparas roscado. Latimer dirigió la instalación del alumbrado público de las ciudades de Nueva York, Filadelfia, Montreal y Londres.

Cámara Kodak En 1888 George Eastman inventó una pequeña cámara que hizo más fácil y menos costoso tomar fotografías.

Fonógrafo El primer fonógrafo práctico fue inventado por Thomas Edison en 1877.

Ford Modelo T 1912

Los comerciantes ahora podían vender bienes en todo el país tan fácilmente como en su propia ciudad. Algunas compañías establecieron divisiones de ventas por correo, recibiendo y embarcando pedidos por correo. Compañías como Montgomery Ward y Sears Roebuck publicaban catálogos que ofrecían una gran variedad de bienes, desde zapatos hasta equipo agrícola. Los catálogos ofrecían a las familias rurales una amplia gama de bienes que no encontraban en las tiendas rurales.

Tiendas de cadena, tiendas con sucursales idénticas en muchos lugares, crecieron rápidamente. La cadena de F.W. Woolworth de "tiendas de cinco y diez centavos" se especializó en la venta de artículos cotidianos domésticos y personales a precios de oferta. Para el año 1911 estaban funcionando más de mil tiendas Woolworth. El edificio Woolworth, erigido en la ciudad de Nueva York en 1913, se elevaba 792 pies (241 metros), el edificio más alto del mundo en su época.

HISTORIA En línea

Actividad del estudiante en línea
Visita **taj.glencoe.com** y haz clic en **Chapter 19— Student Web Activities** para hacer una actividad en línea sobre los inventos.

✓**Comprobación de lectura** **Descripción** ¿Qué cualidades hicieron popular al Modelo T?

Venta de bienes

Con las fábricas produciendo más y más productos, los comerciantes buscaron mejores maneras para venderlos. Una manera era a través del correo. En 1863, empezó la entrega domiciliaria del correo —hasta entonces, el servicio se limitaba a las oficinas postales únicamente. Para la década de 1890, la Oficina Postal de EE.UU. había extendido su servicio de entrega a las áreas rurales.

EVALUACIÓN DE LA SECCIÓN 2

Verificación de comprensión

1. **Términos clave** Usa los términos **línea de montaje** y **fabricación en serie** en una oración completa que explique su significado.
2. **Repaso de hechos** Nombra y describe dos inventos que cambiaron la manera en que los estadounidenses se comunicaban en el siglo XIX.

Repaso de temas

3. **Ciencia y tecnología** ¿Cómo mejoró el transporte a principios del siglo XX?

Pensamiento crítico

4. **Conclusiones** ¿Qué invento crees que propició el cambio más dramático en la vida de la gente? Explica.
5. **Organización de la información** Recrea el siguiente diagrama. De la descripción de inventos en esta sección, clasifica cada invento en una de las categorías.

Principalmente uso rural	Principalmente uso urbano	Tanto urbano y rural	Más usado por comercios e industria

Análisis de material visual

6. **Artefactos** Estudia las fotografías de los inventos y productos que aparecen en la Sección 2. ¿Cuál ha cambiado más que ningún otro? ¿Por qué piensas que es así?

Actividad interdisciplinaria

Ciencia En una página describe la manera en que los inventos mencionados en esta sección cambiaron la forma en que los estadounidenses veían al mundo. Habla de la manera en que estos inventos llevaron a más avances en la teoría científica.

Una época de grandes negocios

Guía de lectura

Idea principal
El crecimiento comercial fue impulsado por la formación de sociedades anónimas y por la ambición de sus propietarios.

Términos clave
sociedad anónima, valores, socio, dividendos, integración horizontal, cártel, monopolio, integración vertical, filantropía, fusión de empresas

Estrategia de lectura
Análisis de la información Al leer esta sección, recrea el siguiente diagrama y explica la importancia de cada término para los negocios a finales del siglo XIX.

	Importancia
Accionistas	
Bolsas de valores	
Fusiones	

Leer para aprender
- cómo los nuevos descubrimientos ayudaron a crecer a la industria.
- por qué el desarrollo de grandes sociedades anónimas trajo tanto beneficios como problemas.

Tema de la sección
Factores económicos Las sociedades anónimas cambiaron la economía estadounidense a finales del siglo XIX.

Presentación preliminar de acontecimientos

◆1850	◆1875		◆1900

1859 Petróleo descubierto en Titusville, Pennsylvania

1870 Rockefeller organiza Standard Oil Company

1890 La Ley Antimonopolio Sherman prohíbe los monopolios

1900 Andrew Carnegie domina la industria del acero

UNA historia estadounidense

John D. Rockefeller, un petrolero joven, nunca cejó hasta obtener lo que quería. Una persona comentó: "La única vez que he visto a John Rockefeller entusiasmado fue cuando llegó el reporte (. . .) que su comprador había asegurado un cargamento de petróleo a un precio por debajo del valor del mercado. Brincó en su silla gritando de gusto, bailó por todas partes, me abrazó, aventó su sombrero y actuaba como loco, nunca lo olvidaré . . .".

Bases del crecimiento

En las colinas del Oeste de Pennsylvania, una sustancia negra y pegajosa, petróleo, se filtraba en el suelo. Durante un tiempo los promotores lo vendían como medicina. Luego, en la década de 1850, los investigadores encontraron que lo podían quemar para producir calor y luz sin humo. También lo podían usar para lubricar maquinaria. De pronto, el petróleo se hizo valioso. Un antiguo conductor de ferrocarril llamado Edwin L. Drake creía que podía encontrar petróleo al cavar un pozo. La gente pensaba que Drake estaba equivocado. Pocas personas sabían que en verdad bajo el suelo existen depósitos de petróleo.

En 1859 Drake decidió probar su teoría. Perforó un pozo en **Titusville, Pennsylvania,** y encontró petróleo. Esto llevó a la creación de la multimillonaria industria petrolera.

Factores de la producción

El período desde el fin de la Guerra Civil a 1900, fue una era de crecimiento económico sin igual en Estados Unidos. Nuevos métodos tecnológicos y comerciales permitieron que el país aprovechara sus ricos recursos naturales, aumentando su producción y recabando el dinero necesario para el crecimiento. El creciente sistema de transporte hizo más fácil que los comerciantes llegaran a mercados distantes.

El cambio de una economía agrícola a una industrial fue posible porque Estados Unidos tenía los recursos necesarios para el crecimiento de la economía. Entre los principales recursos estaban los que los economistas llaman los **factores de la producción**: tierra, mano de obra y capital.

El primer factor de la producción, **tierra,** significa no solamente la tierra misma sino todos los recursos naturales. Estados Unidos tenía una variedad de recursos útiles para la producción industrial.

El segundo factor de la producción es **mano de obra.** Se necesitaban grandes números de trabajadores para convertir la materia prima en bienes. Esta necesidad se satisfacía con el rápido crecimiento de la población. Entre 1860 y 1900, la población del país más que se duplicó.

El tercer factor de la producción, **capital,** es el equipo, los edificios, maquinaria y herramientas, usadas en la producción. La tierra y la mano de obra son necesarias para producir bienes de capital. A su vez, estos bienes son esenciales para la producción de bienes de consumo.

El término "capital" se usa también para decir dinero de inversión. Grandes cantidades de dinero fueron necesarias para financiar el crecimiento industrial. Una fuente de dinero fue la venta de acciones por parte de las sociedades anónimas. Otra fue el ahorro corporativo, o sea que las empresas invertían parte de sus ganancias en mejor equipo.

Obtener el capital

Con la economía creciendo después de la 2ª Guerra Mundial, muchos ferrocarriles y otros negocios buscaron maneras de ampliarse. Para hacerlo, debían obtener capital. Necesitaban capital para comprar materia prima y equipo, para pagar a los trabajadores y los gastos de embarque y publicidad.

Una manera en que una compañía podía obtener capital, era convirtiéndose en una sociedad anónima. Una sociedad anónima es una compañía que vende al público acciones o valores de su negocio. La gente que invierte en la sociedad anónima al comprar valores son sus socios o dueños parciales.

En los buenos tiempos, los accionistas ganan dividendos —pagos en efectivo de las ganancias de la sociedad anónima— por los valores que poseen. Si la compañía prospera, sus acciones suben de valor y los accionistas pueden venderlas para obtener ganancias. Sin embargo, si la compañía no prospera, los accionistas pierden su inversión. A finales del siglo XIX, cientos de personas compartieron las ganancias corporativas al comprar y vender valores en mercados especiales conocidos como **bolsas de valores.**

Crecimiento de las sociedades anónimas

Los ferrocarriles fueron las primeras empresas en formar sociedades anónimas o "incorporarse". Pronto, las firmas manufactureras y otros negocios se incorporaron también. El crecimiento de las sociedades anónimas ayudó a la expansión industrial de Estados Unidos en los años siguientes a la guerra civil.

Los bancos desempeñaron un papel principal en este periodo de crecimiento económico. Las empresas pidieron dinero prestado a los bancos para empezar o ampliar sus operaciones. Los bancos, a cambio, obtuvieron ganancias de los préstamos.

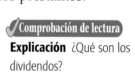

✔ **Comprobación de lectura**

Explicación ¿Qué son los dividendos?

Anuncio de petróleo

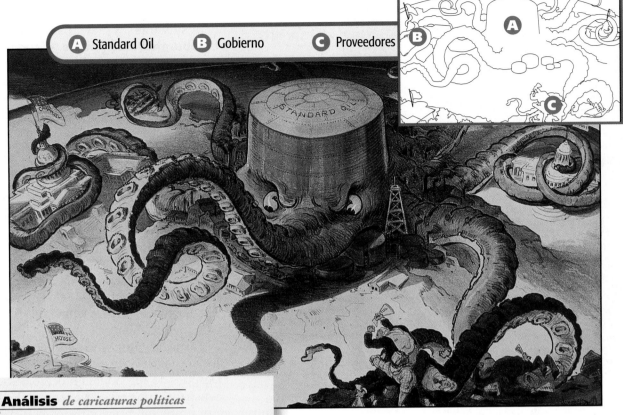

A Standard Oil   B Gobierno   C Proveedores

Análisis *de caricaturas políticas*

Con frecuencia se representaba a Standard Oil como el "monstruo del monopolio", con sus brazos estirados para controlar al gobierno y proveedores. **¿Por qué crees que el caricaturista escogió a un pulpo para representar a Standard Oil?**

El negocio del petróleo

La industria petrolera creció rápidamente a finales del siglo XIX. El pozo de Edwin Drake en Titusville producía 15 barriles de petróleo al día. Cuando se difundió la noticia de su éxito, los prospectores e inversionistas fueron rápidamente al Oeste de Pennsylvania. Surgieron de la noche a la mañana los pueblos de la "fiebre del petróleo" con nombres como Oil City y Petroleum Center. La bonanza petrolera se expandió cuando los prospectores encontraron petróleo en Ohio y Virginia Occidental.

John D. Rockefeller

Nacido en Richford, Nueva York, en 1839, **John D. Rockefeller** hizo su fortuna en el petróleo. Cuando Rockefeller tenía 26 años, él y cuatro socios pusieron una refinería de petróleo, una planta para procesar petróleo, en **Cleveland, Ohio.**

En 1870 Rockefeller organizó la compañía petrolera Standard Oil Company of Ohio y se propuso dominar la industria petrolera. Adquirió la mayoría de las refinerías en Cleveland y otras partes.

Un método que usó Rockefeller para edificar su imperio fue la integración horizontal, combinar firmas competidoras en una sola sociedad anónima. La sociedad anónima producía y usaba sus propios carros tanque, ductos y aún sus propios barriles de madera, hechos de los bosques propiedad de Standard Oil. Standard Oil creció en riqueza y poder, convirtiéndose en el imperio corporativo más famoso de su época.

El cártel de Standard Oil

Para fortalecer la posición de Standard Oil en la industria petrolera, Rockefeller bajó sus precios para hacer quebrar a sus competidores. Además, presionó a sus clientes para que no tuvieran tratos con las compañías petroleras rivales y persuadió a los ferrocarriles a otorgarle reembolsos a cambio de su preferencia.

Rockefeller aumentó su control de la industria petrolera en 1882 al formar un cártel, un grupo de compañías dirigidas por el mismo consejo directivo. Primero, adquirió acciones de muchas compañías petroleras. Luego, los accionistas de dichas compañías cambiaban sus acciones por las de Standard Oil, que pagaban dividendos más altos. Esto le dio al consejo directivo de Standard

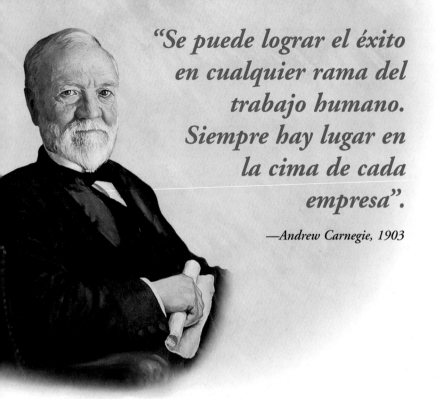

"Se puede lograr el éxito en cualquier rama del trabajo humano. Siempre hay lugar en la cima de cada empresa".

—*Andrew Carnegie, 1903*

Oil la propiedad de las acciones de las demás compañías y el derecho de administrarlas. Rockefeller había creado un monopolio, el control casi total de un solo productor, de la industria petrolera.

Comprobación de lectura **Explicación** ¿Qué método usó Rockefeller para edificar su imperio petrolero?

El negocio del acero

El acero también se convirtió en un gran negocio a finales del siglo XIX. El acero es una forma duradera y resistente del hierro tratado con carbón, el material ideal para vías de ferrocarril, puentes y muchos otros productos. Sin embargo, antes de 1860, el acero no se usaba mucho debido al costo de su fabricación. El desarrollo de nuevas técnicas de fabricación ayudó a superar este problema.

Crecimiento de la industria acerera

Dos métodos nuevos para hacer acero, el proceso Bessemer, inventado por Henry Bessemer de Inglaterra y el proceso de hogar abierto, cambiaron la industria. Con los nuevos métodos, las acererías podían producir acero a precios accesibles y en grandes cantidades. En la década de 1870 emergieron grandes acererías cerca de las fuentes de mineral de hierro en el Oeste de

Pennsylvania y el Este de Ohio. **Pittsburgh, Pennsylvania,** se convirtió en la capital del acero de Estados Unidos. Las ciudades ubicadas cerca de las minas y de las vías acuáticas como Cleveland, Chicago, Detroit y Birmingham, Alabama, también se convirtieron en centros de producción de acero.

Andrew Carnegie

La figura principal de los primeros años de la industria del acero estadounidense fue **Andrew Carnegie,** hijo de un inmigrante escocés. Carnegie, que empezó como operador de telégrafo, trabajó duro para convertirse en gerente del ferrocarril Pennsylvania Railroad. En 1865 dejó ese trabajo para invertir en la creciente industria del hierro.

Carnegie pronto comprendió que el acero tendría un enorme mercado. Después de aprender el proceso Bessemer, construyó una acerería cerca de Pittsburgh que usaba el nuevo proceso. Carnegie llamó a la planta J. Edgar Thompson Steel Works, por el presidente del ferrocarril Pennsylvania Railroad, su mejor cliente.

Integración vertical

Hacia 1890 Andrew Carnegie dominaba la industria acerera. Su compañía se fortaleció a través de la integración vertical, la adquisición de compañías que proporcionaban el equipo y los servicios que necesitaba. Carnegie compró minas de hierro y carbón, almacenes, barcos para mineral y ferrocarriles para ganar el control de todos los aspectos del negocio de hacer y vender acero. Cuando Carnegie combinó todas sus empresas en Carnegie Steel Company en 1900, ya producía un tercio del acero del país.

En 1901 Carnegie vendió su compañía acerera al banquero **J. Pierpont Morgan.** Morgan combinó la compañía Carnegie con otras para formar United States Steel Corporation, la primera sociedad anónima del mundo con un valor de más de mil millones de dólares.

Filántropos

Andrew Carnegie, John D. Rockefeller y otros millonarios industriales de la época se interesaron en la filantropía —el uso del dinero en beneficio de la comunidad. Los filántropos fundaron escuelas, universidades y otras instituciones cívicas por todo Estados Unidos.

Carnegie donó $350 millones a varias organizaciones. Construyó Carnegie Hall en Nueva York City, una de las salas de conciertos más famosas del mundo; La Fundación Carnegie para el Avance de la Enseñanza y más de 2,000 bibliotecas en todo el mundo. Rockefeller usó su fortuna para establecer la Universidad de Chicago en 1890 y el Instituto Rockefeller de Investigación Médica en Nueva York.

Las sociedades anónimas crecen más

En 1889 Nueva Jersey alentó la tendencia de los monopolios comerciales al permitir a las compañías de inversiones obtener escrituras constitutivas, una práctica prohibida en algunos estados. Una compañía de inversiones podría controlar los intereses de otras compañías en vez de comprarlas directamente. Rockefeller formó Standard Oil of New Jersey para que la sociedad anónima pudiera ampliar sus participaciones. Otros estados también aprobaron leyes que hacían más fácil las fusiones de empresas, la combinación de compañías.

Las fusiones de empresas concentraron el poder económico en unas cuantas sociedades anónimas gigantescas y en pocas personas de gran poder, como Rockefeller y el banquero J. Pierpont Morgan. Para 1900 un tercio de toda la manufactura estadounidense era controlada por únicamente el 1 por ciento de las sociedades anónimas del país. Estas sociedades anónimas gigantes fueron lo que impulsó el gran crecimiento económico de la época, pero también provocaron problemas. Por un lado, muchos estadounidenses admiraban la eficiencia de las grandes compañías. Por el otro, algunos argumentaban que la falta de competencia dañaba a los consumidores. Sin competencia, las sociedades anónimas no tenían motivo para mantener bajos los precios o para mejorar los bienes o servicios.

Reglamentación gubernamental

Los gobiernos estatales respondieron a la creciente oposición a las fundaciones y monopolios. Durante la década de 1880, varios estados aprobaron leyes que restringían las combinaciones comerciales. Sin embargo, las sociedades anónimas evitaron estas leyes haciendo negocios en estados que no tenían dichas leyes.

La presión pública de una ley federal que prohibiera las fundaciones y los monopolios llevó al Congreso a aprobar la **Ley Antimonopolio Sherman** en 1890. La ley buscaba "proteger el comercio contra las restricciones ilegales y el monopolio". Sin embargo, la ley no definía claramente ni "fundaciones" ni "monopolios".

En sus primeros años, la Ley Antimonopolio Sherman casi no pudo limitar el poder de las grandes compañías. En contraste, en los años 1890, el gobierno usó la ley para parar una huelga de trabajadores ferrocarrileros que amenazaba con "restringir" la entrega del correo de la nación.

✔ **Comprobación de lectura** **Comparación** ¿En qué difiere la integración vertical de la horizontal?

EVALUACIÓN DE LA SECCIÓN 3

Verificación de comprensión

1. **Términos clave** Usa los siguientes términos clave para escribir un artículo de periódico acerca de Andrew Carnegie: sociedad anónima, monopolio, integración vertical, filantropía.

2. **Repaso de hechos** ¿Qué ciudades se convirtieron en centros de producción de acero a finales del siglo XIX?

Repaso de temas

3. **Factores económicos** Resume los pasos que tomó John D. Rockefeller para obtener el control de la industria petrolera.

Pensamiento crítico

4. **Determinación de causa y efecto** Usa el siguiente diagrama y detalla los beneficios para los consumidores de la competencia.

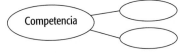

5. **Comparación** Compara los métodos usados por Rockefeller y Carnegie para edificar sus imperios industriales. Describe las diferencias entre los dos.

Análisis de material visual

6. **Análisis de caricaturas políticas** Estudia la caricatura de la página 569. ¿A quién representan las figuras? ¿Qué dice la caricatura acerca de la Standard Oil Company?

Actividad interdisciplinaria

Ciudadanía Investiga para encontrar un filántropo que haya beneficiado a la comunidad en la que tú vives, en el pasado o presente. Comparte tus hallazgos con la clase.

SECCIÓN 4 Trabajadores industriales

Guía de lectura

Idea principal
Los trabajadores se organizan para exigir mejor paga y condiciones laborales.

Términos clave
taller de explotación, sindicato, negociación colectiva, rompehuelgas, amonestación

Estrategia de lectura
Organización de la información Al leer esta sección, usa el siguiente diagrama y anota las acciones que tomaron los sindicatos para mejorar las condiciones laborales.

Leer para aprender
- por qué los trabajadores exigían cambios en sus condiciones laborales y en la paga.
- cómo los sindicatos ayudaron a que los trabajadores obtuvieran poder económico y político.

Tema de la sección
Grupos e instituciones Los trabajadores industriales trabajaban muchas horas con poca paga.

Presentación preliminar de acontecimientos

♦1870   ♦1880   ♦1890

1869
Se organizan los Caballeros del Trabajo

1877
Trabajadores ferrocarrileros en huelga

1886
Disturbios explotan en Haymarket Square

✶✶✶✶✶✶✶✶ UNA historia estadounidense

Un día de primavera en 1886, alrededor de 12,000 trabajadores del distrito manufacturero de Chicago Haymarket Square se fueron a la huelga. Casi todos eran inmigrantes y muchos traían pequeñas cintas rojas en sus chaquetas. A las 2 en punto un hombre subió a un vagón de carga vacío cerca de la muchedumbre. Se paró en el borde del techo y agitó los brazos frenéticamente hacia la multitud. "Permanezcan firmes", gritó. "Que cada hombre se pare hombro a hombro junto a los demás y ganaremos esta lucha. Debemos tener derechos. Vamos a la huelga mientras las cosas están calientes . . .".

Condiciones laborales

El crecimiento industrial de finales del siglo XIX creó nuevos trabajos. El crecimiento además elevó el nivel de vida de los trabajadores estadounidenses. Esto es, lo necesario y los lujos se hicieron más disponibles y asequibles. Aún así los trabajadores pagaron el precio del progreso económico. Las fábricas habían sido en alguna ocasión lugares pequeños donde los patrones y empleados se conocían y con frecuencia trabajaban lado a lado. Sin embargo, cuando la fabricación en serie se difundió, las fábricas se hicieron más grandes y menos personales.

Los trabajadores industriales trabajaban 10 ó 12 horas al día, seis días a la semana. Podían ser despedidos en cualquier momento por cualquier motivo. Muchos perdieron sus trabajos durante las bajas de los negocios o fueron reemplazados por inmigrantes que aceptaban trabajar por menos paga.

Las fábricas y minas eran ruidosas, insalubres e inseguras. Los accidentes eran comunes. Los trabajadores del acero sufrían quemaduras en los derrames de acero caliente. Los mineros morían en colapsos de las minas y por los efectos del gas y el polvo del carbón. Los pulmones de los trabajadores textiles estaban dañados por las hilas en el aire. Los trabajadores de la ropa trabajaban en fábricas urbanas atestadas llamadas talleres de explotación, donde su vista se arruinaba por coser durante horas con poca luz. Llenos de materiales inflamables, los talleres de explotación también eran trampas de incendio terribles. 📖 *(Ver la página 971 para leer un relato de primera mano de las condiciones de los talleres de explotación.)*

Mujeres trabajadoras

Aunque la mayoría de las mujeres trabajadoras a finales del siglo XIX tenía trabajos de servidoras domésticas, también se unieron a la fuerza laboral industrial, especialmente en la industria textil. Hacia 1900 más de un millón de mujeres trabajaba en la industria. Sin embargo, debido a que no había leyes que reglamentaran los salarios de los trabajadores, las mujeres generalmente recibían alrededor de la mitad de lo que recibían los hombres por el mismo trabajo.

Trabajo infantil

Las industrias además empleaban niños. En 1900, cientos de miles de niños menores de 16 años trabajaban en las fábricas. Grupos interesados llamaron la atención hacia el trabajo infantil en las legislaturas de sus estados. Como resultado, muchos estados aprobaron leyes de trabajo infantil. Estas leyes establecían que los niños que trabajaran en fábricas deberían tener al menos 12 años y no trabajar más de 10 horas al día. Sin embargo, los patrones ignoraban dichas leyes de trabajo infantil. Además, las leyes no se aplicaban a la agricultura, que empleaba alrededor de un millón de niños.

✔ **Comprobación de lectura** **Examinación** ¿Cómo cambió la fabricación en serie el tamaño de las fábricas?

Se forman los sindicatos

Los trabajadores descontentos se organizaron en grupos, sindicatos, para demandar mejor paga y condiciones laborales a sus patrones. A principios del siglo XIX, los trabajadores de oficios capacitados habían formado sindicatos para que los representaran, como la carpintería. Estos sindicatos tuvieron poca influencia debido a que cada uno representaba solo un oficio. A mediados del siglo XIX los líderes laborales buscaron ampliar sus sindicatos.

En 1869 los cortadores de ropa de Filadelfia fundaron la Noble y Sacra Orden de los **Caballeros del Trabajo.** Los patrones despedían a los trabajadores que se unían a los sindicatos, así que los Caballeros se reunían en secreto y usaban apretones de manos especiales para identificarse unos a otros. Bajo el liderazgo de **Terence V. Powderly,** los Caballeros del Trabajo se convirtieron en una organización laboral nacional en los años 1880. A diferencia de la mayoría de los sindicatos, los Caballeros reclutaban a gente que no se había afiliado a sindicatos, incluyendo mujeres, afroamericanos, inmigrantes y trabajadores no capacitados.

Los Caballeros del Trabajo crecieron en número más rápidamente a más de 700,000 miembros hacia 1886. Sin embargo, una ola de huelgas puso en su contra a la opinión pública y perdieron miembros y poder hacia la década de 1890.

En 1881 un grupo nacional de sindicatos formó una federación que cinco años después se conoció como la **Federación Estadounidense del Trabajo** (AFL). La AFL representaba a los trabajadores capacitados en varios oficios.

Jóvenes mineros de carbón en Kingston, Pennsylvania, c. 1900

NATIONAL GEOGRAPHIC — La fuerza laboral lucha por la justicia, 1877–1914

Descontento laboral

1. **Gran huelga ferrocarrilera de 1877**
   Trabajadores protestando cortes en la paga

2. **Problema de Haymarket de 1886**
   Concentración laboral termina en violencia

3. **Nueva Orleans en 1892**
   Trabajadores de 42 sindicatos demandan menos horas y mejor paga

4. **Huelga de Homestead en 1892**
   Los trabajadores siderúrgicos protestan corte de salario

5. **Disturbios de las minas de plata en 1892**
   El estado encarcela a cientos de trabajadores huelguistas

6. **Huelga Pullman de 1894**
   Las tropas federales calman los disturbios

7. **Huelga del carbón de 1902**
   Los mineros hacen huelga para obtener reconocimiento sindical

8. **Masacre de Ludlow de 1914**
   La milicia estatal quema la colonia de tiendas de los mineros huelguistas

Habilidades geográficas

La huelga era el arma principal de los trabajadores contra la gerencia para quien trabajaban.
1. **Ubicación** ¿Cuáles huelgas involucraron a mineros?
2. **Análisis de la información** ¿Qué huelga ocurrió en Martinsburg?

La AFL estaba encabezada por **Samuel Gompers,** el recio y práctico presidente del Sindicato de Fabricantes de Cigarros. La organización hizo presión por salarios más elevados, menos horas, mejores condiciones laborales y el derecho de negociar colectivamente con los patrones. En las negociaciones colectivas, los sindicatos representaban a los trabajadores en las negociaciones con la gerencia.

Aunque las violentas protestas pusieron en contra de los trabajadores y sindicatos a la opinión pública a finales de la década de 1880, la AFL sobrevivió y creció. Hacia 1904 la AFL contaba con más de 1.6 millones de miembros.

Las mujeres y los sindicatos

Muchos sindicatos no admitían a mujeres trabajadoras, así que algunas mujeres formaron sus propios sindicatos. **Mary Harris Jones,** mejor conocida como Mamá Jones, pasó 50 años luchando por los derechos de los trabajadores.

En 1911 se desató un incendio en la fábrica de **Triangle Shirtwaist Company**, un taller de explotación repleto en la ciudad de Nueva York. Los trabajadores, en su mayoría mujeres jóvenes inmigrantes, no pudieron escapar del edificio debido a que la compañía había asegurado las puertas para evitar que los empleados se salieran temprano. Cerca de 150 trabajadores murieron en el incendio. El desastre hizo que el **Sindicato Internacional de Mujeres Trabajadoras de la Ropa** (ILGWU) pidiera un lugar de trabajo más seguro.

Comprobación de lectura **Comparación** ¿Quién era elegible para ser miembro de la AFL? ¿En los Caballeros del Trabajo?

La ley sindical

Las depresiones económicas de las décadas de 1870 y 1890 hicieron que las empresas despidieran trabajadores y bajaran los salarios. Los sindicatos respondieron con grandes huelgas que en ocasiones provocaban violencia.

La depresión económica golpeó a la nación posteriormente al pánico financiero de 1873. Para cortar costos, las empresas forzaron a sus trabajadores a aceptar cortes en su paga. En julio de 1877, furiosos huelguistas quemaron patios de ferrocarril, destrozaron las vías y destruyeron propiedad del ferrocarril. Las empresas contrataron rompehuelgas para reemplazar a los huelguistas y las tropas federales restauraron el orden.

Creció el sentimiento antisindical después de un sangriento choque entre la policía y los huelguistas en Haymarket Square en Chicago en mayo de 1886. Los huelguistas de la McCormick Harvester Company se reunieron para protestar la matanza de cuatro huelguistas el día anterior. Cuando la policía le ordenó a la muchedumbre que se dispersara, una persona no identificada lanzó una bomba que mató a un policía. Varios más murieron en los disturbios que se suscitaron. Después de los **Disturbios de Haymarket,** muchos estadounidenses asociaron el movimiento laboral con el terrorismo y desorden.

En 1892 los trabajadores se fueron a la huelga en la planta de Andrew Carnegie en Homestead, Pennsylvania. Los gerentes de la planta redujeron la paga de los trabajadores, esperando debilitar al sindicato de acereros. Cuando el sindicato convocó la huelga, los gerentes de Homestead contrataron a trabajadores no sindicalizados y llevaron a 300 guardias armados para protegerlos. Una feroz batalla dejó al menos 10 muertos. El gobernador de Pennsylvania envió a la milicia estatal a Homestead para restaurar el orden. La planta reabrió con trabajadores no sindicalizados, protegidos por las tropas. Después del fracaso de la **Huelga de Homestead,** el sindicato acerero se debilitó.

Los empleados de la planta de vagones de ferrocarril de George Pullman cerca de Chicago se fueron a la huelga en mayo de 1894, cuando la empresa les cortó la paga. Pullman respondió cerrando la planta. Un mes después, los trabajadores del Sindicato Ferrocarrilero Estadounidense apoyaron a los huelguistas al rehusarse a manejar los vagones de Pullman, paralizando el tráfico ferroviario.

Pullman y los propietarios de los ferrocarriles devolvieron el golpe. Persuadieron al Procurador General de EE.UU. Richard Olney para obtener una amonestación, u orden judicial, para detener al sindicato por "obstruir los ferrocarriles y detener el correo". Los trabajadores y su líder, **Eugene V. Debs,** se rehusaron a terminar la huelga. Debs fue enviado a prisión.

El Presidente **Grover Cleveland** envió tropas federales a Chicago y pronto terminó la huelga. El fracaso de la **Huelga Pullman** le asestó otro golpe al movimiento sindical. A pesar de estos fracasos, los trabajadores continuaron organizándose para trabajar por mejores salarios y condiciones laborales.

✓**Comprobación de lectura** **Descripción** ¿Por qué se fueron a la huelga los trabajadores de Pullman?

EVALUACIÓN DE LA SECCIÓN 4

Verificación de comprensión

1. **Términos clave** Escribe un párrafo acerca de la Federación Estadounidense del Trabajo. Usa los siguientes términos: **taller de explotación, sindicato, negociación colectiva, rompehuelgas, amonestación.**

2. **Repaso de hechos** ¿Qué papel jugó Samuel Gompers en el crecimiento sindical?

Repaso de temas

3. **Grupos e instituciones** ¿Cuáles eran los objetivos de la Federación Estadounidense del Trabajo cuando fue fundada?

Pensamiento crítico

4. **Conclusiones** ¿Por qué piensas que muchos estadounidenses no apoyaron inmediatamente a los sindicatos?

5. **Organización de la información** Usa el siguiente diagrama y describe los papeles que cada uno jugó en los problemas entre los trabajadores y la gerencia.

Persona	Papel
Terence Powderly	
Mary Harris Jones	
George Pullman	
Grover Cleveland	

Análisis de material visual

6. **Habilidades geográficas** Estudia el mapa de la página 574. ¿Cuál incidente mostrado en el mapa ocurrió en la década de 1890? ¿Qué eventos se desarrollaron en Illinois? ¿Cuándo ocurrieron?

Actividad interdisciplinaria

Arte Diseña un juego de mesa en el cual los jugadores puedan experimentar las subidas y bajadas del trabajo en una fábrica a finales del siglo XIX. Incluye espacios tales como "Día de trabajo extendido a 12 horas. Pierde un turno". y "Tu sindicato se ganó un aumento de sueldo. Cobra $5".

Resumen del capítulo

El crecimiento de la industria

Ferrocarriles

- Los pobladores son transportados al Oeste.
- Los ferrocarriles entregan materia prima y bienes terminados.
- Se abren miles de trabajos.
- Los principales ferrocarriles ofrecen reembolsos secretos a los clientes y hacen contratos secretos que elevan las tarifas.

Inventos

- El telégrafo enlaza a Estados Unidos con Europa.
- Alexander Graham Bell inventa el teléfono.
- Thomas Alva Edison inventa el foco eléctrico.
- Henry Ford usa líneas de montaje para producir en masa el automóvil.
- Los hermanos Wright vuelan en avión en Kitty Hawk.
- Nuevos procesos mejoran la producción de acero.

Compañías

- Los ferrocarriles son los primeros negocios en incorporarse.
- John D. Rockefeller organiza Standard Oil, forma un cartel y crea un monopolio.
- Andrew Carnegie forma Carnegie Steel Company.
- El Congreso aprueba la Ley Antimonopolio Sherman.

Movimiento laboral

- Las condiciones laborales en las fábricas y minas son insalubres.
- Las mujeres trabajadoras reciben la mitad de la paga de los hombres por el mismo trabajo.
- Explotación de los niños trabajadores.
- Se forman sindicatos para mejorar los salarios y las condiciones laborales.
- Las huelgas sindicales en ocasiones provocan violencia.

Repaso de términos clave

Usa cada uno de los siguientes términos en una declaración que haya podido ser hecha por la persona indicada.

1. **Propietario de ferrocarril:** reembolso, consorcio, medida normal
2. **Miembro de sindicato:** sindicato, negociación colectiva
3. **Propietario de fábrica:** fabricación en serie, línea de montaje
4. **Socio:** valores, dividendo

Repaso de hechos clave

5. ¿Qué mejoras en el transporte ferroviario trajo la nueva tecnología?
6. ¿Cuáles fueron cuatro de los inventos de Thomas Edison?
7. ¿Qué inventos mejoraron las comunicaciones a finales del siglo XIX?
8. ¿Qué métodos de fabricación usó Henry Ford para hacer asequible su nuevo automóvil?
9. ¿Qué es la integración vertical?
10. ¿Qué acciones tomó el Congreso para controlar los carteles y monopolios en respuesta a la presión del pueblo estadounidense?
11. ¿Qué es la negociación colectiva?
12. ¿Cómo afectaron los Disturbios de Haymarket de 1886 a la opinión pública acerca del movimiento laboral?

Pensamiento crítico

13. **Análisis de la información** Describe las contribuciones de los inventores afroamericanos a finales del siglo XIX.
14. **Análisis de temas: Factores económicos** ¿En qué se diferencia la integración horizontal de la vertical?
15. **Conclusiones** ¿Por qué los trabajadores pensaban que la formación de sindicatos organizados les ayudaría a obtener lo que deseaban de sus patrones?
16. **Análisis de temas: Geografía e historia** Usa el siguiente diagrama y describe dos maneras en las cuales la creciente red ferroviaria ayudó a la industria estadounidense.

Red ferroviaria

Actividad de geografía e historia

Estudia el siguiente mapa y luego responde a las preguntas.

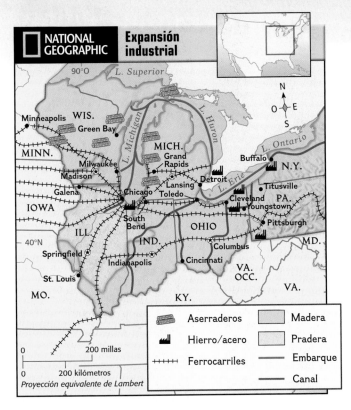

NATIONAL GEOGRAPHIC — **Expansión industrial**

Aserraderos — Madera
Hierro/acero — Pradera
Ferrocarriles — Embarque
— Canal

0   200 millas
0   200 kilómetros
Proyección equivalente de Lambert

17. Movimiento ¿Qué formas de transporte llevaban bienes dentro y fuera de esta región?

18. Interacción del hombre con el medio ambiente ¿Qué industria creció en las regiones boscosas de Wisconsin y Michigan?

19. Ubicación Identifica los principales centros de fabricación de hierro/acero mostrados en el mapa.

Práctica de habilidades

Lectura de un mapa de zonas de tiempo *Estudia el mapa de zonas de tiempo de la página 560. Usa el mapa para contestar a las siguientes preguntas.*

20. Si viajas de Florida a California, ¿qué zonas de tiempo cruzas?

21. Si son las 6:00 a.m. en Maine, ¿qué hora es en Hawai?

22. Si son las 3:00 p.m. en Texas, ¿qué hora es en Alaska?

Actividad ciudadana cooperativa

23. Sindicatos Con otro estudiante, escribe un ensayo corto en el cual apoyas o criticas a los sindicatos desde el punto de vista de una persona joven que recientemente entró en la fuerza laboral. Anota cómo piensas que un sindicato puede o no mejorar tu vida. Comparte tu ensayo con la clase.

Prueba de autocomprobación
Visita taj.glencoe.com y haz clic en **Chapter 19—Self-Check Quizzes** a fin de prepararte para el examen del capítulo.

Actividad económica

24. Usando un producto que te sea familiar, explica la manera en que los factores de la producción fueron usados para hacerlo.

 ## Actividad tecnológica

25. Uso de una hoja de cálculo Conviértete en un accionista imaginario de una sociedad anónima. Busca datos de la bolsa de valores en el periódico. Escoge una acción y síguela por un período de dos semanas. Sigue el desempeño de la acción en una hoja de cálculo anotando diariamente sus altas y bajas. Compara tu hoja de cálculo con los resultados de tus compañeros y decide si hiciste una buena inversión.

 ## Evaluación alternativa

26. Actividad de redacción Repasa el capítulo buscando información acerca de las cuatro principales huelgas sindicales entre 1877 y 1894. Escribe un encabezado para cada uno que pudiera haber aparecido en los periódicos después de la huelga.

Práctica de examen estandarizado

Instrucciones: Escoge la *mejor* respuesta a la siguiente pregunta.

El desarrollo de los transformadores que construyó Westinghouse tuvo como resultado un aumento en

F el precio de la electricidad.

G el uso de gas para calentar casas.

H el uso de electricidad para impulsar las fábricas.

J bienes importados.

Consejo para el examen

La frase *tuvo como resultado* indica que esta pregunta está buscando una relación *causa/efecto*. Recuerda que una *causa* es cualquier persona, evento o condición que hace que algo ocurra. Lo que ocurre como resultado es conocido como un *efecto*.

Construcción de un probador de conductividad

¿Qué papel tiene la electricidad en tu vida? ¿Puedes imaginar tu vida sin electricidad? La electricidad hace funcionar las luces, TVs, radios, hornos, microondas y computadoras, además de innumerables objetos de uso diario.

Cómo eran las cosas

La guerra civil terminó. Ahora que no estaban divididos por la guerra, los estadounidenses se dedicaron a mejorar sus vidas. Los inventores encabezaron el camino. Los inventores como George Westinghouse, Lewis Howard Latimer y Thomas Edison aprendieron de los demás y juntos impulsaron a Estados Unidos a ser un país industrializado. Para crear el foco, Edison primero tuvo que entender cómo funciona la electricidad. Ahora, efectúa tu propia investigación de las corrientes eléctricas, de la manera como lo hizo Edison y vive la vida de un inventor. Averigua cuáles objetos comunes son conductores y cuáles son aislantes al construir y probar un probador de conductividad accionado por baterías.

¡Aunque no lo creas!

Thomas Edison sufrió problemas de pérdida del oído toda su vida. Aunque una operación pudo haberle salvado su oído, Edison la rechazó. Decía que prefería la sordera porque le ayudaba a concentrarse.

Materiales

- ✓ lámpara de mano con una batería tamaño D nueva
- ✓ 3 piezas de alambre aislado (cada una de alrededor de 6 pulgadas (15 cm) de largo, con los extremos pelados)
- ✓ rollo de cinta para enmascarar o para ductos
- ✓ una moneda de un centavo
- ✓ un peine de plástico
- ✓ varios pedazos de tela
- ✓ una cuchara o tenedor de metal
- ✓ diferentes tipos de rocas
- ✓ otros objetos variados para probar

Qué hacer

Construye tu probador de conductividad al destornillar el extremo superior de la lámpara de mano. Encontrarás que contiene un conjunto con un foco.

1 Toma un alambre y encíntalo al extremo metálico del foco de la lámpara de mano. Encinta un segundo alambre al anillo de metal que toca el lado del foco.

2 Encinta el otro extremo del alambre que está conectado al extremo del foco en el extremo positivo (+) de una batería tamaño D y con el alambre restante toca el extremo negativo (–) de la batería. La luz debe encenderse porque has hecho una corriente eléctrica. (Si la luz no se enciende, asegúrate de que todas las conexiones estén bien encintadas y que hagan buen contacto.)

3 Encinta un extremo de un tercer alambre al extremo negativo (–) de una batería y toca con el extremo libre el alambre que sale del portalámparas. Nuevamente, la luz debe encenderse. Trata de tocar los dos extremos libres de los alambres al mismo tiempo en la moneda de un centavo. El foco debe encenderse porque la moneda es buena conductora.

Prueba los demás objetos de la misma manera como lo hiciste con la moneda. Anota si son conductores o aislantes.

Informe del proyecto

1. En general, ¿qué tipos de materiales son los mejores conductores?

2. En base a tu experimento, ¿cómo definirías una corriente eléctrica?

3. Conclusiones ¿Cuáles son algunos de los riesgos que toman los inventores cuando experimentan con materiales no familiares?

Ir un paso más allá

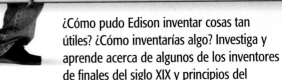

¿Cómo pudo Edison inventar cosas tan útiles? ¿Cómo inventarías algo? Investiga y aprende acerca de algunos de los inventores de finales del siglo XIX y principios del siglo XX. Fíjate en cómo empezaron esos inventores. Luego crea un diagrama que explique cómo crearías un nuevo invento.

CAPÍTULO 20

Hacia un país urbanizado

1865–1914

Por qué es importante

Para 1914, había tantos estadounidenses viviendo en las ciudades como en las áreas rurales. Entre 1860 y 1910, la población urbana del país creció de un poco más de 6 millones de personas a más de 40 millones.

El impacto actual

Durantes estos años de crecimiento urbano, surgieron muchos aspectos de la vida en las ciudades modernas. Surgieron problemas, como la pobreza, la delincuencia y vivienda inadecuada, pero aparecieron beneficios, como tener un periódico todos los días, bibliotecas y parques públicos.

 Video **El viaje estadounidense** *El video del capítulo 20, "Ellis Island: In the Shadow of Lady Liberty", detalla las dificultades a las que los inmigrantes se enfrentaron cuando llegaron a Estados Unidos.*

1882
• La Ley de exclusión de ciudadanos chinos fue promulgada

1884
• Primer rascacielos se construye en Chicago

1871
• El gran incendio de Chicago

1886
• Se inaugura la Estatua de la Libertad

 Estados Unidos
PRESIDENTES

| A. Johnson 1865–1869 | Grant 1869–1877 | Hayes 1877–1881 | Garfield 1881 | Arthur 1881–1885 | Cleveland 1885–1889 | B. Harrison 1889–1893 |

1865   *1875*   *1885*

Mundo

1866
• La línea de telégrafo transatlántico se completó con éxito

1889
• Erigen la Torre de Eiffel

1900
• Se publica la *Interpretación de sueños* de Freud

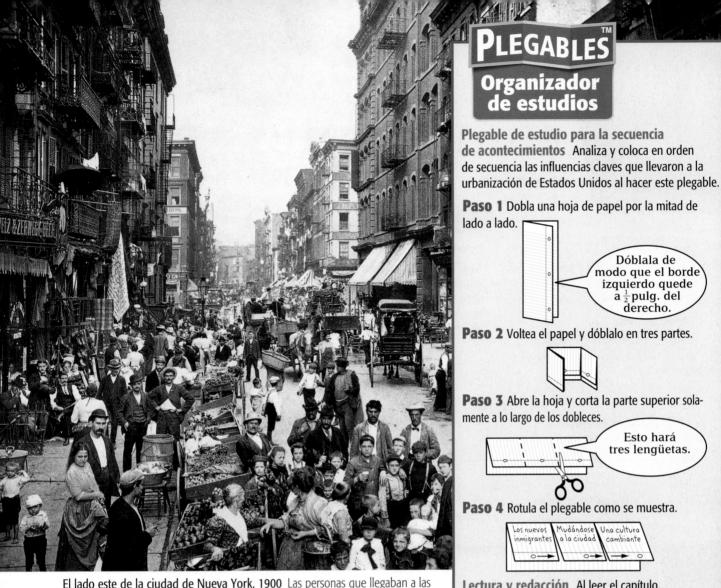

El lado este de la ciudad de Nueva York, 1900 Las personas que llegaban a las ciudades de Estados Unidos colmaban las ciudades y traían con ellas la cultura general se sus tierras.

PLEGABLES ™

Organizador de estudios

Plegable de estudio para la secuencia de acontecimientos Analiza y coloca en orden de secuencia las influencias claves que llevaron a la urbanización de Estados Unidos al hacer este plegable.

Paso 1 Dobla una hoja de papel por la mitad de lado a lado.

> Dóblala de modo que el borde izquierdo quede a $\frac{1}{2}$ pulg. del derecho.

Paso 2 Voltea el papel y dóblalo en tres partes.

Paso 3 Abre la hoja y corta la parte superior solamente a lo largo de los dobleces.

> Esto hará tres lengüetas.

Paso 4 Rotula el plegable como se muestra.

Los nuevos inmigrantes | Mudándose a la ciudad | Una cultura cambiante

Lectura y redacción Al leer el capítulo, escribe información acerca de estas influencias bajo las lengüetas apropiadas. Piensa sobre estas influencias y cómo se seguían y afectaban entre sí.

1892
- La isla Ellis admite inmigrantes

1900
- El crecimiento demográfico de la nación sobrepasa los 75 millones

1906
- Un terremoto sacude San Francisco

1913
- Ford inventa la primera línea de montaje automatizada

| Cleveland 1893–1897 | McKinley 1897–1901 | T. Roosevelt 1901–1909 | Taft 1909–1913 |

1895   1905   1915

c. 1907
- El arte abre las puertas al Cubismo

1911
- Italia se apodera de Libia

HISTORIA En línea

Descripción general del capítulo
Visita taj.glencoe.com y haz clic en **Chapter 20—Chapter Overviews** para ver la información preliminar del capítulo.

Los nuevos inmigrantes

Guía de lectura

Idea principal

A finales del siglo XIX y a principios del siglo XX, el patrón de la clase de inmigrantes cambió.

Términos clave

emigrar, grupo étnico, cuartos de máquinas, fábricas de explotación, asimilar

Estrategia de lectura

Análisis de información mientras estudias la Sección 1, recrea el diagrama a continuación y escribe las razones por la que los inmigrantes vinieron a Estados Unidos.

Razones para emigrar

Leer para aprender

• ¿Qué clase de oportunidades y dificultades se encontraron los inmigrantes en Estados Unidos?
• Cómo fue que la llegada de nuevos inmigrantes cambió la sociedad estadounidense.

Tema de la sección

Cultura y tradiciones La cantidad de inmigrantes de Europa del Sur y Oriental aumentó dramáticamente.

Presentación preliminar de acontecimientos

♦1880   ♦1900   ♦1920

1882
Promulgación de la Ley de exclusión de ciudadanos chinos

1886
Se erige la estatua de la Libertad

1892
La isla Ellis empieza a procesar inmigrantes

1917
La ley de Inmigración de 1917 requiere alfabetización

UNA
historia estadounidense

En los años 1870, dos hermanos salieron de Italia hacia Estados Unidos. "Estuvimos tanto tiempo en el agua que empezamos a pensar que nunca llegaríamos a Estados Unidos. (. . .) Habíamos arribado todos a una isla y los jefes nos dijeron que Francisco y yo teníamos que regresar porque no teníamos suficiente dinero, pero un hombre llamado Bartolo salió y les dijo que (. . .) él era nuestro tío y que él nos cuidaría. (. . .) Llegamos a Brooklyn a una casa de madera en la calle Adams que estaba llena de italianos de Nápoles. Bartolo tenía un cuarto en el tercer piso y había quince hombres en el cuarto, y todos compartían el cuarto con Bartolo. (. . .) El cuarto era muy caliente, pero pronto nos dormimos todos, ya que estábamos muy cansados".

Un diluvio de inmigrantes

Antes de 1865 la mayoría de los inmigrantes a Estados Unidos, excepto los esclavos, venía de Europa del Norte y Occidental. La mayoría de estos inmigrantes "viejos" eran protestantes, hablaban inglés y se integraban fácilmente a la sociedad estadounidense. Después de la guerra civil, un mayor número de inmigrantes hizo el viaje hasta Estados Unidos. La ola de recién llegados alcanzó un número pico en 1907 cuando casi 1.3 millones de personas vinieron a Estados Unidos.

✦ Geografía

Nueva ola migratoria

A mediados de la década de 1880, el patrón de inmigración empezó a cambiar. Grandes grupos de "nuevos" inmigrantes llegaban de Europa Oriental y del Sur. Entre los recién llegados había griegos, rusos, húngaros, italianos, turcos y polacos. Al mismo tiempo, la cantidad de inmigrantes "viejos" empezó a disminuir. Para 1907, casi solo el 20 por ciento de los inmigrantes venía del norte y del occidente de Europa, mientras que un 80 por ciento venía del sur y del oriente de Europa.

Muchos de los recién llegados del oriente o del sur de Europa eran católicos o judíos. Muy pocos hablaban inglés. Debido a esto, ellos no llegaron a formar parte de la sociedad estadounidense fácilmente como los inmigrantes "viejos" lo habían hecho. Muchos se sentían como extraños, y se agrupaban en barrios urbanos formados por personas de la misma nacionalidad.

Después de 1900, la inmigración desde México también aumentó. Además muchas personas vinieron a Estados Unidos desde China y Japón. Ellos también traían diferentes idiomas y creencias religiosas y tuvieron dificultades para integrarse a la sociedad estadounidense.

Abandonar sus problemas

¿Por qué tanta gente dejó sus países para venir a Estados Unidos a finales del siglo XIX y finales del siglo XX? Las condiciones difíciles de su país los obligaron a salir y se sintieron atraídos a Estados Unidos por nuevas oportunidades.

Mucha gente emigró, o dejó sus países debido a dificultades económicas. En Italia y Hungría, la sobrepoblación y la pobreza crearon una falta de empleo. Los campesinos en Croacia y Serbia no disponían de suficiente terreno para mantener a sus familias. Suecia sufrió varias pérdidas de cultivos importantes. Maquinarias nuevas tales como los telares lograron que muchos trabajadores artesanales se quedaran sin trabajo.

La persecución también hizo que muchas personas dejaran sus países. En algunos países los gobiernos establecieron leyes o seguían normas contra ciertos grupos étnicos —minorías que hablaban un idioma distinto o que tenían costumbres distintas a las del resto del país. Los miembros de estos grupos a menudo emigraban para escapar la discriminación o leyes injustas. Muchos judíos huyeron para escaparse de la persecución en Rusia en los años 1880 y vinieron a Estados Unidos.

Búsqueda de oportunidades

Los inmigrantes veían a Estados Unidos como un país de trabajos y oportunidades para una vida mejor. Aunque algunos inmigrantes regresaron a sus países luego de unos años, la mayoría vinieron a Estados Unidos a quedarse.

✓ **Comprobación de lectura** **Descripción** ¿Quiénes fueron los "nuevos" inmigrantes?

Representación **de la historia**

Inmigrantes llegan al puerto de Nueva York desde Hamburgo, Alemania, en 1906. **¿Desde qué lugar vinieron la mayoría de los emigrantes a Estados Unidos después de 1880?**

La Isla Ellis

La primera parada para millones de inmigrantes era la isla Ellis. Unas 12 millones de personas pasaron por el centro de inmigración de la isla Ellis entre 1892 y 1954. El edificio principal reabrió en 1990 como el Museo de Inmigración de la Isla Ellis. Situada a una corta distancia al norte de la Estatua de la Libertad en el puerto de la ciudad de Nueva York, la isla Ellis representa un memorial a las tradiciones de libertad y oportunidad en Estados Unidos.

El viaje a Estados Unidos

Los inmigrantes a menudo tenían un viaje difícil a Estados Unidos. Muchos tenían primero que viajar a un puerto para abordar un barco. A menudo viajaban cientos de millas a pie o a caballo y atravesando otros países hasta llegar a los puertos.

Luego tenían el largo viaje por el océano hasta Estados Unidos, 12 días a través del Atlántico o semanas por el Pacífico. Normalmente los inmigrantes sólo podían comprar los boletos más baratos, y viajaban en los cuartos de máquinas, estrechos y ruidosos, de los pisos inferiores.

La Estatua de la Libertad

La mayoría de los inmigrantes europeos llegaron a la ciudad de Nueva York. Después de 1886 la magnífica vista de la **Estatua de la Libertad** les daba la bienvenida a los inmigrantes cuando ellos llegaban al **puerto de Nueva York.** La estatua, un regalo de Francia, parecía ofrecer promesas de una vida mejor en un país nuevo. En la base de la estatua, las palabras conmovedoras de **Emma Lazarus,** una poetisa estadounidense, le daban la bienvenida a los inmigrantes europeos:

❝Dame tus cansados, tus pobres, tus masas acurrucadas buscando ser libres, los desdichados, denegados de tus tierras rebosantes. ¡Envíame a esos, a los destituidos, los abatidos por la tormenta, a mí que levanto mi lámpara junto a la puerta de oro!❞

Entrada a Estados Unidos

Bianca De Carli había llegado de Italia en 1913 cuando aún era una niña joven. Muchos años más tarde ella recordaba cómo se había sentido cuando su barco llegó a la ciudad de Nueva York:

❝Todos temblábamos debido a lo extraño y a la confusión. (. . .) Algunos estaban débiles por la falta de movimiento y ejercicios y otros enfermos debido a los olores y la falta de aire fresco. Pero de alguna forma eso no importaba porque sabíamos que estábamos al final❞.

Antes que los recién venidos pudieran pasar por la "puerta de oro" y entrar a Estados Unidos, tenían que registrarse en las estaciones de recepción del gobierno. En el lado este se procesaba inmigrantes en Castle Garden, que antes había sido un fuerte militar en la isla de Manhattan, y después de 1892 en la **isla Ellis** en el puerto de Nueva York. La mayoría de los inmigrantes asiáticos llegaron a Estados Unidos a la costa oeste y pasaban por el centro de proceso en la **isla Ángel** en la **bahía de San Francisco.**

Los examinadores en los centros apuntaban los nombres de los inmigrantes —a veces haciéndolos más cortos o simplificando un nombre que para ellos era difícil de escribir. Los examinadores preguntaban a los inmigrantes de dónde venían, su ocupación y si tenían familia en Estados Unidos. También les hacían un examen de salud. Si un inmigrante tenía una enfermedad contagiosa se le podía negar la entrada a Estados Unidos.

✔**Comprobación de lectura** **Descripción** ¿Cuánto tiempo tomaba el viaje a través del Atlántico?

La experiencia del inmigrante

Después de pasar por los centros de recepción la mayoría de los inmigrantes entraban a Estados Unidos. ¿A dónde iban? ¿De qué vivirían? Algunos tenían amistades o familiares con los que se quedaban y que les ayudaban a conseguir trabajo. Otros no conocían a nadie y tenían que empezar solos.

Búsqueda de trabajo

El desafío más grande que tenía un inmigrante era encontrar trabajo. A veces las organizaciones en su país de origen reclutaban trabajadores para posiciones en Estados Unidos. Las organizaciones traían a los patrones estadounidenses trabajadores sin experiencia quienes trabajaban descargando envíos o excavando zanjas.

Algunas de las industrias estadounidenses de más rápido crecimiento contrataban trabajadores inmigrantes. En las fábricas de acero en Pittsburgh, por ejemplo, la mayoría de los trabajadores a principios del siglo XX eran inmigrantes varones. A veces trabajaban 12 horas al día, siete días a la semana.

Muchos inmigrantes, incluyendo mujeres y niños, trabajaban en fábricas de explotación en la industria de la costura. Éstas eran fábricas oscuras, repletas de trabajadores que confeccionaban ropa. El trabajo era repetitivo y peligroso, la paga muy poca y las horas eran largas.

Pauline Newman, quien más tarde llegó a ser una funcionaria de la International Ladies' Garment Workers Union (el sindicato internacional de mujeres trabajadoras en la industria de la costura), había trabajado cuando era niña en una fábrica de explotación en Nueva York. Ella recordaba:

66 Empezábamos a trabajar a las siete y treinta de la mañana y durante la época ocupada trabajábamos hasta las nueve de la noche. No te pagaban las horas adicionales ni te daban dinero para comer. A veces te daban una pequeña porción de pastel de manzana si tenías que trabajar hasta muy tarde 99.

Acostumbrarse a Estados Unidos

En sus nuevos hogares, los inmigrantes trataban de preservar algún aspecto de sus propias culturas. Al mismo tiempo, la mayoría de ellos quería asimilar, o llegar a ser parte, de la cultura estadounidense. En ocasiones estos dos deseos interponían un conflicto.

HISTORIA En línea

Actividad del estudiante en línea
Visita taj.glencoe.com y haz clic en **Chapter 20— Student Web Activities** para hacer una actividad en línea sobre la inmigración.

Los idiomas marcaban las diferencias entre las generaciones. Muchos padres de inmigrantes continuaban hablando su idioma nativo. Sus hijos hablaban inglés en la escuela y con sus amistades pero también hablaban su idioma nativo en casa. Por otro lado, los nietos de muchos inmigrantes hablaban sólo inglés.

El papel de las mujeres inmigrantes también cambió en Estados Unidos, donde generalmente las mujeres tenían más libertad que las mujeres de Europa y Asia. Los nuevos estilos de vida estaban en conflicto con la manera de ser tradicional y eso a veces causaba fricción en la familia. *(Ver la página 971 de la Biblioteca de fuentes principales para leer la historia de una mujer al dejar su país de origen).*

Construcción de comunidades

La mayoría de los nuevos inmigrantes venía de áreas rurales. Debido a que no tenían los medios financieros para comprar terrenos y huertos en Estados Unidos, sin embargo, a menudo se quedaban en ciudades industrializadas. Sin educación o con muy poca, normalmente trabajaban como obreros.

Los familiares que habían inmigrado anteriormente ayudaban a los recién llegados a

Los hijos de los inmigrantes aprenden las costumbres estadounidenses en las salas de clase.

DOS PUNTOS DE VISTA

¿Deberíamos darles la bienvenida o impedir la inmigración a nuestro país?

Los inmigrantes lucharon hasta encontrar su lugar en la sociedad estadounidense. Ellos cambiaron la sociedad estadounidense con sus costumbres y sus culturas. Muchos estadounidenses resistían estos cambios y hablaron en contra de la inmigración en el futuro.

Circular de Bienes Raíces de San Francisco, septiembre de 1874

Los chinos vinieron por una sola temporada; y aunque nos dieron su trabajo, ellos no [gastan el dinero que ganan] en el país. Ellos no vienen aquí a quedarse o a formar un hogar. (. . .) El comparar a los chinos con los trabajadores más bajos es, por lo tanto, absurdo.

Nos preocupan los sufrimientos de estos esclavos asiáticos; tratamos de hacerlos que vivan en forma decente mientras están aquí y disuadirlos de llegar en tales números ya que eso haría que los trabajadores blancos se vayan del país . . .

Inmigrantes chinos

El abogado Louis Marshall habla en contra de limitar la inmigración, 1924

Igual que los demás inmigrantes, aquellos que vienen desde los países que se pensaban tabú [prohibidos] han industriosos y obedientes de la ley, y han hecho contribuciones valiosas a nuestro desarrollo industrial, comercial y social. (. . .)

El decir que ellos no pueden ser asimilados predica ignorancia. Los hechos muestran que ellos adoptan los estándares de vida estadounidenses y que están impregnados [llenos] del espíritu de nuestras instituciones. Se dice que ellos hablan idiomas extranjeros, pero en esos idiomas se les enseña a amar a nuestro gobierno . . .

Louis Marshall

Lecciones de la historia

1. ¿Qué parecía que el escritor de San Francisco temía?
2. ¿Qué argumentaba Louis Marshall sobre las contribuciones de los inmigrantes?
3. ¿Qué hechos usó Marshall para apoyar su punto de vista que los recién llegados eran "asimilables"?

---

establecerse y las personas del mismo grupo étnico, naturalmente, formaban comunidades. Como resultado, los barrios judíos, italianos, polacos, chinos y de otras clases brotaron rápidamente en Nueva York, Chicago, San Francisco y otras ciudades grandes.

Los inmigrantes trataban de recrear parte de la vida que habían dejado. Las comunidades establecidas se basaban en ciertas instituciones tradicionales. Los más importantes eran los centros de adoración, las iglesias y sinagogas, donde se rendía adoración y se celebraban fiestas como lo habían hecho en sus países de origen. Los sacerdotes y rabíes a menudo eran líderes de la comunidad.

Los inmigrantes publicaban periódicos en sus idiomas nativos, abrieron negocios y teatros y organizaron clubes sociales. Las comunidades étnicas y las instituciones ayudaron a los inmigrantes a conservar su patrimonio cultural.

✔ **Comprobación de lectura** **Descripción** ¿Qué es la asimilación?

Movimiento nativista

La actitud de muchos estadounidenses nacidos aquí hizo más lenta la asimilación. Aunque los patrones estaban contentos de tener trabajadores inmigrantes a los que les pagaban poco, algunos trabajadores nacidos en Estados Unidos resentían a los inmigrantes. Estos estadounidenses temían que los inmigrantes iban a quitarles sus trabajos o cambiar el valor de los salarios al aceptar menos pago.

Diferencias étnicas, religiosas y raciales contribuyeron a tensiones entre los estado unidenses y los inmigrantes. Algunos estadounidenses argumentaban que los nuevos inmigrantes — con sus idiomas extranjeros, religiones desconocidas y costumbres distintas — no calzaban dentro de la sociedad estadounidense.

A la gente se le hacía fácil culpar a los inmigrantes por la delincuencia creciente, el desempleo y otros problemas. El movimiento nativista, por ejemplo, se había opuesto a la inmigracióndesde la década de 1830. El nativismo aumentó en fuerza para finales del siglo XIX. Se pedían restricciones de inmigración.

Nuevas leyes de inmigración

Los legisladores respondieron prontamente a la ola de sentimientos en contra de los inmigrantes. En 1882 el Congreso aprobó la primera ley que limitaba la inmigración, la **Ley de exclusión de chinos.** Esta ley prohibía a los trabajadores chinos la entrada a Estados Unidos por 10 años. El Congreso extendió la ley en 1892 y nuevamente en 1902.

En 1907 el gobierno federal y Japón llegaron a un "acuerdo de caballeros". Los japoneses acordaron limitar el número de emigrantes a Estados Unidos y los estadounidenses prometían trato justo a los japoneses-americanos que ya vivían en Estados Unidos.

Otras leyes afectaban a los inmigrantes de todas las naciones. En 1882 una ley obligaba a cada inmigrante a pagar un impuesto y prohibía la entrada de delincuentes al país. En 1897 el Congreso aprobó una petición de ley que requería que los inmigrantes deberían poder leer y escribir en algún idioma. Aunque el Presidente Cleveland vetó la petición como injusta, el Congreso aprobó luego la **Ley de Inmigración de 1917,** que incluía un requerimiento de alfabetización similar.

Apoyo para los inmigrantes

A pesar de cierto sentimiento antimigratorio, muchos estadounidenses —incluyendo **Grace Abbott** y **Julia Clifford Lathrop,** quienes ayudaron a fundar la Liga de Protección de Inmigrantes (en inglés, Immigrants' Protective League)— alzaron sus voces en apoyo de inmigración. Estos estadounidenses reconocían que Estados Unidos era una nación de la inmigrantes y que los recién llegados habían hecho contribuciones duraderas a su nueva sociedad.

Contribuciones de los inmigrantes

Los nuevos inmigrantes proveían a las industrias en crecimiento los trabajadores necesarios para el crecimiento económico. Al mismo tiempo, los nuevos inmigrantes y sus hijos, tal como los inmigrantes anteriores, habían ayudado a darle forma a la vida en Estados Unidos. Ellos le dieron al país sus principales grupos religiosos, protestantes, católicos y judíos. Durante el proceso de ser asimilados por la sociedad alrededor de ellos, ellos también enriquecían a esa sociedad con sus costumbres y culturas y el idioma y literatura de sus tierras madres.

Los efectos de la inmigración eran más visibles en las ciudades, debido a los grupos étnicos que crecían rápidamente. El flujo de inmigrantes fue uno de los factores que transformó las ciudades de Estados Unidos a finales del siglo XIX y a comienzos del siglo XX.

Comprobación de lectura **Explicación** ¿En qué consistía el movimiento nativista?

EVALUACIÓN DE LA SECCIÓN 1

Verificación de comprensión

1. **Términos clave** Usa cada uno de estos términos en una oración de modo que ayuden a explicar su significado: emigrar, grupo étnico, cuartos de máquinas, fábricas de explotación, asimilar.

2. **Repaso de hechos** Explica la diferencia entre "inmigración vieja" e "inmigración nueva".

Repaso de temas

3. **Cultura y tradiciones** ¿Cuáles eran algunas de las diferencias culturales a las que los inmigrantes tenían que adaptarse en Estados Unidos?

Pensamiento crítico

4. **Conclusiones** ¿Por qué piensas que algunos estadounidenses culpaban a los "nuevos" inmigrantes por muchos de los problemas de la sociedad?

5. **Organización de la información** Recrea el diagrama de abajo y ofrece razones del por qué algunos estadounidenses no aceptaban a los nuevos inmigrantes.

Sentimientos en contra de los inmigrantes

Análisis de material visual

6. **Representación de la historia** Selecciona una de las fotografías de la Sección 1 y escribe un párrafo describiendo la escena. Incluye una descripción de la fotografía.

Actividad interdisciplinaria

Arte Crea un collage ilustrando el origen de los inmigrantes que vinieron a Estados Unidos después de 1880. Recorta fotografías de anuncios y revistas al hacer tu collage.

ESTADOUNIDENSES NUEVOS

ENTRE 1890 Y 1930 la gente veía a Estados Unidos como la tierra de la oportunidad debido a que las industrias estadounidenses en crecimiento necesitaban trabajadores. Más de 20 millones de inmigrantes entraron al país. Los grupos más grandes vinieron de Europa del sur, centro y oriental. Los inmigrantes vinieron en busca de trabajo y libertad. Ellos venían huyendo de cosechas perdidas, represión política y servicio militar.

LA VIDA EN ESTADOS UNIDOS

La mayoría de los recién llegados se establecían cerca de otros inmigrantes de su país. Los grupos más grandes, los italianos, se asentaron principalmente en la región central y el nordeste. Ellos venían huyendo de una epidemia de cólera desastrosa y de cosechas perdidas. Aunque habían trabajado en granjas en el sur de Italia, se quedaron en las ciudades y encontraron trabajos construyendo ferrocarriles, calles y edificios o vendiendo vegetales. Muchas de las mujeres fueron a trabajar a la industria del vestido.

Polacos, checos, serbios, croatas y rusos llegaban en busca de mayor libertad. Los polacos tenían la tendencia de formar comunidades muy unidas en las ciudades industriales de la región central y el nordeste del país. Para muchos de ellos, la vida se centraba en la Iglesia Católica y enviaban sus hijos a la escuela de la parroquia. Las mujeres por lo general establecían casas de huéspedes o lavanderías. Los hombres trabajaban en fábricas de acero y mataderos.

Los inmigrantes japoneses se asentaron en Hawai, California y al noroeste del lado del Pacífico. Encontraron trabajo en agricultura, forestación y pescaderías. Pronto los inmigrantes japoneses cultivaban el 10 por ciento de los vegetales de California.

La ola migratoria bajó a principios de la década de 1920, cuando el gobierno impuso nuevas restricciones. Sin embargo, los inmigrantes continuaron jugando un papel importante en el desarrollo de la cultura estadounidense.

APRENDER de LA GEOGRAFÍA

1. ¿Por qué piensas que los inmigrantes italianos, polacos y japoneses se establecieron en esos lugares?

2. ¿De qué regiones del mundo cambió más el número de inmigrantes entre 1890 y 1930?

Canadá
1,849,00

Estados Unidos

1,215,000

LATINOAMÉRICA

Inmigración en Estados Unidos 1890–1930

3,323,000 Número de inmigrantes por región

0   1500 millas

0   1500 kilómetros

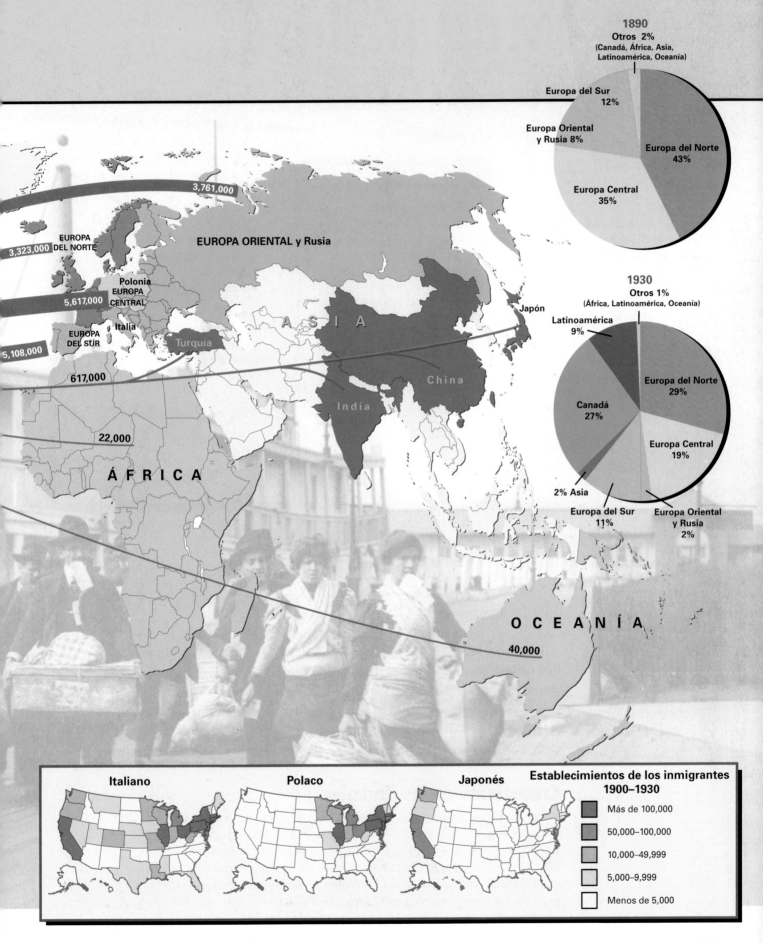

1890

Otros 2%
(Canadá, África, Asia,
Latinoamérica, Oceanía)

Europa del Sur
12%

Europa Oriental
y Rusia 8%

Europa del Norte
43%

Europa Central
35%

1930

Otros 1%
(África, Latinoamérica, Oceanía)

Latinoamérica
9%

Europa del Norte
29%

Canadá
27%

Europa Central
19%

2% Asia

Europa del Sur
11%

Europa Oriental
y Rusia
2%

3,761,000

EUROPA
DEL NORTE

3,323,000

EUROPA ORIENTAL y Rusia

Polonia
EUROPA
CENTRAL

5,617,000

Japón

EUROPA
DEL SUR

Italia

Turquía

A S I A

5,108,000

617,000

China

India

22,000

Á F R I C A

O C E A N Í A

40,000

Italiano

Polaco

Japonés

**Establecimientos de los inmigrantes
1900–1930**

Más de 100,000

50,000–100,000

10,000–49,999

5,000–9,999

Menos de 5,000

Mudándose a la ciudad

Guía de lectura

Idea principal
Las ciudades en Estados Unidos se expandieron rápidamente a finales del siglo XIX.

Términos clave
casa de vecindad, barrios bajos, suburbios, La Edad de Oro, casa de beneficiencia

Estrategia de lectura
Análisis de la información Al estudiar la Sección 2, recrea el siguiente diagrama y haz una lista de tres problemas serios a los que se enfrentaban las ciudades estadounidenses a finales del siglo XIX.

Problemas urbanos

Leer para aprender
• cómo crecieron y cambiaron las ciudades estadounidenses.
• qué problemas tuvieron las ciudades y cómo la gente trataba de resolverlos.

Tema de la sección
Ciencia y tecnología Muchos estadounidenses dejaron las granjas, esperando hacer fortunas en las ciudades.

Presentación preliminar de acontecimientos

♦1870	♦1880		♦1890
1873 Se publica *La Edad Dorada*	**1883** Se inaugura el puente de Brooklyn	**1884** Se construye el primer rascacielos en Chicago	**1889** Jane Addams establece la Hull House

UNA
historia estadounidense

Un tren que llegó a Chicago en 1884 llevaba a un pasajero joven llamado Hamlin Garland. Para Garland, quien había crecido en una granja, la gran ciudad era un panorama desconcertador. Más tarde Garland se hizo famoso por sus historias sobre la parte central del país. En una de sus novelas él describió sus sentimientos de consternación la primera vez que vio Chicago. "Tan solo el pensamiento de un millón de personas pasmó mi imaginación". Garland se preguntaba, "¿Cómo pueden tantas personas encontrar trabajo en un solo lugar?"

Crecimiento de las ciudades

Las ciudades estadounidenses crecieron rápidamente después de la guerra civil. En 1870, uno de cada cuatro estadounidenses vivía en ciudades de 2,500 personas o más. Para 1910 casi la mitad de la población estadounidense vivía en la ciudad. Estados Unidos estaba cambiando de ser una nación rural a una urbana.

Los inmigrantes tuvieron un papel enorme en el crecimiento de las ciudades. En grandes centros urbanos como Nueva York, Detroit y Chicago, los inmigrantes y sus niños comprendían el 80 por ciento o más de la población para el año 1890.

Los estadounidenses nacidos aquí también contribuyeron al crecimiento urbano. Los estadounidenses se movilizaban en grandes cantidades, desde haciendas a ciudades, buscando trabajo.

La industrialización de Estados Unidos había cambiado el trabajo en las granjas. La nueva maquinaria de agricultura hizo posible producir cultivos con menos trabajadores. Además, las mujeres en las áreas rurales ya no tenían que coser ropa ni cosas para la casa. Estos artículos, hechos a máquina, ahora se podían comprar en tiendas o por catálogos. Libres de tales quehaceres, muchas mujeres dejaron las granjas y fueron a las ciudades a buscar trabajo.

Los afroamericanos también migraron a las ciudades en grandes cantidades. La gran mayoría de los afroamericanos vivía en las zonas rurales del sur en gran pobreza. Muchos afroamericanos empezaron a mudarse a las ciudades sureñas a buscar trabajo y para salir de deudas, dejando atrás la injusticia o la discriminación. Después de 1914 una gran cantidad de afroamericanos se mudó a las ciudades del nordeste, que ofrecían más trabajo en las industrias y en fábricas que las ciudades del sur. Muchos afroamericanos también tenían la esperanza de enfrentarse a menos discriminación y violencia en el norte.

Transporte y recursos

La red de ferrocarriles de Estados Unidos alimentaba el crecimiento de las ciudades. Los ferrocarriles ayudaban a las personas a mudarse a las ciudades y transportaban la materia prima para las industrias. Los trenes llevaban ganado a Chicago y **a Kansas City,** convirtiendo a estas ciudades en grandes centros empacadores de carne.

Algunas ciudades prosperaron debido a recursos cercanos. **Pittsburgh** se convirtió rápidamente en un centro de fábricas de hierro y acero ya que en sus cercanías había mineral de hierro y carbón, que se usaban como combustibles en los grandes, hornos de la industria.

Los puertos marítimos tales como **Nueva York** y **San Francisco** se convirtieron en centros de comercio con el resto del mundo. Además, la población de inmigrantes de estas ciudades proveía un gran número de trabajadores quienes estaban disponibles por un salario bajo.

La vida en las casas de vecindad

Las ciudades eran lugares excitantes que ofrecían trabajo, tiendas y entretenimiento. Pero también había viviendas de pobre calidad y una pobreza desesperante. La gente desbordaba las ciudades más rápido de lo que las viviendas se podían construir para darles alojamiento. En las ciudades más grandes, con mayor población, los residentes más pobres, incluyendo la mayor parte de los inmigrantes, vivían en casas de vecindad. Originalmente, una casa de vecindad era simplemente un edificio en el cual varias familias alquilaban cuartos. Sin embargo, a finales del siglo XIX, una casa de vecindad significaba un edificio de apartamentos en los barrios bajos, barrios pobres, destartalados y urbanos.

Las casas de vecindad tenían muchos cuartos pequeños y oscuros. Un inmigrante joven de Polonia habló de cómo él vivía en uno de los cuartos casi sin luz en la parte de atrás de una casa de vecindad:

> 66Nos gustaría vivir en el frente, pero no podemos pagar la renta. (…) Porque ellos tienen sol ahí. Cuando la puerta se abre, la luz te cae en la cara99.

Tres, cuatro o más personas vivían en cada cuarto. Normalmente varias familias tenían que compartir una llave de agua fría y un inodoro. Muy pocos edificios de apartamentos tenían agua caliente o tina de baño. Un inspector del gobierno escribió sobre los "edificios de apartamentos sucios y podridos" de los barrios pobres de Chicago en 1896, llenos de niños "en cada rincón, durmiendo y

Crecimiento de la población urbana y rural, 1860–1900

Urbana   Rural

Población (en millones)

50 / 40 / 30 / 20 / 10 / 0

1860 1870 1880 1890 1900
Año

Fuente de consulta: *Historical Statistics of the United States (Estadísticas históricas de Estados Unidos.)*

Habilidades gráficas

La diferencia entre la población rural y urbana se redujo a finales del siglo XIX.

Comparación ¿Cuántas personas más vivían en áreas urbanas en 1900 que en 1860?

Personajes históricos

Jacob Riis 1849-1914

Jacob Riis vino a Estados Unidos de Dinamarca cuando tenía 21 años de edad. Riis trabajó como reportero y fotógrafo para periódicos de la ciudad de Nueva York durante 20 años. Muchas de sus historias y fotos se enfocaban en las condiciones de vida en las partes más pobres de la ciudad. En 1890 Riis escribió *Cómo vive la otra*

mitad. Tomando fotos de los edificios de apartamentos, Riis pudo enseñar a los lectores las terribles condiciones de los barrios bajos. Su libro ayudó a establecer leyes de vivienda para prevenir los peores abusos.

Cuando Teodoro Roosevelt llegó a ser el comisionado de policía, le pidió a Riis que presentara un programa de reforma.

Por medio de los esfuerzos de Riis, se edificaron muchos lugares de recreación y parques en la ciudad. Riis ayudó a aumentar la conciencia de los problemas que muchas ciudades estadounidenses tenían en su vida diaria. Además, sirvió como ejemplo de lo que los individuos podían hacer para aliviar estos problemas.

---

comiendo en los bordillos de cada ventana, en cantidades, entrando y saliendo de cada puerta".

Comodidad de la clase media

Las ciudades también tenían una clase media en aumento. La clase media incluía las familias de personas profesionales como médicos, abogados y ministros. Un creciente número de gerentes y empleados de oficinas asalariados también llegaron a formar parte de la clase media.

La clase media gozaba de una vida cómoda. Muchas familias se mudaron de las ciudades a los suburbios, áreas residenciales que brotaron fuera de los centros de las ciudades como resultado de mejor transporte. Ahí ellos vivían en casas con agua caliente, inodoros internos y, para 1900, electricidad. Las familias de clase media a veces tenían uno o dos empleados domésticos y tiempo libre para gozar de música, arte y literatura.

La Edad de Oro

En la parte superior de la estructura socioeconómica estaban los ricos. Los ricos vivían vidas muy diferentes de la mayoría de los estadounidenses. Construían mansiones enormes en las ciudades y tremendas fincas en el campo. Algunos hogares, tales como el de J.P. Morgan y Henry Clay Frick en la ciudad de Nueva York, ahora son museos.

En estas mansiones, los ricos vivían llenos de extremos lujos, siendo anfitriones de enormes cenas y fiestas. En 1883 Alva y William Kissam Vanderbilt tuvieron una fiesta para más de 1,000 invitados en su mansión en Nueva York. Se estima que la fiesta debe de haber costado $75,000 en comida y entretenimiento, lo que equivale ahora a unos $1.3 millones de dólares.

Mark Twain y Charles Dudley Warner publicaron una novela en 1873 llamada *La Edad Dorada.* El nombre, que se refiere a algo cubierto de una ligera capa de oro, llegó a ser asociada con Estados Unidos a finales del siglo XIX. La Edad de Oro hablaba tanto de la extravagante riqueza de la época como de la terrible pobreza debajo de ella.

Comprobación de lectura **Descripción** ¿Por qué era difícil vivir en las casas de vecindad?

Ciudades en crisis

El rápido crecimiento de las ciudades produjo serios problemas. La terrible sobrepoblación en los barrios de casas de vecindad creó problemas de higiene y salud. La basura y el excremento de los caballos se acumulaban en las calles de la ciudad y las cloacas no alcanzaban para el flujo del desperdicio humano. La suciedad creaba un campo ideal para enfermedades, las que se esparcían rápidamente por los distritos repletos de gente.

Los incendios eran una amenaza constante. Alrededor de 18,000 edificios fueron destruidos y 100,000 personas perdieron sus hogares en el fuego de Chicago de 1871. Dos años después, Boston tuvo un incendio devastador.

Problemas de salud y delincuencia

En un barrio pobre de Chicago en 1900, los bebés a menudo morían de tos ferina, difteria o sarampión antes de cumplir un año de edad. A una sección de Nueva York se la conocía como "el bloque del pulmón" debido a que muchos residentes tenían tuberculosis.

Para controlar las enfermedades, la ciudad de Nueva York empezó a examinar a los niños de edad escolar para ver si tenían enfermedades contagiosas y para brindar un servicio de enfermeras visitantes a madres de niños jóvenes. La ciudad también estableció clínicas de salud públicas para aquellos que no podían pagar por cuidados médicos.

Inevitablemente, la pobreza de las ciudades abrió paso a la delincuencia. Los niños huérfanos y sin hogar a veces robaban carteras o cometían otros delitos menores para poder sobrevivir. Las pandillas recorrían los barrios pobres cometiendo delitos más graves. **Jacob Riis** reportó:

> 66La vida de las pandillas es una institución en Nueva York. La policía niega su existencia mientras se curan los magullones recibidos en las batallas con ellos cada noche. (. . .) Las pandillas son el fruto maduro del crecimiento de las casas de vecindad. Nace ahí99.

En busca de soluciones

Los problemas de las ciudades no pasaron desapercibidos. Muchas personas dedicadas trabajaron para mejorar la vida urbana y ayudar a los pobres.

Los grupos religiosos ayudaban a los pobres. Algunas órdenes religiosas ayudaban a los pobres en orfanatos, prisiones y hospitales. Organizaciones tales como la **YMCA** (Asociación Cristiana de Jóvenes) y la **YWCA** (Asociación de Jóvenes Cristianas) ofrecían centros de recreación donde los jóvenes de las ciudades se podían reunir y jugar.

Los pobres también recibieron ayuda de establecimientos llamados casas de beneficencia. El movimiento de casas de beneficencia llegó a Estados Unidos desde Inglaterra. Ubicadas en barrios pobres, las casas de beneficencia proveían servicio médico, canchas de juego, guarderías y bibliotecas así como también clases de inglés, música y artes y oficio. Los trabajadores de las casas de beneficencia —en su mayoría mujeres— también trataron de obtener mejor protección policial, recolección de basura y parques públicos para distritos pobres.

Una de las más famosas casas de beneficencia era la **Hull House, en Chicago,** fundada por **Jane Addams** en 1889. Addams explicó:

> 66Estábamos listos para realizar los servicios más humildes en los vecindarios. Nos pedían que laváramos a los recién nacidos, que preparáramos a los muertos para ser enterrados, que atendiéramos a los enfermos, y cuidáramos a los niños' 99.

Jane Addams

✓ **Comprobación de lectura** **Explicación**
¿Cuál era el propósito de las casas de beneficencia?

La ciudad cambiante

El crecimiento urbano causó nuevos desarrollos importantes. A finales del siglo XIX, las ciudades vieron la introducción de un nuevo tipo de edificios, nuevas formas de transporte público y parques públicos.

Construcción hacia arriba —No hacia afuera

Debido al limitado espacio dentro de las ciudades, los arquitectos imaginativos empezaron a construir hacia arriba en vez de hacia afuera. En la década de 1860, los arquitectos empezaron a construir estructuras de hierro para reforzar las paredes de los edificios. Los soportes de hierro, junto con el elevador de seguridad inventado por **Elisha Otis** en 1852, hicieron posible la construcción de edificios más altos.

En 1884 **William LeBaron Jenney** construyó un edificio de oficinas de 10 pisos en Chicago. Apoyado con un esqueleto de hierro y acero, fue el primer **rascacielos** del mundo. El arquitecto **Louis Sullivan** le dio estilo al rascacielos. "En cada pulgada debe haber algo que sea de orgullo,

Se diseñó y construyó el edificio Woolworth para que fuera el edificio más alto del mundo.

que se levante en regocijo puro", dijo él. Sullivan y sus colegas cambiaron la cara de las ciudades estadounidenses. Muy pronto la gente empezó a construir estructuras aún más altas. El **edificio Woolworth** en Nueva York, que se terminó en 1913, se levantaba increíblemente 55 pisos, 792 pies (241 m) de altura. La gente llamaba al edificio la Catedral del Comercio.

Diseños nuevos

Algunas personas querían darle otra forma al paisaje urbano. Un grupo conocido como el movimiento de la "Ciudad Bella" pensaba que los residentes de la ciudad deberían poder disfrutar las bellezas de la naturaleza. **Frederick Law Olmsted,** uno de los líderes de este movimiento, diseñó el Parque Central así como también varios parques de Boston.

En 1892 y 1893, Chicago fue la ciudad anfitriona de la Feria Mundial en recintos diseñados por Olmsted. La Feria reveló que la arquitectura estadounidense era dinámica y original. Los mejores arquitectos entendían totalmente los estilos europeos y los adaptaron

para un uso moderno. La empresa de McKim, Mead, y White usó el estilo italiano renacentista para diseñar la Biblioteca Pública de Boston. Henry Richardson adaptó estilos de la Roma antigua en sus diseños de iglesias, bibliotecas y hasta en tiendas de departamentos.

Nuevos medios de transporte

Conforme las ciudades crecieron, la gente necesitaba nuevos medios de transporte. Mark Twain se quejó en 1867 de que.

> 66Nueva York es demasiado grande. No puedes hacer nada (. . .) si no le dedicas un día entero. (. . .) Las distancias son demasiado grandes99.

Tranvías arrastrados por caballos sobre rieles, brindaban transporte público en ese entonces. Sin embargo, los caballos eran lentos y dejaban montones de estiércol. En 1873 San Francisco empezó la construcción de vagones funiculares o cable carriles. Un cable subterráneo inmenso que recibía energía de un motor al final de la línea llevaba los pasajeros de un lado a otro. En 1888

Richmond, Virginia, fue la primera ciudad en usar un carro trole, que era un tren motorizado que se movía por medio de electricidad que corría en cables suspendidos en el aire. Para finales del siglo, el carro trole se usaba en todas partes. En 1897, Boston inauguró el primer metro, o ferrocarril subterráneo. En 1904, la ciudad de Nueva York inauguró la primera sección de lo que con el tiempo se convertiría en el sistema de trenes subterráneo más grande del mundo.

Otra mejoría que ayudó al transporte fue la pavimentación de las calles. Durante la mayor parte del siglo XIX, las calles de las ciudades permanecieron pobremente pavimentadas. Por ejemplo, aunque el crecimiento rápido de Cleveland, Ohio, hizo de esa ciudad un centro urbano importante, la mayor parte de sus calles no eran nada más que arena y gravilla. Otras ciudades usaron bloques de madera, ladrillos o adoquines, pero todas esas alternativas presentaban baches, eran ruidosas y difíciles de reparar. El uso creciente de asfalto, un producto del refinamiento del petróleo a partir de la década de 1890, hizo las calles mas lisas y silenciosas.

La construcción de puentes

La construcción de puentes ofreció otra mejoría en el transporte urbano. Muchas ciudades estadounidenses eran separadas por ríos o los usaban para demarcar sus límites. Usando técnicas de construcción nuevas, los arquitectos e ingenieros diseñaron puentes de acero inmensos para unir las secciones de las ciudades. El **puente Eads** de 520 pies (156 m) que cruza el río Mississippi en St. Louis se inauguró en 1874. Diez años más tarde el

Rascacielos

El edificio Empire State es el edificio más alto del mundo. Eso era verdad antes, pero ya no. Para 1931 el edificio Empire State con sus 102 pisos hacía que el resto de los edificios del mundo parecieran enanos. Hoy en día la Torre de Sears en Chicago es el edificio más alto del país. Tiene 1,450 pies (442 ms) de altura y 110 pisos.

majestuoso **puente de Brooklyn,** con 1,600 pies (488 m) de largo, en Nueva York, conectaba Manhattan y Brooklyn. Ambos puentes permanecen en uso en la actualidad.

Esta nueva forma de transporte no sólo ayudó a las personas a viajar entre ciudades, sino que también ayudó al crecimiento de la ciudad. Los suburbios de las clases medias se erigieron a lo largo de las líneas de trenes o de carros trole alejándose de los centros de las ciudades. Las personas que se mudaban hacia las afueras de las ciudades podían ir al centro a trabajar o de compras.

El aumento de inmigración y el crecimiento de las ciudades ocurrieron de manera simultánea con otros cambios en la vida de los estadounidenses. La educación, la cultura y la recreación también cambiaban.

Comprobación de lectura **Resumen** ¿Cuáles nuevos medios de transporte urbano se desarrollaron?

EVALUACIÓN DE LA SECCIÓN 2

Verificación de comprensión

1. **Términos clave** Usa el vocabulario que figura a continuación para escribir un párrafo sobre la vida en las ciudades: **casa de vecindad, barrios bajos, suburbios, casa de beneficencia.**
2. **Repaso de hechos** ¿Quién fundó la Hull House?

Repaso de temas

3. **Ciencia y tecnología** ¿Cuáles mejorías de transporte ayudaron a las ciudades y los suburbios a crecer?

Pensamiento crítico

4. **Análisis de la información** ¿En qué forma ayudaron los esfuerzos de los grupos religiosos a aquellos que vivían en la pobreza?
5. **Resumen de información** Recrea el siguiente diagrama y describe tres esfuerzos que se hayan hecho para mejorar las condiciones de vida en las ciudades.

Mejorar la vida en las ciudades

Análisis de material visual

6. **Habilidades gráficas** Según el gráfico en la página 591, ¿cuál era el promedio de población urbana entre los años 1890 y 1900? ¿Cuántas personas más vivían en áreas rurales en 1900 que en 1860?

Actividad interdisciplinaria

Arte Dibuja el frente de una tarjeta postal que muestre una escena de una ciudad estadounidense en 1900. En el otro lado escribe lo que un inmigrante puede haber escrito al enviarla a sus familiares.

Desarrollo de HABILIDADES

Estudios sociales

Interpretación de una gráfica lineal

¿Por qué desarrollar esta habilidad?

Las gráficas son una forma de mostrar cantidades en forma visual, haciéndolas más fáciles de leer y entender. Las gráficas a menudo se usan para comparar cambios a través del tiempo o diferencias entre lugares, grupos de personas o eventos relacionados.

Desarrollo de la habilidad

En una gráfica linear, los números normalmente aparecen a lo largo del lado izquierdo del gráfico o el eje vertical. El tiempo normalmente se ve en la parte inferior de la gráfica o el eje horizontal. Una línea de la gráfica muestra si es que los números suben o bajan a través del tiempo. A veces una gráfica usa más de una línea para mostrar dos o más cantidades relacionadas.

Sigue estos pasos para leer una gráfica linear:
- Lee el título de la gráfica.
- Lee la información de los ejes vertical y horizontal.
- Estudia los puntos en los que la línea intercepta la cuadrícula de la gráfica linear. Este paso te dice qué cantidad existía en un período de tiempo dado.
- Estudia los cambios a través del tiempo ilustrados por la línea de la gráfica. Busca los aumentos, descensos y cambios súbitos.
- Saca conclusiones de las estadísticas presentadas. ¿Qué tendencias o patrones aparecen?

Práctica de la habilidad

Estudia la gráfica linear en esta página y contesta las preguntas a continuación.

❶ ¿Cuál es el tema de esta gráfica linear?

❷ ¿Qué información se presenta en el eje horizontal? ¿En el eje vertical?

❸ ¿En qué año llegó la inmigración de Europa occidental y del norte a su punto más alto?

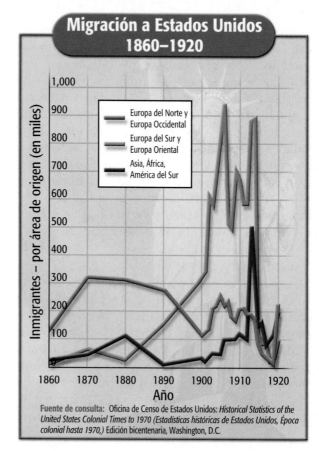

Migración a Estados Unidos 1860–1920

Inmigrantes – por área de origen (en miles)

Leyenda:
- Europa del Norte y Europa Occidental
- Europa del Sur y Europa Oriental
- Asia, África, América del Sur

Año

Fuente de consulta: Oficina de Censo de Estados Unidos: *Historical Statistics of the United States Colonial Times to 1970 (Estadísticas históricas de Estados Unidos, Época colonial hasta 1970,)* Edición bicentenaria, Washington, D.C.

❹ ¿En qué año llegó la inmigración de Asia, África y de América de Sur a su punto más bajo?

❺ ¿Durante cuáles dos décadas llegó la inmigración desde Europa oriental y del sur a su punto más alto?

Aplicación de la habilidad

Creación de una gráfica linear Registra las horas que pasas haciendo las tareas cada día por el período de una semana. Anota la información en una gráfica linear.

El CD-ROM de Glencoe **"Skillbuilder Interactive Workbook, Level 1",** contiene instrucciones y ejercicios sobre habilidades fundamentales de estudios sociales.

Una cultura cambiante

Guía de lectura

Idea principal
Los estados trabajaban para expandir y mejorar el sistema de educación.

Términos clave
colegio de tierras donadas, periodismo amarillista, realismo, regionalismo, ragtime, vaudeville

Estrategia de lectura
Clasificación de la información Al estudiar la Sección 3, recrea el siguiente diagrama y describe los logros de las personas mencionadas.

	Logros
John Dewey	
George Washington Carver	
Mary Cassatt	
Scott Joplin	

Leer para aprender
- cómo fue que la educación se hizo más asequible.
- cómo pasan el tiempo los estadounidenses.

Tema de la sección
Continuidad y cambio Se empezó a desarrollar una parte de la cultura estadounidense que afectóa a muchas partes de la vida estadounidense.

Presentación preliminar de acontecimientos

◆1860　　　　◆1870　　　　◆1880　　　　◆1890

1862
La Ley de Morrill fue promulgada

1879
Se funda la escuela industrial indígena de Carlisle

1881
Booker T. Washington inaugura el Instituto Tuskegee

1883
Joesph Pulitzer compra el New York *World*

★★★★★★★
UNA
historia estadounidense

Mary Antin, una niña que vino a Estados Unidos de Rusia en 1894, nunca se olvidó de su primer día de clases. "Mi padre mismo nos llevó a la escuela. Él no hubiera delegado esa misión ni al presidente de Estados Unidos". Para su padre, explicó Mary, la educación era "la esencia de la oportunidad en Estados Unidos, el tesoro que ningún ladrón podría robarnos, ni siquiera la mala fortuna o la pobreza. (. . .) La puerta se mantuvo abierta para todos nosotros".

Expansión de la educación

La mayoría de los estadounidenses en 1865 sólo había asistido a la escuela por cuatro años como promedio. El gobierno, los líderes de negocios y reformistas pensaban que para que la nación progresara, la gente necesitaba más educación. Hacia el final del siglo XIX, el "tesoro" de la educación se hizo más disponible para los estadounidenses.

Para 1914 la mayoría de los estados requerían que los niños reciban por lo menos algo de educación. Más del 80 por ciento de todos los niños entre las edades de 5 y 17 estaban matriculados en escuelas primarias o secundarias.

Escuelas públicas

La expansión de la educación pública fue particularmente notable en las escuelas secundarias. El número de escuelas secundarias públicas aumentó de 100 en 1860 a 6,000 en 1900, y a 12,000 en 1914. A pesar de este aumento, sin embargo, muchos adolescentes no asistieron a escuelas secundarias. A menudo, los muchachos empezaban a trabajar para ayudar a sus familias en vez de ir a la escuela. La mayoría de los estudiantes de las escuelas secundarias eran niñas.

Los beneficios de educación en una escuela pública no eran compartidos igualmente por todos. En el sur, muchos afroamericanos recibían poca o nada de educación. En muchas partes del país, los niños afroamericanos tenían que asistir a escuelas secundarias y primarias segregadas por falta de otras opciones.

Educación progresiva

Alrededor de 1900 una nueva filosofía de educación surgió en Estados Unidos. Los que apoyaban esta "educación progresiva" querían formar la personalidad de los estudiantes y enseñarles a ser buenos ciudadanos así como también enseñarles hechos. Ellos también eran de la opinión que los niños debían aprender por medio de actividades "participativas". Estas ideas tuvieron el mejor efecto en las escuelas primarias.

John Dewey, el representante principal a favor de la educación progresiva, criticaba a las escuelas debido a que éstas enfatizaban demasiado la memorización de información. En vez de eso, Dewey argumentaba, las escuelas deberían relacionar el aprendizaje a los intereses, problemas e inquietudes de los estudiantes.

Educación superior

Los institutos y las universidades también cambiaron y se expandieron. En 1862 una ley llamada la **Ley Morrill** cedió a los estados grandes cantidades de terrenos que se podían vender para recaudar dinero para la educación. Los estados usaron estos fondos para iniciar docenas de centros de educación llamados colegios de tierras donadas. Los individuos adinerados también establecieron y apoyaban institutos y universidades. Algunos institutos se nombraron en honor a los donantes, por ejemplo, Cornell University por Ezra Cornell y Stanford University por Leland Stanford.

Cómo era la *vida*...

Días escolares

En los autobuses

Los estudiantes hacen fila para que los lleven a la escuela en Fresno, California. Muy pocas escuelas tuvieron la suerte de tener sus propios autobuses para principios del siglo XX. No fue sino hasta 1939 que se adoptaron estándares nacionales para los autobuses escolares, incluyendo el color "autobuses escolares amarillos" para promover visibilidad y seguridad.

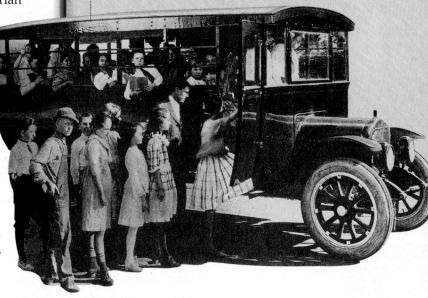

Las mujeres y la educación superior

En 1865, sólo unos cuantos institutos estadounidenses admitían a mujeres. Los colegios de tierras donadas inscribían a mujeres, así como los institutos de mujeres Vassar, Smith, Wellesley y Bryn Mawr, fundados a finales del siglo XIX. Para 1890, las mujeres asistían a una gran variedad de institutos, y para 1910, casi el 40 por ciento de todos los estudiantes universitarios estadounidenses eran mujeres.

Escritura

Para 1900, en todas partes se enseñaba el método Palmer de escritura. Con el método Palmer, algunas letras mayúsculas ya no se escribían separadas y palabras enteras se podían escribir sin levantar la pluma para cruzar una "t" o ponerle el punto a la "i". Los juegos de práctica de escritura venían con un tintero como este. Su doble tapa impedía la evaporación y daba protección en caso de que se volteara.

Guardia de tránsito

Un oficial de policía de la ciudad de Nueva York guía a los estudiantes en camino a sus escuelas en 1899. Para principios del siglo XX, la policía brindaba este servicio a muchas comunidades.

El libromóvil

Las bibliotecarias trataban de ofrecer material de lectura a las comunidades rurales. Aquí, una bibliotecaria viajante hace entrega de libros en el condado de Washington, Maryland.

La sala de clase

Los estudiantes observan un experimento y toman notas durante una clase de ciencia en 1900.

Estudiantes de escuela primaria

La sala de clase era el lugar principal donde los hijos de inmigrantes aprendían las costumbres estadounidenses.

Las minorías y la educación superior

Algunos institutos nuevos, tales como el Hampton Institute en Virginia, brindaban educación superior a los afroamericanos e indígenas estadounidneses. Howard University en Washington, D.C., fundada poco tiempo después de la guerra civil, tenía un gran número de estudiantes afroamericanos. Para principios de los años 1870, Howard ofrecía títulos en teología, medicina, leyes y agricultura. Graduados prominentes de Howard incluyen Thurgood Marshall, quien más tarde llegó a ser Juez de la Corte Suprema, la escritora Toni Morrison y el científico político Ralph Bunche, el primer afroamericano en ganar el Premio Nóbel de la Paz.

Un estudiante de Hampton Institute, **Booker T. Washington,** llegó a ser educador. En 1881 Washington fundó el **Instituto Tuskegee** en Alabama para entrenar a profesores y brindar educación práctica a los afroamericanos. Como resultado de su trabajo como educador y discursante público, Washington tuvo mucha influencia en el comercio y en la política.

En 1896, el científico **George Washington Carver** llegó a formar parte de la facultad de Tuskegee. Sus investigaciones transformaron el desarrollo de la agricultura en el sur. A partir del maní, que normalmente se le daba poco uso, Carver desarrolló cientos de productos, incluyendo plásticos, goma sintética, crema de afeitar y papel.

Estas dos fotografías de un joven navajo, Tom Torlino, muestra cómo su apariencia cambió poco tiempo después de que había entrado a la escuela indígena Carlisle.

Escuelas para indígenas estadounidenses

Las escuelas en las reservaciones y las escuelas de internados también se abrieron para entrenar a los indígenas estadounidenses para trabajos. La escuela industrial indígena de Carlisle en Pennsylvania se fundó en 1879 y escuelas similares se abrieron en el oeste. Aunque estas escuelas les proveían a los indígenas estadounidenses con entrenamiento para trabajos e industria, también los aislaban de sus tradiciones tribales. A veces, las escuelas de internado quedaban a cientos de millas de la familia del estudiante.

Comprobación de lectura **Comparación** ¿Qué tenían en común los institutos Bryn Mawr, Vassar y Smith?

Una nación de lectores

Conforme las oportunidades de educación aumentaban, un número creciente de estadounidenses se interesaban en la lectura. Las bibliotecas públicas se esparcieron por todo el país, y se crearon nuevas revistas y periódicos para la lectura del público.

Bibliotecas públicas

En 1881 **Andrew Carnegie,** el adinerado industrialista del acero, hizo un anuncio extraordinario. Él prometió construir una biblioteca pública en cada ciudad que estuviera de acuerdo en pagar sus costos de operación. Durante los siguientes 30 años, Carnegie donó más de $30 millones para la fundación de 2,000 bibliotecas por todo el mundo. Con donaciones de Carnegie, de otros y con el esfuerzo de los gobiernos locales y estatales, cada estado en la Unión alcanzó a tener bibliotecas públicas gratuitas.

Compartiendo las noticias

Los avances tecnológicos en la imprenta, en la fabricación del papel y en las comunicaciones hicieron posible la publicación de un periódico diario para un gran número de lectores. Las ciudades crecientes proveían la audiencia para los periódicos.

En 1883, **Joseph Pulitzer** compró el New York *World* y creó una nueva clase de periódicos. El papel atraía la atención de los lectores con ilustraciones, caricaturas e historias sensacionales con grandes titulares que daban miedo, como "OTRO ASESINO POR SER AHORCADO". Bajo la administración de Pulitzer, el *World* elevó su circulación a más de un millón de lectores al día.

Otros periódicos imitaron el estilo de Pulitzer. El **Morning Journal** de Nueva York de **William Randolph Hearst** tuvo mucho más éxito que el *World,* atrayendo lectores mediante la exageración de los aspectos dramáticos o espantosos de las historias. Este estilo de periodismo llegó a ser conocido como periodismo amarillista, un nombre derivado de una tira cómica del periódico llamada "The Yellow Kid" (El muchachito amarillo).

Los periódicos étnicos y de las minorías también crecieron con fuerza. Para 1900 había seis diarios en el idioma judío en la ciudad de Nueva York. Los afroamericanos iniciaron más de 1000 periódicos entre los años 1865 y 1900.

Más revistas aprovecharon las mejoras de impresión y las técnicas de circulación masiva para alcanzar el mercado nacional. Entre 1865 y 1900, el número de revistas en Estados Unidos subió de 700 a 5,000. Algunas de las revistas de la época, *Atlantic Monthly, Harper's Magazine* y *Ladies' Home Journal*, todavía se publican en la actualidad.

Cambios en la literatura

Muchos de los escritores de la época exploraron nuevos temas y materias. La manera en que veían la literatura se llamaba realismo porque ellos trataban de describir las vidas de las personas. Junto con el realismo estaba el regionalismo, escritos que hablaban de una región específica del país.

Mark Twain era un realista y un regionalista. Muchos de sus libros, incluyendo *Las Aventuras de Huckleberry Finn* y *Las Aventuras de Tom Sawyer,* ocurren a lo largo del río Mississippi, donde Twain creció.

Stephen Crane escribió sobre los barrios bajos de la ciudad en *Maggie* y sobre la guerra civil en *La roja insignia del valor.* En libros tales como *La llamada de la selva* y *El lobo marino,* **Jack London** pintó un retrato de la vida de los mineros y cazadores en el lejano noroeste. **Edith Wharton** describe las alegrías y tristezas de la clase alta de la gente del este en *La casa de la alegría* y *La edad de la inocencia.*

Paul Laurence Dunbar, hijo de ex esclavos, escribió poesías y novelas que usaban los dialectos e historias de los afroamericanos del sur. Dunbar fue uno de los primeros escritores afroamericanos en adquirir fama mundial.

Libros en rústica aparecieron por primera vez a finales del siglo XIX y debido a su precio económico, ayudaron a esparcir el interés público en la lectura. Muchos libros de esta clase presentaban aventuras en cuentos o historias de niñas y niños atléticos.

Horatio Alger escribió una serie de libros para adultos jóvenes con títulos como *Work and Win (Esfuércese y tenga éxito)* y *Luck and Pluck (Suerte y valor).* Basándose en la idea de que el trabajo fuerte y la honestidad traían éxito, los libros de Alger vendieron millones de copias.

✓ **Comprobación de lectura** **Explicación** ¿Qué es el regionalismo?

Arte, música y ocio

Durante la mayor parte del siglo XIX, el trabajo de los artistas y músicos estadounidenses reflejaba una influencia europea. Después de la guerra civil, los estadounidenses desarrollaron un estilo estadounidense muy distintivo.

Artistas estadounidenses

Algunos pintores estadounidenses usaban temas realistas. **Thomas Eakins** pintaba la anatomía humana y las operaciones quirúrgicas. Uno de los estudiantes de Eakins, **Henry Tanner,** presentaba escenas cálidas de familias afroamericanas en el sur. **Frederic Remington** presentaba al oeste estadounidense, enfocándose en sujetos como los rancheros e indígenas estadounidenses. **Winslow Homer** pintaba granjeros sureños, campistas en los Adirondack y escenas del mar en borrascas. *Arrangement in Grey and Black (Arreglos en gris y negro),* de **James Whistler,** comúnmente conocido como *"Whistler's Mother" (La madre de Whistler),* es una de las pinturas estadounidenses mejor conocidas. **Mary Cassatt** era influenciada por la escuela impresionista francesa. Los impresionistas trataban de capturar el juego de la luz, colores y patrones en el momento en que éstos creaban impresiones inmediatas en los sentidos.

La música en Estados Unidos

Tipos de música distintivamente estadounidense también empezaron a popularizarse. El director de banda **John Philip Sousa** compuso varias marchas enardecedoras, incluyendo "The Stars and Stripes Forever" (Barras y estrellas para siempre). Músicos afroamericanos en Nueva Orleans a finales del siglo XIX desarrollaron una clase de música totalmente nueva, el jazz. El **Jazz** combinaba elementos de canciones de trabajo, música evangélica, espiritual y ritmos africanos. Parecido al jazz era lo que se llamaba música **ragtime.** Durante casi 20 años, empezando al principio del siglo, ragtime, con sus ritmos complejos, fue la fuerza dominante en la música popular. Uno de los mejores compositores de ragtime es **Scott Joplin.** Él escribió "Maple Leaf Rag" (Rag de la hoja de arce) y otras obras bien conocidas.

Las orquestas sinfónicas de Nueva York, Boston y Filadelfia, todas fundadas antes de 1900, estaban entre las mejores del mundo. Los mejores cantantes y directores del mundo venían a presentarse en la Ópera Metropolitana de Nueva York.

Tiempo de ocio

Aunque los trabajadores de las fábricas de explotación trabajaban largas horas seis o hasta siete días a la semana, la gente de clase media y hasta algunos trabajadores de fábricas gozaban de una cierta cantidad de tiempo de ocio. A diferencia del trabajo en las granjas, que era un trabajo de veinticuatro horas, los trabajos profesionales o industriales brindaban horas y hasta días de

La historia *a través del arte*

Girls with Lobster (Muchachas con langosta) por **Winslow Homer** Homer pintaba escenas de personas deleitándose en las orillas del mar de Nueva Jersey y Nueva Inglaterra. **¿Qué temas representaron muchos pintores estadounidenses en sus trabajos?**

tiempo libre. Los estadounidenses desarrollaron nuevas formas de diversión.

Una de las actividades favoritas para muchas personas era mirar y seguir los deportes. El béisbol se convirtió en el **deporte de espectadores** más popular en Estados Unidos. A finales del siglo, tanto la liga Nacional como la liga Americana se habían formado, cada una con equipos de ciudades grandes. Sus juegos atraían a grandes muchedumbres de fanáticos entusiastas y en 1903 se realizó la primera Serie Mundial.

Otro juego de espectadores que se hizo popular fue el fútbol americano, que se desarrolló del juego inglés llamado rugby. Para la década de 1890, los juegos entre universidades atraían muchedumbres enormes.

El baloncesto, inventado por el Dr. James Naismith de Springfield, Massachussets, también se hizo popular. Naismith desarrolló el juego en la década de 1890 como un deporte de invierno que se jugaba adentro, para las clases de educación física de los muchachos de YMCA. Considerado como el único deporte importante que es totalmente estadounidense, el baloncesto pronto se esparció a otros países.

Los estadounidenses no sólo miraban deportes sino que también participaban en ellos. El tenis y el golf se practicaban entre los ricos, usualmente en clubes privados exclusivos. El ciclismo creció en popularidad después de que se inventó una bicicleta "segura". Las bicicletas más antiguas tenían llantas con monturas de metal, una grande

al frente y una pequeña atrás, mientras que las nuevas tenían dos llantas llenas de aire del mismo tamaño.

Estas mejoras ayudaron a que andar en bicicleta ganara una popularidad inmensa en el país. Una canción romántica alababa la bicicleta:

> 66No será un matrimonio con estilo,
> no puedo pagar por un carruaje,
> Pero te verás tan dulce en el asiento de
> una bicicleta para dos99.

Las ciudades grandes tenían muchos teatros. Se presentaban obras variadas, desde dramas serios de Shakespeare a presentaciones vaudeville, espectáculos variados con danzas, cantantes, comedia y actos de magia. Mucha gente podía pagar el precio de los boletos y a principios de los 1900, las obras de vaudeville ofrecían los espectáculos más populares. Los circos también atraían mucha gente. En 1910 Estados Unidos tenía unos 80 circos viajantes.

Thomas Edison inventó "las películas en movimiento" en la década de 1880. Las películas ganaron una popularidad enorme. Algunos teatros, llamados nickelodeons, cobraban cinco centavos para que el público viera películas cortas. Los nickelodeons fueron el principio de la industria cinematográfica de hoy.

✓ **Comprobación de lectura** **Descripción** ¿Cuáles son los elementos de la música jazz?

EVALUACIÓN DE LA SECCIÓN 3

Verificación de comprensión

1. **Términos clave** Usa cada uno de estos términos en una oración completa que ayude a explicar su significado: colegio de tierras donadas, periodismo amarillista, realismo, regionalismo, ragtime, vaudeville.

2. **Repaso de hechos** Resume la nueva filosofía de educación que surgió alrededor de 1900.

Repaso de temas

3. **Continuidad y cambio** ¿Qué causó el aumento en la cantidad de periódicos, revistas y libros a finales del siglo XIX?

Pensamiento crítico

4. **Determinación de causa y efecto** Explica la conexión entre el tiempo de ocio y el desarrollo de las artes.

5. **Análisis de la información** Recrea el siguiente diagrama y explica el trabajo de cada uno de estos escritores.

Escritor	Descripción de sus trabajos
Horatio Alger	
Stephen Crane	
Edith Wharton	

Análisis de material visual

6. **Representación de la historia** Mira las fotos de las salas de clases que aparecen en esta sección. ¿En qué forma son similares y en qué forma son diferentes de los salones de clase actuales?

Actividad interdisciplinaria

Arte Crea tus propios dibujos en movimiento haciendo una serie de dibujos (que se siguen el uno al otro) en pedazos de papel de 2 pulgadas por 4 pulgadas. Engrapa los papeles de un lado, luego abanícalos despacio para que veas tu dibujo en movimiento.

Estados Unidos

Mark Twain (1835–1910)

Mark Twain, quien al nacer tuvo el nombre de Samuel Langhorne Clemens en 1835, pasó su juventud en Hannibal, Missouri. Ahí trabajó en una imprenta y luego se convirtió en piloto de motonaves. Tanto le gustó la vida en el río Mississippi que más tarde eligió un seudónimo que lo uniría para siempre con el río. "¡Mark twain!" era una frase que se usaba en los ríos que quería decir "dos brazas", o sea que el agua era lo suficientemente profunda para pasarlo con seguridad.

LEER PARA DESCUBRIR

Los sueños de niño de Mark Twain y sus memorias son las fuentes de *La vida en el Mississippi.* Al leer, presta atención al tono del pasaje y cómo este tono afecta a la historia.

DICCIONARIO DEL LECTOR

bote correo: bote que carga correo, pasajeros y carga con un horario en una ruta establecida

Keokuk: pueblo en la punta más al sur de Iowa

carretillero: chofer de una carretilla —una carreta fuerte con lados desprendibles

La vida en el río Mississippi

Cuando yo era muchacho, sólo había una ambición permanente entre mis camaradas en nuestro pueblo en la costa oeste del río Mississippi. Y ésa era, el trabajar en el buque de vapor. . .

Un día, un **botesucho** barato y feo llegó desde St. Louis, y otro vino desde **Keokuk.** Previo a estos eventos, el día se veía glorioso, lleno de expectativas; después de estos dos, el día quedó muerto, como algo vacío. No sólo los muchachos, sino el pueblo entero, tenía esta impresión. Después de tantos años, recuerdo esos tiempos viejos, tal como eran en ese tiempo: el pueblo blanco soñoliento en el brillo del sol de una mañana de verano; las calles vacías, (. . .) el magnífico Mississippi, haciendo que su ola de una milla de ancho se deslice, brillando frente al sol; (. . .) En ese momento una capa de humo oscuro aparece; (. . .) instantáneamente un (. . .) **carretillero,** famoso por su ojo rápido y su voz prodigiosa, pega el grito, "¡B-u-q-u-e-a-l-v-a-p-o-r-viene!" ¡Y todo el panorama cambia! (. . .) [E]n un abrir y cerrar de ojos, el pueblo muerto se ve lleno de vida y movimiento. Carretillas, carretas, hombres, muchachos, todos salen corriendo de todas partes a un sitio común, el muelle. Todos juntos, la gente fija sus ojos sobre el buque que se aproxima como si fuese una maravilla que ven por primera vez. Y el bote *es* en realidad algo bonito de ver, también. (. . .) [E]l capitán de pie junto a la gran campana, calmado, imponente, la envidia de todos; grandes cantidades del humo más negro salen a chorros de las chimeneas; (. . .) el capitán levanta su mano, una campana suena, las ruedas se detienen; luego van en reversa, llenando el agua de espuma y el buque a vapor se detiene. Entonces se forma una tremenda conmoción para subir a bordo, y para bajar a tierra, y para subir cargo y para descargar cargo todo simultáneamente y al mismo tiempo; (. . .) Diez minutos más tarde el buque a vapor parte otra vez, sin bandera en el mástil y sin humo negro saliendo de las chimeneas. Después de diez minutos más el pueblo queda muerto otra vez . . .

ANÁLISIS DE LITERATURA

1. **Memorización y interpretacion** ¿Qué acontecimiento importante sucede una vez al día?
2. **Evaluación y conexión** ¿Por qué es tan importante este acontecimiento?

Actividad interdisciplinaria

Arte Lee otra vez las descripciones de Twain. Luego dibuja una figura de una de estas escenas. Asegúrate de agregar detalles que reflejen las palabras de Twain.

Resumen del capítulo

Hacia un país urbanizado

Las ciudades crecen cuando los inmigrantes y la gente de áreas rurales se mudan a las ciudades.

Un Estados Unidos urbano reemplazaba a uno rural.

Las ciudades crecieron hacia arriba cuando había límites de espacio.

Los avances en el transporte permitían a las familias vivir en suburbios.

País urbano

Las viviendas limitadas en las ciudades repletas significaba que muchos vivían en casas de vecindad.

Los problemas de las ciudades incluían la sobrepoblación, la delincuencia, y los peligros de salud pública.

Repaso de términos clave

En una hoja, define los siguientes términos.

1. grupo étnico
2. casa de vecindad
3. casa de beneficiencia
4. periodismo amarillista
5. ragtime
6. asimilar

Repaso de hechos clave

7. ¿Qué querían hacer los grupos nativistas?
8. ¿Cuál era el propósito de la ley Morrill?
9. ¿Qué proyecto financió Andrew Carnegie?

Pensamiento crítico

10. **Análisis de la información** ¿Qué estilos nuevos adoptaron los escritores estadounidenses durante este período?
11. **Conclusiones** Recrea el siguiente diagrama y describe tres maneras en que los recién llegados a Estados Unidos trataron de preservar su cultura.

Conservación del patrimonio cultural

Práctica de habilidades

Interpretación de una gráfica linear *Estudia la siguiente gráfica linear y contesta las preguntas que siguen.*

12. ¿Cuál era el promedio de días escolares en 1920?
13. ¿Cuál es la tendencia en esta gráfica linear?

Duración del año escolar, 1880–1920

Número promedio de días de asistencia por año

130
120
110
100
90
80

1880 1890 1900 1910 1920

Año

Fuente de Consulta: Departamento de Educación.

HISTORIA
En línea

Prueba de autocomprobación
Visita taj.glencoe.com y haz clic en **Chapter 20—Self-Check Quizzes** a fin de prepararte para el examen del capítulo.

 ## Actividad de geografía e historia

Estudia el siguiente mapa y responde a las preguntas.

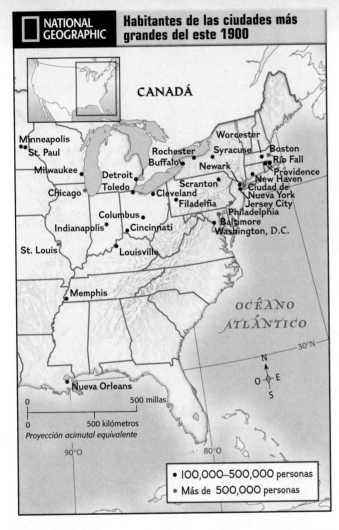

NATIONAL GEOGRAPHIC | **Habitantes de las ciudades más grandes del este 1900**

CANADÁ

Minneapolis
St. Paul
Milwaukee
Chicago
Detroit
Toledo
Cleveland
Rochester
Buffalo
Syracuse
Worcester
Newark
Boston
Río Fall
Providence
New Haven
Scranton
Ciudad de Nueva York
Jersey City
Filadelfia
Philadelphia
Columbus
Indianapolis
Cincinnati
Baltimore
Washington, D.C.
St. Louis
Louisville
Memphis

OCÉANO ATLÁNTICO

30°N

N
O E
S

Nueva Orleans

0 ——— 500 millas
0 ——— 500 kilómetros
Proyección acimutal equivalente

90°O   80°O

• 100,000–500,000 personas
• Más de 500,000 personas

14. **Ubicación** ¿Qué ciudades tenían más de 500,000 habitantes?

15. **Lugar** ¿Cuántos habitantes tenía Louisville?

16. **Ubicación** ¿Qué tenían en común las ciudades con más de 500,000 habitantes?

Actividad ciudadana cooperativa

17. **Examen de ciudadanía** Los inmigrantes que quieren ser ciudadanos estadounidenses hoy deben pasar un examen escrito para calificar. Muchas de las preguntas del examen tienen que ver con la historia de Estados Unidos y sus costumbres. Trabaja con los miembros de tu grupo para designar 15 preguntas que tú crees que futuros ciudadanos estadounidenses deberían pasar antes de ser ciudadanos.

Actividad de economía

18. Investiga para buscar información, luego resume lo que encuentras en un informe breve y responde a las siguientes preguntas: ¿Qué campo o qué carrera te interesa? ¿Qué educación y qué habilidades se requieren para entrar? ¿Qué actitud, hábitos de trabajo y otras cualidades se necesitan para tener éxito en el trabajo?

 ## Evaluación alternativa

19. **Actividad de redacción** Elige un problema de principios del siglo XX que te interese y describe lo que harías para corregirlo.

Práctica de examen estandarizado

Lee el pasaje sobre la vida estadounidense y selecciona la *mejor* respuesta a la pregunta siguiente.

"Entre 1860 y 1900, las áreas urbanas estadounidenses crecieron dos veces más rápido que la población total. Chicago, que en los 1830 sólo era un pueblo fronterizo con unos cuantos cientos de habitantes, se convirtió en una vasta metrópolis. Nueva York se convirtió en la segunda ciudad más grande del mundo. Durante la misma cantidad de años, las poblaciones de Boston, Baltimore y Filadelfia también crecieron rápidamente".

La idea principal del pasaje se expresa mejor así

A La ciudad de Nueva York creció rápidamente.

B Sólo las ciudades en el noreste de Estados Unidos crecieron rápidamente.

C La población urbana de Estados Unidos creció a gran velocidad durante esta época.

D El crecimiento rural continuó, pero no tan rápido como el crecimiento urbano.

Consejo para el examen

Asegúrate de que tu respuesta está basada en la información de la cita. No confíes en tu memoria. Ten presente que una *metrópolis* es una "ciudad grande".

8

Reforma, expansión y guerra

1865–1920

Por qué es importante

Al estudiar la Unidad 8, *aprenderás que hubo numerosas reformas progresivas que afectaron muchas áreas de la vida estadounidense en este período. También aprenderás por qué Estados Unidos tomó un papel más activo en asuntos internacionales. Los siguientes recursos contienen más información sobre este período de la historia estadounidense.*

Biblioteca de fuentes principales

Mira en las páginas 972–973 el listado de lecturas de fuentes principales que acompañan a la Unidad 8.

*Encuentra en el **CD-ROM American History Primary Source Document Library** las fuentes principales adicionales acerca de la reforma, expansión y la Primera Guerra Mundial.*

Anuncio de reclutamiento de la Primera Guerra Mundial

Yosemite Valley por Ansel Adams

"*El sufragio es el derecho fundamental*".

—Susan B. Anthony, 1897

CAPÍTULO 21

Reformas progresistas

1877–1920

Por qué es importante

El espíritu reformista cobró ímpetu a fines del siglo XIX y estuvo en su apogeo a principios del siglo XX. Los reformadores, llamados progresistas, tenían confianza en su habilidad para mejorar el gobierno y la calidad de vida.

El impacto actual

Las reformas progresistas afectaron muchas áreas de la vida estadounidense. Entre éstas se encontraba el gobierno, los derechos del consumidor y la educación.

 Video **El viaje estadounidense** *El video del capítulo 21 "The Progressive Movement", estudia el movimiento y cómo fue ganando fuerza con el tiempo.*

1887
• Se crea la Comisión de Comercio Interestatal

1901
• El Presidente McKinley es asesinado

Estados Unidos
PRESIDENTES

| Hayes 1877–1881 | Garfield 1881 | Arthur 1881–1885 | Cleveland 1885–1889 | B. Harrison 1889–1893 | Cleveland 1893–1897 | McKinley 1897–1901 |

1880   *1890*   *1900*

Mundo

1879
• Los británicos ganan la Guerra Zulú

1889
• Brasil se convierte en una república

1893
• Nueva Zelanda otorga a las mujeres el derecho a sufragar

1897
• Se reúne el Primer Congreso Sionista Mundial

The Lone Tenement (El conventillo solitario) por George Bellows, 1909
Los temas favoritos de Bellows, que incluyen escenas de la ciudad y eventos atléticos, lo clasifican como un excepcional pintor estadounidense.

PLEGABLES™
Organizador de estudios

Plegable de estudio para analizar la información Haz este plegable para ayudarte a analizar la información sobre el movimiento progresista.

Paso 1 Dobla una hoja de papel de lado a lado, dejando una pestaña descubierta de $\frac{1}{2}$ pulgada al costado.

> Deja una lengüeta de media pulgada aquí.

Paso 2 Gira el papel y dóblalo en cuatro partes.

> Dóblala por la mitad; luego, dóblala nuevamente por la mitad.

Paso 3 Despliega el papel y recorta a lo largo de las tres líneas de pliegue.

> Haz cuatro lengüetas.

Paso 4 Rotula el plegable como se muestra.

| ¿QUÉ era el movimiento progresista? | ¿CÓMO cambió el papel de la mujer? | ¿QUIÉNES fueron los presidentes progresistas? | ¿POR QUÉ se excluyeron algunos grupos de la reforma? |

Lectura y redacción Al leer, busca y escribe las respuestas a las cuatro preguntas debajo de la lengüeta correspondiente de tu plegable.

1906
• Se publica *The Jungle* (La Jungla) de Sinclair

THE JUNGLE
UPTON SINCLAIR

1909
• Se forma la NAACP

1919
• La Decimoctava Enmienda prohibe el alcohol

1920
• La Decimonovena Enmienda le otorga a las mujeres el derecho a voto

Roosevelt 1901–1909

Taft 1909–1913

Wilson 1913–1921

1910

1920

1905
• Einstein anuncia la teoría de la relatividad

1911
• Rutherford descubre la estructura del átomo

HISTORIA En línea

Descripción general del capítulo
Visita taj.glencoe.com y haz clic en **Chapter 21, Chapter Overviews** para ver un resumen de la información del capítulo.

El movimiento progresista

Guía de lectura

Idea principal

Muchos hombres y mujeres se sumaron a un movimiento generalizado para traer la reforma.

Términos clave

máquina política, patronazgo, servicio civil, cártel, expositor de corrupción, primarias, iniciativa, referéndum, elección de revocación

Estrategia de lectura

Organización de la información Al leer la Sección 1, recrea el siguiente diagrama y nombra dos o tres reformas para cada categoría.

Reformas		
Gobierno	Empresa	Voto

Leer para aprender

- cómo los periodistas ayudaron a dar forma al movimiento de reforma.
- cómo las ciudades, estados y el Congreso respondieron al llamado de reforma del gobierno.

Tema de la sección

Gobierno y democracia Los estadounidenses tomaron medidas contra la corrupción en los negocios y el gobierno.

Presentación preliminar de acontecimientos

◆1885   ◆1895   ◆1905   ◆1915

1887
Se establece la Comisión de Comercio Interestatal

1890
El Congreso aprueba la Ley Antimonopolio Sherman

1906
Upton Sinclair escribe *The Jungle (La Jungla)*

1912
El Congreso aprueba la Decimoséptima Enmienda

UNA
historia estadounidense

El periodista de periódico Jacob Riis horrorizó a los estadounidenses en 1890 con su libro *How the Other Half Lives* (Cómo vive la otra mitad). Con palabras y fotografías impactantes, Riis vívidamente retrató la vida de los inmigrantes en los apiñados vecindarios de la ciudad de Nueva York. Riis dijo: "Acostumbrábamos a ir en la madrugada a los peores vecindarios a contar narices y ver si la ley contra el hacinamiento era violada y las cosas que vi apretaron mi corazón hasta que sentí que debía contarlas, o estallar".

Lucha contra la corrupción

Muchos estadounidenses pidieron reforma a fines del siglo XIX. Los reformadores tenían muchas metas diferentes. Los reformadores progresistas se centraban en los problemas urbanos, el gobierno y los negocios. Ellos sostenían que el gobierno y los negocios grandes estaban aprovechándose de los estadounidenses en vez de servirlos.

Las máquinas políticas, organizaciones poderosas ligadas a los partidos políticos, controlaban el gobierno local en muchas ciudades. En cada subdivisión de municipio, o distrito político dentro de una ciudad, un representante de la máquina controlaba los trabajos y los servicios. Este representante era el **jefe político.** Los jefes políticos ganaban votos para sus partidos haciéndole favores a la gente, tales como ofrecer cenas con pavo y paseos en bote en el verano, dándole trabajo a los inmigrantes y ayudando a las familias necesitadas. Un jefe político con frecuencia era el nexo más cercano al gobierno local. Aunque algunos realmente ayudaban a la gente, muchos jefes eran deshonestos.

Los políticos corruptos encontraban numerosas formas de ganar dinero. Ellos aceptaban sobornos de los arrendadores de los conventillos a cambio de ignorar las infracciones a los códigos de la vivienda de la ciudad. También recibían contribuciones electorales de contratistas con la esperanza de hacer negocios con la ciudad. También aceptaban comisiones clandestinas. Una **comisión clandestina** es un arreglo mediante el cual los contratistas inflaban el monto de su cuenta por trabajos a la ciudad y pagaban, o "daban una comisión clandestina", un porcentaje de esa cantidad a los jefes.

Algunos políticos usaban su conocimiento de los negocios de la ciudad para obtener ganancias personales. Una persona que sabía en dónde la ciudad pensaba construir un camino podía comprar la tierra antes de que la ruta fuera de conocimiento público. Luego la tierra podía venderse por ganancias enormes.

Uno de los jefes de la ciudad más corruptos, William M. Tweed, conocido como el **Jefe Tweed** encabezaba la máquina política democrática de la ciudad de Nueva York en las décadas de 1860 y

1870. Tweed y una red de funcionarios de la ciudad, la banda Tweed, controlaban a la policía, los tribunales y algunos periódicos. Ellos recolectaban millones de dólares en pagos ilegales de compañías que hacían negocios con la ciudad. El caricaturista político Thomas Nast expuso las operaciones de la banda Tweed en sus caricaturas del *Harper's Weekly*. Tweed fue condenado y sentenciado a la cárcel.

Ciudadanía

Nuevas formas de gobernar las ciudades

Para romper el poder de los jefes políticos, los reformadores fundaron organizaciones tales como la Liga Municipal Nacional en Filadelfia. Estos grupos trabajaban para hacer los gobiernos de las ciudades más honestos y eficientes.

Las ciudades que tenían problemas de administración deficiente o corrupción intentaron nuevas formas de gobierno. Después de que un maremoto devastara **Galveston, Texas,** en 1900, la tarea de reconstrucción de la ciudad abrumó al municipio y al alcalde. Los ciudadanos de Galveston persuadieron a la asamblea legislativa del estado de Texas a que aprobara un nuevo estatuto que colocara al gobierno de la ciudad en las manos de cinco comisionados. La nueva comisión reconstruyó la ciudad en forma eficiente. Hacia 1917 las

Análisis de *caricaturas políticas*

La banda Tweed El jefe Tweed y los funcionarios de la ciudad de Nueva York se muestran apuntándose unos con otros en respuesta a la pregunta "¿Quién robó el dinero de la gente?" A la derecha de Tweed un hombre sostiene un sombrero con la etiqueta "Sillas", en referencia a los $179,000 que la ciudad de Nueva York pagó por 40 sillas y tres mesas. Otros contratistas y estafadores —sus nombres en sus abrigos— completan la "banda". **¿Cómo los jefes políticos ganaban votos para sus partidos?**

WHO STOLE THE PEOPLE'S MONEY? — DO TELL .N.Y.TIMES. 'TWAS HIM.

Ⓐ Boss Tweed Ⓑ Peter Sweeny Ⓒ Richard Connelly Ⓓ Mayor A. Oakey Hall

HISTORIA En línea

Actividad del estudiante en línea
Visita taj.glencoe.com y haz clic en **Chapter 21— Student Web Activities** para hacer una actividad en línea sobre el movimiento progresista.

comisiones gobernaban alrededor de 400 ciudades. Muchas otras ciudades, en su mayoría pequeñas, contrataron a administradores de ciudades profesionales.

Un exitoso reformador cívico fue **Tom Johnson,** alcalde de Cleveland, Ohio desde 1901 a 1909. Él luchó contra corporaciones y jefes de partido para bajar las tarifas de los tranvías, mejorar las inspecciones de los alimentos y construir parques. Debido a las reformas de Johnson, Cleveland se llegó a conocer como la ciudad mejor gobernada de Estados Unidos.

Lucha contra el sistema de despojos

El sistema de despojos recompensar— a los partidarios políticos con trabajos y favores— había sido una práctica común desde la época de Andrew Jackson. Cada vez que un nuevo presidente asumía el poder, las personas que buscaban trabajo inundaban la capital de la nación.

El sistema de despojos, también llamado patronazgo, existía en todos los niveles de gobierno y llevó a numerosos abusos. Muchos que recibieron trabajos en el gobierno no tenían experiencia. Algunos eran deshonestos.

Los presidentes **Rutherford B. Hayes** (1877–1881) y **James Garfield** (1881) querían cambiar el sistema de despojos. Hayes intentó hacer esto cambiando el servicio civil, el cuerpo de trabajadores de gobierno no elegidos, pero ni el partido demócrata ni el republicano apoyaron sus esfuerzos.

Garfield también tenía la esperanza de reformar el servicio civil. Él creía que la gente debería ser asignada a trabajos gubernamentales no como una recompensa por su respaldo político, sino por su experiencia. Garfield asumió el poder en 1881, pero fue asesinado por un candidato a presidente sin éxito antes de que pudiera lanzar sus reformas.

Cuando el vicepresidente **Chester A. Arthur** sucedió a Garfield, él intentó terminar el clientelismo. En 1883 el Congreso aprobó la **Ley Pendleton,** que estableció la **Comisión de Servicio Civil** para preparar evaluaciones competitivas para los trabajos federales. Los solicitantes tenían que demostrar sus habilidades en esta evaluación. Hacia 1900 la comisión controlaba la contratación de varios empleados federales.

✓Comprobación de lectura **Explicación** ¿A quién recompensaba el clientelismo?

$Economía
Control de las empresas

A fines del siglo XIX, muchos estadounidenses llegaron a la conclusión que los cárteles o combinaciones de compañías, estaban llegando a ser demasiado grandes. Ellos creían que estos cárteles tenían demasiado control sobre la economía y el gobierno. Esta preocupación pública llevó a la creación de nuevas leyes que regulaban las empresas grandes.

En 1890 el Congreso aprobó la **Ley Antimonopolios de Sherman,** la primera ley federal para controlar los cárteles y los monopolios. Los partidarios de la ley tenían la esperanza que evitaría que los cárteles limitaran la competencia. Sin embargo, durante la década de 1890, el gobierno raramente utilizaba la ley de Sherman para poner freno a los negocios. Por el contrario, aplicaba la ley en contra de los sindicatos, argumentando que las huelgas de los sindicatos interferirían con el comercio. No fue sino hasta principios del siglo XX que el gobierno comenzó a ganar casos en contra de los consorcios utilizando la ley de Sherman.

Frenando los ferrocarriles

Los ferrocarriles funcionaban como un **oligopolio,** una estructura de mercado en la cual unas pocas compañías grandes controlan los precios de la industria. Los reformadores solicitaron la regulación de las tarifas de los ferrocarriles, pero la Corte Suprema dictaminó que solamente el Congreso podía crear una ley para regular el comercio que cruzaba las líneas estatales.

De tal modo que en 1887 el Congreso aprobó la **Ley de Comercio Interestatal,** que requería que el ferrocarril cobrara tarifas "justas y razonables" y que publicara esas tarifas. La ley también creó la **Comisión de Comercio Interestatal** (ICC) para supervisar la industria de ferrocarriles y, posteriormente, la industria camionera.

Reducción de tarifas

Los reformadores también querían bajar las tarifas. Mucha gente creía que las tarifas altas conducían a precios más altos de los artículos. En 1890 los republicanos aumentaron las tarifas bruscamente para proteger a las empresas estadounidenses de la competencia internacional. Los votantes mostraron su oposición a las tarifas altas enviando a varios demócratas al Congreso. **Grover Cleveland,** quien llegó a ser presidente en 1893, también apoyaba las tarifas más bajas.

✓Comprobación de lectura **Explicación** ¿Por qué mucha gente quería reducir las tarifas?

Los nuevos reformadores

A comienzos del siglo XX, nuevas ideas para corregir injusticias y solucionar problemas sociales emergieron entre los reformadores estadounidenses. El socialismo y el progresismo eran dos de tales ideas.

Los socialistas creían que los recursos y las industrias principales de la nación deberían ser propiedad del gobierno y ser administradas por el gobierno en representación de la gente no por individuos y compañías privadas para ganancias propias. **Eugene V. Debs** ayudó a fundar el Partido Socialista Estadounidense en 1898. Bajo el liderazgo de Debs, el partido recibió algo de respaldo a comienzos del siglo XX. Debs se presentó cinco veces como candidato a la presidencia, pero nunca recibió más de un 6 por ciento del voto popular.

Durante el mismo periodo, los progresistas impartieron nuevas energías al movimiento de reforma. Al igual que los socialistas, varios progresistas estaban alarmados por la concentración de riquezas y poder en las manos de unos pocos. Los progresistas rechazaron la idea socialista de que el gobierno fuera dueño de las industrias. En cambio, ellos respaldaban los esfuerzos del gobierno por regular la industria.

Ellos también querían reformar el gobierno, para hacerlo más eficiente y más capaz de resistir la influencia de intereses empresariales poderosos. Los progresistas también creían que la sociedad tenía la obligación de proteger y ayudar a todos sus miembros. Muchas reformas progresistas estaban destinadas a ayudar a aquellos que carecían de riquezas e influencia.

Los expositores de corrupción exponen problemas

Los periodistas ayudaron a los reformadores al exponer injusticias y corrupción. Periodistas investigadores escribieron historias en periódicos y revistas que trajeron los problemas a la luz pública y ganaron lectores. Estos periodistas se llamaban expositores de corrupción, puesto que ellos expusieron (traían a la luz) la corrupción que subyacía a la sociedad.

Uno de los periodistas expositores de corrupción más efectivos, **Lincoln Steffens,** escribía para la *Revista McClure*. Steffens expuso políticas de máquina corrompida en Nueva York, Chicago, y otras ciudades. Sus artículos, recopilados en un libro titulado *The Shame of the Cities* [La vergüenza de las ciudades] (1904), fortaleció la demanda de reforma urbana.

"Es el deber del público saber".

—Ida Tarbell, 1905

Ida Tarbell, que también escribía para *McClure,* describía las prácticas injustas del cártel del petróleo. Sus artículos llevaron a que el público presionara por un mayor control del gobierno sobre las grandes empresas. En su libro de 1904, *The History of the Standard Oil Company,* (La historia de la Compañía de Petróleo Standard), ella advertía del poder de la corporación gigante.

En su novela *The Jungle* [La Jungla] (1906), **Upton Sinclair** describía los horrores de la industria empacadora de carnes de Chicago. Aunque el objetivo de Sinclair era provocar simpatía por los trabajadores, sus descripciones vívidas impactaron a los estadounidenses. Las protestas airadas causadas por el libro de Sinclair ayudó a persuadir al Congreso a que aprobara la **Ley de Inspección de Carnes** en 1906. Ese mismo año el Congreso también aprobó la **Ley de Drogas y Alimentos Puros,** que requería el etiquetado preciso de los alimentos y medicamentos y prohibía la venta de alimentos dañinos.

Comprobación de lectura **Identificación** ¿Quién escribió sobre prácticas injustas en la industria petrolera?

Ciudadanía

Expansión de la democracia

A comienzos del siglo XIX, los progresistas apoyaron diversas reformas diseñadas para aumentar el control directo de las personas sobre el gobierno. **Robert La Follette** estaba a la cabeza de los republicanos con inclinaciones reformadoras de Wisconsin. "Fighting Bob" (Bob el luchador) como se le llamaba, obtuvo el respaldo de agricultores y trabajadores por sus ataques feroces en contra de las

empresas grandes y los ferrocarriles. Mientras era gobernador, La Follette implementó reformas tales como el mejoramiento del servicio civil. Sin embargo, su logro más grande fue la reforma del sistema electoral del estado. Los candidatos a elecciones generales en Wisconsin habían sido elegidos en convenciones estatales manejadas por jefes de partidos. La Follette introdujo una elección primaria directa, permitiendo a los votantes del estado elegir los candidatos de su partido. Los reformadores en otros estados copiaron esta "idea de Wisconsin".

El sistema de Oregón

El estado de Oregón también efectuó cambios importantes en el proceso político para darle a los votantes más poder y para limitar la influencia de partidos políticos. Las reformas en Oregón incluían una elección primaria directa y la iniciativa, el referéndum y la elección de revocación.

La iniciativa permitía a los ciudadanos ofrecer una medida o tema para votación en una elección estatal. El referéndum le daba a los votantes la oportunidad de aceptar o rechazar una medida promulgada por el congreso estatal. La elección de revocación permitía a los votantes destituir a autoridades electas incompetentes. Estas reformas se conocieron como el **Sistema de Oregón.** Pronto, otros estados del oeste las adoptaron.

La Decimoséptima Enmienda

Los progresistas también cambiaron la forma en que se elegían a los senadores de Estados Unidos. La Constitución le entregaba al congreso estatal la responsabilidad de elegir senadores, pero a menudo los jefes de los partidos y los intereses comerciales controlaban el proceso de selección. Los progresistas querían darle a la gente la oportunidad de votar por sus senadores en forma directa. El respaldo para esta idea aumentó. En 1912 el Congreso aprobó la **Decimoséptima Enmienda** de la Constitución para proporcionar la elección directa de los senadores. Ratificada en 1913, la enmienda le dio a la gente voz para seleccionar sus representantes. *(Ver la página 248 para leer el texto de la Decimoséptima Enmienda).*

Comprobación de lectura **Identificación** ¿Qué reforma le permitía a los votantes ofrecer una medida para votación?

EVALUACIÓN DE LA SECCIÓN 1

Verificación de comprensión

1. **Términos clave** Usa cada uno de los términos clave en oraciones que ayuden a explicar su significado. máquina política, patronazgo, servicio civil, cártel, expositor de corrupción, primarias, iniciativa, referéndum, elección de revocación.
2. **Repaso de hechos** Explica cómo la Comisión de Servicio Civil ayudó a eliminar el sistema de despojos.

Repaso de temas

3. **Gobierno y democracia** Identifica y describe tres reformas que dieron a los estadounidenses un control más directo sobre el gobierno.

Pensamiento crítico

4. **Comparación** Compara las posiciones socialistas y progresistas sobre la industria.
5. **Organización de la información** Recrea el diagrama siguiente y muestra cómo la Decimoséptima Enmienda reformó el proceso político.

Decimoséptima Enmienda	
Política anterior	Política posterior

Análisis de material visual

6. **Análisis de caricaturas políticas** Examina la caricatura política de la página 611. ¿Por qué los individuos están apuntando a otra persona? ¿Qué afirmación está haciendo el caricaturista Thomas Nast sobre el grado de corrupción política en la ciudad de Nueva York?

Actividad interdisciplinaria

Cívico Los ciudadanos deben prepararse para votar. Crea un panfleto describiendo los tipos de cosas que los votantes deberían saber con el fin de que su votos cuenten.

Las mujeres y los progresistas

UNA
historia estadounidense

La enfermera Lillian Wald siguió a una muchacha joven por una escalera destartalada, en un conventillo sucio en el lado este bajo de la ciudad de Nueva York. La muchacha le había rogado a Wald que ayudara a su madre que recién había dado luz a un bebé. Un doctor se había negado a tratar a la madre de la muchacha porque ella no podía pagar sus honorarios. El espectáculo de la madre desesperada y su bebé fue un momento decisivo en la vida de Wald. Wald se dedicó a ayudar a la gente pobre y a educarlos sobre el cuidado de la salud. Con el tiempo, Wald se convirtió en una líder nacional de reforma, quien siempre decía: "Todo el mundo es mi vecindario".

El papel de las mujeres cambia

Muchos líderes del movimiento de reforma urbano, incluyendo Lillian Wald, eran mujeres de clase media. La situación de las mujeres de clase media cambió a fines del siglo XIX. Sus responsabilidades en el hogar disminuyeron a medida que las familias eran menos numerosas, los niños pasaban más tiempo en la escuela y los hombres trabajaban lejos de la casa. Las mujeres también tuvieron más tiempo libre a medida que la tecnología hacía las labores de casa más fáciles.

Muchas más mujeres de clase media estaban recibiendo educación superior. Alrededor del 40 por ciento de todos los estudiantes de universidades en 1910 eran mujeres. Las mujeres también estaban iniciando carreras profesionales principalmente en enseñanza, pero también en enfermería, medicina y otros campos. Entre 1890 y 1910, el número de mujeres que trabajaba fuera de la casa aumentó de 4 millones a cerca de 7.5 millones.

Estos cambios crearon a la "mujer nueva" un término popular para mujeres educadas, actualizadas, que perseguían intereses fuera del hogar. Muchas de dichas mujeres pasaron a ser ejemplos.

Como leíste en el capítulo 20, **Jane Addams** estableció la Casa Hull, una casa de asentamiento, en **Chicago.** El trabajo ahí le dio a Addams una salida para su energía e inteligencia, así como también un sentido de satisfacción al ayudar a la gente pobre. 📖 *(Ver la página 972 para una explicación de las casas de asentamiento).*

Los trabajadores de asentamientos como Addams se distinguieron como escritores, oradores públicos, recaudadores de fondos y reformadores. Muchas mujeres jóvenes siguieron el ejemplo de estas talentosas figuras públicas. Otras encontraron inspiración en la vida de la **Madre Cabrini,** una monja italiana que vino a Estados Unidos a trabajar con los pobres.

Clubes de mujeres

Las mujeres encontraron otra salida para su talento y energía en clubes de mujeres, los que rápidamente aumentaron en número. En un principio los clubes se concentraban en actividades culturales tales como música y pintura. Muchos clubes gradualmente se involucraron más en problemas sociales.

Cuando algunos clubes se negaron a admitir afroamericanos, las mujeres afroamericanas establecieron su propia red de clubes. Clubes tales como el Club Phyllis Wheatley de Nueva Orleans organizaban clases, actividades recreacionales, servicios sociales. En

Mary Church Terrell

1896 las mujeres de estos clubes formaron la **Asociación Nacional de Mujeres de Color.** Su primera presidenta, **Mary Church Terrell,** era una líder activa de los derechos de las mujeres. La asociación estableció hogares para huérfanos, fundó hospitales, y trabajó por el sufragio de la mujer, satisfaciendo su lema "Levantando a medida que subimos".

✓**Comprobación de lectura** **Identificación** ¿Quién era Mary Church Terrell?

La lucha por el sufragio

Las mujeres, en la convención de Seneca Falls en 1848, habían exigido el derecho a voto. Después de la Guerra Civil, el Congreso aprobó la Quinta Enmienda, otorgándole el derecho de votar a los libertos pero no a las mujeres. Algunos de los principales abolicionistas se convirtieron en sufragistas, hombres y mujeres que lucharon por el sufragio femenino, o el derecho a votar de la mujer.

Al igual que otros reformadores, los sufragistas formaron organizaciones para promover su causa. **Elizabeth Cady Stanton** y **Susan B. Anthony** fundaron la **Asociación Nacional por el Sufragio de la Mujer,** que solicitaba una enmienda constitucional para permitir que las mujeres votaran en las elecciones nacionales. Una segunda organización, la Asociación Estadounidense por el Sufragio de la Mujer, se concentraba en ganar el sufragio de mujeres en las elecciones estatales.

En 1890 los dos grupos se unieron para formar la Asociación Nacional por el Sufragio de la Mujer. Encabezada por **Anna Howard Shaw,** pastora y doctora, y **Carrie Chapman Catt,** una educadora y editora de periódico, esta organización creció a más de dos millones de miembros hacia 1917. En un discurso a la asociación en 1902, Catt declaró:

    ❝Todo el objetivo del movimiento [de las mujeres] ha sido destruir la idea que la obediencia es necesaria para las mujeres; capacitar a las mujeres a tener tanto respeto propio que ellas no otorguen obediencia y capacitar a los hombres a tal nivel de comprensión de igualdad [justicia] que ellos no la exigirán [demandarán]❞.

Oposición al sufragio de la mujer

Grupos se formaron para protestar por la idea de darles a las mujeres el derecho a voto. Estas organizaciones, respaldadas por algunas mujeres y por hombres, sostenían que el sufragio de las mujeres

NATIONAL GEOGRAPHIC — Derecho al voto de la mujer, 1919

CANADÁ

WASH.
1910

MONTANA
1914

DAK. DEL N.

MINN.

OREGÓN
1912

IDAHO
1896

DAK.DEL S.
1918

WIS.

MICH.
1918

N.H.
VT.   MAINE

N.Y.
1917

MASS.

WYOMING
1869

NEBRASKA

IOWA

R.I.
CONN.

NEVADA
1914

UTAH
1870

COLORADO
1893

KANSAS
1912

ILL.

IND.

OHIO

PA.

N.J.

DEL.

CALIF.
1911

MO.

W.
VA.   VA.

MD.

KY.

ARIZONA
1912

NUEVO
MÉXICO

OKLA.
1918

ARK.

TENN.

CAR. DEL N.

CAR.
DEL S.

OCÉANO
ATLÁNTICO

OCÉANO
PACÍFICO

TEXAS

MISS. ALA. GA.

LA.

FLA.

MÉXICO

Golfo de México

0   500 millas

0   500 kilómetros
Proyección acimutal equivalente

N
O   E
S

Igualdad de derechos al sufragio, fecha de vigencia

Sufragio parcial

No hay derecho a sufragio en el estado entero

Habilidades geográficas

Para 1919 un total de 15 estados permitían que las mujeres votaran en todas las elecciones.

1. **Lugar** ¿Dónde se otorgó primero a las mujeres igualdad de voto?

2. **Comparación** ¿Qué sucedía con el sufragio femenino en tu estado en 1919?

alterará el equilibrio "natural" de la sociedad y llevaría al divorcio y a niños abandonados.

Sin embargo, el movimiento adquirió fuerza cuando figuras públicas respetadas como Jane Addams hablaron en apoyo al voto de las mujeres. Alice Duer Miller trajo humor a la lucha por el derecho a voto:

"El Sr. Jones dijo en 1910:

'Mujeres, sométanse a los hombres'.

Mil novecientos once le escuchó decir:

'Ellas gobiernan el mundo sin el voto'.

. . . .

Hacia mil novecientos trece, viéndose un poco apesadumbrado, Él dijo que iba a suceder.

. . . .

Hacia mil novecientos quince, él insistirá

Que él siempre ha sido sufragista".

Los sufragistas obtuvieron sus victorias iniciales en el Oeste. Primero como territorio en 1869 y luego como estado en 1890, **Wyoming** lideró a la nación en darle a las mujeres el derecho a voto. Entre 1910 y 1913, otros cinco estados adoptaron el sufragio femenino. Hacia 1919 las mujeres podían votar por lo menos en algunas elecciones en la mayoría de los 48 estados.

La lucha continúa

Mientras tanto, los sufragistas continuaron su lucha por obtener el voto femenino en otros lugares. **Alice Paul,** una cuáquera que fundó el Partido Nacional de Mujeres en 1916, era una líder con carácter del movimiento sufragista. Ella buscaba una mayor igualdad económica y legal, así como también el sufragio para las mujeres.

Durante una visita a Gran Bretaña, Paul vio a sufragistas hacer marchas de protesta y huelgas de hambre para llamar la atención a su causa. Cuando

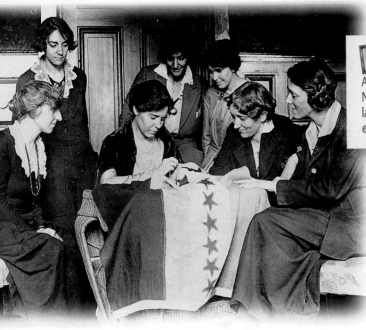

Las mujeres y la reforma social

Durante la era progresista, las mujeres se involucraron en muchos movimientos de reforma, aparte del sufragio de las mujeres. En 1912, por ejemplo, la presión de los clubes de mujeres ayudaron a persuadir al Congreso a crear la Agencia de Niños del Departamento del Trabajo. La tarea de la agencia era desarrollar políticas federales que protegerían a los niños.

Trabajando para una vida mejor

Mientras ellas luchaban para obtener derechos, muchas mujeres de la clase media también trabajaban para mejorar las vidas de la gente de la clase trabajadora, inmigrantes y de la sociedad como un todo. Ellas daban apoyo y se encargaban de las bibliotecas, escuelas y casas de asentamiento y reunían dinero para obras de caridad.

Algunas mujeres promovían otras causas. Ellas desafiaban intereses comerciales respaldando leyes para regular el trabajo de las mujeres y niños y requerir inspecciones gubernamentales del lugar de trabajo. Las mujeres también tenían un papel importante en el movimiento para reformar y regular las industrias alimenticias y de medicamentos.

En muchos estados del país, las mujeres presionaban a las asambleas legislativas para proveer pensiones para las viudas y madres abandonadas con niños. Estas pensiones posteriormente pasaron a formar parte del sistema de Seguro Social.

Movimiento laboral

Los esfuerzos de reforma hicieron que las mujeres reformadoras de la clase alta se aliaran con las mujeres trabajadoras. En 1903 grupos de mujeres se unieron con las mujeres de sindicatos de mujeres trabajadoras para formar la **Liga de Sindicatos Gremiales de Mujeres** (WTUL por sus siglas en inglés).

La WTUL alentó a las mujeres que trabajaban a formar sindicatos laborales. También apoyó leyes para proteger los derechos de las mujeres que trabajaban en fábricas. Las miembros de la WTUL reunieron dinero para ayudar a las trabajadoras en huelga y para pagar las fianzas de las mujeres que eran arrestadas por participar en huelgas.

regresó a Estados Unidos, ella también usó estos métodos en la lucha por el sufragio.

En 1917 Alice Paul se reunió con el Presidente **Woodrow Wilson,** pero no pudo obtener su apoyo para el sufragio de la mujer. Paul respondió llevando a las mujeres a protestar en frente de la Casa Blanca. Día tras día marchaban llevando carteles y exigiendo el voto para las mujeres. Cuando Paul y otras protestantes fueron arrestadas por bloquear la acera, iniciaron una huelga de hambre bastante publicitada. Alva Belmont, una de las Ri, no quedaría mejor "manifestantes"?, protestantes, orgullosamente declaró que todo lo que las mujeres habían hecho era estar paradas allí, "tranquilamente, pacíficamente, legalmente y gloriosamente".

Las mujeres votan a nivel nacional

Hacia 1917 la opinión nacional estaba cambiando en favor del sufragio de las mujeres. Nueva York, y un año más tarde, Dakota del Sur y Oklahoma otorgaron igualdad de sufragio. Mientras tanto, el Congreso comenzó a debatir el asunto y el Presidente Wilson acordó apoyar una enmienda a la Constitución.

En 1919 el Senado votó en favor de la **Decimonovena Enmienda,** que permitía el sufragio de las mujeres. La enmienda fue ratificada en 1920, a tiempo para que las mujeres votaran en la elección presidencial de ese año. Por primera vez, las mujeres estadounidenses pudieron participar en la elección de sus dirigentes nacionales.

Comprobación de lectura **Identificación** ¿Qué estado fue el primero en darle a las mujeres el derecho a votar?

La cruzada de templanza

Una cruzada en contra del uso del alcohol se había iniciado en Nueva Inglaterra y la región central del país a principios del siglo XIX. El movimiento continuó hasta fines del siglo XIX. Las iglesias protestantes apoyaban enfáticamente el movimiento antialcohólico.

Dos fuerzas impulsoras de la cruzada eran la **Unión de Abstinencia Cristiana de Mujeres** (WCTU), establecida en 1874, y la **Liga Contra las Tabernas** fundada 20 años más tarde. Estas hacían un llamado a la abstinencia alcohólica, instando a los individuos a que dejaran de beber, y a la prohibición, la aprobación de leyes para prohibir la fabricación o venta de alcohol.

En 1879 **Frances Willard** llegó a ser presidenta de la WCTU. Willard estuvo al frente de una campaña para educar al público sobre la relación entre el abuso de alcohol y la violencia, pobreza y el desempleo. Ella convirtió a la WCTU en una organización poderosa con secciones en todos los estados.

La meta principal de la WCTU era la prohibición. Sin embargo, la WCTU también respaldaba otras causas, incluyendo reformas penales, sufragio de las mujeres, mejores condiciones de trabajo y paz mundial. A través de las secciones de la WCTU, miles de mujeres combinaban su papel tradicional de guardianas de la familia y el hogar con el activismo social.

Carry Nation fue una defensora especialmente colorida de la abstinencia alcohólica. Sus protestas más dramáticas ocurrieron cuando ella se abría paso a empujones en las tabernas y quebraba las botellas y barriles con un hacha.

Carry Nation pasó de rezar afuera de las tabernas a destruirlas con un hacha.

Cartel de templanza

La enmienda de prohibición

El movimiento antialcohólico creció a principios del siglo XX. A los reformadores progresistas que querían prohibir el alcohol por razones sociales se sumaron estadounidenses que se oponían al alcohol por razones morales o religiosas. En 1917 ellos persuadieron al Congreso a que aprobara una enmienda constitucional haciendo ilegal la fabricación, transporte o venta del alcohol en Estados Unidos. La **Decimoctava Enmienda,** conocida como la Ley de Prohibición, fue ratificada en 1919. *(Ver la página 249 para leer el texto de la Decimoctava Enmienda).*

Comprobación de lectura **Descripción** ¿Cuál era el propósito del movimiento de abstinencia alcohólica?

EVALUACIÓN DE LA SECCIÓN 2

Verificación de comprensión

1. **Términos clave** Usa cada uno de los términos clave en oraciones que ayuden a explicar su significado: sufragista, prohibición.
2. **Repaso de hechos** ¿Qué proporcionó la Decimonovena Enmienda?

Repaso de temas

3. **Grupos e instituciones** ¿Cómo ayudaron los clubes de mujeres a cambiar el papel de la mujer?

Pensamiento crítico

4. **Conclusiones** ¿Por qué crees que el derecho a votar era importante para las mujeres?
5. **Secuencia de información** Recrea la línea de tiempo de abajo e identifica los hechos relacionados con el voto de las mujeres que sucedieron en estos años.

1848	1869	1896	1920

Análisis de material visual

6. **Habilidades geográficas** Examina el mapa de la página 617. ¿Qué regiones del país no proveían sufragio en todo el estado?

Actividad interdisciplinaria

Redacción explicativa Busca un artículo periodístico sobre el papel de la mujer en la actualidad. Vuelve a escribir el artículo para reflejar cómo esta información pudo haberse presentado a comienzos del siglo XIX.

Presidentes progresistas

UNA
historia estadounidense

"Todavía se nos estaba disparando intensamente y yo reuní a un grupo variado de hombres y avanzamos desde las trincheras y casas de los ranchos que habíamos tomado, forzando a los españoles por una fila de palmeras y sobre la punta de una cadena de cerros (. . .)". Con estas palabras, un joven teniente coronel llamado Theodore Roosevelt describió sus aventuras militares en Cuba durante la Guerra Civil Española. Famoso por su vigor, entusiasmo y colorida personalidad, Roosevelt llegó a ser presidente en 1901, después del asesinato del Presidente William McKinley.

Theodore Roosevelt

Cuando **Theodore Roosevelt** recibió en 1900 una nominación republicana para vicepresidente, el poderoso líder republicano Mark Hanna advirtió que habría sólo una vida entre "ese vaquero" y la Casa Blanca. Cuando las elecciones resultaron ser una victoria republicana, Hanna se volteó hacia McKinley y dijo: "Ahora es cosa tuya vivir". Menos de un año más tarde, el Presidente McKinley fue asesinado. Repentinamente, Theodore Roosevelt a los 42 años de edad se convirtió en presidente, el presidente más joven en la historia de la nación. Cuando Roosevelt se mudó a la Casa Blanca en 1901, él trajo al progresismo consigo.

El "Rompedor de cárteles"

El Presidente McKinley había favorecido a las grandes empresas, pero el Presidente Roosevelt era famoso por respaldar la regulación de la empresa y otras reformas progresistas. En 1902 Roosevelt le ordenó al Departamento de Justicia que tomara acción legal en contra de ciertos consorcios que habían violado la Ley Antimonopolio de Sherman. Su primer objetivo fue la compañía **Northern Securities,** un monopolio de ferrocarriles formado por J.P. Morgan y James J. Hill para controlar el transporte en el noroeste. Northern Securities peleó las acusaciones de actividades ilegales del gobierno hasta la misma Corte Suprema. Finalmente, en 1904, el Departamento de Justicia ganó su caso. La Corte Suprema decidió que Northern Securities había limitado ilegalmente el comercio y ordenó que el consorcio se disolviera.

Durante el periodo restante de Roosevelt como presidente, él obtuvo un total de 25 acusaciones (cargos legales) en contra de consorcios en las industrias de la carne, petróleo y del tabaco. Aunque se aclamó como rompedor de cárteles, Roosevelt no deseaba disolver todos los cárteles. En su opinión, los consorcios debían regularse, no destruirse. Él distinguía entre "cárteles buenos", los que estaban relacionados con el bienestar público, y "cárteles malos", lo que no lo estaban.

Crisis de trabajo

En 1902 Roosevelt enfrentó un crisis laboral grande. Más de 100,000 mineros del carbón de Pennsylvania, miembros de **Trabajadores de Minas Unidos,** se declararon en huelga. Ellos pedían mejor pago, un día laboral de ocho horas y que se reconociera el derecho del sindicato a representar a sus miembros en las conversaciones con los propietarios de las minas.

Los propietarios de las minas se negaban a negociar con los trabajadores. La **huelga del carbón** se arrastró durante meses. A medida que se acercaba el invierno, los suministros de carbón se redujeron. La opinión pública comenzó a volverse en contra de los propietarios. A medida que la presión pública crecía, Roosevelt invitó a los representantes de los propietarios y mineros a una reunión en la Casa Blanca. Roosevelt estaba indignado cuando los propietarios se negaron a negociar. Él amenazó con enviar tropas federales a trabajar en las minas y producir el carbón. Los propietarios finalmente estuvieron de acuerdo en un arbitraje, arreglar la disputa acordando aceptar la decisión de un tercero imparcial. Los trabajadores de las minas ganaron un aumento en el sueldo y una reducción en las horas, pero no obtuvieron reconocimiento para el sindicato.

La acción de Roosevelt marcó un alejamiento de los patrones normales de relaciones laborales en esa época. Los presidentes anteriores habían usado tropas contra los huelguistas, pero Roosevelt había usado el poder del gobierno federal para obligar a los propietarios de compañías a negociar. En otras acciones laborales, no obstante, Roosevelt apoyó a los empleadores en disputa con los trabajadores.

Trato justo

Roosevelt se presentó a la presidencia en 1904, prometiéndole a la gente un trato justo, tratamiento igual y justo para todos. Él fue elegido con más de 57 por ciento del voto popular.

El "trato justo" de Roosevelt requería una cantidad considerable de regulación gubernamental de los negocios. Esto contrastaba con una actitud hacia los negocios que databa de la presidencia de Thomas Jefferson, la que se resumía en la frase laissez-faire. Este término generalmente significa "dejar que la gente haga lo que desee".

Roosevelt introdujo una nueva era de regulación gubernamental. Él apoyaba las leyes de **Inspección de la Carne** y de **Drogas y Alimentos Puros.** Estas leyes le daban al Departamento de Agricultura y a la Administración de Drogas y Alimentos el poder para visitar las empresas e inspeccionar sus productos.

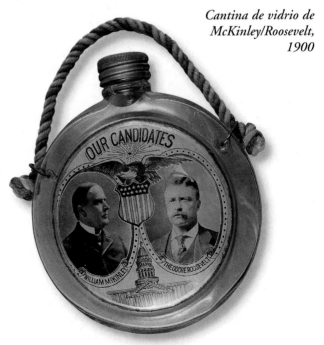

Cantina de vidrio de McKinley/Roosevelt, 1900

Conservación de la vida silvestre

Roosevelt tenía un entusiasmo de por vida por el aire libre y los terrenos inexplorados. Él creía en la necesidad de conservación, la protección y preservación de los recursos naturales.

Como presidente, Roosevelt tomó medidas para conservar los bosques, depósitos minerales y recursos acuíferos del país. En 1905 propuso el **Servicio Forestal de Estados Unidos.** Él presionó al Congreso para que apartara millones de acres de bosques nacionales y creó los primeros santuarios naturales de la nación. Roosevelt también formó la Comisión de Conservación Nacional, la que produjo la primera encuesta de los recursos naturales del país.

A Roosevelt se le ha llamado el primer presidente medioambientalista de Estados Unidos. Mientras hizo de la conservación un tema público importante, Roosevelt también reconoció la necesidad de crecimiento económico y desarrollo. Él intentó encontrar un equilibrios entre los intereses comerciales y la conservación.

Comprobación de lectura **Descripción** ¿Qué es la conservación?

William Howard Taft

Ningún presidente antes había servido más de dos periodos. Apegándose a esta tradición, Roosevelt decidió no presentarse para la reelección en 1908. En cambio, Roosevelt eligió a William Howard Taft, un diplomático con experiencia, para que se presentara como candidato a la presidencia. En las elecciones de 1908, Taft fácilmente le ganó al demócrata William Jennings Bryan.

Aunque él no tenía las aptitudes de Roosevelt, Taft llevó a cabo y sobrepasó muchas de las políticas de Roosevelt. El gobierno de Taft ganó más casos antimonopolio en cuatro años que los que Roosevelt había ganado en siete. Taft también favoreció la introducción de estándares de seguridad para las minas y el ferrocarril.

Taft respaldaba la **Decimosexta Enmienda,** que le daba al Congreso el poder para imponer impuestos sobre los ingresos de la gente para generar ganancias para el gobierno federal. Los progresistas esperaban que el impuesto a los ingresos le permitiera al gobierno bajar las tarifas. En su opinión las tarifas altas conducían a precios más altos para los productos, lo que causaba penurias para los pobres. Los progresistas creían que los impuestos basados en los ingresos eran

Por qué es importante

La influencia de
Partidos Políticos Menores

Partidos políticos menores Los partidos republicano y democrático dominan el sistema bipartidista de la nación. Pero Estados Unidos tiene una larga historia de otros partidos políticos que han surgido para enfrentarse a los partidos principales. Los partidos menores abogaron por el fin de la esclavitud, y apoyaban los derechos a voto de las mujeres y la regulación laboral e infantil muchísimo antes que los partidos principales.

Las proposiciones populistas que están en efecto hoy en día incluyen el impuesto federal a los ingresos, el voto secreto y la iniciativa y el plebiscito.

más justos. La Decimosexta Enmienda, añadida a la Constitución en 1913, no especificaba cómo se impondría un impuesto sobre los ingresos. El Congreso aprobó leyes adicionales de modo que los ingresos más altos fueran sometidos a mayores tasas que los ingresos bajos.

A pesar de sus reformas progresistas, el Presidente Taft desilusionó a los progresistas en dos áreas importantes: tarifas y conservación. Él no luchó por una tarifa más baja, y modificó algunas políticas de conservación de modo que favorecieran a los negocios.

Roosevelt compite con Taft

Hacia 1912 Roosevelt se había desilusionado por completo de Taft. Con una elección presidencial nueva en el horizonte, Roosevelt

Ciertos terceros partidos han presentado un desafío grande a los partidos principales. El partido republicano en sí fue un tercer partido en 1856. Cuatro años más tarde capturó la Casa Blanca.

Resultados de terceros partidos

Presidencial Elección Año	Candidato/partido	Resultados: % de voto popular	Votos electorales
1848	Martin Van Buren, Free Soil	10.1	0
1856	John C. Fremont, Republicano	33.1	114
1892	James Weaver, Populista	8.5	22
1912	Theodore Roosevelt, Progresista	27.4	88
1924	Robert La Follette, Progresista	16.6	13
1948	Strom Thurmond, States Rights	2.4	39
1968	George Wallace, Independiente Am.	13.5	46
1992	Ross Perot, Reforma	19.0	0
2000	Ralph Nader, Verde	2.7	0

El ex presidente Theodore Roosevelt dejó el partido republicano para formar el Partido Progresista o "del Alce".

decidió competir con Taft por la nominación a presidente republicano. Roosevelt sostenía que Taft había "torcido completamente" sus propias políticas.

El enfrentamiento entre Roosevelt y Taft tuvo lugar en la convención nacional republicana en Chicago en junio. Aunque Roosevelt ganó todas las primarias y tenía muchos seguidores, Taft tenía el respaldo de los líderes del partido republicano y de intereses comerciales de influencia que controlaban la máquina del partido. Cuando Taft recibió la nominación en la primera votación, Roosevelt acusó a los líderes del partido republicano de robarle la nominación presidencial.

Un furioso Roosevelt llevó a sus simpatizantes fuera de la sala de conferencias. Él y sus simpatizantes formaron un nuevo partido, el **Partido Progresista.** En agosto los progresistas sostuvieron su propia convención en Chicago y nominaron a Roosevelt para presidente.

Cuando un reportero le preguntó a Roosevelt sobre su salud, el candidato se golpeó en el pecho y dijo: "¡Me siento tan fuerte como un alce!" De allí en adelante, el Partido Progresista se llegó a conocer como el **Partido del Alce.**

Las elecciones de 1912

La división del Partido Republicano afectó tanto a Taft como a Roosevelt. Mientras los republicanos y los progresistas se peleaban en las urnas, el demócrata **Woodrow Wilson** reunió apoyo suficiente como para ganarles en las elecciones. Wilson había adquirido la reputación como un reformador progresista mientras servía como

presidente de la Universidad de Princeton y gobernador de Nueva Jersey.

Wilson obtuvo sólo un 42 por ciento del voto popular, y Roosevelt recibió 27 por ciento y Taft 23 por ciento. Sin embargo, Wilson ganó la presidencia por la mayoría electoral más grande en esa época, barriendo con 435 de los 531 votos electorales.

Wilson en la Casa Blanca

Durante su campaña Woodrow Wilson había criticado al gobierno grande así como también a las grandes empresas. Wilson llamó a su programa la "Nueva Libertad".

En 1913 Wilson logró una meta progresista deseada por un largo tiempo: la reforma de las tarifas. Él persuadió al Congreso controlado por demócratas para que adoptara una tarifa más baja en los productos importados tales como azúcar, lana, acero y equipo agrícola. Wilson creía que la presión de la competencia extranjera llevaría a los fabricantes estadounidenses a mejorar sus productos y bajar sus

precios. Los ingresos del gobierno que se perdieran por bajar las tarifas serían reemplazados por el nuevo impuesto sobre los ingresos.

Ese mismo año el Congreso también aprobó la **Ley de Reserva Federal** para regular la banca. Al crear 12 bancos regionales supervisados por una junta central en Washington, D.C., la ley le dio al gobierno más control sobre las actividades bancarias. Los bancos que operaban a nivel nacional tenían que unirse al Sistema de Reserva Federal y obedecer sus reglamentos.

Wilson también trabajó para fortalecer el control del gobierno sobre los negocios. En 1914 el Congreso estableció la **Comisión de Comercio Federal** (FTC, por sus siglas en inglés) para investigar las corporaciones por prácticas de comercio injustas. Wilson también apoyó la **Ley Antimonopolios de Clayton** de 1914, la que se unió a la Ley Antimonopolios de Sherman como una de las armas principales del gobierno en contra de los cárteles. El gobierno también trató de regular el trabajo de los niños. La ley Keating-Owen de 1916 prohibió que los artículos producidos con trabajo infantil se vendieran en el comercio interestatal. La ley fue revocada dos años más tarde por ser anticonstitucional.

A fines del primer periodo de gobierno de Wilson, los progresistas habían ganado muchas victorias. El movimiento progresista perdió parte de su impulso cuando los estadounidenses volvieron su atención a los asuntos mundiales especialmente la guerra que había estallado en Europa en 1914.

Comprobación de lectura **Análisis** ¿Cómo la candidatura a presidente de Roosevelt afectó las elecciones de 1912?

EVALUACIÓN DE LA SECCIÓN 3

Verificación de comprensión

1. **Términos Clave** Escribe un párrafo utilizando correctamente cada uno de los términos a continuación: rompedor de cárteles, arbitraje, laissez-faire.

2. **Repaso de hechos** ¿Qué candidato ganó las elecciones presidenciales en 1912?

Repaso de temas

3. **Factores económicos** ¿Por qué los progresistas respaldaron el impuesto sobre los ingresos?

Pensamiento crítico

4. **Análisis de la información** Explica por qué Roosevelt prefirió la regulación en vez de la destrucción de los consorcios.

5. **Determinación de causa y efecto** Recrea el siguiente diagrama y explica las razones de la huelga del carbón en 1902 y cuál fue el resultado.

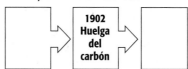

Análisis de material visual

6. **Habilidades de intepretación de cuadros** Estudia la tabla en la página 623. ¿Qué partido representaba James Weaver? ¿Qué tercer partido recibió el porcentaje más grande de voto popular? ¿El número más grande de votos electorales?

Actividad interdisciplinaria

Arte Dibuja una caricatura política que apoye las acciones de Theodore Roosevelt como "rompedor de cárteles".

HABILIDADES

Estudios sociales

Interpretación de una caricatura política

¿Por qué desarrollar esta habilidad?

Tal vez tú has escuchado el dicho, "Un dibujo vale mil palabras". Por más de 200 años los caricaturistas políticos han dibujado caricaturas para presentar sus opiniones acerca de una persona o un acontecimiento. Si aprendes a interpretar las caricaturas políticas, te ayudará a entender los asuntos tanto del pasado como del presente.

Desarrollo de la habilidad

Las caricaturas políticas ofrecen opiniones sobre temas particulares. Para ilustrar esas opiniones, los caricaturistas ofrecen claves, usando varias técnicas diferentes. A menudo ellos exageran los rasgos físicos o apariencia en un efecto especial llamado "caricatura". Una caricatura puede ser positiva o negativa, dependiendo del punto de vista del artista.

Los caricaturistas también usan símbolos para representar algo más. El águila calva a menudo se muestra en las caricaturas políticas como un símbolo de Estados Unidos. A veces los caricaturistas ayudan a los lectores a interpretar su mensaje añadiendo etiquetas o leyendas.

Para interpretar una caricatura política, sigue estos pasos:

- Lee la leyenda y cualquier otra palabra impresa en la caricatura.
- Analiza cada elemento en la caricatura.
- Identifica las claves: ¿Qué está sucediendo en la caricatura? ¿Quién o qué está siendo representado en cada parte del dibujo? ¿Qué o a quién representan las figuras? ¿A qué se refieren los símbolos?
- Estudia todos estos elementos para decidir a qué está aludiendo el caricaturista?

Práctica de la habilidad

La caricatura en esta página muestra a Theodore Roosevelt mirando por la ventana al Presidente Taft. Analiza la caricatura y luego responde las siguientes preguntas.

1. ¿Qué está sucediendo en esta caricatura?
2. ¿Qué caricaturas están incluidas en esta caricatura?
3. ¿Qué símbolos se muestran en la caricatura? ¿Qué representan estos símbolos?
4. ¿Qué está señalando el caricaturista?

Aplicación de la habilidad
Interpretación de una caricatura política
Trae a la clase una copia de una caricatura política de un periódico o revista reciente. Explica el punto de vista del caricaturista y las herramientas que usó para expresarlo.

El CD-ROM de Glencoe **"Skillbuilder Interactive Workbook, Level 1",** contiene instrucciones y ejercicios sobre habilidades fundamentales de ciencias sociales,

MARAVILLAS SILVESTRES

OSOS PARDOS, LOBOS, ALCES, CARIBÚ, OVEJAS DE DALL y muchos otros animales deambulan por el Parque Nacional Denali y Preservación de Alaska. Más grande que Massachusetts, el parque de seis millones de acres incluye la montaña más alta de Norteamérica.

Al área de terrenos apartados e inhabitados de Alaska, como el Parque Nacional McKinley en 1917, se le cambió el nombre a Denali en 1980 cuando el Congreso triplicó el tamaño del parque. Denali era el nombre indígena de la montaña, que significa "la alta".

La idea de apartar áreas de belleza natural e importancia histórica para el beneficio de la gente data desde mediados del siglo XIX. Antes de eso los estadounidenses consideraban los lugares inhabitados como obstáculos o como una fuente de recursos naturales para que la gente los usara.

El movimiento de conservación ganó popularidad a principios del siglo XX, cuando el Presidente Theodore Roosevelt y otros conservacionistas urgieron a los estadounidenses a que protegieran los recursos naturales.

Hoy en día la conservación sigue siendo un asunto importante. Aunque muchos de nosotros disfrutamos visitando los parques nacionales como Denali, los parques también sirven como refugios para la flora y fauna. Los científicos estudian las plantas y animales de modo que ellos puedan protegerlos. Con 430 especies de plantas florecientes, 37 especies de mamíferos y 156 especies de pájaros, Denali se considera como una de las grandes áreas de terrenos inexplorados e intactos de Estados Unidos.

APRENDER de LA GEOGRAFÍA

1. ¿Qué cumbres tienen más de 15,000 pies de altura?

2. ¿Crees que es necesario que el gobierno ayude a los programas medioambientales? Explica.

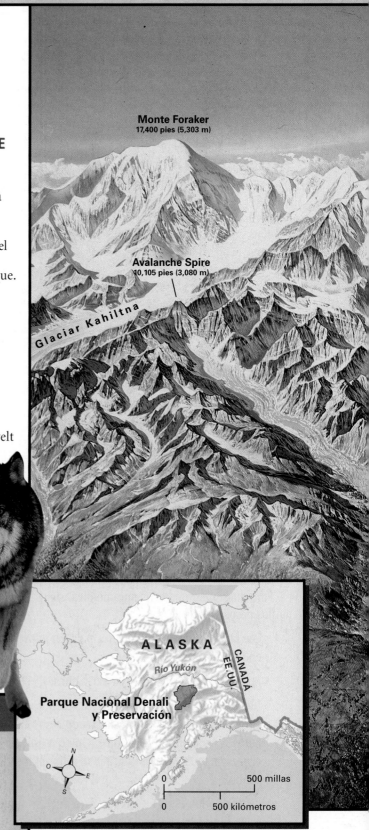

Monte Foraker
17,400 pies (5,303 m)

Avalanche Spire
10,105 pies (3,080 m)

Glaciar Kahiltna

ALASKA

Río Yukón

CANADÁ
EE.UU.

Parque Nacional Denali
y Preservación

0   500 millas

0   500 kilómetros

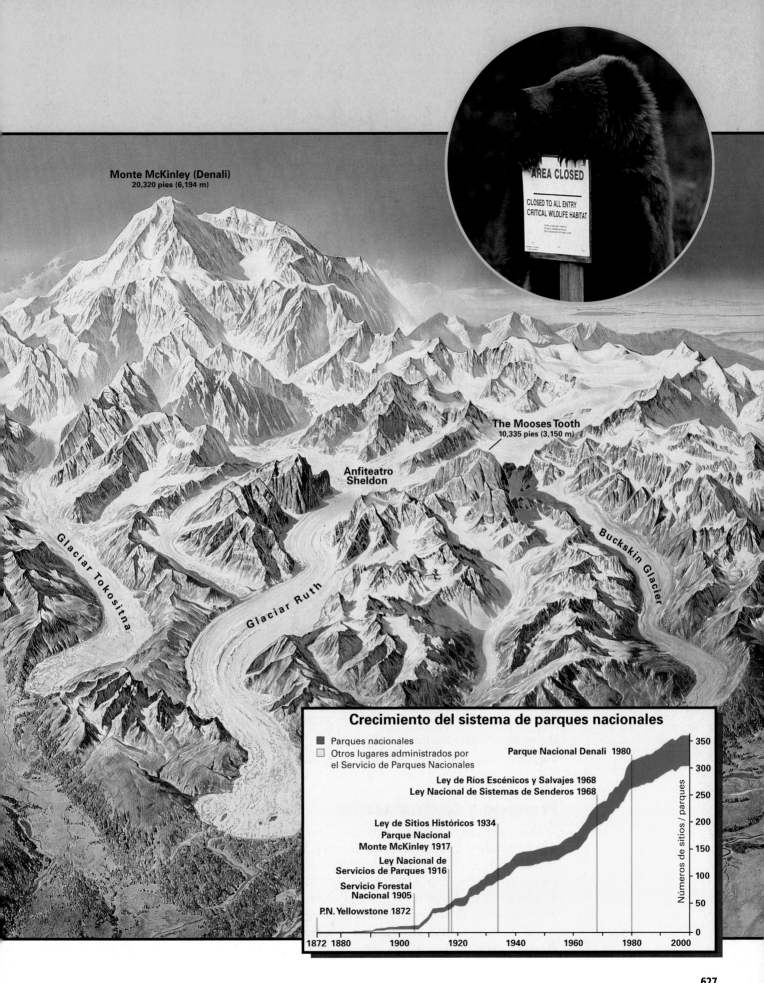

Monte McKinley (Denali)
20,320 pies (6,194 m)

AREA CLOSED

CLOSED TO ALL ENTRY
CRITICAL WILDLIFE HABITAT

The Mooses Tooth
10,335 pies (3,150 m)

**Anfiteatro
Sheldon**

Glaciar Tokositna

Glaciar Ruth

Buckskin Glacier

Crecimiento del sistema de parques nacionales

■ Parques nacionales
□ Otros lugares administrados por
el Servicio de Parques Nacionales

Parque Nacional Denali 1980

Ley de Ríos Escénicos y Salvajes 1968
Ley Nacional de Sistemas de Senderos 1968

Ley de Sitios Históricos 1934
Parque Nacional
Monte McKinley 1917
Ley Nacional de
Servicios de Parques 1916
Servicio Forestal
Nacional 1905
P.N. Yellowstone 1872

Números de sitios / parques

350
300
250
200
150
100
50
0

1872 1880   1900   1920   1940   1960   1980   2000

SECCIÓN 4 Excluidos de la reforma

Guía de lectura

Idea principal
La reforma progresista no hizo mucho por expandir los derechos y oportunidades de las minorías.

Términos clave
discriminación, barrio

Estrategia de lectura
Tomar apuntes Al leer la sección 4, recrea el siguiente diagrama y describe los logros de cada persona.

Logros individuales	Logros
Booker T. Washington	
Ida Wells	
W.E.B. Du Bois	
Carlos Montezuma	

Leer para aprender
- por qué las reformas progresistas no incluían a todos los estadounidenses.
- cómo las minorías trabajaron para lograr mayor igualdad.

Tema de la sección
Derechos cívicos y responsabilidades Las minorías descubrieron que las reformas progresistas a menudo no promovían sus propios derechos y responsabilidades.

Presentación preliminar de acontecimientos

◆1880 ——————————— ◆1900 ——————————— ◆1920

1887
La Asociación de Protección Estadounidense se concentra en los católicos

1907
El Acuerdo de Caballeros restringe la inmigración japonesa

1909
W.E.B. Du Bois ayuda a formar la NAACP

1915
El Ku Klux Klan vuelve a aparecer

UNA historia estadounidense

Al igual que muchos buscando sus fortunas, Lee Chew, de dieciséis años dejó su granja en China y sacó pasaje en un barco a vapor. Cuando él y otros inmigrantes chinos llegaron a San Francisco, se vieron enfrentados a una gran ola de sentimientos antiasiáticos. En el barrio chino de la ciudad, los inmigrantes administraban mercados, lavanderías y otras tiendas pequeñas. Chew trabajaba para una familia estadounidense. "Las mujeres estadounidenses nos enseñaron a los lavanderos chinos [como yo]", sostuvo él. "No hay lavanderías en China".

Prejuicio y discriminación

Durante el siglo XIX una mayoría sobrecogedora de estadounidenses era blanca y protestante y había nacido en Estados Unidos. Muchos estadounidenses creían que Estados Unidos debía permanecer como una nación blanca, protestante. Los residentes que no eran blancos, protestantes u oriundos con frecuencia eran objeto de discriminación, un trato desigual debido a la raza, religión, ascendencia o lugar de nacimiento. El gobierno raramente interfería con esta discriminación.

En 1908 se desató la violencia en **Springfield, Illinois,** cuando una mujer blanca sostuvo que había sido atacada por un hombre afroamericano. Las autoridades pusieron al hombre en la cárcel, pero para ese entonces, la gente blanca del pueblo había formado una turba enojada.

Armados con hachas y armas, la turba se precipitó por los vecindarios afroamericanos, destruyendo negocios y sacando a la gente de sus hogares. Los alborotadores lincharon a dos hombres afroamericanos y lesionaron a docenas más. Pero nunca nadie fue castigado por estos crimenes violentos. Luego, la mujer que había dicho que había sido atacada admitió que su acusación no era cierta.

El disturbio de Springfield impactó a la nación y destacó las profundas divisiones raciales en la vida estadounidense. El alboroto tuvo lugar en la ciudad natal de Abraham Lincoln, el presidente que firmó la Proclamación de Emancipación. Los afroamericanos ya no eran esclavizados pero todavía eran perseguidos por el prejuicio y el odio racial.

Anticatolicismo

Algunos estadounidenses eran discriminados por su religión. La población en su mayoría protestante de Estados Unidos temía que los inmigrantes católicos amenazaran el estilo de vida "estadounidense". La gente de Iowa anticatólica formó la Asociación Protectora Estadounidense (APA, por sus siglas en inglés) en 1887. Hacia mediados de la década de 1890, la APA sostuvo que tenía dos millones de miembros por toda la nación. Entre otras actividades, la APA esparció rumores que los católicos se estaban preparando para controlar el país.

Antisemitismo

Muchos inmigrantes judíos vinieron a Estados Unidos para escapar de los prejuicios en sus tierras natales. Algunos de ellos encontraron actitudes antisemíticas en Estados Unidos. Los arrendadores, empleadores y las escuelas discriminaban contra los judíos. Los judíos de Europa del este se veían enfrentados a prejuicios tanto por ser judíos como por ser del este de Europa, a quienes muchos estadounidenses consideran como más "extranjeros" que los europeos del oeste.

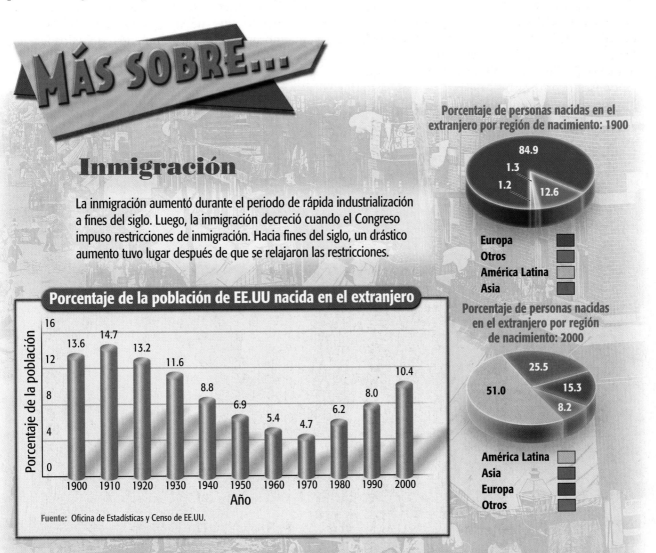

MÁS SOBRE...

Inmigración

La inmigración aumentó durante el periodo de rápida industrialización a fines del siglo. Luego, la inmigración decreció cuando el Congreso impuso restricciones de inmigración. Hacia fines del siglo, un drástico aumento tuvo lugar después de que se relajaron las restricciones.

Porcentaje de personas nacidas en el extranjero por región de nacimiento: 1900

84.9
1.3
1.2
12.6

Europa
Otros
América Latina
Asia

Porcentaje de personas nacidas en el extranjero por región de nacimiento: 2000

25.5
51.0
15.3
8.2

América Latina
Asia
Europa
Otros

Porcentaje de la población de EE.UU nacida en el extranjero

Porcentaje de la población

16
13.6
14.7
13.2
12
11.6
8.8
8
6.9
5.4
4.7
6.2
4
8.0
10.4
0

1900 1910 1920 1930 1940 1950 1960 1970 1980 1990 2000
Año

Fuente: Oficina de Estadísticas y Censo de EE.UU.

Políticas antiasiáticas

La discriminación también se basaba en la raza. En California y otros estados del oeste, los asiáticos luchaban contra el prejuicio y el resentimiento. Los estadounidenses blancos afirmaban que los inmigrantes chinos, que trabajaban por salarios más bajos, les quitaban empleos. El Congreso aprobó la ley de Exclusión China en 1882 para evitar que los inmigrantes chinos ingresaran a Estados Unidos.

La expansión hacia el oeste de Estados Unidos creó oportunidades para miles de inmigrantes japoneses que llegaron a Estados Unidos para trabajar como trabajadores agrícolas o de ferrocarril. Al igual que los chinos, antes que ellos, los inmigrantes japoneses se vieron enfrentados a prejuicios. California no les permitiría hacerse ciudadanos. En 1906 en San Francisco, la junta escolar trató de hacer que los niños japoneses asistieran a una escuela distinta para asiáticos, hasta que el Presidente Roosevelt intervino para evitar tal segregación.

Sin embargo, Roosevelt cedió a una ola creciente de sentimientos antijaponeses y autorizó el **Acuerdo de Caballeros** con Japón en 1907. Este acuerdo restringía la inmigración japonesa a Estados Unidos, pero no puso fin al sentimiento antijaponés. En 1913 California hizo ilegal que los japoneses compraran tierras. Otros estados aprobaron leyes similares.

Discriminación contra los afroamericanos

Los afroamericanos sufrieron discriminación tanto en el Norte como el Sur. Aunque eran oficialmente libres, a los afroamericanos se les negaban sistemáticamente los derechos básicos y se los limitaba a ser ciudadanos de segunda categoría.

Cuatro quintos de los afroamericanos de la nación vivían en el Sur. La mayoría trabajaba como aparceros rurales o en trabajos que pagaban poco en las ciudades. A ellos se los separaba de la sociedad blanca en sus propios vecindarios, escuelas, parques, restaurantes, teatros e incluso cementerios. En 1896, la Corte Suprema legalizó la segregación en el caso *Plessy* contra *Ferguson,* al reconocer la legalidad de lugares "separados pero iguales".

El **Ku Klux Klan,** que había aterrorizado a los afroamericanos durante la Reconstrucción, volvió a nacer en Georgia en 1915. El nuevo Klan quería restaurar un país protestante y blanco. El Klan arremetió en contra de las minorías católicas, judías e inmigrantes, así como también afroamericanos. Haciendo un llamado por un "100 por ciento de americanismo", el Klan siguió creciendo y sostuvo que tenía más de dos millones de miembros hacia 1924, muchos de ellos en las ciudades y pueblos del Norte.

Representación **de la historia**

Un panfleto del Ku Klux Klan (derecha) promueve la campaña de odio del Klan. Mientras tanto, los opositores al linchamiento pedían el fin de los asesinatos raciales. **¿Qué dos grupos experimentaron el terror del linchamiento?**

Representación de la historia

Booker T. Washington (sentado, segundo de la izquierda) fundó la Liga Nacional Comercial Negra. **¿Por qué Washington enfatizó el poder económico entre los afroamericanos?**

Violencia racial

La gente que perdió sus trabajos durante las depresiones económicas de 1893 y 1907 a veces desataban su rabia contra los afroamericanos y otras minorías. Más de 2,600 afroamericanos fueron linchados entre 1886 y 1916, en gran parte en el Sur. Los linchamientos también se usaban para aterrorizar a los inmigrantes chinos en el oeste.

Progresismo y prejuicio

A fines del siglo XIX y a principios del XX, muchos estadounidenses tenían opiniones sesgadas. Ellos creían que los estadounidenses blancos, varones y oriundos tenían el derecho a tomar decisiones por toda la sociedad.

Gran parte de los reformadores progresistas provenían de las clases media y alta. Ellos se consideraban a sí mismos como líderes morales que trabajaban para mejorar las vidas de la gente menos afortunada que ellos. Sin embargo, las reformas que ellos apoyaban a menudo discriminaban en contra de un grupo mientras trataban de ayudar a otro grupo.

Los sindicatos gremiales con frecuencia prohibían la afiliación de los afroamericanos, mujeres e inmigrantes. Los trabajadores capacitados, argumentaban estos sindicatos, podían obtener mejores condiciones laborales para sí mismos si ellos no exigían mejores condiciones para todos los trabajadores.

A veces las reformas instituidas por los progresistas eran esfuerzos por controlar un grupo en particular. El movimiento de abstinencia, por ejemplo, era parcialmente un intento por controlar la conducta de inmigrantes irlandeses católicos. Las reformas de servicio civil requerían que los solicitantes de trabajos tuvieran educación. Esto reduciría la influencia política que los inmigrantes habían comenzado a tener en algunas ciudades. A pesar de sus contradicciones, las reformas progresistas tuvieron éxito en mejorar las condiciones para muchos estadounidenses.

Comprobación de lectura **Identificación** ¿Qué decisión de la Corte Suprema legalizó la segregación?

Lucha por igualdad de oportunidades

Las minorías, a menudo excluidas de las organizaciones progresistas debido a prejuicios, luchaban por la justicia y oportunidad por sí solos. Los afroamericanos, hispanos, e indígenas estadounidenses tomaron medidas para mejorar sus vidas.

Los afroamericanos lucharon arduamente para lograr la igualdad. **Booker T. Washington,** que había nacido en la esclavitud y que se enseñó a sí mismo a leer, fundó el Instituto Tuskegee en 1881.

Personajes históricos

W.E.B. Du Bois 1868-1963

W.E.B. Du Bois fue el primer afroamericano en recibir un grado de doctor de Harvard. Como educador, él se negó a aceptar la desigualdad racial. Du Bois ayudó a iniciar el Movimiento Niágara en 1905 para luchar en contra de la discriminación racial y exigir derechos políticos y responsabilidades plenas para los afroamericanos.

Posteriormente, Du Bois se unió a otros para formar la National Association for the Advancement of Colored People (NAACP: Asociación Nacional para el Progreso de la Raza Negra). Este grupo todavía es una fuerza en los esfuerzos para ganar igualdad legal y económica para los afroamericanos.

Du Bois rechazó el énfasis de Booker T.

Washington en las habilidades de trabajo y argumentó que el derecho a voto era la forma de dar término a la desigualdad racial, parar los linchamientos y ganar mejores escuelas. "El poder del voto lo necesitamos para pura defensa propia", dijo él, "o si no, ¿qué nos salvará de una segunda esclavitud?".

El instituto le enseñó a los afroamericanos habilidades agrícolas e industriales.

Washington creía que si los afroamericanos tenían más poder económico, ellos estarían en mejor posición para exigir igualdad social y derechos civiles. Washington fundó la **Liga Nacional Comercial Negra** para promover el desarrollo comercial entre los afroamericanos. En la autobiografía de Washington, *Up from Slavery,* (De la esclavitud hacia arriba), él aconsejaba a los afroamericanos a que trabajaran pacientemente hacia la igualdad. Washington argumentaba que la igualdad se lograría cuando los afroamericanos obtuvieran educación y habilidades para hacerse miembros valiosos de su comunidad.

Algunos afroamericanos pensaron que ellos estarían mejor en sociedades apartes, ya fuera en Estados Unidos o en África. Ellos fundaron organizaciones para establecer ciudades afroamericanas y promover un movimiento de vuelta a África. Sin embargo, estos movimientos no fueron populares y sus metas ganaron muy pocos adeptos.

Las mujeres afroamericanas toman medidas

Las mujeres afroamericanas trabajaban juntas a través de grupos tal como la Asociación Nacional de Mujeres de Color para luchar contra la práctica de linchamiento y otras formas de violencia racial. **Ida B. Wells,** la editora de un periódico afroamericano de Memphis, Tennessee, fue obligada a abandonar la ciudad después de publicar los nombres de las personas involucradas en el linchamiento. El incidente inició a Wells en una cruzada nacional contra la terrible práctica del linchamiento.

En su libro de 1895, *A Red Record,* [Un registro Rojo], Wells muestra que el linchamiento se usaba principalmente en contra de los afroamericanos que eran prósperos o que competían con los negocios de blancos. "Puedes permanecer en silencio e inactiva cuando se hacen tales cosas en tu propia comunidad y país?", preguntaba ella.

Otros éxitos

A principios del siglo XX, los afroamericanos lograron el éxito en una variedad de profesiones. El químico **George Washington Carver,** director de investigación agrícola en el Instituto Tuskegee, ayudó a mejorar la economía del Sur a través de sus descubrimientos de productos vegetales. **Maggie Lena** fundó el banco St. Luke Penny Savings en Richmond, Virginia. Ella fue la primera mujer estadounidense que sirvió como presidente de banco.

Los indígenas estadounidenses buscan justicia

Los esfuerzos del gobierno federal por asimilar a los indígenas en la sociedad blanca amenazó con quebrar las culturas indígenas tradicionales. En 1911 líderes indígenas estadounidenses de todo el país formaron la **Sociedad de Indígenas Estadounidenses** para buscar justicia para los indígenas, mejorar sus condiciones de vida, y para educar a los estadounidenses blancos sobre las distintas culturas indígenas.

Uno de los miembros fundadores de la sociedad fue el **Dr. Carlos Montezuma,** un apache que había sido criado por blancos. Convencido que las políticas federales estaban perjudicando a los indígenas estadounidenses, Montezuma se convirtió en activista, exponiendo abusos del gobierno relacionados con los derechos de los indígenas. Montezuma creía que los indígenas estadounidenses deberían dejar las reservaciones y forjar su propio camino en la sociedad blanca.

Los estadounidenses de origen mexicano trabajan juntos

Los inmigrantes provenientes de México habían llegado a Estados Unidos hacía mucho tiempo como jornaleros, especialmente en el oeste y el suroeste. Entre 1900 y 1914, la población de mexicoamericana había crecido drásticamente a medida que las personas cruzaban la frontera para escapar de los problemas políticos y económicos en México.

Al igual que los japoneses y otros grupos de inmigrantes, los mexicoamericanos sufrieron discriminación y violencia. Para poder solucionar sus propios problemas, formaron *mutualistas* o asociaciones de autodefensa para reunir fondos para obtener seguros y ayuda legal. Una de las primeras *mutualistas* fue la *Alianza Hispanoamericana*, formada en Tucson, Arizona, in

"Acaso no hay reparación, paz, ni justicia en esta tierra para nosotros? Cuéntenle al mundo los hechos".

—Ida B. Wells

1894. Otra *mutualista*, la Orden Hijos de Estados Unidos, formada en San Antonio, Texas, en 1921 para trabajar por la igualdad y crear conciencia de los derechos de los mexicoamericanos como ciudadanos de Estados Unidos. En campos laborales y vecindarios mexicanos, llamados barrios, los *mutualistas* organizaron grupos de auto-ayuda para tratar con problemas de hacinamiento, higiene pobre y servicios públicos inadecuados.

Los prejuicios generalizados excluían a los mexicoamericanos de muchos grupos de reforma. Pero los mexicoamericanos produjeron líderes dinámicos y crearon organizaciones para mejorar sus circunstancias y luchar por la justicia.

✓ **Comprobación de lectura** **Descripción** ¿En contra de qué tipo de violencia habló Ida B. Wells?

EVALUACIÓN DE LA SECCIÓN 4

Verificación de comprensión

1. **Términos clave** Define **discriminación** y **barrio**.
2. **Repaso de hechos** ¿Cuáles fueron los resultados del Acuerdo de Caballeros con Japón, autorizado por Theodore Roosevelt?

Repaso de temas

3. **Derechos cívicos y responsabilidades** Da un ejemplo de una reforma progresista que resultó en discriminación.

Pensamiento crítico

4. **Comparación** ¿Cómo la opinión de Booker T. Washington difería de la de W.E.B. Du Bois?
5. **Análisis de la información** Recrea el siguiente diagrama y enumera las acciones que tomaron estos grupos para luchar contra el prejuicio y la discriminación.

Grupos	Medidas tomadas
Los indígenas estadounidenses	
Mexicoamericanos	
Afroamericanos	

Análisis de material visual

6. **Habilidades gráficas** Estudia los gráficos en la página 629. ¿Cuál era el porcentaje de las personas nacidas en el extranjero en 1900? ¿En el 2000? ¿Constituyó la gente de América Latina un porcentaje mayor de la población nacida en el extranjero en el año 2000 o en el 1900? Explica.

Actividad interdisciplinaria

Arte Crea un diseño de una cubierta y un título para un libro sobre la discriminación que pudo haber sido escrito durante esta época.

Resumen del capítulo

Reformas progresistas

Reforma cívica

- Comisiones municipales Administradores municipales
- Comisión de servicio cívico

Reforma comercial

- Ley Sherman Antimonopolio
- Regulación/ Disolución de consorcios
- Ley Antimonopolio Clayton
- Ley de Comercio Interestatal
- Comisión Federal de Comercio

Reforma política

- Primaria directa
- Iniciativa
- Referéndum
- La Decimoséptima Enmienda

Derechos de la mujer

- Movimiento sufragista
- Movimiento laboral
- La Decimonovena Enmienda

Repaso de términos clave

Tú eres un periodista que está escribiendo sobre el impacto de las reformas progresistas. Escribe un artículo en el cual uses al menos tres de los siguientes términos clave.

1. máquina política
2. servicio civil
3. primarias
4. referéndum
5. iniciativa
6. elección de revocación

Repaso de hechos clave

7. ¿Cómo los jefes políticos corruptos obtuvieron votantes para sus partidos?
8. ¿Por qué los periodistas eran importantes para el movimiento de reforma?
9. ¿Qué enmienda estipulaba la elección directa de los senadores?
10. ¿Qué enmienda estipulaba el sufragio de la mujer?
11. ¿Qué es al arbitraje?
12. ¿Por qué los progresistas formaron su propio partido político?
13. ¿Cuál era el propósito de la Ley de Reserva Federal?
14. ¿Qué es la discriminación?
15. ¿Qué pensaba el Dr. Carlos Montezuma sobre las reservaciones de indígenas estadounidenses?
16. ¿Por qué los mexicoamericanos organizaron *mutualistas*?

Pensamiento crítico

17. **Análisis de temas: Gobierno y democracia** ¿Cómo la Decimoséptima Enmienda le dio a la gente más voz en el gobierno?
18. **Determinación de causa y efecto** ¿Por qué se sometió a la industria del ferrocarril a tantas regulaciones gubernamentales?
19. **Análisis de temas: Derechos cívicos y responsabilidades** Recrea el siguiente diagrama e identifica cómo estas leyes promueven la justicia y garantizan los derechos de los ciudadanos.

- Decimonovena Enmienda
- Destitución
- Derechos de los ciudadanos
- Iniciativa
- Referéndum

Práctica de habilidades

Interpretación de una caricatura política *Examina la caricatura en esta página y luego responde las siguientes preguntas.*

20. ¿Quiénes son las personas agrupadas en el lado izquierdo de la caricatura?

21. ¿Cuál es el significado del comentario hecho por la persona en el lado derecho?

22. ¿Cómo define el caricaturista "inmigrantes ilegales"?

 Actividad de geografía e historia

Examina el mapa sobre los derechos de voto de la mujer en la página 617 y luego responde las siguientes preguntas.

23. ¿Qué estado fue el primero en dar igualdad de sufragio?

24. Hacia 1919, ¿cuántos estados permitieron igualdad de votos?

25. **Generalizaciones** ¿Por qué crees que el porcentaje de estados que permitieron el voto de la mujer era más alto en el oeste que en el este?

 Actividad tecnológica

26. **Uso de correo electrónico** Investiga los nombres de cinco organizaciones modernas que tengan algunas de las mismas metas que los reformadores progresistas de fines del siglo XIX y principios del XX. Escoge una organización que te interese y ponte en contacto por correo electrónico para obtener más información sobre el grupo.

Prueba de autocomprobación
Visita **taj.glencoe.com** y haz clic en **Chapter 21— Self-Check Quizzes** a fin de prepararte para el examen del capítulo.

Actividad ciudadana cooperativa

27. **Derechos de consumidores** Trabaja con un compañero y ponte en contacto con una liga de consumidores para informarte sobre los derechos del consumidor. Luego prepara un panfleto sobre los derechos del consumidor. Enumera los distintos derechos que tienen los consumidores y da nombres, direcciones y números de teléfonos de grupos de consumidores con quienes ponerse en contacto por problemas. Distribuye este panfleto a la gente en tu vecindario.

 Evaluación alternativa

28. **Actividad de carpeta de trabajos** Lee rápidamente el capítulo y haz una lista de las enmiendas constitucionales que se aprobaron durante la era progresista. Haz un cuadro de causa y efecto para mostrar qué necesidades, acciones o abusos condujeron a la aprobación de cada una. Guarda tu trabajo en tu carpeta de trabajos.

Práctica de examen estandarizado

Instrucciones: Selecciona la *mejor* respuesta a la pregunta siguiente.

La meta principal de la Unión de Abstinencia Cristiana de Mujeres era que se aprobaran leyes para prohibir la elaboración o venta de alcohol. ¿Cuál de las siguientes era una meta secundaria?

A reforma penal

B limitar la inmigración

C promover el trato justo

D aprobar el Acuerdo de Caballeros

Consejo para el examen

Para esta pregunta debes acordarte de un *hecho* sobre la WCTU. Al leer cuidadosamente esta pregunta, puedes encontrar claves acerca de la organización. Trabajó por la *reforma*. ¿Cuál respuesta calza mejor con esta información?

CAPÍTULO 22

Expansión en el extranjero

1865–1917

Por qué es importante

El poder internacional llegó a Estados Unidos con la fuerza política y el crecimiento industrial. A medida que se convertía en una potencia, Estados Unidos se extendió más allá de sus limites territoriales en busca de nuevos mercados y colonias.

El impacto actual

Estados Unidos comenzó a competir con otros países por el comercio y por la tierra. De esta rivalidad, Estados Unidos surgió para desempeñar un papel importante en los asuntos internacionales.

Video El viaje estadounidense *El video del capítulo 22, "Bring Me the Pictures and I'll Bring You the War", discute la aparición de la prensa amarilla y su papel en la Guerra Hispanoamericana.*

1889
• Se establece la Unión Panamericana

1867
• Se compra Alaska a Rusia

1887
• EE.UU. establece la base naval de Pearl Harbor

Estados Unidos PRESIDENTES

| Johnson 1865–1869 | Grant 1869–1877 | Hayes 1877–1881 | Garfield 1881 | Arthur 1881–1885 | Cleveland 1885–1889 | B. Harrison 1889–1893 |

1865   1875   1885

Mundo

1867
• Japón termina los 675 años del dominio de los shogun

1875
• El Canal de Suez queda bajo el control de los británicos

1883
• Vietnam se convierte en un protectorado francés

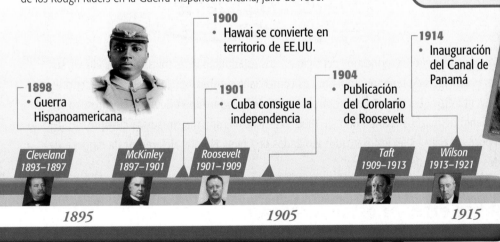

Colina de San Juan Theodore Roosevelt, que más adelante sería el 26° presidente de Estados Unidos, conduce al regimiento de caballería de los Rough Riders en la Guerra Hispanoamericana, julio de 1898.

PLEGABLES™

Organizador de estudios

Plegable de estudio de conclusiones
Investiga las ventajas, o resultados positivos, y las desventajas, o resultados negativos, de la expansión en el exterior al hacer este plegable.

Paso 1 Dobla una hoja de papel por la mitad de arriba hacia abajo.

Paso 2 Dobla la hoja por la mitad otra vez, de lado a lado.

Paso 3 Desdobla el papel una vez. Corta solamente el pliegue de la lengüeta de arriba.

El corte creará dos lengüetas.

Paso 4 Rotula el diagrama plegable según se indica.

VENTAJAS de la expansión al extranjero | DESVENTAJAS de la expansión al extranjero

Lectura y redacción Al leer, escribe lo que vayas aprendiendo sobre los efectos positivos y negativos de la expansión de EE.UU. en el exterior, en la lengüeta correspondiente del plegable.

1900
• Hawai se convierte en territorio de EE.UU.

1914
• Inauguración del Canal de Panamá

1898
• Guerra Hispanoamericana

1901
• Cuba consigue la independencia

1904
• Publicación del Corolario de Roosevelt

| *Cleveland* 1893–1897 | *McKinley* 1897–1901 | *Roosevelt* 1901–1909 | *Taft* 1909–1913 | *Wilson* 1913–1921 |

1895　　　　　　*1905*　　　　　　*1915*

1895
• José Martí encabeza una revuelta en Cuba

1910
• Los británicos forman la Unión de Sudáfrica

1911
• Derrocamiento de la dinastía Qing de China

HISTORIA
En línea

Descripción general del capítulo
Visita taj.glencoe.com y haz clic en **Chapter 22— Chapter Overviews** para ver la información preliminar del capítulo.

Expansión de los horizontes

Idea principal

A finales del siglo XIX, Estados Unidos adquirió tierras en el extranjero.

Términos clave

aislacionismo, expansionismo, imperialismo

Estrategia de lectura

Análisis de la información Al leer esta sección, recrea el siguiente diagrama y explica qué hizo Estados Unidos para que se notara su presencia en cada país o región.

	El papel de EE.UU.
Japón	
Latinoamérica	
Rusia	

Leer para aprender

- los factores que contribuyeron al crecimiento del imperialismo estadounidense.
- cómo expandió Estados Unidos su influencia económica y política a finales del siglo XIX.

Tema de la sección

Factores económicos Los estadounidenses ampliaron el comercio exterior y compitieron con otros países por la influencia política.

Presentación preliminar de acontecimientos

♦1850 — ♦1870 — ♦1890

1853
Matthew Perry entra a la Bahía de Tokio

1854
Japón firma el Tratado de Kanagawa

1867
William Seward firma el tratado de compra de Alaska

1889
Se establece la Unión Panamericana

UNA historia estadounidense

A finales del siglo XIX, principios del siglo XX, los estadounidenses miraban más allá de sus fronteras deseosos de tener un imperio. Los comerciantes anhelaban los mercados exteriores y los aventureros querían conquistar otra frontera. El Senador Albert Beveridge expresaba el sentimiento de muchos cuando dijo en 1900: "Las Filipinas son nuestras para siempre. (. . .) Y un poco más allá están los mercados ilimitados de China. No nos alejaremos de ninguna de las dos. (. . .) El Pacífico es nuestro".

Política exterior estadounidense

Cuando el Presidente George Washington publicó su discurso de despedida en 1796, aconsejó a los estadounidenses que incrementaran el comercio con otras naciones pero que tuvieran "tan pocas conexiones políticas como fuera posible". Por encima de todo, advirtió a los estadounidenses que "se alejaran de alianzas permanentes con cualquier parte del mundo exterior". Estos principios guiaron la política exterior estadounidense durante 100 años. Pero la palabras de Washington fueron interpretadas de varias maneras. Unos pensaban que lo que Washington quería era que Estados Unidos siguiera una política de aislacionismo, o no participación en asuntos internacionales. Otros decían que Washington apoyaba el comercio con otros países y que no quería la aislación total.

El expansionsimo de EE.UU.

Durante muchos años, los estadounidenses habían soñado con extender sus territorios de costa a costa. Muchos estadounidenses, en busca de tierras y de mejores oportunidades, se habían trasladado hacia el oeste y el sur. Este expansionismo fue una fuerza motora en la historia de EE.UU. Durante la guerra civil, mientras la nación se desintegraba, se había detenido la expansión. Pero después de la guerra, Estados Unidos comenzó a levantarse y a extenderse otra vez.

Los estadounidenses se establecieron en las Grandes Llanuras, construyeron vías de tren y crearon grandes ciudades llenas de gente y de fábricas ajetreadas. En 1890, cuando la nación se extendía por América del Norte, desde el Atlántico hasta el Pacífico, el gobierno publicó un informe anunciando el fin de la "frontera". Aunque quedaban territorios sin ocupar, los estadounidenses se habían establecido de costa a costa.

Para muchos estadounidenses, la frontera significaba crecimiento y oportunidad. La idea de que ya no había frontera era muy preocupante. Los estadounidenses comenzaron a mirar más allá de sus fronteras, al otro lado del mar, a lugares donde pudieran extender su comercio y competir por la influencia política.

Comercio exterior

A mediados del siglo XIX, los comerciantes estadounidenses habían establecido un comercio lucrativo con China y esperaban ampliarlo a otras zonas del mundo. Muchos querían abrir relaciones comerciales con Japón, que llevaba mucho tiempo aislado del mundo occidental.

En 1853, el Presidente Millard Fillmore envió al Comodoro **Matthew Perry** a realizar una misión en Japón. Tras llegar a la Bahía de Tokyo con cuatro barcos de guerra, Perry pidió a los japoneses que abrieran sus puertos a los barcos estadounidenses y les dijo que regresaría en unos meses por su repuesta.

La demostración de fuerza de EE.UU. alarmó a los japoneses. Cuando Perry regresó en 1854, los japoneses firmaron el **Tratado de Kanagawa** y abrieron dos puertos a los barcos estadounidenses. El éxito de la misión de Perry dio comienzo a un período comercial entre Japón y Estados Unidos. También marcó el inicio de un período de mayor participación de EE.UU. en Asia.

✔ **Comprobación de lectura** **Explicación** ¿Qué dijo Washington sobre las alianzas en su discurso de despedida?

La era del imperialismo

Estados Unidos no fue la única nación del mundo occidental que amplió su comercio e influencia en

La historia *a través del arte*

Primer desembarco de Perry en Japón, en Kurihama **por Gessan Ogata** Un artista japonés retrata al Comodoro Matthew Perry en su llegada al Japón en 1853. **¿Por qué se envió a Perry a realizar una misión a Japón?**

La historia *a través del arte*

El Secretario de Estado William H. Seward (segundo a la izq.) supervisa la firma del tratado de compra de Alaska el 30 de marzo de 1867. La abundancia de oro y de otros minerales impulsó la emigración a Alaska (abajo). **¿Qué país vendió Alaska a Estados Unidos?**

Asia y en otras partes del mundo. Los últimos años del siglo XIX y los primeros años del siglo XX se conocen como la era del imperialismo, un período en el que las naciones poderosas de Europa crearon grandes imperios, ejerciendo control económico y político sobre otras regiones más débiles.

El imperialismo surgió de la búsqueda de materiales y mercados. Las naciones industriales de Europa necesitaban materia prima de Asia y África. Los europeos buscaban también nuevos mercados para los bienes que fabricaban. En la búsqueda de materias primas y mercados nuevos, las potencias europeas competían entre sí por el poder y la influencia en Asia y África.

Hacia el imperio

El interés de Estados Unidos por la expansión política y económica surgió después de la guerra civil. Algunos estadounidenses querían que la nación levantara un imperio. Sostenían que, al agregar nuevos territorios, Estados Unidos se uniría a las grandes potencias del mundo y tomaría el puesto que le correspondía en el centro del poder.

El Secretario de Estado **William H. Seward,** que había sido nombrado por Abraham Lincoln, apoyaba este punto de vista. Seward imaginaba un imperio estadounidense que dominara el Caribe, América Central y el Pacífico. El imperio se mantendría unido por un canal que cruzara América Central enlazando el Atlántico y el Pacífico, un próspero sistema de ferrocarriles transcontinentales, y la rápida comunicación del telégrafo.

La compra de Alaska

Seward dio un paso enorme para convertir su visión en realidad con la compra de **Alaska.** En 1867, Seward firmó un tratado con Rusia para comprar esta colonia rusa por $7.2 millones, una oferta extraordinaria por un territorio que medía dos veces más que Texas.

Muchos ridiculizaron la compra de Seward en esos momentos. Veían Alaska como un pedazo de hielo desierto. Los periódicos hacían burla con expresiones como la "hielera de Seward" y el "jardín de los osos polares". Pero después del descubrimiento de oro en Alaska en la década de 1890, el "capricho" de Seward comenzó a verse como una compra inteligente. En 1912, Alaska se convirtió en territorio de Estados Unidos.

Un sentido de misión

Algunos estadounidenses tenían otra razón para la expansión imperialista. Tenían un sentido de misión, la creencia de que podían "levantar" a la gente que consideraban "incivilizada" compartiendo el cristianismo y la civilización occidental con el resto del mundo. **Josiah Strong,** un ministro de la Congregación, proponía el "imperialismo de la justicia", en el que los estadounidenses llevarían su religión y su cultura a los pueblos de África, Asia y el vecino más cercano de los EE.UU., Latinoamérica.

Intereses estadounidenses en Latinoamérica

Desde la época colonial, Estados Unidos había mantenido un comercio exitoso con Latinoamérica y el Caribe. Los temores de la influencia europea sobre la zona habían sido un factor contribuyente de la Doctrina Monroe en 1823, cuando el Presidente James Monroe advirtió a las naciones europeas que no intentaran establecer nuevas colonias en América del Norte y América del Sur.

Los comerciantes de Estados Unidos se habían aprovechado de la Doctrina Monroe. En 1884 **James G. Blaine,** candidato republicano a la presidencia, declaraba:

> 66Mientras las grandes potencias europeas ensanchan continuamente su dominio colonial sobre Asia y África, es el dominio [específico] de este país mejorar y ampliar sus relaciones comerciales con las naciones de las Américas99.

Mientras tanto, Estados Unidos había firmado tratados con varios países latinoamericanos, permitiendo que los negocios estadounidenses influyeran sobre la economía de esos países.

Como Secretario de Estado, Blaine había invitado a los países latinoamericanos a asistir a una conferencia panamericana que tendría lugar en Washington, D.C., en 1889. Blaine esperaba establecer vínculos económicos y políticos entre los países de la zona. Aunque muchos países latinoamericanos tenían miedo de la dominación de Estados Unidos, decidieron asistir. La conferencia estableció la **Unión Panamericana,** que se encargaría de compartir información entre las naciones afiliadas.

Desarrollo de poder en el mar

Mientras Estados Unidos planeaba ampliar sus horizontes, el Capitán **Alfred Thayer Mahan,** presidente del Naval War College, pidió que se mejorara y se ampliara la marina de guerra. Mahan decía que el poder en el mar protegería el comercio y daría acceso a mercados internacionales:

> 66El poder marítimo es esencial para la grandeza de la gente espléndida99.

Para mantener una marina de guerra poderosa, Estados Unidos necesitaría colonias de ultramar donde pudiera reabastecer sus barcos.

La transformación y expansión de la marina de guerra comenzó en 1883, cuando el Congreso autorizó la construcción de los primeros barcos de guerra de casco de acero. En los años siguientes, la marina pasó gradualmente de barcos de vela a barcos a vapor y de cascos de madera a cascos de acero. A principios del siglo XX, Estados Unidos tenía el poder marítimo que necesitaba para respaldar y ampliar su papel en asuntos internacionales.

Comprobación de lectura **Explicación** ¿Por qué hubo mucha gente que criticó la compra de Alaska?

EVALUACIÓN DE LA SECCIÓN 1

Verificación de comprensión

1. **Términos clave** Escribe un artículo de periódico sobre la expansión de Estados Unidos a finales del siglo XIX en que utilices estos términos: aislacionismo, expansionismo, imperialismo.
2. **Repaso de hechos** Discute los puntos principales de la Doctrina Monroe.

Repaso de temas

3. **Factores económicos** ¿Cuánto pagó Estados Unidos por Alaska? ¿Por qué se ridiculizó la compra de este territorio?

Pensamiento crítico

4. **Determinación de causa y efecto** Según Alfred Thayer Mahan, ¿qué resultaría del poder marítimo de Estados Unidos?
5. **Organización de la información** Recrea el siguiente diagrama e indica dos motivos económicos de la expansión de Estados Unidos.

Motivos de expansión

Análisis de material visual

6. **Representación de la historia** Estudia el cuadro de la página 637 al comienzo del capítulo. ¿Qué es lo que indica? ¿Qué idea piensas que quiere representar el artista?

Actividad interdisciplinaria

Geografía Busca información sobre los recursos naturales de Alaska. Dibuja un mapa del estado y utiliza símbolos para representar sus recursos y dónde se encuentran dentro del estado.

VIAJE AL PASADO

¿Sobre qué y quiénes hablaban las personas? ¿Qué comían? ¿Qué hacían para divertirse? Estas dos páginas te darán una idea de cómo era la vida cotidiana en EE.UU. al viajar al pasado con TIME Notebook.

Perfil

BOOKER T. WASHINGTON *Al dar clases de formación industrial para alcanzar el éxito, Washington fundó en 1881 el Instituto Tuskegee en Alabama. Éste es un fragmento de su autobiografía,* De esclavo a catedrático.

DESDE EL PRINCIPIO, EN TUSKEGEE, MI objetivo era que los estudiantes no sólo hicieran trabajos agrícolas y domésticos sino que también construyeran sus propios edificios. Mi plan era enseñarles mientras prestaban el servicio, los últimos y los mejores métodos de trabajo, no sólo para que la escuela se beneficiara de sus esfuerzos, sino también para que los estudiantes aprendieran a ver no sólo la utilidad del trabajo, sino también su belleza y su dignidad. (. . .) Yo no pretendía enseñarles a trabajar como se hacía antiguamente, sino enseñarles a utilizar las fuerzas de la naturaleza: el aire, el agua, el vapor, la electricidad, el caballo a vapor , para trabajar más fácilmente.

Booker T. Washington

❝Recogéis a un perro que anda muerto de hambre, lo engordáis y no os morderá. Ésa es la diferencia másnotable que hay entre un perro y un hombre❞.

MARK TWAIN,
autor de
Las aventuras de Tom Sawyer

❝Habla con suavidad, pero lleva contigo un palo grande❞.

EL PRESIDENTE TEDDY ROOSEVELT,
en su propuesta de acción cuando se le preguntó cómo iba a tratar Estados Unidos a sus nuevas colonias lejanas, en 1901

❝Dadme a los cansados, a los pobres, a las ultitudes que ansian respirar la libertad❞.

PALABRAS DE EMMA LAZARUS,
grabadas en la Estatua de la Libertad en 1903

❝ ¡Montañas! ¡Mira! ❞

EDWARD CORSI,
un inmigrante italiano de 10 años al ver por primera vez los rascacielos de la ciudad de Nueva York en 1907

Es la ley

En 1902 se aprobaron dos leyes sobre el automóvil.

1 Tennessee exige que todos los conductores den aviso público una semana antes de ir a algún sitio.

2 Vermont dice que delante de todo automóvil en marcha debe ir un adulto con una bandera roja.

HITOS

PERSONAJES Y ACONTECIMIENTOS DE LA ÉPOCA

SE INSCRIBIÓ. La tiradora de elite **ANNIE OAKLEY** en el espectáculo del Oeste de Buffalo Bill en 1885.

VOLÓ. Cromwell Dixon, de 19 años, cruzó el océano en 1911 en un avión biplano. A los 14 años, Dixon construía **DIRIGIBLES** (balones en forma de salchicha), incluyendo un modelo de pedales que funcionaba como una bicicleta aérea. Años después, Dixon viajaría por el país volando en ferias.

Annie Oakley

BETTMANN/CORBIS

LA ESCENA ESTADOUNIDENSE

Promedio de vida en 1900

Expectativa media de vida: **47.3 años**

Expectativa de vida de los hombres: **46.3 años**

Expectativa de vida de las mujeres: **48.3 años**

Expectativa de vida de los blancos: **47.6 años**

Expectativa de vida de las personas de color: **33.0 años**

| 0 | 10 | 20 | 30 | 40 | 50 años |

TRANSPORTE

¡Vamos a pasear en mi automóvil!

Esto es lo que recomendaba una revista de principios del siglo XX que se debía llevar siempre en el automóvil:

1 Bomba para inflar las llantas
1 Lata de dos galones con gasolina adicional
1 Papel de lija fino
1 Hacha pequeña de mango corto
1 Cuerda de amianto
4 Latas de carne o pescado de media libra
2 Libras de chocolate dulce

BETTMANN/CORBIS

CIFRAS

EE.UU. EN ESE ENTONCES

12¢ El precio de una docena de huevos en 1910

$12 El precio de una máquina de coser en 1900

MUSEO SCHENECTADY/SALA DE LA FUNDACIÓN DE HISTORIA DE LA ELECTRICIDAD/CORBIS

$12 El boleto más barato para viajar de Italia a EE.UU. en barco a vapor en 1905

$12 Salario medio semanal (semana de 7 días/12 horas diarias) de los inmigrantes recién llegados en 1907

Los hermanos Wright

BETTMANN/CORBIS

12 segundos Tiempo en el aire del primer vuelo de los hermanos Wright en 1903

1.2 millones Número aproximado de inmigrantes que llegaron a EE.UU. en 1907

395,000 Número aproximado de inmigrantes que abandonaron Estados Unidos y regresaron a sus patrias en 1908

50¢ El precio del asiento más barato del primer Campeonato mundial de béisbol de 1903

SECCIÓN 2 El imperialismo del Pacífico

Guía de lectura

Idea principal

Estados Unidos amplió su presencia en el Pacífico para abrir bases comerciales.

Términos clave

anexión, esferas de influencia, política de puertas abiertas

Estrategia de lectura

Secuencia de información Al leer la sección, completa una cronología como la del ejemplo con acontecimientos importantes de la historia de Hawai.

1820 1842 1875 1887 1891 1898 1900

Leer para aprender

- cómo logró Estados Unidos el control de Hawai y Samoa.
- cómo llevó la competencia por la influencia sobre China y el Pacífico a la creación de nuevas políticas exteriores.

Tema de la sección

Geografía e historia Estados Unidos ejerció influencia sobre China y la zona del Pacífico.

Presentación preliminar de acontecimientos

♦1890   ♦1900   ♦1910

1893
Hacendados estadounidenses derrocan a la Reina Liliuokalani

1899
EE.UU., Gran Bretaña y Alemania se reparten Samoa

1900
Hawai pasa a ser territorio de EE.UU.

1907
La gran flota blanca comienza su viaje

UNA historia estadounidense

Mientras más estadounidenses llegaban a Honolulu, más hawaianos temían que se les estuviera acabando el tiempo. Kaona, un juez local de Honolulu, había tenido visiones de que se acercaba el fin del mundo. Cuando estallaron los volcanes y se produjeron terremotos en la isla, parecía que sus visiones se habían hecho realidad. Kaona y sus seguidores se prepararon para el final. Se vistieron con túnicas blancas y se pusieron a rezar en voz alta. Kaona tenía razón. Pronto iba a terminar el mundo que sus paisanos habían conocido.

✦Geografía

Hawai

El Secretario de Estado William H. Seward creía que Estados Unidos podía construir su imperio en Hawai y en otras regiones a través del comercio. La región del Pacífico jugaba un papel clave en el plan de Seward. En 1867 Seward adquirió dos islas pequeñas del Pacífico, en **Midway.** Pensaba que estas islas, a más de 3,000 millas (4,800 km) al oeste de California, servirían como punto importante de parada para los barcos estadounidenses en ruta a China. Pero los comerciantes estadounidenses y la marina de Estados Unidos necesitarían algo más que estas dos islitas para tener un punto de apoyo firme en la zona del Pacífico.

Las suntuosas islas de Hawai, constituidas por 8 islas grandes y unas 100 islas menores, se encuentran a 2,000 millas (3,200 km) al oeste de California. Los hawaianos vivían en comunidades independientes con su propio cacique, y vivían del cultivo y la pesca. Los barcos comerciantes y balleneros de Estados Unidos solían parar en las islas para reabastecer y cargar agua.

En la década de 1790, los estadounidenses comenzaron a comerciar con los hawaianos a cambio de recursos locales. En esa misma época, el Rey Kamehameha I unificó las islas. Los pueblos con puertos importantes como **Honolulu** y **Lahaina** comenzaron a hacerse más importantes y a tener más comercio. Pero los barcos estadounidenses y europeos también llevaron enfermedades contagiosas a las islas. Estas enfermedades devastaron la población de la isla, como había sucedido con los indígenas estadounidenses en su época.

Los misioneros y el cultivo del azúcar

En 1820, comenzaron a llegar a Hawai misioneros cristianos de EE.UU. Los misioneros establecieron escuelas, crearon un alfabeto hawaiano escrito y tradujeron la Biblia al hawaiano. También se establecieron cada vez más comerciantes balleneros estadounidenses en la zona.

Una compañía estadounidense introdujo la caña de azúcar en Hawai en la década de 1830, y los misioneros y los comerciantes comenzaron a comprar tierras y a establecer plantaciones de azúcar. La industria azucarera creció rápidamente, y los dueños de las plantaciones comenzaron a traer a inmigrantes del Japón, China y otras zonas del Pacífico para trabajar en los campos. Poco a poco, los estadounidenses se hicieron con el control de la mayor parte de la tierra y los negocios. También ejercieron influencia en la política de Hawai al actuar como consejeros de la familia gobernante. Aunque Estados Unidos reconoció la independencia de Hawai en 1842, las islas recibían cada vez más influencia de Estados Unidos.

En 1875, Estados Unidos permitió que el azúcar de Hawai entrara al país sin pagar tarifa. Las exportaciones de azúcar a los EE.UU. crecieron considerablemente y los hacendados estadounidenses se hicieron ricos. En 1887, a cambio de la renovación del tratado de comercio, Estados Unidos presionó al Rey Kalakaua para que permitiera el establecimiento de una base naval en **Pearl Harbor,** el mejor puerto marítimo de las islas.

A principios de la década de 1890, bajo presión de los azucareros estadounidenses, el Congreso revisó la ley de tarifas y eliminó la exención del azúcar de Hawai. Como consecuencia de esto, los hacendados hawaianos tuvieron que reducir los precios drásticamente para poder vender azúcar. Las exportaciones del producto a Estados Unidos bajaron considerablemente. Ante las expectativas de ruina, los hacendados tramaron qué hacer para evitar las tarifas. Decidieron que Hawai se convirtiera en territorio estadounidense.

La revuelta de los hacendados estadounidenses

Mientras tanto, los hawaianos habían comenzado a resistir la influencia estadounidense creciente. En 1891, subió al trono la Reina **Liliuokalani**. La nueva gobernadora quería que los hawaianos recuperaran el control económico de las islas y eliminó algunos de los poderes de los hacendados estadounidenses. En respuesta, los hacendados blancos derrocaron del poder a Liliuokalani y constituyeron su propio gobierno **provisional** o temporal en 1893. La reina se marchó con protestas:

La Reina Liliuokalani

❝Ahora y para evitar el enfrentamiento de fuerzas armadas y posiblemente la pérdida de vidas (. . .) abandono mi autoridad❞.

La anexión

El éxito de la revuelta de los hacendados se produjo en parte por el apoyo del jefe diplomático de Estados Unidos en Hawai, **John Stevens,** que dispuso que los marinos del barco de guerra *Boston* ayudaran en el levantamiento. Stevens reconoció inmediatamente al nuevo gobierno, que envió una delegación a Washington para lograr un tratado de anexión que incorporaría Hawai a Estados Unidos. El Presidente Benjamín Harrison firmó el tratado en los últimos días de su administración y lo envió al Senado para su aprobación.

Posesiones extranjeras de Estados Unidos, 1900

0   2,500 millas

0   2,500 kilómetros
Proyección Mercator

Posesiones de EE.UU.
con la fecha de adquisición
• Puertos abiertos al
comercio con EE.UU.

RUSIA

ASIA

CHINA

Shanghai • Nagasaki

Canton

JAPÓN

TRÓPICO DE CÁNCER

Filipinas
(1898)

Guam
(1898)

Islas Wake
(1899)

Islas Howland
(1857)

Islas Johnston
(1858)

Islas Baker
(1857)

Islas Midway
(1867)

Islas hawaianas
(1898)

Arrecife de Kingman (1858)
Atolón de Palmyra (1898)

Islas Jarvis (1857)

Samoa americana
(1899)

AUSTRALIA

OCÉANO
PACÍFICO

Alaska
(1867)

AMÉRICA
DEL NORTE

ESTADOS UNIDOS

ECUADOR

AMÉRICA
DEL SUR

TRÓPICO DE CAPRICORNIO

OCÉANO
ATLÁNTICO

EUROPA

ÁFRICA

Puerto
Rico
(1898)

60°N

30°N

0°

30°S

Habilidades geográficas

1. **Ubicación** Busca Puerto Rico, Guam y Filipinas. ¿Cuál está más lejos de Estados Unidos continental?

2. **Análisis de la información** ¿Cuándo se adquirieron las islas de Hawai?

Pero el Senado no actuó con suficiente rapidez. No pudo ratificar el tratado antes de que Harrison dejara el cargo. El nuevo presidente, **Grover Cleveland,** se opuso a la anexión y retiró el tratado del Senado cuando descubrió que los hawaianos no habían aprobado la revuelta. Cleveland dijo que la interferencia estadounidense en la revolución hawaiana había sido "vergonzosa".

Aunque la mayoría de los hawaianos y los emigrantes asiáticos de Hawai se oponían a la anexión, su oposición no contaba para nada. Un pequeño grupo de azucareros estadounidenses, comerciantes y misioneros, junto con sus aliados hawaianos y con personas influyentes de Estados Unidos tomaron la decisión final. El Congreso aprobó la anexión de Hawai en 1898, cuando llegó a la presidencia William McKinley. En 1900 Hawai se convirtió en territorio de Estados Unidos.

Las islas de Samoa

A unas 3,000 millas (4,800 km) al sur de Hawai, se encuentran las **islas de Samoa,** justo en la ruta comercial entre Australia y EE.UU. Ya en la década de 1830, los misioneros desembarcaron en Samoa y comenzaron a convertir al cristianismo a los isleños.

En 1878 Samoa aceptó dar derechos comerciales especiales a EE.UU. y permitió la construcción de una base naval en el puerto de Pago Pago. Gran Bretaña y Alemania también aseguraron sus derechos comerciales en la zona. En la década de 1880s, escalaron las tensiones entre los tres rivales por la competencia de poderes en Samoa.

En 1899, Estados Unidos, Gran Bretaña y Alemania se reunieron en Berlín y sin consultar con los samoanos, decidieron dividir las islas. Estados Unidos y Alemania se repartieron Samoa, y Gran Bretaña aceptó retirarse de la zona a cambio de derechos sobre otras islas del Pacífico. Los estadounidenses se anexionaron su parte de Samoa ese mismo año.

Comprobación de lectura **Explicación** ¿Por qué querían algunos de los hacendados que Hawai fuera territorio de EE.UU.?

China y la puerta abierta

Para los estadounidenses, las islas del Pacífico, aunque importantes en sí, representaban peldaños hacia un premio mayor: China. Hecha pedazos por facciones en guerra y por la falta de industria, China era demasiado débil como para hacer frente a los poderes extranjeros que querían explotar sus recursos y sus mercados.

Rivalidades en China

A finales de la década de 1890, Japón y los poderes europeos dominantes habían establecido **esferas de influencia** en China, en partes del país donde cada una de las naciones extranjeras gozaba de derechos y poderes especiales. Japón controlaba la isla de Formosa y partes del continente de China. Alemania controlaba la zona de Shandong en la parte centro-este de China. Gran Bretaña y Francia controlaban varias provincias chinas, y Rusia controlaba Manchuria y otras zonas del norte de China.

La puerta abierta a China

En Estados Unidos, varios líderes de gobierno y de empresa estaban preocupados de quedarse fuera del comercio lucrativo de China. Aunque Estados Unidos no podía expulsar de China a los otros poderes extranjeros, el Secretario de Estado **John Hay** quería proteger y ampliar los intereses comerciales de EE.UU. en ese país. Hay propuso una **política de puertas abiertas** bajo la que todas las naciones extranjeras podrían comerciar libremente en China en las esferas de influencia de los otros países.

La Rebelión de los Boxers

Las otras potencias no estaban muy dispuestas a aceptar una política que beneficiaría a EE.UU. más que a nadie. Pero la situación cambió rápidamente. A finales de 1899, una sociedad china secreta de artes marciales, conocida como los Boxers, inició un violento levantamiento contra los "diablos extranjeros" de China. Muchos murieron y durante casi dos meses, cientos más se vieron atrapados en la capital asediada, **Pekín.** Finalmente, en agosto de 1900, las tropas extranjeras penetraron el asedio y derrotaron a los Boxers.

De la Rebelión de los Boxers surgió otra propuesta de puertas abiertas, que destacaba la importancia de mantener la independencia de China y respetar sus fronteras. Alarmados por la rebelión, los otros poderes extranjeros aceptaron la política de Hay.

Comprobación de lectura **Análisis** ¿Cuál era el propósito de la política de puertas abiertas?

La historia *a través del arte*

Vista de Pekín después de la Rebelión Bóxer **por Yoshikazu Ichikawa** Soldados estadounidenses desfilan por la capital china después de la Rebelión Bóxer. **¿Qué política quería Estados Unidos para China?**

Japón

Deseoso de expandir su poder en Asia, Japón comenzó a ignorar la política de puertas abiertas. Las acciones de Japón llevaron a una guerra con Rusia y a un conflicto con Estados Unidos.

A principios del siglo XX, Japón y Rusia se enfrentaron por el control de Manchuria, una provincia china de ricos recursos naturales. El 8 de febrero de 1904, Japón inició un ataque sobre la flota rusa en Port Arthur, en el sur de Manchuria, comenzando así la **Guerra Ruso-japonesa.** En primavera de 1905, los recursos de Japón y de Rusia estaban casi agotados, y los dos países querían hacer las paces.

El Tratado de Portsmouth

El Presidente Theodore Roosevelt se ofreció a reunirse con los líderes de los dos países en Postmouth, New Hampshire, para ayudar a resolver el conflicto. En Septiembre de 1905, Japón y Rusia firmaron el **Tratado de Portsmouth,** que reconocía el control de Japón sobre Corea a cambio de la promesa japonesa de detener su expansión.

Roosevelt esperaba que el tratado ayudara a mantener el equilibrio de poderes en Asia, pero no fue así. Japón se convirtió en la mayor potencia naval del pacífico, y retó a Estados Unidos por la influencia sobre la región. Las relaciones entre los dos países se deterioraron cada vez más.

Relaciones tirantes

Durante la Guerra Ruso-japonesa aumentó la inmigración japonesa a Estados Unidos, especialmente a California. Muchos estadounidenses se mostraban resentidos con los japoneses recién llegados, diciendo que les quitaban sus trabajos.

Como has leído en el capítulo 21, el Departamento de Educación de San Francisco ordenó en 1906 que todos los estudiantes asiáticos fueran a escuelas diferentes. El gobierno japonés protestó. Un tratado de 1894 había garantizado que los japoneses que vivían en Estados Unidos fueran bien tratados. Los japoneses sintieron que el tratado se había roto.

El Presidente Roosevelt obligó al Departamento de Educación de San Francisco a cambiar sus normas. A cambio de ello, Roosevelt convenció a Japón para que firmara un acuerdo, prometiendo restringir la emigración. Los japoneses resintieron el acuerdo y las relaciones entre los dos países empeoraron. Algunos estadounidenses querían la guerra.

Aunque el Presidente Roosevelt no tenía planes de guerra, en 1907, organizó un crucero internacional de 16 buques de guerra blancos relucientes, para exhibir el poder naval del país. La **"Gran flota blanca"** impresionó notablemente a los japoneses. En 1909, EE.UU. y Japón habían resuelto muchas de sus diferencias.

✔️**Comprobación de lectura** **Identificación** ¿Quién se ofreció a ayudar a resolver la Guerra Ruso-japonesa?

EVALUACIÓN DE LA SECCIÓN 2

Verificación de comprensión

1. **Términos clave** Usa cada uno de los términos clave en oraciones que ayuden a explicar su significado: anexión, esferas de influencia, política de puertas abiertas.
2. **Repaso de hechos** Nombra tres islas del Pacífico adquiridas por Estados Unidos a finales del siglo XIX y comienzos del siglo XX.

Repaso de temas

3. **Geografía e historia** ¿Por qué tenían interés en las islas del Pacífico los líderes políticos estadounidenses del siglo XIX?

Pensamiento crítico

4. **Inferencias** ¿Por qué crees que Roosevelt consideró el crucero de la Gran flota blanca "su mayor servicio a la paz"?
5. **Determinación de causa y efecto** Recrea el siguiente diagrama con una lista de causas y efectos de la Rebelión Bóxer.

Causa: → **Rebelión Bóxer** → Efecto: / Efecto:

Análisis de material visual

6. **Habilidades geográficas** Estudia el mapa de la página 646. ¿Qué región geográfica del mundo es el centro del mapa? ¿Qué isla está más al oeste de Hawai, Baker Island o Wake Island?

Actividad interdisciplinaria

Ciencia Busca información sobre el proceso por el que la caña de azúcar se transforma en el azúcar refinado de los supermercados. Traza los pasos del proceso en un gráfico.

La Guerra Hispanoamericana

Guía de lectura

Idea principal

La Guerra Hispanoamericana surgió de acontecimientos en Cuba, donde la gente se oponía al dominio de España.

Términos clave

prensa amarilla, armisticio, protectorado

Estrategia de lectura

Análisis de la información Al leer la sección completa un cuadro como éste y anota dos razones de la guerra de Estados Unidos por Cuba.

Guerra

Leer para aprender

- por qué comenzó la Guerra Hispanoamericana.
- cómo aumentó el papel internacional de Estados Unidos después de esta guerra.

Tema de la sección

Continuidad y cambio A través de la Guerra Hispanoamericana, Estados Unidos tomó control de otro territorio.

Presentación preliminar de acontecimientos

◆1894	◆1896	◆1898	◆1900
1895 José Martí encabeza una revuelta en Cuba	**1897** William McKinley llega a la presidencia	**1898** Explota el *Maine*; comienza la Guerra Hispanoamericana	**1900** La Ley Foraker establece un nuevo gobierno en Puerto Rico

UNA
historia estadounidense

Los afroamericanos habían luchado en el ejército desde la época colonial. El grupo de los soldados Búfalo, denominados así por sus enemigos apache y cheyenne por su valentía y su capacidad de lucha, también respondieron a la llamada a las armas de la Guerra Hispanoamericana. En primera línea de batalla, el 9° y 10° regimiento de caballería, con valientes soldados como Charles Young fueron a la carga con el Coronel Teddy Roosevelt y sus Rough Riders en la Colina de San Juan.

La Rebelión Cubana

Los cubanos habían vivido durante siglos bajo dominio español. Se habían rebelado varias veces a finales del siglo XIX, pero siempre perdían ante los españoles, que destrozaban sus sueños de independencia. **José Martí,** uno de los héroes del movimiento de la independencia cubana, huyó a Estados Unidos a recoger dinero, armas y tropas. En 1895, con el empeoramiento de la situación económica cubana, Martí regresó a Cuba para encabezar una nueva revuelta.

La revolución de Martí causó pérdidas terribles de vida y de propiedad. Los rebeldes quemaron plantaciones de azúcar y destruyeron edificios para forzar a los españoles a huir. En respuesta, las tropas españolas enviaron a los cubanos a campos para separarlos de los rebeldes y destruirles la moral. Miles de cubanos murieron de hambre y enfermedades.

Fiebre de guerra

La lucha de los cubanos contra España atrajo la simpatía de Estados Unidos. Los hombres de negocios se preocupaban de la destrucción del comercio y de la pérdida de sus inversiones en Cuba. Los gobernantes temían la presencia de una rebelión tan cerca de Estados Unidos. Muchos estadounidenses estaban horrorizados por las atrocidades que se estaban cometiendo contra los cubanos, y querían que el gobierno hiciera algo.

El Presidente Grover Cleveland se había opuesto a la intervención de EE.UU. en Cuba. En marzo de 1897, subió a la presidencia **William McKinley**. McKinley también esperaba que el conflicto se resolviera pacíficamente.

La prensa estadounidense informaba sobre la tragedia de Cuba con todo detalle, y su cobertura intensificó el debate sobre el papel de EE.UU. en la crisis. Los periódicos, incluyendo el *World* de **Joseph Pulitzer** y el *Journal* de **William Randolph Hearst** competían por dar informes estremecedores sobre la revolución. Cuentan que Hearst le dijo a un artista que ilustraba la Guerra de Cuba, "Tú haz los dibujos y yo haré la guerra". Este tipo de periodismo sensacionalista, lleno de prejuicios, y muchas veces, falso, que se conoce como la prensa amarilla tuvo un papel importante al echar leña al fuego del sentimiento de Estados Unidos a favor de la guerra. 📖 *(Ver la página 973 para leer un artículo sobre la lucha de Cuba).*

"Recuerden El *Maine*"

La presión sobre el Presidente McKinley para que hiciera algo era cada vez mayor. Cuando en enero de 1898 estalló la revuelta en La Habana, la capital de Cuba, McKinley envió el buque de guerra *Maine* para proteger a los ciudadanos estadounidenses y sus propiedades.

El barco permaneció anclado en el puerto de la Habana por tres semanas. Después, la noche del 15 de febrero de 1898, una enorme explosión destrozó El *Maine*. Unos 260 oficiales y miembros de la tripulación murieron en la explosión. Los periódicos de EE.UU. culparon inmediatamente a los españoles, y el grito de **"Recuerden El *Maine*"** se convirtió en una llamada a la venganza. España negó la responsabilidad de la explosión. Mucho tiempo después, las pruebas indicaron que la explosión posiblemente había sido accidental, pero en aquel entonces, los estadounidenses reclamaron la guerra con España.

Tras el incidente de El *Maine*, el Presidente McKinley envió a los españoles una carta exigiendo la tregua y el fin de la brutalidad contra los cubanos. Los españoles aceptaron algunas de las demandas de EE.UU., pero no lo suficiente como para satisfacer a McKinley o al Congreso. El 19 de abril, el Congreso reconoció la independencia de Cuba, exigió la retirada de las fuerzas españolas y autorizó al presidente a utilizar el ejército y la marina de guerra para hacer valer las demandas de EE.UU. El 25 de abril de 1898, el Congreso declaró la guerra a España.

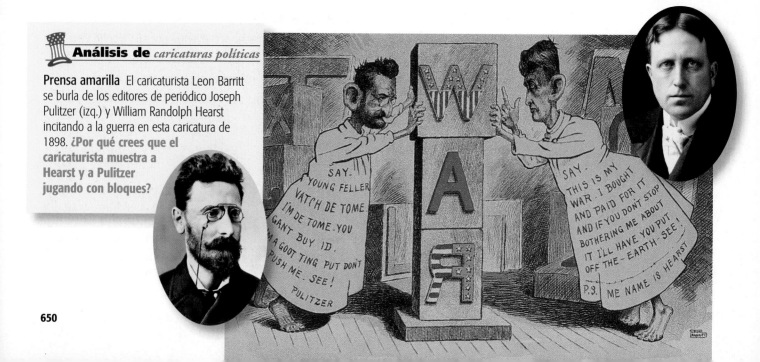

Análisis de *caricaturas políticas*

Prensa amarilla El caricaturista Leon Barritt se burla de los editores de periódico Joseph Pulitzer (izq.) y William Randolph Hearst incitando a la guerra en esta caricatura de 1898. ¿Por qué crees que el caricaturista muestra a Hearst y a Pulitzer jugando con bloques?

La Guerra Hispanoamericana

Fuerzas de EE.UU.

Fuerzas españolas

Bloqueo de la marina de guerra de EE.UU.

Batalla

El Caribe

Proyección cónica equivalente de Albers

Las Filipinas

Proyección cilíndrica de Miller

Habilidades geográficas

Tropas estadounidenses navegaron desde Tampa, Florida, hasta el sur de Cuba en junio de 1898. El Almirante Dewey ya había salido de Hong Kong rumbo a Manila.

1. **Movimiento** Según los dos mapas, ¿en qué lugar se produjo la mayor parte de los combates?
2. **Análisis de la información** ¿En qué dos islas del Caribe desembarcaron las fuerzas de Estados Unidos?

La Guerra de Filipinas

Aunque los acontecimientos de Cuba provocaron la Guerra Hispanoamericana, las primeras acciones militares tuvieron lugar a miles de millas, en la colonia española de **Filipinas.** Estas islas eran base de parte de la flota española. A finales de febrero de 1898, el Secretario Adjunto de la Marina de Guerra, **Theodore Roosevelt,** había avisado al Comodoro **George Dewey** y a su escuadrón que se prepararan para la acción en Filipinas, "en caso que se declarara la guerra". La madrugada del 1 de mayo, Dewey lanzó un ataque sorpresa contra la flota española en la Bahía de Manila, que destruyó casi todos sus barcos.

Las tropas estadounidenses llegaron en julio. Con ayuda de los rebeldes filipinos, encabezados por **Emilio Aguinaldo,** los estadounidenses tomaron Manila. Al igual que en Cuba, los rebeldes filipinos habían luchado durante años por independizarse de España. Con armas proporcionadas por Estados Unidos, los rebeldes se hicieron con la isla principal de **Luzon,** declararon la independencia y crearon una república democrática. Los rebeldes esperaban que Estados Unidos apoyara su independencia, Pero Estados Unidos debatía qué hacer con las islas.

La lucha de Cuba

Mientras tanto, el 19 de mayo, en el Caribe, la flota española había entrado al puerto de **Santiago** en la costa sudeste de Cuba. Varios días después, la marina de guerra estadounidense bloqueaba la costa, atrapando a los españoles en el puerto.

Las fuerzas estadounidenses de tierra, compuestas por unos 17,000 soldados, un cuarto de ellos afroamericanos, desembarcaron cerca de la ciudad de Santiago. Los estadounidenses, mal equipados y sin experiencia, desembarcaron mientras las fuerzas del general cubano Calixto García hacían frente a los soldados españoles. Cuando avanzaban las tropas cubanas y estadounidenses, el Sargento Mayor Frank W. Pullen, Jr. escribió que se encontraron con "una tormenta perfecta de balas que, gracias a la mala puntería de los españoles, 'daban alto'". La lucha fue dura.

Personajes históricos

Theodore Roosevelt 1858–1919

Theodore Roosevelt no sólo fue el 26° presidente de Estados Unidos, sino también escritor, historiador, explorador, soldado, conservacionista y ranchero. Su vida se caracterizaba por la actividad constante, gran energía y muchos logros.

Batallando mala salud desde niño, Theodore Roosevelt comenzó a hacer ejercicio y a ganar fuerza y un amor por el aire libre que le acompañó toda la vida.

Tras servir en la Asamblea del Estado de Nueva York, Roosevelt se trasladó al Oeste en 1883, donde se dedicó a la caza y tuvo un rancho de ganado. Escribió varios libros sobre la vida del Oeste basándose en estas experiencias.

Roosevelt adquirió experiencia política trabajando para la reforma a nivel local y nacional. En 1897 fue nominado Secretario Adjunto de la Marina y ayudó a preparar a la armada para la guerra contra España. Cuando estalló la guerra en 1898, abandonó su puesto y ayudó a organizar los "Rough Riders". Roosevelt regresó a casa como héroe de guerra, y fue elegido gobernador de Nueva York en 1898. Dos años más tarde fue elegido como vicepresidente de McKinley. Con el asesinato del Presidente McKinley en 1901, Roosevelt se convirtió en presidente.

Los Rough Riders

Theodore Roosevelt abandonó el puesto de secretario adjunto de la marina de guerra para luchar en Cuba. Roosevelt condujo el primer regimiento de voluntarios de caballería de EE.UU., un grupo variado de antiguos vaqueros y estudiantes universitarios, conocido popularmente como los **Rough Riders.** El 1 de julio, los Rough Riders junto con los soldados afroamericansos del 9° y 10° regimiento de caballería, lucharon en la **Batalla de la Colina de San Juan.** "Agité el sombrero y subimos la colina rápidamente", escribía más tarde Roosevelt.

Los estadounidenses tomaron la Colina de San Juan tras intensa batalla. Dos días más tarde, la flota española intentó salir de Santiago. En una batalla de unas cuatro horas, la flota española quedó totalmente destruida. La derrota acabó con la resistencia española en Cuba.

Estados Unidos puso su atención entonces en la colonia española de **Puerto Rico,** al este de Cuba. Las tropas estadounidenses desembarcaron en Puerto Rico a finales de julio y tomarona la isla rápidamente. El 12 de agosto, los españoles firmaron un armisticio, un tratado de paz que terminaba la guerra.

"Una espléndida guerrita"

El Secretario de Estado John Hay dijo que la Guerra Hispanoamericana había sido "una espléndida guerrita". La guerra duró menos de cuatro meses y unos 400 estadounidenses murieron en batalla o de las heridas recibidas en la lucha.

Pero la guerra había tenido otros aspectos que no eran tan "espléndidos". Más de 2,000 estadounidenses murieron de enfermedades como la fiebre amarilla, malaria y otras enfermedades tropicales. Los afroamericanos que habían servido se encontraron con la carga adicional de la discriminación. Al prestar servicio en unidades segregadas, los afroamericanos lucharon junto al ejército rebelde cubano, en el que tropas de blancos y negros luchaban como iguales.

Comprobación de lectura **Explicación** ¿Por qué ayudaron los rebeldes filipinos a EE.UU. a luchar contra España?

Adquisiciones

Estados Unidos y España firmaron el Tratado de París el 10 de diciembre de 1898, poniendo fin a la guerra oficialmente. El tratado disolvió la mayor

652 CAPÍTULO 22 Expansión en el extranjero

parte del imperio español. Cuba se convirtió en un protectorado estadounidense, es decir, en un país técnicamente independiente pero controlado realmente por otro. Puerto Rico y la isla del Pacífico de **Guam** se convirtieron en territorios de Estados Unidos. España también cedió Filipinas a Estados Unidos a cambio de $20 millones. El imperio estadounidense se había hecho realidad y con ello surgían nuevas responsabilidades.

El protectorado de Cuba

Los estadounidenses debatían qué hacer con Cuba. Muchos líderes del congreso pensaban que los cubanos no estaban listos para el autogobierno. Los hombres de negocios estadounidenses pensaban que si abandonaban Cuba podría debilitarse su estabilidad política y poner en riesgo los intereses de EE.UU. en ese país.

Las tropas estadounidenses permanecieron en Cuba mientras decidía el Congreso. Finalmente, en 1901, Estados Unidos aceptó dar a Cuba la independencia total pero sólo si incluía en su nueva constitución cláusulas que dieran ciertos derechos a Estados Unidos. Conocido como la **Enmienda Platt,** este conjunto de cláusulas prohibía a Cuba hacer tratados con otras naciones y daba a EE.UU. control sobre la base naval de la Bahía de Guantánamo. La Enmienda Platt también daba derecho a EE.UU. a intervenir en los asuntos cubanos si se veía amenazada la independencia del país.

El nuevo gobierno de Puerto Rico

Después de la guerra, Puerto Rico permaneció bajo control directo del ejército. En 1900, Estados Unidos estableció un nuevo gobierno en Puerto Rico bajo la **Ley Foraker.** El gobierno estadounidense controlaba la nueva administración. En 1917, la Ley Jones convirtió Puerto Rico en territorio de Estados Unidos y concedió la ciudadanía estadounidenses a todos los puertorriqueños. Pero muchos de ellos aún querían la independencia.

DOS PUNTOS DE VISTA

¿Debería tomar las Filipinas Estados Unidos?

A finales del siglo XIX, Estados Unidos amplió sus poderes con la adquisición de Puerto Rico, Hawai y muchas islas del Pacífico, entre otras, las Filipinas. Aunque algunos estadounidenses aplaudían estas adiciones, otros condenaban sus ideales.

El Presidente William McKinley comunica su decisión de anexionar las Filipinas, 1899

Caminé por los pasillos de la Casa Blanca muchas noches hasta la media noche, y no me avergüenza decirles, caballeros, que en más de una ocasión me arrodillé a rezar a Dios todopoderoso para obtener iluminación y guía sobre este tema. Y una noche, me vino la respuesta, no sé cómo, pero me vino. (. . .) [Q]ue no nos quedaba más por hacer que tomarlos, educar a los filipinos, civilizarlos y convertirlos al cristianismo, y por la gracia de Dios, hacerlo lo mejor que podamos, como nuestros hermanos por quienes Cristo murió también. Y luego, me acosté y me quedé dormido profundamente y a la mañana siguiente, mandé llamar al jefe del Departamento de Guerra (el que hace los mapas) y le dije que pusiera Filipinas en el mapa de Estados Unidos [señalando un mapa grande que había en la pared de su despacho], y ahí están, ¡y ahí estarán mientras yo sea presidente!

El Presidente McKinley

Plataforma de la Liga AntiImperialista, 1900

Mantenemos que la política del imperialismo es hostil a la libertad y tiende hacia el militarismo, un mal del que por gloria hemos escapado. Lamentamos que haya sido necesario en la tierra de Washington y Lincoln reafirmar que todos los hombres, sean de la raza o el color que sean, tienen derecho a la vida, la libertad y la búsqueda de la felicidad. Defendemos que los gobiernos derivan poderes justos del consentimiento de los gobernados. Insistimos que la subyugación [conquista y control] de otros pueblos es una "agresión criminal." . . .

Lecciones de la historia

1. ¿Por qué decidió tomar Filipinas el Presidente McKinley?
2. ¿Por qué condenó la Liga Anti-Imperialista la acción de McKinley?
3. ¿Cuál crees tú que consideraba cada lado que era la misión de Estados Unidos en esa época?

La adquisición de Filipinas

Estados Unidos había adquirido posesión de Filipinas en el tratado que puso fin a la Guerra Hispanoamericana. Pero la adquisición de Filipinas suscitó un intenso debate.

En la década de 1890, algunos **anti-imperialistas** se habían opuesto al entusiasmo estadounidense por la expansión y la Guerra Hispanoamericana. Después de la guerra, los anti-imperialistas lucharon por la aprobación del tratado. Algunos decían que el dominio estadounidense de Filipinas contradecía los principios sobre los que se había fundado EE.UU. Otros se oponían al ejército permanente que sería necesario para controlar Filipinas. Y otros temían la competencia de los trabajadores filipinos.

Muchos estadounidenses, incluyendo Carl Schurz, Andrew Carnegie y Mark Twain se unieron a la campaña antiimperialista. Pero los imperialistas, al frente de los cuales estaban los senadores Henry Cabot Lodge y Albert Beveridge, acabaron ganando. El Senado ratificó el Tratado de París el 6 de febrero de 1899.

En febrero de 1899, las tropas de Emilio Aguinaldo comenzaron a luchar por la independencia. El conflicto se convirtió en una empresa gigantesca para los EE.UU. Más de 4,000 estadounidenses murieron en la guerra. Los filipinos sufrieron aún más pérdidas, al menos unas 200,000 víctimas mortales entre soldados y civiles.

Hecho Ficción Folklore

Puerto Rico

Puerto Rico tiene su propia constitución. Puerto Rico recibió el título de estado libre asociado en 1952. Esto significa que es territorio de Estados Unidos pero que se gobierna por su propia constitución. Aunque son ciudadanos, los puerrtoriqueños no pagan impuestos federales y no pueden votar para presidente. Muchos puertorriqueños han emigrado a Estados Unidos continental, cosa que, como ciudadanos, pueden hacer libremente.

Cuando apresaron a Aguinaldo en marzo de 1901, se rindieron muchos soldados y oficiales filipinos. Otros se negaron a abandonar, aún cuando Aguinaldo les pedía que dejaran de luchar.

En verano de 1901, EE.UU. transfirió la autoridad de Filipinas del ejército a un gobierno civil encabezado por **William Howard Taft.** Taft quería preparar las islas para el autodominio, pero Filipinas no obtuvo la independencia total hasta 1946.

✓ Comprobación de lectura **Descripción** ¿Qué es un protectorado?

EVALUACIÓN DE LA SECCIÓN 3

Verificación de comprensión

1. **Términos clave** Escribe un artículo de periódico de una página sobre los acontecimientos de la Guerra Hispanoamericana. Utiliza en tu artículo los siguientes términos: **prensa amarilla, armisticio, protectorado.**

2. **Repaso de hechos** Resume cómo influyó la prensa amarilla sobre el punto de vista de los estadounidenses en la declaración de guerra a España.

Repaso de temas

3. **Continuidad y cambio** ¿Cómo gobernó Estados Unidos Puerto Rico y Filipinas?

Pensamiento crítico

4. **Conclusiones** ¿Crees que EE.UU. debió haber tomado control permanente de Cuba y hacerla parte de su imperio? ¿Por qué sí o no?

5. **Análisis de la información** Recrea el siguiente diagrama y anota las razones por las que algunos estadounidenses se oponían a que EE.UU. tomara posesión de Filipinas.

Oposición

Análisis de material visual

6. **Habilidades geográficas** Estudia los mapas de guerra de la página 651. ¿Cerca de qué ciudad cubana ocurrió la Batalla de la Colina de San Juan?

Actividad interdisciplinaria

Redacción explicativa Escribe un informe de noticias de 45 segundos para convencer a los televidentes que deberían presionar a Estados Unidos para participar en la guerra de España por Cuba. Sé lo más persuasivo que puedas. Presenta el informe a tus compañeros.

Desarrollo de presentaciones en multimedia

¿Por qué desarrollar esta habilidad?

Si quieres presentar un informe de investigación a tus compañeros y quieres ganarte su atención, ¿cómo lo haces? Tu presentación puede ser atractiva si utilizas varios medios.

Desarrollo de la habilidad

Básicamente, las presentaciones en multimedia requieren el uso de varios medios. Por ejemplo, para hablar de la vida en Filipinas, puedes mostrar fotografías del país, también puedes poner música o grabaciones de su idioma, o presentar un video de los filipinos trabajando y divirtiéndose.

También puedes crear una presentación en multimedia en la computadora. Multimedia, en lo que concierne a las computadoras, es la combinación de texto, video, sonido y animación en un mismo programa.

Para crear producciones o presentaciones en multimedia en la computadora necesitas varias herramientas. Puedes utilizar programas gráficos tradicionales, programas de animación que hacen que se muevan las imágenes y sistemas de autoría que permiten combinar todo. El manual de la computadora te indica las herramientas que puedes usar.

Práctica de la habilidad

Este capítulo trata de la expansión de Estados Unidos en el extranjero a finales del siglo XIX y principios del XX. Hazte preguntas como las siguientes para crear una presentación en multimedia sobre la gente, la política y la industria de esa época:

- ¿Qué medios quiero incluir? ¿Video? ¿Sonido? ¿Animación? ¿Fotografías? ¿Gráficos? ¿Otros?
- ¿Cuáles de estos medios soporta mi computadora?
- ¿Qué programas de software o qué sistemas necesito? ¿Un programa de pintura? ¿Un programa de dibujo? ¿Un programa de animación? ¿Un programa para crear comunicación interactiva o entre varias personas? ¿Un sistema de autoría que me permita cambiar las imágenes, el sonido y el movimiento?
- ¿Hay algún programa "completo" que pueda utilizar para crear la presentación que quiero?

Desarrollo de presentaciones en multimedia

Teniendo en cuenta las cuatro pautas dadas anteriormente, escribe un plan de desarrollo de una presentación en multimedia que te gustaría preparar. Indica las herramientas que necesitas y los pasos que debes tomar para que la presentación se haga realidad.

Políticas latinoamericanas

Guía de lectura

Idea principal

Después de la Guerra Hispano-americana, Estados Unidos intentó extender su influencia política y económica en Latinoamérica.

Términos clave

istmo, anarquía, diplomacia del dólar

Estrategia de lectura

Organización de la información Al leer la sección, recrea el siguiente diagrama y describe estas políticas.

	Descripción
El Corolario de Roosevelt	
La diplomacia del dólar	
La diplomacia de la moralidad	

Leer para aprender

- lo que dio forma a las políticas que EE.UU. siguió en Latinoamérica.
- dónde y cómo intervino Estados Unidos en Latinoamérica.

Tema de la sección

Conexiones mundiales Las inversiones estadounidenses en Latinoamérica crecieron a principios del siglo XX.

Presentación preliminar de acontecimientos

◆1900   ◆1910   ◆1920

1904
Se publica el Corolario de Roosevelt

1911
Estalla la revolución en México

1914
Se inaugura el Canal de Panamá

1916
Francisco "Pancho" Villa inicia la revuelta en México

UNA
historia estadounidense

El 15 de agosto de 1914, ocurrió algo que se describió como la "mayor libertad que se ha tomado el hombre con la naturaleza". Ese día, cruzó el Canal de Panamá el primer barco, el *Ancon,* en el canal recién construido. Pero el mundo casi no se dio cuenta. La mayoría de los ojos estaban fijos sobre Europa, donde comenzaba la Primera Guerra Mundial. Mientras el barco pasaba las palabras del gran sello del Canal de Panamá LA TIERRA DIVIDIDA, EL MUNDO UNIDO, el mundo se preparaba para deshacerse en pedazos.

Panamá

Los estadounidenses y los europeos habían soñado con construir un canal que cruzara Centroamérica conectando el Atlántico y el Pacífico, eliminando así el largo y peligroso viaje por mar alrededor de América del Sur. Ahora que Estados Unidos controlaba territorios en los dos océanos, un canal que facilitara el acceso a los territorios de EE.UU. en el extranjero era cada vez más importante.

En 1879, una compañía francesa había adquirido un contrato de arrendamiento del gobierno de Colombia para construir un canal que cruzara su provincia de

Panamá. Panamá era un istmo, una franja estrecha de tierra que conectaba dos áreas de tierra más grande, de unas 50 millas (80 km) de ancho. Incrustada entre el Caribe y el Pacífico, Panamá parecía el lugar perfecto para el canal.

Los intentos franceses de construir un canal fallaron, y en 1901 EE.UU. compró el contrato a los franceses por $40 millones. En 1903, el Secretario de Estado John Hay negoció un tratado con Colombia que concedía a Estados Unidos un contrato de arrendamiento de 99 años sobre la franja de tierra que cruzaba Panamá a cambio de un pago de $10 millones y la renta anual de $250,000.

En Colombia, la oposición al precio bajo que ofrecía Estados Unidos llevó a que el Senado rechazara el tratado. Enfadado, el Presidente Roosevelt llamó "bandidos" a los colombianos que habían rechazado el tratado. Roosevelt pensaba que el canal era vital para la defensa nacional de Estados Unidos.

La Revolución de Panamá

Roosevelt comenzó a buscar otros medios de conseguir la tierra del canal, y escribió que "le encantaría que Panamá fuera un estado independiente". Los panameños habían hecho revueltas contra Colombia en el pasado, pero nunca con éxito. Pero esta vez, los panameños tenían razones para creer que Estados Unidos los apoyaría en una revuelta contra Colombia.

El 2 de noviembre de 1903, el buque de guerra estadounidense *Nashville* entró al puerto de Colón en la costa caribeña de Panamá. Animados por esta demostración de apoyo, los panameños organizaron una revuelta al día siguiente y declararon su independencia. Cuando Colombia envió fuerzas a detener la revuelta, Estados Unidos intervino e hizo que regresaran.

El Canal de Panamá

Estados Unidos reconoció la independencia de Panamá el 6 de noviembre. Menos de dos semanas después, Hay firmó un tratado con la nueva nación de Panamá. El tratado daba a EE.UU. una franja de 10 millas (16 km) de tierra que atravesaba el país, por la misma cantidad que había ofrecido antes a Colombia. Estados Unidos poseía ahora tierra para construir el canal. Las acciones de Roosevelt en Panamá enojaron a muchos latinoamericanos, algunos miembros del Congreso y a otros estadounidenses. Pero el presidente estaba orgullosos de su logro. "Yo tomé la zona del canal y dejé que el Congreso debatiera" dijo más tarde, "y mientras seguía el debate, el canal también".

Estados Unidos podía ahora comenzar a trabajar en el canal, una empresa nada fácil. Los trabajadores padecen de enfermedades. Un escritor inglés describía Panamá como una "selva tropical húmeda, muy caliente y llena de mosquitos". Los mosquitos eran portadores de

La historia *a través del arte*

Trenes de trabajadores, Miraflores por Alson Skinner Clark La construcción del Canal de Panamá fue un tributo a la destreza de los ingenieros estadounidenses. Este sello conmemora el vigésimoquinto aniversario del canal. **¿Qué retos encontraron los ingenieros estadounidenses al construir el canal?**

dos enfermedades mortales: fiebre amarilla y malaria.

El Coronel **William Gorgas,** un médico del ejército que había ayudado a eliminar la fiebre amarilla en Cuba fue a Panamá para luchar contra la enfermedad. Gorgas indicó a los trabajadores que secaran los pantanos, utilizaran insecticidas, llenaran de aceite las zonas de agua estancada y cortaran la hierba de los pantanos para destruir el hábitat de los mosquitos. En 1906, estas medidas habían eliminado la fiebre amarilla y habían reducido considerablemente los casos de malaria. Sin controlar la enfermedad, Estados Unidos no hubiera podido construir el canal.

El Canal de Panamá se consideró una de las grandes hazañas de ingeniería de su tiempo. Miles de trabajadores se esforzaron para excavar el canal en medio de la selva y por encima de las montañas. Excavaron grandes cantidades de tierra y roca que utilizaron para construir una represa. Crearon un lago grande y construyeron esclusas gigantescas para subir y bajar los barcos entre el nivel del mar y las montañas, hasta cruzar al otro lado del istmo.

La gran apertura

El Canal de Panamá se inauguró el 15 de agosto de 1914, y un barco de carga, el *Ancon,* hizo el primer recorrido por el canal. Un gran éxito desde el principio, el canal redujo los gastos de envío al eliminar más de 7,000 millas del viaje de Nueva York a San Francisco. El canal también ayudó a extender el poder naval de Estados Unidos al permitir que la flota estadounidense cruzara libremente del Atlántico al Pacífico.

A la larga, el canal garantizó la fuerte presencia de EE.UU. en Latinoamérica, donde Estados Unidos tenía ahora una valiosa propiedad que proteger. Pero muchos latinoamericanos no aceptaron la forma de adquisición de la zona del Canal. Este resentimiento amargó las relaciones entre EE.UU. y Latinoamérica durante muchos años.

Comprobación de lectura **Análisis** ¿Por qué se eligió Panamá para el lugar del canal que conectaría el Atlántico y el Pacífico?

Controlando el Hemisferio Occidental

El Presidente Roosevelt citaba muchas veces el proverbio africano de "Habla con suavidad, pero lleva contigo un palo grande". Roosevelt pensaba que Estados Unidos debía responder a las crisis en el extranjero con acciones militares y no con amenazas. Roosevelt se hizo famoso por su enfoque del "palo grande" en cuestiones de política exterior. Estados Unidos debe ejercer "un poder policíaco internacional", decía, para mantener el orden y evitar que el mundo caiga en la anarquía el desorden y la falta de leyes.

El Corolario de Roosevelt

Roosevelt temía que la inestabilidad del Caribe hiciera que intervinieran las potencias europeas. Dos incidentes confirmaron sus temores. En 1902, cuando Venezuela no pudo pagar sus préstamos, las naciones europeas interpusieron un bloqueo. Al año siguiente, la revolución de la República Dominicana derrocó al gobierno y dio lugar a preocupaciones de que las potencias europeas intervinieran para proteger sus intereses económicos en la zona.

El presidente respondió en 1904 a estos incidentes afirmando el derecho de Estados Unidos a actuar como "policía" de Latinoamérica, interviniendo "aun sin ganas (. . .) en casos de injusticia". Esta política, conocida como el **Corolario de Roosevelt,** era una anexo a la Doctrina Monroe. Hasta ese momento, Estados Unidos había utilizado la Doctrina Monroe sólo para prevenir la intervención de Europa en Latinoamérica. Pero bajo el Corolario de Roosevelt, Estados Unidos podía ahora intervenir en acontecimientos de los países latinoamericanos cuando hubiera inestabilidad en los mismos.

Estados Unidos aplicó por primera vez el Corolario de Roosevelt en 1905, cuando tomó control sobre las finanzas de la República Dominicana. Este acuerdo continuó durante más de 30 años. Estados Unidos volvió a utilizar esta política en 1906, cuando envió tropas a Cuba para detener la revolución.

La diplomacia del dólar

Theodore Roosevelt veía el poder estadounidense en términos militares principalmente. Su sucesor a la Casa Blanca, William Howard Taft, tomó otro enfoque. Taft esperaba modificar la política exterior de Estados Unidos "cambiando las balas por dólares".

El Presidente Taft estaba dispuesto a intervenir en otros países cuando se vieran amenazados los intereses de los negocios de los estadounidenses.

Taft creía que las inversiones estadounidenses llevarían estabilidad a las zonas con problemas del mundo, así como también beneficios y poderes para Estados Unidos, sin necesidad de fuerza. La política de Taft de vincular los intereses de los negocios estadounidenses con los intereses diplomáticos en el extranjero se conoce como la diplomacia del dólar. Esta política puso en marcha algunos efectos positivos.

Motivadas por la diplomacia del dólar, las inversiones de EE.UU. en Latinoamérica crecieron a principios del siglo XX. Las inversiones estadounidenses ayudaron a construir carreteras, ferrocarriles y puertos que estimularon el comercio y beneficiaron a EE.UU. y a los países latinoamericanos.

Análisis de *caricaturas políticas*

El Tío Sam es el nombre del personaje que se utiliza normalmente para representar a Estados Unidos en las caricaturas políticas. En esta caricatura, el Tío Sam utiliza la Doctrina Monroe para advertir a los líderes de Europa que no interfieran en los asuntos de Latinoamérica. **¿Cómo reaccionan los líderes europeos ante el Tío Sam?**

A Líderes europeos   **B** El Tío Sam   **C** Latinoamérica

Personajes históricos

Jovita Idar 1885-1946

En su labor de maestra y periodista, Jovita Idar lideró la causa de la igualdad de derechos para los mexicoamericanos. Nacida en Laredo, Texas, Jovita Idar creció en una familia que dedicó sus habilidades a la causa. Su padre, Clemente Idar, formó sindicatos y escribió contra la injusticia social en su periódico *La Crónica*.

En 1910 y 1911, Jovita y su padre escribieron una serie de artículos sobre la discriminación y la violencia contra los mexicoamericanos en el sur de Texas. Pidiendo ayuda del gobierno mexicano y del gobierno estadounidense, el periódico de Idar exigía la igualdad de tratamiento de los estudiantes mexicoamericanos y los mexicoamericanos en el sistema judicial.

Durante la Revolución Mexicana de 1910, Jovita ayudó a organizar la Cruz Blanca para ayudar a atender a los heridos de ambos bandos.

Jovita también tuvo un papel instrumental en la formación de la liga de Mujeres Mexicanas. Jovita fue la primera presidenta de la liga y trabajó por la educación de los estudiantes mexicoamericanos. Esta organización también dio comida y ropa a los necesitados de la comunidad.

La diplomacia del dólar también dio un papel más fuerte a Estados Unidos en el extranjero. Las grandes empresas estadounidenses lograron poder en Latinoamérica y controlaron la política de algunos de los países de la región. Además, cuando los intereses estadounidenses estaban en peligro, se producía la intervención militar. En 1912, cuando la revolución de Nicaragua amenazó los intereses comerciales de EE.UU., éste envió rápidamente soldados de marina a restablecer la paz. Tales interferencias llevaron al aumento de los sentimientos anti-EE.UU. en toda Latinoamérica.

Las relaciones con México

A principios del siglo XX, México era un país pobre controlado por un pequeño grupo de ricos terratenientes. Los inversionistas estadounidenses habían invertido millones de dólares en pozos de petróleo mexicanos y otros negocios. Luego, en 1910, México entró en un período histórico turbulento, que amenazó las inversiones estadounidenses, reveló la debilidad de la diplomacia del dólar, y llevó a la intervención militar de Estados Unidos.

En 1911, un reformista popular mexicano, **Francisco Madero** encabezó una revolución para derrocar al brutal dictador de México, **Porfirio Díaz**. Aunque los negocios extranjeros y algunos políticos y terratenientes de México habían prosperado bajo el control de Díaz, había empeorado la vida de la mayoría de los mexicanos.

Dos años después de tomar el poder, Madero fue derrocado y asesinado por el General **Victoriano Huerta**, que al igual que Díaz favorecía a los ricos y a los intereses extranjeros. El Presidente **Woodrow Wilson,** que acaba de asumir el cargo, se negó a reconocer al "gobierno de carniceros" de Huerta.

La "diplomacia de la moralidad" de Wilson

Creyendo sinceramente en los ideales de la democracia, Wilson pensaba que Estados Unidos tenía el deber de "enseñar a las repúblicas sudamericanas cómo elegir a hombres buenos". Como Roosevelt y Taft, Wilson reconocía la importancia del poder militar y de los intereses

económicos, pero Wilson también intentó seguir una política exterior basada en principios morales.

La "diplomacia de la moralidad" de Wilson se encontró con un grave problema en México. Cuando Huerta tomó el poder, estalló la guerra civil en México. Wilson esperaba que el gobierno de Huerta cayera sin intervención de Estados Unidos. Cuando esto no fue así, Wilson autorizó la venta de armas al rival de Huerta, **Venustiano Carranza**.

En abril de 1914, después de que las tropas de Huerta arrestaran a unos marineros estadounidenses, Wilson ordenó que las tropas de EE.UU. tomaran el puerto de **Veracruz**. Esta demostración de fuerza reforzó la posición de Carranza y obligó a Huerta a huir en agosto. Carranza tomó el poder y las tropas estadounidenses se retiraron.

Francisco "Pancho" Villa

La resignación de Huerta no terminó la guerra civil en México. El líder rebelde **Francisco "Pancho" Villa** inició un levantamiento contra Carranza. En enero de 1916, Villa apresó y asesinó a 16 estadounidenses por el apoyo de EE.UU. al gobierno de Carranza. Villa esperaba que esta acción dañara las relaciones entre EE.UU. y el gobierno de Carranza, pero EE.UU. no hizo nada contra México. Entonces, Villa y sus rebeldes cruzaron la frontera de Nuevo México y quemaron la ciudad de Columbus, asesinando allí a 18 estadounidenses.

Las acciones de Villa enojaron considerablemente al pueblo estadounidense. El presidente envió al General **John J. Pershing** con tropas al otro lado de la frontera de México a apresar a Pancho Villa. Durante casi un año, las tropas de Pershing persiguieron a Villa por todo México, pero los mexicanos lo protegían.

En 1917, cuando la atención de EE.UU. se giraba hacia la guerra de Europa, el Presidente Wilson retiró las tropas de México. México y Estados Unidos casi habían llegado a la guerra, y las acciones de EE.UU. habían causado gran resentimiento entre los mexicanos. La experiencia de EE.UU. en México, como sus políticas en el Caribe, demostraron que el país estaba dispuesto a utilizar la fuerza cuando veía amenazados su honor o sus intereses.

✓ **Comprobación de lectura**

Explicación ¿En qué principios se basaba la política exterior de Wilson?

Pancho Villa

EVALUACIÓN DE LA SECCIÓN 4

Verificación de comprensión

1. **Términos clave** Usa cada uno de estos términos en una oración que sirva para explicar su significado: istmo, anarquía, diplomacia del dólar.
2. **Repaso de hechos** Describe cómo utilizó EE.UU. para su propia ventaja el deseo de independencia de Panamá.

Repaso de temas

3. **Conexiones mundiales** Compara las diferentes diplomacias de los Presidentes Roosevelt, Taft y Wilson.

Pensamiento crítico

4. **Hacer generalizaciones** ¿Crees que el gobierno actual utiliza las ideas diplomáticas de Roosevelt, Taft o Wilson en la política exterior? Explica.
5. **Comparación y contraste** Recrea el siguiente diagrama y anota las diferencias entre el Corolario de Roosevelt y la Doctrina Monroe.

La Doctrina Monroe	El Corolario de Roosevelt

Análisis de material visual

6. **Análisis de caricaturas políticas** Examina la caricatura de la página 659. ¿A quién representan las figuras de la izquierda? ¿Quién impide que crucen al otro lado?

Resumen del capítulo

Expansión en el extranjero

Expansión

- La adquisición de Alaska, nuevos vínculos comerciales con Hawai y Latinoamérica y una fuerte posición ante la intervención europea en las Américas, elevan la estatura de Estados Unidos.

La Guerra Hispanoamericana

- Al luchar en la Guerra Hispanoamericana, Estados Unidos establece su deseo de participar en conflictos que ayuden a los oprimidos y protejan sus propios intereses.

La construcción de un imperio

- Como resultado de la guerra, EE.UU. logra un imperio colonial y con éste el reto de gobernar territorios extranjeros.

Diplomacia

- La intervención de Estados Unidos en países extranjeros se consigue con el uso o demostración de la fuerza sancionado por la política del palo grande de Roosevelt. Más adelante, en el Pacífico y en Asia Oriental, la combinación de diplomacia y dinero ayuda a Estados Unidos a entablar comercio y a extender su influencia.

Repaso de términos clave

Para cada par de términos, escribe una frase o un breve párrafo que explique la relación entre los términos.

1. expansionismo, imperialismo
2. esferas de influencia, diplomacia del dólar
3. anexión, protectorado

Repaso de hechos clave

4. ¿Por qué se opusieron muchos estadounidenses a la compra de Alaska?
5. ¿Cómo logró Estados Unidos acceso al comercio en China?
6. ¿Quiénes eran los Rough Riders?
7. ¿Por qué tuvo problemas Estados Unidos al intentar gobernar Filipinas?
8. ¿Cuál era el propósito del Corolario de Roosevelt?

Pensamiento crítico

9. **Análisis de temas: Factores económicos** ¿Qué razones económicas tenía Estados Unidos para ampliar sus intereses en el extranjero?
10. **Conclusiones** Recrea el siguiente diagrama y anota los tres tipos de diplomacia. Subraya el tipo más eficaz de este período. Explica por qué crees que es así.

Práctica de habilidades

11. **Desarrollo de presentaciones en multimedia** Estudia la siguiente lista de temas. Elige uno de los temas y explica cómo utilizarías tres medios, por lo menos, en una presentación para enseñar el tema a tus compañeros lo mejor posible.
    - La misión de Matthew Perry a Japón
    - El desarrollo de la marina de guerra estadounidense
    - Cómo cambió Estados Unidos a Hawai para siempre
    - La Batalla de la Colina de San Juan
    - La construcción del Canal de Panamá

Actividad de geografía e historia

La construcción del Canal de Panamá se consideró un logro de la ingeniería. Estudia el siguiente mapa del canal y luego responde a las preguntas.

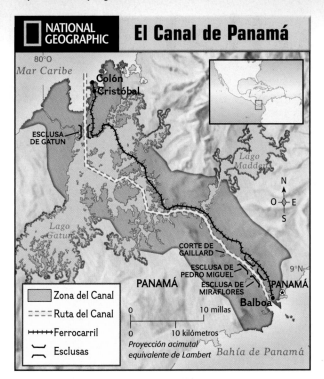

NATIONAL GEOGRAPHIC — **El Canal de Panamá**

80°O
Mar Caribe
Colón
*Cristóbal
ESCLUSA DE GATUN
Lago Madden
N
O E
S
Lago Gatún
CORTE DE GAILLARD
ESCLUSA DE PEDRO MIGUEL
9°N
PANAMÁ
ESCLUSA DE MIRAFLORES
PANAMÁ
Balboa

Zona del Canal
Ruta del Canal
Ferrocarril
Esclusas

0   10 millas
0   10 kilómetros
Proyección acimutal equivalente de Lambert   Bahía de Panamá

12. Ubicación ¿Qué cuerpos de agua se muestran en el mapa del Canal de Panamá?

13. Interacción del hombre con el medio ambiente ¿Cuál es la longitud aproximada del Canal de Panamá? ¿Cómo llegaste a esa respuesta?

14. Ubicación ¿Qué ciudades están cerca del canal?

15. Movimiento ¿En qué dirección viajaría un barco que fuera de Balboa a Cristóbal?

16. Interacción del hombre con el medio ambiente ¿Qué nos dice la ubicación de Panamá sobre las condiciones climáticas que experimentaron los trabajadores del canal?

Actividad ciudadana cooperativa

17. Servicio comunitario En grupos de tres, entrevista a autoridades de tu comunidad para saber cómo puedes comenzar a tener un papel activo en la comunidad. Puede que los miembros de tu grupo quieran trabajar como voluntarios en algún tipo de servicio comunitario y luego hacer un informe sobre sus experiencias a sus compañeros de curso.

 ## HISTORIA En línea

Prueba de autocomprobación
Visita **taj.glencoe.com** y haz clic en **Chapter 22—Self-Check Quizzes** a fin de prepararte para el examen del capítulo.

Actividad de economía

18. Trabaja con un compañero para crear un mapa que muestre las zonas adquiridas por Estados Unidos a finales del siglo XIX y principios del XX. Busca información sobre los recursos naturales que existían en cada zona y sobre la importancia de su ubicación en el comercio internacional. Luego, comienza con estos dos factores y califica las zonas del mapa por su valor económico para Estados Unidos. La zona más valiosa debería ser la número "1". Compara tus mapas y calificaciones con las de otros compañeros de la clase y haz una gráfica de todas las calificaciones.

 ## Evaluación alternativa

19. Actividad de redacción Repasa el capítulo para buscar información sobre tratados y acuerdos establecidos por varias naciones en este período. Haz una lista de los acuerdos y dibuja un dibujo o un símbolo junto a cada uno, que te ayude a recordar sus términos.

Práctica de examen estandarizado

Instrucciones: Selecciona la *mejor* respuesta a la pregunta siguiente.

La forma en que el Presidente Roosevelt logró el control de la zona del Canal de Panamá

A enfadó a algunos miembros del Congreso.

B llevó a mejores relaciones con Latinoamérica.

C puso fin a la Guerra Hispanoamericana.

D llevó a la elección de McKinley.

Consejo para el examen.

Presta atención a la secuencia de los acontecimientos en una pregunta. Esta pregunta es sobre la toma de control de la zona del Canal de Panamá. Las opciones **C** y **D** son sobre acontecimientos que ocurrieron antes de los sucesos de Panamá. Por lo tanto, las respuestas **C** y **D** son incorrectas.

CAPÍTULO 23

Primera Guerra Mundial

1914–1919

Por qué es importante

La Primera Guerra Mundial cambió al mundo. La gente de la época llamó a este conflicto la Gran Guerra y pensó que nunca más habría otra guerra parecida. Aunque Estados Unidos trató de permanecer neutral, se vió forzado a participar.

El impacto actual

La guerra tocó todos los aspectos de la vida. Cuando terminó la lucha, Estados Unidos surgió como una de las grandes potencias del mundo.

Video **El viaje estadounidense** *El video del Capítulo 23, "Over There", examina el impacto de la tecnología en la Primera Guerra Mundial.*

1917
- El telegrama de Zimmermann enfurece a Estados Unidos
- Estados Unidos entra en la Primera Guerra Mundial
- Aprobación de la Ley de Servicio Selectivo

1914
- Principio de la Gran Migración

1915
- Alemania torpedea el *Lusitania*

Estados Unidos
PRESIDENTES

Wilson
1913–1921

1914

1916

Mundo

1914
- Asesinato de Franz Ferdinand
- Comienza la Primera Guerra Mundial

1917
- Lenin encabeza la Revolución Bolchevique

Al frente La Primera Guerra Mundial combinó los medios tradicionales de guerrear, como la caballería, con otros más modernos, como el tanque y el avión.

Plegable de estudio de cronlogía Las cronologías se usan para detallar fechas importantes en orden cronológico. Usa este plegable para secuenciar los eventos clave de la Primera Guerra Mundial

Paso 1 Dobla dos hojas de papel a la mitad de arriba abajo.

Paso 2 Voltéalos y corta cada uno a la mitad.

Corta a lo largo de los pliegues.

Paso 3 Dobla las cuatro partes a la mitad desde la parte superior a la inferior.

Paso 4 Encinta los extremos de las piezas (encimando ligeramente los bordes) para hacer una cronología en acordeón y etiquétala como se muestra.

Pedazos de cinta

Lectura y redacción Al leer el capítulo, registra los eventos clave que ocurrieron durante cada año de la Primera Guerra Mundial.

1918
• Se establece el Consejo Nacional del Trabajo

1920
• El Senado rechaza la Liga de Naciones

1918
• Termina la Primera Guerra Mundial
• La epidemia de gripe mata a más de 20 millones de personas en todo el mundo

1919
• Se firma el Tratado de Versalles

HISTORIA En línea

Descripción general del capítulo
Visita taj.glencoe.com y haz clic en **Chapter 23—Chapter Overviews** para ver la información preliminar del capítulo.

Guerra en Europa

Guía de lectura

Idea principal

Cuando Europa entró en guerra en 1914, Estados Unidos trató de permanecer fuera del conflicto.

Términos clave

nacionalismo, grupos étnicos, militarismo, sistema de alianzas, entente, equilibrio de poder

Estrategia de lectura

Organización de la información Al leer esta sección, recrea el siguiente diagrama e identifica cuatro causas de la Primera Guerra Mundial.

Causas de la Primera Guerra Mundial

Leer para aprender

- qué factores propiciaron la Primera Guerra Mundial.
- cómo avanzó al principio la lucha en Europa.

Tema de la sección

Ciencia y tecnología Se usaron nuevas armas y otras tecnologías para librar la guerra.

Presentación preliminar de acontecimientos

♦1914   ♦1915   ♦1916

junio de 1914
Asesinato de Franz Ferdinand

julio de 1914
Austria-Hungría le declara la guerra a Serbia

agosto de 1914
Alemania le declara la guerra a Rusia y Francia

1916
Francia y Alemania pelean en la Batalla de Verdun

★ UNA ★
historia estadounidense

La rápida sucesión de acontecimientos que desembocó en la guerra en Europa en 1914 impactó a los estadounidenses. La mayoría estuvo de acuerdo con Jeannette Rankin, la primera mujer en servir en el Congreso de EE.UU. en una época en que las mujeres no podían ni votar en la mayoría de los estados, en que "No se puede ganar una guerra como tampoco se puede ganar un terremoto". La mayoría de los estadounidenses deseaban que el país no se metiera en los asuntos de otros países. No veían un buen motivo para involucrarse en un conflicto que ellos creían que resultaba del orgullo y la soberbia nacional. Con el pasar del tiempo, Estados Unidos encontró que era cada vez más difícil permanecer neutral.

Problemas en Europa

La gente de Sarajevo llenó las calles de su ciudad la mañana del 28 de junio de 1914. Querían ver al **Archiduque Franz Ferdinand,** su heredero al trono del Imperio Austro-Húngaro. La pareja real había venido en visita de estado a **Bosnia,** una provincia Austríaca. De repente se oyeron disparos. Los disparos llegaron al archiduque y a su esposa y murieron poco después. El asesinato destruyó el delicado equilibrio de la estabilidad Europea. En pocas semanas, Europa estaba en guerra. Las tensiones que desembocaron en la Primera Guerra Mundial tenían raíces en el pasado distante. Los conflictos crecieron a medida que las naciones europeas seguían sus sueños imperialistas, reforzaban sus ejércitos y formaban alianzas.

Nacionalismo

Nacionalismo, un sentimiento de lealtad intensa por el propio país o grupo, provocó la mayor parte de la tensión en Europa. Por un lado, el nacionalismo alentó a las nuevas naciones, como Italia y Alemania, a unificarse y a imponer su poder en el mundo. Italia se había convertido en reino en los años 1860 y los estados alemanes se habían unificado en los años 1870. Sus acciones retaban la postura de las naciones más antiguas como Gran Bretaña y Francia.

Por otro lado, el nacionalismo inspiró a ciertos grupos de personas a separarse de las naciones existentes. Algunos de estos grupos étnicos, que compartían un idioma y tradiciones comunes, exigieron sus propios países independientes.

Expansión imperialista

La tensión en Europa también se suscitó por el deseo de las naciones de ampliar sus imperios. Las naciones compitieron por las colonias en África, Asia y otras partes del mundo. Estas colonias no solamente trajeron nuevos mercados y materias primas, sino que también aumentaban el prestigio de una nación.

Gran Bretaña y Francia ya poseían enormes imperios en el extranjero, pero los querían ampliar aun más. Alemania, Italia y Rusia también deseaban aumentar sus territorios coloniales. Sin embargo, debido a que quedaban pocas zonas para colonizar, la expansión de un país europeo provocaba conflicto con otra potencia.

Incremento en la milicia

Al tiempo que los países europeos competían por colonias, fortalecían sus ejércitos y marinas para proteger sus intereses. Si una nación aumentaba su poderío militar, sus rivales se sentían amenazados y como respuesta fortalecían sus milicias. En este ambiente de militarismo, Alemania, Francia y Rusia desarrollaron enormes ejércitos a principios del siglo XX.

Gran Bretaña, una nación isleña, tenía la marina más grande y poderosa del mundo. Cuando Alemania empezó a desafiar el poderío naval británico a principios del siglo XX, nació una acre rivalidad entre las dos naciones. La rivalidad provocó una carrera armamentista que amenazó la paz en Europa.

Formación de alianzas

Junto con el militarismo llegó el fortalecimiento del sistema de alianzas, o acuerdos de defensa entre países. Hacia 1914 ya se habían establecido dos alianzas principales. Alemania, Austria-Hungría e Italia se unieron en la **Triple Alianza,** mientras que Gran Bretaña, Francia y Rusia lo hicieron en el **Triple Entente.** Un entente es un acuerdo entre naciones.

Las alianzas tenían por objetivo mantener la paz al crear un equilibrio de poder, un sistema que previene que cualquier país domine a los demás. Pero el sistema de alianzas en realidad representaba un mayor peligro. Un ataque a un país era lo único que se necesitaba para desencadenar una guerra que incluyera muchos países.

Europa era como un barril de pólvora. Un diplomático estadounidense dijo que se necesitaba "únicamente una chispa para hacerla encender". Esa chispa fue encendida en los **Balcanes.**

✔ **Comprobación de lectura** **Descripción** ¿Cuál era el propósito del sistema de alianzas?

Crisis en los Balcanes

La península de los Balcanes, en el sureste de Europa, era un semillero de rivalidades nacionalistas y étnicas a principios del siglo XX. Grecia, Albania, Rumania y Bulgaria disputaban territorio, mientras que los nacionalistas eslavos esperaban unificar a todos los pueblos eslavos de la región. Una de las disputas más amargas se encontraba entre Austria-Hungría, cuya población eslava deseaba la independencia, y la nación vecina de Serbia, que apoyaba a los eslavos y se oponía al imperio.

Un asesinato que provoca la guerra

El asesino de Franz Ferdinand, Gavrilo Princip, era miembro de un grupo nacionalista serbio. Princip y otros terroristas habían planeado el asesinato para promover la causa de la unificación de los pueblos eslavos.

Los gobernantes de Austria-Hungría culparon al gobierno serbio por el asesinato y prosiguieron a aplastar al movimiento nacionalista serbio. Después de asegurarse que su aliada,

Archiduque Franz Ferdinand

Europa en la Primera Guerra Mundial, 1914

Aliados
Potencias Centrales
Naciones neutrales

1 | 28 de junio | Asesinato de Franz Ferdinand
2 | 28 de julio | Austria-Hungría le declara la guerra a Serbia
3 | 30 de julio | Rusia moviliza sus fuerzas armadas
4 | 1 de agosto | Alemania le declara la guerra a Rusia
5 | 3 de agosto | Alemania le declara la guerra a Francia
6 | 4 de agosto | Alemania invade Bélgica
7 | 4 de agosto | Gran Bretaña le declara la guerra a Alemania
8 | 6 de agosto | Austria-Hungría le declara la guerra a Rusia
9 | 12 de agosto | Francia y Gran Bretaña le declaran la guerra a Austria-Hungría

Habilidades geográficas

1. **Región** ¿Qué países conformaban las Potencias Centrales?
2. **Conclusiones** ¿Qué incidente desencadenó el comienzo de la Primera Guerra Mundial?

Alemania, apoyaba la decisión, Austria-Hungría envió una carta que detallaba sus severas exigencias. Cuando Serbia rechazó las condiciones, Austria-Hungría le declaró la guerra a Serbia el 28 de julio de 1914.

El sistema europeo de alianzas provocó que se propagara la guerra. Rusia, que había acordado proteger a Serbia, se preparó para la guerra. Esto hizo que Alemania se pusiera del lado de su aliado, Austria-Hungría. Alemania le declaró la guerra a Rusia el 1 de agosto de 1914. Sabiendo que Francia era aliado de Rusia, Alemania le declaró la guerra a Francia el 3 de agosto.

Un día después, Alemania invadió Bélgica como parte de un plan para moverse a través del este y norte de Francia. Al hacerlo, Alemania violó un tratado firmado en 1839 que garantizaba la neutralidad de Bélgica. La invasión de Bélgica hizo que Gran Bretaña cumpliera su promesa de proteger a Bélgica y le declaró la guerra a Alemania.

Comprobación de lectura **Descripción** ¿Qué medidas tomó Austria-Hungría después del asesinato de Franz Ferdinand?

Comienzo de una Guerra Mundial

La "Gran Guerra" había comenzado. En un lado estaban las **Potencias Aliadas,** o los aliados, Gran Bretañaña, Francia y Rusia. En el otro estaban las **Potencias Centrales,** Alemania, Austria-Hungría y el Imperio Otomano (Turco), que se unió a la guerra en octubre de 1914. **Japón,** rival de Alemania en Asia, se unió a los Aliados a finales de agosto de 1914. Italia se opuso a cumplir su alianza con Alemania y Austria-Hungría. En vez de ello, se unió a los Aliados en 1915, luego de que se le prometió territorio en Austria después de la guerra.

Lucha en el frente occidental

Al lanzar la ofensiva a través de Bélgica, Alemania esperaba derrotar rápidamente a Francia y destruir los ejércitos franceses. Esto permitiría que Alemania llevara tropas hacia el este contra Rusia.

El plan casi tuvo éxito. Sin embargo, los belgas lucharon heroicamente durante casi tres semanas contra el poderoso ejército alemán. Este retraso le dio tiempo a los franceses y británicos para movilizar sus fuerzas.

Después de derrotar a los belgas, los alemanes marcharon hacia Francia y avanzaron hasta 15 millas de París. Finalmente los británicos y franceses se las arreglaron para detener el avance alemán en el río Marne, justo a pocas millas al este de la ciudad. La **Batalla del Marne,** peleada entre el 5 y el 12 de septiembre de 1914, salvo a París de la invasión de los alemanes y levantó la moral de los franceses. También hizo obvio el hecho de que ningún lado era capaz de ganar rápida y fácilmente.

Después de la Batalla del Marne, la lucha en Europa occidental llegó a un punto muerto. Durante los siguientes tres años, los ejércitos enemigos se enfrentaron a través de una intrincada red de profundas **trincheras.** Las trincheras a lo largo de las líneas frontales proporcionaban cierta protección contra las balas y cañonazos. Las trincheras de apoyo detrás de las líneas servían como cuarteles generales, estaciones de primeros auxilios y áreas de almacenamiento.

En 1916 ambos bandos intentaron romper el punto muerto de la guerra de trincheras al lanzar grandes ofensivas. La ofensiva alemana, la **Batalla de Verdun** en el noreste de Francia, empezó en febrero y continuó intermitentemente hasta diciembre. Al principio, los alemanes ganaron un poco, pero luego perdieron lo que ganaron cuando los franceses contraatacaron. Verdun fue una de las batallas más largas y sangrientas de la guerra. Cuando terminó, más de 750,000 soldados franceses y alemanes habían muerto.

Mientras se desarrollaba la Batalla de Verdun, los británicos y franceses lanzaron su propia ofensiva en el norte de Francia en julio, la **Batalla del Somme.** Nuevamente, el número de víctimas fue extremadamente elevado. Los Aliados ganaron únicamente alrededor de 7 millas (11.2 km) en la ofensiva.

Tecnología mortal

Armas nuevas y más mortales fueron la causa de la terrible matanza en estas batallas. Los cañones mejorados y otros tipos de artillería lanzaban proyectiles más grandes y a mayores distancias de lo que podían en el pasado. Mejores rifles permitieron que los soldados dieran en el blanco con mayor precisión.

El gas venenoso, otra arma nueva y devastadora, fue usado por primera vez por los alemanes sobre los Aliados en abril de 1915. El gas podía matar o lesionar seriamente a cualquiera que lo respirara. Un oficial británico dijo:

> 66Lucharon con terror, corriendo a ciegas a través de la nube de gas y cayendo (. . .) agonizando99.

Los Aliados también empezaron a usar gas venenoso y se hicieron necesarias las máscaras de gas para los soldados en las trincheras.

Se usaron aviones en combate por primera vez en la Primera Guerra Mundial.

La neutralidad de Estados Unidos fue puesta a prueba cuando los U-boats alemanes (mostrados aquí) atacaron barcos estadounidenses.

El tanque armado, usado por primera vez en la Primera Guerra Mundial en enero de 1916, demostró ser efectivo para cruzar las líneas de batalla para disparar de cerca al enemigo. Los tanques también podían aplastar el alambre de púas, proporcionando un camino más fácil para los soldados de avanzada. Después de que los alemanes vieron su efectividad, también los fabricaron.

El arma nueva más dramática, el avión, agregó una nueva dimensión a la lucha en la Primera Guerra Mundial. Ambos bandos usaron aviones para observar el movimiento de las tropas y para bombardear objetivos enemigos. Los audaces pilotos sostuvieron duelos en los cielos llamados "combates aéreos". Los primeros aviones de caza estaban equipados únicamente con metralletas, las cuales se fijaban en el ala superior. Los pilotos más famosos incluían al alemán "Barón Rojo", **El Barón von Richthofen,** y el estadounidense **Eddie Rickenbacker,** quien sirvió en la fuerza aérea francesa. Los alemanes usaron el zeppelin, o dirigible, para bombardear las ciudades aliadas.

En los mares

Con sus ejércitos en tierra en punto muerto en Europa occidental, ambos bandos buscaron tomar ventaja en la guerra yendo al mar. Gran Bretaña bloqueó todos los puertos bajo control alemán, provocando eventualmente serias limitaciones. Muchos alemanes sufrieron de desnutrición y enfermedades debido a la falta de alimentos y otros suministros.

Alemania tenía su propia arma naval muy efectiva: el submarino. Conocidos como **U-boats,** de la palabra alemana de submarino, *Unterseeboot,* los submarinos evitaron que llegaran suministros a Gran Bretaña, incluyendo alimentos. Los ataques de los U-boats a los barcos en el mar eventualmente afectó a Estados Unidos y cambió el curso de la guerra.

☑ **Comprobación de lectura** **Explicación** ¿Qué comprendieron ambos bandos después de la batalla del Marne?

EVALUACIÓN DE LA SECCIÓN 1

Verificación de comprensión

1. **Términos clave** Escribe los encabezados de los eventos de la época de la Primera Guerra Mundial; usa los siguientes términos: nacionalismo, militarismo, sistema de alianzas, entente.

2. **Repaso de hechos** ¿Qué países conformaban la Triple Alianza? ¿El Triple Entente?

Repaso de temas

3. **Ciencia y tecnología** ¿Por qué hubo tantas víctimas en la Primera Guerra Mundial?

Pensamiento crítico

4. **Determinación de causa y efecto** ¿Por qué el formar alianzas aumentó la probabilidad de guerra en Europa?

5. **Determinación de causa y efecto** Recrea el siguiente diagrama y describe dos efectos que tuvo el militarismo en los países rivales.

```
                    ┌──────────┐
         ┌─────────▶│          │
┌────────────┐      └──────────┘
│ Militarismo│
└────────────┘      ┌──────────┐
         └─────────▶│          │
                    └──────────┘
```

Análisis de material visual

6. **Habilidades geográficas** Examina el mapa de la página 668. ¿Cuándo le declaró Alemania la guerra a Francia? ¿De qué lado luchó Bélgica?

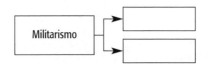

Actividad interdisciplinaria

Ciencia Investiga los inventos que se desarrollaron en la Primera Guerra Mundial. Elabora una tabla en la cual describas cada invento y un posible uso en tiempo de paz de dicho invento.

El camino de Estados Unidos a la guerra

Guía de lectura

Idea principal
Estados Unidos entró al conflicto del lado de los Aliados.

Términos clave
propaganda, autocracia

Estrategia de lectura
Análisis de la información Al leer la sección, recrea el siguiente diagrama y anota dos motivos por los que Estados Unidos tuvo dificultades para mantener su neutralidad.

Manteniemiento de la neutralidad

Leer para aprender
- cómo los estadounidenses respondieron a la guerra en Europa.
- qué provocó la participación estadounidense en la guerra.

Tema de la sección
Gobierno y democracia Estados Unidos, oficialmente neutral al principio, entró al conflicto.

Presentación preliminar de acontecimientos

◆1914   ◆1916   ◆1918

agosto de 1914
Europa en guerra

mayo de 1915
Alemania torpedea el *Lusitania*

marzo de 1917
El telegrama de Zimmermann enfurece a EE.UU.

abril de 1917
EE.UU. declara la guerra a Alemania

UNA historia estadounidense

El Presidente Wilson luchó por permanecer neutral, aún después de que habían muerto estadounidenses al estallar la Primera Guerra Mundial. Otros pensaban de otra manera. Un empresario estadounidense le envió un mensaje al presidente después de que el *Laconia* fue hundido por los alemanes: "Mis queridas madre y hermana (. . .) han sido repugnantemente asesinadas en alta mar. (. . .) Hago un llamado para que mi gobierno preserve el respeto de sus ciudadanos y que salve a otros paisanos de tal pena tan grande como la que tengo. Estoy en edad militar, capaz de luchar. Si mi país me puede usar contra estos brutales asesinos, estaré listo al llamado". Permanecer neutral se hizo cada vez más difícil.

Neutralidad estadounidense

El Presidente Wilson tuvo que tomar algunas decisiones difíciles. Declaró que Estados Unidos debería ser neutral en la guerra y llamó a los estadounidenses a ser "neutrales de hecho así como por designación, imparciales de pensamiento así como de acción". Otros influyentes líderes políticos también argumentaron fuertemente en favor de la neutralidad.

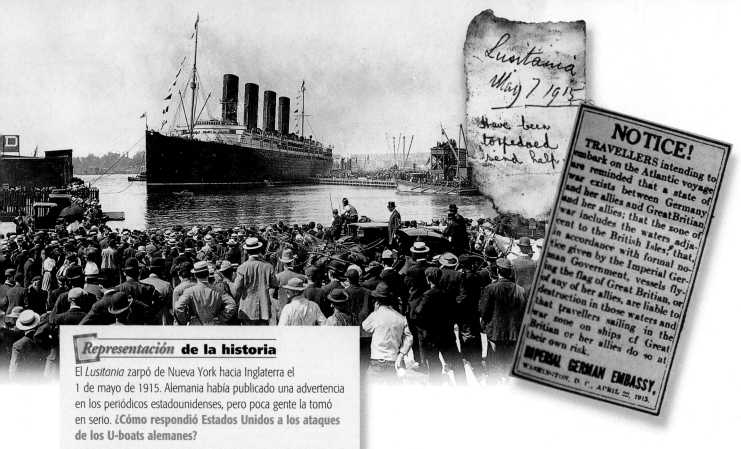

Representación de la historia

El *Lusitania* zarpó de Nueva York hacia Inglaterra el 1 de mayo de 1915. Alemania había publicado una advertencia en los periódicos estadounidenses, pero poca gente la tomó en serio. **¿Cómo respondió Estados Unidos a los ataques de los U-boats alemanes?**

Cuando Europa entró en guerra en agosto de 1914, la mayoría de los estadounidenses creía que la guerra no era problema de ellos. Muchos compartían la opinión expresada en un editorial del *New York Sun*:

> 66 No hay nada razonable en tal guerra y sería [ridículo] que el país se sacrificara por las (. . .) políticas y el encuentro de odios ancestrales que está llevando al Viejo Mundo a la destrucción 99.

A pesar de la petición de Wilson de permanecer neutrales, los estadounidenses pronto empezaron a tomar partido. Más de un tercio de los 92 millones de habitantes del país eran nacidos en el extranjero o hijos de inmigrantes. Muchas de estas personas simpatizaban con sus países de origen. Unos 8 millones de estadounidenses de origen alemán o austriaco y los 4.5 millones de irlandeses estadounidenses, que odiaban a los británicos porque gobernaban Irlanda, favorecían a las Potencias Centrales.

Sin embargo, aun más estadounidenses, incluyendo al Presidente Wilson, simpatizaban con los Aliados. Los lazos de idioma, costumbres y tradiciones ligaban a Estados Unidos con Gran Bretaña y muchos estadounidenses eran de origen británico. El Presidente Wilson le dijo al embajador británico: "Está en riesgo todo lo que más quiero en el mundo". Una Victoria alemana "sería fatal para nuestra forma de gobierno e ideales estadounidenses".

Uso de propaganda

Para ganar el apoyo de los estadounidenses, ambos bandos de la guerra usaron información de propaganda, diseñada para influenciar la opinión. La propaganda Aliada enfatizó la invasión alemana de la neutral Bélgica e incluyó horrendas historias de las atrocidades alemanas. Llamó a los alemanes "Hunos" y los describía como bárbaros salvajes.

La propaganda de las Potencias Centrales era igualmente horrible, pero debido a la simpatía por los británicos, la propaganda Aliada fue más efectiva en influenciar a los estadounidenses.

La intervención temprana de Estados Unidos

El comercio entre Estados Unidos y los Aliados ayudó a apoyar la causa Aliada. Como país neutral, Estados Unidos buscó comerciar con ambos lados, pero el bloqueo británico de Alemania lo hizo difícil.

La marina británica detuvo y registró los barcos estadounidenses que iban a puertos alemanes, confiscando con frecuencia los bienes transportados. Estados Unidos protestó que sus barcos deberían poder pasar sin interferencia. Los británicos respondieron en su defensa que estaban luchando por sobrevivir. "Si el exportador estadounidense se enfada", escribió un periódico de Londres, "nuestra respuesta es que la guerra no se efectúa para darle gusto o aumentar sus ganancias". El gobierno de Estados Unidos no pudo hacer nada acerca del bloqueo. Excluido del comercio con Alemania, continuó comerciando con Gran Bretaña.

Ciertamente, aumentó el comercio estadounidense con los Aliados. Además, Gran Bretaña y Francia obtuvieron prestados miles de millones de dólares de los bancos estadounidenses para ayudar a pagar sus gastos de guerra. Tener tanto comercio provocó una bonanza económica en Estados Unidos. También disgustó a los alemanes, quienes vieron que Estados Unidos, supuestamente un país neutral, ayudaba a los Aliados.

Guerra submarina

Para detener la ayuda estadounidense a Gran Bretaña, Alemania anunció en febrero de 1915 que usaría sus U-boats para hundir cualquier embarcación que entrara o saliera de puertos británicos. El Presidente Wilson advirtió que Estados Unidos haría responsable a Alemania por cada vida estadounidense perdida en ataques submarinos. Determinados a cortar los suministros a Gran Bretaña, los alemanes ignoraron esta amenaza.

El 7 de mayo de 1915, un U-boat alemán torpedeó el crucero de pasajeros británico *Lusitania* frente a las costas de Irlanda. El capitán W.T. Turner, reportó:

❝Vi que el torpedo se dirigía hacia nosotros. Inmediatamente traté de cambiar nuestra trayectoria, pero no pudimos apartarnos de su camino. Se sintió un impacto terrible cuando el torpedo estalló a estribor del barco. (. . .) Fue asesinato a sangre fría❞.

El *Lusitania* se hundió en 15 minutos. Más de 1,000 personas murieron, incluyendo 128 ciudadanos estadounidenses. Los estadounidenses estaban furiosos y el Presidente Wilson denunció el ataque. Se supo posteriormente que el barco llevaba material de guerra. 📖 *(Ver la página 973 para leer un relato de un pasajero del hundimiento.)*

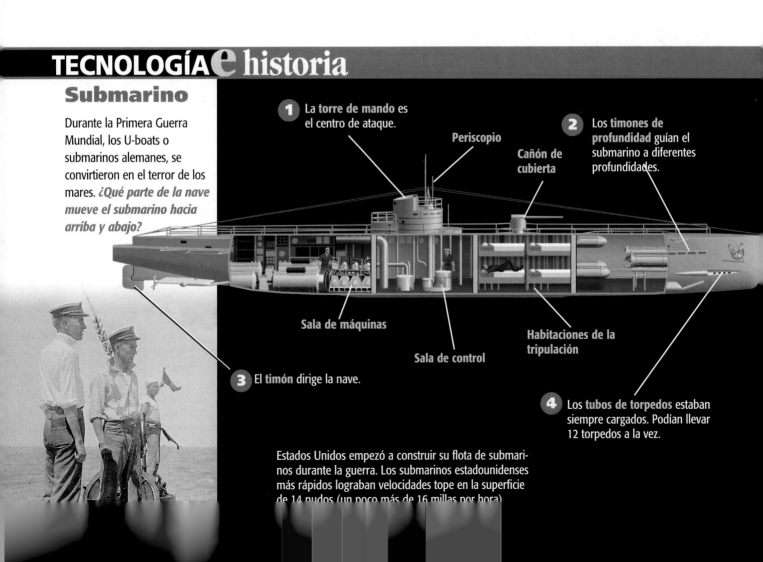

TECNOLOGÍA e historia

Submarino

Durante la Primera Guerra Mundial, los U-boats o submarinos alemanes, se convirtieron en el terror de los mares. *¿Qué parte de la nave mueve el submarino hacia arriba y abajo?*

1 La **torre de mando** es el centro de ataque.

Periscopio

Cañón de cubierta

2 Los **timones de profundidad** guían el submarino a diferentes profundidades.

Sala de máquinas

Sala de control

Habitaciones de la tripulación

3 El **timón** dirige la nave.

4 Los **tubos de torpedos** estaban siempre cargados. Podían llevar 12 torpedos a la vez.

Estados Unidos empezó a construir su flota de submarinos durante la guerra. Los submarinos estadounidenses más rápidos lograban velocidades tope en la superficie de 14 nudos (un poco más de 16 millas por hora).

Varios meses después, un U-boat alemán torpedeó un barco de pasajeros francés, el *Sussex*, lesionando a varios estadounidenses. Bajo el temor que los estadounidenses entraran en la guerra, Alemania ofreció compensar a los estadounidenses lesionados en el *Sussex* y prometió advertir a los barcos neutrales y de pasajeros antes de atacar. La Promesa del Sussex, como se le llamó, pareció resolver el problema.

✓ **Comprobación de lectura** **Descripción** ¿Cuál es el objetivo de la propaganda?

Fin de la neutralidad

La crisis sobre la guerra submarina hizo que Estados Unidos tomara medidas para fortalecer sus fuerzas armadas. En el verano de 1916, el Congreso aprobó una ley que duplicó el tamaño del ejército y proporcionó los fondos para construir nuevos barcos de guerra. Sin embargo, el Presidente Wilson aún tenía esperanzas de permanecer al margen de la guerra.

El sentimiento contra la guerra permanecía muy fuerte. Algunos estadounidenses criticaron el fortalecimiento militar del país, ya que lo veían como un paso hacia la guerra. Una canción popular en 1915 expresaba esta oposición:

❝No crié a mi hijo para ser soldado,
lo crié para ser mi orgullo y felicidad.
¿Quién se atreve a ponerle un mosquete al hombro,
Para dispararle al querido hijo de otra madre?❞

El sentimiento contra la guerra era fuerte en la convención nacional demócrata de 1916, donde todas las alusiones a los esfuerzos del presidente para mantener al país al margen de la guerra provocaron vigorosos aplausos. Una vez que Wilson fue nominado para un segundo período, la frase "Nos mantuvo fuera de la guerra" se convirtió en el lema de los demócratas. La cuestión de la neutralidad dividió a los republicanos y el candidato republicano a la presidencia, Charles Evans Hughes, evitó discutir el problema. Wilson derrotó a Hughes por un pequeño margen.

Qué tal si...

¿Si los británicos no hubieran interceptado la nota de Zimmermann?

En enero de 1917 el ministro del Exterior alemán, Arthur Zimmermann, telegrafió al embajador alemán en México instruyéndolo a hacerle una oferta al gobierno mexicano. Zimmermann proponía que México ayudara a Alemania en caso que Estados Unidos entrara en la guerra. Para alentar la cooperación de México, Alemania prometió que México retomaría parte de la región que perdió ante Estados Unidos en 1848. Un oficial británico interceptó el telegrama de Zimmermann. El telegrama decía:

❝El primero de febrero deseamos empezar la guerra submarina irrestricta. A pesar de esto, es nuestra intención esforzarnos por mantener neutral a Estados Unidos.

Si no tenemos éxito, proponemos una alianza con México en base a lo siguiente: Que juntos libremos la guerra y hagamos la paz. Proporcionaremos una generosa ayuda financiera y se entiende que México reconquistará el territorio perdido en Nuevo México, Texas y Arizona. Le corresponde a usted determinar los detalles del acuerdo. (. . .)

Con la más elevada confianza se le instruye a informar de lo anterior al presidente de México tan pronto como sea seguro que habrá guerra con Estados Unidos y sugerir que el presidente de México, bajo iniciativa propia, debe comunicarse con Japón para sugerir su inmediata adherencia a este plan; al mismo

tiempo, ofreciendo mediar entre Alemania y Japón.

Por favor aclárele al presidente de México que el empleo de una despiadada guerra submarina promete ahora que Inglaterra se inclinará a hacer la paz en pocos meses❞.

Ampliamente publicitado por los británicos y en la prensa estadounidense, el telegrama de Zimmermann enfureció a los estadounidenses y ayudó a aumentar el apoyo a la guerra. Entonces, entre el 12 y el 19 de marzo, cuatro barcos mercantes estadounidenses fueron hundidos sin advertencia. El 2 de abril de 1917, el Presidente Wilson les pidió a los miembros del Congreso que declararan la guerra a Alemania.

—adaptado de *Almost History*, Roger Bruns ©2000

Al borde de la guerra

En enero de 1917, Alemania cambió su política de guerra submarina. Anunció que hundiría todos los barcos mercantes que viera, armados o no, navegando a puertos Aliados. Aunque comprendía que atraería a los estadounidenses a la guerra, los alemanes creían que podrían derrotar a los Aliados antes que Estados Unidos se involucrara mucho. Un furioso Presidente Wilson rompió las relaciones diplomáticas con Alemania.

Pocas semanas después, un telegrama secreto, interceptado por el gobierno británico, desencadenó una nueva oleada de sentimiento antialemán. A finales de febrero el ministro del Exterior alemán, Arthur Zimmermann, envió un telegrama a México con una oferta para el gobierno mexicano:

> 66 Guerrearemos y haremos la paz juntos. (. . .) [Y] se entiende que México reconquistará el territorio perdido en Nuevo México, Texas y Arizona 99.

Los periódicos publicaron **el telegrama secreto de Zimmermann** el 1 de marzo y los estadounidenses reaccionaron furiosamente a la acción alemana.

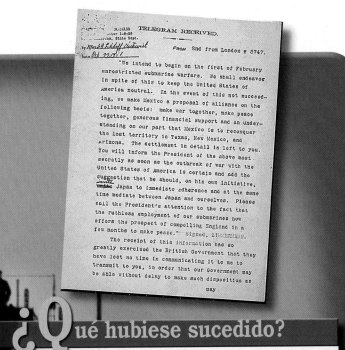

¿Qué hubiese sucedido?

1. ¿Por qué estaba ansioso el gobierno británico de informarle a Estados Unidos sobre la oferta de Alemania a México? ¿Qué esperaba ganar?

2. Si no hubiera habido una nota de Zimmermann, piensas que Estados Unidos: a) ¿hubiera entrado en guerra cuando lo hizo, en abril; b) hubiera entrado en guerra posteriormente; o c) no hubiera entrado a la guerra en absoluto?

Revolución en Rusia

En las semanas siguientes a la publicación del telegrama de Zimmermann, los dramáticos eventos empujaron a Estados Unidos al borde de la guerra. Primero se efectuó una revolución en Rusia. Después de un período de disturbios y huelgas, los rusos destronaron a la monarquía. En su lugar establecieron un gobierno temporal que prometió elecciones libres.

Muchos estadounidenses creyeron que el nuevo gobierno ruso, que había prometido derrotar a Alemania, ayudaría a los Aliados. Con el cambio de Rusia a una forma democrática de gobierno, Wilson podría ahora alegar que los Aliados luchaban una guerra de la democracia contra la **autocracia,** gobierno de una persona con poder ilimitado.

En el mar se desarrollaron otros eventos críticos. En marzo de 1917, en espacio de pocos días, los alemanes atacaron y hundieron cuatro barcos estadounidenses: el *Algonquin,* el *City of Memphis,* el *Illinois* y el *Vigilancia.* Se perdieron treinta y seis vidas.

El Presidente Wilson continuó batallando con su conciencia. Estaba convencido que la guerra destruiría gran parte del optimismo y simpatía por las necesidades humanas que habían propiciado el progreso social que había tenido el país. Por otro lado, su gabinete favorecía fuertemente la guerra. Un oficial del gobierno explicó posteriormente:

> 66 Si hubiéramos permanecido fuera de la guerra y Alemania hubiera ganado, no hubiera habido un equilibrio de poder en Europa ni una flota británica para apoyar la Doctrina Monroe y para proteger a Estados Unidos 99.

El Presidente Wilson decidió que Estados Unidos ya no podía permanecer neutral.

Estados Unidos entra a la guerra

En la fría y lluviosa tarde del 2 de abril de 1917, el Presidente Wilson se presentó ante una sesión especial del Congreso para pedir la declaración de guerra contra Alemania.

> 66 El mundo debe estar seguro para la democracia. (. . .) Es intimidante encabezar este gran y pacífico pueblo a la guerra, a la más desastrosa y terrible de todas las guerras (. . .) pero el derecho es más preciado que la paz . . . 99.

El Congreso no acordó de inmediato en una resolución formal de guerra. Algunos miembros del Congreso estuvieron de acuerdo con el Senador George Norris, de Nebraska. Él sostenía que la participación estadounidense en la guerra era culpa de los banqueros y fabricantes de armas estadounidenses, que estaban decididos a obtener ganancias de la guerra sin importar el precio que pagara el resto del país.

Sin embargo al final, la mayoría de los miembros del Congreso acordó que si Estados Unidos deseaba seguir siendo una gran potencia mundial, debía defender sus derechos. Como resultado, el Congreso aprobó una declaración de guerra y Wilson la firmó el 6 de abril. Cincuenta y seis miembros de la cámara de diputados y del Senado votaron en contra de la guerra, incluyendo a la Diputada Jeannette Rankin, de Montana, la primera mujer en servir en el Congreso.

Estados Unidos tenía que reunir rápidamente al ejército. El 18 de mayo, el Congreso aprobó la **Ley de Servicio Selectivo,** estableciendo el reclutamiento militar. A diferencia del reclutamiento durante la Guerra Civil, que desembocó en disturbios, éste tenía el apoyo de la mayoría del público estadounidense.

Los hombres entre 21 y 30 años de edad (posteriormente el reclutamiento fue extendido de 18 a 45) se registraron por millones. Al final de la guerra, se habían registrado unos 24 millones de hombres. De ellos, alrededor de 3 millones fueron llamados a servicio; otros 2 millones se unieron voluntariamente a las fuerzas armadas.

Además, miles de mujeres se enlistaron en las fuerzas armadas, y era la primera vez que se les permitió hacerlo. Las mujeres efectuaron trabajos que no requerían el combate, trabajando de operadoras de radio, empleadas y enfermeras.

Muchos afroamericanos también deseaban servir a su país. Más de 300,000 se unieron al ejército a la marina de guerra. En la marina no los aceptaron. Los afroamericanos enfrentaron discriminación y racismo en las fuerzas armadas tal como lo hacían en la vida civil. La mayoría tenía trabajos de bajo nivel en bases militares en Estados Unidos. Entre los 140,000 soldados afroamericanos enviados a Europa, 40,000 vieron combate. Muchos sirvieron con distinción. Un regimiento de afroamericanos recibió medallas al valor del gobierno francés. Uno de sus miembros, Henry Johnson, fue el primer estadounidense de origen africano en recibir la Croix de Guerre [Cruz de Guerra] francesa al valor.

HISTORIA En línea

Actividad del estudiante en línea
Visita taj.glencoe.com y haz clic en **Chapter 23—Student Online Activities** para hacer una actividad en línea sobre la Primera Guerra Mundial.

✓ **Comprobación de lectura** **Descripción** ¿Cuál era el objetivo de la Ley de Servicio Selectivo?

EVALUACIÓN DE LA SECCIÓN 2

1. **Términos clave** Define propaganda y autocracia.
2. **Repaso de hechos** ¿Qué le prometía el telegrama Zimmermann a México?

Repaso de temas

3. **Gobierno y democracia** ¿Qué pasos debió tomar el Presidente Wilson para hacer una declaración oficial de guerra?

Pensamiento crítico

4. **Determinación de causa y efecto** Explica la manera en que la guerra en Europa trajo una bonanza económica a Estados Unidos.
5. **Secuencia de información** Recrea el siguiente diagrama y explica la manera en que estos eventos llevaron a Estados Unidos a la guerra.

Acontecimiento	
Hundimiento del *Lusitania*	
Nota de Zimmermann	

Análisis de material visual

6. **Representación de la historia** Examina el submarino de la página 673. ¿Cuál era la velocidad tope de los submarinos estadounidenses? ¿Cuál es la función de los timones de profundidad?

Actividad interdisciplinaria

Redacción explicativa Crea encabezados anunciando los eventos principales descritos en la Sección 2. Ten en cuenta que los encabezados condensan mucha información en pocas palabras.

SECCIÓN 3 Estados Unidos se une a los Aliados

Guía de lectura

Idea principal
Con ayuda de las tropas y suministros estadounidenses, los Aliados cambiaron la situación en contra de Alemania.

Términos clave
convoy, frente, armisticio

Estrategia de lectura
Secuencia de información Al leer la sección, recrea la siguiente cronología e identifica los eventos que se llevaron a cabo.

nov. de 1917	junio de 1918	4 de oct. de 1918	11 de nov. de 1918

Leer para aprender
• qué estaba ocurriendo en Europa cuando Estados Unidos entró en la guerra.
• qué papel jugaron las tropas estadounidenses en la lucha.

Tema de la sección
Conexiones mundiales La entrada de Estados Unidos en la guerra marcó la diferencia inmediatamente, conduciendo eventualmente a la rendición de Alemania.

Presentación preliminar de acontecimientos

♦1917		♦1918		♦1919

junio de 1917
Llegada de tropas estadounidenses a Francia

marzo de 1918
Rusia sale de la guerra

junio de 1918
La Fuerza Expedicionaria Estadounidense empieza a luchar

noviembre de 1918
El armisticio termina la Primera Guerra Mundial

UNA
historia estadounidense

Reclutado por el ejército de Estados Unidos en 1917, Alvin York no quería servir. "Estaba muy preocupado", dijo. "No quería ir a matar". York había crecido en las montañas de Tennessee, donde aprendió a disparar cazando pavos silvestres. Aplicando sus habilidades de tiro en la Primera Guerra Mundial, York mató a 17 soldados alemanes con 17 disparos. También tomó a 132 alemanes como prisioneros y captó 35 metralletas enemigas. Por su valor en combate, el Sargento York recibió la Medalla de Honor.

Suministrando a los Aliados

En 1917 los Aliados necesitaban desesperadamente la ayuda de los soldados estadounidenses. Los años de guerra en trincheras habían agotado a los ejércitos Aliados y algunas tropas francesas se negaron a seguir combatiendo después de una fallida ofensiva en 1917. Los alimentos e implementos de guerra de los británicos comenzaban a escasear; su gente estaba hambrienta. Además, los submarinos alemanes estaban hundiendo un gran número de barcos Aliados, hundiendo uno de cada cuatro barcos que zarpaban de puertos británicos.

La entrada estadounidense a la guerra hizo la diferencia de inmediato. Para asegurar que los implementos necesarios llegaran a Gran Bretaña, la marina de Estados Unidos tomó dos pasos. Primero, ayudó a que los británicos encontraran y destruyeran submarinos alemanes. Luego convoyes, equipos, de destructores de la marina escoltaron a grupos de barcos mercantes a través del Atlántico. El sistema de convoyes funcionó bien. En un año redujo las pérdidas de barcos Aliados de 900,000 a 300,000 toneladas al mes. Con el sistema de convoyes, no se perdió ni un solo soldado estadounidense con destino a Europa debido a ataque submarino.

Retiro ruso

Los Aliados necesitaban más tropas debido a una segunda revolución en Rusia. En noviembre de 1917, los **Bolcheviques,** un grupo de comunistas, derrocó al gobierno democrático ruso establecido en marzo de 1917.

Encabezados por **Vladimir Lenin,** los Bolcheviques deseaban terminar la participación rusa en la guerra para poder enfocar su energía y recursos en el establecimiento de un estado comunista. Lenin sacó a Rusia de la guerra en diciembre. En marzo de 1918, firmó el **Tratado de Brest-Litovsk** con Alemania, entregando

NATIONAL GEOGRAPHIC

Europa durante la Primera Guerra Mundial, 1914–1918

Aliados
Potencias Centrales
Naciones neutrales

0   250 millas
0   250 kilómetros
Proyección acimutal equivalente de Lambert

NORUEGA
SUECIA
Mar del Norte
DINAMARCA
Mar Báltico
REINO UNIDO
mayo de 1915 Alemania hunde el *Lusitania*
Frente Occidental
ALEMANIA
RUSIA
BELGICA
LUX.
OCÉANO ATLÁNTICO
Frente Oriental
FRANCIA
AUSTRIA-HUNGRÍA
Frente Occidental
RUMANÍA
Mar Negro
PORTUGAL
ITALIA
ESPAÑA
SERBIA
BULGARIA
Mar Mediterráneo
GRECIA
IMPERIO OTOMANO

Batallas principales

1. Tannenberg, agosto de 1914
2. 1ª Marne, septiembre de 1914
3. Gallipoli, abr. de 1915-ene. de 1916
4. Verdun, feb.-dic. de 1916
5. 2ª Marne, julio de 1918
6. St. Mihiel, septiembre de 1918
7. 2ª Marne, julio de 1918
8. St. Mihiel, septiembre de 1918
9. Meuse-Argonne, sept.-nov. de 1918

Habilidades **geográficas**

1. **Ubicación** ¿Qué país fue lugar de la mayoría de las batallas del Frente Occidental?
2. **Ubicación** ¿Cerca de qué frente tomó lugar la batalla de Tannenberg?

La vida en las trincheras era lamentable. Los soldados vivían en la tierra y lodo por meses a la vez. Entre las líneas enemigas había una "tierra de nadie" con alambre de púas y minas explosivas. Los días sin fin de bombardeos al enemigo podían ser interrumpidos en ocasiones por un intento de "penetrar" las trincheras y avanzar en territorio enemigo.

Polonia, Ucrania y otros territorios a los alemanes. El retiro de Rusia de la guerra les permitió a los alemanes mover a cientos de miles de tropas de la línea de batalla del Frente Oriental al Frente Occidental en Francia.

Nueva ofensiva alemana

Reforzados por la transferencia de tropas, los alemanes lanzaron una poderosa ofensiva contra los Aliados. Los líderes militares alemanes esperaban meter una cuña en las líneas Aliadas y tomar la ciudad de Amiens antes de proceder hacia París. Entre marzo y junio de 1918, golpearon a las líneas Aliadas, empujándolas hasta 40 millas (64 km) de París. Después de años de no avanzar en el Frente Occidental—el área a lo largo de la frontera francesa-alemana—de repente pareció que Alemania podía ganar la guerra.

Tropas estadounidenses en la guerra

Aunque los primeros soldados estadounidenses llegaron a Francia en junio de 1917, pasaron muchos meses antes de que estuvieran listos para pelear. Cuando finalmente lo hicieron, los estadounidenses ayudaron a cambiar el curso de la guerra.

El General **John J. Pershing** encabezó la **Fuerza Expedicionaria Estadounidense** (AEF), las tropas estadounidenses en Europa. El corresponsal estadounidense Floyd Gibbons describió la tremenda bienvenida que le dieron los franceses a Pershing y a sus tropas en París:

> ❝Las vigas cubiertas de hollín de la Gare du Nord [estación de ferrocarril] se estremecieron con las ovaciones cuando llegó el tren especial. (. . .) Un minuto después, se escuchó un rugido fuera de la estación. La muchedumbre de afuera había escuchado las ovaciones de adentro. (. . .) Pershing tomó París❞.

La AEF llegó a su potencia máxima en Europa en la primavera de 1918. Los franceses y británicos deseaban usar los soldados estadounidenses para fortalecer sus propias tropas, pero el General Pershing se rehusó. Prefirió mantener la AEF como una fuerza separada.

Las Fuerzas Expedicionarias Estadounidenses vieron combate seriamente por vez primera a principios de junio de 1918. Ayudaron a repeler la ofensiva alemana en **Château-Thierry** en el **río Marne** al este de París. Las tropas estadounidenses avanzaron al cercano **Bosque Belleau.** Las 24 horas del día las siguientes tres semanas, las fuerzas estadounidenses lucharon para abrirse camino a través del bosque contra una sólida pared de fuego de metralleta alemana. En julio, los estadounidenses y franceses repelieron los ataques alemanes a las fuerzas Aliadas a lo largo de los ríos Marne y Somme.

A mediados de julio, los Aliados habían detenido la ofensiva alemana. El General Pershing escribió que las batallas habían "cambiado la marea de la guerra". Ahora los Aliados empezaron con su propia ofensiva. A mediados de septiembre, cerca de 500,000 "pastelillos", el apodo que recibieron los soldados estadounidenses, lucharon solos y derrotaron a los alemanes en Saint Mihiel, al este de **Verdun.** Posteriormente en ese mes, más de un millón de tropas estadounidenses se unieron a los Aliados en la **Batalla del Bosque Argonne,** al oeste de Verdun.

La Batalla del Bosque Argonne tomó lugar por casi siete semanas, con los soldados batallando sobre el suelo rugoso y muy arbolado del bosque. El avance de los Aliados se atrasó por motivos de lluvia, lodo, alambre de púas y fuego de las metralletas alemanas, y se perdieron muchas vidas.

El teniente estadounidense Elden Betts se preguntaba si podría sobrevivir a la batalla y escribir a casa, en caso que "me toque mañana". Decía que esperaba que su familia se enorgulleciera de él, finalizando con "Adiós por ahora y gracias papá, Edie y Margie". Cuatro días después Betts fue asesinado.

La batalla del Bosque Argonne finalizó a principios de noviembre, cuando los Aliados finalmente repelieron a los alemanes y rompieron las líneas enemigas. Los alemanes ahora se enfrentaban con la invasión de su propio país.

Comprobación de lectura **Identificación** ¿Cuál fue la primera batalla de importancia que incluyera estadounidenses?

El final de la guerra

Con sus tropas en retirada, los líderes militares alemanes comprendieron que tenían pocas probabilidades de ganar la guerra. Las fuerzas Aliadas ahora estaban reforzadas por los estadounidenses. Además, los alemanes sufrieron fuerte escasez de alimentos y otros suministros esenciales.

Solicitud de armisticio

El 4 de octubre de 1918, el gobierno alemán le pidió al Presidente Wilson un armisticio. Un armisticio es un acuerdo para terminar la lucha.

Wilson consintió con ciertas condiciones. Alemania tenía que aceptar su plan de paz y prometer

En 1915 los alemanes presentaron una nueva arma, el gas venenoso. Con el tiempo, todos los combatientes llegarían a usar el gas en la guerra. Se disparaban balas de cañón que contenían gas y el viento llevaba el gas a las trincheras, provocando ceguera, ahogamiento, daño a los pulmones y la muerte.

no renovar las hostilidades. Todas las tropas alemanas tenían que abandonar Bélgica y Francia. Finalmente, Wilson trataría solamente con líderes civiles, no con los militares.

Aunque los líderes alemanes contemplaron las condiciones de Wilson, en Alemania se presentaron disturbios políticos. El 9 de noviembre, el **kaiser,** o emperador alemán, **Wilhelm II,** fue forzado a abdicar a su trono. Alemania se convirtió en república y sus nuevos líderes rápidamente aceptaron los términos de Wilson para el armisticio.

Comienzo de la paz

El armisticio comenzó el 11 de noviembre de 1918. Alemania acordó retirar todas las fuerzas de tierra al oeste del **río Rin,** retiró su flota del Mar Báltico y entregó enormes cantidades de equipo.

Con la firma del armisticio, la Gran Guerra terminó. El Presidente Wilson anunció:

“Todo por lo que Estados Unidos ha luchado se ha logrado. Será ahora nuestro deber ayudar con el ejemplo, con el consejo sobrio y amable y con ayuda material para el establecimiento de una democracia justa en todo el mundo”.

✔**Comprobación de lectura** **Descripción** ¿Qué condiciones tuvo que aceptar Alemania para acabar con la lucha?

Honrando a los Veteranos

El Día del Armisticio, observado por vez primera el 11 de noviembre de 1919, honró a los soldados Aliados que murieron en la Primera Guerra Mundial. En 1954, el Día del Armisticio fue renombrado Día de los Veteranos en honor de todos aquellos vivos o muertos, que han servido en las fuerzas armadas de EE.UU. en tiempos de guerra. Conmemoraciones similares se efectúan en Canadá en el Día del Recuerdo y en el Reino Unido el Domingo del Recuerdo.

Soldados reciben la Cruz al Servicio Distinguido.

EVALUACIÓN DE LA SECCIÓN 3

Verificación de comprensión

1. **Términos clave** Escribe los encabezados de tres noticias acerca de la Primera Guerra Mundial; usa cada uno de los siguientes términos: **convoy, frente, armisticio.**

2. **Repaso de hechos** ¿Quién encabezó las fuerzas estadounidenses en Europa?

Repaso de temas

3. **Conexiones mundiales** De acuerdo al armisticio, ¿desde dónde acordó Alemania retirar sus fuerzas de tierra?

Pensamiento crítico

4. **Predicción de las consecuencias** ¿Piensas que los Aliados hubieran ganado la guerra si no hubiera intervenido Estados Unidos? ¿Por qué sí o no?

5. **Determinación de causa y efecto** Recrea el siguiente diagrama y anota tres razones por las que los Aliados necesitaban la ayuda de las fuerzas estadounidenses.

Necesidades Aliadas

Análisis de material visual

6. **Habilidades geográficas** Examina el mapa en la página 678. ¿Cuándo tomó lugar la batalla en St. Mihiel? ¿Cuándo tomó lugar la Batalla de Gallipoli? Piensas que fue más fácil para Noruega, España y Suecia permanecer neutrales que para Suiza? ¿Por qué?

Actividad interdisciplinaria

Redacción descriptiva Escribe el texto de una transmisión de radio anunciando la llegada de los soldados estadounidenses a París en 1917.

Desarrollo de HABILIDADES
Estudio y redacción

Bosquejo

¿Por qué desarrollar esta habilidad?

Para esbozar una escena, primero debes dibujar una forma general o contorno de la imagen. Luego llenas esta forma general con los detalles. Bosquejar el material escrito es un proceso similar. Empiezas con la forma general del material y gradualmente introduces los detalles.

Desarrollo de la habilidad

Existen dos tipos de bosquejo, formal e informal. Un bosquejo informal es similar a tomar notas. Escribes únicamente las palabras y frases necesarias para recordar las ideas principales.

Un bosquejo formal tiene un formato estándar. En un bosquejo formal, etiquetas los encabezados principales con números romanos, los subencabezados con letras mayúsculas y los detalles con números arábigos y letras minúsculas. Cada nivel debe tener al menos dos artículos y debe tener una sangría en relación al nivel anterior.

Cuando bosquejas el material escrito, lee primero el material para identificar las ideas principales. En los libros de texto, los encabezados de las secciones proporcionan claves de los temas principales. Luego identifica los subencabezados. Coloca los detalles de apoyo bajo el encabezado apropiado.

Práctica de la habilidad

Estudia el resumen parcial de la Sección 3 en esta página. Entonces responde a estas preguntas:

❶ ¿Es un bosquejo formal o informal?

❷ ¿Cuáles son los tres temas principales?

❸ Si deseas agregar dos hechos acerca de la AEF, ¿dónde los pondrías en el resumen? ¿Usarías números o letras para etiquetar los hechos?

Bosquejo del Capítulo 23, Sección 3

I. Los Aliados europeos necesitan ayuda.
  A. Los ejércitos Aliados están agotados.
    1. La guerra de trincheras acaba con los suministros.
    2. Rusia sale de la guerra.
  B. Los civiles están en problemas.
    1. La gente está hambrienta.
    2. Los barcos de suministros son hundidos por los alemanes.
II. Los estadounidenses entran en la guerra.
  A. La marina de guerra de Estados Unidos patrulla los mares.
    1. Los U-boats alemanes son destruidos.
    2. Los convoyes protegen a los barcos Aliados.
      a. Las pérdidas se reducen en dos tercios.
      b. No mueren soldados estadounidenses.
  B. La Fuerza Expedicionaria Estadounidense (AEF) llega a Europa.
    1. Los alemanes son derrotados en Château-Thierry.
    2. los alemanes son derrotados en el Bosque Belleau.
III. Los Aliados toman la ofensiva.
  A. Se libra la batalla del Bosque Argonne.
  B. El Presidente Wilson enumera las condiciones del armisticio.

Aplicación de la habilidad

Bosquejo Siguiendo las pautas anteriores, prepara un bosquejo de la Sección 2 del Capítulo 23.

 El CD-ROM de Glencoe **"Skillbuilder Interactive Workbook, Level 1"**, contiene instrucciones y ejercicios sobre habilidades fundamentales de ciencias sociales.

La guerra en casa

Idea principal

La Primera Guerra Mundial cambió drásticamente la vida en Estados Unidos.

Términos clave

movilización, discrepante, socialista, pacifista, espionaje, sabotaje

Estrategia de lectura

Análisis de la información Al leer esta sección, recrea el siguiente diagrama para describir los objetivos de estas agencias.

Agencia	Objetivos
Administración de Alimentos	
Consejo de la Industria Bélica	
Comité de Información Pública	

Leer para aprender

- qué pasos tomó Estados Unidos para organizarse y prepararse para la Primera Guerra Mundial.
- cómo afectó la guerra a los estadounidenses.

Tema de la sección

Factores económicos La participación de Estados Unidos en la guerra en Europa provocó desafíos y oportunidades económicos en casa.

Presentación preliminar de acontecimientos

◆1917	◆1918	◆1919
julio de 1917 Se presentan disturbios raciales en East St. Louis	**abril de 1918** Se forma el Consejo Nacional del Trabajo de Guerra	**junio de 1918** El Congreso aprueba las leyes de Sabotaje y Sedición

UNA historia estadounidense

"Por allá, por allá,
Envía el mensaje, envía el mensaje
*   por allá*
Que los Yanquis ya vienen, los Yanquis
*   ya vienen,*
Los tambores suenan por doquier

Prepárate, reza,
Envía el mensaje, envía el mensaje de
*   precaución,*
Llegaremos, llegaremos,
No regresaremos hasta que termine todo
*   por allá".*

George M. Cohan escribió esta alentadora canción para ayudar a crear entusiasmo por la participación estadounidense en la Primera Guerra Mundial. "Over There" (Por allá) fue interpretada en concentraciones para recabar fondos para la guerra.

Movilizando la nación

Después de declararle la guerra a Alemania en 1917, los estadounidenses inmediatamente enfocaron sus esfuerzos en prepararse para la guerra. Movilización, la reunión de recursos y la preparación para la guerra afectaron casi todos los aspectos de la vida estadounidense.

Para asegurar la producción de los materiales vitales para la guerra, el gobierno creó el **Consejo Nacional del Trabajo de Guerra** en abril de 1918. El consejo presionó a las empresas para que accedieran a las demandas más apremiantes de los trabajadores. Como resultado, los trabajadores ganaron un día laboral de ocho horas, sueldo adicional por horas adicionales, pago igual para las mujeres y el derecho a sindicalizarse. A cambio, los trabajadores acordaron no irse a huelga.

Trabajadores durante la guerra

Para cumplir la necesidad de suministros y armas, la industria de la nación se tuvo que ampliar. Sin embargo, al mismo tiempo millones de hombres dejaron sus trabajos en la industria para servir en las fuerzas armadas y algunos inmigrantes europeos, que habrían tomado esos trabajos, llegaron a Estados Unidos durante la guerra.

La falta de mano de obra proporcionó nuevas oportunidades de trabajo para las mujeres y minorías. Muchas mujeres se unieron a la fuerza laboral por primera vez. Se contrató a las mujeres en trabajos que antes tenían los hombres.

La perspectiva de encontrar trabajos buenos también atrajo a cientos de miles de afroamericanos a las ciudades del norte provenientes del sur rural. Además, miles de mexicanos emigraron a Estados Unidos en busca de trabajos.

El pago de la guerra

La guerra es costosa. La Primera Guerra Mundial le costó a Estados Unidos una enorme cantidad de dinero, alrededor de $32 mil millones. Dos tercios de este dinero fue recabado vendiendo los bonos de guerra o **Bonos de la Libertad.**

El gobierno federal también recabó fondos para la guerra aumentando los impuestos y requiriendo que un mayor número de estadounidenses pagaran impuestos sobre los ingresos. Eso gravó a los estadounidenses ricos a tasas tan elevadas como el 70 por ciento de sus ingresos. El gobierno además impuso impuestos elevados en las ganancias comerciales.

$ Economía

Producción de suministros

Estados Unidos tuvo que producir alimentos no solamente para sus propias necesidades, sino también para los Aliados. El Presidente Wilson designó a **Herbert Hoover,** quien había ayudado a organizar la alimentación de los refugiados de guerra en Europa, para encabezar una nueva **Administración de Alimentos.** Esta agencia lanzó una campaña para alentar a los agricultores estadounidenses a producir más y al público a comer menos. La agencia urgió a la gente a observar "Lunes Sin Trigo", "Martes Sin Carne" y "Jueves Sin Puerco" y a aumentar sus reservas de alimentos al plantar "jardines de la victoria". Los lemas como "Sirve sólo lo suficiente" y "Usa los restos" les recordaron a los estadounidenses a conservar alimentos.

La Administración de Alimentos también impuso controles de precios en varios productos agrícolas para alentar el **racionamiento** voluntario, poner un límite al uso. Como resultado de dichos esfuerzos, los estadounidenses consumieron menos alimentos y aumentaron la producción y las exportaciones de los mismos.

Otra agencia gubernamental, el **Consejo de Industrias de Guerra,** supervisó la producción industrial del país. Las responsabilidades del consejo incluyeron la conversión de fábricas a producir bienes relacionados con la guerra y fijó precios para los productos clave de consumo.

Causas y efectos de la Primera Guerra Mundial

Causas

- Orgullo nacionalista
- Competencia por las colonias
- Incremento en la milicia
- Maraña de alianzas
- Asesinato de Franz Ferdinand

Efectos

- Destrucción en Europa
- Bonanza de la economía estadounidense
- Supresión de disidentes en EE.UU.
- Victoria Aliada
- Los imperios derrotados perdieron sus colonias

Organizador gráfica → Habilidades

Después de la Primera Guerra Mundial, Estados Unidos se estableció como líder mundial y gigante económico.

Análisis de la información ¿Cómo afectó la Primera Guerra Mundial la economía de Estados Unidos?

Personajes históricos

Edward Rickenbacker 1890–1973

Hijo de inmigrantes suizos que se establecieron en Ohio, Edward Rickenbacker fue el mejor piloto de combate estadounidense en la Primera Guerra Mundial. "Capitán Eddie" registró 26 victorias oficiales contra aviones alemanes durante la Primera Guerra Mundial y se le otorgó la Medalla de Honor.

Desde muy joven, Rickenbacker estuvo fascinado con la tecnología y velocidad. Trabajó con motores de automóvil, luego se lanzó como piloto de carreras, ganó muchos campeonatos y estableció un récord mundial de velocidad.

Cuando Estados Unidos entró a la guerra, Rickenbacker se ofreció de voluntario. Después de menos de tres semanas de entrenamiento, fue asignado al 94 Escuadrón Aéreo. El 94 voló la primera patrulla en Francia con un escuadrón completamente estadounidense y obtuvo más victorias que cualquier otro.

Después de la guerra, Rickenbacker se asoció con varias compañías automotrices y de aviación. Compró y administró la pista Indianapolis Motor Speedway. Además hizo que la aerolínea Eastern Airlines fuera una de las más grandes del país.

Movilización de apoyo

El gobierno federal también necesitó movilizar el apoyo del público de la guerra debido a que el sentimiento contra la misma permanecía fuerte aún después que Estados Unidos entró en la guerra. El Presidente Wilson designó al periodista George Creel para encabezar el **Comité de Información Pública.** La misión del comité era persuadir a los estadounidenses de que la Guerra representaba una batalla por la democracia y la libertad.

El Comité de Información Pública distribuyó millones de panfletos, pósters, artículos y libros a favor de la guerra. Le proporcionaba a los periódicos los recuentos gubernamentales y publicidad de la guerra. Arreglaba discursos patrióticos, llamados Discursos de Cuatro Minutos para ser presentados antes de obras de teatro y películas. El comité contrató oradores, escritores, artistas y actores para aumentar el apoyo a la guerra. Fue la campaña de propaganda más grande que el país había visto.

Comprobación de lectura **Explicación** ¿Por qué Estados Unidos enfrentó falta de mano de obra durante los primeros días de la Primera Guerra Mundial?

Estadounidenses y la guerra

La Primera Guerra Mundial proporcionó un estímulo a la economía estadounidense. Pero la guerra también tuvo efectos dañinos en la sociedad estadounidense. En el mejor interés de la unidad nacional, el gobierno acalló las voces discrepantes, u oposición. Las tensiones raciales y de otro tipo siguieron y muchos estadounidenses se hicieron intolerantes de quienes eran "diferentes".

Migración afroamericana

Desde 1914 a 1920, entre 300,000 y 500,000 afroamericanos dejaron sus hogares en el sur rural para buscar trabajos y establecerse en las ciudades del norte. Conocida como la **Gran Migración,** este tremendo movimiento poblacional continuó la migración hacia el norte que había iniciado a finales del siglo XIX.

Muchos trabajadores afroamericanos que viajaron al norte encontraron trabajo. Pero sus nuevas vidas no eran fáciles. Con frecuencia vivían en pequeños apartamentos atestados en vecindarios segregados y encontraron que los prejuicios raciales seguían siendo parte de sus vidas en el norte.

Terribles disturbios raciales se presentaron en varias ciudades norteñas durante los años de la guerra. Uno de los peores ocurrió en **East St. Louis, Illinois.** En julio de 1917, una muchedumbre de blancos atacó un vecindario afroamericano, quemando casas y disparándole a los residentes cuando trataban de escapar. Durante los disturbios, murieron 40 afroamericanos y miles perdieron sus hogares.

Control de la opinión pública

Aun después que Estados Unidos entró en la guerra, la oposición a la misma permaneció fuerte. Algunos estadounidenses de origen alemán e irlandés simpatizaban con las Potencias Centrales. Muchos socialistas, gente que creía que la industria debería ser propiedad pública, se oponían a la guerra porque pensaban que ayudaría únicamente a los ricos y dañaría a los trabajadores. También oponiéndose a la guerra estaban los pacifistas, gente que se oponía al uso de la violencia.

Durante la guerra, el Comité de Información Pública empezó a tratar de acallar a los disidentes y señaló a la gente que se oponía a la guerra como poco patriotas. La **Ley contra el Espionaje** aprobado por el Congreso en 1917 le proporcionó al gobierno una nueva arma para combatir a los disidentes de la guerra. La ley estipulaba castigos por espionaje, así como por ayudar al enemigo o por interferir con el reclutamiento del ejército. El Congreso aprobó medidas aún más severas en 1918, la **Ley contra el Sabotaje** y la **Ley contra la**

Sedición. Estas leyes hicieron un delito decir, imprimir o escribir casi cualquier cosa percibida como negativa acerca del gobierno. Dichos actos serían considerados sabotaje, acciones secretas para dañar el esfuerzo bélico. Miles de personas, especialmente los inmigrantes, socialistas, pacifistas y activistas laborales, fueron convictos bajo estas leyes.

La gente empezó a sospechar de los estadounidenses de origen alemán. Algunas comunidades prohibieron actividades como tocar música alemana y enseñar alemán en las escuelas. Como resultado, algunos estadounidenses de origen alemán ocultaron su origen. Dieron nombres patrióticos, tales como "col de la libertad" y "salchicha de la libertad", a palabras que sonaban alemanas como *sauerkraut* y *frankfurter.*

Algunas personas denunciaron estas leyes y la intolerancia que produjeron. Sin embargo, muchos estadounidenses creían que en tiempo de guerra ninguna medida podía ser "demasiado drástica" para los traidores y estadounidenses desleales.

✔ **Comprobación de lectura** **Identificación** ¿Qué ley estipulaba severos castigos para los espías?

EVALUACIÓN DE LA SECCIÓN 4

Verificación de comprensión

1. **Términos clave** Usa cada uno de los términos clave en oraciones que ayuden a explicar su significado: movilización, discrepante, socialista, pacifista, espionaje, sabotaje.
2. **Repaso de hechos** Describe la función del Comité de Información Pública.

Repaso de temas

3. **Factores económicos** ¿Dónde obtuvo Estados Unidos la mayor parte del dinero para financiar la guerra?

Pensamiento crítico

4. **Predicción de consecuencias** ¿Piensas que fue necesario que el gobierno tomara medidas severas contra la gente que se oponía a la guerra? Explica.
5. **Organización de información** Recrea el siguiente diagrama y describe tres maneras en las cuales los estadounidenses apoyaron la guerra en casa.

```
        Ayuda al esfuerzo bélico
    ┌──────────┬──────────┬──────────┐
    │          │          │          │
          ┌──────────┐
```

Análisis de material visual

6. **Habilidades de organización gráfica** Examina el cuadro de causas y efectos en la página 648. ¿Qué le ocurrió a las colonias de los países derrotados al término de la Primera Guerra Mundial en 1918?

Actividad interdisciplinaria

Ciudadanía Supón que Estados Unidos se encuentra actualmente en guerra. Escribe una ley que determine quién es elegible para ser reclutado y qué hacer con la gente que se rehúse a servir.

LITERATURA DE Estados Unidos

George M. Cohan (1878–1942)

Cuando Estados Unidos entró en la Primera Guerra Mundial, alentadoras canciones ayudaron a elevar el ánimo de soldados y civiles. El compositor George M. Cohan recibió la Medalla de Honor por componer "Por Allá", la canción patriótica más popular de la guerra, y por componer "Eres una Gran Bandera".

LEER PARA DESCUBRIR

Al leer la letra de la siguiente canción, piensa acerca de su objetivo. ¿Cómo pudo ayudar al esfuerzo bélico del país? ¿Las palabras utilizadas por el compositor son especialmente patrióticas?

DICCIONARIO DEL LECTOR

Jubileo: celebración
emblema: símbolo
añejo: viejo

You're a Grand Old Flag
(Eres una Gran Bandera)

Un sentimiento que arrebata,
Y que altera mi pensamiento,
Cuando escucho la música
de una banda militar.

Cualquier canción como "Yankee
Doodle"
Simplemente hace mi cabeza girar,
Es eso patriota que
nadie puede entender.

"Hasta el Sur, en la
tierra del algodón",
Melodía que no cansa,
¿No es inspiradora?
¡Hurra! ¡Hurra! Nos uniremos al
Jubileo que ya se celebra,
Para los Yanquis!

Rojo, blanco y azul, ¡Soy tuyo!
Verdaderamente, ¡eres una gran
bandera!

Eres una gran bandera
Volando en todo lo alto
Siempre en paz
deberías volar.
Eres el **emblema** de
La tierra que amo,
El hogar de los libres y
los valientes.
Cada corazón late
ante la roja, blanca y azul,
Donde nunca hay presunción
o alarde.
Pero el **añejo** conocido debe
ser olvidado
Mantén la mirada en la gran
bandera.

ANÁLISIS DE LITERATURA

1. **Memorización e interpetación** ¿Qué representa para Cohan la bandera estadounidense?
2. **Evaluación y conexión** ¿Cómo incluye Cohan al sur en la canción?

Actividad interdisciplinaria

Ciencia La Primera Guerra Mundial provocó un espantoso número de víctimas, en parte debido a la nueva tecnología. Investiga algunas de las prácticas y equipo médico usados en el campo de batalla de la época. Descríbelos en un informe. Fotocopia imágenes de libros y enciclopedias para ilustrar tu reporte.

Guía de lectura

Idea principal
Los planes de paz del Presidente Wilson enfrentaron una gran oposición.

Términos clave
Catorce Puntos, Liga de Naciones, indemnizaciones

Estrategia de lectura
Análisis de la información Al leer la sección, recrea el siguiente diagrama e identifica estas personas y el papel que tuvo cada uno en la posguerra.

Individual	Identidad y papel
Woodrow Wilson	
David Lloyd George	
Henry Cabot Lodge	

Leer para aprender
- qué principios propuso Woodrow Wilson como la base para la paz.
- por qué muchos estadounidenses se opusieron al Tratado de Versalles.

Tema de la sección
Conexiones mundiales El fin de la guerra trajo cambios en muchas partes del mundo y un intento de establecer la paz mundial.

Presentación preliminar de acontecimientos

♦1919 ♦1920 ♦1921

1919
Empieza la Conferencia de Paz en París; se firma el Tratado de Versalles

1920
El Senado rechaza la Liga de Naciones

1921
EE.UU. firma el tratado de paz con las Potencias Centrales

UNA historia estadounidense

"Queremos a Wilson", rugió la multitud cansada de la guerra. "¡Viva el Dr. Wilson!" Los estudiantes británicos con banderas estadounidenses sonrieron, lanzando flores al presidente. Dondequiera en Europa que visitaron los Wilson —París, Roma, Milán— la recepción fue jubilosa. Alentado por las ovaciones de las muchedumbres europeas, Wilson entró con confianza a la Conferencia de Paz de París en el Palacio de Versalles. Estaba seguro que su plan para una paz justa y duradera ganaría la aprobación tanto en Europa como en Estados Unidos.

Después de la guerra

En enero de 1919, los líderes mundiales de 27 países se reunieron en París, Francia, para la conferencia de paz siguiente a la Primera Guerra Mundial. El Presidente Woodrow Wilson encabezó la delegación estadounidense. Cuando Wilson llegó a la ciudad, enormes muchedumbres lo vitorearon. Quien lo saludaba lanzaba flores en su camino y desplegaba letreros que decían: "¡Viva Wilson!" Con gran esperanza, los europeos buscaban que Wilson ayudara a construir un mejor mundo en la posguerra. Pero tenían que enfrentar problemas enormes en el futuro.

Europa estaba en ruinas. Gran parte del paisaje estaba devastado, sus granjas y pueblos destruidos. La pérdida humana fue terrible. Francia, Rusia, Alemania y Austria-Hungría perdieron cada una entre uno y dos millones de personas en la lucha. Millones más fueron heridos. Más de 50,000 estadounidenses fueron muertos en combate, mientras que otros 60,000 soldados murieron de enfermedades. Los cálculos fueron que en toda la guerra el número de soldados muertos en todo el mundo fueron cerca de 9 millones. Millones de civiles también perdieron la vida.

Europa también enfrentaba agitación social y política. Millones de personas estaban sin hogar y hambrientas. Una guerra civil ocurría en Rusia. Polacos, checos y otros pueblos batallaban para formar naciones independientes resultantes de los imperios caídos de Turquía, Rusia y Austria-Hungría. Estos problemas complicaron la búsqueda de la paz y estabilidad.

Los Catorce Puntos de Wilson

Woodrow Wilson tuvo una visión de una paz justa y duradera. Wilson delineó su plan de paz en una propuesta conocida como los Catorce Puntos. Varios puntos trataban el ajuste de las fronteras en Europa y la creación de nuevas naciones. Estos puntos reflejaban la creencia de Wilson en la **"autodeterminación nacional"**, el derecho de la gente de decidir cómo deben ser gobernados.

Wilson además propuso un número de principios para sostener relaciones internacionales. Estos incluyeron llamados al libre comercio, libertad de los mares y el fin a los tratados o acuerdos secretos, reducciones y límites de armas y el ajuste pacífico de disputas sobre las colonias.

📖 *(Ver la página 993 del Apéndice para leer un pasaje de los Catorce Puntos de Wilson.)*

Liga de Naciones

El punto final de Wilson trataba la creación de una Liga de Naciones. Las naciones miembros de la Liga ayudarían a preservar la paz y a prevenir guerras futuras al prometer respetar el territorio de los demás y su independencia política.

Los Catorce Puntos de Wilson reflejaban una sólida fe en la capacidad de los gobiernos de resolver justamente sus problemas. Al principio, los europeos aceptaron las ideas de Wilson. Luego surgieron problemas cuando el plan interfería con los intereses de las diferentes naciones. Además, algunos de los puntos de Wilson eran imprecisos. No proponían soluciones concretas a cuestiones

Total de fuerzas movilizadas

Aliados
42 millones

Potencias Centrales
23 millones

Muertes militares

Aliados
5.1 million

Potencias Centrales
3.4 million

Habilidades gráficas

Análisis de la información ¿Qué lado tuvo la fuerza bélica más grande? ¿Más víctimas?

difíciles, como la manera de lograr la autodeterminación en regiones donde vivían cercanamente muchos grupos étnicos.

✔ **Comprobación de lectura** **Explicación** ¿Qué es la "autodeterminación nacional"?

La Conferencia de Paz

Los Aliados victoriosos dominaron las pláticas en la Conferencia de Paz de París. Los Aliados no invitaron a Alemania ni a Rusia, ahora gobernada por los Bolcheviques, a participar. Las figuras principales en las negociaciones fueron los Cuatro Grandes: el Presidente Wilson, el Primer Ministro David Lloyd George de Gran Bretaña, el Premier Georges Clemenceau de Francia y el Primer Ministro Vittorio Orlando de Italia.

Los Aliados difieren

Wilson enfrentó una tarea difícil. Aunque los europeos lo ovacionaban, sus líderes mostraron poco entusiasmo por los Catorce Puntos.

Aunque Wilson se opuso a castigar a los países derrotados, los Aliados europeos buscaban venganza. Clemenceau quería asegurarse que Alemania, que había invadido Francia dos veces en su vida, nunca más invadiera su país. Él creía que Alemania debería ser dividida en países más pequeños. Tanto él como Lloyd George demandaron que Alemania hiciera grandes indemnizaciones, o pagos, por los daños que

Naciones nuevas

0 — 300 millas
0 — 300 kilómetros
Proyección acimutal equidistante

Habilidades geográficas

1. **Región** ¿Qué naciones nuevas tenían frontera con Alemania?
2. **Análisis de la información** ¿Qué nuevas naciones no tenían costas en el mar u océano?

El Tratado de Versalles

El 28 de junio de 1919, después de meses de difíciles negociaciones, los Aliados y Alemania firmaron un tratado en el Palacio de Versalles, en las afueras de París. Los severos términos del tratado asombraron a los alemanes. Sin embargo, derrotados, no tuvieron otra alternativa más que firmar.

Bajo los términos del **Tratado de Versalles,** Alemania tenía que aceptar toda la responsabilidad de la guerra y pagar miles de millones de dólares en indemnización a los Aliados. Alemania también tenía que desarmarse completamente y renunciar a sus colonias en el extranjero y a parte de su territorio en Europa.

El tratado dividió los imperios Austro-Húngaro y Ruso para crear nuevos países o restaurar los anteriores. La aparición de estas naciones cumplió parte de la visión de Wilson de la "autodeterminación nacional". Sin embargo, se disputaron muchas de las fronteras de los nuevos países, y esto provocó nuevos conflictos en el futuro.

Aunque se sentía decepcionado por el rechazo de buena parte de sus Catorce Puntos, Wilson tuvo éxito al incluir la Liga de Naciones en el tratado. Él creía que la Liga corregiría los errores del resto del tratado.

Comprobación de lectura **Explicación** ¿Qué previsiones se incluyeron en el Tratado de Versalles acerca de la indemnización?

Oposición en casa

Wilson presentó el Tratado de Versalles al Senado de Estados Unidos para su ratificación en julio de 1919. "¿Nos atreveremos a rechazarlo y a romperle el corazón al mundo?" preguntó. A pesar de su petición, enfrentaba una dura lucha.

Muchos estadounidenses tenían dudas acerca del tratado. Algunos pensaban que trataba a Alemania muy severamente. Muchísimos estadounidenses se preocupaban acerca de la participación

provocaron los alemanes durante la guerra. Aunque Wilson batalló para sostener los principios de sus Catorce Puntos en la reunión de París, fue forzado nuevamente a transigir o ceder a las demandas de los demás Aliados.

Al mismo tiempo, los Aliados tenían que decidir cómo tratar con el nuevo gobierno Bolchevique de Rusia. Temiendo la diseminación del comunismo, Francia, Gran Bretaña y Estados Unidos apoyaron a las fuerzas anti-Bolcheviques que luchaban por el control de Rusia. Los tres países enviaron tropas a Rusia.

en la Liga de Naciones, la cual marcaba un compromiso estadounidense permanente en los asuntos internacionales.

En 1919 los republicanos controlaban el Senado, el cual tenía que ratificar el tratado. Algunos senadores republicanos vieron el asunto de la ratificación como una oportunidad para apenar al Presidente Wilson, demócrata y para debilitar al Partido Demócrata antes de las elecciones de 1920. Otros senadores tenían dudas sinceras acerca del tratado, particularmente acerca de la Liga de Naciones. Algunos senadores se opusieron a firmar cualquier tratado.

El oponente más poderoso del tratado fue **Henry Cabot Lodge,** de Massachusetts, presidente del Comité de Relaciones Extranjeras del Senado. Lodge, un enemigo del Presidente Wilson, declaraba que la membresía en la Liga significaría que

> ❝Tropas y barcos estadounidenses podrían ser enviados a cualquier parte del mundo por naciones que no fuera Estados Unidos y que ésa era una propuesta a la que nunca podría acceder❞.

Lodge demoró el voto del tratado para que los opositores pudieran presentar sus casos. Luego se opuso a cierto número de reservas que limitarían las obligaciones estadounidenses bajo el tratado.

En septiembre, Wilson se embarcó en una gira nacional para aumentar el apoyo para el tratado y la Liga de Naciones. El 25 de septiembre, Wilson se desplomó. El resto de su gira fue cancelada. De regreso a Washington, Wilson sufrió una embolia que lo dejó parcialmente paralizado. Durante la enfermedad del presidente, su esposa, Edith Wilson, trató de protegerlo de las presiones de las responsabilidades y asumió un papel principal en la decisión de los asuntos que eran lo suficientemente importantes para que él los supiera.

Rechazo del tratado

En los meses siguientes a la embolia de Wilson, aumentó la oposición al tratado. En marzo de 1920, cuando el Senado votó el tratado con los cambios de Lodge, Wilson le ordenó a los demócratas leales que votaran en contra.

Opuesto por la mayoría de republicanos y abandonado por los antiguos partidarios, el Tratado de Versalles, junto con la Liga de Naciones, fueron rechazados en el Senado. Wilson esperaba que las elecciones de 1920 fueran un "grande y solemne referéndum" de la Liga. Hasta consideró ser candidato para un tercer período. Sin embargo, al final, Wilson no lo hizo. En 1921 Estados Unidos firmó un tratado de paz por separado con cada una de las Potencias Centrales y nunca se unió a la Liga de Naciones.

✓ **Comprobación de lectura** **Explicación** ¿Cómo votó el Senado el tratado?

EVALUACIÓN DE LA SECCIÓN 5

Verificación de comprensión

1. **Términos clave** Escribe un artículo pequeño acerca de los planes de paz después de la Primera Guerra Mundial; usa cada uno de los siguientes términos clave: Catorce Puntos, Liga de Naciones, indemnizaciones.
2. **Repaso de hechos** ¿Qué naciones fueron creadas o restauradas a través del Tratado de Versalles?

Repaso de temas

3. **Conexiones mundiales** ¿Cómo pensaba el Presidente Wilson que la Liga de Naciones ayudaría a mantener la paz mundial?

Pensamiento crítico

4. **Análisis de la información** Algunos estadounidenses pensaban que el Tratado de Versalles era muy severo con Alemania. ¿Qué términos hubieras propuesto tú para Alemania?
5. **Organización de la información** Recrea el siguiente diagrama y describe las previsiones del tratado que finalizaban la Primera Guerra Mundial.

Tratado de Versalles

Análisis de material visual

6. **Habilidades geográficas** Examina el mapa de la página 690 que muestra las fronteras europeas siguientes a la Primera Guerra Mundial. ¿Cuál de las siguientes no era una nación nueva, Polonia, Latvia o Bulgaria? ¿Era Portugal una nación nueva?

Actividad interdisciplinaria

Geografía Compara un mapa de Europa después de la Primera Guerra Mundial con un mapa reciente. Haz una lista de los cambios significativos de las fronteras que hayan ocurrido desde esa época.

Resumen del capítulo

Primera Guerra Mundial

1914
- Asesinato del archiduque Franz Ferdinand
- Austria-Hungría le declara la guerra a Serbia
- Alemania le declara la guerra a Rusia y Francia
- Alemania invade Bélgica
- Gran Bretaña se une a los Aliados
- Los Aliados rechazan las fuerzas alemanas en Marne

1915
- Uso de gas venenoso por primera vez en combate
- Empieza la guerra submarina
- El Presidente Wilson declara que mantendrá a Estados Unidos fuera de la guerra
- El *Lusitania* es hundido

1916
- Los franceses sufren muchas víctimas en la Batalla de Verdun
- El Presidente Wilson le pide a Alemania que detenga la guerra submarina

1917
- EE.UU. rompe relaciones diplomáticas con Alemania
- EE.UU. le declara la guerra a Alemania en abril
- Las primeras tropas estadounidenses llegan a Francia en junio

1918
- El general Pershing encabeza la Fuerza Expedicionaria Estadounidense en Europa
- Los Aliados rechazan a las Potencias Centrales en Château-Thierry
- Tropas de EE.UU. sacan a los alemanes del bosque Belleau
- Los Aliados derrotan a las fuerzas alemanas en la segunda Batalla de Marne

1919
- Se firma el Tratado de Versalles, terminando oficialmente la Gran Guerra

Repaso de términos clave

Examina los pares de palabras que figuran a continuación. Luego escribe una oración explicando lo que cada par tiene en común.

1. nacionalismo, militarismo
2. movilización, convoy
3. Catorce Puntos, Liga de Naciones
4. espionaje, sabotaje

Repaso de hechos clave

5. ¿Por qué los países europeos formaron alianzas?
6. ¿Por qué el telegrama de Zimmermann empujó a Estados Unidos a la guerra?
7. ¿Qué fue la Promesa de Sussex?
8. ¿Quién ganó las elecciones presidenciales de 1916?
9. ¿Cómo afectó el retiro de Rusia de la Primera Guerra Mundial?
10. ¿De qué manera la guerra ayudó a mejorar las condiciones de los trabajadores estadounidenses?
11. ¿Quiénes fueron los líderes de la Conferencia de Paz de París?
12. ¿Cuál era la principal preocupación de Henry Cabot Lodge acerca de la Liga de Naciones?

Pensamiento crítico

13. **Ciencia y tecnología** ¿Qué ventajas proporcionaron los aviones en la guerra?
14. **Gobierno y democracia** ¿Cómo usó el Presidente Wilson la revolución rusa en marzo de 1917 para ganar apoyo para la guerra?
15. **Análisis de la información** ¿Cuáles fueron las cuatro naciones que dominaron la Conferencia de Paz en París?
16. **Determinación de causa y efecto** recrea el siguiente diagrama y explica las causas de la falta de mano de obra en Estados Unidos durante la guerra.

Escasez de mano de obra

Práctica de habilidades

17. **Bosquejo** En una hoja de papel por separado, prepara un bosquejo de la Sección 5 del texto.

Actividad de geografía e historia

Estudia el siguiente mapa y luego responde las preguntas.

Prueba de autocomprobación
Visita taj.glencoe.com y haz clic en **Chapter 23—Self-Check Quizzes** a fin de prepararte para el examen del capítulo.

NATIONAL GEOGRAPHIC — **El Frente Occidental, 1914–1918**

Mar del Norte
PAÍSES BAJOS
Ypres
BÉLGICA
ALEMANIA
R. Somme
Somme
LUX.
Amiens
Bosque Argonne
Bosque Belleau
Rheims
Verdun
R. Marne
Château-Thierry
París
FRANCIA

0   50 millas
0   50 kilómetros
Proyección cónica equivalente de Albers

- - - Mayor avance alemán, 1914
⟶ Ofensiva Aliada, 1918
—— Línea de Armisticio, 1918
✹ Batalla no decidida
✹ Victoria Aliada

18. Ubicación ¿Qué tan lejos de París se libró la Batalla de Amiens?

19. Movimiento ¿En qué dirección se movieron las fuerzas Aliadas después de la batalla de Ypres?

20. Ubicación ¿En qué país sucedieron las batallas de Amiens y Verdun?

 ## Actividad tecnológica

21. Uso de Internet Busca en línea más detalles acerca de la época de la "Gran Guerra", la Primera Guerra Mundial. Usa la información que encuentres para crear un cuadro titulada "Primera Guerra Mundial, un análisis más detallado". Enfócate en las causas de la guerra, métodos bélicos y el resultado de la guerra en varios países. Incluye el número de víctimas y los costos de la reconstrucción.

Actividad ciudadana cooperativa

22. Conclusiones Con un compañero, investiga fuentes primarias y secundarias acerca de la Ley contra el Espionaje de 1917. Escribe un artículo de una página para responder a estas preguntas: ¿Son necesarias leyes restrictivas durante una guerra? ¿Por qué sí o no? Comparte el artículo con un compañero de curso.

Actividad de economía

23. ¿Qué efecto tiene la guerra en la economía de un país? Describe al menos un efecto positivo y uno negativo.

 ## Evaluación alternativa

24. Redacción explicativa Escribe un párrafo explicando por qué la Liga de Naciones era tan importante para el Presidente Wilson.

Práctica de examen estandarizado

Instrucciones: Selecciona la *mejor* respuesta a la pregunta siguiente.

Estados Unidos no entró en la Primera Guerra Mundial hasta 1917. ¿Cuál de los siguientes fue un factor importante para convencer al público estadounidense que apoye la guerra?

A Ataques submarinos alemanes a barcos mercantes estadounidenses

B Pérdida continua de tropas y territorio del ejército ruso

C Incapacidad de los británicos y franceses de derrotar a Alemania

D La amenaza de una invasión alemana

Consejo para el examen

Esta pregunta te pide que recuerdes un *hecho* acerca de la Primera Guerra Mundial. Debido a que la mayoría de estadounidenses favorecía una política de aislamiento, la respuesta **C** no es una razón suficiente para cambiar la opinión pública.

Crea un periódico de edición especial

¿Cómo te enteraste del evento nacional o internacional más reciente? Probablemente lo escuchaste en las difusoras de información, periódicos, revistas, radio y televisión. A lo largo de la historia, los medios han tenido una parte importante en la formación de opiniones de los estadounidenses acerca de acontecimientos nacionales e internacionales. Imagina que eres reportero de noticias. Crea un periódico que reporte los eventos de la Primera Guerra Mundial para el público estadounidense.

Cómo eran las cosas

Hoy en día casi todos los estadounidenses reciben información a través de las difusoras de información. Pero no siempre los medios atrajeron la atención del público tan fácilmente. Antes del final del siglo XIX, los periódicos simplemente reportaban noticias. Sin embargo a finales del siglo XIX, los periódicos empezaron a usar encabezados sensacionalistas. Cuando muchos estadounidenses tomaron sus periódicos y leyeron: "LUSITANIA HUNDIDO POR UN SUBMARINO, POSIBLEMENTE 1,260 MUERTOS", se enfurecieron. Muchos exigieron venganza y guerra contra el agresor, el cual los periódicos señalaban era Alemania. Eventualmente esta indignación condujo al ingreso de Estados Unidos en la Primera Guerra Mundial. Durante la guerra, mientras los soldados estadounidenses luchaban con los Aliados en Europa, sus amigos y familiares buscaban afanosamente los periódicos para enterarse de lo que ocurría en el frente de batalla. Los estadounidenses dependían de los periódicos para mantenerse al tanto de los últimos acontecimientos. Ahora, crea un periódico de edición especial para informarle a los estadounidenses acerca de un acontecimiento o batalla de la Primera Guerra Mundial.

¡Aunque no lo creas!

El 7 de noviembre de 1918, los estadounidenses leyeron en los periódicos que la Primera Guerra Mundial había terminado. Inmediatamente la gente salió a las calles a celebrar. Sin embargo, en Europa, continuaba la lucha. ¡Los periódicos estaban equivocados! En realidad la guerra terminó tres días después.

THE LUSITANIA IS SUNK; 1,000 PROBABLY ARE LOST

GERMANS TORPEDO THE GIANT STEAMSHIP AND SHE FOUNDERS EIGHT MILES FROM IRISH COAST

RESCUE VESSELS SPEED TO THE SCENE TO PICK UP SURVIVORS

Materiales

✓ papel y bolígrafo o lápiz
✓ acceso a recursos de biblioteca y/o Internet
✓ periódicos o revistas
✓ cinta o pega
✓ máquina de escribir o computadora (opcional)

694

Qué hacer

Después de organizarse en grupos de tres o cuatro, sigue las siguientes instrucciones: Decide las tareas específicas de cada miembro.

1 En grupo, usa tu libro de texto u otros recursos para investigar y decidir qué evento, situación o persona(s) será el enfoque de tu periódico de edición especial de la Primera Guerra Mundial.

2 En grupo, asigna los siguientes papeles a los miembros del grupo: historiador, periodista, ilustrador/cartógrafo y biógrafo.

3 Individualmente, completa la investigación que se relacione con el papel que se te ha asignado. Ten en cuenta que los reporteros de periódicos se enfocan en responder las "5 preguntas" cuando investigan sus historias: **Quién** estuvo involucrado, **Qué** ocurrió, **Cuándo** ocurrió, **Dónde** ocurrió y **Por qué** ocurrió.

4 Después de que completes tu investigación, escribe un artículo desde el punto de vista de tu papel. (¡Recuerda incluir las 5 preguntas!) No olvides incluir un encabezado que llame la atención de los lectores.

5 Escribe otro con crítica constructiva y revisa las historias de la manera necesaria.

6 Combina tus artículos finales en un periódico del grupo. Trabaja en conjunto para seleccionar el mejor diseño del periódico. Juntos, decidan si está completo el periódico de edición especial. ¿Le faltan algunas gráficas? ¿Se vería mejor con una caricatura o fotografía? ¿Algunas de las historias son muy cortas o largas? Revisa tu periódico si es necesario.

7 Distribuye a la clase tu periódico de edición especial.

Informe del proyecto

1. ¿Cuál es el tema de tu periódico de edición especial? ¿Por qué el grupo seleccionó este tema?

2. ¿Cómo el trabajar en grupo te ayudó a crear un mejor periódico? ¿Cómo sería tu periódico si hubieras trabajado solo?

3. **Análisis de la información** ¿Qué consejo le darías a un estudiante más joven que desea convertirse en reportero de un periódico?

Ir un paso más allá

Convierte una de las historias principales de tu periódico en una transmisión de radio de noticias de última hora. Antes de escribir tu transmisión, considera la manera en que una historia por radio es diferente de una escrita. Lee tu transmisión en la clase.

UNIDAD
9

Décadas turbulentas

1919–1945

Por qué es importante

Al estudiar la Unidad 9, examinarás cómo afectó la Gran Depresión en la vida de la gente y la nación en conjunto. También aprenderás las causas de la Segunda Guerra Mundial. Los siguientes recursos contienen más información sobre este período de la historia estadounidense.

Casco del General George A. Patton

Biblioteca de fuentes principales

Mira en las páginas 974–975 el listado de lecturas de fuentes principales que acompañan a la Unidad 9.

💿 Encuentra en el **CD-ROM American History Primary Source Document Library** las fuentes principales adicionales acerca de la Gran Depresión y la Segunda Guerra Mundial.

El pueblo de Palermo, Sicilia, da la bienvenida a las fuerzas estadounidenses, julio de 1943

"*A nada debemos tener miedo, salvo al miedo mismo*".

—*Franklin Delano Roosevelt, 1933*

CAPÍTULO
24 La era del jazz

1919–1929

Por qué es importante

La gente llamó a la década de 1920 la "era del Jazz", en parte por la nueva música popular, pero también por el espíritu inquieto y descuidado de ese tiempo. La economía había florecido y muchos estadounidenses prosperaron. Sin embargo, muchos estadounidenses no compartieron las ganacias económicas de esta época.

El impacto actual

La década de 1920 produjo nuevos y sorprendentes cambios en la sociedad estadouni- dense. Nuevas formas de entretenimiento, como la radio y el cine, son populares aún hoy. El automóvil cambió para siempre el modo de vida estadounidnese. Contribuyó al traslado a casas, establecimientos y fábricas desde los centros de las ciudades hacia los suburbios.

 Video **El viaje estadounidense** *El video del Capítulo 24, "The Jazz Age", examina el desarrollo de la música jazz en la cultura de Estados Unidos.*

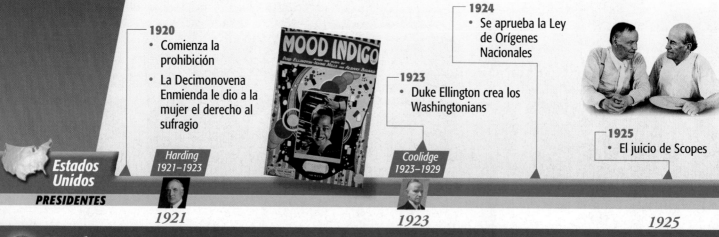

1920
- Comienza la prohibición
- La Decimonovena Enmienda le dio a la mujer el derecho al sufragio

Harding 1921–1923

1923
- Duke Ellington crea los Washingtonians

Coolidge 1923–1929

1924
- Se aprueba la Ley de Orígenes Nacionales

1925
- El juicio de Scopes

 Estados Unidos

PRESIDENTES

1921

1923

1925

Mundo

1922
- Se publica *Ulíses* de Joyce
- Mussolini se convierte en primer ministro italiano

PLEGABLES™
Organizador de estudios

Plegable de estudio de explicación de vocabulario Para entender completamente lo que has leído, debes poder identificar y explicar los términos clave del vocabulario. Usa este plegable para identificar, definir y utilizar términos importantes del Capítulo 24.

Paso 1 Dobla una hoja de papel por la mitad de lado a lado.

Paso 2 En un lado, corta a lo largo de cada tercera línea.

> A medida que cortes se formarán lengüetas.

Paso 3 Rotula el plegable a medida que leas el capítulo. El primer término del vocabulario está marcado en el modelo de abajo.

> Normalmente forma 10 lengüetas.

Capitalism

Lectura y redacción Al leer este capítulo, escribe los términos claves del vocabulario en las lengüetas frontales del plegable. Después, anota la definición de cada término debajo de la lengüeta y escribe una oración usando el término correctamente.

La seguridad en último lugar Las aventuras fílmicas del actor Harold Lloyd simbolizaron las emociones y el entusiasmo de la era del jazz.

1927
- Lindbergh vuela a través del Atlántico
- Babe Ruth batea 60 jonrones
- Estreno de *El cantor de jazz,* la primera película sonora

1927

1929

1927
- Demostración del prototipo funcional de la televisión
- Lemaitre propone la teoría de la gran explosión

1928
- El Pacto Kellogg-Briand es firmado por 15 naciones
- Fleming descubre la penicilina

1929
- Hubble presenta la teoría de expansión del universo
- La caída precipitosa de la bolsa de valores de EE.UU. desencadena una depresión mundial

HISTORIA
En línea
Descripción general del capítulo
Visita taj.glencoe.com y haz clic en **Chapter 24—Chapter Overviews** para ver la información preliminar del capítulo.

Tiempos agitados

Guía de lectura

Idea principal

La primera guerra mundial hizo que algunos estadounidenses fueran intolerantes, es decir, que no estaban dispuestos a respetar las creencias o costumbres de otros.

Términos clave

capitalismo, anarquista, deportar

Estrategia de lectura

Análisis de la información Al leer la sección, recrea el siguiente diagrama y responde a la pregunta que le corresponde a cada línea en blanco.

	¿Qué fue esto?
El temor rojo	
El juicio de Sacco y Vanzetti.	
UNIA	

Leer para aprender

- qué factores contribuyeron a los prejuicios contra los extranjeros.
- cómo afectaron a la nación los disturbios laborales y raciales de la década de 1920.

Tema de la sección

Continuidad y cambio Después de la Primera Guerra Mundial surgieron conflictos especialmente entre los trabajadores y las diferentes razas.

Presentación preliminar de acontecimientos

◆1910   ◆1915   ◆1920   ◆1925

1914 Marcus Garvey funda la Asociación Universal para la Mejora de los Negros

1917 Los bolcheviques toman el control de Rusia

1920 Miles de personas son arrestadas durante las redadas de Palmer

1921 Sacco y Vanzetti son declarados culpables

UNA historia estadounidense

En un día caluroso del verano de 1920, alrededor de 50,000 afroamericanos marcharon por las calles de Harlem, en la ciudad de Nueva York. Miles más llenaban las aceras y aclamaban a los manifestantes. Su líder, Marcus Garvey, despertó nuevas esperanzas en ellos al decir: "Somos descendientes de un pueblo que está decidido a no sufrir más". Un participante en la marcha recordaba más tarde que: "Fue la mayor demostración de [unidad afroamericana] en la historia estadounidense. . .".

Miedo al radicalismo

La mayor parte de la década de 1920 no fue un período de unidad. Durante la primera guerra mundial, el gobierno de Estados Unidos había arrebatado algunas de las libertades a sus ciudadanos. Muchas personas que se opusieron al papel de la nación en la guerra fueron arrestadas. Después de la guerra continuó la atmósfera de desconfianza. Cansados de la guerra y de las responsabilidades mundiales, los estadounidenses estaban ansiosos de regresar a la vida normal. Tenían cada vez más sospechas de los extranjeros, de las ideas extranjeras y de aquéllos que tenían opiniones distintas a las suyas.

En 1919, Wilson y los líderes mundiales que asistieron a la conferencia de paz firmaron el **Tratado de Versalles.** Sin embargo, a pesar de los esfuerzos de Wilson, el senado rehusó ratificar dicho tratado.

Casi al mismo tiempo, la revolución rusa afectó grandemente a algunos estadounidenses. Como leíste en el capítulo 23, los bolcheviques tomaron el control de Rusia en noviembre de 1917 y comenzaron a establecer un estado comunista. Ellos alentaban a los trabajadores del mundo a derrocar al capitalismo, un sistema basado en la propiedad privada y la libre empresa, dondequiera que existiera. Muchos estadounidenses temían que el "bolchevismo" amenazara al gobierno y a las instituciones de su país.

Esos temores fueron avivados por las acciones de los anarquistas, personas que creían que el gobierno no debía existir. Una serie de atentados anarquistas en 1919 atemorizó a los estadounidenses. Un grupo de funcionarios jueces y el fiscal general de Estados Unidos recibió paquetes que contenían bombas. Una bomba le arrancó la mano a la criada de un senador de Estados Unidos. Muchos de los anarquistas habían nacido en el extranjero, lo que contribuyó al temor a los extranjeros en todo el país.

El temor rojo

Esta ola de temor condujo al **Temor rojo,** que fue un período en que el gobierno persiguió a los "rojos", que era como se conocían a los comunistas, y a otras personas con puntos de vista radicales. A fines de 1919 y principios de 1920, el fiscal general **A. Mitchell Palmer** y su adjunto, J. Edgar Hoover, ordenaron el arresto de personas sospechosas de ser comunistas y anarquistas. Palmer y Hoover también hicieron redadas en las oficinas principales de varios grupos "sospechosos". En sus redadas, el gobierno arrestó a varios miles de personas, registró casas y oficinas y confiscó documentos. Ellos no encontraron los grandes alijos de armas y dinamita que decían que andaban buscando.

Palmer dijo que las redadas eran justificadas. "La llama de la revolución recorría cada institución estadounidense de orden público", declaró, "quemando los cimientos de la sociedad". El gobierno deportó, es decir, expulsó de Estados Unidos, a varios cientos de extranjeros que había arrestado, pero puso en libertad rápidamente a muchos otros por falta de pruebas. Con el tiempo, las personas se dieron cuenta de que el peligro de la revolución fue grandemente exagerado. El temor rojo pasó, pero el temor que le dio lugar se mantuvo.

Sacco y Vanzetti

El temor a los inmigrantes y a las ideas radicales se puso de manifiesto en un caso criminal en Massachusetts en 1920. Dos hombres robaron en una fábrica de zapatos en South Braintree, Massachusetts, y dispararon y mataron a un guardia y al encargado de la nómina. Poco después,

Representación **de la historia**

Nicola Sacco y Bartolomeo Vanzetti entran a la sala de un tribunal en Massachusetts, mientras que manifestantes inmigrantes en la ciudad de Nueva York exigen la libertad de los dos hombres. **¿Qué puso de manifiesto el caso de Sacco y Vanzetti en relación al sentimiento de muchos estadounidenses?**

Huelgas, tales como la huelga del acero de 1919, disminuyeron el apoyo público a los gremios.

la policía arrestó a los inmigrantes italianos **Nicola Sacco** y **Bartolomeo Vanzetti** en relación con el crimen. Los dos hombres fueron juzgados y declarados culpables en julio de 1921 y fueron condenados a muerte.

El caso de Sacco y Vanzetti provocó un escándalo. Ninguno de los dos hombres tenía antecedentes penales. Ambos eran anarquistas, y Sacco era dueño de una pistola similar a la que se había usado durante el asesinato. Felix Frankfurter, que más tarde sería juez de la Corte Suprema, escribió la defensa de los dos hombres. El presidente de la Corte Suprema, William Howard Taft, acusó a Frankfurter por su "propaganda despiadada".

Muchos estadounidenses exigieron que la pena de muerte fuera ejecutada. En 1927, una comisión especial creada por el gobernador de Massachusetts confirmó el veredicto. Sacco y Vanzetti, fueron ejecutados, mientras proclamaban su inocencia. Los historiadores aún hoy continúan debatiendo el veredicto. El caso resaltó la profundidad de los sentimientos contra los extranjeros y radicales en Estados Unidos durante la década de 1920.

Comprobación de lectura **Explicación** ¿En qué se basa el capitalismo?

Descontento laboral

Durante los años de la guerra, los obreros y la administración no le prestaron atención a sus diferencias. El sentimiento patriótico, los altos salarios y las leyes que regían durante el tiempo de guerra minimizaron el conflicto. Cuando la guerra terminó, el conflicto de nuevo se avivó. Los trabajadores estadounidenses exigieron incrementos de salario para mantenerse a la par con el rápido incremento de los precios. Ellos llevaron a cabo más de 2,500 huelgas durante 1919. La ola de huelgas alimentaba su miedo a los bolcheviques y radicales, que muchos pensaban eran los que fomentaban las inquietudes laborales.

Las huelgas recorren el país

Una huelga larga y enconada, la más larga en la historia de Estados Unidos hasta ese momento, tuvo lugar en la industria del acero. Alrededor de 350,000 trabajadores siderúrgicos fueron a la huelga en septiembre de 1919 con demandas de mayores salarios y una jornada laboral de ocho horas. Las compañías de acero, empleando técnicas de propaganda aprendidas durante la guerra, desataron una campaña contra los huelguistas. En anuncios en los periódicos acusaban a los huelguistas de ser "agitadores rojos". Las acusaciones de comunismo les costó a los huelguistas la pérdida del apoyo del público y contribuyó a la conclusión de la huelga. Violencia había tenido lugar en ambas partes. Dieciocho huelguistas murieron durante una revuelta en Gary, Indiana.

En septiembre de 1919, agentes policiales en **Boston** fueron a la huelga para exigir el derecho a formar un gremio. Esta huelga de empleados públicos enojó a muchos estadounidenses que aplaudieron la fuerte posición que asumió el gobernador de Massachusetts **Calvin Coolidge** contra los huelguistas. Coolidge dijo:

> 66Nadie, en ningún lugar y en ningún momento, tiene el derecho de hacer huelga contra la seguridad pública99.

Cuando la huelga fracasó, las autoridades despidieron a toda la fuerza policial de Boston. La mayoría de los estadounidenses estuvo de acuerdo con la decisión.

Los trabajadores se encontraban más endeudados debido a que los precios subían, mientras que los salarios se mantenían iguales. Aún así, los gremios laborales no lograron establecer amplio apoyo entre las familias trabajadoras. Muchos estadounidenses vinculaban a los gremios con el radicalismo y el bolchevismo. Una creciente oposición a los gremios, junto a fuertes presiones por parte de los empleadores y el gobierno para no afiliarse a ellos, dio lugar a una fuerte disminución de la membresía de los gremios durante la década de 1920.

Durante este período de decadencia de los gremios, un afroamericano dinámico, **A. Philip Randolph,** creó el gremio "Hermandad de mozos de coches para dormir" (en inglés, Brotherhood of Sleeping Car Porters). Integrado mayormente por afroamericanos, este gremio de trabajadores ferroviarios se enfrentó a dificultades durante sus primeros años, pero comenzó a crecer durante la década de 1930, cuando la política del gobierno alentaba a los gremios. Randolph fue un líder del movimiento por los derechos civiles durante las décadas de 1950 y 1960.

✓ **Comprobación de lectura** **Resumen** ¿Cuál fue el resultado de la huelga policial de Boston?

Disturbios raciales

Durante la primera guerra mundial, más de 500,000 afroamericanos del Sur se habían mudado hacia el Norte en busca de empleo. A muchos blancos del Norte les ofendía tener que competir contra los afroamericanos para conseguir empleo.

En 1919, las crecientes tensiones raciales condujeron a la violencia. En el Sur más de 70 afroamericanos fueron linchados. En Chicago se desató una revuelta violenta después que un grupo de blancos apedreó a un joven afroamericano mientras nadaba en el Lago Michigan. El joven se ahogó y el incidente dio lugar a los disturbios. Durante dos semanas pandillas de afroamericanos y blancos deambulaban por las calles, atacándose mutuamente y quemando edificios. Durante los disturbios murieron 15 blancos y 23 afroamericanos y más de 500 personas fueron heridas.

Muchos afroamericanos escuchaban a **Marcus Garvey** para encontrar respuestas al problema. Marcus Garvey nació en una familia pobre de Jamaica, y era el menor de 11 hijos. Garvey llegó a la ciudad de Nueva York a la edad de 28 años. Había sido educado como periodista y estaba lleno de ambiciones. Era un líder poderoso con una personalidad magnética, que se opuso a la integración racial. En su lugar, apoyaba a un movimiento de "regreso a África", en el que exhortaba a los afroamericanos a establecer su propio país en África. Garvey fundó en 1914 la **Asociación Universal para la Mejora de los Negros** (en inglés, Universal Negro Improvement Association o UNIA) para fomentar la unidad y el orgullo racial.

Durante la década de 1920, Garvey tenía muchos seguidores y ejercía una gran influencia, especialmente en los pobres de las ciudades. Garvey le decía al público: "ser negro no es una desgracia, sino un honor". La UNIA tenía sucursales en muchos estados y llevaba a cabo manifestaciones y marchas para aumentar el orgullo y la confianza de los afroamericanos. Eso ayudó a los afroamericanos a comenzar negocios. Un periódico afroamericano resumió de esta manera los logros de Garvey: "Enseñó a los [afroamericanos] a admirar y a alabar las cosas de los negros y a las personas negras".

✓ **Comprobación de lectura** **Explicación** ¿Marcus Garvey apoyó o se opuso a la integración? Explica.

EVALUACIÓN DE LA SECCIÓN 1

Verificación de comprensión

1. **Términos clave** Define cada uno de los términos siguientes: capitalismo, anarquista, deportar.
2. **Repaso de hechos** ¿Quiénes eran Sacco y Vanzetti? Explica cómo el temor a los radicales y a los extranjeros influyó en el resultado del juicio de Sacco y Vanzetti.

Repaso de temas

3. **Continuidad y cambio** ¿Por qué hubo una disminución grande en la membresía de los gremios durante la década de 1920?

Pensamiento crítico

4. **Conclusiones** Supón que estás filmando un video sobre la vida de Marcus Garvey. Si él pudiera hablarle a la juventud estadounidense de hoy, ¿qué planteamiento crees que haría?
5. **Hacer generalizaciones** Recrea el siguiente diagrama y anota las razones que la fuerza laboral organizada tenía para exigir mejores salarios después de la guerra.

Las razones para demandar salarios más altos

Análisis de material visual

6. **Representación de la historia** Compara las fotografías de los manifestantes en las páginas 701 y 702. ¿Cuáles son los objetivos de las demostraciones? ¿En qué se parecen las fotografías? ¿En qué difieren?

Actividad interdisciplinaria

Redacción descriptiva Haz una lista que contenga de tres a cinco adjetivos que en tu opinión describan el estado de ánimo del país durante esta época. Dibuja o pinta estos adjetivos en una cartulina, de manera que exprese los significados de las palabras.

El deseo de normalidad

★ UNA historia estadounidense

Warren G. Harding llamaba la atención por su personalidad afable, su fina voz y su aspecto apuesto. El estratega político Harry Daugherty pensó que esas cualidades brillantes podrían hacer que Harding fuera fácilmente electo presidente. Daugherty, que era el jefe de la campaña de Harding, se otorgó el mérito de la candidatura presidencial de Harding en 1920: "Lo encontré soleándose, como una tortuga en un tronco, y lo empujé al agua".

La presidencia de Harding

En el verano de 1920, los republicanos se reunieron en Chicago para nominar a un candidato presidencial. Aunque estaban confiados en que podrían ganar las elecciones que se avecinaban, no tenían líderes destacados para encabezar su lista de candidatos. Como dijo un republicano: "No hay nadie de primera calidad este año". Entonces los jefes del partido escogieron como candidato presidencial senador **Warren G. Harding,** de Ohio, que era "el mejor de los de segunda calidad". Harding había ganado una reputación como republicano leal, y el jefe político de Ohio, Harry Daugherty, hizo que aprobaran su nominación.

Dándose cuenta de la añoranza de los estadounidenses por la calma y la estabilidad después de décadas de reforma progresiva y guerra mundial, Harding declaró en su campaña electoral que: "Estados Unidos hoy no necesita actos heroicos, sino sanarse". Él prometió un retorno a la "normalidad". No estaba claro qué significaba la "normalidad" para Harding, pero la palabra tranquilizó a aquellos que deseaban el fin a las implicaciones en el extranjero y a la agitación nacional.

Como candidato a la vicepresidencia del gobierno de Harding, los republicanos nominaron al gobernador de Massachusetts **Calvin Coolidge,** que era reconocido por su firme posición en la huelga policial de Boston. La candidatura de Harding y Coolidge obtuvo una victoria aplastante en noviembre de 1920, que fue la primera elección presidencial en que las mujeres pudieron votar. Los republicanos derrotaron al candidato demócrata, el gobernador **James Cox** de Ohio, y a su joven compañero de candidatura, **Franklin Delano Roosevelt** de Nueva York. Los republicanos también tuvieron grandes logros en las elecciones para el Congreso.

Harding admitió tener dudas acerca de sus méritos para ser presidente. Supuestamente le dijo a un amigo: "yo sabía que este trabajo sería demasiado para mi". Él trató de enmendar el problema con la selección de varias personas calificadas para su gabinete: **Charles Evans Hughes,** un antiguo juez de la Corte Suprema, como secretario de estado; **Andrew Mellon,** un destacado banquero y financiero de Pittsburg, como jefe del Departamento del Tesoro; y a **Herbert Hoover,** un hábil organizador, como secretario del comercio.

La "pandilla de Ohio"

El presidente Harding también le dio puesto en el gobierno a muchos de sus amigos y aliados políticos, a la así llamada **pandilla de Ohio.** Nombró a **Harry Daugherty** fiscal general. Nombró al senador **Albert Fall** de Nuevo México, que era un amigo cercano, secretario del interior. **Charles Forbes,** otro amigo, se convirtió en jefe de la Oficina de los Veteranos (en inglés, "Veterans Bureau"). Otros amigos de Harding ocuparon muchos puestos en el gobierno.

Muchas de estas personas designadas no estaban capacitadas para sus cargos; y algunas eran corruptas. En 1922, Washington era un hervidero de rumores acerca de los escándalos dentro del gobierno de Harding. Forbes fue declarado culpable de robar fondos de la Oficina de los Veteranos, y se dio a la fuga para evitar caer preso. Daugherty fue acusado de recibir sobornos, pero no renunció.

El escándalo de Teapot Dome

El mayor escándalo del gobierno de Harding involucró a Albert Fall. En 1922, Fall secretamente **arrendó,** o alquiló, reservas de petróleo que pertenecían al gobierno en Elk Hills, California, y Teapot Dome, Wyoming, a los dueños de dos compañías petroleras. Fall a cambio recibió más de $400,000. Después que el escándalo se hizo público, Fall fue encontrado culpable de aceptar sobornos y fue enviado a prisión. Fue el primer miembro de un gabinete que fuera encarcelado. **Teapot Dome** se convirtió en símbolo, por una parte, de la corrupción del gobierno de Harding y por otra, del escándalo y la corrupción gubernamental en general.

Harding propiamente no estuvo involucrado en ninguno de los escándalos, pero su aflicción aumentaba en la medida en que crecían los rumores.

Warren G. Harding llevó a cabo una exitosa campaña presidencial "desde los portales" en 1920.

Análisis de *caricaturas políticas*

El caricaturista emplea imágenes familiares de la década de 1920. "Los grandes negocios", mostrando como una chica "flapper" baila con la música jazz que toca el Presidente Coolidge. **¿Cuáles eran las relaciones entre el gobierno y los negocios durante el gobierno de Coolidge?**

Aunque Coolidge y Harding diferían en sus estilos, ambos tenían similares puntos de vista políticos. Coolidge creía que el mejor gobierno era el gobierno más pequeño y que el gobierno no debía de interferir en la vida de la nación. Él dijo una vez con aprobación: "si el gobierno federal dejara de existir, el hombre común no se daría cuenta de la diferencia por un largo período de tiempo".

Un amigo de los negocios

Bajo el presidente Coolidge, el gobierno asumió un papel activo en el apoyo a los negocios. Como explicaba el presidente: "El negocio principal del pueblo estadounidense son los negocios. (. . .) El hombre que construye una fábrica construye un templo".

Coolidge y el Congreso de mayoría republicana tenían como objetivo crear un ambiente favorable para los negocios como manera de fomentar la prosperidad económica en la nación. El gobierno disminuyó los niveles de impuesto sobre la renta para los más ricos. También redujo los impuestos sobre las ganancias de las corporaciones y recortó los gastos del gobierno. Asimismo incrementó los aranceles para proteger a los negocios estadounidenses y derogó las leyes que regulaban el trabajo de los menores y los salarios de las mujeres.

Un nuevo equipo

Coolidge parecía ser precisamente lo que quería el país. En el congreso nacional republicano de 1924, el presidente fue nominado sin oposición. Los demócratas requirieron más de 100 votaciones para nominar a John W. Davis, que era un abogado poco conocido de Virginia Occidental, como su candidato presidencial. El senador de Wisconsin Robert La Follette dirigió a un tercer partido, los Progresistas, en las

"Yo no tengo problemas con mis enemigos", dijo. "Pero mis amigos (. . .) ¡ellos son los que me tienen desvelado!"

En el verano de 1923, antes de que la historia completa de los escándalos se hiciera pública, Harding escapó de las tensiones de Washington, D.C., y viajó hacia el oeste. Durante el viaje, sufrió un infarto cardíaco y murió.

El vicepresidente Calvin Coolidge visitaba a su padre en Vermont cuando lo despertaron temprano en la mañana del 3 de agosto de 1923 con la noticia de la muerte del presidente Harding. El padre de Coolidge, que era un juez de paz, le tomó el juramento presidencial. Entonces, el nuevo presidente, de manera característica para Coolidge, calmadamente apagó las luces y siguió durmiendo.

La honestidad retorna a la Casa Blanca.

En muchos aspectos, Calvin Coolidge era el opuesto total de Harding. Mientras Harding gustaba de hablar y conocer gente, Coolidge hablaba muy poco y se ganó el epíteto de "Cal el silente". También, Coolidge tenía fama de ser honesto. Después de asumir la presidencia, permitió que las investigaciones de los escándalos de Harding continuaran sin interferencia. Él despidió a Daugherty y reemplazó a los miembros restantes de la pandilla de Ohio con oficiales honestos.

elecciones. Coolidge arrasó con las elecciones presidenciales de 1924, donde recibió el 54 por ciento del voto popular. Por primera vez en la historia de Estados Unidos, la mujeres ganaron elecciones de gobernador, con **Nellie Tayloe Ross** en Wyoming y **Miriam Ferguson** en Texas.

Comprobación de lectura **Comparación** ¿Crees que Coolidge siguió las políticas de Harding con respecto a los negocios? Explica.

Política exterior

Harding y Coolidge eran partidarios de un papel limitado para la nación en los asuntos mundiales. Ellos querían la paz mundial pero no querían ser miembros de la Liga de las Naciones o estar involucrados en disputas internacionales. Harding le había prometido a su pueblo que no entraría a la Liga "ni por la puerta lateral, ni por la trasera, ni por la del sótano". Muchos estadounidenses apoyaban esta política de aislacionismo.

Promoción de la paz

El gobierno de Harding hizo serios esfuerzos para promover la paz. Después de la guerra, Estados Unidos, Gran Bretaña y Japón comenzaron una carrera armamentista naval. En 1921, el secretario de estado Hughes invitó a Japón y a Gran Bretaña a Washington, D.C., para discutir el problema. En febrero de 1922, las tres naciones, junto a Francia e Italia, firmaron el **Tratado de las Cinco Potencias** para limitar la capacidad armamentista de los países. El tratado fue la primera ocasión en la historia moderna en que potencias mundiales acordaron el desarme.

Estados Unidos continuó trabajando por la paz. En agosto de 1928, se unió a otras 14 naciones en la firma del **Pacto Kellog-Briand,** que tenía como objetivo ilegalizar las guerras. Después de algunos años, otras 48 naciones habían firmado el pacto, pero el tratado no tenía medios para imponer la paz.

Un vecino más amistoso

Estados Unidos había intervenido varias veces en países latinoamericanos durante los primero años del siglo XX para apoyar los intereses de los negocios estadounidenses. Cuando Harding asumió el poder, había tropas de Estados Unidos en Haití, la **República Dominicana** y **Nicaragua** y las relaciones con México eran tensas.

Después de que la República Dominicana y Nicaragua tuvieron elecciones a mediados de la década de 1920, Estados Unidos retiró sus tropas de esos países.

Casi al mismo tiempo, los inversionistas estadounidenses pidieron al presidente Coolidge que enviara tropas a México cuando su gobierno amenazó con nacionalizar las compañías mineras y petroleras extranjeras. Coolidge decidió negociar y Estados Unidos llegó a un acuerdo con México.

Comprobación de lectura **Explicación** ¿Por qué el Pacto Kellogg-Briand no fue efectivo?

EVALUACIÓN DE LA SECCIÓN 2

Verificación de comprensión

1. **Términos clave** Usa los términos clave arrendar y aislacionismo en oraciones que ayuden a explicar su significado.
2. **Repaso de hechos** ¿Dónde se encontraba Teapot Dome? ¿Qué llegó a simbolizar Teapot Dome?

Repaso de temas

3. **Continuidad y cambio** ¿Qué medidas tomó Estados Unidos para promover la paz mundial en la década de 1920?

Pensamiento crítico

4. **Comparación** ¿Cuál era el papel que, en la opinión de Harding y Coolidge, debía jugar el gobierno en la vida de las personas?
5. **Hacer generalizaciones** Recrea el siguiente diagrama y anota dos maneras en que el gobierno de Estados Unidos trabajó para promover los negocios de sus ciudadanos.

Promoción de los negocios

Análisis de material visual

6. **Caricaturas políticas** Estudia la caricatura de la página 706. ¿A quiénes representan las figuras? ¿Qué imagen presenta la caricatura del gobierno federal?

Actividad interdisciplinaria

Arte Dibuja una caricatura política que ilustre un ejemplo de un hecho que tuvo lugar durante la presidencia de Harding. No olvides colocar una leyenda a la caricatura.

Desarrollo de HABILIDADES

Pensamiento crítico

Hacer generalizaciones

¿Por qué desarrollar esta habilidad?

Si dices "tenemos un tremendo equipo de fútbol", estás haciendo una generalización, o un planteamiento general, acerca de tu equipo. Si añades que tu equipo no ha perdido un partido durante esta temporada y que es el equipo que está en primer lugar, estás presentando pruebas que apoyan tu generalización. Cuando estudias historia, a menudo es necesario unir los elementos de información, llamado planteamientos de apoyo, para dibujar un cuadro completo.

Desarrollo de la habilidad

En algunos casos, los autores presentan sólo los planteamientos de apoyo, y debes hacer las generalizaciones por tu propia cuenta.

Para hacer generalizaciones, debes seguir los pasos siguientes:
- Identifica el tema en cuestión.
- Recopila hechos y ejemplos relacionados con el tema.
- Identifica las similitudes o los patrones entre los hechos.
- Usa estas similitudes o patrones para formar ideas generales acerca del tema.

Práctica de la habilidad

Lee el pasaje y las generalizaciones. Luego responde las siguientes preguntas.

En 1927, 4 de cada 5 automóviles tenían techo, comparado con sólo 1 de cada 10 en 1919. Ahora, protegidos del clima, muchas familias viajaban en sus automóviles para excursiones de un día. Muchos trabajadores de la ciudad se mudaron a casas en los nuevos suburbios. Los dueños de automóviles ahora podían viajar fácilmente a lugares que antes eran distantes. Esto unió por primera vez a los estadounidenses que vivían a grandes distancias entre sí.

Generalizaciones acerca del automóvil
a. Los automóviles eran demasiado caros para comprar.
b. El automóvil cambió la cultura estadounidense de muchas maneras.
c. Muchos negocios surgieron de la necesidad de dar servicio a la nación que recién comenzó a moverse.
d. Los suburbios crecieron como resultado del automóvil.

❶ ¿Cuáles de las generalizaciones anteriores son respaldadas por los detalles de este pasaje?

❷ Escribe uno o dos planteamientos que apoyen cada una de estas generalizaciones.

❸ ¿Cuáles de las generalizaciones no son respaldadas por el pasaje? Explica.

Embotellamiento durante la década de 1920

Aplicación de la habilidad

Hacer generalizaciones Haz un planteamiento general que describa tu aula. Entonces escribe tres o cuatro hechos que apoyen a esa generalización.

El CD-ROM de Glencoe **"Skillbuilder Interactive Workbook, Level 1"**, contiene instrucciones y ejercicios sobre habilidades fundamentales de ciencias sociales.

Una economía floreciente

Guía de lectura

Idea principal

Estados Unidos tuvo períodos de prosperidad y expansión económica durante la década de 1920.

Términos clave

recesión, producto nacional bruto, productividad, compra a plazos

Estrategia de lectura

Análisis de la información Al leer esta sección, recrea el siguiente diagrama y describe cómo estas ideas afectaron a la economía de Estados Unidos.

	Efectos en la economía
Administración con métodos científicos	
Línea de ensamble	
Compra a plazos	

Leer para aprender

- cómo la prosperidad de la década de 1920 afectó a la nación y al pueblo.
- qué impacto tuvo el automóvil en la vida de la nación.

Tema de la sección

Factores económicos Después de una breve recesión después de la guerra, la economía estadounidense comenzó un crecimiento continuo que duró la mayor parte de la década de 1920.

Presentación preliminar de acontecimientos

◆1920 ◆1925 ◆1930

La década de 1920
La bolsa de valores vive un florecimiento

1922
El PNB alcanza $70 mil millones

1924
El modelo T se vende por menos de $300

1929
La electricidad alimenta al 70 por ciento de las fábricas

UNA
historia estadounidense

Durante la "edad de oro del automóvil" en la década de 1920, el automóvil se convirtió en una parte escencial de la vida de muchos estadounidenses. Una madre con nueve hijos dijo que su familia "preferiría dejar de comprar ropas nuevas que renunciar a su automóvil". En el pasado, quería visitar a su cuñada, pero después de "calzar y vestir" a sus hijos no quedaba dinero para pagar el pasaje del tranvía. "Ahora, no importa lo que parezcan [los muchachos], los metemos en el automóvil y los llevamos con nosotros".

El crecimiento durante la década de 1920

Después de la primera guerra mundial, la economía estadounidense tuvo problemas para reajustarse a los tiempos de paz. Millones de soldados regresaron, entraron a la fuerza laboral y compitieron por empleos. Los pedidos del gobierno para mercancías de tiempo de guerra desaparecieron, lo que obligó a muchas compañías a despedir a obreros. Otras compañías fueron a la bancarrota. Los precios subieron, lo que hizo la vida más difícil para los trabajadores. Este empeoramiento económico, o recesión, duró alrededor de dos años. Entonces comenzó un crecimiento continuo de la economía que duró la mayor parte de la

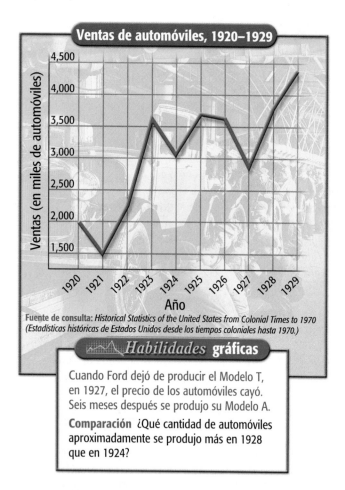

Ventas de automóviles, 1920–1929

Ventas (en miles de automóviles)

4,500
4,000
3,500
3,000
2,500
2,000
1,500

1920 1921 1922 1923 1924 1925 1926 1927 1928 1929

Año

Fuente de consulta: *Historical Statistics of the United States from Colonial Times to 1970*
(Estadísticas históricas de Estados Unidos desde los tiempos coloniales hasta 1970.)

Habilidades gráficas

Cuando Ford dejó de producir el Modelo T, en 1927, el precio de los automóviles cayó. Seis meses después se produjo su Modelo A.

Comparación ¿Qué cantidad de automóviles aproximadamente se produjo más en 1928 que en 1924?

Muchos negocios asumieron técnicas de producción masiva que usaban la **línea de ensamblaje,** que fue introducida por primera vez en las fábricas de automóviles de Henry Ford. Estos métodos de la línea de ensamblaje incrementaron la productividad y redujeron los costos de producción.

La relaciones con los trabajadores

Los negocios trataron de mejorar sus relaciones con los trabajadores. Muchas compañías establecieron programas de seguridad que redujeron el riesgo de muerte o lesiones laborales. Algunos comenzaron a proporcionar seguros médicos y de accidentes. Muchas compañías estimulaban a los trabajadores a comprar acciones de la misma compañía. Estos pasos, conocidos como **capitalismo de asistencia social**, fueron diseñados para vincular a los trabajadores más estrechamente con la compañía para la cual trabajaban. Los negocios también dieron estos pasos para disuadir a los trabajadores a que se afiliaran a los gremios independientes.

Economía de consumo

La economía de Estados Unidos cambió también en otra forma. A medida que la electricidad estuvo más disponible, creció la demanada de aparatos eléctricos. Ya para la década de 1920, más del 60 por ciento de los hogares del país tenía electricidad. Los consumidores con gran estusiasmo compraban refrigeradores, cocinas, aspiradoras, ventiladores y radios. Al crecer la demanda de esos artículos, se producían más y más de ellos, lo que condujo a una reducción de los costos de producción y los precios. Entre 1920 y 1929, por ejemplo, el costo de un refrigerador bajó de $600 a $300.

Estos aparatos transformaron la vida cotidiana. La gente no tenía que pasar tanto tiempo en las tareas del hogar. Ahora disponían de más tiempo libre.

En la década de 1920, las compañías exitosas se fusionaban con los competidores o los compraban. Tres compañías, Ford, General Motors y Chrysler, dominaron la industria automotriz. Una cadena de tiendas de comestibles, Great Atlantic and Pacific Tea Company (A&P), tenía más de 15,000 tiendas en todo el país. Los negocios se convirtieron en nacionales, mientras que los productos de muchas compañías locales eran reemplazados por marcas nacionales.

Para comercializar esas marcas nacionales, los negocios gastaban más y más dinero en publicidad. Las técnicas de propaganda aprendidas durante la primera guerra mundial se usaban

década. En 1922, el producto nacional bruto (PNB), de la nación, que es el valor total de todos los bienes y servicios producidos, fue de $70 mil millones. ¡En 1929 ya era de $100 mil millones!

La tecnología hizo posible el rápido crecimiento industrial y la electricidad alimentaba a la industria del país. Antes de la primera guerra mundial, sólo el 30 por ciento de las fábricas eran movidas por electricidad. En 1929, el número había subido al 70 por ciento. La electricidad era más barata que el vapor. A través de la reducción de los costos, los negocios podían reducir los precios e incrementar las ganancias.

Administración con métodos científicos

Nuevas formas de administrar las operaciones contribuyeron también al crecimiento económico. Muchos empleadores usaron **la administración con métodos científicos**, y contrataron a expertos para estudiar cómo se podían producir los bienes más rápidamente. Mediante los nuevos métodos de trabajo, los negocios trataron de reducir los costos e incrementar la productividad, que es la cantidad de trabajo que cada trabajador puede realizar.

entonces para persuadir a los consumidores a que compraran marcas específicas de pasta dental, ropa o jabón. Los periódicos y revistas estaban llenos de anuncios, y con la amplia utilización de la radio, surgió una nueva forma de publicidad, que fueron los anuncios comerciales.

Estimulados por los anuncios a comprar más y más, los consumidores encontraron una nueva forma de hacer esas compras, comprando a plazos. Ahora podían comprar productos comprometiéndose a pagar de forma regular cantidades pequeñas sobre un período de tiempo. Una crítica a la compra a plazos llamó al sistema "un dólar a la entrada y un dólar a la semana para siempre". El método de pago a plazos incentivó los gastos de los consumidores.

✓ **Comprobación de lectura** **Explicación** ¿Por qué bajó el precio de algunos productos para los consumidores?

La era del automóvil

La mayoría de las veces, la gente usaba el plan de pago a plazos para comprarse un automóvil nuevo. Durante la década de 1920, las inscripciones de automóviles subieron de un golpe de 8 millones a 23 millones. La cultura de Estados Unidos rápidamente se convirtió en una "cultura de automóvil", en la cual la vida de las personas giraba alrededor del vehículo. La economía de la nación también giraba alrededor del automóvil. Casi cuatro millones de estadounidenses trabajaban para las compañías automovilísticas o en trabajos relacionados con ésta. La ciudad de **Detroit, Michigan,** se convirtío en el centro de producción mundial de automóviles.

Henry Ford fue un pionero en la fabricación de automóviles económicos con su **Modelo T,** que fue construido usando métodos de líneas de montaje. El automóvil era robusto, confiable, barato y se ofertaba sólo en color negro. En 1914, Ford sorprendió a la industria automotriz, y a todos los líderes corporativos, cuando anunció que pagaría a sus empleados el alto salario de $5 al día. Los empleados estaban felices y Ford tuvo más clientes potenciales cuando continuamente bajó el precio del Modelo T. Para 1924, el automóvil ya se vendía por menos de $300. Con la media de los trabajadores industriales ganando cerca de $1,300 al año, muchas familias pudieron comprarse un Modelo T.

TECNOLOGÍA e historia

La línea de montaje de Henry Ford

El florecimiento industrial de la década de 1920 ocurrió en gran parte gracias a la línea de montaje que Henry Ford usó por primera vez entre 1913 y 1914. En esta línea de montaje, las piezas se movían sobre una correa transportadora. Los trabajadores fijaban las piezas a los automóviles, los cuales le pasaban por delante a una velocidad constante de seis pies por minutos. *¿Qué tamaño tenía la planta de Ford?*

Henry Ford

1 Los **neumáticos** se ponían en las **ruedas** y luego se bajaban rodando por un pasaje.

2 Los tanques llenos con un galón de gasolina se deslizaban desde un "punte de tanques".

3 Motores construidos en el tercer piso se bajaban y colocaban sobre el chasis.

4 Los radiadores llegaban desde un extremo alejado de la fábrica, cuyo tamaño era de 60 acres.

5 La carrocería de los automóviles se ensamblaba en el segundo piso, luego se bajaba a través del techo y se colocaba sobre el chasis.

A mediados de la década de 1920, los modelos de automóviles retaron al Modelo T. General Motors le quitó parte de las ventas a Ford al ofrecer una línea de automóviles en varios colores y con características que mejoraban la comodidad de los pasajeros. En 1927, Ford respondió con el **Modelo A,** que tenía una mejor ingeniería y venía en varios colores. Esa competencia resultó en que cada año se introdujeran nuevos modelos de automóviles.

Efectos en otras industrias

El automóvil tuvo un tremendo impacto en otras industrias del país. El hecho de que a los estadounidenses les encantara conducir trajo como consecuencia que se construyeran nuevas calles y carreteras. Por su parte, las carreteras necesitaban estaciones de gasolina y centros de descanso. A lo largo de las carreteras principales, los negocios se aprovechaban de millones de personas que ahora viajaban en automóvil por el país. El turismo creció considerablemente.

El florecimiento del automóvil influyó en las industrias que fabricaban productos automovilísticos. Las industrias del acero, caucho y vidrio crecieron. Durante la década de 1920, la industria petrolera pasó de producir lubricantes a refinar gasolina para los automóviles.

El automóvil cambió considerablemente la vida de muchos estadounidenses. Viajar como medio de disfrute se convirtió en una parte habitual de la vida nacional. La gente podía ahora ir al lugar que deseara. Los automóviles contribuyeron también al auge de los suburbios. Como ahora la gente podía manejar al trabajo, era posible vivir en un suburbio y tener un trabajo en la ciudad.

Aquéllos dejados atrás

A pesar de todos los indicios de prosperidad, muchos estadounidenses no se beneficiaron del florecimiento de esa década. Los granjeros en especial tuvieron un tiempo difícil. Durante la guerra, el gobierno federal compró trigo, maíz y otros productos, y los granjeros prosperaron debido a los precios altos. Cuando se acabó la guerra, los granjeros tuvieron de nuevo que competir con la agricultura europea. Los precios de los alimentos cayeron y el ingreso de las granjas se desplomó. Muchos granjeros, al no poder pagar las deudas, perdieron sus granjas.

Pero no eran sólo los granjeros los que sufrían la carencia económica. Aquellos que trabajaban en la industrial del ferrocarril y la extracción de carbón pasaron también por un momento difícil, cuando los camiones tomaron parte de los negocios a los ferrocarriles y la electricidad reemplazó al carbón como fuente de energía. Los estadounidenses ahora compraban menos algodón y más ropa hecha de fibras sintéticas. A medida que los precios del algodón se desplomaban, muchas fábricas textiles eran forzadas a cerrar. Los sueldos subieron un poco para la mayoría de los trabajadores, pero el costo de vida subió aún más. Para 1929, casi tres cuartos de las familias tenían ingresos por debajo de $2,500, que era el nivel económico aceptado y necesario para llevar una vida holgada.

Comprobación de lectura **Explicación** ¿Qué medida tomó Henry Ford cuando otros fabricantes de automóviles ofrecieron nuevas líneas de automóviles?

EVALUACIÓN DE LA SECCIÓN 3

Verificación de comprensión

1. **Términos clave** Define cada uno de los siguientes términos: recesión, producto nacional bruto, productividad, compra a plazos.
2. **Repaso de hechos** Describe los problemas económicos que existían en Estados Unidos antes de la primera guerra mundial.

Repaso de temas

3. **Factores económicos** ¿Cómo fue que la industria automotriz contribuyó a impulsar a otras industrias?

Pensamiento crítico

4. **Conclusiones** ¿Cómo fue que el capitalismo de asistencia social desestimuló a las personas a afiliarse a los sindicatos?
5. **Organización de la información** Recrea el diagrama de abajo e identifica tres factores que ayudaron al surgimiento de una economía sólida.

```
        Crecimiento económico
    ↑           ↑           ↑
 [     ]     [     ]     [     ]
```

Análisis de material visual

6. **Habilidades gráficas** Estudia la gráfica de la página 710. ¿En qué año la venta de automóviles superó por primera vez los tres millones de dólares?

Actividad interdisciplinaria

Matemáticas Investiga la venta total de automóviles para un período de 10 años recientes. Compara las cifras que encontraste con la gráfica de la página 710. Redacta un párrafo en el que compares los dos grupos de cifras. Incluye cualquier conclusión a la que hayas llegado.

Los rugientes años veinte

Guía de lectura

Idea principal

Muchos estadounidenses preferían los valores tradicionales, mientras que otros estaban a favor de un cambio.

Términos clave

flapper, medios de difusión masiva, expatriado, prohibición, nativismo, sistema de cuota, evolución

Estrategia de lectura

Organización de la información Al leer esta sección, recrea el siguiente diagrama y describe los logros de estos individuos.

	Logros
Charles Lindbergh	
Bessie Smith	
Langston Hughes	
Ernest Hemingway	

Leer para aprender

- cómo cambió el estilo de vida en Estados Unidos en la década de 1920.
- qué confrontaciones culturales ocurrieron en Estados Unidos en la década de 1920.

Tema de la sección

Continuidad y cambio Los rugientes años veinte fueron un tiempo de cambio de actitud y choques culturales.

Presentación preliminar de acontecimientos

◆1920   ◆1925   ◆1930

1920
La Decimonovena Enmienda dio a la mujer el derecho de sufragio

1924
El Congresó aprobó la Ley de orígenes nacionales

1927
Lindbergh voló sólo a través del Atlántico

1928
Herbert Hoover fue electo presidente

UNA
historia estadounidense

La noche del 19 de mayo de 1927, un joven piloto, llamado Charles Lindbergh, supo que a pesar de que estaba lloviznando en Long Island, los estados del tiempo pronosticaban cielos despejados para su milagroso viaje. Decidió entonces prepararse. Durante toda una noche sin dormir, Lindbergh hizo los preparativos finales para el despegue. Poco antes de las 8:00 A.M., Lindbergh subió a su avión y despegó rumbo a París. Con las noticias de su partida "destellando por los cables", los estadounidenses juntos "disfrutaban de un júbilo común". Todo el pensamiento y los corazones se concentraban en el bravo piloto que estaba cruzando el vasto Océano Atlántico.

Nuevas direcciones

En mayo de 1927, el aviador **Charles Lindbergh** se convirtió en la primera persona en cruzar solo el Océano Atlántico. Lo hizo en un avión pequeño y de un sólo motor, llamado el *Espíritu de St. Louis*. Los estadounidenses desenfrenados aclamaron a un nuevo héroe. Ciudades a lo largo de la nación celebraron desfiles en honor a Lindbergh —en la Ciudad de Nueva York, personas que le deseaban lo

Las "flappers" reflejaron el espíritu moderno de la era del jazz.

Afiche de película, 1926

mejor lanzaron 1,800 toneladas de serpentinas de papel— y los periódicos informaban cada uno de sus movimientos. El acogimiento nacional a Lindbergh mostró lo que un historiador llamó "la preocupación encantadora sobre cosas que eran interesantes pero no profundamente importantes".

Cambios para las mujeres

La década de 1920 trajo cambios profundos para la mujer. Un importante cambio tuvo lugar con la ratificación de la **Decimonovena Enmienda** en 1920. Esta enmienda garantizaba a la mujer en todos los estados el derecho del voto. Las mujeres también se postulaban en las elecciones para ocupar cargos políticos. 📖 *(Observa la página 249 para que leas el texto de la Decimonovena Enmienda.)*

Durante toda la década de 1920, la cantidad de mujeres que tenía empleos fuera de la casa continuó creciendo. La mayoría tenía que aceptar trabajo considerado "para mujeres", como enseñar o trabajar en oficinas como secretarias o mecanógrafas. Al mismo tiempo, un número creciente de mujeres educadas en las universidades comenzó carreras profesionales y más mujeres trabajaban después que se casaban. Pero la gran mayoría de las mujeres casadas permanecía dentro de la casa, trabajando como amas de casa y madres.

La "flapper" simbolizaba a la nueva mujer "liberada" de los años veinte. En las revistas aparecían fotografías de **flappers,** o chicas modernas, que eran mujeres jóvenes con melenas cortas, mucho maquillaje y faldas también cortas. Muchas personas vieron la apariencia atrevida y juvenil de esas "chicas modernas" como un indicio de cambios en la moral. Aunque no representaba con certeza la mujer típica estadounidense, la imagen de la "flapper" reforzó la idea de que la mujer ahora tenía más libertad. Los valores preguerra habían cambiado y muchas personas comenzaban a enfrentarse a las formas tradicionales.

✓ **Comprobación de lectura** **Descripción** ¿Qué garantizó la Decimonovena Enmienda?

Entretenimiento

Los cambios de actitud se diseminaron rápidamente debido al crecimiento de las vías de comunicación de los **medios de difusión masiva,** como periódicos y radio, que llegaban a millones de personas. Los aparatos que ahorraban el trabajo, así como menos horas de trabajo, dieron a los estadounidenses más tiempo libre. En esas horas de descanso, disfrutaban los periódicos sensacionalistas, revistas de gran circulación, discos fonográficos, la radio y las películas.

Las películas y la radio

En los años veinte, la industria cinematográfica en **Hollywood,** California, se convirtió en uno de los negocios más importantes del país. Para millones de estadounidenses, las películas ofrecían un entretenimiento y un escape.

Las primeras películas eran en blanco y negro y silentes. Los diálogos de los actores se imprimían en la pantalla y un pianista tocaba música para acompañar la acción. En 1927, Hollywood introdujo las películas sonoras. La primera película sonora, *El cantor de Jazz,* fue una sensación.

La radio brindó entretenimiento directamente en los hogares de la gente en los años veinte. En 1920, la estación KDKA de Pittsburgh sacó al aire el primer programa radial, que transmitió las elecciones presidenciales. En los tres años posteriores, casi 600 estaciones de radio comenzaron a transmitir.

Las redes transmitían programas populares a toda la nación. La programación nocturna incluía algo para cada uno, como noticias, conciertos, eventos deportivos y comedias. La radio ofreció a los radioyentes una amplia variedad de música, como ópera, música clásica, country, blues y jazz. Programas como *Amos 'n' Andy* y *Grand Ole Opry* eran, entre otros, los más exitosos de la década de 1920. Las familias se sentaban juntas a escuchar la radio.

Los negocios enseguida se dieron cuenta de que la radio ofrecía una enorme audiencia para enviar mensajes sobre sus productos, por lo que comenzaron a financiar los programas radiales. Las estaciones de radio vendieron a las compañías un espacio publicitario, a lo que también llamaron "comerciales".

Deportes y modas pasajeras

Entre los programas de radio favoritos de los años veinte estaban los eventos deportivos. La popularidad del béisbol, fútbol y boxeo creció vertiginiosamente. Los estadounidenses iban en masa a los eventos deportivos y también más gente participaba en las actividades deportivas.

Las estrellas deportivas se convertían en héroes eternos. Los admiradores del béisbol idolatraron a **Babe Ruth,** el gran jugador de campo abierto, quien bateó 60 jonrones en 1927, un récord que se mantuvo sin romper por 34 años. La estrella del fútbol, Red Grange, quien una vez apuntó cuatro "touchdowns" en 12 minutos, se convirtió en un héroe nacional. El golfista Bobby Jones y Gertrude Ederle, la primera mujer que nadó el Canal de la Mancha, se convirtieron en nombres bien conocidos.

En los años veinte, los estadounidenses emprendieron nuevas actividades con entusiasmo que se convirtieron en modas pasajeras. El juego chino *mah-jongg* y los crucigramas eran todo una furia. Los concursos, como sentarse en un asta de bandera y maratones de baile, que muchas veces duraban tres y cuatro días, ocupaban los titulares de las noticias. A los estadounidenses también les encantaba el concurso de belleza "Miss America", celebrado por primera vez en 1921.

Comprobación de lectura **Comparación** ¿Qué modas pasajeras fueron populares en la década de 1920? ¿Cuáles son dos modas pasajeras de hoy comparables?

La era del jazz

Durante los años veinte, la gente bailaba al sonido de un nuevo tipo de música llamada "jazz". El jazz capturó el espíritu de la época tan bien que a la década de 1920 se le llama con frecuencia la **era del jazz.**

El jazz tuvo sus raíces en el Sur, principalmente en las canciones que los afroamericanos cantaban cuando trabajaban, y en la música africana. Con una mezcla de ragtime y blues, el jazz utiliza ritmos dinámicos e **improvisaciones,** que no son más que ritmos y melodías creados durante una actuación. Entre los músicos afroamericanos de jazz más conocidos estaban el trompetista **Louis Armstrong,** el pianista y compositor **Duke Ellington** y la cantante **Bessie Smith.** Algunos músicos blancos, como Paul Whiteman y Bix Biederbecke, también tocaban jazz y contribuyeron a que una mayor audiencia lo disfrutara.

A través de la radio y los discos fonográficos se diseminó un interés por el jazz. El jazz contribuyó a crear una industria afroamericana única de grabaciones discográficas. De la misma forma, el jazz dio a Estados Unidos una de sus expresiones artísticas más distintivas.

Renacimiento de Harlem

El ritmo y los temas del jazz inspiraron a la poesía de **Langston Hughes,** un escritor afroamericano. En los años veinte, Hughes se unió a un creciente número de escritores y artistas afroamericanos quienes se reunieron en **Harlem,** una sección afroamericana de la Ciudad de Nueva York. Hughes describió su llegada a Harlem:

Langston Hughes

❝Nunca puedo poner en un papel la emoción del viaje subterráneo hacia Harlem. Subí las escaleras y salí a la luz del sol resplandeciente de septiembre. ¡Harlem! Parado ahí, dejé caer mi equipaje, respiré profundamente y me sentí feliz de nuevo❞.

Harlem fue testigo de un destello de creatividad en los años veinte, un florecimiento de la cultura afroamericana, a lo que se llamó el **Renacimiento de Harlem.** Este movimiento inculcó un interés en la cultura africana y un orgullo a ser afroamericano.

Bessie Smith   *Sello discográfico de jazz*

Basada en New Orleans, la Banda de Jazz Creolo de King Oliver fue una de las mejores y más importantes bandas en los primeros años del jazz.

Durante el Renacimiento de Harlem, muchos escritores escribieron novelas, poemas e historietas sobre las experiencias de los afroamericanos. Junto a Hughes se encontraban también James Weldon Johnson, Claude McKay, Countee Cullen y Zora Neale Hurston.

La generación perdida de escritores

Al mismo tiempo que el Renacimiento de Harlem florecía, otros escritores se cuestionaban los ideales estadounidenses. Desilusionados con los valores nacionales y en búsqueda de inspiración, se establecieron en París. A ellos se les llamó expatriados, que son personas que deciden vivir en otro país. La escritora **Gertrude Stein** llamó a estos estadounidenses desarraigados "la generación perdida".

El novelista **F. Scott Fitzgerald** y su esposa, Zelda, se unieron a los expatriados en Europa. En *Suave es la noche*, Fitzgerald escribió sobre gente que había sido perjudicada emocionalmente por la primera guerra mundial. Dijo, además, que esa gente se dedicaba

❝al miedo a la pobreza y al culto del éxito❞.

Otro famoso estadounidense expatriado era el novelista **Ernest Hemingway,** cuyos libros *Fiesta* y *Adiós a las armas* reflejaron el estado de ánimo de los compatriotas en Europa después de la guerra.

Mientras que algunos artistas se fueron de Estados Unidos, otros se quedaron y escribieron sobre la vida en el país. El novelista **Sinclair Lewis** presentó una revisión crítica de la cultura estadounidense en libros como *Calle Mayor* y *Babbitt.* Otro escritor influyente era **Sherwood Anderson.** En su libro más famoso, *Winesburg, Ohio,* Anderson exploró la vida de una pequeña ciudad en la parte central del país.

✓**Comprobación de lectura** **Descripción** ¿Qué tipo de música tocó Louis Armstrong?

Prohibición

Durante la década de 1920, la cantidad de personas que vivía en las ciudades creció y así nació una sociedad industrial moderna. Fuera de las ciudades, muchos estadounidenses identificaban esa nueva sociedad urbana con la delincuencia, la corrupción y el comportamiento inmoral. Ellos creían que el país que conocían y valoraban, una nación basada en la familia, la iglesia y las tradiciones, estaba siendo atacada. La discrepancia creció entre aquellos que defendían las creencias tradicionales y aquellos que recibían con gusto lo nuevo.

El choque de culturas durante esta década afectó muchos aspectos de la vida estadounidense, particularmente el uso de las bebidas alcohólicas. El movimiento de abstinencia, que era una campaña contra el alcohol, había ya comenzado en el siglo XIX. El origen de este movimiento estaba basado tanto en las oposiciones religiosas a la toma de alcohol como en la creencia de que la sociedad se beneficiaría si no hubiera alcohol disponible.

El movimiento finalmente alcanzó su objetivo en 1919 con la ratificación de la **Decimoctava Enmienda** a la Constitución. Esta enmienda estableció la prohibición, que fue una eliminación total de la fabricación, venta y transporte de licor por todo Estados Unidos. El Congreso aprobó la **Ley Volstead** para proporcionar los medios para imponer la prohibición. En las zonas rurales en el Sur y la zona central del país, donde el movimiento de abstinencia era fuerte, la prohibición en general fue un éxito. Sin embargo, en las ciudades dicha prohibición tuvo poco respaldo. La nación se dividió en dos campos: los "secos", aquellos que respaldaron la prohibición, y los "mojados", aquellos que se opusieron.

Consecuencias de la prohibición

La continua demanda de alcohol llevó a la generalización de la infracción de la ley. Algunas personas comenzaron a fabricar en su casa vino o "ginebra en bañera". Los bares y clubes ilegales, conocidos como los "clandestinos", surgieron en las ciudades. Escondidos de la vista, a esos clubes se podían entrar sólo al decir una clave secreta.

Con sólo 1,500 agentes, el gobierno federal no podía hacer mucho para imponer las leyes de la prohibición. Ya a principios de los años veinte, muchos estados en el este dejaron de tratar de imponer las leyes.

La prohibición contribuyó al crecimiento de la delincuencia organizada. Reconociendo que se podía hacer millones de dólares en el **contrabando**, fabricando y vendiendo ilegalmente alcohol, los miembros de la delincuencia organizada se movilizaron rápido y tomaron control. Usaron sus ganancias para ganar influencia en los negocios, los gremios obreros y los gobiernos.

El jefe mafioso, Al "Caracortada" Capone, controló la delincuencia organizaca y la política en Chicago. Al defender su participación en el contrabando ilegal de alcohol, Capone dijo:

❝Hago mi dinero suministrando una demanda popular. Si infrinjo la ley, mis clientes son tan culpables como yo❞.

Finalmente, Capone fue arrestado y encarcelado.

Con el tiempo, los estadounidenses se dieron cuenta que el "noble experimento", como se le llamó a la prohibición, había fracasado. La prohibición fue revocada en 1933 con la **Vigésimoprimera Enmienda.** 📖 *(Ver las páginas 249 y 250 para leer el texto de la Decimoctava y Vigésimoprimera Enmiendas).*

✓ Comprobación de lectura **Análisis** ¿Por qué fue difícil imponer la prohibición ?

Nativismo

Las ansiedades que muchos estadounidenses nativos sentían en relación con los rápidos cambios sociales contribuyeron al recrudecimiento del nativismo, la creencia de que los estadounidenses nativos son superiores a los extranjeros. Con esta renovación del nativismo vino la renovación del **Ku Klux Klan.**

Como leíste en el Capítulo 17, el primer Klan fue fundado en la década de 1860 en el Sur para controlar a los afroamericanos recién liberados a través del uso de amenazas y violencia. El segundo Klan, organizado en 1915, continuaba explotando a los afroamericanos, pero tenía también otros grupos como los católicos, judíos, inmigrantes y otros grupos que se creía que representaban valores "no estadounidenses".

En la década de 1920, el nuevo Klan se expandió del Sur hacia otras zonas del país, con lo que ganó una fuerza considerable en algunos estados, como Indiana y Oregón, y en muchas ciudades grandes. Por lo regular, el Klan usaba tácticas de presionar y asustar para lograr sus objetivos, pero a veces sus miembros azotaban y linchaban a gente o quemaban propiedades.

El Klan comenzó a declinar a finales de los años veinte, en gran parte como resultado de escándalos y luchas por el poder entre sus mismos líderes. La membresía disminuyó y aquellos políticos que apoyaban al Klan no lograron votos para permanecer en sus puestos.

Las preocupaciones de los días del Temor Rojo no habían desaparecido

Al Capone

Will Rogers 1879-1935

Hijo de indígena estadounidense, Will Rogers creció en el oeste enlazando ganado y montando a caballo en la cordillera. Fue a parar trabajando con los espectáculos de Wild West (El oeste loco) y rápidamente perfeccionó su acto de montar a caballo y enlazar con trucos, que junto a su personalidad y sentido del humor lo hicieron una estrella.

Para 1920, Will Rogers ya estaba actuando tanto en en el teatro como en la pantalla. La columna de un diario que él comenzó en 1926 divulgó sus puntos de vista humorísticos sobre la vida y la política. Al decir: "Yo no hago chistes. Sólo observo al gobierno e informo los hechos", infundió la diversión de una forma alegre y nunca fue hostil. Uno de sus dichos favoritos era "Nunca conocí a una persona que no me haya gustado".

A finales de los años veinte, la audiencia escuchaba sus comentarios en la radio. Para los estadounidenses, Rogers se había convertido en un tesoro nacional. Lloraron cuando murió en un accidente aéreo cerca del Punto Barrow, Alaska, en agosto de 1935.

completamente. Algunos estadounidenses temían que los radicales extranjeros fueran a derrocar al gobierno. Otros creían que los entranjeros les quitarían sus empleos. Este prejuicio anti immigrante fue dirigido principalmente contra las personas del sur y este de Europa y los asiáticos.

En 1921, el Congreso respondió al miedo del nativismo aprobando la **Ley de cuota de emergencia.** Esta ley estableció un sistema de cuota que consistía en un arreglo que ponía límite al número de immigrantes de cada país. De acuerdo con esta ley, sólo el 3 por ciento del número total de personas de cualquier grupo nacional que vivía ya en Estados Unidos sería admitido en el país durante un año. Como en ese momento la cantidad de inmigrantes del sur y este de Europa era menor que la del norte y oeste, la ley favoreció a los inmigrantes del norte y oeste de Europa.

El Congreso revisó la ley de inmigración en 1924. La **Ley de origen nacional** redujo la cuota anual por país del 3 al 2 por ciento, tomando como base el censo de 1890, cuando incluso menos personas del sur y este de Europa vivían en los Estados Unidos. La ley excluyó completamente a los inmigrantes japoneses. Una ley anterior, aprobada en 1890, ya había excluido a los chinos.

Estas leyes de cuotas no se aplicaron a los países del Hemisferio Occidental. Como resultado, la inmigración de canadienses y mexicanos se incrementó. Para 1930, más de un millón de mexicanos había venido a vivir en Estados Unidos.

Comprobación de lectura **Descripción** ¿Qué es un sistema de cuota?

El juicio de Scopes

Otro conflicto cultural de los años veinte implicó el papel que jugaba la religión en la sociedad. Este conflicto se ganó la atención nacional en 1925 en uno de los juicios más famosos de la época.

En 1925, el estado de Tennessee aprobó una ley que hacía ilegal la enseñanza de la evolución, la teoría científica que dice que el hombre evolucionó sobre vastos períodos de tiempo. La ley fue respaldada por fundamentalistas cristianos, quienes aceptaban la historia bíblica de la creación. Los fundamentalistas vieron la evolución como un reto a sus valores y creencias religiosas.

Un joven maestro de escuela secundaria, llamado John Scopes, infringió a propósito la ley contra la enseñanza de la evolución a fin de poder probar su legalidad en un juicio. Scopes actuó con el respaldo de la American Civil Liberties Union (ACLU) (Gremio de Libertades Civiles de los Estadounidenses). Durante el sofocante verano de 1925, la nación siguió día y noche y con gran interés los acontecimientos en el **juicio de Scopes**. Más de cien periodistas de todo el país fueron a Dayton, Tennessee, para informar sobre el juicio.

Dos famosos abogados tomaron una posición opuesta en el juicio. **William Jennings Bryan,** candidato demócrata para presidente en 1896, 1900 y 1908 y un fuerte oponente de la evolución, estuvo al frente de la fiscalía. **Clarence Darrow,** quien había defendido a muchos radicales y miembros de gremios obreros, habló en nombre de Scopes.

Aunque Scopes fue condenado por infringir la ley y multado con $100, los fundamentalistas perdieron la batalla a largo plazo. La defensa de Darrow hizo parecer como si Bryan quería imponer sus creencias religiosas a toda una nación. La Corte Suprema de Tennessee anuló la condena de Scope y otros estados decidieron no enjuiciar casos similares.

El caso de Scopes pudo haber dado un golpe al fundamentalismo, pero el movimiento continuó prosperando. La gente de las zonas rurales, especialmente en el Sur y la zona central del país, se mantuvieron fieles a sus creencias religiosas. Cuando grandes cantidades de granjeros migraron para las ciudades en los años veinte, trajeron consigo el fundamentalismo.

✓**Comprobación de lectura** **Explicación** ¿Qué ley desafió Scopes?

Las elecciones de 1928

En 1927, el Presidente Coolidge sacudió a todo el mundo cuando anunció que no se iba a postular para una segunda presidencia. **Herbert Hoover** declaró su candidatura para la nominación republicana.

Durante la primera guerra mundial, Hoover se había ganado el respeto como jefe de un comité de ayuda alimenticia a Europa. Mostró tal talento en esa tarea que "Hooverizar" llegó a significar "economizar, ahorrar y compartir". Posteriormente, Hoover fungió como secretario de comercio para los presidentes Harding y Coolidge.

Hoover trabajó infatigablemente para promover la cooperación entre el gobierno y los negocios. Como símbolo de la clase media de avanzada, ganó fácilmente la nominación republicana.

Los demócratas seleccionaron a un tipo de candidato muy diferente, **Alfred E. Smith,** gobernador de Nueva York. Como hijo de inmigrantes y hombre de ciudad, Smith se opuso a la prohibición y defendió a la clase pobre y trabajadora. Como primer católico romano nominado para presidente, Smith fue criticado por aquellos con sentimiento anti católico. Hoover ganó las elecciones con una victoria aplastante debido a la prosperidad republicana de la década de 1920 y el prejuicio contra Smith. La contienda reflejó muchas de las tensiones de la sociedad estadounidense: la vida rural contra la urbana, el nativismo contra las influencias extranjeras, los "mojados" contra los "secos", los protestantes contra los católicos, los valores tradicionales contra los modernos.

✓**Comprobación de lectura** **Identificación** ¿Quién fue electo presidente en 1928?

EVALUACIÓN DE LA SECCIÓN 4

Verificación de comprensión

1. **Términos clave** Usa cada uno de los términos clave en oraciones que ayuden a explicar su significado. flapper, medios de difusión masiva, expatriado, prohibición, nativismo, sistema de cuota, evolución.

2. **Repaso de hechos** ¿Qué fue el Renacimiento de Harlem? Nombra dos escritores asociados con dicho renacimiento.

Repaso de temas

3. **Continuidad y cambio** ¿Cómo reflejó el juicio de Scopes el deseo de muchos estadounidenses de regresar a los valores tradicionales?

Pensamiento crítico

4. **Hacer generalizaciones** ¿Por qué crees que Gertrude Stein se refirió a muchos escritores estadounidenses como "la generación perdida"?

5. **Conclusiones** Recrea el siguiente diagrama y describe cómo cada persona contribuyó en su campo.

	Contribución
Sherwood Anderson	
Countee Cullen	
Louis Armstrong	

Análisis de material visual

6. **Representación de la historia** Estudia las fotografías de la página 716. ¿Cómo parecía estar el estado de ánimo del país en ese tiempo? Redacta un pequeño párrafo en el que expliques tu análisis.

Actividad interdisciplinaria

Lectura Busca y lee un poema escrito por un poeta de tu interés. Busca ilustraciones y fotografías que ayuden a comunicar el significado del poema. Muestra el poema y las ilustraciones en una cartulina.

Resumen del capítulo

La era del jazz

Tiempo de agitación

- Miedo al crecimiento del comunismo.
- Ocurren huelgas obreras.
- Crecen las tensiones raciales.
- Los electores eligen a líderes que prometen aislamiento.
- El escándalo estropea la administración de Harding.
- Coolidge continúa las políticas económicas de Harding a favor de los negocios .

Una economía floreciente

- La demanda de productos crece.
- La compra a plazos impulsa los gastos del consumidor.
- La industria automotriz trae beneficios y cambios.

Los rugientes años veinte

- Las mujeres ganaron el derecho del voto a través de la Decimo-novena Enmienda.
- Los medios de difusión masiva crecen.
- La industria del entretenimiento crece.
- El Renacimiento de Harlem inculca interés en la cultura africana.

Conflictos culturales

- La Decimoctava Enmienda establece la prohibición. La Vigésimoprimera Enmienda revoca la prohibición.
- El nativismo contribuye a revivir el Ku Klux Klan.
- El Congreso aprueba las leyes de cuota para limitar la inmigración.
- El juicio de Scopes simboliza las tensiones de la década de 1920.

Repaso de términos clave

En una hoja de papel, usa el vocabulario siguiente para escribir dos párrafos sobre la década de 1920.

1. aislamiento
2. producto nacional bruto
3. compra a plazos
4. prohibición
5. sistema de cuota

Repaso de hechos clave

6. ¿Qué es el capitalismo?
7. ¿Cómo respondió Coolidge a la huelga de la policía de Boston de 1919?
8. ¿Quiénes eran los candidatos presidenciales en 1920?
9. ¿Qué limitó el Tratado de Cinco Fuerzas?
10. ¿Qué es la compra a plazos?
11. ¿Cuál fue el logro de Charles Lindbergh?
12. Nombra tres músicos de jazz importantes.

Pensamiento crítico

13. **Determinación de causa y efecto** ¿Cómo se utilizó el Temor Rojo para virar al público contra los gremios?
14. **Repaso de temas: Conexiones mundiales** ¿Qué pensaba el Presidente Harding sobre la Liga de Naciones?
15. **Análisis de la información** ¿Qué nuevas formas de entretenimiento estaban disponibles a los estadou-nidenses en la década de 1920 como resultado de las nuevas tecnologías?
16. **Factores económicos** Recrea el siguiente diagrama y describe lo que tú piensas que sean las ventajas y desventajas de la administración con métodos científicos.

Administración con métodos científicos	
Ventajas	Desventajas

Actividad ciudadana cooperativa

17. **El proceso político** Con un compañero, busca cómo los partidos políticos en tu estado nominan a los candidatos para ocupar un puesto. Luego entrevista a vecinos quienes sean activos en un partido político. Si alguno de ellos ha participado en el proceso de nominación, pregúntale sus experiencias. Prepara un folleto sobre el proceso de nominación para distribución en tu vecindario.

Actividad de geografía e historia

Estudia la siguiente gráfica y luego responde las preguntas siguientes.

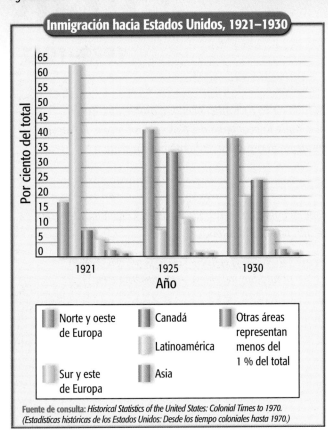

Inmigración hacia Estados Unidos, 1921–1930

Por ciento del total

- Norte y oeste de Europa
- Sur y este de Europa
- Canadá
- Latinoamérica
- Asia
- Otras áreas representan menos del 1 % del total

Fuente de consulta: *Historical Statistics of the United States: Colonial Times to 1970.*
(*Estadísticas históricas de los Estados Unidos: Desde los tiempo coloniales hasta 1970.*)

18. ¿Qué información se presenta en la gráfica?
19. ¿Qué porcentaje de emigrantes en 1925 procedía de Asia?
20. ¿Durante qué año de los mostrados se produjo la mayor inmigración de Canadá?
21. ¿De qué región fue la mayor inmigración en 1921?
22. Usa la información presentada en la gráfica para confirmar o desaprobar esta generalización: Los porcentajes de emigrantes de Canadá permanecieron constantes durante toda la década.

Práctica de habilidades

23. **Hacer generalizaciones** Por un período de semanas, lee los editoriales de tu periódico local. Después escribe una lista de las generalizaciones sobre la posición del periódico en aspectos como la política y la delincuencia.

HISTORIA En línea

Prueba de autocomprobación
Visita taj.glencoe.com y haz clic en **Chapter 24— Self-Check Quizzes** a fin de prepararte para el examen del capítulo.

Actividad de economía

24. Trabajando con un compañero, comunícate con la cámara de comercio local para que conozcas algunos de los negocios e industrias más importantes de tu zona. Después, conduce una encuesta de negocio en tu vecindario. Pregunta dónde la gente trabaja, qué tipo de trabajo hace, cuánto tiempo ha trabajado. Alienta a la gente de tu entrevista a que aprendan más sobre los negocios locales.

Evaluación alternativa

25. **Informe del proyecto** Investiga sobre la vida de la gente que era adolescente durante la década de 1920. El museo de historia local o ediciones viejas del periódico podrían ser útiles. Trata de aprender sobre alguno de los siguientes temas: educación, estilos de ropa, formas de recreación y música. Busca fotografías que registren los estilos de ropa, peinados y eventos sociales del período. Informa a la clase tus conclusiones. Luego archiva el resumen escrito en tu carpeta de proyecto.

Práctica de examen estandarizado

Instrucciones: Escoge la *mejor* respuesta a la pregunta siguiente.

En 1920, las mujeres ganaron una importante victoria cuando se ratificó la Decimonovena Enmienda. ¿Qué logró esa enmienda?

F Exigió a las universidades que aceptaran mujeres.

G Garantizó los mismos sueldos para un mismo trabajo.

H Prohibió la discriminación en el puesto de trabajo.

J Le dio a las mujeres el derecho del voto.

Consejo para el examen

Descarta las respuestas que no tengan sentido. Por ejemplo, la opción **F** es poco probable porque la Decimonovena Enmienda no exigió a las universidades que aceptaran mujeres. Usa el proceso de eliminación para encontrar la respuesta correcta.

CAPÍTULO 25

La Depresión y FDR

1929–1941

Por qué es importante

Los prósperos tiempos de la década de 1920 habían ocultado problemas. Estos problemas se notaron en 1929, cuando la economía del país se desmoronó. El Nuevo Trato fue la forma en que el presidente Roosevelt se enfrentó a la Depresión.

El impacto actual

El Nuevo Trato involucró activamente al gobierno en asuntos sociales y económicos y creó el sistema de Seguridad Social, que aún nos afecta a todos.

 Video **El viaje estadounidense** *El video del capítulo 25, "Fear Itself", examina el impacto que FDR y sus programas del Nuevo Trato tuvieron en la Gran Depresión.*

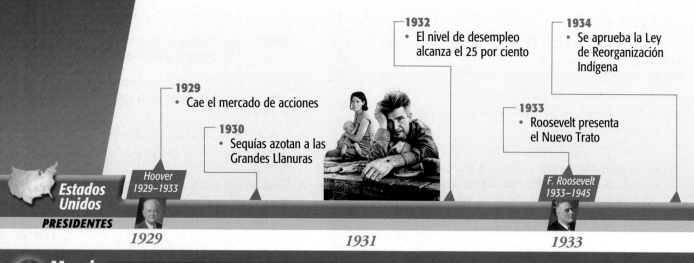

1932
• El nivel de desempleo alcanza el 25 por ciento

1934
• Se aprueba la Ley de Reorganización Indígena

1929
• Cae el mercado de acciones

1930
• Sequías azotan a las Grandes Llanuras

1933
• Roosevelt presenta el Nuevo Trato

Estados Unidos
PRESIDENTES

Hoover 1929–1933

F. Roosevelt 1933–1945

1929   1931   1933

Mundo

1931
• Japón invade a Manchuria

1933
• Hitler llega al poder en Alemania

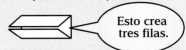

Organizador de estudios

Plegable de estudio de causa y efecto Haz este plegable para ayudarte a organizar lo que aprendes acerca de la La Gran Depresión y el Nuevo Trato.

Paso 1 Dobla una hoja de papel en tres partes desde la parte superior hacia la parte inferior.

> Esto crea tres filas.

Paso 2 Voltea el papel y dóblalo en tres partes de un lado a otro.

> Dóblalo en tres partes.

> Esto crea tres columnas.

Paso 3 Abre la hoja y dibuja líneas a lo largo de los dobleces.

Paso 4 Rotula tu tabla plegable como se muestra a continuación.

ACONTE-CIMIENTO	CAUSAS	EFECTOS
La Gran Depresión		
El Nuevo Trato		

Lectura y redacción Al leer este capítulo usa tu plegable para anotar las causas y los efectos de la Gran Depresión y del Nuevo Trato.

Trabajo para los desempleados Los programas como Works Progress Administration (Administración del Progreso Laboral), crearon empleos durante la Gran Depresión.

1935
- Se aprueba la Ley de Seguro Social

1939
- Se estrena la película *Lo que el viento se llevó*

1935 *1937* *1939*

1935
- Italia invade a Etiopía

1936
- Estalla la Guerra Civil Española
- Los judíos pierden el derecho al voto en Alemania

1939
- Hitler invade a Polonia; comienza la Segunda Guerra Mundial

HISTORA En línea

Descripción general del capítulo
Visita taj.glencoe.com y haz clic en **Chapter 25—Chapter Overviews** para ver la información preliminar del capítulo.

La Gran Depresión

Guía de lectura

Idea principal
La Gran Depresión fue una caída repentina en los negocios y la economía que tuvo lugar en todo el mundo durante la década de 1930.

Términos clave
mercado de acciones, al margen, incumplimiento de pago, ayuda y proyectos públicos

Estrategia de lectura
Organización de la información Al leer la sección, recrea el siguiente diagrama y explica los efectos que tuvo la Gran Depresión en cada uno de estos grupos.

Los efectos de la Gran Depresión		
obreros industriales	granjeros	dueños de viviendas

Leer para aprender
- qué causó la caída del mercado de acciones.
- cómo la Gran Depresión llevó a muchos estadounidenses a la pobreza.
- cómo reaccionó Hoover ante la Gran Depresión.

Tema de la sección
Factores económicos Muchos factores contribuyeron a la crisis económica denominada la Gran Depresión.

Presentación preliminar de acontecimientos

◆1928   ◆1930   ◆1932

1928
Herbert Hoover es elegido presidente

1929
Cae el mercado de acciones

la década de 1930
Sucede la Gran Depresión

1932
El Ejército de la Prima marcha en Washington, D.C.

UNA historia estadounidense

La burbuja de la prosperidad estadounidense se reventó cuando el mercado de acciones de Nueva York cayó en octubre de 1929. Miles de inversionistas perdieron todos sus ahorros. Wall Street, el centro financiero del país, estaba conmocionado. Muchos estadounidenses se encontraron de repente sin trabajo. In 1932, el popular actor y humorista Will Rogers comentó: "Tendremos la distinción de ser el único país en la historia del mundo que llegó a la pobreza en automóvil".

El mercado de acciones

En la floreciente economía de la década de 1920, tanto los empresarios como el gobierno dijeron con confianza que el país había entrado en una nueva era de prosperidad para todos. El presidente de General Motors aconsejaba a las personas que invirtieran dinero en el mercado de acciones cada mes, y muchos siguieron su consejo. "Tenderos, conductores, plomeros, costureras y (. . .) camareros invirtieron en el mercado", informó el escritor Frederick Lewis Allen. El "mercado se convirtió en una obsesión nacional".

De repente, en octubre de 1929, todo cambió. Casi de la noche a la mañana el valor de las acciones cayó. Los millonarios perdieron sus fortunas y miles de personas con menos recursos perdieron sus ahorros. Estados Unidos estaba al punto de entrar en la peor crisis nacional desde la guerra civil.

El florecimiento económico

El **mercado de acciones** es un sistema organizado para la compra y venta de acciones, o bloques de inversiones, en corporaciones. A fines de la década de 1920, el valor de las acciones en la bolsa de valores de Nueva York subió a niveles sin precedentes y alcanzó valores máximos en septiembre de 1929.

Debido a que muchos inversionistas no tenían dinero para continuar la compra de acciones, compraron **al margen.** Esto quiere decir que pagaron sólo una fracción del precio de las acciones y tomaron el resto del dinero en préstamo de sus agentes. Los agentes, a su vez, obtuvieron el dinero prestado de los bancos. Mientras que el valor de las acciones seguía creciendo, el comprador podía venderlas más tarde, reembolsar lo que había tomado prestado y obtener una ganancia. Sin embargo, si el valor cayera, los inversionistas y los agentes no tendrían suficiente dinero en efectivo para liquidar los préstamos.

La caída

Bajo el temor de que el florecimiento de la bolsa llegara a su fin, algunos inversionistas comenzaron a vender sus acciones a finales de septiembre. Estas ventas provocaron una caída en los precios de las acciones. Los agentes de bolsa comenzaron a demandar el pago de sus préstamos, lo que obligó a los inversionistas que habían comprado al margen a vender sus acciones.

Los precios descendieron continuamente hasta el 21 de octubre, pero en la opinión de la mayoría de los expertos financieros, la bolsa sólo estaba pasando por un "período de reajuste". Durante tres días seguidos, los precios de las acciones cayeron en picada al vender los inversionistas millones de acciones cada día. Los agentes de bolsa, en estado de pánico, vendieron casi 13 millones de acciones el 24 de octubre, el día que fue conocido como **"Jueves Negro."**

Después de algunos días de calma, la caída y confusión continuaron el siguiente lunes. La crisis empeoró el martes 29 de octubre. A finales de esa jornada, más de 16 millones de acciones habían cambiado de manos y los precios de las acciones se habían desplomado. El periodista Jonathan Norton Leonard describió la escena de la manera siguiente:

66La presión para vender (. . .) venía de todas partes. Las líneas a otras ciudades estaban atascadas con órdenes desesperadas de venta. También estaban atascados los cables, el radio y los teléfonos a Europa y al resto del mundo. Eran pocos los compradores. A veces no había ninguno99.

El mercado de acciones de Nueva York cerró durante varios días para evitar más ventas en la desesperación. La conmoción se extendió por todo el país.

Comprobación de lectura **Explicación** ¿Qué significa comprar acciones "al margen"?

La Gran Depresión

Durante los dos años siguientes, Estados Unidos entró en una crisis económica severa, llamada la **Gran Depresión.** La producción económica del país cayó 43 por ciento en tres años, de $104 mil millones en 1929 a $58 mil millones en 1932.

Mientras que la caída de la bolsa de valores sacudió la confianza de las personas en la economía,

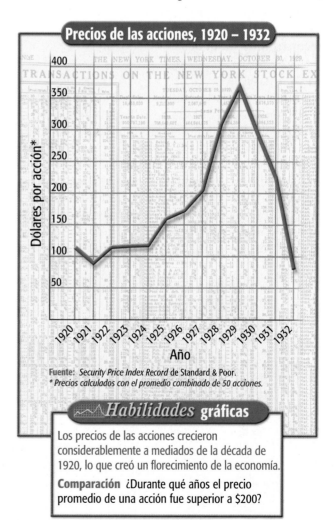

Precios de las acciones, 1920 – 1932

Dólares por acción*

Año

Fuente: *Security Price Index Record* de Standard & Poor.
* *Precios calculados con el promedio combinado de 50 acciones.*

Habilidades gráficas

Los precios de las acciones crecieron considerablemente a mediados de la década de 1920, lo que creó un florecimiento de la economía.

Comparación ¿Durante qué años el precio promedio de una acción fue superior a $200?

no dio lugar a la Depresión. Un conjunto otros factores fue lo que hizo que la economía cayera en picada.

Una economía desequilibrada

Los problemas que dieron lugar a la Gran Depresión comenzaron a verse a principios de la década de 1920. El ingreso de las granjas se redujo durante la década. La producción industrial también disminuyó. En los meses anteriores a la caída de la bolsa de valores, los pedidos a las industrias de automóviles y construcción habían disminuido. Como resultado, los empleadores redujeron los salarios y despidieron trabajadores. Con el recorte de los salarios, muchos estadounidenses ya no podían permitirse los bienes de consumo que las industrias nacionales habían estado produciendo.

Otro factor que alimentó a la Depresión fue la diferencia creciente entre la riqueza de las personas adineradas y la de la mayoría de los estadounidenses. La prosperidad de la década de 1920 no alcanzó a todas las personas por igual. En 1929, menos del uno por ciento de la población era dueño de casi un tercio de las riquezas del país. Al mismo tiempo, casi el 75 por ciento de las familias estadounidenses vivían en la pobreza o tenían recursos muy limitados.

La crisis crediticia

El dinero prestado mantuvo a una buena parte de la economía de la década de 1920. Los agricultores compraron con crédito tierras, equipos y suministros. Los consumidores compraban automóviles también a crédito. Los inversionistas solicitaban préstamos para comprar acciones. Muchos bancos pequeños sufrieron debido al incumplimiento de pago de los péstamos por parte de los granjeros. Los bancos grandes, que habían comprado acciones a manera de inversión, sufrieron pérdidas enormes durante la caída de la bolsa de valores. Estas pérdidas obligaron a miles de bancos del país a cerrar entre 1930 y 1933. Millones de personas con ahorros bancarios perdieron su dinero.

La depresión internacional

El debilitamiento de la economía de Estados Unidos también socavó las economías extranjeras. Los países europeos tenían que solicitar préstamos a los bancos de Estados Unidos y vender sus bienes a los consumidores estadounidenses para pagar las deudas adquiridas con Estados Unidos durante la Primera Guerra Mundial. A fines de la década de 1920, los bancos no tenían fondos para préstamos. El comercio internacional disminuyó porque sin préstamos de Estados Unidos otros países tenían menos dinero para gastar.

Desempleo y pobreza

En la medida en que la Depresión se hizo más profunda en Estados Unidos, millones de personas perdieron sus empleos. En 1932, el 25 por ciento de los trabajadores estadounidenses estaban desempleados. El nivel de desempleo se mantuvo alrededor del 20 por ciento durante toda la década. Las ciudades industriales fueron las que más sufrieron. Los obreros que lograron mantener sus empleos trabajaban menos horas o trabajaban con sueldos reducidos.

Los recién desempleados se sintieron aplastados. El neoyorquino Sidney Lens, que perdió su empleo, escribió acerca de

66 sus sentimientos de insignificancia y soledad. Comencé a creer que era un anormal y un inadaptado 99.

Largas filas de personas hambrientas se extendían a lo largo de las calles de la nación. Esperaban durante horas para recibir una rebanada de pan,

Representación **de la historia**

Obligado a pagar sus deudas por la compra de acciones que de repente no tenían valor, Walter Thornton, mostrado aquí en 1929, pone su automóvil en venta. **¿Qué fue el "Jueves Negro"?**

MÁS SOBRE...

Hermano, ¿puedes darme diez centavos?

"Brother Can You Spare a Dime?" (Hermano, ¿puedes darme diez centavos?) fue una canción popular de la década de 1930 durante la Gran Depresión. En aquellos tiempos, los precios eran tan bajos, que si tenías la suerte de tener diez centavos, realmente podías comprar algo con ellos.

Precios durante 1932–1934	
Bistec de solomillo (por libra)	$0.29
Pollo (por libra)	.22
Pan (molde de 20 onzas)	.05
Papas (por libra)	.02
Plátanos (por libra)	.07
Leche (por cuarto de galón)	.10
Queso (por libra)	.29
Tomates (por lata de 16 onzas)	.09
Naranjas (por docena)	.27
Copos de maíz (por 8 onzas)	.08

La Gran Depresión dio lugar a muchas "Hoovervilles" (vecindarios de Hoover), como ésta en la ciudad de Nueva York, y a trabajadores desempleados parados en las esquinas suplicando empleos.

En esta lista puedes encontrar los precios de algunos alimentos durante la Depresión. Lee la lista para ver qué podías comprar con los diez centavos de tu "hermano".

una taza de café o un plato de sopa de las ollas comunes, provistas por los gobiernos locales o por organizaciones caritativas.

Las personas desempleadas trataban de ganar unos centavos limpiando zapatos o vendiendo manzanas en las esquinas. Aquéllos que perdieron sus hogares construyeron refugios con cajas viejas y otros desperdicios, a veces se agrupados en barriadas lamentables. Algunos llamaban con amargura a las barriadas lamentables **Hoovervilles** (vecindarios de Hoover), debido a la falta de acción por parte del Presidente Hoover. Por todo el país, los estadounidenses se preguntaban por qué el presidente no hizo nada para acabar con el sufrimiento. 📖 *(Ver la página 974 de la Biblioteca de fuentes principales para un relato de la vida durante la Depresión).*

✓**Comprobación de lectura** **Descripción** ¿Qué porcentaje de los trabajadores estadounidenses se encontraba sin empleo en 1932?

Hoover y la crisis

El Presidente Hoover pensaba que la crisis económica era temporal y que la prosperidad estaba

"a la vuelta de la esquina". También creía que la "depresión no podía ser solucionada por acciones legislativas ni por dictamen ejecutivo". En su lugar, Hoover pidió a los empresarios que no redujeran los salarios o la producción de bienes y pidió a las organizaciones benéficas que hicieran todo lo que pudieran para ayudar a los necesitados. Según Hoover, las acciones voluntarias de los ciudadanos particulares y de los gobiernos locales sacarían a la nación de los tiempos difíciles.

Las organizaciones benéficas, las iglesias y los voluntarios trabajaron heroicamente para proporcionar **ayuda,** a los necesitados. También obraron de esa manera los gobiernos estatales y locales. Algunas ciudades recaudaron porciones de los sueldos, ya reducidos, de sus empleados para financiar la distribución de comida. Pero la cantidad de personas que requerían ayuda era abrumadora.

Medidas del gobierno

Finalmente, Hoover reconoció que el gobierno federal tenía que tomar medidas para combatir la depresión. En 1931, autorizó gastos adicionales de dinero del gobierno federal en **proyectos públicos:**

El Ejército de la Prima establece su campamento cerca del Capitolio.

carreteras, parques y bibliotecas, para crear nuevos empleos. Sin embargo, los gobiernos estatales y locales se quedaron sin dinero y los gastos combinados de los tres niveles de gobierno disminuyeron.

Hoover probó una medida distinta en enero de 1932, cuando pidió al Congreso que creara la **Reconstruction Finance Corporation** (RFC), la Corporación de Finanzas para la Reconstrucción. La RFC prestó dinero a las empresas. También dio fondos a los programas de ayuda estatales y locales. Sin embargo, los directores de la RFC no querían hacer préstamos riesgosos y mucho de su presupuesto no fue utilizado.

El Ejército de la Prima

La marcha en Washington del **Ejército de la Prima** hizo que muchos estadounidenses, que ya culpaban a Hoover por la depresión, se opusieran firmemente al presidente. El Congreso había acordado darle a cada veterano de la Primera Guerra Mundial una prima de $1,000 en 1945. Pero los veteranos que carecían de empleos querían esas primas de inmediato. En el verano de 1932, crearon el Ejército de la Prima y marcharon a **Washington, D.C.** a exigir su dinero. En su momento cumbre, el Ejército de la Prima contaba con casi 20,000 veteranos. El Congreso y el presidente rechazaron el pedido de los veteranos. Muchos de los veteranos se fueron, pero alrededor de 2,000, junto a sus familias, juraron quedarse hasta que las primas fueran pagadas. Cuando la policía trató de disolver el campamento de los veteranos, se desató un enfrentamiento y dos personas murieron.

La respuesta de Hoover fue llamar al ejército. Con tanques, ametralladoras y caballería, las tropas, dirigidas por el Jefe del Estado Mayor del Ejército **Douglas MacArthur** y su ayudante **Dwight D. Eisenhower** entraron en el campamento de los manifestantes. Los veteranos y sus familias huyeron aterrorizados cuando las tropas quemaron su campamento.

Hoover anunció que "un reto a la autoridad del gobierno de Estados Unidos había sido rechazado". Muchos estadounidenses se horrorizaron de que el gobierno hubiera atacado a sus propios ciudadanos, particularmente a veteranos de la guerra. Hoover parecía frío, distante y desconectado de la gente común. Muchas personas pensaban que el tiempo de cambiar el gobierno había llegado.

✔ **Comprobación de lectura** **Explicación** ¿Qué entregó la Corporación de Finanzas para la Reconstrucción?

EVALUACIÓN DE LA SECCIÓN 1

Verificación de comprensión

1. **Términos clave** Escribe una conversación entre dos amigos durante la época de la Gran Depresión. Incluye en tu escrito los siguientes términos: mercado de acciones, al margen, incumplimiento de pago, ayuda y proyectos públicos.

2. **Repaso de hechos** ¿Qué quería el Ejército de la Prima? ¿Dónde estableció su campamento?

Repaso de temas

3. **Factores económicos** ¿Cómo fue que la compra de acciones a crédito contribuyó a la caída de la bolsa de valores?

Pensamiento crítico

4. **Conclusiones** ¿Crees que el Presidente Hoover siguió el curso adecuado en su manejo de la Gran Depresión?

5. **Determinación de causa y efecto** Recrea el siguiente diagrama e identifica cuatro de los factores principales que dieron lugar a la Gran Depresión.

```
[ ] ┐
[ ] ├──→ ( La Gran Depresión )
[ ] │
[ ] ┘
```

Análisis de material visual

6. **Habilidades gráficas** Estudia la gráfica de la página 725. ¿Cuándo fue que el precio promedio de las acciones alcanzó su valor máximo? ¿Durante qué años cayó el promedio por debajo de $100 por acción?

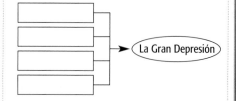

Actividad interdisciplinaria

Economía Con los precios de la comida que aparecen en la página 727, haz una lista de lo que podías comprar con un presupuesto de $3.00 por semana. Haz otra lista con los mismos productos anteriores que podrías comprar hoy con $3.00 por semana.

El Nuevo Trato de Roosevelt

Guía de lectura

Idea principal

El Presidente Franklin Roosevelt prometió tomar medidas para sacar a Estados Unidos de la Gran Depresión.

Términos clave

Cien Días, Nuevo Trato, ayuda, subsidio

Estrategia de lectura

Clasificación de la información Al leer la sección, recrea el siguiente diagrama e identifica cada uno de los elementos en la lista.

	¿Qué es?
El Nuevo Trato	
TVA	
CCC	
FDIC	

Leer para aprender

- cómo trató Roosevelt de restaurar la confianza del pueblo estadounidense.
- qué programas fueron creados durante los primeros 100 días de FDR.

Tema de la sección

Gobierno y democracia La legislación del Nuevo Trato afectó a los bancos, el mercado de valores, la industria, la agricultura y el bienestar social.

Presentación preliminar de acontecimientos

◆1932   ◆1933   ◆1934

1932 Franklin Roosevelt es elegido presidente

1933 Programas durante los Cien Días mejoran la economía

1934 Se crea la Comisión de Valores y Bolsas

UNA
historia estadounidense

Washington, D.C., estaba oscuro y deprimente el 4 de marzo de 1933. El Presidente Franklin D. Roosevelt se paró con la cabeza descubierta en el frío viento y agarró fuertemente los lados del atril situado frente a él. Su cara era severa al comenzar su discurso inaugural. "¡Este país pide acción y acción inmediata!", exclamó.

Al hablar, la voz de Roosevelt tenía un efecto eléctrico sobre las personas frente a él. La multitud gritaba como gesto de aprobación. Para millones de estadounidenses desesperados, la voz de Roosevelt era el símbolo de la esperanza. Parecía que la penumbra comenzaba a disiparse.

Franklin D. Roosevelt

Con la economía de la nación desmoronándose, los demócratas creían que tenían una buena oportunidad para ganar la presidencia. Reunidos en Chicago en junio de 1932, los demócratas escogieron al Gobernador **Franklin D. Roosevelt** de Nueva York como su candidato. Roosevelt, o FDR, como lo llamaban, parecía traer un nuevo enfoque a la política.

Franklin D. Roosevelt, que quedó paralítico cuando era joven debido a una poliomielitis, aparece en la fotografía con Ruth Bie, la hija del conserje de su residencia.

Cuando Roosevelt supo que había sido nominado, voló a Chicago para pronunciar el primer discurso de aceptación que se hacía en una convención. Dijo a los demócratas, y a la nación, "Comprometo a ustedes y a mí mismo, a un nuevo trato para el pueblo estadounidense".

Mientras los republicanos y los demócratas celebraban sus congresos en 1932, la depresión empeoraba. Los republicanos se reunieron en Chicago y nominaron al Presidente Hoover para la reelección. Con los problemas de la economía del país, las posibilidades de Hoover de ganar la reelección eran pocas.

La promesa de los primeros años

Franklin D. Roosevelt, un primo lejano del anterior Presidente Theodore Roosevelt, venía de una familia rica. FDR, ambicioso y encantador, decidió desarrollar una carrera política. En 1905, se casó con una sobrina de Theodore Roosevelt, **Eleanor Roosevelt,** quien se convirtió en la compañera incansable de su vida pública.

La carrera política de FDR comenzó con su elección al Senado del estado de Nueva York en 1910. En 1913, fue nombrado subsecretario de la marina de guerra y en 1920 los demócratas lo escogieron como candidato a la vicepresidencia. Los

demócratas perdieron las elecciones contra Warren G. Harding, pero el futuro político de Franklin Roosevelt parecía luminoso.

En 1921, Roosevelt sufrió de poliomielitis que le paralizó ambas piernas. La voluntad de FDR, sin embargo, se mantenía fuerte. "Una vez estuve dos años en cama tratando de mover el dedo gordo del pie", dijo más tarde. "Después de eso, cualquier otra cosa parece fácil".

El regreso a la política

Después de algunos años, FDR decidió regresar a la política. Nunca mencionó en público sus piernas paralizadas y pidió a los periodistas que no fotografiaran las abrazaderas de sus piernas o su silla de ruedas. Fue elegido gobernador de Nueva York en 1928 y luego reelegido en 1930. Roosevelt alcanzó una reputación nacional como reformador. Se apoyó en los consejos de un grupo de abogados, economistas y trabajadores sociales progresistas, conocidos como el **Grupo de Expertos**, para desarrollar programas de ayuda para el estado. Cuando decidió postularse para presidente, contaba con el grupo de expertos para ayudarlo a guiar la recuperación de la nación.

Durante la campaña de 1932, Roosevelt declaró: "el país necesita y (. . .) exige una experimentación valiente y persistente". También hablaba de tratar de ayudar al "hombre olvidado y situado al fondo de la pirámide económica".

✔ Comprobación de lectura **Identificación** ¿Quiénes eran los candidatos republicanos y demócratas a la presidencia en 1932?

FDR toma el mando

El pueblo estadounidense estaba cautivado por la confianza de Roosevelt y sus promesas de acción. El 8 de noviembre, el pueblo acudió a las urnas y eligió a Roosevelt por una mayoría abrumadora. Él ganó todos los estados excepto seis y recibió 472 de los 531 votos electorales. Los demócratas también obtuvieron victorias importantes en el Congreso. La gente claramente quería un cambio.

La economía empeoró durante los meses previos a la toma del poder de Roosevelt. Las protestas en algunas ciudades se tornaron violentas. Al mismo tiempo, el sistema bancario se desmoronaba. En la medida en que la gente extraía sus depósitos a toda prisa más bancos quebraban. La gente estaba desesperada y atemorizada.

En su discurso inaugural del 4 de marzo de 1933, Roosevelt dijo a la nación: "sólo debemos temerle al miedo, al terror indescriptible, irracional e injustificado". Tranquilizó al pueblo y señaló que la "tarea más importante es poner a la gente a trabajar". También prometió tomar medidas inmediatas en cuanto a la crisis bancaria.

Restauración de la confianza en los bancos

Dos días después del inicio de su mandato, Roosevelt ordenó que todos los bancos cerraran durante cuatro días. También convocó a una sesión especial del Congreso en la que presentó el plan de su gobierno para lidiar con el problema bancario. Alrededor de siete horas después, el Congreso había aprobado y Roosevelt había firmado la **Ley de Emergencia de Ayuda Bancaria.** La ley proponía un amplio margen de poderes presidenciales sobre los bancos y estableció un sistema en el que los bancos podrían abrir de nuevo o ser reorganizados. A mediados de marzo, la mitad de los bancos del país habían abierto de nuevo.

Al final de su primera semana en la presidencia, FDR aseguró a los estadounidenses en una alocución radial "que era más seguro tener el dinero en un banco reorganizado que debajo del

Una hilera de víctimas de inundaciones en espera de comida y ropa. Las víctimas contrastan marcadamente con la familia alegre en la valla publicitaria.

colchón". Al día siguiente hubo muchos más depósitos de dinero que retiros. La crisis bancaria había terminado.

La alocución radial del presidente fue la primera de muchas. Él llamaba a esas alocuciones informales **charlas al calor del fuego** porque se sentaba al lado de una chimenea en la Casa Blanca mientras hablaba. Estas charlas informales ayudaron a FDR a ganarse la confianza del público.

Los Cien Días

Tras resolver la crisis bancaria, el Presidente Roosevelt rápidamente abordó otros problemas nacionales. Le envió al Congreso un conjunto de propuestas de nuevos programas para enfrentar los problemas económicos de la nación. Roosevelt envió en total 15 propuestas al Congreso y el Congreso aprobó todas.

La sesión especial del Congreso que Roosevelt convocó para introducir sus nuevos programas duró alrededor de tres meses y llegó a conocerse como los Cien Días. Fue un tiempo sorprendentemente productivo. El optimismo imperaba en la capital. El periodista Thomas Stokes recordaba que "El pesimismo, la tensión, el temor de los últimos meses del gobierno de Hoover habían desaparecido".

✓ **Comprobación de lectura** **Identificación** ¿Qué ley estableció un plan para reorganizar los bancos de la nación?

El Nuevo Trato

Programa del Primer Nuevo Trato	Iniciales	Comenzó	Propósito
Cuerpos de Conservación Ciudadana	CCC	1933	Empleó a hombres jóvenes en la siembra de árboles y en la construcción de puentes.
Autoridad del Valle de Tennessee	TVA	1933	Construyó represas para el suministro de energía eléctrica barata a siete estados del Sur. Estableció escuelas y centros médicos.
Administración Federal de Ayuda de Emergencia	FERA	1933	Prestó ayuda a desempleados y necesitados.
Administración de Ajuste Agrícola	AAA	1933	Pagó a los granjeros para que no cosecharan ciertos cultivos.
Administración de Recuperación Nacional	NRA	1933	Ayudó a crear normas de producción, precios y salarios.
Administración de Obras Públicas	PWA	1933	Construyó puertos, escuelas y portaviones.
Corporación Federal de Seguros de Depósitos	FDIC	1933	Aseguró las cuentas de ahorro en los bancos aprobados por por el gobierno
Programa del Segundo Nuevo Trato			
Administración de Electrificación Rural	REA	1935	Prestó dinero para extender la electricidad a las áreas rurales.
Administración del Progreso Laboral	WPA	1935	Empleó a hombres y mujeres en la construcción de hospitales, escuelas, parques y aeropuertos. Dio empleo a artistas, escritores y músicos.
Ley de Seguro Social	SSA	1935	Estableció un sistema de pensiones para los ancianos, desempleados y personas discapacitadas.
Administración de Seguridad de Granjas	FSA	1937	Prestó dinero a aparceros. Estableció campamentos para los trabajadores itinerantes.
Ley de Normas Laborales Justas	FLSA	1938	Estableció salarios mínimos y la máxima extensión de la jornada laboral para todas las empresas involucradas en el comercio interestatal.

📊 *Habilidades* con cuadros

Bajo el Nuevo Trato de Roosevelt, durante la década de 1930, el gobierno asumió la responsabilidad del bienestar de muchos de los ciudadanos.

Análisis de la información ¿Por qué la creación de la FDIC ayudó a todos los estadounidenses?

Se establece el Nuevo Trato

Las nuevas leyes que el Congreso aprobó durante los Cien Días, y durante los meses y años siguientes, llegaron a conocerse como el Nuevo Trato. Las leyes y regulaciones del Nuevo Trato afectaron a los bancos, la bolsa de valores, la industria, la agricultura, las obras públicas, la ayuda a los pobres y la conservación de los recursos. Estas leyes cambiaron la cara de Estados Unidos de manera dramática.

Frances Perkins, el secretario de trabajo del gobierno de Roosevelt, recordaba después esos primeros emocionantes días del Nuevo Trato:

> ❝En marzo de 1933, el Nuevo Trato no era un plan. (. . .) Sino una frase alegre que [FDR] había acuñado durante la campaña electoral. (. . .) Hacía que la gente se sintiera mejor, y durante ese período terrible de depresión la gente necesitaba sentirse mejor❞.

💲Economía

Empleos y ayuda

Roosevelt dio alta prioridad a la creación de empleos. Su plan era ayudar a los desempleados con programas de ayuda laboral en los que las personas necesitadas recibirían empleos del gobierno. Durante el primer mes de su gobierno, FDR pidió al Congreso que creara el **Civilian Conservation Corps** (CCC), los Cuerpos de Conservación Ciudadana. Durante los próximos diez años, los CCC emplearon a cerca de 3 millones de hombres jóvenes en proyectos que beneficiaban al público, la siembra de árboles para la repoblación forestal, la construcción de diques para el control de las inundaciones y el mejoramiento de los parques nacionales.

Otra prioridad de Roosevelt fue ayudar a los pobres y a los que sufrían. FDR creó la **Administración Federal de Ayuda de Emergencia,** (FERA), para dar dinero a los estados para ayudar a las personas necesitadas. Roosevelt designó a **Harry Hopkins,** un trabajador social de Nueva York, para dirigir la FERA. Hopkins fue uno de los asesores más cercanos de FDR y participó en otros varios programas del Nuevo Trato.

Roosevelt no se olvidó de la agricultura. El 12 de mayo, el Congreso aprobó la **Ley de Ajuste Agrícola** (AAA). La ley tenía dos objetivos: incrementar rápidamente los precios de los productos agrícolas y controlar la producción para que estos precios se mantuvieran altos a largo plazo.

Sin embargo, durante el primer año de la AAA, la oferta de alimentos era mayor que la demanda. La única manera que la AAA podía incrementar los precios fue pagándoles a los granjeros para que destruyeran las cosechas, la leche y el ganado. A muchos les resultaba escandaloso que botaran comida mientras millones de personas estaban hambrientas. Los partidarios del Nuevo Trato decían que la acción era necesaria para subir los precios.

Para controlar la producción y los precios de los productos agrícolas, la AAA pagaba a los granjeros para que no cultivaran partes de su tierra. Si los precios del mercado de ciertos productos clave, como el trigo y el algodón, caían por debajo de cierto nivel, la AAA pagaría a los granjeros subsidios, concesiones de dinero, para cubrir la diferencia. Durante los primeros tres años del Nuevo Trato el ingreso de los granjeros creció alrededor del 50 por ciento. La Corte Suprema dictaminó que la AAA era anticonstitucional en el caso de *Estados Unidos* contra *Butler* (1936) porque invadía los poderes reservados a los estados.

Reconstrucción de una región

Uno de los programas más audaces iniciados durante los Cien Días fue la **Tennessee Valley Authority** (TVA), la Autoridad del Valle de Tennessee. La TVA estaba dirigida a controlar las inundaciones, promover la conservación y el desarrollo y llevar la electricidad a las áreas rurales a todo lo largo del **río Tennessee.** Mediante la construcción de nuevas represas y el mejoramiento de otras, la TVA puso fin a las inundaciones desastrosas de la región. Con la electricidad barata generada por energía hidroeléctrica, miles de granjas y hogares en algunos de los estados del Sur tuvieron electricidad por primera vez.

Algunos críticos consideraban que los fondos para la TVA debían usarse para apoyar programas nacionales. Las compañías de electricidad también atacaron al programa por ser injusto y de tipo comunista. Sin embargo, cuando vinieron las lluvias de la primavera de 1937, el sistema funcionó y las represas impidieron que el río Tennessee se desbordara. Al final, la

Operador de taladros, Represa de Fort Loudon, Tennessee.

mayoría de los observadores estuvieron de acuerdo en que la TVA fue un ejemplo exitoso de planificación social y económica.

Ayuda a las empresas y a los trabajadores

Durante el último día de los Cien Días, el Congreso aprobó la **National Industrial Recovery Act (NIRA)**, la Ley de Recuperación de la Industria Nacional, que Roosevelt llamó "la legislación más importante y de mayor alcance" que se haya aprobado en Estados Unidos. La NIRA estaba dirigida a fomentar la economía a través de la autorregulación de las empresas.

El águila azul, símbolo de la NRA

La NIRA creó la **Administración de Recuperación Nacional,** (NRA), que estimuló a las empresas a establecer un salario mínimo y a abolir el trabajo infantil. Además la NRA trató de establecer códigos para gobernar el establecimiento de los precios y otras prácticas para cada industria. **Hugh Johnson,** un general retirado, fue nombrado el jefe de la NRA y lanzó una campaña para promocionar a esta organización. En poco tiempo, el símbolo de la organización, que era un águila azul y la consigna, "Nosotros cumplimos con nuestra parte", estaban en todos lados.

Otro programa que fue creado por la NIRA fue la **Administración de Proyectos Públicos** (PWA). Su objetivo era estimular la economía mediante la construcción de grandes obras públicas que requerían de muchos trabajadores. La organización empleó a personas para trabajar en la construcción de carreteras, astilleros, hospitales, ayuntamientos y escuelas. Muchos proyectos de la PWA, como el Túnel Lincoln en Nueva York y el Fuerte Knox en Kentucky, todavía existen. Sin embargo, la PWA empleó sus recursos con lentitud y no tuvo mucha influencia inmediata en el nivel de desempleo.

Para evitar crisis bancarias futuras, Roosevelt pidió una reforma del sistema financiero nacional. El Congreso estableció la **Corporación Federal de Seguros de Depósitos** (FDIC), para asegurar los depósitos bancarios. El gobierno garantizaba que el dinero depositado en un banco asegurado por la FDIC no se perdería si el banco cerrara.

El Congreso también aprobó una ley que regulaba la venta de acciones y obligaciones y creó la **Securities and Exchange Commission** (SEC), la Comisión de Valores y Bolsas. Esta ley de 1934, dio a la SEC el poder de castigar a agentes de la bolsa y especuladores deshonestos.

Evaluación del Nuevo Trato inicial

El Nuevo Trato no solucionó los males de la nación. La depresión continuó y trajo consigo más dificultades. Los granjeros seguían perdiendo sus tierras. El nivel de desempleo continuaba alto. Muchas personas todavía se enfrentaban a muchas dificultades para sobrevivir.

Sin embargo, los días más negros ya habían pasado. El pánico de 1932 y 1933 ya se había desvanecido y el aluvión de actividad en la capital nacional había reestablecido alguna confianza.

✓ **Comprobación de lectura** **Descripción** ¿Cuáles eran los objetivos de la Ley de Ajuste Agrícola?

EVALUACIÓN DE LA SECCIÓN 2

Verificación de comprensión

1. **Términos clave** Escribe oraciones acerca del Nuevo Trato utilizando los siguientes términos del vocabulario: Cien Días, ayuda, laboral subsidio.
2. **Repaso de hechos** ¿A qué región del país le suministró energía eléctrica la Autoridad del Valle de Tennessee?

Repaso de temas

3. **Gobierno y democracia** Describe las medidas que tomó Roosevelt para restaurar la confianza en los bancos y en la bolsa de valores.

Pensamiento crítico

4. **Comparación** Compara los programas de Hoover y Roosevelt para combatir la Depresión.
5. **Organización de la información** Recrea el diagrama siguiente y anota tres programas del Nuevo Trato que Roosevelt estableció para crear empleos o para ayudar a la sociedad en su conjunto.

Análisis de material visual

6. **Habilidad res con cuadros** Examina el cuadro en la página 732. ¿Qué programas fueron creados fundamentalmente para ayudar a los granjeros y las áreas rurales? ¿Cuál era el objetivo de la TVA?

Actividad interdisciplinaria

Gobierno Crea una tabla que enumere los aspectos positivos y negativos del programa agrícola del Nuevo Trato. Haz un breve resumen de las conclusiones que puedes sacar de tu tabla.

SECCIÓN 3 · La vida durante la Depresión

Guía de lectura

Idea principal

La Depresión fue un período difícil para los estadounidenses porque muchos tuvieron que enfrentarse con el desempleo y la pérdida de tierras y otras propiedades.

Términos clave

Cuenca de Polvo, obrero migratorio

Estrategia de lectura

Clasificación de la información Al leer la sección, recrea el siguiente diagrama y describe cómo los diferentes grupos de personas hicieron frente a los tiempos difíciles.

Los efectos de la Gran Depresión		
Hispánicos estadounidenses	Granjeros de Grandes Llanuras	Afro-americanos

Leer para aprender

- cómo la Depresión afectó a los grupos minoritarios.
- qué movimientos políticos radicales ganaron influencia.

Tema de la sección

Factores económicos La Depresión hizo que la vida fuera difícil para todos los estadounidenses y muchos migraron a otras regiones en busca de una vida mejor.

Presentación preliminar de acontecimientos

◆1930	◆1935	◆1940

1932
Hattie Caraway, primera mujer elegida senadora

1934
Se aprueba la Ley de Reorganización Indígena

1939
Se estrena la película *Lo que el viento se llevó*

UNA historia estadounidense

"Pasaban la mayor parte del tiempo en las esquinas de las calles y en grupos. (. . .) Se sentían despreciados, estaban avergonzados. Estaban humillados, se consolaban los unos a los otros. Evitaban ir a sus hogares". Con estas palabras, una trabajadora social describía a los mineros desempleados de Pennsylvania. Su dolor resonaba a través de Estados Unidos con incontables hombres, mujeres y niños que vieron sus esperanzas aplastadas por la Depresión.

Tiempos difíciles en Estados Unidos

No todos los trabajadores perdieron sus empleos durante la Depresión. No todas las familias necesitaron ayuda. Sin embargo, la mayoría de los estadounidenses tenían menos recursos: menos ingresos, menos comida y menos seguridad.

Algunas familias sobrevivieron a la Depresión esforzándose juntos. Padres e hijos compartieron sus hogares con sus abuelos u otros familiares para ahorrar dinero. Aunque la tasa de natalidad disminuyó, la matrícula en las escuelas subió debido a que menos jóvenes podían encontrar empleo y permanecieron en las escuelas.

Sin embargo, la tensión destruyó a otras familias. Casi dos millones de hombres y un número mucho más pequeño de mujeres abandonaron sus hogares.

Comenzaron a deambular, y fueron a parar a lugares más cálidos como la Florida y California.

Las mujeres se ponen a trabajar

Muchas personas creían que las mujeres no debían tener empleos siempre que hubiera hombres desempleados. A pesar de esos prejuicios la desesperación hizo que muchas mujeres buscaran empleos. Muchas familias sobrevivían con el ingreso de la mujer, a pesar de que las mujeres estadounidenses ganaban menos que los hombres.

Las mujeres también trabajaban más duro en la casa para poder sobrevivir. En vez de comprar ropa o provisiones, cosían la ropa, horneaban su propio pan y enlataban sus propios vegetales. Algunas mujeres crearon negocios desde sus casas como lavanderías o casas de huéspedes.

El Nuevo Trato abrió caminos a las mujeres en la vida pública. El presidente Roosevelt nombró a la primera mujer en un gabinete presidencial, **Frances Perkins.** También nombró a más de 100 mujeres en posiciones federales. Una de ellas, Ellen Sullivan Woodward, comenzó un programa para dar empleos a las mujeres. In 1932, **Hattie Caraway,** de Arkansas, fue la primera mujer electa para el senado de Estados Unidos.

La mujer más conocida en la vida pública estadounidense fue **Eleanor Roosevelt,** que a menudo era los "ojos y oídos" de su esposo. Ella hizo muchos viajes de investigación en lugar del presidente, porque la poliomielitis había limitado su movilidad. La señora Roosevelt desarrolló una campaña vigorosa a favor de las mujeres y las minorías, así como a favor de otros asuntos humanitarios. Escribió una columna periodística diaria y utilizó su energía sin límites para conocer a personas a lo largo y ancho del país.

✓Comprobación de lectura **Identificación** ¿Quién fue la primera mujer que sirvió en un gabinete presidencial? ¿Cuántas otras mujeres fueron nombradas en posiciones federales en ese momento?

La Cuenca de Polvo

Para empeorar las cosas, la parte sur de las Grandes Llanuras sufrió un desastre ecológico durante la década de 1930. Las áreas más afectadas fueron el oeste de Kansas y Oklahoma, el norte de Texas, el este de Colorado y Nuevo México: la región llamada la Cuenca de Polvo.

★Geografía

¿Qué dio lugar a la Cuenca del Polvo?

Con el empleo de nuevas tecnologías, como tractores y arados de disco, los granjeros habían limpiado millones de acres de tierra para el cultivo

Personajes históricos

Charles Drew 1904–1950

El afroamericano Charles Drew nació y creció en la ciudad segregada de Washington, D.C. y no dejó que el prejuicio racial lo detuviera. Su primer interés fue la educación, particularmente la medicina, pero también fue un atleta destacado. Se destacó en la Escuela Secundaria Dunbar en fútbol, béisbol, baloncesto y atletismo.

Se graduó de Amherst College, en Massachusetts, y obtuvo su título en medicina en McGill University, de Canadá. En la década de 1930, Drew realizó investigaciones de avanzada en el plasma sanguíneo y creó el modelo para almacenar sangre y plasma que la Cruz Roja usa en la actualidad. Cuando Estados Unidos entró a la Segunda Guerra Mundial, Drew estaba al frente del programa de plasma sanguíneo militar.

La investigación realizada por Drew cambió los métodos de transfusión, de forma que el plasma almacenado pudiera dársele a los soldados heridos en el campo de batalla. Fue avance médico que salvó muchas vidas. Drew posteriormente renunció en protesta a la decisión militar de mantener los bancos de sangre racialmente segregados.

del trigo. No se dieron cuenta de que las raíces de la hierba mantenían la tierra en su lugar. Una sequía severa en 1931 arrasó con las cosechas y secó la tierra. Los vientos fuertes de pradera se llevaron la tierra.

Cada tormenta se llevaba más tierra. Una tormenta en 1934 se llevó alrededor de 300 millones de toneladas de tierra y depositó una porción en barcos que se hallaban en el Océano Atlántico a 300 millas de la costa. La sequía, y las tormentas, continuaron durante años.

La gente las llamaba "tormentas negras". Un joven en Texas escribió:

❝Las tormentas eran como nubes de humo negro. Teníamos que mantener las luces encendidas todo el día. Íbamos a la escuela con los faros del automóvil encendidos y con máscaras contra polvo❞.

Dorothea Lange fotografió una familia desamparada de Oklahoma durante los días de la Cuenca de Polvo.

Miles de granjeros de la Cuenca de Polvo fueron a la bancarrota y tuvieron que entregar sus tierras. Alrededor de 400,000 granjeros migraron a California y se convirtieron en **obreros migratorios**, que iban de un lugar a otro para cosechar frutas y vegetales. Tantas personas vinieron de Oklahoma que la gente los llamaban "Okies". Un observador describió su llegada:

❝Vinieron en [automóviles] cuadrados decrépitos [en mal estado] (. . .) que parecían las reliquias de una cultura antigua (. . .) llenos de colchones y útiles de cocina y niños, con maletas, jarras y sacos amarrados a los estribos❞.

✔**Comprobación de lectura** **Explicación** ¿A dónde fueron muchas familias para escapar de la Cuenca de Polvo?

Las dificultades de las minorías

La Depresión golpeó fuertemente a los grupos minoritarios que se encontraban en los escalones más bajos de la escalera económica estadounidense. Esos grupos incluían a los afroamericanos, indígenas estadounidenses e hispánicos estadounidenses.

Afroamericanos

En el Sur más de la mitad de la población afroamericana no tenía empleos. Los empleos de los afroamericanos que vivían y trabajaban en las ciudades del sur fueron tomados por personas blancas que habían perdido sus empleos. El descalabro de los precios agrícolas aplastó a los granjeros afroamericanos.

Alrededor de 400,000 hombres, mujeres y niños afroamericanos emigraron a las ciudades del Norte durante la década de 1930. Sin embargo, no les fue mucho mejor allí. El nivel de desempleo para los afroamericanos se mantenía alto.

Los afroamericanos tuvieron algunas mejoras políticas durante la Depresión. El Presidente Roosevelt nombró a un número de afroamericanos en posiciones dentro del gobierno federal. Él tenía un conjunto de asesores, conocidos como el Gabinete Negro, que incluía a Robert Weaver, un profesor universitario, y **Ralph Bunche,** que trabajaba para el Departamento de Estado. **Mary McLeod Bethune,** quien creó la Universidad Bethune-Cookman en la Florida, también sirvió de asesora.

Los afroamericanos continuaban luchando contra los prejuicios. En 1939, a la cantante de opera Marian Anderson se le negó cantar en Constitution Hall porque era negra. La señora Roosevelt ayudó a que Anderson diera un concierto histórico en el Monumento a Lincoln.

Indígenas estadounidenses

La década de 1930 trajo algunos beneficios a los indígenas estadounidenses. El nuevo jefe del Departamento de Asuntos Indígenas, **John Collier,** introdujo un conjunto de reformas conocidas como el Nuevo Trato Indígena.

Collier detuvo la venta de tierra de las reservas, dio trabajo a 77,000 indígenas estadounidenses en

Cómo era la *vida...*

Emociones y decepciones
Los jóvenes iban en masa al cine para ver dibujos animados y monstruos.

Entretenimiento para adolescentes

Un adolescente en la década de 1930, podía comprar con diez centavos el boleto de ida y vuelta en un tranvía, dos manzanas a un vendedor de la esquina, un batido de leche malteada en el mostrador de la farmacia o ir al cine.

Escape
Programa radiales, como *Anita, la huerfanita* (der.), así como los nuevos y novedosos juegos, proporcionaban un escape a la dura realidad de la Gran Depresión.

---

los Cuerpos de Conservación Ciudadana y obtuvo fondos de la Administración de Proyectos Públicos para construir nuevas escuelas en las reservas. Lo más importante es que logró que el Congreso aprobara la **Ley de Reorganización Indígena** de 1934. Esta ley restauró los gobiernos tribales tradicionales y suministró dinero para la compra de tierras y agrandar algunas reservas.

Hispánicos estadounidenses

A principios de la década de 1930, alrededor de dos millones de personas de ascendencia hispana vivían en Estados Unidos, la mayoría, en California y el sudoeste. Muchos habían emigrado desde México. Ellos trabajaban como granjeros, obreros migratorios y jornaleros. En la medida que la Gran Depresión se agudizó, creció el rencor contra los mexicanos estadounidenses. Muchos perdieron sus empleos. Los políticos y los sindicatos obreros exigieron que los mexicanos estadounidenses fueran obligados a abandonar los Estados Unidos.

El gobierno alentaba a los inmigrantes mexicanos a regresar a México. Las autoridades les daba boletos de trenes para el regreso a México o simplemente los recogían y enviaban hacia el sur de la frontera. Más de 500,000 mexicanos estadounidenses abandonaron Estados Unidos durante los primeros años de la Depresión, muchos de manera involuntaria.

Comprobación de lectura **Explicación** ¿Cuál era el propósito de la Ley de Reorganización Indígena?

Movimientos políticos radicales

Los tiempos duros ayudaron a los grupos políticos **radicales** a ganar terreno en Estados Unidos durante la década de 1930. Estos grupos radicales abogaban por cambios extremos e inmediatos. Los socialistas y comunistas veían la Depresión no como un problema económico temporal, sino como la muerte de un sistema fallido. Ellos proponían grandes cambios.

El comunismo atraía a trabajadores, activistas por los derechos de las minorías e intelectuales con sus promesas de poner fin a la injusticia económica y racial. Aunque tanto el socialismo como el comunismo ejercían influencias significativas, ninguno de los dos se convirtió en una fuerza política importante en Estados Unidos.

Otro acontecimiento político que llamó la atención de muchos estadounidenses fue el surgimiento de **fascistas** en Alemania e Italia. El fascismo es una filosofía política que establece que la nación es más importante que el individuo y que aboga por un gobierno de dictadura. En 1936 comenzó la **Guerra Civil Española.** Alemania e Italia apoyaron a los fascistas que trataban de tomar el poder en España. Aunque Estados Unidos se mantuvo neutral, más de 3,000 estadounidenses fueron a España a luchar contra los fascistas.

✓ **Comprobación de lectura** **Explicación** ¿Qué es el fascismo?

El entretenimiento y las artes

La Depresión creó dos tendencias separadas en el entretenimiento y las artes. Una fue el escapismo, entretenimiento ligero o romántico que ayudaba a las personas a olvidar sus problemas. La otra fue la crítica social, retratos de la injusticia y el sufrimiento en Estados Unidos durante la Depresión.

La radio era muy popular durante la década de 1930. Dramas que se transmitían de día, y que eran patrocinados por detergentes para lavar ropa, adquirieron el mote de "óperas de jabón". Programas de aventura, como *Dick Tracy, Llanero Solitario* y *Superman,* tenían millones de radioescuchas, como también los tenían los espectáculos de variedades que presentaban a los cómicos George Burns, Gracie Allen y Jack Benny.

En el cine

Cada semana alrededor de 85 millones de personas iban a los cines, comúnmente para escapar de sus preocupaciones. Algunas películas exploraban temas serios. Por ejemplo, *Las viñas de la ira* (1940), era una versión cinematográfica de la poderosa novela de John Steinbeck acerca de familias campesinas que abandonaban la Cuenca de Polvo. La película de 1939 de la novela de Margaret Mitchell, *Lo que el viento se llevó,* que se desarrollaba en los tiempos de la Guerra Civil, también mostraba a personas que enfrentaron tiempos difíciles.

Imágenes de la época

Muchos escritores y pintores presentaban las duras realidades de la vida durante la Depresión. La novela de Richard Wright *Hijo nativo* contaba la historia de un hombre afroamericano que creció en Chicago. El escritor James Agee y el fotógrafo Walker Evans describieron a las familias granjeras pobres del sur en la obra *Alabemos ahora a hombres famosos.*

La fotógrafa Margaret Bourke-White también registró la difícil situación de los granjeros estadounidenses y Dorothea Lange tomó fotografías apasionadas de los obreros migratorios. Pintores, como Grant Wood y Thomas Hart Benton, mostraron la gente ordinaria enfrentando la vida de la Depresión.

✓ **Comprobación de lectura** **Análisis** ¿Considerarías tú *Lo que el viento se llevó* una crítica social o un escapismo? Explica.

EVALUACIÓN DE LA SECCIÓN 3

Verificación de comprensión

1. **Términos clave** Define Cuenca de Polvo y obrero migratorio.
2. **Repaso de hechos** Describe tres de los beneficios que los indígenas estadounidenses recibieron del Nuevo Trato Indígena, incluida la Ley de Reorganización Indígena.

Repaso de temas

3. **Factores económicos** ¿Por qué muchos afroamericanos migraron del sur al norte durante la década de 1930?

Pensamiento crítico

4. **Determinación de causa y efecto** ¿Por qué los movimientos políticos radicales ganaron popularidad durante la década de 1930?
5. **Clasificación de la información** Recrea el siguiente diagrama y anota los logros de tres individuos discutidos en la Sección 3.

Persona	Logros
1.	
2.	
3.	

Análisis de material visual

6. **Representación de la historia** Mira la fotografía de Dorothea Lange en la página 737. Redacta un párrafo en el que describas por qué la familia abandonaba su casa y a dónde se iba.

Actividad interdisciplinaria

Redacción descriptiva Piensa en alguna idea de la historia moderna que sería considerada una crítica social. Utilizando el esbozo de la historia, redacta una pequeña escena en la que los personajes señalen un error de su sociedad.

GEOGRAFÍA e HISTORIA

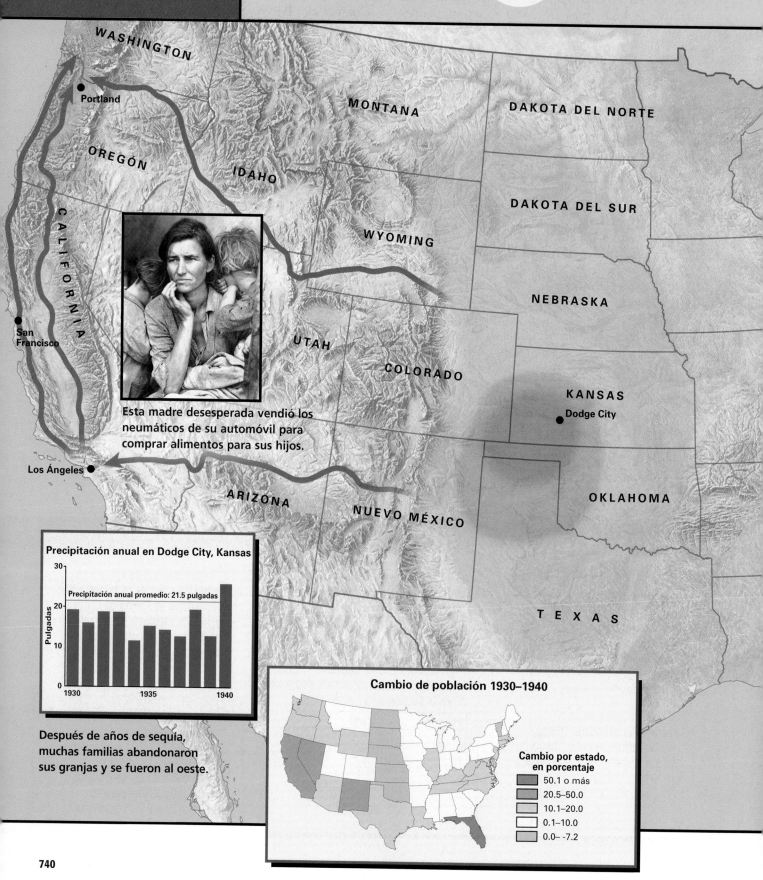

Esta madre desesperada vendió los neumáticos de su automóvil para comprar alimentos para sus hijos.

Precipitación anual en Dodge City, Kansas

Precipitación anual promedio: 21.5 pulgadas

Después de años de sequía, muchas familias abandonaron sus granjas y se fueron al oeste.

Cambio de población 1930–1940

Cambio por estado, en porcentaje

- 50.1 o más
- 20.5–50.0
- 10.1–20.0
- 0.1–10.0
- 0.0– -7.2

CUENCA DE POLVO

Tormenta de polvo en Hugoton, Kansas.

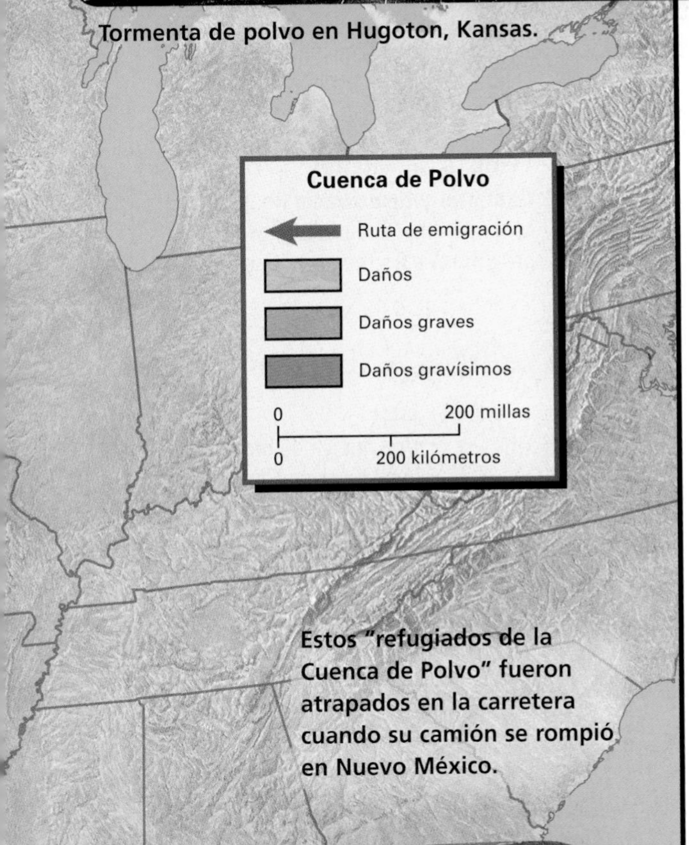

DURANTE LA DÉCADA DE 1930, las tormentas de polvo arrasaban con las Grandes Llanuras. Esta área se denominó la "Cuenca de polvo". Las tormentas de polvo, apodadas también como "trapos de sacudir" o "tormentas negras", azotaron a toda la región oscureciendo el cielo y enterrando cercas, campos e incluso casas y granjas.

VIVIR EN LAS LLANURAS

Los colonos habían llegado en masa a las llanuras y habían arado la tierra para plantar trigo y otras cosechas. El arado profundo y repetido destruyó la capa protectora de las raíces del pasto y el suelo, la cual conservaba la humedad y fijaba la tierra.

NUBARRONES

A principios de la década de 1930, una severa sequía azotó a la región y el viento comenzó a soplar y llevarse los finos granos del suelo. Esta sequía duró muchos años y causó muchas tormentas de polvo. A veces, las tormentas duraban semanas. Los fuertes vientos soplaban la capa de suelo superficial que llegaba hasta el Océano Atlántico. Granjeros desesperados miraban mientras sus cosechas se resecaban y el viento se las llevaba.

LA MARCHA HACIA EL OESTE

Muchas familias perdieron sus empleos y granjas. Finalmente, metieron sus pertenencias en sus viejos cacharros y se marcharon al oeste. Durante la década de 1930, medio millón de personas migraron al oeste en busca de trabajo. Éstos vivían en sus automóviles y viajaban de granja en granja con la esperanza de encontrar trabajo, ya sea recogiendo frutas, vegetales o algodón.

AYUDA

Los programas del Nuevo Trato finalmente ayudaron a las víctimas de la Cuenca de Polvo. Además de ayudar a los migratorios, el gobierno federal enseñó a los granjeros en la Cuenca de Polvo nuevas medidas de conservación destinadas a preservar sus tierras. Finalmente llovió, pero la prosperidad no regresó a Estados Unidos hasta que las fábricas no comenzaron a producir para la Segunda Guerra Mundial.

Cuenca de Polvo

← Ruta de emigración

Daños

Daños graves

Daños gravísimos

0   200 millas
0   200 kilómetros

Estos "refugiados de la Cuenca de Polvo" fueron atrapados en la carretera cuando su camión se rompió en Nuevo México.

APRENDER de LA GEOGRAFÍA

1. ¿Qué estados sufrieron el daño más grande?

2. ¿La población de qué estados creció más del 20 por ciento durante la década de 1930? ¿Por qué piensas que esos estados tuvieron el mayor crecimiento?

Consecuencias del Nuevo Trato

Idea principal

A medida que la Gran Depresión continuaba y el gobierno se convertía en el blanco de la creciente crítica, Roosevelt emprendió el Segundo Nuevo Trato.

Términos clave

pensión, Segundo Nuevo Trato, Ley de Seguro Social, seguro de desempleo

Estrategia de lectura

Clasificación de la información Al leer la sección, recrea el siguiente diagrama y describe los objetivos de los programas y leyes anotados.

Programa	Objetivos
Administración del Progreso Laboral	
Ley de Seguro Social	
Ley de Normas Laborales Justas	

Leer para aprender

- por qué la gente criticó a Roosevelt y al Nuevo Trato.
- cómo el Segundo Nuevo Trato creó nuevos papeles económicos y sociales para el gobierno.

Tema de la sección

Gobierno y democracia Roosevelt continuó emprendiendo nuevos programas para mejorar la economía.

Presentación preliminar de acontecimientos

♦1934	♦1935	♦1936	♦1937

1935
FDR emprende el Segundo Nuevo Trato

1936
FDR gana las elecciones

1937
Una huelga de brazos caídos tiene lugar en Flint, Michigan

UNA historia estadounidense

El apoyo a los esfuerzos de Franklin D. Roosevelt para terminar la Gran Depresión estaba muy lejos de ser unánime. Mucha gente rica y conservadora atacó las políticas "radicales" del presidente. Una caricatura política de la década de 1930 mostraba a un niño escribiendo la palabra *ROOSEVELT* en la acera del frente de la casa de su familia rica. Su hermana gritó: "¡Mamá, Wilfred escribió una mala palabra!"

Oponentes al Nuevo Trato

Durante los primeros días de su presidencia, FDR contaba con el apoyo de los grandes negocios a sus esfuerzos para revitalizar la economía. La Administración de Recuperación Nacional, por ejemplo, invitó a la comunidad comercial a participar. En general, sin embargo, el mundo comercial se opuso al Nuevo Trato.

Los empresarios acusaron a Roosevelt de gastar mucho dinero gubernamental y de tratar de destruir la libre empresa. En 1934, algunos de esos críticos conservadores formaron la Liga de la Libertad para "defender y conservar la Constitución". La Liga quería que el gobierno no se involucrara en los negocios y que tuviera un papel menos activo en la economía. Aunque la Liga de la Libertad no ganó un amplio apoyo, su existencia convenció a FDR de que las grandes empresas no estaban a su favor.

Demanda de más reforma

Al mismo tiempo, Roosevelt fue criticado por los liberales. Ellos querían un gobierno más activo. Tres hombres se ganaron gran popularidad con métodos para ayudar al estadounidense medio.

Uno de los críticos de Roosevelt fue el Padre **Charles Coughlin**, un sacerdote de Detroit que llegaba a millones de radioyentes a través de su programa de radio semanal. Coughlin, un antiguo seguidor de Roosevelt, lo atacaba ahora por no lidiar firmemente con las empresas más grandes y lo llamó "Franklin Engañador Roosevelt". Coughlin utilizó su programa de radio para atacar a banqueros, judíos, comunistas y gremios laborales, así como al Nuevo Trato. En un momento dado, Coughlin perdió el apoyo por sus puntos de vista extremistas.

Francis Townsend, un médico de California, se hizo famoso por su plan de **pensión** mensual, o pago a las personas mayores. Aquellos trabajadores mayores quienes dejaran el trabajo, para ponerlo a disposición de personas más jóvenes, recibirían una pensión. El plan de Townsend recibió poco respaldo del Congreso. Pero, sin embargo, forzó a muchos estadounidenses a pensar en la situación difícil de los ancianos pobres y las necesidades de los jubilados.

La preocupación más grande para Roosevelt, sin embargo, era el Senador **Huey Long,** de Louisiana.

Cuando era gobernador de Louisiana, Long se ganó el respaldo de los proyectos de obra pública y los ataques a las grandes empresas.

En 1932, Long apoyó a FDR, pero en menos de un año los dos hombres ya tenían diferentes opiniones. Una de las quejas mayores de Long contra el presidente era que éste no había tomado medidas para redistribuir la riqueza en Estados Unidos. Para 1934, Long había desarrollado su propio plan para hacerlo. Su "Plan de compartir nuestra riqueza" pedía el cobro de grandes impuestos a los ricos y usar después ese dinero para darle a cada estadounidense una casa y $2,500 al año. A medida que su petición se daba a conocer, Long se convirtió en una amenaza para Roosevelt. Las encuestas indicaban en 1936 que él podría recibir cuatro millones de votos si se postulaba como un tercer partido. Pero en 1935 fue asesinado.

✔ **Comprobación de lectura** **Descripción** ¿Para qué grupo estaba destinado a ayudar el plan de pensión de Townsend?

$ Economía

El Segundo Nuevo Trato

Ya a mediados de la década de 1930, la economía había mejorado ligeramente, pero la Depresión estaba lejos de acabarse. FDR tomó medidas resonantes.

Críticos de FDR: Huey Long (izq.)
Padre Coughlin (der.)

Para obtener más fondos gubernamentales, Roosevelt presionó al Congreso para que aprobara la **Ley de Ingresos** de 1935. Esta ley aumentó los impuestos a las personas ricas y las empresas. Los críticos lo acusaron de "cobrar demasiado a los ricos" para costear sus programas, pero muchos estadounidenses se alegraron.

En 1935, el presidente Roosevelt emprendió un conjunto de programas y reformas, frecuentemente denominados Segundo Nuevo Trato. Las leyes que fueron aprobadas en ese momento cambiaron la vida de los estadounidenses, incluso más que los Cien Días.

Creación de empleos

Millones de personas, 20 por ciento de la fuerza laboral, estaban todavía desempleadas en 1935. En abril, el Congreso creó la **Administración del Progreso Laboral** (WPA) con el objetivo de darle empleo a la gente y ayudar al país. Dirigida por Harry Hopkins, la WPA mantuvo a casi dos millones de personas empleadas entre 1935 y 1941. Los obreros de WPA construyeron o repararon alrededor de 800 aeropuertos, 125,000 edificios públicos, 75,000 puentes y 650,000 millas de carreteras.

La WPA consiguió trabajo también para escritores, artistas y músicos desempleados. Los pintores de WPA decoraron los nuevos edificios públicos con murales. Los escritores y fotógrafos documentaban la vida en todo Estados Unidos. Los escritores produjeron *La vida en Estados Unidos,* 150 tomos que registraron cuentos tradicionales y canciones, narraciones de afroamericanos y tradiciones de los indígenas estadounidenses.

Ayuda para los necesitados

Antes del Segundo Nuevo Trato, Estados Unidos era el único país industrial avanzado sin un programa gubernamental nacional para ayudar a los necesitados. En agosto de 1935, el Congreso aprobó la Ley de Seguro Social.

Esta Ley de Seguro Social creó un impuesto tanto para los trabajadores como para los empleadores. Ese dinero proporcionaba pensiones mensuales para los jubilados. Otro impuesto, sólo para los empleadores, financiaba los pagos del seguro de desempleo a personas que habían perdido sus empleos. Además, el Seguro Social ayudaba a personas discapacitadas, ancianos pobres y niños cuyos padres no podían mantenerlos.

Con la Ley de Seguro Social, el gobierno federal se hizo responsable del bienestar social de todos los ciudadanos. Esta ley emprendió el sistema de asistencia social de Estados Unidos.

Comprobación de lectura **Explicación** ¿Cómo recaudó el gobierno dinero para el Seguro Social?

HISTORIA En línea

Actividad del estudiante en línea
Visita taj.glencoe.com y haz clic en **Chapter 25— Student Web Activities** para hacer una actividad sobre la vida durante la Gran Depresión.

Representación **de la historia**

El cartel de vidrio fue pintado a mano por un afiliado al Gremio de Obreros Mineros Unidos. **¿Cómo se beneficiaron los obreros con el Nuevo Trato?**

Análisis de *caricaturas políticas*

Recomposición de la corte Esta caricatura usa imágenes de una granja para sugerir programas para el Nuevo Trato. El águila era un símbolo conocido de la Administración de Recuperación Nacional. La planta sugiere la Ley de Ajuste Agrícola y el barril de agua sugiere la Autoridad del Valle de Tennessee. **¿A qué grupo simboliza el burro?**

El movimiento obrero

Los gremios laborales se hacían más poderosos a medida que los obreros luchaban contra la Depresión. En 1937, obreros de la planta de General Motors en **Flint, Michigan,** usaron una nueva táctica: la huelga de sentados. Los huelguistas ocuparon continuamente la planta y se negaron a trabajar hasta que la administración acordó negociar con ellos sus demandas. Durante 44 días, familiares y amigos de los huelguistas de Flint les trajeron comida. Finalmente, se ganaron el derecho de organizar su gremio.

El líder obrero de más influencia durante la década de 1930 fue **John L. Lewis,** un líder de los Trabajadores Mineros Unidos. Para incrementar el poderío obrero, Lewis luchó para unir a todos los obreros de cada industria en un único gremio. La mayoría de los gremios de la Federación Estadounidense Obrera (AFL) representaban únicamente a los trabajadores calificados. Lewis pidió a los gremios industriales que incluyeran a los obreros sin calificación, que representaban el grupo más grande de la fuerza laboral.

En 1935, Lewis formó un nuevo gremio llamado el **Congreso de las Organizaciones Industriales** (CIO), que ayudó a crear los gremios industriales. Ya para 1938, el CIO contaba con cuatro millones de afiliados, entre ellos un gran número de mujeres y afroamericanos.

Los gremios encontraron apoyo en el Nuevo Trato. La **Ley Nacional de Relaciones Laborales,** de 1935, llamada también la **Ley Wagner** en honor a su patrocinador, el Senador Robert Wagner de Nueva York, garantizó a los obreros el derecho a formar gremios para negociar colectivamente con los empleadores. La ley creó también la Junta Nacional de Relaciones

Laborales para imponer sus disposiciones. En 1938, el Congreso aprobó la **Ley de Normas Laborales Justas** (FLSA), que prohibió el trabajo de menores y fijó un sueldo mínimo de 40 centavos de dólar por hora. La FLSA y la Ley Wagner constituyen la base de los derechos laborales actuales de los estadounidenses.

Comprobación de lectura **Comparación** ¿En qué se diferenciaba el CIO de la AFL?

La Corte Suprema

Aquéllos que se opusieron al Nuevo Trato desafiaron a muchas de las leyes del mismo en los tribunales, porque las consideraban anticonstitucionales. Varios casos importantes llegaron hasta la Corte Suprema.

En mayo de 1935, la Corte Suprema dictaminó que la Ley Nacional de Recuperación Industrial era anticonstitucional. Según la Corte, el Congreso había excedido su poder legal para regular el comercio interestatal. En enero de 1936, la Corte Suprema revocó la Ley de Ajuste Agrícola. Había también casos pendientes contra la Ley Wagner, la Ley de Seguro Social y la Autoridad del Valle de Tennessee. Parecía como si la Corte Suprema fuera a destruir el Nuevo Trato.

Un segundo mandato

La campaña presidencial de 1936 se basó en un solo asunto: ¿Los estadounidenses apoyaron a FDR y al Nuevo Trato?

Para competir con Roosevelt, los republicanos nominaron a **Alfred M. Landon,** el gobernador de Kansas. Landon atrajo a los insatisfechos, tanto demócratas como republicanos. FDR dirigió su campaña como el defensor de los estadounidenses ordinarios. Denunció a las grandes empresas y a las personas ricas, quienes "unánimemente me odian; odio al cual yo le doy la bienvenida".

El día de las elecciones, FDR obtuvo el 61 por ciento del voto popular, la más aplastante victoria en las elecciones presidenciales de Estados Unidos hasta el momento. El apoyo a Roosevelt vino de los progresistas y liberales, pobres y desempleados, obreros urbanos y afroamericanos. Estos grupos formarían el núcleo del Partido Demócrata para las décadas venideras.

Plan de Recomposición de la Corte de Roosevelt

Inmediatamente después de su reelección, FDR tomó medidas para prevenir que la Corte Suprema eliminara el Nuevo Trato. FDR pidió al Congreso que incrementara el número de jueces en la Corte de 9 a 15, con la justificación de que los 9 jueces tenían mucho trabajo y necesitaban ayuda adicional. FDR nombraría a seis jueces nuevos, seleccionando, por supuesto, a los jueces que conservarían el Nuevo Trato.

La propuesta despertó una oposición implacable. Los críticos acusaron al presidente de tratar de crear una Corte "tendenciosa" y arruinar el sistema de inspecciones y balances establecido en la Constitución. El asunto concluyó cuando la Corte dictaminó en favor de la Ley de Wagner y la Ley de Seguro Social. El Nuevo Trato ya no corría peligro por la Corte. La falta de popularidad del plan de recomposición de la Corte, sin embargo, hizo que Roosevelt perdiera muchos simpatizantes e inició una separación en el Partido Demócrata.

La recesión de Roosevelt

Para el verano de 1937, el ingreso nacional había regresado casi al nivel de 1929. Creyendo que la Depresión por fin se había acabado, Roosevelt trató de reducir la deuda del gobierno al disminuir los gastos en los programas de ayuda y empleos.

La economía se tambaleó inmediatamente. Los precios de los productos de las granjas cayeron. Cuatro millones de personas perdieron el empleo. Regresaron tiempos tan duros como 1932 y 1933. El empeoramiento de la nueva economía, conocido por algunos como la **Recesión de Roosevelt,** duró hasta 1938. Roosevelt ayudó a cambiarlo radical-mente con una avalancha de gastos gubernamen-tales en obras públicas.

El final del Nuevo Trato

La pelea de la recomposición de la Corte, así como su recesión, hizo que Roosevelt perdiera apoyo en el Congreso. La economía no se recuperaba completamente a pesar de los diversos programas del Nuevo Trato. A finales de la década de 1930, sin embargo, acontecimientos mundiales hicieron que los estadounidenses cambiaran su atención de los problemas nacionales a los extranjeros. En Asia y Europa surgían fuerzas peligrosas.

Comprobación de lectura **Explicación** ¿Por qué el plan de Roosevelt de cambiar la Corte Suprema fue criticado?

EVALUACIÓN DE LA SECCIÓN 4

Verificación de comprensión

1. **Términos clave** Redacta oraciones sobre el Segundo Nuevo Trato utilizando los términos del vocabulario: pensión, Ley de Seguro Social, seguro de desempleo.
2. **Repaso de hechos** Haz un resumen del plan económico de Huey Long.

Repaso de temas

3. **Gobierno y democracia** ¿Cuál era el objetivo del Seguro Social y a quién ayudó exactamente?

Pensamiento crítico

4. **Hacer generalizaciones** ¿Por qué muchos empresarios se opusieron al Nuevo Trato de Roosevelt?
5. **Determinación de causa y efecto** ¿Por qué Roosevelt propuso un cambio en el número de jueces de la Corte Suprema? Recrea el siguiente diagrama y anota una causa y dos efectos de la propuesta de FDR.

Análisis de material visual

6. **Caricaturas políticas** Observa la caricatura "Recomposición de la corte" de la página 745. ¿Qué muestra la caricatura, apoyo u oposición al plan? ¿Cómo lo sabes?

Actividad interdisciplinaria

Gobierno Investiga el efecto que tuvo el Nuevo Trato en tu comunidad. Determina si el gobierno federal en la década de 1930 apoyó algún proyecto local para la conservación, la construcción o las artes.

Desarrollo de HABILIDADES

Estudios sociales

Análisis de los medios noticiosos

¿Por qué desarrollar esta habilidad?

Cada ciudadano necesita conocer los problemas y acontecimientos actuales para tomar decisiones correctas cuando ejerce sus derechos civiles.

Desarrollo de la habilidad

Para obtener una descripción exacta de los acontecimientos actuales, debes aprender a pensar críticamente sobre las noticias. Los siguientes pasos te ayudarán a hacerlo:

- Primero, piensa en la fuente informativa de la historia encontrada en la noticia. Los informes que publican las fuentes informativas son más confiables que los que no las publican. Si conoces las fuentes informativas, puedes evaluarlas. ¿Pueden verificarse todos los datos?
- Muchas historias en las noticias interpretan acontecimientos. Tales análisis reflejan la polarización del informante. Fíjate en polarizaciones cuando leas o escuches historias en las noticias.
- Pregúntate si la noticia es imparcial y minuciosa. ¿Se informa desde la escena o con información de segunda mano? ¿Representa a todos los involucrados en el problema? Entre más fuentes informativas se citen para un dato, éste es, por lo regular, más confiable.

Práctica de la habilidad

En esta página se presenta un pasaje del periódico New York Times del 6 de febrero de 1937. Léelo y después responde a las siguientes preguntas:

1. ¿Cuál es la idea central que el artículo enfatiza?

2. ¿Está el artículo informando algo en la escena o con información de segunda mano?

3. ¿Refleja el artículo polarización o una opinión fuerte sobre la noticia que se informa?

4. ¿Se presenta sólo una parte del problema? Explica.

DESTINADO A RECOMPONER LA CORTE, DECLARA HOOVER

El mensaje del presidente Roosevelt al Congreso solicitándole autoridad para designar nuevos jueces federales para sustituir aquéllos mayores de 70 años de edad fue caracterizado anoche por Herbert Hoover, su predecesor en la Casa Blanca, como una propuesta para "recomponer" la Corte Suprema y lograr con esto las medidas del Nuevo Trato (. . .)

"La Corte Suprema ha probado que muchas de las propuestas del Nuevo Trato son anticonstitucionales. En vez de utilizar las amplias alternativas de la Constitución, a través de las cuales estas propuestas pueden presentarse a la gente mediante una enmienda constitucional, se propone ahora hacer cambios para 'recomponer' la Corte Suprema. Implica la subordinación de la Corte al poder personal del Ejecutivo".

Aplicación de la habilidad

Análisis de los medios noticiosos Piensa en algún problema de tu comunidad donde la opinión pública esté dividida. Lee artículos y editoriales de periódicos sobre el problema y escucha los informes televisivos. ¿Puedes identificar alguna polarización? ¿Qué informes representan de forma más justa el problema y las soluciones? ¿Qué informes son los más confiables?

 IR A El CD-ROM de Glencoe **"Skillbuilder Interactive Workbook, Level 1",** contiene instrucciones y ejercicios sobre habilidades fundamentales de ciencias sociales.

Resumen del capítulo

La Depresión y FDR

Causas

- La diferencia de ingreso entre los ricos y pobres crece
- Altos aranceles y deudas de guerra
- Uso excesivo de crédito para hacer compras
- La oferta industrial y agrícola excede la demanda
- Demora de ventas
- El mercado internacional se tambalea
- Caída de la bolsa de valores; pánico financiero

La Gran Depresión

Efectos

- Millones de personas pierden el empleo; se disemina la pobreza
- Empresas y bancos cierran
- La Depresión se expande a otros países
- Roosevelt gana la presidencia
- Promulgación de la legislación del Nuevo Trato
- A pesar de períodos de recuperación económica, la Depresión sigue

Repaso de términos clave

En una hoja de papel, usa por lo menos seis de los siguientes términos para escribir un párrafo sobre la Gran Depresión o el Nuevo Trato.

1. incumplimiento de pago, ayuda, proyectos públicos, Cien Días, Nuevo Trato, Cuenca de Polvo, obrero migratorio, pensión, Ley de Seguro Social, subsidio y seguro de desempleo

Repaso de hechos clave

2. ¿Qué quería el Ejército de la Prima que el gobierno hiciera?
3. ¿Qué fue el Nuevo Trato?
4. ¿Cómo beneficiaron los Cuerpos de Conservación Ciudadana (CCC) a los desempleados y al país?
5. ¿En qué región estaba centrada la Cuenca de Polvo?
6. Haz un resumen de los avances logrados por los afroamericanos y mujeres durante la Gran Depresión.
7. ¿Cuál era el propósito de la Ley de la Seguridad Social?
8. Describe dos leyes aprobadas durante el Segundo Nuevo Trato que ayudaron a los trabajadores y gremios.

Pensamiento crítico

9. **Factores económicos** Cómo afectó la tendencia a comprar con crédito en la década de 1920 a los bancos durante la Depresión?
10. **Determinación de causa y efecto** ¿Cómo contribuyeron las nuevas tecnologías al desastre de la Cuenca de Polvo?
11. **Repaso de temas: Gobierno y democracia** Recrea el siguiente diagrama y anota dos formas en las que el gobierno federal cambió durante la administración de Roosevelt.

> **Cambio del papel que desempeña el gobierno**

Práctica de habilidades

12. **Análisis de los medios noticiosos** Busca dos artículos, uno en un periódico actual y otro en una revista informativa, sobre un tema económico. Compara los artículos. ¿Mostró alguno de los artículos alguna polarización? Anota alguna declaración que no esté fundamentada.

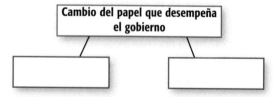

Actividad de geografía e historia

Estudia el siguiente mapa y responde a estas preguntas.

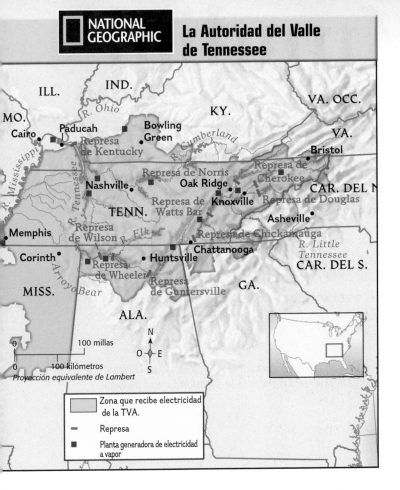

NATIONAL GEOGRAPHIC La Autoridad del Valle de Tennessee

Zona que recibe electricidad de la TVA.
— Represa
■ Planta generadora de electricidad a vapor

100 millas
100 kilómetros
Proyección equivalente de Lambert

13. Lugar ¿Qué característica física hizo que Tennessee fuera particularmente adecuado para el proyecto de la Autoridad del Valle de Tennessee?

14. Región ¿Qué estados fueron electrificados con la TVA?

15. Ubicación En el mapa, ¿qué represas están ubicadas a lo largo del río Tennessee?

Actividad

16. Usa la Internet y otros recursos para investigar varios tipos de créditos disponibles en la actualidad para los clientes. Evalúa las ventajas y desventajas de cada tipo de crédito. ¿Crees que el crédito al consumidor de hoy podría contribuir a una depresión económica como la de la década de 1930?

HISTORIA En línea

Prueba de autocomprobación
Visita taj.glencoe.com y haz clic en **Chapter 25—Self-Check Quizzes** para prepararte para el examen del capítulo.

Actividad ciudadana cooperativa

17. Investigación Trabaja con miembros de tu grupo y prepara un ensayo con fotografías que documenten las dificultades de la Depresión. Fotocopia algunas de las fotografías y muéstralas de forma interesante en una hoja o cartulina. Escribe los pies de ilustraciones para cada fotografía, así como los créditos de las mismas y el título de tu ensayo. Después, con el resto de la clase, crea una galería a través de la cual puedas pasar, donde muestres todos los ensayos con fotografías.

Evaluación alternativa

18. Actividad de redacción Tanto Eleanor como Franklin Roosevelt recibieron muchas cartas del público durante la Depresión, en las cuales les pedían empleos, dinero, alimentos y ropa. Escribe una carta, como si fueras uno de los Roosevelt, en la que respondas a una solicitud de ayuda. Explica en tu carta lo que puedes hacer y lo que no puedes hacer por esa persona. Usa lo que has aprendido sobre las personalidades de los Roosevelt para que tus cartas sean realistas.

Práctica de examen estandarizado

Instrucciones: Escoge la *mejor* respuesta a la pregunta siguiente.

Todos los programas siguientes fueron creados por Roosevelt en el Primer Nuevo Trato, EXCEPTO:

A La Ley de Ajuste Agrícola (AAA).

B Los Cuerpos de Conservación Ciudadana (CCC).

C La Ley de Normas Laborales Justas (FLSA).

D La Autoridad del Valle de Tennessee (TVA).

Consejo para el examen

Sé cuidadoso cuando veas en una pregunta la palabra EXCEPTO. Lee cuidadosamente todas las opciones de la respuesta y elige una que *no* encaje en la pregunta. Muchas veces, hay palabras específicas en la pregunta que te dicen algo particular. Aquí la pregunta cuestiona al Primer Nuevo Trato, no al Segundo Nuevo Trato.

CAPÍTULO 26

Segunda Guerra Mundial

1939–1945

Por qué es importante

La Segunda Guerra Mundial, la guerra más destructiva en la historia, ocasionó la muerte de más de 40 millones de personas. Más de la mitad de los muertos fueron civiles, incluyendo seis millones de judíos y muchos otros que murieron en el Holocausto. Al final de la guerra, Estados Unidos emergió como la nación más poderosa del mundo y la poseedora de una arma poderosa, la bomba atómica.

El impacto actual

La Segunda Guerra Mundial marcó el principio del papel de la nación como una super potencia. La guerra también transformó la economía estadounidense en una economía próspera, enormemente productiva y duradera.

Video **El viaje estadounidense** *El video del capítulo 26, "War on the Home Front", habla de cómo era la vida en Estados Unidos durante la Segunda Guerra Mundial.*

1942
- Se envía a japoneses estadounidenses a campos de internamiento
- Estados Unidos se une a los Aliados en la Segunda Guerra Mundial

1940
- Se estableció la Ley de Servicio de Conscripción y Entrenamiento Selectivo

1941
- Estados Unidos entra a la guerra
- Se establece la Ley de Préstamo y Arriendo

Estados Unidos
PRESIDENTES

F. Roosevelt
1933–1945

1940   1941   1942

Mundo

1939
- Alemania invade Checoslovaquia

1940
- Tropas alemanas ocupan París
- Alemania bombardea Gran Bretaña

1941
- Alemania ataca la Unión Soviética

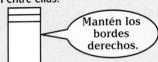

Plegable de estudios para la secuencia de acontecimientos Haz este plegable para describir y poner en secuencia los eventos de la Segunda Guerra Mundial.

Paso 1 Junta tres hojas de papel y colócalas una encima de otra dejando 1 pulgada de separación entre ellas.

Mantén los bordes derechos.

Paso 2 Dobla los bordes inferiores del papel para que forme 6 lengüetas.

Esto hace que todas las lengüetas sean del mismo tamaño.

Paso 3 Cuando todas las lengüetas queden del mismo tamaño, aplasta el doblez y engrapa las hojas. Gira el papel y rotula cada lengüeta como se ilustra.

Segunda Guerra Mundial
Camino a la guerra
El comienzo de la guerra
En nuestro frente
La guerra en Europa y África
La guerra en el Pacífico

Engrapa a lo largo del pliegue.

Lectura y redacción Al leer el capítulo, identifica, pon en secuencia y describe brevemente los eventos clave que corresponden bajo cada sección de las lengüetas. Escribe información bajo cada lengüeta.

Misión sobre Normandía por William S. Phillips Durante la Segunda Guerra Mundial, las Fuerzas de Infantería de Aviación combatieron aviones enemigos, bombardearon puntos estratégicos y transportaron soldados.

1945
- Estados Unidos deja caer bombas atómicas en Hiroshima y Nagasaki

HISTORIA En línea

Descripción general del capítulo
Visita taj.glencoe.com y haz clic en **Chapter 26—Chapter Overviews** para ver la información preliminar del capítulo.

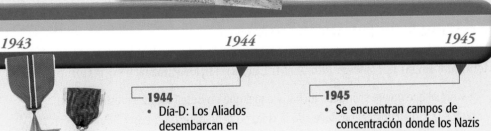

1943

1944

1945

1944
- Día-D: Los Aliados desembarcan en Normandía

1945
- Se encuentran campos de concentración donde los Nazis asesinaron millones
- Fin de la Segunda Guerra Mundial

Camino a la guerra

Guía de lectura

Idea principal
Mientras los dictadores amenazaban la paz mundial, Estados Unidos trataba de seguir una norma de neutralidad.

Términos clave
dictador, fascismo, antisemitismo, totalitario, contemporización

Estrategia de lectura
Organización de la información
Mientras lees la Sección 1, copia el diagrama que está más abajo y nombra los tres dictadores y los países que ellos regían en los años 1920 y 1930.

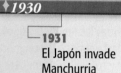

Dictadores

Leer para aprender
• por qué llegaron a haber dictadores en el mundo.
• qué acciones precipitaron el inicio de la Segunda Guerra Mundial.

Tema de la sección
Conexiones mundiales Europa trató de evitar la guerra manteniendo una norma de contemporización.

Presentación preliminar de acontecimientos

♦1930

1931
El Japón invade Manchurria

1933
Hitler se convierte en el Canciller de Alemania

♦1935

1935
El ejército italiano invade Etiopía

♦1940

1939
Alemania invade Checoslovaquia

★ UNA ★
historia estadounidense

Muchas personas subestimaron la influencia de Adolfo Hitler, excepto el periodista estadounidense William Shirer. Él describió así una reunión a favor de Hitler en Nuremberg en septiembre de 1934: "Hitler entró a este pueblo medieval como si fuera un emperador romano. (. . .) Las calles, no más anchas que simples callejones, parecen un mar de uniformes café con negro. (. . .) [C]uando Hitler finalmente se asomó al balcón por un momento (. . .) [la gente] lo miraba como si fuese un Mesías, sus rostros transformados en algo definitivamente inhumano". La pasión de los Nazis asombró a Shirer y, seguidamente, asombraría al resto del mundo.

El Ascenso de los Dictadores

A finales de los años 1920, Adolfo Hitler alcanzó una gran popularidad en Alemania. En su libro *Mein Kampf* (Mi Lucha), Hitler establece su visión política.

❝Aquel que quiere vivir debe luchar y aquel que no desea luchar en este mundo, donde la lucha constante es la ley de la vida, no tiene derecho a existir❞.

Cuando Hitler se convirtió en el líder de Alemania, puso estas palabras en acción. Hitler fue uno de los varios gobernantes despiadados que subieron al poder en los años 1920 y 1930 explotando la ira y el sufrimiento del pueblo. Muchos europeos estaban en desacuerdo con los términos del Tratado de Versalles, firmado en 1919 y que terminó con la Primera Guerra Mundial, y cuando el mundo entero entró en depresión económica en los años 1930, la frustración y el miedo se sumaron a esa ira.

Hitler y otros líderes prometían una vida mejor. Describían un futuro glorioso a gente humillada por haber perdido una guerra. Una vez que estos hombres obtuvieron poder político, se convirtieron en **dictadores,** líderes que podían controlar sus naciones por la fuerza.

Italia

Benito Mussolini subió al poder apelando al resentimiento de muchos italianos que pensaban que ellos no habían ganado lo suficiente en el tratado de Versalles. Mussolini logró hacer que el **fascismo,** nacionalismo extremo y racismo, se volvieran populares en Italia. Para 1922 su **Partido Fascista** había obtenido suficiente fuerza para obligar al rey de Italia a nombrar a Mussolini cabeza de gobierno. En unos pocos años, Mussolini había prohibido todos los partidos políticos excepto su Partido Fascista.

Conocido como *Il Duce* (el líder), Mussolini inmediatamente termina con la democracia en Italia. Las libertades civiles y la prensa libre dejan de existir. Jóvenes de ambos sexos y de cualquier edad fueron inscritos en organizaciones militares que les enseñaban lealtad hacia el nuevo gobierno. Mussolini fortaleció el ejército y juraba recapturar la gloria romana antigua.

En 1935 Mussolini envió tropas italianas a invadir la nación africana de **Etiopía,** la cual fue anexada, o tomada como territorio propio. El emperador etíope, Haile Selassie, pidió ayuda a la Liga de las Naciones: "Dios y la historia recordarán su decisión. Nosotros somos hoy día. Ustedes serán mañana". La Liga respondió poniendo un veto en la compraventa de armas y ciertos otros materiales con Italia, pero no tenía la fuerza para imponer su orden. Italia se retiró de la Liga y continuó con sus políticas agresivas, atacando y anexando su nación vecina Albania en 1939.

Alemania

La Gran Depresión había afectado a Alemania muy seriamente. Millones de personas perdieron su trabajo, y la economía se tambaleaba hasta llegar al punto de un colapso. Los alemanes apoyaron a Adolfo Hitler, un político astuto y orador que embelesaba. Hitler ganó popularidad explotando la preocupación de la gente por una inflación sin control y un severo desempleo. Hitler también usaba como arma el disgusto por el tratado de Versalles. El tratado había forzado a Alemania a ceder parte de su territorio y hacer fuertes pagos a los triunfadores.

En 1921, Hitler se convirtió en el presidente del Partido Socialista Nacional de Trabajadores Alemanes, o el **Partido Nazi.** Abiertamente racistas, Hitler y los Nazis mantenían que los alemanes eran superiores a todos los demás. Mucha de su ira se dirigía contra los judíos, a quienes Hitler culpaba de los problemas de Alemania. Su extremo **antisemitismo,** odio hacia los judíos, lo llevaría después a cometer increíbles atrocidades.

Poco tiempo después de convertirse en canciller, o ministro principal de Alemania en 1933, Hitler terminó con la democracia y estableció un régimen totalitario. En un estado **totalitario,** un solo partido y su líder suprimen toda oposición y controlan todos los aspectos de la vida de la gente.

Análisis de *caricaturas políticás*

Esta caricatura estadounidense de Mussolini lo muestra con un cuerpo pequeño, manos pequeñas, un estómago inmenso y miedo en sus ojos. El brazo de Mussolini está levantado en un saludo fascista familiar. **¿Qué es lo que el dibujante dice sobre Mussolini y el fascismo?**

DOS PUNTOS DE VISTA

¿Debía intervenir o permanecer neutrales?

Mientras el ejército alemán de Adolfo Hitler conquistaba partes de Europa, los estadounidenses debatían si intervenir o no. ¿Debía Estados Unidos permanecer distanciado mientras la agresión continuaba y esquivar los horrores de una guerra que no era de ellos? ¿debía ayudar a los aliados como Gran Bretaña a acabar con las ambiciones destructora de la Alemania Nazi?

Petición enviada desde las oficinas nacionales de Fight for Freedom (Lucha por la Libertad), 1940

Nosotros no somos neutrales. Al ser ciudadanos estadounidenses amantes de la libertad nos damos cuenta de que nuestra libertad, de que la democracia en todas partes acabará a menos que el peligro [amenaza] de Hitler sea destruido.

Nosotros, por lo tanto, pedimos al Congreso de Estados Unidos QUE REVOQUE NUESTRA LEY SUICIDA, HIPÓCRITA Y PELIGROSA DE NEUTRALIDAD, que levante la prohibición que impida que nuestros buques mercantes carguen armas, y que elimine la prohibición que impide que naves con la bandera estadounidense naveguen los siete mares.

La política estadounidense ha sido tradicionalmente que exista libertad en los mares. Nuestro Congreso debe imponer y hacer respetar ese derecho. Nuestro Congreso ha prometido nuestros recursos a esas naciones luchando contra la agresión del Eje y tiene que reforzar esa promesa al garantizar que nuestra mercadería arribe a su destino y a las manos de nuestros aliados.

Robert M. Hutchins, Presidente de la Universidad de Chicago, 23 de enero, 1941

¿Cómo puede Estados Unidos ayudar a la humanidad que está sufriendo en todas partes: marchando a la guerra o quedándose afuera? Yo mantengo que Estados Unidos puede servir mejor a la humanidad que sufre en todos lados quedándose Unidos afuera. (. . .)

Si vamos a la guerra, desperdiciaremos nuestra oportunidad y anularemos nuestras ventajas. Por una generación, quizás hasta por cien años, no vamos a poder regresar al nivel en que estábamos. De hecho, los cambios que una guerra total traerá quizás significa que nunca podremos regresar. La educación cesará. Su lugar lo tomará el entrenamiento vocacional y militar. El esfuerzo de establecer una comunidad democrática se detendrá. No pensaremos ya en justicia, el orden moral y la supremacía de los derechos humanos. Ya no tendremos esperanza.

Lecciones de la historia

1. ¿Qué le pidieron los miembros de la Oficina de Lucha por la Libertad Nacional al Congreso que hiciera?
2. De acuerdo a Robert Hutchins, ¿qué les pasaría a los estadounidenses si Estados Unidos entraba a la Segunda Guerra Mundial?
3. ¿Qué tan fuerte es la convicción de ambas partes al expresar su opinión?

Hitler proclamaba que Alemania tenía el derecho de expandir su territorio. Las naciones vecinas veían con recelo cómo él reconstruyó la fuerza militar de Alemania desafiando al tratado de Versalles. Para ganar apoyo en sus planes de expansión, Hitler formó una alianza con Italia en 1936.

Japón

Durante la Depresión muchos japoneses se sintieron frustrados debido a la incapacidad de su gobierno para resolver sus problemas económicos. Como resultado, fueron líderes militares quienes subieron al poder por los años 1930. Estos líderes pensaban resolver los problemas del Japón por medio de la expansión del poder japonés en Asia.

En septiembre de 1931, el Japón inició un ataque en la provincia de **Manchurria,** en el noreste de China. La liga de la Naciones condenó el ataque, pero no tomó ninguna acción.

Sin oposición, el Japón instaló un gobierno en Manchuria. En 1937, Japón invadió la parte norte de la China, moviéndose hacia el sur hasta que ocupó la mayor parte del país. Tres años más tarde Japón firmó un pacto de alianza, conocido como el "Eje", con Alemania e Italia.

Unión Soviética

A finales de la década de 1920, **José Stalin** subió al poder como líder Comunista de la Unión Soviética. Stalin demandaba obediencia completa de la gente que regía y la conseguía por medio de la fuerza. Stalin ejecutaba a sus rivales, ordenó la muerte de miles de sospechosos de apoyar a sus rivales; y envió millones de rusos a campos de trabajos forzados. También reorganizó la economía de la nación, obligando a millones de personas a trabajar en haciendas de propiedad del gobierno.

Neutralidad estadounidense

En tanto que cambios dramáticos sucedían en el mundo, la mayoría de los estadounidenses querían evitar involucrarse. Para evitar que el país se viera envuelto en guerras en el futuro, el Congreso aprobó una serie de **Leyes sobre Neutralidad** entre 1935 y 1937, por las que se prohibía la venta de armas a países que estuvieran en guerra. Las leyes también permitían vender solo a países que podían pagar en efectivo por las armas y transportarlas en sus propios buques. Muchos préstamos a naciones europeas de la Primera Guerra Mundial quedaron sin recibir pago y el Congreso quería evitar más deudas de esa clase.

Comprobación de lectura **Explicación** ¿Qué es el fascismo?

Alemania en marcha

Hitler empezó a poner en práctica sus planes de expansión. En marzo de 1936, ordenó que sus tropas entraran en la región del río Rin, **Rhineland.** El Tratado de Versalles había declarado la región de Rhineland, un territorio alemán al oeste del Río Rin, una zona neutral.

La siguiente víctima de Hitler fue **Austria.** Hitler insistía en que Austria, un país de habla alemana, se uniera a Alemania. En marzo de 1938, envió tropas a Austria y lo anexó.

Luego Hitler fijó su atención en **Sudetenland,** un área de Checoslovaquia donde habitaban muchas personas que hablan alemán. Basándose en una acusación falsa de que esta gente estaba siendo perseguida, Hitler anunció el derecho de Alemania de anexar Sudetenland.

Checoslovaquia estaba lista para luchar y conservar Sudetenland. Gran Bretaña y Francia, temiendo una guerra a escala total en esa región, querían una solución pacífica a la crisis. En septiembre de 1938, los líderes europeos se reunieron en Munich, Alemania.

Gran Bretaña y Francia pensaron que podían evitar la guerra accediendo a las demandas de Alemania, una posición luego conocida como comtemporización. En la **Conferencia en Munich,** los líderes acordaron ceder Sudetenland a Alemania. En la **Conferencia en Munich,** los líderes acordaron ceder Sudetenland a Alemania. El primer ministro británico, **Neville Chamberlain,** regresó a su país ante el aplauso de su gente, declarando que el acuerdo aseguraba la "paz durante nuestro tiempo".

Las esperanzas de paz se hicieron pedazos la siguiente primavera. En marzo de 1939, el ejército de Hitler se apoderó del resto de Checoslovaquia. Ahora hasta Chamberlain se dio cuenta de que no se podía confiar en Hitler.

Mientras tanto, Hitler hacía planes para invadir **Polonia.** Aunque preocupado, sin embargo, de que tal ataque podía acarrear la furia de Stalin ya que Polonia limita con la Unión Soviética. Aunque eran enemigos implacables, Hitler y Stalin firmaron un tratado llamado el **Pacto Soviético-Alemán de No-Agresión** en agosto de 1939. El pacto le permitía a Hitler usar fuerza contra Polonia sin temor de intervención soviética. El pacto Nazi-Soviético impactó a los líderes de Europa.

Comprobación de lectura **Explicación** ¿La norma de contemporización funcionó? Explica.

EVALUACIÓN DE LA SECCIÓN 1

Verificación de comprensión

1. **Términos clave** Usa cada uno de estos términos en una oración que sirva para explicar su significado: dictador, fascismo, antisemitismo, totalitario, contemporización.

2. **Repaso de hechos** ¿Qué tácticas usó Stalin para conseguir que los rusos lo obedecieran?

Repaso de temas

3. **Conexiones mundiales** ¿Cuál era el propósito de la norma de contemporización? ¿Funcionó?

Pensamiento crítico

4. **Comparación** ¿Qué meta tenían los líderes de las naciones de Alemania, Italia y Japón en los años 1930?

5. **Secuencia de información** Pon más abajo las fechas y haz una lista de los eventos más importantes en la ascensión al poder de Hitler en Alemania.

1921	1933	1936	1938	1939

Análisis de material visual

6. **Análisis de caricaturas políticas** Examina la caricatura de la página 753. ¿Qué piensas que representa la sombra de Mussolini? ¿Qué palabra o qué frase usarías para describir la apariencia de Mussolini?

Actividad interdisciplinaria

Redacción explicativa Escribe encabezados de periódico sobre tres eventos importantes cubiertos en la Sección 1.

TIME

¿Cómo era la vida de las personas en el pasado?

¿De qué, y de quién, hablaba la gente? ¿Qué comían? ¿Qué hacían para divertirse? Estas dos páginas te dará una idea de cómo era la vida diaria en Estados Unidos mientras regresamos al pasado con la TIME Notebook.

Calidad de estrella

Aparentemente nadie le ha dicho a **SHIRLEY TEMPLE** *que estamos en 1934 y que nos encontramos en medio de una Depresión. Aunque no lo creas, esta niña de seis años de edad ganará $400,000 este año. ¿Qué es lo que hace que esta pequeña estrella de cine sea un éxito? El grupo que le entregó a Temple un premio especial de la Academia dijo lo siguiente:*

"SHIRLEY TEMPLE HA BRINDADO MÁS felicidad a millones de niños y adultos que ningún otro niño de su edad en la historia del mundo. . .".

FOTOS DE ARCHIVO

Shirley Temple

Películas

¿Blanca qué y los siete qué? ¡Justo a tiempo para las fiestas! El 21 de diciembre de 1937, los estudios cinematográficos Disney estrenó *Blancanieves y los siete enanitos*, la primera película de largometraje totalmente con animados. Junto a Blancanieves están Feliz, Dormilón, Tontín, Gruñón, Estornudo, Tímido y Doc.

Blancanieves

© EL FESTIVAL FOTOGRÁFICO DE LA COMPAÑÍA WALT DISNEY

Titulares de Time

DESAPARECIDO —La búsqueda del bebé Lindbergh continúa Casi dos meses han pasado desde que el bebé del famoso aviador Charles Lindbergh y su esposa Anne fue raptado en marzo de 1932. Una escalera que llevaba a la ventana del cuarto del bebé, huellas de pisadas en el lodo, y una nota que pedía $50,000 son todas las pistas que han estudiado más de 5,000 agentes del FBI. Alrededor de 100,000 policías y voluntarios han cernido el condado golpeado por el horror, buscando al bebé.

COLECCIÓN DE PELÍCULAS TIME INC.

Charles Lindbergh

PALABRA POR PALABRA

LO QUE DICE LA GENTE

❝Mientras aún tengo aire en mis pulmones, te diré que carro tan bonito fabricas. Yo [he manejado] los carros Ford exclusivamente cuando me podía llevar uno❞.

CLYDE BARROW,
(la mitad de la pandilla robabancos Bonnie y Clyde) en una carta a Henry Ford en 1934

❝Yo les pido, y me comprometo yo mismo, a un nuevo arreglo para los estadounidenses. Que todos los aquí presentes se constituyan en profetas de un nuevo orden de capacidad y coraje❞.

FRANKLIN D. ROOSEVELT,
al aceptar la nominación presidencial Democrática en 1932

LOS HERMANOS BROWN

❝Cuando estos ventarrones nos golpearon, nuestra miseria y nosotros de repente nos vimos cubiertos de polvo. (. . .) Si el viento soplaba en una dirección, nos llegaba la polvareda oscura de Oklahoma. Del otro lado, y era el polvo gris de Kansas. De otra dirección más, era la polvareda café desde Colorado y Nuevo México❞.

GRANJERO DE TEXAS,
en 1934, describiendo el peor desastre de agricultura en la historia de Estados Unidos, la Cuenca de Polvo. El polvo cubrió un área de 150 millones de millas cuadradas y desterró a más de 750,000 personas

BETTMANN/CORBIS

LA ESCENA ESTADOUNIDENSE

Economía durante la Depresión

Los estadounidenses verdaderamente están sufriendo mucho durante esta Gran Depresión. Es una época de enormes problemas financieros para millones de personas, no solo en Estados Unidos, sino alrededor del mundo. Los bancos se cierran, la gente pierde sus ahorros de toda la vida y los negocios están cerrando sus puertas. Las gráficas en esta página te dan una idea de este tiempo difícil.

SUELDOS DURANTE LA DEPRESIÓN

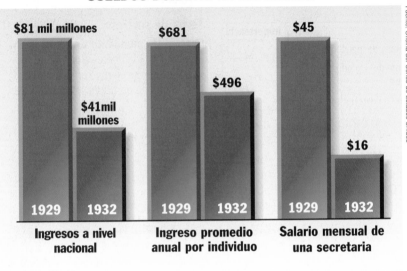

$81 mil millones	$41mil millones	$681	$496	$45	$16
1929	1932	1929	1932	1929	1932
Ingresos a nivel nacional		Ingreso promedio anual por individuo		Salario mensual de una secretaria	

Fuente: Oficina del Censo de Estados Unidos

DESEMPLEO EN ESTADOS UNIDOS

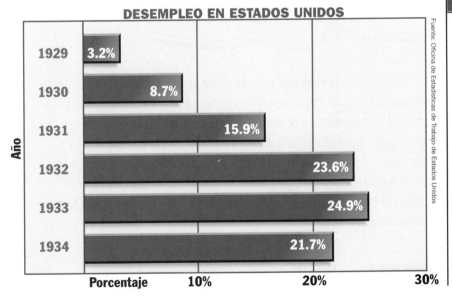

Año	Porcentaje
1929	3.2%
1930	8.7%
1931	15.9%
1932	23.6%
1933	24.9%
1934	21.7%

Porcentaje   10%   20%   30%

Fuente: Oficina de Estadísticas de Trabajo de Estados Unidos

CIFRAS

ESTADOS UNIDOS EN ESE ENTONCES

La número uno

Lo que el viento se llevó gana el Premio Pulitzer en 1937. Millones de lectores ponen sus problemas a un lado mientras sienten el drama pico, las derrotas y los triunfos de los personajes de Mitchell.

- - - - - - - - - - - - - - - - -

Dos es el n mero de suerte del
Presidente Roosevelt, juramentado como presidente por segunda vez el 20 de enero de 1937. FDR se neg a rodar en una limusina cerrada aunque estaba lloviendo. Se alando hacia los miles de personas en las calles de Washington, D.C., que esperaban verlo a la distancia, dijo, Voy a viajar en la limo abierta. `Si ellos aguantan el agua, yo puedo hacerlo tambi n!

COLECCION DE PELICULAS TIME INC.

El Presidente Roosevelt

Tres cientas millas por hora. El
3 de septiembre de 1935, el Bluebird Special hizo historia. Este elegante carro es el primer veh culo de tierra que sobrepas las 300 mph (500 km).

- - - - - - - - - - - - - - - - -

Cuatro medallas de oro. Adolfo
Hitler, el l der fascista de Alemania, invita al mundo entero a que vaya a Berl n para los Juegos Ol mpicos de 1936. Hitler ten a pensado probar la supuesta inferioridad de los que no eran de raza Aria. Nadie le dijo eso a la superstrella de Estados Unidos, Jesse Owens, un atleta afroamericano, quien gan cuatro medallas de oro en eventos de atletismo.

- - - - - - - - - - - - - - - - -

El comienzo de la guerra

Guía de lectura

Idea principal

Muchas naciones fueron arrastradas al conflicto, más que nada, debido a alianzas políticas y relaciones económicas.

Términos clave

blitzkrieg, préstamo y arriendo, desarme

Estrategia de lectura

Clasificación de la información Al leer la Sección 2, recrea el siguiente diagrama y explica la importancia de cada evento.

	Importancia
La Batalla de Inglaterra	
La firma del Tratado del Atlántico	
Ataque a Pearl Harbor	

Leer para aprender

- qué naciones europeas cayeron ante Alemania en 1939 y 1940.
- cómo respondió Estados Unidos a la guerra en Europa.

Tema de sección

Conexiones mundiales La guerra se expandió rápidamente ya que hubo naciones que se vieron comprometidas y tuvieron que participar en el conflicto.

Presentación preliminar de acontecimientos

◆1939	◆1940	◆1941	◆1942
septiembre de 1939 Alemania invade Polonia	**agosto de 1940** Alemania bombardea a Gran Bretaña	**junio de 1941** Hitler ataca a la Unión Soviética	**diciembre de 1941** Japón bombardea Pearl Harbor

UNA
historia estadounidense

John Garcia, quien tenía 16 años de edad entonces, tal como otros que fueron testigos del ataque a Pearl Harbor, nunca lo olvidó: "Mi abuela (. . .) me dijo que los japoneses estaban bombardeando Pearl Harbor. Yo contesté, 'Solo están practicando'. Ella dijo que no, que era verdad y que el noticiero pedía que todos los trabajadores de Pearl Harbor se reportaran a trabajar. (. . .) Pidieron que (. . .) me metiera al agua y que ayudara a los marinos que con la explosión habían sido tirados de los buques. Algunos estaban inconscientes, algunos estaban muertos. Yo pasé el resto del día nadando dentro del puerto, junto con otros hawaianos. (. . .) Nos pasamos el día haciendo eso".

Guerra en Europa

En un discurso en 1937, el Presidente Franklin Roosevelt expresó lo que los estadounidenses sentían hacia la creciente "epidemia de falta de ley":

❝Estamos determinados a quedarnos fuera de la guerra, sin embargo, no podemos asegurarnos de los efectos desastrosos de la guerra y de los peligros de involucrarnos**❞**.

El 1 de septiembre de 1939, Hitler envió sus ejércitos a **Polonia.** Dos días más tarde Gran Bretaña y Francia declararon la guerra en contra de Alemania. La Segunda Guerra Mundial había empezado.

El ataque de Alemania sobre Polonia fue rápido y feroz. Aviones alemanes bombardearon y atacaron con ametralladoras, los tanques alemanes hicieron huecos en las defensas polacas y miles de soldados entraron en Polonia. Los alemanes llamaron a esa ofensiva un **blitzkrieg,** o "guerra relámpago". Entonces, tropas soviéticas entraron y ocuparon la parte oriental de Polonia, según el acuerdo entre la Unión Soviética y Alemania de dividir Polonia.

Gran Bretaña y Francia no pudieron hacer nada para ayudar a Polonia porque su derrota sucedió muy rápido. A finales de septiembre de 1939, el país conquistado fue dividido a la mitad por Hitler y Stalin. Stalin también forzó las repúblicas **Bálticas** de Latvia, Lituania y Estonia a que aceptaran bases militares soviéticas. Cuando trató de hacer lo mismo con **Finlandia,** se desató una guerra entre las dos naciones. Los finlandeses aguantaron heroicamente hasta marzo de 1940, cuando los soviéticos los obligaron a rendirse.

La guerra se expande

Durante todo el invierno de 1939–1940 el frente occidental estuvo sin novedad. Las tropas británicas y francesas se ubicaron en la **Línea Maginot,** una hilera de búnkers a lo largo de la frontera alemana desde Bélgica hasta Suiza. La lucha empezó nuevamente en la primavera. En abril, Hitler atacó **Dinamarca** y **Noruega** al norte, y al mes siguiente se dirigió al oeste para invadir **Holanda** y **Bégica.** Holanda y Bégica inmediatamente pidieron la ayuda de Gran Bretaña y de Francia, los **Aliados.** Después de muchos ataques aéreos sobre los Paises Bajos, los holandeses se rindieron. Los belgas lucharon con mucho coraje, pero también fueron arrollados.

Con el colapso de Bélgica, las tropas Aliadas regresaron al puerto de **Dunquerque,** en el extremo noroeste de Francia, en el **Canal de la Mancha.** Ellos quedaron, ahora, atrapados entre las tropas alemanas que avanzaban y la costa francesa. En un movimiento audaz, más de 800 buques británicos, buques de guerra, gabarras, y botes de pezca, se unieron en una operación para rescatar las tropas. Cruzando el canal una y otra vez, los botes

La historia *a través del arte*

El Retiro de Dunquerque en junio de 1940 **por Charles R.A. Cundall** Buques cruzaron el Canal de la Mancha para llevar tropas Aliadas de Francia a la seguridad de Inglaterra. **¿Por qué se retiraron la Fuerzas Aliadas?**

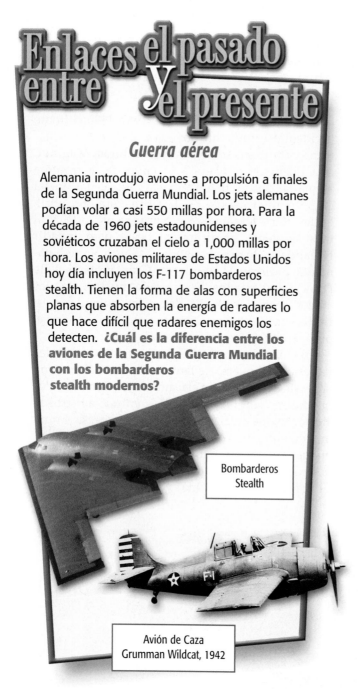

Guerra aérea

Alemania introdujo aviones a propulsión a finales de la Segunda Guerra Mundial. Los jets alemanes podían volar a casi 550 millas por hora. Para la década de 1960 jets estadounidenses y soviéticos cruzaban el cielo a 1,000 millas por hora. Los aviones militares de Estados Unidos hoy día incluyen los F-117 bombarderos stealth. Tienen la forma de alas con superficies planas que absorben la energía de radares lo que hace difícil que radares enemigos los detecten. **¿Cuál es la diferencia entre los aviones de la Segunda Guerra Mundial con los bombarderos stealth modernos?**

Bombarderos Stealth

Avión de Caza Grumman Wildcat, 1942

rescataron y evacuaron más de 300,000 soldados franceses y británicos.

En junio los alemanes cruzaron el río Somme y continuaron su marcha hasta Francia. Italia se unió a la guerra, al lado de alemania y atacó a Francia desde el sureste. Alemania e Italia, y luego el Japón, formaron las **Potencias del Eje.** El 14 de junio de 1940, las tropas alemanas marcharon victoriosas en las calles de París. Los franceses se rindieron una semana más tarde, impresionados por el blitzkrieg alemán.

La Batalla de Inglaterra

Lo único que impedía a Hitler dominar por completo Europa occidental era Inglaterra. En agosto de 1940, los alemanes bombardearon astilleros, zonas industriales y ciudades de Inglaterra, destruyendo barrios enteros en Londres y matando muchos civiles. La idea de Hitler era destrozar la moral inglesa antes de invadirlos. Los ingleses soportaron, sin embargo, en parte debido a la inspiración del Primer Ministro **Winston Churchill.** Cuando Hitler le ordenó a Inglaterra que se rindiera, Churchill respondió desafiante:

❝Nosotros defenderemos nuestra isla, a cualquier costo. Lucharemos en las playas, lucharemos en los campos de aterrizaje, lucharemos en los campos y en las calles, lucharemos en las colinas; nunca nos rendiremos❞.

Aunque la **Batalla de Inglaterra** continuó hasta octubre, los alemanes nunca pudieron obtener el control de los cielos ingleses. La Fuerza Aérea Real Británica (RAF) presentó una defensa heroica y ocasionó grandes bajas a la fuerza aérea alemana. Finalmente, Hitler dejó de atacar.

Alemania se dirige al este

Frustrado por su fracaso en Inglaterra, Hitler decide realizar uno de sus sueños, destruir la Unión Soviética. Olvidándose del pacto que tenía con Stalin, Hitler lanzó un ataque contra la Unión Soviética en junio de 1941. En solo unos meses, las tropas alemanas se movilizaban dentro de territorio soviético. La Unión Soviética se unió a los Aliados en su lucha contra las Potencias del Eje.

✓**Comprobación de lectura** **Examinación** ¿Por qué detuvo Hitler la invasión a Inglaterra?

Estados Unidos y la Guerra

Estados Unidos observaba la guerra en Europa con constante preocupación. Aunque la mayoría de los estadounidenses sentían simpatía por los Aliados, estaban determinados a evitar la guerra. Grupos que querían mantenerse aislados del problema formaron el **America First Committee** (Comité de Estados Unidos Primero). Sus miembros pensaban que Estados Unidos no deberían de meterse en los problemas de Europa. Entre los principales miembros de este grupo estaban el héroe de aviación Charles Lindbergh y el fabricante de carros Henry Ford.

Aunque juraba que permanecería neutral, Roosevelt tomó medidas para prepararse para la guerra. En 1938, debido a su petición, el Congreso votó aumentar la marina. En 1939 el presidente pidió al Congreso que aprobara una nueva Ley de Neutralidad que le permitiera a Estados Unidos vender armas a otros países si podían "pagarlas y cargar con ellas". En 1940, FDR firmó La Ley de Servicio de Conscripción y Entrenamiento Selectivo, la primera vez en la historia de Estados Unidos que se realizaba en tiempo de Paz. Se aplicaba a todos los hombres estadounidenses entre las edades de 21 y 35.

Las elecciones de 1940

Con el mundo en crisis, el Presidente Roosevelt decide candidatizarse para un tercer período, rompiendo la tradición creada por George Washington. Los republicanos eligen como candidato a alguien que había sido demócrata, el hombre de negocios Wendell L. Willkie, de Indiana. Willkie aprobaba casi todas las Nuevas Reformas de Roosevelt y en forma general estaba de acuerdo con su política exterior. El sentimiento público de no participar en la guerra era tan fuerte que Roosevelt le prometió al pueblo estadounidense, "Sus muchachos no serán enviados a ninguna guerra extranjera". Roosevelt tuvo una victoria fácil.

Crece la participación de Estados Unidos

Ganadas las elecciones, Roosevelt trató de ayudar a los Aliados más abiertamente. A pedido de Roosevelt, el Congreso aprobó la Ley de Préstamo y Arriendo en marzo de 1941. La Ley de Préstamo y Arriendo le permitía a Estados Unidos vender o, dar en préstamo armas u otros suministros de guerra a cualquier nación considerada "vital a la defensa de Estados Unidos". Inglaterra, a quien se le estaba acabando el efectivo, fue la primera en usar el Préstamo y Arriendo. Los grupos que querían mantenerse aislados se oponían a la Ley de Préstamo y Arriendo, diciendo que esto aumentaría la participación de Estados Unidos en la guerra.

Los submarinos alemanes en el océano Atlántico habían hundido buques ingleses, incluyendo los que cargaban suministros desde Estados Unidos. A mediados de 1941, buques estadounidenses empezaron a escoltar buques mercantes ingleses. Después que los alemanes empezaron a disparar a los buques destructores, Roosevelt ordenó a los buques de la Marina estadounidense que encontraban buques alemanes e italianos en ciertas áreas que "disparen en cuanto los vean" a los buques de la Marina estadounidense que encontraban buques alemanes e italianos en ciertas áreas.

El Tratado del Atlántico

En agosto de 1941, el Presidente Roosevelt y el Primer Ministro inglés Churchill se reunieron y concibieron el **Tratado del Atlántico.** Aunque Roosevelt no se comprometió militarmente, se unió a Churchill para poner metas al mundo después de "la destrucción final de la tiranía Nazi". Las dos naciones prometieron que la gente de cada nación estarían tendrían la libertad de elegir su propia forma de gobierno y vivir libre de "miedo y necesidades". Ellos pedían el desarme, con la entrega de armas militares y la creación de un "sistema permanente de seguridad general".

Comprobación de lectura **Explicación** ¿Qué le permitió la Ley de Préstamo y Arriendo hacer a Estados Unidos?

El bombardeo a Londres causó mucha ruina. La Fuerza Aérea Real (recuadro) forzó a Hitler a abandonar sus planes de invasión.

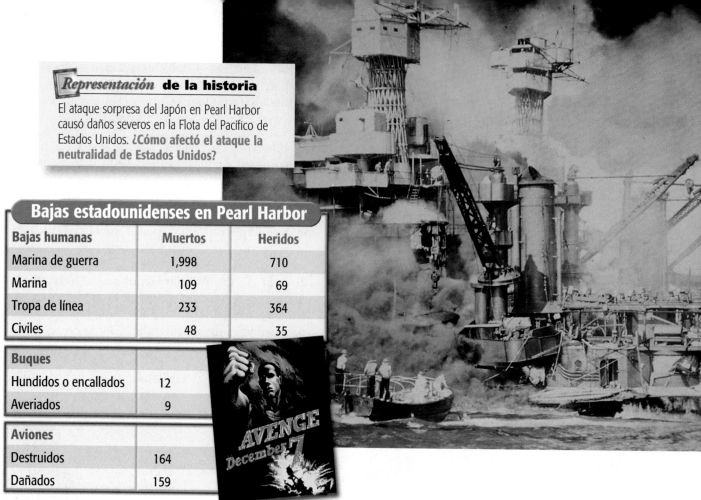

El ataque sorpresa del Japón en Pearl Harbor causó daños severos en la Flota del Pacífico de Estados Unidos. **¿Cómo afectó el ataque la neutralidad de Estados Unidos?**

Bajas estadounidenses en Pearl Harbor		
Bajas humanas	**Muertos**	**Heridos**
Marina de guerra	1,998	710
Marina	109	69
Tropa de línea	233	364
Civiles	48	35

Buques	
Hundidos o encallados	12
Averiados	9

Aviones	
Destruidos	164
Dañados	159

Fuente de consulta: Monumento al USS *Arizona*

La amenaza Japonesa

Mientras Hitler y Mussolini peleaban su guerra en Europa, los japoneses hacían conquistas militares en el lejano oriente. Después de apoderarse de gran parte de la China en los años 1930, los japoneses continuaron su expansión. Después de la caída de Francia en 1940, ellos se apoderaron de la colonia francesa en **Indochina,** en el sureste de Asia. Japón también planeaba apoderarse de las Indias Orientales, Malaya Británica y el territorio estadounidense de las Filipinas, principalmente para adquirir caucho y aceite que necesitaba.

Estados Unidos responde

Estados Unidos responde a la agresión de Japón aplicando presiones económicas. Roosevelt congeló todos los bienes japoneses en bancos estadounidenses, impidiéndoles sacar los fondos que ellos tenían en Estados Unidos. También dejó de venderles petróleo, gasolina y otros recursos naturales que le hacían falta a Japón. La acción indignó a los japoneses.

En octubre de 1941, el primer ministro japonés, Fumimaro Konoye, renunció. Konoye quería negociar con Estados Unidos porque no creía que el Japón pudiera derrotar a Estados Unidos en una guerra. El nuevo primer ministro, el General **Hideki Tōjō,** no compartía el punto de vista de Konoye. De todas formas, el 20 de noviembre, se abrieron negociaciones en Washington entre Estados Unidos y Japón. Al mismo tiempo, confiando en la fuerza militar del Japón, el gobierno de Tōjō empezó a planear un ataque a Estados Unidos.

Ataque a Pearl Harbor

A las 7:55 A.M. el domingo 7 de diciembre de 1941, aviones de guerra japoneses atacaron la base militar estadounidense en **Pearl Harbor,** Hawaii. Las instalaciones estadounidenses en Pearl Harbor no podían haber estado más vulnerables a un ataque. Los buques anclados en una hilera nítida y los aviones agrupados en la pista eran, blancos fáciles para un ataque japonés. Los estadounidenses en Pearl Harbor fueron tomados completamente por sorpresa. De acuerdo con el Contraalmirante William R. Furlong.

66En las casas de la Marina en las áreas cercanas a Pearl Harbor, la gente no podía imaginarse lo que se estaba destruyendo la mañana del domingo. El Capitán Reynolds Hayden, desayunando en su casa en el Hospital Point, pensó que era una explosión de una construcción. (. . .) El Teniente C. E. Boudreau, secándose después de una ducha, pensó que un buque tanquero había explotado cerca de su cuartel (. . .) hasta que un avión japonés casi tocó la ventana del baño. El primer contramaestre Albert Molter, descansando en su casa en Ford Island, pensó que era alguna clase de ensayo hasta que su esposa Esther le dijo, 'Al, un buque de guerra se está hundiendo'99.

El ataque devastó la flota estadounidense, al destruir muchos buques de guerra, cruceros y otras naves. Cientos de aviones fueron destruídos o dañados. Murieron más de 2,300 soldados, marineros y civiles".

Afortunadamente, al momento del ataque, los tres portaviones de la marina estaban en alta mar. Su escape de la destrucción fue la única noticia buena del día.

Grace Tully, una de las secretarias del presidente, recibió una llamada urgente para que se reportara a la Casa Blanca. Ella contaba después:

66La mayor parte de las noticias (. . .) del ataque llegaban a la Casa Blanca por teléfono de boca del Almirante Stark, Jefe de Operaciones Navales, del Departamento de Marina (. . .) cada reporte era más terrible que el anterior y yo podía oír el tono de incredulidad y angustia en la voz del Almirante Stark99.

Pearl Harbor fue la peor derrota en la historia militar de Estados Unidos. Sin embargo, Pearl Harbor unió a los estadounidenses. Todos los debates sobre la participación en la guerra se acabaron. El día después de Pearl Harbor, el Presidente Roosevelt le pidió al Congreso una declaración de guerra y llamó al 7 de diciembre "una fecha que vivirá como infamia". El Congreso rápidamente aprobó el pedido del presidente de declararle guerra al Japón.

El 11 de diciembre, Alemania e Italia, los aliados del Japón le declararon la guerra a Estados Unidos. Entonces el Congreso les declaró guerra a ellos. Estados Unidos se unió a las naciones Aliadas, incluyendo Gran Bretaña, Francia, China y la Unión Soviética, contra las Potencias del Eje, Alemania, Italia y Japón, en la Segunda Guerra Mundial.

✓Comprobación de lectura Explicación ¿Por qué entro Estados Unidos a la Segunda Guerra Mundial?

EVALUACIÓN DE LA SECCIÓN 2

Verificación de comprensión

1. Términos clave Define los siguientes términos: blitzkrieg, préstamo y arriendo, desarme.
2. Repaso de hechos ¿Qué naciones formaban las Potencias del Eje?

Repaso de temas

3. Conexiones mundiales ¿Qué acciones diplomáticas realizó Estados Unidos para impedir que Japón se apoderara de las naciones en Asia?

Pensamiento crítico

4. Predicción de consecuencias ¿Tú crees que Estados Unidos habría eventualmente entrado a la guerra si las fuerzas japonesas no hubieran atacado Pearl Harbor? Explica.
5. Secuencia de información Recrea la cronología más abajo e identifica los acontecimientos importantes.

1 de sept de 1939	14 de mar. de 1940	14 de jun. de 1940	7 de dic. de 1941

Análisis de material visual

6. Análisis de arte Mira la pintura de la página 759. ¿Qué acontecimiento se ve en la pintura? ¿Por qué piensas que el artista decidió mostrar este acontecimiento en una forma tan grande?

Actividad interdisciplinaria

Redacción descriptiva Escribe y graba un segmento de noticias radiales de 15 segundos en que anuncies que los japoneses atacan Pearl Harbor.

En nuestro frente

Guía de lectura

Idea principal

La demanda por artículos para la guerra creó nuevas industrias y nuevos trabajos.

Términos clave

movilización, ración, campos de internamiento

Estrategia de lectura

Organización de la información Al leer la sección, recrea el siguiente diagrama para identificar tres maneras en que los estadounidenses en nuestro frente ayudaron durante la guerra.

Ayuda al ezfuerzo de la guerra

Leer para aprender

• qué medidas que tomó Estados Unidos para prepararse para la guerra.

• cómo la guerra afectó a los estadounidenses.

Tema de sección

Factores económicos Estados Unidos tuvo que cambiar rápidamente de un sistema económico de tiempo de paz a un sistema económico de tiempo de guerra, proveyendo armas y otros suministros para miles de tropas.

Presentación preliminar de acontecimientos

♦1941   ♦1942   ♦1943

1941
FDR establece la Comisión de Prácticas de Trabajo Justas

1942
La Ley del Tesoro aumenta los impuestos para financiar la guerra; la Oficina de Información de la Guerra promueve el patriotismo

1943
Soldados navajos desarrollan un código de radio indescifrable

✯ UNA ✯
historia estadounidense

Él quería ser reclutado por la Marina, pero con 5 pies y 5 pulgadas de estatura, era muy bajo. El personal naviero también le dijo que no. De mala gana, Audie Murphy, el hijo huérfano de cultivadores texanos, se alistó en el ejército. Cuando la guerra acabó, Murphy era el soldado de combate más condecorado de la Segunda Guerra Mundial. Cuando se declaró la victoria en Europa en mayo de 1945, Murphy todavía no cumplía veintiún años. Hasta hoy, por medio del Club de Audie Murphy, el Ejército le rinde honor a suboficiales que representan mejor el lema de Audie Murphy, "Tú diriges desde el frente".

Estados Unidos se prepara

El ataque japonés en Pearl Harbor unió al pueblo estadounidense como nada más lo podría haber hecho. Con una velocidad impresionante, la economía de la nación y su gente se preparó para ir a la guerra. Desde antes de Pearl Harbor, Estados Unidos había empezado a preparar un ejército bajo las Leyes de Servicio Selectivo de 1940 y 1941. Más de 15 millones de estadounidenses se unieron a las fuerzas armadas, ya sea como reclutas o voluntarios.

Por primera vez una gran cantidad de mujeres sirvieron en las fuerzas armadas. Alrededor de 250,000 sirvieron en las **WAC** (Cuerpo de Mujeres del Ejército), la

WAVES (Mujeres Designadas para Servicio de Emergencia en la Marina), y unidades de mujeres en la Marina, la Guardia Costera y partes del Ejército y la Fuerza Aérea. Estas mujeres no pelearon en combate, la mayoría de ellas trabajaban de dependientes o como enfermeras, pero desempeñaron un papel importante en la guerra.

Equipar las tropas y proveer armas y otros materiales de guerra requería cambios en la economía de la nación. Para acelerar la **movilización,** los preparativos militares y civiles para la guerra, el gobierno estadounidense creó una serie de organismos gubernamentales nuevos.

La **Junta de Producción de Guerra** supervisaba la conversión de industrias para producir objetos para la guerra. Bajo su guía las fábricas de carros pasaron de fabricar carros a producir tanques y camiones. La **Oficina de Administración de Precios** ponía límites en los precios para el consumidor y en las rentas para prevenir inflación. La **Junta Nacional de Labor Durante la Guerra** ayudaba a resolver disputas laborales que podían bajar la producción durante la guerra.

Financiación de la guerra

Desde 1941 hasta el final de la Segunda Guerra Mundial, Estados Unidos gastó más de $320 mil millones en la guerra, 10 veces la cantidad que había gastado en la Primera Guerra Mundial. Una gran porción de esta cantidad se recogió por medio de impuestos. La **Ley de Impuestos de 1942** subió los impuestos a corporaciones y requería que casi todos los estadounidenses pagaran impuesto a la renta. El Congreso aprobó un sistema para deducirles los impuestos a los trabajadores directamente de sus cheques de pago, una práctica que todavía está en efecto. El gobierno también pidió dinero prestado para financiar la guerra. Al igual que durante la Primera Guerra Mundial, el gobierno vendió bonos de la guerra. Estrellas de cine y otras celebridades instaban a la gente a comprar bonos para apoyar la guerra.

✓ **Comprobación de lectura** **Explicación**
¿Cuál fue el propósito de la Ley de Impuestos de 1942 y qué hizo?

Estados Unidos en el tiempo de guerra

Durante la guerra, las industrias aumentaron. Las fábricas produjeron más de 70,000 barcos, casi 100,000 tanques y aviones, y millones de armas de fuego. La velocidad de la producción también mejoró. Algunos buques de carga se construían en semanas.

Los que se quedaron en casa, sin ir al ejército, tenían que proveer comida y albergue a todos los que usaban uniformes. Los civiles también proveían entrenamiento, equipo, transportación y servicios médicos.

La producción durante la guerra ayudó a restaurar la prosperidad al país después de esos largos años de la depresión. Los ingresos aumentaron y los precios se mantuvieron algo estables.

Hacer sacrificios

Con el esfuerzo de la guerra vinieron muchos sacrificios. Para millones de familias estadounidenses, la guerra significó separarse de sus seres queridos que estaban luchando en el exterior. Aquellos en casa vivían con miedo de recibir un telegrama que les avisara que un miembro de la familia había muerto, había sido herido o capturado.

Con las industrias fabricando materiales de guerra, los estadounidenses se enfrentaban con

Alrededor de 2,000 mujeres se aceptaron en el servicio de mujeres de la Fuerza Aérea como pilotos.

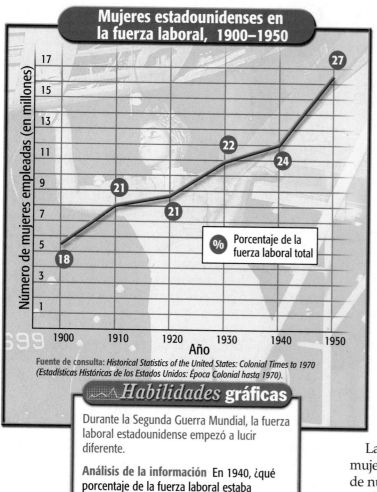

Mujeres estadounidenses en la fuerza laboral, 1900–1950

Número de mujeres empleadas (en millones)

17 · 15 · 13 · 11 · 9 · 7 · 5 · 3 · 1

18 · 21 · 21 · 22 · 24 · 27

1900 · 1910 · 1920 · 1930 · 1940 · 1950
Año

% Porcentaje de la fuerza laboral total

Fuente de consulta: *Historical Statistics of the United States: Colonial Times to 1970* (*Estadísticas Históricas de los Estados Unidos: Época Colonial hasta 1970*).

Habilidades gráficas

Durante la Segunda Guerra Mundial, la fuerza laboral estadounidense empezó a lucir diferente.

Análisis de la información En 1940, ¿qué porcentaje de la fuerza laboral estaba compuesto de mujeres?

escasez en productos para el consumidor. Después de 1942, por ejemplo, las fábricas de carros dejaron de hacer carros nuevos y se dedicaron a fabricar tanques, aviones y camiones. Las mujeres no podían comprar medias de nailon; la importación de productos de seda de Asia, devastada por la guerra, se había detenido, y se necesitaba el nailon para hacer paracaídas.

Además muchos recursos y materiales que se necesitaban para la guerra eran racionados, los consumidores solo podían comprarlos en cantidades limitadas. Los estadounidenses usaban libretines de cupones emitidos por el gobierno para comprar ciertos artículos como zapatos, gasolina, llantas, azúcar y carne. Cuando se les acababan los cupones, tenían que subsistir sin los artículos racionados.

Apoyo al esfuerzo de la guerra

La gente encontró otras maneras de apoyar el esfuerzo de la guerra. Muchos plantaron "jardines de victoria" donde crecían vegetales, que estaban en

escasez. Los niños recogían pedazos de metales sueltos para usarlos en las industrias.

Mucha gente participaba en **defensa civil**, medidas de protección en caso de ataque. Por ejemplo, había voluntarios que observaban el cielo por si veían aviones enemigos que se acercaban a Estados Unidos. Las ciudades en las costas apagaban todas sus luces durante la noche para no servir de faro a pilotos enemigos.

La **Oficina de Información de Guerra,** establecida por el gobierno, promovía el patriotismo y ayudaba a mantener unidos a los estadounidenses durante la guerra. También transmitía mensajes por todo el mundo. 📖 *(Ver la página 975 para leer acerca de otras formas en que se les pedía a los estadounidenses a contribuir para la guerra.)*

✔ **Comprobación de lectura** **Explicación** ¿Por qué había muchos artículos del consumidor en escasez?

Mujeres y minorías

La guerra tuvo un tremendo impacto en las mujeres y en las minorías. Les trajo la oportunidad de nuevas clases de trabajos y un nuevo papel en la sociedad. Sin embargo, para algunas, el trato injusto dejó cicatrices perdurables.

Al entrar millones de hombres en las fuerzas armadas, más mujeres que antes entraron a la fuerza laboral. En las fábricas, había mujeres trabajando con soldadoras y remachadoras y en otros trabajos que antes solo los hombres hacían. Una campaña de publicidad que usaba un personaje llamado **Rosie, la Remachadora** alentaba a las mujeres a que trabajaran en fábricas. Para muchas mujeres era la primera vez que trabajaban fuera de la casa.

Aunque las mujeres tenían más oportunidades de trabajo, usualmente ganaban menos que los hombres. Además, al final de la guerra cuando las tropas regresaran a casa, la mayoría de las mujeres perderían su trabajo. De todas formas, la guerra abrió nuevos campos para la mujer y cambió la opinión pública sobre el derecho de la mujer de trabajar.

Afroamericanos durante la guerra

Cerca de un millón de hombres y mujeres afroamericanos sirvieron en las fuerzas armadas durante la guerra. Al principio la mayoría recibió asignaciones de bajo nivel y se los mantenía en unidades segregadas. Gradualmente, los líderes militares los asignaron a unidades integradas. En 1942, el ejército empezó a entrenar a blancos y afroamericanos juntos en las escuelas para candidatos a oficial. Finalmente, se les permitió a los afroamericanos tomar asignaciones de combate. El Grupo de Combate 332, conocido como los **Tuskegee Airmen,** derribaron más de 200 aviones enemigos. **Benjamin Davis, Jr.,** recibió entrenamiento en la Escuela de Aviación Tuskegee y se convirtió en el primer general afroamericano de la Fuerza Aérea de Estados Unidos. Su padre, Benjamin Davis, Sr., había sido el primer general afroamericano del ejército.

En la vida civil, los afroamericanos querían cambios. En el verano de 1941, el líder laboral **A. Philip Randolph** demandó que el gobierno prohibiera la discriminación contra los afroamericanos en las industrias de defensa. Planeó una gran demostración en Washington para apoyar sus demandas. El Presidente Roosevelt persuadió a Randolph que cancelara la marcha estableciendo la Comisión de Prácticas de Empleo Justas (Fair Employment Practices Commission) para combatir la discriminación en industrias que tenían contratos con el gobierno. El presidente anunció que

❝. . . no habrá discriminación en cuestión de empleo de trabajadores de las industrias de defensa debido a raza, credo, color u origen nacional❞.

La guerra aceleró el cambio en la población que había empezado durante la Primera Guerra Mundial. Grandes cantidades de afroamericanos se mudaban de la zonas rurales del sur a ciudades industrializadas del norte y del oeste en busca de trabajo. En algunas ciudades, las tensiones raciales terminaban en violencia La violencia a veces terminaba en muerte. Los disturbios inspiraron al poeta afroamericano **Langston Hughes** a escribir:

❝Y todavía me dicen que peleamos por la democracia. Entonces, ¿por qué la democracia no me Incluye a mi?❞

Estadounidenses aborígenes

Muchos estadounidenses aborígenes dejaron las reservaciones para trabajar en industrias de defensa. Miles de estadounidenses aborígenes sirvieron en las fuerzas armadas. **Ira Hayes** se convirtió en héroe en la batalla de Iwo Jima, en el Pacífico. Un grupo especial de navajos formaron el grupo llamado "code talkers", (comunicadores codificados). Muchas de las radiocomunicaciones estadounidenses sobre la movilización de las tropas y planes de batallas eran interceptadas por los japoneses. Los "comunicadores codificados" usaban un código especial basado en el idioma navajo para enviar mensajes, un código que los japoneses nunca descifraron.

Hispanos estadounidenses

Más de 250,000 hispanos estadounidenses sirvieron en las fuerzas armadas. Doce mexicanos estadounidenses recibieron la medalla militar más importante de la nación, la Medalla de Honor. **Mercedes Cubría** de Cuba fue la primera mujer hispana Oficial en el Cuerpo de Mujeres del Ejército. **Horacio Rivero** de Puerto Rico fue el primer almirante de cuatro estrellas desde David Farragut en servir en la Marina de Estados Unidos.

Debido a la necesidad de mano obrera durante la guerra, los agentes de labor de Estados Unidos reclutaron miles de trabajadores para los cultivos y para trabajos ferroviarios de México. Este programa, llamado el programa **bracero,** estimuló la

Pilotos Tuskegee en Italia

La Marina de Estados Unidos reclutó soldados navajos para desarrollar un código militar que los japoneses no pudieron descifrar.

emigración desde México durante los años de la guerra.

Tal como los afroamericanos, los mexicanos estadounidenses sufrieron discriminación, y su presencia creaba tensión en algunas ciudades. En 1943, por ejemplo, un disturbio de cuatro días tuvo lugar en **Los Ángeles** cuando marineros blancos atacaron a varios adolecentes mexicanos estadounidenses.

Japoneses estadounidenses

Después que los japoneses bombardearon Pearl Harbor, muchos estadounidenses temían y odiaban a los japoneses estadounidenses. Alrededor de dos tercios de los japoneses estadounidenses eran **Nisei**, ciudadanos estadounidenses nacidos en Estados Unidos. Pero este hecho no importaba mucho a quienes dudaban de la lealtad de los japoneses estadounidenses.

Los líderes políticos y militares se preocupan de la lealtad de los japoneses estadounidenses en caso de que las fuerzas japonesas invadieran Estados Unidos. El presidente ordenó al ejército que trasladara más de 100,000 japoneses estadounidenses de la costa oeste a centros de detención. Estos campos de internamiento, ubicados mayormente en áreas desiertas, estaban llenos y no eran cómodos. Las condiciones eran severas.

Con solo días para prepararse para el traslado, la mayoría de los japoneses estadounidenses dejaron muchas propiedades valiosas. Muchos abandonaron sus hogares y sus negocios o los vendieron a pérdida. Muchos tuvieron que quedarse en campos de internamiento por los siguientes tres años.

Peter Ota y su familia fueron enviados a un campo en Colorado. Su padre había llegado a California en 1904 y tenía un negocio de frutas y vegetales de mucho éxito. Después de la guerra, Ota recordaba como había sufrido su padre.

❝Después de todos esos años, habiendo trabajado su vida entera para construir su sueño, le quitaron todo. (. . .) Falleció como un hombre destrozado❞.

En 1944, en *Korematsu* contra *Estados Unidos*, la Corte Suprema respaldó la orden del traslado de los japoneses estadounidenses. En 1988, los estadounidenses aceptaron que el traslado había sido una injusticia. El congreso presentó una disculpa formal y acordó darle a cada sobreviviente $20,000, una muestra del arrepentimiento de la nación. *(Ver la página 998 para leer el resumen del caso* Korematsu.*)*

✔ **Comprobación de lectura** **Identificación** ¿Quiénes eran los Nisei?

EVALUACIÓN DE LA SECCIÓN 3

Verificación de comprensión

1. **Términos clave** Define los siguientes términos clave: movilización, ración, campos de internamiento.
2. **Repaso de hechos** Nombra dos formas en que Estados Unidos financió la guerra.

Repaso de temas

3. **Factores económicos** ¿Cómo fue que la producción industrial ayudó a la economía estadounidense a recuperarse de la depresión?

Pensamiento crítico

4. **Conclusiones** ¿Por qué fue que muchos estadounidenses se trasladaron a ciudades industrializadas durante la guerra?
5. **Organización de la información** Recrea el diagrama a continuación y explica cómo cada una de estas acciones ayudó al esfuerzo de la guerra.

Ayuda al ezfuerzo de la guerra		
Defensa civil	Programa de bracero	Racionamiento

Análisis de material visual

6. **Habilidades gráficas** Examina la gráfica de la página 766. ¿Cuándo fue que el número de mujeres empleadas sobrepasó los 10 millones?

Actividad interdisciplinaria

Redacción Imagínate que eres una mujer trabajando en una fábrica de defensa durante la guerra. Éste es tu primer trabajo fuera de la casa. Escribe una página en tu diario en que describas tu primer día de trabajo.

Estados Unidos

Yoshiko Uchida (1921–1992)

Yoshiko Uchida creció en California en los años 1930. Como japonesa estadounidense, a veces se sentía muy diferente de las personas que la rodeaban. Ella quería ser una estadounidense "típica" y a menudo le molestaba las costumbres japonesas de su familia. Eventualmente Uchida entendió el valor de ese "hilo invisible" que la unía a su linaje.

LEER PARA DESCUBRIR

Durante la guerra, el gobierno estadounidense trasladó a campos temporales a los japoneses que vivían en el oeste. ¿Cómo pasaban Yoshiko y su hermana, Kay, su tiempo en el campo de internamiento?

DICCIONARIO DEL LECTOR

Tanforan: un hipódromo usado como campo para los japoneses estadounidenses

salón de esparcimiento: área de comedor estilo militar

cantina: una tienda de productos en general en un campo militar

contrabando: artículos prohibidos

diversión: entretenimiento

Carta desde un campo de concentración
(The Invisible Thread)

Gradualmente nos acostumbramos a la vida en **Tanforan**, especialmente a quedarnos en fila por mucho tiempo, para casi todo. Nos poníamos en fila para ir al **salón de esparcimiento** o para usar la tina de lavar o para comprar algo en la **cantina** (solo encontrábamos pasadores de zapatos cuando íbamos) o para ver las películas que ocasionalmente presentaban.

Nos acostumbramos a correr a nuestro asiento después de la cena para que pasaran lista a las 6:00 P.M. (cuando pasaran lista en las mañanas todavía estábamos en la cama), y a las inesperadas revisiones del FBI por todo el campo cuando buscaban **contrabando** y nos teníamos que quedar en nuestros lugares por horas.

Para **diversión** también podíamos ir a espectáculos de artistas, conciertos grabados, discusiones en grupo, bailes el sábado por la noche, juegos de pelota, clases de arte y shows de pasatiempos. (. . .)

Representantes de la universidad, de la YMCA y de la YWCA, y de varios grupos religiosos también vinieron a darnos su apoyo y ayuda. Ellos estaban trabajando en arreglos que les permitieran a los estudiantes salir de los campos y que regresaran a clases lo antes posible.

Un día, nuestra vecina, la Sra. Harpainter nos vino a ver y trajo toda clase de bocadillos y flores de su jardín para Mama. A sus hijos, sin embargo, no se les permitía entrar porque no cumplían los dieciséis años aún.

Cuando Kay y yo supimos que ellos estaban esperando fuera de la puerta, corrimos a la cerca para hablar con ellos.

"¡Teddy! ¡Bobby!"

Corrimos a saludarlos, forzando nuestros dedos a través los huecos de la valla de metal para tocar sus manos.

Pero un guardia armado inmediatamente gritó, "¡Oigan, ustedes dos! ¡Aléjense de la valla!"

Publicado con el permiso de Simon & Schuster Books for Young Readers, un sello de Simon & Schuster Children's Publishing Division de *The Invisible Thread* ("*Carta desde un campo de concentración*") por Yoshiko Uchida. Derechos del Autor © 1991 por Yoshiko Uchida.

Agentes del FBI buscan entre las pertenencias de la familia

ANÁLISIS DE LITERATURA

1. **Memorización e interpretación** ¿Por qué representantes de varias iglesias y de otros grupos visitaban el campo?

2. **Evaluación y conexión** ¿Cómo crees que te hubieras sentido en el lugar de Uchida en el campo de internamiento?

Actividad interdisciplinaria

Arte Dibuja planos para un memorial de la comunidad que rinda tributo a los japoneses estadounidenses tratados injustamente durante la Segunda Guerra Mundial.

La guerra en Europa y África

Idea principal

Para ganar la guerra, los Aliados tuvieron que tomar nuevamente el control del África del Norte y de la mayor parte de Europa.

Términos clave

Día-D, genocidio, Holocausto

Estrategia de lectura

Secuencia de información Al leer la sección, usa la siguiente cronología para identificar los acontecimientos importantes de la guerra.

nov. de 1942   mayo de 1943   jun. de 1944

Leer para aprender

- qué batallas importantes tuvieron lugar en África del Norte, Italia y en la Unión Soviética entre 1942 y 1944.
- qué factores contribuyeron a la victoria de los Aliados en Europa.

Tema de la sección

Conexiones mundiales Los horrores de la guerra continuaban mientras los Aliados trataban de derrotar a las Potencias del Eje.

Presentación preliminar de acontecimientos

◆1942   ◆1944   ◆1946

enero de 1942
Estados Unidos se junta a los Aliados

junio de 1944
Buques Aliados desembarcan en Normandía

diciembre de 1944
La Batalla de Bulge cobra 75,000 vidas

mayo de 1945
Alemania se rinde

UNA
historia estadounidense

Ernie Pyle, un corresponsal de guerra, describe la vida del soldado estadounidense en la Segunda Guerra Mundial: "En las revistas la guerra parece romántica y emocionante, llena de heroísmo y vitalidad. (. . .) En vez de eso vi hombres sufriendo que deseaban estar en otro lugar. (. . .) Todos ellos, desesperadamente hambrientos de hablar con alguien además de ellos mismos (. . .) fríos y algo sucios, luchando de día en día en un mundo lleno de inseguridad, incomodidad, añoranza del hogar y un sentido del peligro opacado".

La campaña de África del Norte

El 1 de enero de 1942, tres semanas después de Pearl Harbor, Estados Unidos se juntó a Inglaterra, la Unión Soviética y a otras 23 naciones Aliadas que se propusieron derrotar a los Poderes del Eje. Aunque los japoneses habían conquistado vastas áreas del Pacífico, los líderes aliados decidieron primero concentrarse en derrotar a Hitler antes de enfrentar al Japón. La situación en Europa era desesperada. Las tropas alemanas ocupaban casi toda Europa y una gran parte de África. Si los alemanes derrotaban a los soviéticos, Alemania se presentaba imparable.

Stalin y varios líderes militares estadounidenses querían que los Aliados descargaran un gran ataque sobre la Europa continental por el Canal de la Mancha. Tal ataque forzaría a los Alemanes a defender el corazón de su propio imperio. Churchill, sin embargo, argumentaba que esa clase de ataque sería muy dificil debido a la presencia militar de Alemania en el área. FDR concluyó que Churchill tenía razón. Entonces, los Aliados hicieron planes de atacar África del Norte. Las tropas del Eje estaban bajo el comando del General alemán **Erwin Rommel,** conocido como el "Zorro del Desierto" debido a su éxito en las batallas en el desierto.

En noviembre de 1942, los ingleses lograron que Rommel regresara a El Alamein. La victoria impidió que los alemanes capturaran el Canal de Suez, que une el Mar Mediterráneo al Mar Rojo.

Después de desembarcar en Algeria y Marruecos el 8 de noviembre, las tropas estadounidenses, ingleses y canadienses bajo el mando del general estadounidense **Dwight D. Eisenhower** avan-

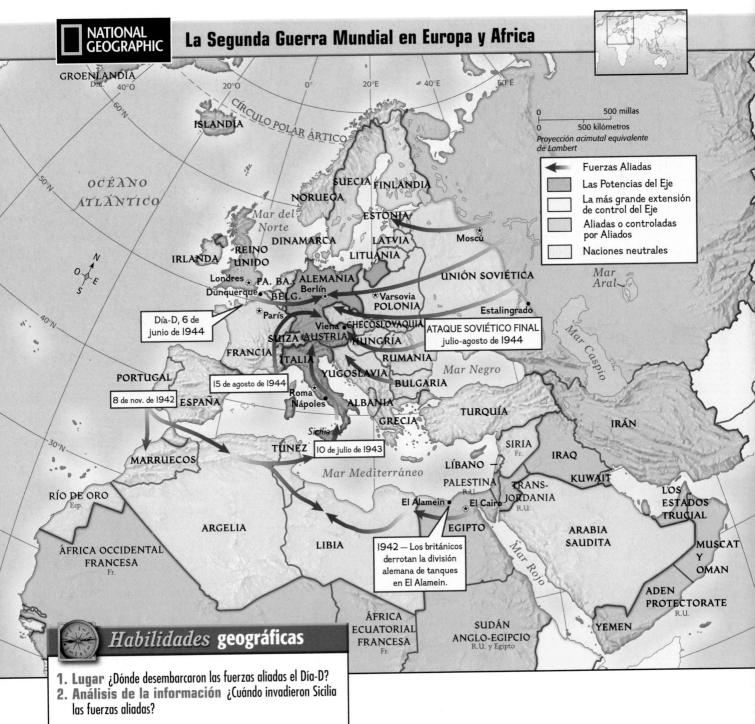

NATIONAL GEOGRAPHIC
La Segunda Guerra Mundial en Europa y Africa

Fuerzas Aliadas
Las Potencias del Eje
La más grande extensión de control del Eje
Aliadas o controladas por Aliados
Naciones neutrales

Día-D, 6 de junio de 1944

ATAQUE SOVIÉTICO FINAL julio-agosto de 1944

15 de agosto de 1944

8 de nov. de 1942

10 de julio de 1943

1942 — Los británicos derrotan la división alemana de tanques en El Alamein.

Habilidades **geográficas**

1. **Lugar** ¿Dónde desembarcaron las fuerzas aliadas el Día-D?
2. **Análisis de la información** ¿Cuándo invadieron Sicilia las fuerzas aliadas?

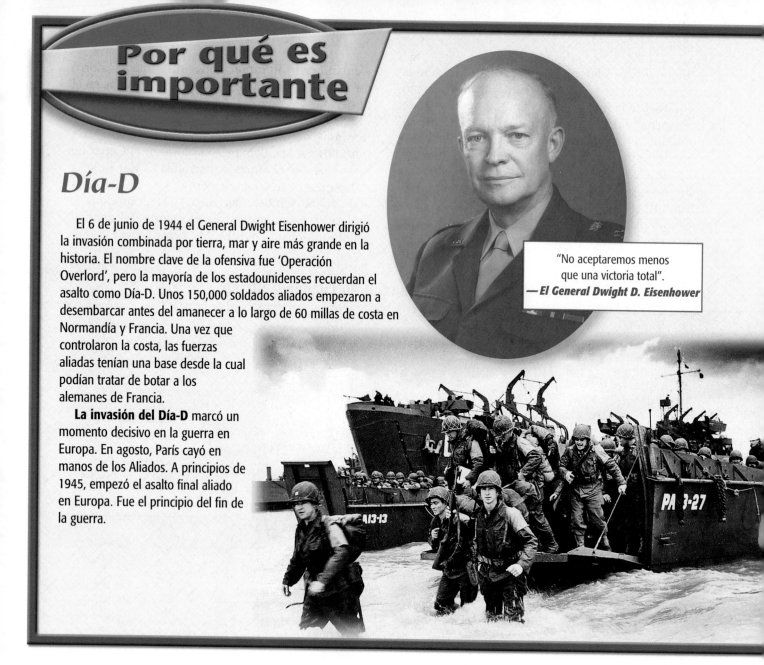

"No aceptaremos menos que una victoria total".
— *El General Dwight D. Eisenhower*

Día-D

El 6 de junio de 1944 el General Dwight Eisenhower dirigió la invasión combinada por tierra, mar y aire más grande en la historia. El nombre clave de la ofensiva fue 'Operación Overlord', pero la mayoría de los estadounidenses recuerdan el asalto como Día-D. Unos 150,000 soldados aliados empezaron a desembarcar antes del amanecer a lo largo de 60 millas de costa en Normandía y Francia. Una vez que controlaron la costa, las fuerzas aliadas tenían una base desde la cual podían tratar de botar a los alemanes de Francia.

La invasión del Día-D marcó un momento decisivo en la guerra en Europa. En agosto, París cayó en manos de los Aliados. A principios de 1945, empezó el asalto final aliado en Europa. Fue el principio del fin de la guerra.

zaron rápidamente hacia el este. Los estadounidenses, sin experiencia, fueron derrotados en Tunisia. Con la ayuda por aire y por mar de los ingleses, sin embargo, el general estadounidense **George Patton** se le acercaba a Rommel. Los Aliados sacaron a los alemanes del África del Norte en 1943.

La invasión de Italia

Los Aliados usaron las bases de África del Norte para lanzar una invasión del sur de Europa. Tomaron la isla de **Sicilia** en el verano de 1943 y desembarcaron en la parte continental de Italia en septiembre. Mientras los Aliados avanzaban, los italianos derrocaron al dictador Benito Mussolini y se rindieron. Sin embargo, las tropas alemanas en Italia seguían peleando.

En el invierno de 1943, los Aliados encontraron una feroz resistencia en el pueblo monasterio de **Monte Casino** en la parte central de Italia, lo que atrasaba su avance. En enero siguiente, los Aliados desembarcaron más al norte en **Anzio,** un puerto marítimo cerca de Roma. Las tropas alemanas mantuvieron inmóviles a los Aliados en las playas de Anzio por cuatro meses. Finalmente, en mayo, los Aliados rompieron la resistencia alemana y avanzaron hacia **Roma.** Liberaron a Roma en junio de 1944.

Fuego aéreo sobre Alemania

Mientras la lucha ardía en África del Norte e Italia, los Aliados lanzaron una guerra aérea contra Alemania. En el verano de 1942, las fuerzas aéreas inglesas y estadounidenses iniciaron una campaña

Territorio del Eje

Territorio Aliado

Tropas británicas

Tropas canadienses

Tropas estadounidenses

Zona de aterrizaje de paracaidistas y planeadores

Fortificaciones alemanas importantes

Dover

Calé

Londres

0°

REINO UNIDO

Shoreham

Estrecho de Dover

Portsmouth

SWORD

Dieppe

Southampton

JUNO

GOLD

Pórtland

OMAHA

Río Siena

La escala varía en esta perspectiva.

Le Havre

París

UTAH

50°N

Dartmouth

Cherburgo

Caen

FRANCIA

Canal de la Mancha

St.-Lo

Normandía

El ejército invasor se dividió en cinco fuerzas. Las dos fuerzas estadounidenses, nombre clave: Utah y Omaha, atacarían en el oeste. Las fuerzas inglesas y canadienses, llamadas Gold, Juno y Sword, desembarcarían más hacia el este.

Cifras

Fuerzas Aliadas

- 150,000 soldados (11 divisiones)
- 1,500 tanques
- 5,300 buques y naves de desembarque
- 12,000 aviones
- 20,000 paracaidistas

Bajas

Al final del día, 2,500 soldados aliados murieron.

Los que planearon el Día-D habían calculado 10,000 muertos.

de bombardeo masivo en contra de Alemania. Cada día, cientos de bombarderos estadounidenses atacaban fábricas y ciudades alemanas. Cada noche los bombarderos ingleses atacaban los mismos blancos. Los bombardeos causaron una destrucción masiva y miles de muertes civiles alemanas. En julio de 1943, una serie de bombardeos por una semana en el puerto de Hamburgo crearon una torre de fuego giratoria que abarcó la ciudad. Más de 30,000 personas murieron en los asaltos. Pero los ataques no parecían romper la determinación alemana de ganar la guerra.

Comprobación de lectura **Explicación** ¿Por qué decidieron los Aliados atacar África del Norte en vez de lanzar un asalto en la Europa continental?

El panorama cambia en Europa

Mientras tanto los soviéticos y los alemanes seguían en furioso combate. Por meses la Unión Soviética aguantó la fuerza frontal del ataque alemán en Europa.

El frente oriental

Después de invadir la Unión Soviética en junio de 1941, las tropas alemanas se movieron rápidamente hacia el interior de la nación. Para septiembre los alemanes rodearon **Leningrado** y empezaron un **sitio**, o bloqueo militar, que duró casi 900 días. El asedio alemán continuaba, pero Leningrado no cayó. Al acabárseles la comida, la gente de la ciudad se comió caballos, gatos y perros, y hasta hicieron pan de la pasta que se usa para trabajar con tapiz. Miles murieron. Sin embargo, los alemanes no pudieron tomar la ciudad y, a principios de 1944, el estado de sitio se rompió.

Las tropas alemanas también atacaron otras ciudades soviéticas. En 1941, los alemanes trataron de capturar la capital soviética de **Moscú.** Pérdidas terribles y el mal tiempo retrasaron su avance, pero los alemanes llegaron a las afueras de Moscú en diciembre. Cuando todo parecía perdido, los soviéticos contraatacaron y forzaron a los alemanes a retirarse.

En la primavera de 1942, Alemania lanzó otra ofensiva. Uno de los blancos más importantes fue la ciudad de **Stalingrado,** clave para los terrenos ricos en petróleo del sur. Para tomar la ciudad, los alemanes tuvieron que luchar calle por calle y casa por casa. Tan pronto como los alemanes conquistaron Stalingrado las fuerzas soviéticas rodearon la ciudad, cortando las líneas de suministro alemanas. Con frío y hambrientas, las tropas alemanas pelearon hasta febrero de 1943, cuando lo que quedaba de sus tropas finalmente se rindió.

Después de Stalingrado, una gran ofensiva soviética hizo que los alemanes retrocedieran cientos de millas. Los alemanes hicieron una contraofensiva en el verano de 1943, pero su derrota en Stalingrado marcó un momento decisivo en la guerra.

La invasión de Francia

Mientras los soviéticos se movían hacia Alemania desde el este, los Aliados planeaban una invasión masiva de Francia desde el oeste. El General Eisenhower, comandante de las fuerzas aliadas en Europa, dirigió esta invasión, conocida como **Operación Overlord.** Eisenhower escribió después sobre los tensos días de preparación:

> 66 Todo el sur de Inglaterra era un vasto campo militar, repleto de soldados esperando oír la orden de ataque 99.

Eisenhower planeaba desembarcar, sus tropas en la costa francesa de **Normandía** el 5 de junio, pero dificultades de tiempo lo forzaron a retrasar su desembarco. Finalmente, el 6 de junio de 1944, el **Día-D,** los buques de las tropas Aliadas atracaron en la costa de Normandía.

Después de desembarcar las tropas se enfrentaron con un terreno minado y un fuego feroz por parte de los alemanes. Muchas tropas aliadas sufrieron bajas mientras corrían por las playas para asentarse en las partes altas. En unas cuantas semanas, los Aliados habían desembarcado un millón de soldados en Francia.

Desde Normandía los Aliados avanzaron por toda Francia. El 25 de agosto, soldados estadounidenses y franceses marcharon en frente de jubilosas muchedumbres y un París liberado.

Personajes históricos

George S. Patton 1885–1945

Impredecible y extravagante, George S. Patton fue uno de los comandantes de Estados Unidos más extraordinarios y también la máxima autoridad en combate por medio de tanques. Patton era un estratega ingenioso, lo que ayudó a convertirlo en uno de los mejores comandantes de combate en la guerra.

Patton se distinguió en varias campañas de la Segunda Guerra Mundial, incluyendo la invasión de África del Norte y la captura de Sicilia. La controversia que surgió cuando Patton golpeó a un soldado casi le costó su carrera. Eventualmente se reasignó a Patton para que dirigiera el Tercer Ejército. Después de la invasión de Normandía en el verano de 1944, el ejército de Patton azotó Europa. En diciembre, el Tercer Ejército ayudó a ganar la batalla de Bulge. Al final de la guerra, el Tercer Ejército había liberado más de 80,000 millas cuadradas de territorio y había tomado miles de prisioneros. Patton falleció en diciembre de 1945 debido lesiones sufridas en un accidente automovilístico.

(izq.) *Judíos polacos tomados prisioneros, 1943; (arriba) prisioneros liberados en el campo de concentración en Ebensee, Austria, en mayo de 1945*

Victoria en Europa

Alemania luchaba por sobrevivir en dos frentes. En el este, los soviéticos empujaban a los alemanes fuera de la Europa oriental. En el oeste los ingleses y estadounidenses se acercaban a la frontera alemana.

Las fuerzas Aliadas avanzaron por Francia tan rápido que muchas personas pensaron que la guerra iba a terminar al finalizar el año. Sin embargo, a finales de 1944, el avance se detuvo en el río Rin, debido a las defensas alemanas y al tiempo frío.

A mediados de diciembre, los alemanes hicieron una última, desesperada ofensiva. El 16 de diciembre de 1944, iniciaron un ataque sorpresa a lo largo de 50 millas en el frente con Bélgica. En la **Batalla de Bulge,** los alemanes al principio introdujeron tropas y artillería en una entrada del territorio de las fuerzas aliadas. Después de varias semanas, sin embargo, los Aliados hicieron que los alemanes retrocedieran. La batalla, que ocasionó más de 100,000 bajas, marcó el final de la resistencia alemana.

La fase final de la guerra en Europa empezaba. Para mediados de abril de 1945, los soviéticos habían rodeado **Berlín,** la capital alemana. Hitler, quien había pasado los últimos meses de la guerra en un búnker bajo la tierra, se dió cuenta de que la situación no tenía remedio y se suicidó el 30 de abril. Alemania firmó una capitulación incondicional el 7 de mayo, terminando la guerra en Europa. Los Aliados declaran el 8 de mayo el **Día V-E,** que significa "Victoria en Europa".

Muerte de un presidente

El Presidente Roosevelt no participó en la celebración de la victoria de los Aliados En febrero de 1945, viajó a Yalta, en la Unión Soviética, para entrevistarse con Churchill y Stalin. Cuando regresó, Roosevelt fue a Warm Springs, Georgia, de vacaciones. Falleció ahí de repente el 12 de abril de 1945.

Los estadounidenses se entristecieron por la muerte del hombre que los había guiado por 12 años difíciles. Cuando el Vicepresidente **Harry S Truman** se enteró de las noticias, le preguntó a Eleanor Roosevelt si había algo que él pudiera hacer por ella. Ella contestó, "¿Hay algo que *nosotros* podemos hacer por *usted?* Usted es quien está en problemas ahora".

Comprobación de lectura **Explicación** ¿Por qué fue la batalla de Bulge una victoria importante para los Aliados?

El Holocausto

Mientras los Aliados liberaban áreas que habían estado bajo el control alemán, encontraron pruebas atroces de la brutalidad Nazi. Hitler había advertido en 1939 que otra guerra provocaría "la destrucción de los judíos en Europa". Los líderes Nazis desarrollaron lo que ellos llamaban "la solución final al problema judío". Su "solución" era el genocidio, la desaparición completa de una raza de gente.

Desde que Hitler subió al poder en 1933, los Nazis habían perseguido a los judíos. Esta persecución se volvía más mortal a medida que los alemanes ganaban más poder en Europa. Una vez que la guerra empezó, los Nazis recogieron a miles de judíos, les disparaban y los aventaban en tumbas comunes. Un hombre que fue testigo de una masacre de judíos rusos escribió al respecto:

> 66Yo vi una familia de alrededor de ocho personas. (. . .) [Un soldado] les dijo que se pusieran detrás de la montaña de tierra. (. . .) Ellos bajaron al hoyo, se alinearon junto a las otras víctimas y el soldado les disparó99.

Las tropas Nazis forzaron miles más en vagones de tren, como si fueran ganado, y los enviaron a **campos de concentración**, prisiones para civiles. Los guardias se apoderaban de las propiedades de los prisioneros, les rapaban la cabeza y les tatuaban los números del campo de concentración en sus brazos. Forzados a vivir en condiciones horribles, los prisioneros a menudo solo tenían un pedazo de pan o una sopa débil para comer. Miles se enfermaron y murieron.

A principios de los años 1940, los Nazis empezaron su "solución final" para destruir a los judíos. Construyeron campos de muerte donde mataban a miles de personas al día en cámaras de gas y luego quemaban sus cuerpos en hornos. En el campo de concentración más grande, **Auschwitz,** en Polonia, los Nazis mataron entre 1 y 2 millones de personas. Se piensa que 6 millones murieron en lo que se conoce como el Holocausto. Millones de otras personas, incluyendo prisio-

neros de guerra soviéticos, polacos, gitanos y personas inválidas, también fueron asesinadas sin piedad.

Mientras las fuerzas aliadas se movilizaban por Alemania y Polonia después del Día V-E, pudieron ver, con sus propios ojos, los increíbles horrores de los campos. R.W. Thompson, un reportero inglés, escribió sobre uno de estos campos:

> 66Más allá de un pedazo de terreno limpio y arenoso está el incinerador, pero se le acabó el [combustible]. Un archivo mal llevado por el jefe de incineración de cuerpos dice que el mes anterior quemaron 17,000 cuerpos. Ellos dicen que cada cuerpo era golpeado duramente mientras entraba99.

La gente alrededor del mundo estaba asombrada de este terrible resultado de la tiranía Nazi.

En memoria

El Museo Memorial del Holocausto de Estados Unidos se encuentra localizado cerca del National Mall (Centro de Atracciones Nacional) en Washington, D.C. Este memorial ofrece una muestra de respeto nacional hacia todas las victimas de la persecución Nazi En el año 2001, el Congreso aprobó una legislación que autorizaba la construcción del Memorial Nacional de la Segunda Guerra Mundial en un parte del National Mall. Este es el primer memorial nacional dedicado a todos los que sirvieron durante la guerra.

Comprobación de lectura **Identificación** ¿Qué grupos de personas fueron víctimas del Holocausto?

EVALUACIÓN DE LA SECCIÓN 4

Verificación de comprensión

1. **Términos clave** Define Día-D, genocidio y Holocausto.
2. **Repaso de hechos** ¿En qué región lanzaron los aliados una invasión después que sacaron a las fuerzas alemanas de África del Norte?

Repaso de temas

3. **Conexiones mundiales** Cuando Estados Unidos se juntó a los Aliados, ¿por qué se concentró primero en derrotar a Hitler?

Pensamiento crítico

4. **Conclusiones** ¿Por qué piensas que Hitler se sintió amenazado por los judíos y otras minorías?
5. **Organización de la información** Recrea el diagrama a continuación y explica el significado de estos acontecimientos.

Importancia	
Día-D	Día V-E

Análisis de material visual

6. **Habilidades geográficas** Examina el mapa de la página 771. ¿Cuándo fue que las fuerzas aliadas lanzaron un ataque sobre las fuerzas alemanas en África del Norte?

Actividad interdisciplinaria

Geografía Dibuja un mapa de lo que era antes la Unión Soviética y usa símbolos para mostrar el resultado de las batallas entre los ejércitos de Alemania y la Unión Soviética.

La guerra en el Pacífico

Idea principal
Cuando Japón se rinde, marca el fin de la Segunda Guerra Mundial.

Términos clave
isla por isla, kamikaze

Estrategia de lectura
Clasificación de la Información Al leer la sección, recrea el siguiente diagrama y explica la importancia de cada evento.

	Importancia
De isla en isla	
El Proyecto Manhattan	
Día V-J	

Leer para aprender
- cómo Estados Unidos planeaba obtener control de la región del Pacífico.
- qué papel representó la bomba atómica para terminar la guerra.

Tema de la sección
Conexiones mundiales Cuando los líderes japoneses no se rendían, el Presidente Truman ordenó el uso de la bomba atómica.

Presentación preliminar de acontecimientos

♦ 1942   ♦ 1944   ♦ 1946

abril de 1942
Los Aliados entregan Bataan

marzo de 1945
Los estadounidenses toman Iwo Jima

agosto de 1945
Lanzan la bomba atómica en Hiroshima

septiembre de 1945
Japón se rinde; fin de la Segunda Guerra Mundial

UNA historia estadounidense

Bob Krell, un soldado en la Segunda Guerra Mundial, sintió la necesidad de describir su vida en la guerra: "En la noche antes de una operación aérea, te metes dentro de tu saco de dormir, pero no puedes dejar de oír el ruido. Mientras los motores rugen, alguien siempre grita un montón de nombres. (. . .) [N]osotros nos metíamos dentro de los paracaídas al amanecer. Caminábamos penosamente hacia los aviones y nos subíamos, sin decir mucha cosa acerca de nada . . .". Bob Krell murió en acción 12 horas después de escribir estas palabras.

El frente del Pacífico

El 7 de diciembre de 1941, el mismo día en que los japoneses atacaron Pearl Harbor, bombarderos japoneses atacaron los aeropuertos estadounidenses en las **Filipinas** y en las islas de **Wake** y **Guam**, bases estadounidenses clave en el Pacífico. En los días siguientes, los japoneses intensificaron su campaña en el Pacífico. Invadieron Tailandia y Malasia y capturaron Guam, Wake Island y la colonia inglesa de Hong Kong.

Las tropas japonesas llegaron a las Filipinas a mediados de diciembre y rápidamente tomaron la capital, Manila. Las fuerzas de defensa, Filipinas y las tropas estadounidenses comandadas por el general estadounidense **Douglas MacArthur**, se vieron forzadas a retirarse a la áspera península de **Bataan,** al oeste de Manila y a la pequeña isla fuerte de **Corregidor.**

Las Filipinas caen

Después de meses de dura lucha, las cansadas tropas aliadas que defendían Bataan se rindieron el 9 de abril de 1942. Las tropas del Corregidor aguantaron un mes más. Los japoneses forzaron a sus prisioneros de Bataan, muchos enfermos y al borde de la inanición, a marchar a un campo de prisioneros a 60 millas de distancia. Fue mucho después que el público se enteró de lo que habían pasado estos prisioneros. Aproximadamente 76,000 prisioneros empezaron, pero solo alrededor de 54,000 de aquellos que participaron en la

La Segunda Guerra Mundial en el Pacífico

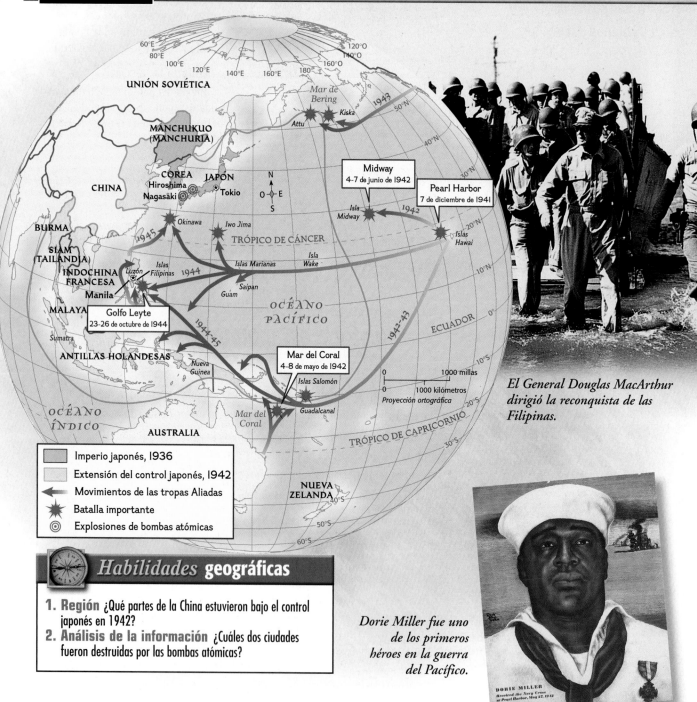

Imperio japonés, 1936

Extensión del control japonés, 1942

→ Movimientos de las tropas Aliadas

✳ Batalla importante

◎ Explosiones de bombas atómicas

El General Douglas MacArthur dirigió la reconquista de las Filipinas.

Habilidades **geográficas**

1. **Región** ¿Qué partes de la China estuvieron bajo el control japonés en 1942?
2. **Análisis de la información** ¿Cuáles dos ciudades fueron destruidas por las bombas atómicas?

Dorie Miller fue uno de los primeros héroes en la guerra del Pacífico.

Marcha de la Muerte de Bataan llegaron al campo. Como uno de los sobrevivientes relató:

❝Todos los que podían caminar, eran obligados a formar filas. (. . .) Si te caías a un lado, los guardias te disparaban o te herían con las bayonetas [apuñalaban] y te dejaban ahí❞.

Dos meses antes de rendirse Bataan, el General MacArthur se había ido a Australia a comandar las fuerzas Aliadas en el Pacífico. MacArthur le prometió a los filipinos, "Regresaré".

De isla en isla

Con la serie de victorias japonesas rápidas, la moral de los estadounidenses estaba baja. Entonces, en abril, 16 bombarderos estadounidenses que despegaron de un portaviones en el Pacífico, bombardearon **Tokyo.** Este asalto atrevido dirigido por James Doolittle tuvo muy poca importancia militar, pero elevó los espíritus de los estadounidenses.

En mayo, las flotas estadounidenses y japonesas se enfrentaron en el Mar de los Corales, al noreste de Australia. Los buques estadounidenses sufrieron fuertes daños, pero los japoneses tuvieron pérdidas que practicamente los paralizaron. La **Batalla del Mar del Coral** fue una victoria estratégica porque impidió el avance de los japoneses hacia Australia.

Una victoria aún mayor sucedió en junio de 1942. En la **Batalla de Midway,** al noroeste de Hawaii, la marina de guerra destruyó cuatro portaviones japoneses y cientos de aviones. Fue la primera derrota grande para Japón.

Estados Unidos ahora estaba listo para lanzar una ofensiva contra Japón. Los comandantes, el General MacArthur y el Almirante **Chester Nimitz,** adoptaron una estrategia conocida como isla por isla. Para esto se necesitaba atacar y capturar ciertas islas claves. Luego Estados Unidos usaba estas islas como bases para llegar a otras, acércandose así a las Filipinas y al Japón.

Entre agosto de 1942 y febrero de 1943, las tropas estadounidenses participaron en una de las más viciosas campañas de la guerra por el control de **Guadalcanal,** una de las islas Salomón. Aunque los japoneses pusieron una fiera resistencia, los estadounidenses finalmente conquistaron la isla.

En junio de 1944, las fuerzas estadounidenses capturaron Guam y otras islas cercanas. Guam podía ser usada como una base para lanzar ataques bombarderos contra Japón. En octubre, buques estadounidenses destruyeron la mayor parte de la flota japonesa en la **Batalla del golfo Leyte** en las Filipinas, la batalla naval más grande de la historia. En total, 282 buques tomaron parte. MacArthur había cumplido su promesa de regresar a las Filipinas.

HISTORIA En línea
Actividad del estudiante en línea
Visita taj.glencoe.com y haz clic en **Chapter 26— Student Web Activities** para hacer una actividad sobre la Segunda Guerra Mundial.

Avance contra Japón

Las tropas estadounidenses ahora se acercaban al mismo Japón. En marzo de 1945, se apoderaron de la isla **Iwo Jima** y, en junio, de la isla **Okinawa.** Los japoneses lucharon fieramente para defender estas islas tan cerca de Japón Miles de estadounidenses murieron en las batallas y muchos miles más resultaron heridos.

Con la mayor parte de la fuerza aérea y de la marina de guerra del Japón destruida, los bombarderos estadounidenses bombardearon Tokyo y otras ciudades japonesas. Los asaltos mataron a miles de civiles y paralizaron la economía de Japón. Desesperados, los japoneses lanzaron un grupo de pilotos suicidas conocidos como los kamikazes. Estos estrellaban sus aviones cargados de explosivos contra buques estadounidenses. Los pilotos Kamikaze hundieron varios buques destructores durante la batalla de Okinawa.

✓**Comprobación de lectura** **Explicación** ¿Por qué es importante la batalla de Midway?

La bomba atómica

Aunque los japoneses se enfrentaban a una derrota cierta, continuaban luchando. Su renuencia a rendirse hizo que Estados Unidos usara su arma más poderosa: La bomba atómica.

En 1939, el físico nacido en Alemania **Albert Einstein** le había escrito al Presidente Roosevelt que los Nazis podrían tratar de usar la energía del átomo para construir "bombas extremadamente poderosas". Queriendo desarrollar esas armas primero, Roosevelt creó una operación altamente secreta, el **Proyecto Manhattan.** Después de años de trabajo, un grupo de científicos probó la bomba atómica en el desierto de Nuevo México, el 16 de julio de 1945. Ahora Truman tenía que decidir si usaría la bomba contra Japón.

Levantan la bandera de Estados Unidos en Iwo Jima

Termina la guerra

Después del bombardeo, el gobierno japonés acordó rendirse. El 15 de agosto de 1945, se proclamó el **Día V-J,** que quiere decir "Victoria sobre Japón". Por todo Estados Unidos, la gente expresaba alegría y alivio. Japón firmó la capitulación oficial el 2 de septiembre a bordo del buque de guerra U.S.S. *Missouri.* La Segunda Guerra Mundial finalmente terminó.

En los años inmediatamente posteriores a la guerra, autoridades aliadas llevaron a los principales líderes Nazi y japoneses a juicio. Se los acusó de crímenes de guerra y de crímenes contra la humanidad. Los Aliados realizaron los juicios en Nuremberg, Alemania y en Tokyo.

El precio de la guerra

La Segunda Guerra Mundial fue el conflicto más destructor en la historia. Más de 40 millones de personas murieron durante la guerra, más de la mitad de éstos fueron civiles muertos por bombardeos, hambre, enfermedades, tortura y asesinatos. Las bajas estadounidenses, unos 322,000 muertos y 800,000 lesionados, fueron numerosas, pero pocas comparadas con las de otros países. La Unión Soviética sufrió más de 20 millones de muertes. Los que sobrevivieron se enfrentaron a la tremenda tarea de tratar de reconstruir sus vidas y sus países. Los movimientos nacionalistas aumentaron, particularmente en naciones coloniales que habían sufrido invasiones por las potencias en lucha. Muchas colonias quisieron independizarse en los años posteriores a la guerra.

Los Aliados emitieron la **Declaración Potsdam,** advirtiendo que si Japón no se rendía, se enfrentaría a una "destrucción pronta y completa". Los líderes japoneses no se rindieron y Truman ordenó el uso de la bomba.

El 6 de agosto de 1945, un bombardero estadounidense B-29, el *Enola Gay,* soltó una bomba atómica sobre la ciudad japonesa de **Hiroshima.** Tres días más tarde, dejaron caer una segunda bomba en la ciudad de **Nagasaki.** Las bombas atómicas causaron una immensa destrucción. La primera bomba arrasó Hiroshima y mató unas 70,000 personas; la bomba en Nagasaki mató alrededor de 40,000. Miles más resultaron heridos y muchos murieron después debido a la radiación.

✓**Comprobación de lectura** **Identificación** ¿Sobre qué ciudades japonesas se soltaron las bombas atómicas?

✓**Comprobación de lectura** **Descripción** ¿A quienes se llevó a la justicia en los juicios de Nuremberg?

EVALUACIÓN DE LA SECCIÓN 5

Verificación de comprensión

1. **Términos clave** Usa cada uno de estos términos en una oración de modo que ayuden a explicar su significado: **isla por isla, kamikaze.**
2. **Revisión de hechos** Explica la importancia de la Batalla del golfo de Leyte.

Repaso de temas

3. **Conexiones mundiales** ¿Por qué es que las misiones kamikaze presentaban una amenaza mortal a las fuerzas aliadas?

Pensamiento crítico

4. **Identificación de temas centrales** Si tú hubieras sido el presidente, ¿habrías ordenado los ataques sobre Hiroshima y Nagasaki? ¿Por qué o por qué no?

5. **Secuencia de información** Recrea la cronología a continuación y haz una lista de los eventos más importantes en el Pacífico en 1945.

marzo de 1945	julio de 1945	agosto de 1945	sept. de 1945

Análisis de material visual

6. **Habilidades geográficas** Examina el mapa de la Segunda Guerra Mundial en el Pacífico en la página 778. ¿Qué batalla naval ocurrió en mayo de 1942? En junio de 1942?

Actividad interdisciplinaria

Matemáticas Haz una gráfica de barras comparativo sobre el número de personas de los países Aliados y del Eje más importantes que murieron en la guerra.

Redacción de un párrafo

¿Por qué desarrollar esta habilidad?

Los párrafos son los ladrillos de construcción que se usan en una redacción o una composición. Cada párrafo es una unidad, un grupo de oraciones sobre un tema o idea común.

Desarrollo de la habilidad

La mayoría de los párrafos bien escritos comparten cuatro características.

- Primero, un párrafo expresa una idea principal o habla de un tema. Una oración tópica expresa la idea principal. La oración tópica puede encontrarse al principio, a la mitad o al final del párrafo.
- Segundo, el resto de las oraciones en un párrafo apoya la idea principal. La idea principal puede desarrollarse por medio de hechos, ejemplos o razones.
- Tercero, las oraciones se ponen en un orden lógico.
- Cuarto, las palabras de transición unen las oraciones dentro de un párrafo. Estas palabras también unen un párrafo con otro. Ejemplos: *próximo, entonces, finalmente, también, porque, sin embargo y como resultado.*

Práctica de la habilidad

Usa las siguientes oraciones para construir un párrafo que contenga una oración tópica y otras oraciones que le ofrezcan detalles de apoyo. Pon las oraciones en un orden lógico y añade palabras de transición si necesitas. Subraya tu oración tópica.

1. Tres días más tarde otro avión estadounidense dejó caer otra bomba sobre Nagasaki.

2. La bomba mató aproximadamente 70,000 personas.

3. La segunda bomba mató casi 40,000 personas instantáneamente y muchas más después.

Hiroshima después de la bomba atómica

4. El 6 de agosto de 1945, Estados Unidos dejó caer otra bomba en Hiroshima, Japón.

5. Alrededor de otras 100,000 murieron después de los efectos de la radiación.

6. Cuando la bomba explotó, una capa de fuego se extendió sobre la ciudad.,

Aplicación de la habilidad

Redacción de un párrafo Elije un tópico acerca de la Segunda Guerra Mundial y escribe un párrafo al respecto. Luego escribe nuevamente el párrafo con sus oraciones fuera de orden. Cambia de papeles con un compañero de clase. ¿Puede él o ella encontrar la oración tópica? ¿Trabaja logicamente?

El CD-ROM de Glencoe **"Skillbuilder Interactive Workbook, Level 1"**, contiene instrucciones y ejercicios sobre habilidades fundamentales de ciencias sociales.

Resumen del capítulo
Segunda Guerra Mundial

1931
- El Japón invade Manchurria

1933
- Hitler se convierte en el Canciller de Alemania

1935
- El ejército italiano invade Etiopía

1939
- Alemania invade Checoslovaquia
- Alemania invade Polonia

1940
- Alemania bombardea Inglaterra

1941
- Hitler ataca a la Unión Soviética
- FDR establece la Comisión de Prácticas de Trabajo Justas
- Japón bombardea Pearl Harbor

1942
- La Ley de Ingresos eleva los impuestos para financiar la guerra
- La Oficina de Información de la Guerra promueve el patriotismo
- Estados Unidos se junta a los Aliados
- Los Aliados entregan Bataan

1943
- Soldados navajos desarrollan un código de radio indescifrable

1944
- Buques Aliados desembarcan en Normandía
- Batalla de Bulge

1945
- Alemania se rinde
- Los estadounidenses toman Iwo Jima
- Lanzan bomba atómica en Hiroshima
- Japón se rinde
- Fin de la Segunda Guerra Mundial

Repaso de términos clave

Examina los pares de palabras que figuran a continuación. Luego escribe una oración explicando lo que las palabras en cada par tienen en común.

1. fascismo, dictador
2. genocidio, Holocausto
3. de isla en isla, blitzkrieg

Repaso de hechos clave

4. ¿Cómo trataron los ingleses y los franceses de prevenir una guerra con Alemania?
5. ¿Cuándo fue el ataque de Japón sobre Pearl Harbor?
6. ¿Qué hizo el gobierno para asegurarse de que las industrias produjeran suficientes materiales de guerra?
7. ¿En que consistía la Operación Overlord?
8. ¿Quién sucedió a Franklin Roosevelt como presidente?
9. ¿Qué acciones de los japoneses convencieron a Estados Unidos de usar la bomba atómica?

Pensamiento crítico

10. **Conclusiones** Explica la importancia que el tratado de no agresión de Alemania con la Unión Soviética en 1939 tenía para Hitler. ¿Por qué piensas que la Unión Soviética lo firmó?
11. **Repaso de temas: Factores económicos** ¿Por qué tuvo el gobierno que racionar durante la guerra?
12. **Conclusiones** ¿Por qué los Aliados prestaron atención primero a la guerra en Europa en vez de la guerra del Pacífico?
13. **Comparación** Recrea el diagrama más abajo y compara los papeles que Estados Unidos desempeñó en los asuntos del mundo durante los años 1930 y 1940.

	Papel que desempeñó en los asuntos del mundo
Estados Unidos en los años 1930	
Estados Unidos en los años 1940	

Actividad tecnológica

14. **Uso de Internet** Busca en Internet una página sobre la Segunda Guerra Mundial que incluya memorias de veteranos y/o de civiles. Copia o imprime parte de las memorias que tú consideres interesantes. Exhibe los extractos en el tablero de anuncios de la sala de clase bajo el título "Voces de la Segunda Guerra Mundial".

Actividad de geografía e historia

El mapa más abajo muestra el ataque a Pearl Harbor. Estudia el mapa y luego responde las preguntas que siguen.

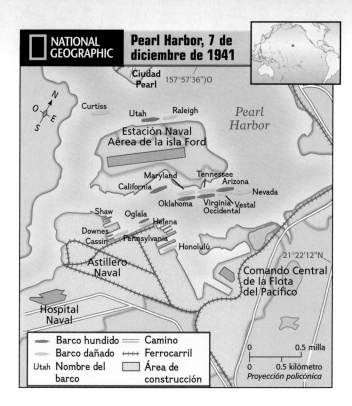

NATIONAL GEOGRAPHIC **Pearl Harbor, 7 de diciembre de 1941**

Ciudad Pearl 157°57′36″O

Curtiss

Utah   Raleigh

Pearl Harbor

Estación Naval Aérea de la isla Ford

Maryland   Tennessee
California   Arizona
              Nevada
Oklahoma   Virginia Vestal
          Occidental
Shaw   Oglala
          Helena
Downes Pennsylvania
Cassin
              Honolulú   21°22′12″N

Astillero Naval

Comando Central de la Flota del Pacífico

Hospital Naval

- ▬ Barco hundido   ═ Camino
- ▬ Barco dañado   ╫╫ Ferrocarril
- Utah Nombre del barco   ☐ Área de construcción

0   0.5 milla
0   0.5 kilómetro
Proyección policónica

15. **Ubicación** ¿Qué buques están ubicados a lo largo del lado este de la isla Ford?
16. **Ubicación** ¿Qué buques estaban más cerca del *Nevada?*
17. **Ubicación** ¿Qué le sucedió al *Raleigh* durante el ataque?

Práctica de habilidades

Redacción de un párrafo *Escribe un párrafo corto para cada una de las oraciones tópicas a continuación. Cada párrafo debe tener por lo menos tres oraciones que apoyen el tópico y arregladas de una forma lógica. Usa palabras de transición o frases para conectar tus ideas correctamente.*

18. Los líderes de Italia, Alemania y Japón intentaron restaurar sus naciones a su gloria anterior por medio de la fuerza militar.
19. Los grupos minoritarios tuvieron papeles vitales en la Segunda Guerra Mundial, tanto en las fuerzas armadas como en Estados Unidos.

 ## HISTORIA En línea

Prueba de autocomprobación
Visita taj.glencoe.com y haz clic en **Chapter 26— Self-Check Quizzes** a fin de prepararte para el examen del capítulo.

Actividad ciudadana cooperativa

20. **Metas de la política exterior** Con un compañero, busca en periódicos o revistas artículos sobre las relaciones de Estados Unidos con naciones extranjeras. Recorta los artículos y haz un cuadro poniendo estas relaciones en categorías bajo estos encabezados: *Mantener la seguridad nacional, promover paz en el mundo, proteger el mercado libre, apoyar gobiernos demócratas y promover un tratamiento humano para todos.*

Actividad de economía

21. ¿Cómo puede haber cambiado el racionamiento la forma en que las familias vivían? Escribe una redacción de una página en que describas tres formas en que el racionamiento afectó a individuos y familias durante la Segunda Guerra Mundial.

 ## Evaluación alternativa

22. **Actividad de redacción** Elije una de las personas de las cuales se habla en este capítulo, investiga su vida y logros antes, durante y después de la Segunda Guerra Mundial. Escribe una biografía de una página basada en tus hallazgos. Asegúrate de que tu redacción quede completa y sea clara.

Práctica de examen estandarizado

Instrucciones: Selecciona la *mejor* respuesta a la pregunta siguiente.

¿Cuál de los siguientes fue el momento decisivo en Europa durante la Segunda Guerra Mundial?

- **A** El Tratado de París
- **B** La elección de Roosevelt
- **C** El bombardeo de Pearl Harbor
- **D** La derrota alemana en Estalingrado

Consejo para el examen

Elimina las respuestas que sabes que son incorrectas. Por ejemplo, la respuesta **A,** El Tratado de París, no fue hecho en la Segunda Guerra Mundial.

Momentos decisivos

1945–1975

Por qué es importante

Al estudiar la Unidad 10, aprenderás los cambios que se produjeron después de la Segunda Guerra Mundial. Como consecuencia de la guerra se desarrolló un nuevo sentido de responsabilidad mundial a medida que Estados Unidos hacia cada esfuerzo por proteger la democracia occidental. Muchos estadounidenses presionaron para tener reformas sociales e igualdad de derechos. Además, el uso de nuevas tecnologías cambió la forma en que los estadounidenses vivían y trabajaban.

Soldado
estadounidense
en Vietnam, 1966

Biblioteca de fuentes principales

Mira en las páginas 976–977 el listado de lecturas de fuentes principales que acompañan a la Unidad 10.

Encuentra en el **CD-ROM American History Primary Source Document Library** las fuentes principales adicionales acerca de los derechos civiles y la era de Vietnam.

El problema con el
que todos convivimos
por Norman Rockwell

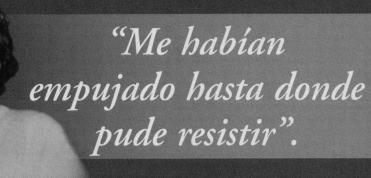

"*Me habían empujado hasta donde pude resistir*".

—*Rosa Parks, 1955*

La **era** de la Guerra Fría

1945–1954

Por qué es importante

Después de la Segunda Guerra Mundial, Estados Unidos y la Unión Soviética iniciaron una encarnizada disputa. Cada bando procuró obtener aliados y probar que su sistema, de democracia y libre mercado o comunismo, era el mejor.

El impacto actual

La rivalidad entre Estados Unidos y la Unión Soviética formó gran parte del mundo moderno. El colapso de la Unión Soviética en 1991 marcó el fin de la era de la Guerra Fría.

 ***Video* El viaje estadounidense** *El video del capítulo 27, "The Wall and the Berlin Airlift" detalla el bloqueo de Berlín y los efectos del puente aéreo.*

1945
• Conferencia de Yalta; la creación de la Organización de Naciones Unidas

1947
• Proposición de la Doctrina Truman

1948
• Promulgación del Plan Marshall

THE MARSHALL PLAN
A Program of International Cooperation

Estados Unidos
PRESIDENTES

Truman
1945–1953

1944   *1946*   *1948*

 Mundo

1946
• El discurso de Churchill sobre la "Cortina de Hierro" marca el inicio de la Guerra Fría

1948
• Bloqueo soviético Berlín Occidental
• Creación del Estado de Israel

Conflicto en Corea Las tropas de Naciones Unidas combaten en las calles de Seúl, Corea del Sur, septiembre de 1950.

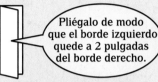

Organizador de estudios

Plegable de estudio de comparación y contraste
Haz y usa este diagrama plegable para comparar información sobre la rivalidad que formó la era de la Guerra Fría.

Paso 1 Dobla una hoja de papel de lado a lado, dejando una pestaña descubierta de 2 pulgadas al costado.

> Pliégalo de modo que el borde izquierdo quede a 2 pulgadas del borde derecho.

Paso 2 Gira el papel y dóblalo por la mitad.

Paso 3 Despliega la hoja y recorta a lo largo de la línea de pliegue.

> Corta a lo largo del pliegue en el doblez delantero para formar 2 lenguetas.

Paso 4 Rotula el diagrama plegable según se indica.

> La Guerra Fría
> Democracia | Comunismo

Lectura y redacción Al leer sobre este período, anota lo que aprendiste sobre la democracia y el comunismo debajo de las pestañas en el diagrama plegable. Compara los dos lados y usa lo que aprendiste para explicar cómo comenzó la Guerra Fría.

1949
• Firma del tratado de la OTAN

1950
• El General MacArthur dirige las tropas hacia Corea

1954
• Censura al Senador Joseph McCarthy

Eisenhower 1953–1961

1950 *1952* *1954*

1949
• Victoria comunista en China bajo Mao Zedong

1950
• Corea del Norte invade Corea del Sur

1953
• Fin de la Guerra de Corea

HISTORIA En línea

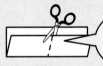

Descripción general del capítulo
Visita taj.glencoe.com y haz clic en **Chapter 27—Chapter Overviews** para ver la información preliminar del capítulo.

Orígenes de la Guerra Fría

Guía de lectura

Idea principal
Estados Unidos luchó por impedir el avance del comunismo.

Términos clave
cortina de hierro, contención, puente aéreo, guerra fría

Estrategia de lectura
Secuencia de información Al leer la sección, usa la siguiente cronología para anotar los acontecimientos importantes de la Guerra Fría.

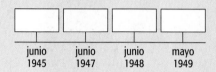

| junio 1945 | junio 1947 | junio 1948 | mayo 1949 |

Leer para aprender
- cómo Estados Unidos intentó detener el avance del comunismo.
- cómo la política exterior cambió debido a la Guerra Fría.

Tema de la sección
Conexiones mundiales La expansión soviética condujo a una Guerra Fría entre las fuerzas de la democracia y el comunismo.

Presentación preliminar de acontecimientos

♦1945 ———————————— ♦1947 ———————————— ♦1949

febrero de 1945
Se realiza la conferencia de Yalta

abril de 1945
Harry S Truman sucede a FDR

mayo de 1948
Los dirigentes judíos proclaman el nuevo estado de Israel

junio de 1948
Los soviéticos bloquean Berlín Occidental

octubre de 1949
Mao Zedong crea la China Comunista

UNA **historia estadounidense**

Los tres hombres más poderosos del mundo se reunieron en Yalta para analizar el destino del mundo de la posguerra. El presidente Roosevelt esperaba que se acogiera su idea de cooperación después de la guerra. El Primer Ministro Churchill habló en forma elegante y enfática. El dirigente soviético Stalin se opuso testarudamente a la mayoría de las propuestas. Stalin dijo a sus ayudantes: "Quieren obligarnos a aceptar sus planes para Europa y el mundo. Bueno, eso no va a suceder". Como descubrieron los aliados, Stalin tenía sus propios planes.

Diplomacia en tiempos de guerra

Mientras combatían contra un enemigo común durante la Segunda Guerra Mundial, las democracias occidentales y los líderes soviéticos dejaron de lado sus diferencias. A medida que los Aliados avanzaban hacia la victoria en 1945, surgieron dudas sobre la organización del mundo después de la guerra. Las fuerzas soviéticas habían hecho retroceder a los ejércitos alemanes y habían ocupado gran parte de Europa Oriental y Central. ¿Debían estas áreas, incluyendo Polonia, Hungría y Checoslovaquia, permanecer en manos soviéticas?

En febrero de 1945, los "Tres Grandes" dirigentes aliados, **Franklin D. Roosevelt, Winston Churchill** y **José Stalin**, se reunieron en Yalta, un puerto soviético en el Mar Negro. Se reunieron para analizar temas que afectarían al mundo de la posguerra. De esta reunión surgió el acuerdo de Yalta, según el cual la Unión Soviética se comprometió a declararle la guerra a Japón. A cambio, los soviéticos recibirían algunos territorios en Asia.

Llegar a acuerdos sobre la organización del mundo después de la guerra resultó más difícil. Roosevelt y Churchill temían al dominio soviético en Europa Oriental y el avance del comunismo. Stalin, por su lado, quería conservar una gran área de territorio entre la Unión Soviética y sus potenciales enemigos en el Occidente. Alemania representaba un problema especial. Los Aliados finalmente acordaron dividir Alemania en cuatro zonas hasta que pudieran realizarse elecciones para determinar su futuro. La Unión Soviética, Estados Unidos, Gran Bretaña, y Francia controlarían una zona cada uno.

Stalin se comprometió a permitir elecciones libres en Europa Oriental y a cooperar en la planificación de la nueva organización internacional propuesta por Estados Unidos y Gran Bretaña. Roosevelt y Churchill tenían esperanzas de que se lograría establecer un mundo pacífico después de la guerra. Sus esperanzas no se cumplieron.

NATIONAL GEOGRAPHIC

Europa después de la Segunda Guerra Mundial

Control comunista
Nación dividida
Miembro de la OTAN
Nación neutral
⊙ Ciudad ocupada en conjunto

Habilidades **geográficas**

1. **Lugar** ¿Qué países de Europa permanecieron neutrales?
2. **Región** ¿La mayoría de los países de Europa Oriental eran miembros de la OTAN o estaban bajo el control comunista?

0   500 millas
0   500 kilómetros
Proyección acimutal equivalente de Lambert

La Organización de Naciones Unidas

El Presidente Roosevelt falleció sorpresivamente el 12 de abril de 1945. El Vicepresidente **Harry S Truman** lo sucedió. Ante las enormes responsabilidades de la presidencia, Truman le dijo a los periodistas: "Cuando me contaron ayer [sobre la muerte de Roosevelt], sentí como si la luna, las estrellas y los planetas se hubieran caído sobre mí".

Una de las primeras decisiones de Truman como presidente fue seguir adelante con la nueva organización internacional acordada en Yalta. El 26 de junio, en San Francisco, California, 50 países, incluyendo la Unión Soviética, firmaron la carta que dio origen a la **Organización de Naciones Unidas** (ONU). Los miembros esperaban que la ONU pudiera resolver las disputas entre las naciones y evitar futuras guerras.

Comprobación de lectura **Descripción** ¿Cómo acordaron los Aliados dividir Alemania?

⭐Geografía

Expansión soviética en Europa

La frágil alianza en tiempos de guerra entre las naciones occidentales y la Unión Soviética no duró. Stalin no cumplió su promesa de permitir elecciones libres en Europa Oriental. Por el contrario, los soviéticos establecieron gobiernos comunistas en estos países, y las fuerzas soviéticas permanecieron en la región.

Los acontecimientos en Europa Oriental crearon gran desconfianza entre la Unión Soviética y las naciones occidentales. Europa se dividió en dos bandos, los gobiernos comunistas del este controlados por los soviéticos y las democracias capitalistas.

La cortina de hierro

Winston Churchill creía que la división entre Oriente y Occidente era permanente. En 1946 declaró en un discurso en Fulton, Missouri, que una "cortina de hierro" había descendido sobre Europa. Churchill quería decir que los soviéticos habían aislado a Europa Oriental del occidente. Detrás de esta cortina de hierro, dijo, estaban los países de Europa Oriental "en lo que debo llamar la esfera soviética, y todos están sujetos a un grado (. . .) de control muy alto desde Moscú".

Churchill advirtió que los soviéticos tarde o temprano mirarían más allá de la cortina de hierro y tratarían de controlar otras partes del mundo. Esta idea alarmó a los estadounidenses, quienes temían el avance del comunismo desde la Revolución Rusa de 1917.

Había guerra civil en **Grecia,** donde rebeldes comunistas armados por la Unión Soviética intentaban derrocar al rey griego y su gobierno pro occidental. Al mismo tiempo, los soviéticos estaban presionando fuertemente a **Turquía** para que les permitiera instalar bases navales en los estrechos que conducían al Mar Mediterráneo.

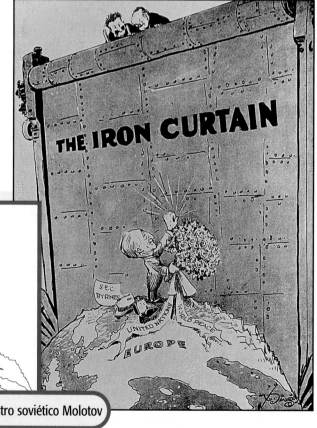

Análisis de *caricaturas políticas*

La cortina de hierro representaba una barrera al libre intercambio de ideas entre los países bajo el control soviético y el resto del mundo. La cortina de hierro a menudo aparecía en caricaturas sobre la Guerra Fría. **¿Qué dice la caricatura sobre la actitud del Secretario de Estado Byrnes hacia los líderes soviéticos?**

A Secretario de Estado Byrnes **B** José Stalin **C** Ministro soviético Molotov

Contención de los soviéticos

En busca de formas de contrarrestar la expansión soviética, el Presidente Truman se basó en las ideas de **George F. Kennan,** un diplomático estadounidense y experto en historia y cultura soviéticas. Kennan sostenía que Estados Unidos y la Unión Soviética jamás podrían cooperar y que Estados Unidos debía realizar acciones fuertes para detener la expansión soviética. Sus ideas dieron origen a la política de contención. Estados Unidos intentaría "contener" la expansión soviética por medios militares limitados y medios no militares en las regiones del mundo que tuvieran importancia estratégica para Estados Unidos. Kennan limitó estas regiones principalmente a Europa Occidental y Japón. Sin embargo, otros dirigentes estadounidenses gradualmente ampliaron su visión sobre qué regiones tenían importancia estratégica para el país y su futuro.

La Doctrina Truman

La política de contención entró prontamente en práctica. En un discurso ante el Congreso en marzo de 1947, el presidente propuso una política que llegó a conocerse como la **Doctrina Truman,** un compromiso de ayudar a las naciones amenazadas por el comunismo y la expansión soviética.

> ❝Creo que debe ser política de Estados Unidos apoyar a las personas libres que se resisten a los intentos de subyugación [conquista] por minorías armadas o presiones externas❞.

El Congreso aprobó otorgar ayuda militar y económica a Grecia y Turquía para resistir la amenaza soviética.

El Plan Marshall

Al final de la Segunda Guerra Mundial, gran parte de Europa estaba en ruinas. Los bombardeos habían destruido innumerables casas, fábricas, puentes y caminos. Muchas personas estaban sin hogar, trabajo y a menudo no tenían suficiente comida. Sus sociedades devastadas por la guerra eran caldo de cultivo para el comunismo, con sus promesas de casas y empleo para todos.

George Marshall, el Secretario de Estado de Estados Unidos, consideraba que Europa Occidental tenía una importancia estratégica para Estados Unidos. Creía que la mejor forma de mantener al comunismo fuera de los países de Europa Occidental era restaurar la economía de estos países. En junio de 1947, Marshall propuso un plan para entregar ayuda económica en gran escala a Europa. Al principio, su plan enfrentó cierta resistencia en el Congreso. Sin embargo, una vez que los comunistas con apoyo soviético derrocaron al gobierno de **Checoslovaquia** en febrero de 1948, esta resistencia desapareció.

El congreso aprobó el Plan Marshall, un programa de ayuda económica para Europa que se convirtió en parte vital de la política de contención. Entre 1948 y 1951, el Plan Marshall proporcionó casi 13 mil millones de dólares para reconstruir los países de Europa Occidental. Como Marshall había vaticinado, ningún gobierno occidental en Europa cayó ante una revolución comunista.

✓ Comprobación de lectura **Explicación** ¿Cómo se suponía que el Plan Marshall detendría la expansión comunista?

Crisis en Berlín

Los jefes aliados en Yalta habían dividido Alemania en cuatro zonas de ocupación. La Unión Soviética controlaba la parte oriental del país, mientras que Estados Unidos, Gran Bretaña, y Francia se dividieron la parte occidental. La capital alemana de **Berlín,** situada en medio de Alemania Oriental controlada por los soviéticos, también se dividió entre los cuatro países.

El Presidente Truman creía que una Alemania reunificada era esencial para el futuro de Europa. Stalin, por el contrario, temía que una Alemania reunificada fuera nuevamente una amenaza para la Unión Soviética. Pretendía conservar la influencia soviética sobre una Alemania dividida. Las tensiones sobre el problema alemán originaron una grave crisis en 1948.

El bloqueo de Berlín

El 7 de junio de 1948, Estados Unidos, Gran Bretaña y Francia anunciaron que unificarían sus zonas para crear la nueva república de Alemania Occidental. También se incluirían en esta nueva república los sectores de Berlín controlados por estas naciones, a pesar de que la ciudad estaba en Alemania Oriental gobernada por los soviéticos.

El **Bloqueo de Berlín** fue la respuesta de Stalin a los planes occidentales sobre Alemania Occidental. El 24 de junio de 1948, tropas soviéticas tomaron rápidamente posiciones en la frontera con Berlín Occidental. Casi de la noche a la mañana establecieron un bloqueo, deteniendo el tránsito en

Puente aéreo de Berlín

En junio de 1948, la Unión Soviética impidió todo el tránsito por tierra y agua hacia o desde Berlín bajo control occidental. Las potencias aliadas comenzaron a enviar suministros a los 2.5 millones de habitantes de la ciudad, por vía aérea. Día y noche durante más de 10 meses, los aviones de carga de Estados Unidos y Gran Bretaña llevaron alimentos, ropa, medicinas, materias primas e incluso carbón a Berlín. La opinión mundial se tornó en contra de la Unión Soviética y sus tácticas de hacer sufrir a personas inocentes para lograr sus objetivos. Berlín se convirtió en un símbolo de la lucha de Estados Unidos contra el comunismo.

El esfuerzo de realizar unos 278,000 vuelos, llevando 2 mil millones de toneladas de suministros, disipó el odio entre los antiguos enemigos en Estados Unidos y Alemania. En mayo de 1949, la Unión Soviética finalmente levantó el bloqueo.

> Un taxista de Berlín Occidental explicó cómo el puente aéreo elevó la moral de los habitantes de Berlín.
> "Allí. ¿Lo escucha? Es otro avión. Y otro más. Nuestra fe ya no proviene de nuestros corazones o mentes. Viene de nuestros oídos."

todos los caminos, vías férreas, y rutas fluviales a través de Alemania Oriental hacia Berlín Occidental. Como resultado, Berlín Occidental y sus dos millones de ciudadanos quedaron aislados y sin poder recibir suministros vitales. Con este bloqueo, los soviéticos buscaban que el Occidente abandonara Berlín.

El puente aéreo de Berlín

El Presidente Truman se negó a rendirse ante los soviéticos. "Nos quedamos en Berlín y punto", declaró, pero no quería arriesgar el inicio de una guerra al enviar fuerzas militares a romper el bloqueo. En su lugar, organizó un gigantesco puente aéreo para salvar a la ciudad. Aviones de carga de Estados Unidos y Gran Bretaña comenzaron a llevar alimentos, combustibles y otros suministros a Berlín Occidental.

El **puente aéreo de Berlín** continuó día y noche durante más de 10 meses, llevando toneladas de suministros a Berlín Occidental. Al darse cuenta de que las potencias occidentales pretendían quedarse en la ciudad, Stalin puso fin al bloqueo en mayo de 1949. A pesar del éxito del puente aéreo, Berlín y Alemania permanecieron divididas. En octubre de 1949, la división de Alemania en dos países, la **República Federal de Alemania,** o Alemania Occidental, y la **República Democrática de Alemania,** o Alemania Oriental, se hizo oficial.

✓**Comprobación de lectura** **Análisis** ¿Cómo respondió la Unión Soviética ante los planes de formar la nueva república de Alemania Occidental?

Dos bandos armados

La crisis en Berlín confirmó que Estados Unidos y la Unión Soviética estaban enfrascados en una guerra fría, una guerra en la que los dos enemigos no combatían de frente el uno contra el otro. Cada uno de estos países comenzó a aumentar su poderío militar con el fin de intimidar al otro

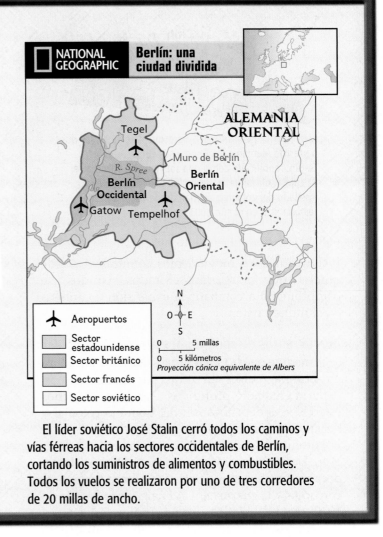

Berlín: una ciudad dividida

ALEMANIA ORIENTAL

Tegel

R. Spree

Berlín Occidental

Muro de Berlín

Berlín Oriental

Gatow   Tempelhof

✈ Aeropuertos

Sector estadounidense

Sector británico

Sector francés

Sector soviético

N
O ⬦ E
S

0   5 millas
0   5 kilómetros
Proyección cónica equivalente de Albers

El líder soviético José Stalin cerró todos los caminos y vías férreas hacia los sectores occidentales de Berlín, cortando los suministros de alimentos y combustibles. Todos los vuelos se realizaron por uno de tres corredores de 20 millas de ancho.

bando. Las naciones europeas comenzaron a tomar partido en esta creciente guerra fría.

Estados Unidos y los países de Europa Occidental acordaron que la mejor forma de contener a los soviéticos era mediante la defensa mutua. En abril del 1949, Estados Unidos, Canadá, y 10 países de Europa Occidental firmaron un pacto formando la **Organización del Tratado del Atlántico Norte** (OTAN). Este tratado establecía que "un ataque armado contra uno o más de los países miembros será considerado como un ataque contra todos". Para defenderse de una posible invasión soviética a Europa Occidental, los países de la OTAN crearon una gran fuerza militar.

En respuesta a la OTAN, la Unión Soviética creó su alianza propia con los gobiernos comunistas de Europa Oriental. Esta alianza, formada en 1955 mediante tratados de defensa mutua conocida como el **Pacto de Varsovia,** contaba con una fuerza militar controlada por la Unión Soviética. La formación de la OTAN y el Pacto de Varsovia dividió a Europa en dos bandos armados.

Estados Unidos se rearma

Después de la Segunda Guerra Mundial, algunos de los asesores en política exterior del Presidente Truman en el **Consejo de Seguridad Nacional** (CSN) sostenían que Estados Unidos no podía depender de otras naciones para contener a los soviéticos y resistir el avance del comunismo. A diferencia de George Kennan y otras personas que apoyaban la política de contención, los asesores del CNS creían que Estados Unidos debía asumir una postura más activa contra el comunismo en todas partes, no tan sólo en lugares estratégicos.

En 1950, el CNS emitió un informe, conocido como **NSC-68,** que decía que Estados Unidos debía activamente

❝fomentar las semillas de la destrucción dentro de la Unión Soviética❞.

Hecho, Ficción, Folklore

Alemania

Alemania se reunifica El 3 de octubre de 1990, las dos partes de Alemania finalmente se reunificaron, y Berlín, reunificado como una sola ciudad, volvió a ser la capital oficial de la nación. Se planificó que el traslado del gobierno alemán desde Bonn a Berlín estaría listo en el año 2003.

y combatir a los movimientos comunistas donde quiera que surgieran. Estados Unidos se comprometió a combatir la expansión comunista en el mundo entero.

Movimientos de independencia

A medida que la Guerra Fría se tornaba más dura en Europa, países en otras partes del mundo experimentaban profundos cambios. Muchos estados se independizaron del dominio colonial y declararon su independencia.

Filipinas se independizó de Estados Unidos en 1946. Después de su independencia, Filipinas luchó durante muchos años contra la pobreza, gobiernos corruptos y la guerra civil. A finales de la década de 1940, países asiáticos como India, Pakistán y Birmania se liberaron del Imperio Británico para formar nuevas naciones. Durante la década de 1950 y principios de 1960, más de 25 países africanos se independizaron de las potencias coloniales europeas. El camino hacia la independencia en África a menudo fue sangriento. Una vez libres, los

nuevos países debieron enfrentar la inmensa tarea de formar sociedades modernas.

En el Medio Oriente, tanto los judíos como los árabes reclamaban la región de **Palestina,** una zona controlada por los británicos. En 1947 Naciones Unidas propuso dividir Palestina en un estado judío y otro árabe, con Jerusalén como una ciudad internacional. Los judíos aceptaron el plan pero no los países árabes. Tras declarar su independencia, el nuevo estado judío de **Israel** fue atacado por ejércitos árabes en la primera de seis guerras entre los árabes e Israel.

El comunismo en China

Tal vez uno de los cambios más inquietantes del período de posguerra se produjo en **China,** el país más grande de Asia. En 1949 terminó una larga guerra civil con la victoria de las fuerzas comunistas chinas dirigidas por **Mao Zedong** sobre los ejércitos comandados por **Chiang Kai-shek**, el jefe del gobierno chino. Mao Zedong formó un nuevo estado comunista, la República Popular de China, mientras que Chiang Kai-shek se retiró con sus fuerzas a la isla de **Taiwán** frente a la costa sur oriental de China. Estados Unidos reconoció al gobierno de Taiwán como el legítimo gobierno de toda la China.

Con los comunistas en control de China continental, la Unión Soviética contaba con un poderoso aliado en Asia. Muchas personas creyeron que todo el continente asiático estaba en peligro de convertirse al comunismo.

Comprobación de lectura **Identificación** ¿Qué nuevo país se formó en el Medio Oriente en la década de 1940?

EVALUACIÓN DE LA SECCIÓN 1

Verificación de comprensión

1. **Términos clave** Escribe un párrafo en el que uses los siguientes términos correctamente: **cortina de hierro, contención, puente aéreo, guerra fría.**

2. **Repaso de hechos** ¿Forzó el bloqueo de Berlín a las fuerzas occidentales a abandonar la ciudad? Explica.

Repaso de temas

3. **Conexiones mundiales** ¿Cuál fue el propósito de la Doctrina Truman?

Pensamiento crítico

4. **Análisis de información** Explica por qué las acciones de Estados Unidos durante el bloqueo de Berlín se consideraron como parte de una "guerra fría".

5. **Determinación de causa y efecto** Recrea el siguiente diagrama para explicar cómo el Plan Marshall ayudó a contener el avance del comunismo.

Plan Marshall ⟹ [   ]

Análisis de material visual

6. **Habilidades geográficas** Examina el mapa de Europa en la página 789. ¿Fue España un país neutral? ¿Era Turquía un miembro de la OTAN?

Actividad interdisciplinaria

Geografía Compara un mapa de África después de la Segunda Guerra Mundial con un mapa reciente. Fotocopia o dibuja un mapa moderno e indica cinco países que hayan cambiado sus nombres o fronteras.

Inferencias

¿Por qué desarrollar esta habilidad?

¿Has escuchado alguna vez, "No puedes juzgarlo por su apariencia"? Esto significa que las personas, las cosas que ves o las cosas que lees, no siempre son lo que aparentan. Puede haber un significado doble u oculto en lo que ves o escuchas.

Desarrollo de la habilidad

Las inferencias son ideas que no se dicen directamente. **Hacer inferencias** incluye leer entre líneas para interpretar lo que se ve. Puedes usar conocimientos anteriores o sólo el sentido común.

Práctica de la habilidad

Publicada por primera vez al inicio de la Guerra Fría, *Rebelión en la Granja* de George Orwell cuenta la historia de cómo los animales maltratados y explotados toman el control de una granja. La fábula expone los efectos negativos que los gobiernos totalitarios pueden tener sobre la sociedad. Lee este pasaje de la novela de George Orwell *Rebelión en la Granja.* Luego responde las siguientes preguntas.

> Chillón trata de persuadir a los animales de que Napoleón es un buen líder, diciendo, "¡No crean, camaradas, que ser líder es un placer! Por el contrario, es una gran y pesada responsabilidad. Nadie cree más que el Camarada Napoleón que todos los animales son iguales. Estaría más que feliz de permitirles que tomaran sus propias decisiones. Pero a veces ustedes podrían tomar decisiones equivocadas, camaradas, ¿y entonces a dónde llegaríamos? Supongamos que hubiesen decidido seguir a Bola de Nieve (. . .)?"
>
> "El luchó valientemente en la Batalla del Establo", dijo alguien.
>
> "La valentía no es suficiente", dijo Chillón. "La lealtad y la obediencia son más importantes . . ."

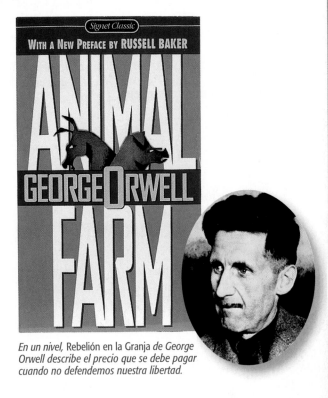

En un nivel, Rebelión en la Granja *de George Orwell describe el precio que se debe pagar cuando no defendemos nuestra libertad.*

1 ¿Representa Chillón el líder de los animales comunes?

2 ¿Por qué dice que el liderazgo es una "gran y pesada responsabilidad?"

3 Chillón dice que todos los animales son iguales. ¿Realmente cree esto? Explica.

Aplicación de la habilidad

Inferencias Escoge un poema, o una cita de un periódico, que creas que tenga más de un sentido. Comparte tu selección con un compañero de curso a ver si puede inferir el significado oculto.

 El CD-ROM de Glencoe **"Skillbuilder Interactive Workbook, Level 1",** contiene instrucciones y ejercicios sobre habilidades fundamentales de ciencias sociales.

Políticas de la posguerra

Guía de lectura

Idea principal
La administración de Truman impulsó reformas económicas y sociales.

Términos clave
inflación, afiliación sindical obligatoria

Estrategia de lectura
Organización de la información Al leer la sección, recrea el siguiente diagrama para identificar tres medidas que formaron parte del Trato Justo de Truman.

El Trato Justo

Leer para aprender
• qué problemas económicos enfrentaron los estadounidenses después de la Segunda Guerra Mundial.
• qué medidas propusieron el Presidente Truman y el Congreso para enfrentar los problemas de la nación.

Tema de la sección
Factores económicos Los estadounidenses intentaron ajustarse a una economía de paz después de la Segunda Guerra Mundial.

Presentación preliminar de acontecimientos

◆1944   ◆1946   ◆1948

1944
El Congreso aprueba el Acta de Derechos de los Veteranos

1946
Huelga de mineros y trabajadores ferroviarios

1947
La Ley Taft-Hartley limita los sindicatos

1948
Truman gana la presidencia

UNA
historia estadounidense

Cuando los soldados regresaron a casa después de la Segunda Guerra Mundial, volvieron a un país que enfrentaba la difícil tarea de pasar de una economía de guerra a una de paz. ¿Colapsaría nuevamente la economía y se produciría una nueva depresión en todo el país? El Presidente Truman se sentía optimista: "Ahora tenemos algunos pequeños problemas. Estas cosas suelen ocurrir después de una guerra". Sin embargo, la preocupación pública obligó a los dirigentes políticos a participar en acalorados debates sobre la mejor forma de solucionar los problemas económicos del país.

$ Economía

La economía de la posguerra

Después de la Segunda Guerra Mundial, la nación y su economía debían ajustarse a la vida en tiempos de paz. Las industrias debían pasar de producir materiales de guerra a **bienes de consumo.** Se debía volver a entrenar a los trabajadores de las industrias de defensa para que pudieran trabajar en industrias de consumo, y los soldados que regresaban a casa necesitaban empleos.

Durante la guerra, los controles gubernamentales habían mantenido bastante estables los precios de los bienes de consumo, tales como el alimento y la ropa. Cuando el gobierno retiró estos controles, los precios empezaron a dispararse. Esta alza de precios, o **inflación,** también se debió al gran aumento de la demanda y los gastos de los consumidores. Durante los años de la guerra, los estadounidenses habían ahorrado su dinero porque no había bienes de consumo o estaban racionados. Ahora estaban ansiosos por gastar este dinero en nuevos productos y servicios de consumo.

Los trabajadores desean salarios más altos

Debido a la inflación, los precios de los bienes de consumo subieron más rápido que los salarios. Durante la guerra, los trabajadores habían aceptado los controles gubernamentales sobre los salarios y habían acordado no realizar huelgas. Ahora ya nada podía detenerlos. Cuando los empleadores se negaron a subir los salarios, los sindicatos llamaron a la huelga. En 1945 y 1946, millones de trabajadores ferroviarios, del acero y de otras industrias iniciaron huelgas para exigir mejores salarios y condiciones laborales.

Los disturbios y huelgas laborales afectaron a la economía del país. Cuando los mineros iniciaron una huelga en 1946, muchos estadounidenses temieron que la escasez de carbón paralizara la economía del país. Aproximadamente al mismo tiempo, una huelga de los trabajadores ferroviarios detuvo todos los trenes del país, los que eran esenciales para la economía.

Truman toma medidas

Alarmado por los disturbios laborales, Truman presionó a los mineros y trabajadores ferroviarios en huelga para que volvieran al trabajo. En mayo de 1946, amenazó con reclutarlos en el ejército si no regresaban al trabajo. El presidente insistió que tenía el derecho de tomar tales medidas para mantener funcionando las industrias que eran vitales para el país.

El Presidente Truman finalmente obligó a los mineros a volver al trabajo al hacer que el gobierno tomara el control de las minas. Al mismo tiempo, sin embargo, persuadió a los propietarios de las minas a que aceptaran muchas de las demandas de los trabajadores. Truman también presionó a los trabajadores ferroviarios para que volvieran al trabajo.

Comprobación de lectura **Descripción** ¿Qué pasó con los precios de los bienes de consumo cuando aumentó la demanda después de la guerra?

Truman enfrenta a los republicanos

En septiembre de 1945, el Presidente Truman, que era demócrata, presentó al Congreso un plan de reformas nacionales destinado a resolver algunos de los problemas económicos del país. Más tarde Truman llamó a este programa el **Trato Justo.**

Truman propuso elevar el salario mínimo, ampliar los beneficios del Seguro Social, aumentar el gasto federal para crear empleos, construir nuevas viviendas con fondos públicos, y crear un sistema de seguro médico nacional. Sin embargo, debido a la oposición de la coalición entre republicanos y demócratas del Sur, estas medidas no fueron aprobadas por el Congreso.

Los republicanos toman el control del Congreso

Muchos estadounidenses culparon a Truman y al Partido Demócrata por los problemas económicos del país. En las elecciones parlamentarias de 1946, el lema "¿Ya le basta?" ayudó a los republicanos a obtener el control de ambas cámaras del Congreso.

El nuevo congreso republicano trabajó rápidamente para presentarle a la nación su propio plan. Habiendo rechazado el programa de reformas de Truman, los republicanos prepararon propuestas a fin de promulgar un programa para limitar los gastos gubernamentales, controlar los sindicatos, reducir las regulaciones gubernamentales sobre la

Análisis de *caricaturas políticas*

El Presidente Truman y el Congreso se enfrentaron a menudo sobre el Trato Justo. **¿Qué intenta decir la caricatura sobre el poder de Truman?**

economía y revertir las políticas adoptadas bajo el Nuevo Trato de FDR en la década de 1930.

Para muchos republicanos en el Congreso, los problemas más importantes que debía enfrentar la nación eran los disturbios laborales y el creciente poder de los sindicatos. Los republicanos conservadores estaban a favor de las grandes empresas y querían limitar el poder de los sindicatos. En la primavera de 1947, el Congreso presentó la **ley Taft-Hartley.** Esta ley limitaba las acciones que los trabajadores podían realizar contra sus empleadores. Prohibía la afiliación sindical obligatoria, según la cual un lugar de trabajo sólo contrataba a miembros de un sindicato. También permitió que el gobierno pudiera detener temporalmente cualquier huelga que pusiera en peligro la salud o seguridad públicas. Esta disposición estaba destinada a evitar futuras huelgas como las que habían realizado los mineros y trabajadores ferroviarios el año anterior. Los dirigentes y miembros de los sindicatos criticaron fuertemente la Ley Taft-Hartley, llamándola una "ley del trabajo forzado". A pesar de que el Presidente Truman se opuso a las huelgas, también sabía que los demócratas necesitaban el apoyo de los trabajadores. Truman vetó la ley, pero el Congreso controlado por los republicanos anuló su veto.

Reorganización del gobierno

Un tema en el que Truman y el Congreso estaban de acuerdo, era la necesidad de mejorar la administración del gobierno federal, el que había crecido mucho desde la época del Nuevo Trato. En 1947 Truman nombró una comisión encabezada por el ex presidente Herbert Hoover para que estudiara formas de mejorar la eficacia del gobierno. La Comisión de Hoover propuso planes para crear nuevos departamentos y agencias gubernamentales.

En 1947 el Congreso aprobó la **Ley de Seguridad Nacional.** Unificó al ejército, la marina de guerra, los infantes de marina y la fuerza aérea bajo el Departamento de Defensa. El nuevo departamento se puso bajo las órdenes de un secretario de defensa. La ley también creó la Junta de Comandantes en Jefe, compuesta por los jefes de cada una de las ramas de las fuerzas armadas para coordinar las políticas militares. Un Consejo de Seguridad Nacional, que funcionaría en la Casa Blanca, asesoraría al presidente sobre asuntos de política exterior y militar.

Intercambio de armas por libros de estudio

Welcome to Indiana University

El Acta de Derechos de los Veteranos

En 1944 el Congreso aprobó la Ley de Reajuste para Militares, más conocida como el Acta de Derechos Civiles de los Veteranos (en inglés "GI Bill of Rights") En inglés se usan las siglas GI para referirse a los soldados. Estas siglas vienen de "government issue" que significa "emitido o aprobado por el gobierno". Esta ley proporcionó miles de millones de dólares en préstamos para que los veteranos de guerra, soldados, marineros, e infantes de marina, pudieran asistir a la universidad, recibir capacitación especial, establecer negocios o comprar casas. También proporcionó beneficios de desempleo y salud a los veteranos mientras buscaban empleo.

Al hacer posible que millones de ex combatientes asistieran a la universidad, el Acta de Derechos de los Veteranos logró cambiar para siempre la educación superior en Estados Unidos. La educación universitaria ahora estaba disponible para personas con cualquier nivel de ingresos.

La Ley de Seguridad Nacional también creó otra institución, la **Agencia Central de Inteligencia (CIA).** La CIA apoya la política exterior de Estados Unidos recopilando información sobre lo que sucede en otros países, evaluándola, y entregándola al presidente y otras personas encargadas de tomar decisiones sobre política exterior. La CIA usa sus propios agentes secretos, informantes pagados, y gobiernos aliados para recopilar esta información.

Muchos estadounidenses temieron que la CIA pudiera usarse para espiar a los propios ciudadanos del país. Truman, sin embargo, prometió que la nueva agencia sólo operaría en el extranjero y que no introduciría "métodos de estado policial" en la sociedad estadounidense. La CIA tuvo tanto éxito que en 1949 el Congreso le otorgó el derecho de recibir, intercambiar y gastar dinero sin tener que rendirle cuentas.

Las elecciones de 1948

A medida que se acercaban las elecciones presidenciales de 1948, Truman parecía ser el candidato en desventaja. Debido a los persistentes problemas económicos, muchos ciudadanos no apoyaban al presidente, y su fracaso en lograr la aprobación de las reformas nacionales hacía que la administración de Truman pareciera débil e ineficaz.

Las divisiones dentro de Partido Demócrata también aumentaban las posibilidades de un triunfo republicano. En la convención nacional del partido, un grupo de demócratas del Sur abandonó la sesión en protesta por el apoyo de Truman a la legislación sobre derechos civiles. Los demócratas del Sur formaron el Partido Demócrata de Derechos Estatales, o "Dixiecrats", y nominaron al Gobernador **Strom Thurmond** de Carolina del Sur como candidato presidencial. Al mismo tiempo, algunos miembros liberales del Partido Demócrata renunciaron para formar el Partido Progresista, con **Henry Wallace** como su candidato a la presidencia. Wallace se oponía a la política exterior de Truman y abogaba por relaciones más estrechas entre Estados Unidos y la Unión Soviética.

Dewey encabeza las encuestas

Con estas divisiones entre los demócratas, parecía que el Gobernador **Thomas Dewey** de Nueva York, el candidato republicano, ganaría las elecciones. Las encuestas de opinión le daban a Dewey una gran

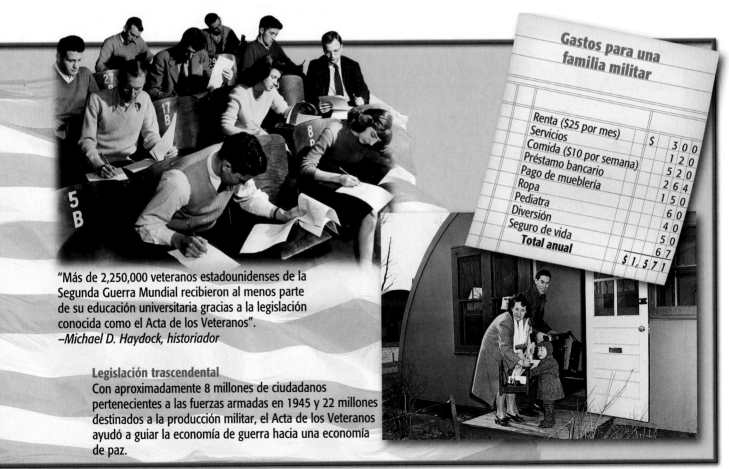

"Más de 2,250,000 veteranos estadounidenses de la Segunda Guerra Mundial recibieron al menos parte de su educación universitaria gracias a la legislación conocida como el Acta de los Veteranos".
–*Michael D. Haydock, historiador*

Legislación trascendental
Con aproximadamente 8 millones de ciudadanos pertenecientes a las fuerzas armadas en 1945 y 22 millones destinados a la producción militar, el Acta de los Veteranos ayudó a guiar la economía de guerra hacia una economía de paz.

Gastos para una familia militar		
Renta ($25 por mes)	$	3 0 0
Servicios		1 2 0
Comida ($10 por semana)		5 2 0
Préstamo bancario		2 6 4
Pago de mueblería		1 5 0
Ropa		6 0
Pediatra		4 0
Diversión		5 0
Seguro de vida		6 7
Total anual		$1,5 7 1

ventaja. Un encuestador dijo: "El Sr. Dewey tiene una ventaja tan amplia que podríamos simplemente comenzar a prepararnos para su discurso inaugural".

Truman trabajó arduamente en su campaña. Recorrió más de 30,000 millas (48,000 km) en tren en una extensa gira por el país en la cual pronunció más de 250 discursos. En pueblo tras pueblo, atacó fuertemente a lo que llamó "ese Congreso inútil, bueno para nada y pésimo" que había rechazado su propuesta del Trato Justo.

La gran sorpresa de Truman

El día de las elecciones, los expertos aún pensaban que Dewey ganaría. Había tanta confianza en el triunfo republicano que en la noche de las elecciones, antes del recuento de votos, el periódico *Chicago Daily Tribune* publicó una edición especial anunciando que "Dewey derrota a Truman".

Se produciría una gran sorpresa. Cuanto todos los votos se contaron, Truman aventajó a Dewey por más de dos millones de votos en una estrecha y sorpresiva victoria. Los demócratas también habían recobrado el control tanto de la Cámara de Representantes como del Senado en las elecciones.

Comprobación de lectura **Análisis** ¿Por qué fue una sorpresa el resultado de las elecciones presidenciales de 1948?

Un Trato Justo para Estados Unidos

Truman interpretó los resultados de las elecciones como una señal de que el pueblo quería la reforma. Rápidamente volvió a presentar la propuesta del **Trato Justo** que había presentado al Congreso en 1945. Algunas de sus medidas fueron aprobadas, pero el plan no tuvo un apoyo mayoritario, y el Congreso rechazó la mayoría de sus propuestas. El Congreso sí aprobó leyes para aumentar el salario mínimo, ampliar los beneficios del Seguro Social a los ancianos y proporcionar fondos a fin de construir viviendas para familias de bajos ingresos.

Ciudadanía
Defensa de los derechos civiles

En un mensaje al Congreso en 1948, el Presidente Truman declaró:

❝Nunca lograremos alcanzar los ideales sobre los que esta nación se fundó mientras haya un ciudadano que sufra discriminación debido a su raza, religión, color o el lugar de origen de sus antepasados❞.

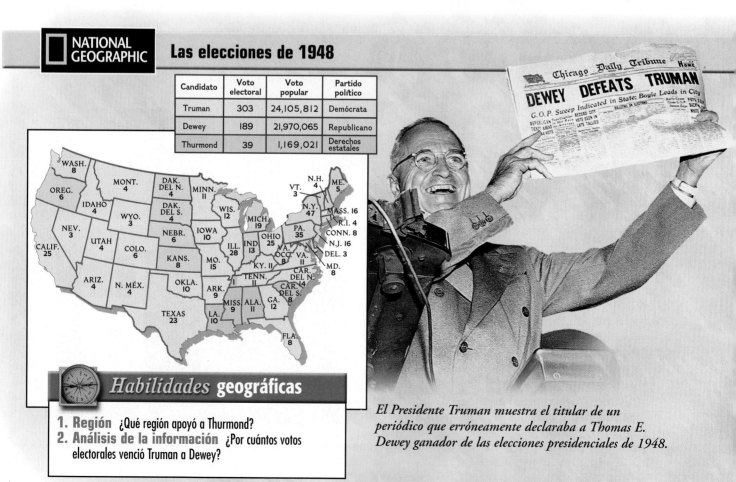

NATIONAL GEOGRAPHIC **Las elecciones de 1948**

Candidato	Voto electoral	Voto popular	Partido político
Truman	303	24,105,812	Demócrata
Dewey	189	21,970,065	Republicano
Thurmond	39	1,169,021	Derechos estatales

Habilidades **geográficas**

1. **Región** ¿Qué región apoyó a Thurmond?
2. **Análisis de la información** ¿Por cuántos votos electorales venció Truman a Dewey?

El Presidente Truman muestra el titular de un periódico que erróneamente declaraba a Thomas E. Dewey ganador de las elecciones presidenciales de 1948.

Representación **de la historia**

Ciudadanos afroamericanos le dan la bienvenida a Truman en Harlem durante la campaña presidencial de 1948. **¿En qué medida logró promover Truman los derechos civiles?**

Botón de 1948 alusivo a los derechos civiles

segregación para poner fin a la separación de razas. El presidente también instruyó al Departamento de Justicia que aplicara activamente las leyes existentes sobre derechos civiles.

Cuando Truman propuso su programa nacional al Congreso en 1949, proclamó que "cada segmento de nuestra población y cada persona tiene el derecho de esperar del gobierno un trato justo". Truman quería el fin de las barriadas pobres, un seguro médico respaldado por el gobierno, salarios mínimos más altos y más dinero federal para las escuelas públicas. Aunque muchas propuestas del Trato Justo no lograron cumplirse, el presidente dio un paso importante para mejorar la vida de millones de estadounidenses.

Aunque Truman luchó por terminar con esta discriminación, no pudo persuadir al Congreso de que aprobara leyes para proteger el derecho a voto de los afroamericanos, abolir el impuesto por votar, y hacer que los linchamientos fueran un delito federal. Aún así, el Presidente Truman tomó importantes medidas en defensa de los derechos civiles de los afroamericanos. Ordenó a los departamentos y agencias federales que pusieran fin a la discriminación contra los afroamericanos y ordenó que las fuerzas armadas terminaran con la

EVALUACIÓN DE LA SECCIÓN 2

Verificación de comprensión

1. **Términos clave** Usa los términos clave **inflación** y **afiliación sindical obligatoria** en oraciones que ayuden a explicar su significado.
2. **Repaso de hechos** ¿Qué acciones realizó el Presidente Truman para promover los derechos civiles de los afroamericanos?

Repaso de temas

3. **Factores económicos** ¿Qué factores económicos causaron la inflación de los precios después de la Segunda Guerra Mundial?

Pensamiento crítico

4. **Determinación de causa y efecto** ¿Qué efecto tuvo la Ley Taft-Hartley sobre las empresas y los sindicatos?
5. **Organización de la información** Completa un diagrama como el que se indica para describir los ajustes realizados por Estados Unidos a fin de convertir la economía de guerra en una economía de paz.

Tiempos de guerra → [ ] → [ ] → Tiempos de paz

Análisis de material visual

6. **Habilidades geográficas** Examina el mapa electoral en la página 800. ¿El total de votos emitidos a favor de Dewey y Thurmond fue mayor que el total emitido a favor de Truman?

Actividad interdisciplinaria

Economía Revisa ejemplares de periódicos publicados hace cinco años. Compara los precios de tres productos publicitados entonces con los mismos productos hoy en día. Calcula el porcentaje de aumento (o reducción) del precio para cada uno de dichos productos.

Guía de lectura

Idea principal
Los estadounidenses lucharon bajo la bandera de Naciones Unidas para detener la conquista comunista de la Península de Corea.

Términos clave
estancamiento, zona desmilitarizada

Estrategia de lectura
Secuencia de información Al leer la sección, recrea la siguiente cronología para anotar los acontecimientos clave de la Guerra de Corea.

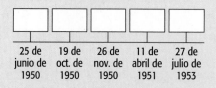

| 25 de junio de 1950 | 19 de oct. de 1950 | 26 de nov. de 1950 | 11 de abril de 1951 | 27 de julio de 1953 |

Leer para aprender
- qué acontecimientos condujeron a la Guerra de Corea.
- cómo los objetivos bélicos de Estados Unidos cambiaron durante la guerra.

Tema de la sección
Conexiones mundiales Estados Unidos luchó en Corea para detener la expansión comunista.

Presentación preliminar de acontecimientos

♦1950   ♦1952   ♦1954

junio de 1950
Corea del Norte invade Corea del Sur

abril de 1951
Truman despide al General MacArthur

julio de 1953
Se firma el acuerdo de cese del fuego

UNA
historia estadounidense

El gélido viento golpeaba los curtidos rostros de 12 oficiales de Infantería de Marina de Estados Unidos. Habían luchado durante cinco sangrientos días para sacar a sus tropas de una emboscada china en las heladas estepas del nordeste de Corea. Ahora escuchaban las palabras de su comandante: "Vamos a salir de esto como Infantes de Marina, no como vagabundos. Vamos a salvar a nuestros heridos y equipos. Vamos a salir de esto (. . .) como Infantes de Marina o aquí nos quedaremos". Siguieron dos días más de combate en los que los cansados pero determinados Infantes de Marina rechazaron los fieros ataques del enemigo. Con la llegada del apoyo aéreo al tercer día, los Infantes de Marina pudieron hacer retroceder al enemigo y escapar.

Conflicto en Corea

Antes del mes de junio de 1950, pocos estadounidenses sabían acerca de **Corea,** un pequeño país asiático situado en la Península de Corea al oeste de Japón. En 1945 Corea era una colonia de Japón. Al finalizar la Segunda Guerra Mundial, Japón perdió sus territorios coloniales. Tanto Estados Unidos como la Unión Soviética enviaron tropas a Corea y acordaron ocuparla temporalmente. Dividieron la península por la mitad a lo largo del **paralelo 38** de latitud, con los soviéticos en control de Corea del Norte y los estadounidenses en control de Corea del Sur.

La Unión Soviética y Estados Unidos no pudieron ponerse de acuerdo sobre cómo unificar Corea. Cuando estos dos países retiraron sus tropas en 1949, Corea permaneció dividida. Había gran tensión entre ambas Coreas.

El 24 de junio de 1950, el Presidente Truman viajó a su casa en Independence, Missouri, para pasar unas breves vacaciones. Mientras descansaba en su terraza en una cálida noche de verano, recibió una llamada del Secretario de Estado Dean Acheson. "Sr. Presidente", dijo Acheson en un tono de voz sombrío, "Tengo graves noticias. Corea del Norte ha invadido Corea del Sur". Truman sabía que esto significaba sólo una cosa: Estados Unidos pronto se vería involucrado en una acción militar en Asia.

La invasión de Corea del Sur

Después que las tropas estadounidenses se retiraron de Corea del Sur, Corea del Norte decidió unificar el país por la fuerza. El 25 de junio de 1950, los ejércitos de Corea del Norte cruzaron el paralelo 38 e invadieron Corea del Sur. Los surcoreanos, pobremente armados, no pudieron impedir el avance del Norte. En pocos días, las fuerzas comunistas habían obtenido el control de gran parte de Corea del Sur, incluyendo **Seúl,** la capital.

El Presidente Truman reaccionó rápidamente ante la invasión de Corea, la que en su opinión contaba con el apoyo de la Unión Soviética. Sin pedirle al Congreso que efectivamente declarara la guerra, Truman ordenó el uso limitado de fuerzas aéreas y navales en Corea. Declaró que esta "acción policial" era necesaria para cumplir con la política de contención de Estados Unidos. Truman dijo:

> ❝Corea es la Grecia del Extremo Oriente. Si nos mantenemos firmes ahora, si los detenemos como lo hicimos en Grecia hace tres años, no se atreverán a dar el siguiente paso❞.

La Organización de las Naciones Unidas responde

Al mismo tiempo, el Presidente Truman le pidió a la ONU que enviara tropas a Corea del Sur. Las Naciones Unidas condenó la invasión de Corea del Sur y acordó enviar una fuerza especial a la región bajo la dirección de Estados Unidos. El Presidente Truman rápidamente nombró al General **Douglas MacArthur,** un héroe de la Segunda Guerra Mundial, para que comandara las fuerzas de la ONU.

El 30 de junio, a sólo días de la invasión de Corea del Norte, el General MacArthur dirigió tropas estadounidenses hacia Corea para detener el avance comunista. A fines de 1950, otros países habían empezado a enviar tropas u otro tipo de ayuda al esfuerzo bélico dirigido por Estados Unidos. Aún así, la mayoría de las tropas durante la Guerra de Corea eran estadounidenses.

Naciones Unidas tenía un objetivo claro pero difícil —forzar que los norcoreanos volvieran al otro lado del paralelo 38. Cuando China intervino en el conflicto, este objetivo cambió, haciendo que Truman y MacArthur se enfrentaran por desacuerdos sobre estrategia militar.

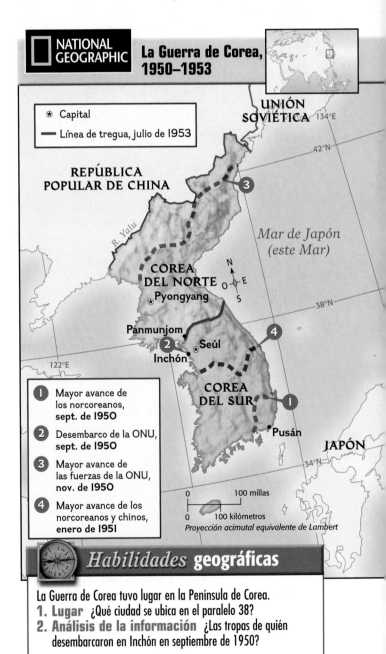

NATIONAL GEOGRAPHIC La Guerra de Corea, 1950–1953

⊛ Capital
— Línea de tregua, julio de 1953

UNIÓN SOVIÉTICA 134°E
42°N
REPÚBLICA POPULAR DE CHINA
R. Yalu
COREA DEL NORTE
⊛ Pyongyang
Mar de Japón (este Mar)
38°N
Panmunjom
Seúl
Inchón
122°E
COREA DEL SUR
Pusán
JAPÓN
34°N

1 Mayor avance de los norcoreanos, sept. de 1950
2 Desembarco de la ONU, sept. de 1950
3 Mayor avance de las fuerzas de la ONU, nov. de 1950
4 Mayor avance de los norcoreanos y chinos, enero de 1951

0   100 millas
0   100 kilómetros
Proyección acimutal equivalente de Lambert

Habilidades geográficas

La Guerra de Corea tuvo lugar en la Península de Corea.
1. Lugar ¿Qué ciudad se ubica en el paralelo 38?
2. Análisis de la información ¿Las tropas de quién desembarcaron en Inchón en septiembre de 1950?

Representación de la historia

Las tropas de Estados Unidos avanzan en el campo de batalla, mientras mujeres y niños surcoreanos huyen de los comunistas. **¿Cuál era el estado del conflicto coreano en enero de 1951?**

Las primeras fases de la guerra

Para septiembre de 1950, las fuerzas norcoreanas habían avanzado hasta la punta sur de la Península de Corea. Sólo una pequeña región en el sureste alrededor de la ciudad portuaria de **Pusán** aún estaba en manos del ejército de Corea del Sur.

Después de reunirse con los surcoreanos, el General MacArthur diseñó un audaz contraataque contra Corea del Norte. En septiembre, las fuerzas de las Naciones Unidas realizaron un arriesgado desembarco en la mitad de la Península de Corea cerca del puerto de **Inchón.** Tomaron esa ciudad estratégica y avanzaron hacia Seúl para volver a tomar la capital.

Mientras tanto las tropas estadounidenses y de la ONU comenzaron a avanzar hacia el norte desde Pusán. Para el primero de octubre los coreanos del norte, atrapados entre las fuerzas de la ONU que avanzaban tanto desde Seúl como desde Pusán, se vieron obligados a cruzar el paralelo 38. Corea del Sur quedó bajo el control de las fuerzas de las Naciones Unidas.

Se toma la ofensiva

Incentivado por el éxito, el General MacArthur instó al Presidente Truman que ordenara la invasión de Corea del Norte. Le aseguró que ni **China** ni la Unión Soviética entrarían en la guerra para ayudar a Corea del Norte, y le prometió que las tropas estarían "en casa para Navidad". Truman solicitó y obtuvo la aprobación de las Naciones Unidas para cruzar el paralelo 38, invadir el norte y crear "una Corea unificada, independiente y democrática", el nuevo objetivo de la guerra.

Tras recibir estas nuevas órdenes, MacArthur avanzó con sus tropas hacia el norte. Las fuerzas de la ONU capturaron **Pyongyang,** la capital de Corea del Norte el 19 de octubre y luego avanzaron hacia el norte en dirección al **río Yalú,** en parte de la frontera entre Corea del Norte y China. La victoria total parecía cuestión de días.

A medida que las fuerzas de la ONU avanzaban, Estados Unidos recibió una advertencia de China. Si la invasión de Corea del Norte continuaba, China enviaría su ejército para que ayudará a los norcoreanos. Creyendo que los chinos no se atreverían a cumplir su amenaza, el Presidente Truman permitió que MacArthur continuara avanzando hacia el norte.

Pero los chinos habían hablado en serio. A finales de octubre, miles de tropas chinas comenzaron a reunirse a lo largo de la frontera, y algunas cruzaron el Río Yalú hacia Corea del Norte. El 26 de noviembre, grandes cantidades de tropas chinas lanzaron un ataque contra las fuerzas de las Naciones Unidas. Ante la inmensa superioridad numérica de las tropas chinas, las fuerzas de las Naciones Unidas tuvieron que retroceder y cruzar el paralelo 38. En pocas semanas, los comunistas habían recapturado Seúl.

Comprobación de lectura **Descripción** ¿Qué línea separaba a Corea del Norte y Corea del Sur?

División entre los líderes estadounidenses

Para enero de 1951, las fuerzas de Naciones Unidas lograron detener la retirada. Lanzando un contraataque, recapturaron Seúl y empujaron a los comunistas hasta el paralelo 38. La guerra se estancó, ninguno de los lados podía ganar mucho territorio ni lograr una victoria decisiva. El **estancamiento** duró casi dos años, durante los cuáles combatieron ferozmente a lo largo del paralelo 38.

Truman y MacArthur disienten

Como el estancamiento continuaba, el Presidente Truman comenzó a considerar la posibilidad de negociar el fin de la guerra. El General MacArthur, sin embargo, sostenía que las tropas de la ONU debían atacar a China ahora, ya sea invadiendo dicho país o bombardeando las tropas estacionadas en Corea del Norte. Truman se opuso a los planes de MacArthur pues temía que tal acción pudiera conducir a una guerra mayor con China o convertirse en otra guerra mundial.

En una carta a los miembros del Congreso, MacArthur reclamó que le estaban impidiendo realizar su trabajo. "Debemos ganar", escribió. "No hay ningún sustituto para la victoria".

El 11 de abril de 1951, el Presidente Truman relevó al General MacArthur de su comando en Corea. "No podría haber hecho algo distinto y seguir siendo presidente de Estados Unidos", concluyó Truman. Escribió:

> ❝Si hubiese permitido que él desafiara a la autoridad civil en este asunto, yo mismo habría violado mi juramento de sostener y defender la Constitución❞.

El despido de MacArthur originó una ola de protestas en Estados Unidos. El general era sumamente popular, y las encuestas mostraban que la mayoría de los estadounidenses lo apoyaban a él y no al presidente. Más aún, MacArthur no se fue en forma tranquila. Después de ser recibido como héroe al regresar a Estados Unidos, proclamó un discurso ante el Congreso. "Los viejos soldados nunca mueren", dijo, "sólo se desvanecen".

Fin del conflicto

Ambos contendientes iniciaron negociaciones en julio de 1951. Las conversaciones duraron dos años antes de que se firmara un acuerdo de cese al fuego el 27 de julio de 1953, durante la presidencia de Dwight Eisenhower. Este acuerdo puso fin a la guerra y estableció una zona desmilitarizada, una región donde no podían ingresar fuerzas militares, entre Corea del Norte y del Sur. La zona se extendía aproximadamente una milla y media a ambos lados del paralelo 38.

Al finalizar la Guerra de Corea, ninguno de los bandos había vencido y prácticamente no hubo ningún cambio en las fronteras. Hubo grandes pérdidas. Más de 54,000 estadounidenses murieron en la guerra y otros 103,000 resultaron heridos. Casi dos millones de coreanos y chinos perdieron la vida y grandes porciones de Corea del Norte y del Sur quedaron devastadas.

Con su participación en la Guerra de Corea, Estados Unidos le envió un claro mensaje a la Unión Soviética: Estados Unidos estaba decidido a luchar contra la expansión del comunismo con dinero, armas e incluso vidas. Al mismo tiempo, la incapacidad de Estados Unidos de obtener un triunfo claro contribuyó a crear un clima interno de incertidumbre sobre la política exterior del país.

✓ **Comprobación de lectura** **Comparación** ¿Cuál era la diferencia entre la visión de la Guerra de Corea de Truman y la del General MacArthur?

HISTORIA En línea

Actividad del estudiante en línea
Visita taj.glencoe.com y haz clic en **Chapter 27— Student Web Activities** para hacer una actividad en línea sobre la Guerra de Corea.

EVALUACIÓN DE LA SECCIÓN 3

Verificación de comprensión

1. **Términos clave** Define los siguientes términos: **estancamiento, zona desmilitarizada.**
2. **Repaso de hechos** ¿Cómo comenzó la Guerra de Corea?

Repaso de temas

3. **Conexiones mundiales** ¿Cómo cambiaron los objetivos estadounidenses durante el curso de la Guerra de Corea?

Pensamiento crítico

4. **Identificación de temas centrales** ¿Crees que Truman debió haber permitido que MacArthur atacara China? ¿Por qué sí o no?
5. **Organización de la información** Recrea el siguiente diagrama para indicar dos razones de por qué la Guerra de Corea terminó en un estancamiento.

Análisis de material visual

6. **Habilidades geográficas** Examina el mapa en la página 803. ¿Cuándo lograron el mayor avance las fuerzas de la ONU?

Actividad interdisciplinaria

Redacción persuasiva Escribe una editorial de una página argumentando si un jefe militar estadounidense puede o no puede contravenir una decisión del presidente.

SECCIÓN 4 El temor rojo

Guía de lectura

Idea principal
La vida en Estados Unidos durante la Guerra Fría estuvo marcada por la búsqueda de la seguridad.

Términos clave
subversión, lista negra, perjurio, supuesto, censura

Estrategia de lectura
Clasificación de la información Al leer esta sección, recrea el siguiente diagrama para explicar por qué estas personas son importantes.

	Importancia histórica
Alger Hiss	
Ethel Rosenberg	
Joseph McCarthy	

Leer para aprender
- cómo los temores de la Guerra Fría afectaron a la política nacional.
- cómo el McCartismo afectó al país.

Tema de la sección
Gobierno y democracia Los estadounidenses de la posguerra tomaron medidas para combatir el avance del comunismo dentro de Estados Unidos.

Presentación preliminar de acontecimientos

♦1945 ♦1950 ♦1955

1947
El Comité de la Cámara de Representantes sobre Actividades Antiestadounidenses realiza audiencias

1950
El Congreso aprueba la Ley McCarran

1953
Los Rosenberg son ejecutados por ser espías

1954
Censura de McCarthy

UNA historia estadounidense

En 1947, un comité del Congreso realizó audiencias públicas sobre la supuesta influencia comunista en la industria cinematográfica de Hollywood. A muchas de las personas llamadas a atestiguar se les hizo la misma pregunta: "¿Es usted miembro del Partido Comunista ahora o lo ha sido alguna vez?". Dos testigos negaron todo vínculo con el comunismo, pero otros 10 se rehusaron a responder directamente "sí" o "no". En momentos dramáticos dignos de una película, estos "Diez de Hollywood" desafiaron la autoridad del comité de indagar sobre las creencias políticas de las personas. Uno de los acusados gritó: "¡Éste es el comienzo de los campos de concentración en Estados Unidos!".

Temores de la Guerra Fría

La Guerra Fría intensificó los temores de los estadounidenses a los actos de subversión, o sabotaje comunistas. A finales de los años 40, mucha gente estaba pendiente de las historias sobre robos de documentos gubernamentales y la existencia de círculos de espías. Luego en 1949 los estadounidenses supieron que la Unión Soviética había fabricado su propia bomba atómica.

Muchos estadounidenses temían que los espías y simpatizantes comunistas, personas que apoyaban a los comunistas o "rojos" como se les denominaba, hubieran penetrado todos los niveles de la sociedad y que estuviesen intentando debilitar al gobierno. Este **temor rojo** dominó la política del país durante varios años

806 CAPÍTULO 27 La era de la Guerra Fría

y condujo a extensas cacerías para descubrir a los comunistas. En este clima de temor, pocos estadounidenses estaban a salvo de las acusaciones de deslealtad, ni siquiera el presidente.

Los críticos republicanos comenzaron a acusar al Presidente Truman de ser poco severo con los comunistas. En 1947 Truman respondió ordenando una investigación sobre la lealtad de todos los empleados federales. Millones de empleados gubernamentales debieron enfrentar revisiones de seguridad y miles fueron investigados por el FBI. Aunque las investigaciones descubrieron pocas pruebas de espionaje, muchos empleados federales perdieron sus trabajos.

Juramentos de lealtad e investigaciones

Muchos gobiernos, universidades y empresas estatales y locales, comenzaron campañas similares para descubrir la subversión comunista. Algunas organizaciones exigían que las personas firmaran juramentos de lealtad a Estados Unidos. Los que se negaban a hacerlo se arriesgaban a perder sus empleos.

En 1950 el Congreso aprobó la **Ley McCarran,** que obligaba a todas las organizaciones comunistas a registrarse con el gobierno y entregar una lista de sus miembros. El Presidente Truman vetó esta ley. "En un país libre, las personas deben ser castigadas por delitos cometidos", dijo, "pero nunca por las ideas que profesan". El Congreso anuló su veto.

En 1947 un comité parlamentario, el **Comité de la Cámara de Representantes sobre Actividades Antiestadounidenses** (House Un-American Activities Committee, HUAC), comenzó la investigación de la subversión comunista dentro del país. En audiencias ampliamente publicitadas, el comité preguntaba a las personas si conocían a comunistas o simpatizantes comunistas. Las personas caían bajo sospecha debido a las creencias de sus amigos o colegas (culpabilidad por asociación). Las actividades del comité incentivaron la histeria anticomunista en el país.

El HUAC inició una investigación sensacionalista sobre la industria cinematográfica de Hollywood, supuestamente llena de comunistas. Algunas de las personas citadas se negaron a testificar, y varios libretistas y directores, los "Diez de Hollywood", fueron a la cárcel por negarse a responder preguntas sobre sus creencias políticas o las de sus colegas. Como reacción a las presiones públicas y del gobierno, las empresas cinematográficas confeccionaron listas negras, listas de personas de dudosa lealtad, para impedir que trabajaran en la industria cinematográfica de Hollywood.

Se descubren espías estadounidenses

En 1948 **Whittaker Chambers,** el director de una revista, se ofreció como voluntario para testificar ante el HUAC. Después de admitir que había espiado para la Unión Soviética en los años 30, Chambers acusó a **Alger Hiss,** un ex funcionario del Departamento de Estado de haberle dado documentos secretos del gobierno en 1937 y 1938 para que los entregara a los soviéticos.

Chambers mostró documentos secretos del Departamento de Estado que según él habían sido escritos por Hiss y microfilmes de otros documentos clasificados. Chambers juró que Hiss le había entregado los microfilmes (ocultos en una calabaza). Los investigadores no pudieron acusar a Hiss de espionaje pues había transcurrido demasiado tiempo desde que habían sucedido los acontecimientos. Sin embargo, lo encontraron culpable de perjurio, o mentir, y lo enviaron a prisión.

Causas y efectos de la Guerra Fría

Causas

- La Unión Soviética se expande hacia Europa Oriental.
- El comunismo se expande hacia Europa Occidental, el Medio Este y Asia.
- Los gobiernos occidentales temen una agresión soviética.

Efectos

- Estados Unidos ayuda a las fuerzas anticomunistas.
- Las potencias occidentales forman la OTAN.
- Comienza la Guerra de Corea.
- Se da inicio a la carrera armamentista entre EE.UU. y la Unión Soviética.

Organizador gráfico → *Habilidades*

La Guerra Fría enfrentó a la Unión Soviética y sus aliados contra Estados Unidos y sus aliados.

Análisis de la información ¿Qué organización formaron las potencias occidentales?

Margaret Chase Smith 1897–1995

Margaret Chase Smith de Maine fue la primera mujer electa a las dos cámaras del Congreso.

Smith fue elegida por primera vez a la Cámara de Representantes en 1940, e hizo muchas contribuciones durante sus cuatro períodos. Durante la Segunda Guerra Mundial, trabajó para mejorar la posición de las mujeres dentro de las fuerzas armadas.

Tuvo un papel fundamental en la aprobación de una nueva ley, la Ley de Integración de la Mujer en las Fuerzas Armadas (1948), que permitió que las mujeres sirvieran como miembros permanentes y regulares en las fuerzas armadas del país.

Smith también sirvió cuatro períodos en el Senado. Sin temor de defender sus opiniones, fue una de las primeras personas en condenar las tácticas que utilizó el Senador Joseph McCarthy durante su cruzada contra el comunismo.

En 1964 Smith fue una de los candidatos presidenciales en la Convención Nacional Republicana, siendo la primera mujer propuesta como candidata en uno de los partidos políticos principales.

El caso más impactante de espionaje que llegó ante el HUAC involucró a la bomba atómica. **Julius** y **Ethel Rosenberg,** una pareja de Nueva York que eran miembros del Partido Comunista, fueron acusados de planear compartir información secreta sobre la bomba atómica a la Unión Soviética. Llevados a juicio en 1951, los Rosenberg fueron condenados y sentenciados a muerte. El juez del caso declaró que su delito era "peor que el asesinato".

Grupos alrededor del mundo protestaron ante la sentencia por considerarla una grave injusticia, pero los tribunales superiores confirmaron la sentencia de muerte. Ejecutados en 1953, los Rosenberg se declararon inocentes hasta el final y sostuvieron que eran perseguidos por sus creencias políticas.

✔Comprobación de lectura **Explicación** ¿Qué exigía la Ley McCarran?

McCartismo

Entre 1950 y 1954, la cacería de comunistas fue liderada por el Senador **Joseph McCarthy** de Wisconsin. Durante esos años, McCarthy atacó públicamente a muchas personas bajo el supuesto —declaración sin pruebas— de ser comunistas. Sus acusaciones sin fundamentos destruyeron las carreras de muchos ciudadanos inocentes e incentivaron la histeria anticomunista del país. Se acuñó una nueva palabra, McCartismo, que llegó a significar el uso de acusaciones sin pruebas contra adversarios políticos.

Joseph McCarthy logró notoriedad nacional de la noche a la mañana. En un discurso en Wheeling, Virginia Occidental, en febrero de 1950, anunció que Estados Unidos había sido traicionado por "las acciones infames" de ciertas personas. Mostrando una hoja de papel, sostuvo que tenía en su mano una lista de 205 empleados del Departamento de Estado que eran miembros del Partido Comunista. Millones de estadounidenses creyeron las acusaciones de McCarthy.

Durante los siguientes cuatro años, McCarthy continuó acusando a funcionarios gubernamentales y a otras personas de ser comunistas. El subcomité parlamentario al que pertenecía atacaba y agredía verbalmente a las personas que citaban a declarar. Muchos empleados federales renunciaron o fueron despedidos por las investigaciones de McCarthy.

Incluso los funcionaros gubernamentales de mayor poder temían oponerse a él. McCarthy a menudo acusaba a los demócratas. Él y sus colegas republicanos del Congreso consideraban que el anticomunismo era un tema importante y que podía usarse contra el Partido Demócrata.

Algunos candidatos republicanos, incluyendo **Richard Nixon,** acusaban a sus adversarios de ser poco severos con el comunismo. Estas tácticas funcionaban porque los estadounidenses temían a la amenaza comunista.

La caída de McCarthy

En 1954, McCarthy inició una investigación sobre el ejército de Estados Unidos. Hizo alarmantes declaraciones aseverando que los comunistas se habían infiltrado en el ejército. En una serie de audiencias, vistas por millones de estadounidenses, McCarthy hizo acusaciones sin fundamentos contra oficiales altamente respetados de las fuerzas armadas.

Las audiencias televisadas entre el ejército y McCarthy resultaron ser el momento decisivo en las investigaciones del Senador. Durante semanas los estadounidenses presenciaron los crueles y despectivos ataques de McCarthy. Hacia el final de las audiencias, **Joseph Welch,** un abogado del ejército, le dijo a McCarthy:

66Hasta ahora, Senador, nunca me había dado cuenta de su crueldad o irresponsabilidad (. . .) ¿No le queda algún sentido de la decencia?99

Ahora muchos estadounidenses comenzaban a considerar a McCarthy como un acosador cruel que tenía pocos fundamentos para sus acusaciones. El Congreso también se volvió contra él. En diciembre de 1954, el Senado aprobó una censura, o crítica formal, por presentar una "conducta inapropiada para un senador". La censura y la pérdida del apoyo público pusieron fin a la

Análisis de *caricaturas políticas*

Esta caricatura de 1950 muestra a McCarthy acusando a mucha gente de deslealtad. **¿Por qué el autor dibuja a McCarthy como la Estatua de la Libertad?**

influencia de McCarthy. Sin embargo durante los años en que el temor al comunismo se había apoderado del país, el McCartismo había dañado la vida de muchas personas inocentes.

Comprobación de lectura **Descripción** ¿Qué acusaciones hizo McCarthy contra el ejército de Estados Unidos?

EVALUACIÓN DE LA SECCIÓN 4

Verificación de comprensión

1. **Términos clave** Define los siguientes términos: subversión, lista negra, perjurio, supuesto, censura.
2. **Repaso de hechos** Describe el propósito de los juramentos de lealtad.

Repaso de temas

3. **Gobierno y democracia** ¿Qué efectos negativos tuvieron las acciones anticomunistas de McCarthy en la sociedad de Estados Unidos?

Pensamiento crítico

4. **Conclusiones** ¿Cómo crees que influyó la televisión en el resultado de las audiencias entre el ejército y McCarthy?
5. **Organización de la información** Usa el siguiente diagrama para dar dos ejemplos de la respuesta del gobierno a los crecientes temores por el comunismo.

Respuesta del gobierno

Análisis de material visual

6. **Habilidades de organización gráfica** Examina la tabla de causas y efectos en la página 807. ¿En que áreas se expandió la Unión Soviética? ¿Cuál fue uno de los efectos de la Guerra Fría?

Actividad interdisciplinaria

Arte Dibuja una caricatura política que describa el efecto que en tu opinión tuvo el Senador McCarthy sobre el pueblo estadounidense. No olvides colocar una leyenda a la caricatura.

Resumen del capítulo

La era de la Guerra Fría

Unión Soviética

Estados Unidos

Los soviéticos ocupan gran parte de Europa Oriental y Central

THE MARSHALL PLAN
A Program of International Cooperation

Se propone la Doctrina Truman; El Congreso aprueba el plan Marshall

Estados Unidos, Gran Bretaña y Francia se unen para formar la República de Alemania Occidental

Bloqueo de Berlín

Puente aéreo de Berlín

Tratado de la OTAN

Con el apoyo de la ONU, Estados Unidos lucha en la Guerra de Corea

Pacto de Varsovia

Estados Unidos forma la más grande fuerza militar

Repaso de términos clave

En papel cuadriculado haz un crucigrama con los siguientes términos. Entrecruza los términos en forma vertical y horizontal, y luego rellena las casillas restantes con letras adicionales. Usa las definiciones de los términos como pistas para encontrar las palabras en el crucigrama. Comparte el crucigrama con un compañero de curso.

1. cortina de hierro
2. contención
3. puente aéreo
4. guerra fría
5. inflación
6. afiliación sindical obligatoria
7. perjurio
8. suponer

Repaso de hechos clave

9. ¿Quién acuñó la frase "cortina de hierro"? ¿Qué representaba?
10. ¿Qué proporcionó el Plan Marshall?
11. ¿Qué es una "guerra fría"?
12. ¿Por qué muchos sindicatos se fueron a la huelga después de la guerra?
13. ¿Qué proporcionó el Acta de los Veteranos?
14. ¿Quiénes fueron los candidatos de los principales partidos en 1948? ¿Quién ganó las elecciones presidenciales?
15. ¿Cuál fue el resultado del conflicto de Corea?
16. ¿Cuál era el propósito del Comité de la Cámara de Representantes sobre Actividades Antiestadounidenses?

Pensamiento crítico

17. **Análisis de temas: Conexiones mundiales** ¿Cuál era la estrategia detrás del plan Marshall?
18. **Análisis de la información** ¿Cómo ejerció Truman su autoridad como comandante en jefe de las fuerzas armadas estadounidenses durante la Guerra de Corea?
19. **Conclusiones** Además del combatir al comunismo, ¿qué otra motivación podría haber tenido el Senador McCarthy para sus acciones?
20. **Determinación de causa y efecto** Usa el siguiente diagrama para identificar dos formas en que Estados Unidos usó su posición como la nación más poderosa y rica del mundo para impulsar la recuperación económica en Europa.

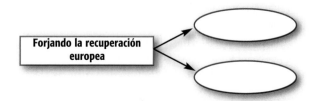

Forjando la recuperación europea

Práctica de habilidades

Inferencias *Examina la fotografía de las páginas 784 y 785. Luego responde las siguientes preguntas.*

21. Describe los detalles del cuadro.

22. ¿Qué sentimientos expresa el rostro de la niña?

23. ¿Qué sabes sobre el movimiento de integración de escuelas durante la década de 1950?

24. Al considerar todo esto en conjunto, ¿cuál sería la razón de la expresión de la niña?

25. Busca una fotografía en una revista o un periódico y escribe al menos tres inferencias basadas en ella.

 ## Actividad de geografía e historia

Estudia el mapa en la página 793 y responde a las siguientes preguntas.

26. **Región** ¿Entre qué cuatro países se dividió Alemania?

27. **Lugar** ¿Qué país o países ocuparon Berlín Oriental?

28. **Lugar** ¿Qué país o países ocuparon Berlín Occidental?

29. **Ubicación** ¿Qué tienen de inusual las ubicaciones de los aeropuertos en Berlín? Explica tus razones.

Actividad ciudadana cooperativa

30. **Servicio militar** El Acta de los Veteranos proporcionó beneficios a los soldados que regresaban de la Segunda Guerra Mundial. Gracias a estos beneficios, muchos estadounidenses que pensaban que nunca lograrían ingresar a la universidad o tener una casa propia pudieron alcanzar estas metas. Formen cuatro grupos para explorar los incentivos que se ofrecen hoy en día a las personas que se enlistan en el ejército, la marina de guerra, la infantería de marina y los guardacostas. Utiliza la siguiente lista de preguntas para guiar el análisis en grupo.

    - ¿Todavía es una opción asistir a la universidad u otra institución de educación superior?

    - ¿Qué tipo de incentivos económicos se ofrecen a los reclutas?

    - ¿Qué ventajas tienen las personas que se alistan hoy en las fuerzas armadas que no estaban disponibles al final de la Segunda Guerra Mundial?

    Utiliza tu información para diseñar un plan de reclutamiento a fin de atraer a las personas a una rama determinada de las fuerzas armadas. Incluye en tu plan todos los medios posibles como letreros publicitarios, anuncios en periódicos, la radio y la televisión.

HISTORIA En línea
Prueba de autocomprobación
Visita taj.glencoe.com y haz clic en **Chapter 27— Self-Check Quizzes** a fin de prepararte para el examen del capítulo.

 ## Actividad tecnológica

31. **Uso de Internet** Busca información en Internet sobre la organización de las Naciones Unidas. Diseña un organigrama o un organizador gráfico que muestre cada uno de los principales organismos de la ONU y cómo se relacionan entre sí.

 ## Evaluación alternativa

32. **Actividad de redacción** El gobierno de Estados Unidos deseaba evitar un conflicto militar después de la Segunda Guerra Mundial. Repasa el capítulo y haz una lista con ejemplos de cómo el gobierno de Estados Unidos usó negociaciones y otros medios no violentos para resolver problemas internacionales sin recurrir a la guerra.

Práctica de examen estandarizado

Instrucciones: Selecciona la *mejor* respuesta a la pregunta siguiente.

Estados Unidos inició el Plan Marshall para evitar un colapso económico en Europa que pudiera abrir las puertas al comunismo. ¿Cuál de las siguientes opciones era otro de los objetivos del Plan Marshall?

A Disminuir la importancia de los países asiáticos en el equilibrio del poder

B Incentivar los esfuerzos de los aliados europeos en la Segunda Guerra Mundial

C Construir una Europa fuerte de la que pudiera depender la seguridad económica de Estados Unidos

D Evitar que la Unión Soviética se convirtiera en una gran potencia militar

Consejo para el examen

Para esta pregunta debes acordarte de un hecho sobre el Plan Marshall. Recuerda que el plan era un programa económico que proporcionó dinero para ayudar a reconstruir las economías de Europa. ¿Cuál respuesta calza mejor con esta información?

Estados Unidos en la década de 1950

1953–1960

Por qué es importante

La elección de Dwight Eisenhower a la presidencia dio comienzo a uno de los períodos más prósperos de la historia de Estados Unidos. El crecimiento económico resultó en un aumento de empleo y salarios en la década AN 1950.

El impacto actual

La prosperidad de la década de 1950 abrió paso a preguntas que siguen siendo importantes en la sociedad estadounidense actual. ¿Un período de crecimiento económico puede traer beneficios para todos los estadounidenses, o hay ciertos grupos que probablemente se verán excluidos? ¿Puede guiarse el crecimiento económico de la nación por valores culturales y sociales o el crecimiento se produce a expensas de esos valores? Los estadounidenses siguen debatiendo estos temas en la actualidad.

Video El viaje estadounidense En el capítulo 28, "The Fifties Dream", se explora la cultura popular y los ideales de la década de 1950.

1953
• Se publican los resultados de las pruebas de la vacuna contra la polio

1956
• Se aprueba la Ley federal de autopistas

La década de 1950
• La explosión de la natalidad aumenta la población de EE.UU. en más del 20 por ciento

Eisenhower
1953–1961

1955
• Eisenhower se reúne con Khrushchev en la Cumbre de Ginebra

Estados Unidos

PRESIDENTES

1952

1954

1956

Mundo

La década de 1950
• Crece la popularidad del expresionismo abstracto

1953
• Watson, Crick y Franklin descubren la estructura del ADN

1955
• Se firma el Pacto de Varsovia

1956
• Egipto toma el Canal de Suez
• Las tropas soviéticas derrotan el levantamiento de Hungría

La caza del espía rojo de Thomas Maitland Cleland La década de 1950 transformó nuestra cultura y diseñó la forma de vida de la actualidad.

PLEGABLES™

Organizador de estudios

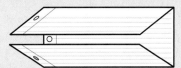

Plegable Saber-Qué-Aprender Haz este plegable para determinar **lo que ya sabes,** identificar **lo que quieres saber** y anotar **lo que aprendas** sobre Estados Unidos de la década de 1950.

Paso 1 Dobla una hoja en tres partes, comenzando desde la parte superior a la inferior.

Paso 2 Gira el papel horizontalmente, despliega y escribe las siguientes categorías en las tres columnas.

SÉ:	QUIERO SABER:	HE APRENDIDO

Lectura y redacción Antes de leer el capítulo, escribe lo que ya sabes acerca de los años 50 en la columna "Sé". En la columna "Quiero saber", escribe lo que quieras saber sobre la década de 1950. Luego, a medida que leas el capítulo, escribe lo que vayas aprendiendo en la columna "He aprendido". Después, comprueba si has aprendido lo que querías aprender (lo que habías escrito en la segunda columna).

1957
• Publicación de *En el camino* de Kerouac

1958
• Estados Unidos lanza el *Explorer*

1959
• Alaska y Hawai se convierten en estados

1958   *1960*

1957
• La Unión Soviética lanza el *Sputnik*

1959
• Mary y Louis Leakey descubren fósiles homínidos

HISTORIA En línea

Descripción general del capítulo
Visita taj.glencoe.com y haz clic en **Chapter 28— Chapter Overviews** para ver un resumen de la información del capítulo.

Eisenhower en la Casa Blanca

Guía de lectura

Idea principal
El Presidente Eisenhower promovió políticas de competencia con la Unión Soviética por el liderazgo militar y espacial.

Términos clave
moderado, superávit, carrera de armamento, teoría del dominó, cumbre, coexistencia pacífica

Estrategia de lectura
Organización de la información Al leer la lección, recrea el siguiente diagrama escribiendo ejemplos de acciones tomadas por Estados Unidos para solucionar problemas de política internacional.

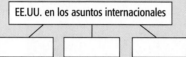

EE.UU. en los asuntos internacionales

Leer para aprender
- qué creencias y políticas caracterizaron la presidencia de Eisenhower.
- los retos de política exterior que enfrentó la administración de Eisenhower.

Tema de la sección
Ciencia y tecnología Estados Unidos trabajó para desarrollar la tecnología espacial y competir con los soviéticos en el espacio.

Presentación preliminar de acontecimientos

1950	1955	1960

1952
Eisenhower es elegido presidente

1953
Oveta Culp Hobby dirige el HEW

1957
Los soviéticos lanzan el *Sputnik*

1959
Alaska y Hawai entran a formar parte de la Unión

UNA historia estadounidense

"Sólo tenía que sonreír y ya confiabas en él de inmediato". Éstas son las palabras que se utilizaron para describir a Dwight D. Eisenhower, el candidato republicano a la presidencia en 1952. Eisenhower tenía un carisma que iba más allá del nombre de su partido. Su actuación en la Segunda Guerra Mundial lo convirtió en un héroe indiscutible ante los ojos de casi todos los estadounidenses. Sobre todo, su personalidad y su estilo político hacían que mucha gente se sintiera segura, cómoda y confiada.

La revitalización republicana

Hacia 1952 Harry S Truman se encontraba en medio de una insatisfacción generalizada hacia su presidencia. Muchos estadounidenses estaban frustrados con el estancamiento de la guerra de Corea y preocupados por los informes de subversión comunista del gobierno. Para alivio de los demócratas, Truman decidió no presentarse otra vez a las elecciones. Los demócratas nominaron al respetado Gobernador de Illinois, **Adlai E. Stevenson,** a la presidencia, y al Senador John J. Sparkman, de Alabama, como su candidato para la vicepresidencia.

Para la presidencia, los republicanos eligieron al General **Dwight D. Eisenhower,** héroe popular de la Segunda Guerra Mundial. Para la vicepresidencia, los republicanos eligieron a **Richard M. Nixon,** un joven senador de California que se había hecho famoso por su fuerte oposición al comunismo.

La campaña

Nacido en Texas y criado en el estado rural de Kansas, Dwight D. Eisenhower se graduó en la Academia Militar Estadounidense de West Point. Eisenhower ascendió a paso firme en el ejército para convertirse en el comandante supremo de las fuerzas aliadas en Europa durante la Segunda Guerra Mundial. La gente lo llamaba Ike y tenía confianza en él. Su afecto y su sinceridad atraían a muchos votantes.

La constancia de Eisenhower hacía que los estadounidenses se sintieran seguros. Consiguió el apoyo con su promesa de llevar la Guerra de Corea a un "fin rápido y honorable". "Si eso requiere un viaje personal a Corea," declaró, "yo mismo iré".

Los republicanos pasaron una breve crisis durante la campaña presidencial cuando se hizo público que Richard Nixon había aceptado regalos políticos de sus partidarios. Nixon salió en la televisión para defenderse en lo que llegó a conocerse como el discurso de "Checkers". Nixon dijo que no había hecho nada malo y que sólo se había quedado con un regalo: el perro de su familia, llamado Checkers. El discurso le ganó un amplio respaldo a Nixon, lo cual convenció a Eisenhower para que lo mantuviera a bordo.

La aplastante victoria republicana

En noviembre de 1952, los estadounidenses eligieron a Eisenhower para la presidencia en una victoria aplastante, el primer triunfo republicano en la Casa Blanca desde 1928. Muchas más personas votaron en las elecciones de 1952 que en ninguna otra elección para presidente. Eisenhower reunió más de seis millones de votos populares que Stevenson y ganó el voto electoral por 442 a 89. Los republicanos también tomaron el control del Congreso. Las elecciones abrían una nueva era en la política nacional.

Comprobación de lectura **Identificación** ¿Quién era el candidato a la vicepresidencia en el equipo de Eisenhower?

Política interna

Aunque Eisenhower tenía poca experiencia política, demostró ser un político eficaz. Durante los dos mandatos presidenciales, Eisenhower ejerció un enfoque moderado o intermedio en política interna. Eisenhower se describía a sí mismo como un "conservador en lo que se refiere al dinero y liberal en lo que se refiere a los seres humanos".

Eisenhower ayudó a poner al país en un curso estable. Evitó nuevos programas de gobierno ambiciosos pero resistió la presión para que aboliera antiguos programas populares, que en algunos casos llegó incluso a ampliarlos. Como les dijo una vez a los periodistas:

❝Me siento muy bien cuando me atacan por los dos lados. Me da más certeza de que voy por el buen camino❞.

El Presidente Eisenhower quería que el gobierno federal fuera "más pequeño, no más grande". Apoyaba las políticas económicas dirigidas a limitar los gastos del gobierno y a motivar a la empresa privada. Con la ayuda de los republicanos y los demócratas conservadores del Congreso, el presidente eliminó el control de precios y salarios que había establecido la administración Truman durante la Guerra de Corea. También se las arregló para transferir parte de la autoridad financiera a los estados y para implementar algunos recortes sobre los gastos de gobierno. Cuando dejó su cargo en 1961, el presupuesto federal tenía un superávit, o exceso de $300 millones.

El 34° presidente de la nación, Dwight Eisenhower, sirvió más de 30 años en el ejército.

La nación crece

El mayor programa de política interna de la presidencia de Eisenhower fue construir una red de autopistas interestatales. En junio de 1956 el Congreso aprobó la **Ley federal de autopistas.** La ley financió la construcción de más de 40,000 millas (64,000 km) de autopistas que conectaron toda la nación. El programa de autopistas, el mayor programa de obras públicas de la historia de la nación, también aceleró el crecimiento en muchas áreas de la economía del país, incluyendo la industria del automóvil y la industria del petróleo, a la vez que mejoró la movilidad del ejército en caso de un ataque.

El territorio nacional también creció durante la presidencia de Eisenhower. En 1959 **Alaska** y **Hawai** pasaron a formar parte de la Unión, subiendo así a 50 el número de estados. Alaska y Hawai eran los únicos estados que no lindaban con otros estados.

Programas sociales

Eisenhower pensaba que el gobierno debía proteger el bienestar básico de los estadounidenses. Se negó a tocar el seguro social y otros programas sociales del Nuevo Trato. Durante su presidencia, Eisenhower accedió a ampliar los beneficios del seguro social a 10 millones de personas más y a ofrecer seguro de desempleo a 4 millones más. También aprobó más fondos de vivienda pública y, en 1955, accedió a subir el salario mínimo de 75 centavos a $1.00 por hora.

La creación de los **Departamentos de Salud, Educación y Bienestar Social** (HEW), en 1953, confirmó el papel del gobierno en brindar ayuda a los estadounidenses a satisfacer sus necesidades sociales básicas. Eisenhower designó a **Oveta Culp Hobby** como la primera secretaria de su nuevo departamento. Hobby, la segunda mujer en la historia de Estados Unidos que ocupaba un puesto en el gabinete, había organizado el Women's Army Corps (WACs) o Cuerpo militar de mujeres en la Segunda Guerra Mundial.

La moderación y el liderazgo de Eisenhower ganaron la aprobación de la mayoría de los estadounidenses. En las elecciones presidenciales de 1956, se presentó contra el demócrata Adlai Stevenson y volvió a ganar. Esta vez, Eisenhower ganó por un margen aún mayor y recibió más del 57 por ciento del voto popular.

Comprobación de lectura **Descripción** ¿Cómo afectó a la economía el programa de autopistas?

Eisenhower y la Guerra Fría

El 4 de octubre de 1957, los estadounidenses oyeron noticias alarmantes: los soviéticos habían enviado al espacio el primer satélite artificial, el *Sputnik.* En menos de un mes, los soviéticos lanzaron con éxito un segundo satélite. Los estadounidenses estaban aterrorizados y admirados. Temían que la nación quedara detrás de los soviéticos. También temían que los soviéticos pudieran lanzar armas atómicas desde el espacio.

La preocupación se convirtió en vergüenza cuando, en diciembre de 1957, Estados Unidos intentó lanzar su propio satélite espacial, el *Vanguard.* Cientos de periodistas y espectadores observaron al cohete ascender unos pies sobre la pista de lanzamiento para luego explotar. La prensa extranjera hizo burla del lanzamiento llamándolo "Flopnik" y "Stayputnik". Esto bajó la reputación de Estados Unidos.

La rivalidad Estados Unidos-Unión Soviética

Durante la década de 1950, la rivalidad entre Estados Unidos y la Unión Soviética mantuvo a la Guerra Fría en el centro de la política exterior de Estados Unidos. La administración de Eisenhower siguió oponiéndose a la extensión del comunismo. Al mismo tiempo, el presidente buscó formas de evitar que las tensiones entre estadounidenses y soviéticos estallaran en un conflicto abierto.

El Secretario de Estado **John Foster Dulles** se convirtió en el consejero más importante de política exterior de Eisenhower. Dulles había condenado la política de contención de la administración de Truman. Eisenhower y Dulles propusieron una nueva política más audaz. Si la Unión Soviética atacaba a una nación, Estados Unidos lanzaría una **represalia masiva,** un ataque instantáneo con armas nucleares. El Vicepresidente Nixon explicaba:

Hecho Ficción Folklore

Las banderas estadounidenses

Barras y estrellas en la actualidad
Con la incorporación de los estados de Alaska y Hawai el número de estrellas de la bandera subió a 50 (el número actual), en 1960.

66En vez de dejar que los comunistas nos maten poco a poco con guerras pequeñas por todo el mundo, en el futuro utilizaremos fuerzas masivas móviles de represalia99.

Dulles creía que Estados Unidos tenía que amenazar a los soviéticos con llevarlos al borde de una guerra antes de poder llegar a un acuerdo. Los críticos denominaron a esta dura posición política: "brinkmanship".

Al confiar más en las armas nucleares, la administración de Eisenhower podía reducir el tamaño del ejército y el arsenal de armas **convencionales,** o no nucleares. Estas reducciones permitirían a Eisenhower reducir el presupuesto militar. Como explicaba el Secretario de Defensa Charles Wilson, las armas nucleares daban a Estados Unidos la máxima protección a un coste razonable.

La carrera del armamento

A pesar de las intenciones de Eisenhower, volvieron a subir los gastos de defensa. La política de represalia masiva, y los esfuerzos soviéticos por contrarrestarla, motivaron la carrera de armamento nuclear. Las dos naciones construían cada vez más armas.

Las superpotencias fabricaron bombas de hidrógeno inmensamente destructivas, armas nucleares mucho más poderosas que las bombas atómicas. Desarrollaron una gran variedad de misiles dirigidos que podían transportar cabezas nucleares. El **misil balístico de alcance intermedio** (IRBM, por las siglas del inglés) podía alcanzar objetivos hasta 1,500 millas (2,414 km) de distancia. El **misil balístico intercontinental** (ICBM) tenía un alcance de miles de millas. Pronto los dos bandos tenían arsenales masivos de armas nucleares que podían destruir al otro bando una y otra vez.

A medida que la carrera del armamento continuaba, los estadounidenses comenzaron a prepararse para un ataque nuclear. La **Administración de defensa civil** educó al público con folletos y mensajes de radio y televisión. Algunas familias construyeron refugios antiaéreos en el sótano o en el patio. Las escuelas hacían prácticas de ataques antiaéreos. Un estudiante describía de la siguiente manera un ejercicio de la escuela: "Los estudiantes se acuestan en el suelo y meten la cabeza debajo de las taquillas". Este estudiante recordaba que creía que esto haría que estuviera más seguro durante un ataque nuclear.

📖 *(Ver la página 976, para leer un artículo que publicó la revista* LIFE *sobre qué hacer en caso de un ataque nuclear).*

Enlaces entre el pasado y el presente

La carrera del espacio

El lanzamiento del *Sputnik* aceleró la marcha de la carrera espacial. Casi 12 años después, una nave espacial de *Apollo 11* aterrizaba en una llanura del Mar de la Tranquilidad de la luna. El viejo sueño de aterrizar en la luna se había convertido en realidad.

Al final de la Guerra Fría, Estados Unidos y Rusia accedieron a construir una estación espacial y a colaborar en otros proyectos espaciales. La rivalidad que comenzó en el miedo se ha convertido en una alianza.

Un astronauta en la luna

Rivalidad en el espacio

El lanzamiento soviético del *Sputnik* y el fracaso del *Vanguard* llevaron a Estados Unidos a desarrollar su propio programa espacial. Fondos federales comenzaron a llover sobre la **NASA (Administración Nacional de Aeronáutica y del Espacio),** el nuevo organismo de gobierno responsable del programa espacial. En enero de 1958, tras el éxito del lanzamiento del satélite *Explorer* por parte de Estados Unidos, Associated Press informó:

66El misil despegó en un lanzamiento precioso. Comenzó a ascender lentamente en medio de grandes llamaradas y con rugidos que se podían escuchar a millas de distancia (. . .)99.

Había comenzado la **carrera espacial**, y Estados Unidos pronto empezó a ganar terreno. El **Proyecto Mercurio** fue el primer programa del país que puso un astronauta en el espacio. Además de comprometerse con la exploración del espacio y la investigación científica, el gobierno también motivó la educación científica al destinar más fondos para la educación de las ciencias y la tecnología.

Comprobación de lectura **Explicación** ¿Qué es la represalia masiva?

Retos de la política exterior

Con la situación tan delicada de la carrera del armamento nuclear, Estados Unidos y la Unión Soviética tenían que actuar con cuidado. Una crisis insignificante mal controlada podía llevar a la guerra total.

La crisis del Medio Oriente

Surgieron problemas en el Medio Oriente. Los estados árabes habían atacado Israel poco después de su fundación en 1948, y habían existido

Análisis de *caricaturas políticas*

Muchas caricaturas utilizan al oso en representación de la Unión Soviética y al águila en representación de Estados Unidos. **¿Qué crees que quería decir el dibujante al poner a los dos personajes al borde del precipicio?**

IRRESPONSIBLE STATEMENTS

tensiones desde entonces. Como Estados Unidos respaldaba a Israel y la Unión Soviética tenía relaciones con los estados árabes, un conflicto en el Medio Oriente amenazaba con implicar a todas las superpotencias y a sus aliados.

La lucha estalló en el Medio Oriente en 1956, cuando el presidente egipcio **Gamal Abdel Nasser** nacionalizó o puso bajo el control del gobierno el **Canal de Suez**, que estaba bajo el control británico. Gran Bretaña y Francia temían que Nasser cerrara el canal y cortara los envíos de petróleo a Europa. En octubre, las dos potencias europeas atacaron Egipto. Gran Bretaña y Francia esperaban derrocar a Nasser y tomar control del canal. Israel, irritado por los repetidos ataques de los árabes a sus fronteras, los ayudó mediante la invasión a Egipto.

Estados Unidos subvencionó una resolución de las Naciones Unidas que solicitaba un pacto inmediato. Los soviéticos amenazaron con lanzar misiles contra ciudades británicas y francesas. Ante esta presión, las tres naciones se retiraron de Egipto.

El levantamiento de Hungría

En Europa surgió otra crisis. En octubre de 1956, los estudiantes y los trabajadores organizaron protestas en **Budapest,** la capital de **Hungría,** para exigir cambios en el gobierno. Crecieron las protestas y las manifestaciones. Asumió el poder un nuevo gobierno que demandó la retirada de las tropas soviéticas. A principios de noviembre, los soviéticos enviaron a Hungría tanques y tropas que aplastaron la revuelta. Los rebeldes húngaros suplicaron ayuda de Estados Unidos. El Presidente Eisenhower condenó la acción soviética pero no intervino.

La guerra en Asia del sureste

Pero surgieron otros problemas en Asia del sureste, en la antigua colonia francesa de **Vietnam.** A principios de la década de 1950, Estados Unidos había dado a Francia miles de millones de dólares en ayuda militar para luchar contra los **Vietminh,** los rebeldes nacionalistas dirigidos por el líder comunista **Ho Chi Minh.**

A pesar de la ayuda estadounidense, los franceses pronto se vieron derrotados. En marzo de 1954, las fuerzas de Vietminh atraparon a 13,000 tropas francesas en la base francesa de **Dien Bien Phu.** Los franceses rogaron a Estados Unidos que enviara fuerzas, pero Eisenhower se negó. La Guerra de Corea aún estaba fresca en su memoria. "No puedo imaginar una peor tragedia," dijo, "a que las fuerzas estadounidenses se vieran envueltas en una guerra en Indochina".

MÁS SOBRE...

El lenguaje de la Guerra Fría

Estos términos se utilizaron por primera vez en la época de la Guerra Fría.

Refugio antiatómico Construcción subterránea diseñada para resistir la radioactividad de un ataque nuclear

Línea de emergencia Línea telefónica directa entre el líder estadounidense y el líder soviético establecida después de la crisis de los misiles cubanos

Bomba de hidrógeno Arma nuclear cien veces más poderosa que las bombas atómicas arrojadas sobre Hiroshima y Nagasaki; se probó por primera vez en 1952

Cortina de hierro Término utilizado para describir la separación entre las naciones comunistas y las naciones democráticas de Europa

El misil balístico intercontinental

Represalia masiva Política que prometía ataques de EE.UU. en respuesta a la expansión soviética

La distancia de los misiles Reclamación de que EE.UU. había quedado por detrás de los soviéticos en la construcción de misiles nucleares.

Carrera del espacio Rivalidad por la supremacía en el espacio exterior

Sputnik Primer satélite artificial de la tierra, lanzado por la URSS en 1957 (en la fotografía anterior)

U-2 Avión espía con la capacidad de tomar fotografías desde una altitud de 80,000 pies (24,400m)

Sin las tropas estadounidenses, los franceses se vieron obligados a rendirse en mayo. Poco después, representantes franceses y del Vietminh se reunieron en **Ginebra,** Suiza, para negociar el alto al fuego. El pacto, conocido como los **Acuerdos de Ginebra,** dividió Vietnam temporalmente. Los Vietminh controlarían el norte, mientras que otros vietnamitas, más amigables con los franceses, controlarían el sur. Los acuerdos también establecían la retirada de las tropas francesas y pedían la convocatoria a elecciones libres en el Vietnam reunificado en 1956.

Eisenhower creía que si una nación de Asia caía víctima del comunismo, seguirían las demás, una detrás de otra. Eisenhower describía el peligro en lo que llegó a conocerse como la teoría del dominó:

> ❝Tienes una hilera de fichas de dominó levantadas. Si empujas la primera, todas, hasta la última, caen rápidamente❞.

Para evitar que Vietnam del Sur se convirtiera en el primer dominó, Estados Unidos ayudó al gobierno anticomunista de este país. En otro paso de defensa contra la agresión comunista, Estados Unidos ayudó a crear la **Organización del Tratado de Asia del Sureste** (la OTASE) en 1954. La alianza estaba integrada por Estados Unidos, Gran Bretaña, Francia, Nueva Zelanda, Australia, Filipinas, Pakistán y Tailandia. Estas naciones se comprometieron a tomar medidas conjuntas contra cualquier agresor.

Problemas en Latinoamérica

La administración de Eisenhower también tuvo problemas con el comunismo en Latinoamérica. En 1954, la **Agencia Central de Inteligencia,** (CIA), ayudó a derrocar el gobierno de **Guatemala,** que algunos líderes estadounidenses temían se inclinaba hacia el comunismo. Los latinoamericanos se resintieron por la intervención en Guatemala.

El sentimiento anti-estadounidense formó parte del movimiento revolucionario creciente de **Cuba.** Después del derrocamiento del dictador Fulgencio Batista, el líder rebelde **Fidel Castro** formó un nuevo gobierno en enero de 1959. Estados Unidos apoyó a Castro al principio y acogió su promesa de reformas democráticas. Pero Castro enfadó a los estadounidenses cuando expropió las propiedades extranjeras. Su gobierno se convirtió en una dictadura y entabló una estrecha alianza con la Unión Soviética. En En 1961, durante los últimos días de su presidencia, Eisenhower cortó las relaciones diplomáticas con Cuba. Las relaciones entre los dos países han sido tensas desde entonces.

"Se derrite" la Guerra Fría

A la muerte del dictador soviético Joseph Stalin, en 1953, **Nikita Khrushchev** se destacó como el líder dominante. A mediados de la década de 1950, tanto los líderes estadounidenses como los líderes soviéticos estaban interesados en suavizar las tensiones de la Guerra Fría.

En julio de 1955, Eisenhower, dirigentes de la OTAN y representantes soviéticos se reunieron en una conferencia cumbre en Ginebra, Suiza. Una conferencia cumbre es una reunión de jefes de gobierno. Los dirigentes discutieron el desarmamento y la reunificación de Alemania. La atmósfera amistosa, que comenzó a llamarse el "espíritu de Ginebra", renovó las esperanzas de paz.

Tras la conferencia cumbre de Ginebra, comenzó a surgir una política de coexistencia pacífica. Esto significaba que las dos superpotencias competirían entre sí pero evitarían la guerra. Khrushchev propuso a Eisenhower que los dos líderes visitaran el país del otro y que asistiera a otra conferencia cumbre en **París** en 1960. Eisenhower aceptó.

El viaje de 10 días de Krushchev a Estados Unidos en 1959 cautivó los titulares de periódicos mundiales. Mientras los líderes planeaban la próxima reunión en París, Eisenhower esperaba llegar a un acuerdo sobre el control de armamento y la prohibición de pruebas nucleares.

El incidente del U-2

Las esperanzas de paz chocaron con un avión estadounidense. Durante años, los pilotos estadounidenses habían volado aviones espías **U-2** de gran altitud sobre territorio soviético para fotografiar zonas nucleares y bases militares soviéticas.

El 1 de mayo de 1960, cuando los soviéticos derribaron un avión U-2 y capturaron a su piloto Francis Gary Powers, Khrushchev denunció a Estados Unidos por invadir el espacio aéreo soviético. Aunque la conferencia cumbre de París comenzó el 16 de mayo según lo planeado, los ánimos habían cambiado. La conferencia cumbre se disolvió el día siguiente. Con ello terminaba el breve "descongelamiento" de la Guerra Fría.

La advertencia de Eisenhower

En su mensaje de despedida a la nación de enero de 1961, el Presidente Eisenhower hizo una advertencia sobre la influencia del ejército. Dijo que el presupuesto militar había crecido enormemente y que los líderes militares se habían aliado con los negocios privados en busca de armas más grandes y más caras. Eisenhower temía que esta alianza, un **"complejo militar-industrial"**, calentara la carrera del armamento y "pusiera en peligro nuestras libertades o nuestros procesos democráticos". En un giro de la historia, el antiguo general del ejército advirtió a la nación sobre las estrechas relaciones entre el gobierno y la industria en preparación para la guerra.

✓**Comprobación de lectura** **Descripción** ¿Cómo cambiaron las relaciones entre las superpotencias después de la cumbre de Ginebra?

EVALUACIÓN DE LA SECCIÓN 1

Verificación de comprensión

1. **Términos clave** Escribe un breve artículo sobre la vida durante la Guerra Fría, utilizando estas palabras: carrera de armamento, teoría del dominó, coexistencia pacífica.

2. **Repaso de hechos** ¿Qué dos estados se añadieron a la Unión durante la presidencia de Eisenhower?

Repaso de temas

3. **Ciencia y tecnología** ¿Cómo afectó el lanzamiento soviético del *Sputnik* sobre la ciencia y la tecnología de Estados Unidos?

Pensamiento crítico

4. **Identificación de temas centrales** ¿Por qué estaba dispuesto el Presidente Eisenhower a enviar ayuda a Vietnam?

5. **Comparación** Completa este cuadro describiendo cómo difería el punto de vista de Eisenhower sobre la política exterior en relación al de Truman.

Política exterior	
Eisenhower	Truman

Análisis de material visual

6. **Análisis de caricaturas políticas** Examina la caricatura de la página 818. ¿A quién representan las figuras de la caricatura? ¿Qué idea crees que quiere presentar el dibujante?

Actividad interdisciplinaria

Ciencia Haz una cronología de dos niveles titulada "Estados Unidos" y la "Unión Soviética". Anota los logros de estos dos países en el espacio entre 1957 y 1967.

La década próspera de 1950

Guía de lectura

Idea principal

El crecimiento económico cambió la vida social y cultural de los estadounidenses.

Términos clave

productividad, nivel de vida, afluencia, auge de nacimientos

Estrategia de lectura

Organización de la información Al leer la Sección 2, completa este cuadro describiendo tres formas en que cambió la vida de Estados Unidos como resultado de la fuerte economía y del crecimiento de la tecnología.

Cambios en la vida estadounidense

Leer para aprender

- qué factores ayudaron al crecimiento de la economía en la década de 1950.
- cómo afectó la prosperidad de la época a la sociedad y cultura estadounidenses.

Tema de la sección

Continuidad y cambio El crecimiento económico de la década de 1950 trajo consigo grandes cambios para la nación.

Presentación preliminar de acontecimientos

◆ *1945*   ◆ *1950*   ◆ *1955*   ◆ *1960*

1947
William Levitt comienza el primer plan de desarrollo suburbano

1955
Administración de la vacuna contra la polio entre niños escolares

1956
Elvis Presley gana popularidad nacional

UNA
historia estadounidense

En la prosperidad de la década de 1950, muchos estadounidenses se fueron a vivir de la ciudad a los suburbios, esperando disfrutar de una vida mejor para ellos y para sus hijos. Los suburbios —con sus grandes distancias entre la casa, la escuela, las zonas comerciales y el centro de la ciudad— se convirtieron poco a poco no sólo en un lugar sino también en una forma de vida. Uno de los residentes de los suburbios comentaba: "Antes de venir aquí, vivíamos por nuestra cuenta (. . .) Ahora vamos a visitar a la gente y la gente nos visita. Creo que [la vida en los suburbios] ha ensanchado nuestros horizontes".

Bonanza económica

Después de la Segunda Guerra Mundial, muchos expertos habían pronosticado que la economía estadounidense se nivelaría o declinaría con la reducción de los productos para la guerra. Pero, en vez de ser así, después de varios años de ajustes, la economía comenzó a crecer rápidamente y de manera firme. Entre 1945 y 1960, el valor total de productos y servicios producidos en Estados Unidos aumentó en un 250 por ciento.

Parte del sorprendente crecimiento se debía a la explosión del gasto militar durante la Guerra de Corea. Las inversiones del gobierno en viviendas, escuelas, bienestar social, autopistas y beneficios para los veteranos también aceleraron la rápida expansión económica. Los avances de la tecnología también contribuyeron al crecimiento económico. Los negocios, la industria y la agricultura utilizaron nuevas tecnologías y nuevos métodos de producción que provocaron mayor productividad —la capacidad de producir más bienes por la misma cantidad de trabajo. La demanda de nuevas tecnologías llevó a mayores inversiones en investigación, y a la educación y formación de científicos, ingenieros y técnicos.

La **computadora** fue uno de los avances tecnológicos de la década de 1950. A diferencia de las computadoras personales pequeñas de hoy, las primeras computadoras eran gigantescas, pesaban toneladas y llenaban habitaciones enteras. Aunque primero fueron utilizadas exclusivamente por el ejército y el gobierno, pronto comenzaron a utilizarse en las grandes empresas. Hacia 1955, IBM (siglas de International Business Machines) era el líder de su campo, con pedidos de 129 de sus grandes computadoras.

Salarios más altos

El crecimiento económico de la década de 1950 subió el nivel de vida, la medida general de riqueza personal y calidad de vida, de millones de estadounidenses. Entre 1945 y 1960, **el ingreso personal** —el ingreso promedio, ganado o no ganado, de las personas del país— subió de $1,223 a $2,219. A finales de la década de 1950, los estadounidenses tenían el nivel de vida más elevado del mundo.

La prosperidad y el crecimiento económico constante acarrearon un nuevo optimismo. Los economistas comenzaron a pensar que era posible mantener permanentemente la prosperidad y el crecimiento. Los estadounidenses tenían la confianza de que el gobierno podría, cuando fuera necesario, tomar los pasos necesarios para evitar **recesiones** graves, o bajones de la economía.

☑ Comprobación de lectura **Comparación** ¿En qué se diferencian las computadoras de la década de 1950 de las computadoras actuales?

Una nación cambiante

El crecimiento económico y la prosperidad trajeron muchos cambios para Estados Unidos. Entre éstos, el crecimiento de la población, la afluencia o riqueza, la expansión suburbana y mayor demanda de bienes de consumo.

El auge de nacimientos

Como la economía, la familia disfrutó de un gran crecimiento durante los años de posguerra. Durante la década de 1950, la población subió de 150 millones a 179 millones, un crecimiento de casi el 20 por ciento. El rápido crecimiento de la natalidad se conoció como el auge de nacimientos.

Varios factores contribuyeron al auge de nacimientos. Las parejas que se habían pospuesto tener bebés durante la Depresión y la Segunda Guerra Mundial comenzaron a tener familia. Al

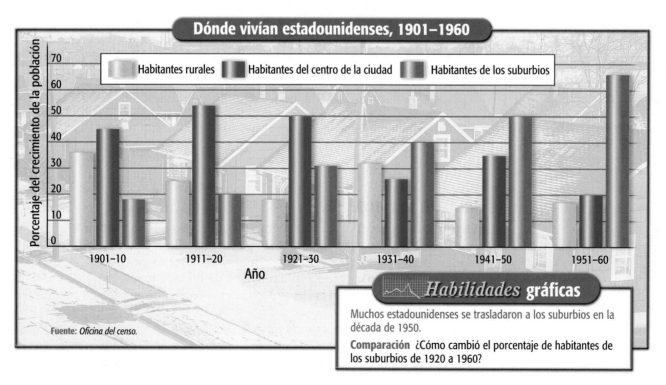

Dónde vivían estadounidenses, 1901–1960

Porcentaje del crecimiento de la población

- Habitantes rurales
- Habitantes del centro de la ciudad
- Habitantes de los suburbios

Año: 1901–10, 1911–20, 1921–30, 1931–40, 1941–50, 1951–60

Fuente: *Oficina del censo.*

⛰ Habilidades gráficas

Muchos estadounidenses se trasladaron a los suburbios en la década de 1950.

Comparación ¿Cómo cambió el porcentaje de habitantes de los suburbios de 1920 a 1960?

Personajes históricos

Jonas Salk 1914–1995

A principios de la década de 1950, la ciencia médica había hecho grandes avances en la lucha contra las enfermedades infantiles. Los antibióticos y las vacunas ayudaron a controlar enfermedades tales como la difteria, la gripe y el tifus. Pero los médicos no lograban descubrir una vacuna contra la polio. La polio se convirtió en la enfermedad más terrible de la época porque dejó a muchas víctimas paralizadas de por vida.

Tras muchos años de investigación, el Doctor Jonas Salk desarrolló la primera vacuna segura y eficaz contra la polio. Tras las pruebas, comenzó a aplicarse la vacuna de Salk a los niños en edad escolar a partir de 1955. La amenaza de la polio se había eliminado casi por completo. Salk se consideraba un héroe no sólo por desarrollar la vacuna, sino también por negarse a patentarla. Este médico pionero pasó sus últimos años buscando una vacuna contra el SIDA.

tener mayores ingresos, las parejas pensaban que podían permitirse tener más hijos. Además, la atención médica de mejor calidad, la nutrición y los descubrimientos de la medicina ayudaron a reducir la tasa de mortalidad infantil.

El auge de nacimientos tuvo un poderoso impacto sobre la sociedad. Muchas mujeres dejaron de trabajar para quedarse en casa y criar a sus hijos. Creció la demanda de productos y servicios infantiles, estimulando así la economía. También creció la inscripción en las escuelas a medida que los "bebés del auge de nacimientos" llegaban a edad escolar, poniendo gran presión sobre el sistema educativo.

La expansión de los suburbios

En la década de 1950, el 75 por ciento de la construcción de viviendas nuevas tuvo lugar en los **suburbios.** Los nuevos suburbios normalmente se encontraban en el límite de las ciudades principales.

William Levitt introdujo la producción masiva de viviendas basándose en la experiencia que había adquirido construyendo casas para la marina de guerra. Comenzó su primer plan de desarrollo suburbano, al que llamó **Levittown,** en Long Island, Nueva York, en 1947. Levittown incluía más de 17,000 casas idénticas, construidas con materiales precortados y prefabricados que se ensamblaban rápidamente en parcelas designadas. Otros constructores adoptaron los métodos de Levitt o utilizaron sus técnicas propias de construcción rápida, creando así una explosión masiva de la construcción de viviendas.

Las zonas suburbanas en desarrollo atraían a muchos estadounidenses. Además de ser asequibles, ofrecían intimidad, aislamiento de los problemas urbanos, espacio para los automóviles y el sentimiento de pertenecer a una comunidad de gentes de edad, raza y grupo social parecidos.

Aunque eran asequibles, los suburbios no ofrecían oportunidades de adquisición de vivienda a todos. Muchas ciudades estadounidenses tenían poblaciones crecientes de minorías de clase media, especialmente afroamericanos e hispanoamericanos que querían escapar del ruido y la delincuencia de las ciudades. Pero los contratistas de los suburbios del país de posguerra se negaban a vender casas a las minorías.

La nación sobre ruedas

El automóvil hizo posible la huida a los suburbios. La gente necesitaba automóviles para ir a trabajar, para ir de compras y para hacer mandados. Para las familias suburbanas, el automóvil no era un lujo, sino una necesidad.

La construcción de miles de millas de autopistas en la década de 1950 motivó la extensión de los suburbios. Los suburbios de Estados Unidos se convirtieron en la "cultura del automóvil", donde la vida giraba entorno a los vehículos motorizados. El

Sur de California se convirtió en el símbolo de la vida suburbana y de la cultura del automóvil. En California, la capital automovilística del país, era posible ir al cine, comer comida rápida, ir al banco e incluso asistir a servicios religiosos sin salir del automóvil. Una mujer californiana de los suburbios hablaba por muchos otros estadounidenses cuando explicaba su necesidad de tener un automóvil:

> ❝Vivo en Garden Grove, trabajo en Irvine y hago compras en Santa Ana (. . .) mi esposo trabaja en Long Beach y yo antes era la presidente de la Liga de Mujeres Votantes de Fullerton❞.

Viaje por avión

A los estadounidenses también les era más fácil viajar por avión. El motor de aviación se perfeccionó en la década de 1950 y comenzó la aviación comercial. A principios de la década de 1950, el avión ya estaba por sustituir al tren y al barco como medio de transporte preferido para viajes a larga distancia.

La sociedad de consumo

Los estadounidenses de la década de 1950 se enloquecían con las compras. La afluencia económica, la creciente variedad y cantidad de productos disponibles y la expansión de la publicidad desempeñaron un papel en el aumento de la demanda de bienes de consumo. Comprar también era más fácil. Muchos estadounidenses comenzaron a utilizar tarjetas de crédito, cuentas personales y planes de pago fácil para comprar bienes.

Los consumidores buscaban ansiosamente los últimos productos: lavaplatos, lavadoras, televisores, aparatos de música y ropa de tejidos sintéticos. El creciente mercado de automóviles más grandes y mejores motivó a los fabricantes a construir automóviles más grandes, más rápidos y más

TECNOLOGÍA e historia

Viaje en avión de reacción

El primer transporte aéreo comercial, el Boeing 707, pasó a formar parte de la historia de la aviación con su vuelo inicial el 20 de diciembre de 1957. Ningún otro avión había podido anteriormente transportar tantos pasajeros a una distancia tan grande. *¿En qué forma crees que afectó a la economía estadounidense el avión comercial de reacción?*

Panel de control

Cabina

El 26 de octubre de 1958, Pan American World Airways comenzó el primer servicio comercial de aviones 707 entre Nueva York y París.

1 Sus **tanques de gasolina** podían contener hasta 21,000 galones, permitiendo que el 707 pudiera volar casi 6,000 millas sin tener que parar para reabastecerse.

Timón de mando

2 El Boeing 707 podía transportar hasta 181 pasajeros sentados.

Alerones

3 Los cuatro **motores turbo** permitían una velocidad de crucero de 600 millas por hora. (Los aviones anteriores sólo podían transportar hasta 21 pasajeros a una velocidad de 170 millas por hora).

La arquitectura *de Estados Unidos*

El arquitecto Frank Lloyd Wright, quien murió en 1959, dejó un rico legado de casas y edificios preciosos. La casa de la cascada, en la Pennsylvania rural , parece sobresalir de las rocas por encima de la cascada. Los 70 años de carrera de Wright influyeron a muchos arquitectos.

llamativos. Ofrecían nuevos modelos cada año, añadiendo características de estilo, como guardabarros de cromo y aletas levantadas.

La publicidad y el marketing de productos en televisión, en la radio y en las revistas creó tendencias de consumo y modas que se impusieron en toda la nación. A finales de la década de 1950, los estadounidenses compraron millones de hula hoops, grandes aros de plástico que hacían girar con la cintura. Otras modas populares fueron los cortes de pelo militares para los niños, las faldas con perritos para las niñas, y una nueva comida rápida, la pizza.

Una cultura estadounidense

En 1949, había televisores en más de 900,000 hogares de Estados Unidos. Esas cajas de madera grandes tenían pantallas pequeñas que mostraban imágenes borrosas en blanco y negro. Durante la década de 1950, se producía un promdio anual de 6.5 millones de televisores. A finales de la década, la mayoría de las familias estadounidenses tenían televisión.

La televisión cambió profundamente la vida de los estadounidenses. Se convirtió en el principal medio de entretenimiento de mucha gente y en la principal fuente de información y noticias. Los líderes religiosos ayudaron a distribuir el compromiso religioso con ayuda de la comunicación moderna. Tenían sus propios programas de radio y televisión, sus libros populares y sus columnas de periódico. **Billy Graham,** un famoso ministro y predicador protestante, atraía a miles de personas de todo el país y de otras partes del mundo. **Fulton J. Sheen,** un obispo católico romano se convirtió en una personalidad de la televisión con su programa semanal. El ministro protestante **Norman Vincent Peale** atraía a cientos de

seguidores con su mensaje de "pensamiento positivo". Otro líder religioso famoso, el rabino judío **Joshua Loth Liebman** expresaba su tolerancia por las diferencias religiosas:

> 66La tolerancia es el esfuerzo positivo y cordial de entender las creencias, prácticas y hábitos de los demás sin aceptarlos o compartirlos necesariamente99.

Los carteles y los anuncios de la televisión proclamaban: "Lleve a toda la familia a la iglesia" y "La familia que reza unida permanece unida". Mensajes como éste indicaban claramente que la sociedad de posguerra le daba importancia a la familia.

Millones de estadounidenses veían los mismos programas. Las familias se reunían para ver concursos semanales como *La pregunta de $64,000*. Los niños veían programas como *El Club de Mickey Mouse* y *Howdy Doody*. Los adolescentes estaban al tanto de las últimas novedades musicales en *American Bandstand*. Las familias seguían episo-

Uno de los automóviles más populares de 1957, el Chevrolet Bel Air, costaba unos $2,500.

Un nuevo tipo de música, el rock 'n' roll, se hizo muy popular en la década de 1950. Muchos jóvenes rechazaban la música popular melódica que preferían sus padres. Los jóvenes preferían los ritmos fuertes y las letras simples de las canciones del rock 'n' roll.

El rock 'n' roll nació del ritmo y la música de blues que habían creado anteriormente los músicos afroamericanos. En ocasiones, incorporó elementos de la música country. El ritmo del rock 'n' roll era más rápido y utilizaba instrumentos de amplificación eléctrica, principalmente guitarras.

Uno de los primeros éxitos del rock, que llegó a ser número uno en 1955, fue *Rock Around the Clock*, de Bill Haley and the Comets. Adaptando el estilo de cantantes afroamericanos como Chuck Berry y Little Richard, **Elvis Presley** apareció en la escena nacional en 1956. Presley se convirtió rápidamente en el rey del rock 'n' roll y fue el ídolo de millones de jóvenes estadounidenses. Muchos jóvenes copiaron su peinado cola de pato y sus manerismos fanfarroneadores.

La experiencia compartida de escuchar música les ayudó a los adolescentes a desarrollar una identidad y una relación común. Las diferentes actitudes hacia la música de las generaciones más jóvenes y más mayores se conoce como la **diferencia generacional**.

dios semanales de series como *Yo amo a Lucy, Las desventuras de Beaver* y *Papá lo sabe todo*. Las imágenes que mostraban muchos programas de familias felices de clase media en casas bonitas de clase media ayudaron a dar forma a las expectativas de vida que tenían los estadounidenses.

Finalmente, la televisión tuvo un efecto importante sobre la cultura de consumo. La publicidad de la televisión ayudó a crear un gran mercado nacional de productos y modas. Algunos programas como *Philco Television Playhouse* adoptaban el nombre de sus patrocinadores, dándoles prestigio a éstos.

Comprobación de lectura **Análisis** ¿Por qué era atractiva para muchos estadounidenses la vida de los suburbios?

EVALUACIÓN DE LA SECCIÓN 2

Verificación de comprensión

1. **Términos clave** Usa cada uno de los términos clave en oraciones que ayuden a explicar su significado: **productividad, nivel de vida, afluencia, auge de nacimientos.**

2. **Repaso de hechos** ¿Cómo cambió el ingreso per capita de los estadounidenses en la década de 1950?

Repaso de temas

3. **Continuidad y cambio** Describe la relación entre la televisión y el consumo de la década de 1950.

Pensamiento crítico

4. **Comparación y contraste** Piensa en las maneras en que la televisión y el automóvil cambiaron la forma de vida de los estadounidenses en la década de 1950. ¿En qué sería diferente tu vida sin ellos?

5. **Análisis de información** Recrea el siguiente diagrama e identifica los factores que estimularon el crecimiento económico de la década de 1950.

Crecimiento económico

Análisis de material visual

6. **Habilidades gráficas** Mira el gráfico de la página 822. ¿Cómo cambió el porcentaje de habitantes rurales entre 1920 y 1960?

Actividad interdisciplinaria

Música Pega sobre cartulina fotografías o dibujos de los músicos que en tu opinión representan lo mejor de la música moderna. Escribe pies de foto con tu explicación de por qué la música es una parte importante de la cultura estadounidense.

Desarrollo de HABILIDADES

Pensamiento crítico

Análisis de la información

¿Por qué desarrollar esta habilidad?

¿Has oído decir alguna vez: "No creas todo lo que lees"? Para ser un ciudadano informado, necesitas analizar cuidadosamente la información que lees y asegurarte de que entiendes el significado y las intenciones del autor.

Desarrollo de la habilidad

1. Identifica el tema de la información.

2. ¿Cómo está organizada la información? ¿Cuáles son los puntos principales?

3. Piensa en la fiabilidad de la fuente de información.

4. Resume la información en tus propias palabras. ¿La información apoya o contradice algo que tú ya sabías?

Práctica de la habilidad

En este capítulo has leído información sobre nuevas tendencias musicales y sobre la influencia de Elvis Presley. La siguiente información es de una biografía de Presley. Lee el pasaje y responde a las siguientes preguntas.

Elvis Presley es posiblemente la figura más importante de la música popular de Estados Unidos en el siglo XX. No es necesariamente la mejor y sin duda, no es la más consistente. Pero nadie puede discutir que fuera el músico más responsable de la popularidad del rock and roll. Sus grabaciones de los años 50 establecieron el lenguaje básico del rock and roll; su presencia explosiva en el escenario fijó el estándar de la imagen visual de la música, su voz era increíblemente poderosa y variada.

1. ¿Es fácil de entender esta información? Explica.

2. Considera la fuente de la información. ¿Eso hace que sea más o menos válida? ¿Por qué?

Elvis Presley en un concierto de 1956

3. Resume el párrafo en una sola frase.

4. ¿Crees que el autor admiraba a Presley o no? ¿Por qué?

Aplicación de la habilidad

Análisis de la información Escoge un artículo de una revista de noticias. Léelo y analiza la información. Contesta las preguntas uno, dos y tres, en relación al artículo.

El **"Skillbuilder Interactive Workbook CD-ROM, Level 1"**, de Glencoe contiene instrucciones y ejercicios sobre habilidades fundamentales de estudios sociales.

Problemas en una época de abundancia

UNA
historia estadounidense

Las tarjetas postales de Washington, D.C. de la década de 1950 mostraban el Capitolio y otros edificios del gobierno. Pero, escondidos detrás de los edificios altos, había un Estados Unidos muy diferente. Era una nación de calles desmoronadas, barros llenos de ratas y gente hambrienta y a veces, sin hogar. Los "pobres invisibles" no vivían en la nación de la afluencia y la abundancia, sino en la necesidad más desesperada.

La pobreza

En la década de 1950, más del 20 por ciento de los estadounidenses vivían en la pobreza. Muchos millones más de estadounidenses tenían dificultades para sobrevivir con ingresos que estaban ligeramente por encima del nivel de pobreza. Esa pobreza estropeaba el paisaje de la rica sociedad.

Muchos campesinos no disfrutaron de la prosperidad de la década de 1950. Los grandes excedentes de cosecha de esos años habían hecho que bajara el precio de los productos agrícolas, por lo que el ingreso de los campesinos bajó enormemente. Grandes empresas compraron zonas inmensas disponibles para el cultivo. Con sumas sustanciales de dinero, transformaron la agricultura en un negocio rentable.

Nueva maquinaria y productos químicos ayudaron a producir alimentos en abundancia para los consumidores estadounidenses y extranjeros. Aunque algunos campesinos se beneficiaron de los cambios, otros sufrieron. Como las granjas pequeñas no podían competir con las grandes, muchas familias tuvieron que vender sus tierras y emigrar a zonas urbanas. Para miles de pequeños campesinos que siguieron en sus granjas fue muy difícil evitar la pobreza.

Los trabajadores del campo también sufrieron mucho. En el Sur, los aparceros afroamericanos y los campesinos arrendatarios siempre habían tenido que luchar por la supervivencia. Sus problemas aumentaron cuando las algodoneras mecánicas reemplazaron a los trabajadores. La popularidad de las fibras sintéticas redujo la demanda de algodón. Los trabajadores del campo del Sur perdieron el trabajo, cayó la producción del algodón y miles de campesinos perdieron sus tierras.

Los trabajadores migrantes del Oeste y del Suroeste, la mayoría méxicoamericanos y asiáticoamericanos, también sufrieron. Trabajaban largas jornadas a cambio de salarios muy bajos y vivían en viviendas subestándar.

La pobreza rural no se debía a los problemas de la agricultura en todos los casos. En **Apalaches,** la zona de los Apalaches que atraviesa varios estados, el deterioro de la industria del carbón dejó a miles de habitantes de las montañas en la pobreza más desesperada.

La pobreza urbana

A medida que los estadounidenses de clase media se iban a vivir a los suburbios en la década de 1950, iban dejando atrás a los pobres. Los centros de las ciudades se convirtieron en islas de pobreza. Pero la gente seguía llegando a estas islas en busca de trabajo. Siguiendo la emigración de las zonas rurales del Sur, más de tres millones de afroamericanos se trasladaron a las ciudades del Norte y del Centro de EE.UU. entre 1940 y 1960. Muchos hispanos pobres —puertorriqueños en el Este y mexicanos en el Oeste y el Suroeste— también se trasladaron a las ciudades.

La emigración de los afroamericanos e hispanos pobres a las ciudades del Norte aceleró la marcha

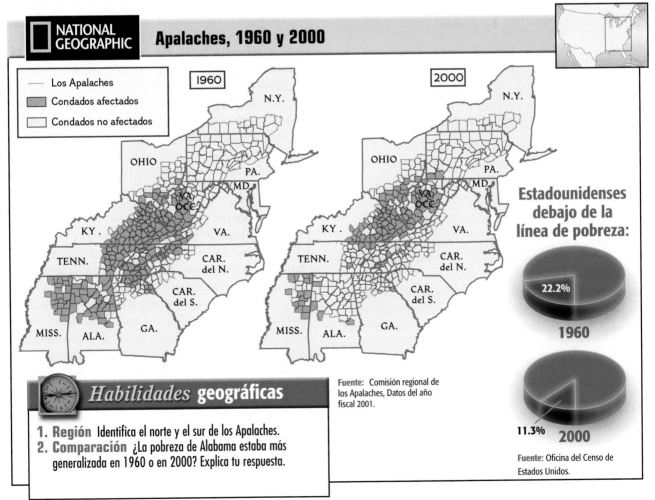

NATIONAL GEOGRAPHIC — Apalaches, 1960 y 2000

Los Apalaches
Condados afectados
Condados no afectados

1960

2000

Estadounidenses debajo de la línea de pobreza:

22.2% — 1960

11.3% — 2000

Fuente: Comisión regional de los Apalaches, Datos del año fiscal 2001.

Fuente: Oficina del Censo de Estados Unidos.

Habilidades **geográficas**

1. **Región** Identifica el norte y el sur de los Apalaches.
2. **Comparación** ¿La pobreza de Alabama estaba más generalizada en 1960 o en 2000? Explica tu respuesta.

de los blancos a los suburbios. La "huida de los blancos" convirtió algunas zonas de las ciudades en ghettos, barrios habitados principalmente por las minorías pobres.

El desempleo urbano

Había pocas oportunidades buenas de trabajo para el creciente número de pobres de las ciudades. A medida que los blancos huían de las ciudades, las fábricas y los negocios también se trasladaban a los suburbios. Con la disminución de la población, las ciudades se encontraban con cada vez más problemas económicos. Los impuestos ya no podían cubrir la demanda de servicios como el transporte público y la protección policial. Además, la automatización, o producción de bienes con aparatos mecánicos y electrónicos, redujo el empleo en las industrias que se quedaron en las ciudades. Cada vez era más difícil salir de la pobreza y mejorar su vida para los pobres de las ciudades.

Los pobres de las ciudades luchaban no sólo contra la pobreza, sino también contra la discriminación racial en el trabajo, la vivienda y la educación. Muchas veces, la pobreza de las ciudades daba lugar a la delincuencia y a la violencia, especialmente entre los jóvenes que no veían esperanzas para escapar de la vida del ghetto.

Comprobación de lectura **Explicación** ¿Qué efecto tuvo la automatización en los trabajos de fábrica?

Voces de disconformidad

Los cambios de la sociedad estadounidense de la década de 1950 hicieron que algunas personas se cuestionaran los valores que estaban surgiendo. Algunos críticos decían que la identidad de los suburbios y la vida corporativa había costado la pérdida de la individualidad. Otros condenaban al materialismo estadounidense, el interés por acumular dinero y posesiones en lugar de preocuparse por asuntos espirituales.

Los críticos sociales

En la década de 1950, los críticos sociales más importantes examinaron la complejidad de la sociedad moderna. Muchos escribieron sobre sus efectos sobre la conducta individual. **William H. Whyte, Jr.,** estudió la vida estadounidense de los negocios en *El hombre organización*. Whyte concluyó que los jóvenes ejecutivos que abandonaban su propio punto de vista para "llevarse bien con los demás" eran los que tenían más probabilidades de tener éxito. El autor pintó una imagen sombría de los "hombres organización" que "habían abandonado su casa espiritual y físicamente".

En su libro *La sociedad opulenta*, el economista **John Kenneth Galbraith** escribió sobre la próspera sociedad estadounidense de la década de 1950. Pero no todos los estadounidenses compartían esta prosperidad. Galbraith describía una familia suburbana, en su cómodo "automóvil con aire acondicionado, frenos y dirección asistida" manejando "por ciudades mal pavimentadas, llenas de basura, plagadas de edificios y de carteles de anuncios". Los estadounidenses que vivían en la prosperidad, decía, muchas veces ignoraban los problemas y dificultades que tenían los otros estadounidenses.

La generación Beat

Un grupo de escritores, los Beat, adoptaron un punto de vista crítico aún más afilado sobre la sociedad estadounidense. El término "Beat," decía el novelista **Jack Kerouac,** significaba "cansancio de todas las formas del estado industrial moderno". Kerouac, el poeta **Allen Ginsberg** y otros escritores de la generación Beat se rebelaron contra la cultura estadounidense.

La novela de Kerouac *En el camino,* la obra más influyente de los Beat, describía las aventuras de un grupo de amigos que manejaban sin rumbo por el país. El personaje principal de la novela estaba

> 66loco por vivir, loco por hablar, loco por la salvación y deseoso de todo a la vez99.

La novela dio la fama instantánea a Kerouac.

Millones de jóvenes estadounidenses leyeron las obras de los escritores de la generación Beat. Algunos adoptaron sus actitudes de rebelión y aislamiento de la sociedad.

El cuestionamiento de los papeles

Con el cambio de la sociedad, las mujeres y los afroamericanos comenzaron a cuestionarse sus papeles. Los dos grupos lucharon en la década de 1950 por ganar más libertad e igualdad.

"Ser una ama de casa suburbana era el sueño de las jóvenes estadounidense", escribía **Betty Friedan,** que era ella misma esposa y madre. "Tenía salud, era hermosa, educada [y] sólo se preocupaba de su esposo, sus hijos y su casa". La televisión, la publicidad y las revistas reforzaban esta imagen de la mujer como esposa y madre perfecta, y presentaban la idea de la vida suburbana como el camino hacia la plenitud y belleza de la vida.

HISTORIA En línea

Actividad del estudiante en línea
Visita taj.glencoe.com y haz clic en **Chapter 28— Student Web Activities** para hacer una actividad en línea sobre la vida de los años 50.

Pero como Friedman descubrió, había muchas amas de casa, insatisfechas con su papel, que deseaban expresar su individualidad. Su libro, *La mística femenina,* describía la frustración y la infelicidad de estas mujeres.

Los afroamericanos también se cuestionaron su lugar en la sociedad en la década de 1950. Después de años de luchar por sus derechos, los afroamericanos cada vez estaban más impacientes por el cambio y menos deseosos de aceptar su condición de ciudadanos de segunda clase. Pusieron en marcha una nueva campaña para conseguir derechos civiles totales.

Tres acontecimientos de la década de 1950 fueron especialmente importantes para los afroamericanos. Primero, la decisión del tribunal en el caso de *Brown* contra *la Junta de educación de Topeka* (1954) declaró que la segregación racial en las escuelas públicas era anticonstitucional. Segundo, los afroamericanos boicotearon con éxito los autobuses segregados de Montgomery, Alabama. Tercero, el Presidente Eisenhower envió tropas a Little Rock, Arkansas, para imponer una orden judicial para integrar una escuela secundaria. Estos tres acontecimientos, de los que aprenderás más en el Capítulo 29, pavimentaron el camino del éxito del movimiento de los derechos civiles en la década de 1960.

✓**Comprobación de lectura** **Descripción** ¿Qué críticas recibieron la vida de los suburbios y la vida corporativa?

EVALUACIÓN DE LA SECCIÓN 3

Verificación de comprensión

1. **Términos clave** Escribe un párrafo corto utilizando estos términos clave: ghetto, automatización, materialismo.

2. **Repaso de hechos** ¿Los problemas en qué industria causaron el desempleo y el sufrimiento económico de los Apalaches?

Repaso de temas

3. **Continuidad y cambio** ¿Cómo cambiaron las ciudades estadounidenses en los años 50?

Pensamiento crítico

4. **Conclusiones** ¿Por qué crees que algunas mujeres estaban insatisfechas con sus papeles en los años 50?

5. **Determinación de causa y efecto** Recrea el siguiente diagrama explicando cómo afectó la automatización a los siguientes grupos.

Efectos de la automatización		
Dueño de fábrica	Pequeño campesino	Trabajador industrial

Análisis de material visual

6. **Representación de la historia** Examina las fotografías de esta sección. Escribe pies de foto para explicar qué hacen los personajes de cada fotografía.

Actividad interdisciplinaria

Redacción descriptiva Escribe un poema de un mínimo de 12 líneas, que pudiera haber sido escrito por un crítico social en la década de 1950.

¿Cómo era la vida de las personas en el pasado?

¿De qué y de quién hablaba la gente? ¿Qué comían? ¿Qué hacían para divertirse? Estas páginas te darán una idea de cómo era la vida cotidiana en EE.UU. al viajar al pasado con TIME Notebook.

Perfil

El 20 de julio de 1969, **NEIL ARMSTRONG** *se convirtió en el primer ser humano que caminó por la luna. Allí pronunció sus palabras famosas, "Es un paso pequeño para un hombre, pero un salto gigante para la humanidad". Más tarde, Armstrong reflexionaba sobre su viaje y sobre la "nave espacial" que llamamos Tierra.*

"DESDE NUESTRA POSICIÓN AQUÍ EN LA TIERRA, ES DIFÍCIL observar dónde está la Tierra, adónde va o qué rumbo podría tomar en el futuro. Con un poco de suerte, alejándonos un poco de la Tierra en sentido literal y en sentido figurado, podremos hacer que algunas personas retrocedan y reconsideren su misión en el universo, para pensar en sí mismos como un grupo de personas que forman parte de la tripulación de una nave espacial que viaja por el universo. Si diriges una nave espacial, tienes que tener mucho cuidado de cómo utilizas tus recursos, cómo utilizas a la tripulación y cómo tratas a la nave".

—*del libro*
El primero en
la Luna

Neil Armstrong

CULVER PICTURES

BETTMANN/CORBIS

PALABRA POR PALABRA

LO QUE DICE LA GENTE

"**Adivinanza: ¿Qué es la universidad? Es donde las muchachas que saben más que cocinar y coser van a conocer a un hombre para el que se pasan la vida cocinando y cosiendo**".

Anuncio de Gimbel's Department Store, una tienda de ropa de una universidad en 1952

"**Estaba mirando (. . .) a la izquierda y oí un ruido terrible. (. . .) Me giré a la derecha, y todo lo que recuerdo es ver a mi esposo, con una mirada extraña, y la mano levantada**".

LA PRIMERA DAMA, JACQUELINE KENNEDY,
el día que asesinaron a su esposo, el Presidente John F. Kennedy, en 1963

GEORGE SILK

"**Yo tengo un sueño: que mis cuatro hijos algún día vivan en una nación donde no serán juzgados por el color de la piel, sino por el contenido de sus caracteres**".

REV. MARTIN LUTHER KING, JR.
28 de agosto de 1963

TENDENCIAS DE LA MODA

Kermit

ADAM SCULL/FOTOS DE GLOBE

TV GUIDE
Esta revista semanal tenía una circulación de 6.5 millones de ejemplares en 1959.

KERMIT
Es fácil ser verde, cuando eres una marioneta famosa del exitoso programa *Calle Sésamo,* que comenzó a emitirse en 1969.

MINIFALDAS
Las faldas tomaron nuevas alturas en 1964.

COLLIER'S
La respetada revista pierde lectores y publica su última edición el 4 de enero de 1957.

EL BEAVER DE LA TELEVISIÓN
Después de 234 episodios, *Las desventuras de Beaver* termina de emitirse en 1963.

FALDAS DE PERRITOS
Las muchachas de los años 50 llevaban estas faldas largas con enaguas flotantes por debajo.

Las desventuras de Beaver

FOTOS DE GLOBE

La escena estadounidense 1950-1960

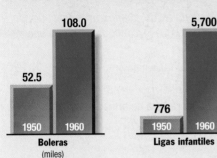

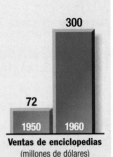

	1950	1960
Boleras (miles)	52.5	108.0
Ligas infantiles	776	5,700
Producción de hotdogs (en millones de libras estimados)	750	1,050
Producción de papitas fritas (en millones de libras estimados)	320	532
Ventas de enciclopedias (millones de dólares)	72	300

Prepárense

"Sepan el peligro verdadero de la bomba. Sepan qué pasos pueden tomar para escapar del peligro, Ustedes pueden sobrevivir".
Folleto del gobierno, 1950

¿ESTÁ EXCAVANDO SU PROPIO refugio antibombas? Mejor será que vaya de compras. Ésta es la lista de los elementos que incluía el Mark I Kidde Kokoon de $3,000, diseñado para acomodar a una familia de cinco por una estancia subterránea de 3 a 5 días.

- radio portátil de tres bandas
- sopladora
- detector de radiación
- traje protector
- máscara de respiración
- tablas de radiación (4)
- equipo de pala de mano (para excavar después de la explosión)
- generador de gasolina
- gasolina (10 galones)
- inodoro químico
- químicos para el inodoro (2 galones)
- literas (5)
- colchones y cobijas (5)
- bombín de aire (para hinchar los colchones)
- lámparas incandescentes (2) de 40 watts

Refugio antibombas

BETTMANN/CORBIS

- fusibles (2) de 5 amperios
- reloj de cuerda
- botiquín de primeros auxilios
- loción para lavarse las manos sin agua
- estufa
- agua embotellada (10 galones)
- comida enlatada (carne, leche en polvo, cereal, azúcar, etc.)
- productos de papel

CIFRAS EN 1957

3¢ Sello postal de primera clase

19¢ Pan de molde

25¢ Ejemplar de *Sports Illustrated*

35¢ Boleto de cine

50¢ Galón de leche (traída a casa)

$2.05 Sueldo medio por hora

$2,845 Costo medio de un nuevo automóvil

$5,234 Ingresos medios para una familia de cuatro

POPPERFOTO/FOTO DE ARCHIVO

PALABRAS Y MÚSICA
¡LA TRADUCCIÓN, POR FAVOR!

Conecta la palabra de jazz o bebop con su significado.

1. crazy   a. entusiasmarse
2. dig   b. maravilloso, genial
3. flip   c. entender, apreciar
4. hip   d. informado

respuestas: 1. b; 2. c; 3. a; 4. d

Resumen del capítulo

Estados Unidos en los años 50

La política doméstica de Eisenhower

- Intentos de limitar los gastos del gobierno
- Ley federal de autopistas
- Amplía los programas sociales

La Guerra Fría

- Los líderes estadounidenses adoptan políticas de represalia masiva
- Se crea la NASA
- La crisis del Medio Oriente
- El levantamiento de Hungría
- La guerra en Asia del sureste
- Problemas en Latinoamérica
- La conferencia cumbre de Ginebra anima a la coexistencia pacífica
- El incidente del U-2 vuelve a empezar la Guerra Fría

Prosperidad

- Aumenta la productividad
- Aumenta el ingreso per cápita y el nivel de vida estándar
- El auge de nacimientos causa un aumento en la población
- Auge del desarrollo de la vivienda suburbana
- Crece la cultura del automóvil
- Crece el consumismo
- Crece la audiencia de la televisión

Problemas y asuntos

- El crecimiento de la competencia perjudica al pequeño campesino
- El descenso de la industria del carbón hace que aumente la pobreza en las zonas rurales
- Las ciudades se deterioran por el traslado de negocios y residentes
- La crítica social cuestiona el conformismo
- Las mujeres cuestionan su papel en la sociedad
- Los afroamericanos desafían la segregación

Repaso de términos clave

Examina los pares de palabras que figuran a continuación. Luego, escribe una oración explicando lo que cada uno de los pares tiene en común.

1. automatización, productividad
2. afluencia, nivel de vida
3. teoría del dominó, carrera de armamento
4. conferencia cumbre, coexistencia pacífica

Repaso de hechos clave

5. ¿Qué estados se unieron a la nación en 1959?
6. Indica tres retos de política exterior que enfrentó la administración de Eisenhower.
7. ¿Cuál era el objetivo del Proyecto Mercurio?
8. ¿Cómo ayudó la cumbre de Ginebra a suavizar las tensiones de la Guerra Fría?
9. ¿Quién formó un nuevo gobierno en Cuba en 1959?
10. Identifica los avances de la tecnología de la década de 1950.
11. ¿Cómo se llaman los momentos bajos de la economía?
12. ¿Qué descubrimiento médico hizo el Doctor Jonas Salk?
13. Identifica tres líderes religiosos que influyeron sobre los estadounidenses en la década de 1950.
14. ¿Cómo afectó a las ciudades el traslado masivo a los suburbios?

Pensamiento crítico

15. **Análisis de la información** ¿Qué políticas económicas generales apoyó la administración de Eisenhower?
16. **Determinación de causa y efecto** ¿Por qué el desarrollo de las armas nucleares permitió a Eisenhower reducir el presupuesto militar?
17. **Análisis de temas: Continuidad y cambio** ¿Por qué era tan grande la demanda de automóviles en la década de 1950?
18. **Determinación de causa y efecto** Recrea el siguiente diagrama y explica cómo ayudaron estos dos factores a crear problemas para los campesinos y los trabajadores del campo.

Problemas en las granjas	
Excedentes de cosecha	Industria de tejidos sintéticos

Práctica de habilidades

Análisis de la información Vuelve a leer la sección "Personajes históricos" de la página 823 y contesta las preguntas que siguen.

19. ¿Quién es el personaje de la sección?

20. ¿Cómo afectaba la polio a sus víctimas?

21. ¿Qué efecto tuvo el uso de la vacuna contra la polio?

 ## Actividad de historia y geografía

Estudia los mapas de la página 829 y responde a las siguientes preguntas.

22. **Región** ¿Cuántos estados incluye la región de los Apalaches?

23. **Lugar** ¿Qué estados se vieron más afectados por la pobreza en 1960?

24. **Comparación de mapas** ¿La pobreza de la zona de los Apalaches estaba más generalizada en 1960 o en 2000? ¿Cómo lo sabes?

Actividad ciudadana cooperativa

25. **Análisis de problemas sociales** A través de la historia, la crítica social ha intentado llamar la atención sobre las injusticias de la sociedad. En grupos de tres, busca tres poemas escritos por poetas modernos sobre los problemas sociales de la actualidad. Algunos problemas sociales son, por ejemplo, la pobreza, el prejuicio y la preponderancia de la violencia. Pega los poemas en una hoja de papel de 8½" x 11" y utiliza fotografías o dibujos para ilustrarlos. El grupo puede incluir, si lo desea, descripciones breves o pies de foto que identifiquen las ilustraciones. Combina los poemas de tu grupo con los de los otros grupos para crear una colección de poesía titulada "La década de la disconformidad".

Actividad de economía

26. **Matemáticas** La Oficina de Estadísticas de Empleo publicó estas estadísticas sobre los trabajadores de 16 a 24 años que tenían empleo en julio de 1998. Utiliza las estadísticas para crear un gráfico de barras con el número de trabajadores por diferentes sectores económicos.

Aproximadamente, 7 de cada 8 jóvenes trabajaron ese verano para empresas privadas. Las empresas con más trabajadores fueron el comercio (7.4 millones) y los servicios (5.8 millones). También hubo muchos jóvenes empleados en fábricas (2.2 millones) y en la construcción (1.2 millones). El gobierno contrató a un total de 1.5 millones de jóvenes en julio. Aproximadamente 3 de cada 5 jóvenes que tenían trabajos gubernamentales, trabajaban para el gobierno local.

Prueba de autocomprobación
Visita **taj.glencoe.com** y haz clic en **Chapter 28— Self-Check Quizzes** a fin de prepararte para el examen del capítulo.

 ## Actividad tecnológica

27. **Uso de Internet** En la década de 1950, hubiera sido difícil imaginar el papel que las computadoras desempeñarían hoy en día en nuestras vidas. Una de las consecuencias de la revolución de las computadoras es los cientos de palabras nuevas relacionadas con las computadoras, que se han incorporado al idioma. Palabras como *surfing* y *megabyte* describen las computadoras y cómo las utilizamos. Haz una búsqueda por Internet y haz una lista de palabras que probablemente no existían antes de la invención de las computadoras en la década de 1950. Presenta la información a tus compañeros.

 ## Evaluación alternativa

28. **Actividad de redacción** Habla con un amigo o familiar nacido en la época del auge de nacimientos. ¿En qué difiere la vida para las personas de tu generación? ¿Qué efecto crees que tendrá sobre la sociedad la jubilación de los niños de la época del auge de nacimientos? Escribe un informe basado en estas preguntas. Guárdalo en tu carpeta de trabajos.

Práctica de examen estandarizado

Instrucciones: Selecciona la *mejor* respuesta a la pregunta siguiente.

¿La Guerra Fría entre Estados Unidos y la antigua Unión Soviética era la rivalidad entre qué dos formas de gobierno?

A comunismo y socialismo

B comunismo y dictadura

C comunismo y democracia

D democracia y monarquía

Consejo para el examen

Para responder a esta pregunta necesitas recordar la definición de los varios sistemas de gobierno. ¿Estados Unidos o la antigua Unión Soviética vivían bajo la monarquía de un rey o una reina? Puesto que no era así, sabes que la respuesta **D** es incorrecta.

La era de los derechos civiles

1954–1973

Por qué es importante

En la década de 1950, comenzó a surgir en Estados Unidos una ola de protestas contra actitudes profundamente arraigadas de racismo y discriminación. El movimiento por la igualdad creció y ganó fuerzas en la década de 1960. Aunque el movimiento de los derechos civiles no superó todos los obstáculos, logró algunos éxitos importantes y perdurables.

El impacto actual

Inspirados en los movimientos de las décadas de 1950 y 1960, muchos estadounidenses trabajan hoy en día por asegurar la igualdad total de derechos para todos los ciudadanos.

Video El viaje estadounidense   El video del capítulo 29, "Beyond Prejudice", examina cómo era ser un adulto joven durante el movimiento de los derechos civiles.

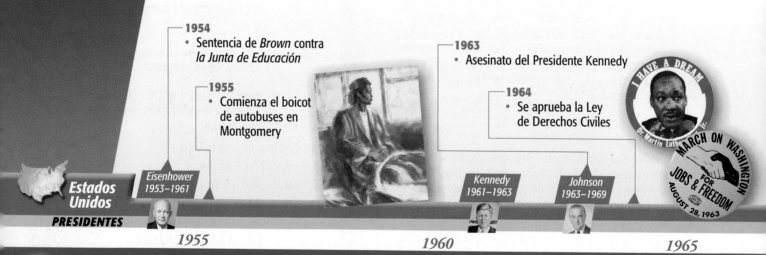

1954
• Sentencia de *Brown* contra la *Junta de Educación*

1955
• Comienza el boicot de autobuses en Montgomery

1963
• Asesinato del Presidente Kennedy

1964
• Se aprueba la Ley de Derechos Civiles

Estados Unidos
PRESIDENTES

Eisenhower 1953–1961

Kennedy 1961–1963

Johnson 1963–1969

1955

1960

1965

Mundo

1954
• Los franceses son expulsados de Vietnam

1959
• Fidel Castro toma el poder en Cuba

1962
• Argelia se independiza de Francia

1964
• Nelson Mandela es condenado a cadena perpetua en Sudáfrica

Pelegable de estudio para identificar ideas principales Haz y usa esta carpeta plegable para identificar los temas principales de la era de los derechos civiles y para clasificar la información bajo esos temas.

Paso 1 Junta tres hojas de papel y colócalas una encima de otra dejando 1 pulgada de separación entre ellas.

Mantén los bordes derechos.

Paso 2 Dobla los bordes inferiores del papel para formar 6 pestañas

Esto hace que todas las pestañas sean del mismo tamaño.

Paso 3 Cuando todas las pestañas queden del mismo tamaño, dobla el papel para que las pestañas queden en su lugar y engrapa las hojas. Voltea el papel y rotula cada pestaña según se indica.

La era de los derechos civiles
Derechos de la mujer
Hispanoamericanos
Indígenas estadounidenses
Estadounidenses con discapacidades
Afroamericanos

Engrapa a lo largo del pliegue.

Lectura y redacción Al leer el capítulo, escribe (debajo de la pestaña correspondiente) lo que aprendiste sobre la lucha de diferentes grupos estadounidenses por los derechos civiles.

Marcha en Washington El 28 de agosto de 1963, más de 200,000 personas se reunieron para exigir la aprobación de la ley sobre derechos civiles.

1968
- Asesinato del Dr. Martin Luther King, Jr.
- Se aprueba la Ley de Derechos Civiles Indígenas

1970
- Los trabajadores de la uva logran mayores salarios y mejores condiciones laborales

1971
- Introducción del disco flexible

Nixon 1969–1974

1970   *1975*

1967
- Se realiza el primer transplante de corazón en Sudáfrica

1972
- Gran Bretaña impone el gobierno directo en Irlanda del Norte
- Terroristas matan a atletas olímpicos israelíes

HISTORIA
En línea

Descripción general del capítulo
Visita **taj.glencoe.com** y haz clic en **Chapter 29— Chapter Overviews** para ver la información preliminar del capítulo.

El movimiento por los derechos civiles

Idea principal
A pesar de los obstáculos, los afroamericanos lucharon por obtener igualdad de derechos.

Términos clave
segregación, integración, boicot, desobediencia civil

Estrategia de lectura
Clasificación de la información Al leer esta sección, recrea el siguiente diagrama y describe los papeles desempeñados por estas personas en el movimiento por los derechos civiles.

	Papeles
Linda Brown	
Rosa Parks	
Martin Luther King, Jr.	

Leer para aprender
- cómo una decisión de la Corte Suprema ayudó a los afroamericanos en su lucha por la igualdad de derechos.
- por qué el Dr. Martin Luther King, Jr., surgió como un líder.

Tema de la sección
Derechos y responsabilidades cívicos
Los afroamericanos se organizaron en un esfuerzo por obtener igualdad de derechos.

Presentación preliminar de acontecimientos

◆1954   ◆1955   ◆1956   ◆1957

1954
La Corte Suprema prohíbe la segregación en la educación

1955
Rosa Parks es arrestada y comienza el boicot de autobuses en Montgomery

1957
Dr. Martin Luther King, Jr., encabeza la SCLC; tropas federales ayudan a integrar una escuela en Little Rock

✦✦✦✦✦✦✦
UNA
historia estadounidense

Jackie Robinson podía hacer cualquier cosa en un campo de béisbol: batear sencillos, jonrones y correr velozmente de una base a otra. Robinson fue el primer jugador afroamericano en jugar béisbol en la liga mayor. Cuando su equipo, los Dodgers de Brooklyn, llegó a la Serie Mundial en 1947, Robinson recuerda, "Experimenté una emoción completamente nueva cuando tocaron el Himno Nacional. Esta vez, pensé, lo están tocando para mí, tanto como para cualquier otra persona".

Igualdad en la educación

Los afroamericanos habían sufrido racismo y discriminación en Estados Unidos desde la época colonial. Cuando la nación se aproximaba a la segunda mitad del siglo XX, muchos afroamericanos creían que había llegado el momento para que ellos alcanzaran la igualdad de oportunidades en la sociedad estadounidense. Lucharon por lograr la igualdad de oportunidades en el empleo, vivienda y educación. También lucharon en contra de la segregación, la separación de las personas de razas distintas.

La decisión del caso *Brown*

La **National Association for the Advancement of Colored People** (NAACP: Asociación Nacional para el Progreso de la Raza Negra) había trabajado a favor de los afroamericanos desde su fundación en 1909. En la década de 1950, los abogados de la NAACP buscaban casos que pudieran usar para desafiar las leyes de segregación en la educación pública.

La Corte Suprema había respaldado las leyes segregacionistas en el pasado. En 1896 en el caso de *Plessy* contra *Ferguson*, había dictaminado que los establecimientos "separados pero iguales" eran legales. **Thurgood Marshall**, el principal abogado de la NAACP, decidió desafiar la idea de "separados pero iguales". La NAACP comenzó a escoger algunos de los distritos escolares segregados de la nación para llevar a la justicia. A Linda Brown, una niña afroamericana de siete años de edad, no se le permitía asistir a una escuela primaria exclusiva de blancos que estaba a pocas cuadras de su casa. La familia Brown demandó al sistema escolar pero perdió. Marshall y la NAACP apelaron el caso ante la Corte Suprema.

El caso de *Brown* contra *la Junta de Educación de Topeka, Kansas,* junto con varios casos similares, llegó a la Corte Suprema en diciembre de 1952. Marshall argumentó que las escuelas segregadas no eran ni podrían ser iguales a las escuelas blancas. Por eso, las escuelas segregadas violaban la Decimocuarta Enmienda.

El 17 de mayo de 1954, la Corte en forma unánime sentenció en el caso de *Brown* contra *la Junta de Educación de Topeka, Kansas,* que era anticonstitucional separar a los estudiantes por razas. La decisión del caso *Brown* revirtió la decisión de la Corte en el caso de *Plessy* contra *Ferguson.* 📖 *(En la página 997 encontrarás un resumen de la decisión del caso* Brown).

NATIONAL GEOGRAPHIC

Segregación en las escuelas de Estados Unidos, 1950

Leyenda:
- Segregación por ley
- Decisión de distritos locales
- Prohibición de la segregación
- Falta de leyes específicas

0 ___ 500 millas
0 ___ 500 kilómetros
Proyección acimutal equidistante

Habilidades **geográficas**

La segregación escolar fue tratada de manera diferente en diversas partes de Estados Unidos.

1. **Región** ¿En cuántos estados había segregación escolar por ley?
2. **Análisis de la información** ¿En qué región era prominente la segregación?

Integración de las escuelas

La decisión de la Corte en el caso de *Brown* contra *la Junta de Educación* exigió que las autoridades escolares hicieran planes para la integración, reunión de las razas, en las escuelas públicas. La Corte también ordenó que la integración debía realizarse "deliberadamente a toda velocidad", tan rápido como fuera razonablemente posible.

Algunos sistemas escolares se integraron rápidamente. Sin embargo, en partes del Sur, los líderes locales juraron mantener a los niños afroamericanos fuera de las escuelas para blancos. Una pugna entre el gobierno federal y estos estados parecía inevitable.

Confrontación en Little Rock

En 1957, un juez federal ordenó a la escuela secundaria Central High School en **Little Rock, Arkansas,** una escuela exclusivamente para blancos, que admitiera a estudiantes afroamericanos. El gobernador de Arkansas **Orval Faubus** estaba en contra de la integración. En septiembre, llamó a la Guardia Nacional del estado para impedir que los afroamericanos ingresaran a la escuela secundaria.

El primer día de clases, miembros armados de la Guardia Nacional bloquearon la entrada de la escuela e impidieron que ingresaran los estudiantes afroamericanos. Uno de ellos, la quinceañera **Elizabeth Eckford,** recuerda que cuando intentó pasar por al lado de uno de los guardias,

❝'El levantó su bayoneta, y luego otros guardias hicieron lo mismo❞.

Por primera vez desde la Guerra Civil, un estado sureño desafiaba la autoridad del gobierno federal. Aunque Eisenhower tenía dudas sobre la decisión en el caso *Brown*, creía que era su deber hacer cumplir la ley. El presidente le advirtió a Faubus que si no admitía a los estudiantes, el gobierno federal actuaría.

Cuando un juez federal dictaminó que el gobernador había infringido la ley federal, Faubus retiró a la Guardia Nacional. Eisenhower envió cientos de soldados a Little Rock para que patrullaran las dependencias escolares y protegieran a los estudiantes. Custodiados por tropas federales, nueve estudiantes afroamericanos ingresaron a la escuela.

✓**Comprobación de lectura** **Explicación** ¿Qué dictaminó la Corte Suprema en el caso de *Brown* contra *la Junta de Educación*?

Representación **de la historia**
Elizabeth Eckford (centro) enfrenta con valentía los insultos de ciudadanos blancos al ingresar a la escuela secundaria Central High School en Little Rock, Arkansas. **¿Cómo respondió el Presidente Eisenhower a la crisis en Little Rock?**

Dr. Martin Luther King, Jr. 1929–1968

Después del boicot de autobuses de Montgomery, el Dr. Martin Luther King, Jr., emergió como el líder del movimiento de protesta afroamericano. ¿Qué lo condujo a este exigente papel en la historia?

Hijo de un pastor bautista, King asistió a Morehouse College, y cuando cumplió 18 años decidió dedicarse al ministerio. Cuando llegó a Montgomery en septiembre de 1954 como pastor de la iglesia bautista en la avenida Dexter, ya se había casado con Coretta Scott.

Desde el inicio del boicot de autobuses de Montgomery, King alentó a sus seguidores a que usaran métodos de resistencia no violentos. Esto significaba que los manifestantes no debían pelear con las autoridades. A pesar de sus llamados contra la violencia, King a menudo fue víctima de ella.

En abril de 1968, King estaba en Memphis, Tennessee, para apoyar una huelga de trabajadores de servicios sanitarios. Allí, fue asesinado de un disparo mientras estaba parado en el balcón de un motel.

Logros en otros frentes

Mientras la integración escolar continuaba, los afroamericanos lograron otros avances en el reconocimiento de sus derechos. Cada vez más personas se unieron al movimiento dedicado a lograr un trato justo e igualitario.

El boicot de autobuses de Montgomery

En la tarde del 1 de diciembre de 1955, **Rosa Parks** se subió a un autobús en el centro de **Montgomery, Alabama.** Parks, una costurera, era la secretaria de la organización local de la NAACP. Se sentó en un asiento vacío en la sección reservada para personas blancas.

Cuando se subieron blancos al autobús, el conductor le dijo a Parks, una mujer afroamericana, que se fuera a la parte posterior del vehículo. Ella se negó. En la parada siguiente, la policía la sacó del autobús, la arrestaron por infringir la ley y le aplicaron una multa de $10. El episodio pudo haber terminado allí, pero no fue así.

El arresto de Rosa Parks hizo que los afroamericanos de Montgomery organizaran un boicot, negarse a usar los autobuses de la ciudad. Los organizadores del boicot esperaban afectar financieramente a la ciudad y obligarla a que modificara sus políticas. Tenían fuerza por su cantidad, ya que casi el 75 por ciento de los usuarios de autobuses eran afroamericanos.

En una reunión sobre el boicot, un joven pastor bautista tomó la palabra. En ese entonces aún poco conocido, el **Dr. Martin Luther King, Jr.,** impresionó a la audiencia. Declaró:

> 66Estamos aquí porque, antes que nada, somos ciudadanos estadounidenses y estamos determinados a adquirir todos los derechos de nuestra ciudadanía. Estamos cansados: cansados de ser segregados y humillados, cansados de ser pisoteados por los brutales pies de la opresión99.

El boicot causó problemas en la vida cotidiana de muchas personas, pero los afroamericanos de Montgomery se unieron para que diera resultado. Los estudiantes pedían aventones para ir a la escuela, los trabajadores iban a pie o en bicicleta a sus trabajos. King ayudó a organizar a automovilistas particulares para que llevaran a personas de un lugar a otro.

El boicot de autobuses duró más de un año. Las autoridades de la ciudad arrestaron a King y otros dirigentes varias veces, pero los afroamericanos no desistieron. La empresa local de autobuses dejó de recibir miles de dólares por concepto de boletos y las tiendas del centro de la ciudad perdieron a muchos clientes. Finalmente, la Corte Suprema resolvió el problema al dictaminar que la ley de segregación en autobuses de Montgomery era anticonstitucional. En diciembre de 1956, el boicot terminó.

Causas y efectos del movimiento hacia la igualdad

Causas

- 1955, Rosa Parks es arrestada
- 1955, comienza al boicot de autobuses de Montgomery
- 1957, Conflicto en Little Rock
- 1957, se organiza la SCLC
- 1960, los estudiantes realizan plantones
- 1963, Marcha en Washington, D.C.

Efectos

- 1962, James Meredith se matricula en la Universidad de Mississippi
- 1967, Thurgood Marshall es nombrado miembro de la Corte Suprema
- 1968, Elección de Shirley Chisholm a la Cámara de Representantes
- 1972, Elección de Barbara Jordan al Congreso

Habilidades → de organización gráfica

Los afroamericanos enfrentaron muchos obstáculos en su lucha por la igualdad de derechos.

Análisis de la información ¿Qué protesta se inició después del arresto de Rosa Parks?

Protestas no violentas

Con la victoria en Montgomery, King se transformó en un líder del movimiento de derechos civiles. Siguió las tácticas de **A. Philip Randolph,** el dirigente laboral afroamericano más prominente de la nación. King también recibió gran influencia de **Mohandas Gandhi,** quien había usado protestas no violentas para ayudar a que India se independizara de Gran Bretaña. Siendo fiel a sus principios, Gandhi usó métodos de protesta basados en la desobediencia civil, o negarse a obedecer leyes consideradas injustas.

En enero de 1957, King y 60 pastores más fundaron una nueva organización llamada la Southern Christian Leadership Conference (SCLC: Conferencia de Liderazgo Cristiano del Sur). Los líderes de la SCLC promovían métodos de protesta no violentos. Le enseñaron a los trabajadores de los derechos civiles cómo protegerse contra ataques violentos. La SCLC también enseñaba cómo identificar objetivos de protesta y organizar a las personas. Con estas acciones, la SCLC preparó a los afroamericanos para la lucha por la igualdad de derechos.

✓**Comprobación de lectura** **Descripción** ¿Cómo comenzó el boicot de autobuses de Montgomery?

EVALUACIÓN DE LA SECCIÓN 1

Verificación de comprensión

1. **Términos clave** Usa estos términos en oraciones que expliquen acontecimientos importantes en el movimiento de los derechos civiles: segregación, integración, boicot, desobediencia civil.

2. **Repaso de hechos** Nombra la decisión de la Corte Suprema que prohibió la segregación en la educación.

Repaso de temas

3. **¿Derechos y responsabilidades cívicos** ¿Cómo terminó el boicot de autobuses de Montgomery?

Pensamiento crítico

4. **Conclusiones** ¿Por qué crees que el Dr. Martin Luther King, Jr. creía que los métodos de protesta no violentos eran la forma más eficaz para conquistar los derechos civiles?

5. **Secuencia de información** Recrea la siguiente cronología y haz una lista de acontecimientos importantes en el movimiento de los derechos civiles durante la década de 1950.

may. 1954	dic. 1955	ene. 1957	sept. 1957
☐	☐	☐	☐

Análisis de material visual

6. Examina el mapa en la página 839. ¿En qué estados eran los distritos escolares los que determinaban si sus escuelas eran integradas o no? ¿En qué estados del extremo noroeste estaba prohibida la segregación?

Actividad interdisciplinaria

Redacción descriptiva Compone una canción para que se entone en una marcha a favor de los derechos civiles. Basa la letra en la historia de Rosa Parks y su valentía en la noche que la arrestaron.

Maya Angelou (1928–)

Maya Angelou, nacida en 1928, ha escrito poesía, ficción y teatro. Nacida como Marguerite Johnson, Angelou y su hermano, Bailey, fueron criados por su abuela, Annie Henderson, la dueña de un almacén en Stamps, Arkansas.

LEER PARA DESCUBRIR

En el siguiente extracto de la autobiografía de Angelou, ella tenía alrededor de 10 años de edad. Brillante pero sumamente retraída, se ha retirado de la vida pública y no habla con nadie. Al leer, presta atención a las acciones de los personajes.

DICCIONARIO DEL LECTOR

íntimo: amigo o asociado cercano

Su mundo *por*
Philip Evergood

Sé por qué canta el pájaro enjaulado

La Sra. Bertha Flowers era la aristócrata de la sociedad negra de Stamps. Tenía la gracia de parecer cálida en el clima más frío, y en los días de verano de Arkansas parecía que tenía una brisa privada que revoloteaba a su alrededor, refrescándola (. . .)

Era una de las pocas damas que he conocido, y durante toda mi vida la he considerado como el modelo de lo que un ser humano puede llegar a ser.

Mamá tenía una extraña relación con ella. La mayoría de las veces cuando ella pasaba por el camino frente a la tienda, le decía a mamá con esa voz suave pero a la vez afectuosa, "Buenos días, Sra. Henderson". mamá respondía "¿Cómo 'ta, hermana Flowers?"

La Sra. Flowers no pertenecía a nuestra iglesia ni era una **íntima** de mamá. ¿Por qué insistía en llamarla hermana Flowers? Yo quería esconder mi rostro por la vergüenza. La Sra. Flowers merecía más que ser llamada hermana. Y más encima, mamá se saltaba el pronombre. Por qué no preguntar, "¿Cómo *está* usted, *Sra.* Flowers?" Con la pasión de la juventud, la odiaba por demostrarle su ignorancia a la Sra. Flowers. Por muchos años no me di cuenta que eran tan parecidas como hermanas, separadas sólo por la educación formal (. . .)

Ocasionalmente, eso sí, la Sra. Flowers salía del camino y se dirigía a la tienda y mamá me decía, "hermana, anda a jugar". Mientras me alejaba escuchaba el inicio de una conversación personal. Mamá constantemente usaba el pronombre equivocado, o ninguno (. . .)

Escuchaba la suave voz de la Sra. Flowers y la áspera voz de mi abuela unirse y mezclarse. De vez en cuando la conversación era interrumpida por risas que seguramente eran de la Sra. Flowers (. . .)

Ella se comportaba tan refinada como las personas blancas en las películas y libros y era más hermosa, porque nadie podría haberse acercado a ese cálido color sin parecer gris en comparación.

Extracto de *Sé por qué canta el pájaro enjaulado,* por Maya Angelou. Derechos de autor © 1969 por Maya Angelou. Reproducido con la autorización de Random House, Inc.

ANÁLISIS DE LITERATURA

1. **Moemorización e interpretar** Describe la relación entre mamá y la Sra. Flowers.

2. **Evaluación y conexión** ¿Crees que la Sra. Flowers te caería bien? Explica.

Actividad interdisciplinaria

Redacción informativa Escribe un relato de una sola página describiendo un encuentro con una persona que influyó en tu vida en forma positiva.

Kennedy y Johnson

Idea principal

La Nueva Frontera de John Kennedy y la Gran Sociedad de Lyndon Johnson fueron programas gubernamentales destinados a combatir la pobreza, ayudar a las ciudades y escuelas, y promover los derechos civiles.

Términos clave

línea de pobreza, Medicare, Medicaid

Estrategia de lectura

Organización de la información Al leer la sección, recrea el siguiente diagrama y enumera cuatro programas que formaron parte de la Guerra contra la Pobreza.

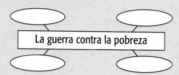

La guerra contra la pobreza

Leer para aprender

- qué objetivos tenía la Nueva Frontera de Kennedy.
- qué programas nuevos se crearon como parte de la Gran Sociedad.

Tema de la sección

Gobierno y democracia Los Presidentes Kennedy y Johnson propusieron un mayor gasto en programas sociales.

Presentación preliminar de acontecimientos

♦1960   ♦1962   ♦1964   ♦1966

enero de 1961
John F. Kennedy asume la presidencia

nov. de 1963
Kennedy es asesinado

enero de 1964
El Presidente Johnson anuncia la guerra contra la pobreza

julio de 1964
Se aprueba la Ley de Derechos Civiles de 1964

UNA historia estadounidense

Estaban uno al lado del otro en la plataforma inaugural: John F. Kennedy, de 43 años, bronceado, vigoroso, sin abrigo a pesar del clima bajo cero, y Dwight D. Eisenhower, de 70 años, usando una bufanda y con la apariencia de un general cansado. El aspecto de los dos hombres, de dos generaciones distintas, simbolizaba el cambio de mando. En su discurso, Kennedy prometió muchas cosas: "Que toda nación sepa (. . .) que pagaremos cualquier precio, soportaremos cualquier carga, superaremos cualquier dificultad, apoyaremos a cualquier amigo y enfrentaremos a cualquier adversario para asegurar la supervivencia y el éxito de la libertad. . .".

Elecciones de 1960

Para 1960, la cruzada de los derechos civiles se había convertido en un movimiento nacional. En este contexto, la nación se preparó para las elecciones presidenciales. El candidato republicano, el Vicepresidente **Richard M. Nixon,** prometió continuar con las políticas del Presidente Eisenhower. El candidato demócrata, **John F. Kennedy,** prometió nuevos programas para "volver a poner al país en marcha".

Durante gran parte de la campaña, las encuestas favorecían a Nixon. Esto se debía parcialmente a que Kennedy era católico. Jamás un católico había sido presidente, y muchos estadounidenses temían que si Kennedy ganaba, él sería más leal a su iglesia que al país. Kennedy respondió enfatizando su creencia en la separación entre la iglesia y el estado.

John F. Kennedy

Kennedy provenía de una de las familias más acaudaladas y poderosas del país. Su padre, Joseph P. Kennedy, era un exitoso líder empresarial y había sido el embajador de Estados Unidos en Gran Bretaña al inicio de la Segunda Guerra Mundial.

John Kennedy se enlistó en la Marina de Guerra de Estados Unidos durante la Segunda Guerra Mundial y fue destinado a servicio activo en el Pacífico. Cuando los japoneses hundieron la lancha PT (de patrullaje y torpedera) que comandaba, Kennedy le salvó la vida a uno de los tripulantes nadando hasta la orilla con el hombre herido sobre su espalda. El esfuerzo del rescate le valió a Kennedy medallas de la marina y los infantes de marina, pero también agravó una antigua lesión a la espalda. La historia del rescate fue relatada posteriormente en el libro de Robert Donovan *PT 109.*

La carrera de Kennedy comenzó en 1946 cuando ganó un puesto en el Congreso representado a Massachusetts. Seis años más tarde, fue elegido al Senado de Estados Unidos. El joven senador escribió un libro, *Perfiles de valor,* sobre las decisiones políticas difíciles que habían tomado senadores de Estados Unidos en el pasado. El libro se convirtió en el libro de mayor venta y recibió un premio Pulitzer. Después de ganar fácilmente la reelección al Senado en 1958, Kennedy se postuló a la presidencia en 1960.

Un nuevo presidente

El punto crítico en las elecciones de 1960 se produjo cuando los candidatos participaron en los primeros debates presidenciales televisados. Kennedy se veía apuesto y joven. Nixon, que se estaba recuperando de una enfermedad, se veía cansado y enfermo. Kennedy habló con confianza sobre el futuro. Muchos televidentes pensaron que Kennedy había causado una mejor impresión.

En noviembre, casi 70 millones de votantes participaron en la elección entre Nixon y Kennedy. Por la primera vez, los residentes de Alaska y Hawai participaron en una elección presidencial. Los resultados fueron sumamente estrechos. Kennedy obtuvo el 49.7 por ciento de los votos populares mientras que Nixon recibió el 49.5 por ciento. Con respecto a los votos electorales, Kennedy obtuvo un margen mayor sobre Nixon: 303 a 219 votos.

Comprobación de lectura **Identificación** ¿Quiénes fueron los candidatos presidenciales en 1960?

La nueva frontera

El 20 de enero de 1961, Washington, D.C. estaba cubierto de nieve y gélidos vientos soplaban en la ciudad. A pesar de ello, miles de personas llegaron a la capital para ver a John Fitzgerald Kennedy asumir la trigesimoquinta presidencia de Estados Unidos. *(Ver la página 995 encontrarás para leer una porción del discurso inaugural del Presidente Kennedy).*

Richard Nixon y John Kennedy participaron en los primeros debates presidenciales televisados en 1960.

En 1960 por primera vez, la radio y la televisión fueron un factor principal en la campaña presidencial.
Este aviso para televisores se centra en los debates presidenciales.

Le ofreció a la nación juventud, energía y esperanza. En su discurso inaugural, Kennedy habló de una nueva era:

66 Que el mundo avance desde este momento y lugar (. . .) que la antorcha ha sido pasada a una nueva generación de estadounidenses 99.

El joven presidente prometió enfrentar los desafíos de la nación con determinación. Al finalizar su discurso, Kennedy llamó al pueblo estadounidense a la acción:

66 Y entonces, compatriotas míos: no pregunten qué puede hacer el país por ustedes: pregunten qué pueden hacer ustedes por su país 99.

Políticas internas

Kennedy formuló planes para la **Nueva Frontera,** un grupo de propuestas sobre programas sociales. Uno de los proyectos de ley que envió al Congreso solicitaba más fondos federales para la educación. Otro proyecto estaba destinado a ayudar a que las personas pobres consiguieran trabajo. Reticente a respaldar los programas caros de Kennedy, el Congreso rechazó la mayoría de estos proyectos.

Otro de los temas que le preocupaban a Kennedy eran los derechos civiles. El presidente quería ayudar a los afroamericanos en su lucha por la igualdad de derechos. Al mismo tiempo temía que si avanzaba demasiado rápido perdería el apoyo de los demócratas del sur en el Congreso, apoyo que necesitaba para promulgar leyes.

Lyndon Johnson toma el juramento presidencial en el avión "Air Force One" después del asesinato del Presidente Kennedy.

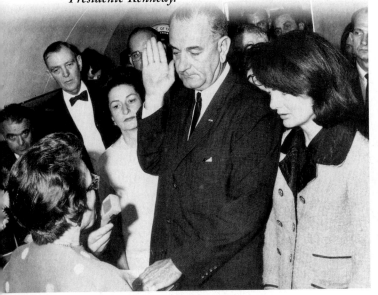

En 1963 Kennedy decidió pedirle al Congreso que aprobara un proyecto de ley que garantizaba los derechos civiles. La Cámara de Representantes aprobó la medida, pero se estancó en el Senado. Mientras tanto, el presidente partió a Dallas, Texas, en un viaje de campaña.

Asesinato de Kennedy

El 22 de noviembre de 1963, Kennedy llegó a Dallas con su esposa, Jacqueline. Cuando el presidente y la primea dama recorrían las calles en un automóvil descapotado, se escucharon varios disparos. Kennedy se desplomó sobre su esposa. El automóvil se dirigió a toda velocidad a un hospital, pero el presidente había fallecido. Poco después, el Vicepresidente **Lyndon B. Johnson** tomó el juramento presidencial.

El asesinato conmovió a la nación. Las cadenas de televisión difundieron la noticia prácticamente sin interrupción durante los siguientes días. Millones de estadounidenses observaron con estupor el funeral.

En medio de la tristeza, otro acontecimiento conmovió al país. El día del asesinato de Kennedy, la policía de Dallas había arrestado a **Lee Harvey Oswald** y lo acusó de haber matado al presidente. Dos días después, cuando la policía trasladaba a Oswald de una cárcel a otra, Jack Ruby cruzó de un salto el círculo de policías y periodistas y mató a Oswald.

Los rumores de que un grupo de enemigos había planificado el asesinato se esparcieron por el país. Poco después, el Presidente Johnson nombró a **Earl Warren,** fiscal en jefe de Estados Unidos, para que encabezara una comisión que investigara el asesinato de Kennedy. Después de varios meses de indagaciones, la **Comisión Warren** dio a conocer su informe. En él se afirmaba que Oswald había actuado solo. Sin embargo, el informe no dejó a todos satisfechos. Muchas personas creían que el asesinato había sido una conspiración, o un plan secreto.

✓ **Comprobación de lectura** **Descripción** ¿Qué sucedió el 22 de noviembre de 1963?

La "Gran Sociedad"

Poco después de convertirse en presidente, Lyndon B. Johnson delineó un conjunto de programas aún más ambiciosos que la Nueva Frontera de Kennedy. Llamó a sus propuestas la **"Gran Sociedad".** En un discurso explicó su visión de Estados Unidos:

66En un país de gran riqueza, no deberían vivir familias en la pobreza absoluta. En un país rico en cosechas, no debería haber niños que pasan hambre. (. . .) En un país lleno de sabios y eruditos, se les debe enseñar a los jóvenes a leer y escribir99.

Johnson había desarrollado una gran habilidad como legislador durante sus 22 años en el Congreso. Utilizó esta habilidad para persuadir al Congreso de que aprobara programas que harían realidad la Gran Sociedad.

La guerra contra la pobreza

En enero de 1964, el Presidente Johnson declaró "una guerra incondicional contra la pobreza en Estados Unidos". La primera parte de su plan para la Gran Sociedad consistió en programas destinados a ayudar a los estadounidenses que vivían bajo la línea de pobreza, el ingreso mínimo necesario para sobrevivir. Un programa llamado **Head Start** proporcionó educación preescolar a los hijos de familias pobres. **Upward Bound** ayudaba a que los estudiantes pobres pudieran asistir a la universidad. El **Job Corps** (Cuerpo de empleo) ofrecía capacitación a los jóvenes que querían trabajar. **Volunteers in Service to America** (VISTA: Voluntarios al servicio de Estados Unidos) era una especie de cuerpo de paz nacional compuesto por ciudadanos que trabajaban en barrios pobres.

Algunas de las leyes más importantes aprobadas bajo el mandato de Johnson fueron las que establecieron Medicare y Medicaid. Medicare ayudaba a pagar los gastos médicos de los ciudadanos adultos. Medicaid ayudaba a las personas pobres a pagar sus gastos de hospitalización.

Ayuda a las ciudades y escuelas

Otras partes de la Gran Sociedad estaban dirigidas a las deterioradas ciudades de la nación. En 1966 el Presidente Johnson estableció el **Department of Housing and Urban Development** (HUD: Departamento de Vivienda y Desarrollo Urbano), que ayudó a financiar proyectos de viviendas sociales. Otro programa, Model Cities (Ciudades modelo), proporcionaba dinero para ayudar a reconstruir las ciudades. Las escuelas recibieron un impulso gracias a la Ley de Educación Primaria y Secundaria de 1965, la que aumentó considerablemente el gasto en educación.

Derechos civiles

Aunque se crió en el Sur, Lyndon Johnson no era segregacionista. Creía que la nación debía proteger los derechos de todos los ciudadanos estadounidenses. Cuando Johnson asumió la presidencia, prometió que convertiría en ley el proyecto sobre derechos civiles que había propuesto Kennedy. A principios de 1964 le advirtió al Congreso que: "Aprobaremos el proyecto de ley sobre derechos civiles aunque tarde todo el verano".

Con un creciente apoyo en toda la nación para los objetivos del movimiento por los derechos civiles, el Congreso aprobó la **Ley de Derechos Civiles de 1964** en julio. La ley prohibía la discriminación contra los afroamericanos en el empleo, las votaciones y los recintos públicos. Prohibió la discriminación no sólo según la raza y el color, sino también debido al sexo, la religión o ascendencia.

Comprobación de lectura **Comparación** ¿Qué hacían Medicare y Medicaid?

EVALUACIÓN DE LA SECCIÓN 2

Verificación de comprensión

1. **Términos clave** Usa cada una de las siguientes palabras en oraciones sobre la Gran Sociedad: línea de pobreza, Medicare, Medicaid.
2. **Repaso de hechos** ¿Cuál era el propósito del Cuerpo de Empleo?

Repaso de temas

3. **Gobierno y democracia** Describe las políticas de Jonson hacia los derechos civiles.

Pensamiento crítico

4. **Conclusiones** ¿Los debates televisados debierían influir en la forma cómo los estadounidenses eligen a su presidente? Explica tus razones.
5. **Organización de la información** Recrea el siguiente diagrama e identifica tres propuestas que Kennedy presentó al Congreso.

Propuestas de Kennedy

Análisis de material visual

6. **Análisis de artefactos** Examina los artículos de campaña en la página 844. ¿Cuáles son las ideas que cada uno trata de transmitirle a los votantes? Compara estos artículos con los botones y carteles de campaña actuales que has visto.

Actividad interdisciplinaria

Ciudadanía Escoge uno de los programas del Presidente Kennedy o Johnson y crea un cartel a favor o en contra de dicho programa.

SECCIÓN 3 La lucha continúa

Guía de lectura

Idea principal
Cada vez surgían más líderes a medida que crecía la insatisfacción de los afroamericanos por el lento progreso de los derechos civiles.

Términos clave
plantón, interestatal

Estrategia de lectura
Clasificación de la información Al leer esta sección, recrea el siguiente diagrama y describe los papeles desempeñados por estas personas en el movimiento de los derechos civiles.

	Papeles
James Meredith	
Malcolm X	
Stokely Carmichael	

Leer para aprender
• qué acciones realizaron los afroamericanos a principio de la década de 1960 para obtener sus derechos.
• cómo surgieron tensiones y violencia en muchas ciudades estadounidenses.

Tema de la sección
Continuidad y cambio Nuevos líderes afroamericanos, como Malcolm X, exigían cambios en las estrategias y los objetivos.

Presentación preliminar de acontecimientos

♦1960   ♦1965   ♦1970

1961
Los Viajeros de la Libertad avanzan por el Sur

1962
James Meredith se matricula en la Universidad de Mississippi

1963
Más de 200,000 personas marchan en Washington, D.C.

1968
El Dr. Martin Luther King, Jr., es asesinado

UNA historia estadounidense

El 1 de febrero de 1960, cuatro estudiantes afroamericanos entraron a una tienda en Greensboro, Carolina del Norte. Después de comprar algunos artículos, se sentaron en un mesón de almuerzo "sólo para blancos". Cuando una camarera les preguntó que estaban haciendo, uno de los estudiantes respondió, "Creemos que ya que compramos libros y artículos de escritorio en la otra sección de esta tienda, también debieran atendernos en esta sección". La tienda se negó a atenderlos y los cuatro se sentaron ante el mesón hasta que la tienda cerró. Para el fin de la semana, cientos de estudiantes se habían unido a la protesta. Blancos furiosos insultaban a los estudiantes y les tiraban comida. Los manifestantes se negaron a irse y a responder a las agresiones.

El movimiento crece

Una nueva ola de actividad por los derechos civiles sacudió a la nación en la década de 1960. Las primeras actividades eran dirigidas contra la segregación en el Sur. También había segregación en el Norte. En las ciudades y suburbios del norte, los afroamericanos y blancos a menudo vivían en barrios distintos; por ello sus hijos con frecuencia asistían a escuelas diferentes. Pronto los afroamericanos comenzaron a luchar contra la discriminación y el racismo tanto en el Norte como en el Sur.

Los estudiantes secundarios y universitarios realizaron plantones en casi 80 ciudades. Un **plantón** es un acto de protesta en que los manifestantes se sientan. Se realizaron plantones en toda la nación en contra de las tiendas que practicaban la segregación. Los gerentes de las tiendas querían poner fin a las manifestaciones y la pérdida de dinero. Gradualmente muchas tiendas aceptaron terminar con la segregación.

Los plantones ayudaron a lanzar un nuevo grupo de derechos civiles, el **Student Nonviolent Coordinating Committee** (SNCC: Comité No Violento de Coordinación de Estudiantes). La activista de los derechos civiles **Ella Baker** fue una las inspiradoras del SNCC y una de sus fundadores. Anteriormente, Baker había desempeñado un papel importante tanto en la NAACP como la SCLC. La SNCC desempeñó un papel fundamental en el movimiento de los derechos civiles durante varios años.

Viajeros de la Libertad

La Corte Suprema había prohibido en 1960 la segregación en los recintos de autobuses. Otro grupo de derechos civiles, el **Congress of Racial Equality** (CORE: Congreso de Igualdad Racial), decidió ver si se estaba respetando esta disposición. El 4 de mayo de 1961, un grupo de miembros del CORE tanto de raza negra como blanca partieron de Washington, D.C., en dos autobuses rumbo a Nueva Orleans. Se llamaron a sí mismos **Viajeros de la Libertad.** El viaje en autobús

fue tranquilo hasta que llegaron a Alabama, donde algunos blancos enfurecidos apedrearon y golpearon a los Viajeros de la Libertad.

La televisión y los periódicos informaron sobre las golpizas. **Robert Kennedy,** el fiscal general de Estados Unidos, le pidió al CORE que detuviera a los Viajeros de la Libertad durante un tiempo para que "los ánimos se enfriaran". El líder del CORE **James Farmer** respondió: "Hemos estado enfriándonos durante 350 años. Si nos enfriamos por más tiempo, terminaremos por congelarnos".

Violencia y arrestos

Los Viajeros de la Libertad siguieron adelante, sólo para enfrentarse a más violencia en Birmingham y Montgomery, Alabama. No había turbas esperando a los Viajeros de la Libertad en Jackson, Mississippi. Sin embargo, había policías locales, estatales y unidades de la Guardia Nacional de Mississippi por todas partes. Cuando los viajeros se bajaron del autobús y trataron de entrar a la sala de espera sólo para blancos en la estación de autobuses, fueron arrestados y encarcelados.

A pesar de la violencia y las sentencias de cárcel, continuaron llegando más Viajeros de la Libertad durante todo el verano. En el otoño, la Comisión de Comercio Interestatal tomó medidas para hacer cumplir el dictamen de la Corte Suprema, emitiendo nuevas normas que prohibían la segregación en autobuses **interestatales** —que cruzaban líneas estatales— y en las estaciones de autobuses.

Representación **de la historia**

La policía en Birmingham, Alabama, usó mangueras contra incendio de alta presión contra los manifestantes de los derechos civiles. Los plantones eran otra forma de protesta. **¿Cuál era el propósito de los Viajes de la Libertad?**

Integración en las universidades

Los afroamericanos continuaron presionando para obtener sus derechos civiles. Le exigían al Presidente Kennedy que asumiera un papel más activo en la lucha por los derechos civiles.

En 1962 una corte federal le ordenó a la Universidad de Mississippi que matriculara a su primer estudiante afroamericano, **James Meredith.** Sin embargo, el gobernador de Mississippi, **Ross Barnett,** con la ayuda de la policía estatal impidió que Meredith se matriculara. Cuando el Presidente Kennedy envió a alguaciles federales para que escoltaran a Meredith a la universidad, surgieron disturbios. Una turba atacó el edificio administrativo con armas y piedras. Los alguaciles repelieron el ataque con gas lacrimógeno y macanas. Meredith logró matricularse pero murieron dos personas. Se estacionaron tropas federales en la universidad para protegerlo hasta que se graduó en 1963.

Otra confrontación entre el poder estatal y federal se produjo en junio de 1963, esta vez en Alabama. El gobernador **George Wallace** prometió que se "pararía en la puerta del establecimiento" para bloquear la integración de la Universidad de Alabama en Tuscaloosa. El Presidente Kennedy, siguiendo el consejo de su hermano, envió a la Guardia Nacional de Alabama para garantizar el ingreso de los afroamericanos a la universidad. Como resultado, Wallace desistió.

Birmingham

En la primavera de 1963, el Dr. Martin Luther King, Jr., y la SCLC decidieron realizar en **Birmingham, Alabama,** una protesta contra la segregación. La policía arrestó a cientos de manifestantes, incluyendo a King, pero las manifestaciones continuaron. Durante las dos semanas que King estuvo en prisión, escribió una elocuente carta conocida como "Carta desde la cárcel de Birmingham", en la que escribió:

❝Durante años he escuchado la palabra '¡Espera!' Resuena en el oído de cada negro con dolorosa familiaridad. Esta 'Espera' casi siempre ha significado 'Nunca'. Debemos comprender (. . .) que la 'justicia por tanto tiempo postergada es justicia denegada'❞.

¿Qué tal si...

¿Qué hubiese pasado si Jackie Robinson no hubiese logrado jugar en la liga mayor?

¿Puedes imaginarte el béisbol de la liga mayor sin las súper estrellas como Sammy Sosa o Ken Griffey, Jr.? Sin embargo, puede que estos grandes jugadores nunca hubiesen tenido la oportunidad de jugar de no haber sido por Jackie Robinson. Cuando Robinson jugó por primera vez por los Dodgers de Brooklyn el 15 de abril de 1947, fue el primer afroamericano en el siglo XX en jugar béisbol en la liga mayor. Su sobresaliente talento y valor en momentos de adversidad permitieron que muchos afroamericanos más pudieran jugar deportes profesionales.

¿Pero qué hubiera pasado si Robinson hubiese fracasado? Algunos historiadores del deporte creen que hubieran pasado muchos años antes de que se hubiese presentado otra oportunidad para un jugador afroamericano. La esposa de Robinson, Rachel, recuerda, "Jack sabía que al romper la barrera del color, no sólo estaba pavimentando el camino para las minorías en los deportes profesionales, sino que también estaba proporcionando oportunidades en todas las facetas de la vida. . .".

El juez federal de Houston, David Hittner comparte esta idea:

❝Creo que el inicio de las acciones más fuertes del movimiento por los derechos comenzó al romperse la barrera del color en el béisbol de la liga mayor. Fue una de las grandes señales del ímpetu del movimiento por los derechos civiles en Estados Unidos. Para mí, fue el inicio verdadero. Demostró a muchas personas el concepto de la igualdad. Ayudó a derribar varios mitos, en especial la percepción de la inferioridad. Jackie Robinson fue un pionero. Tuvo que enfrentar el reto y superarlo, para que otras personas pudieran tal vez algún día llegar hasta dónde él lo había hecho❞.

El éxito de Robinson permitió la integración en otros deportes. Para mediados de la década de 1950, los deportistas afroamericanos se habían establecido como una poderosa fuerza en casi todos los deportes profesionales.

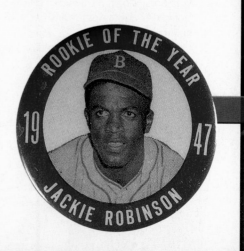

ROOKIE OF THE YEAR
1947
JACKIE ROBINSON

En todo el país, la televisión mostró vívidas imágenes de rabiosos perros policiales atacando a manifestantes desarmados y de niños siendo arrastrados por las calles por la fuerza poderosa de las mangueras contra incendios. El Presidente Kennedy envió a 3,000 soldados para que restauraran la paz. El 11 de junio de 1963, en Jackson, Mississippi, **Medgar Evers,** el secretario estatal de la NAACP, fue asesinado. El asesinato y los acontecimientos en Alabama obligaron al Presidente Kennedy a tomar una decisión. En un discurso en televisión nacional, Kennedy habló sobre el "tema moral" que enfrentaba la nación:

> 66El corazón del dilema es si se otorgará igualdad de derechos y oportunidades a todos los estadounidenses, si vamos a tratar a nuestros compatriotas como nos gusta que nos traten a nosotros. Si un estadounidense, porque su piel es oscura, no puede (. . .) disfrutar de la vida plena y libre que todos deseamos, ¿entonces quién de nosotros estaría dispuesto a cambiarse el color de la piel y ponerse en su lugar?99

¿Qué habría sucedido?

1. Si Robinson hubiese fracasado en el béisbol, ¿cómo hubiera progresado la integración en los demás deportes?

2. ¿Qué importancia tuvo el logro de Robinson para el movimiento de los derechos civiles? ¿Qué significó para los estadounidenses que se oponían a la integración en el béisbol?

Días después, el presidente presentó un nuevo proyecto de ley otorgándole a todos los estadounidenses el derecho a ser atendidos en los recintos públicos y eliminando la discriminación laboral.

Marcha en Washington

Para apoyar el proyecto de ley sobre derechos civiles, el Dr. Martin Luther King, Jr., y la SCLC organizaron una marcha masiva en Washington, D.C., el 28 de agosto de 1963. Más de 200,000 personas de todos los colores y de todas partes del país se congregaron en la capital. Emily Rock, una afroamericana de 15 años, describió cómo se sintió en la marcha:

> 66Había un sentido de esperanza por el futuro, la creencia de que esta marcha era un enorme paso en la dirección correcta. Podía escucharse en las voces de las personas cuando cantaban y verse en la forma en que caminaban. Se reflejaba en las sonrisas99.

Cerca de 6,000 policías custodiaron la marcha, pero no tuvieron que hacer nada salvo dirigir el tránsito. No hubo ningún problema. Con gran dignidad y alegría, los manifestantes portaron pancartas pidiéndole al Congreso que aprobara la ley. Entonaron canciones, incluyendo una que se estaba convirtiendo en el himno del movimiento por los derechos civiles: "Triunfaremos". *(Ver la página 977 de la Biblioteca de fuentes principales para leer la letra de esta canción).*

Entrada la tarde, el Dr. Martin Luther King, Jr., se dirigió a la multitud con elocuentes palabras sobre su deseo de ver un nuevo Estados Unidos:

> 66Tengo el sueño de que un día esta nación se levantará y hará realidad el verdadero significado de su credo: 'Creemos que estas verdades son evidentes por sí mismas, que todos los hombres fueron creados iguales'. (. . .) Cuando dejemos sonar la libertad, (. . .) podremos acelerar el día en que todos los hijos de Dios (. . .) podrán unir sus manos y cantar las palabras del antiguo spiritual (. . .): 'Libres al fin! Libres al fin! Gracias a Dios Todopoderoso, somos libres al fin!'99

(En la página 996 encontrarás más sobre este famoso discurso).

Verano de la libertad

El Congreso no aprobó el proyecto de ley de Kennedy sobre los derechos civiles sino hasta después de su muerte. El Presidente **Lyndon**

B. Johnson, quién sucedió a Kennedy, finalmente persuadió al Congreso de que aprobara la ley. La Ley de Derechos Civiles de 1964 prohibió la discriminación laboral y puso fin a la segregación en tiendas, restaurantes, teatros y hoteles. Sin embargo, en muchos estados, los afroamericanos aún no podían votar. Los impuestos sobre el voto y otras leyes discriminatorias impedían que pudieran ejercitar este derecho.

Durante el verano de 1964, miles de trabajadores por los derechos civiles recorrieron el Sur para ayudar a los afroamericanos a inscribirse en los registros electorales. Llamaron a la campaña el **Verano de la libertad,** pero los trabajadores debieron enfrentar una oposición fuerte y a veces violenta.

El derecho a votar

El año siguiente la SNCC organizó una gran manifestación en **Selma, Alabama,** para protestar contra la denegación del derecho a votar de los afroamericanos. Los ataques de la policía contra los manifestantes nuevamente impactaron a la opinión pública.

El Presidente Johnson intervino. El 15 de marzo de 1965, en un discurso televisado, el presidente pidió que se aprobara el proyecto de ley sobre el derecho a votar. "Sobre este tema no puede haber discusión alguna", dijo. "Cada ciudadano estadounidense debe tener la misma oportunidad de votar". En agosto Johnson promulgó la **Ley del Derecho a Votar de 1965.** La ley otorgó al gobierno federal el poder de obligar a las autoridades locales a permitir que los afroamericanos se inscribieran para votar.

La ley produjo un drástico cambio en la vida política del Sur. En 1966 cerca de 100 afroamericanos fueron elegidos para cargos públicos en el Sur. Para 1972, esa cantidad había aumentado 10 veces.

Comprobación de lectura **Análisis** ¿Por qué los plantones eran una estrategia eficaz contra la segregación?

Otras voces

Para mediados de la década de 1960, el movimiento por los derechos civiles había obtenido numerosas victorias. Sin embargo un número creciente de afroamericanos estaban cansados de la lentitud de los cambios y de los ataques de los blancos.

Malcolm X, un dirigente de la Nación del Islam (o Musulmanes Negros), se convirtió en un importante líder para algunos afroamericanos. Malcolm X criticó el objetivo de integración del movimiento por los derechos civiles, declarando que la mejor forma en que los afroamericanos podían lograr justicia era separándose a sí mismos de los blancos.

Malcolm X obtuvo cada vez más apoyo. Para 1965, sin embargo, había comenzado a cambiar de opinión. En vez de separación racial, promovió "una sociedad en que pudiera existir una verdadera hermandad entre blancos y negros". Al poco tiempo, fue asesinado por un grupo rival de Musulmanes Negros. Sus intensas palabras y apasionadas ideas, contenidas en su autobiografía y otras de sus obras, continuaron influyendo al movimiento por los derechos civiles después de su muerte.

El Poder Negro

Otros líderes afroamericanos siguieron estrategias más radicales. **Stokely Carmichael,** quién se convirtió en el líder de la SNCC, promovió la idea del **Poder Negro.** Ésta era una filosofía de orgullo racial que decía que los afroamericanos debían crear su propia cultura e instituciones políticas. Carmichael y otros radicales a veces hablaban de una revolución, una completa transformación de la sociedad. A pesar de que era rechazada por grupos como la NAACP, la idea del Poder Negro tuvo gran impacto en el movimiento por los derechos civiles.

Estalla la violencia

En Oakland, California, un grupo de jóvenes radicales formaron el **Partido de las Panteras Negras.** Las Panteras simbolizaban la creciente tensión entre los afroamericanos y la policía urbana. Grandes números de afroamericanos en áreas urbanas se sentían frustrados por la pobreza y el desempleo. Las Panteras exigían reformas y se armaron para oponerse a la policía. Se produjeron varios enfrentamientos armados con la policía.

Los primeros disturbios urbanos importantes desde la década de 1940 sucedieron en el verano de 1965 en la sección **Watts** de **Los Ángeles.** Durante una semana de disturbios, 34 personas murieron y gran parte del barrio Watts quedó en ruinas. Se enviaron tropas de la Guardia Nacional para poner fin a las revueltas. El disturbio de Watts fue el primero de una serie de disturbios raciales que se produjeron en diversas ciudades durante los veranos de 1965, 1966 y 1967.

Entre los años de 1965 y 1967 estallaron disturbios en más de 40 ciudades del norte, incluyendo San Francisco, Chicago y Cleveland. En julio de 1967, cinco días de protestas, saqueos e incendios de edificios en Newark, Nueva Jersey, causaron la muerte de 26 personas y más de diez millones de dólares en daños. A la semana siguiente, masivos disturbios en Detroit paralizaron la ciudad por varios días.

El Presidente Johnson nombró una comisión para que estudiara las causas de los disturbios y recomendara pasos para mejorar las condiciones imperantes. El informe de este grupo, la Comisión Kerner, advirtió que "nuestra nación se está convirtiendo en dos sociedades, una negra y otra blanca, separadas y desiguales".

La ola de disturbios urbanos devastó muchos barrios afroamericanos. Los disturbios terminaron, pero no sin que se produjera un último estallido de furia.

King es asesinado

El 4 de abril de 1968, la tensión racial en Estados Unidos provocó otro trágico incidente. Esa noche en Memphis, Tennessee, un asesino mató al Dr. Martin Luther King, Jr. El asesinato de King provocó furiosos disturbios en más de 100 ciudades. Hubo incendios en la capital de la nación, a pocas cuadras del Capitolio y la Casa Blanca.

Miles de personas asistieron al funeral de King en Atlanta. Millones más lo vieron por televisión. Todos estaban de duelo por un héroe estadounidense que, la noche anterior a su muerte, había dicho Dios "me ha permitido subir la montaña, y he visto la tierra prometida. Puede que no llegue hasta allá con ustedes. ¡Pero quiero que sepan esta noche, que nosotros, como pueblo, llegaremos a la tierra prometida!"

Comprobación de lectura **Explicación** ¿Por qué algunos líderes afroamericanos criticaron el objetivo de la integración?

EVALUACIÓN DE LA SECCIÓN 3

Verificación de comprensión

1. **Términos clave** Define los siguientes términos mediante oraciones completas: **plantón, interestatal.**
2. **Repaso de hechos** ¿Qué idea promovió Stokely Carmichael?

Repaso de temas

3. **Continuidad y cambio** ¿En qué se diferenciaban las estrategias de grupos como las Panteras Negras de las creencias y estrategias del Dr. Martin Luther King, Jr.?

Pensamiento crítico

4. **Predicción de consecuencias** ¿Qué crees que hubiera sucedido en el movimiento de los derechos civiles si King no hubiese sido asesinado?
5. **Análisis de la información** Recrea el siguiente diagrama y describe tres acontecimientos de disturbios raciales que se produjeron en las principales ciudades durante los veranos de 1965 a 1967.

Análisis de material visual

6. **Representación de la historia** Examina las fotografías en la página 849. Escribe una leyenda que describa lo que sucede en ellas. Si fueras un periodista entrevistando a estas personas, ¿qué les preguntarías?

Actividad interdisciplinaria

Redacción expositiva Escoge una figura de los derechos civiles en esta sección. Investiga sobre ella y escribe un perfil personal. Incluye copias de fotografías, discursos, etc., según corresponda.

VIAJEROS DE LA LIBERTAD

EN 1961, AÚN EXISTÍAN SALAS DE ESPERA, restaurantes, baños, y autobuses segregados en el Sur, a pesar de las órdenes de la Corte Suprema para que se integraran todos los recintos que atendieran a pasajeros que viajaban de un estado a otro.

EN EL CAMINO

El 4 de mayo de 1961, 13 Viajeros de la Libertad afroamericanos y blancos bien vestidos se subieron a autobuses en Washington, D.C. Determinados a desafiar la segregación, estos hombres y mujeres sabían que podrían ser atacados o arrestados en su camino hacia Nueva Orleans. Los Viajeros no pudieron ingresar a la estación de autobuses en Danville, Virginia, y la policía detuvo una refriega en Rock Hill, Carolina del Sur. A pesar de estos incidentes, el viaje por Virginia, las Carolinas, y Georgia fue bastante tranquilo.

SURGEN PROBLEMAS

En Alabama, sin embargo, comenzaron los problemas. Turbas de blancos emboscaron a los Viajeros en Anniston y Birmingham, quemando uno de los autobuses. Cuando muchos de los Viajeros de la Libertad que habían sido atacados decidieron abandonar los autobuses en Birmingham y proseguir en avión a Nueva Orleans, nuevos grupos tomaron la antorcha de la causa en Nashville, Tennessee, y otras ciudades. Al final llegaron a Jackson, Mississippi, donde fueron arrestados.

APLICAR LA LEY

Los Viajeros de la Libertad continuaron realizando estas protestas no violentas hasta que consiguieron lo que querían. En septiembre de 1961, el Fiscal General Robert Kennedy persuadió a la Comisión de Comercio Interestatal de que hiciera cumplir el dictamen de la Corte Suprema que prohibía la discriminación racial en los autobuses y recintos de transporte.

APRENDER de LA GEOGRAFÍA

1. ¿Por qué crees que los Viajeros de la Libertad decidieron protestar en esta región de Estados Unidos?

2. ¿En dónde enfrentaron más dificultades los Viajeros de la Libertad? ¿Lograron cumplir su objetivo?

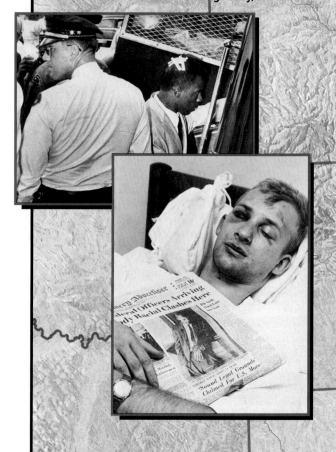

La policía arrestó al Viajero de la Libertad John Lewis (sup.) en Jackson, Mississippi. Jim Zwerg (inf.) descansa en una cama de hospital tras ser golpeado por personas que apoyaban la segregación en la terminal de autobuses de Montgomery, Alabama.

LOUISIANA

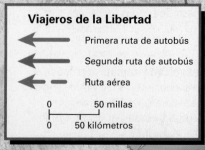

Viajeros de la Libertad

⬅ Primera ruta de autobús

⬅ Segunda ruta de autobús

⬅- - Ruta aérea

0 ———— 50 millas

0 ———— 50 kilómetros

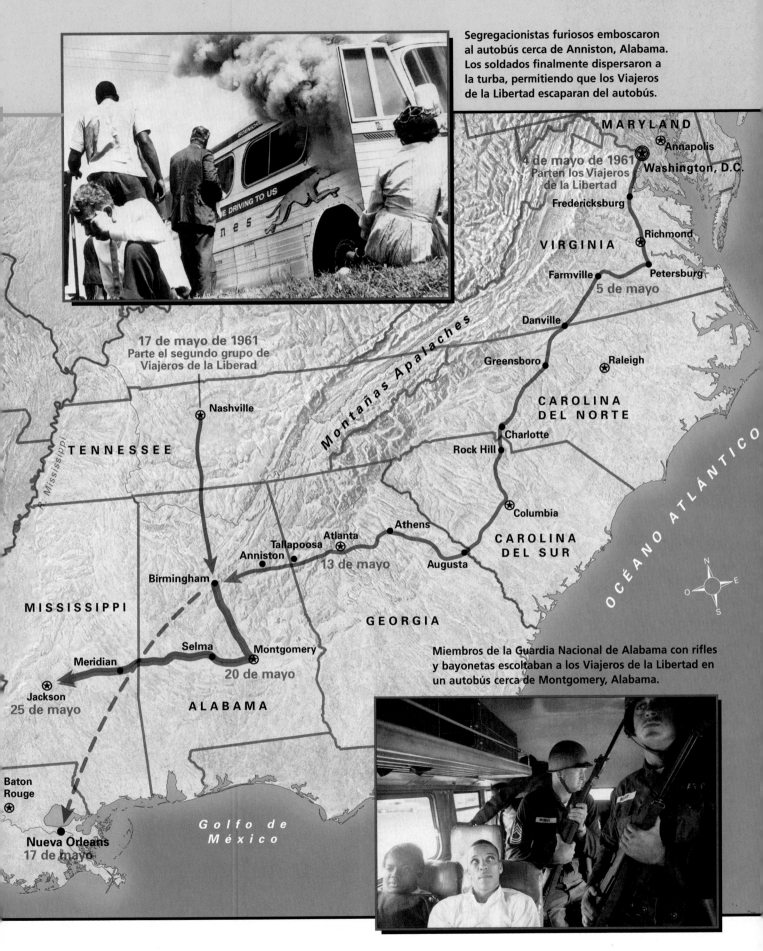

Segregacionistas furiosos emboscaron al autobús cerca de Anniston, Alabama. Los soldados finalmente dispersaron a la turba, permitiendo que los Viajeros de la Libertad escaparan del autobús.

MARYLAND

Annapolis

4 de mayo de 1961
Parten los Viajeros
de la Libertad

Washington, D.C.

Fredericksburg

Richmond

VIRGINIA

Farmville

Petersburg

5 de mayo

Danville

17 de mayo de 1961
Parte el segundo grupo de
Viajeros de la Liberad

Greensboro

Raleigh

CAROLINA
DEL NORTE

Nashville

Charlotte

Rock Hill

TENNESSEE

Columbia

CAROLINA
DEL SUR

Athens

Atlanta

MISSISSIPPI

Tallapoosa

Anniston

13 de mayo

Augusta

Birmingham

Montañas Apalaches

GEORGIA

OCÉANO ATLÁNTICO

Selma

Montgomery

Meridian

20 de mayo

Miembros de la Guardia Nacional de Alabama con rifles
y bayonetas escoltaban a los Viajeros de la Libertad en
un autobús cerca de Montgomery, Alabama.

Jackson
25 de mayo

ALABAMA

N
O   E
S

Baton
Rouge

Golfo de
México

Nueva Orleans
17 de mayo

SECCIÓN 4 Otros grupos exigen derechos

Guía de lectura

Idea principal

En la década de 1960 y 1970, una cantidad creciente de mujeres, hispanos, indígenas y personas con discapacidades se unieron a la lucha por la igualdad de derechos en Estados Unidos.

Términos clave

feminista, hispano

Estrategia de lectura

Organización de la información Al leer esta sección, recrea el siguiente diagrama y describe el papel que cada persona desempeñó en la década de 1960 y 1970.

	Papeles
Phyllis Schlafly	
César Chávez	
Herman Badillo	

Leer para aprender

• qué pasos dieron las mujeres y minorías para mejorar sus vidas.
• qué nuevos líderes surgieron.

Tema de la sección

Continuidad y cambio Durante la década de 1960 y 1970, las mujeres y las minorías realizaron acciones políticas para destrozar estereotipos y mejorar sus vidas.

Presentación preliminar de acontecimientos

◆1960　　　◆1965　　　◆1970　　　◆1975

1963
El Congreso aprobó la Ley de Equidad Salarial; se publica *La Mística Femenina*

1966
Se crea la Organización Nacional de Mujeres

1973
El Movimiento Indígena Estadounidense protesta en Wounded Knee, Dakota del Sur

UNA historia estadounidense

La jornalera mexicoamericana Jesse de la Cruz había trabajado por décadas en los campos de uvas y algodón del suroeste. En 1972 comenzó a trabajar para la United Farm Workers Union (Sindicato de Trabajadores Agrícolas Unidos). Cruz viajaba dando discursos, tratando de incorporar mujeres al sindicato. "Ya no se puede dar por hecho que las mujeres sólo se quedarán en sus casas para cocinar y limpiar", le decía a la gente. "Hace mucho que pasó el tiempo en que nuestros esposos podían decirnos, '¡Quédate en casa! ¡Tienes que cuidar a los niños! ¡Tienes que hacer lo que yo diga!'"

Derechos de la mujer

Los efectos del movimiento por los derechos civiles traspasaron a la comunidad afroamericana. Las mujeres, los hispanos, los indígenas y las personas con discapacidades se inspiraron en la lucha de los afroamericanos. En 1961 el Presidente John F. Kennedy creó la Comisión sobre el Estado de la Mujer. La comisión informó que las mujeres, una parte cada vez mayor de la fuerza laboral, recibían salarios más bajos que los hombres, incluso por las mismas tareas. En 1963

Kennedy convenció al Congreso de que aprobara la **Ley de Equidad Salarial,** que prohibía a los empleadores pagarles a las mujeres menos que a los hombres por el mismo trabajo.

Unirse para la acción

En 1966 las feministas, activistas de los derechos de la mujer, crearon la **National Organization for Women** (NOW: Organización Nacional para Mujeres). La NOW luchó por la igualdad de derechos para las mujeres en todos los aspectos de la vida: en empleos, la educación y el matrimonio.

Entre sus primeros logros, la NOW ayudó a eliminar los avisos clasificados de empleo separados para hombres y mujeres, y las reglas de las aerolíneas que exigían que las azafatas se retiraran a los 32 años. En la década de 1960 y 1970, la NOW y otros grupos similares trabajaron para aumentar la cantidad de mujeres que estudiaban profesiones. Los bancos, corredores de bienes raíces, y tiendas por departamentos se vieron obligados a otorgar los préstamos, hipotecas y créditos que por tanto tiempo habían negado a las mujeres.

A principios de la década de 1970, la NOW inició una campaña en favor de una **Enmienda por la Igualdad de Derechos** (ERA, por sus siglas en inglés) a la Constitución. La enmienda estipulaba que la "igualdad de derechos bajo la ley no será denegada ni restringida por Estados Unidos ni por ningún estado debido al sexo". **Phyllis Schlafly** y otras opositoras a la ERA advirtieron que la enmienda trastocaría los roles tradicionales de la sociedad y que conduciría al desmoronamiento de la familia. Algunas personas argumentaban que la enmienda no era necesaria pues la Constitución ya le otorgaba a las mujeres una adecuada protección. Al final, la enmienda no fue ratificada por suficientes estados como para convertirla en ley.

Las mujeres obtienen oportunidades

A pesar de la derrota de la Enmienda por la Igualdad de Derechos, las mujeres progresaron en muchas áreas en la década de 1970. En 1972 el gobierno federal prohibió la discriminación contra las mujeres en los programas educativos que reciben fondos federales. Esta ley, junto con los esfuerzos de muchas empresas, permitieron que las mujeres comenzaran a progresar en el mundo laboral. La

HISTORIA En línea

Actividad del estudiante en línea
Visita taj.glencoe.com y haz clic en **Chapter 29— Student Web Activities** para hacer una actividad sobre los derechos de la mujer.

Enlaces entre el pasado y el presente

Las mujeres y los deportes

En la década de 1950 y principios de la década de 1960, los maestros de educación física de Estados Unidos aún afirmaban que los deportes competitivos de mujeres eran "poco femeninos". Una atleta como Babe Didrickson Zaharias era poco usual. Para 1990, sin embargo, cerca de dos millones de mujeres practicaban deportes activamente: un aumento de 600% en un lapso de 20 años!

Babe Didrickson Zaharias

La atleta Marion Jones

mujeres obtuvieron más oportunidades de empleo, y más mujeres accedieron a empleos de mayor nivel en sus empresas. *(Ver la página 977 para leer la historia de la lucha de una mujer por obtener un salario equitativo en su trabajo).*

La mayoría de las universidades de la nación sólo para varones, comenzaron a admitir mujeres. Más mujeres que nunca comenzaron a estudiar medicina y leyes.

Las mujeres también progresaron en el área de la política. Muchas mujeres fueron elegidas para cargos locales y estatales. Varias mujeres fueron elegidas al Senado y la Cámara de Representantes y llamadas a servir en el gabinete presidencial. En 1981, el Presidente Ronald Reagan nombró a **Sandra Day O'Connor** como la primera mujer en formar parte de la Corte Suprema.

Comprobación de lectura **Resumen** ¿Qué sucedió con la Enmienda por la Igualdad de Derechos?

Hispanoamericanos

En la década de 1960 la creciente población hispana buscó igualdad de derechos. El término *hispanoamericano* se refiere a los estadounidenses que provienen o descienden de otros que han venido a Estados Unidos de España y los países de América Latina. De 3 millones en 1960, la población hispana en Estados Unidos había aumentado a 15 millones para 1980. Aunque comparten la herencia de la cultura y el idioma españoles, los hispanos son un grupo diverso con diferentes historias.

Los trabajadores agrícolas se organizan

El grupo hispano más grande en Estados Unidos proviene de México. Para 1980, más de ocho millones de mexicoamericanos vivían en Estados Unidos.

Los trabajadores agrícolas migratorios fueron los primeros en comenzar a luchar por sus derechos. Estas personas, que plantaban y cosechaban gran parte de los alimentos de la nación, debían enfrentar muchas dificultades. El trabajo agrícola era extenuante con jornadas desde el amanecer hasta el anochecer por bajos sueldos. Cuando un trabajo terminaba, tenían que viajar de granja en granja en busca del siguiente empleo.

A principios de la década de 1960, los trabajadores migratorios formaron sindicatos para mejorar sus sueldos y condiciones laborales. Su líder, **César Chávez,** organizó a miles de trabajadores agrícolas en el sindicato United Farm Workers (UFW: Trabajadores Agrícolas Unidos).

El sindicato realizó huelgas y organizó boicots a nivel nacional. Los consumidores de todo el país apoyaron a la UFW negándose a comprar uvas, lechugas y otros productos agrícolas boicoteados. El éxito de los boicots permitió a la UFW obtener mejores salarios y jornadas laborales más cortas para los trabajadores agrícolas.

Después del boicot, los hispanos comenzaron a obtener más poder político. En los años subsiguientes, los hispanoamericanos se unieron en una organización llamada **La Raza Unida** para luchar contra la discriminación y lograr la elección de hispanos para cargos gubernamentales. **La League of United Latin American Citizens** (LULAC: Liga de Ciudadanos Latinoamericanos Unidos) ganó demandas en cortes federales para

César Chávez

lograr que los hispanos tuvieran el derecho de servir como jurados y enviar a sus hijos a escuelas no segregadas.

Puertorriqueños

Los puertorriqueños, otro grupo de hispanos, provienen de la isla de Puerto Rico, que es un estado libre asociado de Estados Unidos. Son ciudadanos estadounidenses que han hecho grandes contribuciones a la nación.

En 1970, **Herman Badillo,** de la ciudad de Nueva York fue la primera persona de origen puertorriqueño en ser elegido para el Congreso. Después de cuatro mandatos, Badillo sirvió como el alcalde suplente de la ciudad. La leyenda del béisbol **Roberto Clemente** realizó hazañas heroicas tanto dentro como fuera de la cancha. En 1972, Clemente murió en un accidente aéreo mientras llevaba ayuda humanitaria a las víctimas de un terremoto en Nicaragua.

Como Puerto Rico no es una isla rica, muchos puertorriqueños han migrado a ciudades estadounidenses en busca de empleos. Para 1970, constituían el 10 por ciento de la población de la ciudad de Nueva York. Al igual que los afroamericanos, a menudo fueron discriminados al buscar trabajo, por lo que no podían conseguir empleos o bien conseguían empleos de baja remuneración. Muchos hijos y nietos de puertorriqueños que llegaron a Nueva York en la década de 1960 migraron a estados vecinos, pero muchos permanecieron en la ciudad de Nueva York.

Llegan los cubanos

Después de la Revolución Cubana de 1959, el dictador Fidel Castro estableció un gobierno comunista y confiscó las propiedades de muchos cubanos. Más de 200,000 personas opuestas a Castro huyeron a Estados Unidos en la década de 1960. Miles más llegaron en la década de 1980.

Estos inmigrantes se establecieron en todas partes de Estados Unidos. La mayor cantidad de cubanos se estableció en el sur de Florida, donde han desarrollado una próspera comunidad.

En 1975, las personas hispanas y otros grupos lograron que se ampliara el derecho a votar. La nueva ley exigió que la inscripción y la votación se llevaran a cabo en otros idiomas además del inglés. Esto estaba destinado a ayudar a los ciudadanos que no sabían leer o hablar inglés. Por ejemplo, en muchos estados los materiales electorales están disponibles tanto en inglés como en español.

✓ **Comprobación de lectura** **Explicación** ¿Por qué muchos cubanos huyeron de su tierra natal en la década de 1960?

Indígenas estadounidenses

Los años posteriores a la Segunda Guerra Mundial fueron una época de transición para los indígenas estadounidenses. Desde comienzos de la década de 1950, el gobierno federal urgió a los indígenas a que abandonaran las reservaciones y se fueran a trabajar a las ciudades. La política federal también intentó debilitar el poder de los gobiernos tribales.

Esta política no mejoró la vida de los indígenas estadounidenses. Muchos no pudieron conseguir empleos en las ciudades. Los que se quedaron en las atestadas reservaciones contaban con muy pocos empleos y oportunidades. Más de un tercio de los indígenas estadounidenses vivían bajo de la línea de pobreza. Había mucho desempleo, hasta 50 por ciento en algunas zonas. En 1966, un estudio reveló que los indígenas estadounidenses sufrían tanto de desnutrición y enfermedades que tenían una expectativa de vida de sólo 46 años.

Esfuerzos por organizarse

En la década de 1960, los indígenas estadounidenses se organizaron para luchar contra estos problemas. Querían poder político y exigían independencia del gobierno de Estados Unidos. Los indígenas estadounidenses también comenzaron a enfatizar su propia historia, idioma y cultura en sus escuelas. El **National Congress of American Indians** (NCAI: Congreso Nacional de Indígenas Estadounidenses) procuró obtener más poder sobre los asuntos indígenas.

En 1961, más de 400 miembros pertenecientes a 67 pueblos indígenas estadounidenses se reunieron en Chicago. En una Declaración de Propósitos Indígenas, estos delegados proclamaron que los indígenas estadounidenses tienen el

Botón de Wounded Knee

Representación de la historia

En la toma de 1973 de Wounded Knee por parte del AIM, los líderes indígenas estadounidenses Russell Means (izq.) y Dennis Banks (der.) protestaron contra los tratados rotos y las violaciones a los derechos civiles. **¿Por qué el AIM escogió Wounded Knee para realizar la protesta?**

"derecho de escoger su propio estilo de vida", y que "un tratado, desde el punto de vista de nuestro pueblo, es una palabra eterna".

El gobierno federal reconoció los problemas de los indígenas estadounidenses. El Congreso aprobó la **Ley de Derechos Civiles Indígenas de 1968,** que protegía formalmente los derechos constitucionales de los indígenas estadounidenses. Al mismo tiempo, la nueva ley reconocía el derecho de los pueblos indígenas a promulgar leyes en sus reservaciones.

Una decisión de la Corte Suprema en la década de 1970 reafirmó la independencia de los gobiernos tribales. Otras decisiones judiciales confirmaron los derechos de los indígenas estadounidenses sobre las tierras otorgadas mediante tratados.

Movimiento Indígena Estadounidense

Un grupo de jóvenes indígenas estadounidenses que pensaban que el proceso de cambio era demasiado lento, comenzaron a tomar medidas más enérgicas. En 1968 un grupo fundó el **American Indian Movement** (AIM: Movimiento Indígena Estadounidense), que luchaba por la igualdad de derechos y la mejoría de las condiciones de vida.

El AIM fue fundado por Clyde Bellecourt, Dennis Banks y otros. Luego, Russell Means se

convirtió en su líder. El AIM realizó diversas protestas. En noviembre de 1969, por ejemplo, el AIM fue uno de los grupos de indígenas estadounidenses que tomó la Isla de Alcatraz, una antigua prisión en la bahía de San Francisco. El AIM deseaba que la isla se convirtiera en un centro cultural. El incidente finalizó en junio de 1971 cuando los grupos se rindieron ante alguaciles de Estados Unidos.

En el otoño de 1972, miembros del AIM ocuparon la Oficina de Asuntos Indígenas en Washington, D.C. Exigieron las tierras y los derechos garantizados por los tratados con Estados Unidos. Entregaron el edificio una vez que el gobierno aceptó revisar sus demandas.

En febrero de 1973, el AIM ocupó el pequeño pueblo de **Wounded Knee** en **Dakota del Sur,** el lugar donde tropas federales masacraron a indígenas sioux en 1890. A principios de la década de 1970, Wounded Knee formaba parte de una gran reservación sioux. Las personas sufrían de gran pobreza y pésima salud.

Los líderes del AIM juraron quedarse hasta que el gobierno cumpliera sus demandas de cambio e investigara el trato dado a los indígenas estadounidenses. El sitio terminó el 8 de mayo, pero llamó la atención nacional sobre las terribles condiciones en las que vivían los indígenas estadounidenses.

Estadounidenses con discapacidades

Las personas con discapacidades físicas también buscaron un trato equitativo en la década de 1960 y 1970. El Congreso respondió aprobando diversas leyes.

Una ley tenía que ver con la eliminación de las barreras que impedían que algunas personas pudieran acceder a recintos públicos. Otra exigía que los empleadores ofrecieran más oportunidades a las personas discapacitadas en los lugares de trabajo. Otra ley garantizó el derecho de los menores con discapacidades a recibir igualdad de oportunidades educativas. Debido a estas acciones, las personas con discapacidades disfrutan de más oportunidades laborales, mejores accesos a recintos públicos y una mayor participación en la sociedad.

✓ **Comprobación de lectura** **Identificación** ¿Qué leyes protegen los derechos de los indígenas estadounidenses?

EVALUACIÓN DE LA SECCIÓN 4

Verificación de comprensión

1. **Términos clave** Usa cada uno de los términos clave en oraciones que ayuden a explicar su significado: feminista, hispano.

2. **Repaso de hechos** ¿Quién fue la primera mujer en ser jueza de la Corte Suprema?

Repaso de temas

3. **Continuidad y cambio** ¿Cuál era el propósito del Movimiento Indígena Estadounidense? ¿Qué derechos obtuvieron los indígenas estadounidenses en la década de 1960?

Pensamiento crítico

4. **Análisis de información** Identifica dos organizaciones que los indígenas estadounidenses fundaron para lograr el control de sus propias vidas.

5. **Conclusiones** Recrea el siguiente diagrama y enumera dos razones por las que crees que las personas con discapacidades sentían que debían conseguir un trato equitativo en las décadas de 1960 y 1970.

En busca de un trato equitativo

Análisis de material visual

6. **Caricaturas políticas** Lleva a clase una copia de una caricatura política de un periódico o una revista recientes. Trata de encontrar una caricatura que se trate de los derechos de las personas. Explica el punto de vista del autor y las herramientas que usó para expresarlo.

Actividad interdisciplinaria

Ciudadanía Crea un cartel que podría haberse usado en una marcha a favor o en contra de la enmienda ERA.

Conclusiones

¿Por qué desarrollar esta habilidad?

Sacar conclusiones permite comprender ideas que no se dicen directamente.

Desarrollo de la habilidad

Sigue estos pasos para aprender a sacar conclusiones:
- Repasa las ideas que se dicen en forma directa.
- Usa tus conocimientos y comprensión para desarrollar algunas conclusiones sobre estas ideas.
- Busca información y comprueba la exactitud de tus conclusiones.

Práctica de la habilidad

El extracto de esta página fue escrito por el Dr. Martin Luther King, Jr., después de ser arrestado en Birmingham, Alabama, por manifestarse pacíficamente contra la segregación. King comenzó a escribir esta carta en respuesta a un anuncio en un periódico en el que un grupo de pastores blancos llamaba a terminar con las manifestaciones. King intenta explicar a los pastores blancos lo que él entendía por desobediencia civil.

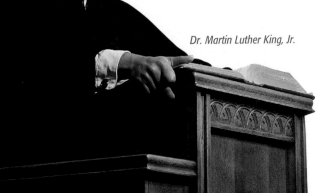

Dr. Martin Luther King, Jr.

Después de leer el extracto, responde a las preguntas, lo cual requerirá que saques conclusiones.

66Sabemos por dolorosa experiencia que el opresor nunca otorga voluntariamente la libertad; debe ser exigida por los oprimidos. (. . .) Durante años he escuchado la palabra '¡Espera!' Resuena en el oído de cada negro con dolorosa familiaridad. Esta 'Espera' casi siempre ha significado 'Nunca'. Debemos comprender, al igual que uno de nuestros distinguidos jueces, que la 'justicia por tanto tiempo postergada es justicia denegada'99.

—*Dr. Martin Luther King, Jr.*
"Carta desde la prisión de Birmingham", 1963.

1 Según King, ¿cómo se obtiene la libertad?

2 ¿Qué están "esperando" los afroamericanos?

3 ¿Qué le sucede a la justicia si se posterga?

4 ¿Qué conclusiones puedes sacar del tono general de la carta de King?

5 ¿Qué evidencia podría servir para comprobar tus conclusiones?

Aplicación de la habilidad

Conclusiones Lee un artículo en un periódico o revista sobre algún delito que se esté juzgando. Usa los hechos descritos en el artículo para sacar una conclusión sobre la inocencia o culpabilidad del acusado.

 El CD-ROM de Glencoe **"Skillbuilder Interactive Workbook, Level 1",** contiene instrucciones y ejercicios sobre habilidades fundamentales de ciencias sociales.

Resumen del capítulo

La era de los derechos civiles

Los afroamericanos desafían a la segregación

- *Brown* contra *la Junta de Educación, de Topeka, Kansas*
- Boicot de autobuses de Montgomery
- Viajeros de la Libertad
- Marcha en Washington
- Ley de Derechos Civiles de 1964
- Ley del Derecho a Votar de 1965

Los hispano-americanos se organizan

- César Chávez organiza el sindicato de Trabajadores Agrícolas Unidos
- La Raza Unida y la LULAC luchan contra la discriminación
- Se amplía el derecho a votar

Los indígenas estadounidenses exigen sus derechos

- Ley de Derechos Civiles Indígenas de 1968
- El NCAI y AIM llaman la atención sobre los problemas indígenas

Las mujeres luchan por la igualdad de derechos

- Ley de Equidad Salarial
- Organización Nacional de Mujeres
- La enmienda ERA llama la atención sobre los derechos de la mujer

Repaso de términos clave

Usa estos términos clave para crear un artículo periodístico en el cual puedas describir algunos acontecimientos importantes ocurridos durante la era de los derechos civiles.

1. línea de la pobreza
2. integración
3. segregación
4. boicot
5. plantón

Repaso de hechos clave

6. ¿Qué caso de la Corte Suprema abolió la segregación en las escuelas?
7. ¿El arresto de qué persona provocó el boicot de autobuses de Montgomery?
8. ¿Qué es la desobediencia civil?
9. ¿Cuál era el objetivo principal del programa de la Nueva Frontera del Presidente Kennedy?
10. ¿A qué conclusiones llegó la Comisión Warren?
11. ¿Qué prohibió la Ley de Derechos Civiles de 1964?
12. ¿Por qué James Meredith es importante?
13. ¿Por qué se organizó la marcha en Washington?
14. ¿Cuál era el objetivo del Poder Negro?
15. ¿Qué logró Herman Badillo?

Pensamiento crítico

16. **Generalizaciones** ¿Por qué crees que el movimiento por los derechos civiles adquirió fuerza durante esta era?
17. **Análisis de temas: Derechos y responsabilidades cívicas** Según Thurgood Marshall, ¿cuál enmienda constitucional se violó al permitir la segregación escolar? Explica por qué Marshall sostenía que las escuelas segregadas eran anticonstitucionales.
18. **Comparación y contraste** ¿En qué se diferenciaba la idea del Poder Negro con los objetivos de Martin Luther King para el movimiento de derechos civiles?
19. **Determinación de causa y efecto** Recrea el siguiente diagrama y describe dos formas en que el movimiento por los derechos civiles afroamericanos influyó en las demás minorías.

Movimiento de los derechos civiles

Práctica de habilidades

Conclusiones *Lee el siguiente pasaje y contesta las preguntas que siguen. Recuerda revisar la información y usar tus propios conocimientos antes de sacar cualquier conclusión.*

Malcolm X, un fuerte líder afroamericano, recordó con tristeza sus esfuerzos de juventud por alisarse el cabello a fin de parecerse más a los blancos:

> ❝Éste fue mi primer gran paso hacia la degradación personal: cuando aguanté todo ese dolor, literalmente quemándome la piel para que mi cabello se pareciera al de los blancos. Me había unido a la multitud de hombres y mujeres negros en Estados Unidos a los que les han lavado el cerebro haciéndolos creer que la gente negra es 'inferior' y que la gente blanca es 'superior'❞.
>
> —Malcolm X, *Autobiografía de Malcolm X,* 1965

20. ¿Por qué razón Malcolm X se alisaba el cabello?

21. Como adulto, ¿qué pensaba Malcolm X sobre sus acciones de juventud?

22. ¿Qué conclusión puedes sacar sobre la opinión de muchas personas afroamericanas sobre la gente blanca en esa época?

23. ¿Qué afirmación del pasaje apoya tu conclusión?

 ## Actividad de historia y geografía

Estudia el mapa en la página 839 y responde a las siguientes preguntas.

24. Ubicación ¿Qué ley sobre la segregación estaba vigente en Colorado?

25. Región Explica por qué estas de acuerdo o en desacuerdo con esta afirmación: Muchos estados en el oeste no tenían leyes específicas sobre la segregación en las escuelas.

Actividad ciudadana cooperativa

26. Investigación Con miembros de tu grupo, investiga para averiguar cuántas personas de diferente origen étnico viven en tu condado. Haz un gráfico para mostrar tus hallazgos. Luego escoge e investiga a uno de los grupos étnicos minoritarios. Prepara un informe escrito con ilustraciones para proporcionar más información sobre este grupo étnico particular en tu condado. Puedes averiguar si miembros de este grupo étnico se han establecido en un área determinada del condado, si han fundado clubes u organizaciones especiales, o si celebran algunas festividades propias.

Prueba de autocomprobación
Visita **taj.glencoe.com** y haz clic en **Chapter 29— Self-Check Quizzes** a fin de prepararte para el examen del capítulo.

 ## Actividad tecnológica

27. El sindicato de Trabajadores Agrícolas Unidos sigue activo hoy en día. Busca en Internet información sobre esta organización y crea un folleto que explique sus objetivos.

 ## Evaluación alternativa

28. Creación de una cronología Repasa el capítulo para encontrar las fechas que son importantes para los grupos minoritarios. Crea una cronología que indique el progreso de los afroamericanos, hispanos, indígenas estadounidenses y mujeres en sus luchas por la igualdad de derechos durante las décadas de 1950 y 1960.

Práctica de examen estandarizado

Instrucciones: Selecciona la *mejor* respuesta a la siguiente pregunta.

En el caso de *Brown* contra *la Junta de Educación de Topeka, Kansas,* ¿qué práctica dictaminó *la* Corte Suprema que era anticonstitucional en el distrito escolar de Topeka?

A Prohibir la oración en la escuela

B Transportar en autobuses a estudiantes largas distancias

C Establecer escuelas diferentes para los estudiantes blancos y afroamericanos

D Negarse a ofrecer cursos obligatorios

Consejo para el examen

La palabra importante en esta pregunta es *anticonstitucional.* Transportar a los estudiantes largas distancias puede parecer poco práctico, pero no está prohibido específicamente por la Constitución. Por lo tanto, puedes eliminar la respuesta **B.**

CAPÍTULO 30

La era de Vietnam

1960–1975

Por qué es importante

Estados Unidos se entremezcló en el asunto porque pensaba que si todo Vietnam caía bajo un gobierno comunista, el comunismo se propagaría por Asia Sudoriental y aún más. La Guerra de Vietnam fue la guerra más larga de la historia de la nación.

El impacto actual

Más de 58,000 soldados de Estados Unidos murieron en Vietnam. La guerra dañó la confianza que el pueblo tenía puesta en su gobierno. Incluso los estadounidenses estaban dispuestos a desafiar al presidente respecto a los asuntos militares y la política exterior después de Vietnam. La guerra también fue un modelo para determinar si en crisis futuras habría una participación de las tropas estadounidenses.

Video **El viaje estadounidense** *El video del capítulo 30, "The First TV War", explora cómo se introdujeron las imágenes televisadas de la Guerra de Vietnam a los hogares estadounidenses y cómo influyeron en la opinión pública sobre la guerra.*

1962
* La crisis de los misiles en Cuba

1965
* La participación estadounidense crece en Vietnam

Estados Unidos
PRESIDENTES

Eisenhower 1953–1961

Kennedy 1961–1963

Johnson 1963–1969

1960

1963

1966

Mundo

1959
* La guerra civil comienza en Vietnam

1961
* Se levanta el Muro de Berlín

1966
* Revolución cultural en China

La asistencia a un compañero Los miembros de la Primera División de Infantería cargan a un infante herido para ponerlo a salvo durante una batalla en Vietnam del Sur.

PLEGABLES™
Organizador de estudios

Plegable de estudio para la secuencia de acontecimientos Haz y usa este plegable para poner en secuencia las acciones de los presidentes de Estados Unidos durante la Guerra de Vietnam.

Paso 1 Dobla una hoja de papel por la mitad de lado a lado.

Paso 2 Voltea el papel y doblalo en tres partes.

Paso 3 Desdoblalo y escribe lo siguiente.

| J.F.K. | L.B.J. | Nixon |

Paso 4 Corta la porción superior por ambas líneas donde se dobló.

| J.F.K. | L.B.J. | Nixon |

Esto hará tres lengüetas.

Lectura y redacción Mientras lees el capítulo, escribe las acciones y políticas de los presidentes en poder durante la era de Vietnam. Asegúrate de escribir las fechas importantes de estos acontecimientos.

1968
- Robert Kennedy es asesinado

1969
- Armstrong camina sobre la luna

1973
- Los Acuerdos de Paz en París ponen fin a la participación estadounidense en Vietnam

Nixon
1969–1974

1970
- Tiroteo en la Universidad Estatal de Kent

Ford
1974–1977

1969   *1972*   *1975*

1968
- Vietnam del Norte lanza la ofensiva Tet

1970
- Estalla la guerra civil en Camboya

1975
- La Guerra de Vietnam termina después de la caída de Saigon

HISTORIA En línea

Descripción general del capítulo
Visita taj.glencoe.com y haz clic en **Chapter 30— Chapter Overviews** para ver la información preliminar del capítulo.

Política exterior de Kennedy

Guía de lectura

Idea principal
A principios de la década de los sesenta, la nación enfrentó las amenazas soviéticas relacionadas con Cuba y con Berlín.

Términos clave
contienda a guerrilleros, respuesta flexible, orden ejecutiva, exilio, bloqueo, línea de emergencia

Estrategia de la lectura
Organización de la información Al leer la Sección 1, recrea el siguiente diagrama y describe qué acciones tomó la administración de Kennedy como respuesta a las crisis.

Respuesta a las crisis	
El Muro de Berlín	La crisis de los misiles en Cuba

Leer para aprender
• cómo la administración de Kennedy llevó a cabo el desafío de los asuntos exteriores.
• qué sucedió en Cuba durante la crisis de los misiles.

Tema de la sección
Geografía e historia La administración de Kennedy se enfrentó a la crisis de Cuba y Berlín.

Presentación preliminar de acontecimientos

◆1960   ◆1965   ◆1970

1961
La invasión de Bahía de Cochinos fracasa

1962
Sucede la crisis de los misiles en Cuba

1963
La línea telefónica de emergencia une a los líderes estadounidenses y soviéticos

1969
Neil Armstrong camina sobre la luna

★★★★★★★★★
UNA
historia estadounidense

"En la larga historia del mundo sólo a muy pocas generaciones se les ha concedido el papel de defender la libertad en el momento de peligro máximo. No me aparto de esta responsabilidad, le doy la bienvenida". Así fue como habló John F. Kennedy en su discurso de inaguración. Aunque Kennedy habló de tomar su responsabilidad con "vigor" y "devoción", los acontecimientos que se desenvolverían en el mundo —en Cuba, Europa Oriental y Vietnam— cambiarían su determinación. El nuevo presidente y la nación pronto se enfrentarían a una serie de crisis.

Nuevas trayectorias

El Presidente Kennedy continuó con la política exterior anticomunista que iniciaron los presidentes Truman y Eisenhower. No obstante, al seguir semejante política, Kennedy intentó usar algunas tácticas nuevas.

Durante la campaña presidencial, Kennedy dejó que el pueblo estadounidense pensara que la nación tenía menos armas nucleares que la Unión Soviética. Como presidente, Kennedy aumentó los gastos en armas nucleares. Al mismo tiempo, intentó convencer a Nikita Khrushchev, el líder soviético, que aceptara la prohibición de los experimentos nucleares.

La fuerza mediante la flexibilidad

Kennedy hizo lo posible para que la capacidad de respuesta de Estados Unidos mejorara ante las amenazas del exterior. En ciertas partes del mundo, los grupos comunistas lucharon para tomar posesión del gobierno de su nación. Muchos de estos grupos recibieron ayuda de la Unión Soviética. Emplearon contienda a guerrilleros, o pelea en grupos pequeños usando tácticas como emboscadas repentinas.

Estados Unidos necesitaba una nueva forma de combatir la guerra de guerrilla. Kennedy presentó un plan llamado respuesta flexible, el cual se basaba en las unidades militares especiales que habían sido entrenadas para combatir en las guerras de guerrilla. Una de estas unidades fue la de las Fuerzas Especiales, conocida como los **Boinas Verdes.** Las Fuerzas Especiales ofrecieron al presidente tropas que estaban preparadas para pelear una contienda a guerrilleros en cualquier parte del mundo.

La fuerza mediante la asistencia

El Presidente Kennedy comprendió que la pobreza en Latinoamérica, Asia y África hacía que las promesas comunistas de igualdad económica parecieran atractivas. Decidió ofrecer asistencia a los países en esas áreas para contrarrestar la atracción del comunismo. El 1 de marzo de 1961, el presidente firmó una orden ejecutiva para formar el **Cuerpo de Paz.** Una orden ejecutiva es una norma emitida por un jefe ejecutivo.

Los estadounidenses que se ofrecieron como voluntarios para el Cuerpo de Paz trabajaron en otros países como maestros, asistentes médicos y asesores en agricultura, industria y gobierno. Para el año 1963, unos 5,000 voluntarios estaban trabajando en más de 40 países.

Para promover el crecimiento de Latinoamérica, Kennedy propuso un plan de 10 años de desarrollo llamado **Alianza para el Progreso.** En su discurso de inauguración, Kennedy prometió a los líderes latinoamericanos que Estados Unidos "ayudaría a los hombres libres y los gobiernos libres a despojarse de las cadenas de la pobreza". Esperaba también prevenir el surgimiento de los estados comunistas en la región.

Comprobación de lectura **Explicación** ¿Por qué formó el Cuerpo de Paz el Presidente Kennedy?

Enfrentamientos de la guerra fría

En 1961, sólo unos meses después de ascender a su puesto presidencial, el Presidente Kennedy se enfrentó a una crisis política en Cuba. Ese mismo año, Estados Unidos y la Unión Soviética entraron en conflicto en Europa.

Como leíste en el Capítulo 28, **Fidel Castro** había tomado el control político de Cuba en 1959. Cuando Castro formó una alianza con la Unión Soviética, los estadounidenses se sintieron amenazados, ya que Cuba se ubica a una distancia de sólo 90 millas (144 km) del sur de Florida. Ya a

La historia *a través del arte*

The Peace Corps in Ethiopia (El Cuerpo de Paz en Etiopía), 1966 por **Norman Rockwell** Los voluntarios trabajaron en varios países de África en desarrollo. **¿Qué programa de Kennedy estaba relacionado con la economía latinoamericana?**

finales de la presidencia de Eisenhower, algunos funcionarios de la Agencia Central de Inteligencia (CIA) forjaron un plan para derrocar a Castro. La CIA reclutó a refugiados, los cuales habían huido de la Cuba de Castro y se habían establecido en Estados Unidos. El plan requería que estos exiliados, o personas desterradas de sus hogares, desembarcaran en Cuba, incitaran una rebelión y derrocaran a Castro. Aunque Kennedy tenía dudas sobre el plan, aceptó el consejo de los asesores militares y de la CIA, y permitió que el plan siguiera adelante.

El 17 de abril de 1961, aproximadamente 1,500 exiliados cubanos entrenados por la CIA desembarcaron en la **Bahía de Cochinos** al sur de Cuba. Se produjeron muchos errores y durante un momento crítico, Kennedy se negó a ofrecer el apoyo aéreo estadounidense. En cuestión de unos días, las fuerzas cubanas derrotaron la invasión y capturaron a los sobrevivientes.

La Bahía de Cochinos humilló a Kennedy, que asumió las responsabilidades del fracaso. El desastre tuvo tres consecuencias. Primero, Kennedy nunca volvió a confiar por completo en el consejo militar y de la inteligencia. Segundo, las demás naciones latinoamericanas perdieron la confianza en Kennedy. Tercero, el Primer Ministro Khrushchev llegó a la conclusión de que Kennedy no era un líder fuerte y que podría ser intimidado.

El Muro de Berlín

A pesar de que habían pasado 16 años desde el fin de la Segunda Guerra Mundial, los Aliados todavía no habían llegado a un acuerdo sobre la condición de Alemania. Alemania Occidental había logrado independendizarse completamente en 1949, pero la Unión Soviética seguía controlando Alemania Oriental.

La ubicación de **Berlín** se encontraba en el interior de Alemania Oriental bajo el dominio soviético y planteaba problemas especiales. Había tropas estadounidenses, inglesas y francesas que aún permanecían en la parte occidental de la ciudad y a veces tenían dificultades para entrar y mantener el control de Berlín Occidental. Mientras tanto, un flujo constante de personas huía del comunismo de Berlín Oriental a Berlín Occidental con la esperanza de evadirse de la privación económica y encontrar la libertad.

En la cumbre de junio de 1961 celebrada en Viena, Austria, el Primer Ministro Khrushchev le dijo al Presidente Kennedy que el Oeste tenía que

Personajes históricos

Alan Shepard 1923–1998

Alan Shepard se convirtió en un héroe nacional el 5 de mayo de 1961 cuando se convirtió en el primer estadounidense en el espacio. Su vuelo a bordo de la pequeña nave espacial *Libertad 7* duró 15 minutos y alcanzó una altura de aproximadamente unas 120 millas. Aunque el vuelo duró poco, fue un paso clave para Estados Unidos en su carrera espacial contra la de la Unión Soviética.

Después de graduarse en la Academia de la Marina de Guerra de Estados Unidos en 1944, Shepard prestó servicio militar durante la Segunda Guerra Mundial. Después de la guerra, asistió a la Escuela de Pilotos de Prueba de la Marina de Guerra. En 1959 Shepard fue nombrado uno de los siete astronautas de la NASA.

Diez años después de su vuelo a bordo de *Libertad 7*, Shepard comandó *Apolo 14* en su misión a la luna, el cual duró el tiempo récord de 33.5 horas sobre la superficie de la luna.

En 1974 Shepard se jubiló de la NASA y de la Marina de Guerra y empezó a trabajar con empresas privadas. Fue presidente de la Fundación Mercury Seven, que otorga becas univesitarias en ciencias a los estudiantes merecedores.

abandonar Berlín y exigió que se estableciera un acuerdo para finales del año. Kennedy rechazó la petición de Khrushchev. Para resaltar el derecho del Oeste a permanecer en Berlín Occidental, Estados Unidos mandó más tropas para proteger la ciudad.

Más tarde durante el verano, un gran número de alemanes orientales huyeron al Oeste. El 13 de agosto, el gobierno de Alemania Oriental, con el apoyo soviético, cerró la frontera entre Berlín Occidental y Berlín Oriental y construyó un muro de bloques de cemento y alambre de púas a lo largo del muro. Los soviéticos instalaron guardias a lo largo del muro para detener el escape de más alemanes orientales hacia el Oeste. El **Muro de Berlín** cortó la comunicación entre las dos partes de la ciudad.

Los Aliados del Oeste seguían apoyando la independencia de Berlín Occidental. No obstante, pudieron hacer poco para prevenir la construcción del muro, el cual llegó a simbolizar la represión comunista.

✓**Comprobación de lectura** **Explicación** ¿Por qué los soviéticos construyeron el Muro de Berlín?

La crisis de los misiles en Cuba

La disputa más peligrosa de la Guerra Fría entre los estadounidenses y los soviéticos llegó en 1962. De nuevo la disputa estaba relacionada con Cuba.

A mediados de octubre de 1962, un avión espía norteamericano que volaba sobre Cuba descubrió algo espantoso. Las fotografías revelaron que los soviéticos estaban construyendo plataformas de lanzamiento para misiles nucleares. Estos misiles podrían fácilmente llegar a Estados Unidos en cuestión de minutos.

A la siguiente semana, el Presidente Kennedy se reunió en secreto con sus asesores para determinar cómo llevar a cabo la **crisis de los misiles en Cuba.** Examinaron varias opciones, inclusive la invasión de Cuba y el bombardeo de la ubicación de los misiles. Las nuevas fotografías mostraban que la construcción de las bases estaba acabando antes de lo esperado. Había que tomar una decisión.

El 22 de octubre, el Presidente Kennedy habló a través de la televisión nacional y reveló el "almacenamiento secreto, repentino y extraordinario" de los misiles en Cuba. Kennedy ordenó que la armada formara un bloqueo, o que cerrara el acceso a Cuba hasta que los soviéticos retiraran los misiles. Amenazó con destruir los buques soviéticos que intentaran sobrepasar el bloqueo. El presidente también expuso:

El alcance de misiles de balística de alcance intermediario = 2,500 millas

Alcance del avión de reacción bombeador MIG = 800 millas

Alcance de misiles de balística de medio alcance = 1,150 millas

Chicago
Ciudad de Nueva York
Los Angeles
Washington, D.C.
Miami
CUBA

0 500 millas
0 500 kilómetros
Proyección acimutal equivalente de Lambert

Habilidades **geográficas**

Este mapa demuestra el alcance de los misiles soviéticos en Cuba. La precisión de los misiles decaía mientras el alcance aumentaba.

1. **Región** ¿Qué partes de Estados Unidos podían ser alcanzadas por los misiles de alcance intermedio?
2. **Análisis de la información** ¿Qué estrategia usó Estados Unidos ante la amenaza de Cuba?

❝Será la política de esta nación considerar cualquier proyectil nuclear lanzado desde Cuba contra cualquier nación del hemisferio occidental como un ataque por la Unión Soviética a Estados Unidos❞.

Estados Unidos respondió, advirtió, con un ataque nuclear contra la Unión Soviética.

Mientras las dos superpotencias estaban al borde de una guerra nuclear, la gente del mundo entero esperaba ansiosamente. Sin embargo, Khrushchev no estaba listo para dar marcha atrás y los buques soviéticos, algunos cargados de misiles, continuaron rumbo hacia Cuba.

Dos días después del anuncio de Kennedy, algo decisivo ocurrió. Algunos buques soviéticos, ya cerca del bloqueo, regresaron.

Sin embargo, otros buques soviéticos aún se dirigían a Cuba y el trabajo en las bases de misiles continuaba. Los asesores del presidente elaboraron planes para atacar por aire las ubicaciones de los misiles por si acaso.

Después de cinco días agonizantes, con el mundo aparentemente al borde de una guerra nuclear, los buques soviéticos se volvieron del bloqueo. Los líderes soviéticos también decidieron retirar sus misiles de Cuba.

Después de haber estado tan cerca a un desastre nuclear, las superpotencias se dispusieron a mejorar sus relaciones. Durante el verano de 1963, Kennedy y Khrushchev instalaron una conexión telefónica directa, llamada línea de emergencia, entre Moscú y Washington para permitir una comunicación instantánea entre los líderes en momentos de crisis.

Durante ese mismo verano, las dos naciones firmaron un tratado que eliminaba los experimentos nucleares sobre la superficie de la tierra y debajo del agua.

Rivalidad en el espacio

Estados Unidos compitió contra la Unión Soviética sobre otro asunto durante la administración de Kennedy el espacio interplanetario. La carrera del espacio comenzó cuando la Unión Soviética lanzó *Sputnik,* el primer satélite mundial con éxito en 1957. En abril de 1961, el cosmonauta soviético **Yuri Gagarin** llegó a ser la primera persona en girar en órbita alrededor de la tierra. Un mes más tarde, **Alan Shepard, Jr.,** llegó a ser el primer estadounidense en volar en el espacio.

Poco después del vuelo de Shepard, Kennedy pidió que la nación aceptara un desafío aún mayor. En un discurso ante el Congreso, dijo:

66Creo que esta nación debería marcarse como objetivo antes del fin de esta década, la llegada del hombre a la Luna y su regreso sano y salvo a la Tierra99.

El presidente solicitó más dinero al Congreso para la **NASA** (Administración Nacional de Aeronáutica y el Espacio), la cual administraba el programa del espacio. La NASA expandió sus instalaciones de lanzamiento en Florida y construyó un centro de control en Houston, Texas.

El astronauta **John Glenn** conmovió al país en febrero de 1962 cuando giró alrededor de la tierra en una nave espacial, llegando a ser el primer estadounidense que lo había logrado. Un triunfo aún mayor para el programa del espacio llegó el 20 de julio de 1962 con el **proyecto Apolo.** Los televidentes pasmados de todo el mundo vieron como la nave espacial *Eagle* aterrizaba sobre la superficie de la luna. Unas horas después, con millones de personas todavía mirando, el astronauta **Neil Armstrong** dio el primer paso humano sobre la luna y dijo: "Es un paso pequeño para un hombre, pero un salto gigante para la humanidad". Al término del proyecto Apolo en 1972, 10 estadounidenses más habían aterrizado sobre la luna.

Comprobación de lectura **Explicación** ¿Por qué ordenó el Presidente Kennedy un bloqueo en la isla de Cuba?

EVALUACIÓN DE LA SECCIÓN 1

Verificación de comprensión

1. **Términos clave** Escribe una oración utilizando correctamente cada uno de los términos a continuación: contienda a guerrilleros, respuesta flexible, orden ejecutiva, exilio, bloqueo, línea de emergencia. Debajo de cada oración, escribe la definición del término usado.
2. **Repaso de hechos** ¿Quién fue el primer estadounidense en girar alrededor de la tierra en una nave espacial?

Repaso de temas

3. **Geografía e historia** ¿Por qué la ubicación de Berlín Occidental dificultó la defensa de los aliados?

Pensamiento crítico

4. **Inferencias** ¿Por qué crees que Khrushchev mandó misiles a Cuba?
5. **Análisis de la información** Recrea el siguiente diagrama e identifica qué estrategias tuvo en cuenta la administración Kennedy para poner fin al almacenamiento de misiles en Cuba.

La crisis de los misiles en Cuba

Análisis de material visual

6. **Habilidades geográficas** Examina el mapa de la crisis de misiles en Cuba en la página 869. Según el mapa ¿estaba Washington, D.C. dentro del alcance de un misil balístico mediano? ¿Podría un misil de alcance mediano tener alcance hasta Los Ángeles?

Actividad interdisciplinaria

Redacción persuasiva Escribe un discurso que tal vez el Presidente Kennedy hubiese escrito en defensa de sus acciones durante la crisis de los misiles en Cuba. Usa oraciones completas excepto en los casos en que los fragmentos son apropiados.

La guerra en Vietnam

Guía de lectura

Idea principal
La participación estadounidense en Vietnam aumentó constantemente a través de la década de 1960.

Términos clave
Vietcong, golpe, intensificar, misión de buscar y destruir

Estrategia de lectura
Organización de la información Recrea el siguiente diagrama y rellena los acontecimientos principales que ocurrieron después de la Resolución del Golfo de Tonkin.

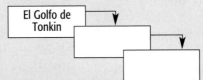

El Golfo de Tonkin

Leer para aprender
- cómo Vietnam llegó a ser un país dividido.
- por qué Estados Unidos incrementó su participación en la Guerra de Vietnam.

Tema de la sección
Conexiones mundiales Sin poder terminar la guerra rápidamente, Estados Unidos se encontró cada vez más envuelto en el conflicto.

Presentación preliminar de acontecimientos

◆1950   ◆1960   ◆1970

1954
Los Acuerdos de Ginebra dividen Vietnam

1959
La guerra civil estalla en Vietnam

1964
La resolución del Golfo de Tonkin es aprobada

1968
Más de 500,000 tropas norteamericanas se encuentran en Vietnam

UNA
historia estadounidense

En marzo de 1967, David Parks, un soldado afroamericano que prestaba servicio en Vietnam, describió un ataque enemigo sobre su campamento: "Estaba dormido cuando el primer proyectil estalló. La tierra retembló y rodé sobre el suelo mientras alguien gritó '¡Bomba, cuidado!' (. . .) Temblé como gelatina cuando la granada de metralla estalló alrededor de nuestro refugio. (. . .) Lo único que podíamos hacer era disparar con nuestra arma de 50 calibres y con armas pequeñas. (. . .) No estoy seguro de que los nativos estén de nuestra parte. Nos sonríen de día y sus hijos nos disparan de noche. Es difícil distinguir al verdadero enemigo".

Estados Unidos y Vietnam

A principios de la década de los sesenta, Estados Unidos se involucró en una pelea contra el comunismo en Asia Sudoriental. Sin embargo, la guerra en **Vietnam** no se desenvolvió tal y como los estadounidenses esperaban. El General Maxwell Taylor, que prestó servicio como embajador en Vietnam, reflexionó sobre la guerra en Vietnam unos años después de que ya había terminado:

66Primero, no nos conocíamos a nosotros mismos. Creíamos que íbamos a otra guerra coreana, pero éste fue un país distinto. Segundo, no conocíamos a los aliados vietnamitas del sur. Jamás los comprendimos y ésa fue otra sorpresa. Y apenas conocíamos Vietnam del Norte99.

Los orígenes de la guerra

Las raíces del conflicto de Vietnam tienen su origen en la Segunda Guerra Mundial, cuando las fuerzas japonesas capturaron la colonia francesa de Indochina en Asia Sudoriental. Las fuerzas vietnamitas comunistas encabezadas por **Ho Chi Minh** lucharon contra los japoneses.

Cuando Japón se rindió al término de la Segunda Guerra Mundial, Ho Chi Minh declaró la independencia de Vietnam. No obstante, los franceses no estaban dispuestos a entregar su imperio. Su colonia de Indochina, en la actualidad las naciones de Camboya, Laos y Vietnam, estaba entre las colonias más ricas de Francia, abasteciendo recursos de gran valor como el arroz, el caucho y la hojalata. Ho Chi Minh y sus fuerzas lucharon contra los franceses durante una larga y sangrienta guerra, derrotando al final a los franceses en 1954, en Dien Bien Phu.

Los Acuerdos de Ginebra

Ese mismo año, algunos diplomáticos de Estados Unidos, Francia, Gran Bretaña, la Unión Soviética, China y Vietnam se reunieron en Ginebra, Suiza, para elaborar un acuerdo de paz. Según los **Acuerdos de Ginebra,** Vietnam quedaría dividida temporalmente. Los comunistas nacionalistas de Ho Chi Minh controlarían el norte. **Hanoi** sería su capital. Las fuerzas no comunistas apoyadas por Estados Unidos controlarían el sur, con **Saigon** como capital. Vietnam sería unificada en 1956 después de tener elecciones nacionales.

Ni Estados Unidos ni Vietnam del Sur firmaron el acuerdo, pero ni el uno ni el otro se opusieron a sus disposiciones. Al mismo tiempo, un representante estadounidense advirtió que Estados Unidos conservaba el derecho de intervenir si Vietnam del Norte comunista agrediera el sur.

En 1955 **Ngo Dinh Diem,** el líder vietnamita educado en Francia, tomó el control del gobierno de Vietnam del Sur. Al año siguiente, con apoyo estadounidense, Diem se negó a celebrar las elecciones. La política brutal de Diem y su negación a celebrar las elecciones enfureció a muchos vietnamitas.

Los partidarios comunistas de Ho Chi Minh permanecieron en el sur después de que Vietnam fuera dividido. A finales de la década de los

Ho Chi Minh

Representación **de la historia**

Los monjes budistas con frecuencia encabezaban protestas contra los gobiernos de Vietnam del Sur y sus líderes. ¿Por qué protestaban los budistas de Vietnam contra el gobierno de Diem?

"El helicóptero ofreció nuevas dimensiones a la movilidad de la guerra. Transportaba a los soldados a la batalla, los abastecia y evacuaba a los heridos y a los muertos".

cincuenta, Diem lanzó una campaña para destruir el poder de los comunistas. Como respuesta, los comunistas se organizaron en el **Frente Nacional de Liberación** (NLF) más conocido por los estadounidenses como los Vietcong. En 1959, los Vietcong, bajo las órdenes de Ho Chi Minh, entablaron una guerra contra el régimen de Diem.

Crece el papel estadounidense

En 1955, Estados Unidos había reemplazado a los franceses como poder dominante en el sur. Si los comunistas se hicieran con el control de Vietnam del Sur, dijo una vez el Presidente Eisenhower, los demás países del Asia Sudoriental también caerían como una fila de dominó uno tras otro. Esta **teoría del dominó** ayudó al desarrollo de la política estadounidense en Vietnam durante los siguientes 20 años.

En apoyo a Vietnam del Sur, la administración de Eisenhower envió al país miles de millones de dólares en ayuda. También enviaron a unos centenares de soldados que tomaron el papel de asesores para el gobierno y el ejército de Vietnam del Sur.

Como Eisenhower, el Presidente Kennedy consideró que Vietnam era una parte de la lucha global en la guerra contra el comunismo. Kennedy envió más tropas de las Fuerzas Especiales, los Boinas Verdes, para que entrenaran y aconsejaran a las tropas de Vietnam del Sur. Kennedy también presionó a Diem para que hiciera reformas políticas y económicas para eliminar las condiciones que habían permitido al comunismo echar raíces en un principio. Pero Diem se negó a acatar la orden. En vez de pagar escuelas nuevas, clínicas de salud o la reforma de la tierra, los fondos estadounidenses a veces terminaban en las manos de los funcionarios corruptos de Vietnam del Sur. A su vez, Vietnam del Norte envió asistencia y tropas al sur para ayudar a los Vietcong en una guerra de guerrilla contra Diem, la cual comenzó en 1959.

El gobierno de Diem perdió apoyo a través del país. Su gobierno quitó los derechos a los **budistas,** la mayoría de personas en Vietnam del Sur, y favoreció a los católicos como él. Los budistas respondieron con protestas, algunas de las cuales terminaron con sangre cuando las tropas del gobierno dispararon a las multitudes.

A principios de 1963, los monjes budistas demostraron su oposición al régimen de Diem prendiéndose fuego en la vía pública. Las horrorosas fotografías de monjes consumidos por

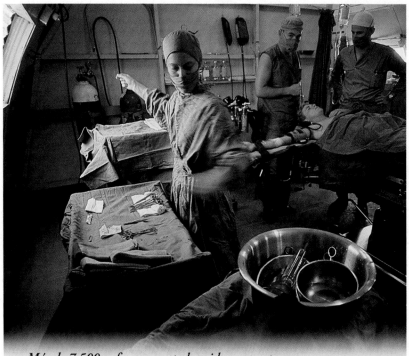

Más de 7,500 enfermeras estadounidenses prestaron servicio durante el conflicto de Vietnam.

llamas aparecieron en los periódicos y a través de las pantallas de televisión de todo el mundo. La administración de Kennedy se vio en dificultades para seguir apoyando a Diem.

El 1° de noviembre de 1963, un grupo de oficiales del ejército de Vietnam del Sur elaboraron un golpe, o derrocamiento de un gobierno, y asesinaron a Diem. La administración de Kennedy había respaldado el golpe, pero no el asesinato. Después de que el Presidente Kennedy fuera asesinado ese mismo mes, la cuestión de qué hacer entonces cayó en manos del Presidente **Lyndon B. Johnson.**

Comprobación de lectura **Análisis** ¿Cómo afectó la teoría de dominó a la decisión sobre el conflicto en Vietnam?

El conflicto se profundiza

Cuando se produjo la muerte de Kennedy, Estados Unidos tenía a casi 16,000 tropas estadounidenses en Vietnam como asesores. El Presidente Johnson mandó al Secretario de Defensa **Robert McNamara** a Vietnam en una misión de investigación.

McNamara le dijo al presidente que Vietnam del Sur no podía poner resistencia a los rebeldes Vietcong sin la ayuda de Estados Unidos. Durante una conversación en mayo de 1964 que quedó grabada pero que no se hizo pública hasta 1997,

Johnson da a conocer sus dudas sobre el compromiso estadounidense. "No creo que merezca la pena la lucha", dijo, "pero creo que no podemos salir". Sin embargo, a medida que los ataques de los Vietcong seguían adelante, Estados Unidos continuaba involucrándose cada vez más.

El Presidente Johnson quería el apoyo del Congreso para expandir el papel estadounidense en Vietnam. La oportunidad de obtener tal apoyo llegó en agosto de 1964, cuando los barcos patrulleros de Vietnam del Norte atacaron supuestamente a los destructores estadounidenses en el Golfo de Tonkin, cerca de Vietnam del Norte. El Congreso rápidamente aprobó una resolución que permitía al presidente "tomar toda acción necesaria para repeler cualquier ataque armado contra las fuerzas estadounidenses". La **Resolución del Golfo de Tonkin** le dio a Johnson la autoridad para usar las fuerzas estadounidenses en Vietnam.

En 1965, Johnson comenzó a intensificar, incrementar poco a poco, el papel de Estados Unidos en Vietnam. La concentración se componía de tropas terrestres y una campaña aérea.

Los miembros de la marina de guerra estadounidenses desembarcaron cerca de **Da Nang,** Vietnam del Sur, el 8 de marzo de 1965. Durante los siguientes tres años, el número de tropas en Vietnam incrementó drásticamente. Aproximadamente 180,000 soldados se encontraban en Vietnam a finales de 1965, casi 400,000 a finales de 1966, y más de 500,000 en 1968.

Estados Unidos también lanzó una campaña de bombardeo intenso llamada Operación Trueno. Algunos aviones atacaron el **camino de Ho Chi Minh,** una red de carreteras, caminos y puentes que daban vueltas desde Vietnam del Norte a través de Camboya y Laos hasta Vietnam del Sur. Las tropas de Vietnam del Norte usaban estas rutas para transportar el equipo al sur. Otros aviones se enfocaron en los puentes, muelles, fábricas y bases militares del norte.

Los bombardeos incrementaron intensamente desde 1965 hasta 1968. Para entonces, los aviones estadounidenses habían lanzado más bombas sobre Vietnam del Norte que todas las tiradas sobre Alemania, Italia y Japón durante la Segunda Guerra Mundial.

La lucha de la guerra

Las tropas estadounidenses encontraron dificultades para luchar sobre el terreno de Vietnam. Las densas selvas, los caminos llenos de lodo y los pantanos de arroz detenían el movimiento de las tropas. El ejército de Vietnam del Sur no siempre luchaba con eficacia. Mientras que las guerrillas Vietcong desaparecían entre la población, los soldados estadounidenses intentaban distinguir entre amigos y enemigos.

Las fuerzas estadounidenses comenzaron a llevar a cabo misiones de buscar y destruir. La meta era encontrar las unidades Vietcong y vietnamitas del norte y destruirlas. Los estadounidenses esperaban finalmente vencer a los comunistas u obligarlos a negociar.

Las tropas terrestres coordinaron sus movimientos con el apoyo aéreo. Las patrullas en el terreno transmitían su ubicación por radio, y los helicópteros armados sobrevolaban el lugar para atacar al enemigo con cañonazos y ametralladoras.

Los aviones bombardearon algunas regiones de Vietnam del Sur con el fin de sacar a las guerrillas de la selva. Ambos lados usaron aviones para lanzar **napalm,** un explosivo que arde intensamente para destruir el crecimiento de la selva. Las fuerzas de Vietnam del Norte y de los Vietcong también usaron napalm en sus lanzallamas, dispositivos que lanzan combustible o un flujo de liquido ardiente. Para mejorar la visibilidad, se rociaron herbicidas químicos en Vietnam para eliminar los bosques y los pastos altos. Se cree que un herbicida, **el Agente Naranja,** contaminó a muchos estadounidenses y vietnamitas, causándoles graves problemas de salud.

Crece la frustración

El bombardeo del camino de Ho Chi Minh y el norte no paró el flujo constante de tropas y equipo al sur. Tampoco detuvo el espíritu de los vietnamitas del norte. Como dijo uno de sus líderes más tarde,

66Los estadounidenses pensaban que mientras más bombas tiraran, antes nos arrodillaríamos y nos rendiríamos. Pero en vez de bajar nuestros ánimos, las bombas sólo sirvieron para aumentarlos99.

Representación **de la historia**

Un soldado estadounidense herido intenta alcanzar a un compañero caído. **¿Cuántas tropas estadounidenses había en Vietnam a finales de 1967?**

Las placas de identificación militar, comúnmente llamadas "dog tags" (plaquitas de perro), incluían el nombre del usuario, cuerpo de servicio tipo de sangre y religión, si así lo deseaba el usuario.

Las misiones de buscar y destruir mataron a miles de de soldados vietnamitas del norte y de Vietcong pero las tropas siempre parecían ser reemplazadas. Lo que dijo Ho Chi Minh a los franceses llegó a ser cierto:

❝ Puedes matar a diez de mis hombres por cada uno que mato de los tuyos. Pero aún bajo esa suerte, tú perderás y yo ganaré❞.

Las tropas estadounidenses avanzaron a los pantanos de arroz, las selvas y los pueblos pequeños y mataron a multitudes de Vietcong. Pero al día siguiente, el mismo sitio se tenía que atacar de nuevo.

Los soldados estadounidenses comenzaron a frustrarse. Philip Caputo, un joven teniente joven de los marines, recordó como la actitud comenzó a cambiar:

❝Cuando marchamos hacia los pantanos de arroz esa tarde húmeda del mes de marzo, llevábamos junto con nuestras mochilas y fusiles la implícita convicción de que los Vietcong se podían vencer rápidamente. Conservamos las mochilas y los fusiles, pero perdimos la convicción❞.

Debate en la Casa Blanca

Los funcionarios de la administración de Johnson examinaron las pérdidas comunistas que se iban acumulando y al principio creían que Estados Unidos podía triunfar. Sin embargo, mientras la guerra se alargaba, algunos funcionarios del gobierno vieron una situación aún más siniestra. El Secretario de Defensa McNamara comenzó a debatir que la guerra terrestre y los ataques aéreos habían fracasado y que la guerra no se podía ganar. Fuera de la capital de la nación, la oposición a la guerra aumentó. Pronto se convirtió en enojo.

✓ Comprobación de lectura **Identificación** ¿Qué es el Agente Naranja? ¿Cuáles son sus efectos?

EVALUACIÓN DE LA SECCIÓN 2

Verificación de comprensión

1. **Términos clave** Usa los términos siguientes en oraciones o párrafos cortos: Vietcong, golpe, intensificar. Relaciónalos usando dos o más términos en cada oración o párrafo.

2. **Repaso de hechos** ¿Cuantas tropas estadounidenses existían en Vietnam a fines de 1965?

Repaso de temas

3. **Conexiones mundiales** ¿Como logró el Presidente Johnson el apoyo del congreso para usar las fuerzas estadounidenses en Vietnam?

Pensamiento crítico

4. **Inferencias** Explica cómo el punto de vista comunista de los estadounidenses influyó en la política para apoyar a Vietnam del Sur.

5. **Organización de la información** Recrea el siguiente diagrama y explica el propósito de las estrategias militares.

Estrategia	Propósito
Misiones de buscar y destruir	
Operación Trueno	

Análisis de material visual

6. **Representación de la historia** Examina la fotografía en la página 875. Escribe un pie de foto que exprese lo que crees que el soldado le está diciendo a su compañero caído.

Actividad interdisciplinaria

Investigación y secuencia Usa libros, revistas y periódicos para aprender sobre las dificultades de los prisioneros de guerra (POW) y soldados desaparecidos en acción de guerra (MIA) en Vietnam. Haz una cronología que demuestre lo que el gobierno y los ciudadanos del sector privado hicieron en su nombre.

Los años de Vietnam en casa

Guía de lectura

Idea principal

Muchos estadounidenses se oponían a la participación de la nación en Vietnam. Y otros creían que los líderes estadounidenses no hacían lo suficiente para ganar la guerra.

Términos clave

contracultura, aplazamiento, paloma, halcón, resquicio de credibilidad, mayoría callada

Estrategia de lectura

Organización de la información Al leer la sección, recrea el siguiente diagrama y escribe cómo crees que las personas conocidas como palomas y halcones diferían en estos asuntos.

	El reclutamiento	Intensificación
Palomas		
Halcones		

Leer para aprender

- qué factores contribuyeron al alzamiento del movimiento de manifestaciones.
- cómo los estadounidenses en casa reaccionaron ante la guerra en Vietnam.

Tema de la sección

Continuidad y cambio Mientras la guerra continuaba, comenzó a crecer la discrepancia sobre el papel de la nación en Vietnam.

Presentación preliminar de acontecimientos

◆1967 ◆1968 ◆1969

octubre de 1967
Los manifestantes marchan en frente del Pentágono

abril de 1968
El Dr. Martin Luther King, Jr., es asesinado

junio de 1968
Robert F. Kennedy es asesinado

noviembre de 1968
Richard Nixon gana la presidencia

UNA historia estadounidense

La Guerra de Vietnam se prolongaba y los estadounidenses se dividieron por la presencia de Estados Unidos en ese país. Hasta los periodistas dejaban ver sus prejuicios mientras informaban sobre las manifestaciones antibélicas en frente del Pentágono en 1967. Mientras que los reporteros más antiguos, parados detrás de los policías, escribían sobre los radicales asaltando el Pentágono. Al otro lado de la barricada policial, los reporteros jóvenes escribían sobre la brutalidad de los policías federales estadounidenses. A cada lado de la separación de generaciones se creía firmemente que su versión era la correcta.

Las manifestaciones juveniles

Mientras la lucha continuaba en Vietnam, el pueblo estadounidense discrepaba sobre la guerra. Los grupos a favor y en contra de la guerra se atacaban con odio en aumento. Los manifestantes antibélicos llamaron al Presidente Johnson y a sus seguidores "asesinos". Los que apoyaban la guerra llamaron a los manifestantes "traidores". La guerra pareció dividir a Estados Unidos y mucho tenía que ver con la supuesta **disparidad entre generaciones.**

Mientras Estados Unidos aumentaba su participación en la guerra, la oposición a la misma también lo hacía. Algunos estadounidenses sintieron que el conflicto con Vietnam era una guerra civil y que Estados Unidos no debía involucrarse. A otros les preocupaba que el costo del compromiso de Estados Unidos con Vietnam estuviera dañando los programa internos. Todos condenaron la devastación del país y la pérdida de vidas durante el transcurso de la guerra.

Muchos de los que se opusieron a la guerra formaban parte de la contracultura, un movimiento que rechazaba los valores tradicionales de Estados Unidos. Algunos de los símbolos comunes de la contracultura, pantalones de mezclilla rotos y hombres con cabello largo, despertaban la oposición de los padres. La música popular tuvo un papel importante en la comunicación de las ideas de la contracultura.

Otras partes de la contracultura representaban una amenaza más seria a los valores tradicionales de la clase media. Algunos jóvenes se negaban a seguir los papeles tradicionales del estudio, el trabajo y la familia. Su plan era rechazar los aspectos de la sociedad estadounidense: la competencia por los bienes materiales y el triunfo personal.

La oposición al reclutamiento

El objetivo de las manifestaciones estudiantiles era el sistema militar obligatorio, el **reclutamiento,** que abastecía los soldados para la guerra. La ley exigía que todo hombre tenía que enlistarse para el reclutamiento al cumplir los 18 años. La oposición al reclutamiento provenía de dos fuentes.

Aquellos que se oponían totalmente a la participación estadounidense en Vietnam creían que si exigían el final del reclutamiento, se podría terminar con el abastecimiento de los soldados necesarios para la guerra. Otros opinaban que no

El empresario de Texas H. Ross Perot intentó entregar comida, medicina, correo y ropa a los prisioneros de guerra estadounidenses en Vietnam.

era justo. Las oficinas de reclutamiento tenían el poder de otorgar aplazamientos a las personas para excluirlas del reclutamiento por diversos motivos. Los estudiantes universitarios de tiempo completo, que en su mayoría pertenecían a la clase media, eran los que los recibían. Como resultado, un porcentaje creciente de los soldados provenía de familias pobres y de clase trabajadora. Muchos de los que estaban opuestos al reclutamiento debatían que los aplazamientos discriminaban a los pobres.

Algunos manifestantes se hicieron **objetores de conciencia,** afirmando que sus creencias éticas o religiosas les impedían luchar en la guerra. Otros demostraron su oposición al quemar sus tarjetas de reclutamiento, los formularios para el registro militar. El congreso creó una ley que consideraba delito quemar una tarjeta de reclutamiento.

Palomas y halcones

Los estudiantes y los otros opositores de la Guerra de Vietnam llegaron a llamarse palomas. Los que apoyaban la guerra se llamaron halcones.

En toda la nación, más estadounidenses llegaron a ver la guerra de forma negativa. Algunos pensaron que Estados Unidos no debía luchar en Vietnam. Otros se opusieron al modo en que el gobierno estaba llevando a cabo la guerra. Tanto los halcones como las palomas criticaron al Presidente Johnson por la forma de llevar a cabo la guerra en Vietnam y su índice de aprobación disminuyó espectacularmente.

La guerra pierde apoyo

Con el aumento de oposición a la guerra, los opositores se organizaron en grandes manifestaciones. En octubre de 1967, más de 50,000 personas marcharon hasta el **Pentágono** sede del Departamento de Defensa para una manifestación en contra de la guerra.

Los ataques de los opositores a la guerra eran cada vez más agudos y resentidos. El Servicio Secreto, encargado de proteger al Presidente Johnson, temió por su seguridad y se le pidió no hablar en público. Comenzó a aparecer solamente ante un público simpatizante.

El presidente animaba a la gente a que se reuniera para debatir con tranquilidad los problemas. "Razonemos juntos", dijo. Para 1968, los estadounidenses se demostraron menos dispuestos a hablar razonablemente y los acontecimientos violentos reemplazaban con frecuencia el dialogo.

Comprobación de lectura **Explicación** ¿Qué son los aplazamientos de reclutamiento? ¿Quién los recibía?

Como respuesta a las manifestaciones antibélicas, muchos estadounidenses se manifestaron a favor de las tropas estadounidenses.

1968, año de crisis

El año 1968 empezó con un golpe para el pueblo estadounidense. El 23 de enero, los buques de Corea del Norte tomaron el **USS** *Pueblo,* un buque espía de la marina de guerra en las aguas internacionales cerca de la costa de Corea. Las noticias de que un país del exterior había capturado a un buque estadounidense y a su tripulación fue un golpe para la nación.

A la siguiente semana se produjo otro golpe asombroso ya que Vietnam del Norte lanzó una serie de ataques en Vietnam del Sur. Los estadounidenses pronto captaron que 1968 sería un año largo, dramático y difícil.

La ofensiva Tet

El 31 de enero de 1968, los vietnamitas del norte y los Vietcong lanzaron una serie de ataques por todo Vietnam del Sur. Los ataques, que comenzaron el primer día del año nuevo vietnamita (Tet) llegaron a llamarse **ofensiva Tet.** Tet marcó un momento decisivo en la Guerra de Vietnam.

La ofensiva Tet tenía como objetivos las bases militares estadounidenses y las ciudades más grandes de Vietnam del Sur. Las tropas Vietcong invadieron la embajada estadounidense en **Saigón,** la capital. Los Vietcong también atacaron a **Hue,** la antigua capital de Vietnam y lucharon por casi un mes.

Por todo Vietnam del Sur, las tropas estadounidenses y vietnamitas del sur lucharon valientemente para retomar las ciudades. Finalmente lograron la retirada de los Vietcong y ocasionaron miles de víctimas. Las enormes pérdidas que sufrieron las fuerzas de los Vietcong obligaron a Vietnam del Norte a asumir una porción más grande de la lucha. En términos militares, los estadounidenses y los vietnamitas del sur ganaron la batalla.

El impacto en casa

En Estados Unidos, sin embargo, la ofensiva Tet hizo que muchos más estadounidenses se opusieran a la guerra y al Presidente Johnson. La imagen de los guerrilleros Vietcong matando a los estadounidenses en la embajada traumatizó a los televidentes. La cantidad de días que fueron necesarios para frustrar el ataque en Hue debilitó el informe del ejército sobre la capacidad de Estados Unidos para ganar la guerra.

Los periódicos principales y las revistas criticaron a la administración de Johnson públicamente por su forma de llevar la guerra. El *Wall Street Journal* escribió, "Los estadounidenses se deben preparar para aceptar (. . .) la posibilidad de que todo el esfuerzo en Vietnam sea un fracaso".

La mayoría de los estadounidenses parecían estar de acuerdo. Menos personas creían que el ejército estaba progresando. Había más que creían que el ejército estaba perdiendo terreno. La administración de Johnson desarrolló un resquicio de credibilidad y menos personas confiaban en sus declaraciones sobre la guerra.

Mientras aumentaba la oposición a la guerra, el Presidente Johnson se enfrentó a los desafíos dentro de su propio partido. A finales de 1967, el senador demócrata **Eugene McCarthy,** de Minnesota, anunció que se presentaría para el nombramiento de la presidencia en protesta contra la guerra. Como no era muy conocido, McCarthy parecía tener pocas posibilidades de ganar. Sin embargo, en las elecciones primarias del 12 de marzo en Nueva

DOS PUNTOS DE VISTA

¿Deberíamos luchar en la Guerra de Vietnam?

Mientras que la guerra en Vietnam persistía, el apoyo político comenzó a evaporarse. Mientras que los políticos del gobierno animaban a los estadounidenses a apoyar los objetivos de la libertad y la democracia, los manifestantes antibélicos contaban los cadáveres que se enviaban a casa y sostenían que la guerra no tenía sentido.

El Presidente Johnson se dirige a la nación, el 31 de marzo de 1968

Esta noche renuevo la oferta que hice en agosto de poner un alto al fuego en Vietnam del Norte. Suplicamos que los diálogos se emprendan rápidamente y que sean conversaciones serias sobre el fundamento de la paz. (. . .)

En la actualidad hay desacuerdos en la nación estadounidense. Hay división entre nosotros esta noche. Y con mi responsabilidad, como presidente de todo el pueblo, no puedo ignorar el riesgo al progreso de todo estadounidense, de la esperanza y la perspectiva de la paz para todos. (. . .)

Por consiguiente, como presidente no pediré ni aceptaré el nombramiento de mi partido para otro mandato.

Pero que todo hombre sepa, no obstante, que una nación estadounidense fuerte, confiante y alerta está en pie esta noche, lista para encontrar la paz honorable sin importar el precio, la carga, sin importar ni el sacrificio que supone. . .

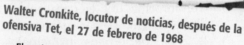

Walter Cronkite, locutor de noticias, después de la ofensiva Tet, el 27 de febrero de 1968

El optimismo de los líderes estadounidenses en Vietnam y en Washington nos han decepcionado con demasiada frecuencia para tener más fe en encontrar lo mejor de las peores situaciones. (. . .) Decir que estamos más cerca de la victoria que nunca sería creer, frente a las pruebas, a los optimistas que se han equivocado en el pasado. Sugerir que estamos condenados al fracaso es entregarse al pesimismo irrazonable. Decir que estamos estancados parece ser la única, pero insatisfactoria conclusión. (. . .) [E]s cada vez más obvio para este periodista que la única solución entonces era negociar, no como los vencedores, sino como un pueblo honorable que cumplió con su promesa de defender la democracia, y que hizo todo lo que pudo.

Walter Cronkite

Lecciones de la historia

1. ¿A qué se refiere Johnson con el "desacuerdo en la nación estadounidense"?
2. ¿Por qué es probable que los estadounidenses como Walter Cronkite se sintieran frustrados con la guerra?
3. ¿Parecen las palabras del presidente ser realistas? ¿Cómo hubiera respondido Cronkite al discurso del presidente?

Hampshire, McCarthy sorprendió a todos cuando recibió el 42 por ciento del voto popular. Aunque Johnson ganó las elecciones primarias, el apoyo hacia McCarthy indicaba una oposición generalizada a la guerra.

Más tarde, otro candidato contrario a la guerra se presentó a las elecciones. **Robert F. Kennedy,** el secretario de justicia durante la presidencia de su hermano y ahora senador de Nueva York, anunció que él también trataría de conseguir el nombramiento demócrata.

La respuesta del presidente

Los acontecimientos de Vietnam y la intensificación del movimiento antibélico molestaron al Presidente Johnson. Después de la ofensiva Tet, el comandante en Vietnam, el General **William Westmoreland,** solicitó aún más tropas. En vez de concederlas, el presidente ordenó una reevaluación de la guerra. También reevaluó su propia campaña de reelección en 1968.

El 31 de marzo de 1968, después de consultar con sus asesores, el Presidente Johnson se presentó en televisión para anunciar un "nuevo paso hacia la paz", pondría alto al fuego en las ciudades de Vietnam del Norte. Pidió a Vietnam del Norte hacer algo similar para poder iniciar las negociaciones de paz.

El presidente concluyó su discurso con un sorprendente anuncio. Dijo, "Como presidente, no pediré ni aceptaré el nombramiento de mi partido para otro mandato".

✔ **Comprobación de lectura** **Identificación** ¿Qué candidatos del propio partido del Presidente Johnson lo desafiaron?

Estalla la violencia

Unos días después de que Johnson se retirara de las elecciones presidenciales, una tragedia golpeó la nación. Un francotirador en Memphis, Tennessee, disparó y mató al **Dr. Martin Luther King, Jr.,** el principal activista en el movimiento por los derechos civiles.

Después de la muerte de Robert F. Kennedy en junio de 1968, la convención demócrata dividida se reunió en Chicago. El alcalde de Chicago, Richard Daley, ordenó la instalación de alambre de púas alrededor de la convención para prohibir el paso a los manifestantes antibélicos. **¿Cómo reaccionó la mayoría de los estadounidenses ante la violencia en Chicago?**

El asesinato de King provocó una epidemia de disturbios a través de la nación. Se llamaron a las tropas del ejército para controlar la enfurecida multitud en varias ciudades. Ya afectados por la muerte de King, los estadounidenses se empezaron a preocupar por el resurgimiento de la violencia urbana.

Mientras la nación agonizaba por la falta de tranquilidad en el interior y por la guerra en el exterior, las elecciones presidenciales cobraban energía. El Vicepresidente **Hubert H. Humphry** se unió a Eugene McCarthy y a Robert Kennedy para conseguir el nombramiento demócrata. Kennedy superó por poco a McCarthy en varias elecciones primarias, pero McCarthy se recuperó y ganó las elecciones primarias de Oregón. Humphrey, mientras tanto, evitó las elecciones primarias. En cambio, buscó el apoyo de los líderes del partido demócrata, que en algunos estados eran los que elegían a los delegados.

A principios de junio de 1968, Kennedy y McCarthy se enfrentaron en las elecciones primarias de California, el estado con el mayor número de delegados. Esa noche, después de la victoria de Kennedy, un asesino le disparó y lo mató y la nación tambaleó por el golpe de otro asesinato más.

La convención democrática

Cuando los demócratas tuvieron su convención en **Chicago,** Humphrey parecía tener suficientes votos para ganar el nombramiento. Como defensor de los derechos civiles desde hacía ya tiempo y defensor de las causas obreras, Humphrey contaba con el apoyo de su partido. Pero como defensor de la política de Johnson en Vietnam, Humphrey se vinculó con la facción del partido de la guerra.

Los demócratas antibélicos se sintieron marginados y enojados durante la convención. El ambiente tenía mucha tensión. Cuando los problemas estallaron, ocurrieron más en las calles que en sala de la convención.

Frustrados por la victoria casi garantizada de Humphrey, miles de activistas antibélicos acudieron a Chicago para protestar. El alcalde de Chicago, **Richard J. Daley,** temía actos violentos de los manifestantes y hubo una gran presencia policial. La policía hizo algunos arrestos las primeras dos noches, pero hubo graves problemas.

El tercer día, los manifestantes antibélicos planearon marchar hacia la convención en protesta por el nombramiento de Humphrey. La policía detuvo a los manifestantes en la entrada. Cuando los manifestantes se dirigieron a otra dirección, la policía los detuvo una vez más. Los manifestantes comenzaron a lanzar palos y botellas a los policías. Los policías lanzaron gas lacrimógeno y se armaron con macanas. Persiguieron a los que huyeron, golpearon a algunos y arrestaron a muchos.

Humphrey ganó el nombramiento demócrata, pero la violencia y la ira dentro de la convención, todo televisado, dañó su candidatura. Los demócratas parecían incapaces de controlar a su propia convención. Humphrey concedió: "Chicago fue una catástrofe".

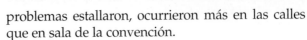 **Comprobación de lectura** **Identificación** ¿Qué dos líderes populares fueron asesinados en 1968?

Las elecciones de 1968

La mayoría de estadounidenses no estaba de acuerdo con la actuación de la policía en Chicago, pero al mismo tiempo se oponían totalmente a la de los manifestantes. Los años de protestas y descuerdos se hicieron sentir y se produjo una reacción. La mayoría de los estadounidenses deseaba con fervor volver a tener el "orden público".

La candidatura de Wallace

Un candidato presidencial que usó el tema "orden público" fue el Gobernador **George C. Wallace,** de Alabama. Como candidato de un tercer partido, Wallace prometió aplastar a los "jóvenes de pelo largo (. . .) que quemaban sus tarjetas de reclutamiento". Además, criticó los esfuerzos para integrar las escuelas transportando a los estudiantes en autobús y se burló de los burócratas "intelectualoides" en Washington por decirle a la gente cómo encargarse de su vida.

La dura postura que tomó Wallace sobre el orden público y su llamamiento al miedo racial atrajo muchos votos. Algunos periodistas políticos pronosticaron que Wallace ganaría hasta el 20 por ciento de los votos.

La "mayoría callada"

El candidato presidencial republicano, el ex-vicepresidente **Richard M. Nixon,** también intentó aprovecharse del sentimiento conservador creciente entre los votantes. Nixon prometió representar la "voz silenciosa" de la "gran mayoría de estadounidenses, los que no gritan, los que no se manifiestan". A estas personas las llamo la "mayoría callada". Al declarar que el "primer derecho civil de todo estadounidense es el de ser libre de la violencia domestica", Nixon prometió hacer volver el orden público.

Nixon no dejó claro su punto de vista sobre Vietnam. Prometió que lograría la "paz con honor", pero no dio ningún detalle de su plan.

Durante la campaña electoral, Nixon intentó ganar algunos de los estados del sur que mantenían la tradición demócrata en cuanto al orden público. Esta "estrategia sureña" dio resultado. Aunque Wallace se hizo con cinco estados sureños y 46 votos electorales, Nixon ganó siete estados junto con sus 78 votos electorales.

Nixon gana

El voto popular estuvo cerca. Nixon le ganó a Humphrey por aproximadamente 500,000 votos, una diferencia de menos de 1 por ciento. En el voto electoral, sin embargo, Nixon ganó una mayoría sólida: 301 votos frente a los 191 de Humphrey.

Nixon ascendió a la presidencia con los votos de tan sólo 43.4 por ciento del pueblo. Nixon y Wallace juntos, sin embargo, habían ganado casi el 57 por ciento del voto. Parecía que una gran mayoría de los estadounidenses deseaba que el gobierno restaurara el orden.

Comprobación de lectura **Identificación** ¿Qué candidato presidencial en 1968 presentó el desafío de un tercer partido?

EVALUACIÓN DE LA SECCIÓN 3

Verificación de comprensión

1. **Términos clave** Define contracultura, aplazamiento, paloma, halcón, resquicio de credibilidad, mayoría callada.

2. **Repaso de hechos** ¿Qué declaraban los objetores de consciencia?

Análisis de temas

3. **Continuidad y cambio** ¿Cuál fue el resultado de las elecciones presidenciales de 1968?

Pensamiento crítico

4. **Inferencias** ¿Cómo piensa que el resquicio de credibilidad afectó a la habilidad de Johnson para ser un presidente eficaz?

5. **Determinación de causa y efecto** Recrea el siguiente diagrama y explica por qué disminuyó el apoyo para la guerra en Vietnam.

El apoyo para la campaña solidaria disminuye

Análisis de material visual

6. **Representación de la historia** Mira las fotografías de la página 879. Escribe un párrafo para describir los acontecimientos.

Actividad interdisciplinaria

Investigación Entrevista a los amigos y parientes que vivieron durante la era de Vietnam para saber cómo las personas de tu comunidad reaccionaron ante el conflicto. Haz una exposición de tus averiguaciones.

Desarrollo de HABILIDADES
Tecnología

Construcción de una base de datos

¿Por qué desarrollar esta habilidad?

¿En alguna ocasión has coleccionado tarjetas de béisbol o catalogado los discos compactos en tu colección? ¿Has recogido en una lista los nombres y direcciones de tus amigos y parientes? Si has recogido algún tipo de información y has guardado algún tipo de lista o archivo, entonces has creado una base de datos.

Desarrollo de la habilidad

Una base de datos electrónica es una recopilación de los datos guardados en un archivo en la computadora. La información se organiza en campos.

Una base de datos se puede organizar de la manera que te sea útil. Mediante el uso de un sistema de administración de bases de datos (SABD), software especial desarrollado para el manejo de datos, puedes fácilmente añadir, borrar, cambiar o actualizar la información. Le puedes dar comandos a la computadora diciéndole lo que debe hacer con la información y ésta sigue tus instrucciones. Cuando desees obtener información, la computadora la busca en todos los archivos, encuentra la información y la despliega en la pantalla.

Práctica de la habilidad

El Presidente Richard M. Nixon es uno de los presidentes mencionados en este capítulo. Sigue estos pasos para construir una base de datos sobre los acontecimientos políticos y culturales que sucedieron durante su presidencia.

① Decide qué hechos quieres incluir en la base de datos.

② Sigue las instrucciones en la SABD que estás utilizando para preparar los campos. Después ubica cada dato en su campo asignado.

Nixon da la bienvenida a sus seguidores durante una reunión popular.

③ Decide cómo quieres organizar los hechos dentro de la base de datos, si cronológicamente por la fecha del acontecimiento o alfabéticamente por el nombre del acontecimiento.

④ Sigue las instrucciones de tu programa de computadora para organizar la información según su importancia.

⑤ Comprueba que la información dentro de tu base de datos es la correcta. Si fuera necesario, añade, borra o cambia la información o los campos.

Aplicación de la habilidad

Construcción de una base de datos Trae periódicos recientes a la clase. Usando los pasos descritos anteriormente, construye una base de datos de los personajes políticos mencionados en el periódico. Explícale a un compañero por qué organizaste la base de datos de esta forma y cómo podría ser útil para la clase.

Nixon y Vietnam

Guía de lectura

Idea principal

El Presidente Nixon implementó un plan de entrenamiento y equipo para que los soldados vietnamitas del sur reemplazaran a las tropas estadounidenses.

Términos clave

vietnamización, ley marcial, MIA

Estrategia de lectura

Organización de la información Al leer la sección, recrea el siguiente diagrama para identificar tres estrategias que utilizó Nixon para poner fin a la guerra.

Las estrategias de Nixon

Leer para aprender

- los pasos que tomó Nixon para poner fin al la guerra en Vietnam.
- el costo de la Guerra de Vietnam.

Tema de la sección

Continuidad y cambio El Presidente Nixon cambió la estrategia del conflicto que incluía bombardeos intensos y la vietnamización.

Presentación preliminar de acontecimientos

♦1968   ♦1970   ♦1972   ♦1974

junio de 1969
Nixon comienza a retirar las tropas de Vietnam

abril de 1970
Nixon manda tropas a Camboya

mayo de 1970
Seis estudiantes fueron asesinados en las universidades estatales Kent y Jackson

enero de 1973
Los acuerdos de paz en París terminan la participación estadounidense en Vietnam

UNA
historia estadounidense

La inauguración del Presidente Nixon en enero de 1969 tuvo lugar durante un día frío y tenebroso. Centenares de manifestantes que gritaban refranes contra la guerra y alzaban carteles contra Nixon se encontraban a lo largo de la avenida Pennsylvania en Washington, D.C. A cierto punto llovieron palos, piedras y botellas sobre la limosina de Nixon. Ofendidos por estos hechos, los veteranos de la Segunda Guerra Mundial gritaron a los manifestantes, llamándolos "comunistas" y "traidores". Esto hizo que por primera vez, en los 180 años de la presidencia, un desfile inaugural se tuviera que interrumpir.

Una nueva estrategia

En su discurso de inaguración en enero de 1969, **Richard M. Nixon** suplicó la calma del pueblo estadounidense:

>❝No podemos aprender del uno al otro si no dejamos de gritarnos, hasta que hablemos con tranquilidad y oigamos nuestras palabras, no sólo nuestras voces❞.

La campaña de Nixon utilizó la promesa de "paz con honor" en Vietnam. Él quería retirar las fuerzas estadounidenses de Vietnam, pero no quería que la retirada estadounidense fuera considerada una derrota. La estrategia de paz con honor tenía tres partes: la reforma del servicio militar obligatorio, dar más responsabilidad a Vietnam del Sur en la guerra y ampliar la campaña de bombardeo.

Bajo el Presidente Nixon el servicio militar obligatorio cambió. Los estudiantes universitarios ya no podían obtener aplazamientos para el reclutamiento, sólo los jóvenes de 19 años podían ser llamados al servicio en Vietnam y los reclutados serían escogidos por medio de una lotería basada en su fecha de nacimiento. Las manifestaciones contra el reclutamiento disminuyeron con estas reformas porque el gobierno llamó a menos jóvenes y porque el Presidente Nixon prometió eliminar el servicio militar obligatorio en el futuro.

El Presidente Nixon comenzó a retirar las tropas estadounidenses de Vietnam en junio de 1968. Sin embargo, él no quería dejar a Vietnam del Sur en manos de los comunistas. Para finales del año, Nixon había desarrollado su plan de vietnamización y se lo había anunciado al pueblo estadounidense. La vietnamización exigía que el ejército de Vietnam del Sur tomara un papel más activo en la guerra para que los estadounidenses tuvieran menos participación. Mientras se intensificaba el entrenamiento de los soldados vietnamitas del sur, las tropas terrestres estadounidenses poco a poco se retirarían del país.

Cuando Nixon inició su mandato en enero de 1969, más de 540,000 tropas estadounidenses estaban en Vietnam. Para finales de 1970, el número había descendido a 334,000 y para 1971 a alrededor de 60,000.

En la tercera parte de su política en Vietnam, Nixon amplió la campaña de bombardeo. Con la esperanza de aliviar la presión sobre las tropas en Vietnam del Sur, el presidente ordenó el bombardeo de las rutas de abastecimiento y escondites enemigos en los países vecinos, Camboya y Laos. Aunque la administración de Nixon buscó publicidad para los cambios en el reclutamiento y el retiro de las tropas, dejó que el bombardeo de Camboya fuera un secreto.

✔Comprobación de lectura Explicación

¿Por qué amplió Estados Unidos la campaña de bombardeo?

Los soldados estadounidenses vigilan

La oposición de la nación se renovó

Una nueva ronda de manifestaciones comenzó a finales de 1969, reflejando el sentimiento creciente para acabar con la guerra. En octubre, más de 300,000 personas participaron en una manifestación contra la guerra en Washington, D.C.

El gobierno también intentó poner fin a la guerra mediante negociaciones por la paz con Vietnam del Norte. **Henry Kissinger,** el asesor de seguridad nacional del presidente, representó a Estados Unidos en las conversaciones de París. Estados Unidos había lanzado una campaña de bombardeo para convencer a los vietnamitas del norte que acepten las condiciones del acuerdo, pero los vietnamitas del norte adoptaron una actitud de esperar y mirar. Creían que la fuerza del movimiento antibélico en Estados Unidos obligaría a los estadounidenses a retirarse.

Las nuevas manifestaciones contra la guerra y la actitud rígida de Vietnam del Norte alarmaron al Presidente Nixon. En su discurso sobre la vietnamización en noviembre, pidió el apoyo de la "mayoría callada" de los estadounidenses para su política. "Vietnam del Norte no puede vencer ni humillar a Estados Unidos", dijo. "Sólo los estadounidenses pueden hacerlo".

La guerra se intensifica

El conflicto se apoderó de Asia Sudoriental cuando Camboya se sumergió en una guerra civil entre las fuerzas comunistas y las no comunistas. En abril de 1970, Nixon decidió mandar tropas estadounidenses para destruir las bases comunistas en Camboya.

El ataque levantó indignación en el Congreso y en otras partes. Al mandar tropas estadounidenses a Camboya, reclamaban los críticos, Nixon invadía un país neutral y sobrepasaba su autoridad constitucional como presidente.

La Universidad Estatal Kent

La invasión de Camboya provocó un diluvio de manifestaciones contra la guerra en las universidades de toda la nación. La mayoría transcu-

En diciembre de 1972, gigantescos aviones de bombardeo, propulsados por motores a chorro, estaban entre las primeras aeronaves usadas para lanzar más de 2,000 misiones en contra de Vietnam del Norte en la campaña de bombardeo "Navideña". Fue la campaña de bombardeo más concentrada de la guerra y de la historia.

Habilidades geográficas

Durante la guerra, las tropas de Estados Unidos y del gobierno de Vietnam del Sur controlaron las ciudades importantes.

1. Ubicación ¿Por cuál línea de latitud se encontraba la zona desmilitarizada?

2. Análisis de la información ¿A través de qué países pasaba el camino de Ho Chi Minh?

Los Estados Unidos en la Guerra de Vietnam

Las tropas estadounidenses en Vietnam, 1965–1973

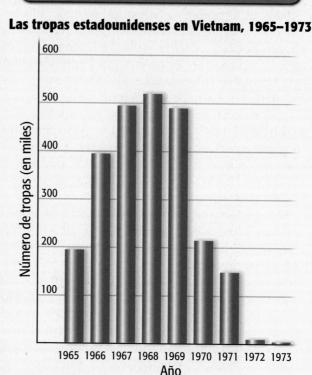

Fuentes de consulta: *Abstracto estadístico de Estados Unidos*

Oposición a la Guerra

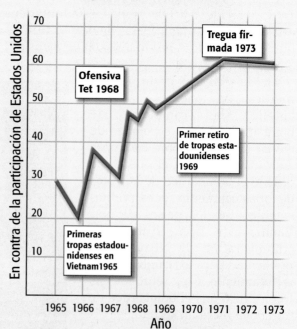

Fuente de consulta: *La encuesta Gallup Opinión pública.*

Representación de la historia

Una mujer pasmada se arrodilla cerca del cuerpo de un estudiante muerto en la Universidad Estatal Kent. ¿Qué acontecimiento provocó el disturbio estudiantil en la Universidad Estatal Kent?

rrieron de manera pacífica. Sin embargo, dos manifestaciones terminaron en tragedia.

Durante una manifestación en la Universidad Estatal de Kent en **Kent, Ohio,** los estudiantes prendieron fuego a un edificio militar en el campus. El gobernador de Ohio declaró la ley marcial, un gobierno militar de emergencia en la universidad y mandó a 3,000 soldados de la guardia nacional a Kent.

El 4 de mayo, las tropas armadas llegaron a la universidad. Leone Keegan, de 18 años y estudiante de primer año, recordaba mientras iba a clases esa mañana:

> **❝**Vi a muchos jóvenes uniformados parados en las esquinas de las calles con sus fusiles, y pensé ¿qué es esto?**❞**

Al mediodía, todos los estudiantes se reúnen para manifestarse en el patio común de la univesidad. Los miembros de la Guardia Nacional, jóvenes, sin experiencia y nerviosos, les dijeron a los estudiantes que se fueran. "Desalojen la zona. No tienen derecho a reunirse", gritaron por los megáfonos. Los estudiantes gritaron, "No queremos su guerra". Algunos arrojaron piedras y los soldados lanzaron gas lacrimógeno. Muchos huyeron. Una unidad de la Guardia Nacional persiguió a algunos estudiantes entre dos edificios. Entonces por razones desconocidas los soldados dispararon. ". . . Nos están matando", gritó un estudiante aterrorizado. Cuatro estudiantes resultaron muertos y al menos otros nueve heridos.

La Universidad Estatal Jackson

La violencia estalló de nuevo el 15 de mayo en la escuela compuesta casi en su totalidad por afroamericanos, la **Universidad Estatal Jackson** en Mississippi. Después de una noche de violencia en la universidad, dos estudiantes murieron a balazos. Los testigos acusaron a la policía de disparar con escopetas e imprudentemente a la residencia. La policía declaró que se estaba protegiendo de los francotiradores.

Una ola de huelgas estudiantiles tuvo lugar después de las tragedias de Kent y de Jackson. Centenares de colegios y universidades suspendieron sus clases o cerraron sus puertas por completo.

El presidente tomó una postura dura. Los tiroteos de la Universidad Estatal Kent, dijo, "deben recordarnos una vez más que cuando el desacuerdo se convierte en violencia se incita a la tragedia". La comisión que investigó los acontecimientos de Kent concluyó que el tiroteo no era justificado. Sin embargo, una mayoría de estadounidenses parecía estar de acuerdo con el presidente.

Comprobación de lectura **Identificación** ¿Quién representó a Estados Unidos en las conversaciones de París?

"La paz está al alcance"

Mientras tanto, la administración de Nixon
seguía negociando con los representantes del
gobierno de Vietnam del Norte. Sin embargo, los
diálogos se interrumpieron.

En marzo de 1972, los vietnamitas del norte
lanzaron otra importante ofensiva en el sur. Ya que
Estados Unidos tenía pocas tropas en Vietnam,
Nixon emprendió los bombardeos de nuevo.
Nixon ordenó que los aviones norteamericanos
lanzaran bombas sobre los objetivos cerca de
Hanoi, la capital de Vietnam del Norte. También
ordenó a la marina de guerra instalar minas en los
puertos de Vietnam del Norte.

El presidente dejó de exigirle a Vietnam del
Norte que retirara todas sus tropas del sur antes de
la retirada estadounidense por completo. Nixon
mandó a Henry Kissinger a que negociara. En el
otoño de 1972 poco antes de las elecciones
presidenciales en Estados Unidos llegaron a un
acuerdo provisional. "La paz está al alcance",
anunció Kissinger.

Había hecho demasiado pronto este anuncio. El
acuerdo fracasó porque el presidente de Vietnam
del Sur se opuso a que las fuerzas de Vietnam del
Norte siguieran en Vietnam del Sur.

Los acuerdos de paz en París

Después de ser reelegido, Nixon desencadenó el
poder aéreo estadounidense sobre Vietnam del
Norte. En diciembre de 1972, el bombardeo más
intenso de la guerra cayó sobre las ciudades de
Vietnam del Norte, provocando indignación
dentro de Estados Unidos y en el exterior.

Nixon mantuvo su posición, y Vietnam del
Norte volvió a dialogar sobre la paz. Los
estadounidenses presionaron a los vietnamitas del
sur a aceptar las condiciones de la paz. El 27 de
enero de 1973, los negociadores firmaron el
acuerdo de paz.

Estados Unidos acordó retirar el resto de las
tropas del país. Los vietnamitas del norte acordaron
entregar a todos los prisioneros de guerra
estadounidense. Mientras los acuerdos de paz en
París pusieron fin a la intervención estadounidense
en Vietnam, el conflicto no se detuvo.

Termina la guerra

Los vietnamitas del norte nunca abandonaron el
objetivo de unificar Vietnam bajo su dominio. A
principios de 1975 lanzaron su última gran
ofensiva. El ejército debilitado de Vietnam del Sur
se vio derrotado repentinamente en cada frente. En
pocas semanas, los tanques de Vietnam del Norte
llegaron a las afueras de Saigon.

Mientras que las fuerzas de Vietnam del Norte se aproximaban a Saigon, los últimos estadounidenses se apresuraban para huir del país, algunos en helicóptero por el techo de la embajada estadounidense. Miles de ciudadanos vietnamitas que apoyaban o trabajaban para los estadounidenses también huyeron a Estados Unidos. Pero muchos no pudieron escapar. En la madrugada del 30 de abril de 1975, Saigon cayó en manos de los comunistas. Poco después, Vietnam del Sur se rindió. La larga guerra había llegado a su fin.

✔**Comprobación de lectura** **Análisis** ¿Cuál fue el resultado de los acuerdos de paz en París?

El legado de la guerra

La Guerra de Vietnam tuvo un asombroso costo de vida y sufrimiento. Más de un millón de vietnamitas civiles y soldados de un bando y otro murieron entre 1965 hasta el final del conflicto. Vietnam terminó en ruinas con muchos de los pueblos destruidos.

Más de 58,000 estadounidenses habían muerto y 300,000 estaban heridos, muchos de ellos discapacitados por vida. Estados Unidos había gastado más de $150 mil millones en la guerra.

Aproxiamdamente 2.7 millones de estadounidenses prestaron sus servicios en Vietnam. A diferencia de los veteranos de la Segunda Guerra Mundial, cuando llegaron a casa, nadie los recibió como héroes. Muchos estadounidenses simplemente querían olvidar la guerra. Prestaron muy poca atención a los que habían luchado y sacrificado en Vietnam.

Los parientes de los soldados estadounidenses que estaban desaparecidos en acción de guerra o MIA, seguían exigiendo que el gobierno presionara a los vietnamitas para obtener información. Los vietnamitas permitieron que varios grupos estadounidenses buscaran en el campo. Sin embargo, con el pasar de los años, las posibilidades de encontrar a alguien se desvanecieron.

Un paso para la curación

La construcción del **monumento para los veteranos de Vietnam** en Washington D.C., fue un paso para curar las heridas del país. Diseñado por **Maya Ying Lin,** el impresionante monumento es un muro de piedra de granito negro con la forma de los galones de un soldado. Lleva los nombres de todos los estadounidenses que murieron o desaparecieron en acción de guerra durante el conflicto.

Cuando visitan el muro, las familias, amigos y compañeros buscan los nombres de aquellos que lucharon en Vietnam y no regresaron. Desde que se inauguró el monumento en 1982, los visitantes han dejado miles de recuerdos. Las flores, cartas, poemas y fotos dejadas en el muro son un tributo conmovedor y de orgullo para los estadounidenses que murieron prestando sus servicios a este país.

✔**Comprobación de lectura** **Identificación** ¿Qué es un MIA?

HISTORIA En línea

Actividad del estudiante en línea
Visita taj.glencoe.com y haz clic en **Chapter 30—Student Web Activities** para hacer una actividad sobre la Guerra de Vietnam.

EVALUACIÓN DE LA SECCIÓN 4

Verificación de comprensión
1. **Términos clave** Define vietnamización, ley marcial, MIA.
2. **Repaso de hechos** ¿Por qué las acciones de Nixon en Camboya enfadaron a muchas personas?

Análisis de temas
3. **Conexiones mundiales** Explica el proceso de vietnamización ¿Quién propuso el plan?

Pensamiento crítico
4. **Conclusiones** ¿Piensas que Nixon tuvo éxito a la hora de conseguir la "paz con honor"? Explica.
5. **Secuencia de información** Recrea la siguiente cronología e identifica las fechas clave y los acontecimientos de la Guerra de Vietnam durante la presidencia de Nixon.

junio de 1969 — abril de 1975

Análisis de material visual
6. **Habilidades geográficas** Examina el mapa en la página 886. ¿Dónde se encontraba la zona desmilitarizada?

Actividad interdisciplinaria

Redacción explicativa Imagínate que eres un reportero en la era de Vietnam. Investiga y escribe un reportaje sobre un aspecto de la guerra que te parezca interesante. Utiliza palabras y expresiones creativas.

Resumen del capítulo
La era de Vietnam

1954
- Los Acuerdos de Ginebra dividen Vietnam

1957
- La Unión Soviética lanza el *Sputnik*

1959
- La guerra civil estalla en Vietnam

1961
- La invasión de la Bahía de Cochinos
- Se levanta el Muro de Berlín

1962
- Ocurre la crisis de los misiles en Cuba

1963
- John F. Kennedy es asesinado
- Lyndon B. Johnson toma el juramento presidencial

1964
- Se aprueba la resolución del Golfo de Tonkin

1967
- Más de 500,000 tropas estadounidenses se encuentran en Vietnam
- Los manifestantes en contra de la guerra marchan hacia el Pentágono

1968
- Corea del Norte captura el USS *Pueblo*
- Los vietnamitas del norte lanzan la ofensiva Tet
- El Doctor Martin Luther King, Jr. es asesinado
- Robert Kennedy es asesinado
- La violencia estalla en la convención demócrata en Chicago
- Richard Nixon gana la presidencia

1969
- Neil Armstrong camina sobre la luna
- Nixon comienza a retirar las tropas de Vietnam

1970
- Nixon manda tropas a Camboya
- Seis estudiantes murieron en la Universidad Estatal Kent y la Universidad Estatal Jackson

1973
- Los Acuerdos de Paz en París ponen fin a la participación estadounidense en Vietnam

Repaso de términos clave
En una hoja, utiliza cada uno de los siguientes términos para escribir oraciones que guarden relación con este capítulo.

1. respuesta flexible
2. línea de emergencia
3. Vietcong
4. teoría del dominó
5. intensificar
6. aplazamiento
7. vietnamización
8. MIA

Repaso de hechos clave
9. ¿Por qué construyeron los soviéticos el Muro de Berlín?
10. ¿Por qué el Presidente Kennedy bloqueó los alrededores de Cuba?
11. ¿Cómo la Resolución del Golfo de Tonkin extendió el poder del Presidente Johnson?
12. ¿Qué es el Agente Naranja?
13. ¿Qué fue la ofensiva Tet?

Pensamiento crítico
14. **Comparación** ¿Por qué crees que la mayoría de los estadounidenses apoyaba el esfuerzo durante la Segunda Guerra Mundial, pero muchos no lo hicieron con la Guerra de Vietnam?
15. **Conclusiones** El Presidente Johnson tomó la decisión de no buscar su reelección en 1968. Determina si crees que la decisión de Johnson fue positiva o negativa para el país. En un diagrama como éste, escribe al menos tres razones que apoyen tu decisión.

Motivos por los que LBJ debería o no presentarse como candidato

Práctica de habilidades
16. **Uso de una base de datos** Prepara una base de datos sobre las batallas más importantes durante la Guerra de Vietnam en las que participaron las tropas estadounidenses. En la biblioteca local, busca información sobre los lugares de las batallas, quién fue el oficial comandante, cuántos soldados estadounidenses y vietnamitas murieron o fueron heridos. Comparte la base de datos con tus compañeros de clase.

Actividad de geografía e historia

Estudia los dos mapas de esta página; luego responde a las preguntas a continuación.

Prueba de autocomprobación
Visita taj.glencoe.com y haz clic en **Chapter 30—Self-Check Quizzes** a fin de prepararte para el examen del capítulo.

NATIONAL GEOGRAPHIC — **Las elecciones de 1960**

Porciones rayadas indican un voto electoral dividido

Candidato	Voto electoral	Voto popular	Partido político
Kennedy	303	34,227,096	Demócrata
Nixon	219	34,107,646	Republicano
Byrd	15	Ninguno	Independiente

NATIONAL GEOGRAPHIC — **Las elecciones de 1968**

Porciones rayadas indican un voto electoral dividido

Candidato	Voto electoral	Voto popular	Partido político
Nixon	301	31,785,480	Republicano
Humphrey	191	31,275,166	Demócrata
Wallace	46	9,906,473	Independiente

17. Región ¿En qué regiones del país recibió Kennedy más apoyo durante las elecciones de 1960? ¿En cuáles regiones recibió menos apoyo?

18. Región ¿Qué regiones apoyaron a Nixon en 1960? ¿Y en 1968?

19. Región Explica por qué estás de acuerdo o no con lo siguiente: El noreste fue la región que más apoyó a Nixon en 1968.

Actividad ciudadana cooperativa

20. Participación individual Con otros dos estudiantes, investiga las oportunidades que existen en tu comunidad para participar a nivel individual en algunos asuntos. Por ejemplo, ¿existe un programa de reciclaje en tu comunidad? Averigua qué es lo que puedes hacer para ayudar con estos esfuerzos. Informa a la clase de tus conclusiones.

Evaluación alternativa

21. Actividad de redacción La participación de Estados Unidos en Vietnam terminó oficialmente en 1973. ¿Qué efectos de la guerra aún persisten en la vida cotidiana estadounidense? Escribe un párrafo en el que describas cuáles son estos efectos.

Práctica de examen estandarizado

Instrucciones: Selecciona la *mejor* respuesta a la pregunta siguiente.

¿Qué pasó en Vietnam después de que las últimas tropas se retiraran?

A Comenzó el proceso de la vietnamización.

B Vietnam del Sur se rindió ante Vietnam del Norte.

C Las dos partes se reunieron en París.

D El Presidente Johnson decidió no presentarse a su segundo mandato presidencial.

Consejo para el examen

Presta atención a la secuencia de los acontecimientos en una pregunta. Esta pregunta habla de los acontecimientos en Vietnam después de la retirada de Estados Unidos. La opción **A** es un acontecimiento que ocurrió antes de la retirada.

Estados Unidos moderno

1968–al presente

Bandera decorativa, arte computarizado

Por qué es importante

Ocurrieron cambios increíbles en la última parte del siglo XX. La guerra fría terminó. La fe en el gobierno fue puesta en duda por escándalos presidenciales. Mientras que Estados Unidos entraba a un siglo nuevo, emergieron nuevos desafíos. Los estadounidenses respondieron al terrorismo buscando nuevas formas de conservar y proteger sus ideales en un mundo que cambiaba. Los siguientes recursos ofrecen más información sobre este periodo en la historia estadounidense.

Biblioteca de **f**uentes **p**rincipales

Mira en las páginas 978–979 el listado de lecturas de fuentes principales que acompañan a la Unidad 11.
💿 *Encuentra en el **CD-ROM American History Primary Source Document Library** las fuentes principales adicionales acerca del Estados Unidos moderno.*

La estación espacial internacional

> *"Estados Unidos, en su apogeo, tiene compasión".*
>
> —Presidente George W. Bush,
> *Discurso de inauguración de 2001*

CAPÍTULO 31

La búsqueda de estabilidad

1968–1981

Por qué es importante

Durante las décadas de 1960 y 1970, la visión de los estadounidenses del país y del gobierno cambió. Algunos creían que Estados Unidos había perdido su posición de líder económico y político del mundo libre. Aún así el sistema de gobierno constitucional estadounidense funcionaba y sobrevivía.

El impacto actual

Hoy en día muchos estadounidenses continúan expresando sus dudas con respecto al sistema político. La desconfianza en los políticos, especialmente en los "hombres de Washington" ha disminuido la concurrencia de votantes en las elecciones. También ha estimulado la creación de movimientos políticos fuera de los dos partidos principales.

 Video **El viaje estadounidense** *El video del Capítulo 31, "Watergate", detalla los acontecimientos en la controversia del Watergate.*

1972
- Nixon visita Pekín
- Se firma el tratado SALT I

1973
- Audiencias públicas del caso Watergate

1974
- Nixon renuncia a la presidencia

 **Estados Unidos**

PRESIDENTES

Nixon 1969–1974

Ford 1974–1977

1966   *1970*   *1974*

 **Mundo**

1967
- Guerra de los seis días árabe-israelí

1973
- La OPEP impone un embargo de petróleo a Estados Unidos

Organizador de estudios

Plegable de estudio para la evaluación de la información Haz uso del plegable para organizar la información sobre la búsqueda de la estabilidad de Estados Unidos al final del siglo XX.

Paso 1 Marca la mitad de la hoja en el borde de una página de papel. Luego dobla los bordes exteriores hacia adentro para que se toquen en el punto intermedio.

Paso 2 Dobla la hoja por la mitad de lado a lado.

Paso 3 Abre la hoja y recorta a lo largo de la línea de pliegue interna para formar cuatro lengüetas. Rotula el plegable como se muestra.

¿Qué llevó a mejorar las relaciones con China?

¿Qué sucedió en Irán, en 1979?

¿Por qué renunció el Presidente Nixon?

¿Quién ganó las elecciones presidenciales de 1980?

Corta a lo largo de los dobleces de ambos lados.

Lectura y redacción Al leer el capítulo, busca las respuestas a estas cuatro preguntas. Escribe las respuestas debajo de cada una de las lengüetas.

Celebración del bicentenario Fuegos artificiales iluminan la Estatua de la Libertad durante la celebración de los 200 años del país el día 4 de julio de 1976.

1977
- Se firman los tratados del Canal de Panamá

1979
- Iraníes toman a 52 rehenes estadounidenses
- Accidente en Three Mile Island

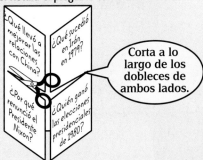

1980
- Estados Unidos boicotea los juegos olímpicos de Moscú

1981
- Iraníes liberan a rehenes estadounidenses

Carter 1977–1981

Reagan 1981–1989

1978

1982

1975
- 36 países aceptan el Acuerdo de Helsinki

1978
- Nace en Londres el primer bebé fecundado in vitro

1979
- Tropas soviéticas invaden Afganistán

1981
- Científicos identifican el SIDA

HISTORIA
En línea

Descripción general del capítulo
Visita **taj.glencoe.com** y haz clic en **Chapter 31— Chapter Overviews** para ver la información preliminar del capítulo.

Política exterior de Nixon

Guía de lectura

Idea principal

El Presidente Nixon trató de aliviar las tensiones de la Guerra Fría, pero llevó a cabo políticas activas en el Medio Oriente y en Latinoamérica.

Términos clave

détente, equilibrio de poder, embargo, viajes diplomáticos

Estrategia de lectura

Clasificación de la información Al leer la sección, recrea el siguiente diagrama y describe los objetivos de estas estrategias y políticas.

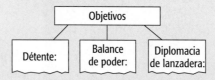

Objetivos

Détente: Balance de poder: Diplomacia de lanzadera:

Leer para aprender

- cómo Richard Nixon cambió las relaciones políticas de Estados Unidos con la Unión Soviética y China.
- qué acciones tomó Estados Unidos con respecto al Medio Oriente y Latinoamérica.

Tema de la sección

Conexiones mundiales Richard Nixon llevó a cabo una política exterior muy activa.

Presentación preliminar de acontecimientos

♦1970   ♦1972   ♦1974

abril de 1971
El equipo de tenis de mesa estadounidense visita China

febrero de 1972
El Presidente Nixon visita Pekín

mayo de 1972
Líderes del mundo firman el primer Tratado de Limitación de Armas Estratégicas

octubre de 1973
Los países árabes imponen un embargo de petróleo a Estados Unidos

★★★★★★★
UNA
historia estadounidense

Para mejorar las relaciones con el mundo comunista, el Presidente Richard Nixon hizo una visita histórica a China en febrero de 1972. Nixon describió después cómo se había sentido a su llegada a Pekín, la capital china: " . . . 'La bandera estrellada' nunca me había emocionado tanto como cuando lo escuché en la pista de aterrizaje barrida por el viento en el corazón de la China comunista. (. . .) Cuando salíamos del aeropuerto, [el líder chino Zhou Enlai] me dijo: 'Su apretón de manos ha cruzado el océano más extenso del mundo: veinticinco años sin comunicación'".

Aligeramiento de la Guerra Fría

En su discurso inaugural del 20 de enero de 1969, el Presidente Richard M. Nixon les dijo a los estadounidenses, "El honor más grande (. . .) es el título de conciliador". Muchos estadounidenses se preguntaban si Nixon se adecuaría al papel de conciliador. Durante sus años en el Congreso, se había ganado una reputación como un enemigo aguerrido del comunismo. Poca gente se imaginaba que Nixon, el anticomunista, introduciría políticas para mejorar las relaciones de Estados Unidos con el mundo comunista.

Detrás de la cortina de hierro

El Presidente Nixon intentó dejar su marca en política exterior. Él esperaba construir un mundo más estable y pacífico extendiéndose a la Unión Soviética y a la República de China. En el verano de 1969, Nixon visitó varios países, incluyendo Rumania; era la primera vez que un presidente estadounidense había traspasado la cortina de hierro. Nixon quería encontrar áreas de interés y cooperación común con estos oponentes de la Guerra Fría.

Détente

Para ayudarle en esta tarea, Nixon designó a **Henry Kissinger,** un profesor de la Universidad de Harvard, como su consejero de seguridad nacional. Kissinger y Nixon compartían la misma idea en cuanto a una *política práctica*, basada en los intereses nacionales en lugar de la ideología política. Creían que la paz entre las naciones debía lograrse a través de negociaciones y no a través de amenazas o de la fuerza. El Presidente Nixon formuló un plan de política exterior de détente: intentos de tranquilizar o aliviar las tensiones internacionales. En la medida que la distensión reemplazó a la confrontación, Estados Unidos y los estados comunistas pudieron trabajar juntos para resolver los asuntos que los dividían.

Nixon se dio cuenta de que la distensión funcionaría sólo con la existencia de un equilibrio de poder. Un equilibrio de poder es una distribución del poder entre las naciones para impedir que una nación llegue a ser demasiado poderosa. "Será un mundo más seguro y mejor", declaró Nixon,

66 si tenemos a Estados Unidos, Europa, Unión Soviética, China, Japón, cada uno contrarrestando el poder del otro y no aplicándolo contra el otro99.

Representación **de la historia**

Henry Kissinger (inf.) ayudó al Presidente Nixon a manejar los asuntos de política exterior. El primer ministro Zhou Enlai y el Presidente Nixon (der.) pasan revista a las tropas durante la visita de Nixon a China en 1972. **¿Cuándo establecieron relaciones diplomáticas completas Estados Unidos y China?**

China

Desde la toma del poder de los comunistas en China en 1949, Estados Unidos no había querido reconocer que la **República Popular de China** era, el país más poblado del mundo. En lugar de eso Estados Unidos reconoció al gobierno chino anticomunista bajo el mando de **Chiang Kai-shek** en el exilio en la isla de Taiwán.

Sin embargo, cuando Nixon se convirtió en presidente, cada lado tenía buenas razones para querer mejorar las relaciones. China desconfiaba y temía a la Unión Soviética. Estados Unidos esperaba que el reconocimiento de China ayudara a terminar la guerra en Vietnam y a propulsar una mayor división entre estas dos potencias comunistas.

Aires de cambio empezaron a soplar en otoño de 1970 cuando Nixon expresó a los periodistas que quería ir a China. Al observar este cambio en el tono de las relaciones, el gobierno chino respondió con una invitación al equipo de tenis de mesa de Estados Unidos para que visitara el país en abril de 1971. Una semana después Estados Unidos anunciaba el inicio de las relaciones comerciales con China.

La "diplomacia del ping-pong" estuvo acompañada de conversaciones secretas entre representantes estadounidenses y chinos sobre el fortalecimiento de lazos más estrechos entre las dos naciones. Después que Kissinger hizo un viaje secreto a China en julio de 1971, el Presidente Nixon anunció que visitaría **Pekín,** la capital china, "para buscar la normalización de las relaciones".

En febrero de 1972, Nixon llegó a China para una visita de una semana. Nixon y el primer ministro de China **Zhou Enlai** acordaron permitir un mayor intercambio científico y cultural, y reanudar el comercio. Aunque las relaciones diplomáticas no se establecieron sino hasta 1979, el viaje de Nixon marcó el primer contacto formal con China en más de 25 años.

La Unión Soviética

Nixon continuó su viaje histórico a China con una visita a **Moscú,** la capital soviética, en mayo de 1972. Los soviéticos aceptaron ansiosamente el descongelamiento de las políticas de la Guerra Fría. Querían prevenir una alianza chino-estadounidense y disminuir la costosa carrera armamentista. También querían tener acceso a la tecnología de Estados Unidos y a comprar urgentemente los tan necesitados granos estadounidenses. El líder soviético **Leonidas Brezhnev** advirtió,

     “Debe haber espacio en este mundo para dos grandes naciones con sistemas diferentes para vivir y trabajar juntos”.

Entretanto, en Moscú, el Presidente Nixon firmaba el Tratado de Limitación de Armas Estratégicas, o **SALT I.** Este tratado, resultado de las conversaciones que se iniciaron en 1969, restringía la cantidad de ciertos tipos de misiles nucleares en los arsenales de Estados Unidos y la Unión Soviética. Aunque el tratado SALT I no terminó la carrera armamentista, atenuó enormemente las tensiones entre Estados Unidos y la Unión Soviética.

Estados Unidos y la Unión Soviética también acordaron trabajar juntos en las áreas comerciales y científicas. Nixon, y el mundo, esperaban que una nueva era de cooperación traería una mayor estabilidad a los asuntos mundiales.

✓ Comprobación de lectura **Identificación** ¿Qué es détente?

High Lob

Análisis de *caricaturas políticas*

La "diplomacia del ping-pong" mejoró las relaciones entre Estados Unidos y la República Popular de China. **¿A qué naciones representaban los jugadores?**

Representación **de la historia**

Muchos palestinos vivían en el exilio, repartidos por el Medio Oriente, África del Norte y Europa. **¿Cuál fue la causa de la Guerra de Yom Kippur?**

El Medio Oriente

La política exterior del Presidente Nixon se concentró en mantener la estabilidad mundial sin ser atraído a disputas regionales. El presidente quería evitar cualquier participación que pudiera conducir a otra situación como Vietnam. Nixon estableció que Estados Unidos ayudaría en "la defensa y el desarrollo de los aliados y amigos" pero que no asumiría la "responsabilidad básica" por el futuro de esas naciones. Pronto surgió una crisis en el Medio Oriente que puso a prueba esta política.

Tensión árabe-israelí

Desde la fundación del estado judío de Israel en 1948, Estados Unidos había apoyado a Israel en su lucha contra sus vecinos árabes. Las tensiones entre Israel y los países árabes habían estallado en guerra en 1948, 1956 y 1967. La Guerra de los Seis Días de 1967 dejó a Israel en control del lado este de Jerusalén, **Cisjordania,** las **Alturas del Golán** de Siria y la **Franja de Gaza** y la **Península de Sinaí** de Egipto. La guerra de 1967 también aumentó la cantidad de refugiados árabes. Miles de palestinos ahora vivían en territorio israelita y otros miles vivían en los países árabes circundantes. La demanda de los palestinos de su propio terreno se convirtió en otra fuente de inestabilidad.

La Guerra de Yom Kippur

La guerra volvió a estallar el 6 de octubre de 1973. Egipto y Siria atacaron Israel en un intento por recuperar el territorio perdido en la Guerra de los Seis Días. Debido a que el ataque ocurrió en el día de Yom Kippur, una celebración judía importante, el conflicto se conoce como la **Guerra de Yom Kippur.**

Estados Unidos presionó a Israel para aceptar un cese del fuego. El cese del fuego se produjo, pero no antes que los israelitas recuperaran el territorio perdido en el ataque árabe inicial. Israel también había tomado territorio adicional de Siria y Egipto.

Descontentos por el apoyo de Estados Unidos a Israel, los países árabes productores de petróleo impusieron un embargo, una prohibición de envíos, de petróleo a Estados Unidos y a otros países no considerados "amistosos". El embargo produjo una escasez de petróleo en Estados Unidos. Largas filas de automóviles se formaban en las gasolineras y los estadounidenses cada día estaban más descontentos por los altos precios de la gasolina.

Viajes diplomáticos

El Presidente Nixon envió a Kissinger, ahora secretario de estado, a la región para ganar la confianza de los líderes árabes y para negociar algún tipo de arreglo entre Israel y sus vecinos árabes. Durante los dos años siguientes, Kissinger se dedicó a hacer **viajes diplomáticos,** viajes entre las capitales de Israel, Egipto y Siria para resolver la crisis del petróleo y para forjar una paz duradera.

En los primeros meses de 1974, **Golda Meir,** la primera ministra de Israel, y **Anwar el-Sadat,** el presidente de Egipto, alcanzaron un acuerdo que apartaba a las fuerzas árabes e israelitas en la Península de Sinaí y en las Alturas del Golán. Luego en marzo de 1974, Kissinger persuadió a los países árabes a terminar el embargo del petróleo. Kissinger también mejoró las relaciones con Egipto, el país árabe más grande y poderoso, prometiendo grandes cantidades de ayuda extranjera.

Líder israelí Golda Meir

✓**Comprobación de lectura** **Resumen** ¿Qué sucedió en Estados Unidos como resultado del embargo de petróleo?

Latinoamérica

La administración de Nixon buscó proyectar sus intereses en Latinoamérica e impedir

la extensión del comunismo. En 1970 el país sudamericano de **Chile** eligió a **Salvador Allende** como presidente. Allende era un seguidor de **Karl Marx,** el fundador del comunismo. Cuando el gobierno chileno se apoderó de los negocios estadounidenses en Chile, Estados Unidos protestó. Nixon y sus consejeros en política exterior temían una aumento de la influencia soviética en Chile y la extensión del comunismo en Latinoamérica.

Con el respaldo de la CIA (Agencia Central de Inteligencia), un pequeño grupo de líderes militares chilenos encabezados por el general **Augusto Pinochet** derrocaron al gobierno y asesinaron a Allende. Estados Unidos inmediatamente reconoció a la nueva dictadura militar y restituyeron la ayuda extranjera a Chile.

La situación en Chile reflejó otro aspecto de la política exterior de Nixon. Aunque dispuesto a proseguir una política de distensión con China y la Unión Soviética, el presidente estaba decidido a detener el avance del comunismo, y la influencia soviética, en el mundo.

✓**Comprobación de lectura** **Explicación** ¿Por qué Estados Unidos se oponía a Salvador Allende?

EVALUACIÓN DE LA SECCIÓN 1

Verificación de comprensión

1. **Términos clave** Usa cada uno de los términos clave en oraciones que ayuden a explicar su significado: **détente, equilibrio de poder, embargo, viajes diplomáticos.**
2. **Repaso de hechos** ¿Cómo contribuyó Henry Kissinger a la presidencia de Nixon?

Repaso de temas

3. **Conexiones mundiales** ¿Cuál fue el objetivo principal de la política exterior de Nixon?

Pensamiento crítico

4. **Conclusiones** ¿Por qué Nixon pensó que mejorar las relaciones con China implicaría una mayor cooperación de parte de la Unión Soviética?
5. **Organización de la información** Recrea el siguiente diagrama e identifica a cada líder.

Zhou Enlai   ⟶ ◯

Anwar el-Sadat   ⟶ ◯

Golda Meir   ⟶ ◯

Análisis de material visual

6. **Secuencia de acontecimientos** Estudia la cronología que aparece en las páginas 894–895. ¿Cuándo impuso la OPEP el embargo de petróleo? ¿Quién fue el presidente del país cuando se firmó el tratado del Canal de Panamá?

Actividad interdisciplinaria

Eventos de actualidad Encuentra un artículo periodístico que comente la relación árabe-israelí actual y compárala con la relación que existía en las décadas de 1960 y 1970.

Nixon y Watergate

Guía de lectura

Idea principal
Nixon trató de ocuparse de los problemas económicos del país, pero fue obligado a renunciar debido al escándalo del Watergate.

Términos clave
ingreso compartido, acción afirmativa, stagflación, déficit, acusación, amnistía, subempleo

Estrategia de la lectura
Organización de la información Al leer la sección, anota los tres desafíos que Nixon enfrentó durante su presidencia.

Desafíos

Leer para aprender
- cómo lidió Nixon con los problemas nacionales.
- cómo afectó el escándalo Watergate la política.

Tema de la sección
Continuidad y cambio Los problemas económicos y el escándalo político marcaron la década de 1970 y pusieron en problemas tanto a Richard Nixon como a Gerald Ford.

Presentación preliminar de acontecimientos

♦1972	♦1973	♦1974	♦1975

junio de 1972
Estalla el caso Watergate

1973
El embargo de petróleo de la OPEP reduce los suministros de Estados Unidos

agosto de 1974
Nixon renuncia a la presidencia

diciembre de 1974
Se hacen públicos los archivos secretos de la CIA

★ UNA ★
historia estadounidense

El Presidente Nixon tenía una honda preocupación por el estado de la sociedad estadounidense. "Vivimos en una época profundamente atribulada e inestable. Las drogas, la delincuencia, las revueltas universitarias, el disentimiento racial, la oposición al reclutamiento; por todas partes vemos la transgresión de reglas antiguas y el descarte de valores antiguos". Nixon creía que una "mayoría silenciosa" de estadounidenses de clase media compartía su preocupación con respecto al aumento de delincuencia y el desorden social. Sin embargo, en un giro imprevisto irónico, la administración de Nixon se vería envuelta en una maraña de actividades ilegales.

El programa nacional de Nixon

En su campaña presidencial de 1968, Nixon había prometido restaurar "el orden publicó" en la sociedad estadounidense. También prometió reducir el papel del gobierno en la vida del pueblo.

La campaña de Nixon para restaurar el orden público implicó "atacar y reducir la delincuencia" e imponer castigos más severos a los transgresores de la ley. Para fortalecer el poder de la policía Nixon utilizó fondos federales para ayudar a las fuerzas policiales de los estados y las ciudades.

Los tribunales

Nixon pensaba que los tribunales federales debían ser más estrictos con los delincuentes. "Como un conservador judicial", dijo, "creo que las decisiones de algunos tribunales se han excedido en debilitar las fuerzas de la paz contra las fuerzas de la delincuencia en nuestra sociedad". Durante su presidencia, surgieron cuatro vacantes en la Corte Suprema. Nixon esperaba que los jueces que designó, **Warren Burger** como presidente de la corte suprema, y **Harry Blackmun, Lewis Powell** y **William Rehnquist,** cambiaran la Corte a una posición más moderada. Sin embargo, las decisiones de los nuevos jueces no satisficieron completamente los objetivos moderados del presidente.

Nuevo Federalismo

Nixon quería reducir la participación federal en la vida del pueblo y rebajar el gasto federal. Él prometió "revertir el flujo de poder y recursos de los estados y comunidades a Washington y devolver el poder y los recursos (. . .) a la gente". Para lograr este objetivo, presentó un programa llamado el **Nuevo Federalismo.**

Una parte del Nuevo Federalismo demandaba entregar a los estados parte del ingreso ganado por la recaudación de los impuestos federales para utilizarlo a nivel estatal y local. Este ingreso compartido se convirtió en ley en 1972.

Nixon también buscó terminar o disminuir muchos programas de la Gran Sociedad iniciados bajo el mandato del Presidente Johnson. Prometió "dejar de invertir miles de millones de dólares en programas que han fracasado". Abolió la Oficina de Oportunidades Económicas, el organismo que había liderado la Guerra contra la Pobreza del Presidente Johnson.

En asuntos de derechos civiles, Nixon adoptó una posición moderada orientada a captar a los electores blancos. Por ejemplo, Nixon se oponía al **transporte de estudiantes en buses.** El transporte de estudiantes en buses se utilizó para promover la integración racial mediante el transporte de los estudiantes de barrios en su mayoría de blancos o afroamericanos a escuelas racialmente mixtas.

Al mismo tiempo, sin embargo, su administración trabajó para llevar a cabo las órdenes de los tribunales federales para formar escuelas mixtas. La administración Nixon también promovió la acción afirmativa, o la preferencia de minorías en trabajos donde antes habían sido excluidos. Como político práctico que era, el Presidente Nixon aceptó los nuevos programas de gobierno que tuvieron

apoyo popular. Aprobó la creación de dos nuevos organismos, la **Administración de Seguridad y Salud Ocupacional** (OSHA, por sus siglas en inglés) para asegurar la seguridad de los trabajadores y la **Agencia de Protección Ambiental** (EPA, por sus siglas en inglés) para proteger el ambiente.

$ Economía

Problemas económicos

Mientras intentaba cambiar el rumbo del gobierno, el Presidente Nixon tuvo que lidiar con graves problemas económicos. La industria y la manufactura estaban declinando debido a la competencia extranjera. Los negocios y los consumidores batallaban contra la **inflación,** un alza general en los precios de bienes y servicios, alimentada por la competencia internacional por las materias primas y el aumento del costo del petróleo. Estados Unidos también enfrentaba un lento crecimiento económico y una alta tasa de desempleo.

Análisis de *caricaturas políticas*

Esta caricatura refleja cómo el valor del dólar estadounidense declinó durante los primeros años de la década de 1970. **¿Qué sugiere la imagen de George Washington sobre el estado de ánimo del país?**

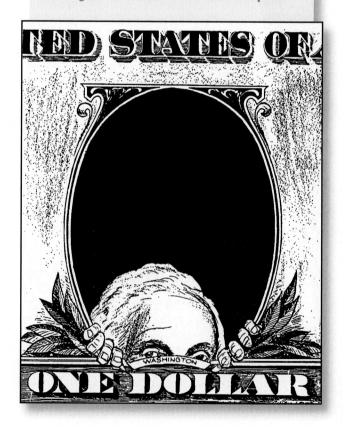

En busca de la estabilidad económica

El Presidente Nixon intentó una cantidad de métodos para reducir la inflación. Empezó por cortar el gasto federal. Al mismo tiempo, exigió una **política económica más restrictiva.** Las tasas de interés fueron incrementadas de manera que la gente pidiera prestado menos y gastara menos. Con menos dinero en circulación, los precios bajaron. Sin embargo, cuando disminuyó la demanda, el negocio empezó a decaer y bajó la producción. Estos pasos disminuyeron el crecimiento de la economía y se creó una stagflación, una combinación de alza de precios y una economía lenta.

Nixon entonces cambió de táctica. Temporalmente congeló los salarios y los precios y estableció pautas para cualquier aumento en el futuro. Esto puso un freno a la inflación, pero la economía siguió en recesión.

Más adelante, Nixon intentó un tercer método, el aumento del gasto federal para estimular la economía. Aunque esta política ayudó a revivir la economía durante un período breve, también creó un déficit de presupuesto en el cual el gasto era mayor que el ingreso del gobierno. Ninguna de las políticas de Nixon pudo restaurar la economía a su solidez anterior, y los problemas económicos continuaron abrumando a su administración.

✔Comprobación de lectura **Análisis** ¿Qué fue la inflación y el estancamiento económico?

Segunda presidencia de Nixon

En 1971 y adelantándose a la campaña presidencial de 1972, Nixon tuvo sus dudas con respecto a sus posibilidades de reelección. La Guerra de Vietnam todavía no había terminado, y la disminución de las tensiones con China todavía no se había producido. Los negocios y los consumidores tuvieron que lidiar con los efectos de la inflación. El presidente y sus partidarios querían asegurar su reelección.

Una campaña contra los enemigos

Para ayudar a planificar su estrategia de campaña, Nixon se apoyó en un grupo pequeño de asistentes leales. Los asistentes más cercanos al presidente eran **John Ehrlichman,** su consejero principal en asuntos nacionales y **H.R. Haldeman,** su jefe de gabinete.

En su campaña para ganar las elecciones, el presidente y sus asesores más cercanos, según se descubrió más tarde, transgredieron, y a veces sobrepasaron, los límites de la ley. En 1971, por ejemplo, Nixon solicitó a sus asistentes una "lista de enemigos" de gente considerada poco amistosa para con la administración. Entonces ordenó al FBI y al Internal Revenue Service (IRS: Servicio de Rentas Internas) investigar a algunas de estas personas. Nixon justificó dichas acciones como necesarias para mantener la seguridad nacional, argumentando que aquéllos que desafiaban las políticas del gobierno presentaban un serio peligro para el país.

El comité de la campaña de Nixon recaudó millones de dólares. Y empleó parte de este dinero para crear un grupo secreto, apodado "los fontaneros", para detener las filtraciones de información que pudieran dañar a la administración. Otra parte de los fondos de la campaña también se destinaron para pagar operaciones contra los enemigos demócratas de Nixon, pero ese partido tenía sus propios problemas.

Victoria por una gran mayoría

El partido demócrata estaba dividido. Los candidatos que competían por la nominación eran: el ex Vicepresidente **Hubert Humphrey,** los senadores **Edmund Muskie** de Maine y **George McGovern** de Dakota del Sur, y el ex gobernador de Alabama **George Wallace.** Muskie y Humphrey no pudieron ganar suficiente apoyo. La campaña de Wallace se vio truncada en mayo de 1972 por una bala asesina que lo dejó paralizado.

McGovern, el más liberal de los cuatro candidatos, ganó la nominación. Muchos demócratas y líderes de sindicatos de trabajadores apoyaban la candidatura de McGovern.

La falta de unidad de los demócratas al igual que una subida vertiginosa de la economía y la posibilidad de paz en Vietnam condujeron a

Botón de Nixon y corbata de McGovern

una victoria de Nixon por una gran mayoría. Ganó el 60.7 por ciento del voto popular. La victoria republicana en el colegio electoral fue incluso más abrumadora: 520 a 17.

La crisis de energía

Durante el segundo período presidencial de Nixon, el país se vio enfrentado con graves problemas económicos. Uno de los problemas más críticos fue el costo del combustible, especialmente el petróleo importado.

La economía de Estados Unidos dependía enormemente del petróleo. Gran parte de este petróleo provenía del Medio Oriente. Los países árabes productores de petróleo pertenecían a la **OPEP,** la Organización de Países Exportadores de Petróleo. En 1973 estos países impusieron un embargo a todos los envíos de petróleo a Estados Unidos. Al mismo tiempo, subieron sus precios.

El violento aumento de los precios y el embargo de cinco meses dañó la economía del país. Muchas compañías tuvieron que despedir a sus trabajadores, mientras que otras subieron sus precios. Los consumidores descontentos con la situación reclamaron por los altos precios y las largas filas en las gasolineras.

El presidente impuso medidas de emergencia para conservar el petróleo. Nixon también instó a los estadounidenses a conservar voluntariamente la energía. El Congreso redujo las velocidades límites en las autopistas, ya que un vehículo quema menos gasolina a velocidades menores.

Para tratar el problema de la dependencia del petróleo importado, Nixon impulsó el desarrollo del petróleo nacional, especialmente en **Alaska,** que poseía enormes reservas de petróleo sin explotar.

✔ **Comprobación de lectura** **Evaluación** ¿Por qué aumentaron los precios de la gasolina durante este período?

La crisis de Watergate

Durante el segundo período presidencial de Nixon, lo que parecía un pequeño escándalo se convirtió en una crisis presidencial. El escándalo se inició con la campaña de reelección del presidente. En junio de 1972, su comité de reelección quería información sobre los planes de la campaña demócrata. Miembros de la campaña de Nixon ordenaron a "los fontaneros" entrar secretamente a las oficinas centrales del Comité Nacional del Partido Demócrata para instalar dispositivos que permitieran "escuchar" las llamadas telefónicas. Esta irrupción ilegal dio pie a una serie de hechos que estremecerían a la presidencia y a todo el país.

Un allanamiento de tercera clase

En algún momento después de la medianoche del 17 de junio de 1972, Frank Wills, un guardia de seguridad del complejo de departamentos de oficinas **Watergate** en Washington, D.C., observó que había cintas que cubrían las cerraduras de las puertas que conducían a un estacionamiento subterráneo. "Desprendí las cintas", relataría más tarde, "pero pensé que no había nada raro en ello". Una hora más tarde, encontró que alguien había vuelto a cubrir las cerraduras con cinta. Wills decidió llamar a la policía.

El descubrimiento de Wills condujo al arresto de cinco hombres que habían ingresado ilegalmente a las oficinas centrales del Comité del Partido Demócrata en el complejo Watergate. Inmediatamente después se produjo el arresto de los "fontaneros" Gordon Liddy y E. Howard Hunt. Las investigaciones revelaron que Liddy y Hunt estaban

Letrero de la época

Representación **de la historia**
Automovilistas hacen fila afuera de una gasolinera en Virginia. **¿Por qué los estadounidenses enfrentaron precios de combustible más altos y escasez de gasolina?**

MÁS SOBRE...

El impacto de Watergate

Es escándalo de Watergate había amenazado la base de la democracia estadounidense: la ley constitucional. Aún así, el sistema funcionaba. Los cuerpos legislativo y judicial reconfirmaron sus poderes para refrenar el cuerpo ejecutivo.

> "Lo único que les quiero decir es que si algunos de mis juicios fueron equivocados, y algunos lo fueron, los hice bajo el total convencimiento de que en ese tiempo eran lo mejor para el país".
>
> —*Richard Nixon, 8 de agosto de 1974*

♦1972　　　　　♦1973　　　　　♦1974　　　　　♦1975

junio de 1972
Se informa del allanamiento en Watergate

nov. de 1972
Nixon es reelegido presidente

mayo de 1973
Se inicia la audiencia en el Senado

junio de 1973
John Dean implica a Nixon en el encubrimiento

oct. de 1973
La Masacre del Sábado por la Noche

abril de 1974
Nixon entrega las cintas editadas

julio de 1974
La Corte Suprema ordena la entrega de las cintas. La Cámara recomienda un juicio político

agosto de 1974
Nixon entrega las cintas y renuncia

vinculados a la campaña de Nixon y que les pagaban con fondos de la Casa Blanca.

La Casa Blanca negó toda participación. El secretario de prensa de Nixon, Ronald Ziegler, desechó el incidente como un "allanamiento de tercera clase". El presidente declaró que "nadie del personal de la Casa Blanca, ni nadie de la administración (. . .) estaba implicado en este extraño incidente".

Investigación

Entretanto, dos periodistas del periódico *Washington Post,* **Bob Woodward** y **Carl Bernstein,** empezaron a publicar una serie de artículos que vinculaban el allanamiento a la campaña de Nixon. Sin embargo, a medida que se acercaban las elecciones, menos de la mitad de los estadounidenses había escuchado del allanamiento en Watergate.

John Sirica, el juez del tribunal del distrito federal que presidió el juicio de los ladrones de Watergate, resolvió revelar la verdad. Eventualmente, uno de los allanadores, James McCord, admitió que los asesores de la Casa Blanca habían mentido sobre su participación y que habían

presionado a los allanadores a "declararse culpables y permanecer en silencio".

Se revela el escándalo

En los primeros meses de 1973, el Senado votó a favor de realizar una audiencia sobre el caso Watergate. Cuando las presiones se hacían insostenibles, Nixon reorganizó al personal de la Casa Blanca. Despidió al asesor jurídico de la Casa Blanca, **John Dean,** y obligó a renunciar a los asesores H.R. Haldeman y John Ehrlichman. También declaró que asumiría la responsabilidad por los errores cometidos por otros, ya que "no puede haber un encubrimiento de faltas en la Casa Blanca". Nixon también aceptó las exigencias del Senado de designar un fiscal especial, alguien ajeno al Departamento de Justicia, para investigar el caso Watergate. **Archibald Cox** se encargó de ello.

La audiencia del Senado sobre el caso Watergate se inició en mayo de 1973. Presidida por el senador **Sam Ervin** de Carolina del Norte, la audiencia reveló poco a poco la participación oculta de la Casa Blanca de Nixon. El testimonio más perjudicial provino de John Dean. Dean testificó que había habido una acción encubierta y que

Nixon mismo la había dirigido, pero no presentó ninguna evidencia para confirmar su relato.

Luego, en julio, los investigadores se enteraron de que un sistema secreto había grabado todas las conversaciones en la oficina del presidente. Ervin y Cox exigieron las cintas. El Presidente Nixon rechazó la petición y adujo un **privilegio ejecutivo,** insistiendo en que la divulgación de las cintas pondría en peligro la seguridad nacional.

Cuando Cox solicitó una orden del tribunal para obtener las cintas en octubre, Nixon ordenó a su fiscal general, Elliot Richardson, despedir a Cox. Richardson se negó y luego renunció. El segundo fiscal general William Ruckelshaus también se negó a ejecutar la orden y renunció. Finalmente, Nixon encontró a un funcionario del Departamento de Justicia dispuesto a despedir a Cox. Esta **Masacre de Sábado por la Noche,** como se llegaron a conocer las renuncias y los despidos, tuvo como resultado una avalancha de protestas públicas.

En el medio de la turbulencia, otro escándalo sacudió a la administración. El Departamento de Justicia culpaba al Vicepresidente **Spiro Agnew** de aceptar sobornos mientras era gobernador de Maryland. El 10 de octubre de 1973, renunció. Nixon designó al representante **Gerald R. Ford** de Michigan, el líder republicano de la cámara, para suceder a Agnew. El Congreso confirmaría rápidamente la nominación.

Se agudiza la crisis

La ofensa pública por la Masacre del Sábado por la Noche obligó a Nixon a designar a un nuevo fiscal especial, **Leon Jaworski.** Entretanto, la cámara de Representantes empezaba a considerar una acusación: la disposición constitucional para destituir a un presidente de su puesto. Si la cámara culpaba a Nixon de haber cometido "delitos graves y delitos menores", sería entonces enjuiciado en el Senado. Si dos tercios de la mayoría de los senadores lo encontraban culpable, no sería más presidente.

En abril de 1974, Nixon decidió divulgar copias impresas de algunas de las cintas. Estas transcripciones, editadas excesivamente y con la omisión de partes importantes, condujeron a nuevas protestas. Nixon rechazó

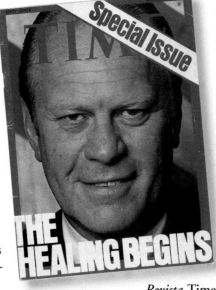

Revista Time,
19 de agosto de 1974

las órdenes del tribunal de entregar las cintas sin editar. Las apelaciones llegaron hasta la Corte Suprema, que dictaminó el 24 de julio, que el presidente tenía que entregar las cintas.

A finales de julio, después de semanas de audiencias privadas, el Comité Judicial de la cámara adoptó tres artículos de recusación, culpando al presidente de obstrucción a la justicia, abuso de poder y desacato al Congreso. Nixon entregó las cintas el 5 de agosto. Una conversación en una cinta reveló que el presidente había ordenado una operación para encubrir el allanamiento en el complejo Watergate apenas unos días después de que éste sucediera. La conversación brindó la evidencia crucial que vinculó a Nixon con el incidente en Watergate.

Renuncia Nixon

La reacción pública y la posibilidad de un juicio político obligaron a Nixon a renunciar. La tarde del 8 de agosto de 1974, apareció en cadena nacional para anunciar su decisión.

Por la mañana siguiente, un acongojado Richard Nixon se despidió de su personal y luego se retiró de la Casa Blanca en helicóptero. Fue sucedido en el puesto por Gerald Ford, que se convirtió en el primer presidente de Estados Unidos no elegido para el puesto de presidente o vicepresidente.

La crisis de Watergate reveló que el sistema de contrapesos pudo funcionar para destituir a un presidente que abusó de su poder y que violó la Constitución. El Congreso aprobó leyes para corregir algunos de los abusos. Sin embargo, el escándalo dañó la fe del público en sus instituciones y líderes políticos.

Comprobación de lectura Identificación
¿Quién sucedió al Presidente Nixon?

Un tiempo para sanar

Después que el helicóptero de Nixon abandonó la Casa Blanca, Gerald Ford juró como presidente. Ford reconfortó a los estadounidenses, "nuestra gran pesadilla nacional ha terminado". Para el puesto de vicepresidente, Ford eligió a Nelson Rockefeller, un republicano altamente respetado y ex gobernador de Nueva York. Aliviados por poder dejar

Representación de la historia

El cambio de presidentes del 9 de agosto de 1974 queda simbolizado en este reemplazo del retrato oficial del Presidente Nixon por uno del nuevo Presidente, Gerald Ford. **¿Qué posición tenía Ford antes de convertirse en presidente?**

atrás la crisis de Watergate, los estadounidenses acogieron bien al nuevo presidente y el nuevo comienzo del país.

Sin embargo, una de las primeras acciones de Ford destruyó gran parte de la confianza. El 8 de septiembre de 1974, a sólo un mes de haber asumido como presidente, Ford otorgó a Richard Nixon un **perdón** por los delitos que pudo haber cometido como presidente.

Esto significaba que el ex presidente no podía ser enjuiciado por su participación en el encubrimiento. Ford esperaba que el perdón ayudara a sanar las heridas del caso Watergate. En lugar de eso, el perdón provocó una controversia. Muchos estadounidenses se preguntaban por qué Nixon debía escaparse del castigo cuando otros involucrados en el escándalo de Watergate fueron a la cárcel. Algunos incluso acusaron a Ford de haber negociado un acuerdo con Nixon con antelación: la promesa de un perdón a cambio de la renuncia de Nixon. Aunque Ford defendió su acción, el nuevo

presidente nunca más volvió a recuperar totalmente la confianza y la popularidad que se había ganado en sus primeras semanas en la presidencia.

Espionaje sobre ciudadanos estadounidenses

En diciembre de 1974, los estadounidenses quedaron perplejos al enterarse de que la CIA había espiado y mantenía archivos secretos sobre algunos ciudadanos estadounidenses. Meses más tarde, descubrieron que el FBI también tenía archivos secretos. El Presidente Ford designó comisiones especiales para investigar las conductas inadecuadas de la CIA y el FBI. Él y el Congreso empezaron a trabajar en leyes nuevas para regular las actividades de las dos agencias.

La amnistía de Vietnam

Una nueva controversia surgió cuando el Presidente Ford ofreció una **amnistía,** o protección contra un procesamiento, a todos los hombres que ilegalmente evitaron el servicio militar durante la Guerra de Vietnam. Ford prometió que estas personas no serían castigadas si prometían lealtad a Estados Unidos y realizaban algún tipo de servicio nacional. Mientras que muchos aprobaron la amnistía, otros pensaron que era demasiado benevolente. Los partidarios de la Guerra de Vietnam argumentaban que los que evadieron el reclutamiento debían ser castigados.

Ford y los asuntos exteriores

Con poca experiencia en asuntos exteriores, Ford confió en Henry Kissinger, su secretario de estado, y continuó las políticas de la administración de Nixon. Ford extendió la política de la distensión con la Unión Soviética. En los últimos meses de 1974, se reunió con el líder soviético **Leonidas Brezhnev** para intercambiar opiniones sobre el control armamentista. Los dos líderes lograron un acuerdo preliminar sobre la limitación de las armas nucleares.

En julio de 1975, Ford viajó a Helsinki, Finlandia, donde firmó el **Acuerdo de Helsinki** con la Unión Soviética y varios países occidentales. Los países prometieron respetar los derechos humanos y las libertades civiles de sus ciudadanos.

La administración de Ford también trabajó para mejorar las relaciones con China. Cuando el presidente comunista chino **Mao Zedong** murió en 1976, asumió el poder un gobierno más moderado. Los nuevos líderes chinos querían expandir los lazos económicos y políticos con Estados Unidos, y los dos países estrecharon sus vínculos un poco más.

Una economía con dificultades

Los problemas económicos que enfrentó la administración de Nixon continuaron mortificando al Presidente Ford. La inflación siguió alta y aumentó el desempleo.

En la década de 1970, Europa y Japón desafiaron la supremacía económica mundial de Estados Unidos. Automóviles japoneses baratos y eficientes invadieron el mercado estadounidense. Los productos europeos también ofrecieron una fuerte competencia a los productos hechos en Estados Unidos.

Esta competencia extranjera llevó al cierre de fábricas en Estados Unidos y al despido masivo de trabajadores. Estados Unidos empezó a sufrir de subempleo; o sea, la gente trabajaba en empleos para los cuales tenía más capacitación que la requerida o bien no hacía uso completamente de sus habilidades. El subempleo se debió, en parte, a la pérdida de trabajos frente a la competencia extranjera.

Además, las acciones de la OPEP continuaron afectando a la economía de Estados Unidos. Aunque la escasez de petróleo producto del embargo de 1973–1974 había cesado, la OPEP mantuvo los precios del petróleo altos, y los precios altos contribuyeron a la inflación. La economía estadounidense parecía desmoronarse de a poco y Ford luchaba por una solución.

La respuesta de Ford

Para luchar contra la inflación Ford lanzó una campaña denominada Whip Inflation Now (WIN: Azota la Inflación Ahora), un programa voluntario de control de precios y salarios. Hizo un llamado a los estadounidenses para que ahorraran su dinero en lugar de gastarlo y para que cultivaran sus propios huertos para contrarrestar el alza de precios de los alimentos. Aunque el esfuerzo condujo a una pequeña caída en la inflación, la economía declinó y el país pasó a una etapa de recesión.

Reducciones de gasto

Otro método que impulsó Ford para controlar la inflación fue reducir el gasto del gobierno. Sin embargo, el Congreso controlado por los demócratas quería mantener o aumentar el gasto en programas sociales. Ford vetó varios proyectos de ley del Congreso en un intento por controlar el gasto, pero sus acciones no frenaron la inflación.

Para estimular la economía y alentar el crecimiento de la economía, Ford persuadió al Congreso para aprobar una rebaja de impuestos. A pesar de que la rebaja trajo alguna mejora en la economía, también llevó a mayores déficits presupuestarios ya que el ingreso del gobierno declinó y el gasto siguió igual o aumentó. A pesar de sus esfuerzos, el Presidente Ford fue incapaz de resolver los problemas económicos del país.

HISTORIA En línea

Actividad del estudiante en línea
Visita taj.glencoe.com y haz clic en **Chapter 31–Student Web Activities** para hacer una actividad en línea sobre la crisis de Watergate.

✔**Comprobación de lectura** **Evaluación** ¿Cómo desafiaron Europa y Japón a la economía de Estados Unidos?

EVALUACIÓN DE LA SECCIÓN 2

Verificación de comprensión

1. **Términos clave** Usa cada uno de los términos clave en oraciones que ayuden a explicar su significado: ingreso compartido, acción afirmativa, stagflación, déficit, acusación, amnistía, subempleo.
2. **Repaso de hechos** Anota dos acciones que Nixon tomó para restaurar el orden público.

Repaso de temas

3. **Continuidad y cambio** Explica cómo se convirtió Gerald Ford en presidente.

Pensamiento crítico

4. **Síntesis de la información** Explica cómo funcionó el sistema de contrapesos del gobierno cuando Nixon abusó de su poder como presidente.
5. **Organización de la información** Recrea el siguiente diagrama y enumera las razones por las que cada persona podría tener problemas para ser reelegida.

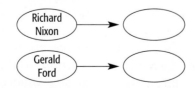

Análisis de material visual

6. **Caricaturas políticas** Estudia la caricatura de la página 902. Explica por qué George Washington casi no se ve en el billete de un dólar. Si fueras un caricaturista, explica otra forma de expresar esta idea.

Actividad interdisciplinaria

Arte Crea una etiqueta adhesiva que apoye o se oponga al perdón de Ford del Presidente Nixon en el escándalo de Watergate.

Desarrollo de HABILIDADES
Pensamiento crítico

Predicción de las consecuencias

¿Por qué desarrollar esta habilidad?

¿Alguna vez deseaste poder predecir el futuro? Predecir los acontecimientos del futuro es muy difícil. Puedes, sin embargo, desarrollar habilidades que te ayudarán a identificar las consecuencias lógicas de las decisiones y las acciones.

Desarrollo de la habilidad

Sigue estos pasos para ayudarte a predecir exactamente las consecuencias.

- Revisa lo que ya sabes sobre una situación mediante un listado de hechos, acontecimientos y respuestas de la gente. La lista te ayudará a recordar los acontecimientos y cómo éstos afectaron a la gente.
- Analiza los patrones. Trata de determinar qué patrones se muestran. ¿Algunas consecuencias tienen más probabilidades de ocurrir que otras?
- Usa tu conocimiento y observaciones de situaciones similares. En otras palabras, pregúntate, "¿cuáles fueron las consecuencias de una acción similar que ocurrió en el pasado?"
- Imagínate todas las consecuencias y resultados posibles.
- Analiza cada una de las consecuencias potenciales preguntándote, "¿qué tan probable es que esto ocurra?"
- Haz una predicción.

Práctica de la habilidad

Los candidatos a un puesto público a menudo hacen promesas basadas en cómo piensan que responderán los votantes. Usa la información en la tabla siguiente para ayudarte a predecir qué tipo de candidato sería elegido presidente en 1980. Responde a las preguntas.

1 Repasa los hechos y los acontecimientos indicados en la tabla. ¿Qué patrones observas? ¿Qué te indican los hechos sobre la década de 1970?

2 Recuerda situaciones similares en las cuales los votantes enfrentaron tiempos difíciles. ¿Qué tipo de presidente crees que les gustaría a los estadounidenses?

Aplicación de la habilidad

Predicción de consecuencias Lee artículos periodísticos sobre un hecho que afecta a tu comunidad. Haz una predicción bien informada sobre lo que sucederá. Explica tus razones.

El CD-ROM de Glencoe **"Skillbuilder Interactive Workbook, Level 1",** contiene instrucciones y ejercicios sobre habilidades fundamentales de ciencias sociales.

Acontecimientos de la década de 1970 →	Resultados y reacciones
El embargo de petróleo de la OPEP provocó una escasez de combustible.	Los estadounidenses se sienten indefensos y descontentos.
El Presidente Ford veta los programas de salud, vivienda y educación para reducir los gastos del gobierno.	Mucha gente pierde los trabajos, y el país sufre la peor recesión en 40 años.
Ford perdona a Nixon.	Los estadounidenses se sienten frustrados.
Para conservar la energía, los estadounidenses compran automóviles importados más pequeños.	Los trabajadores estadounidenses enfrentan un período de desempleo debido al cierre de varias plantas de automóviles.
Estados Unidos se entera de que la CIA y el FBI tienen archivos secretos de algunos ciudadanos.	Los estadounidenses se indignan ante el abuso de poder del gobierno.

La presidencia de Carter

Guía de lectura

Idea principal
Jimmy Carter abordó los asuntos de política económica y del exterior de manera diferente de Nixon o Ford, pero aún así no pudo ganar la reelección.

Términos clave
déficit comercial, derechos humanos, apartheid, fundamentalista

Estrategia de lectura
Clasificación de la información Al leer la sección, recrea el siguiente diagrama y anota tres tratados que negoció la administración de Carter.

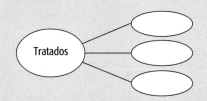

Tratados

Leer para aprender
- cómo enfatizó el Presidente Carter los derechos humanos en la política exterior.
- qué acciones emprendió Carter para mejorar la economía.

Tema de la sección
Conexiones mundiales A pesar de algunos fracasos, Carter vio el éxito en los tratados que abordaron las reducciones de armas en el Medio Oriente.

Presentación preliminar de acontecimientos

♦1976	♦1977	♦1978	♦1979
1976 Jimmy Carter gana la presidencia	**1977** Se firman los tratados del Canal de Panamá	**1978** Los acuerdos de Camp David marcan la tónica hacia la paz árabe-israelí	**1979** Iraníes toman como rehenes a 52 estadounidenses

UNA
historia estadounidense

Jimmy Carter introdujo un estilo de vida simple en la Casa Blanca. Por ejemplo, para ahorrar dinero el Presidente Carter una vez planeó visitar su pueblo en Plains, Georgia, conduciendo su automóvil en lugar de hacerlo en helicóptero. Pronto se daría cuenta de que era mucho menos caro hacerlo por helicóptero. Carter diría más adelante sobre su viaje en automóvil: "Una buena parte de la Patrulla Estatal de Georgia había sido destinada a bloquear cada cruce de carreteras rurales por más de 60 millas. Era obvio que ya no era más un ciudadano común y corriente".

Las elecciones de 1976

Cuando se aproximaban las elecciones de 1976, el Presidente Ford esperaba ganar las elecciones de manera absoluta. Pero las perspectivas de Ford no se veían particularmente buenas. Aunque había ayudado a recuperar la confianza en el gobierno, el caso Watergate todavía estaba fresco en las mentes de los estadounidenses. A principios de 1976, **Jimmy Carter** se presentó como candidato demócrata en las elecciones presidenciales primarias en Nueva Hampshire. Pocos votantes conocían a Carter. Luego Carter empezó a ganar elecciones primarias clave. Haciendo hincapié a su integridad, fe religiosa y su postura como una persona nueva en las elecciones, Carter reunió la cantidad suficiente de delegados para ganar la nominación. El senador **Walter Mondale** de Minnesota se presentó como vicepresidente.

Entretanto el Presidente Ford había batallado bastante para ganar la nominación republicana. Enfrentó la fuerte rivalidad del ex gobernador de California, **Ronald Reagan,** que contaba con las preferencias de los conservadores del partido. Ford eligió al senador **Bob Dole** de Kansas como su compañero de fórmula.

Durante la campaña, Ford intentó destacar sus logros como Presidente. Carter prometió limpiar el gobierno y arremetía cada vez que podía contra el recuerdo de Nixon y la corrupción del gobierno al igual que contra Ford. Carter ganó en unas elecciones muy reñidas, con el 50.1 por ciento del voto popular contra el 48 por ciento de Ford. En gran medida, Carter le debía su margen de victoria al apoyo de los votantes afroamericanos del sur.

Comprobación de lectura **Explicación** ¿Cómo se personificó Carter en la campaña presidencial de 1976?

Una presidencia informal

Carter, un "recién llegado" sin experiencia en la política nacional, no concordaba con la imagen de un político típico. Como ex gobernador de Georgia, a Carter le gustaba decir que era simplemente un agricultor de cacahuates de un pequeño pueblo llamado Plains que quería servir a su país.

Desde el principio, Carter fijó un tono muy realista. En su discurso inaugural usó un traje común en lugar de un traje formal. Después de la ceremonia, Carter y su familia caminaron por la Avenida Pennsylvania del Capitolio a la Casa Blanca en vez de hacerlo en la limosina tradicional. Estos gestos simbolizaron el deseo de Carter de crear una presidencia más informal. Carter quería ser visto como un estadounidense común.

La lucha con la economía

Cuando Carter asumió la presidencia, el país todavía sufría por la alta inflación y el desempleo. Carter trató de impulsar la economía y de sacarla de la recesión aumentando el gasto federal y rebajando los impuestos. Ambas medidas se suponía que debían estimular el crecimiento económico. El desempleo bajó, pero la inflación se disparó. Carter entonces invirtió el curso y propuso reducciones de gasto y una rebaja diferida de impuestos.

El cambio de rumbo de Carter con respecto a las políticas económicas lo hizo parecer y dubitativo. Como un recién llegado, el presidente tuvo problemas para ganar apoyo para sus programas en el Congreso. Aunque Carter necesitaba el respaldo de los demócratas del congreso, su administración hizo poco esfuerzo para trabajar con ellos.

La crisis de energía

Carter hizo de la política energética una prioridad. El alto costo de la energía se sumaba a la inflación. Además, como el dinero estadounidense circulaba en el extranjero para comprar petróleo, el país se enfrentó a un crecimiento del déficit comercial: el valor de las importaciones extranjeras excedía el valor de las exportaciones estadounidenses.

En abril de 1977, Carter presentó el **Plan Nacional de Energía,** destinado a resolver la crisis energética. Para destacar la necesidad de reducir el uso de la energía, por ejemplo, el presidente bajó el termostato en la Casa Blanca.

El plan de Carter incluía la creación de un Departamento de Energía para coordinar la política de la energía, investigación fondos para destinados a explorar fuentes alternativas de energía y políticas de

Representación **de la historia**

Jimmy Carter y su esposa, Rosalynn, en un culto con líderes afroamericanos, incluyendo a Coretta Scott King, viuda del Dr. Martin Luther King, Jr. **¿Por qué Carter era visto como un "recién llegado" en la política nacional?**

impuestos para alentar la producción del petróleo nacional y la conservación de la energía. El Congreso promulgó una versión debilitada del plan en 1978.

La energía nuclear

En los últimos años de la década de 1970 del siglo XX, los estadounidenses empezaron a preocuparse más por las amenazas de la energía nuclear. En marzo de 1979, un accidente de grandes proporciones ocurrió en la planta de energía nuclear **Three Mile Island,** cerca de Harrisburg, Pennsylvania.

Pronto se expandieron los movimientos de protesta antinuclear. Si embargo, el Presidente Carter no estaba dispuesto a detener el programa de energía nuclear, que proveía más del 10 por ciento de las necesidades de energía del país. Al mismo tiempo, los partidarios de la energía nuclear argumentaban que, con medidas adecuadas de seguridad, la energía nuclear no constituía en peligro para el ambiente.

✔ **Comprobación de lectura** **Identificación** ¿Qué problemas económicos enfrentó Carter cuando asumió la presidencia?

Relaciones exteriores

Carter basó su política exterior en los derechos humanos, una preocupación para que los gobiernos en todo el mundo otorguen gran libertad y oportunidad sin la amenaza de persecución o violencia. Él propuso que cualquier nación que violara los derechos humanos no debía recibir ayuda ni apoyo de Estados Unidos.

Carter retiró ayuda económica y militar de países como Argentina, Uruguay y Etiopía debido a las violaciones de los derechos humanos. Condenó a Sudáfrica por su política de apartheid, separación racial y económica, y discriminación contra los no blancos.

La diplomacia de derechos humanos de Carter a veces causó problemas en Estados Unidos. En 1980 el dictador cubano Fidel Castro permitió que miles de cubanos, incluyendo delincuentes y prisioneros políticos, abandonaran Cuba.

A partir de abril, los refugiados cubanos empezaron a salir del **Puerto Mariel;** la mayoría, rumbo a Florida. Estados Unidos, sin embargo, tenía problemas para absorber tal cantidad de personas. Algunos de los inmigrantes fueron detenidos en campamentos para refugiados. En

Personajes históricos

Wilma Mankiller 1945–

Durante la década de 1960, Wilma Mankiller vivió en California y era activa en el movimiento de los derechos de las mujeres y el movimiento de los derechos de los indígenas estadounidenses. En la década de 1970, llevó este activismo de vuelta a sus raíces en el noreste de Oklahoma y lo aplicó al gobierno de su tribu, la Nación cheroquí.

En 1985, Wilma Mankiller se convirtió en la jefa suprema de la Nación cheroquí, la primera mujer en convertirse en la jefa mayor de un grupo de indígenas estadounidenses. A menudo era resistida, pero fue reelegida y se mantuvo en esa posición por casi diez años. Como jefa, fue responsable de 140,000 personas y un presupuesto de 75 millones de dólares.

Durante su época de líder de los cheroquíes, Mankiller se concentró en reducir el desempleo, aumentar las oportunidades educacionales y mejorar el cuidado de la salud de la comunidad. También creó el Instituto de Alfabetización de los cheroquíes para preservar las tradiciones y la cultura cheroquí.

junio, el Presidente Carter ordenó el encarcelamiento de otros cubanos en prisiones federales a la espera de audiencias de deportación. Luego, en septiembre, Castro bloqueó la salida de balseros. Casi 125,000 refugiados cubanos habían ingresado a Estados Unidos.

Carter había aprendido que una política exterior basada en un solo tema, los derechos humanos, tenía muchas limitaciones. A pesar de eso, el presidente continuó hablando explícitamente sobre el tema.

El Canal de Panamá

Carter también actuó para terminar con el resentimiento latinoamericano con respecto al Canal de Panamá. A través los años, la propiedad de Estados Unidos del canal y su control de la Zona del Canal había causado fricción entre Estados Unidos y **Panamá.** Carter firmó dos tratados con Panamá en 1977. Los tratados devolvían el Canal de Panamá, controlado por Estados Unidos, a Panamá en el año 2000, pero garantizaba que el canal permanecería como un canal neutral abierto a todas las embarcaciones. Algunos republicanos en el Senado intentaron bloquear la ratificación de los tratados, alegando que Carter estaba regalando una propiedad de Estados Unidos. El Senado aprobó los tratados en 1978.

El Medio Oriente

El Presidente Carter buscó llevar la paz al Medio Oriente. Cuando las conversaciones por la paz entre Israel y Egipto se estancaron en 1978, Carter invitó al Primer Ministro israelí **Menachem Begin** y al Presidente egipcio **Anwar el-Sadat** a Camp David, Maryland, para una reunión cumbre.

Durante dos semanas, los tres líderes conversaron sobre los asuntos que dividían a Israel y Egipto. En septiembre de 1978, anunciaron un acuerdo. Conocido como el **Acuerdo de Camp David,** el acuerdo selló un tratado de paz egipcio-israelí firmado en la Casa Blanca en marzo de 1979. El tratado marcó la primera vez que Israel y un país árabe lograban un acuerdo.

La Unión Soviética

Carter criticó la violación de los derechos humanos en la Unión Soviética, pero al mismo tiempo, continuó las negociaciones sobre el control armamentista. En junio de 1979, el presidente firmó un segundo Tratado de Limitación de Armas Estratégicas, o **SALT II.** Los críticos en el Senado alegaban que el tratado otorgaba una ventaja a los soviéticos, y el Senado dilató la ratificación.

Representación **de la historia**
El Presidente Carter se reúne con el Presidente egipcio Anwar el-Sadat (izq.) y el Primer Ministro israelí Menachem Begin (der.). **¿Por qué fueron importantes el Acuerdo de Camp David?**

Cualquier duda del Senado de aprobar el SALT II se despejó en diciembre de 1979, cuando tropas soviéticas invadieron **Afganistán,** un país en la región suroeste de Asia que limita con la Unión Soviética. Carter ordenó sanciones contra la Unión Soviética. Estados Unidos y otros países rehusaron participar en los Juegos Olímpicos de Moscú. Además, Estados Unidos impuso un embargo de granos a la Unión Soviética.

Crisis en Irán

En la década de 1970 del siglo XX, **Irán** era uno de los aliados más poderosos de Estados Unidos en la región del Golfo Pérsico, una zona vital para las necesidades de petróleo de Occidente. El Shah Mohammed Reza Pahlavi, el gobernante de Irán, utilizó la ayuda estadounidense para armar una fuerza militar poderosa. Sin embargo, muchos iraníes se quejaron de la corrupción en el gobierno. Otros objetaron la influencia occidental en el país, que ellos sentían que debilitaba los valores musulmanes tradicionales.

En enero de 1979, los fundamentalistas islámicos, gente que cree en la obediencia estricta de las leyes religiosas, obligaron al Shah a huir de Irán. El nuevo gobernante, el líder musulmán **Ayatollah Khomeini,** tenía una actitud hostil hacia Estados Unidos debido a su apoyo al Shah.

Los iraníes presentaron a un rehén estadounidense con los ojos vendados y esposado.

En noviembre de 1979, estudiantes iraníes, con el apoyo de fundamentalistas en el gobierno, invadieron la embajada de Estados Unidos en **Teherán,** la capital de Irán, y tomaron a 52 estadounidenses como rehenes. Estados Unidos estaba indignado. Los intentos para negociar la liberación de los rehenes fracasaron, y un arriesgado rescate en el desierto terminó en tragedia con la muerte de 8 soldados estadounidenses. La crisis de los rehenes se prolongó y se convirtió en un asunto importante en las elecciones presidenciales de 1980.

Comprobación de lectura **Resumen** ¿Por qué Estados Unidos boicoteó los Juegos Olímpicos de 1980?

Las elecciones de 1980

La crisis iraní dañó políticamente al presidente. Cuando se inició la campaña de las elecciones, la popularidad de Carter entre el público había declinado drásticamente.

Los republicanos nominaron a **Ronald Reagan** para presidente en 1980. En marcado contraste con Carter, Reagan irradiaba encanto y confianza. Su mensaje conservador de impuestos rebajados, gasto reducido, defensa más sólida y una restauración del orgullo estadounidense atrajo a los estadounidenses cansados del gobierno y de los problemas económicos. Cuando Reagan preguntó, "¿Están mejores ahora que hace cuatro años?" gran parte de los estadounidenses respondió , "¡No!"

Reagan ganó las elecciones por un amplio margen, 489 a 49 votos electorales. Los republicanos también ganaron el control del Senado por primera vez desde 1954. Las elecciones asestaron un duro golpe a Jimmy Carter, que apenas 4 años antes había prometido una nueva era en la política de Estados Unidos.

Una última decepción aguardaba a Carter en enero de 1981. Durante las últimas semanas de su presidencia, trabajó para obtener la liberación de los rehenes. Los iraníes finalmente los liberaron, después que Ronald Reagan asumió el puesto de presidente.

Comprobación de lectura **Evaluación** ¿Qué diferencias había en la manera en que se percibía a Reagan y Carter?

EVALUACIÓN DE LA SECCIÓN 3

Verificación de comprensión

1. **Términos clave** Usa los siguientes términos en un párrafo que ayude a explicar su significado: déficit comercial, derechos humanos, apartheid, fundamentalista.

2. **Repaso de hechos** ¿De qué manera difería el estilo de Jimmy Carter del de muchos otros presidentes'?

Repaso de temas

3. **Conexiones mundiales** ¿Qué asunto encauzó la política exterior de Carter? ¿Cómo intentó el presidente implementar esta política?

Pensamiento crítico

4. **Conclusiones** ¿Cuál de las acciones de Carter piensas que causó el daño más grande a sus posibilidades de reelección?

5. **Organización de la información** Recrea el siguiente diagrama e identifica tres problemas que enfrentó la administración de Carter y las acciones tomadas como respuesta.

Problemas	Acciones

Análisis de material visual

6. **Representación de la historia** Estudia la fotografía en la parte superior de esta página. ¿Qué efecto piensas que esta imagen tuvo en los estadounidenses? ¿Cómo piensas que esta imagen e imágenes similares afectaron la campaña de Carter para un segundo período presidencial?

Actividad interdisciplinaria

Geografía Dibuja un mapa del mundo e identifica los distintos países con los que Carter trató durante su presidencia.

Estados Unidos

Barrio Boy

Ernesto Galarza (1905–1984)

Como muchos inmigrantes que llegaron a Estados Unidos, Ernesto Galarza llegó enfrentando el reto de ajustarse a su país adoptado. Este extracto de su autobiografía, *Barrio Boy*, cuenta la historia de cómo Galarza y su madre, Doña Henriqueta viajaron de México a California para reunirse con sus tíos, Gustavo y José. Su historia describe experiencias comunes para aquellos que llegaron a Estados Unidos antes y los que llegan hoy.

LEER PARA DESCUBRIR

Incapaz de hablar inglés y poco familiarizado con las costumbres en Estados Unidos, Galarza, de 6 años de edad, y su madre se embarcaron en una nueva vida. Su viaje era un viaje a otro mundo para el pequeño Ernesto. Al leer, piensa cómo sería mudarse a un nuevo país.

DICCIONARIO DEL LECTOR

barrio: vecindario
Tucson: una ciudad en el sureste de Arizona
Sacramento: la capital de California

En la soleada mañana del día siguiente caminamos de vuelta a la estación. Nuestro tren aún estaba allí, carros y vagones desolados, con soldados mexicanos y estadounidenses caminando de un lado a otro. "Mira, la bandera de Estados Unidos", dijo mi mamá. Estaba flameando en un edificio cerca de nosotros. Más abajo en la calle, pasando de la estación, había una bandera mexicana en un asta. "Estamos en Estados Unidos. México está más allá". (. . .)

(. . .) En **Tucson** encontramos el camino para llegar a la dirección que nos había enviado Gustavo. Era un pequeño hotel donde el recepcionista hablaba español. Nos llevó por un largo y oscuro pasillo hasta una habitación, donde inmediatamente empecé a explorar las notables invenciones de los estadounidenses.

(. . .) Regularmente íbamos al hotel a preguntar si teníamos cartas de Gustavo. Casi siempre había una carta con dinero, pero después de varias semanas recibimos la más importante de todas, la que tenía el pase y las instrucciones para el viaje. Se suponía que debíamos tomar el tren a **Sacramento**, ir al Hotel Español y esperar allí hasta que Gustavo y José vinieran por nosotros.

(. . .) Y por lo que vi en el vagón en ese largo viaje, los estadounidenses eran realmente diferentes. Comían esos repulsivos sándwiches con salsa dulce de pepinillos. Colocaban sus pies, con los zapatos puestos, en los

asientos en frente de ellos. Cuando se reían parecía más como un rugido y, si estaban muy cerca, me asustaba. Doña Henriqueta fruncía el ceño y me reprendía. "Ten cuidado, que no te quiero escuchar rebuznar de esa manera". Muchos de ellos usaban gorras, como si no supieran que estar dentro de un vagón es como estar dentro de una casa, y usar una gorra en cualquiera de los dos lugares es un signo de ser *mal educado*.

Barrio Boy de Ernesto Galarza. © 1971 University of Notre Dame Press. Usado con permiso de la editorial.

ANÁLISIS DE LITERATURA

1. **Memorarización e interpretación** ¿Qué observaciones hicieron Ernesto y su madre sobre los estadounidenses?

2. **Evaluación y conexión** ¿Qué partes de la historia de Ernesto probablemente son comunes para todas las personas que llegan a un lugar nuevo?

Actividad interdisciplinaria
Redacción descriptiva Imagina que eres Ernesto escribiendo una postal a un amigo en México. Describe tus impresiones de Estados Unidos y la gente que has visto.

¿Cómo era la vida de las personas en el pasado?

¿Cómo serán nuestras vidas en el futuro? En estas dos páginas encontrarás algunos datos sobre la vida cotidian en Estados Unidos al retroceder en el tiempo y visualizar el futuro con TIME Notebook.

Perfil

*Después de contagiarse de VIH con un medicamento para la coagulación sanguínea cuando tenía sólo 13 años, se le solicitó a **RYAN WHITE** que hablara ante una comisión presidencial sobre el SIDA en 1988:*

"ME ENFRENTÉ CARA A CARA CON LA muerte A los trece años. Se dictaminó que tenía el SIDA: una enfermedad mortal. Los médicos me dijeron que no era contagioso. Con apenas seis meses de vida que me dieron y mi capacidad de lucha, me fijé metas más altas para mí mismo. Mi decisión fue vivir una vida normal, ir a la escuela, estar con mis amigos y disfrutar de las actividades diarias. No iba a ser muy fácil.

La escuela a la que asistía se excusó diciendo que no tenían pautas para una persona con SIDA. (. . .) Iniciamos una serie de batallas legales durante nueve meses, mientras atendía las clases por teléfono, Eventualmente, gané el derecho a asistir a la escuela, pero el prejuicio todavía existía".

Ryan White

HUBBARD-LIAISON

Medicina del futuro

"TÓMATE 200 ROBOTS PEQUEÑOS y llámame por la mañana". No te rías. Es posible que tu doctor te diga eso algún día durante las próximas décadas.

Los nanotecnólogos son investigadores y fabricantes de robots microscópicos. En el futuro, estos robots del tamaño de un germen, llamados nanomáquinas, viajarán por tu cuerpo, para asegurarse de que todo esté funcionando en orden. Informarán de vuelta a una computadora central que también estará en tu cuerpo sobre tu condición. Luego los robots pequeños rasparán bloqueos en las arterias, limpiaran células cancerígenas peligrosas y destruirán los coágulos sanguíneos.

Los médicos predicen que vivir hasta los 100 años o más no será una gran cosa, posiblemente en esta generación. ¡Y tendrás que darle las gracias a los nanorobots!

CHOQUE FUTURO

Crecimiento poblacional en Estados Unidos

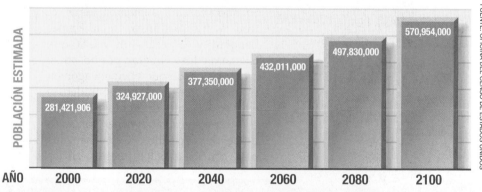

AÑO	2000	2020	2040	2060	2080	2100
POBLACIÓN ESTIMADA	281,421,906	324,927,000	377,350,000	432,011,000	497,830,000	570,954,000

FUENTE: OFICINA DEL CENSO DE ESTADOS UNIDOS

AL GRILLO/ALASKA STOCK

HITOS

PERSONAJES Y ACONTECIMIENTOS DE LA ÉPOCA

ARMONIZADO. MICHAEL JACKSON con 45 estrellas del rock cantando la canción que Jackson escribió junto a Lionel Ritchie llamada "Nosotros somos el mundo". El 5 de abril de 1985, unas 5,000 emisoras del mundo tocaron la canción al mismo tiempo, todo en un esfuerzo por recaudar fondos para la gente con necesidad de alimentos en África. Después de sólo un año, "Nosotros somos el mundo" recaudó más de $44 millones de dólares.

LIBERADOS. Cincuenta y dos **REHENES** estadounidenses después de 444 días en cautividad en Irán. Retenidos por terroristas que estaban molestos por el trato favorable de Estados Unidos hacia el ex gobernante de Irán, el grupo fue tomado de la Embajada de Estados Unidos en Irán. El hecho de que Estados Unidos no pudo negociar su liberación fue un factor determinante en la derrota del **PRESIDENTE JIMMY CARTER** en las elecciones de 1980.

DERRAMADOS. Más de 11,000,000 galones de petróleo crudo en las aguas limpias de Prince William Sound, Alaska, en marzo de 1989. Un buque petrolero golpeó un arrecife de coral y derramó miles de barriles de petróleo en el mar, por lo que se devastó la pesca comercial y se eliminó la preciada fauna silvestre de Alaska.

Pájaro cubierto de petróleo encontrado en Prince William Sound, Alaska.

Presidente Carter

BETTMANN/CORBIS

CHOQUE FUTURO

Lo que haces hoy afecta al mundo del mañana

En mayo de 2001, había casi 284 millones de habitantes en Estados Unidos. La población de India era de casi 1.03 mil millones. Pero los estadounidenses usaban el 25 por ciento de los recursos mundiales y producían entre el 25 y el 30 por ciento de los residuos mundiales. Comparado con una persona típica de India, el ciudadano normal de Estados Unidos usa:

50 veces más acero

56 veces más energía

170 veces más caucho sintético

170 veces más papel de periódico

250 veces más combustible de motor

300 veces más plástico

CIFRAS

ESTADOS UNIDOS EN ESE ENTONCES

11,600 La cantidad de controladores de tráfico aéreo que fueron a la huelga en 1981, por lo que se paralizaron todas las aerolíneas comerciales del país

70¢ La cantidad ganada por una mujer por cada dólar ganado por el hombre en 1987

E.T.

FOTOFEST

$229,000,000
La recaudación de la película, *E.T., el Extraterrestre*, exhibida en 1982; una de las películas de mayores ingresos netos

50% El porcentaje de los niños afroamericanos que vivían en estado de pobreza en 1989

1,200,000 niños de Los Ángeles en 1986 observaron un momento de silencio en honor de la astronauta y profesora **Christa McAuliffe** que murió cuando el trasbordador espacial *Challenger* explosionó

Christa McAuliffe

COLECCIÓN DE PELÍCULAS TIME

Resumen del capítulo

La búsqueda de estabilidad

Política exterior de Nixon

- Nixon abre relaciones con China y la Unión Soviética
- Estados Unidos respalda el derrocamiento del gobierno comunista chileno

Nixon y Watergate

- Nixon introduce el Nuevo Federalismo
- La economía sufre una deflación
- Se revela la participación de la Casa Blanca en el allanamiento de Watergate
- Renuncia el Vicepresidente Agnew
- Nixon designa a Gerald Ford como el nuevo vicepresidente
- Nixon renuncia a la presidencia

Ford y Carter

- Ford otorga el perdón a Nixon
- Ford continúa la distensión con la Unión Soviética
- Sube la inflación
- Carter hizo de la política energética una prioridad
- Carter basa la política exterior en los derechos humanos
- Carter trabaja para llevar la paz al Medio Oriente
- Fundamentalistas islámicos toman a 53 rehenes estadounidenses en Irán
- Carter pierde las elecciones de 1980 ante Ronald Reagan

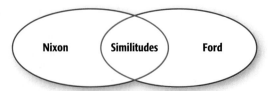

Repaso de términos clave

En papel cuadriculado haz un crucigrama con los siguientes términos. Entrecruza los términos en forma vertical y horizontal y luego rellena las casillas restantes con letras adicionales. Usa las definiciones de los términos como pistas para encontrar las palabras en el crucigrama. Comparte el crucigrama con un compañero de curso.

1. détente
2. embargo
3. viajes diplomáticos
4. stagflación
5. déficit
6. acusación
7. amnistía
8. derechos humanos

Repaso de hechos clave

9. ¿Qué dos naciones fueron el foco del intento de Nixon por aliviar las tensiones de la Guerra Fría?
10. ¿Que son viajes diplomáticos?
11. Explica por qué el Presidente Nixon tuvo que renunciar.
12. ¿Qué hizo el Congreso en el período inmediatamente después de Watergate?
13. ¿Por qué Estados Unidos perdió su lugar como líder económico en la década de 1970?
14. ¿Qué hizo el Presidente Carter para resolver la crisis de energía?
15. ¿Cómo logró Carter la paz temporalmente en el Medio Oriente?

Pensamiento crítico

16. **Análisis de temas: Conexiones mundiales** ¿Cuál fue la razón principal de Nixon para establecer relaciones amistosas con la Unión Soviética?
17. **Análisis de la información** ¿Qué hizo Nixon para crear un Nuevo Federalismo?
18. **Análisis de temas: Conexiones mundiales** ¿Qué pensaba Carter que debía hacer Estados Unidos a cualquier país que violara los derechos humanos?
19. **Conclusiones** ¿Cómo ignoró el apoyo de Carter al Shah de Irán los intereses de los fundamentalistas islámicos de ese país?
20. **Análisis de temas: Continuidad y cambio** Recrea el siguiente diagrama y describe en qué se parecían las políticas exteriores de Ford y Nixon.

Nixon — Similitudes — Ford

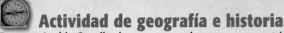

Actividad de geografía e historia

En 1973 Arabia Saudita impuso un embargo, o una restricción de comercio, en el petróleo enviado a los aliados de Israel incluyendo a Estados Unidos. Al mismo tiempo, los otros países de la OPEP subieron sus precios. Aunque el embargo se levantó en 1974, sus efectos económicos continuaron hasta el final de la década. Estudia la tabla siguiente; luego responde a las preguntas que siguen.

Consumo y precios de la gasolina				
Año	Consumo (Miles de millones galones)	Costo por galón		
		Reg.	Prem.	Sin plomo
1973	110.5	$ .40	.45	NA
1974	106.3	.53	.57	.55
1975	109.0	.57	.61	.60
1976	115.7	.59	.64	.61
1977	119.6	.62	.67	.66
1978	125.1	.63	.69	.67
1979	122.1	.86	.92	.90
1980	115.0	1.19	1.28	1.25

Fuente: *Abstracto estadístico de Estados Unidos*

21. ¿En qué año el consumo de gasolina excedió por primera vez los 120 billones de galones?

22. ¿Cuánto más costaba un galón de gasolina regular en 1980 comparado con 1973?

23. Tomando como base los miles de millones de galones consumidos, ¿en qué año mostrado en la tabla se contaminó más el ambiente con escapes de los automóviles?

Actividad de práctica de habilidades

24. **Predicción de las consecuencias** Repasa las habilidades para predecir consecuencias en la página 909. Luego lee las declaraciones siguientes y predice tres consecuencias para cada una. Clasifica las tres consecuencias en el orden que es más probable que ocurran.
    - Si una persona que tiene un cargo público, incluyendo al presidente, comete un delito, él o ella no debe ser perdonado.
    - Los ingenieros desarrollaron un automóvil eléctrico eficaz y eficiente.
    - El año escolar se prolongó 30 días.

Prueba de autocomprobación
Visita taj.glencoe.com y haz clic en **Chapter 31— Self-Check Quizzes** para prepararte para el examen del capítulo.

Actividad ciudadana cooperativa

25. **Formar parte de un jurado** Encuentra gente en tu escuela o ciudad que haya sido parte de un jurado. Pídeles que relaten sus impresiones de la experiencia. Con un compañero, piensa en lo que sucedería si recibieras un aviso de jurado en el correo. Describe lo que harías después y lo que esperarías que pasara. Luego escribe lo que piensas decirle al juez sobre lo que entiendes de las responsabilidades del jurado. Presenta la información a tus compañeros.

Evaluación alternativa

26. **Redacción explicativa** Repasa el capítulo y haz una lista de los éxitos y fracasos de los Presidentes Nixon, Ford y Carter. Basándote en tu lista, ¿por cuál de los tres votarías si las elecciones presidenciales fueran hoy? Explica tu elección.

Práctica de examen estandarizado

Instrucciones: Selecciona la *mejor* respuesta a la pregunta siguiente.

¿Cuál de las siguientes fue una característica clave de la administración de Carter?

A política exterior basada en los derechos humanos

B énfasis en la formalidad

C políticas económicas claras

D cooperación estrecha con el Congreso

Consejo para el examen:

Elimina las respuestas que sabes que no son correctas. Por ejemplo, Carter fue diferente de sus predecesores porque fue más informal en persona. Por lo tanto, la respuesta **B** debe de ser incorrecta.

CAPÍTULO 32 Nuevos retos

1981–presente

Por qué es importante

Las décadas de 1980 y 1990 del siglo XX introdujeron un período de grandes cambios. Con la caída del comunismo en Europa, las relaciones entre el Oriente y el Occidente cambiaron drásticamente. Los que alguna vez fueron enemigos buscaron entablar lazos más estrechos. En Estados Unidos, los nuevos avances tecnológicos, médicos e industriales ayudaron al desarrollo de la nación.

El impacto actual

Las innovaciones tecnológicas durante este período dieron lugar a la revolución de las comunicaciones y a la economía globalizada de la actualidad.

 Video El viaje estadounidense *El video del capítulo 32, "America Responds to Terrorism", se basa en cómo los estadounidenses se unieron después de los acontecimientos del 11 de septiembre de 2001.*

1990
* Se aprueba la Ley de Estadounidenses con Discapacidades

1981
* Ronald Reagan llega a ser presidente

1989
* Bush llega a ser presidente

1983
* Tropas estadounidenses invaden Granada

1986
* Explota el transbordador espacial *Challenger*

Estados Unidos
PRESIDENTES

Reagan 1981–1989

G.H.W. Bush 1989–1993

1980   1985   1990

Mundo

1980
* El sindicato Solidaridad se forma en Polonia

1989
* Protesta estudiantil en la Plaza Tiananmen
* Caída del comunismo en Europa Oriental

1990
* Nelson Mandela es liberado de una prisión sudafricana

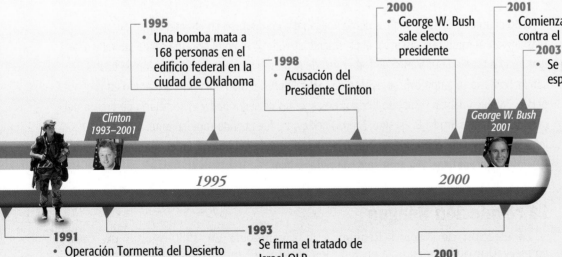

Un nuevo presidente El 20 de enero de 2001, George W. Bush se convierte en el 43° presidente de la nación.

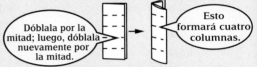

Organizador de estudios

Plegable de estudio para organizar la información
Prepara esta plegable para organizar lo que has aprendido sobre los retos actuales a los que se enfrenta Estados Unidos

Paso 1 Abre la hoja y vuelve a doblarla en cuatro partes, comenzando de un costado al otro.

Esto formará cinco hileras.

Paso 2 Abre la hoja y vuelve a doblarla en cuatro partes, comenzando de un costado al otro.

Dóblala por la mitad; luego, dóblala nuevamente por la mitad.

Esto formará cuatro columnas.

Paso 3 Desdobla la hoja, da vuelta el papel, y traza líneas a lo largo de los dobleces.

Paso 4 Rotula el plegable como se muestra.

	Reagan	Bush	Clinton	G.W. Bush
Partido político				
Política exterior				
Política interna				

Lectura y redacción Al leer el capítulo, anota en los espacios correspondientes de tu plegable información sobre los presidentes, sus partidos políticos y sus políticas exterior e interna.

1995
• Una bomba mata a 168 personas en el edificio federal en la ciudad de Oklahoma

1998
• Acusación del Presidente Clinton

2000
• George W. Bush sale electo presidente

2001
• Comienza la guerra contra el terrorismo

2003
• Se pierde el transbordador espacial *Columbia*

Clinton 1993–2001

George W. Bush 2001

1995

2000

1991
• Operación Tormenta del Desierto
• Se separa la Unión Soviética; termina el apartheid en Sudáfrica

1993
• Se firma el tratado de Israel-OLP

2001
• Arresto del ex presidente de Yugoslavia Slobodan Milosevic

HISTORIA En línea

Descripción general del capítulo
Visita **taj.glencoe.com** y haz clic en **Chapter 32— Chapter Overviews** para ver la información preliminar del capítulo.

La presidencia de Reagan

Guía de lectura

Idea principal

Ronald Reagan adoptó una postura conservadora tanto en la política nacional como extranjera.

Términos clave

desregulación, deuda federal, glasnost, perestroika

Estrategia de lectura

Clasificación de la información Al leer la sección, recrea el siguiente diagrama e indica tres acciones conservadoras tomadas por Ronald Reagan.

El conservadurismo de Ronald Reagan

Leer para aprender

- cómo implementó Ronald Reagan la economía de suministros.
- cómo Ronald Reagan tomó una postura activa en política exterior.
- cómo cambió la Unión Soviética.

Tema de la sección

Factores económicos Ronald Reagan adoptó una política nacional conservadora y reforzó el ejército para contrarrestar las fuerzas de la Unión Soviética.

Presentación preliminar de acontecimientos

♦1980   ♦1985   ♦1990

1981
Sandra Day O'Connor es nombrada para ejercer en la Corte Suprema

1985
Mikhail Gorbachev se convierte en el líder de la Unión Soviética

1987
Reagan y Gorbachev firman el Tratado INF

UNA historia estadounidense

El 30 de marzo de 1981, el Presidente Reagan dio un discurso en el hotel Hilton de Washington. Después del discurso, el presidente abandonó el hotel por una salida lateral y tuvo que pasar a través de una línea de fotógrafos de la prensa y cámaras de televisión. Mientras caminaba hacia su automóvil, se oyeron disparos. El presidente había sido disparado en el pecho. También habían resultado heridos dos agentes de seguridad y el secretario de prensa del presidente, James Brady. El asesino, John Hinckley, Jr., fue abatido rápidamente. A pesar del intento de asesinato, el presidente nunca perdió su sentido del humor. En el quirófano, les dijo a los cirujanos, "Por favor, díganme que son republicanos".

La revolución Reagan

La elección de Ronald Reagan a la presidencia en 1980 marcó un cambio conservador de importancia en Estados Unidos. El movimiento conservador creció en todo el país, especialmente en el Sur y en el Suroeste, una región conocida como el **Sunbelt** (franja del sol). Cuando la población de la región del Sunbelt creció durante los años 1970, el movimiento conservador ganó poder político.

Muchos estadounidenses querían volver a lo que el Presidente Ronald Reagan, un ex actor de una pequeña ciudad de Illinois, llamaba "los valores estadounidenses tradicionales", un énfasis en la vida familiar, el trabajo duro, el respeto por la ley y el patriotismo. Compartían la opinión conservadora de que el gobierno federal creaba demasiadas reglas, cobraba demasiados impuestos y gastaba demasiado dinero en programas sociales.

Huelga de los controladores de tráfico aéreo

Unos pocos meses después de la asunción del mando de Ronald Reagan, los controladores de tráfico aéreo se manifestaron en huelga. A pesar de la orden del presidente de volver a ocupar sus puestos de trabajo, el grupo se negó a hacerlo. El Presidente Reagan actuó sin demora: despidió a los huelguistas y ordenó que el personal militar controlara el tráfico aéreo mientras se capacitaban a nuevos controladores.

El Presidente Carter había sido criticado por su falta de liderazgo e indecisión. Con esta medida, Ronald Reagan demostró que se mantendría firme y usaría su cargo de presidente para poner en práctica las medidas políticas en las que creía.

Desregulación

Como parte de su promesa de reducir el gobierno y "quitárselo de las espaldas al pueblo estadounidense", el Presidente Reagan persiguió una política de desregulación. Esto significaba reducir las reglas y disposiciones que las agencias del gobierno imponían sobre el sector comercial. Durante la presidencia de Reagan, el Departamento de Transporte redactó nuevas reglas para los sistemas de escape de los automóviles y medidas de seguridad que resultaban más fáciles de cumplir para los fabricantes de autos.

La Corte Suprema

Reagan también colocó un sello conservador en la Corte Suprema nombrando jueces que compartían sus puntos de vista. Nombró a **Sandra Day O'Connor** en 1981, la primera mujer que ocupó tal cargo en la historia. Posteriormente, Reagan nombró a **Antonin Scalia** y a **Anthony Kennedy.**

Reaganomía

La desregulación y los nombramientos judiciales demostraron el compromiso del Presidente Reagan de tener un gobierno conservador. Sin embargo, fueron sus medidas económicas las que formaron la base de la "Revolución Reagan".

Representación **de la historia**

Sandra Day O'Connor aparece con el Presidente de la Corte Suprema Warren Burger en las escalinatas del edificio de la Corte Suprema. **¿Por qué revistió importancia el nombramiento de O'Connor?**

Reagan opinaba que la reducción de impuestos permitiría tanto a las personas como a las corporaciones invertir en nuevos negocios. Dado que una reducción de impuestos significaría una reducción de ingresos, Reagan también redujo los gastos del gobierno. Los seguidores de Reagan denominaron a esta política económica **"supply-side economics"**, u ofertismo fiscal, porque proponía estimular la economía aumentando el suministro de mercancías y servicios. Los detractores del presidente ridiculizaron la política bautizándola con el nombre de "Reaganomía".

En 1981, el Congreso redujo los impuestos y cortó casi 40 mil millones de dólares de programas federales tales como almuerzos y ayuda escolares, bienestar social, viviendas para gente de pocos recursos, y cupones para alimentos. Los críticos sostenían que estos cortes perjudicaban tanto a la clase pobre trabajadora como a los desempleados. Los seguidores respondían diciendo que la Reagonomía impulsaría la economía, lo cual, a largo plazo, beneficiaría a todos.

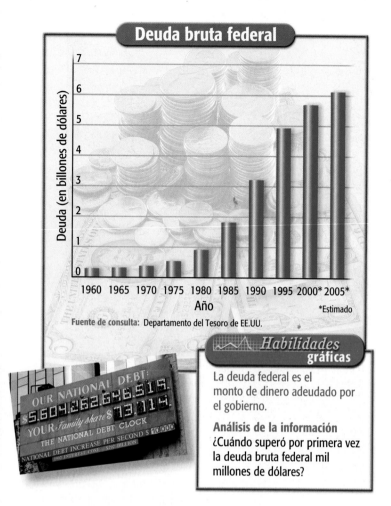

Deuda bruta federal

Fuente de consulta: Departamento del Tesoro de EE.UU.

*Estimado

Habilidades gráficas

La deuda federal es el monto de dinero adeudado por el gobierno.

Análisis de la información ¿Cuándo superó por primera vez la deuda bruta federal mil millones de dólares?

Si bien Reagan redujo los programas nacionales, abogó por marcados aumentos en el gasto militar. El presidente declaró que, debido a la amenaza soviética, era imperioso fortalecer el sector militar.

La deuda del gobierno

Con un mayor gasto para la defensa y menores impuestos, el gobierno gastó más dinero del que recolectó en utilidades. Por lo tanto, se vio obligado a solicitar préstamos de dinero para compensar la diferencia. Estos préstamos aumentaron la deuda federal, el monto de dinero adeudado por el gobierno. Entre 1970 y 1980, la deuda federal había aumentado de $381 a $909 mil millones. Para 1990, esta cifra era de $3.2 billones.

$ Economía

Recesión y recuperación

La grave recesión que tuvo lugar al comienzo de la primera presidencia de Reagan parecía indicar que las nuevas políticas del presidente no estaban dando resultado. Sin embargo, un año más tarde la economía se recuperó y comenzó a florecer.

En 1983, la economía comenzó a escalar en forma prolongada y estable. Los comercios se

expandieron, y el alto índice de desocupación de 1982 comenzó a disminuir. Los inversionistas mostraban confianza en la economía, dado el auge del mercado de valores.

Al igual que la economía, la deuda federal también continuaba escalando. En 1985, el Congreso trató de detener el aumento de la deuda con la aprobación de la **Ley Gramm-Rudman-Hollings.** La ley especificaba una serie de objetivos para eliminar el déficit presupuestario federal para el año 1991. Si el Congreso y el presidente no podían acordar en reducciones *voluntarias* de gastos, la ley exigía reducciones de gasto *automáticas* para equilibrar el presupuesto. Sin embargo, la disposición sobre reducciones automáticas no correspondía a todas las áreas del presupuesto, de modo que tuvo un éxito limitado.

Comprobación de lectura **Explicación** ¿Cómo se denomina el monto de dinero que el gobierno adeuda?

Política exterior de Reagan

Ronald Reagan prometió en su campaña llevar a cabo una dura batalla contra el comunismo. Para llevar a cabo esta política, Reagan inició un refuerzo masivo del ejército. Amplió el arsenal estadounidense de tanques, barcos, aviones y misiles nucleares. Reagan defendió estas medidas citando a George Washington: "Estar preparado para la guerra es uno de los medios más eficaces para preservar la paz".

Reagan también propuso un sistema de defensa antimisiles, llamado **Strategic Defense Initiative (SDI),** Iniciativa de Defensa Estratégica. El SID, que recibió el apodo de "Guerra de las Galaxias", proveería protección contra los misiles enemigos. Sin embargo, los científicos no pudieron desarrollar la tecnología necesaria para el SDI.

Latinoamérica

Además de fortalecer el ejército de la nación, Reagan también destinó fuerzas y ayuda estadounidense a la lucha contra el comunismo, especialmente en la región cercana de Latinoamérica.

Al final de la presidencia de Carter, los rebeldes comunistas en **Nicaragua,** llamados **Sandinistas,** habían derrocado al gobierno. Durante su presidencia, Reagan envió ayuda a los **contras,** un grupo que luchaba contra los Sandinistas. La lucha en Nicaragua se prolongó durante muchos años, y se convirtió en una fuente de desacuerdo entre el Presidente Reagan y el Congreso.

En octubre de 1983, Reagan decidió tomar medidas militares directas en el Caribe. Un grupo de rebeldes en la minúscula isla caribeña de Granada inició un levantamiento. Preocupado por la suerte de 800 estudiantes de medicina estadounidenses presentes en la isla, Reagan envió tropas para rescatar a los estudiantes y establecer un gobierno pro democrático. Las medidas de Reagan ganaron vasta aprobación en Estados Unidos.

El Medio Oriente

Los esfuerzos de paz del Presidente Reagan no tuvieron el mismo éxito en el Medio Oriente. En 1982, envió a un grupo de la marina para ayudar a mantener la paz en el Líbano, un país asolado por la guerra. Muy pronto, los estadounidenses se vieron envueltos en una ola de violencia. En abril de 1983, el estallido de una bomba dentro de un automóvil mató a más de 60 personas en la embajada estadounidense de Beirut. En el mes de octubre, 241 estadounidenses y 58 franceses murieron en ataques perpetrados contra los cuarteles generales del ejército de Estados Unidos y Francia. En lugar de involucrarse más en la lucha, el presidente ordenó el retiro de Líbano de todas las fuerzas estadounidenses.

Comprobación de lectura **Resumen** ¿Qué es el SDI?

Segunda presidencia de Reagan

Para 1984, la economía estadounidense estaba en su máximo apogeo. En su discurso sobre el estado de la nación, el Presidente Reagan manifestó:

> 66Nuestra nación es la de antes: orgullosa y mirando [hacia el futuro] con valor, confianza y esperanza99.

El Presidente Reagan y el Vicepresidente **George Bush** continuaron usando este lema optimista durante su campaña de reelección. Los demócratas eligieron a **Walter Mondale,** el Vicepresidente en la presidencia de Jimmy Carter, y a la representante neoyorquina y miembro del Congreso **Geraldine Ferraro.** Ferraro fue la primera mujer postulante a vicepresidente en un partido político de importancia.

Reagan ganó los votos electorales de 49 de los 50 estados. Fue una de las elecciones presidenciales más desiguales en la historia estadounidense. Alentado por el alto índice de empleo, una economía fuerte y bajas tasas de interés, Reagan disfrutó de gran popularidad en los primeros años de su segundo mandato presidencial.

Hecho **Ficción** **Folklore**

Los presidentes y los sindicatos

El Presidente Reagan había sido presidente de un sindicato. El ex locutor, actor cinematográfico de Hollywood y gobernador de California, fue presidente del Sindicato de Actores de Cine. Es el único presidente que también fue el funcionario principal de un sindicato.

El escándalo Irán-Contra

A pesar de su popularidad, un escándalo arrojó una sombra sobre parte de la segunda presidencia de Reagan. Un grupo terrorista conectado con el gobierno iraní tomó rehenes estadounidenses en Líbano. Esperando asegurar la liberación de los rehenes, Reagan hizo un pacto con los funcionarios iraníes.

El Teniente Coronel de la Marina **Oliver North** y el Vicealmirante naval John Poindexter, ambos asignados al Consejo de Seguridad Nacional de la Casa Blanca, dispusieron la venta de armas a Irán a cambio de recibir ayuda para liberar a los rehenes estadounidenses. North y Poindexter decidieron desviar fondos provenientes de la venta secreta de armas para ayudar a los contras nicaragüenses.

La noticia de estos negocios, que se conocieron como el **"escándalo Irán-Contra",** crearon airadas protestas. Los críticos sostenían que estos tratados quebrantaban las leyes federales que prohibían a los funcionarios públicos prestar ayuda a los contras. Asimismo, consideraban que estos tratados violaban la Constitución por interferir con la función del Congreso de estipular la política exterior. El Congreso celebró audiencias para determinar si el presidente había participado en el quebrantamiento de la ley. Pero nunca hubo pruebas de la participación del presidente en estos acontecimientos.

Una cambiante política soviética

Al comienzo de la segunda presidencia de Reagan, tuvo lugar un notable cambio en las relaciones entre la Unión Soviética y Estados Unidos. Estos cambios fueron generados, en parte, por los cambios en los dirigentes soviéticos. En 1985, los líderes del Partido Comunista de la Unión Soviética eligieron a un nuevo Secretario General, o líder, **Mikhail Gorbachev.** Para sorpresa del resto del mundo, Gorbachev estaba decidido a reformar el gobierno soviético. Aludía a una política

Representación **de la historia**

El Presidente Reagan y el líder soviético Gorbachev se dan la mano en la reunión cumbre de junio de 1988 en Moscú. **¿Cuál fue el paso más importante que ambos líderes tomaron para poner fin a la amenaza de una guerra nuclear?**

denominada "glasnost", una apertura de la sociedad rusa a nuevas ideas.

Gorbachev también trató de cambiar la forma de gobierno en su país. Se alejó del esquema de control casi totalitario del gobierno sobre la economía y permitió una mayor democracia y planificación económica local. Esta política, conocida como "perestroika", alentó a los soviéticos a buscar cambios aún más grandes.

Con la economía soviética en difícil situación, Gorbachev sabía que no tenía los recursos para construir armas nucleares. En varias reuniones, trató de convencer al Presidente Reagan de su intención de poner fin a la carrera nuclear. Estas primeras reuniones no lograron mucho.

Sin embargo, en 1987, Reagan y Gorbachev firmaron un tratado, el **Intermediate-Range Nuclear Forces (INF) Treaty,** o Tratado sobre Fuerza Nuclear de Alcance Intermedio. El mismo tenía la finalidad de reducir el número de misiles nucleares en el arsenal de cada una de las dos superpotencias. Reagan explicó el acuerdo citando lo que dijo ser un proverbio ruso: "Confía, pero verifica". Si bien ambas naciones mantenían aún vastos arsenales nucleares, habían dado un paso importante hacia la reducción de la amenaza de una guerra nuclear.

Comprobación de lectura **Explicación** ¿A qué se denomina "glasnost" y "perestroika"?

EVALUACIÓN DE LA SECCIÓN 1

Verificación de comprensión

1. **Términos clave** Usa cada uno de los términos clave en oraciones que ayuden a explicar su significado: desregulación, deuda federal, glasnost, perestroika
2. **Repaso de hechos** Enumera dos de las medidas del Presidente Reagan que probaron su decisión de crear un gobierno más conservador.

Repaso de temas

3. **Factores económicos** ¿Por qué el Presidente Reagan sostenía que la reducción de impuestos ayudaría a la economía?

Pensamiento crítico

4. **Conclusiones** ¿Piensas que los funcionarios de la administración Reagan tenían un motivo fundado para quebrantar las leyes del Congreso en el incidente Irán-Contra? Explica.
5. **Organización de la información** Recrea el siguiente diagrama y describe por qué cada una de estas personas salió en las noticias.

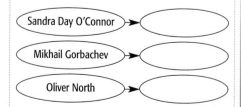

Análisis de material visual

6. **Habilidades gráficas** Repasa la gráfica de la deuda bruta federal que aparece en la página 924. ¿Qué años se muestran? ¿Cuál fue el primer año en que la deuda fue casi el doble de lo que había sido cinco años antes?

Actividad interdisciplinaria

Investigación Encuentra el significado literal del término *perestroika* (ruso). A continuación, encuentra una palabra o frase en español que tenga el mismo significado. Emplea el término en una oración completa.

HABILIDADES

Tecnología

Uso de una hoja de cálculo electrónica

¿Por qué desarrollar esta habilidad?

Las hojas de cálculo electrónicas se utilizan para hacer cálculos matemáticos en forma rápida y sencilla. Puedes usar una hoja electrónica para problemas que tengan números que puedas disponer en hileras y columnas.

Desarrollo de la habilidad

Una hoja de cálculo es una planilla de trabajo electrónica. Todas las hojas de cálculo incluyen hileras y columnas. Cada columna (vertical) tiene una letra o un número. Cada hilera (horizontal) tiene un número. Cada punto de intersección entre una columna y una hilera se denomina *celda.* La posición de la celda en la hoja se denomina de acuerdo con su columna e hilera correspondientes—Columna A, Hilera 1(A1); Columna B, Hilera 2 (B2), y así sucesivamente.

Las hojas de cálculo utilizan *fórmulas normalizadas* para calcular los números. Tú debes crear una ecuación matemática sencilla que incorpore estas fórmulas estandarizadas, y la computadora hace los cálculos por ti.

Práctica de la habilidad

Digamos que deseas saber cuántos votos recibieron los candidatos republicanos, demócratas e independientes en seis estados, durante las elecciones presidenciales del año 2000. Utiliza estos pasos para crear una hoja de cálculo que proporcione la siguiente información:

1 En las celdas B1, C1 y D1 respectivamente, tipea el nombre o partido político de un candidato. En la celda E1, tipea la palabra *total*.

2 En las celdas A2 a A7, tipea el nombre de un estado. En la celda A8, tipea la palabra *total*.

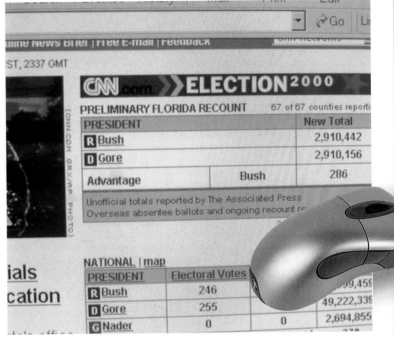

Página en Internet con los resultados de las elecciones

3 En la hilera 2, escribe el número de votos que cada candidato recibió en el estado indicado en la celda A2. Repite el mismo proceso en las hileras 3 a 7.

4 Crea una fórmula para calcular los votos. La fórmula de la ecuación determina qué celdas (B2 + C2 + D2) sumar.

5 Copia la fórmula en las celdas correspondientes a los otros cinco estados.

6 Usa el procedimiento de los pasos 4 y 5 para crear y copiar una fórmula para calcular el número total de votos recibidos por cada candidato.

Aplicación de la habilidad

Uso de una hoja de cálculo Usa una hoja de cálculo para anotar las calificaciones de tu examen y de tus tareas. Al final del período de calificaciones, la hoja calculará tu calificación promedio.

La presidencia de Bush

Guía de lectura

Idea principal
George Bush tenía una política exterior activa y fue responsable de la caída de la Unión Soviética y el fin de la guerra fría.

Términos clave
golpe de estado, bancarrota

Estrategia de lectura
Organización de la información Al leer la sección, recrea la siguiente cronología y proporciona tres acontecimientos clave que condujeron a la caída del comunismo.

1980	1989	1990

Leer para aprender
- cómo fue la caída de la Unión Soviética.
- cómo utilizó George Bush el ejército en el extrajero.
- cuáles fueron las dificultades internas que debió enfrentar George Bush.

Tema de la sección
Conexiones mundiales Durante la presidencia de George Bush, se produjeron grandes cambios políticos que tuvieron una importante influencia en la situación mundial.

Presentación preliminar de acontecimientos

♦1988   ♦1990   ♦1992

1988
George Bush es electo presidente

junio de 1989
Protesta de estudiantes chinos en la Plaza Tiananmen

noviembre de 1989
Se derriba el Muro de Berlín

enero de 1991
Los alidados lanzan el operativo Tormenta del Desierto

diciembre de 1991
La caída de la Unión Soviética

UNA
historia estadounidense

El 2 de septiembre de 1944, un joven piloto tomó parte en una misión de bombardeo contra bases japonesas. La Segunda Guerra Mundial estaba en su punto máximo. El avión del joven piloto, que despegó del portaaviones, fue el blanco directo de un fusil antiaéreo japonés. El piloto y sus dos compañeros se tiraron de sus paracaídas al Océano Pacífico. Un submarino estadounidense rescató al piloto de una balsa salvavidas, pero los otros dos hombres nunca fueron hallados. Por su heroismo, el piloto George Bush fue condecorado con la "Distinguished Flying Cross" (Cruz de Vuelo Distinguida). Más de 40 años después, Bush se convertiría en el 41° presidente de Estados Unidos.

Un nuevo orden mundial

Al terminar el segundo mandato del Presidente Reagan, la campaña electoral de su sucesor iba tomando impulso. El Vicepresidente **George H. W. Bush** ganó ampliamente en las primarias de 1988 y obtuvo la nominación republicana a la presidencia. Como candidato vicepresidencial, Bush seleccionó al senador de Indiana **Dan Quayle.** Muchos demócratas competían por la nominación, pero el campo rápidamente se limitó a dos candidatos: el líder de derechos civiles **Jesse Jackson** y el gobernador de Massachusetts **Michael Dukakis.** Dukakis, quien lanzó la campaña primaria más eficaz, ganó la nominación y eligió al Senador **Lloyd Bentsen** de Texas como su compañero de candidatura.

El día de la votación, Bush ganó en 40 estados, lo cual le dio 426 votos electorales contra 112 para Dukakis. No obstante, la victoria de Bush no se extendió al Congreso. Los demócratas retuvieron el control de la Cámara de Representantes y Senadores.

Cambios en la Unión Soviética

Dada su vasta experiencia en asuntos exteriores, el recientemente electo Presidente George Bush debió hacerse cargo del rumbo del país en un período de cambios radicales en todo el mundo. Muchos de estos cambios importantes se relacionaban con la Unión Soviética.

En diciembre de 1988, el líder soviético Mikhail Gorbachev habló frente a las Naciones Unidas sobre el "nuevo orden mundial" por venir, y destacó que los pueblos del mundo deseaban "independencia, democracia y justicia social".

Gorbachev deseaba dar fin a la carrera armamentista para poder concentrar sus esfuerzos en reformar la su país. Además, quería continuar el progreso obtenido en el terreno del control de armas que había comenzado durante la presidencia de Reagan. En 1990, Gorbachev y el Presidente Bush acordaron, junto con líderes europeos, destruir tanques y otras armas convencionales posicionadas en toda Europa. En 1991, con el **Strategic Arms Reduction Treaty** (START), el Tratado de Reducción de Armas Estratégicas, lograron un adelanto de suma importancia. Por primera vez, dos potencias nucleares habían llegado a un acuerdo de destruir armas nucleares existentes.

Lech Walesa

Descontento en la Unión Soviética

A pesar de eso, la mayoría de los ciudadanos soviéticos estaban más preocupados por sus propios problemas. Durante años habían soportado carencia de alimentos y artículos de primera necesidad, tales como calzado y jabón, debido a la mala administración pública y a grandes presupuestos de defensa. Las medidas de Gorbachev apuntaban a resolver los problemas económicos, pero los cambios fueron lentos. La falta de artículos continuaba y la gente estaba cada vez más cansada de estas condiciones de vida.

La política glasnost de Gorbachev permitió a los ciudadanos soviéticos comenzar a expresar abiertamente su descontento. En febrero de 1990, miles de personas marcharon a través de Moscú, exigiendo el final del régimen comunista. Al igual que en Moscú, el descontento y los llamados a la democracia también se habían extendido en todo el territorio soviético. Muchas de las repúblicas que conformaban la Unión Soviética exigían su independencia.

Una creciente ola de libertad

Al tiempo que se desenvolvían los acontecimientos en la Unión Soviética, los pueblos de Europa Oriental también comenzaban a expresar su insatisfacción. Mucha gente, percibiendo los cambios que estaban tomando forma bajo el liderazgo de Gorbachev en la Unión Soviética, se sentía con mayor libertad para exigir cambios.

Los primeros movimientos democráticos fuera de la Unión Soviética tuvieron lugar en **Polonia,** donde en agosto de 1980, los trabajadores de los aserraderos habían obtenido el derecho de formar un sindicato independiente, llamado **Solidaridad.** **Lech Walesa,** el líder del sindicato, surgió como un símbolo de resistencia ante el régimen comunista. Walesa condujo al pueblo polaco a exigir reformas. Si bien a mediados de los años 80 el gobierno tomó medidas enérgicas contra el movimiento democrático, éste se fortaleció y obligó al gobierno a presentarse a elecciones abiertas en junio de 1989.

La causa democrática se extendió a los países limítrofes. A través de toda Europa Oriental, los manifestantes colmaban las calles de las ciudades principales. Como resultado de la reducción del control soviético y de la presión pública, se abrieron fronteras cerradas durante mucho tiempo y los gobiernos comunistas comenzaron a caer. En los últimos tres meses de 1989, la cortina de hierro que había separado a Europa Oriental y Occidental durante más de 40 años, comenzó a derrumbarse. Durante todo el año 1989, Gorbachev no sólo se rehusó a intervenir, sino que alentaba la reforma.

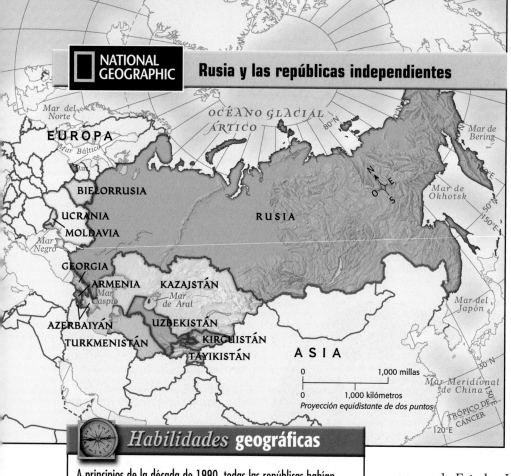

NATIONAL GEOGRAPHIC

Rusia y las repúblicas independientes

OCÉANO GLACIAL ÁRTICO

EUROPA

BIELORRUSIA

UCRANIA

MOLDAVIA

GEORGIA

ARMENIA

AZERBAIYÁN

TURKMENISTÁN

RUSIA

KAZAJSTÁN

UZBEKISTÁN

KIRGUISTÁN

TAYIKISTÁN

ASIA

Mar del Norte

Mar Báltico

Mar Negro

Mar Caspio

Mar de Aral

Mar de Bering

Mar de Okhotsk

Mar del Japón

Mar Meridional de China

0   1,000 millas

0   1,000 kilómetros
Proyección equidistante de dos puntos

Habilidades geográficas

A principios de la década de 1990, todas las repúblicas habían declarado su independencia de la Unión Soviética.
1. **Ubicación** ¿Qué repúblicas tienen frontera con Bielorrusia?
2. **Ubicación** ¿Qué repúblicas tienen el mejor acceso a la navegación en el mar Negro?

El muro se derrumba

La libertad también llegó a Alemania Oriental, el foco de tanta tensión de la guerra fría. Ante la ola de protestas y con miles de ciudadanos escapando a Alemania Occidental, el 9 de noviembre de 1989 el gobierno comunista abrió el Muro de Berlín.

Los alemanes, armados con martillos y cinceles, derribaron a golpes el Muro de Berlín, tradicionalmente el símbolo de la barrera al Oeste. En 1990, Alemania Oriental votó por incorporarse a Alemania Occidental.

El derrumbe de la Unión Soviética

A medida que se producían los cambios en Europa, Gorbachev se enfrentaba a una creciente oposición de sus rivales políticos en la Unión Soviética. Algunos reformistas exigían que actuara más expeditivamente. Los comunistas acérrimos en el ejército y la policía secreta se resistían a sus cambios y temían el derrumbe del imperio soviético.

En agosto de 1991, los comunistas de línea dura volvieron a atacar. Un grupo comunista de funcionarios y generales del ejército dio un **golpe de estado,** una medida para derrocar al gobierno. Tomaron cautivo a Gorbachev y ordenaron a los soldados ocupar el edificio del parlamento.

El mundo esperaba ansiosamente el desarrollo de los acontecimientos, mientras aproximadamente 50,000 rusos rodeaban el edificio del parlamento para protegerlo de los soldados. **Boris Yeltsin,** Presidente de la República Rusa y reformista, se paró encima de un tanque y declaró: "La democracia vencerá". El Presidente Bush telefoneó a Yeltsin para expresar el apoyo de Estados Unidos. El 22 de agosto, el golpe de estado llegó a su fin. Gorbachev quedó en libertad para regresar a Moscú.

El derrocamiento del golpe convirtió a la ola de democracia en un maremoto. Poco tiempo después, las 15 repúblicas habían declarado su independencia de la Unión Soviética. Yeltsin declaró ilegal el Partido Comunista dentro de Rusia. El 25 de diciembre de 1991, Gorbachev anunció el fin de la Unión Soviética y la bandera soviética que flameaba sobre el Kremlin fue arriada por última vez.

El fin de la Guerra Fría

El Presidente Bush no demoró en dar su respuesta a la nueva situación. En la primavera de 1992, Bush y otros líderes mundiales prestaron un $24 mil millones en ayuda a las antiguas repúblicas soviéticas. El Presidente Bush declaró:

&&Durante más de 40 años, Estados Unidos estuvo a la cabeza del mundo occidental en su lucha contra el comunismo y contra la amenaza que representaba para nuestros más caros valores. Ahora, la confrontación ha terminado&&.

✓**Comprobación de lectura** **Causa y efecto** ¿Cómo afectó a Alemania la caída del comunismo en Europa Oriental?

Una nueva política exterior

Con el término de la guerra fría, comenzó un período de esperanzas renovadas y nuevos retos para mantener la paz mundial. Mientras trataba de redefinir los objetivos de la política exterior estaounidense, el Presidente Bush tuvo que enfrentar las crisis en Centroamérica, China, el Medio Oriente y los países balcánicos.

Panamá

Bush había declarado que "la guerra contra las drogas" era uno de sus principales objetivos, y. esta guerra jugó un papel en su política en Centroamérica.

Bajo el mando del General **Manuel Noriega,** la represión política y la corrupción se habían generalizado en Panamá. En 1988, Noriega fue acusado de tráfico de drogas por un tribunal estadounidense. Previamente, se había negado a entregar el poder al presidente recientemente electo de Panamá, Guillermo Endara. En diciembre de 1989, Bush envió tropas estadounidenses a Panamá para derrocar al gobierno de Noriega. Cuando las tropas ganaron el control del país, Noriega se rindió. Endara se convirtió entonces en el nuevo presidente de Panamá, y las tropas estadounidenses abandonaron el país. En 1992, Noriega fue sometido a juicio y enjuiciado en Estados Unidos.

China

George Bush había sido el primer representante diplomático de Estados Unidos enviado a China cuando los dos países retomaron sus relaciones en 1974. Bush mostró un interés especial en China, afirmando: "Conozco a los chinos". Durante los años 80, el gobierno comunista de China comenzó a reformar la economía, pero se rehusó a introducir reformas políticas. En mayo de 1989, las manifestaciones a cargo de los estudiantes y trabajadores de China reclamaban más democracia. A medida que las protestas aumentaban, parecía que el país estaba al borde de una revolución.

El gobierno chino envió tropas para sofocar el levantamiento. El 4 de junio de 1989, los soldados y los tanques mataron a varios cientos de manifestantes que se habían congregado en la **Plaza Tiananmen,** en el centro de Pekín. Los líderes de todo el mundo levantaron sus voces condenando la matanza. Si bien el Presidente Bush no estuvo de acuerdo con el uso de la fuerza por parte de los líderes chinos, evitó cuidadosamente usar palabras o tomar medidas que podrían llevar a los chinos a romper las relaciones con Estados Unidos. Bush consideraba que la presión interna o las sanciones comerciales no lograrían cambiar la política china. Si bien la política de Bush se opuso a una resistencia, permitió que el comercio de Estados Unidos con China continuara desarrollándose.

La guerra del Golfo Pérsico

En 1990, tanto la administración de Bush como el mundo en general se enfrentaron a un grave reto para la estabilidad. El 2 de agosto, el dictador de Iraq **Saddam Hussein** envió su ejército a **Kuwait,** un pequeño país limítrofe rico en petróleo. Kuwait fue rápidamente abatido, y el temor de que Iraq invadiera a Arabia Saudita comenzaba a crecer.

Jurando "trazar una línea en la arena", el Presidente Bush persuadió a otras naciones a que se unieran en lo que dio en llamar la **Operación Escudo del Desierto.** Con tal propósito, Estados Unidos envió miles de tropas a Arabia Saudita para evitar una invasión a ese país. Las fuerzas de coalición estaban al mando del general estadounidense **Norman Schwarzkopf.** Hussein recibió órdenes de retirar sus tropas de Kuwait, pero las tropas iraquíes permanecieron en el territorio ocupado y la tensión aumentó. Las Naciones Unidas fijaron una fecha límite. Iraq debía retirarse para el 15 de enero de 1991; de lo contrario, los aliados recurrirían al uso de la fuerza para lograrlo. El Congreso votó a favor del respaldo militar si Iraq no se retiraba.

Operación Tormenta del Desierto

Iraq se rehusó a retirarse, y el 16 de enero los aliados lanzaron la **Operación Tormenta del Desierto.** Misiles teledirigidos y miles de toneladas de bombas cayeron sobre Iraq, destruyendo sus

Estudiantes que exigían reformas democráticas se reunieron en la Plaza Tiananmen.

defensas aéreas y demás objetivos militares, y dañando muchos sitios civiles. El Presidente Bush explicó el ataque:

❝El mundo no podía esperar más. (. . .) Mientras el mundo esperaba, Saddam Hussein despreció todo intento de paz❞.

Después de casi seis semanas de bombardeo constante, las fuerzas de Hussein aún se resistían a abandonar Kuwait. A fines de febrero, los aliados iniciaron la segunda fase de la operación, una guerra por tierra en la cual atacaron a las tropas iraquíes desde todos los flancos. Al mismo tiempo, aviones de guerra bombardeaban las posiciones iraquíes.

Miles de soldados iraquíes murieron en la batalla. Miles más se rindieron. Sólo 100 horas después del comienzo de la guerra, el Presidente Bush ordenó suspender los ataques. "Kuwait es un territorio libre", anunció. "Estados Unidos y el mundo han mantenido su palabra". Iraq aceptó los términos de cese de fuego de los aliados, y las tropas de Saddam Hussein finalmente dejaron Kuwait.

Los estadounidenses celebraron la súbita victoria. Aclamaron a los líderes de la operación Tormenta del Desierto, Norman Schwarzkopf y el General **Colin Powell,** presidente de la Junta de Comandantes en Jefe, y celebraron con desfiles en honor a las tropas. Según las encuestas de opinión pública, la aprobación del Presidente Bush aumentó al 90 por ciento. Después de la guerra, Estados Unidos ayudó a reconstruir Kuwait. Tomó nueve meses extinguir los cientos de incendios que las tropas iraquíes habían iniciado en los pozos petroleros antes de abandonar el país.

La guerra en los países balcánicos

Otro reto a la paz mundial se presentó en Yugoslavia, que había estado formada por varias repúblicas. Después de la caída del gobierno yugoslavo, las repúblicas de **Eslovenia, Croacia** y **Bosnia-Herzegovina** declararon su independencia en 1991. La población de Croacia y Bosnia incluía muchos serbios, habitantes de la república serbia de Yugoslavia. Respaldados por la república serbia, ellos lucharon por mantener ciertas áreas de Croacia y Bosnia. En la terrible guerra civil que siguió, murieron miles.

Los informes de las atrocidades cometidas por los serbios enfurecieron a los líderes mundiales. En 1992, las Naciones Unidas aprobaron una resolución que establecía un boicot al comercio con Serbia hasta que la lucha terminara.

✓ **Comprobación de lectura** **Evaluación** ¿Cuánto duró la Operación Tormenta del Desierto?

Asuntos internos

Al comienzo de su presidencia, Bush se enfrentó a una crisis bancaria. Durante la década de 1980, la administración de Reagan había suprimido reglamentaciones en muchas industrias. Las nuevas leyes facilitaban las restricciones para las instituciones de ahorro y préstamo (S&L, por sus siglas en inglés), instituciones financieras que se especializan en proporcionar préstamos para la compra de vivienda.

Las nuevas leyes permitían a los gerentes de las S&L ofrecer más agresivamente ganancias atractivas a los ahorristas y préstamos más riesgosos. Cuando muchos prestatarios no pudieron pagar sus préstamos y los valores del mercado inmobiliario comenzaron a decaer, las S&L comenzaron a perder millones de dólares. Muchas de estas instituciones se vieron obligadas a cerrar sus puertas. Los depósitos individuales en las S&L estaban asegurados por el gobierno, el cual ahora debía pagar miles de millones de dólares a los clientes de las instituciones que habían cerrado. Para evitar que la crisis se hiciera más extensa, el gobierno prestó ayuda a otras S&L que estaban en problemas. Esta política le costó a los contribuyentes $500 mil millones.

Declive económico

Los grandes préstamos de 1980 se perfilaban como otra fuente de problemas para la economía. A medida que la deuda federal continuaba escalando, también cobraba impulso la deuda comercial y personal. En 1990, cuando la economía entró en recesión, muchas personas y negocios no pudieron pagar sus deudas. Algunos debieron declararse en bancarrota y vender todas sus posesiones para pagar las deudas. Los negocios cerraban a lo largo y ancho del país. Las reducciones en el gasto militar, que se materializó al final de la guerra fría, condujeron a un desempleo aún mayor.

Muchos opinaban que el gobierno debía hacer algo para estimular la economía. Bush se negó a aumentar el gasto federal. Si bien acordó en extender los beneficios de desempleo para los desempleados, se opuso a una mayor participación del gobierno. La nación tuvo que esperar pacientemente que la recesión llegara a su fin.

Logros

Si bien el presidente y el Congreso no estaban de acuerdo en muchos asuntos, trabajaron conjuntamente en la legislación. En 1990, por ejemplo, el presidente firmó una ley que actualizaba la Ley de Aire Limpio. El año siguiente, firmó una ley combatiendo la discriminación laboral.

Bush y el Congreso también colaboraron en la creación de una importante ley de derechos civiles. La ley de Estadounidenses con Discapacidades de 1990 prohibió la discriminación laboral contra personas con discapacidades físicas o mentales. También hizo obligatorio que los establecimientos laborales proporcionaran a estas personas un acceso más fácil a los lugares de trabajo, a las comunicaciones, así como también al transporte y vivienda.

Representación **de la historia**

La Ley de Estadounidenses con Discapacidades de 1990 dispone que los establecimientos comerciales deben proporcionar a las personas discapacitadas un acceso más fácil al transporte público. **¿Qué otra protección dispone dicha ley?**

Otro tema importante de la agenda presidencial para los asuntos internos era la guerra contra las drogas ilícitas. En 1989, Bush creó un nuevo departamento, conocido en inglés como Office of National Drug Control Policy, o Departamento para la política de control nacional de drogas. Este departamento coordina las actividades de más de 50 agencias federales que participan en la guerra contra las drogas.

✔ **Comprobación de lectura** **Identificación** ¿Qué es una S&L?

EVALUACIÓN DE LA SECCIÓN 2

Verificación de comprensión

1. **Términos clave** Usa cada uno de los términos clave en oraciones que ayuden a explicar su significado: **golpe de estado, bancarrota**

2. **Repaso de hechos** Explica por qué los habitantes de Europa Oriental abandonaron el comunismo.

Repaso de temas

3. **Conexiones mundiales** Compara la forma en que el Presidente Bush manejó el incidente de la Plaza Tiananmen en China con la forma en que manejó la invasión de Iraq a Kuwait.

Pensamiento crítico

4. **Determinación de causa y efecto** ¿Cuáles fueron los factores económicos que disminuyeron la popularidad de Bush?

5. **Organización de la información** Recrea el siguiente diagrama y anota qué hizo cada persona que condujo a Bush a responder con el poder militar.

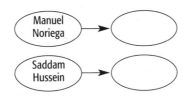

Análisis de material visual

6. **Habilidades geográficas** Examina el mapa de la página 930. ¿Cuál de los dos estados independientes es más grande, Georgia o Uzbekistán? ¿Con qué cuerpos de agua limita Rusia?

Actividad interdisciplinaria

Geografía Haz una fotocopia del mapa de tu estado. Dibuja un "muro" en el medio que se extienda de norte a sur. Si no pudieras atravesar este "muro", ¿a qué ciudades importantes no tendrías acceso?

UN DULCE INTERNACIONAL

LOS CHOCOLATES que compras en los mercados locales son producidos por una gran red de personas y comercios en todo el mundo.

Los ingredientes básicos para el chocolate se cultivan en todas partes del mundo, y su procesamiento se lleva a cabo en fábricas altamente tecnológicas de los países industrializados. Los granos de cacao, la materia básica del chocolate, se recolectan de los árboles que crecen a lo largo del Ecuador. Aproximadamente el 40 por ciento del cacao del mundo proviene de una república de África Occidental denominada Costa de Marfil.

El azúcar para endulzar el chocolate proviene de la caña de azúcar y de la remolacha dulce. Hay importantes exportadores de azúcar en prácticamente todos los continentes.

Los árboles de almendras se cultivan en Marruecos, Irán, el sur de Europa y la costa oeste de Estados Unidos.

Los granos de cacao se procesan y convierten en manteca de cacao, y se los mezcla con otros ingredientes. Este proceso se lleva a cabo en fábricas ubicadas, principalmente, en Europa Occidental y en América del Norte. Generalmente, el proceso exacto y las proporciones de los ingredientes son secretos muy celados.

El chocolate es un producto internacional. Antes de la Segunda Guerra Mundial, la mayoría de los productos se fabricaba en un sólo país. A medida que las redes de transporte y comunicación mejoraron, cada vez más compañías multinacionales se valen de los recursos naturales y plantas de fabricación de muchos países. En la actualidad, aproximadamente un tercio de todos los productos manufacturados involucran la participación de varios países. Lo que decidimos comprar hoy, afecta a personas y comercios de todo el mundo.

APRENDER de LA GEOGRAFÍA

1. ¿Por qué un país necesitaría importar recursos en lugar de utilizar los propios?

2. ¿Qué denominador común observas en los países productores de cacao? ¿Almendras?

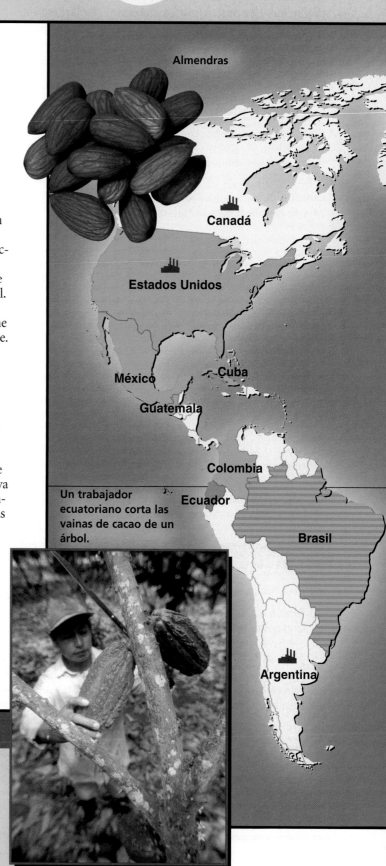

Almendras

Canadá

Estados Unidos

México

Cuba

Guatemala

Colombia

Un trabajador ecuatoriano corta las vainas de cacao de un árbol.

Ecuador

Brasil

Argentina

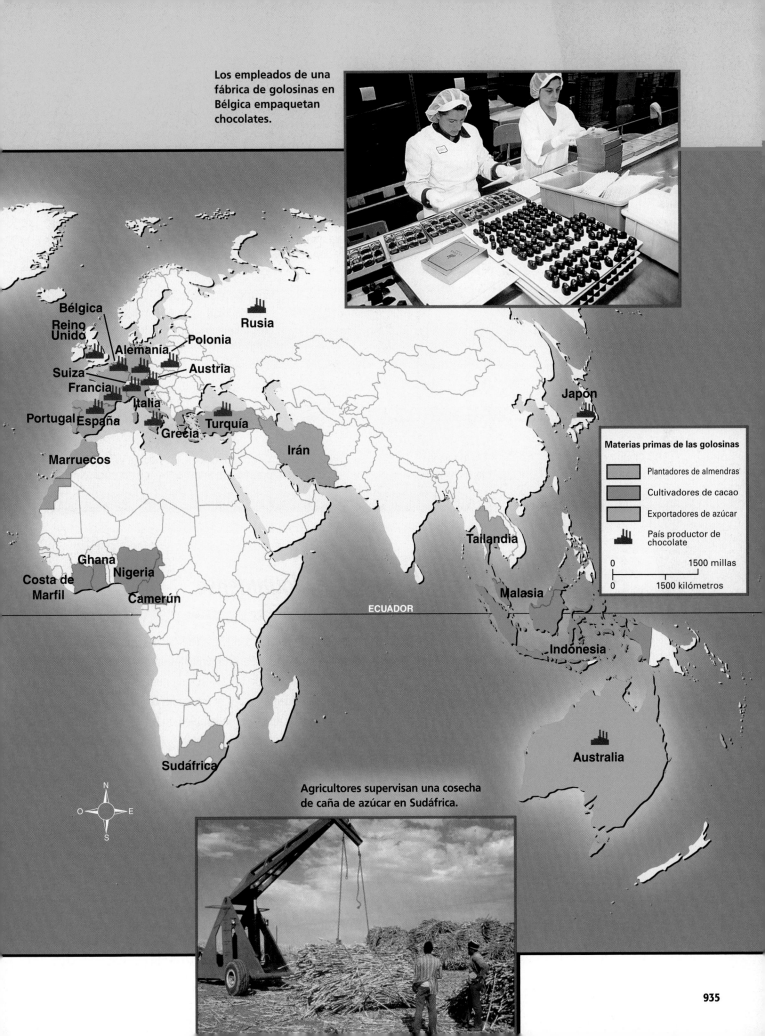

Los empleados de una fábrica de golosinas en Bélgica empaquetan chocolates.

Bélgica
Reino Unido
Alemania
Polonia
Rusia
Austria
Suiza
Francia
Italia
Portugal
España
Grecia
Turquía
Irán
Marruecos
Japón

Materias primas de las golosinas

Plantadores de almendras

Cultivadores de cacao

Exportadores de azúcar

País productor de chocolate

0   1500 millas
0   1500 kilómetros

Ghana
Costa de Marfil
Nigeria
Camerún
Tailandia
Malasia

ECUADOR

Indonesia

Australia

Sudáfrica

Agricultores supervisan una cosecha de caña de azúcar en Sudáfrica.

N
O   E
S

Un nuevo siglo

Guía de lectura

Idea principal
Durante las administraciones de Clinton y Bush, la nación se enfrentó a nuevos retos en los ámbitos nacional e internacional.

Términos clave
grassroots, déficit presupuestario, veto de partidas específicas, producto interno bruto, acusar, titular, Internet, ozono, calentamiento global, terrorismo

Estrategia de lectura
Clasificación de la información Al leer la sección, recrea el siguiente diagrama y describe tres de los programas nacionales de la década de 1990.

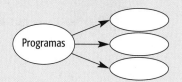

Leer para aprender
- por qué el Presidente Clinton fue acusado por el Congreso.
- por qué las elecciones de 2000 originaron controversia.

Tema de la sección
Continuidad y cambio A medida que la nación miraba hacia el futuro, los cambios mundiales creaban nuevos retos.

Presentación preliminar de acontecimientos

◆1992 ◆1996 ◆2000

1992
Bill Clinton es electo presidente

1996
Clinton gana las reelecciones

1998
Juicio de acusación culmina con la absolución de Clinton

2000
George W. Bush es electo presidente

UNA
historia estadounidense

Un presidente aparece en MTV. Los políticos tocan música rock en la televisión. ¿Qué habría pensado George Washington? En 1991, las encuestas indicaban que los votantes estaban cansados de los políticos. Entonces, los candidatos presidenciales de 1992 buscaron nuevas formas de llegar al público, especialmente al público joven. El Presidente Bush y su contendiente Bill Clinton aparecieron en programas de radio y televisión. Ambos aparecieron también en MTV.

La administración de Clinton

Después de la victoria de la guerra del Golfo, la popularidad del Presidente Bush aumentó notablemente. Sin embargo, la economía problemática disminuyó las posibilidades de reelección de Bush en 1992, lo cual alentó a sus rivales a entrar en carrera. Los demócratas nominaron al Gobernador de Arkansas **Bill Clinton** para presentarse como contendiente. Clinton eligió al Senador de Tennessee **Al Gore** como su candidato a vicepresidente. La campaña de Clinton hizo hincapié en la economía y el alto índice de desempleo.

Descontentos con las mismas y trilladas propuestas políticas, muchos estadounidenses no querían votar ni por Bush ni por Clinton. Un movimiento "grassroots" —grupos de personas que se organizan a nivel local en todo el país— presentó al empresario tejano **H. Ross Perot** como tercer candidato. Perot resaltó la necesidad de poner fin al **gasto de déficit** del gobierno, a gastar más dinero del que ingresa.

Ganó Clinton, el primer presidente nacido después de la Segunda Guerra Mundial, con el 43 por ciento del voto popular; Bush, el 38 por ciento; y Perot, el 19 por ciento. Clinton obtuvo menos de la mayoría de los votos porque Perot obtuvo un porcentaje considerable de ellos, el porcentaje más alto obtenido por un candidato de un tercer partido desde Theodore Roosevelt en 1912.

Programa nacional

Uno de los objetivos de Clinton era reducir el déficit presupuestario, el monto por el que los gastos superan los ingresos. Clinton propuso reducir el gasto gubernamental, aumentar los impuestos para los estadounidenses de nivel económico mediano y alto, y dar créditos tributarios a la clase necesitada. La mayoría de los republicanos en el Congreso se opuso, pero la propuesta fue aprobada por un pequeño margen.

Clinton se enfrentó a una oposición aún mayor con su plan para reformar el sistema médico. Su objetivo era controlar los crecientes costos médicos y dar cobertura adecuada a los estadounidenses. Él puso a la Primera Dama, **Hillary Rodham Clinton,** a la cabeza del esfuerzo.

El Congreso rechazó el plan, objetando que era demasiado costoso y dependiente del control gubernamental. Posteriormente, el Congreso aprobó una serie de medidas que ofrecían mayor cobertura para personas en transición laboral, personas de la tercera edad, niños y demás grupos no cubiertos.

Durante su primera presidencia, Clinton ganó algunas batallas legislativas. A pesar de una fuerte oposición, el presidente logró la aprobación del proyecto de ley Brady de 1993. La ley imponía un período de espera e investigación de antecedentes penales para la compra de pistolas o revólveres. El proyecto de ley referente a delitos del año 1994 prohibió 19 tipos de armas de asalto y dispuso la incorporación de 100,000 nuevos agentes de policía.

Otra propuesta de Clinton en convertirse en ley fue la Ley de licencias familiares y médicas de 1993, la cual autorizaba licen-cias laborales para los trabajadores en situaciones familiares especiales.

Contrato con Estados Unidos

Antes de las elecciones parlamentarias de 1994, un grupo de republicanos diseñó un nuevo plan de acción. Guiados por Representante Newt Gingrich de Georgia, declararon un **Contrato con Estados Unidos** para

> 66volver a los valores básicos que habían sido el origen del país: el trabajo y la familia, y la aceptación de una autoridad moral superior99.

En el contrato, los republicanos prometieron reducir el gobierno federal, equilibrar el presupuesto, reducir los impuestos, reformar el sistema funcional del Congreso, y prometieron introducir leyes para reducir los delitos, reformar el sistema de bienestar social y fortalecer la familia.

El resultado fue una marcada victoria republicana en las elecciones de 1994. Por primera vez en 40 años, los republicanos controlaban ambas cámaras del Congreso. En los primeroscien días de mandato, los republicanos aprobaron muchos de los asuntos incluidos en el Contrato.

El Congreso aprobó un proyecto de ley para el veto de partidas específicas. Este veto, cuyo objetivo era reducir los gastos superfluos, permitía al presidente cancelar cualquier artículo individual dentro de un proyecto de gasto. Posteriormente, la Corte Suprema derogó la ley, dictaminando que tal aumento de las facultades presidenciales sólo se podía otorgar mediante una enmienda constitucional.

También fueron rechazadas otras propuestas atingentes al Contrato con Estados Unidos. Algunas propuestas no pasaban del Senado, y Clinton vetó varios proyectos de ley republicanos sobre reformas de bienestar social y presupuestarias. Clinton aducía que los cortes presupuestarios perjudicarían a la gente de la tercera edad que

Representación de la historia

La reforma del sistema médico fue un programa importante tanto para el presidente como para el Congreso. **¿Por qué el Congreso rechazó el plan de Clinton?**

Análisis de *caricaturas políticas*

Los caricaturistas a menudo utilizan la figura de un elefante para representar al Partido Republicano, y la del asno para representar al Partido Demócrata. **¿Qué desea representar el caricaturista sobre el Congreso y el presidente?**

HENG
LIANHE ZAOBAO
SINGAPORE

dependía de Medicare y dañarían el medio ambiente y la educación.

Problemas presupuestarios y compromiso

Los desacuerdos entre el presidente y los congresistas republicanos continuaban. Un gran desacuerdo bloqueó la aprobación del presupuesto para 1996, lo cual originó que el gobierno federal se quedara sin reservas. El gobierno se vio obligado a cancelar dos veces, por un total de 27 días, los servicios no esenciales. El Congreso y el presidente reconocieron que era necesario alcanzar un compromiso.

Tanto los congresistas republicanos como el Clinton propusieron planes para equilibrar el presupuesto. Asimismo, el presidente solicitó un aumento del salario mínimo y patrocinó un proyecto de ley para la reforma del sistema de bienestar social que fijaba un requisito laboral para las personas que recibían beneficios y limitaba dichos beneficios a un plazo máximo de cinco años.

Clinton es electo por segunda vez

Los republicanos esperaban volver a tomar el control de la Casa Blanca en 1996. Sin embargo, la aprobación de las leyes Brady, referente a la compra de armas, y la Ley contra los delitos, debilitó los argumentos republicanos que sostenían que Clinton no tenía mano fuerte con los delincuentes. Y lo más importante era que la economía estaba floreciente y el índice de desempleo registraba las cifras más bajas de los últimos 30 años. El Presidente Clinton ganó las elecciones por gran mayoría, venciendo al candidato republicano, el ex líder de la mayoría del Senado **Robert Dole.**

La economía estadounidense continuó creciendo. Una medida de este crecimiento es el **producto interno bruto** (PIB), el valor de todos los productos y servicios producidos en el país durante un año. En 1996 y 1997, el PIB creció aproximadamente el 4 por ciento anual, uno de los índices más altos de crecimiento desde el auge después de la Segunda Guerra Mundial.

El crecimiento de la economía aumentó el ingreso que el gobierno recibía en impuestos. Al mismo tiempo, el presidente y el Congreso redujeron el presupuesto federal. El presupuesto federal se prepara en base a un **año fiscal**, un período de planificación de 12 meses. El año fiscal 1998 culminó con un **excedente presupuestario** federal —a cantidad de dinero que queda después de todos los gastos— de aproximadamente $80 mil millones, el primer excedente federal en tres décadas.

Bajo investigación

En 1994, se suscitaron cuestionamientos legales relativos a ciertas inversiones inmobiliarias hechas por Clinton durante su mandato como gobernador de Arkansas. La Procuradora General del Estado **Janet Reno** nombró a un panel independiente para investigar sus acciones. **Kenneth Starr,** un ex juez federal, condujo la investigación. A medida que otros escándalos salían a la luz, Starr amplió el ámbito de la investigación.

A principios de 1998, se produjo un nuevo escándalo que involucraba una relación personal entre el presidente y una pasante de la Casa Blanca. Las pruebas sugerían que el presidente habría podido cometer **perjurio,** o falsa declaración bajo juramento, sobre la índole de esta relación. En septiembre, Starr envió un informe al Congreso aseverando que el Presidente Clinton había cometido perjurio y obstruído la justicia con el fin de ocultar la relación personal.

En respuesta al informe de Starr, la Cámara de Representantes votó para celebrar audiencias con el fin de decidir si se debería acusar formalmente al presidente. El verbo acusar significa presentar una acusación formal acerca de un acto ilícito contra un funcionario público. La Cámara fijó las audiencias para el mes de noviembre, después de las elecciones de 1998 del Congreso.

Con Clinton en problemas, los republicanos esperaban obtener una gran ventaja en las elecciones de 1998. En lugar de ella, los demócratas ganaron 5 puestos en la Cámara de Representantes, si bien todavía no se equiparaban a los republicanos, quienes tenían 223 escaños, con respecto a 211 de los demócratas. El Senado permaneció igual, con 55 republicanos y 45 demócratas. Los titulares, los funcionarios en los cargos actuales, tuvieron excelentes resultados en las elecciones de 1998.

Acusación

Si bien el consenso general admitía que el presidente había mentido, el Congreso estaba dividido con respecto al hecho de si su proceder merecía la acusación. Los simpatizantes de Clinton argumentaban que sus delitos no se incluían en la categoría de "delitos graves y delitos menores", según la Constitución. Los detractores de Clinton insistían en que el "régimen de derecho" es un principio fundamental de la sociedad estadounidense, y que el presidente debía responder debidamente si su proceder era ilegal.

El 19 de diciembre de 1998, la Cámara de Representantes aprobó dos artículos de impugnación, uno por perjurio y otro por obstrucción de la justicia. Con esta medida, Bill Clinton se convirtió en el segundo presidente sometido a acusación. El caso se trasladó al Senado para ser juzgado. Para condenar y retirar de su cargo a un presidente, se necesita un voto mayoritario del Senado de dos tercios.

El 12 de febrero de 1999, los senadores emitieron sus votos. El resultado fue 45 culpable contra 55 no culpable para el cargo de perjurio, y 50 culpable y 50 no culpable para el cargo de obstrucción de la justicia. Absuelto de ambos cargos, Bill Clinton había sobrevivido el reto a su presidencia.

Comprobación de lectura **Descripción** ¿Cuál fue la función de Kenneth Starr?

DOS PUNTOS DE VISTA

¿Debemos condenar al presidente?

En 1998, se desató una tormenta política en la capital de la nación acerca del futuro del Presidente Clinton. La Cámara de Representantes acusó al Presidente Clinton de mentir bajo juramento y obstruir la justicia, y votó por acusarlo formalmente. Ahora, quedaba a cargo del Senado condenar al presidente y retirarlo de su cargo. Voces fervientes se pronunciaban a favor o en contra de la sentencia.

Declaración del Senador Paul Sarbanes (D-Md.), 1999

La seriedad de lo que está en juego —la decisión democrática del pueblo estadounidense— y la solemnidad de los procedimientos dictan que la decisión de retirar al presidente de su cargo debe ser el resultado, exclusivamente, de las más graves de las circunstancias. (. . .)

Los cargos de la acusación presentados ante el Senado ni siquiera se aproximan a lo que los Padres Fundadores se imaginaban cuando pusieron en manos del Congreso la facultad de acusar y retirar a un presidente de su embestidura. Ni siquiera se aproximan a lo que el pueblo estadounidense exige ver y comprobar, antes de que su decisión democrática sea revertida. . .

Declaración del Senador Pete Domenici (R-N.M.), 1999

El Presidente tenía que tomar una decisión durante este lamentable episodio. En diferentes ocasiones críticas, tuvo la opción de decir la verdad o de mentir, primero, en el caso de los derechos civiles, ante el gran jurado, y en la cadena televisiva nacional. Y cada vez, optó por la mentira. Tomó esa decisión fatal. (. . .)

El Presidente ha cometido graves delitos y delitos menores, violando su juramento presidencial. Mintió bajo juramento. Obstruyó la justicia. Su conducta no es digna del presidente de Estados Unidos.

El Presidente Clinton

Lecciones de la historia

1. ¿Cuáles son las razones que da el Senador Sarbanes en relación con su voto para no retirar de su cargo al Presidente Clinton?
2. ¿Por qué el Senador Domenici considera que el presidente debe ser retirado de su cargo?
3. ¿Habrías votado a favor del retiro de su cargo del Presidente Clinton? ¿Por qué sí o no?

Política exterior

Sumado a los conflictos internos del país, el panorama internacional presentaba otros desafíos. Los responsables de formular las políticas del país se enfrentaban a importantes decisiones en cuanto a la definición del papel que debería jugar la nación en el mundo después de la guerra fría.

En 1993, Clinton persuadió al Congreso de ratificar el **Tratado de Libre Comercio de América del Norte,** o TLCAN. De acuerdo con TLCAN, Estados Unidos, Canadá y México acordaron eliminar las barreras comerciales entre las tres naciones. Los que se oponían temían la pérdida de empleo en Estados Unidos. Los agricultores también temían que el TLCAN los perjudicara porque los precios más bajos de los productos mexicanos se impondrían a los nacionales. Los que apoyaban el tratado sostenían que habría una reducción de precios para los consumidores estadounidenses y una expansión de mercados.

Acuerdos de paz con el Medio Oriente

En septiembre de 1993, el Presidente Clinton invitó al Primer Ministro Yitzhak Rabin y a Yassir Arafat, líder de la Organización para la Liberación Palestina (OLP) a la Casa Blanca para la firma de un acuerdo histórico entre los dos líderes. Israel reconoció a la OLP como el representante del pueblo palestino, y la OLP reconoció el derecho a existir de Israel. El acuerdo creó un plan para dar cabida a una independencia política palestina restringida en ciertas áreas de Israel.

Ambos lados se opusieron al plan y la violencia continuó. En 1995, un extremista israelí asesinó al Primer Ministro Rabin. En 2001, Ariel Sharon, el nuevo primer ministro israelí, prometió proteger la seguridad de Israel por sobre el proceso de paz. La región permaneció tan lejos de la paz como siempre.

La paz en los países balcánicos

Como se mencionó anteriormente, la guerra civil había estallado en la antigua república de Yugoslavia. El territorio fue presa de una dura lucha, especialmente en Bosnia, donde los serbios comenzaron una campaña de **"limpieza étnica"**, obligando a la población musulmana a abandonar el territorio o matándolos. Los ataques aéreos de la OTAN en sus posiciones obligaron a los serbios a sentarse a la mesa de negociaciones. La administración de Clinton condujo entonces las conversaciones en pro de la paz, que culminaron con los Acuerdos Dayton en diciembre de 1995.

En 1998, el líder serbio **Slobodan Milosevic** intentó obligar a los musulmanes de la región de Kosovo a abandonar el territorio. Estados Unidos y la OTAN lanzaron ataques aéreos contra Serbia hasta que se retiraron de Kosovo y su población musulmana pudo regresar a la región.

✔ **Comprobación de lectura** **Resumen** Según los críticos, ¿cuál sería la consecuencia de TLCAN?

Representación **de la historia**

El Senado ha enjuiciado a dos presidentes bajo los cargos de acusación: Andrew Johnson y Bill Clinton. Johnson fue absuelto por sólo un voto en 1868. **¿Cuál fue el veredicto en el juicio de Clinton?**

Andrew Johnson y el boleto de entrada al juicio de acusación

Un nuevo presidente para un nuevo siglo

Las dos presidencias de Clinton dejaron dividido al país. Muchos estadounidenses estaban satisfechos con la economía, pero desilusionados con la conducta personal del presidente. A medida que las elecciones de 2000 se aproximaban, los partidos más importantes buscaban candidatos que agradaran a un sector representativo de los votantes.

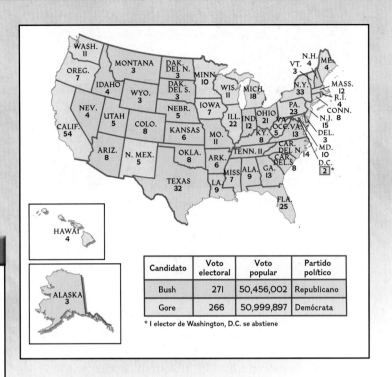

Candidato	Voto electoral	Voto popular	Partido político
Bush	271	50,456,002	Republicano
Gore	266	50,999,897	Demócrata

* I elector de Washington, D.C. se abstiene

Habilidades geográficas

Las elecciones de 2000 fueron las primeras elecciones en 112 años en las que el candidato que ganó por mayoría popular no ganó el voto electoral.

1. Ubicación ¿Qué estados tienen más de 20 votos electorales?

2. Ubicación ¿Qué candidato ganó los votos electorales en cada uno de estos estados?

Las elecciones de 2000

Los demócratas nominaron como presidente al Vicepresidente Al Gore, esperando que la popularidad de las políticas de Clinton convenciera a los estadounidenses de votar por Gore. El gran campo republicano finalmente se redujo a dos hombres: el Gobernador **George W. Bush**, de Texas, y el Senador **John McCain**, de Arizona. Finalmente, los republicanos eligieron a Bush, el hijo del ex Presidente Bush, como su candidato.

Gore hizo historia nombrando como candidato a vicepresidente a **Joseph Lieberman.** El hecho fue histórico, porque era la primera vez que un judíoamericano se nominaba para las elecciones presidenciales. George W. Bush eligió a **Richard Cheney** como su compañero de campaña. Cheney había sido jefe del estado mayor durante la presidencia de Gerald Ford, y secretario de defensa del ex Presidente George Bush en 1989.

Uno de los asuntos más importantes en la campaña de 2000 fue qué hacer con el excedente presupuestario. Gore y Bush estaban de acuerdo en que el Seguro Social y Medicare necesitaban ser reformados, pero no se ponían de acuerdo en los detalles. Ambos apoyaban la reducción de impuestos y los planes para ayudar a los ciudadanos de la tercera edad a pagar por los medicamentos rece-

tados. El activista para los consumidores **Ralph Nader** también se integró a la carrera. Bajo la premisa de que "demasiado poder en las manos de unos pocos ha debilitado aún más a nuestra democracia", Nader se nominó para el Partido Verde.

Las elecciones de 2000 arrojaron resultados extraordinariamente similares entre Bush y Gore. Si bien Bush lideraba en Florida por una ligera diferencia, los resultados fueron tan similares que la ley exigía un recuento automático de votos. Sin los 25 votos electorales de Florida, ni Bush ni Gore obtenían los 270 votos electorales que necesitaban para ganar.

Gore también solicitó el recuento manual de votos en varios condados, y así comenzó una batalla sobre cómo y por qué hacerlo. Los tribunales estatales y federales se vieron inundados de demandas. El asunto llegó eventualmente a la Corte Suprema de Justicia. El 12 de diciembre, cinco semanas después de las elecciones, la Corte emitió su decisión con una votación de cinco contra cuatro. En el caso de *Bush* contra *Gore,* la Corte dictaminó que el recuento manual de votos específicos en Florida, por orden de la Corte Suprema de Florida, quebrantaría la cláusula de protección equitativa de la Constitución. Asimismo, estipulaba que no había tiempo suficiente para conducir un recuento que sobrepasaría estándares constitucionales.

El Presidente Bush se reúne con su gabinete.

El siguiente día, en un discurso televisado, Gore aceptó la decisión. El 20 de enero de 2001, Bush se convirtió en el 43° presidente de Estados Unidos.

La administración de Bush

Protestas después de las elecciones. Algunos grupos reclamaban que los recuentos en Florida eran injustos. Otros criticaban la decisión de la Corte Suprema. En su discurso inaugural, el Presidente Bush repitió el mensaje de su campaña de "inclusión, no división", expresando que el país debía mantenerse unido.

La necesidad de unidad y colaboración también era un factor importante en el Congreso. Después de las elecciones, el Senado había quedado dividido en partes iguales: 50 republicanos y 50 demócratas. Esto significaba que los republicanos mantenían el control, porque el Vicepresidente Richard Cheney, como presidente del Senado, podía dar el voto decisivo en caso de empate.

El Senador de Vermont James Jeffords se retiró del Partido Republicano en mayo de 2001 y tomó una postura independiente, lo que fue un cambio de poder histórico, que transfería el control a los demócratas en mitad del camino.

El gabinete y sus asesores

La nominación de los miembros del gabinete fue una de las primeras responsabilidades del nuevo presidente. El Presidente Bush nombró al popular General del Ejército jubilado **Colin Powell** como Secretario de Estado. El Senado aprobó sin demora a Powell y a la mayoría de los demás candidatos nominados por el presidente. Sin embargo, la elección de Bush de nombrar Ministro de Trabajo a Linda Chávez fue retirada, cuando surgieron preguntas acerca de que Chávez habría dado empleo a un inmigrante ilegal. En su lugar, ocupó el puesto **Elaine Chao,** la primera mujer asiáti-

coamericana en integrar un gabinete presidencial. Chao se había desempeñado anteriormente como directora del Cuerpo de Paz.

También hubo otras mujeres que tenían funciones importantes en la nueva administración. **Condoleezza Rice,** la primera mujer en la historia que retuvo el cargo de asesora de seguridad nacional, jugó un papel instrumental en el desarrollo de la política exterior. La Primera Dama **Laura Bush** promovió la educación. Para ello, organizó una serie de festivales del libro con el fin de recaudar fondos para las bibliotecas. También puso de manifiesto la necesidad de contratar más maestros y mejorar las aptitudes de lectura de los estudiantes.

Reducción de impuestos

Durante la campaña, Bush prometió reducir los impuestos, y presentó sin demora su propuesta ante el Congreso. La propuesta suscitó un arduo debate. Los republicanos argumentaban que ese dinero debía ser devuelto a la gente porque les pertenecía, y sostenían que la reducción de impuestos ayudaría a una economía en descenso. Los opositores consideraban que el dinero podría ser mejor utilizado para otras áreas, tales como el Seguro Social o el pago de la deuda nacional.

En junio de 2001, el Presidente Bush firmó la ley que establecía la mayor reducción en impuestos federales desde 1981. Acompañado de un grupo perteneciente a dos partidos en la Cámara de Representantes y la del Senado, el presidente firmó la ley que reduciría los impuestos en $1.3 mil millones por el término de 10 años.

Asuntos internacionales

La administración de Bush propuso un sistema de defensa nacional de misiles, diseñado para proteger a Estados Unidos contra un ataque de misiles, derribándolos antes de que alcancen el espacio aéreo estadounidense. Los partidarios consideraban que el sistema podría llegar a ser un medio de protección contra la presencia de algún líder inestable que decidiera usar armas nucleares. Los opositores rebatían estos argumentos diciendo que el sistema sacaría a flote nuevamente la carrera armamentista internacional.

En su carácter de principal asesor militar del Presidente Bush, Colin Powell presentó un plan de intervención en caso de un conflicto internacional. La **"Doctrina Powell"** propone el uso de tropas estadounidenses sólo cuando esté en juego un interés de importancia crítica para el país y ante la presencia de un objetivo claro y realista.

✔ **Comprobación de lectura** **Descripción** ¿Cuál es la función de Elaine Chao en la administración de Bush?

Una mirada hacia el futuro

Con el comienzo de un nuevo siglo, los estadounidenses se enfrentaron a numerosas incertidumbres y oportunidades. Las nuevas tecnologías y una sociedad en proceso de cambio habían comenzado a transformar el estilo de vida estadounidense.

El Presidente Bush dijo que uno de sus principales objetivos era estimular el crecimiento de la economía mundial Propuso un sistema de comercio internacional drásticamente más abierto y libre:

> ❝Sabemos que las naciones que abren las puertas de su economía a los beneficios del comercio logran vencer más fácilmente a la pobreza. (. . .) También sabemos que el libre comercio fomenta conductas que preservan la libertad . . . ❞.

Desde 1995, la Organización Mundial del Comercio (OMC) ha administrado prácticas comerciales entre numerosas naciones. La OMC tiene más de 146 miembros.

El desarrollo de las industrias tecnológicas impulsó el crecimiento económico. Como nunca antes, el uso de computadoras personales se había multiplicado, tanto en los hogares como en las escuelas y los comercios. A través de Internet, un enlace internacional de redes de computadoras, los estudiantes estadounidenses podían comunicarse con estudiantes en países del otro lado del globo.

Una sociedad en proceso de cambio

Con la llegada del siglo XXI, la población estadounidense había comenzado a experimentar cambios notables.

Para 2002, más del 10 por ciento de la población eran nativos de otros países. Los asiáticoamericanos conformaban aproximadamente el 4 por ciento de la población; los hispanoamericanos, más del 12 por ciento. La comunidad hispana conforma, en la actualidad, el grupo minoritario más extenso del país.

Dado que el promedio de vida de los estadounidenses era más prolongado que en el pasado, las personas de mayor edad pasaron a ocupar un segmento mayor de la población. En el año 2000, la Oficina de Estadísticas y Censos informó que más del 12 por ciento de la población tenía más de 65 años de edad.

La reforma del sistema Medicare se convirtió en un tema de gran importancia para el país. Medicare es el programa federal de atención médica para las personas de la tercera edad. Para el verano de 2002, tanto la Cámara de Representantes como la del Senado habían aprobado proyectos de ley que incorporaban un beneficio para los medicamentos recetados.

Personajes históricos

Colin Powell 1937-

Durante la guerra del Golfo Pérsico, Colin Powell, presidente de la Junta de Comandantes en Jefe, era el funcionario de mayor rango militar. Powell fue la persona más joven y el primer afroamericano en ocupar ese cargo. Powell, que obtuvo la condecoración de cuatro estrellas como general, tenía el respaldo de 35 años de distinguida carrera militar, había servido dos veces en Vietnam, y trabajado para cuatro presidentes.

Nacido de padres jamaiquinos, Powell fue criado en Harlem y en el sur del Bronx, un barrio de la Ciudad de Nueva York. Asistió a escuelas públicas y más tarde al City College de Nueva York, donde estudió geología y comenzó su entrenamiento militar.

Después de la guerra del Golfo, Powell publicó su autobiografía y fundó una organización de beneficencia, America's Promise—the Alliance for Youth (Promesa Estadounidense, Alianza para la Juventud), que ayuda a los niños.

En 2001, Powell comenzó a trabajar por quinta vez para un presidente, George W. Bush, convirtiéndose así en el primer Secretario de Estado afroamericano.

El Congreso también reaccionó ante un aumento de escándalos corporativos. Por ejemplo, en el caso de Enron, una gran compañía energética, los líderes corporativos costaron a los inversionistas y empleados miles de millones de dólares antes de que la compañía se declarara en quiebra. El gobierno federal había ajustado las reglamentaciones contables e incrementado las sanciones para los ejecutivos deshonestos.

Retos medioambientales

Durante años, los científicos habían notado que la atmósfera de la Tierra estaba perdiendo su capa de ozono. Esta capa de gas protege la vida en el planeta contra los rayos de sol que causan cáncer. En 1987, Estados Unidos y otras 23 naciones acordaron dejar de fabricar sustancias químicas que podrían disminuir la capa de ozono.

Los científicos continuaban debatiendo los efectos del calentamiento global. Advertían que el aumento constante de las temperaturas mundiales promedio podría ocasionar cambios radicales en el clima, el medio ambiente y la producción agrícola.

Amenazas contra la paz y la seguridad

La preservación de la paz continúa siendo el tema mundial más apremiante. A fines del siglo XX y a principios del siglo XXI, los atentados terroristas se multiplicaron. Se avisoraban en el futuro nuevos peligros con el desarrollo de nuevas formas de guerra, incluidas las armas químicas y biológicas, que diseminan enfermedades en los seres humanos en forma deliberada.

El terrorismo, descrito como el uso de violencia contra la población civil por parte de determina dos grupos con el propósito de alcanzar un objetivo político, amenazaba la seguridad de la nación. El 19 de abril de 1995, el edificio federal Murrah en el centro de Oklahoma City fue el blanco de una explosión masiva que cobró 168 vidas humanas. La tragedia concentró la atención nacional en los violentos grupos militantes estadounidenses que se oponían al gobierno. En enero de 1998, Theodore Kaczynski se declaró culpable de una serie de explosiones por correo ocurridas entre 1978 y 1995, que habían matado a 3 personas y herido a otras 29. Kaczynski esperaba inspirar una rebelión contra la sociedad industrial contemporánea. Éstos son ejemplos de terrorismo interno. Se denomina **terrorismo interno** a los ataques perpetrados por un grupo de habitantes contra otro grupo de habitantes pertenecientes al mismo país.

Además de la preocupación por el terrorismo interno, Estados Unidos también se enfrentaba al **terrorismo internacional.** Como la nación más poderosa del mundo, Estados Unidos fue blanco frecuente de grupos terroristas, tanto independientes como respaldados por un gobierno hostil. El ataque a las Torres Gemelas y al Pentágono el 11 de septiembre de 2001 fue un ejemplo de terrorismo internacional.

HIST☰RIA En línea

Actividad del estudiante en línea
Visita taj.glencoe.com y haz clic en **Chapter 32— Student Web Activities** para hacer una actividad sobre la tecnología actual.

EVALUACIÓN DE LA SECCIÓN 3

Verificación de comprensión

1. **Términos clave** Usa cada uno de los términos clave en oraciones que ayuden a explicar su significado: déficit presupuestario, producto interno bruto, acusar, titular.

2. **Repaso de hechos** Resume los acontecimientos relacionados con la impugnación de Clinton.

Repaso de temas

3. **Continuidad y cambio** ¿Cómo afectaron las elecciones de 1994 al equilibrio de las partes en el Congreso?

Pensamiento crítico

4. **Predicción de consecuencias** ¿Qué impacto podría tener el envejecimiento de la población sobre la fuerza laboral del país?

5. **Determinación de causa y efecto** Usa un diagrama como el que se muestra y enumera los efectos de los recientes adelantos tecnológicos en tu vida.

Progreso tecnológico

Análisis de material visual

6. **Habilidades geográficas** Examina el mapa de las elecciones de la página 941. ¿Cuál fue la diferencia en el recuento de votos electorales?

Actividad interdisciplinaria

Ciudadanía Durante la próxima semana, presta atención a las noticias y trata de determinar qué medidas ha tomado el presidente acerca de asuntos diversos. Apunta la información que recojas. Junto a cada anotación, indica tu postura con respecto a ese tema e indica si estás de acuerdo o no con las decisiones del presidente.

SECCIÓN 4 La guerra contra el terrorismo

Guía de lectura

Idea principal
Después de sufrir el peor ataque terrorista de su historia, Estados Unidos lanzó una lucha para combatir el terrorismo internacional.

Términos clave
antiterrorista

Estrategia de lectura
Organización de la información Al leer acerca de la guerra de Estados Unidos contra el terrorismo, completa un diagrama como el que se muestra a continuación y explica cómo respondió el pueblo estadounidense a los acontecimientos del 11 de septiembre de 2001.

Leer para aprender
- cómo respondieron los estadounidenses al terrorismo.
- qué medidas tomó el gobierno para luchar contra el terrorismo.

Tema de la sección
Conexiones mundiales Estados Unidos propuso formar una coalición internacional para combatir al terrorismo.

Presentación preliminar de acontecimientos

1975	1985	1995	2005
1979 La Unión Soviética invade Afganistán	**1988** Al-Qaeda se organiza	**1998** Explotan bombas en las embajadas de Estados Unidos en Kenia y Tanzania	**2001** Ataque al Pentágono y al World Trade Center

★ UNA historia estadounidense

El primer avión se estrelló contra la torre norte del World Trade Center en Nueva York aproximadamente a las 8:45 de la mañana. Dieciocho minutos más tarde, un segundo avión se estrelló contra la torre sur. Los que murieron en esos aviones fueron las primeras víctimas. Los incendios y el material que caía de las torres gemelas del World Trade Center mataron a miles de personas más, y cientos de personas de rescate —bomberos, agentes de policía, y voluntarios— se convirtieron, también, en víctimas del atentado. "Era tanto el humo que me estaba ahogando. Cuando los edificios se derrumbaron, era como ver un volcán", dijo un sobreviviente. "Tenemos muchos héroes", manifestó un bombero, "y hemos perdido a mucha gente de valor".

La colisión de dos aviones de pasajeros contra el World Trade Center no fue un accidente. En horas tempranas de la mañana del 11 de septiembre de 2001, secuestradores terroristas habían tomado el control de los aviones y los habían estrellado deliberadamente contra los edificios. Otro grupo de terroristas tomó el control de un tercer avión, estrellándolo en el Pentágono, los cuarteles centrales del Departamento de Defensa de la nación. Aún otro grupo de secuestradores tomó un cuarto avión, pero sus pasajeros atacaron heroicamente a los secuestradores, y el avión se estrelló en Pennsylvania. En total, miles de personas murieron.

Ataques terroristas destruyen el World Trade Center (izquierda), uno de los centros económicos de la nación. Tres bomberos de la Ciudad de Nueva York (derecha) alzan la bandera estadounidense en medio de los escombros.

Un gran número del personal de rescate de la Ciudad de Nueva York también perdió la vida cuando las torres se derrumbaron. Cientos de bomberos, agentes de policía y voluntarios dieron su vida tratando de salvar a otros. Entre los que perecieron se cuentan el capellán del Departamento de Bomberos Mychal Judge y el primer subcomisionado William Feehan, un veterano del departamento con 42 años de antigüedad laboral. Antes del ataque terrorista, el mayor número de bomberos de la Ciudad de Nueva York que murieron en una catástrofe había sido de 12.

La amenaza terrorista

Los ataques al World Trade Center y al Pentágono fueron actos terroristas. El terrorismo es el uso de violencia contra la población civil por parte de determinados grupos con el propósito de alcanzar un objetivo político.

¿Quién fue el responsable?

Las fuentes de inteligencia y los investigadores del FBI identificaron rápidamente a **Osama bin Laden** como el primer sospechoso. Al igual que la mayoría de la gente en el Medio Oriente, bin Laden es **musulmán,** alguien que cree y practica la religión del Islam. Si bien la vasta mayoría de los mil millones de musulmanes en todo el mundo considera que el Islam rechaza el terrorismo, los **fundamentalistas** militantes como bin Laden no comparten esta creencia. Ellos consideran que toda acción que destierre del mundo árabe la influencia estadounidense está justificada.

Bin Laden consideraba que las ideas occidentales habían perjudicado a la sociedad musulmana. Su experiencia en Afganistán lo convenció de que era posible derrotar a las superpotencias.

La guerra en Afganistán

En 1979, la Unión Soviética había invadido a la nación de **Afganistán,** en el sudoeste asiático, para respaldar al gobierno pro comunista de esa nación.

Musulmanes de todas partes del Medio Oriente se dirigieron a Afganistán para pelear contra los soviéticos. Entre ellos estaba bin Laden, quien provenía de una de las familias más adineradas de Arabia Saudita. En 1988, fundó una organización denominada **al-Qaeda,** o "la Base". Al-Qaeda reclutó musulmanes para pelear contra los soviéticos, y compró armas para los soldados de Afganistán. Después del retiro de las fuerzas soviéticas de Afganistán, bin Laden se convirtió en el héroe de muchos fundamentalistas.

Actos terroristas

Operando primero desde Sudán y después desde Afganistán —en ese entonces bajo el control de fundamentalistas musulmanes conocidos como los **Talibán**— bin Laden condujo a al-Qaeda en una misión para deshacerse de la presencia estadounidense y de otros grupos no musulmanes del Medio Oriente. En 1998, estallaron camiones-bomba terroristas en las embajadas estadounidenses de los países africanos de **Kenia** y **Tanzania.** Las bombas mataron a más de 200 personas, incluidos 12 estadounidenses, y lesionaron a más de 4,500.

A fines de 1999, se procedió al arresto de terroristas vinculados a al-Qaeda mientras intentaban introducir explosivos a los Estados Unidos, con el objetivo de bombardear blancos en Seattle, Washington. En octubre de 2000, un grupo de terroristas respaldados por al-Qaeda estrelló un bote cargado de explosivos contra el **USS *Cole*,** un buque de guerra estadounidense, mientras se reabastecía de combustible en Yemen.

✓ **Comprobación de lectura** **Descripción** ¿Cómo se convirtió Osama bin Laden en una figura tan influyente en Afganistán?

El comienzo de una nueva guerra

Luego, el 11 de septiembre de 2001, los terroristas dieron un golpe mucho más grande. Su impacto se hizo sentir en todo el territorio nacional, y miles de personas buscaron la forma de ayudar.

El espíritu estadounidense

De costa a costa, miles de personas asistieron a vigilias y servicios religiosos. A lo largo y ancho del país, miles de estadounidenses hacían fila para donar sangre. Otros recaudaron dinero, alimentos, cobijas y demás suministros para las víctimas y el personal de rescate. Bomberos y personal médico de muchas ciudades viajaron a Nueva York para prestar su ayuda.

Combinando imaginación y trabajo duro, los jóvenes de todas partes de la nación se ofrecieron como voluntarios. Un grupo de estudiantes de Western Springs, una población cercana a Chicago, Illinois, organizó a toda la comunidad para vender de productos usados como de juguetes, libros y juegos para recaudar fondos de ayuda a las víctimas. Otro grupo de estudiantes de una escuela en Cedar Rapids, Iowa, comenzó un proyecto llamado Working for America (Trabajar para Estados Unidos). El trabajo de los estudiantes consistía en hacer tareas domésticas para las familias y los vecinos, donando el dinero recaudado a la Cruz Roja. El centro South Bronx Job Corps donó paquetes con productos para los perros de búsqueda y rescate utilizados en los predios del World Trade Center.

NATIONAL GEOGRAPHIC

Terrorismo contra los estadounidenses, 1970–2002

1 1970 Terroristas secuestran aviones con destino a Jordania

2 1979 Cincuenta y dos estadounidenses secuestrados en Irán por más de un año

3 1983 Bomba en los cuarteles de la Infantería de Marina de EE.UU. en Beirut, Líbano, 241 muertos

4 1985 Secuestro del vuelo TWA 847; rehenes secuestrados por 17 días en Beirut, Líbano

5 1986 Bomba en discoteca de Berlín Occidental; 3 muertos, 150 heridos

6 1988 Bomba en el vuelo Pan Am 103 mata a 270 en Lockerbie, Escocia

7 1993 Bomba en el World Trade Center mata a 6

8 1995 Camión con explosivos destruye un edificio federal en Oklahoma City; 168 muertos, más de 500 heridos

9 1996 Bomba en un complejo de EE.UU. en Dharán, Arabia Saudita, mata a 19 soldados estadounidenses

10 1998 Bombas en las embajadas estadounidenses de Kenia y Tanzanía matan a más de 200

11 2000 Bomba mata a 17 marineros estadounidenses y lesiona a 39 a bordo del USS *Cole*

12 2001 Aviones secuestrados se estrellan contra las torres del World Trade Center, el Pentágono y un campo en Pennsylvania; miles de muertos

13 2002 Bombas en Indonesia matan a más de 200

LOS HÉROS DE ESTADOS UNIDOS

Mychal Judge, capellán del Departamento de Bomberos de la Ciudad de Nueva York, durante una plegaria. Judge perdió la vida mientras administraba la extrema unción a un bombero.

Tony James, bombero de la Ciudad de Nueva York, hace la venia durante un servicio fúnebre.

Jessica Malone, perteneciente a una gran familia de bomberos, viajó a la Ciudad de Nueva York para prestar ayuda.

Trato justo

Anticipando que mucha gente podría volcar su ira contra los musulmanes que habitaban suelo estadounidense, el Presidente Bush visitó el Centro Islámico en Washington, D.C. Allí pronunció una declaración donde explicaba que el islamismo es una religión pacífica. Instó al pueblo estadounidense a defender los valores de la nación y tratar con justicia a los musulmanes estadounidenses.

El Presidente Bush creó un fondo especial para ayudar a los niños de Afganistán. Muchos de los niños de Afganistán son huérfanos y no tienen qué comer. El presidente pidió a los niños estadounidenses que enviaran $1, o lo que pudieran, al Fondo Estadounidense para los Niños afganos.

Nuevas amenazas

Después de la tragedia del 11 de septiembre, crecieron los temores del uso de armas biológicas y químicas. Varios líderes políticos y medios de prensa recibieron cartas que contenían esporas letales de ántrax. El **ántrax,** o carbunco, es una enfermedad de los animales que ha existido durante millones de años.

Las agencias de la ley iniciaron una investigación para determinar la identidad y los motivos de los atacantes, pero hasta el momento no se ha identificado a ningún culpable. Los funcionarios públicos no creen que fue al-Qaeda quien envió el ántrax.

Protección para Estados Unidos

Bush y sus asesores comenzaron a planear una respuesta a los ataques terroristas. El presidente ordenó a las fuerzas armadas mantenerse en alerta alta. Los aviones de guerra comenzaron a patrullar el espacio aéreo de las ciudades más importantes. Los aeropuertos aumentaron sus medidas de seguridad, y el FBI comenzó una investigación masiva. El presidente creó un nuevo gabinete,

"Frente a tanta maldad, nos mantenemos fuertes y unidos, una nación bajo Dios". —*Presidente George W. Bush*

denominado **Homeland Security** (Seguridad Nacional), para coordinar las tareas antiterroristas. Se denomina antiterrorismo a aquellas actividades militares o políticas tendientes a combatir el terrorismo. Bush nombró al gobernador de Pennsylvania Tom Ridge como jefe del departamento. 📖 *(Ver las páginas 978–979 del Apéndice para leer el discurso del Presidente Bush ante el Congreso después de los ataques.)*

El Departamento de Seguridad Nacional tuvo dificultades para coordinar las tareas antiterroristas. En junio de 2002, el Presidente Bush solicitó al Congreso combinar a todas las agencias responsables de la seguridad pública en un nuevo departamento, que recibiría el nombre de Departamento de Seguridad Nacional (Homeland Security).

A fines de octubre de 2001, el Congreso aprobó y el presidente decretó la ley que establecía nuevas medidas para combatir el terrorismo. La **Ley Patriota Estadounidense de 2001** dio a los fiscales federales y a los agentes del FBI nuevas facultades para investigar a aquellas personas que traman o llevan a cabo actos terroristas. La ley amplió el poder de los agentes federales para intervenir teléfonos y rastrear el uso de Internet en su búsqueda de terroristas, permite a los agentes conducir búsquedas secretas en la residencia u oficina de un sospechoso sin dar aviso previo.

El Procurador General del Estado **John Aschroft** prometió que los agentes del gobierno no se demorarían en utilizar las nuevas herramientas para encontrar a los terroristas. Si bien ambas cámaras del Congreso aprobaron por mayoría el proyecto, algunos críticos manifestaron preocupación con respecto a las medidas, considerando que podrían ser usadas no sólo contra sospechosos terroristas, sino también contra individuos y organizaciones que participaban en actividades lícitas. Para asegurarse de que la nueva ley no comprometiera las libertades civiles, muchas de sus facultades vencerán a fines de 2005, a menos que el Congreso decida prolongarlas.

Creación de una coalición

La muerte y devastación provocada por el terrorismo afectaron no sólo a Estados Unidos, sino a gente de todo el mundo. Los líderes mundiales respondieron con declaraciones de compasión e ira. Los miembros de la OTAN prometieron prestar apoyo a Estados Unidos, al igual que otras naciones, incluidas Pakistán, India, Turquía e Israel. Algunas naciones musulmanas, incluidas Arabia Saudita y Egipto, ofrecieron un apoyo más limitado porque temían protestas generales de sus pueblos.

Sobre la pista del terrorismo

La guerra contra el terrorismo se concentró primero en Afganistán, donde se decía que bin Laden estaba escondido. El Talibán controlaba la mayor parte de Afganistán e imponía sus creencias religiosas al pueblo afgano. Los líderes del Talibán eran criticados por discriminar a las mujeres y ser intolerantes con otras religiones. Desde 1996, cuando el Talibán capturó **Kabul,** la capital afgana, la **alianza del norte,** la principal fuerza de resistencia, se había enfrentado al Talibán pero no había tenido gran éxito.

Bush exigió que el Talibán de Afganistán entregara a bin Laden y sus seguidores. Cuando se negó a hacerlo, el 7 de octubre el ejército estadounidense atacó a las fuerzas del Talibán y de al-Qaeda. Aviones de carga también tiraron alimentos, medicinas y suministros para el pueblo afgano.

Los ataques aéreos de Estados Unidos permitieron a la alianza del norte tomar rápidamente el control del país. Después de la caída del Talibán, Estados Unidos y sus aliados trabajaron con líderes afganos para crear un gobierno interino, o temporario, para conducir al país. Las naciones de todas partes del mundo prometieron un total de más de 4 mil millones de dólares para ayudar a Afganistán.

Si bien la guerra en Afganistán estaba dando buenos resultados, los ataques terroristas ocurridos en el sur de Asia y el Medio Oriente crearon nuevos problemas. En diciembre de 2001, un grupo terrorista de Kashmir, una región del norte de India, atacó el parlamento indio. India ha tenido muchas guerras con Pakistán por el control de Kashmir. Los líderes indios culpaban a Pakistán por el ataque al parlamento, y comenzaron a mobilizar su ejército.

Para junio de 2002, las dos naciones estaban listas para ir a la guerra. La situación era muy peligrosa porque ambos lados tenían armas nucleares. Si bien India y Pakistán finalmente dejaron de lado la amenaza de una guerra nuclear, ninguna mostró signos de bajar sus armas.

El sur de Asia no era la única región donde el terrorismo creaba problemas. En el Medio Oriente, grupos de terroristas palestinos enviaban hombres-bomba a Israel que escondían explosivos bajo sus ropas. Detonaban las bombas en restaurantes, negocios y autobuses israelíes, matando docenas de gente. Después de varios de estos episodios en Israel, el ejército israelí invadió varias ciudades palestinas donde creían que estaba la base de los grupos terroristas.

En respuesta a la violencia del Medio Oriente, el Presidente Bush trazó un plan para dar fin al conflicto israelí-palestino. Anunció su apoyo para la creación

Los estadounidenses se congregan en parques, iglesias y estaciones de bomberos de todo el país para expresar no sólo su dolor sino también su patriotismo.

de un estado palestino en pacífica convivencia con Israel. Solicitó a Israel que detuviera el ataque a las ciudades palestinas. Al mismo tiempo, exigió que los líderes palestinos ordenaran el fin de los ataques terroristas y reformaran su gobierno para hacerlo más democrático y menos corrupto.

Continúa la guerra contra el terrorismo

El Presidente Bush dejó en claro que, si bien la guerra contra el terrorismo comenzaría con la persecución de al-Qaeda, no terminaría allí. "No terminará", dijo el presidente, "hasta que todo grupo terrorista internacional haya sido encontrado, detenido y derrotado". También advirtió que Estados Unidos consideraría "a toda nación que continúa albergando o apoyando al terrorismo" como un enemigo.

La guerra contra el terrorismo, advirtió Bush, no terminaría pronto, pero era una guerra que el pueblo estadounidense se veía obligado a pelear:

> 66Hemos sido víctimas de un gran agravio. Hemos sufrido una gran pérdida. Y en nuestro dolor e ira, hemos encontrado nuestra misión y nuestro momento. (. . .) No descansaremos, no vacilaremos, y no fallaremos99.

Intensificación de la guerra contra el terrorismo

Los ataques del 11 de septiembre de 2001 despertaron temores de que al-Qaeda y otros grupos terroristas podrían obtener armas nucleares, químicas o biológicas. Estas **armas de destrucción masiva** podrían matar a miles de personas al mismo tiempo.

En su discurso sobre el estado de la Unión de 2002, el Presidente Bush dijo que su objetivo era "evitar que los regímenes que patrocinaban a los terroristas amenazaran a Estados Unidos o nuestros amigos con armas de destrucción masiva". Mencionó a Iraq, Irán y Corea del Norte, afirmando que estos estados "y sus aliados terroristas constituyen un eje del mal y amenazan la paz mundial".

En octubre de 2002, Corea del Norte anunció que había iniciado nuevamente su programa de armas nucleares. La administración de Bush usó presión diplomática para disuadir de sus planes a los norcoreanos. No obstante, Corea del Norte advirtió a Estados Unidos que continuaría construyendo su poderío nuclear.

Confrontación con Iraq

El dictador de Iraq Saddam Hussein ya había dado órdenes dos veces de usar armas químicas, una vez durante la guerra de Iraq contra Irán en los 80, y otra, contra los Kurdos, una minoría étnica asentada en el norte de Iraq que se había rebelado contra Hussein. Después de la guerra del Golfo en 1991, los inspectores de las Naciones Unidas descubrieron pruebas de que Iraq había desarrollado armas biológicas y estaba trabajando en el desarrollo de una bomba nuclear.

En el verano de 2002, el Presidente Bush aumentó la presión sobre Iraq. El 12 de septiembre, solicitó a las Naciones Unidas aprobar una nueva resolución exigiendo que Iraq entregara sus armas de destrucción masiva. El presidente dejó en claro que Estados Unidos actuaría con o sin el apoyo de las Naciones Unidas.

A mediados de octubre, el Congreso votó autorizar el uso de la fuerza contra Iraq. Luego, a principios de noviembre, las Naciones Unidas fijaron una fecha límite para que Iraq permitiera nuevamente el ingreso de los inspectores de armas. Asimismo, exigió a Iraq declarar todas sus armas de destrucción masiva, dejar de prestar apoyo al terrorismo, y poner fin a la opresión de su pueblo. La resolución amenazaba a Iraq con "graves consecuencias" si se negaba a cooperar.

Iraq aceptó permitir el ingreso al país de los inspectores de las Naciones Unidas, pero surgieron dudas acerca de si los funcionarios iraquíes estaban cooperando con los inspectores, tal como habían prometido hacerlo. El Presidente Bush sostenía que los iraquíes todavía ocultaban armas de destrucción masiva. La administración de Bush solicitó al Consejo de Seguridad de la ONU aprobar una resolución que disponía el uso de la fuerza en Iraq. Cuando los miembros del consejo correspondientes a Francia y Rusia dijeron que vetarían la resolución, Estados Unidos se preparó para la guerra.

El 20 de marzo, el ejército estadounidense, ayudado por soldados de Gran Bretaña, lanzó el ataque. Durante las seis semanas siguientes, gran parte del ejército iraquí se vio presa del caos. Rápidamente, las tropas estadounidenses tomaron el control del país. El 1 de mayo, el Presidente Bush declaró el fin de las principales operaciones de combate. Alrededor de 140 estadounidenses y varios miles de iraquíes habían perdido la vida.

Sin embargo, la controversia sobre Iraq y la guerra continuó. Si bien muchos iraquíes dieron la bienvenida a la caída del régimen de Saddam Hussein, otros no compartían ese sentir. Las tropas estadounidenses y británicas continuaron enfrentando ataques continuos. Para el otoño de 2003, el número de muertos estadounidenses después del 1 de mayo superaba al de las seis semanas de combates principales. A medida que las víctimas y gastos aumentaban, el Presidente Bush comenzó a buscar el apoyo de la ONU y otros países para reconstruir Iraq. A pesar de la captura de Saddam Hussein en diciembre de 2003, el camino hacia un Iraq libre y estable se mostraba largo y difícil.

✔ **Comprobación de lectura** **Análisis** ¿Por qué el Presidente Bush ordenó un ataque militar contra el régimen de Saddam Hussein?

EVALUACIÓN DE LA SECCIÓN 4

Verificación de comprensión

1. **Términos clave** Define: **antiterrorista.**
2. **Repaso de hechos** ¿Qué ocurrió con el USS *Cole* cuando se estaba reabasteciendo de combustible en Yemen?

Repaso de temas

3. **Conexiones mundiales** ¿Crees que los peligros del terrorismo requieren la colaboración mundial? Explica y respalda tus puntos de vista dando las razones de tu opinión.

Pensamiento crítico

4. **Conclusiones** ¿Por qué crees que el Presidente Bush optó específicamente por visitar el Centro Islámico en Washington, D.C.?
5. **Organización de la información** Utiliza un diagrama como el que se muestra a continuación para identificar lo que consideras son los tres efectos principales del terrorismo sobre la población estadounidense.

> Efectos del terrorismo

Análisis de material visual

6. **Habilidades geográficas** Examina el mapa sobre el terrorismo de la página 947. ¿Cuántos estadounidenses fueron tomados como rehenes en Irán? ¿Qué acontecimientos incluidos en el mapa tuvieron lugar en la década de los 90?

Actividad interdisciplinaria

Redacción explicativa ¿Cómo influirán en tu futuro los acontecimientos mundiales? Escribe un ensayo titulado "El futuro del mundo y el mío"; identifica temas de importancia y explica qué influencia podrían tener los mismos en tu vida.

Resumen del capítulo

Nuevos retos

La presidencia de Reagan

- El Presidente Reagan persigue la desregulación
- Reagan nombra a jueces conservadores para la Corte Suprema, incluida la primera mujer
- Reagan reduce impuestos y gastos en programas nacionales
- Reagan y Gorbachev firman el Tratado INF

La presidencia de Bush

- Caen los gobiernos comunistas y la democracia se extiende en muchos países
- Los aliados lanzan el operativo Tormenta del Desierto
- La deuda federal y la crisis bancaria requieren grandes fondos del gobierno

La presidencia de Clinton

- Las reformas al sistema médico propuestas por el Presidente Clinton no tienen la aprobación del Congreso
- El Congreso ratifica el Tratado de Libre Comercio de América del Norte
- Clinton es acusado como consecuencia de un escándalo, pero absuelto por el Senado

George W. Bush gana la presidencia

- Se deroga la ley de reducción de impuestos
- La nación comienza la lucha contra el terrorismo
- Saddam Hussein es derrocado como líder de Iraq

Repaso de términos clave

En un hoja, define los siguientes términos:

1. desregulación
2. deuda federal
3. perestroika
4. golpe de estado
5. titular
6. calentamiento global
7. ozono
8. veto de partidas específicas

Repaso de hechos clave

9. ¿Cuál fue la política económica de Reagan?
10. ¿De qué formas Mikhail Gorbachev intentó reformar el gobierno soviético?
11. ¿Cómo influyó Polonia en la caída del comunismo en Europa Oriental?
12. ¿Cuál fue el detonante de la guerra del Golfo Pérsico?
13. ¿Por qué era importante el tema del sistema médico en la década de 1990?
14. ¿Cuál fue la importancia de los acuerdos de paz del Medio Oriente?
15. ¿Cuál fue el resultado del juicio de acusación del Presidente Clinton?
16. ¿Quién ganó las elecciones presidenciales de 2000? ¿Por qué las elecciones fueron inusuales?

Pensamiento crítico

17. **Factores económicos** ¿Cuál fue el objetivo de la política de desregulación del Presidente Reagan?
18. **Conexiones mundiales** ¿Qué acontecimientos marcaron el fin de la guerra fría?
19. **Grupos e instituciones** ¿Por qué el gobierno federal se quedó sin reservas de dinero a mediados de 1990?
20. **Grupos e instituciones** ¿Qué mensaje crees que los votantes enviaron eligiendo una mayoría republicana en ambas cámaras del Congreso en 1994?
21. **Evaluación** Recrea el siguiente diagrama y clasifica a los cuatro presidentes que has estudiado en este capítulo de mejor a peor. Luego, explica por qué les diste esa clasificación.

Presidente	Tus razones
1	
2	
3	
4	

Actividad de geografía e historia

Estudia el mapa y contesta a las preguntas que siguen.

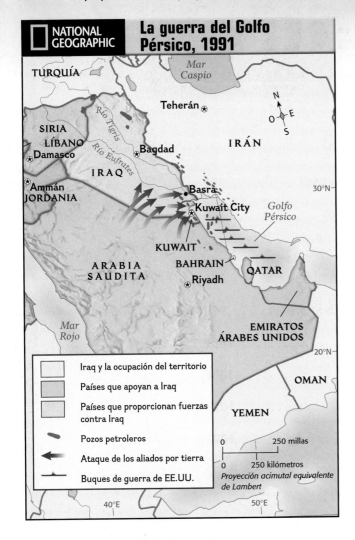

NATIONAL GEOGRAPHIC

La guerra del Golfo Pérsico, 1991

TURQUÍA

Mar Caspio

Teherán

Río Tigris

SIRIA
LÍBANO
Damasco

Río Éufrates

Bagdad

IRÁN

IRAQ

Ammán
JORDANIA

Basra

Kuwait City

30°N

Golfo Pérsico

KUWAIT

ARABIA SAUDITA

BAHRAIN

QATAR

Riyadh

Mar Rojo

EMIRATOS ÁRABES UNIDOS

20°N

OMAN

YEMEN

☐ Iraq y la ocupación del territorio

☐ Países que apoyan a Iraq

☐ Países que proporcionan fuerzas contra Iraq

◄► Pozos petroleros

◄— Ataque de los aliados por tierra

— Buques de guerra de EE.UU.

0 ____ 250 millas
0 ____ 250 kilómetros
Proyección acimutal equivalente de Lambert

40°E   50°E

22. Región ¿Con qué países limita Iraq en el noroeste?

23. Movimiento Las líneas azules indican las fuerzas invasoras. ¿Desde qué país se lanzó la invasión?

24. Ubicación ¿En qué cuerpo de agua estaban presentes los buques de guerra?

Práctica de habilidades

25. Uso de una hoja de cálculo electrónica Usa una hoja de cálculo y escribe las temperaturas diarias alta, promedio y baja de tu comunidad durante el término de cuatro semanas. Al final de este período, calcula la temperatura local promedio. Luego, usa la hoja de cálculo para trazar gráficos de línea que muestren las temperaturas altas mensuales, las temperaturas promedio y las temperaturas bajas de tu comunidad.

HISTORIA En línea

Prueba de autocomprobación
Visita **taj.glencoe.com** y haz clic en **Chapter 32—Self-Check Quizzes** a fin de prepararte para el examen del capítulo.

 Actividad tecnológica

26. Uso de Internet Usa un motor de búsqueda para buscar en Internet información sobre Afganistán. Escribe una breve descripción del cambio de poder en ese país durante los últimos 20 años.

Actividad ciudadana cooperativa

27. Tu comunidad y el mundo Pregunta a tu familia y amigos de qué formas está conectada tu comunidad con otras partes del mundo. Prepara una breve hoja de hechos indicando las conexiones internacionales de tu comunidad con el resto del mundo. Discute tu información con la de otros grupos.

 Evaluación alternativa

28. Actividad de redacción Repasa el capítulo y recopila información sobre la opinión que tenían los tres presidentes que ocuparon su puesto desde 1980 a 2000 sobre la función del gobierno federal. Anota la información en tu diario. Utiliza tus notas para resumir la opinión de cada presidente en una sola oración.

Práctica de examen estandarizado

Instrucciones: Escoge la *mejor* respuesta a la pregunta siguiente.

En 1996, el gobierno se vio obligado a cancelar dos veces servicios que no eran de primera necesidad. ¿En respuesta a qué situación debió tomar dicha medida?

F cortes de luz

G desacuerdos en el presupuesto

H acuerdo de dos partidos

J el "Contrato con Estados Unidos"

Consejo para el examen

Descarta las respuestas que no tengan sentido. Por ejemplo, ¿por qué el gobierno cancelaría los servicios debido a un "acuerdo de dos partidos"? La respuesta **H** no puede ser la correcta.

Apéndice

Índice

¿Qué es un apéndice y cómo lo uso?

Un apéndice es material adicional que con frecuencia encuentras al final de los libros. La siguiente información te ayudará a aprender cómo usar el apéndice en **El viaje estadounidense: Reconstrucción hasta el presente.**

Biblioteca de fuentes principales

La **Biblioteca de fuentes principales** proporciona relatos adicionales de primera mano de eventos históricos. Las fuentes principales con frecuencia son narraciones de una persona que vivió en la realidad lo que se describe.

Presidentes de Estados Unidos

Los **presidentes** han servido como líderes de nuestra nación. En esta fuente encontrarás información de interés acerca de cada uno de los presidentes de la nación, incluyendo su período de gobierno, afiliación política y sus ocupaciones antes de ser presidentes.

Documentos históricos de Estados Unidos

Ésta es una recopilación de algunos de los documentos más importantes en la historia estadounidense. Cada **documento** empieza con una introducción describiendo al autor y ubicando al documento en su contexto histórico.

Resúmenes de casos de la Corte Suprema

Los **Resúmenes de casos de la Corte Suprema** proporcionan discusiones escritas de casos importantes de la Corte Suprema. Los resúmenes aparecen en orden alfabético e incluyen un resumen de los hechos del caso y sus repercusiones.

Índice geográfico

Un **índice geográfico** es un diccionario geográfico. Indica algunos de los países y ciudades más grandes y varios accidentes geográficos importantes. Cada artículo además incluye el número de página donde este lugar se puede encontrar en tu libro de texto.

Glossary (Glosario)

Un **glosario** es una lista de términos importantes o difíciles que se encuentran en un libro de texto. Debido a que las palabras algunas veces tienen otro significado, puedes consultar un diccionario para encontrar otros usos del término. El glosario proporciona una definición de cada término de la manera como se usa en el libro. El glosario incluye además los números de página donde se usa el término en el libro de texto.

Spanish Glossary (Glosario en español)

Un **Glosario en español** contiene todo lo que contiene el glosario en inglés, pero escrito en español. El glosario en español es especialmente importante para los estudiantes bilingües que están aprendiendo el idioma inglés.

Índice

Un **índice** es un listado alfabético que incluye los temas del libro y los números de página donde se encuentran dichos temas. El índice de este libro también te dice que ciertas páginas contienen mapas, gráficas, fotografías o pinturas acerca del tema.

Reconocimientos y créditos fotográficos

Esta sección indica los créditos fotográficos y/o literarios del libro. Puedes consultar esta sección para averiguar dónde obtuvo la editorial el permiso para usar una fotografía o para usar pasajes de otros libros.

Prueba tus conocimientos

Encuentra las respuestas a estas preguntas usando el Apéndice en las páginas siguientes.

1. **¿Qué significa "acorazado"?**
2. **¿Quién fue el sexto presidente de Estados Unidos?**
3. **¿En qué página puedo encontrar algo acerca de Anne Hutchinson?**
4. **¿Dónde se encuentra exactamente Roanoke?**
5. **¿Cuál fue la decisión de la Corte Suprema en *Marbury* contra *Madison*?**

Trabajo con fuentes principales

Imagínate que te han pedido escribir un informe sobre los cambios en tu comunidad en los últimos 25 años. ¿De dónde sacarás la información que necesitas para empezar el informe? Lo harás de dos tipos de información, fuentes principales y fuentes secundarias.

Definiciones

Las **fuentes principales** a menudo son relatos de primera mano de gente que realmente vio o vivió el hecho que se describe. En otras palabras, si presencias un incendio o subsistes a una gran tormenta y luego escribes o relatas tus experiencias, estás creando una fuente principal. Los diarios de vida, las agendas, las fotografías y los informes de testigos son ejemplos de fuentes principales. Las **fuentes secundarias** son relatos de segunda mano. Por ejemplo, si tu amigo presencia un incendio o una tormenta y te cuenta sobre aquello, o si lees sobre el incendio o la tormenta en el periódico, y luego escribes sobre lo mismo, estás creando una fuente secundaria. Los libros de texto, las biografías y las historias son fuentes secundarias.

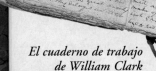

El cuaderno de trabajo de William Clark

Verificación de las fuentes

Cuando leas fuentes principales o secundarias, debes analizarlas para saber si son confiables o serias. Los historiadores generalmente prefieren las fuentes principales a las secundarias, pero ambas pueden ser o no ser confiables, dependiendo de los factores siguientes.

Período de tiempo

En el caso de las fuentes principales, es importante considerar cuánto tiempo después de ocurrido el hecho se escribió la fuente principal. Las probabilidades son que mientras más tiempo haya transcurrido entre el hecho y el relato, menos confiable será el relato. A medida que transcurre el tiempo, la gente se olvida de los detalles y rellena con hechos que nunca ocurrieron. Aunque tenemos la tendencia a pensar que recordamos las cosas tal como suceden, la realidad es que generalmente las recordamos como hubiésemos querido que hubiesen ocurrido.

Confiabilidad

Otros factores que hay que considerar al evaluar una fuente principal son los antecedentes y la seriedad del autor. Primero, trata de determinar cómo esta persona conoce el tema del que escribe. ¿Cuánto sabe? ¿Está siendo sincero? ¿Es convincente su relato?

Opiniones

Al evaluar una fuente principal, también debes decidir si el relato ha sido influenciado por emociones, opiniones o exageraciones. Los escritores pueden tener motivos para desvirtuar la verdad con tal de acomodarla a sus propósitos personales. Pregúntate a ti mismo: ¿Por qué escribió el relato esta persona? ¿Algunas palabras o expresiones clave revelan las emociones u opiniones del autor? Sería bueno comparar el relato con otro escrito por otro testigo del hecho. Si los dos relatos difieren, pregúntate tú mismo por qué difieren y cuál es más creíble.

Interpretación de fuentes principales

Para ayudarte con el análisis de una fuente principal, utiliza los pasos siguientes:

• **Examina los orígenes del documento.**

Necesitas determinar si es una fuente principal.

• **Busca las ideas principales.**

Lee el documento y resume las ideas principales con tus propias palabras. Es posible que estas ideas sean fácilmente identificables en periódicos y revistas, por ejemplo, pero son mucho más difíciles de hallar en poesía.

• **Vuelve a leer el documento.**

Las ideas difíciles no siempre se entienden bien con la primera lectura.

• **Usa varios recursos.**

Desarrolla la costumbre de usar el diccionario, la enciclopedia y los mapas. Estos recursos son herramientas que te sirven para descubrir nuevas ideas y nuevos conocimientos, y te ayudan a verificar la validez de las fuentes.

La brújula de George Washington

Clasificación de fuentes principales

Las fuentes principales tienen diferentes categorías:

 **Publicaciones impresas**

Las publicaciones impresas incluyen libros como, por ejemplo, autobiografías. Las publicaciones impresas también incluyen periódicos y revistas.

 **Canciones y poemas**

Las canciones y los poemas incluyen trabajos que expresan pensamientos y sentimientos personales, o las creencias políticas o religiosas de un escritor, a menudo expresadas en un lenguaje rítmico o de rimas.

 **Materiales visuales**

Los materiales visuales incluyen una amplia variedad de formas: pinturas originales, dibujos, esculturas, fotografías, películas y mapas.

 **Historias orales**

El relato oral recopila recuerdos hablados y observaciones personales a través de entrevistas grabadas. En cambio, la tradición oral implica historias que la gente ha propagado a través de conversaciones de una generación a otra.

 **Registros personales**

Los registros personales son relatos de hechos mantenidos por una persona participante o testigo de estos hechos. Los registros personales incluyen diarios de vida, agendas y cartas.

Artefactos

Los artefactos son objetos como herramientas u ornamentos. Los artefactos presentan información sobre una cultura específica o sobre una etapa de desarrollo tecnológico.

Encuentro de mundos distintos

Hasta la llegada de Cristóbal Colón, el estilo de vida y la cultura de los indígenas estadounidenses habían perdurado durante siglos. Ellos contaban anécdotas, cantaban canciones y narraban cuentos que describían su pasado y su estrecha relación con el mundo natural. Estas anécdotas y canciones sobrevivieron gracias a la tradición oral. Esto significa que cada generación pasó sus anécdotas y canciones a la gente más joven a través de la conversación. Al leer, reflexiona acerca de cómo el relato oral, el folklore y la tradición nos conectan con el pasado.

Diccionario del lector

Lakota: un miembro de la tribu Sioux de la parte central y oriental de América del Norte

profecía: una predicción sobre el futuro

Colinas Negras: montañas en la parte occidental de las Dakotas y el nordeste de Wyoming

anciano: una persona respetada por su edad y experiencia

Pinta: una de las tres carabelas bajo el mando de Colón durante su primer viaje a las Américas

La mujer del becerro del Búfalo Blanco trae la primera pipa

 Historias orales

Joseph Caballo Cazador de la tribu de los Lakota cuenta la historia de la mujer del becerro del Búfalo Blanco.

Nosotros, el pueblo **Lakota,** tenemos una **profecía** sobre el becerro del búfalo blanco. La profecía dice que tenemos un bulto sagrado, una pipa sagrada, que nos fue traída hace unos 2,000 años atrás por la mujer del becerro del Búfalo Blanco.

Según la historia, ella se apareció delante de dos guerreros en esa época. Estos dos guerreros andaban cazando búfalos (. . .) en las **Colinas Negras** sagradas de Dakota del Sur, y vieron un gran cuerpo que se les acercaba. Ese cuerpo era un becerro de búfalo blanco. Pero mientras más se acercaba a ellos, el búfalo se convirtió en una hermosa joven indígena.

En ese momento uno de los guerreros [tuvo malos pensamientos], y la joven le pidió que se acercara. Cuando lo hizo, una nube negra se posó sobre su cuerpo, y cuando la nube desapareció, el guerrero que había tenido malos pensamientos había quedado sin carne ni sangre sobre sus huesos. El otro guerrero se arrodilló y empezó a rezar.

Y cuando rezaba, el becerro de Búfalo Blanco, que ahora era una joven indígena, le dijo que regresara a su tribu y que les advirtiera que en cuatro días más les traería un bulto sagrado.

Y el guerrero hizo lo indicado. Regresó a su tribu, y reunió a todos los **ancianos** y a todos los líderes, y a toda la gente en un círculo, y les manifestó lo que la joven le había pedido que hiciera. Y efectivamente, tal como lo había prometido, al cuarto día regresó.

Dicen que bajó una nube del cielo, y de la nube emergió un becerro de búfalo

Calendario Kiowa de cuero de animal

blanco. Al caer sobre la tierra, el búfalo se paró y se convirtió en una hermosa mujer que llevaba un bulto sagrado en su mano.

La mujer ingresó al círculo y, cantando una canción sagrada, entregó el bulto sagrado a la gente que allí estaba para recibirlo.

(. . .) Y le dijo a nuestra gente que mientras realizáramos estas ceremonias siempre seguiríamos siendo protectores y guardianes de la tierra sagrada. Nos dijo que mientras cuidáramos y respetáramos de ella, nuestra gente nunca moriría y que viviría para siempre.

El bulto sagrado se conoce como la pipa sagrada del becerro de Búfalo Blanco ya que la trajo la mujer del becerro del Búfalo Blanco(. . .)

Cuando la mujer del becerro del Búfalo Blanco prometió regresar, hizo algunas profecías en ese momento. Una de esas profecías fue que el nacimiento de un becerro de búfalo blanco sería un signo de que estaría cerca la hora en que ella debía regresar para purificar al mundo. Lo que quiso decir fue que traería de nuevo la armonía [espiritual]. . .

Astrolabio

Colón cruza el Atlántico

Cristóbal Colón llegó al nuevo mundo el 12 de octubre de 1492. A más de dos meses de iniciada la navegación, sus marineros estaban preocupados de que no encontrarían tierra antes de que se agotaran los alimentos y el agua. Las anotaciones de Colón en sus cuadernos revelan el estado de ánimo de su tripulación, y sus impresiones de los indígenas.

11 de octubre:

La tripulación de la **Pinta** divisó algunas (. . .) cañas y otras plantas; también vieron algo que parecía un pequeño madero o tablón. Se encontró un madero que parecía hecho por el hombre, tal vez tallado con una herramienta de acero (. . .) pero incluso estas pequeñas [cosas] hicieron que la tripulación se despreocupara; de hecho, los hombres se pusieron más alegres.

12 de octubre:

Los isleños se acercaron a los botes de las carabelas nadando y nos trajeron papagayos y bolas de hebras de algodón (. . .) que intercambiaban por (. . .) cuentas de vidrio y campanas de bronce (. . .) aceptaban y daban lo que tenían de buen agrado, pero me parecía que eran pobres en todo sentido. No cargaban armas, ni tampoco las conocían, ya que cuando les mostré algunas espadas las tomaron por el filo y se cortaron debido a su ignorancia.

Análisis de las fuentes principales

1. ¿Qué le dijo la joven indígena a los guerreros Lakota?
2. ¿Qué profecía le hizo la mujer del becerro de Búfalo Blanco a la gente?
3. ¿Qué te dice el uso del cuero de animal sobre la gente que hizo el calendario?
4. ¿Por qué los miembros de la tripulación de Colón se alegraron cuando vieron los objetos en el mar?

Para usar con el Prólogo

Asentamiento colonial

El antiguo Estados Unidos era un pueblo sin miedo a experimentar. Debido a que los colonizadores a menudo tenían que aprender nuevas formas de obtener comida y refugio en un país primitivo, valoraban la ingeniosidad. Debido a la necesidad de cooperar —por camaradería, e incluso por subsistencia— pasaban por alto las diferencias culturales que los separaban en el país antiguo. Al leer estas selecciones de fuentes principales, piensa cómo la necesidad de adaptarse afectó la forma en que los colonizadores abordaban las situaciones diarias.

Diccionario del lector

ilustrado: informado

altiva: orgullosa, vanidosa

indigencia: pobreza

habitación: hogar

frasco: botella pequeña

equivocación: error

endurable: aceptable

¿Qué es un estadounidense?

Publicaciones impresas

J. Hector St. John Crevecoeur de Francia viajó extensamente por las colonias estadounidenses y trabajó como granjero en Nueva York. Su libro Cartas de un granjero estadounidense *se publicó en 1782.*

Me hubiese gustado conocer los sentimientos y pensamientos que deben (. . .) haber pasado por la mente de un inglés **ilustrado**, cuando por primera vez desembarca en el continente. (. . .) Si viajara por nuestros distritos rurales, no vería el castillo hostil ni la mansión **altiva**, contrastada con la choza construida de arcilla y la cabaña miserable, donde el ganado y los hombres se ayudan para mantenerse abrigados, y viven en un ambiente de mezquindad, humo e **indigencia.** Una uniformidad agradable de competencia honesta aparece en todas nuestras **habitaciones.** La peor de nuestras viviendas de troncos es seca y confortable. (. . .) ¿Qué es entonces el estadounidense, este hombre nuevo? Es un europeo, o el descendiente de un europeo, de aquí esa extraña mezcla de sangre, que no encontrarás en ningún otro país. Les podría señalar una familia cuyo abuelo era inglés, cuya esposa era holandesa, y cuyo hijo se casó con una francesa, y cuyos cuatro hijos ahora tienen cuatro esposas de diferentes países. (. . .) Hay espacio para todos en Estados Unidos; ¿tiene talento o habilidad excepcional? Él lo aplica para producir el sustento diario, y sale airoso. (. . .)

Mantequera

Ben Franklin

Registros personales

A menudo pensamos que Benjamín Franklin fue un diplomático e inventor exitoso. En 1750, Franklin le escribió a un amigo contándole sobre un experimento que no le resultó como lo había planeado.

Recientemente he hecho un experimento en electricidad, que no deseo repetir. Hace dos noches, al estar a punto de matar a un pavo por medio de una descarga eléctrica de dos jarras de vidrio grandes, que contenían la misma potencia eléctrica que cuarenta **frascos** comunes, (. . .) recibí la carga completa en mis propios brazos y cuerpo, al tomar los alambres superiores unidos con una mano, mientras que con la otra sujetaba una cadena conectada con las partes exteriores de ambas jarras. La persona que me acompañaba (que conversaba conmigo, y con otra persona, quien supongo que ocasionó la falta de atención de lo que estaba haciendo en ese momento) dice que el resplandor fue muy grande, y que el estallido fue tan fuerte como una pistola; a pesar de eso, al perder mis sentidos instantáneamente, no vi lo uno ni escuché lo otro. (. . .) Nada permanece ahora de esa descarga, salvo una dolencia en los huesos de mi pecho, que se sienten como si se hubieran magullado. No me caí, pero supongo que el golpe me habría tumbado si lo hubiese recibido en mi cabeza. Todo se generó y terminó en menos de un minuto.

Le puedes comunicar esto al señor Bowdoin, como una advertencia para él, pero no lo hagas más público, ya que me siento avergonzado de ser culpable de una **equivocación** tan notoria. (. . .) Quedo a tu disposición . . .

      B. Franklin

P.D.: Las jarras contienen seis galones cada una.

La colonia de Penn

Registros personales

En una carta escrita en 1683, William Penn describe el crecimiento de su colonia.

Nuestro pueblo entero ha crecido a unas 150 casas muy **endurables** para ser de madera; están principalmente a lo largo de los ríos navegables que circunscriben los extremos o lados del pueblo. Los granjeros tienen su maíz de invierno en el campo. Supongo que somos unos 500 granjeros fácilmente. Los pongo en aldeas, dividiendo 5,000 acres entre diez, quince o veinte familias, según sus habilidades para cultivarla. (. . .)

Libro de lectura de una escuela de las colonias

Análisis de las fuentes principales

1. ¿Cómo describe Crevecoeur una casa típica de las colonias a finales del siglo XVIII?
2. ¿Qué piensas que Franklin estaba tratando de aprender con su experimento?
3. ¿Durante qué estación del año Penn escribió esta carta? ¿Cómo puedes saberlo?

Creación de una nación

Al colonizar América del Norte, los colonizadores desarrollaron la percepción de que estaban siendo partícipes del nacimiento de una nueva sociedad, donde la gente tenía la oportunidad de mejorar. Al leer estas selecciones de fuentes principales, piensa en las razones que los colonos tuvieron para empezar a criticar a Gran Bretaña. ¿Qué palabras utilizarías para describir el "espíritu" de los estadounidenses que los instó a luchar por la independencia?

Diccionario del lector

soberano: rey o líder

carecer de: carente de

procurar: ganar u obtener

irritar: lastimar por acción del roce

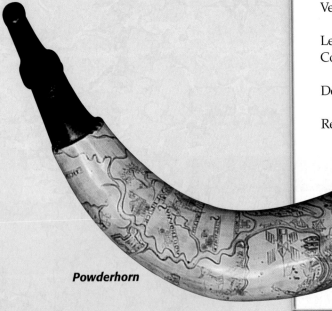

Powderhorn

Sentido común

Publicaciones impresas

En Sentido común, *escrito en enero de 1776, el patriota Thomas Paine hizo un llamado a los colonos a independizarse de Gran Bretaña.*

Lo justo es independizarse de Gran Bretaña. Los estadounidenses que han sido asesinados parecen decir, ES HORA DE SEPARARSE. Inglaterra y Estados Unidos están separados por una gran distancia. Eso es por sí mismo una prueba fuerte y natural que Dios nunca esperaba que uno gobernara sobre el otro.

Los audaces estadounidenses

Canciones y poemas

Circulares con baladas—poemas de historias cargadas de emoción impresos en una hoja de papel—se distribuían ampliamente y ayudaron a acicatear la pasión de los colonos por la libertad.

Vengan todos jóvenes audaces de Boston, vengan y
   escúchenme:
Les cantaré una canción con respecto a la libertad.
Con respecto a la libertad, amigos, la verdad os
   revelaré,
De los audaces estadounidenses, que desprecian ser
   controlados.
Respetaremos a George, nuestro **soberano,** sobre la
   base de
   términos razonables,
        Pero si no nos otorga libertad, todos
        dejaremos de trabajar.
        Pero si nos diera libertad, sencillamente
          verás,
        ¡Qué somos jóvenes que no se amedrentan
        ante el temor!
           ¡Éxito a la libertad!

Supervivencia en Valley Forge

*Enseguida se presentan dos extractos de registros personales
de dos personas diferentes que prestaron servicio
en Valley Forge. La primera selección es de
Albigence Waldo, un cirujano que atendió a los
enfermos y heridos.*

Estoy harto de—descontento (. . .) Mala alimentación—cama dura —clima frío— fatiga—ropa sucia—cocina repugnante. (. . .) No lo puedo soportar—¿Por qué nos envían aquí para morirnos de hambre y frío? . . .

En esta selección, el soldado Joseph Plumb Martin, de 16 años en esa época, recuerda las dificultades que enfrentó en camino a Valley Forge.

El ejército no sólo estaba muriéndose de hambre sino que también estaba sin ropa. La mayoría no sólo carecía de camisa y zapatos, sino **carecía** también de todo otro tipo de ropa, especialmente de mantas. I.Me **procuré** un pedazo pequeño de cuero y me hice un par de mocasines, que mantuvieron a mis

Tambor militar de la Revolución Estadounidense

pies (mientras duraron) protegidos del suelo frío, aunque, como bien recuerdo, los bordes duros **irritaron** de tal manera mis tobillos, mientras marchábamos, que no fue sino con mucha dificultad y mucho dolor que los pude seguir utilizando; pero la única alternativa que tenía era soportar esta inconveniencia o caminar con los pies descalzos, como cientos de mis compañeros lo hacían, hasta que los pillaran por las huellas de la sangre sobre el suelo frío y áspero.

Vida del inmigrante en Estados Unidos

Un inmigrante alemán escribió el siguiente relato de sus experiencias.

Durante el viaje existe en estos barcos terrible miseria, fetidez, humo, horror, vómito, varios tipos de mareos, fiebre (. . .) todo lo cual proviene de una comida y carne extremadamente saladas, también del agua sucia y muy mala, de manera que muchos mueren miserablemente. (. . .)

Muchos padres deben vender y negociar sus hijos como una cabeza de ganado. (. . .) A menudo pasa que padres e hijos, después de abandonar el barco, no se vuelven a ver por muchos años, o tal vez nunca más en sus vidas.

Análisis de las fuentes principales

1. ¿Cuál es el punto principal que Thomas Paine destaca en el extracto de *Sentido común*?
2. ¿Qué desprecian los estadounidenses audaces?
3. ¿Qué debe haber impedido que los soldados se fueran de Valley Forge, bajo tan horrendas condiciones?

La nueva república

La constitución estableció una estructura completamente nueva de gobierno que se hizo con la intención de ser flexible y duradera. Junto con el entusiasmo de empezar una nueva nación surgieron desafíos y problemas inherentes al crecimiento. Mucha gente, tanto los nacidos en Estados Unidos como los nacidos en el extranjero, se preguntaban: ¿Podrá durar este nuevo tipo de gobierno? Al leer estas selecciones de fuentes principales, piensa si el gobierno sirvió bien a la gente mientras el país crecía.

Diccionario del lector

galería: balcón exterior

proclamación: anuncio

agitado: alterado y nervioso

torpe: desmañado, descoordinado

manera más simple: de modo sencillo

discordia: desacuerdo, conflicto

éxtasis: alegría

pantano: tierra blanda y húmeda

camino de madera: camino hecho de troncos puestos uno al lado del otro

Primer discurso inaugural de Washington

Registros personales

El senador de Pennsylvania William Maclay fue uno de los varios testigos de la primera inauguración presidencial de la nación.

El presidente apareció por la ventana central de la **galería** [la que da a Wall Street], y el canciller [el representante judicial más alto en el estado de Nueva York] le tomó el juramento. Observa que el cumplimiento del juramento se comunicaba a la multitud por **proclamación** (. . .) la gente gritaba tres vivas, y luego lo repetía después que el presidente les hacía una reverencia.

Cuando el grupo regresó a la cámara del senado, el presidente se sentó a la cabeza y los senadores y representantes en sus respectivos escaños. Se puso de pie, y todos se pusieron de pie también, y luego se dirigió a todos los presentes. Este gran hombre estaba **agitado** y más avergonzado que nunca por el cañón o mosquete apuntado. Temblaba, y en varias ocasiones apenas podía leer, aunque se suponía que lo había leído varias veces antes. (. . .) Cuando pronunció las palabras *todo el mundo*, hizo un movimiento con su mano derecha, que dejó una impresión bastante **torpe**. Sinceramente, por mi parte, siempre deseé que toda la ceremonia se hubiese dejado en manos de maestros, y que éste el primero de los hombres hubiese leído su discurso de la **manera más simple**, sin siquiera levantar los ojos del papel, ya que me sentí un poco agraviado porque él no era primero en todo.

Copia de la carta escrita por el Presidente Washington

Canción de libertad

Canciones y poemas

*La siguiente canción es una de cientos
de canciones patrióticas anónimas escritas, impresas
y distribuidas en pequeños libros de canciones
a comienzos del siglo XIX.*

Los frutos de nuestros campos, nuestras aves y
    nuestros rebaños,
Qué tesoros inmensos guardan nuestras montañas,
Entretanto la **discordia** desintegra a Europa
    Antigua en mil pedazos,
Debería surtir generosamente las necesidades de la
    gente;
Nuevos caminos y canales, brotaban de sus
    pechos,
La exquisitez y la riqueza de nuestros bosques
    debe propagarse,
Y millones de libertos, con **éxtasis**,
Gritarán "O Libertad! éste es vuestro hogar!"

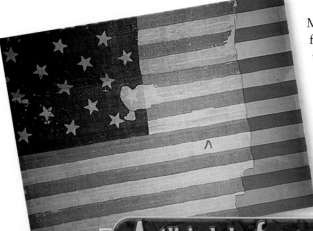

**Bandera desplegada en el
Fuerte McHenry durante la
guerra de 1812**

En el camino

Publicaciones impresas

*David Stevenson describió un viaje en diligencia a
través de una ruta típica de la época.*

A veces nuestra ruta era por millas a través
de extensos **pantanos,** que cruzábamos
por **caminos de madera.** (. . .) En
ocasiones la diligencia se atascaba rápidamente
en el barro, del cual sólo se salía con el esfuerzo
combinado del cochero y los pasajeros; una vez
viajábamos (. . .) a través de un bosque inundado
con agua, que permanecía a una altura de varios
pies. (. . .) La distancia de la ruta de Pittsburgh a
Erie es de 128 millas, y tomaba cuarenta y seis
horas (. . .) aunque la [diligencia] en la que
viajaba llevaba el correo, y paraba sólo para el
desayuno, la cena y el té, igual había una
demora considerable debido a que la diligencia
un par de veces se desestabilizaba y varias otras
quedaba "enlodada".

*Una mujer llamada Elizabeth Smith Geer
escribió sobre un viaje de invierno en s
u diario de vida:*

Mis hijos cayeron abatidos por el resfrío y la
fatiga, y no pudieron viajar, y los hombres
tuvieron que desaparejar los bueyes y traerlos
junto a los niños al campamento. Tenía tanto
frío y estaba tan entumecida que no podía
sentir si tenía los pies verdaderamente (. . .) Ni
siquiera les he contado la mitad de lo que
sufrimos.

Análisis de las fuentes principales

1. ¿Qué hubo en la forma del discurso público de Washington
que Maclay criticó?
2. En la canción, ¿qué significa la frase "tesoros inmensos"?
3. ¿En qué se diferencian las carreteras de comienzos del siglo XIX
con las carreteras que usamos hoy?

La nación creciente

En los primeros años del siglo XIX, Estados Unidos había establecido una democracia sólida, pero las libertades que garantizaba no se extendían a todos. Los indígenas estadounidenses fueron despojados de sus tierras, mientras que los afroamericanos eran esclavizados—separados de sus tierras natales y a menudo separados de sus familias. Al leer estas selecciones de fuentes principales, piensa en el plazo de tiempo que perduraron estas condiciones antes de que empezaran a surgir ideas de reformas.

Diccionario del lector

destacamento: grupo o masa de gente

inclemencia: condiciones difíciles

bloque de subasta: sitio donde los esclavos eran comprados y vendidos

lastimero: triste, afligido

clamorosamente: escandalosamente

batería: una agrupación de armas

partían: abrían o rasgaban

Camino de las lágrimas

Publicaciones impresas

Aunque reconocida como una nación aparte de acuerdo con varios tratados estadounidenses, la tribu Cheroquí fue obligada a dejar sus tierras porque el hombre blanco las quería para la agricultura. Miles murieron antes de llegar al Territorio Indígena en el estado actual de Oklahoma. Este viaje obligado se conoce como el Camino de las lágrimas.
Un periódico publicó este relato.

El martes en la noche nos topamos con un **destacamento** de los pobres indígenas cheroquí (. . .) unos mil cien indígenas— sesenta carretas—seiscientos caballos, y tal vez unas cuarenta yuntas de bueyes. Los encontramos en el bosque acampados por la noche a la orilla del camino (. . .) bajo una lluvia persistente acompañada de un viento fuerte. Protegidos con lonas de la **inclemencia** del tiempo, descansando sobre el suelo frío y mojado, después de la fatiga del día, pasaban la noche (. . .) muchos de los indígenas más ancianos estaban sufriendo extremadamente por la fatiga del viaje, y las enfermedades consecuentes con ello (. . .) varios estaban muy enfermos, y un anciano, según nos dijeron, estaba al borde de la muerte.

Mapa de Georgia en 1826; muestra la tierra Cheroquí (izq.) y el sello de la Nación Cheroquí

Delicia Patterson

Historias orales

Delicia Patterson proporcionó este recuento de la vida bajo la esclavitud. Ella tenía 92 años cuando fue entrevistada.

Nací en Boonville, Missouri, el 2 de enero de 1845. Mi madre tuvo cinco hijos, pero sólo crió a dos de nosotros. Mi amo fue Charles Mitchell hasta que cumplí quince años. Ellos eran bastante buenos con todos sus esclavos. (. . .)

Cuando cumplí quince años, me llevaron al tribunal, y me pusieron a la venta en el **bloque de subasta**. El anciano juez Miller de mi condado estaba allí. Lo conocía bien porque era uno de los dueños de esclavos más ricos del condado, y el más brutal. Era tan cruel que todos los esclavos y muchos amos lo odiaban por eso. Él me vio en el bloque para la venta, y sabía que yo era una buena trabajadora. De modo que, cuando hizo una propuesta por mí, hablé en el mismo bloque de subasta y le dije: "Juez Miller, no haga ninguna propuesta por mí, porque si lo hace, no viviría en su plantación. Tomaré una

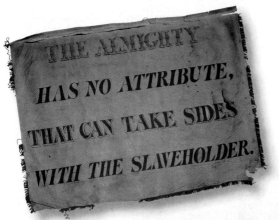

Estandarte antiesclavitud

cuchilla y cortaré mi garganta de oreja a oreja antes de ser comprada por usted (. . .)"

De modo que echó pie atrás y dejó que otro hiciera una propuesta por mí (. . .) Así me vendieron a un inglés sureño llamado Thomas Steele por mil quinientos dólares. (. . .)

Reunión de campamento religioso

Registros personales

El deseo de autoperfeccionamiento estaba estrechamente conectado con un interés renovado por la religión. En la década de 1830, el Segundo Gran Despertar, el segundo gran período de renovación religiosa, estaba en pleno apogeo en Estados Unidos. La reunión de campamento era especialmente importante para las aisladas familias de fronteras. Un predicador, James Finley, describió una reunión de renovación así:

El ruido era como el estruendo del Niágara. (. . .) Algunas personas cantaban, otras oraban, otras lloraban por piedad en el más **lastimero** de los acentos, mientras otros gritaban **clamorosamente**. (. . .) En una ocasión vi por lo menos quinientos tirados en un instante, como si una **batería** de miles de armas se hubiese descargado ante ellos, e inmediatamente después siguieron alaridos y gritos que **partían** los cielos.

Análisis de las fuentes principales

1. ¿Piensas que el escritor del periódico siente simpatía hacia los Cheroquí?
2. ¿Por qué Delicia, la mujer que fue esclava en el pasado, no quería prestar servicio en la plantación del juez Miller?
3. ¿Qué escena está describiendo James Finley?

Guerra civil y reconstrucción

La Guerra Civil Estadounidense, o la Guerra entre los Estados, fue un punto decisivo para los estadounidenses. Cuando la lucha terminó, 600,000 estadounidenses habían perdido sus vidas, la esclavitud se había abolido, y gran parte del sur yacía en ruinas. Los líderes intercambiaron opiniones sobre cómo reunificar a una nación destrozada. Y a pesar de que la esclavitud había sido abolida, los afroamericanos descubrieron rápidamente que la libertad no significaba igualdad. Al leer estas selecciones, piensa en los cambios que tuvieron lugar durante esa época.

Diccionario del lector

exterminadoras: destructivas

sumisión: esclavitud

sufragio: el derecho a voto

mosquete: rifle de soldado

Muévete suave, dulce carroza

Canciones y poemas

Las canciones espirituales, canciones de salvación, proporcionaban a los afroamericanos esclavizados que las escribían y las cantaban, no sólo un medio de consolación en tiempos grises, sino también un medio de comunicación secreto entre ellos.

Muévete suave, dulce carroza,
Vienes para llevarme a casa,
Muévete suave, dulce carroza,
Vienes para llevarme a casa.

Miré hacia Jordania y mira lo que vi
Vienes para llevarme a casa,
Un coro de ángeles viene por mí.
Vienes para llevarme a casa.

Si llegas primero que yo,
Vienes para llevarme a casa,
Dile a todos mis amigos que
también yo llegaré,
Vienes para llevarme a casa.

A veces estoy alegre y a veces estoy triste,
Vienes para llevarme a casa,
Pero aún mi alma se siente
destinada al cielo,
Vienes para llevarme a casa.

Los cantores de jubileo de Fisk

Respecto al sufrimiento de los afroamericanos

Registros personales

En 1867 Frederick Douglass apeló elocuentemente en el Congreso en nombre de los afroamericanos.

. . . Aún así los Negros han sobrevivido maravillosamente a todas las fuerzas **exterminadoras** de esclavitud, y ha emergido después de 250 años de **sumisión,** no [tristes ni odiosos], sino alegres, optimistas, y misericordiosos. Ahora se paran ante el Congreso y el país, sin reclamar por el pasado, sino simplemente para pedir un mejor futuro. (. . .) Es verdad que debe hacerse una petición fuerte por la igualdad en el **sufragio** al sentido nacional del honor. También, algo debe decirse de la gratitud nacional. Una nación podría perfectamente dudar ante la tentación de traicionar a sus aliados. Hay algo (. . .) perverso, no decir nada de la crueldad, al poner a los Negros leales del sur bajo el poder político de sus amos sediciosos. (. . .) Le pedimos a los Negros que [apoyen] nuestra causa, que sean nuestros amigos, que luchen por nosotros y contra sus amos; y ahora, después de que han hecho todo lo que les hemos pedido (. . .) se propone en algunos cuarteles ponerlos bajo el control político del enemigo común del gobierno y del Negro. (. . .)

¿Cuál es, entonces, el trabajo ante el Congreso? (. . .) En una palabra, debe [permitir a los afroamericanos el derecho a voto], y por medio de la lealtad de los Negros y de los hombres blancos del sur formar un partido nacional allí, y con el tiempo zanjar la [diferencia] entre el Norte y el Sur, de manera que nuestro país pueda tener una libertad común y una civilización común. . .

El fuego de la batalla

Registros personales

El soldado de la Unión, George Sargent, prestó servicio en la zona oeste de Washington, D.C., en el Valle Shenandoah. El escribió sus impresiones sobre cómo los soldados reaccionaban en la batalla.

¿Se pueden imaginar los sentimientos de un compañero en ese momento, tener que enfrentar a miles de **mosquetes** pensando que tal vez una de esas balas te pudiera atravesar? Si tú puedes, perfecto, pero yo no puedo. He escuchado a algunos decir que no tienen miedo de ir al frente, pero pienso que hablaban tonterías. No creo que haya habido un solo hombre que haya ido al campo de batalla sin tener miedo, o algo parecido. Algunos se pondrán blancos como papel, con una apariencia feroz y salvaje, otros estarán tan entusiasmados que ni siquiera se darán cuenta de lo que se les viene encima, mientras que otros estarán tan serenos y calmados como en otras ocasiones.

Análisis de las fuentes principales

1. ¿Qué demuestra la canción "Muévete suave, dulce carroza" sobre la condición y fe de la gente que la cantaba?
2. ¿Qué solicitó Frederick Douglass al Congreso?
3. ¿Qué dice George Sargent que le pasa a todos los soldados en batalla?

Reestructuración de la nación

En el período que va desde el término de la guerra civil hasta el siglo XX, Estados Unidos creció a un ritmo notable. La colonización del oeste se llenó de tragedia para los indígenas estadounidenses, de aventuras para los colonos y de dificultades para casi todo el mundo. La tendencia hacia operaciones industriales a gran escala llevó a la Edad de las Grandes Empresas. Inmigrantes de Europa se volcaron en masa a los Estados Unidos, con la esperanza de una mejor vida. Sin embargo, el crecimiento de las fábricas y las nuevas formas de trabajar causaron problemas entre los trabajadores y los dueños de las fábricas.

Diccionario del lector

reservación: tierra separada para los indígenas estadounidenses

respetar: seguir

kosher: aprobado por la ley judía

Camisa sioux de la danza de los espíritus

Escuela indígena

Registros personales

Ah-nen-la-de-ni de la tribu mohicana describe su primera experiencia en la escuela.

Después de casi una total libertad de la **reservación,** la vida en cuarteles restringidos y la rutina aburrida de la escuela nos estaban volviendo loco a todos. Había reglas interminables para estudiar y **respetar**, y lo más difícil de todo fue la regla que impedía que conversáramos en nuestra propia lengua. Debíamos hablar inglés o permanecer callados, y a aquellos que no sabían inglés se les obligaba a quedarse mudos o a romper las reglas en secreto. Esto último lo hacíamos frecuentemente, y por eso nos castigaban cuando nos pillaban, dejándonos de pie en el "salón público" por un largo rato, o bien nos hacían caminar en el patio mientras los demás niños jugaban.

El taller de explotación

Historias orales

En las fábricas, la gente tenía que trabajar a un ritmo inhumano. A continuación se encuentra el relato de una joven empleada en una industria de ropa en la Ciudad de Nueva York.

A las siete en punto nos sentábamos frente a nuestras máquinas y el jefe nos traía a cada uno(a) el montón de trabajo que él o ella debía terminar durante el día. (. . .) Este montón se dejaba a un lado de la máquina y tan pronto una falda estaba lista había que dejarla en el otro lado de la máquina. (. . .) Las máquinas funcionan sin parar todo el día, ya que mientras más rápido trabajas, más dinero ganas. A veces en mi prisa me pillaba el dedo

Jóvenes mineros en Kingston, Pennsylvania

en la máquina, y la aguja me lo perforaba. (. . .) Todos teníamos accidentes así. (. . .) A veces, más de uno perdía un dedo. (. . .) Todo el tiempo que estamos trabajando el jefe camina a nuestro alrededor y examina las prendas terminadas, y nos hace hacerlas de nuevo si no están bien terminadas. De modo que tenemos que ser cuidadosas al igual que rápidas. . .

La historia de un inmigrante

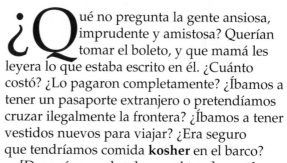

Publicaciones impresas

En su libro La tierra prometida, *Mary Antin cuenta cómo dejó su país natal, Polonia, para venir a Estados Unidos cuando tenía 13 años.*

¿Qué no pregunta la gente ansiosa, imprudente y amistosa? Querían tomar el boleto, y que mamá les leyera lo que estaba escrito en él. ¿Cuánto costó? ¿Lo pagaron completamente? ¿Íbamos a tener un pasaporte extranjero o pretendíamos cruzar ilegalmente la frontera? ¿Íbamos a tener vestidos nuevos para viajar? ¿Era seguro que tendríamos comida **kosher** en el barco?

[Después que abordamos el tren] cuando sonó la campana de advertencia, nos llenaron con bendiciones y palabras de despedida: "¡No te olvides!", "Cuídate", "Guarda tus boletos", "¡Moshele, los diarios!", "¡Garlick es mejor!" "¡Feliz viaje!" "¡Qué Dios los ayude!" "¡Adiós!" "Recuerda".

Análisis de las fuentes principales

1. ¿Cómo compara el niño la vida en la escuela indígena con la vida en la reservación?
2. ¿Por qué los trabajadores del taller de explotación trabajaban de manera rápida?
3. ¿Qué palabras usa Mary Antin para describir a la gente de su pueblo que hacía muchas preguntas?

Reforma, expansión y guerra

A medida que crecieron las poblaciones, las condiciones de vida y de trabajo empeoraron. El movimiento Progresista trabajó para proteger a los trabajadores y a los pobres, mientras toda la atención estaba puesta en el extranjero. A finales del siglo XIX y comienzos del siglo XX, Estados Unidos usó la Doctrina de Monroe para contrarrestar la intervención europea en Latinoamérica. Al implementarla en una guerra con España, Estados Unidos llegó a ser una potencia colonial. La Primera Guerra Mundial fue un conflicto con víctimas sin precedentes. Esta guerra significó la caída de todos los imperios antiguos del mundo, y el fin de una forma de vivir más tranquila. Al leer estas selecciones de fuentes principales, piensa en el cambio de mentalidad que los ciudadanos comunes tuvieron de la guerra civil a la Primera Guerra Mundial.

Diccionario del lector

consternadas: confundidas

daños y perjuicios: dinero

tristemente: con arrepentimiento

estribor: el lado derecho del barco

periscopio: un dispositivo de los submarinos utilizado para ver sobre la superficie del mar

popa: la parte trasera del barco

veintena: veinte

La casa Hull

Publicaciones impresas

Los trabajadores sociales establecieron casas comunitarias en los barrios pobres de las grandes ciudades. Una de las más famosas fue la Casa Hull, fundada en Chicago por Jane Addams. Este extracto explica como las casas comunitarias ayudaron a las personas pobres y marginales que vivían en la ciudad.

Tempranamente en el proyecto nos encontramos invirtiendo horas y horas en esfuerzos para asegurar apoyo para las mujeres abandonadas, seguro para las viudas **consternadas**, **daños y perjuicios** para los operadores lesionados, muebles de las garras de las tiendas de abonos a plazo. La casa comunitaria es tan valiosa como una oficina de información e interpretación. Constantemente actúa entre las diversas instituciones de la ciudad y la gente para quienes se crearon los beneficios. Los hospitales, las agencias del condado y los asilos del estado a menudo son vagos rumores para la gente que más los necesita. Otra función de una casa comunitaria para con sus vecinos se asemeja a la de un hermano mayor cuya sola presencia en el patio de recreo protege a los pequeños de los matones.

Cartel de propaganda

A bordo del *Lusitania*

Registros personales

A pesar de la amenaza de ataques de submarinos alemanes, Theodate Pope, un estadounidense, abordó el Lusitania *para navegar a casa desde Europa. El 7 de mayo de 1915, un torpedo hundió el barco británico. Después de ser rescatado, Pope escribió esta carta.*

El viernes por la mañana pasamos lentamente por la neblina, haciendo sonar nuestra bocina de advertencia de neblina. Escampó casi una hora antes de que bajáramos a almorzar. Un joven inglés sentado en nuestra mesa había recibido un helado y estaba esperando que el mozo le trajera una cucharilla para poder comerlo. Lo miró **tristemente** y dijo que odiaría que un torpedo lo alcanzara antes de probar su helado. Todos nos reímos, y luego comentamos lo lento que avanzábamos. Pensamos que los motores se habían parado.

El señor Friend [otro pasajero] y yo subimos a la cubierta B a **estribor** y nos inclinamos sobre la baranda, mirando hacia el mar, que era de un azul maravilloso y muy resplandeciente por la luz del sol. Le dije, "¿cómo los oficiales podían ver un **periscopio** en esa zona?". El torpedo venía hacia nosotros en ese momento, puesto que apenas nos habíamos alejado hacia la **popa,** (. . .) cuando el barco sufrió el impacto a estibor. El agua y los maderos volaron más allá de la cubierta. El señor Friend golpeó su puño en su mano y dijo, "¡por Júpiter! ¡nos dieron!". El barco se estabilizó por unos segundos y luego se inclinó pesadamente a estribor, lanzándonos contra la pared de un pequeño pasillo. (. . .)

(. . .) [La] cubierta repentinamente se veía extraña, llena de gente, y recuerdo que dos mujeres lloraban de manera lastimosa, prácticamente sin fuerzas. Un oficial daba órdenes para que no bajaran los botes, y a nosotros nos indicaban que bajáramos a la cubierta B. Primero miramos por sobre la baranda y vimos que bajaban un bote lleno de hombres y mujeres. La popa bajó tan rápidamente que la mitad de la carga del barco se desparramó hacia atrás, hasta perderse en el agua. Nos miramos mutuamente, asqueados por lo que teníamos ante nuestra vista. . .

Estados Unidos y Cuba

Publicaciones impresas

La simpatía por los cubanos bajo el dominio español creció a medida que los periódicos competían entre ellos para reportar las historias de las atrocidades cometidas por los españoles. Un editorial en el New York World *de Joseph Pulitzer señalaba:*

¿Hasta cuándo los españoles van a seguir inundando Cuba con la sangre y las lágrimas de su gente?
(. . .) ¿Hasta cuándo deben morir hombres, mujeres y niños por **veintena,** víctimas inocentes de la furia española contra los ejércitos patriotas que no pueden conquistar?
(. . .) Hasta cuándo Estados Unidos puede permanecer tan apático e indiferente. . .?

Análisis de las fuentes principales

1. De acuerdo con Jane Addams, ¿cuál es el papel de una casa comunitaria?
2. Los pasajeros del *Lusitania* eran conscientes de que Alemania había amenazado con atacar a los barcos británicos. De lo que se desprende del relato de Theodate Pope, ¿piensas que tomaron la amenaza con seriedad?
3. ¿Qué acción piensas que el editorial del periódico quería que emprendiera Estados Unidos? Explica.

Décadas turbulentas

Después de la Primera Guerra Mundial, los estadounidenses disfrutaron de una década de relativa prosperidad. La Gran Depresión terminó esa racha. La terrible recesión económica impactó la vida de los ricos e hizo aún más difícil la vida de aquellos que ya eran pobres. En la década de los 40 del siglo XX, los acontecimientos internacionales pasaron a ser el centro de atención, y pelear en la Segunda Guerra Mundial pasó a ser la primera prioridad del país. Al leer estas selecciones, piensa en las formas en que los estadounidenses demostraron su valor personal en los tiempos buenos y malos.

Diccionario del lector

fila de la sopa: cocina establecida al aire libre para distribuir comida gratis a la gente necesitada

menospreciadores: despectivos

Un vendedor de frutas

En la fila de la sopa

Peggy Terry llegó de las colinas de Kentucky, pero su familia pasó los años difíciles de la Depresión en Oklahoma City. Ella describe cómo la familia se las arreglaba para comer durante esos tiempos difíciles.

Noté la diferencia por primera vez cuando llegamos a casa de regreso de la escuela en la tarde. Mi madre nos envió a la **fila de la sopa**. (. . .) Si eras uno de los primeros en la fila, no te tocaba nada excepto el agua de encima de la sopa. De manera que le pedíamos al tipo que con un cucharón repartía la sopa en los pocillos —cada persona tenía que traer su propio pocillo para la sopa— que le quitara la grasa y el agua de encima. Le rogábamos que hundiera el cucharón en la sopa para sacar algo de carne y papas del fondo de la olla. (. . .)

Luego cruzábamos la calle. Un lugar tenía pan, hogazas grandes de pan. Un poco más allá en la misma calle había una barraca, y ahí entregaban leche. Mi hermana y yo tomábamos dos pocillos cada una. Y con eso vivimos por un largo tiempo.

Recuerdo una vez que lo único que había en casa para comer era mostaza. Mi hermana y yo pusimos tanta mostaza en los panecillos que nos enfermamos. Y hasta el día de hoy no podemos ver la mostaza. (. . .)

Cuando tenían comida para la gente, recibías un aviso y acudías al lugar. Así, mi padre acudió ese día y nos llevó a mí y a mi hermana. Estaban dando papas y cosas así. Pero tenían un camión de naranjas en el callejón. Si alguien preguntaba para quién eran las naranjas, no le contestaban. Entonces dijeron, bien, nos vamos a llevar esas naranjas. Y se las llevaron. Mi papá fue uno de los que se subió al camión. Llamaron a la policía, y la policía nos persiguió a todos. Pero nos quedamos con las naranjas.

Hoy es diferente. A la gente se le hace tener vergüenza si no tiene nada. En el pasado, no estoy segura de cómo se habrán sentido los ricos. Pienso que los ricos eran tan **menospreciadores** de los pobres en ese entonces como lo son ahora. Pero entre la gente que yo conocí, todos entendíamos que no era nuestra culpa. Era algo que le había pasado a la maquinaria. (. . .)

Recuerdo que era divertido. Era divertido ir a la fila de la sopa. Porque todos íbamos a la fila, nos reíamos y jugábamos. La única cosa que sentíamos era que teníamos hambre y que íbamos a recibir comida. Nadie nos hacía sentir avergonzados. No había nada de esas cosas.

Cartel de conservación de tiempo de guerra

En el frente doméstico

El gobierno de Estados Unidos pidió a los civiles que apoyaran el esfuerzo de la guerra de muchas formas. Este boletín se publicó en las carnicerías.

1] LA NECESIDAD ES URGENTE. La guerra en el Pacífico ha reducido enormemente nuestros suministros de grasas vegetales del Lejano Oriente. Es necesario encontrar algunos sustitutos. La grasa sirve para hacer glicerina. Y con la glicerina se hacen los explosivos para nosotros y nuestros aliados, explosivos para derribar los aviones del Eje, detener sus tanques y hundir sus naves. Necesitamos millones de libras de glicerina y ustedes amas de casa pueden ayudar a suministrarla.

2] No tiren ni una sola gota de manteca de cocinar usada, grasa de tocino, chorreaduras de carne, grasas de freír, todo tipo de grasa que utilicen. Después de utilizarlas completamente, pásenlas por un colador y vacíenlas en un tarro limpio de boca ancha. Mantengan el tarro en un lugar oscuro y frío. (. . .)

3] LLÉVENLAS a su carnicero cuando hayan guardado una libra o más. Él está cooperando patrióticamente. Él les pagará por sus residuos de grasa y las enviará a las industrias de la guerra. . .

Análisis de las fuentes principales

1. ¿Qué quiere decir Peggy Terry cuando dice que los tiempo difíciles eran debido a "algo que le había pasado a la maquinaria"?
2. ¿Por qué motivo el gobierno pidió a la gente guardar sus residuos de mantecas de cocinar y chorreaduras de carne?

Momentos decisivos

Durante la época de la Guerra Fría, el mundo estaba al borde de un desastre nuclear, ya que las superpotencias, Estados Unidos y la Unión Soviética, trataban de expandir su influencia por todo el mundo. En casa, las familias trataban de prepararse para un ataque nuclear de la mejor forma que podían. Al mismo tiempo, los afroamericanos exigían un mejor tratamiento de su gobierno. La nación se encontró con una voz de protesta. Las protestas contra las injusticias hacia los afroamericanos marcaron los últimos años de la década de 1950. En la década de 1960, los jóvenes estadounidenses protestaban por la intervención en la Guerra de Vietnam. Las mujeres demandaban una igualdad de retribución para hombres y mujeres. Al leer estas selecciones, piensa en cómo reaccionó el gobierno ante el clamor de los ciudadanos estadounidenses. ¿Sirvieron de algo sus acciones?

Diccionario del lector

escape radioactivo: partículas de material radioactivo que se escapan a la atmósfera después de una explosión nuclear

Conelrad: (de "Control de Radiación Electromagnética") un sistema de transmisión de radio que reemplazaría a las transmisiones normales en caso de emergencias

Temores a un escape radioactivo

 **Publicaciones impresas**

Para 1961 los temores de una guerra nuclear eran tan grandes que el gobierno urgió a la gente a prepararse para un ataque nuclear. La revista LIFE recordaba a los estadounidenses qué hacer durante dichos ataques.

La señal estándar de la Defensa Civil para una alarma es una sirena o un pitido continuo de 3 a 5 minutos. La advertencia para encontrar refugio es de 3 minutos de ráfagas cortas de bocina o de una sirena ululando. Si hubiera un ataque, sin embargo, la primera advertencia que tendríamos sería el destello mismo. Tu primer movimiento debe ser cerrar tus ojos y enterrar tu cabeza en tus brazos o ropa para bloquear la luz. El destello debe durar varios segundos, de manera que mantente cubierto hasta que empiece a atenuarse.

Le seguirá una onda expansiva. Encuentra refugio para que no te golpee y te lance al piso. Si estás en un automóvil, baja las ventanas para evitar la rotura de los vidrios y tírate al piso. Trata de contar los segundos entre el destello y la onda expansiva. Esto te ayudará a estimar qué tan lejos ha caído la bomba y cuánto tiempo tienes para buscar una mejor protección antes que te pueda alcanzar el **escape radioactivo.** (. . .)

Dondequiera que estés, trata de tener una radio, preferentemente una radio a pilas, ya que la electricidad es probable que se corte, y sintoniza el 640 o 1240 del dial, que son las frecuencias **Conelrad** para las instrucciones de emergencia. Si tienes un refugio, vete inmediatamente a él. (. . .)

Si no tienes un refugio y queda una hora o algo de tiempo antes de que el escape radioactivo llegue a tu zona, puedes bloquear las ventanas de tu sótano con un pie de tierra y refugiarte allí, debajo de unas mesas sobre las cuales hayas apilado libros y revistas para una protección adicional. También debes obtener alimentos y agua y llevarlos al sótano contigo. . .

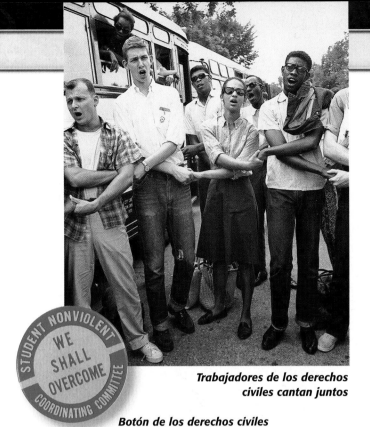

Trabajadores de los derechos
civiles cantan juntos

Botón de los derechos civiles

Triunfaremos

*Cuando los partidarios de los derechos civiles
marchaban en protesta, a menudo alzaban sus
voces al unísono para superar sus temores y
estimular sus esperanzas. Muchos consideraban
esta canción como el himno de los derechos civiles.*

Triunfaremos, triunfaremos
Algún día triunfaremos
Lo siento, en lo más profundo de mi corazón
Que algún día triunfaremos

Todos juntos caminaremos de la mano
Algún día todos juntos caminaremos de la mano

Lo siento, en lo más profundo de mi corazón
Algún día triunfaremos

Por fin viviremos en paz, por fin
Algún día viviremos en paz
Lo siento, en lo más profundo de mi corazón
Que algún día triunfaremos

Mujeres trabajadoras

*Durante las décadas de 1960 y 1970, las mujeres
empezaron a exigir igualdad de retribución para
hombres y mujeres. Mujeres como Joanne Gus,
una trabajadora de una bodega, presentó
demandas para lograr el pago retroactivo
igualitario por parte de sus empleados. En este
extracto, Gus describe las dificultades que ella y
sus compañeras de trabajo enfrentaron después de
recibir una decepcionante oferta de $500 para
resolver la demanda.*

. . .Estaba a punto de llorar. No saben toda
la molestia y la cantidad de trabajo que se había
hecho hasta ahora. La parte realmente triste de
todo es que la mayoría de las mujeres estaban
dispuestas a resolver la demanda. Tenían temor
de llevar las cosas a otras instancias. Bien, yo
soy medio testaruda, especialmente si sé que
estoy en lo correcto con respecto a algo. De
manera que rechacé la oferta por todas. Bien,
los días siguientes fueron realmente
[horribles] en el trabajo. Aún así, yo sabía
que merecía más.

*El caso pasó a la corte federal. Se logró un
arreglo final de $548,000 en pagos retroactivos
para las 246 mujeres.*

Análisis de las fuentes principales

1. De acuerdo con el artículo de la revista *LIFE*, ¿en qué orden una persona
experimentaría probablemente los efectos de un ataque nuclear que ocurra a
una distancia relativamente lejana?
2. ¿Qué cosas querían los trabajadores del movimiento de derechos civiles para
"triunfar" como está implícito en la canción?
3. ¿Cómo la actitud de Joanne Gus difiere de las de sus compañeras de trabajo?

Estados Unidos moderno

Los acontecimientos mundiales a partir de la década de 1970 se han desarrollado a una velocidad impresionante. La Unión Soviética colapsó, dando término a la Guerra Fría. Nuevos avances tecnológicos ayudaron al mundo a progresar. Millones de inmigrantes llegaron a Estados Unidos, en busca de libertad y oportunidades económicas. Al mismo tiempo, el terrorismo amenazaba la forma de vivir de los estadounidenses. Al examinar estas selecciones, piensa en los desafíos y las oportunidades que afronta Estados Unidos hoy.

Diccionario del lector

extremismo: el aferramiento a creencias irracionales

humanitario: comprometido a mejorar las vidas de otras personas

pluralismo: sociedad con diferentes grupos étnicos y religiosos

tolerancia: aceptación de las personas que tienen diferentes creencias y ecuanimidad con las mismas

Orgulloso de ser un estadounidense

Canciones y poemas

"Dios bendiga a Estados Unidos", del cantante Lee Greenwood, se mantuvo en el primer lugar de los éxitos musicales en la década de 1980. Se adoptó como tema para la campaña de reelección del Presidente Reagan en 1984.

Me siento orgulloso de ser estadounidense
donde al menos sé que soy libre,
Y no me olvidaré de los hombres que dieron sus vidas
que me dieron ese derecho a mí,
Y con gusto me paro junto a ti
para defenderla hoy hasta morir,
Porque sin ninguna duda amo a mi país
Dios bendiga a Estados Unidos

Discurso ante el Congreso

Historias orales

El 20 de septiembre de 2001, el Presidente George W. Bush se dirigió al Congreso, nueve días después que la Ciudad de Nueva York y Washington, D.C. fueran sacudidas por ataques suicidas con aviones.

El once de septiembre, los enemigos de la libertad cometieron un acto de guerra contra nuestro país. Los estadounidenses han visto guerras, pero durante los últimos 136 años esas guerras han sido en territorio extranjero, con la excepción de un domingo en 1941 [el ataque de Pearl Harbor]. Los estadounidenses han visto las bajas de guerra, pero no en el medio de una gran ciudad en una mañana pacífica. Los estadounidenses han visto ataques sorpresa, pero nunca antes contra miles de civiles. Todo esto se nos impuso en un solo día, y la noche cayó sobre un mundo distinto, un mundo en el que la propia libertad está bajo ataque. (. . .)
Los terroristas [que llevaron a cabo el ataque] practican una versión marginal de **extremismo** islámico que ha sido rechazada por los eruditos

musulmanes y la gran mayoría de los clérigos musulmanes, un movimiento marginal que distorsiona la doctrina pacífica del Islam. (. . .)

Este grupo [al-Qaeda] y su líder, un hombre llamado Osama bin Laden, están vinculados a muchas otras organizaciones en distintos países. (. . .) Los líderes de al-Qaeda tienen mucha influencia en Afganistán y apoyan al régimen Talibán en el control de la mayoría de ese país. (. . .)

Estados Unidos respeta al pueblo de Afganistán, al fin y al cabo actualmente brindamos su mayor fuente de ayuda **humanitaria**, pero condenamos al régimen del Talibán.

[Los terroristas] odian lo que vemos aquí mismo en esta cámara, un gobierno elegido democráticamente. Sus líderes son autodenominados. Odian nuestras libertades, nuestra libertad de religión, nuestra libertad de expresión, nuestra libertad de elección y asamblea y nuestro derecho a tener diferentes opiniones. (. . .)

Sin embargo, ésta no es la lucha de Estados Unidos solamente. Y lo que está en juego no es solamente la libertad de Estados Unidos. Ésta es una lucha del mundo. Ésta es la lucha de la civilización. Ésta es la lucha de todos aquellos que creen en el progreso y el **pluralismo,** la **tolerancia** y la libertad. (. . .)

El mundo civilizado está del lado de Estados Unidos. Entiende que si este terror no es castigado, sus propias ciudades, sus propios ciudadanos podrían ser los próximos. El terror, sin respuesta, puede no sólo derrumbar edificios, sino amenazar la estabilidad de los gobiernos legítimos. Y no lo permitiremos. (. . .)

El Presidente Bush agradece a los trabajadores socorristas

Les pido que defiendan los valores de Estados Unidos, y que recuerden por qué es que tantos han venido aquí. Nos encontramos en una lucha por nuestros principios, y nuestra primera responsabilidad es vivir guiados por ellos. No se debe hacer a nadie blanco del trato injusto o de palabras descorteces debido a su etnicidad o su credo religioso. (. . .)

Se nos ha hecho mucho daño. Hemos sufrido una gran pérdida. Y en nuestra aflicción e ira, hemos encontrado nuestra misión y nuestro momento. La libertad y el temor están en guerra. El progreso de la libertad humana, el gran logro de nuestros tiempos, y la gran esperanza de todos los tiempos, ahora depende de nosotros. Nuestra nación, esta generación, levantará la amenaza de violencia contra nuestro pueblo y nuestro futuro. Uniremos al mundo en esta causa, por medio de nuestros esfuerzos y nuestra valentía. No nos cansaremos, no vacilaremos y no fracasaremos.

Análisis de las fuentes principales

1. ¿Qué temas expresa Lee Greenwood en su canción?
2. ¿Con qué otro hecho trágico el Presidente Bush compara los hechos del 11 de septiembre de 2001?
3. ¿Por qué el presidente cree que otras naciones deben ayudar en la lucha contra el terrorismo?

Presidentes de Estados Unidos

Este material contiene el retrato de los hombres que ocuparon la presidencia de los Estados Unidos, sus ocupaciones, afiliaciones políticas, y demás hechos de interés.

**El Partido Republicano de este período se fue transformando en el actual Partido Demócrata. El Partido Republicano de la actualidad se originó en 1854.

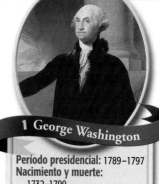

1 George Washington

Período presidencial: 1789–1797
Nacimiento y muerte: 1732–1799
Nacido en: Virginia
Elegido en: Virginia
Profesiones: Soldado, hacendado
Partido: Ninguno
Vicepresidente: John Adams

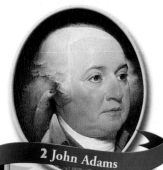

2 John Adams

Período presidencial: 1797–1801
Nacimiento y muerte: 1735–1826
Nacido en: Massachusetts
Elegido en: Massachusetts
Profesiones: Maestro, abogado
Partido: Federalista
Vicepresidente: Thomas Jefferson

3 Thomas Jefferson

Período presidencial: 1801–1809
Nacimiento y muerte: 1743–1826
Nacido en: Virginia
Elegido en: Virginia
Profesiones: Hacendado, abogado
Partido: Republicano**
Vicepresidentes: Aaron Burr, George Clinton

4 James Madison

Período presidencial: 1809–1817
Nacimiento y muerte: 1751–1836
Nacido en: Virginia
Elegido en: Virginia
Profesión: Hacendado
Partido: Republicano**
Vicepresidentes: George Clinton, Elbridge Gerry

5 James Monroe

Período presidencial: 1817–1825
Nacimiento y muerte: 1758–1831
Nacido en: Virginia
Elegido en: Virginia
Profesión: Abogado
Partido: Republicano**
Vicepresidente: Daniel D. Tompkins

6 John Quincy Adams

Período presidencial: 1825–1829
Nacimiento y muerte: 1767–1848
Nacido en: Massachusetts
Elegido en: Massachusetts
Profesión: Abogado
Partido: Republicano**
Vicepresidente: John C. Calhoun

7 Andrew Jackson

Período presidencial: 1829–1837
Nacimiento y muerte: 1767–1845
Nacido en: Carolina del Sur
Elegido en: Tennessee
Profesiones: Abogado, soldado
Partido: Demócrata
Vicepresidentes: John C. Calhoun, Martin Van Buren

8 Martin Van Buren

Período presidencial: 1837–1841
Nacimiento y muerte:
  1782–1862
Nacido en: Nueva York
Elegido en: Nueva York
Profesión: Abogado
Partido: Demócrata
Vicepresidente: Richard M.
  Johnson

9 William H. Harrison

Período presidencial: 1841
Nacimiento y muerte:
  1773–1841
Nacido en: Virginia
Elegido en: Ohio
Profesiones: Soldado, hacendado
Partido: Progresista
Vicepresidente: John Tyler

10 John Tyler

Período presidencial: 1841–1845
Nacimiento y muerte:
  1790–1862
Nacido en: Virginia
Electo V.P. en: Virginia
Sucesor de Harrison
Profesión: Abogado
Partido: Progresista
Vicepresidente: Ninguno

11 James K. Polk

Período presidencial: 1845–1849
Nacimiento y muerte:
  1795–1849
Nacido en: Carolina del Norte
Elegido en: Tennessee
Profesión: Abogado
Partido: Demócrata
Vicepresidente: George M. Dallas

12 Zachary Taylor

Período presidencial: 1849–1850
Nacimiento y muerte: 1784–1850
Nacido en: Virginia
Elegido en: Louisiana
Profesión: Soldado
Partido: Progresista
Vicepresidente: Millard Fillmore

13 Millard Fillmore

Período presidencial: 1850–1853
Nacimiento y muerte:
  1800–1874
Nacido en: Nueva York
Electo V.P. en: Nueva York
Sucesor de Taylor
Profesión: Abogado
Partido: Progresista
Vicepresidente: Ninguno

14 Franklin Pierce

Período presidencial: 1853–1857
Nacimiento y muerte:
  1804–1869
Nacido en: Nueva Hampshire
Elegido en: Nueva Hampshire
Profesión: Abogado
Partido: Demócrata
Vicepresidente: William R. King

15 James Buchanan

Período presidencial: 1857–1861
Nacimiento y muerte:
  1791–1868
Nacido en: Pennsylvania
Elegido en: Pennsylvania
Profesión: Abogado
Partido: Demócrata
Vicepresidente: John C.
  Breckinridge

16 Abraham Lincoln

Período presidencial: 1861–1865
Nacimiento y muerte:
  1809–1865
Nacido en: Kentucky
Elegido en: Illinois
Profesión: Abogado
Partido: Republicano
Vicepresidentes: Hannibal
  Hamlin, Andrew Johnson

17 Andrew Johnson

Período presidencial: 1865–1869
Nacimiento y muerte: 18081875
Nacido en: Carolina del Norte
Electo V.P. en: Tennessee
Sucesor de Lincoln
Profesión: Sastre
Partido: Republicano
Vicepresidente: Ninguno

18 Ulysses S. Grant

Período presidencial: 1869–1877
Nacimiento y muerte:
1822–1885
Nacido en: Ohio
Elegido en: Illinois
Profesiones: Hacendado, soldado
Partido: Republicano
Vicepresidentes: Schuyler Colfax,
Henry Wilson

19 Rutherford B. Hayes

Período presidencial: 1877–1881
Nacimiento y muerte:
1822–1893
Nacido en: Ohio
Elegido en: Ohio
Profesión: Abogado
Partido: Republicano
Vicepresidente: William A.
Wheeler

20 James A. Garfield

Período presidencial: 1881
Nacimiento y muerte:
1831–1881
Nacido en: Ohio
Elegido en: Ohio
Profesiones: Jornalero, profesor
Partido: Republicano
Vicepresidente: Chester A.
Arthur

21 Chester A. Arthur

Período presidencial: 1881–1885
Nacimiento y muerte:
1830–1886
Nacido en: Vermont
Electo V.P. en: Nueva York
Sucesor de Garfield
Profesiones: Maestro, abogado
Partido: Republicano
Vicepresidente: Ninguno

22 Grover Cleveland

Período presidencial: 1885–1889
Nacimiento y muerte:
1837–1908
Nacido en: Nueva Jersey
Elegido en: Nueva York
Profesión: Abogado
Partido: Demócrata
Vicepresidente: Thomas A.
Hendricks

23 Benjamin Harrison

Período presidencial: 1889–1893
Nacimiento y muerte:
1833–1901
Nacido en: Ohio
Elegido en: Indiana
Profesión: Abogado
Partido: Republicano
Vicepresidente: Levi P. Morton

24 Grover Cleveland

Período presidencial: 1893–1897
Nacimiento y muerte:
1837–1908
Nacido en: Nueva Jersey
Elegido en: Nueva York
Profesión: Abogado
Partido: Demócrata
Vicepresidente: Adlai E.
Stevenson

25 William McKinley

Período presidencial: 1897–1901
Nacimiento y muerte:
1843–1901
Nacido en: Ohio
Elegido en: Ohio
Profesiones: Maestro, abogado
Partido: Republicano
Vicepresidentes: Garret Hobart,
Theodore Roosevelt

26 Theodore Roosevelt

Período presidencial: 1901–1909
Nacimiento y muerte:
  1858–1919
Nacido en: Nueva York
Electo V.P. en: Nueva York
Sucesor de McKinley
Profesiones: Historiador, estanciero
Partido: Republicano
Vicepresidente: Charles W.
  Fairbanks

27 William H. Taft

Período presidencial: 1909–1913
Nacimiento y muerte:
  1857–1930
Nacido en: Ohio
Elegido en: Ohio
Profesión: Abogado
Partido: Republicano
Vicepresidente: James S. Sherman

28 Woodrow Wilson

Período presidencial: 1913–1921
Nacimiento y muerte:
  1856–1924
Nacido en: Virginia
Elegido en: Nueva Jersey
Profesión: Profesor universitario
Partido: Demócrata
Vicepresidente: Thomas R.
  Marshall

29 Warren G. Harding

Período presidencial: 1921–1923
Nacimiento y muerte: 1865–1923
Nacido en: Ohio
Elegido en: Ohio
Profesiones: Director de periódico,
  Editor
Partido: Republicano
Vicepresidente: Calvin Coolidge

30 Calvin Coolidge

Período presidencial: 1923–1929
Nacimiento y muerte:
  1872–1933
Nacido en: Vermont
Electo V.P. en: Massachusetts
Sucesor de Harding
Profesión: Abogado
Partido: Republicano
Vicepresidente: Charles G. Dawes

31 Herbert C. Hoover

Período presidencial: 1929–1933
Nacimiento y muerte:
  1874–1964
Nacido en: Iowa
Elegido en: California
Profesión: Ingeniero
Partido: Republicano
Vicepresidente: Charles Curtis

32 Franklin D. Roosevelt

Período presidencial: 1933–1945
Nacimiento y muerte:
  1882–1945
Nacido en: Nueva York
Elegido en: Nueva York
Profesión: Abogado
Partido: Demócrata
Vicepresidentes: John N. Garner,
  Henry A. Wallace, Harry S
  Truman

33 Harry S Truman

Período presidencial: 1945–1953
Nacimiento y muerte:
  1884–1972
Nacido en: Missouri
Electo V.P. en: Missouri
Sucesor de Roosevelt
Profesiones: Empleado,
  hacendado
Partido: Demócrata
Vicepresidente: Alben W. Barkley

34 Dwight D. Eisenhower

Período presidencial: 1953–1961
Nacimiento y muerte:
  1890–1969
Nacido en: Texas
Elegido en: Nueva York
Profesión: Soldado
Partido: Republicano
Vicepresidente: Richard M. Nixon

35 John F. Kennedy

Período presidencial: 1961–1963
Nacimiento y muerte:
  1917–1963
Nacido en: Massachusetts
Elegido en: Massachusetts
Profesiones: Escritor, periodista
Partido: Demócrata
Vicepresidente: Lyndon B.
  Johnson

36 Lyndon B. Johnson

Período presidencial: 1963–1969
Nacimiento y muerte:
  1908–1973
Nacido en: Texas
Electo V.P. en: Texas
Sucesor de Kennedy
Profesión: Maestro
Partido: Demócrata
Vicepresidente: Hubert H.
  Humphrey

37 Richard M. Nixon

Período presidencial: 1969–1974
Nacimiento y muerte: 1913–1994
Nacido en: California
Elegido en: Nueva York
Profesión: Abogado
Partido: Republicano
Vicepresidentes: Spiro T. Agnew,
  Gerald R. Ford

38 Gerald R. Ford

Período presidencial: 1974–1977
Nacimiento: 1913–
Nacido en: Nebraska
Nombrado V.P. a la renuncia de
  Agnew; sucesor de Nixon
Profesión: Abogado
Partido: Republicano
Vicepresidente: Nelson A.
  Rockefeller

39 James E. Carter, Jr.

Período presidencial: 1977–1981
Nacimiento: 1924–
Nacido en: Georgia
Elegido en: Georgia
Profesiones: Comerciante,
  hacendado
Partido: Demócrata
Vicepresidente: Walter F.
  Mondale

40 Ronald W. Reagan

Período presidencial: 1981–1989
Nacimiento y muerte:
  1911–2004
Nacido en: Illinois
Elegido en: California
Profesiones: Actor, conferenciante
Partido: Republicano
Vicepresidente: George H.W.
  Bush

41 George H.W. Bush

Período presidencial: 1989–1993
Nacimiento: 1924–
Nacido en: Massachusetts
Elegido en: Texas
Profesión: Empresario
Partido: Republicano
Vicepresidente: J. Danforth
  Quayle

42 William J. Clinton

Período presidencial: 1993–2001
Nacimiento: 1946–
Nacido en: Arkansas
Elegido en: Arkansas
Profesión: Abogado
Partido: Demócrata
Vicepresidente: Albert Gore, Jr.

43 George W. Bush

Período presidencial: 2001
Nacimiento: 1946–
Nacido en: Connecticut
Elegido en: Texas
Profesión: Empresario
Partido: Republicano
Vicepresidente: Richard B.
  Chaney

La Carta Magna

La Carta Magna, firmada por el Rey Juan en 1215, marcó un paso decisivo en el desarrollo de un gobierno constitucional en Inglaterra. Más tarde se convirtió en un modelo para los colonizadores que llevaron a Estados Unidos las garantías de derechos legales y políticos de la Carta Magna.

1. . . . [Q]ue la iglesia inglesa sea libre, conserve todos sus derechos y no vea menoscabadas sus libertades. (. . .) hemos otorgado asimismo, para nosotros y nuestros herederos a título perpetuo, todas las libertades que a continuación se enuncian, para que las tengan y posean de nosotros y de nuestros herederos para ellos y los suyos:

39. Ningún hombre libre podrá ser detenido o encarcelado o privado de sus derechos o de sus bienes, ni puesto fuera de la ley ni desterrado o privado de su rango de cualquier otra forma, ni usaremos la fuerza contra él ni enviaremos a otros a que lo hagan, sino en virtud de sentencia judicial de sus pares y conforme a la ley del reino.

40. No venderemos, denegaremos ni retrasaremos a nadie su derecho ni la justicia.

41. Todos los mercaderes podrán entrar en Inglaterra y salir de ella sin sufrir daño y sin temor y podrán permanecer en el reino y viajar dentro de él, por vía terrestre o marítima, para el ejercicio del comercio, y libres de toda exacción ilegal, con arreglo a los usos antiguos y legítimos. Sin embargo, no se aplicará lo anterior en época de guerra a los mercaderes de un territorio que esté en guerra con nosotros. (. . .)

42. En lo sucesivo, todo hombre podrá dejar nuestro reino y volver a él sin sufrir daño y sin temor por tierra o por mar, si bien manteniendo su vínculo de fidelidad con nosotros, excepto en época de guerra, por un breve lapso y para el bien común del reino. (. . .)

60. Todas las franquicias y libertades que hemos otorgado serán observadas en nuestro reino en cuanto se refiera a nuestras relaciones con nuestros súbditos. Que todos los hombres de nuestro reino, sean clérigos o legos, las observen de modo semejante en sus relaciones con sus propios vasallos. (. . .)

63. (. . .) Tanto nosotros como los barones hemos jurado que todo esto se observará de buena fe y sin engaño alguno, de lo cual son testigos las personas antedichas y muchas otras. Dado de nuestro puño y letra en el prado que se llama Runnymede, entre Windsor y Staines, el día décimoquinto del mes de junio del decimoséptimo año de nuestro reinado.

Manuscrito ilustrado, Edad Media

El Pacto del Mayflower

El 21 de noviembre de 1620, 41 colonos a bordo del Mayflower redactaron el borrador de este acuerdo. El Convenio del Mayflower fue el primer plan de autonomía que se aplicó en las colonias inglesas.

En el nombre de Dios, Amén. Nosotros, cuyos nombres están escritos debajo, los súbditos leales de nuestro Temible Soberano Señor Rey Jaime, por la Gracia de Dios, de Gran Bretaña, Francia e Irlanda, Rey, Defensor de la Fe, etc. Habiendo emprendido para la Gloria de Dios, y el Avance de la Fe Cristiana y el Honor de nuestro Rey y Patria, una travesía para plantar la primera colonia en las Partes Norteñas de Virginia; hacemos por estos presentes, solemne y mutuamente en la Presencia de Dios y unos con otros, reunirnos y empeñarnos en un Cuerpo Político Civil para nuestro orden y preservación y fomento de los fines antedichos: Y por virtud de esto establecemos y aprobamos, constituimos y formamos, tales justas e iguales leyes, Ordenanzas, Actas, Constituciones y Oficios, de tiempo en tiempo, según sea considerado muy propio y conveniente para el Bienestar General de la Colonia, a la cual prometemos toda la Obediencia y Sumisión debidas. En fe de lo cual hemos subscrito nuestros nombres a esto en Cabo Cod el once de Noviembre, durante el Reinado de Nuestro Soberano Señor Rey Jaime de Inglaterra, Francia e Irlanda, el dieciocho y de Escocia, el cincuenta y cuatro, en el Año de Dios de 1620.

El Federalista Nº 10

James Madison escribió varios artículos para un periódico de Nueva York, apoyando la ratificación de la Constitución. En el siguiente extracto, Madison defiende la idea de una república federal.

Por facción, entiendo a cierto número de ciudadanos (. . .) que actúan movidos por el impulso de una pasión común (. . .) adversa a los derechos de los demás ciudadanos. (. . .)

La inferencia a que llegamos es que no se pueden eliminar las causas de las facciones y que sólo corresponde buscar un alivio en los medios para controlar sus *efectos*. (. . .)

James Madison

Una república, y cuando digo república quiero decir un gobierno en el cual se lleva a cabo un esquema de representación (. . .) promete la cura que buscamos. (. . .)

Los dos grandes puntos de diferencia entre una democracia y una república son: primero, la delegación del gobierno, en esta última, en un número pequeño de ciudadanos elegidos por el resto; en segundo término, el mayor número de ciudadanos y el mayor territorio sobre el cual se puede extender esta última.

El efecto de la primera diferencia es (. . .) refinar y ampliar las opiniones públicas al pasarlas a través del filtro de un grupo selecto de ciudadanos cuya sabiduría discernirá mejor el verdadero interés de su país y cuyo patriotismo y amor por la justicia hagan menos probable que lo sacrifiquen a consideraciones temporales o parciales. . .

Discurso de despedida de Washington

Al final de su segundo período como presidente, George Washington se refirió a los peligros que enfrentaba la joven nación. Advirtió de los peligros de los partidos políticos y el sectarismo y aconsejó a la nación en contra de las alianzas permanentes con otras naciones.

. . . Ciudadanos por nacimiento o elección de un país común, ese país tiene derecho a concentrar vuestros afectos. El nombre de estadounidense, que os pertenece en vuestro carácter nacional, debe siempre exaltar el justo orgullo del patriotismo más que ninguna denominación derivada de discriminaciones locales. Con ligeros matices de diferencia, tenéis la misma religión, costumbres, hábitos y principios políticos. Habéis luchado y triunfado juntos por una causa común. (. . .)

Al contemplar las causas que pueden perturbar nuestra unión ocurre como asunto de grave preocupación que cualquier razón se deba haber dado para caracterizar a los partidos por discriminaciones *geográficas*. (. . .)

Ninguna alianza, no importa cuán estricta sea, entre las partes, puede ser un substituto adecuado. Ellas deben experimentar las infracciones e interrupciones que inevitablemente han experimentado todas las alianzas en todo tiempo. (. . .)

George Washington

La gran regla de conducta para nosotros con respecto a las naciones extranjeras es, al extender nuestras relaciones comerciales, tener con ellas la menor conexión *política* que sea posible. (. . .)

(. . .) Anticipo con placentera expectación el retiro en el que me prometo realizar (. . .) el dulce goce de tomar parte junto con mis conciudadanos de la benigna influencia de leyes justas bajo un gobierno libre, el objeto favorito de mi corazón durante toda la vida, y el premio feliz, o así confío, de nuestros mutuos desvelos, labores y peligros.

La bandera estrellada

Durante el bombardeo británico de Fort McHenry durante la guerra de 1812, un joven abogado de Baltimore llamado Francis Scott Key tuvo la inspiración de escribir las palabras de "La bandera estrellada". Aunque se hizo popular inmediatamente, no fue sino hasta 1931 que el Congreso declaró oficialmente a "La bandera estrellada" como nuestro himno nacional.

Amanece: ¿no veis, a la luz de la aurora,
Lo que tanto aclamamos al caer la noche?

Sus estrellas, sus barras flotaban ayer
En el fiero combate en señal de victoria,
Fulgor de cohetes estruendo de bombas,
Por la noche decían: "¡Se va defendiendo!"

¡Oh, decid! ¿Despliega aún su hermosura estrellada,
Sobre tierra de libres, la bandera sagrada?

La doctrina Monroe

James Monroe

En un discurso ante el Congreso en 1823, el Presidente James Monroe proclamó la doctrina Monroe. Concebida para acabar con la influencia europea en el hemisferio occidental, se volvió una piedra angular de la política exterior de Estados Unidos.

. . . No interferimos ni interferiremos en las colonias o las dependencias existentes de cualquier potencia europea. Pero en lo que concierne a los gobiernos que han declarado su independencia y la han mantenido, independencia que después de gran consideración y sobre justos principios, hemos reconocido, no podríamos contemplar ninguna intervención con el propósito de oprimirlas o controlar de alguna manera su destino por parte de cualquier potencia europea, sino como la manifestación de una disposición hostil hacia Estados Unidos. (. . .)

Nuestra política respecto de Europa, que fue adoptada en la primera época de las guerras que durante tanto tiempo agitaron a ese sector del globo, sigue empero siendo la misma; es decir, no interferir en los intereses internos de ninguna de sus potencias; considerar al gobierno *de facto* como el gobierno legitimo para nosotros; cultivar relaciones amistosas con él y mantenerlas mediante una política franca, firme y humana, respondiendo en todos los casos a las justas solicitudes de todas las potencias y no aceptando injurias de ninguna. . .

Monumento a la nación cheroquí

Bolsa de bandolera adornada con cuentas, pueblo cheroquí

La Ley de Desalojo Indígena de 1830 pedía la reubicación de los indígenas estadounidenses al territorio al oeste del río Mississippi. Los líderes cheroquí protestaron la política.

Somos conscientes de que algunas personas suponen que será en ventaja nuestra que nos vayamos más allá del Mississippi. Nosotros pensamos de otro modo. Todo nuestro pueblo piensa de manera distinta. (. . .)

Deseamos permanecer en la tierra de nuestros progenitores. Tenemos el derecho perfecto y original de permanecer sin ser interrumpidos ni molestados. Los tratados hechos con nosotros y las leyes de Estados Unidos hechas en cumplimiento de los tratados, garantizan nuestra residencia y nuestros privilegios y nos aseguran contra los intrusos. Nuestra única solicitud es que estos tratados se cumplan y estas leyes se apliquen. (. . .)

(. . .) Nos han llamado un pueblo pobre, ignorante y degradado. Ciertamente no somos ricos; ni hemos alardeado jamás de nuestros conocimientos o de nuestra elevación moral o intelectual. Pero ningún hombre dentro de nuestros límites es tan ignorante como para no saber que tiene derecho a vivir en la tierra de sus padres, en posesión de sus privilegios inmemoriales, y que este derecho ha sido reconocido por Estados Unidos; ni existe un hombre tan degradado como para no sentirse agudamente herido cuando se le priva de su derecho y se le empuja al destierro. . .

La declaración de Seneca Falls

Uno de los primeros documentos que expresan el deseo de igualdad de derechos para las mujeres es la Declaración de Sentimientos, publicada en 1848 durante el Congreso de Seneca Falls en Seneca Falls, Nueva York. Dirigidos por Lucretia Mott y Elizabeth Cady Stanton, los delegados adoptaron un conjunto de resoluciones que pedían el sufragio femenino y oportunidades de empleo y educación para las mujeres. A continuación se ofrecen algunos extractos de la declaración.

Cuando, en el curso de los eventos humanos, se vuelve necesario que una parte de la familia humana asuma entre los pueblos de la Tierra una posición diferente de aquélla que ha ocupado hasta entonces, una posición a la que las leyes de la naturaleza y del Dios de la naturaleza le dan derecho, un respeto decente por las opiniones de la humanidad exige que declare las causas que la impelen a tal curso.

Creemos que estas verdades son evidentes por sí mismas: que todos los hombres y mujeres fueron creados en igualdad; que están dotados por su Creador de ciertos derechos inalienables; que entre estos se encuentran la vida, la libertad y la búsqueda de la felicidad; que para asegurar estos derechos se instituyen gobiernos, los que derivan sus justos poderes del consentimiento de los gobernados. Siempre que alguna forma de gobierno se vuelve destructora de estos fines, es el derecho de aquellos que la padecen negar obediencia a aquél, e insistir en la institución de un nuevo gobierno, que se funde en dichos principios y organice sus poderes de la forma que les parezca más apropiada para efectuar su seguridad y felicidad. Ciertamente, la prudencia dictará que no se cambie a los gobiernos largamente establecidos por causas de poca importancia y transitorias; (. . .) Pero cuando una larga cadena de abusos y

usurpaciones, que apuntan invariablemente al mismo objetivo, demuestra el designio de reducirlos bajo el despotismo absoluto, es su deber derrocar a dicho gobierno y procurar nuevos guardianes para su seguridad futura. (. . .)

La historia de la humanidad es una historia de repetidas injurias y usurpaciones por parte del hombre hacia la mujer, teniendo como objetivo directo el establecimiento de una tiranía absoluta sobre ella. Para demostrar esto, presentemos los hechos a un mundo imparcial. (. . .)

Ahora, en vista de la completa privación de derechos civiles a que se ve sometida la mitad de la población de este país, de su degradación social y religiosa, en vista de las injustas leyes antedichas, y porque las propias mujeres se sienten dañadas, oprimidas y privadas de manera fraudulenta de sus más sagrados derechos, insistimos en que se las admita de inmediato a todos los derechos y privilegios que les pertenecen como ciudadanas de estos Estados Unidos. . .

Elizabeth Cady Stanton

Proclamación de Emancipación

El 1 de enero de 1863, el Presidente Abraham Lincoln publicó la Proclamación de Emancipación, que liberó a todos los esclavos en los estados bajo control confederado. La Proclamación fue un paso hacia la Decimotercera Enmienda (1865) que acabó con la esclavitud en todo Estados Unidos.

. . . Que en el día 1 de enero del año de nuestro Señor 1863, todas las personas tenidas como esclavas dentro de cualquier estado o parte designada de un estado, cuya población estará entonces en rebelión contra Estados Unidos, serán desde ese entonces y para siempre libres; y el gobierno ejecutivo de Estados Unidos, incluidas las autoridades militares y navales, reconocerá y mantendrá la libertad de tales personas, y no obrará de ningún modo para reprimir a tales personas o a cualquiera de ellas, en cualquier esfuerzo que ellas puedan hacer por su libertad real.

Que el Ejecutivo, en el 1 día de enero antedicho, mediante proclamación, designará los estados y partes de los estados, de haberlas, en que la población de los mismos, respectiva-mente, estará entonces en rebelión contra Estados Unidos; y el hecho de que cualquier estado, o la población del mismo, deba en ese día estar de buena fe representado en el Congreso de Estados Unidos, por miembros escogidos para el mismo en elecciones en donde una mayoría de los votantes calificados de dichos estados habrá participado, en ausencia de algún sólido testimonio en contrario, se considerará como

evidencia concluyente de que dicho estado, y la población del mismo, no están entonces en rebelión contra Estados Unidos. (. . .)

Y, en virtud del poder y para el propósito antes mencionado, ordeno y declaro que todas las personas tenidas como esclavas dentro de dichos estados designados y partes de estados son, y de aquí en adelante serán, libres; y que el gobierno ejecutivo de Estados Unidos, incluidas las autoridades militares y navales, reconocerá y mantendrá la libertad de dichas personas.

Y mando por la presente a las personas así declaradas como libres abstenerse de toda violencia, a menos que sea en necesaria defensa propia; y les recomiendo que, en todos los casos cuando sea posible, trabajen lealmente por sueldos razonables.

Y declaro además y pongo en conocimiento que dichas personas, de la condición adecuada, serán admitidas en el servicio armado de Estados Unidos. (. . .)

Y sobre este acto, que sinceramente considera-mos un acto de justicia, garantizado por la Constitución por necesidad militar, invoco el juicio considerado de la humanidad y el favor gracioso de Dios Todopoderoso. . .

Abraham Lincoln

Discurso de Gettysburg

El 19 de noviembre de 1863, el Presidente Abraham Lincoln pronunció un breve discurso durante la dedicación de un cementerio nacional en el campo de batalla de Gettysburg. Sus palabras simples pero elocuentes, expresaban sus esperanzas para una nación dividida por la guerra civil.

Hace cuatro veintenas y siete años que nuestros padres dieron a luz en este continente a una nueva nación, concebida en libertad y dedicada a la proposición de que todos los hombres son creados iguales.

Ahora estamos envueltos en una gran guerra civil, que pone a prueba si acaso esa nación, o cualquier nación así concebida y así dedicada, puede perdurar en el tiempo. Nos hemos reunido en un gran campo de batalla de esa guerra. Hemos venido a dedicar una parte de ese campo como lugar de descanso final para aquellos que aquí dieron sus vidas para que esta nación pudiera vivir. Es completamente digno y apropiado que hiciéramos esto.

Pero, en un sentido más amplio, nosotros no podemos dedicar, no podemos consagrar, no podemos santificar, este suelo. Los valientes, vivos y muertos, que aquí combatieron, lo han consagrado muy por encima de nuestro escaso poder para agregar o quitar. El mundo tomará escasa nota de lo que nosotros dijimos aquí y lo recordará por poco tiempo, pero nunca podrá olvidar lo que ellos hicieron aquí. La tarea que más bien nos queda a nosotros, los vivos, es dedicarnos al trabajo inacabado que quienes aquí lucharon han adelantado así de un modo tan noble. Lo que más bien nos queda es dedicarnos a la gran tarea que se nos presenta, tomar de estos muertos honrados una devoción mayor hacia la causa por la que ellos dieron la última medida de devoción; que aquí resolvamos firmemente que estos muertos no han muerto en vano; que esta nación, bajo Dios, tenga un nuevo nacimiento de libertad; y que el gobierno del pueblo, por el pueblo y para el pueblo, no desaparezca de la tierra.

Equipo de soldado, guerra civil

Monumento de Gettysburg

No lucharé más

Escudo hecho de piel de búfalo.

En 1877, los Nez Perce se opusieron al intento del gobierno de trasladarlos a una reservación más pequeña. Después de un notable intento de escapar a Canadá, el Jefe Joseph comprendió que la resistencia no tenía esperanzas y aconsejó a su pueblo que se rindiera.

Díganle al General Howard que conozco su corazón. Lo que él me dijo antes lo tengo en mi corazón. Estoy cansado de luchar. (. . .) Todos los ancianos están muertos. Son los jóvenes quienes dicen sí o no. El conductor de los jóvenes está muerto. Hace frío y no tenemos mantas. Los niños pequeños mueren congelados. De mi pueblo, algunos han huido a las colinas, y no tienen mantas, ni comida; nadie sabe dónde están, quizás muriendo de frío. Yo deseo tener tiempo para buscar a mis hijos y ver a cuántos de ellos puedo encontrar. Quizás los encuentre entre los muertos. Escúchenme, mis jefes. Estoy cansado; mi corazón está enfermo y triste. Desde este momento, en esta posición del sol, ya no lucharé más.

El Juramento de Lealtad

En 1892 la nación celebró el cuarto centenario de la llegada de Colón a Estados Unidos. En relación con esta celebración, Francis Bellamy, director de una revista, escribió y publicó el Juramento de Lealtad. Las palabras "bajo Dios" fueron agregadas por el Congreso en 1954 a petición del Presidente Dwight D. Eisenhower.

Juro lealtad a la Bandera de Estados Unidos de América y a la República que representa, una nación bajo Dios, indivisible, con libertad y justicia para todos.

Estudiantes de una escuela de la una ciudad de Nueva York recitando el Juramento de Lealtad

El Credo Estadounidense

William Tyler Page de Friendship Heights, Maryland, escribió el Credo del Americano. Esta declaración de fe política resume el verdadero significado de la libertad de que disponen todos los estadounidenses. La Cámara de Representantes de EE.UU. adoptó el credo en nombre del pueblo estadounidense el 3 de abril de 1918.

Creo en Estados Unidos de América como un gobierno del pueblo, por el pueblo y para el pueblo, cuyos justos poderes se derivan del consentimiento de los gobernados; una democracia en una república; una nación soberana de muchos estados soberanos; una unión perfecta e inseparable, establecida sobre los principios de libertad, igualdad, justicia y humanidad por los cuales los patriotas estadounidenses sacrificaron sus vidas y fortunas.

Creo, por consiguiente, que es mi deber hacia mi país, amarlo, sustentar su constitución, obedecer sus leyes, respetar su bandera y defenderlo contra todos los enemigos.

Los catorce puntos

El 8 de enero de 1918, el Presidente Woodrow Wilson se dirigió al Congreso para ofrecer una declaración de objetivos llamada los Catorce Puntos. El plan de Wilson pedía la libertad de los mares en la guerra y en la paz, el fin de las alianzas secretas y derechos de comercio igualitarios para todos los países. El siguiente extracto está tomado del mensaje del Presidente.

. . . Entramos en esta guerra debido a que habían ocurrido violaciones del derecho que nos herían en lo más vivo y que hacían imposible la vida de nuestro propio pueblo a menos que ellas fueran corregidas y se asegurara al mundo de una vez por todas contra su repetición. Lo que exigimos en esta guerra no es, por consiguiente, nada extraño para nosotros mismos. Es que el mundo se vuelva un lugar apto y seguro en el cual vivir, y particularmente, que se vuelva seguro para toda nación amante de la paz que, como la nuestra, desea vivir su propia vida, determinar sus propias instituciones, recibir garantías de justicia y trato justo por parte de los otros pueblos del mundo, así como contra la fuerza y la agresión egoísta. Todos los pueblos del mundo en efecto comparten en este interés, y por nuestra parte vemos muy claramente que a menos que se haga justicia con otros, no se hará con nosotros. El programa de paz mundial, por consiguiente, es nuestro programa; y ese programa, el único posible, según nos parece, es el siguiente:

I. Convenios de paz abiertos, a los que se llegue en forma abierta, después de lo cual no habrá entendimientos internacionales privados de ninguna clase sino que la diplomacia procederá siempre de manera franca y a la vista del público.

II. Libertad absoluta de navegación en los mares, fuera de las aguas territoriales, igualmente en paz como en guerra, excepto que los mares puedan cerrarse en todo o en parte por acción internacional para la aplicación de convenios internacionales.

XIV. Se debe formar una asociación general de naciones bajo convenios específicos con el propósito de proporcionar garantías mutuas de independencia política e integridad territorial a los estados grandes y pequeños por igual. . .

Brown contra la Junta de Educación

El 17 de mayo de 1954, la Corte Suprema dictaminó en Brown *contra* la Junta de Educación de Topeka, Kansas, *que la segregación racial en las escuelas públicas era anticonstitucional. Esta decisión sentó la base jurídica para objetar en los tribunales la segregación en todos los aspectos de la vida estadounidense.*

. . . Los demandantes alegan que las escuelas públicas segregadas no son "igualitarias" y no pueden volverse "igualitarias" y que por lo tanto a ellos se les priva de la protección igualitaria de las leyes. Debido a la obvia importancia de la cuestión planteada, la Corte asumió jurisdicción. (. . .)

Por consiguiente, nuestra decisión no puede volverse meramente una comparación de los factores tangibles en las escuelas para negros y blancos involucradas en cada uno de los casos. En cambio, debemos mirar el efecto de la propia segregación en la educación pública.

Al enfrentar este problema, no podemos hacer retroceder el reloj a 1868, cuando se adoptó la Enmienda, ni siquiera a 1896, cuando se escribió *Plessy* contra *Ferguson*. Debemos considerar la educación pública a la luz de su pleno desarrollo y su lugar actual en la vida estadounidense a lo largo de la nación. Sólo de esta manera se puede determinar si la segregación en las escuelas públicas priva a estos demandantes de la protección igualitaria de las leyes.

Hoy en día, la educación es quizás la función más importante de los gobiernos estatales y locales. Las leyes de asistencia escolar obligatoria y los grandes gastos en educación demuestran nuestro reconocimiento de la importancia de la educación para nuestra sociedad democrática. (. . .) En estos días, es dudoso que un niño pueda esperar razonablemente tener éxito en la vida si se le niega la oportunidad de educación. Dicha oportunidad, cuando el estado ha asumido entregarla, es un derecho que se debe poner a disposición de todos en términos igualitarios.

Llegamos entonces a la cuestión planteada: la segregación de los niños en las escuelas públicas basada solamente en la raza, aun cuando las instalaciones físicas y otros factores "tangibles" puedan ser iguales, ¿priva a los niños del grupo minoritario de oportunidades educativas igualitarias? Nosotros creemos que sí.

(. . .) Concluimos que en el campo de la educación pública, la doctrina de "separados pero iguales" no tiene cabida. Las instalaciones educativas separadas son inherentemente no igualitarias. Por consiguiente, sostenemos que los demandantes y otros en situaciones similares por quienes se han interpuesto las acciones están, debido a la segregación de que se quejan, privados de la protección igualitaria de las leyes que garantiza la Decimocuarta Enmienda. . .

Las tropas escoltan a los estudiantes a una escuela recientemente integrada

Discurso inaugural de John F. Kennedy

El discurso inaugural del Presidente Kennedy del 20 de enero de 1961, dio el tono de su administración. En su discurso, Kennedy conmovió a la nación llamando a "una gran alianza global" para luchar contra la tiranía, la pobreza, las enfermedades y la guerra.

Lo que observamos hoy en día no es la victoria de un partido, sino una celebración de la libertad, que simboliza tanto un fin como un comienzo, que significa tanto una renovación como un cambio. Porque he hecho ante ustedes y Dios Todopoderoso el mismo juramento solemne que nuestros antepasados prescribieron hace casi un siglo y tres cuartos.

El mundo es ahora muy diferente, porque el hombre tiene en sus manos mortales el poder de abolir toda forma de pobreza humana y toda forma de vida humana. Pero las mismas creencias revolucionarias por las que lucharon nuestros antepasados están todavía en cuestión alrededor del globo: la creencia de que los derechos del hombre no provienen de la generosidad del estado sino de la mano de Dios.

No nos atrevemos a olvidar hoy que nosotros somos los herederos de esa primera revolución. Que se corra la voz desde este momento y lugar, a amigos y enemigos por igual, que la antorcha ha sido traspasada a una nueva generación de estadounidenses, nacida en este siglo, templada por la guerra, disciplinada por una paz dura y amarga, orgullosa de nuestra antigua herencia y que no está dispuesta a presenciar o permitir la lenta destrucción de esos derechos humanos con los que esta nación siempre se ha comprometido, y con los que nos comprometemos hoy en casa y alrededor del mundo.

Que cada nación sepa, ya sea que nos desee el bien o el mal, que pagaremos cualquier precio, soportaremos cualquier carga, pasaremos por cualquier penuria, apoyaremos a cualquier amigo, nos opondremos a cualquier enemigo, por asegurar la supervivencia y el éxito de la libertad.

A esto nos comprometemos, y a más.

A los aliados antiguos cuyos orígenes culturales y espirituales compartimos, prometemos la lealtad de amigos fieles. Unidos, hay poco que no podamos hacer en una multitud de empresas en conjunto. Divididos, hay poco que podamos hacer. (. . .)

Nunca negociemos por miedo. Pero nunca tengamos miedo de negociar.

Que ambos lados exploren qué problemas nos unen en lugar de elaborar los problemas que nos dividen. (. . .)

Que ambos lados traten de invocar las maravillas de la ciencia en lugar de sus terrores. Que juntos exploremos las estrellas, conquistemos los desiertos, erradiquemos las enfermedades, penetremos las profundidades del océano y alentemos las artes y el comercio. (. . .)

Y así, mis compatriotas estadounidenses: no pregunten lo que su país puede hacer por ustedes, pregunten qué pueden hacer ustedes por su país.

Mis conciudadanos del mundo: no pregunten lo que hará Estados Unidos por ustedes, sino qué podemos hacer juntos por la libertad del hombre. . .

Presidente Kennedy en su discurso inaugural

Yo tengo un sueño

El 28 de agosto de 1963, mientras el Congreso debatía una legislación de derechos civiles de gran alcance, el Dr. Martin Luther King, Jr., conducía a más de 200,000 personas en una marcha en Washington, D.C. En los peldaños del monumento a Lincoln pronunció un emocionante discurso en el que habló con elocuencia de sus sueños para los afroamericanos y para los Estados Unidos. A continuación se ofrecen pasajes del discurso.

. . . Hay quienes les están preguntando a los devotos de los derechos civiles, "¿Cuándo quedarán satisfechos?"

Nunca podremos estar satisfechos mientras que el negro sea víctima de los indecibles horrores de la brutalidad policial. (. . .)

No podemos estar satisfechos mientras la movilidad básica del negro sea de un ghetto pequeño a uno más grande.

Nunca podremos estar satisfechos mientras que un negro en Mississippi no pueda votar y un negro en Nueva York crea que no tiene nada por qué votar. (. . .)

Yo les digo hoy, mis amigos, que a pesar de las dificultades y frustraciones del momento aún tengo un sueño. Es un sueño profundamente arraigado en el sueño estadounidense.

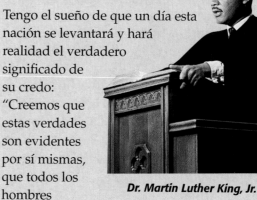

Dr. Martin Luther King, Jr.

Tengo el sueño de que un día esta nación se levantará y hará realidad el verdadero significado de su credo: "Creemos que estas verdades son evidentes por sí mismas, que todos los hombres fueron creados iguales".

Tengo el sueño de que un día en las rojas colinas de Georgia los hijos de los antiguos esclavos y los hijos de los antiguos dueños de esclavos podrán sentarse juntos a la mesa de la hermandad.

Tengo el sueño de que un día, incluso el estado de Mississippi, un estado desierto que se sofoca en el calor de la injusticia y la opresión, se transformará en un oasis de libertad y justicia.

Tengo el sueño de que mis cuatro hijos pequeños vivirán un día en una nación donde no se les juzgue por el color de su piel sino por el contenido de su carácter. (. . .)

(. . .) Cuando dejemos sonar la libertad, cuando la dejemos sonar en cada pueblo y cada aldea, en cada estado y cada ciudad, podremos acelerar el día en que todos los hijos de Dios, negros y blancos, judíos y gentiles, protestantes y católicos, podrán unir sus manos y cantar las palabras del antiguo spiritual negro: "¡Libres al fin! ¡Libres al fin! ¡Gracias a Dios Todopoderoso, somos libres al fin!"

La marcha en Washington

Los siguientes resúmenes ofrecen detalles de algunos de los casos más importantes de la Corte Suprema.

Brown contra *la Junta de Educación* (1954)

En *Brown* contra *la Junta de Educación de Topeka, Kansas,* la Corte Suprema anuló el caso *Plessy* contra *Ferguson* (1896) [ver página 999] imponiendo la doctrina de iguales pero separados en las escuelas. La Corte Suprema rechazó la idea de que en realidad las escuelas iguales pero separados para estudiantes afroamericanos y blancos fuera constitucional. La Corte explicó que los requisitos de la Decimocuarta Enmienda, en la que todas las personas deben recibir la misma protección bajo la ley, no se alcanzan simplemente asegurando que las escuelas para los blancos y los americanos de origen africano "han sido igualadas (. . .) con respeto a los edificios, el programa de estudios, los títulos, y los salarios y otros factores tangibles".

La Corte entonces dictaminó que la segregación racial en las escuelas públicas no respeta la Cláusula de la Constitución de Igual Protección debido a su desigualdad intrínseca. En otras palabras, no había manera de lograr que las escuelas públicas segregadas por raza sean iguales bajo la Constitución, ya que el hecho de la separación indica que la raza separada se considera como inferior. En términos prácticos, la decisión de la Corte en este caso va más allá de la educación pública hasta tenerse en cuenta en casi todos los lugares y actividades públicas.

Dred Scott contra *Sandford* (1857)

Dred Scott fue llevado por un poseedor de esclavos, John Sandford, hasta el libre estado de Illinois y al territorio de Wisconsin, que también había prohibido la esclavitud. Más tarde regresaron a Missouri, un estado de esclavos. Unos años más tarde, Scott demandó su libertad bajo el principio legal de Missouri de "una vez libre, siempre libre". Es decir, bajo la ley de Missouri los esclavos eran puestos en libertad si en algún momento habían vivido en un

Dred Scott

estado libre. Los tribunales de Missouri fallaron contra Scott, pero éste apeló el caso hasta llegar a la Corte Suprema de Estados Unidos.

La Corte Suprema decidió este caso antes de que la Decimocuarta Enmienda se añadiera a la Constitución. (La Decimocuarta Enmienda nos dice que cualquier persona nacida o naturalizada en los Estados Unidos es un ciudadano de la nación y de su estado de residencia). Los tribunales sostenían que los esclavos afroamericanos eran propiedad y no ciudadanos y por esa razón no tenían ningún derecho bajo la Constitución. La decisión también anunciaba que prohibir la esclavitud en los territorios era anticonstitucional. Mucha gente del Norte estaba indignada por esta decisión, lo que llevó a la nación estar más cerca a una guerra civil.

Furman contra *Georgia* (1972)

Esta decisión detuvo la aplicación de la pena de muerte, entonces en vigor, bajo las leyes estatales. Por primera vez, la Corte Suprema falló que la pena de muerte era un castigo cruel e insólito, además de anticonstitucional. La Corte explicó que las leyes existentes en cuanto a la pena de muerte no ofrecían a los jurados suficientes instrucciones para decidir si se imponía o no. Como resultado, la pena de muerte era impuesta en muchas ocasiones de forma arbitraria, es decir, sin una base razonable en cuanto a los hechos y a las circunstancias del acusado o del delito.

La decisión de Furman detuvo todas la ejecuciones en los 39 estados que en ese momento disponían de leyes para la aplicación de la pena de muerte. Desde que se tomó esta decisión, 38 estados volvieron a escribir las leyes referidas a la pena de muerte para que cumplieran con los requisitos que se habían establecido en el caso de Furman.

Gibbons contra *Ogden* (1824)

Thomas Gibbons tenía una licencia federal para navegar barcos a vapor por la costa, pero no tenía una licencia del estado de Nueva York para viajar por las aguas de este estado. Quería operar una línea de barcos a vapor entre Manhattan y Nueva Jersey para competir con la compañía de Aaron Ogden, pero Ogden tenía una licencia de Nueva York. Gibbons demandó su libertad para poder usar su licencia federal y competir contra Ogden en las aguas de Nueva York.

Al final, Gibbons ganó el caso. La Corte Suprema dejó bien claro que la autoridad del Congreso para regular el comercio interestatal (entre los estados) incluye la autoridad para regular el comercio intraestatal (dentro de un solo estado), que influye o está relacionado con el comercio interestatal.

Antes de tomar esta decisión, se pensaba que la Constitución permitiría a un estado cerrar sus fronteras ante la actividad comercial interestatal, lo cual, de hecho, habría parado el curso de tal actividad. Este caso nos indica que un estado puede regular únicamente la actividad comercial interna, pero sólo el Congreso puede regular la actividad comercial que tiene dimensiones intraestatales o interestatales.

Gideon contra Wainwright (1963)

Después de haber sido acusado de robo, Clarence Gideon se defendió a sí mismo en un tribunal de Florida porque el juez del caso se negó a asignarle un abogado de oficio; pero el jurado declaró a Gideon culpable. Al final, Gideon apeló su condena ante la Corte Suprema de Estados Unidos, reclamando que el tribunal inferior no le asignó un abogado, por lo tanto sus derechos habían sido violados bajo la Sexta y la Cuarta Enmiendas.

La Corte Suprema le dio la razón a Gideon. En *Gideon contra Wainwright* la Corte Suprema consideró por primera vez que los acusados pobres de los casos criminales tienen derecho a un abogado del estado, según la Sexta Enmienda. El fallo de este caso ha sido pulido para aplicarse sólo en los casos en que el acusado, de ser condenado, fuera sentenciado a más de seis meses de la cárcel o prisión.

En 1983 Fred Korematsu (centro) obtuvo la revocación de su condena.

Korematsu contra Estados Unidos (1944)

Después de que los japoneses bombardearan Pearl Harbor en 1941, miles de japoneses-americanos de la costa occidental fueron obligados a abandonar sus hogares y sus negocios y fueron trasladados a los campos de internación en California, Utah, Wyoming, Colorado y Arkansas. Los campamentos, similares a una prisión, ofrecían comida caliente y habitaciones apretadas.

La decisión de la Corte Suprema en *Korematsu* contra *Estados Unidos* confirmó la autoridad del gobierno federal para trasladar a los japoneses-americanos, muchos de los cuales eran ciudadanos, de las zonas militares que ocupaban casi toda la costa occidental. El gobierno defendió las denominadas órdenes de exclusión como una respuesta necesaria al ataque de Japón en Pearl Harbor. Sólo después de su reelección en 1944, el Presidente Franklin Roosevelt abolió las órdenes de evacuación y a finales de 1945 los campamentos se habían cerrado.

Marbury contra Madison (1803)

Durante sus últimos días de mandato, el Presidente John Adams nombró a William Marbury como comisionado y a otros hombres como jueces. Esta acción llevada a cabo por el presidente federalista Adams hizo enfadar al presidente republicano democrático entrante, Thomas Jefferson y éste entonces ordenó a James Madison, su secretario de estado, que no llevara a cabo la designación de las comisiones, provocando así el bloqueo del nombramiento. William Marbury presentó una demanda, pidiendo a la Corte Suprema que entregara los nombramientos para la comisión que le haría juez.

La Corte falló contra Marbury, pero lo más importante de todo, la decisión en este caso estableció uno de los principios más significativos de la ley constitucional estadounidense. La Corte Suprema estableció que es la Corte la que tiene la última palabra en lo que se refiere a la Constitución. Esto es lo que se llama el repaso judicial. También es la Corte Suprema la que tiene la última palabra sobre si un acto del gobierno, legislativo o ejecutivo a nivel federal, estatal o local, viola la Constitución.

McCulloch contra Maryland (1819)

Después de la guerra de 1812, Estados Unidos experimentó algunos años de inflación y una agitación económica en general. En un intento por estabilizar la economía, en 1816, el Congreso de Estados Unidos aprobó el Segundo Banco de Estados Unidos. Sin embargo, Maryland y otros estados se opusieron a la competencia que creó el nuevo banco nacional y aprobaron las leyes tributarias de sus sucursales. En 1818, James McCulloch, director de la sucursal del Segundo Banco Nacional de Estados Unidos en Baltimore, se negó a pagar los impuestos al estado de Maryland. El caso pasó por los tribunales estatales de Maryland y llegó hasta la Corte Suprema de Estados Unidos.

La Corte Suprema dictaminó que los impuestos de Maryland eran anticonstitucionales y se anularon. Lo más importante de todo es que la decisión estableció los fundamentos para expandir la autoridad del Congreso. La Corte también consideró que la cláusula necesaria y adecuada de la Constitución permite al Congreso hacer más de lo que autoriza la Constitución. La decisión permite al Congreso promulgar cualquier ley que ayude a alcanzar cualquiera de los deberes establecidos en la Constitución. Por ejemplo, el Congreso tiene la expresa autoridad para regular el comercio interestatal. La cláusula necesaria y apropiada permite al Congreso hacerlo de maneras que no se especifican en la Constitución.

Miranda contra Arizona (1966)

En 1963, la policía de Arizona arrestó a Ernesto Miranda por secuestro. La Corte declaró a Miranda culpable basándose en una confesión firmada. La policía admitió que ni antes ni durante el interrogatorio le habían dicho a Miranda que tenía el derecho a consultar con un abogado antes de responder a cualquier pregunta o el derecho de tener a un abogado presente durante el interrogatorio. Miranda apeló su condena, reclamando que la policía había violado su derecho de guardar silencio bajo la Quinta Enmienda al no haberle informado de cuáles eran sus derechos durante el interrogatorio.

En 1963, el arresto de Ernesto Miranda (izq.) provocó una decisión histórica

Al final, Miranda ganó el caso. La Corte Suprema consideró que una persona que sea arrestada por la policía no puede ser interrogada a menos que se le diga que tiene: 1) el derecho de permanecer en silencio, 2) el derecho a un abogado (a costa del gobierno en caso de que el acusado no pudiera pagarlo), y 3) que todo lo que la persona diga después de admitir haber entendido sus derechos puede ser usado en su contra en un juicio. A estos derechos se les ha llamado los derechos Miranda. Su intención es asegurar que un acusado que se encuentre bajo arresto no renuncie sin saberlo a su derecho de no declarar contra sí mismo como queda expuesto en la Quinta Enmienda.

New York Times Company contra Estados Unidos (1971)

En junio de 1971, el *New York Times* publicó la primera entrega de "Pentagon Papers", un documento confidencial sobre las acciones del gobierno en la época de la Guerra de Vietnam. El documento secreto se había filtrado al *New York Times* por un activista antibélico, Daniel Ellsberg, el cual había trabajado anteriormente en el campo de la seguridad nacional para el gobierno. El Presidente Richard Nixon fue a al tribunal para prevenir la continua publicación de Pentagon Papers. El *New York Times* presentó una apelación ante la Corte Suprema para que se pudiera seguir adelante con la publicación sin la interferencia del gobierno.

La decisión de la Corte Suprema en este caso confirmó las decisiones que se habían establecido en la anterior restricción. Esta doctrina protege a la prensa (delimitada en líneas generales a los periódicos, la televisión y la radio, a directores y distribuidores, etc.) de los intentos del gobierno para impedir una publicación. Excepto en circunstancias extraordinarias, la prensa tiene que tener el permiso para publicar.

Plessy contra Ferguson (1896)

A finales del siglo XIX, a las compañías de ferrocarriles en Louisiana se les exigió proveer vagones "iguales pero separados" para los pasajeros afroamericanos. En 1890 un grupo de ciudadanos en Nueva Orleans eligieron a Homer Plessy para que desafiara la ley. En 1892, Plessy se subió a un vagón sólo para blancos y se negó a moverse, por lo tanto fue arrestado. Plessy presentó una apelación ante la Corte Suprema, reclamando que la ley "iguales pero separados" de Lousiana había violado su derecho de igualdad ante la ley bajo la Decimocuarta Enmienda.

Homer Plessy perdió el caso. La decisión del caso de Plessy confirmó la doctrina de "iguales pero separados" que se usó en los estados del sudeste para perpetuar la segregación posterior a la Guerra Civil. La Corte dictaminó que la cláusula de igualdad ante la ley de la Decimocuarta Enmienda exigía únicamente instalaciones públicas iguales para dos razas, pero no exigía el acceso por igual a las mismas instalaciones. Esta decisión fue anulada en 1954 por *Brown* contra *la Directiva de Educación de Topeka, Kansas,* (ya explicado anteriormente).

Roe contra Wade (1973)

Roe contra *Wade* desafió las leyes restrictivas del aborto tanto en Texas como en Georgia. El pleito fue presentado con el nombre de Jane Roe, un nombre falso que se usó para proteger la privacidad de la demandante.

En esta decisión, la Corte Suprema dictaminó que las mujeres tenían el derecho constitucional según varias disposiciones de la Constitución, particularmente, la cláusula del debido proceso legal, para decidir si poner fin o no a un embarazo. La decisión de la Corte Suprema en este caso fue la más importante de una serie de decisiones en un periodo de 50 años, ya que reconocía el derecho constitucional a la privacidad, aunque la palabra *privacidad* no aparezca en la Constitución.

Tinker contra el Distrito Escolar Des Moines (1969)

Durante la Guerra de Vietnam, algunos estudiantes en Des Moines, Iowa, llevaron brazaletes negros a la escuela para protestar por la participación estadounidense en el conflicto. Dos días antes, los funcionarios de la escuela adoptaron una política que prohibía llevar brazaletes a la escuela. Cuando los estudiantes llegaron a la escuela llevando los brazaletes, fueron suspendidos y mandados a casa. Los estudiantes expresaron que los funcionarios de la escuela violaron sus derechos de libre expresión bajo la Primera Enmienda.

La Corte Suprema estuvo del lado de los estudiantes y la Corte declaró en una famosa frase que "no se puede discutir que ni a los alumnos ni a los maestros se los puede despojar de sus derechos constitucionales de libertad de palabra o de expresión a las puertas de la escuela". La Corte Suprema dictaminó que la escuela pública no podía suspender a los estudiantes que llevaban los brazaletes negros a la escuela para expresar su oposición a la Guerra de Vietnam. Con este fallo, la Corte vinculó la conducta de los estudiantes con la simple expresión y ésta fue la base de su decisión.

Estados Unidos contra Nixon (1974)

A principios de la década de los setenta, el Presidente Nixon fue declarado co-conspirador en la investigación criminal que se llevó a cabo después de que alguien entrara a robar en las oficinas del Partido Demócrata en Washington D.C. Un juez federal ordenó que el Presidente Nixon entregara las cintas en las que aparecían las conversaciones que mantuvo con sus consejeros sobre este robo. Nixon se opuso a esta orden reclamando que las conversaciones eran confidenciales bajo el Artículo II de la Constitución.

La decisión de este caso dejó claro que el presidente no se encuentra por encima de la ley. La Corte Suprema confirmó que sólo las conversaciones y las comunicaciones que estuvieran relacionadas con el cumplimiento de los deberes de la oficina del presidente eran confidenciales y su revelación estaría protegida ante una orden judicial. La Corte ordenó a Nixon a entregar las cintas, las cuales revelaron las pruebas que relacionaban al presidente con una conspiración para obstruir la justicia. Al poco tiempo, dimitió.

Worcester contra Georgia (1832)

Los funcionarios del estado de Georgia querían expulsar a los cheroquís de la tierra que les había sido garantizada en tratados anteriores. Samuel Worcester fue un congresista misionero que trabajó con el pueblo cheroquí y que fue arrestado por no tener la licencia que el estado exigía para vivir en territorio cheroquí y por negarse a obedecer una orden de la milicia de Georgia para que abandonase las tierras de los cheroquís. Entonces, Worcestert demandó al estado de Georgia. Reclamó que Georgia no tenía ninguna autoridad legal en la tierra de los cheroquís porque el gobierno de Estados Unidos reconocía que los cheroquís de Georgia eran una nación separada.

La Corte Suprema estuvo de acuerdo con Worcester con una votación de 5 a 1. El presidente de la Corte Suprema, John Marshall escribió la opinión de la mayoría en la que se decía que las naciones nativo americanas estaban compuestas por personas distintas que tenían el derecho de tener comunidades políticas independientes y que sólo el gobierno federal tenía autoridad sobre los asuntos de los cheroquís.

El Presidente Andrew Jackson apoyó los esfuerzos de Georgia para expulsar a los cheroquís a los territorios indios y se negó a obedecer el fallo de la Corte. Después del fallo Jackson comentó, "John Marshall ha tomado una decisión. Ahora que la imponga".

Índice geográfico

El índice geográfico es un diccionario que contiene las divisiones políticas, los accidentes naturales y demás lugares y ubicaciones geográficos. Después de cada entrada, hay una descripción, la latitud y longitud, y una referencia de página que indica dónde se puede encontrar cada entrada en el texto.

A

Abilene ciudad en Kansas (39° N/ 97° O) 535

Afganistán país del sudoeste de Asia (33° N/63° E) RA11, 949

África continente del Hemisferio Oriental al sur del Mar Mediterráneo y adyacente a Asia en su frontera nordeste (10° N/22° E) RA13

Alabama estado en el sudeste de Estados Unidos; 22.° estado en incorporarse a la Unión (33° N/ 87° O) RA3, 82, 95

Alaska estado de Estados Unidos, situado en el noroeste de América del Norte (64° N/150° O) RA4, 640

Albany capital del estado de Nueva York, situada en el Valle de Hudson; lugar donde el Congreso de Albany propuso el primer plan formal para unir a las 13 colonias (42° N/74° O) RA3

Alemania país de Europa Central; dividido después de la Segunda Guerra Mundial en Alemania Oriental y Alemania Occidental; unificado en 1990 (50° N/10° E) RA13, 667

Alemania Oriental país en Europa Central; reunificado con Alemania Occidental en 1990 (52° N/12° E) 792

América Central área de América del Norte situada entre México y América del Sur (11° N/86° O) RA8

América del Norte continente en la parte norte del Hemisferio Occidental, entre los Océanos Atlántico y Pacífico (45° N/100° O) RA12

América del Sur continente en la parte sur del Hemisferio Occidental, entre los Océanos Atlántico y Pacífico (15° S/60° O) RA12

Antillas islas en el Mar del Caribe, entre América del Norte y América del Sur (19° N/79° O) RA8

Arizona estado en el sudoeste de Estados Unidos; 48.° estado en incorporarse a la Unión (34° N/ 113° O) RA2, 29

Arkansas estado en el centro y sur de Estados Unidos; adquirido como parte de la compra de Luisiana (35° N/94° O) RA3, 95

Asia continente del hemisferio oriental que forma una única masa terrestre con Europa (50° N/100° E) RA13

Atlanta capital de Georgia, situada en la parte central noroeste del estado (34° N/84° O) RA5

Australia continente y país al sudeste de Asia (25° S/125° E) RA13

Austria-Hungría antigua monarquía en Europa Central (47° N/12° E) 668

B

Bahía de Chesapeake ensenada del Océano Atlántico en Virginia y Maryland (38° N/76° O) RA5

Bahía de Cochinos lugar donde exilados cubanos entrenados en Estados Unidos invadieron Cuba en 1961 (22° N/79° O) 868

Bahía de Hudson gran bahía en el norte de Canadá (60° N/86° O) RA8

Baltimore ciudad en la Bahía de Chesapeake, en la parte central de Maryland (39° N/77° O) RA3

Bélgica país en el noroeste de Europa (51° N/3° E) RA13, 668

Berlín ciudad del centro-oriente de Alemania; antigua capital dividida en sectores después de la Segunda Guerra Mundial (53° N/13° E) 775

Birmingham ciudad norcentral de Alabama; escenario de numerosas protestas en pro de los derechos civiles (33° N/86° O) 570

Black Hills montañas en el sudoeste de Dakota del Sur; lugar de conflicto entre la tribu sioux y los colonizadores blancos durante los años 1870 (44° N/ 104° O) 545

Boston capital de Massachusetts, situada en la parte oriental del estado; fundada por puritanos ingleses en 1630 (42° N/71° O) RA3

Brasil país del este de América del Sur (9° S/53° O) RA12

Buffalo ciudad industrial y centro ferroviario en el estado de Nueva York (43° N/79° O) 318

Bull Run lugar de dos batallas de la guerra civil, en el norte de Virginia; también denominado Manassas (39° N/77° O) 55

C

Cahokia el mayor asentamiento de la tribu de constructores de montículos, construido en Illinois después del 900 d.C. (39° N/ 90° O) 6

California estado en el oeste de Estados Unidos; atrajo a miles de mineros durante la época del oro de 1849 (38° N/ 121° O) RA2, 533

Camboya país en el sudoeste de Asia limítrofe con el Golfo de Siam; su nombre oficial es Kampuchea Democrática (12° N/ 105° E) RA13, 874

Canadá país en el norte de América del Norte (50° N/100° O) RA9, 7

Canal de Panamá canal construido a través del Istmo de Panamá, en Panamá; comunica el Mar Caribe con el Océano Pacífico (9° N/80° O) 657

Canal de Suez canal construido entre el Mar Mediterráneo y el Mar Rojo; atraviesa el nordeste de Egipto (31° N/ 32° E) 771

Carolina del Norte estado en el sudeste de Estados Unidos; uno de los 13 estados originales (36° N/81° O) RA3

Carolina del Sur estado en el sudeste de Estados Unidos; uno de los 13 estados originales (34° N/81° O) RA3

Cesión mexicana territorio obtenido por Estados Unidos después de la guerra con México en 1848 (37° N/111° O) RA7

Charleston ciudad en Carolina del Sur, en la costa atlántica; nombre original Charles Town (33° N/80° O) RA3

Checoslovaquia antiguo país en Europa Central; conformado actualmente por dos países: la República Checa y Eslovaquia (49° N/ 16° E) RA13

Chicago la ciudad más grande de Illinois; situada en la parte nordeste delestado, a orillas del lago Michigan(42° N/88° O) RA5

Chile país de América del Sur (35° S/ 72° O) RA12

China país en el oeste de Asia; China continental (República Popular China) está bajo el control

cultural de los afroamericanos a principios y mediados del siglo XX (41° N/74° O) 700

Hartford capital de Connecticut situada a orillas del río Connecticut (42° N/ 73° O) RA3

Hawai estado de Estados Unidos, situado en el Océano Pacífico (20° N/ 157° O) RA5, 644

Hemispherio Occidental (15°N/75°W) RA8

Hiroshima ciudad en el sur de Japón; lugar del primer uso militar de la bomba atómica el 6 de agosto de 1945 (34° N/132° E) 780

Hungría país en Europa Central (47° N/ 20° E) RA13, 690

Idaho estado en el noroeste de EE.UU.; se cuenta entre Estados con mayor producción de plata (44° N/115° O) RA2, 530

Illinois estado en la parte central norte de Estados Unidos; uno de Estados formados en el Territorio del Noroeste (40° N/91° O) RA3

Indiana estado en la parte central norte de Estados Unidos; uno de Estados formados en el Territorio del Noroeste (40° N/ 87° O) RA3

Indochina región en el sudeste de Asia (17° N/105° E) 762

Inglaterra división del Reino Unido de Gran Bretaña e Irlanda del Norte (52° N/2° O) RA12–RA13

Iowa estado en la parte central norte de Estados Unidos; adquirido como parte de la compra de Luisiana (42° N/94° O) RA3

Irán país en el sudoeste de Asia (31° N/ 53° E) RA11

Iraq país en el sudoeste de Asia (32° N/ 42° E) RA11

Irlanda isla al oeste de Inglaterra, ocupada por la República de Irlanda y por Irlanda del Norte (54° N/8° O) RA12, 771

Isla Midway territorio de EE.UU. en el Océano Pacífico Central (28° N/179° O) 778

Islas de Wake isla en el Océano Pacífico Central; incorporada por Estados Unidos en 1898 (19° N/167° E) 777

Israel país del Medio Oriente en el sudoeste de Asia, a lo largo del mar Mediterráneo (33° N/34° E) RA10, 794

Italia país en el sur de Europa, a orillas del Mediterráneo (44° N/11° E) RA13

Jackson capital de Mississippi (32° N/ 90° O) RA3

Jamestown primer asentamiento inglés permanente en América del Norte; situado al sudeste de Virginia (37° N/ 77° O) 11

Japón país en el este de Asia (36° N/ 133° E) RA13, 639

Kansas estado en la parte central de Estados Unidos; las contiendas sobre el tema de la esclavitud en 1850 dieron al territorio el nombre de "Sangrienta Kansas" (38° N/ 99° O) RA3

Kentucky estado en la parte central sur de Estados Unidos; estado limítrofe partidario de la Unión durante la guerra civil (37° N/87° O) RA3

Kuwait país del Medio Oriente en el sudoeste de Asia, situado entre Iraq y Arabia Saudita (29° N/49° E) RA11, 931

La Española isla de las Antillas Mayores, en América del Norte (17° N/73° O) RA8

Lago Erie uno de los cinco Grandes Lagos situados entre Canadá y EE.UU. (42° N/ 81° O) RA5

Lago Hurón uno de los cinco Grandes Lagos situados entre Canadá y EE.UU. (45° N/ 83° O) RA5

Lago Michigan uno de los cinco Grandes Lagos situados entre Canadá y EE.UU. (43° N/87° O) RA5

Lago Ontario el más pequeño de los cinco Grandes Lagos (43° N/79° O) RA5

Lago Superior el mayor de los cinco Grandes Lagos (48° N/89° O) RA5

Laos país del sudeste de Asia, al sur de China y al oeste de Vietnam (20° N/ 102° E) RA13, 874

Latinoamérica América Central y del Sur; colonizada por España y Portugal (14° N/90° O) RA12

Lexington sitio de batalla de la Guerra de la Revolución, situado al este de Massachusetts; lugar del primer choque entre los colonos y los británicos el 19 de abril de 1775 (42° N/ 71° O) 23

Leyte isla de la parte central este de Filipinas, al norte de Mindanao (10° N/ 125° E) 779

Little Rock capital de Arkansas situada en el centro del estado; escenario del conflicto de 1957 por la integración escolar pública (35° N/92° O) RA3

Londres capital del Reino Unido situada en la parte sudeste de Inglaterra (51° N/0°) RA12

Los Ángeles ciudad en la costa del Océano Pacífico , en el sur de California; centro industrial, financero y comercial del oeste de Estados Unidos (34° N/118° O) 531

Luisiana estado en la parte central sur de Estados Unidos (31° N/93° O) RA3

Maine estado en el nordeste de Estados Unidos; 23.° estado en incorporarse a la Unión (45° N/70° O) RA3

Malí país en África Occidental (16° N/ 0°) RA12

Manchurria región del nordeste de China; invadida por Japón en 1931 (48° N/125° E) 754

Manila capital y ciudad más grande de Filipinas, situada al sudoeste de la Isla Luzón y la Bahía de Manila (14° N/ 121° E) RA13, 651

Mar Caribe mar tropical en el Hemisferio Occidental (15° N/ 75° O) RA8

Mar Mediterráneo mar situado entre Europa y África (36° N/13° E) RA13

Maryland estado en el este de Estados Unidos; uno de los 13 estados originales (39° N/76° O) RA3

Massachusetts estado en el nordeste de Estados Unidos; uno de los 13 estados originales (42° N/73° O) RA3

Memphis ciudad de Tennessee sobre el río Mississippi, cerca de la frontera de Mississippi (35° N/90° O) RA3

México país en América del Norte, al sur de Estados Unidos (24° N/ 104° O) RA8

Michigan estado en la parte central norte de Estados Unidos; uno de Estados formados en el Territorio del Noroeste (45° N/85° O) RA3

Milwaukee ciudad en el este de Wisconsin (43° N/88° O) 605

Minnesota estado en la parte central norte de Estados Unidos; el comercio de pieles, la buena calidad de la tierra, y la madera atrajeron desde el comienzo a los colonizadores (46° N/96° O) RA3

Mississippi estado en el sudeste de Estados Unidos; se convirtió en territorio inglés después de la Guerra Franco-Indígena (32° N/90° O) RA3

Missouri estado en la parte central sur de Estados Unidos; la petición de categoría de estado provocó conflictos seccionales y el Compromiso de Missouri (41° N/93° O) RA3

Montana estado en el noroeste de Estados Unidos; su industria ganadera creció durante 1850 (47° N/112° O) RA3, 530

Montañas Rocosas cadena montañosa en el oeste de Estados Unidos y Canadá, en América del Norte (50° N/114° O) RA14

Montes Apalaches sistema montañoso principal al este de América del Norte; se extienden desde Quebec y Nueva Brunswick a Alabama Central (37° N/ 82° O) RA5, 11

Montgomery capital de Alabama, situada en la parte central del estado; escenario del boicot de autobuses de 1955 en contra de la segregación (32° N/86° O) RA3

Moscú capital de la antigua Unión Soviética y actual capital de Rusia (56° N/37° E) 774

N

Nagasaki ciudad japonesa; lugar de la segunda bomba atómica en 1945, que puso fin a la Segunda Guerra Mundial (32° N/130° E) 780

Nashville capital de Tennessee situada en la parte central norte del estado (36° N/87° O) RA3

Nebraska estado en la parte central de Estados Unidos (42° N/101° O) RA3

Nevada estado en el oeste de Estados Unidos (39° N/117° O) RA2

Newfoundland provincia al este de Canadá (48° N/56° O) RA8

Nicaragua país en América Central (13° N/86° O) RA8, 707

Normandía región de la costa francesa y lugar de la invasión del Día-D, el 6 de junio de 1944 (48° N/2° O) 772

Nueva España parte del imperio español en el Hemisferio Occidental (35° N/ 110° O) RA7

Nueva Hampshire estado en el nordeste de Estados Unidos; uno de los 13 estados originales (44° N/72° O) RA3

Nueva Inglaterra región del nordeste de Estados Unidos (42° N/72° O) RA5

Nueva Jersey estado en el nordeste de Estados Unidos; uno de los 13 estados originales (40° N/75° O) RA3

Nueva Orleans ciudad de Luisiana, en el delta del Mississippi (30° N/90° O) RA5

Nueva York estado en el nordeste de Estados Unidos; uno de los 13 estados originales (43° N/78° O) RA3

Nuevo México estado en el sudoeste de Estados Unidos; cedido a Estados Unidos por México en 1848 (34° N/ 107° O) RA3

O

Océano Atlántico océano que separa de Europa y África a América del Sur y del Norte (5° S/25° O) RA12

Océano Pacífico el océano más grande del mundo, situado entre Asia y las Américas (0°/175° O) RA12–RA13

Ohio estado en la parte central norte de Estados Unidos; primer estado formado en el Territorio del Noroeste (40° N/83° W) RA3

Oklahoma estado en la parte central sur de Estados Unidos; cinco tribus civilizadas ocuparon este territorio durante el período comprendido entre 1830 y 1842 (36° N/98° O) RA3, 539

Oregón estado en el noroeste de Estados Unidos; adoptó el sufragio (voto) de la mujer en 1912 (44° N/124° O) RA2, 356

P

Países Bajos país en el noroeste de Europa (53° N/4° E) RA13

Palestina región histórica en el sudoeste de Asia, entre el Mar Mediterráneo y el río Jordán; área denominada también Tierra Santa (32° N/35° E) 794

Panamá país en la parte sur de América Central; ocupa el Istmo de Panamá (8° N/81° O) RA8, 656

Pearl Harbor base naval en Honolulu, Hawai; lugar del ataque japonés de 1941 que condujo a Estados Unidos a tomar parte en la Segunda Guerra Mundial (21° N/158° O) 645

Pekín capital de China situada en la parte nordeste del país (40° N/ 116° E) 647

Península de Sinaí península en el Medio Oriente, que separa a Egipto de Israel (29° N/34° E) 899

Pennsylvania estado en el nordeste de Estados Unidos (41° N/78° O) RA3

Perú país de América del Sur, al sur de Ecuador y Colombia (10° S/75° O) RA12

Pittsburgh ciudad en el oeste de Pennsylvania; uno de los grandes centros mundiales de fabricación de acero (40° N/80° O) RA3

Plymouth población en el este de Massachusetts; primera colonia inglesa en establecerse en Nueva Inglaterra (42° N/71° O) 11

Polonia país en el Mar Báltico, en Europa Oriental (52° N/18° E) RA13, 755

Portugal país en el sudoeste de Europa (38° N/8° O) RA14, 44

Providence capital de Rhode Island; lugar del primer asentamiento inglés en Rhode Island (42° N/71° O) RA3

Puerto Rico estado libre asociado de Estados Unidos en las Antillas (18° N/ 67° O) RA8

Pullman una ciudad al sur de Chicago perteneciente a una compañía ferroviaria; lugar de la huelga ferroviaria de 1897 (42° N/87° O) 575

Q

Quebec ciudad de Canadá, capital de la provincia de Quebec, a orillas del río San Lorenzo; primer asentamiento en Nueva Francia (47° N/71° O) RA9

R

Reino Unido país en el noroeste de Europa; formado por Inglaterra, Escocia, Gales e Irlanda del Norte (56° N/2° O) RA12, 771

República Dominicana país en las Antillas, situado en la parte este de la isla Española (19° N/71° O) RA8

Rhode Island estado en el nordeste de Estados Unidos; uno de los 13 estados originales (41° N/ 72 O) RA3

Richmond capital de Virginia, situada en la parte central del estado; capital de la Confederación durante la guerra civil (37° N/ 77° O) RA3

Río Colorado río que fluye desde las Montañas Rocosas de Colorado al Golfo de California (36° N/113° O) RA4

Río Columbia río que fluye a través del sudoeste de Canadá y del noroeste de Estados Unidos y desemboca en el Océano Pacífico (46° N/120° O) RA4

Río Grande río entre Estados Unidos y México, en América del Norte; forma el límite entre Texas y México (26° N/97° O) RA4

Río Hudson río que atraviesa el estado de Nueva York (53° N/ 74° O) RA5

Río Mississippi río que cruza Estados Unidos desde Minnesota al Golfo de México; explorado por los franceses en 1600 (29° N/ 89° O) RA5

Río Missouri río de Estados Unidos; nace en las Montañas Rocosas y desemboca en el río Mississippi cerca de St. Louis (39° N/90° O) RA5

Río Ohio río afluente de los ríos Allegheny y Monongahela, en el oeste de Pennsylvania, y que confluye con el río Mississippi (37° N/85° O) RA5

Río Yalú río en el este de Asia, entre China y Corea del Norte (41° N/ 126° E) 804

Rusia nombre de una república; antiguo imperio en el este de Europa y norte de Asia que coincide con la Unión Soviética (60° N/ 64° E) RA13, 640

Sacramento capital de California situada en la parte central norte del estado (38° N/121° O) RA2

Saigon actualmente, la ciudad de Ho Chi Minh; antigua capital de Vietnam del Sur (11° N/106° E) 879

Salt Lake City capital de Utah situada en la parte norte del estado; fundada por los Mormones en 1847 (41° N/ 112° O) RA2

San Antonio ciudad en la parte central sur de Texas (29° N/98° O) RA3

San Diego ciudad en el sur de California (33° N/117° O) RA2

San Francisco ciudad en el norte de California, sobre la costa del Océano Pacífico (38° N/ 122° O) RA2

Santa Fe capital de Nuevo México situada en la parte central norte del estado (36° N/106° O) RA3

Savannah ciudad en el extremo este de Georgia (32° N/81° O) RA3

Seattle ciudad del estado de Washington limítrofe con Puget Sound y el Lago Washington (47° N/122° O) RA2

Selma ciudad de Alabama; lugar de una manifestación en 1965 por el derecho al voto (32° N/87° O) 852

Sendro de Chisholm ruta pionera de ganado desde Texas a Kansas (34° N/ 98° W) 535

Sicilia isla italiana en el Mediterráneo (37° N/13° E) 772

Sierra Nevada cadena montañosa en el este de California (39° N/120° O) RA4

Sudetenland región al noroeste de Checoslovaquia; tomada por las fuerzas de Hitler en 1938 (50° N/ 18° E) 755

Suiza país europeo en los Alpes (47° N/8° E) RA13

Taiwán país en la costa sudeste de China; sede del gobierno chino nacionalista (24° N/122° E) RA13, 794

Teherán capital de Irán (36° N/52° E) RA11, 914

Tennessee estado en la parte central sur de Estados Unidos; primer estado readmitido a la Unión después de la guerra civil (36° N/88° O) RA3

Territorio de Luisiana región de la parte central oeste de Estados Unidos, entre el río Mississippi y las Montañas Rocosas; adquirido de Francia en 1803 (40° N/95° O) RA7

Territorio del Noroeste territorio al norte del río Ohio y al este del río Mississippi (47° N/87° O) RA6

Texas estado en la parte central sur de Estados Unidos; colonia mexicana que se convirtió en una república antes de incorporarse a Estados Unidos (31° N/101° O) RA3

Tokio capital de Japón situada en la costa este de la isla de Honshu (36° N/140° E) 779

Toronto ciudad de Canadá, sobre el lago Ontario; capital de la provincia de Ontario (44° N/79° O) RA12

Unión de Repúblicas Socialistas Soviéticas Ver Unión Soviética.

Unión Soviética antiguo país en el norte de Europa y Asia (60° N/64° E) 754

Utah estado en la parte sur de Estados Unidos; colonizado por los Mormones en 1840 (39° N/ 113° O) RA2

Venezuela país de América del Sur, en el Mar Caribe (8° N/65° O) RA12, 658

Vermont estado en el nordeste de Estados Unidos; 14.° estado en incorporarse a la Unión (44° N/ 73° O) RA3, 144

Vietnam país en el sudeste de Asia (16° N/108° E) RA13, 871

Vietnam del Norte nación comunista en el sudeste de Asia; unificada con Vietnam del Sur en 1976 para formar Vietnam (21° N/106° E) RA13, 872

Vietnam del Sur país en el sudeste de Asia; unificado con Vietnam del Norte en 1976 para formar Vietnam (11° N/ 107° E) RA13, 873

Virginia estado en el este de Estados Unidos; colonia del primer asentamiento inglés permanente en el continente americano (37° N/ 80° O) RA3

Virginia Occidental estado en la parte central este de Estados Unidos (39° N/81° O) RA3

Washington estado en el noroeste de Estados Unidos; territorio al que llegaron Lewis y Clark en 1805 (47° N/ 121° O) RA2, 530

Washington, D.C. capital de Estados Unidos, situada sobre el río Potomac en su confluencia con el río Anacostia, entre Maryland y Virginia, que coincide con el Distrito de Columbia (39° N/77° O) RA3

Wisconsin estado en la parte central norte de Estados Unidos; aprobó la primera ley de compensación por desempleo en 1932 (44° N/91° O) RA3

Wounded Knee escenario de la masacre de indígenas estadounidenses por parte de soldados en el sur de Dakota del Sur, en 1890, y de protestas del Movimiento de indígenas estadounidenses en 1973 (43° N/102° O) 547

Wyoming estado en el oeste de Estados Unidos; este territorio otorgó a las mujeres el derecho a voto en 1869 (43° N/108° O) RA3, 530

Yugoslavia país del sudeste de Europa, sobre el Mar Adriático (44° N/ 20° E) RA13, 690

Glossary

A

abolitionist a person who strongly favors doing away with slavery (p. 92)

affirmative action an active effort to improve educational and employment opportunities for minority groups and women (p. 902)

affluence the state of having much wealth (p. 822)

airlift a system of transporting food and supplies by aircraft into an area otherwise impossible to reach (p. 792)

allege state as a fact but without proof (p. 808)

alliance system defense agreements among nations (p. 667)

amendment an addition to a formal document such as the Constitution (pp. 27, 39)

amnesty the granting of pardon to a large number of persons; protection from prosecution for an illegal act (p. 907)

anarchist person who believes that there should be no government (p. 701)

anarchy disorder and lawlessness (p. 658)

annex to add a territory to one's own territory (p. 86)

annexation bringing an area under the control of a larger country (p. 645)

anti-Semitism hostility toward or discrimination against Jews (p. 753)

apartheid racial separation and economic and political discrimination against nonwhites, a policy formerly practiced in the Republic of South Africa (p. 912)

appeasement accepting demands in order to avoid conflict (p. 755)

appropriate to set something aside for a particular purpose, especially funds (p. 41)

arbitration settling a dispute by agreeing to accept the decision of an impartial outsider (p. 621)

armistice a temporary peace agreement to end fighting (pp. 652, 680)

arms race the competition between the United States and the Soviet Union to build more and more weapons in an effort to surpass the other's military strength (p. 817)

assembly line a production system with machines and workers arranged so that each person performs an assigned task again and again as the item passes before him or her (p. 565)

assimilate to absorb a group into the culture of a larger population (p. 585)

autocracy government in which one person has unlimited power (p. 675)

automation a system or process that uses mechanical or electronic devices that replace human workers (p. 830)

B

baby boom a marked increase in the birthrate, especially in the United States immediately following World War II (p. 822)

balance of power the distribution of power among nations so that no single nation can dominate or interfere with another (pp. 667, 897)

bankruptcy the condition of being unable to pay one's debts; one's property is managed or sold to pay those to whom one owes money (p. 933)

barrio a Spanish-speaking neighborhood in a city, especially in the southwest U.S. (p. 633)

black codes laws passed in the South just after the Civil War aimed at controlling freedmen and enabling plantation owners to exploit African American workers (p. 98)

blacklist list of persons who are disapproved of and are punished, such as by being refused jobs (p. 807)

blitzkrieg name given to the sudden, violent offensive attacks the Germans used during World War II; "lightning war" (p. 759)

blockade cut off an area by means of troops or warships to stop supplies or people from coming in or going out; to close off a country's ports (p. 869)

border states the states between the North and the South that were divided over whether to stay in the Union or join the Confederacy (p. 96)

boycott to refuse to buy items from a particular country (p. 21); to refuse to use in order to show disapproval or force acceptance of one's terms (p. 841)

brand a symbol burned into an animal's hide to show ownership (p. 534)

budget deficit the amount by which government spending exceeds revenue (p. 937)

C

cabinet a group of advisers to the president (p. 75)

canal an artificial waterway (p. 89)

capitalism an economic system based on private property and free enterprise (p. 701)

casualty a military person killed, wounded, or captured (p. 97)

censure to express formal disapproval of some action (p. 809)

checks and balances the system in which each branch of government has a check on the other two branches so that no one branch becomes too powerful (p. 37)

circumnavigate to sail around the world (p. 9)

citizen a person who owes loyalty to and is entitled to the protection of a state or nation (p. 47)

civil disobedience refusal to obey laws that are considered unjust as a nonviolent way to press for changes (p. 842)

civil service the body of nonelected government workers (p. 612)

closed shop a workplace in which the employer by agreement hires only union members (p. 798)

cold war a struggle over political differences between nations carried on by methods short of war (p. 792)

collective bargaining discussion between an employer and union representatives of workers over wages, hours, and working conditions (p. 574)

concurrent powers powers shared by the states and the federal government (p. 37)

conquistador Spanish explorer in the Americas in the 1500s (p. 9)

conservation the protection and preservation of natural resources (p. 622)

consolidation the practice of combining separate companies into one (p. 557)

constituents people that members of Congress represent (p. 41)

constitution a formal plan of government (p. 51)

containment the policy or process of preventing the expansion of a hostile power (p. 791)

convoy a group that travels with something, such as a ship, to protect it (p. 678)

cooperative store where farmers bought products from each other; an enterprise owned and operated by those who use its services (p. 549)

corporation a business in which investors own shares (p. 568)

cotton gin a machine that removed seeds from cotton fiber (p. 81)

counterculture a social movement whose values go against those of established society (p. 878)

counter-terrorism military or political activities intended to combat terrorism (p. 949)

coup a sudden overthrow of a government by a small group (pp. 873, 930)

credibility gap lack of belief; a term used to describe the lack of trust in the Johnson administration's statements about the Vietnam War (p. 879)

D-Day the day on which the Allied forces invaded France during World War II; June 6, 1944 (pp. 772, 774)

default to fail to meet an obligation, especially a financial one (p. 726)

deferment an excuse, issued by the draft board, that lets a person be excused from military service for various reasons (p. 878)

deficit the shortage that occurs when spending is greater than income (p. 903)

demilitarized zone a region where no military forces or weapons are permitted (p. 805)

deport to send out of a country aliens who are considered dangerous (p. 701)

deregulation the act of cutting the restrictions and regulations that government places on business (p. 923)

détente a policy which attempts to relax or ease tensions between nations (p. 897)

dictator a leader who rules with total authority, often in a cruel or brutal manner (p. 753)

disarmament removal of weapons (p. 761)

discrimination unfair treatment of a group; unequal treatment because of a person's race, religion, ethnic background, or place of birth (p. 628)

dissent disagreement with or opposition to an opinion (p. 685)

dividend a stockholder's share of a company's profits, usually as a cash payment (p. 568)

dollar diplomacy a policy of joining the business interests of a country with its diplomatic interests abroad (p. 659)

domestic tranquility maintaining peace within the nation (p. 35)

domino theory the belief that if one nation in Asia fell to the Communists, neighboring countries would follow (pp. 819, 873)

dove a person who opposes war or warlike policies, such as one who opposed the Vietnam War (p. 878)

dry farming a way of farming dry land in which seeds are planted deep in ground where there is some moisture (p. 539)

due process of law idea that the government must follow procedures established by law and guaranteed by the Constitution (p. 46)

Dust Bowl the name given to the area of the southern Great Plains severely damaged by droughts and dust storms during the 1930s (p. 736)

emancipation freedom from slavery (p. 64)

embargo an order prohibiting trade with another country (p. 899)

emigrate to leave one's homeland to live elsewhere (p. 583)

entente an understanding between nations (p. 667)

enumerated powers powers belonging only to the federal government (p. 37)

escalate to increase or expand (p. 874)

espionage spying (p. 686)

ethnic group a minority that speaks a different language or follows different customs than the majority of people in a country (pp. 583, 667)

Glossary

evolution the scientific theory that humans and other living things have evolved over time (p. 718)

executive order a rule issued by a chief executive that has the force of law (p. 867)

exile a person forced to leave his or her country (p. 868)

expansionism a policy that calls for expanding a nation's boundaries (p. 639)

expatriate a person who gives up his or her home country and chooses to live in another country (p. 716)

F

fascism a political system, headed by a dictator, that calls for extreme nationalism and racism and no tolerance of opposition (p. 753)

favorite son candidate that receives the backing of his home state rather than of the national party (p. 83)

federal debt the amount of money owed by the government (p. 924)

federalism the sharing of power between federal and state governments (p. 37)

Federalists supporters of the Constitution (p. 27)

federation a type of government that links different groups together (p. 6)

feminist a person who advocates or is active in promoting women's rights (p. 857)

flapper a young woman of the 1920s who defied conventions in her behavior and dress (p. 714)

flexible response a plan that used special military units to fight guerrilla wars (p. 867)

Fourteen Points the peace plan to end World War I and restructure the countries of Europe, proposed by Woodrow Wilson (p. 689)

free silver the unlimited production of silver coins (p. 550)

freedman a person freed from slavery (p. 502)

front a region where warfare is taking place (p. 679)

fugitive runaway or trying to run away (p. 438)

fundamentalist a person who believes in the literal meaning of religious texts and strict obedience to religious laws (p. 913)

G

genocide the deliberate destruction of a racial, political, or cultural group (p. 775)

ghetto a part of a city in which a minority group lives because of social or economic pressure (p. 830)

ghost town former mining town that became deserted (p. 530)

Gilded Age the name associated with America in the late 1800s, referring to the extravagant wealth of a few and the terrible poverty that lay underneath (p. 592)

glasnost a Soviet policy allowing more open discussion of political and social issues, as well as more widespread news and information (p. 925)

global warming a steady increase in average world temperatures (p. 944)

grassroots society at the local and popular level away from political or cultural centers (p. 936)

gross domestic product the value of all the goods and services produced in a nation during a one-year period (p. 938)

gross national product the total value of all goods and services produced by a nation's residents during a year, regardless of where production takes place (p. 709)

guerrilla warfare a hit-and-run technique used in fighting a war; fighting by small bands of warriors using tactics such as sudden ambushes (p. 25)

H

hawk a person who advocates war or warlike policies, such as a supporter of the Vietnam War (p. 878)

Hispanic a person from or descended from people who came from the countries of Latin America or Spain (p. 858)

Holocaust the name given to the mass slaughter of Jews and other groups by the Nazis during World War II (p. 776)

homestead to acquire a piece of U.S. public land by living on and cultivating it (p. 537)

horizontal integration the combining of competing firms into one corporation (p. 569)

hot line a direct telephone line for emergency use (p. 870)

human rights rights regarded as belonging to all persons, such as freedom from unlawful imprisonment, torture, and execution (p. 912)

Hundred Days a special session of Congress that dealt with problems of the Depression (p. 732)

I

impeach to formally charge a public official with misconduct in office (pp. 41, 98, 938)

impeachment charging a public official with misconduct in office; if proven guilty before a designated court, the official is removed from office (pp. 51, 906)

imperialism the actions used by one nation to exercise political or economic control over smaller or weaker nations (p. 640)

implied powers powers not specifically mentioned in the Constitution (pp. 39, 76)

incumbent someone who currently holds an office or position (p. 939)

Industrial Revolution the change from an agrarian society to one based on industry which began in Great Britain and spread to the United States around 1800 (p. 81)

inflation a continuous rise in the price of goods and services (p. 796)

initiative the right of citizens to place a measure or issue before the voters or the legislature for approval (p. 614)

injunction a court order to stop an action, such as a strike (p. 575)

installment buying a system of paying for goods in which customers promise to pay small, regular amounts over a period of time (p. 711)

integrate to end separation of different races and bring into equal membership in society (p. 840)

Internet a worldwide linking of computer networks (p. 943)

internment camps the detention centers where Japanese Americans were moved to and confined during World War II (p. 768)

interstate across state lines; connecting or existing between two or more states (p. 849)

iron curtain the political and military barrier that isolated Soviet-controlled countries of Eastern Europe after World War II (p. 790)

ironclad armored naval vessel (p. 97)

island hopping a strategy used during World War II that called for attacking and capturing certain key islands and using these islands as bases to leapfrog to others (p. 779)

isolationism a national policy of avoiding involvement in world affairs (pp. 639, 707)

isthmus a narrow strip of land connecting two larger land areas (p. 657)

joint-stock company a company in which investors buy stock in the company in return for a share of its future profits (p. 12)

judicial review the right of the Supreme Court to determine if a law violates the Constitution (pp. 40, 78)

kamikaze during World War II, a Japanese suicide pilot whose mission was to crash into his target (p. 779)

laissez-faire policy that government should interfere as little as possible in the nation's economy (p. 621)

land-grant college originally, an agricultural college established as a result of the 1862 Morrill Act that gave states large amounts of federal land that could be sold to raise money for education (p. 598)

League of Nations an association of nations to preserve peace and resolve international disputes proposed in Wilson's Fourteen Points (p. 689)

lease to hand over property in return for rent (p. 705)

lend-lease the act passed during World War II allowing the United States to sell, lend, or lease arms or other war supplies to any nation considered "vital to the defense of the United States" (p. 761)

line-item veto the power that allows the president to cancel individual spending items in a budget or bill (p. 937)

lode a mass or strip of ore sandwiched between layers of rock (p. 529)

Loyalists American colonists who remained loyal to Britain and opposed the war for independence (p. 24)

maize an early form of corn grown by Native Americans (p. 5)

majority more than half (p. 64)

Manifest Destiny the idea popular in the United States during the 1800s that the country must expand its boundaries to the Pacific (p. 85)

martial law the law applied by military forces in occupied territory or in an emergency (p. 887)

mass media types of communication that reach large numbers of people, such as newspapers, radio, and television (p. 714)

mass production the production of large quantities of goods using machinery and often an assembly line (p. 566)

materialism attaching too much importance to physical possessions and comforts (p. 830)

Mayflower Compact a formal document, written in 1620, that provided law and order to the Plymouth colony (p. 12)

Medicaid a social program that gives the states money to help those who cannot afford to pay for their hospital bills (p. 847)

Medicare a social program that helps pay for medical care for the elderly (p. 847)

mercantilism the theory that a state's or nation's power depended on its wealth (p. 18)

merger the combining of two or more businesses into one (p. 571)

MIAs soldiers classified as missing in action (p. 889)

migrant worker a person who moves from place to place to find work harvesting fruits and vegetables (p. 737)

migration a movement of a large number of people into a new homeland (p. 5)

militarism a buildup of military strength within a country (p. 667)

militia a group of civilians trained to fight in emergencies (p. 23)

mobilization gathering resources and preparing for war (pp. 683, 765)

moderate opposed to major social change or extreme political ideas (p. 815)

monopoly total control of a type of industry by one person or one company (p. 570)

muckraker a journalist who uncovers abuses and corruption in a society (p. 613)

National Grange the first farmers' organization in the United States (p. 549)

nationalism loyalty to a nation and promotion of its interests above all others (p. 667)

nativism the belief that those born in a country are superior to immigrants (p. 717)

naturalization to grant full citizenship to a foreigner (pp. 47, 54)

New Deal the name given to the new laws aimed at relieving the Depression, which were passed by Congress during the Hundred Days and the months that followed (p. 733)

nomadic moving from place to place with no permanent home (p. 543)

nomads people who move from place to place, usually in search of food or grazing land (p. 5)

Northwest Passage water route to Asia through North America sought by European explorers (p. 11)

on margin to buy stock by paying only a fraction of the stock price and borrowing the rest (p. 725)

Open Door policy a policy that allowed each foreign nation in China to trade freely in the other nations' spheres of influence (p. 647)

open range land not fenced or divided into lots (p. 534)

ore a mineral mined for the valuable substance it contains, such as silver (p. 529)

override to overturn or defeat, as a bill proposed in Congress (p. 43)

ozone the layer of gas composed of a form of oxygen that protects the earth and its people from cancer-causing sun rays (p. 944)

pacifist person opposed to the use of war or violence to settle disputes (p. 686)

Patriots American colonists who were determined to fight the British until American independence was won (p. 25)

patronage another name for the spoils system, in which government jobs or favors are given out to political allies and friends (p. 612)

peaceful coexistence agreement between opposing countries that they will compete with one another but will avoid war (p. 820)

pension a sum paid regularly to a person, usually after retirement (p. 743)

perestroika a policy of government and economic reform in the Soviet Union in the mid-1980s (p. 926)

perjury lying when one has sworn an oath to tell the truth (p. 807)

philanthropy charitable acts or gifts of money to benefit the community (p. 570)

political machine an organization linked to a political party that often controlled local government (p. 610)

pool a group sharing in some activity, for example, among railroad barons who made secret agreements and set rates among themselves (p. 559)

popular sovereignty political theory that government is subject to the will of the people (p. 36)

Populist Party U.S. political party formed in 1892 representing mainly farmers, favoring free coinage of silver and government control of railroads and other monopolies (p. 550)

poverty line a level of personal or family income below which one is classified as poor according to government standards (p. 847)

preamble the introduction to a formal document, especially the Constitution (p. 35)

precedent a tradition (p. 75)

primary an election in which voters choose their party's candidate (p. 614)

productivity how much work each worker does (pp. 710, 822)

prohibition the forbidding by law of the making or selling of alcoholic beverages (p. 619)

Prohibition the nationwide ban on the manufacture, sale, and transportation of liquor in the United States that went into effect when the Eighteenth Amendment was ratified in 1919 (p. 717)

propaganda ideas or information designed and spread to influence opinion (p. 672)

proprietary colony colony run by individuals or groups to whom land was granted (p. 12)

protectorate a country that is technically independent, but is actually under the control of another country (p. 653)

public works projects such as highways, parks, and libraries built with public funds for public use (p. 727)

Puritans Protestants who, during the 1600s, wanted to reform the Anglican Church (p. 12)

quota system an arrangement placing a limit on the number of immigrants from each country (p. 718)

R

ragtime a type of music with a strong rhythm and a lively melody with accented notes, which was popular in early 1900s (p. 601)

ration to give out scarce items on a limited basis (p. 766)

realism an approach to literature, art, and theater that shows things as they really are (p. 600)

rebate discount or return of part of a payment (p. 559)

recall the right that enables voters to remove unsatisfactory elected officials from office (p. 614)

recession a downward turn in business activity (p. 709)

Reconstruction the reorganization and rebuilding of the former Confederate states after the Civil War (p. 98)

referendum the practice of letting voters accept or reject measures proposed by the legislature (p. 614)

regionalism in art or literature, the practice of focusing on a particular region of the country (p. 600)

relief aid for the needy; welfare (p. 727)

Renaissance a period of intellectual and artistic creativity, c. 1300–1600 (p. 7)

reparations payment by the losing country in a war to the winner for the damages caused by the war (p. 690)

republic a government in which citizens rule through elected representatives (p. 26)

republicanism favoring a republic, or representative democracy, as the best form of government (p. 36)

reservation an area of public lands set aside for Native Americans (p. 543)

reserved powers powers retained by the states (p. 37)

resolution a formal expression of opinion (p. 54)

revenue incoming money (p. 52)

revenue sharing money raised from federal taxes and given to the states for use at the state and local levels (p. 902)

S

sabotage secret action by enemy agents or sympathizers to damage a nation's war effort (p. 686)

search-and-destroy mission a strategy used in Vietnam in which American forces sought Vietcong and North Vietnamese units to destroy them (p. 875)

secede to leave or withdraw (p. 84)

secession withdrawal from the Union (p. 95)

Second New Deal a new set of programs and reforms launched by Franklin D. Roosevelt in 1935 (p. 744)

sectionalism loyalty to a region (p. 82)

segregation the separation or isolation of a race, class, or group (p. 838)

Separatists Protestants who, during the 1600s, wanted to leave the Anglican Church in order to found their own churches (p. 12)

settlement house institution located in a poor neighborhood that provided numerous community services such as medical care, child care, libraries, and classes in English (p. 593)

shareholder a person who invests in a corporation by buying stock and is a partial owner (p. 568)

shuttle diplomacy negotiations between nations carried on by a person who travels back and forth between them (p. 900)

silent majority the phrase used by Nixon to describe the majority of Americans, those who did not protest or demonstrate (p. 882)

sit-in the act of occupying seats or sitting down on the floor of an establishment as a form of organized protest (p. 849)

slum poor, crowded, and run-down urban neighborhoods (p. 591)

Social Security Act a law requiring workers and employers to pay a tax; the money provides a monthly pension for retired people (p. 744)

socialist person who believes industries should be publicly owned and run by the government rather than by private individuals (p. 686)

sodbuster a name given to the Plains farmer (p. 539)

sphere of influence section of a country where one foreign nation enjoys special rights and powers (p. 647)

square deal Theodore Roosevelt's promise of fair and equal treatment for all (p. 621)

stagflation a combination of rising prices and a sluggish economy with relatively high unemployment (p. 903)

stalemate a situation during a conflict when action stops because both sides are equally powerful and neither will give in (p. 804)

standard gauge the uniform width of 4 feet, 8.5 inches for railroad tracks, adopted during the 1880s (p. 558)

standard of living a measure of people's overall wealth and quality of life; a minimum of necessities and luxuries that a group is accustomed to (p. 822)

steerage cramped quarters on a ship's lower decks for passengers paying the lowest fares (p. 584)

stock shares of ownership a company sells in its business which often carry voting power (p. 568)

stock exchange a place where shares in corporations are bought and sold through an organized system (p. 725)

strikebreaker person hired to replace a striking worker in order to break up a strike (p. 575)

subsidy grant of money from the government to a person or a company for an action intended to benefit the public (pp. 530, 733)

suburbs residential areas that sprang up close to or surrounding cities as a result of improvements in transportation (p. 592)

subversion an attempt to overthrow a government by persons working secretly from within (p. 806)

Glossary

Glossary

suffragist a man or woman who fought for a woman's right to vote (p. 616)

summit a meeting of heads of government (p. 820)

surplus excess; amount left over after necessary expenses are paid (p. 815)

sweatshop a shop or factory where workers work long hours at low wages under unhealthy conditions (pp. 573, 585)

tariff a tax on imports or exports (p. 84)

tenant farmer farmer who works land owned by another and pays rent either in cash or crops (p. 91)

tenement a building in which several families rent rooms or apartments, often with little sanitation or safety (p. 591)

terrorism the use of violence by groups against civilians to achieve a political goal (p. 944)

theocracy a form of government in which the society is ruled by religious leaders (p. 5)

total war war on all aspects of the enemy's life (p. 97)

totalitarian a political system in which the government suppresses all opposition and controls most aspects of people's lives (p. 754)

trade deficit the situation when the value of a country's foreign imports exceeds the value of its exports (p. 911)

trade union organization of workers with the same trade or skill (p. 573)

transcontinental extending across a continent (p. 531)

triangular trade a trade route that exchanged goods between the West Indies, the American colonies, and West Africa (p. 17)

trust a combination of firms or corporations formed by a legal agreement, especially to reduce competition (pp. 569, 612)

trustbuster someone who breaks up a trust into smaller companies (p. 621)

underemployment the condition when people work at jobs for which they are overqualified or that do not utilize their skills (p. 908)

Underground Railroad a system that helped enslaved African Americans follow a network of escape routes out of the South to freedom in the North (p. 93)

unemployment insurance payments by the government for a limited period of time to people who have lost their jobs (p. 744)

utopia community based on a vision of a perfect society sought by reformers (p. 91)

vaquero Hispanic ranch hand (p. 536)

vaudeville stage entertainment made up of various acts, such as dancing, singing, comedy, and magic shows (p. 602)

vertical integration the combining of companies that supply equipment and services needed for a particular industry (p. 570)

Vietcong the guerrilla soldiers of the Communist faction in Vietnam, also known as the National Liberation Front (p. 872)

Vietnamization Nixon's policy that called for South Vietnam to take a more active role in fighting the war and for Americans to become less involved (p. 885)

vigilantes people who take the law into their own hands (p. 529)

work relief programs that gave needy people government jobs (p. 733)

writ of assistance legal document that enabled officers to search homes and warehouses for goods that might be smuggled (p. 20)

yellow journalism writing which exaggerates sensational, dramatic, and gruesome events to attract readers, named for stories that were popular during the late 1800s (p. 600); a type of sensational, biased, and often false reporting (p. 650)

yeoman Southern owner of a small farm who did not have enslaved people (p. 91)

Spanish Glossary

A

abolitionist/abolicionista una persona que favorece firmemente suprimir la esclavitud (p. 92)

affirmative action/acción afirmativa un esfuerzo activo para mejorar las oportunidades de educación y empleo para grupos de minorías y de la mujer (p. 902)

affluence/afluencia la condición de tener mucha riqueza (p. 822)

airlift/puente aéreo un sistema de transportar comida y abastos por vehículos aéreos hasta un área que no se puede alcanzar de otras maneras (p. 792)

alleged/alegado dicho como un hecho pero sin pruebas (p. 808)

alliance system/sistema de alianza acuerdos de defensa entre naciones (p. 667)

amendment/enmienda una adición a un documento formal tal como la Constitución (pp. 27, 39)

amnesty/amnistía el otorgar perdón a un número grande de personas; la protección del proceso a causa de una acción ilegal (p. 907)

anarchist/anarquista una persona que cree que no debe de haber ningún gobierno (p. 701)

anarchy/anarquía desorden y sin ley (p. 658)

annex/anexar añadir un territorio a su propio territorio (p. 86)

annexation/anexión traer un área bajo el control de un país más grande (p. 645)

anti-Semitism/antisemitismo hostilidad hacia o discriminación en contra de los judíos (p. 753)

apartheid/apartheid la separación racial y discriminación económica y política en contra de la gente no blanca, una política anteriormente practicada en la República de África del Sur (p. 912)

appeasement/apaciguamiento aceptar demandas para evitar conflictos (p. 755)

appropriate/destinar apartar para un propósito en particular, dicho especialmente de fondos (p. 41)

arbitration/arbitraje arreglo de una disputa por medio de un acuerdo para aceptar la decisión de una persona imparcial (p. 621)

armistice/armisticio un acuerdo temporal de paz para suprimir combates (pp. 652, 680)

arms race/carrera de armas la competición entre los Estados Unidos y la Unión Soviética para construir más y más armas, cada uno con el propósito de sobrepasar el poder militar del otro (p. 817)

assembly line/línea de montaje un sistema de producción arreglado con máquinas y trabajadores para que cada persona haga vez tras vez su trabajo designado mientras el artículo pasa por en frente de él (p. 565)

assimilate/asimilar introducir a un grupo dentro de la cultura de una población más grande (p. 585)

autocracy/autocracia gobierno en el cual una persona lleva el poder sin límite (p. 675)

automation/automatización un sistema o proceso que usa aparatos mecánicos o electrónicos para reemplazar a los trabajadores humanos (p. 830)

B

baby boom/auge de nacimientos un aumento marcado de la proporción de nacimientos, como el de los Estados Unidos inmediatamente después de terminar la Segunda Guerra Mundial (p. 822)

balance of power/balance de poder la distribución de poder entre naciones para que ninguna nación en particular pueda dominar o interferir con otra (pp. 667, 897)

bankruptcy/bancarrota la condición de no poder pagar sus deudas; la propiedad de uno es manejada o vendida para pagar a las personas a las cuales uno debe dinero (p. 933)

barrio/barrio una vecindad hispanoparlante de una ciudad, especialmente en el sudoeste de EE.UU. (p. 633)

black codes/códigos negros leyes establecidas en el Sur al terminar la Guerra Civil para controlar a los libertos y permitir a los dueños de plantaciones la explotación de los trabajadores afroamericanos (p. 98)

blacklist/lista negra una lista de personas que son desaprobadas y castigadas, tal como rehusar a darles trabajo (p. 807)

blitzkrieg/*blitzkrieg* nombre dado a los ataques ofensivos súbitos y violentos usados por los alemanes durante la Segunda Guerra Mundial; "guerra relámpago" (p. 759)

blockade/bloqueo el cerrar un área por medio de tropas o de buques de guerra para prohibir el entrar y el salir de abastos y de personas; cerrar los puertos de un país (p. 869)

border states/estados fronterizos los estados entre el Norte y el Sur que fueron divididos sobre el problema de quedarse en la Unión o de unirse a la Confederación (p. 96)

boycott/boicotear rehusar comprar artículos de un país en particular (p. 21); rehusar usar (p. 841)

brand/marca a fuego un símbolo quemado en la piel de un animal para mostrar título de propiedad (p. 534)

budget deficit/déficit del presupuesto la cantidad por la cual los gastos exceden las rentas, especialmente referente al gobierno (p. 937)

C

cabinet/gabinete un grupo de consejeros al presidente (p. 75)

canal/canal vía artificial de agua (p. 89)

capitalism/capitalismo un sistema económico basado en la propiedad particular y la empresa libre (p. 701)

casualty/baja un miliciano muerto, herido, o capturado (p. 97)

censure/censurar expresar desaprobación formal de alguna acción (p. 809)

checks and balances/inspecciones y balances el sistema en el cual cada rama de gobierno refrena las otras dos ramas para que ninguna rama vuelva a ser demasiado poderosa (p. 37)

circumnavigate/circunnavegar navegar alrededor del mundo (p. 9)

citizen/ciudadano una persona que debe ser leal y tiene derecho a la protección de un estado o nación (p. 47)

civil disobedience/desobediencia civil el rehusar obedecer las leyes que uno considera injustas como una manera pacífica para inisistir en cambios (p. 842)

civil service/servicio civil el cuerpo de trabajadores gubernamentales no elegidos (p. 612)

closed shop/taller cerrado un lugar de trabajo en el cual, por acuerdo, el empresario contrata sólo a los miembros del sindicato (p. 798)

cold war/guerra fría una lucha sobre diferencias políticas entre naciones llevada a cabo por métodos fuera de guerra (p. 792)

collective bargaining/negociaciones colectivas discusión entre el empresario y los representantes sindicales de los trabajadores sobre salario, horas, y condiciones del taller (p. 574)

concurrent powers/poderes concurrentes poderes compartidos por los estados y el gobierno federal (p. 37)

conquistador/conquistador explorador español en las Américas en los años 1500 (p. 9)

conservation/conservación la protección y preservación de recursos naturales (p. 622)

consolidation/consolidación la práctica de juntar compañías particulares en una (p. 557)

constituents/constituyentes personas representadas por miembros del Congreso (p. 41)

constitution/constitución un plan formal de gobierno (p. 51)

containment/contención la política o proceso de prohibir la expansión de un poder hostil (p. 791)

convoy/convoy un grupo que viaja con algo, tal como un buque, para protegerlo (p. 678)

cooperative/cooperativa una tienda donde los granjeros compraban productos uno al otro; una empresa poseída y operada por los que usan sus servicios (p. 549)

corporation/sociedad anónima un grupo autorizado por ley a montar una actividad pero con los derechos y deberes de una persona particular (p. 568)

cotton gin/despepitadora de algodón una máquina que sacaba las semillas de las fibras de algodón (p. 81)

counterculture/contracultura un movimiento social cuyos valores están en contra de los de la sociedad establecida (p. 878)

counter-terrorism/*contraterrorismo* actividades militares o políticos con el fin de combatir el terrorismo (p. 949)

coup/golpe derrocamiento súbito de un gobierno por un grupo pequeño (pp. 873, 930)

credibility gap/resquicio de credibilidad falta de creencia; un término usado para describir la falta de confianza en los anuncios de la administración de Johnson referente a la Guerra en Viet Nam (p. 879)

D-Day/D-Day el día en el cual las fueras Aliadas invadieron Francia durante la Segunda Guerra Mundial; el 6 de junio de 1944 (pp. 772, 774)

default/incumplimiento de pago fallar en hacer una obligación, especialmente una financiera (p. 726)

deferment/aplazamiento un perdón, aprobado por la junta de reclutamiento, que permite que sea perdonada una persona del servicio militar por varias razones (p. 878)

deficit/déficit escasez que ocurre cuando los gastos son más que los ingresos (p. 903)

demilitarized zone/zona desmilitarizada una región donde no se permite ninguna fuerza militar ni armas (p. 805)

deport/deportar mandar afuera de un país a los extranjeros que se consideran peligrosos (p. 701)

deregulation/deregulación el acto de quitar las limitaciones y reglamentos que el gobierno había puesto en el comercio (p. 923)

détente/*détente* una política que intenta relajar o aliviar tensiones entre naciones (p. 897)

dictator/dictador un líder que manda con plena autoridad, a menudo de una manera cruel o brutal (p. 753)

disarmament/desarme el quitar armas (p. 761)

discrimination/discriminación trato injusto de un grupo; trato parcial a causa de la raza, la religión, los antecedentes étnicos, o lugar de nacimiento de alguién (p. 628)

dissent/disensión desacuerdo con u oposición a una opinión (p. 685)

dividend/dividendo cheque que se paga a los accionistas, por lo general trimestralmente, representa una porción de las ganancias de la corporación (p. 568)

dollar diplomacy/diplomacia del dólar una política de unir los intereses comerciales de un país con sus intereses diplomáticos al extranjero (p. 659)

domestic tranquility/tranquilidad doméstica mantener la paz dentro de la nación (p. 35)

domino theory/teoría dominó la creencia de que si una nación de Asia hubiera caído a los comunistas los países vecinos la habrían seguido (pp. 819, 873)

dove/paloma una persona que se opone a la guerra y las políticas de guerra, tal como una persona que se oponía a la Guerra en Viet Nam (p. 878)

dry farming/agricultura seca una manera de cultivar tierra seca en la cual las semillas se plantan al fondo de la tierra donde hay un poco de humedad (p. 539)

due process of law/proceso justo de ley idea de que el gobierno debe de seguir los procesos establecidos por ley y garantizados por la Constitución (p. 46)

Dust Bowl/Cuenca de Polvo el nombre dado al área del sur de las Grandes Llanuras extensivamente dañada por las sequías y las tempestades del polvo durante los años 1930 (p. 736)

E

emancipate/emancipar liberar de la esclavitud (p. 64)

embargo/embargo una orden que prohibe el comercio con otro país (p. 899)

emigrate/emigrar dejar su patria para vivir en otras partes (p. 583)

entente/convenio un acuerdo entre naciones (p. 667)

enumerated powers/poderes enumerados poderes que pertenecen solamente al gobierno federal (p. 37)

escalate/intensificar aumentar o extender (p. 874)

espionage/espionaje espiar (p. 686)

ethnic group/grupo étnico una minoría que habla un idioma diferente o que sigue costumbres diferentes que la mayoría de la gente de un país (pp. 583, 667)

evolution/evolución la teoría científica de que los seres humanos y otros seres vivos se han desarrollado tras largos períodos de tiempo (p. 718)

executive order/orden ejecutiva una regla emitida por un jefe ejecutivo que lleva la fuerza de ley (p. 867)

exile/exilio una persona forzada a abandonar su patria (p. 868)

expansionism/expansionismo una política que demanda el extender las fronteras de una nación (p. 639)

expatriate/expatriado una persona que abandona su patria y decide vivir en otro país (p. 716)

F

fascism/fascismo un sistema político, dirigido por un dictador, que demanda nacionalismo y racismo extremo, y ninguna tolerancia de oposición (p. 753)

favorite son/hijo favorito candidato que recibe el apoyo de su estado natal en lugar del partido nacional (p. 83)

federal debt/deuda federal la cantidad de dinero debido por el gobierno (p. 924)

federalism/federalismo el compartir el poder entre el gobierno federal y los gobiernos estatales (p. 37)

Federalists/federalistas apoyadores de la Constitución (p. 27)

federation/federación una forma de gobierno que une grupos diferentes (p. 6)

feminist/feminista una persona que aboga por o está activa en promulgar los derechos de la mujer (p. 857)

flapper/flapper una jovencita de los años 1920 que retaba las costumbres de comportamiento e indumentaria (p. 714)

flexible response/respuesta flexible un plan que usaba unidades militares especiales para montar guerras al estilo guerrilla (p. 867)

Fourteen Points/Catorce Puntos el plan de paz para suprimir la Primera Guerra Mundial y reestructurar los países de Europa, propuesto por Woodrow Wilson (p. 689)

free silver/plata libre la producción sin límite de monedas de plata (p. 550)

freedman/liberto una persona liberada de la esclavitud (p. 502)

front/frente una región donde la guerra activa se lleva a cabo (p. 679)

fugitive/fugitivo evadido que trata de huir (p. 438)

fundamentalist/fundamentalista una persona que cree en el sentido literal de escrituras religiosas y la obediencia estricta a leyes religiosas (p. 913)

G

genocide/genocidio el eradicar un grupo racial, político, o cultural (p. 775)

ghetto/ghetto una parte de una ciudad en la cual vive un grupo de minoría a causa de presión económica o social (p. 830)

ghost town/pueblo de espectros pueblo anterior de mineros que se dejó (p. 530)

Gilded Age/la Época Dorada el nombre asociado con América al final de los años 1800, referente a la gran riqueza de los tiempos y la terrible pobreza que estaba debajo (p. 592)

glasnost/glasnost una política soviética que permitía discusión más abierta de cuestiones políticas y sociales, y la promulgación más amplia de noticias e información (p. 925)

global warming/calentamiento mundial un aumento contínuo del promedio de temperaturas mundiales (p. 944)

grassroots/la gente común la sociedad al nivel local y popular afuera de los centros políticos y culturales (p. 936)

gross domestic product/producto interno bruto valor de todos los productos dentro de las fronteras nacionales de un país en un año (p. 938)

gross national product/producto nacional bruto valor total de todos los productos producidos en un año con la mano de obra y la propiedad suplidas por los residentes de un país, sin importar donde toma lugar la producción (p. 709)

guerrilla warfare/contienda a guerrilleros una técnica de tirar y darse a la huída usada en combates de guerra (pp. 25, 867)

H

hawk/halcón una persona que aboga por la guerra y las políticas de guerra, tal como un apoyador de la Guerra en Viet Nam (p. 878)

Hispanic/hispano una persona o descendiente de la gente que vinieron de los países de Latinoamérica o de España (p. 858)

Holocaust/Holocausto el nombre dado a la matanza extensa de judíos y otros grupos por los nazis durante la Segunda Guerra Mundial (p. 776)

homestead/*homestead* adquirir una pieza de tierra pública de EE.UU. por medio de vivir en ella y cultivarla (p. 537)

horizontal integration/integración horizontal la asociación de firmas competitivas en una sociedad anónima (p. 569)

hot line/línea de emergencia una línea telefónica directa para uso en caso de emergencia (p. 870)

human rights/derechos humanos derechos, tal como la libertad de encarcelamiento ilegal, tortura, y ejecución, considerados como pertenecientes a todas las peronas (p. 912)

Hundred Days/Cien Días una sesión especial del Congreso llamada por Franklin D. Roosevelt para tratar los problemas de la Depresión (p. 732)

I

impeach/acusar acusación formal a un oficial público de mala conducta en la oficina (pp. 41, 98, 938)

impeachment/acusación el acusar a un oficial público de mala conducta en la oficina; si se le prueba culpable ante una corte designada, se le despide de la oficina (pp. 51, 906)

imperialism/imperialismo las acciones usadas por una nación para ejercer control político o económico sobre naciones más pequeñas y débiles (p. 640)

implied powers/poderes implícitos poderes no mencionados específicamente en la Constitución (pp. 39, 76)

incumbent/titular alguién que actualmente tiene un oficio o posición (p. 939)

Industrial Revolution/Revolución Industrial el cambio de una sociedad agraria en una basada en la industria que empezó en la Gran Bretaña y se promulgó a los Estados Unidos alrededor del año 1800 (p. 81)

inflation/inflación aumento contínuo del precio de productos y servicios (p. 796)

initiative/iniciativa el derecho de los ciudadanos de poner una medida o tema ante los votantes o la legislatura para aprobación (p. 614)

injunction/amonestación una orden judicial para terminar una acción, tal como una huelga (p. 575)

installment buying/compra a plazos un sistema de comprar productos en el cual los clientes prometen hacer pagos pequeños y regulares a través de un período de tiempo (p. 711)

integrate/integrar suprimir la segregación de las razas diferentes e introducir a membrecía igual y común en la sociedad (p. 840)

Internet/Internet enlace a través de todo el mundo de redes de computadoras (p. 943)

internment camps/campos de internamiento los centros de detención adonde los americanos japoneses fueron trasladados y allí encerrados durante la Segunda Guerra Mundial (p. 768)

interstate/interestatal a través de fronteras estatales; que conecta o existe entre dos o más estados (p. 849)

iron curtain/cortina de hierro la barrera política y militar para los países de Europa Oriental controlados por los soviéticos que los aislaba después de la Segunda Guerra Mundial (p. 790)

ironclad/acorazado buque armado (p. 97)

island hopping/saltar islas una estrategia usada durante la Segunda Guerra Mundial que demandó el atacar y capturar ciertas islas importantes para usarlas como bases para saltar por encima de otras (p. 779)

isolationism/aislacionismo una política nacional de evitar el involucramiento en asuntos mundiales (pp. 639, 707)

isthmus/istmo una faja estrecha de tierra que conecta dos áreas de tierra más grandes (p. 657)

J

joint-stock company/compañía por acciones una compañía en la cual los inversionistas compran acciones de la compañía a cambio de una porción de las ganancias en el futuro (p. 12)

judicial review/repaso judicial el derecho del Tribunal Supremo para determinar si una ley viola la Constitución (pp. 40, 78)

K

kamikaze/kamikase durante la Segunda Guerra Mundial, un piloto suicida japonés cuya misión era chocar con el blanco (p. 779)

L

laissez-faire/*laissez-faire* la creencia de que el gobierno no debe de involucrarse en los asuntos comerciales y económicos del país (p. 621)

land-grant college/colegio de tierras donadas originalmente, un colegio agrícola establecido como resultado del Decreto Morrill de 1862 que dio a los estados, grandes cantidades de tierras federales que podrían ser vendidas para recaudar dinero para la educación (p. 598)

League of Nations/Liga de Naciones una asociación de naciones para mantener la paz y resolver disputas internacionales propuesta en los Catorce Puntos de Wilson (p. 689)

lease/arrendar entregar propiedad en cambio de renta (p. 705)

lend-lease/prestar-arrendar el decreto aprobado durante la Segunda Guerra Mundial que permitía a los Estados Unidos que vendiera, prestara, o arrendara armas u otros abastos de guerra a cualquier nación considerada "vital para la defensa de los Estados Unidos" (p. 761)

line-item veto/veto de partida el poder que permite al presidente que cancele partidas particulares de gastos de un presupuesto o proyecto de ley (p. 937)

lode/filón una faja o venero de mena intercalada entre estratos de piedra (p. 529)

Loyalists/lealistas colonizadores americanos que quedaron leales a la Bretaña y se opusieron a la guerra para la independencia (p. 24)

M

maize/maíz una forma antigua de elote cultivado por los Nativos Americanos (p. 5)

majority/mayoría más de la mitad (p. 64)

Manifest Destiny/Destino Manifiesto la idea popular en los Estados Unidos durante los años 1800 de que el país debería de extender sus fronteras hasta el Pacífico (p. 85)

martial law/ley marcial ley administrada por las autoridades civiles en una situación de emergencia (p. 887)

mass media/difusoras de información formas de comunicación que alcanzan a grandes números de personas, tal como periódicos, radio, y televisión (p. 714)

mass production/fabricación en serie la producción de grandes cantidades de productos usando máquinas y muchas veces una línea de montaje (p. 566)

materialism/materialismo atribuir demasiada importancia a las posesiones y comodidades físicas (p. 830)

Mayflower Compact/Convenio del Mayflower un documento formal escrito en 1620 que proporcionó leyes para el mantenimiento del orden público en la colonia de Plymouth (p. 12)

Medicaid/*Medicaid* un programa social que da dinero a los estados para ayudar a las personas que no pueden pagar la factura del hospital (p. 847)

Medicare/*Medicare* un programa social que ayuda en pagar el esmero médico para los ancianos (p. 847)

mercantilism/mercantilismo idea de que el poder de una nación dependía de ampliar su comercio y aumentar sus reservas de oro (p. 18)

merger/fusión de empresas la asociación de dos o más negocios en uno (p. 571)

MIAs/*MIAs* soldados clasificados como extraviados en la guerra, inglés *missing in action* (p. 889)

migrant worker/obrero migrante una persona que se mueve de un lugar a otro para buscar trabajo en la cosecha de frutas y vegetales (p. 737)

migration/migración el movimiento de un gran número de personas hacia una nueva patria (p. 5)

militarism/militarismo un desarrollo de poder militar dentro de un país (p. 667)

militia/milicia un grupo de civiles entrenados para luchar durante emergencias (p. 23)

mobilization/mobilización juntar recursos y preparar para la guerra (pp. 683, 765)

moderate/moderado opuesto a gran cambio social o ideas políticas extremas (p. 815)

monopoly/monopolio control total de una industria por una persona o una compañía (p. 570)

muckraker/expositor de corrupción periodista que descubre abusos y corrupción en una sociedad (p. 613)

N

National Grange/Granja Nacional la primera organización de granjeros de los Estados Unidos (p. 549)

nationalism/nacionalismo lealtad a una nación y promoción de sus intereses sobre todos los demás (p. 667)

nativism/nativismo la creencia de que aquellos que nacieron en un país son mejores que los inmigrantes (p. 717)

naturalization/naturalización el otorgar la plena ciudadanía a un extranjero (pp. 47, 54)

New Deal/Nuevo Trato el nombre dado a las leyes nuevas con la meta de aliviar la Depresión que fueron estatuidas por el Congreso durante los Cien Días y los meses siguientes (p. 733)

nomadic/nómada que se mueve de un lugar a otro sin hogar permanente (p. 543)

nomads/nómadas personas que se mueven de lugar a lugar, generalmente en busca de comida o de tierras para pastar (p. 5)

Northwest Passage/Paso Noroeste ruta acuática para Asia por América del Norte buscada por exploradores europeos (p. 11)

O

on margin/al margen comprar acciones por pagar sólo una fracción del precio del valor y el resto del préstamo recibido a un corredor (p. 725)

Open Door policy/política de Puerta Abierta una política que permitía a cada nación extranjera en China que comerciara libremente en las esferas de influencia de las otras naciones (p. 647)

open range/terreno abierto tierra sin cercas ni dividida en solares (p. 534)

ore/mena un mineral minado por la sustancia valorable que contiene, tal como plata (p. 529)

override/vencer rechazar o derrotar, como un proyecto de ley propuesto en el Congreso (p. 43)

ozone/ozono el estrato de gas compuesto de una forma de oxígeno que protege la tierra y a su gente de los rayos del sol que causan el cáncer (p. 944)

P

pacifist/pacifista persona opuesta al uso de guerra o violencia para arreglar disputas (p. 686)

Patriots/patriotas colonizadores americanos que estaban determinados para luchar en contra de los británicos hasta que se ganara la independencia americana (p. 25)

patronage/patronazgo otro nombre del sistema de recompensa política en el cual puestos y favores gubernamentales se dan a aliados políticos y a amigos (p. 612)

peaceful coexistence/coexistencia pacífica acuerdo entre países opuestos de que competirán uno con el otro pero evitarán la guerra (p. 820)

Spanish Glossary

pension/pensión una cantidad pagada a una persona, generalmente después de la jubilación (p. 743)

perestroika/*perestroika* una política de gobierno y economía empezada por Gorbachev en la Unión Soviética a mediados de los años 1980 (p. 926)

perjury/perjurio el mentir después de haber jurado decir la verdad (p. 807)

philanthropy/filantropía acciones caritativas o donaciones de dinero para beneficiar a la comunidad (p. 570)

political machine/máquina política una organización aliada con un partido político que muchas veces controlaba el gobierno local (p. 610)

pool/consorcio un grupo compartiendo de una actividad, por ejemplo, entre barones ferrocarrileros que hacían acuerdos secretos y fijaban tipos entre ellos mismos (p. 559)

popular sovereignty/soberanía popular la teoría política de que el gobierno está sujeto a la voluntad del pueblo (p. 36)

Populist Party/Partido Populista partido político de los EE.UU. formado en 1892 que representaba principalmente a los granjeros, que favorecía la acuñación libre de plata y el control gubernamental de ferrocarriles y otros monopolios (p. 550)

poverty line/línea de pobreza el nivel de ingresos personales o familiares clasificado de pobre según la norma del gobierno (p. 847)

preamble/preámbulo la introducción de un documento formal, especialmente la Constitución (p. 35)

precedent/precedente una tradición (p. 75)

primary/elección preliminar una elección en la cual los votantes escogen al candidato de su partido (p. 614)

productivity/productividad la cantidad de trabajo que hace cada trabajador (pp. 710, 822)

prohibition/prohibición leyes que prohíben el hacer o vender de bebidas alcohólicas (p. 619)

Prohibition/Prohibición entredicho contra la fabricación, transportación, y venta de bebidas alcohólicas por todo los Estados Unidos (p. 717)

propaganda/propaganda ideas o información diseñadas para influenciar la opinión (p. 672)

proprietary colony/colonia propietaria colonia dirigida por personas o grupos a quienes se les había otorgado la tierra (p. 12)

protectorate/protectorado un país que es técnicamente independiente, pero que en realidad está bajo el control de otro país (p. 653)

public works/proyectos públicos proyectos tal como carreteras, parques, y bibliotecas construidos con fondos públicos para el uso del público (p. 727)

Puritans/puritanos protestantes que, durante los años 1600, querían reformar la iglesia anglicana (p. 12)

quota system/sistema de cuotas un arreglo que pone un límite en el número de inmigrantes de cada país (p. 718)

R

ragtime/*ragtime* una clase de música con un ritmo fuerte y una melodía animada con notas acentuadas que era popular al principio del siglo (p. 601)

ration/racionar distribuir los artículos escasos sobre una base limitada (p. 766)

realism/realismo una perspectiva de literatura, arte, y teatro que representa las cosas tal como son (p. 600)

rebate/rebaja descuento o devolución de una porción de un pago (p. 559)

recall/elección de revocación el derecho que permite a los votantes que despidan de la oficina a los oficiales elegidos que son inadecuados (p. 614)

recession/recesión un deslizamiento en actividades comerciales (p. 709)

Reconstruction/Reconstrucción la reorganización y la reconstrucción de los anteriores estados confederados después de la Guerra Civil (p. 98)

referendum/referéndum la práctica de permitir a los votantes que acepten o rechazen medidas propuestas por la legislatura (p. 614)

regionalism/regionalismo en arte o literatura, la práctica de enfocar en una región en particular del país (p. 600)

relief/ayuda social ayuda para los pobres; asistencia pública (p. 727)

Renaissance/Renacimiento un período de creatividad intelectual y artística, alrededor de los años 1300–1600 (p. 7)

reparations/reparaciones pago por el país que pierde una guerra al país que gana por los daños causados por la guerra (p. 690)

republic/república un gobierno en el cual ciudadanos gobiernan por medio de representantes elegidos (p. 26)

republicanism/republicanismo que favorece una república, o sea una democracia representativa, como la mejor forma de gobierno (p. 36)

reservation/reservación un área de tierra pública apartada para los Nativos Americanos (p. 543)

reserved powers/poderes reservados poderes retenidos por los estados (p. 37)

resolution/resolución una expresión formal de opinión (p. 54)

revenue/ingresos entrada de dinero (p. 52)

revenue sharing/ingreso compartido dinero recaudado de impuestos federales y dado a los estados para uso a los niveles estatales y locales (p. 902)

S

sabotage/sabotaje acción secreta por agentes del enemigo o los que compadecen para dañar el esfuerzo de guerra de una nación (p. 686)

search-and-destroy mission/misión de buscar y destruir una estrategia usada en Viet Nam en la cual las fuerzas americanas buscarían las unidades nortevietnameses y vietconenses para destruirlas (p. 875)

secede/separarse abandonar o retirar (p. 84)

secession/secesión retiro de la Unión (p. 95)

Second New Deal/Segundo Nuevo Trato un nuevo juego de programas y reformas lanzados por Franklin D. Roosevelt en 1935 (p. 744)

sectionalism/regionalismo lealtad a una región (p. 82)

segregation/segregación la separación o aislamiento de una raza, una clase, o un grupo (p. 838)

Separatists/separatistas protestantes que, durante los años 1600, querían dejar la iglesia anglicana para fundar sus propias iglesias (p. 12)

settlement house/casa de beneficencia institución colocada en una vecindad pobre que proveía numerosos servicios a la comunidad tal como cuidado médico, cuidado de niños, bibliotecas, y clases de inglés (p. 593)

shareholder/accionista una persona que invierte en una sociedad anónima por comprar acciones y que es un dueño parcial (p. 568)

shuttle diplomacy/diplomacia de lanzadera negociaciones entre naciones llevada a cabo por una persona que viaja entre ellas yendo y viniendo (p. 900)

silent majority/mayoría callada la frase usada por Nixon para describir la mayoría de los americanos, los que no protestaban ni demostraban (p. 882)

sit-in/plantón el acto de ocupar asientos o de sentarse en el suelo de un establecimiento como una forma de protesta organizada (p. 849)

slum/barrio bajo vecindad pobre, superpoblada, y de de vecindades ruinosas (p. 591)

Social Security Act/Decreto de Seguro Social una ley que exige a los empleados y a los empresarios que paguen un impuesto; el dinero provee una pensión mensual para personas jubiladas (p. 744)

socialist/socialista una persona que cree que las industrias deben de ser poseídas por el público y manejadas por el gobierno en lugar de personas particulares (p. 686)

sodbuster/rompedor de césped nombre dado al granjero de las Llanuras (p. 539)

sphere of influence/esfera de influencia sección de un país donde una nación extranjera tiene derechos y poderes especiales (p. 647)

square deal/trato justo la promesa de Theodore Roosevelt para el trato justo e igual para todos (p. 621)

stagflation/stagflación una combinación del alza de precios y una economía estancada con una tasa alta de desempleo (p. 903)

stalemate/estancamiento una situación durante un conflicto cuando la acción se para debido a que ambos partidos son igualmente poderosos y ningún de los dos lo abandonará (p. 804)

standard gauge/medida normal la anchura uniforme de 4 pies, 8.5 pulgadas de las vías ferroviarias, adoptada durante los años 1880 (p. 558)

standard of living/norma de vivir una medida de calidad comprensiva de vida y riqueza de la gente; el mínimo de las necesidades y lujos a los cuales un grupo está acostumbrado (p. 822)

steerage/entrepuente los cuarteles apretados de las cubiertas bajas de un barco para los pasajeros que pagan los pasajes más bajos (p. 584)

stock/acciones valores de propiedad de comercio que vende una compañía que llevan muchas veces el poder de votar (p. 568)

stock exchange/mercado de acciones un lugar donde acciones de sociedades anónimas se venden y se compran a través de un sistema organizado (p. 725)

strikebreaker/esquirol una persona contratada para reemplazar a un huelguista para suprimir una huelga (p. 575)

subsidy/subsidio donación de dinero del gobierno a una persona o una compañía para una acción con el propósito de beneficiar al público (pp. 530, 733)

suburbs/suburbios áreas residenciales que brotaron cerca de o alrededor de ciudades como resultado de mejoramientos de transportación (p. 592)

subversion/subversión un esfuerzo para derrocar un gobierno montado por personas trabajando secretamente desde adentro (p. 806)

suffragist/sufragista un hombre o mujer que luchaba para el derecho al voto de la mujer (p. 616)

summit/conferencia cumbre una reunión de altos jefes de gobierno (p. 820)

surplus/superávit exceso; la cantidad que sobra después de pagar los gastos necesarios (p. 815)

sweatshop/fábrica-opresora un taller o fábrica donde se explota a los trabajadores, trabajándolos muchas horas por poco pago y en condiciones malsanas (pp. 573, 585)

T

tariff/tarifa impuesto sobre productos importados o exportados (p. 84)

tenant farmer/granjero arrendatario un granjero que labra la tierra de otro dueño y paga renta ya sea con la cosecha o al contado (p. 91)

tenement/casa de vecindad un edificio en el cual varias familias alquilan cuartos o apartamentos, a menudo con pocas medidas sanitarias o seguridad (p. 591)

terrorism/*terrorismo* el uso de la violencia contra ciudadanos para lograr un gol político (p. 944)

theocracy/teocracia una forma de gobierno en la cual la sociedad está gobernada por líderes religiosos (p. 5)

total war/guerra total la guerra en todo aspecto de la vida del enemigo (p. 97)

Spanish Glossary

totalitarian/totalitario un sistema político en el cual el gobierno suprime toda oposición y controla muchos aspectos de la vida de la gente (p. 754)

trade deficit/déficit de cambio la situación cuando el valor de las importaciones de un país excede el valor de las exportaciones (p. 911)

trade union/gremio una organización de artesanos con el mismo oficio o destreza (p. 573)

transcontinental/*transcontinental* que se extiende a través del continente (p. 531)

triangular trade/trato triangular una ruta de comercio para cambiar productos entre las Antillas, las colonias americanas, y África del Oeste (p. 17)

trust/cártel una combinación de firmas o sociedades anónimas formada por un acuerdo legal, especialmente para reducir la competición (pp. 569, 612)

trustbuster/rompedor de cárteles alguién que divide un cártel en compañías más pequeñas (p. 621)

underemployment/empleo insuficiente la condición cuando la gente trabaja en puestos para los cuales están sobre-calificados o que no utilizan sus destrezas (p. 908)

Underground Railroad/Ferrocarril Subterráneo un sistema que ayudó a los afroamericanos esclavizados a seguir una red de rutas de escape afuera del Sur hacia la libertad del Norte (p. 93)

unemployment insurance/seguro de desempleo pagos por el gobierno durante un cierto período limitado de tiempo a las personas que han perdido sus trabajos (p. 744)

utopia/utopía una comunidad basada en una visión de la sociedad perfecta buscada por los reformistas (p. 91)

vaquero/vaquero trabajador ranchero hispánico (p. 536)

vaudeville/teatro de variedades entretenimiento compuesto de varios actos, tal como baile, canción, comedia, y espectáculos de mágica (p. 602)

vertical integration/integración vertical la asociación de compañías que abastecen con equipo y servicios necesarios para una industria particular (p. 570)

Vietcong/*Vietcong* los soldados guerrillistas de la facción comunista en Viet Nam, también conocidos por el Frente Nacional para Liberación (p. 872)

Vietnamization/vietnamización la política de Nixon que demandó que Viet Nam del Sur tomara un papel más activo en luchar la guerra y que los americanos se involucaran menos (p. 885)

vigilantes/vigilantes gente que toman la ley en sus propias manos (p. 529)

work relief/ayuda de trabajo programas que dieron trabajos gubernamentales a los pobres (p. 733)

writ of assistance/escrito de asistencia documento legal que permitía a los oficiales que exploraran las casas y bodegas en busca de productos que tal vez pudieran ser de contrabandeado (p. 20)

yellow journalism/periodismo amarillista escritura que exageraba acontecimientos sensacionales, dramáticos, y repulsivos para atraer a los lectores, citando historias que fueron populares durante los fines de los años 1800 (p. 600); una clase de reportaje sensacional, prejuzgado, y a menudo falso (p. 650)

yeoman/terrateniente menor dueño sureño de una granja pequeña que no tenía esclavos (p. 91)

Spanish Glossary

Índice

La abreviatura "Pro" se esa en este índice para indicar las páginas de prólogo. Los números de página en letra cursiva se refieren a las ilustraciones. En este índice se utilizan las siguientes abreviaturas: m = mapa, c = cuadro, f = fotografía o dibujo, g = gráfica, h = historietas, p = pintura, ct = cita

A

Índice

Índice

Índice

Índice

Índice

Índice

Índice

Índice

Índice

Índice

Índice

Índice

Recursos integrados de la Internet para maestros, estudiantes y padres

Este libro de texto contiene todo un conjunto de recursos integrales de la Internet destinado a maestros, estudiantes y padres. Entra a taj.glencoe.com para obtener más información. Las herramientas de estudio en línea incluyen: descripciones generales de los capítulos, pruebas de autocomprobación, un tutor interactivo y tarjetas de ayuda pedagógica electrónicas. Las herramientas de investigación en línea incluyen: actividades del estudiante en línea, más información sobre características recogidas en el libro de texto, acontecimientos actuales, recursos de Internet y recursos estatales. La edición interactiva en línea para el estudiante incluye la Edición Interactiva para el Estudiante completa, además de las actualizaciones del libro de texto. Glencoe ofrece especialmente para los maestros un Foro de maestro en línea, planes de lesiones con actividades de Web y puntos de vinculación de literatura.

Reconocimientos y créditos fotográficos

Reconocimientos

50 De *Morning Girl* por Michael Dorris. Texto © 1992 por Michael Dorris. Reimpreso con permiso de Hyperion Books for Children.

107 De *The Kidnapped Prince* por Olaudah Equiano. Adaptación de Ann Cameron. Derechos de autor © 1995 de Ann Cameron. Reimpreso con permiso de Alfred A. Knopf, Inc.

140 Pasaje de *Johnny Tremain* por Esther Forbes. Derechos de autor © 1943 por Esther Forbes Hoskins, © renovados en 1971 por Linwood M. Erskine, Jr., Ejecutor del Patrimonio de Esther Forbes Hoskins. Reimpreso con autorización de Houghton Mifflin Co. Todos los derechos reservados.

295 De *Night Flying Woman: An Ojibway Narrative* de Ignatia Broker. Derechos de autor © 1983 por Minnesota Historical Society. Reimpreso con permiso.

769 Reimpreso con el permiso de Simon & Schuster Books for Young Readers, una editorial de Simon & Schuster Children's Publishing Division de *The Invisible Thread* por Yoshiko Uchida. Derechos de autor © 1991 por Yoshiko Uchida.

841, 996 Reimpreso bajo arreglo con los Herederos del Patrimonio de Martin Luther King, Jr., attn: Writers House, Inc. como agente del propietario. Derechos de autor © 1963 por Martin Luther King, Jr., derechos de autor renovados en 1991 por Coretta Scott King.

843 De *Sé por qué canta el pájaro enjaulado,* por Maya Angelou. Derechos de autor © 1969 por Maya Angelou. Reimpreso con permiso de Random House, Inc.

915 De *Barrio Boy* ["Barrio Boy"] por Ernesto Galarza. Derechos de autor © 1971 por University of Notre Dame Press. Usado con permiso de la editorial.

978 "God Bless the USA", letra y música de Lee Greenwood. Derechos de autor © 1984 Songs of Universal Inc. y Universal Songs of Polygram International Inc. (BMI) Derechos de autor Internacionales Asegurados. Todos los derechos reservados.

Glencoe desea reconocer a los artistas y agencias que participaron en la ilustración de este programa: Morgan Cain & Associates; Ortelius Design, Inc.; QA Digital

Créditos fotográficos

Portada (sup, der) CORBIS, (cen, der) The Corcoran Gallery of Art/CORBIS, (inf, der) Wally McNamee/CORBIS, (fi,ci) Digital Stock, (cen) CORBIS, (fondo) PhotoDisc; iv (sup) fotografía de archivo, (inf) Peabody Museum of Salem; v (sup) Grant Heilman Photography, (sup, cen) Mark Burnett, (inf, cen) SuperStock, (inf) Smithsonian Institution; vi (sup) Michael Freeman, (inf) PhotoDisc; vii (sup) NASA, (inf) James P. Blair/Colección de Imágenes de National Geographic; xi (sup) Indiana Historical Society, (inf) Smithsonian Institution; xviii Bettman-CORBIS; xix (sup) cortesía de Ford Motor Company, (inf) PhotoDisc RA16/1 PhotoDisc; 2 (sup) Robert W. Madden/National Geographic Society, (inf) Rich Buzzelli/Tom Stack & Associates, (otros) PhotoDisc; 3 PhotoDisc; 6 CORBIS; 7 (izq) The Andrew J. Russell Collection, The Oakland Museum, (der) Library of Congress; 10–11 PhotoDisc; 12 Scala/Art Resource, NY; 12–13 CORBIS; 13 Brown Brothers; 14 (izq) Bridgeman/Art Resource, NY, (cen) fotografía de archivo, (der) Addison Doty/Morning Star Gallery; 15 (sup) Ed Simpson/Stone, (inf, izq) Michel Zabe/Museo del Templo Mayor, (inf, der) Heye Foundation, National Museum of The American Indian/Smithsonian Institution; 17 Heye Foundation, National Museum of The American Indian/ Smithsonian Institution; 23 (izq) Richard Alexander Cooke III, (der) David Hiser/Stone; 25 (sup) DDB Foto de Stock, (inf, izq) North Wind Credit, (inf, der) Inga Spence/DDB Foto de Stock, (fon) USDA; 27 Museum of Ethnology; 29 David Muench; 34 (sup, cen) fotografía de archivo, (inf) Addison Doty/Morning Star Gallery; (sup) Archivo fotográfico del Museo Prehistórico Etnográfico L. Pigorini, Roma, (inf) National Museum of African Art/Jeffrey Ploskonka; 36–37 U.S. Architect of the Capitol; 37 (sup) The Library of Congress, (inf) SuperStock, (cen) National Portrait Gallery, Smithsonian Institution/Art Resource; 40 (izq) NASA, (der) National Maritime Museum; 44 Giraudon/Art Resource, NY; 45 Doug Martin; 46 Giraudon/Art Resource, NY; 47 Culver Pictures; 50 Louise Erdrich, (inf) Musee de L'Homme, Palais de Chateau, París; 54 Museo de Historia, Chapultepec/Bob Schalkwijk; 56 Walter Edwards; 57 (sup) Chas W. Polzer, (cen) Greg Edwards, (inf) Edwardo Fuss; 58 SuperStock; 59 "Kateri Tekakwitha" por Father Claude Chauchetiere, S. J., alrededor de 1690, foto de Bob Peters, St. Fancis Xavier Mission, Kahnawake, Quebec; 60 CORBIS; 63 Maritime Museum, Seville/Artephot/Oronoz; 64 (sup) University Museum of National Antiquities, Olso, Noruega, (cen) U.S. Architect of the Capitol, (inf) cortesía de The Oakland Museum; 66 Plymouth Plantation; 66–67 CORBIS; 67 Brown Brothers; 68 (sup) Hulton/Archive, (inf) fotografía de archivo; 69 (sup) New York Historical Society, (inf, izq) courtesy Haffenreffer Museum of Anthropology, Brown University, (inf, der) cortesía de The Oakland Museum; 72 National Portrait Gallery, Smithsonian Institution/Art Resource, NY; 74 Richard T. Nowitz/National Geographic Society; 75 (sup) Jamestown Foundation, (cen, inf) Bob Pratt/National Geographic Society; 78 (sup) cortesía de Pilgrim Society, Plymouth, MA, (inf) PhotoDisc; 79 Brown Brothers; 84 fotografía de archivo; 88 Louis Glanzman/NGS Image Collection; 89 The Association for the Preservation of Virginia Antiquities, Bacon's Castle, Library of Virginia; 90 Gibbes Museum of Art; 91 (sup) Larry Stevens/Nawrocki Fotografía de archivo, (inf) Fotografía de archivo Nawrocki; 93 Historical Picture Collection/Colección de fotografías de archivo; 94 (sup) National Portrait Gallery, Smithsonian Institution/Art Resource, NY, (sup, cen) Colección Privada, (inf) Historical Picture Collection/Colección de fotografías de archivo, (cen, inf) cortesía de Haffenreffer Museum of Anthropology, Brown University, 96 (sup) Smithsonian Institution, (inf) Peabody Museum of Salem; 97 Timothy Fuller; 98 (izq) Chicago Historical Society, (der) Colonial Williamsburg Foundation; 99 (sup) cortesía de Old John Street United Methodist Church, (inf, izq) Blue Ridge Institute & Museums/Ferrum College, (inf, der) Yale University Art Gallery; 101 (izq) Lee Snider/CORBIS, (der) Bruce M. Wellman/ Stock Boston; 102 (sup) cortesía de Peabody Essex Museum, Salem, MA, (inf) fotografía de archivo; 104 cortesía de American Antiquarian Society; 105 Colonial Williamsburg; 107 (der) Lee Boltin Picture Library, Royal Albert Memorial Museum, Exeter, England; 109 National Portrait Gallery, Smithsonian Institution/Art Resources, NY; 110 Yale University Art Gallery; 111 National Portrait Gallery, London/SuperStock; 111–112 PhotoDisc; 112 cortesía de American Antiquarian Society; 118 Culver Pictures; 120 fotografía de archivo; 122 State Historical Society of Wisconsin Museum Collection; 124 Amanita Pictures; 126 (sup) Colonial Williamsburg, (sup, cen) cortesía de American Antiquarian Society, (inf) Library of Congress, (inf, cen) Musee de L'Homme/M. Delaplanche; 128 David A. Schorsch; 128–129 CORBIS; 130 (sup,izq) cortesía de Peabody Essex Museum, Salem, MA, (cen) fotografía de archivo, (inf) Colección de fotografías de archivo; 131 (sup) Pintura de Don Troiani, cortesía de Historical Art Prints, Ltd., (cen, izq) cortesía de American Antiquarian Society, (cen, der) DAR Museum en préstamo de Boston Tea Party Chapter, (inf) Massachusetts Historical Society; 134 Massachusetts Historical Society; 135 Patrick Henry Before the Virginia House of Burgesses (1851) por Peter F. Rothermel. Red Hill, The Patrick Henry National Memorial, Brookneal, VA; 138 (sup, izq) DAR Museum en préstamo de Boston Tea Party Chapter; (sup, der) The Royal Collection © 2003 Her Majesty Queen Elizabeth II, (inf, der) cortesía de American Antiquarian Society, (inf, izq) Colección de fotografías de archivo; 142 North Wind Picture Archives; 144 Concord Museum, Concord, MA; 146 Colección privada; 148 Historical Society of Pennsylvania; 149 Colección de fotografías de archivo; 150 ©1996 Virginia Historical Society, Todos los derechos reservados; 152 Kordic Vladi/National Geographic Society; 153 Victor R. Boswell/National Geographic Society; 155 CORBIS; 157 Bettman-CORBIS; 160 Giraudon/Art Resource; 161 Fraunces Tavern Museum, Nueva York; 163 North Wind Picture Archive; 164 Bettman-CORBIS; 166 Brown Brothers; 173 The Valley Forge Historical Society; 174 CORBIS; 175 Eric P. Newman Numismatic Education Society; 176 The Huntington Library, Art Collections, and Botanical Gardens, San Marino, California/SuperStock; 178 CORBIS; 178–179 Library of Congress; 179 Massachusetts Historical Society; 180 Colección de fotografías de archivo; 182 Archives Division, Texas State Library; 184 Lafayette College Art Collection, Easton, PA. Regalo de Mrs. John Hubbard; 185 Trumball Collection, Yale University Art Gallery; 186 Cortesía de J. Quintus Massie a nombre de los descendientes; 188 (sup) CORBIS, (sup, cen) Minute Man National Historical Park, Concord, MA, (inf, cen) Pintura de Don Troiani, foto cortesía de Historical Art Prints, Ltd., (inf) Virginia Historical Society; 190 Picture Research Consultants; 191 (sup; inf, izq) Bettman-CORBIS; (inf, der) New York Historical Society; 193 Picture Research Consultants; 194 fotografía de archivo; 196 PhotoDisc; 197 (izq) Chicago Historical Society; 197 ® Independence National Historic Park; 200 Bettman-CORBIS; 201 (izq) Moorland Spingarn Research Center, Howard University, (der) Delaware Art Museum, Wilmington. Regalo de Absalom Jones School, Wilmington; 202 SuperStock; 203 Library of Congress; 204 Independence National Historic Park; 208 National Portrait Gallery; 209 Fred Maroon/Smithsonian Institution; 210 Supreme Court Historical Society; 211 fotografía de archivo; 212 Legado de Winslow Warren, cortesía de Museum of Fine Arts, Boston; 213 fotografía de archivo; 214 (sup) Cortesía Meserve-Kunhardt Collection, Mt. Kisco, NY, (cen) Bettman-CORBIS; (inf) Fraunces Tavern Museum; 216 Picture Research Consultants; 222 AP/Wide World Photo; 225 SuperStock; 226 CORBIS; 232–233 Mark Burnett; 236 CORBIS; 238 Boltin Picture Library; 246, 250, 251 CORBIS; 252 Museum of American Textile History; 253 Paul Conklin; 254 Smithsonian Institution; 254– 255 Washington University Gallery of Art, St. Louis, Missouri, Regalo de Nathaniel Phillips, 1890; 255 Peter Harholdt/SuperStock; 256 (sup) Independence National Historic Park/Joseph Painter, (inf) Erich Lessing/Art Resource, NY; 257 (sup) Boston Naval Library & Institute Collection, (inf, izq) Yale University Art Gallery, (inf, der) Colección de David J. & Janice L. Frent; 260 Aaron Haupt; 261 David R. Frazier; 265 Chicago Historical Society; 268 Colección privada/Picture Research; 268–269 Washington University Gallery of Art, St. Louis, Missouri, Regalo de Nathaniel Phillips; 269 Colección de fotografías de archivo; 271 Fotografía de archivo; 272 Colección de fotografías de archivo; 274 (sup) Library of Congress, (inf) Colección de fotografías de archivo; 276 (sup, izq) Duke University Archives, (sup, der) Royal Ontario Museum, Toronto/National Geographic Society, (inf) Eric Lessing/Art Resources, NY; 277 (sup) Don Troiani, www.historicalartprints.com, (cen) FPG, (inf) North Wind Picture Archives; 279 North Wind Picture Archive; 280 (izq) Larry Lee Photography/CORBIS, (der) The Huntington Library, Art Collections, and Botanical Gardens, San Marino, California/SuperStock; 286 (sup) de Curtis's Botanical Magazine, 1863, foto de Volkmar Wentzel, (cen) Bates Littlehales, (inf) E. S. Paxson, "Lewis and Clark at Three Forks", cortesía de the Montana Historical Society, foto de Don Beaty; 287 (sup) Western American Prints, (inf) Kevin C. Chadwick; 289 CORBIS; 292 (Tecumseh) Field Museum of Natural History; 293 Brown Brothers; 295 (izq) Darlene Pfister/Minneapolis Star Tribune, (der) Minnesota Historical Society; 297 Library of Congress; 299 Colección de fotografías de archivo; 301 Missouri Historical Society; 302 (fon) ©New York State Historical Association,

Cooperstown; 302 (sup; cen, izq) White House Historical Association, (cen, der) Library of Congress, (fon) Kendall Cross; 304 (izq) Smithsonian Institution, (der) Bob Mullenix; 305 (sup) Burstein Collection/CORBIS, (izq) Bettman-CORBIS, (der) New York Historical Society; 307 Aaron Haupt; 308 Museum of American Textile History, North Andover, MA; 309 (sup, izq) American Antiquarian Society, (der, sup) Lowell National Historical Park, (inf, der) Museum of American Textile History, North Andover, MA, (inf, izq) Lewis Hine/Museum of Photography at George Eastman House, (fon) Baker Library, Harvard University; 315 Colección de fotografías de archivo; 316 (sup) Michael G. Buettner, Lincoln Highway Association, (inf) Douglas Kirkland/CORBIS; 317 (sup, der) SuperStock, (izq) David G. Houser/CORBIS, (inf, der) Henry Diltz/CORBIS; 324 (sup) Boot Hill Museum/Henry Groskinsky, (inf) Peter Menzel; 325 (izq) Library of Congress, (der) Colección de the Boston Public Library, Print Division; 326 Schalkwijk/Art Resource, NY; 328 (sup) Smithsonian Institution, (sup, cen) The Metropolitan Museum of Art, Rogers Fund, 1942. (42.95.11) , (izq) Craig McDougal, (der) Anthony Richardson, (inf) New York Historical Society, (inf, cen) James Monroe Museum & Memorial Library; 330 Colección de David J. & Janice L. Frent; 330–331 Colección de Mrs. J. Maxwell Moran; 331 Brown Brothers; 332 (izq) National Museum of American Art, Washington, DC/Art Resource, NY, (der) Collection of David J. & Janice L. Frent; 333 (cen) División de Archivos y Manuscritos de the Oklahoma Historical Society, (inf) Indiana Historical Society, Boatmen's National Bank of St. Louis; 335 New York Historical Society; 337 Library Company of Philadelphia; 338 North Wind Picture Archive; 340 The Philbrook Center; 340–341 Kevin C. Chadwick/ National Geographic Society; 343 SuperStock; 344 National Museum of American Art, Smithsonian Institution. Regalo de Mrs. Joseph Harrison, JR/Art Resource, NY; 349 New York Historical Society; 350 (izq) National Portrait Gallery, Smithsonian Institution/Art Resource, NY, (der) Smithsonian Institution; 352 (sup, der) Colección de David J. & Linda L. Frent, (sup, izq) SuperStock, (fon) New York Historical Society; 354 (izq) Colección de fotografías de archivo, (der) Colección de David J. & Janet L. Frent; 355 (sup) The Manoogian Foundation, en préstamo a the National Gallery of Art, Washington. Foto de Lyle Peterzell, (inf, izq) División de Archivos, Texas State Library, (der) Colección de David J. & Janice L. Frent; 357 Hutton Archive/Getty Images; 359 (inf) Henry Groskinsky, (sup) Mongerson-Wunderlich Gallery, Chicago; 363 Institute of Texas Culture; 364–365 Friends of the Governor's Mansion, Austin; 366 División de Archivos, Texas State Library; 370 Thomas Gilcrease Institute of American Art, Tulsa OK; 371 fotografía de archivo; 373 California State Library; 376 (izq) Levi Strauss & Company, (der) Doug Martin; 377 SuperStock; 378 Bettman-CORBIS; 379 (izq) Bettman-CORBIS, (der) Wenham Museum; 380 cortesía de Denver Public Library Western History Department; 382 American Museum, Bath, England/Bridgeman Collection/SuperStock, Inc.; 383 Timothy Fuller; 384 (sup, der) Smithsonian Institution, (otros) fotografía de archivo; 385 (sup) SuperStock, (inf, izq) North Wind Picture Archive, (inf, der) National Portrait Gallery, Smithsonian Institution; 387 Peabody Essex Museum, Salem, MA/Mark Sexton; 389 (izq) The Chessie System, B70 Railroad Museum Archives (Foto de Robert Sherbow/UNIPHOTO) , (der) CORBIS; 392 Museum of Fine Arts, Boston, M. & M. Karolik Collection; 394 (izq) The Bayard Harbor of New York c.1953–1855 Samuel B. Waugh (1814–1885) Acuarela sobre tela, 99^1/$_5$ x 198^1/$_4$ Regalo de Mrs. Robert L. Littlejohn, Museum of the City of New York, 33.169 (detalle) , (der) Bostonian Society/Mark Sexton; 399 (izq) Bettman-CORBIS, (der) Smithsonian Institution; 402 (izq) The J. Paul Getty Museum, (der) Bettman-CORBIS; 404 (fon) Photo Researchers, (sup) New York Historical Society, (cen, der) Adam Woolfitt/CORBIS, (inf, izq) cortesía de Charleston Museum, (inf, der) Valentine Museum; 406 Colección de fotografías de archivo; 408 (sup, der) Smithsonian Institution/Charles Phillips, (cen) fotografía de archivo, (inf) T.W. Wood Art Gallery, Montpelier, VT; 410 (sup) The American Antiquarian Society, (inf) Bettman-CORBIS, (inf, der) FPG; 411 (sup) St. Louis Art Museum, St. Louis, Missouri, USA/SuperStock, (inf, izq) Chicago Historical Society, (inf, der) Oberlin College Archives, Oberlin, Ohio; 414 (sup) City Art Museum of St. Louis/SuperStock, (inf, cen) Brown Brothers, (inf, izq) Museum of American Textile History, (inf, der) FPG; 419 Library of Congress; 420 Colección de William Gladstone; 422 Library of Congress; 426 (izq) Chicago Historical Society, (der) Colección Meserve; 427 (sup, izq) Maria Mitchell Association, (sup, der) National Archives of Canada, (inf, der) Nebraska State Historical Society, (inf, cen) Hulton Archive, (inf, izq) CORBIS; 430 (sup) New York Historical Society, (inf) Peabody Essex Museum/Mark Sexton, (inf) Library of Congress; 432 Mark Burnett; 432–433 Pintura de Don Troiani/foto cortesía de Historical Art Prints, Ltd.; 433 PhotoDisc; 435 (sup) CORBIS, (izq) Missouri State Historical Society, (der) Photo Network; 437 Colección de David J. & Janice L. Frent; 438 New York Historical Society; 440 CORBIS; 442 Schlesinger Library, Radcliffe College; 444 H. Armstrong Roberts; 446 (izq) Al Fenn/Timepix, (der) Missouri State Historical Society; 447 cortesía de Illinois State Historical Library; 450 (sup) cortesía de Chicago Historical Society, (inf) The Library of Congress; 456 (sup) North Wind Picture Archive, (sup, cen) Missouri State Historical Society, (inf, cen) cortesía de Chicago Historical Society, (inf) Bettman-CORBIS; 458 (izq) Museum of the Confederacy, (cen) Museum of the Confederacy, (der) Museum of the Confederacy; 459 (sup) Pintura de John Troiani/cortesía de Historical Art Prints, Ltd., (inf, izq) National Archives, (inf, cen) ©1986 Time-Life Books Inc. de la serie "Civil War"/ Edward Owen, (der) Illinois State Historical Library; 461 Seventh Regiment Fund, New York City; 462–463 PhotoDisc; 464 National Archives; 465 (der) fotografía de archivo; 467 Bettman-CORBIS; 467 National Archives; 468 PhotoDisc; 471 Medford Historical Society Collection/CORBIS; 474, 475 PhotoDisc; 476 fotografía de archivo; 479 (izq) Museum of the Confederacy, (der) PhotoDisc; 480 FPG; 481 Library of Congress; 482 (izq) Brown Brothers, (der) CORBIS; 484 MAK I; 486 Michigan Capitol

Committee, fotografía de Peter Glendinning; 490 (izq) Matt Meadows, (der) Picture Research Consultants; 491 (izq) Brown Brothers, (der) CORBIS; 494 (sup) McLellan Lincoln Collection, The John Hay Library, Brown University/John Miller, (cen, sup) CORBIS, (inf, der) Pintura de Don Troiani/cortesía de Historical Arts Prints, Ltd., (inf) National Archives; 496 fotografía de archivo; 497 Aaron Haupt; 498 North Wind Picture Archive; 499 (sup) CORBIS, (inf) Museum of American Political Life; 501 Gettysburg National Military Park; 502 (izq) ©1986 Time-Life Books Inc. de la serie "Civil War"/Edward Owen, (der) Illinois State Historical Library; 505 Tennessee Botanical Gardens & Museum of Art, Nashville; 511 Chester County Historical Society, West Chester, PA; 512 National Museum of American History, Smithsonian Institution/Rudolf Eickmeyer; 516 fotografía de archivo; 516–517 CORBIS; 517 Bettman-CORBIS; 520 Museum of American Political Life, University of Hartford; 521 National Portrait Gallery, Smithsonian Institution/Art Resource, NY; 522 (sup) fotografía de archivo, (cen) Colección de David J. & Janice L. Frent; Corcoran Gallery of Art; 524 National Park Service Collection; 524–525 Peter Harholdt/CORBIS; 525 Brown Brothers; 526 (sup, izq) Library of Congress, (sup, der) Fotografías de archivo, (inf) Colección de fotografías de archivo; 526–527 (inf) White House Historical Association; 527 (inf) Colección de David J. & Janice L. Frent; 527 De la pintura original de Mort Kunstler, The Race, Mort Kunstler, Inc.; 530 Colorado Historical Society; 531 (izq) Brown Brothers, (der) L. Berger/ SuperStock; 535 Thomas Gilcrease Institute of American Art; 536 Fotografía del libro: The Life and Adventures of Nat Love, Better Known in the Cattle Country as "Deadwood Dick" – BY HIMSELF – Una historia verdadera de vida en esclavitud, Vida en las Grandes Cordilleras Ganaderas y en las planicies del "Salvaje y Lanoso" Oeste, Basado en hechos y en las vivencias personales del autor/Rare Book & Manuscripts, Special Collections Library, Duke University, Durham, North Carolina; 537 Nebraska State Historical Society, Lincoln, Tulsa, OK; 537 (der) Montana Historical Society, Helena; 538 Kansas Collection/University of Kansas Libraries; 543 (der) Smithsonian Institution, National Museum of American Art, Washington, DC/Art Resource, NY; 545 Denver Public Library, Western History Collection; 546 Smithsonian Institution, National Museum of American Art, Washington, DC/Art Resource, NY; 546 Colección de fotografías de archivo; 550 AP/Wide World Photos; 552 (sup) the Oakland Museum, (inf, izq) The Beinecke Rare Book & Manuscript Library, Yale University, (inf, der) The Museum of the American Indian, Hye Foundation, NY; 554 (sup) cortesía de Rockefeller Archive Center, (cen) Stanford University Museum of Art, (inf) Michael Freeman; 555 (sup) Fine Arts Museum of San Francisco, Regalo de Mr. y Mrs. John D. Rockefeller 3rd 1979.7.4, (inf) National Air and Space Museum; 562 NASA; 562–563 Brown Brothers; 563 National Air and Space Museum; 564 Colección de fotografías de archivo; 565 (sup,izq) Smithsonian Institution, (sup, cen) Picture Research Consultants, (sup, der) Lewis Latimer Collection, Queens Borough Public Library/Long Island Division, NY, (inf, izq) Picture Research Consultants, (inf, der) cortesía de George Eastman House; 566 cortesía de Ford Motor Company; 568 CORBIS; 569 Library of Congress; 570 National Portrait Gallery/Smithsonian Institution/Art Resource, NY; 573 Library of Congress; 576 (sup) Library of Congress, (cen) National Portrait Gallery/ Smithsonian Institution/Art Resource, NY, (inf) Westmoreland Museum of Art, Greensburg, PA, (fon) Hulton Archive; 578 Michael Freeman; 579 (sup, cen) Aaron Haupt, (inf, der) Timothy Fuller; 580 (inf) Hulton Deutsch/CORBIS, (sup) cortesía de California History Room, California State Library, Sacramento; 581 (sup) Orchard Films, (inf) White House Historical Association, Bettman-CORBIS; 583 Library of Congress; 585 Jacob A. Riis Collection, Museum of the City of New York; 586 (sup) Rykoff Collection/CORBIS, (inf) CORBIS; 588–589 Library Company of Philadelphia; 592 Fotografía de archivo; 593 University of Illinois at Chicago. The University Library, Jane Addams Memorial Collection; 594 Brown Brothers; 596 Rudi von Briel; 598 Library of Congress; 599 (inf, der) Bettman-CORBIS, (otros) Library of Congress; 600 Smithsonian Institution; 601 Winslow Homer American, 1836–1910. Girls with Lobster, 1873. Acuarela y aguazo sobre grafito, 24.2 x 32.9 cm. © The Cleveland Museum of Art, 2002. Compra de the J.H. Wade Foundation, 1943.60; 603 (izq) National Portrait Gallery, Smithsonian Institution/Art Resource, NY, (der) de la colección de Paul Urbahn at Steamboats.com; 604 (sup) Bettman-CORBIS, (cen, tabla) Library of Congress, (inf) Smithsonian Institution, (fon) Edwin Levick/Hulton/ Archivo; 606 National Archives; 606–607 Ansel Adams Publishing Rights Trust/CORBIS; 607 CORBIS; 608 (sup) Colección de David J. & Janice L. Frent, (inf) CORBIS; 609 (sup) National Gallery of Art, Washington. Chester Dale Collection, (inf) White House Historical Association, (izq) Con permiso de the Houghton Library, Harvard University, (inf, der) The Schomberg Center for Research in Black Culture, New York Public Library; 611 Library of Congress; 613 The Ida M. Tarbell Collection, Pelletier Library, Alleghany College; 616 CORBIS; 618 Schlesinger Library, Radcliffe College; 619 (izq) CORBIS, (der) Picture Research Consultants; 621 Colección de David J. & Janice L. Frent; 622 Colección de David J. & Janice Frent /CORBIS; 623 (sup) Colección de David J. & Janice L. Frent /CORBIS, (cen) Colección de David J. & Janice L. Frent, (cen, der) fotografía de archivo, (inf, izq) The Museum of American Political Life, University of Hartford, (inf, der) Library of Congress; 625 Theodore Roosevelt Collection/Harvard College Library/con permiso de Houghton Library/Harvard University; 626 Daniel J. Cox/naturalexposures.com; 627 Robin Brandt; 629 Brown Brothers; 630 (izq) Bettman-CORBIS; 630 (der) Colección privada; 631 Culver Pictures; 632 The Schomberg Center for Research in Black Culture, New York Public Library; 633 Oscar B. Willis/The Schomburg Center for Research in Black Culture, New York Public Library; 634 (sup, izq) Con permiso de the Houghton Library, Harvard University, (sup, der) Doug Martin, (cen) Colección de David J. & Janice L. Frent, (inf) fotografía de archivo; 635 Steve Kelley/Copley News Service; 636 Franklin D. Roosevelt Library; 636–637 (sup)